专利复审和无效审查决定汇编丛书

专利复审和无效审查决定汇编

（2009）

外观设计（第二卷）

国家知识产权局专利复审委员会 编

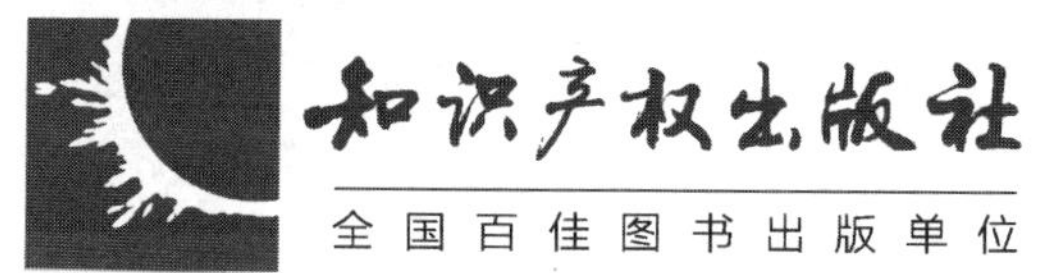

图书在版编目（CIP）数据

专利复审和无效审查决定汇编．2009．外观设计/国家知识产权局专利复审委员会编．—北京：知识产权出版社，2016.6

ISBN 978-7-5130-1595-0

Ⅰ．①专…　Ⅱ．①国…　Ⅲ．①专利权法—案例—中国　Ⅳ．①D923.425

中国版本图书馆 CIP 数据核字（2012）第 249542 号

内容提要

本书汇集了专利复审委员会2009年作出的外观设计专利复审和无效审查决定及相关审查决定和司法判决（根据法律规定需要保密的除外），比较全面地反映了专利复审委员会的审查工作和人民法院专利行政案件审理工作取得的进展，对专利工作者具有一定的借鉴和指导作用，也有利于当事人及广大公众对专利复审委员会的审查工作进行监督。

责任编辑：崔开丽　　　　**责任出版**：孙婷婷

封面设计：品　序

专利复审和无效审查决定汇编丛书

专利复审和无效审查决定汇编（2009）

外观设计（第二卷）

国家知识产权局专利复审委员会　编

出版发行：	知识产权出版社有限责任公司	**网　　址**：	http：//www.ipph.cn
社　　址：	北京市海淀区西外太平庄55号	**邮　　编**：	100081
责编电话：	010-82000860转8377	**责编邮箱**：	cui_kaili@sina.com
发行电话：	010-82000860转8101/8102	**发行传真**：	010-82000893/82005070/82000270
印　　刷：	北京中献拓方科技发展有限公司	**经　　销**：	各大网上书店、新华书店及相关专业书店
开　　本：	880mm×1230mm　1/16	**印　　张**：	222.5
版　　次：	2016年6月第1版	**印　　次**：	2016年6月第1次印刷
字　　数：	3696千字	**定　　价**：	900.00元（全4卷）

ISBN 978-7-5130-1595-0

本书编委会

前　言

随着经济全球化和我国国民经济的飞速发展，专利制度在经济活动中的作用和地位越来越突出，国民的专利意识也在不断增强。目前，我国专利申请总量超过 1170 万件，每年专利复审与无效宣告请求案件已超过 2 万件，2012 年达到 20261 件。作为专利复审和无效宣告请求案件审查的专属机构，专利复审委员会每年都要作出数以千计的审查决定。与之相应，人民法院每年要作出数百篇司法判决。每一篇审查决定和判决书都凝聚着审查员和审判人员的心血和智慧。通过审查员和审判人员结合具体案情的创作型劳动，生硬的法律条文变得鲜活和丰满，形成一笔宝贵的精神财富和公共资源，并不断有专利代理机构、专利代理人以及审查员希望专利复审委员会能够出版专利复审和无效审查决定，作为学习和工作时的重要参考资料。

除根据法律规定需要保密的外，《专利复审和无效审查决定汇编（2009）》汇集了专利复审委员会 2009 年作出的审查决定，包括针对相应审查决定的司法判决，以便读者了解审查决定的法律状态并对照阅读和分析。本汇编按照技术专业领域将分为 8 大册，共 28 分卷：机械（4 卷）、电学（5 卷）、通信（2 卷）、医药（4 卷）、化学（2 卷）、材料（4 卷）、光电（3 卷）、外观设计（4 卷）。因此，本汇编比较全面地反映了专利复审委员会的审查工作和人民法院专利行政案件审理工作取得的进展。

我们相信，本汇编对专利工作者具有一定的借鉴和指导作用，也有利于当事人及广大公众对专利复审委员会的审查工作进行监督。本汇编也将为推动专利复审委员会的发展，促进专利代理业务水平的提高，为《国家知识产权战略纲要》进一步实施尽微薄之力。

本书编委会

2013 年 8 月

目　录

143

卫生棺（5）

无效宣告请求审查决定（第12997号）

决　　定　　号　第12997号
决　　定　　日　2009年3月9日
发明创造名称　卫生棺（5）
外观设计分类号　99-00
无效宣告请求人　江苏友信高分子材料有限公司
专　利　权　人　薛惕忠
专　　利　　号　200430058479.1
申　　请　　日　2004年7月2日
授 权 公 告 日　2005年3月23日
合 议 组 组 长　吴大章
主　　审　　员　钟　华
参　　审　　员　雷　婧
附　　　　　图　1页

法　律　依　据　专利法第23条
决　定　要　点

在本专利申请日前已经公开发表过与本专利相近似的外观设计，故本专利不符合专利法第23条的规定。

一、案由

本无效宣告请求涉及国家知识产权局于2005年3月23日授权公告的名称为“卫生棺（5）”的200430058479.1号外观设计专利（下称本专利），其申请日为2004年7月2日，专利权人为薛惕忠。

针对本专利，江苏友信高分子材料有限公司（下称请求人）于2008年9月24日向专利复审委员会提出无效宣告请求，其理由是在本专利申请日前已经申请过和公开发表过与本专利相近似的外观设计，因此本专利不符合专利法第23条和专利法实施细则第13条的规定。请求人同时提交如下证据：

证据1、200330111620.5号外观设计专利电子公告打印页1页；

证据2、200330111618.8号外观设计专利电子公告打印页1页；

证据3、200330111619.2号外观设计专利电子公告打印页1页。

经形式审查合格，专利复审委员会依法受理了上述无效宣告请求，并于2008年9月26日将无效宣告请求书及相关文件的副本转给专利权人，要求其在指定的期限内答复。专利权人逾期未答复。

专利复审委员会于2009年1月8日向双方当事人发出合议组成员告知通知书，告知如对合议组成员有回避请求，可于收到本通知之日起7日内提交书面请求书，逾期未答复，视为无回避请求。双方当事人均逾期未陈述意见。

至此，合议组经合议，认为本案事实清楚，依法作出本审查决定。

二、决定的理由

1. 法律依据

专利法第23条规定："授予专利权的外观设计，应当同申请日以前在国内外出版物上公开发表过或者国内公开使用过的外观设计不相同和不相近似，并不得与他人在先取得的合法权利相冲突。"

2. 证据的认定

证据1~3均为中国外观设计专利电子公告打印页，经合议组核实，其内容真实，可以作为本案的定案依据。

3. 本专利是否符合专利法第23条的规定

证据1的公开日为2004年6月2日，早于本专利申请日2004年7月2日，因此证据1上所记载的发明名称为"卫生棺"的外观设计属于在本专利申请日前公开发表过的外观设计（下称在先设计）。

本专利为卫生棺的外观设计，在先设计也为卫生棺的外观设计，两者所属产品的种类相同，因此可以进行外观设计近似性比较。

本专利为卫生棺的外观设计，该卫生棺中部棺体近似长方形，表面中央水平间隔设置有几个小孔，长方形上边沿向外略突出，右侧面两端设置有两个较大的孔。从主视图看该卫生棺的顶盖近似梯形，从左、右视图看近似三角形，顶盖的上边沿向外略突出，顶盖表面由长方形直棱框包围。顶盖中央分界，左侧顶盖可打开，打开后可见底座表面的鱼骨纹设计。该卫生棺的底座近似长方形，边沿突出于卫生棺棺体外呈略凹弧形（详见本专利附图）。

在先设计为卫生棺的外观设计该卫生棺中部棺体近似长方形，表面中央水平间隔设置有几个小孔，长方形上边沿向外略突出，右侧面两端设置有两个较大的孔。从主视图看该卫生棺的顶盖近似梯形，从左、右视图看近似三角形，顶盖的上边沿向外略突出，顶盖表面由长方形直棱框包围。顶盖中央分界，左侧顶盖可打开，打开后可见底座表面的鱼骨纹设计。该卫生棺的底座近似长方形，边沿延伸突出于卫生棺棺体（详见在先设计附图）。

将本专利与在先设计对比，两者的整体形状、各部件的形状及位置关系均近似，两者的不同之处在于：卫生棺的底座边沿形状不同，卫生棺的左侧顶盖可打开后底座表面的鱼骨纹设计略有不同。对此，合议组认为：上述区别属于局部的细微差别，不足以对产品的整体视觉效果产生显著的影响，因此本专利与在先设计构成相近似的外观设计，本专利不符合专利法第23条的规定。

鉴于上述评述已经得出本专利不符合授权条件的结论，合议组对请求人提出的其他理由和证据不再予以评述。

三、决定

宣告200430058479.1号外观设计专利权全部无效。

根据专利法第46条第2款的规定，当事人对本决定不服的，自收到本决定之日起三个月内向北京市第一中级人民法院起诉，根据该款规定，一方当事人起诉后，另一方当事人应当作为第三人参加诉讼。

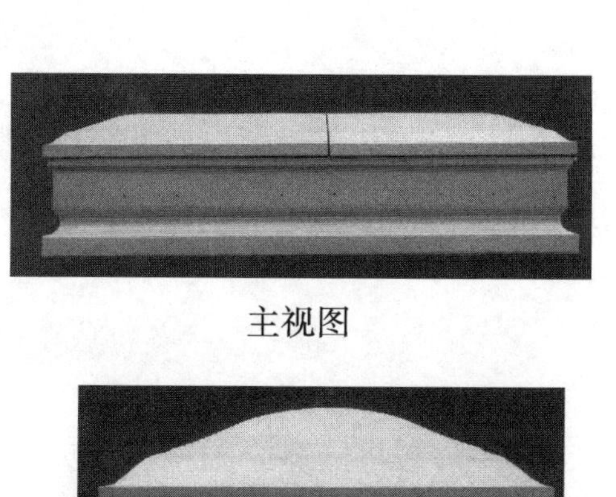

主视图

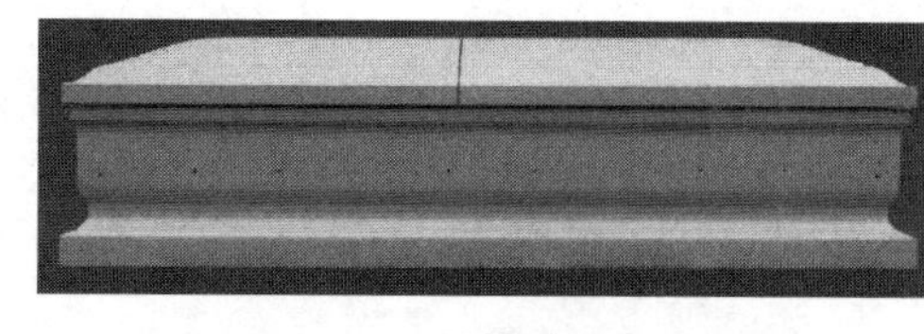

后视图

左视图

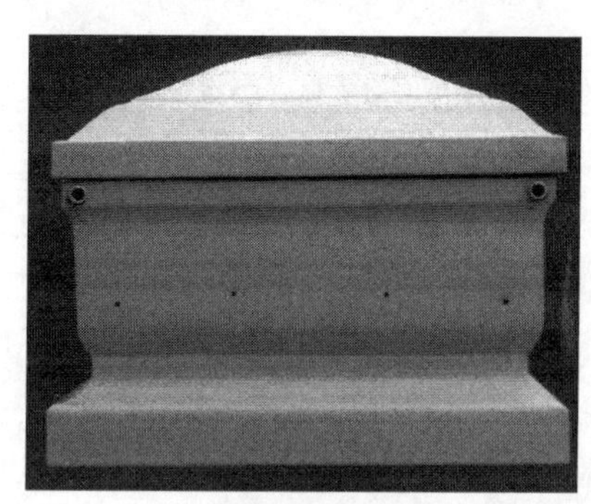

右视图

俯视图

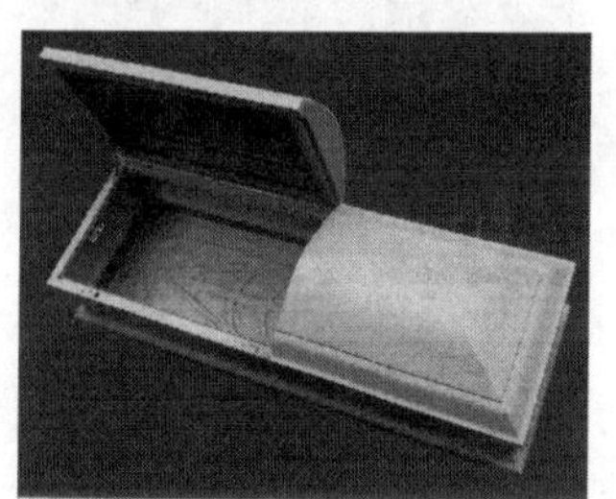

使用状态图

本专利附图

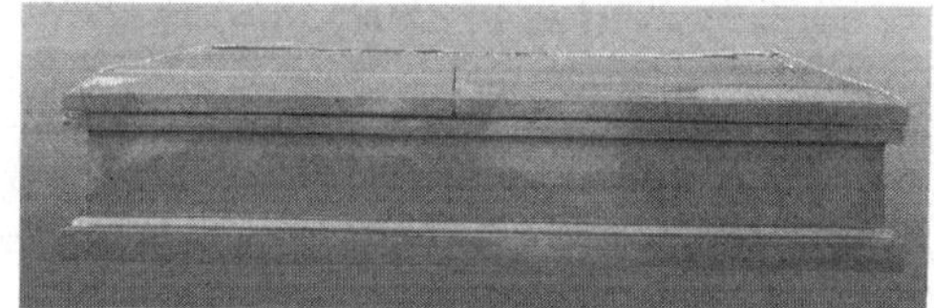

主视图

俯视图

使用状态图

右视图

在先设计附图

北京市第一中级人民法院
行政判决书

（2009）一中行初字第1232号

原告薛惕忠，男，1948年10月11日出生，汉族，无锡太湖拖拉机有限公司退休职工，住江苏省无锡市崇安区东映山河29号402室。

委托代理人孙银生，江苏圣典律师事务所律师。

委托代理人张静，江苏圣典律师事务所律师。

被告国家知识产权局专利复审委员会，住所地北京市海淀区北四环西路9号银谷大厦10~12层。

法定代表人廖涛，副主任。

委托代理人钟华，国家知识产权局专利复审委员会审查员。

委托代理人柴爱军，国家知识产权局专利复审委员会审查员。

第三人江苏友信高分子材料有限公司，住所地江苏省常州市金坛经济开发区晨风工业园区东侧、新常金路南侧。

法定代表人纪云芳，董事长。

原告薛惕忠不服被告国家知识产权局专利复审委员会（以下简称专利复审委员会）作出的第12997号无效宣告请求审查决定（以下简称第12997号决定），于法定期限内向本院提起诉讼。本院于2009年5月12日受理本案后，依法组成合议庭，并依法通知江苏友信高分子材料有限公司（以下简称友信公司）作为第三人参加诉讼，于2009年7月24日公开开庭进行了审理。原告薛惕忠的委托代理人孙银生，被告专利复审委员会的委托代理人柴爱军到庭参加诉讼，第三人友信公司经本院传票传唤没有到庭。本案现已审理终结。

专利复审委员会2009年3月9日作出的第12997号决定是针对友信公司对薛惕忠享有的200430058479.1号名称为“卫生棺（5）”的外观设计（以下简称本专利）所提出的无效宣告请求作出的。

专利复审委员会认为：将本专利与在先设计比对，两者整体形状、各部件的形状及位置关系均近似，两者的不同之处在于，卫生棺的底部边沿形状不同，卫生棺的左侧顶盖可打开，后底座表面的鱼骨纹设计略有不同。上述区别属于局部细微区别，不足以对产品的整体视觉效果产生显著影响，因此，本专利与在先设计构成相近似的外观设计，本专利不符合《中华人民共和国专利法》（以下简称专利法）第二十三条的规定。决定：宣告200430058479.1号外观设计专利权全部无效。

原告薛惕忠不服该决定，向本院起诉称：第12997号决定认定事实错误，（1）专利复审委员会没有明确外观设计产品的“一般消费者”是谁，在先设计与本专利的外观设计产品从未在中国销售过，该产品主要出口欧美等一些国家，中国禁用棺材进行土葬，现在的年轻人几乎没见过棺材，中国消费者不了解该产品，易认为两者区别不大，如果将在先设计与本专利外观设计产品放在一些欧美国家的“一般消费者”面前，两者的区别便会非常明显地体现出来。客观地说两者在美国殡葬市场的销售量存在很大差异，如果没有一定的区别就不会出现上述情况。（2）在先设计与本专利的外观设计存在明显差别，不相同，也不相近似，本专利的本体为方角，也无棱角，有角度，底座线条有圆弧过渡凹进去，而在先设计本体是垂直的没有变化，底座线条简单得多，以及过渡方式与本专利存在很大差别。综上，请求撤销专利复审委员会作出的第12997号决定，重新作出审查决定。

被告专利复审委员会的答辩称：（1）《审查指南》第四部分第五章第3节“判断主体”规定，在判断外观设计是否构成相同或者近似时应当基于被比设计产品的一般消费者的知识水平和认知能力进行评价。作为某类外观设计产品的一般消费者应当具备以下特点：①对被比设计产品的同类或者近似类产品的外观设计状况具有常识性了解。②对外观设计产品之间在形状、图案以及色彩上的差别具有一定的分辨力，但不会注意到产品的形状、图案以及色彩的细小变化。根据上述规定，本专利与在先设计的判断主体应是涵盖了上述内容的抽象的人，不是具体某一类人，因此，薛惕忠称应以主要购买地欧美国家的一般消费者为准不符合上述规定。（2）《审查指南》第四部分第五章第4节“判断原则”规定，两个外观设计的差别对于主体视觉效果不具有显著影响，则两者近似。即便一般消费者不会将两个外观设计混淆，也不必然得出不相近似的结论。综上，专利复审委员会坚持本专利符合《专利法》第二十三条规定意见，第12997号决定认定事实清楚、适用法律正确、程序合法，故请求驳回原告的诉讼请求，维持第12997号决定。

第三人友信公司同意第12997号决定，没有提交书面意见陈述。

经审理查明：

2004年7月2日，薛惕忠申请了名称为“卫生棺（5）”的外观设计专利（即本专利），2005年3月23日获得授权，专利申请号为200430058479.1（参见本判决后附图）。

2008年9月24日，友信公司以本专利不符合《专利法》第二十三条的规定为由，提出无效请求，其中提交了申请日为2003年10月29日，公开日为2004年6月2日，名称为“卫生棺（3）”，专利申请号为200330111620.5的外观设计专利，作为在先设计（参见本判决后附图）。

薛惕忠对专利复审委员会认定的如下事实表示认可：本专利卫生棺中部棺体近似长方形，表面中央水平间隔设置有几个小孔，长方形上边沿向外略突出，右侧两端设置有两个较大的孔。从主视图看该卫生棺的顶盖近似梯形，从左、右视图看近似三角形，顶盖的上边沿向外略突出，顶盖表面由长方形直棱框包围。顶盖中央分界，左侧顶盖可打开，打开后可见底座表面的鱼骨纹设计。该卫生棺底部近似长方形，边沿突出于卫生棺棺体外呈略凹弧形。在先设计的卫生棺中部棺体近似长方形，表面中央水平间隔设置有几个小孔，长方形上边沿向外略突出，右侧两端设置有两个较大的孔。从主视图看该卫生棺的顶盖近似梯形，从左、右视图看近似三角形，顶盖的上边沿向外略突出，顶盖表面由长方形直棱框包围。顶盖中央分界，左侧顶盖可打开，打开后可见底座表面的鱼骨纹设计。该卫生棺底部近似长方形，边沿延伸突出于卫生棺棺体。

将本专利与在先设计比对，存在如下区别：卫生棺的底部边沿形状不同，卫生棺的左侧顶盖可打开，后底座表面的鱼骨纹设计略有不同。

对于本专利与在先设计比对后的区别，薛惕忠表示还应包括：“本专利，（1）从本体的上边缘与本体的接触是由一圆弧过渡。（2）从本体自身下部有一线条清晰地停止本体到底座的过渡。（3）从本体下部的线条，然后通过一个圆弧逐渐地过渡到底座。在先设计，（1）从本体的上边缘，由直角直接与棺体本体连接。（2）本体没有变化与底座垂直。（3）本体与底座通过与本体垂直的平台，再由平台连接-45°的倒角，然后通过该45°的倒角再垂直连接到底座”。

专利复审委员会表示，薛惕忠所述上述区别仍属于两设计中的局部细微区别，不足以对本产品的整体视觉效果产生影响。

上述事实有第12997号决定、本专利外观设计、在先设计、庭审笔录以及当事人陈述等证据在案佐证。

本院认为：

被比外观设计近似性问题判断的规则是：整体观察、综合判断。结合到本案，因其只涉及形状要素，故应对整体形状加以观察确定。根据证据显示，被比外观设计两者大体形状均由顶盖、本体和底座组成，而三部分各自的自身形状均如前述专利复审委员会查明的事实部分所述，大体相同但存在区别，且区别集中存在于顶盖与本体之间，本体与底座之间的转角及扣边处，相对于两设计的整体而言，此处的不同应当视为局部的细微差别，即便有影响也未达到显著影响上述整体形状视觉效果的程度。专利复审委员会由此认定所述区别不足以对产品整体视觉效果产生显著影响，被比外观设计构成近似，所作判定并无不当。

诚如薛惕忠所述，一般消费者对产品的知晓程度会影响近似性问题的判断结果，然而，《审查指南》对一般消费者判断能力的规定是，基于被比设计产品一般消费者的知识水平和认知能力，这种知识水平和认知能力体现为，对被比设计产品同类或者近似类的外观设计状况具有常识性了解；对外观设计产品之间在形状、图案以及色彩上的差别具有一定的分辨力，但不会注意到产品的形状、图案以及色彩的细小变化。即这种判断能力是大众的而非专业的。就本专利所涉产品而言，属于人类长期文化延续的产物，一般消费者具备常识性的了解和认知能力，由此出发，判定被比设计构成近似并无不当。薛惕忠在我国申请本专利，却主张欧美国家的消费者不会发生混淆，则被比设计不相近似，其理由不能成立，对其主张本院不予支持。

综上所述，专利复审委员会作出的第 12997 号决定认定事实清楚，适用法律正确，程序合法，依照《中华人民共和国行政诉讼法》第五十四条第（一）项之规定，本院判决如下：

维持被告国家知识产权局专利复审委员会作出的第 12997 号无效宣告请求审查决定。

案件受理费 100 元，由原告薛惕忠负担（已交纳）。

如不服本判决，各方当事人于本判决书送达之日起 15 日内，向本院递交上诉状，并按对方当事人人数提交上诉状副本，同时交纳上诉案件受理费 100 元，上诉于北京市高级人民法院。

审 判 长 任 进
代理审判员 邢 军
人民陪审员 牛艳玲
二〇〇九年八月二十六日
书 记 员 陈文煊

主视图

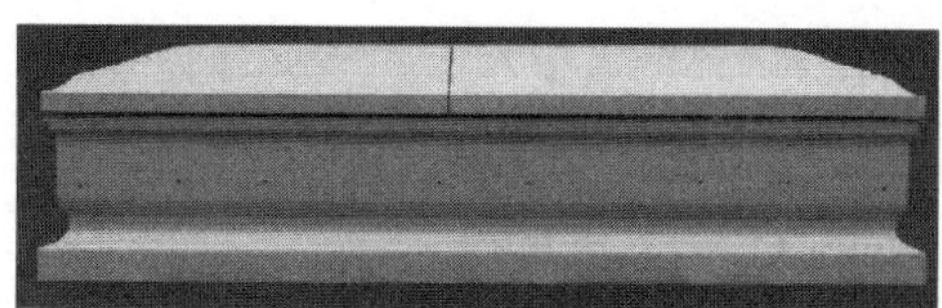
后视图

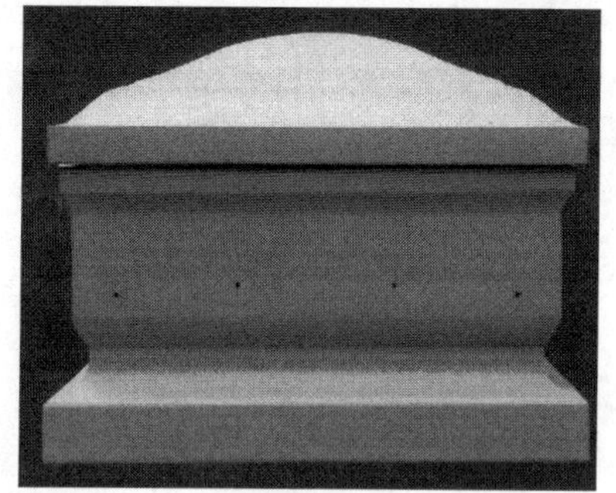
左视图

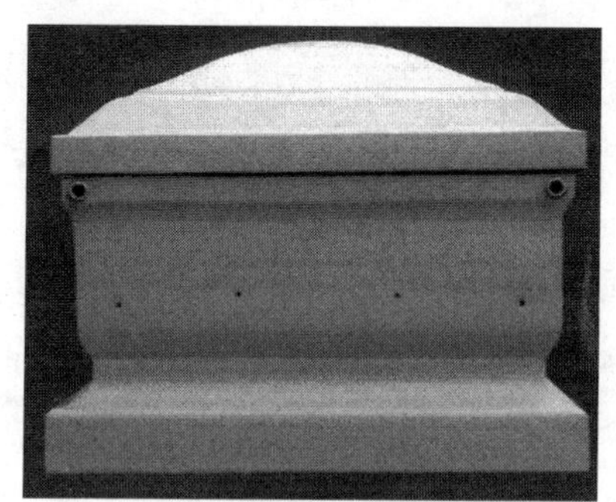
右视图

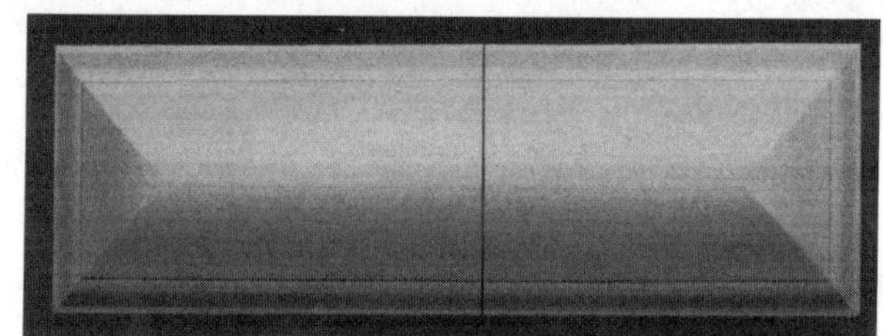
俯视图

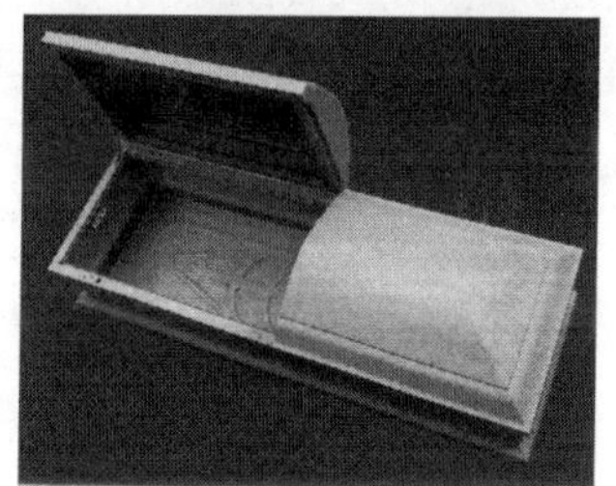
使用状态图

本专利附图

主视图

俯视图

使用状态图

右视图

在先设计附图

北京市高级人民法院
行政判决书

（2009）高行终字第1293号

上诉人（原审原告）薛惕忠，男，汉族，1948年10月11日出生，江苏省无锡市太湖拖拉机有限公司退休职工，住江苏省无锡市崇安区东映山河29号402室。

委托代理人孙银生，江苏圣典律师事务所律师。

委托代理人朱玉书，男，汉族，1952年10月30日出生，江苏省无锡市太湖拖拉机有限公司职员，住江苏省无锡市新区鸿山镇鸿西村薛家里18号。

被上诉人（原审被告）国家知识产权局专利复审委员会，住所地北京市海淀区北四环西路9号银谷大厦10~12层。

法定代表人张茂于，副主任。

委托代理人朱明雅，国家知识产权局专利复审委员会审查员。

原审第三人江苏友信高分子材料有限公司，住所地江苏省金坛市良常路5号。

法定代表人纪云芳，董事长。

上诉人薛惕忠因外观设计专利权无效行政纠纷一案，不服北京市第一中级人民法院（2009）一中行初字第1232号行政判决，向本院提出上诉。本院于2009年10月29日受理后，依法组成合议庭，于2009年11月25日公开开庭进行了审理。薛惕忠的委托代理人孙银生，国家知识产权局专利复审委员会（以下简称专利复审委员会）的委托代理人朱明雅到庭参加了诉讼。江苏友信高分子材料有限公司（以下简称友信公司）经本院传票传唤未出庭应诉。本案现已审理终结。

北京市第一中级人民法院认定，薛惕忠是200430058479.1号“卫生棺（5）”外观设计专利（以下简称本专利）的专利权人。2008年9月24日，友信公司以本专利不符合《中华人民共和国专利法》（以下简称《专利法》）第23条规定为由请求专利复审委员会宣告本专利权无效。2009年3月9日，专利复审委员会作出第12997号无效宣告请求审查决定（以下简称第12997号决定），宣告本专利权全部无效。

北京市第一中级人民法院认为，本专利与在先设计大体相同但存在区别，相对于两设计的整体而言，二者存在的区别应视为局部的细微差别，即使有影响也未达到显著影响上述整体形状视觉效果的程度。专利复审委员会由此认定二者区别不足以对产品整体视觉效果产生显著影响，被比外观设计构成近似，并无不当。同时，《审查指南》对一般消费者判断能力的规定是，基于被比设计产品一般消费者的知识水平和认知能力，这种知识水平和认知能力体现为，对被比设计产品同类或者近似类的外观设计状况具有常识性了解；对外观设计产品之间在形状、图案以及色彩上的差别具有一定的分辨力，但不会注意到产品的形状、图案以及色彩的细小变化。这种判断能力是大众的而非专业的。就本专利所涉产品而言，属于人类长期文化延续的产物，一般消费者具备常识性的了解和认知能力，由此出发判断被比设计构成近似并无不当。薛惕忠在我国申请本专利，却主张欧美国家的消费者不会发生混淆，则被比设计不相近似，其理由不能成立，对其主张本院不予支持。专利复审委员会作出的第12997号决定认定事实清楚，适用法律正确，程序合法，应予维持。

北京市第一中级人民法院依照《中华人民共和国行政诉讼法》第54条第（1）项的规定判决：维持专利复审委员会作出的第12997号决定。

薛惕忠不服原审判决，向本院提出上诉，请求撤销原审判决。薛惕忠的上诉理由是：（1）根据“整体观察、综合判断”的原则，本专利与在先设计产品形状完全不同；（2）本专利在过渡和连接部位进行了较大改动，在整体形状上确实发生了重大变化，与在先设计具有完全不同的外形和体态。

专利复审委员会、友信公司服从原审判决。

经审理查明：

2004年7月2日，薛惕忠向国家知识产权局申请了名为“卫生棺（5）”的外观设计专利（即本专利），2005年3月23日获得授权，专利号为200430058479.1。本专利包括6幅视图，即主视图、后视图、左视图、右视图、俯视图和使用状态图（见本判决书后附图）。

2008年9月24日，友信公司以本专利不符合《专利法》第二十三条的规定为由，请求专利复审委员会宣告本专利权无效。友信公司向专利复审委员会提交了第200330111620.5号卫生棺（3）外观设计专利作为在先设计（参见本判决书后附图）。在先设计的申请人也是薛惕忠，申请日期为2003年10月29日，公开日为2004年6月2日。

2009年3月9日，专利复审委员会作出第12997号决定。专利复审委员会在该决定中认定：本专利卫生棺的中部棺体近似长方形，表面中央水平间隔设置有几个小孔，长方形上边沿向外略有突出，右侧面两端设置有两个较大的孔。从主视图看该卫生棺的顶盖近似梯形，从左、右视图看近似三角形，顶盖的上边沿向外略突出，顶盖表面由长方形直棱框包围。顶盖中央分界，左侧顶盖可打开，打开后可见底座表面的鱼骨纹设计。该卫生棺的底座近似长方形，边沿突出于卫生棺棺体外呈略凹弧形。在先设计卫生棺的中部棺体近似长方形，表面中央水平间隔设置有几个小孔，长方形上边沿向外略突出，右侧面两端设置有两个较大的孔。从主视图看该卫生棺的顶盖近似梯形，从左、右视图看近似三角形，顶盖的上边沿向外略突出，顶盖表面由长方形直棱框包围。顶盖中央分界，左侧顶盖可打开，打开后可见底座表面的鱼骨纹设计。该卫生棺的底座近似长方形，边沿延伸突出于卫生棺棺体。将本专利与在先设计对比，两者的整体形状、各部件的形状及位置关系均近似，两者的不同之处在于：卫生棺的底座边沿形状不同，卫生棺的左侧顶盖可打开后底座表面的鱼骨纹设计略有不同。专利复审委员会认为上述区别属于局部的细微差别，不足以对产品的整体视觉效果产生显著影响，因此本专利与在先设计构成相近似的外观设计，本专利不符合《专利法》第二十三条的规定。综上，专利复审委员会决定宣告本专利权全部无效。

薛惕忠不服第12997号决定，在法定期限内向原审法院提起诉讼。

诉讼过程中，薛惕忠对专利复审委员会第12997号决定中有关本专利与在先设计之间的对比不持异议，并提出本专利与在先设计之间具体存在以下三点区别：

（1）本专利从本体的上边缘与本体的接触是由一圆弧过渡，在先设计从本体的上边缘由直角直接与棺体本体连接；

（2）本专利从本体自身下部有一线条清晰地停止本体到底座的过渡，在先设计本体没有变化，与底座垂直；

（3）本专利从本体下部的线条，然后通过一个圆弧逐渐过渡到底座，在先设计本体与底座通过与本体垂直的平台，再由平台连接-45°的倒角，然后通过该45°的倒角再垂直连接底座。

专利复审委员会认可本专利与在先设计存在上述三点区别。

上述事实，有第12997号决定、本专利外观设计、在先设计及当事人陈述等证据在案佐证。

本院认为，本案的争议焦点在于本专利与在先设计是否相近似。外观设计相同或相近似的判断，应当采用整体观察、综合判断的方式进行。对比本专利与在先设计，二者在中部棺体形状、顶盖形状、底部形状均近似，二者的顶盖均是以中央分界、左右两部分顶盖可以分别打开，而且在一些细节设计，如棺体表面中央的小孔设计、右侧两端较大孔的设计、棺体上边沿和顶盖上边沿的设计、顶盖表面包围框设计等方面均相同或近似。这些整体形状和细节设计上的相同或近似，使得本专利与在先设计给人的整体视觉效果相似。二者的区别则仅在于连接处的角度及转角的弧度，这些区别均属细微差别，尚不足以对二者的整体视觉效果产生显著影响。因此，专利复审委员会和原审法院关于本专利与在先设计构成近似的判定，并无不当。薛惕忠关于二者的上述差别使本专利与在先设计具有完全不一样的视觉效果的上诉主张，本院不予支持。

综上，薛惕忠的上诉理由缺乏事实和法律依据，其上诉请求本院不予支持。原审判决认定事实清楚，适用法律正确，依法应予维持。依照《中华人民共和国行政诉讼法》第六十一条第（一）项之规定，判决如下：

驳回上诉，维持原判。

一审案件受理费人民币 100 元，由薛惕忠负担（已交纳）；二审案件受理费人民币 100 元，由薛惕忠负担（已交纳）。

本判决为终审判决。

审　判　长　刘继祥
代理审判员　谢甄珂
代理审判员　刘晓军
二〇〇九年十二月十四日
书　记　员　孙　娜

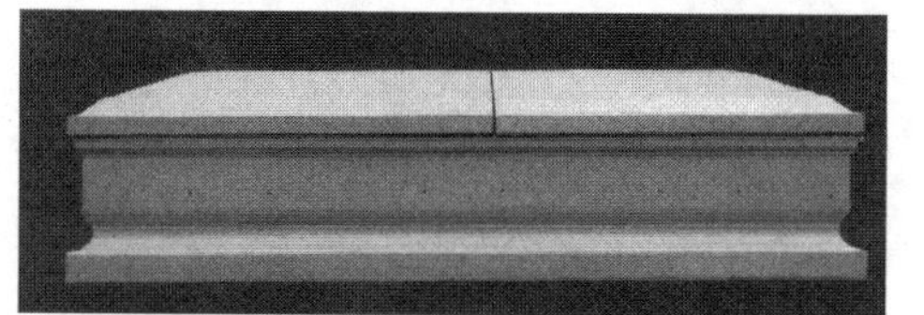
主视图

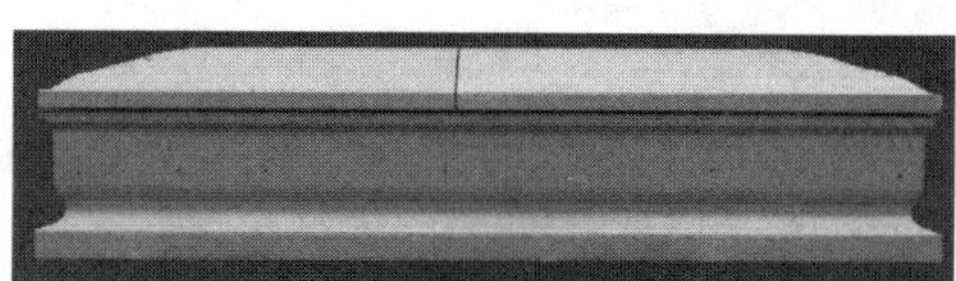
后视图

左视图

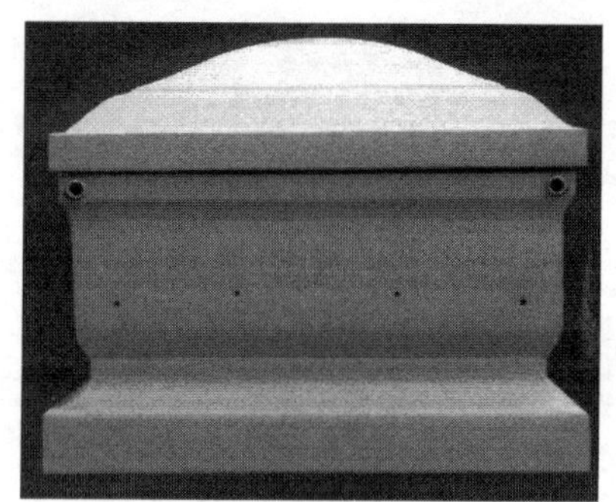
右视图

俯视图

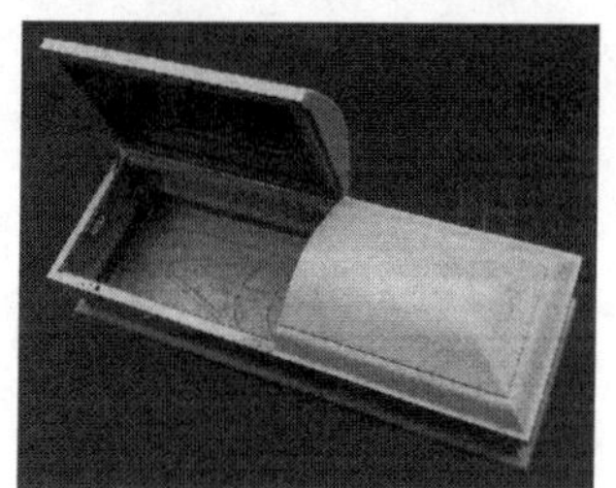
使用状态图

本专利附图

主视图

俯视图

使用状态图

右视图

在先设计附图

144

沙发（870）

无效宣告请求审查决定（第13001号）

决　　定　　号　第13001号
决　　定　　日　2009年3月5日
发明创造名称　沙发（870）
国 际 分 类 号　06-01
无效宣告请求人　敏华荣家具（深圳）有限公司
专　利　权　人　浙江顾家工艺沙发制造有限公司
专　　利　　号　200730124769.5
申　　请　　日　2007年8月8日
授 权 公 告 日　2008年4月23日
合 议 组 组 长　王霞军
主　　审　　员　孙学锋
参　　审　　员　张媛媛
附　　　　　图　1页

法　律　依　据　专利法第9条
决　定　要　点

如果被比设计和在先设计的区别仅在于局部的微小差别或仅属于相同的外观设计的元素在某方向上的惯常的延伸，则被比设计与在先设计属于相近似的外观设计。

一、案由

本无效宣告请求涉及国家知识产权局于2008年4月23日授权公告的、专利号为200730124769.5、名称为沙发（870）的外观设计专利（下称本专利），其申请日为2007年8月8日，专利权人为浙江顾家工艺沙发制造有限公司。

针对本专利，敏华荣家具（深圳）有限公司（下称请求人）于2008年11月5日向专利复审委员会提出无效宣告请求，其无效理由是本专利不符合专利法第9条、第23条和专利法实施细则第13条第1款的规定，并同时提交了如下附件作为证据：

附件1：专利号为200730170513.8的外观设计专利授权文本，申请日为2007年6月18日，授权公告日为2008年6月11日。

请求人认为：本专利中的套件1与附件1中公开的外观设计主体各部位式样以及外形比例均相同，各部件间的连接部位亦相同，且附件1中的沙发前端面上的商标图案已删除。二者的不同点仅在于两者侧视图上的一个部件（弹校按钮）上：本专利的弹校按钮为长圆形，附件1的为圆形。但是，二者在侧视图上所处的位置一致，也不是其主设计要点，且不在主视部位上，不会给消费者带来产品风格及款式不同的误解。因此二者属于相同的外观设计。对于本专利中的两件及单件体的套件（即套件2和套件3)，均可由套件1推导出它的外观形状，因此也应属于相同的产品。附件1公开的产品的外观设计与本专利的外观设计相比是相同的，本专利应当被宣告无效。

经形式审查合格，专利复审委员会于2008年12月4日受理了该无效请求，并将无效宣告请求书及其附件转送给专利权人。

专利复审委员会依法成立合议组对本案进行审查。

合议组于2009年2月2日向双方当事人发出口头审理通知书，定于2009年2月26日举行口头审理。

针对请求人于无效宣告请求之日提出的理由和证据，专利权人于2009年1月19日提交了意见陈述书，专利权人认为：（1）本专利包括三个单件产品：单人位、两人位和三人位，附件1仅公开了三人位。（2）本专利坐垫前端面圆弧度较大，给人圆润饱满的印象，附件1坐垫前端面弧度较小、较平。（3）从主视图来说，附件1的沙发坐垫前端面由红蓝两色构成的文字图案，视觉效果非常明显。专利权人同时认为，附件1前端面的文字图案与其设计不可分离，因此，正是由于本专利和附件1在沙发前端面图案上的显著区别，二者属于不相同也不相近似的外观设计。

合议组于2009年2月9日将专利权人提交的意见陈述书转送给请求人。

在案件审查过程中，案件的合议组成员发生了变更。

口头审理于2009年2月26日如期举行，请求人的代理人出席了口头审理。在口头审理过程中，请求人对合议组成员变更无异议，对合议组成员和书记员无回避请求。请求人当庭表示放弃将专利法第23条和专利法实施细则第13条第1款作为无效理由，确定其无效理由为本专利不符合专利法第9条，使用的证据为附件1，无效范围为本专利全部外观设计。

根据以上审理，合议组认为，本案事实已经清楚，可以依法作出审查决定。

二、决定的理由

1. 关于证据

附件1为专利号为200730170513.8的外观设计专利的授权文本，其申请日为2007年6月18日，授权公告日为2008年6月11日。附件1的申请日早于本专利的申请日2007年8月8日，因此，该附件可以作为判断本专利是否符合专利法第9条规定的证据。

2. 关于专利法第9条

专利法第9条规定，两个以上的申请人分别就同样的发明创造申请专利的，专利权授予最先申请的人。

审查指南第四部分第七章第1节规定，专利法第9条所述的“同样的发明创造”，对于外观设计而言，是指外观设计相同或相近似。

3. 关于本专利是否符合专利法第9条的规定

如果被比设计和在先设计的区别仅在于局部的微小差别或仅属于相同的外观设计的元素在某方向上的惯常的延伸，则被比设计与在先设计属于相近似的外观设计。

本专利请求保护的是一种沙发的外观设计，其授权公告的图片包括套件1、套件2和套件3的主视图、俯视图、左视图、后视图，以及三个套件的组合状态图。其中，套件1是一个三人位的沙发产品，其包括底座、坐垫、扶手、靠背以及支腿等部件。其中，平置的底座上放置有坐垫，底座和坐垫均由三部分组成，位于两侧的两部分比中间的部分稍宽，坐垫的上表面的前端较后端略高；底座及坐垫的两头均有一竖立的挡板，该挡板前面呈近似弧状，其边角呈圆润自然过渡，挡板上方各有一宽度大于挡板厚度的扶手，该扶手在整体上略高于坐垫的上表面，挡板外侧面上部靠近前方的位置有一长圆形按钮；底座和挡板的后端有一略向后倾斜的靠背，靠背的整体高度约为挡板高度的两倍，该靠背具有与坐垫三部分对应的分别位于靠背上半部分的上方和下方的腰部靠背和头部靠枕，沙发各个组件的边角和整体均为圆润过渡；支腿位于底座下方，与基座相连支撑整个沙发的重量（详见本决定附图1、附图2）。

附件1的外观设计也是一个三人位的沙发，其授权公告的外观设计图包括：主视图、右视图、俯视图、立体图以及使用状态参考图1~3，该沙发包括底座、坐垫、扶手、靠背以及支腿等部件。其中，平置的底座上放置有坐垫，底座和坐垫均由三部分组成，位于两侧的两部分比中间的部分稍宽，坐垫的上表面的前端较后端略高，两侧底座的前面印有文字及图案，但是已作了删除处理；底座及坐垫的两头均有一竖立的挡板，该挡板前面呈近似弧状，其边角呈圆润自然过渡，挡板上方各有一宽度大于挡板厚度的扶手，该扶手在整体上略高于坐垫的上表面，挡板外侧面上部靠近前方的位置有一圆形按钮；底座和挡板的后端有一略向后倾斜的靠背，靠背的整体高度约为挡板高度的两倍，该靠背具有与坐垫三部分对应的分别位于靠背上半部分的上方和下方的腰部靠背和头部靠枕，沙发各个组件的边角和整体均为圆润自然过渡；支腿位于底座下方，与基座相连支撑整个沙发的重量（详见本决定附图3）。

由此可见，本专利的套件1与附件1相比，其区别仅在于沙发挡板外侧面的按钮的形状：本专利套件1中的按钮为长圆形，而附件1为圆形。但是，该按钮处于挡板的外侧面，且其尺寸相对于沙发整体来说非常小，因此，对于一般消费者来说，处于侧面的较小的按钮的形状差别属于局部的细微变化，并不会对本专利的套件1与附件1的外观设计的整体视觉效果具有显著的影响。因此，本专利的套件1与附件1属于相近似的外观设计。

专利权人在意见陈述书中认为：（1）通过侧视图对比可以看出本专利坐垫前端面圆弧较大，给人圆润饱满的感觉，附件1的相应部分弧度较小、较平；（2）从主视图上看，附件1坐垫前端面的文字图案占据了其约1/3的面积，视觉效果明显，而本专利并无此图案，整体视觉简洁明了。

对于上述主张，合议组认为：（1）本专利坐垫前端面呈类似圆弧状的圆滑过渡的方式设计，附件1的坐垫的前端面同样为边角圆滑过渡的圆弧状的设计风格，二者之间没有明显区别，对产品的整体视觉效果没有显著影响。（2）对于附件1中的文字图案，附件1中已做了删除处理，因此，该文字图案不属于附件1的外观设计的一部分，因此，专利权人对于该已删除的文字图案会引起本专利与附件1相比具有显著的视觉影响的主张也不成立。

对于本专利的套件2，合议组认为，套件2与套件1属于完全相同的设计风格，均具有相同特点的底座、坐垫、挡板、扶手和靠背等部件，通过比较套件1和套件2的相应视图可以看出，套件2与套件1的不同仅在于底座和坐垫在水平方向上的单元数目和延伸长度不同。根据上述对套件1的分析，套件1与附件1属于相近似的外观设计，因此，一般消费者在看到套件2时会主要注意到其底座、坐垫、挡板、扶手和靠背等主要部件均与附件1相同，一般消费者由此会对二者的整体外观设计风格相同会留下深刻印象，而且，根据需要调整沙发的单元数目从而改变其延伸长度属于惯常的手段，因而，一般消费者会将套件2和附件1的外观设计误认、混同，二者的差别不会对整体视觉效果造成显著影响。因此，本专利套件2与附件1也属于相近似的外观设计。

基于同样的理由，本专利的套件3与套件1和套件2的不同也仅在于水平方向上的单元数目和延伸长度的不同，因此，本专利套件3与附件1也属于相近似的外观设计。

综上所述，本专利与附件1相比属于相近似的外观设计，鉴于本专利的申请日晚于附件1的申请日，因此，根据专利法第 9 条的规定，应当宣告本专利全部无效。

三、决定

宣告 200730124769. 5 号外观设计专利权全部无效。

当事人对本决定不服的，可以根据专利法第 46 条第 2 款的规定，自收到本决定之日起三个月内向北京市第一中级人民法院起诉。根据该款的规定，一方当事人起诉后，另一方当事人应当作为第三人参加诉讼。

套件 1 主视图

图 1　本专利套件 1 主视图

套件 1 左视图

图 2　本专利套件 1 左视图

立体图

图 3　附件 1 立体图

145

枪刷（12T）

无效宣告请求审查决定（第13005号）

决　　定　　号　第13005号
决　　定　　日　2008年3月11日
发明创造名称　枪刷（12T）
外观设计分类号　04-01
无效宣告请求人　宁波市鄞州福兴制刷厂
专　利　权　人　唐岳芬
专　　利　　号　200530103746.7
申　　请　　日　2005年1月25日
授 权 公 告 日　2005年9月21日
合 议 组 组 长　钟　华
主　　审　　员　吴大章
参　　审　　员　张　凌
附　　　　　图　2页

法　律　依　据　专利法第23条
决　定　要　点

本专利与在先设计的主体部分相同，不同部分所占比例很小，属于局部的细微变化，二者的差别对于整体视觉效果不具有显著的影响。因此本专利与在先设计属于相近似的外观设计。

一、案由

本无效宣告请求涉及的是国家知识产权局于2005年9月21日授权公告的200530103746.7号外观设计专利，使用该外观设计的产品名称为“枪刷（12T）”，申请日为2005年1月25日，专利权人是唐岳芬。

针对上述专利权（下称本专利），宁波市鄞州福兴制刷厂（下称请求人）于2008年4月24日向专利复审委员会提出无效宣告请求，其依据的事实和理由是：本专利不符合专利法第23条的规定，不符合专利法实施细则第13条第1款的规定，请求人提交了如下附件作为证据：

附件1：ZL200530103753.7号中国外观设计专利著录项目和附图的网页打印页1页；

附件2：US2361395号美国专利公报复印件（3页）以及相关部分中文译文1页（共4页）；

附件3：US1296719号美国专利公报复印件（2页）以及相关部分中文译文1页（共3页）；

附件4：USDes.247936号美国专利公报复印件（2页）以及相关部分中文译文1页（共3页）；

附件5：US Des. 134303号美国专利公报复印件（2页）以及相关部分中文译文1页（共3页）。

请求人认为，本专利与附件1属于同样的发明创造，属于重复授权；附件2~5属于本专利申请日之前的公开出版物，本专利和上述公开出版物上记载的外观设计相近似。

经形式审查合格，专利复审委员会受理了该无效宣告请求，并于2008年5月19日将无效宣告请求书及其附件的副本转送给专利权人，要求其在指定期限内陈述意见。

针对请求人的无效宣告请求，专利权人于2008年6月17日提交了意见陈述书，专利权人认为：本专利与附件1不属于同样的发明创造，故符合专利法实施细则第13条第1款的规定，专利复审委员会在其作出的第10751号无效宣告审查决定中已经对附件1进行过评述，请求人又重新就相同的证据和理由再次提出无效宣告请求；本专利分别与附件2~5相比，均不相同和相近似，符合专利法第23条的规定。

专利复审委员会于2009年1月19日向双方当事人发出了口头审理通知书，定于2009年3月2日进行口头审理，并同时将上述专利权人的意见陈述转送给请求人。

口头审理如期进行。双方当事人均出席了口头审理，双方当事人对对方出庭人员身份均无异议，对合议组成员均无回避请求。请求人当庭表示放弃附件1和附件4，提交了附件2、附件3和附件5的复印件，所述复印件上加盖有“经确认此副本与原件相同国家知识产权局专利检索咨询中心副本认证专用章08年4月16日”的红色印章。专利权人对附件2、附件3和附件5真实性无异议，对上述附件的译文的准确性无异议。双方当事人就本专利分别与附件2的附图2、附件3的附图1和附图2、附件5的附图1是否相同和相近似进行了辩论。

在双方当事人意见陈述及口头审理的基础上，合议组经合议，认为本案事实清楚，依法作出本审查决定。

二、决定的理由

1. 法律依据

专利法第23条规定：“授予专利权的外观设计，应当同申请日以前在国内外出版物上公开发表过或者国内公开使用过的外观设计不相同和不相近似，并不得与他人在先取得的合法权利相冲突。”

2. 证据认定

附件5是US Des. 134303号美国专利公报（2页）以及相关部分中文译文1页（共3页）。专利权人对其真实性无异议，对其中文译文的准确性无异议。经合议组核实，该附件所示内容真实。其使用外观设计的产品名称是“枪清洁工具”，其授权公告日为1942年10月10日，早于本专利申请日，故可以作为评价本专利是否符合专利法第23条的证据。

3. 相近似性对比

本专利使用外观设计的产品是“枪刷（12T）”，附件5使用外观设计的产品是“枪清洁工具”（下称在先设计），二者用途相同，属于相同类别的产品，可以进行外观设计相同和相近似比较。

本专利包括主视图、后视图、左视图、右视图、俯视图、仰视图和立体图。如图片所示，枪刷整体呈圆柱体，枪刷顶部为一环形；枪刷中心为两条相扭转缠绕的杆构成的杆件，两条杆中夹持有紧密排列的刷毛，该刷毛向外延伸并沿杆扭转缠绕的方向形成整齐的螺旋面形状；枪刷末端顺序排列有多面柱体、圆柱体、最末端具有螺纹（详见本专利附图）。

在先设计包括附图1和附图2（请求人指定附图1和本专利进行比较）。从附图1可知，枪清洁工具的前端是一枪刷，所述枪刷的整体呈圆柱体，枪刷顶部为一环形；枪刷中心为两条相扭转缠绕的杆，两条杆中夹持有紧密排列的刷毛，该刷毛向外延伸并沿杆扭转缠绕的方向形成整齐的螺旋面形状；枪刷末端为圆柱体、最末端具有螺纹（详见在先设计附图）。

本专利与在先设计相同之处在于，二者顶端为环形，枪刷中心均为两条相扭转缠绕的杆，两条杆中夹持有紧密排列的刷毛，该刷毛向外延伸并沿杆扭转缠绕的方向形成整齐的螺旋面形状，枪刷末端有圆柱体、最末端具有螺纹。

本专利与在先设计不同之处在于：本专利末端具有多面柱体，而在先设计没有，两者尺寸方面的差异仅仅导致产品被整体放大或者缩小。

合议组认为，整体观察本专利与在先设计，其主体部分是中心的两条相扭转缠绕的杆，以及两条杆中夹持有向外延伸并沿杆扭转缠绕的方向形成整齐的螺旋面形状刷毛，末端的多面柱体所占比例很小，属于局部的细微变化，二者的差别对于整体视觉效果不具有显著的影响。因此，本专利与在先设计应该属于相近似的外观设计。

4. 结论

综上所述，本专利与其申请日以前在国外出版物上公开发表过的外观设计相近似，本专利不符合专利法第 23 条的规定。

鉴于上述已经得出本专利不符合专利法第 23 条规定的结论，本决定对请求人的其他无效宣告理由及提交的其他证据不再作出评述。

三、决定

宣告 200530103746. 7 号外观设计专利全部无效。

当事人对本决定不服的，可以根据专利法第 46 条第 2 款的规定，自收到本决定之日起三个月内向北京市第一中级人民法院起诉。根据该款的规定，一方当事人起诉后，另一方当事人应当作为第三人参加诉讼。

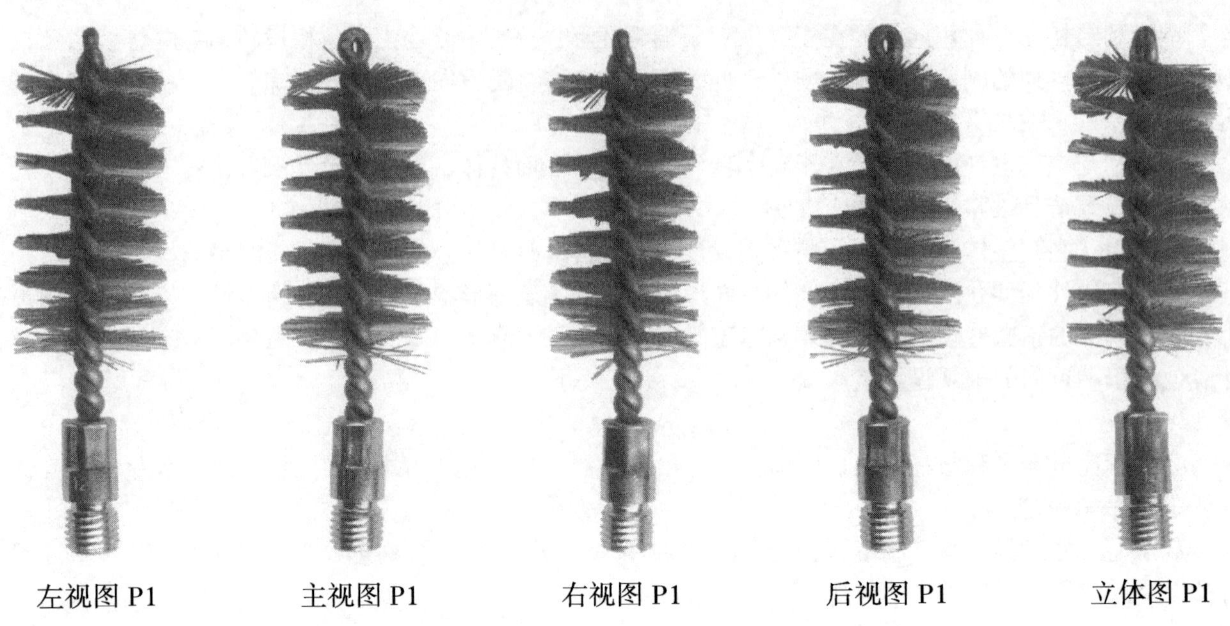

左视图 P1　主视图 P1　右视图 P1　后视图 P1　立体图 P1

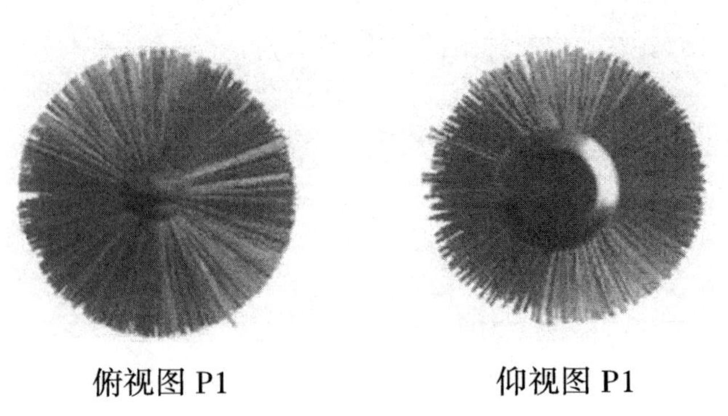

俯视图 P1　仰视图 P1

本专利视图

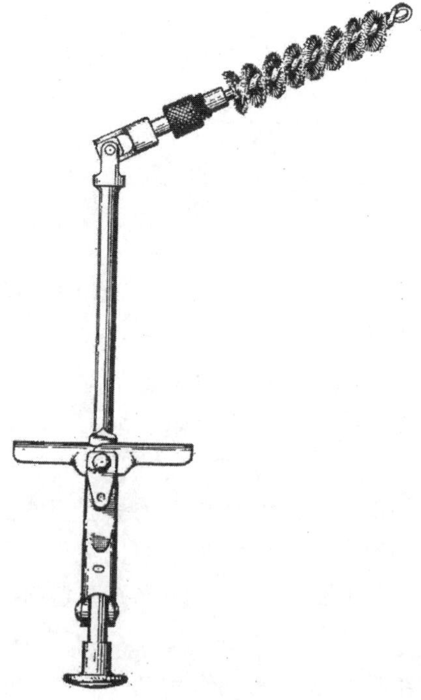

在先设计附图

北京市第一中级人民法院
行政判决书

（2009）一中行初字第1309号

原告唐岳芬，女，1970年7月20日出生，汉族，宁波鄞州洞桥庄成异特制刷厂业主，住浙江省宁波市鄞州区洞桥镇王家桥村6组42号。

委托代理人张文忠，宁波市天晟知识产权代理有限公司专利代理人。

被告国家知识产权局专利复审委员会，住所地北京市海淀区北四环西路9号银谷大厦10~12层。

法定代表人张茂于，副主任。

委托代理人吴大章，男，国家知识产权局专利复审委员会审查员。

委托代理人郭鹏鹏，男，国家知识产权局专利复审委员会审查员。

第三人宁波市鄞州福兴制刷厂，住所地浙江省宁波市鄞州区钟公庙街道新林村。

法定代表人李兴祥，厂长。

委托代理人叶万东，男，宁波市鄞州福兴制刷厂专利工程师。

委托代理人张颖，女，宁波市鄞州福兴制刷厂员工。

原告唐岳芬因专利行政裁决一案，不服被告国家知识产权局专利复审委员会作出的无效宣告请求审查决定，向本院提起行政诉讼。本院受理后，依法组成合议庭，根据《中华人民共和国行政诉讼法》第二十七条，通知宁波市鄞州福兴制刷厂作为第三人参加诉讼。本院于2009年10月10日公开开庭审理了本案。原告的委托代理人张文忠、被告的委托代理人吴大章和郭鹏鹏、第三人的代理人叶万东到庭参加了诉讼。本案现已审理终结。

第三人针对专利权人为原告的名称为“枪刷（12T）”的200530103746.7号外观设计专利（以下简称本专利）向被告提出无效宣告请求。被告经审查于2008年3月11日作出第13005号无效宣告请求审查决定（以下简称无效决定）。被告认为：

（1）法律依据。

《中华人民共和国专利法》（2000年修订，以下简称《专利法》）第二十三条。

（2）证据认定。

附件5是US Des. 134303号美国专利公报（2页）以及相关部分中文译文1页（共3页）。原告对其真实性无异议，对其中文译文的准确性无异议。经被告核实，该附件所示内容真实。其使用外观设计的产品名称是“枪清洁工具”，其授权公告日为1942年10月10日，早于本专利申请日，故可以作为评价本专利是否符合《专利法》第二十三条的证据。

（3）相近似性对比。

本专利使用外观设计的产品是“枪刷（12T）”，附件5使用外观设计的产品是“枪清洁工具”（以下简称在先设计），二者用途相同，属于相同类别的产品，可以进行外观设计相同和相近似比较。

本专利包括主视图、后视图、左视图、右视图、俯视图、仰视图和立体图。如图片所示，枪刷整体呈圆柱体，枪刷顶部为一环形；枪刷中心为两条相扭转缠绕的杆构成的杆件，两条杆中夹持有紧密排列的刷毛，该刷毛向外延伸并沿杆扭转缠绕的方向形成整齐的螺旋面形状；枪刷末端顺序排列有多面柱体、圆柱体、最末端具有螺纹。

在先设计包括附图1和附图2（第三人指定附图1和本专利进行比较）。从附图1可知，枪清洁工具的前端是一枪刷，所述枪刷的整体呈圆柱体，枪刷顶部为一环形；枪刷中心为两条相扭转缠绕的杆，两条杆中夹持有紧密排列的刷毛，该刷毛向外延伸并沿杆扭转缠绕的方向形成整齐的螺旋面形状；枪刷末端为圆柱体、最末端具有螺纹。

本专利与在先设计相同之处在于，二者顶端为环形，枪刷中心均为两条相扭转缠绕的杆，两条杆中夹持有紧密排列的刷毛，该刷毛向外延伸并沿杆扭转缠绕的方向形成整齐的螺旋面形状，枪刷末端有圆柱体、最末端具有螺纹。

本专利与在先设计不同之处在于：本专利末端具有多面柱体，而在先设计没有，两者尺寸方面的差异仅仅导致产品被整体放大或者缩小。

被告认为，整体观察本专利与在先设计，其主体部分是中心的两条相扭转缠绕的杆，以及两条杆中夹持有向外延伸并沿杆扭转缠绕的方向形成整齐的螺旋面形状刷毛，末端的多面柱体所占比例很小，属于局部的细微变化，二者的差别对于整体视觉效果不具有显著的影响。因此，本专利与在先设计应该属于相近似的外观设计。

（4）结论。

综上所述，本专利与其申请日以前在国外出版物上公开发表过的外观设计相近似，本专利不符合《专利法》第二十三条的规定。

（5）鉴于上述已经得出本专利不符合《专利法》第二十三条规定的结论，本决定对第三人的其他无效宣告理由及提交的其他证据不再作出评述。

被告根据《专利法》第二十三条的规定，宣告本专利全部无效。

被告在法定期限内向本院提交了下列证据，证明被诉决定认定事实清楚，适用法律正确，程序合法：（1）本专利的外观设计专利公报；（2）专利号为 US Des134303 号美国专利公报的复印件；（3）口头审理记录表。

原告诉称：（1）本专利公开了“枪刷（12T）”的七幅视图，展示了产品的整体外观设计；而在先设计是“枪清洁工具”的整体形状和图案，仅就在先设计一幅整体图，无法确定在先设计的外观形状，在没有足够证据证明拆卸后部件的形状和图案的前提下，被告就随意进行想当然的拆卸后的状态进行比较，必然得到错误的比较结论；（2）根据整体观察和综合判断原则，本专利与在先设计相比既不相同、也不相近似。原告请求法院判决撤销无效决定、判令被告重新作出无效决定。原告未向本院提交证据。

被告辩称：无效决定认定的事实清楚、适用法律正确、程序合法。被告坚持无效决定中的认定理由，请求法院判决维持无效决定。

第三人述称：其同意被告的意见，其请求法院判决维持无效决定。第三人未向本院提交证据。

经庭审质证，原告认为被告提交证据 2 中的附图 2 应当排除的本案证据以外，对被告提交的其他证据没有异议；第三人对被告提交的证据没有异议。本院根据最高人民法院《关于行政诉讼证据若干问题的规定》，对当事人提交的证据认证如下：被告提交的证据 2 中的附图 2 并非被告作出无效决定的依据，不属于本案的证据，被告提交的其他证据符合关联性、合法性、真实性的要求，且可以证明本专利、在先设计、口头审理以及被告审查程序等情况，可以作为本案认定事实的依据。

依据上述有效证据以及均无异议的当事人陈述，本院认定事实如下：

原告于 2005 年 1 月 25 日向国家知识产权局申请名称为“枪刷（12T）”的 200530103746.7 号外观设计专利权（即本专利，详见本专利附图），2005 年 9 月 21 日授权公告，专利权人为唐岳芬（即本案原告）。

针对本专利，第三人于 2008 年 4 月 24 日向被告提出无效宣告请求，其依据的事实和理由是：本专利不符合《专利法》第二十三条的规定，不符合《中华人民共和国专利法实施细则》（以下简称《专利法实施细则》）第十三条第一款的规定，第三人向被告提交了如下附件作为证据：

附件1：ZL200530103753.7号中国外观设计专利著录项目和附图的网页打印页1页；

附件2：US2361395号美国专利公报复印件（3页）以及相关部分中文译文1页（共4页）；

附件3：US1296719号美国专利公报复印件（2页）以及相关部分中文译文1页（共3页）；

附件4：USDes.247936号美国专利公报复印件（2页）以及相关部分中文译文1页（共3页）；

附件5：US Des.134303号美国专利公报复印件（2页）以及相关部分中文译文1页（共3页）。

第三人认为，本专利与附件1属于同样的发明创造，属于重复授权；附件2至附件5属于本专利申请日之前的公开出版物，本专利和上述公开出版物上记载的外观设计相近似。

经形式审查合格，被告受理了该无效宣告请求，并将无效宣告请求书及其附件的副本转送给原告。原告针对第三人的无效宣告请求向被告提交了意见陈述书。原告认为：本专利与附件1不属于同样的发明创造，故符合《专利法实施细则》第十三条第一款的规定，被告第10751号无效宣告审查决定中已经对附件1进行过评述，第三人又重新就相同的证据和理由再次提出无效宣告请求；本专利分别与附件2~5相比，均不相同和相近似，符合《专利法》第二十三条的规定。

被告向原告和第三人发出了口头审理通知书，定于2009年3月2日进行口头审理，并同时将上述原告的意见陈述转送给第三人。

口头审理如期进行。原告和第三人均出席了口头审理，双方当事人对对方出庭人员身份均无异议，对被告合议组成员均无回避请求。第三人当庭表示放弃附件1和附件4，提交了附件2、附件3和附件5的复印件，所述复印件上加盖有“经确认此副本与原件相同国家知识产权局专利检索咨询中心副本认证专用章2008年4月16日”的红色印章。原告对附件2、附件3和附件5真实性无异议，对上述附件译文的准确性无异议。双方当事人就本专利分别与附件2的附图2、附件3的附图1和附图2、附件5的附图1（详见在先设计附图，第三人指定附图1和本专利进行比较）是否相同和相近似进行了辩论。

被告经审查后作出无效决定。原告不服无效决定，向本院提起行政诉讼。

另，原告在本院法庭审理中明确，其对于被告具有受理无效请求和作出无效决定的法定职权没有异议，其对于无效决定中案由部分已载明的事实、审查程序没有异议；对于无效决定理由部分法律依据、证据的认定以及被告关于在先设计与本专利属于同类产品的认定均没有异议。第三人对上述问题亦无异议。

本院认为：对于当事人均无争议的事实，本院经审查对其合法性予以确认。经各方当事人确认，本案的争议焦点是：被告关于本专利与在先设计属于相近似的外观设计的认定是否合法。

根据《专利法》第二十三条的规定，授予专利权的外观设计，应当同申请日以前在国内外出版物上公开发表过或者国内公开使用过的外观设计不相同和不相近似，并不得与他人在先取得的合法权利相冲突。

本专利使用外观设计的产品是“枪刷（12T）”，在先设计产品是“枪清洁工具”，二者用途相同，属于相同类别的产品，被告依据证据2中的附图1（即在先设计）进行外观设计相同和相近似比较并无不当。

本专利包括主视图、后视图、左视图、右视图、俯视图、仰视图和立体图。如图片所示，枪刷整体呈圆柱体，枪刷顶部为一环形；枪刷中心为两条相扭转缠绕的杆构成的杆件，两条杆中夹持有紧密排列的刷毛，该刷毛向外延伸并沿杆扭转缠绕的方向形成整齐的螺旋面形状；枪刷末端顺序排列有多面柱体、圆柱体、最末端具有螺纹。

在先设计附图1所示枪清洁工具的前端是一枪刷，所述枪刷的整体呈圆柱体，枪刷顶部为一环形；枪刷中心为两条相扭转缠绕的杆，两条杆中夹持有紧密排列的刷毛，该刷毛向外延伸并沿杆扭转缠绕的方向形成整齐的螺旋面形状；枪刷末端为圆柱体、最末端具有螺纹。

本专利与在先设计相同之处在于，二者顶端为环形，枪刷中心均为两条相扭转缠绕的杆，两条杆中夹持有紧密排列的刷毛，该刷毛向外延伸并沿杆扭转缠绕的方向形成整齐的螺旋面形状，枪刷末端有圆柱体、最末端具有螺纹。

本专利与在先设计不同之处在于：本专利末端具有多面柱体，而在先设计没有，两者尺寸方面的差异仅仅导致产品被整体放大或者缩小。

整体观察本专利与在先设计，其主体部分是中心的两条相扭转缠绕的杆，以及两条杆中夹持有向外延伸并沿杆扭转缠绕的方向形成整齐的螺旋面形状刷毛，末端的多面柱体所占比例很小，属于局部的细微变化，二者的差别对于整体视觉效果不具有显著的影响。因此，被告关于本专利与在先设计属于相近似外观设计的认定合法，本院应予支持。

综上，被告作出的无效决定认定的事实清楚，适用法律正确，程序合法，本院应予支持。原告的诉讼请求缺乏事实和法律依据，本院不予支持。据此，本院依照《中华人民共和国行政诉讼法》第五十四条第（一）项的规定，判决如下：

维持被告国家知识产权局专利复审委员会于二〇〇八年三月十一日作出的第13005号无效宣告请求审查决定。

案件受理费100元，由原告唐岳芬负担（已交纳）。

如不服本判决，当事人可在本判决书送达之日起15日内，向本院递交上诉状，预交上诉费100元，并按对方当事人的人数提交副本，上诉于北京市高级人民法院。

审　判　长　梁　菲
代理审判员　乔　军
代理审判员　何君慧
二〇〇九年十二月十七日
书　记　员　曹　炜

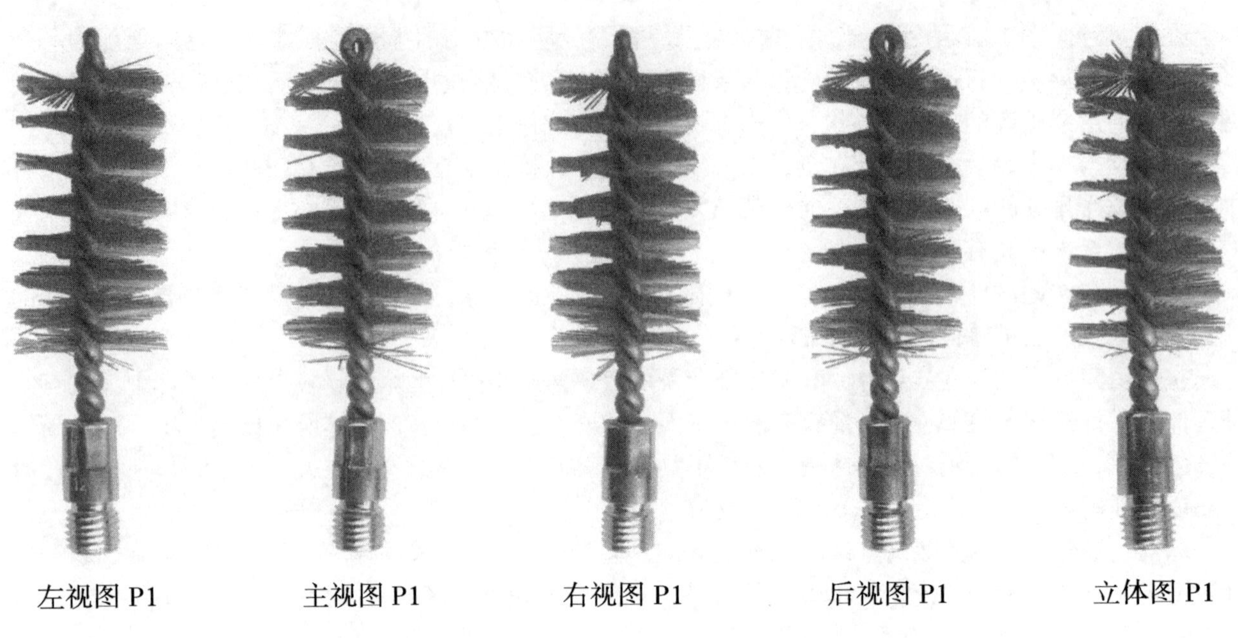

左视图 P1　主视图 P1　右视图 P1　后视图 P1　立体图 P1

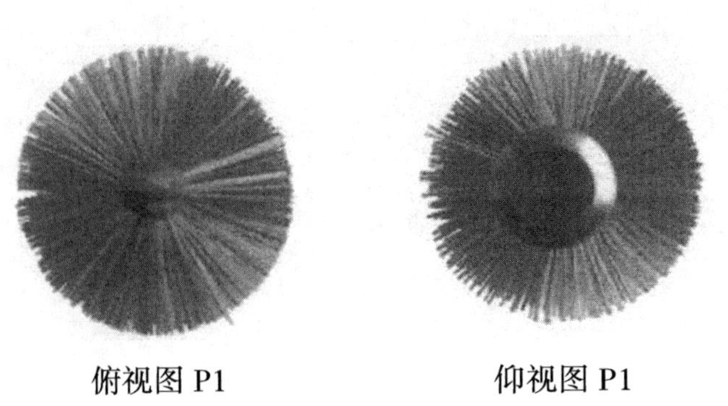

俯视图 P1　仰视图 P1

本专利视图

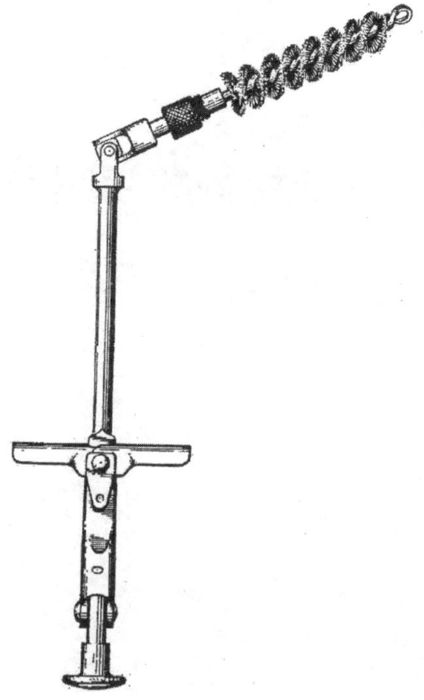

在先设计附图

可充电旋柄式手提灯

无效宣告请求审查决定（第 13007 号）

决　定　号　第 13007 号
决　定　日　2009 年 2 月 23 日
发明创造名称　可充电旋柄式手提灯
外观设计分类号　26-02
无效宣告请求人　江门市金莱特电器灯饰厂有限公司
专 利 权 人　中兴电子厂有限公司
专　利　号　00307487.0
申　请　日　2000 年 5 月 25 日
优 先 权 日　2000 年 4 月 29 日
授权公告日　2001 年 3 月 28 日
合议组组长　王霞军
主　审　员　张雪飞
参　审　员　李巍巍
附　　　图　2 页

法 律 依 据　专利法实施细则第 13 条第 1 款
决 定 要 点
非惯常设计等情形导致的视觉明显的设计差别对整体视觉效果具有显著的影响。

一、案由

本无效宣告请求涉及的是国家知识产权局于 2001 年 3 月 28 日授权公告的 00307487.0 号外观设计专利，使用该外观设计的产品名称是“可充电旋柄式手提灯”，其申请日是 2000 年 5 月 25 日，优先权日是 2000 年 4 月 29 日，专利权人是中兴电子厂有限公司。

针对上述外观设计专利权（下称本专利），江门市金莱特电器灯饰厂有限公司（下称请求人）于 2008 年 11 月 3 日向专利复审委员会提出无效宣告请求，其理由是本专利不符合专利法第 9 条、第 23 条和专利法实施细则第 13 条第 1 款的规定，应予宣告无效，并提交了本专利的著录项目及图片复印件和如下证据附件：

附件 1 是公开（公告）日为 2000 年 9 月 27 日的 99317310.1 号外观设计专利的著录项目及图片复印件共 1 页，其申请日为 1999 年 11 月 22 日，优先权日为 1999 年 10 月 4 日，申请（专利权）人为中兴电子厂有限公司，公开（公告）号为 CN3162010。

请求人认为，本专利与附件1所示外观设计的整体形状相同，各视图略有差异，但仅为局部细微变化，不足以构成整体形状上的显著差异，因此二者属于相近似的外观设计，从而能够证明本专利构成重复授权，不符合专利法实施细则第13条第1款的规定，同时能够证明在本专利申请日以前已有与其相近似的外观设计公开发表过，本专利也不符合专利法第23条的规定。

专利复审委员会根据无效宣告请求审查程序的规定受理了该无效宣告请求，并于2008年11月3日将请求人的无效宣告请求文件转送专利权人。

专利权人逾期未作出答复。

专利复审委员会于2009年1月19日向双方当事人发出口头审理通知书，定于2009年2月17日进行口头审理。

专利权人逾期未作出答复。

口头审理如期举行，请求人委托代理人出席，专利权人一方未出席口头审理，合议组依法进行缺席审理。请求人对合议组成员无回避请求。

在口头审理中，请求人声明放弃专利法第9条和第23条作为无效请求的理由，仍坚持专利法实施细则第13条第1款的无效理由及相关证据。

在上述审理的基础上，合议组经合议，认为本案事实清楚，依法作出本审查决定。

二、决定的理由

基于请求人提出的无效宣告请求的理由和证据，合议组依据专利法实施细则第13条第1款的规定进行审理。专利法实施细则第13条第1款规定：同样的发明创造只能被授予一项专利。

请求人提交的证据是公开（公告）日为2000年9月27日的99317310.1号外观设计专利的著录项目及图片复印件，其申请日为1999年11月22日，优先权日为1999年10月4日，申请（专利权）人为中兴电子厂有限公司，公开（公告）号为CN3162010；专利权人未对其真实性提出质疑。经合议组核实，其内容真实，确系专利权人在本专利申请日（优先权日）以前提出申请并在后授权公告的另外一项外观设计专利，适用于专利法实施细则第13条第1款的规定。

该99317310.1号外观设计专利授予的是一款“可再充电的灯”的外观设计（下称对比设计）。从图片上观察，对比设计主要由卡槽状灯头、近似“工”字形柱体的灯体、带指握部近似柱状的手柄和近似“U”字形的支架等部分组成；其手柄和支架等部分均可活动（详见对比设计附图）。

本专利是“可充电旋柄式手提灯”的外观设计，主要由多层梯台状灯头、近似“工”字形柱体的灯体、带指握部近似柱状的手柄和近似“U”字形的支架等部分组成；其手柄和支架等部分均可活动（详见本专利附图）。

合议组认为：本专利和对比设计均为手提灯的外观设计，用途相同，属于相同类别的产品，具有可比性。

将本专利与对比设计相比较，其同样点为：二者的整体组装关系和手柄的具体形状相同，后部灯体和支架等处的具体形状设计也极其相近似。合议组认为：从整体视觉观察，虽然二者存在上述同样之处，但由于二者在视觉瞩目的灯头部位的设计明显不同，足以导致二者产生明显不同的整体视觉效果，而请求人未能举证说明本专利特有的多层梯台状灯头的设计属于应弱化考虑的惯常设计等情形，因此二者应属于不相同且不相近似的外观设计。根据审查指南第四部分第七章1节的规定，“同样的发明创造”对于外观设计而言，是指外观设计相同或者相近似，因此本专利和对比设计不属于同样的发明创造。

综上所述，请求人提出的无效请求理由不能成立。

三、决定

维持 00307487. 0 号外观设计专利权有效。

当事人对本决定不服的，可以根据专利法第 46 条第 2 款的规定，自收到本决定之日起三个月内向北京市第一中级人民法院起诉。根据该款的规定，一方当事人起诉后，另一方当事人应当作为第三人参加诉讼。

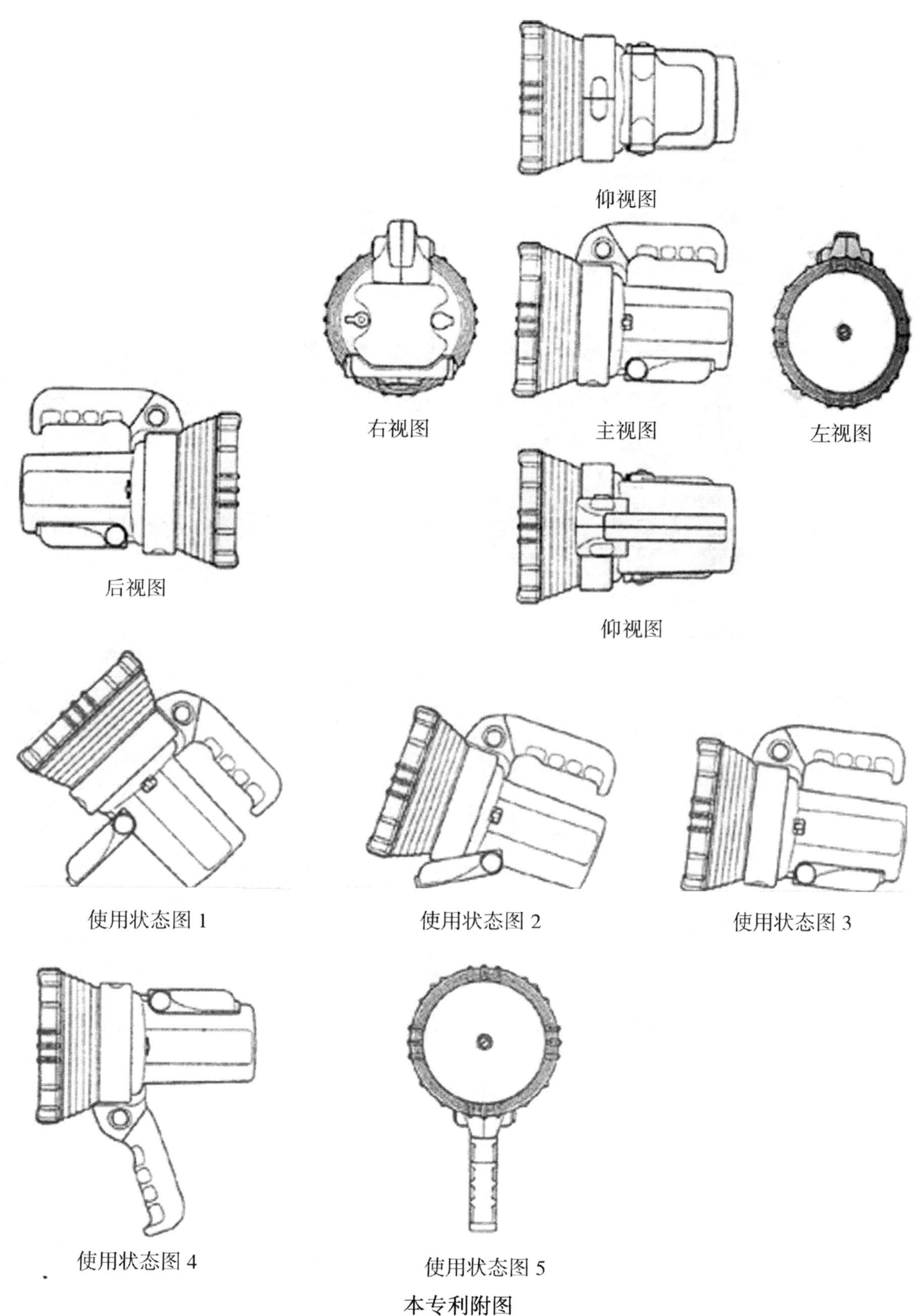

本专利附图

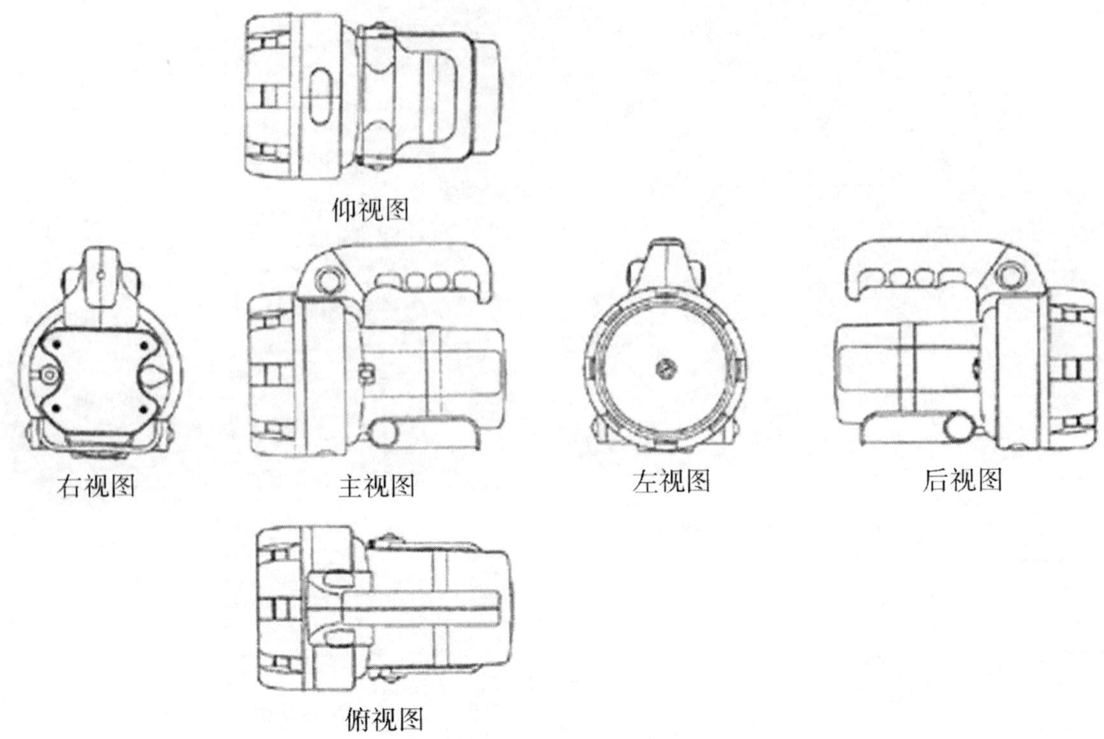

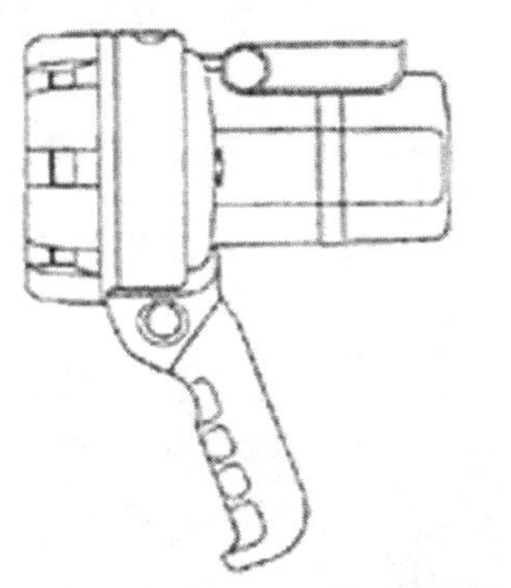

手柄转动 180° 的主视图

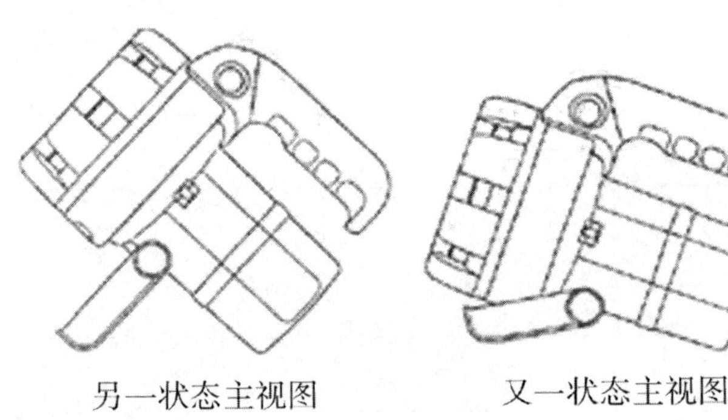

另一状态主视图　　又一状态主视图

对比设计附图

北京市第一中级人民法院
行政判决书

（2009）一中行初字第1109号

原告江门市金莱特电器灯饰厂有限公司，住所地江门市高沙三街22号。

法定代表人田畴，总经理。

委托代理人陈玉秋，男，1955年10月1日出生，江门市金莱特电器灯饰厂有限公司职员，住中华人民共和国福建省厦门市思明区金榜路。

被告中华人民共和国国家知识产权局专利复审委员会，住所地中华人民共和国北京市海淀区北四环西路9号银谷大厦10~12层。

法定代表人张茂于，副主任。

委托代理人张雪飞，中华人民共和国国家知识产权局专利复审委员会审查员。

委托代理人王婧，中华人民共和国国家知识产权局专利复审委员会审查员。

第三人中兴电子厂有限公司，住所地中华人民共和国香港特别行政区九龙观塘开源道45号有利中心6楼。

原告江门市金莱特电器灯饰厂有限公司（以下简称金莱特公司）不服被告中华人民共和国国家知识产权局专利复审委员会（以下简称专利复审委员会）于2009年2月23日作出的第13007号无效宣告请求审查决定（以下简称第13007号决定），于法定期限内向本院提起行政诉讼。本院于2009年4月14日受理本案后，依法组成合议庭对本案进行审理，并以涉外送达的方式通知第13007号决定的专利权人中兴电子厂有限公司（以下简称中兴公司）作为第三人参加本案诉讼。在涉外送达中，本院以传票通知第三人中兴公司于2009年12月16日9时在本院第二审判区第八法庭公开开庭审理本案。2009年8月11日，经香港特别行政区高等法院送达，第三人中兴公司签收了相关法律文书。本院另分别于2009年11月17日、2009年11月24日以传票通知原告金莱特公司、被告专利复审委员会于2009年12月16日9时在本院第二审判区第八法庭公开开庭审理本案。2009年12月16日公开开庭审理本案时，原告金莱特公司、第三人中兴公司均未到庭参加诉讼，经本院电话询问，原告金莱特公司表示该公司不派人参加本案庭审，也不再参加本案诉讼。

本院认为，原告金莱特公司经本院合法传唤，无正当理由拒不到庭，可以按撤诉处理。依照《最高人民法院关于执行〈中华人民共和国行政诉讼法〉若干问题的解释》第49条第1款的规定，本院裁定如下：

本案按撤诉处理。

案件受理费人民币100元，由原告江门市金莱特电器灯饰厂有限公司负担（已交纳）。

审　判　长　任　进
代理审判员　刑　军
人民陪审员　牛艳玲
二〇〇九年十二月十八日
书　记　员　陈文煊

147

展示柜（PS200）

无效宣告请求审查决定（第13008号）

决　　定　　号　第13008号
决　　定　　日　2009年3月7日
发明创造名称　展示柜（PS200）
外观设计分类号　20-02
无效宣告请求人　孙雅申
专　利　权　人　方正亚洲有限公司，玛丽亚·阿德莱德·卡萨尼
专　　利　　号　200630145463.3
申　　请　　日　2006年11月24日
授 权 公 告 日　2007年12月26日
合 议 组 组 长　钱亦俊
主　　审　　员　吴大章
参　　审　　员　周　佳

法　律　依　据　专利法第23条
决　定　要　点

专利权人是从事产品出口的中间商，其与国内企业之间存在的产品购销关系的性质不同于国内市场的购销关系，所用于出口的产品并没有处于国内公众中的任何人想得到即可以得到的状态。

国内的生产企业对专利权人订购的产品的生产技术、图纸资料负有保密义务，因此，国内生产企业的生产制造行为没有形成公众可以得知的状态，未构成国内公开使用。

一、案由

本无效宣告请求涉及国家知识产权局于2007年12月26日授权公告的、名称为“展示柜（PS200）”的200630145463.3号外观设计专利（下称本专利），其申请日为2006年11月24日，专利权人是方正亚洲有限公司，共同专利权人是帕迪尼·马尔科、玛丽亚·阿德莱德·卡萨尼，后共同专利权人变更为玛丽亚·阿德莱德·卡萨尼。

针对上述外观设计专利权，孙雅申（下称请求人）于2008年4月17日向专利复审委员会提出无效宣告请求，并随无效宣告请求书提交了如下附件作为证据：

附件1：请求人声称的意大利佛卡责任有限公司提供的声明及其相关文件复印件，共33页，其中包括如下文件：

附件1-1：佛卡责任有限公司出具的声明外文复印件及其中文译文，共3页；

附件 1-2：利米尼市工商部出具的关于佛卡责任有限公司的普通科注册证明外文复印件及其中文译文，共 6 页；

附件 1-3：利米尼市公证员江安东尼奥·彭尼诺出具的关于摄于佛卡责任有限公司内照片的证明外文复印件及其中文译文，以及请求人声称的上述证明所附照片复印件，共 3 页；

附件 1-4：与方正亚洲有限公司相关单据（发票、报关单、提货单、原产地证明等）外文复印件及其中文译文的复印件，共 11 页；

附件 1-5：利米尼市公证员江安东尼奥·彭尼诺出具的复印件与原件相符的证明外文复印件及其中文译文的复印件，共 2 页；

附件 1-6：订单号（Order Number）为 1141/2004 的方正亚洲有限公司单据的复印件及其中文译文的复印件，共 4 页；

附件 1-7：第 1 行标有"ORIGINAL"字样的页复印件及其中文译文的复印件，共 2 页；

附件 1-8：页眉上有："Sep. 17 2004 04：43PM P1"字样的页复印件和译文的复印件 2 页；

附件 2：莱州市宏泰电器有限公司和正亚洲有限公司（RIGHTWAY ASIA LTD）签定的产品销购销合同和莱州电冰柜厂发出产品销售追踪存档单的复印件，共 3 页；

附件 3：嘉宏航运有限公司进仓通知、青岛远洋大亚物流有限公司理货单的复印件，共 3 页；

附件 4：编号为 421820040684833007 的中华人民共和国海关出口货物报关单复印件，共 1 页；

附件 5：四川湾区康莱士检测有限公司合同（合同登记编号：SBC-CE-04052802，制订日期：2004 年 5 月 28 日）及相关文件（包括该公司的企业法人营业执照、外商投资企业税务登记证、中华人民共和国组织机构代码证）复印件，以及与该公司相关的外商投资企业基本情况（设立）和年检情况打印件，共 11 页；

附件 6：CE 标准符合性证明书（出证日期：2004 年 6 月 30 日）的中文文件和外文文件复印件，EMC 测量和测试报告（型号：S900）的中文文件和外文文件复印件，附被测设备（型号：S900）照片及中文译文复印件，共 16 页；

附件 7：证人 Marco Pardini 出具的"Witness Statement"外文书面证言的复印件，共 2 页。

请求人又于 2008 年 5 月 19 日向专利复审委员会提交了意见陈述书及如下附件作为补充证据：

附件 8：青岛益达设备有限公司的企业法人营业执照（副本）复印件、青岛益达设备有限公司出具的关于 Marco Pardini 先生是该公司总裁的证明的中文文件和外文文件的复印件、Marco Pardini 的护照复印件及其中文译文、附件 7 及其"见证声明"中文译文，共 8 页。

请求人认为：上述证据证明，在本专利申请日前，专利权人之一方正亚洲有限公司与莱州宏泰电器有限公司有购销合作关系，莱州宏泰电器有限公司通过设计、生产完成的产品"展示柜（PS200）"出售给方正亚洲有限公司转销到意大利等国内外各地，本专利与莱州宏泰电器的产品的外观设计是相同或相似的，故本专利不符合专利法第 23 条中应当同申请日以前在国内公开使用过的外观设计不相同和不相近似的规定。

经形式审查合格后，专利复审委员会受理了该无效宣告请求，并于 2008 年 6 月 5 日向双方当事人发出无效宣告请求受理通知书，并随上述无效宣告请求受理通知书将请求人提交的无效宣告请求书及其附件清单中所列附件副本转送专利权人，要求其在指定期限内对该无效宣告请求陈述意见。

专利复审委员会成立合议组，依法对本案进行审查。合议组于 2008 年 7 月 2 日向双方当事人发出口头审理通知书，定于 2008 年 9 月 23 日对本案进行口头审理。

专利权人于 2008 年 7 月 11 日向专利复审委员会提交了意见陈述书及如下附件作为证据：

莱州市宏泰电器有限公司与方正亚洲有限公司的协议书复印件，共 4 页（下称反证 1）。

专利权人认为：方正亚洲有限公司与莱州宏泰电器有限公司系委托加工关系，不是国内公开使用；附件3、4证明宏泰电器生产的产品出口，不是国内公开使用；附件5证明宏泰电器生产的产品根据出口标准检测，都在特定关系人之间进行，不构成使用公开；附件7是本专利申请日后形成的公证书，仅由宏泰电器口述说明2006年前生产和参展，无法证明申请日前公开使用；附件1、7系域外证据，未经公证认证，不予认定，即使该附件真实有效，也仅能说明本专利产品在国外销售，不能证明在国内公开使用。

合议组将专利权人于2008年7月11日提交的意见陈述书及其附件清单中所列附件的副本（反证1）转送给请求人，要求其在口头审理时一并答复。

口头审理如期举行，双方当事人均出席了口头审理。在口头审理中，双方当事人对合议组成员无回避请求，双方当事人对对方出庭人员身份无异议。请求人当庭提交了如下文件：

附件1-1：佛卡责任有限公司出具的声明外文原件，附有中华人民共和国驻米兰总领事馆认证，共1页；

附件1-2：利米尼市工商部出具的关于佛卡责任有限公司的普通科注册证明外文原件，附有中华人民共和国驻米兰总领事馆认证，共3页；

附件1-3：利米尼市公证员江安东尼奥·彭尼诺出具的关于摄于佛卡责任有限公司内照片的证明所附照片的原件，实际为复印件，共1页；

附件1-3：中利米尼市公证员江安东尼奥·彭尼诺出具的关于摄于佛卡责任有限公司内照片的证明外文原件，附有中华人民共和国驻米兰总领事馆认证，用订书钉与上述请求人声称的证明所附照片装订在一起，共1页；

附件1-4：与方正亚洲有限公司相关单据（发票、报关单、提货单、原产地证等）外文的原件，实际为复印件，共5页；

附件1-5：利米尼市公证员江安东尼奥·彭尼诺出具的复印件与原件相符的证明外文原件，附有中华人民共和国驻米兰总领事馆认证，用订书钉与上述附件1-4与方正亚洲有限公司相关单据（发票、报关单、提货单、原产地证等）装订在一起，共1页；

附件1-6：订单号（Order Number）为1141/2004的方正亚洲有限公司单据的复印件共2页，每页上都盖有“莱州市宏泰电器有限公司”的红色印章；

附件1-7：第1行标有“ORIGINAL”字样的页复印件1页，页面上盖有“莱州市宏泰电器有限公司”的红色印章；

附件1-8：页眉上有：“Sep. 17 2004 04：43PM P1”字样的页复印件1页，页面上盖有“莱州市宏泰电器有限公司”的红色印章；

请求人声称的附件2、3、4的原件，实际为复印件，其上盖有“莱州市宏泰电器有限公司”红色印章，共11页；

合议组当庭核实了请求人当庭提交的上述文件与请求人在提出无效宣告请求时提交的附件的一致性，专利权人对两者的一致性无异议。

关于附件5和原件，请求人称在专利复审委员会审理的相关案件中已经提交，专利权人当庭表示对附件5的真实性没有异议；

请求人提交了附件6的原件，所述原件是CE标准符合性证明书（型号：S900，S901，S902，PS200，S902PZ，PS900，SH900R，S901SET2，S901SET4，S900ML）和EMC测量和测试报告（型号：S900）附被测设备（型号：S900）照片的外文文件原件，共1册。专利权人对该证据的真实性无异议。

出具附件 7 书面证言的证人 Marco Pardini 出庭作证，书面证言共涉及 6 个事实主张，请求人当庭表示第 3、4 个事实主张与本专利无关（“3. 部分这些产品目前储存在青岛益达设备有限公司的库房里，如公证文件所示。4. 方正亚洲有限公司从莱州市宏泰电器有限公司定购的产品参加了北京、上海和广州的一些展览会，如公证文件所示”。合议组注），证人不再就这两个问题作证。

请求人对反证 1 的真实性没有提出异议，并且发表了质证意见。

证人出庭作证称：本专利是在 2004 年 11 月之前生产的，是由莱州宏泰电器有限公司设计的。证人表示，他知道方正亚洲有限公司和莱州宏泰电器有限公司签订的协议（反证 1）。

在上述基础上双方当事人充分陈述了意见。请求人认为：当庭提交的文件均为原件，附件 1 中意大利佛卡责任有限公司出具的声明，声明照片中的产品是从中国国内购买的，附件 1 中有方正亚洲有限公司开具的发票、欧共体的报关单、意大利公司的提单和原产地证明，可以证明，专利权人在中国厂家购买了本专利的产品，再销售到国外，国内制造构成了技术的公开。附件 2、附件 3 和附件 4 证明方正亚洲有限公司在莱州宏泰电器有限公司购买了本专利的产品，并发货至意大利。专利权人对附件 1 中有关证据和的真实性提出质疑，对附件 2、附件 3 和附件 4 的真实性提出质疑，认为这些证据不具有真实性。请求人认为附件 5 和附件 6 证明在本专利申请日之前本专利的产品已经交给检测单位进行检测，已经公开。专利权人认为检测、认证不能构成国内公开使用。双方当事人就专利权人和莱州宏泰电器有限公司之间的关系问题进行了辩论，专利权人认为：方正亚洲有限公司与莱州宏泰电器有限公司系委托加工关系，不是国内公开使用，其出口行为也不构成国内的公开使用；请求人认为方正亚洲有限公司与莱州宏泰电器有限公司系买卖合作关系。

至此，合议组认为本案事实已经清楚，可以依法作出无效宣告请求审查决定。

二、决定的理由

1. 法律依据

基于请求人提出的无效宣告的理由，合议组依据专利法第 23 条对本案进行审理。

专利法第 23 条规定，授予专利权的外观设计，应当同申请日以前在国内外出版物上公开发表过或者国内公开使用过的外观设计不相同和不相近似，并不得与他人在先取得的合法权利相冲突。

审查指南第二部分第三章第 2. 1. 3. 2 节规定，“……使有关技术内容处于公众想得知就能够得知的状态……就构成使用公开”。根据专利法第 23 条和审查指南审查指南的上述规定，构成使用公开必须使本专利的外观设计在中国境内处于公众想得知就能够得知的状态。

2. 事实和证据认定

请求人试图用附件 1、附件 2、附件 3、附件 4、附件 7 和附件 8（包含附件 7 的中文译文）证明：在本专利申请日前，专利权人之一方正亚洲有限公司与莱州宏泰电器有限公司有购销合作关系，莱州宏泰电器有限公司通过设计、生产完成的产品“展示柜（PS200）”出售给方正亚洲有限公司转销到意大利等国内外各地，本专利与莱州宏泰电器的产品的外观设计是相同或相似的。

专利权人对请求人的上述主张没有予以否认，而是强调方正亚洲有限公司与莱州宏泰电器有限公司系委托加工关系，不是国内公开使用，其出口行为也不构成国内的公开使用。并提交了反证 1 来证明其主张。

请求人对反证 1 的真实性没有异议，合议组对该证据予以采纳。经查，反证 1 可以证明：专利权人向莱州宏泰电器有限公司长期订购本专利产品用于向国外出口。合议组认为：专利权人购买国内厂家产品的目的在于赚取外方的商业利润，其从事的一切商业活动仅仅在于将国内产品推入国际市场，而不是为了在国内销售和使用，专利权人仅是国内厂家和外方之间的中间商。因而，即使专利权人与国内企业之间存在产品购销关系，其性质也不同于国内市场的销售行为，所用于出口的产品并没有处于国内公众中的任何人想得到即可以得到的状态。因此，本案中的出口行为并未涉及该产品在国内的使用公开。

在本案中，反证1还进一步证明，国内的生产企业莱州宏泰电器有限公司对专利权人订购的产品的生产技术、图纸资料负有保密义务，因此，合议组认为，莱州宏泰电器有限公司的生产制造行为没有形成公众可以得知的状态，未构成国内公开使用。

从上述分析中不难看出，请求人主张的事实即使能够成立也不属于法律规定的构成公开使用的事实。

鉴于上述已经得出的请求人主张的上述事实并非法律规定的构成公开使用的事实，故请求人提交的用以支持其该主张的证据与法律规定的构成公开使用的事实均无关联性，这些证据是：附件1、附件2、附件3、附件4、附件7和附件8。

请求人试图用附件5和附件6证明本专利因检测和认证导致公开。

附件5包括：四川湾区康莱士检测有限公司合同（合同登记编号：SBS-CE-04052802，制定日期：2004年5月28日）；相关文件（包括该公司的企业法人营业执照、外商投资企业税务登记证、中华人民共和国组织机构代码证），其上盖有“莱州市宏泰电器有限公司”红章，以及与该公司相关的外商投资企业基本情况（设立）和年检情况打印件，其上盖有“四川省工商局经济信息中心微机档案查询专用章（仅供参考）”红章。专利权人对该证据的真实性予以认可。经查，上述合同中的第8项约定：四川湾区康莱士检测有限公司对送检方的任何技术资料都有保守商业机密的责任。故合议组认为，附件5不能支持本专利产品经检测导致公开的主张。

请求人提交了附件6的原件，所述原件是CE标准符合性证明书（型号：S900，S901，S902，PS200，S902PZ，PS900，SH900R，S901SET2，S901SET4，S900ML）和EMC测量和测试报告（型号：S900）附被测设备（型号：S900）照片的外文文件原件，共1册。专利权人对该证据的真实性无异议。合议组认为：一项发明创造根据某项出口标准所做的检测，属于为符合相关标准而完善发明创造的步骤，该检测过程并没有导致本专利的外观设计在国内处于公众想要得知即可得知的状态，因此该检测不构成专利法意义上的公开。故合议组对请求人关于所述产品在国内经检测导致公开的主张不予支持。

请求人主张的事实均不属于法律规定的公开使用的情形，即均不适用专利法第23条的规定。

三、决定

维持200630145463.3号外观设计专利权有效。

当事人对本决定不服的，可以根据专利法第46条第2款的规定，自收到本决定之日起三个月内向北京市第一中级人民法院起诉。根据该款的规定，一方当事人起诉后，另一方当事人应当作为第三人参加诉讼。

北京市第一中级人民法院
行政判决书

（2009）一中行初字第 1697 号

原告孙雅申，男，1968 年 5 月 3 日出生，汉族，住中华人民共和国北京市海淀区西土城路 25 号。

委托代理人孙姗姗，北京市洪范广住律师事务所律师。

被告中华人民共和国国家知识产权局专利复审委员会，住所地中华人民共和国北京市海淀区北四环西路 9 号银谷大厦 10~12 层。

法定代表人张茂于，副主任。

委托代理人吴大章，中华人民共和国国家知识产权局专利复审委员会审查员。

委托代理人程强，中华人民共和国国家知识产权局专利复审委员会审查员。

第三人方正亚洲有限公司，中华人民共和国香港特别行政区告士打道 181 号中怡大厦 1001 室。

法定代表人 Cassani，Maria Adelaide，董事。

第三人玛丽亚·阿德莱德·卡萨尼（Maria AdelaideCassani），女，1945 年 9 月 26 日出生，持有 YA0158841 号意大利护照。

委托代理人邵守刚，清泰律师事务所律师。

原告孙雅申不服被告中华人民共和国国家知识产权局专利复审委员会于 2009 年 3 月 7 日作出的第 13008 号无效宣告请求审查决定，于法定期限内向本院提起诉讼。本院于 2009 年 7 月 7 日受理本案后，依法组成合议庭，并通知方正亚洲有限公司、玛丽亚·阿德莱德·卡萨尼作为本案第三人参加诉讼。在本案审理过程中，原告孙雅申于 2009 年 12 月 15 日向本院提出撤诉申请，请求撤回对被告中华人民共和国国家知识产权局专利复审委员会的起诉。

本院认为：原告孙雅申的撤诉申请系其真实意思表示，亦未违反法律规定，应予准许。本院依照《中华人民共和国行政诉讼法》第 51 条之规定，裁定如下：

准许原告孙雅申撤回对被告中华人民共和国国家知识产权局专利复审委员会的起诉。

案件受理费人民币 100 元，减半收取 50 元，由原告孙雅申负担（已交纳）。

审 判 长　赵　静
代理审判员　姜庶伟
人民陪审员　刘世昌
二〇〇九年十二月十五日
书 记 员　谭北川
书 记 员　高晓旭

148

电力智能监控仪表

无效宣告请求审查决定（第13012号）

决　　定　　号　第13012号
决　　定　　日　2009年3月9日
发明创造名称　电力智能监控仪表
外观分类号　10-05
无效宣告请求人　北京易艾斯德科技有限公司
专　利　权　人　天津市双源津瑞科技有限公司
专　　利　　号　200730103886.3
申　　请　　日　2007年2月2日
授权公告日　2008年1月23日
合议组组长　王霞军
主　　审　　员　钱亦俊
参　　审　　员　张　凌
附　　　　图　2页

法律依据　专利法第23条
决定要点

就本专利和在先设计而言，产品视觉瞩目点在于形状，二者的外形轮廓及各部分视觉分割比例基本一致。差别点仅仅在于细微之处。二者应属于相近似的外观设计。

一、案由

本无效宣告请求涉及的是国家知识产权局于2008年1月23日授权公告的，名称为“电力智能监控仪表”的外观设计专利（下称本专利），其申请号是200730103886.3，申请日是2007年2月2日，专利权人是天津市双源津瑞科技有限公司。

针对本专利权，北京易艾斯德科技有限公司（下称请求人）于2008年4月21日向专利复审委员会提出无效宣告请求，其理由是：本专利与在先公开的200530021687.9号专利的外观设计属于相近似的外观设计。因此，本专利不符合专利法第23条规定，也不符合专利法第9条和专利法实施细则第13条第1款的规定。请求宣告本专利无效。与此同时，请求人提交了200530021687.9号外观设计专利（下称在先设计）授权公告文本作为证据。

专利复审委员会经形式审查合格受理了该无效宣告请求。于2008年5月19日将请求书及上述证据材料副本转送给专利权人，要求其在指定期限内答复。

针对上述无效宣告请求，专利权人始终没有提交意见陈述。

2008 年 8 月 6 日，专利复审委员会向双方当事人发出合议组成员告知通知书，告知合议组成员，并通知其如有回避请求，应在规定期限内提出，逾期不答复，视为没有回避请求。

针对上述通知书，双方当事人均逾期未答复。至此，合议组认为本案事实清楚，可以依法作出审查决定。

二、决定的理由

根据请求人提出的无效宣告请求的理由和证据合议组对本案进行了审理。

请求人提出的无效宣告请求的理由是：本专利与在先公开的外观设计专利属于相近似的外观设计，因此，本专利不符合专利法第 23 条的规定，也不符合专利法第 9 条和专利法实施细则第 13 条第 1 款的规定。

专利法第 23 条规定："授予专利权的外观设计，应当同申请日以前在国内外出版物上公开发表过或者国内公开使用过的外观设计不相同和不相近似，并不得与他人在先取得的合法权利相冲突。"

请求人提交的在先设计是专利号为 200530021687. 9 号外观设计专利授权公告文本。经核实，其内容属实，本案予以采信。其产品名称为"仪表（EM600）"，授权公告日为 2005 年 10 月 5 日，在本专利申请日之前。在先设计可以用于评价本专利是否符合专利法第 23 条的规定。

本专利仪表呈近似立方体状。正面方形显示屏右下方有四个圆形按钮，从侧面观察，靠前部有一台阶，前部略大于后部。两侧面中部有两条凹槽，槽内各有一条透明卡子。产品后部和顶部有成排的插孔（详见本专利附图）。

在先设计仪表也呈近似立方体状。正面方形显示屏右下方有四个圆形按钮，从侧面观察，靠前部有一台阶，前部略大于后部。两侧面中部有两条凹槽。产品后部和顶部有成排的插孔（详见在先设计附图）。

将本专利与在先设计进行对比，二者主要相同点在于：二者的外形轮廓及各部分视觉分割比例基本一致。例如，显示屏与边框的视觉比例，以及长宽高的比例。正面按钮的位置、两侧面中部的凹槽等。二者不同之处仅在于在先设计侧面凹槽中装有透明卡子，而本专利相应位置没有。再有在先设计正面按钮上有图案，而本专利没有。合议组认为，二者不同点应属于局部的细微差别，二者从整体上给一般消费者的视觉印象是极其相近似的，本专利与在先设计应属于相近似的外观设计。因此，本专利不符合专利法第 23 条的规定。

鉴于已经得出上述结论，本决定不再对请求人提出的其他理由进行评述。

三、决定

宣告 200730103886. 3 号外观设计专利权全部无效。

当事人对本决定不服的，可以根据专利法第 46 条第 2 款的规定，自收到本决定之日起三个月内向北京市第一中级人民法院起诉。根据该款的规定，一方当事人起诉后，另一方当事人应当作为第三人参加诉讼。

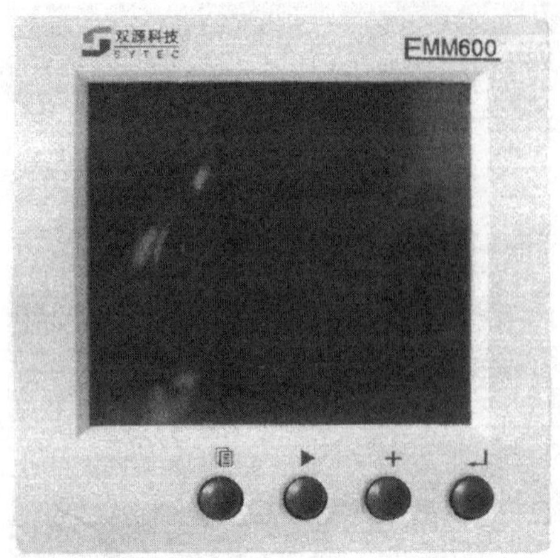

主视图

后视图

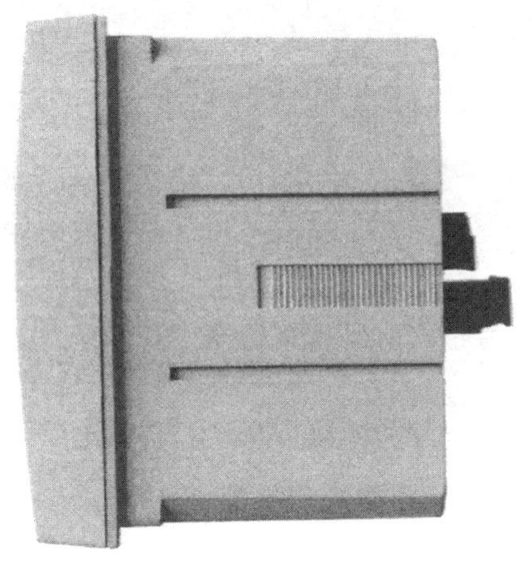

右视图

俯视图

立体图

本专利附图

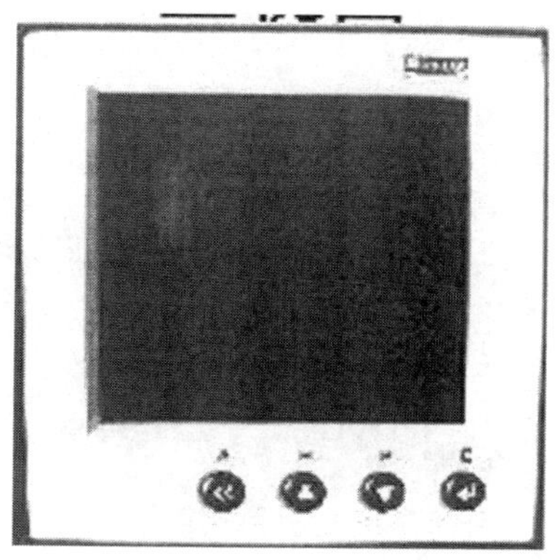

主视图

后视图

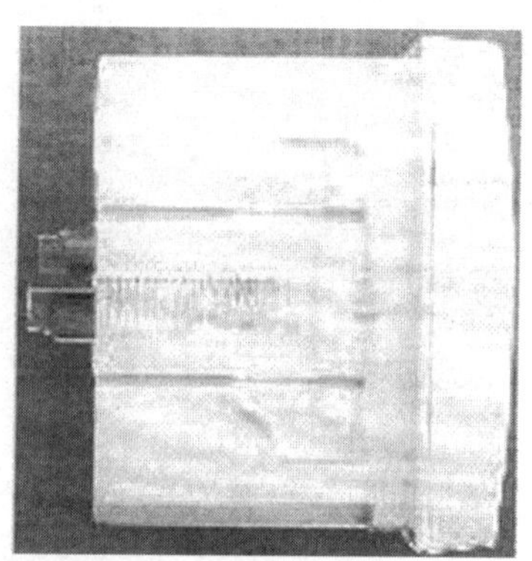

左视图（缩小）

右视图（缩小）

俯视图

仰视图

在先设计附图

149

无线宽带路由器

无效宣告请求审查决定（第13013号）

决 定 号 第13013号
决 定 日 2009年3月5日
发明创造名称 无线宽带路由器
外观设计分类号 14-03
无效宣告请求人 深圳市联科通网络技术有限公司
专 利 权 人 深圳市普联技术有限公司
专 利 号 200630154296.9
申 请 日 2006年11月3日
授权公告日 2007年12月26日
合议组组长 吴大章
主 审 员 钱亦俊
参 审 员 张 凌
附 图 7页

法律依据 专利法第23条
决定要点

就本专利和在先设计这类的路由器产品而言，产品视觉瞩目点在于形状。鉴于本专利与在先设计之间存在的不同点从整体上给一般消费者带来完全不同的视觉印象。从整体观察综合判断的角度看，本专利与在先设计均应属于不相同且不相近似的外观设计。

一、案由

本无效宣告请求涉及的是国家知识产权局于2007年12月26日授权公告的、名称为“无线宽带路由器”的外观设计专利（下称本专利），其申请号是200630154296.9，申请日是2006年11月3日，专利权人是深圳市普联技术有限公司。

针对本专利权，深圳市联科通网络技术有限公司（下称请求人）于2008年1月25日向专利复审委员会提出无效宣告请求，其理由是：本专利与申请日之前在专利授权公告中公开的200430059302.3号外观设计专利相近似，因此不符合专利法第23条规定。与此同时，请求人提交了如下附件作为证据：

附件1：中国200430059302号外观设计专利图片复印件一份；

专利复审委员会经形式审查合格受理了该无效宣告请求。并于2008年2月25日将请求书及上述证据材料副本转送给专利权人，要求其在指定期限内答复。

2008 年 2 月 25 日，请求人提交补充意见陈述认为，本专利与入下几份在先公开的外观设计专利相近似，不符合专利法第 23 条的规定：(编号续前)

附件 2：美国外观设计专利公报 USD464339S 号外观设计专利；

附件 3：日本 JPD1213484 号意匠网上公开信息；

附件 4：美国外观设计专利公报 USD464044S 号外观设计专利；

附件 5：中国 CN02371628. 2 号外观设计专利公报；

附件 6：中国 CN200530124351. 5 号外观设计专利公报。

2008 年 7 月 23 日，专利复审委员会将上述补充证据转送专利权人，要求其在指定期限内答复。同时，向双方当事人发出口头审理通知书，告知双方定于 2008 年 11 月 11 日在专利复审委员会进行口头审理。

针对上述无效宣告请求，2008 年 9 月 5 日，专利权人提交意见陈述认为，请求人提交的六份证据与本专利比较，既不相同也不相近似，请求专利复审委员会维持本专利权有效。

2008 年 9 月 11 日，合议组将上述意见陈述转送请求人，要求其在指定期限内答复。

2008 年 11 月 11 日，口头审理如期举行，双方当事人均派代理人出席了口头审理。请求人声明，六份证据中，证据 1 和证据 5 与本专利最接近。专利权人对请求人提交的附件的真实性没有异议，但认为附件 2~4 未提交使用部分的中文译文，不能作为本案的定案依据。并且，附件所示在先设计与本专利形状均不相同且不相近似。最终，各方当事人均坚持原有观点。

至此，本案事实清楚，可以依法作出审查决定。

二、决定的理由

基于请求人提出的无效宣告请求的理由和附件合议组对本案进行了审理。

请求人提出的无效宣告请求的理由是：本专利与其申请日之前公开的外观设计专利相近似，不符合专利法第 23 条的规定。

专利法第 23 条规定：授予专利权的外观设计，应当同申请日以前在国内外出版物上公开发表过或者国内公开使用过的外观设计不相同和不相近似，并不得与他人在先取得的合法权利相冲突。

1. 证据认定

请求人提交的附件 1 是中国 200430059302 号外观设计专利（下称在先设计 1）图片，产品名称为“无线路由器”，授权公告日是 2005 年 4 月 20 日；附件 5 是中国 CN02371628. 2 号外观设计专利（下称在先设计 2）公报，产品名称为“无线网络路由器”，授权公告日是 2003 年 8 月 13 日；附件 6 是中国 CN200530124351. 5 号外观设计专利（下称在先设计 3）公报，产品名称为“单层高度网关壳体”，授权公告日是 2006 年 10 月 25 日；附件 2 是美国 USD464339S 号外观设计专利公报，产品名称为“路由器”（下称在先设计 4），授权公告日为 2002 年 10 月 15 日；附件 3 是日本 JPD1213484 号意匠网上公开信息，名称为“声音信号以及影像处理器”（下称在先设计 5），授权公告日为 2004 年 8 月 3 日；附件 4 是美国 USD464044S 号外观设计专利公报，产品名称为“VOIP 接入网关”（下称在先设计 6），授权公告日是 2002 年 10 月 8 日。经核实属实，合议组对其真实性予以认可。尽管请求人没有单独提交附件 2~4 的正式译文，但在 2008 年 2 月 25 日随该三份证据提交的意见陈述正文中，请求人明确了引用部分的译文内容，因此，附件 2~4 应视为已提交相关部分的译文。上述证据的授权公告日即为公开日，均在本专利申请日（2006 年 11 月 3 日）之前，可适用专利法第 23 条的规定评价本专利。

2. 相近似比较

由于六项在先设计均与路由器用途相同或相近似，与本专利属于同类或相近似类产品，可进行相同相近似比较。

本专利整体形状呈方正的圆角扁长方体状。顶面较大，呈圆角长方形，正中有长方形框，内有“TP-LINK”文字图案；侧面较窄，环左右及后部一圈有条形散热孔；后部一端设有下粗上细的圆柱体接收天线，天线旁边有插孔；正面中部有液晶显示窗，该视窗向下延伸至底面，底面有条形散热孔及其他细微设计（详见本专利附图）。

在先设计1近似圆角扁长方体状。上下顶面错开，使得正面及后面两个侧面近似平行四边形。顶面较大，呈圆角长方形，中部有圆形图案。左右两侧面有散热孔；后部一端设有下粗上细的圆柱体接收天线，天线旁边有插孔（详见在先设计1附图）。

将本专利与先设计1进行对比，二者主要相同点在于：二者后部一端都有下粗上细的圆柱体接收天线，天线旁边有插孔。二者主要不同点在于：第一，整体形状给人的视觉印象不同，本专利为方正的圆角扁长方体状，而在先设计1为上下底面错开、侧面近似平行四边形的类长方体状。第二，二者顶面的设计完全不同，在先设计1顶面有开口朝向一侧短边的“U”形及其内外各有一个大小不同的圆形等设计，而本专利是正中有长方形框，内有“TP-LINK”文字图案；另外，正面的视窗设计、散热孔的位置及形状等等差别均较大。合议组认为，接收天线形状属于该类产品惯常设计，而旁边的插孔对于路由器来讲属于产品功能唯一限定的设计。二者的差别对二者整体视觉效果具有显著影响。经整体观察综合判断，二者应属于不相同且不相近似的外观设计。

在先设计2整体形状近似扁长方体状。顶面较大，呈长方形，中部后方有楔形突起，内有长方形框，该面下部正中也有一长方形框；侧面较窄，环左右及前部有条形散热孔；后部两端设有下粗上细的圆柱体接收天线，天线之间有插孔（详见在先设计2附图）。

将本专利与先设计2进行对比，二者主要相同点在于：（1）二者整体均类似于扁长方体状，但本专利各面相接的棱及顶角均较圆润，而在先设计2的较锋利；（2）后部都有下粗上细的圆柱形竖起的天线、天线旁边都有插孔。二者主要不同点在于：（1）顶面设计不同，在先设计2上部正中有突起的楔形长方块，而本专利是正中有长方形框，内有“TP-LINK”文字图案；（2）条形通风孔位置不同，本专利在左右两侧面及后面，而在先设计2是在前侧面；（3）本专利正面中部有液晶显示窗，而在先设计二没有。对于上述相同点（1），合议组认为，尽管二者整体造型均类似于扁长方体，但由于二者棱和角的区别导致整体印象不同，尤其二者顶面设计存在上述差别的情况下。针对上述相同点，合议组认为，天线的设计及插孔的设置属于该类产品常规设计，对整体视觉效果不具有显著影响。经整体观察、综合判断，上述二者存在的不同点从整体上给一般消费者带来完全不同的视觉印象，二者应属于不相同且不相近似的外观设计。

在先设计3是近似圆角扁长柱体状。侧面呈拉长的胶囊形，后面为圆弧面，正面为在弧面上镶嵌的矩形条，在相应平面上，有矩形显示屏。顶面较大，中部有圆形散热孔组成的矩形区域，接近后部和前部略微下凹。两侧面也布满圆形散热孔。左右两侧面有散热孔（详见在先设计3附图）。

将本专利与先设计3进行对比，二者主要相同点在于：二者都是扁长体状，即从视觉观察长宽高的比例接近。但从整体形状到各面的具体设计均不相同。二者在整体上视觉差别较大，给一般消费者带来了完全不同的视觉印象。从整体观察综合判断的角度看，本专利与在先设计3应属于不相同且不相近似的外观设计。

在先设计4整体呈扁立方体状，两侧面略带弧形，有多条纵向条形散热孔；正面有圆形孔，后部有多个插孔（详见在先设计4附图）。

本专利与在先设计 4 相比较，整体形状尽管都呈扁长方体状，但各部分的比例的差别导致二者在视觉上有差别，本专利显略厚，其边角较圆润，而在先设计 4 则棱角分明。从各面设计来讲，二者差别也较大，本专利顶面有矩形的文字框，而对比文件没有；本专利天线外露，呈下粗上细的圆柱体状，而对比文件没有；在正面，本专利有液晶显示窗，而对比文件仅有小圆若干。由二者比较可见，视觉差别显著，应属于不相同且不相近似的外观设计。

在先设计 5 整体呈扁立方体状，正面略带弧形，有横向条形分割，偏右侧有条形按钮；散热孔在底面（详见在先设计 5 附图）。

本专利与在先设计 5 相比较，整体形状尽管都呈扁长方体状，但各部分的比例的差别导致二者在视觉上有差别，本专利显略厚，其边角较圆润，而在先设计 5 则棱角分明。从各面设计来讲，二者差别也较大，本专利顶面有矩形的文字框，而对比文件没有；本专利天线外露，呈下粗上细的圆柱体状，而对比文件没有；在正面，本专利有液晶显示窗，而对比文件正面略带弧形，有横向条形分割，偏右侧有条形按钮。由二者比较可见，视觉差别显著，应属于不相同且不相近似的外观设计。

在先设计 6 整体呈扁立方体状，正面中部呈略外凸的弧形，正面两侧呈波浪形表面，两侧面有纵向散热孔；后部有多个插孔（详见在先设计 6 附图）。

本专利与在先设计 6 相比较，整体形状尽管都呈扁长方体状，但各部分的比例的差别导致二者在视觉上有差别，本专利显略厚，其边角较圆润，而在先设计 6 则棱角分明。从各面设计来讲，二者差别也较大，本专利顶面有矩形的文字框，而对比文件没有；本专利天线外露，呈下粗上细的圆柱体状，而对比文件没有；在正面，本专利有液晶显示窗，而对比文件正面中部呈略外凸的弧形，正面两侧呈波浪形表面。由二者比较可见，视觉差别显著，应属于不相同且不相近似的外观设计。

基于上述分析，请求人提交的证据均不能证明本专利不符合专利法第 23 条的规定。

三、决定

维持 200630154296.9 号外观设计专利权有效。

当事人对本决定不服的，可以根据专利法第 46 条第 2 款的规定，自收到本决定之日起三个月内向北京市第一中级人民法院起诉。根据该款的规定，一方当事人起诉后，另一方当事人应当作为第三人参加诉讼。

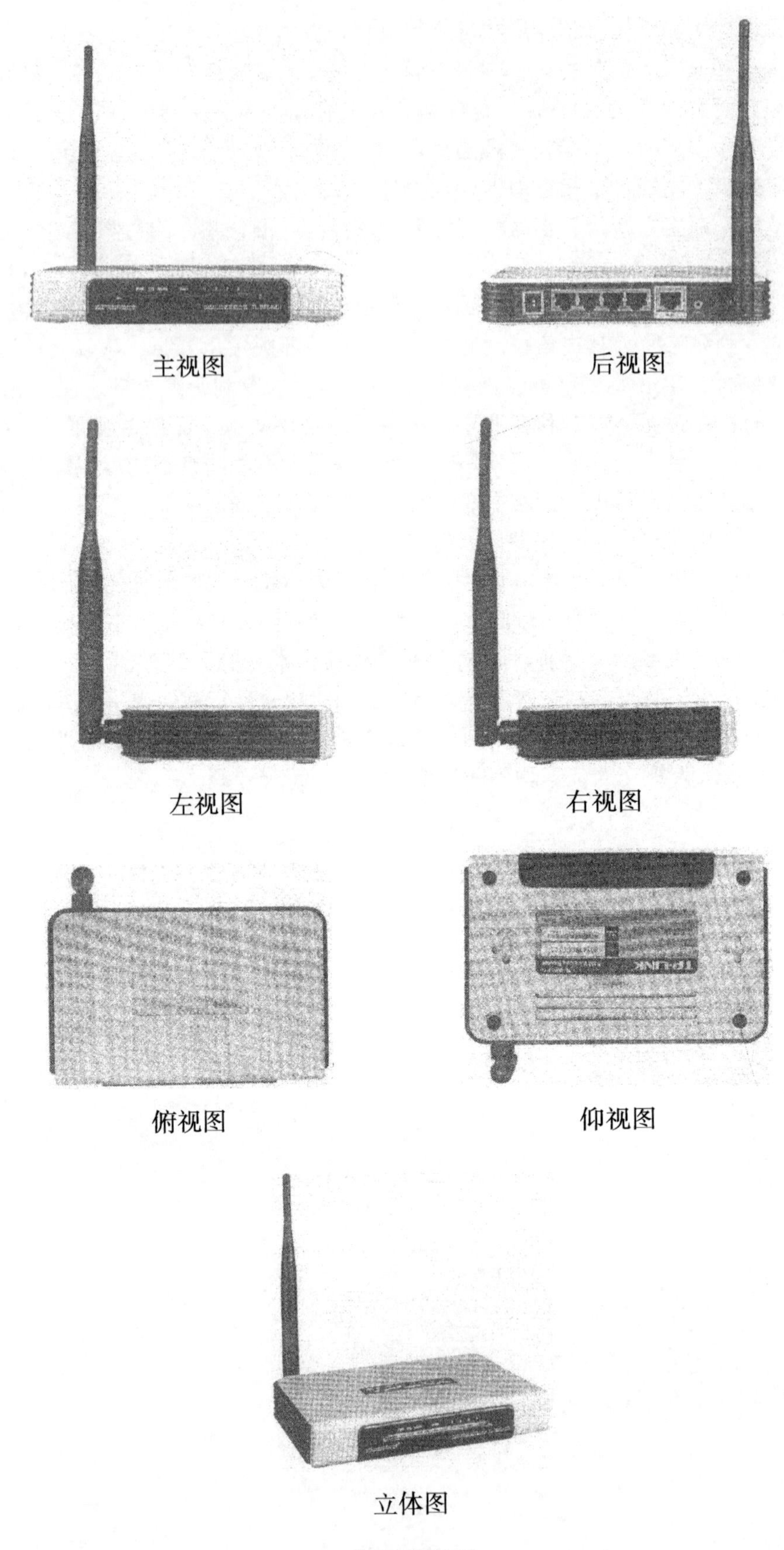

主视图　后视图

左视图　右视图

俯视图　仰视图

立体图

本专利附图

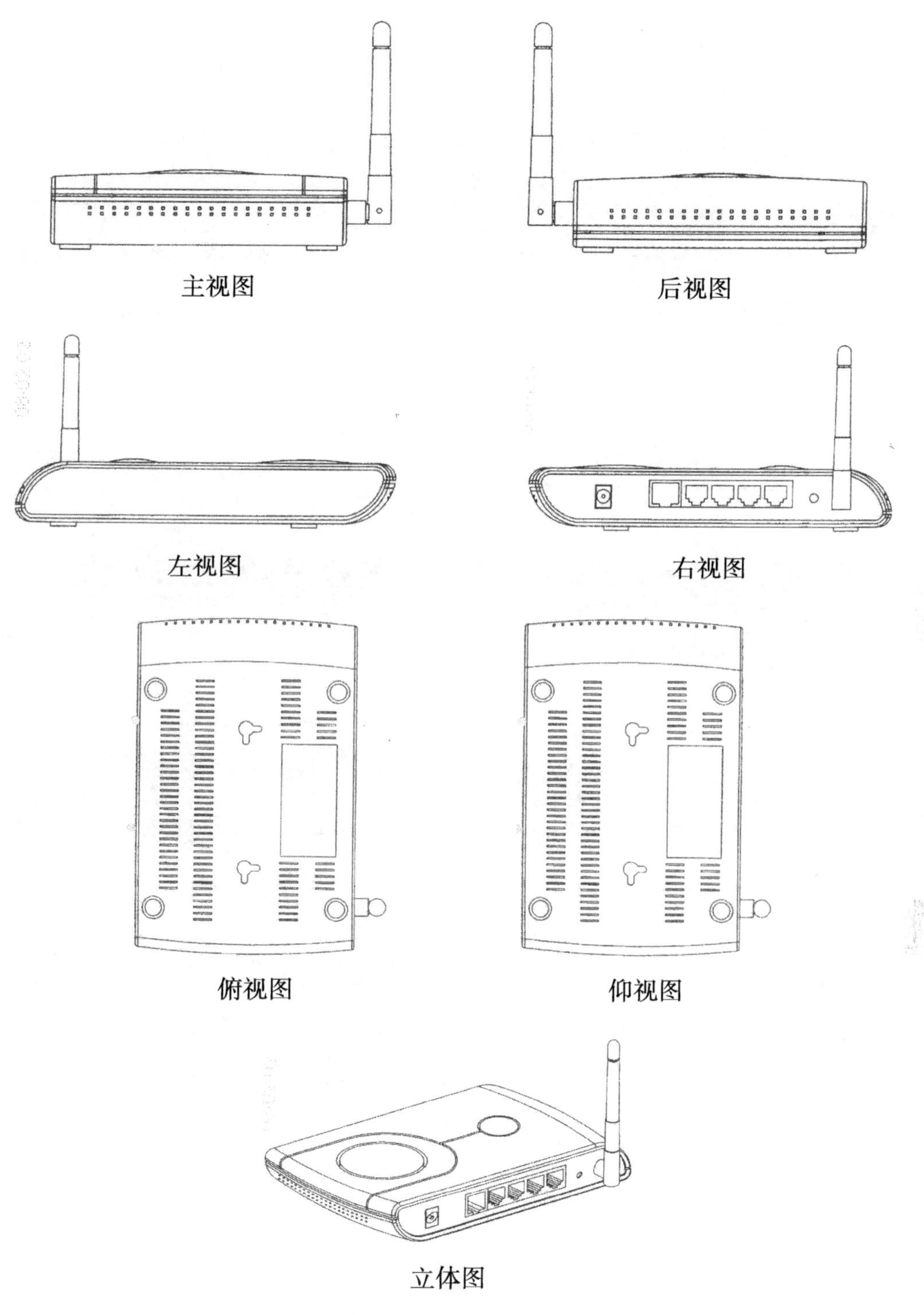

在先设计 1 附图

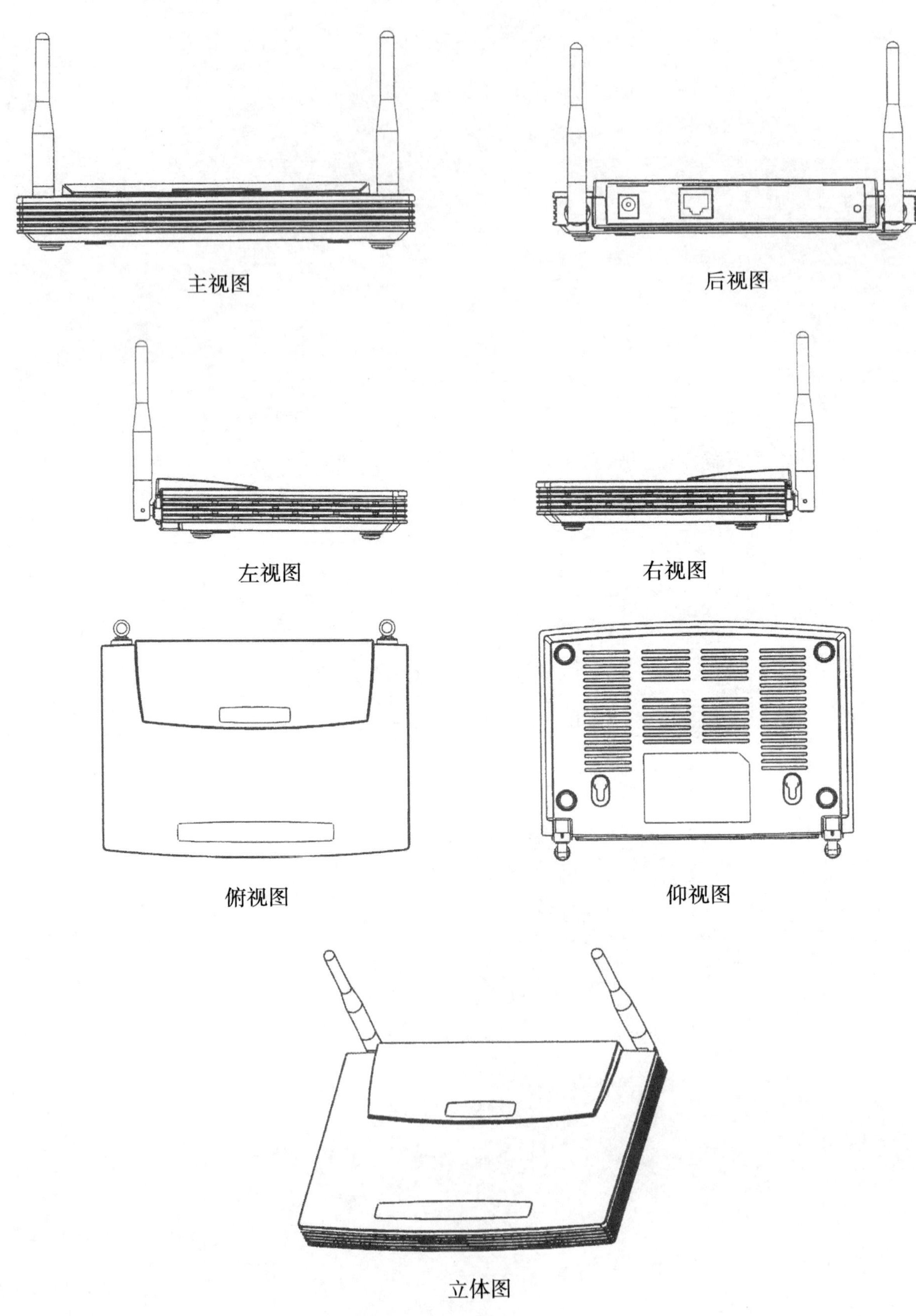

在先设计 2 附图

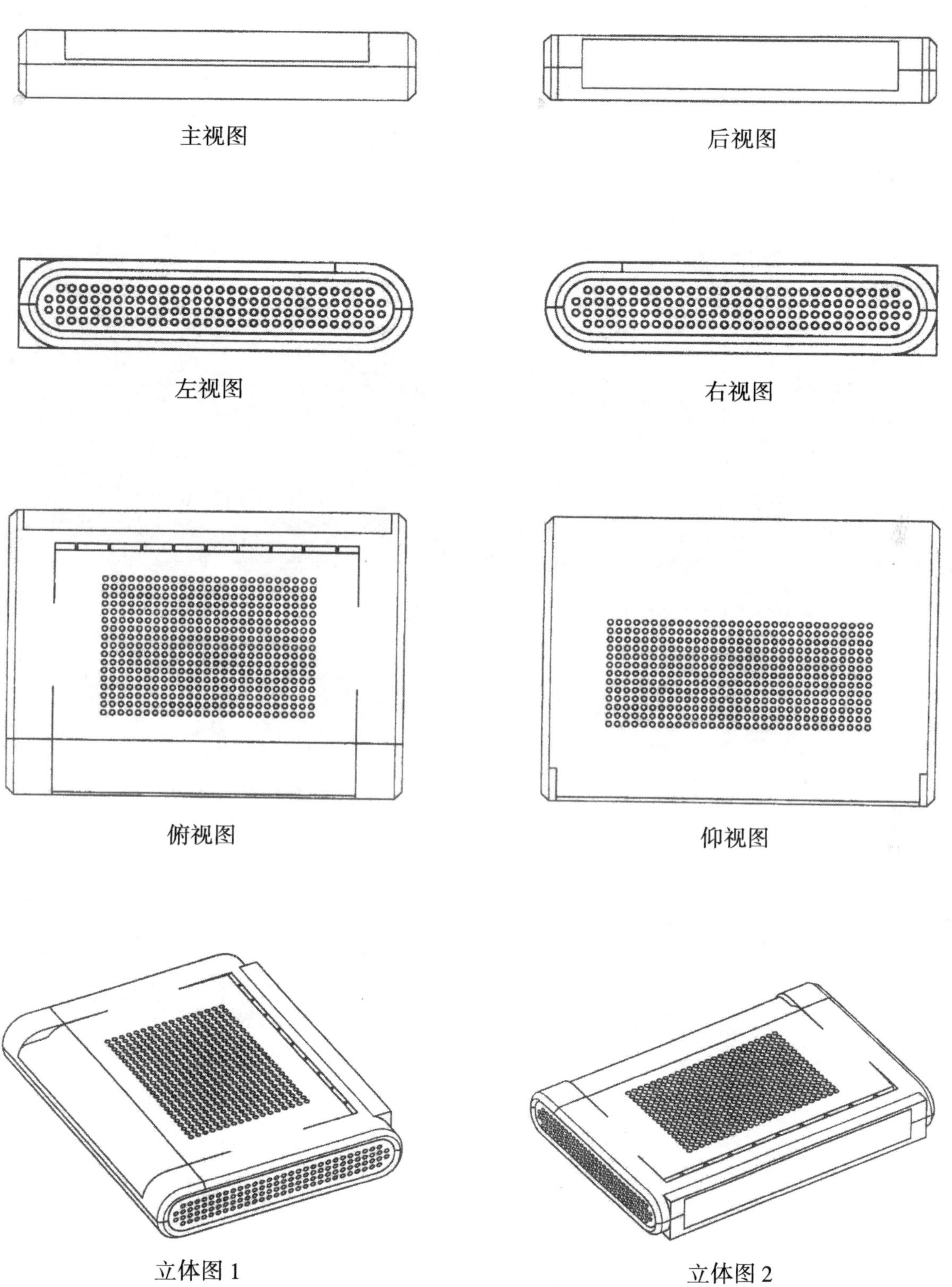

在先设计 3 附图

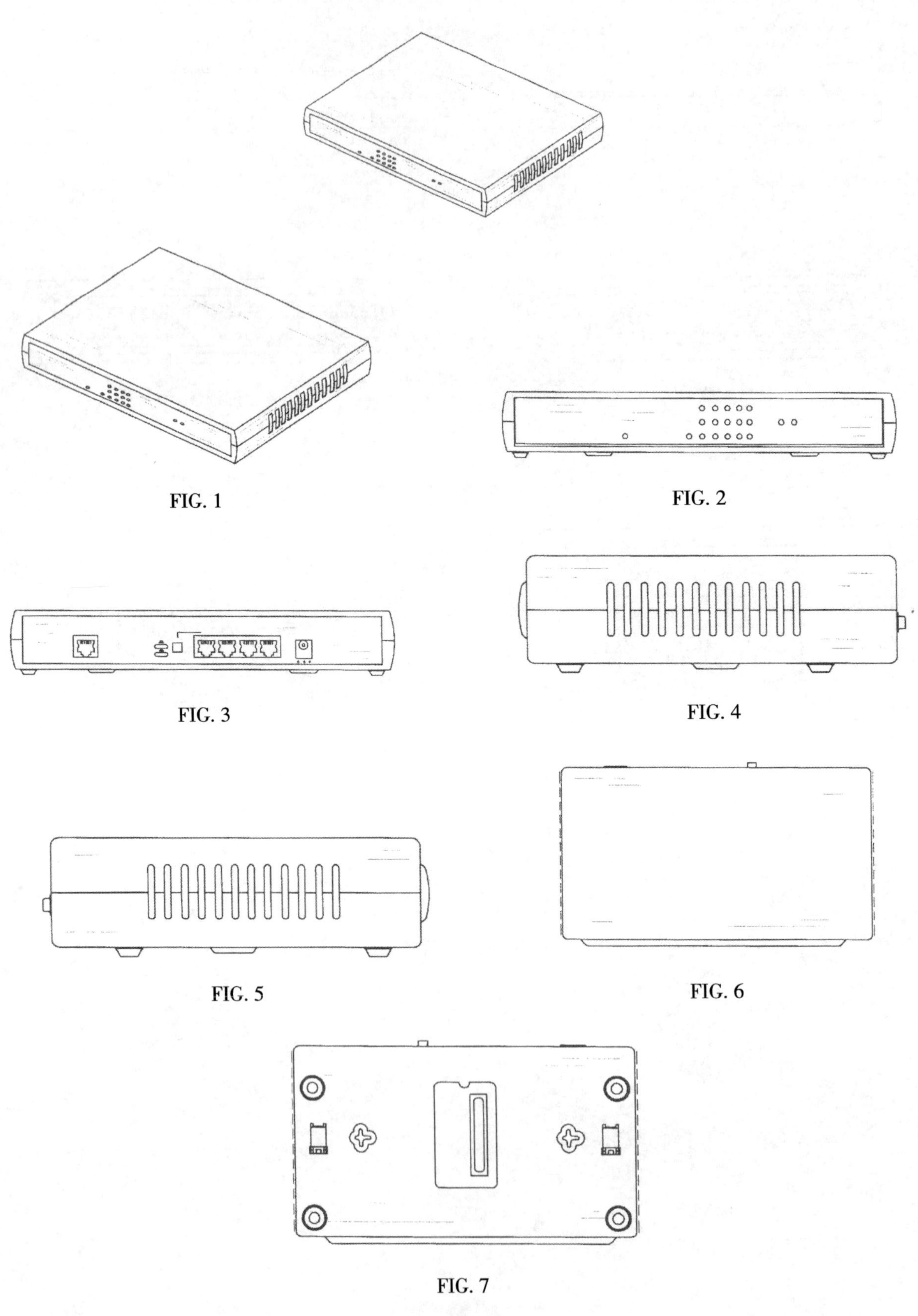

FIG. 1　FIG. 2　FIG. 3　FIG. 4　FIG. 5　FIG. 6　FIG. 7

在先设计 4 附图

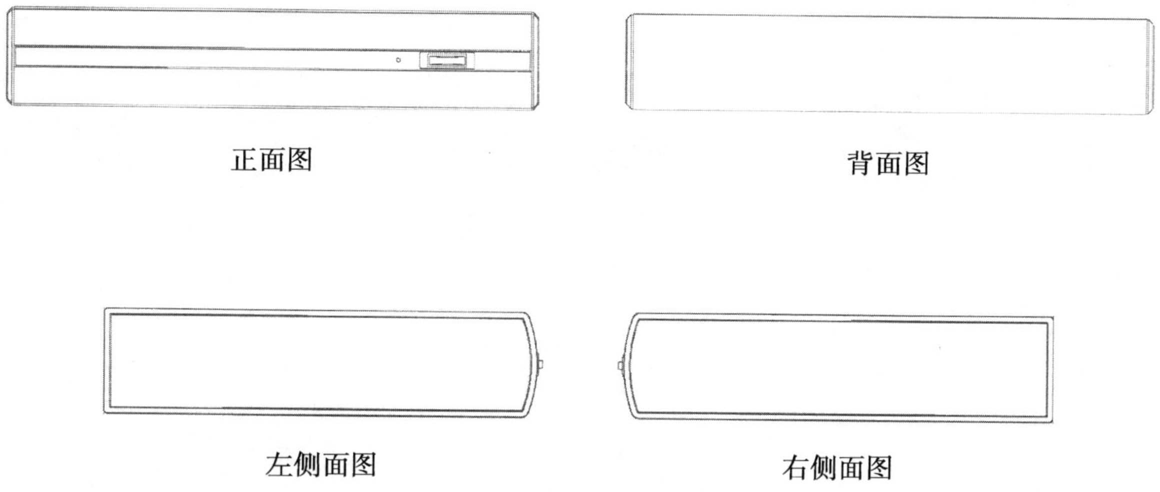

正面图　　背面图

左侧面图　　右侧面图

平面图

在先设计 5 附图

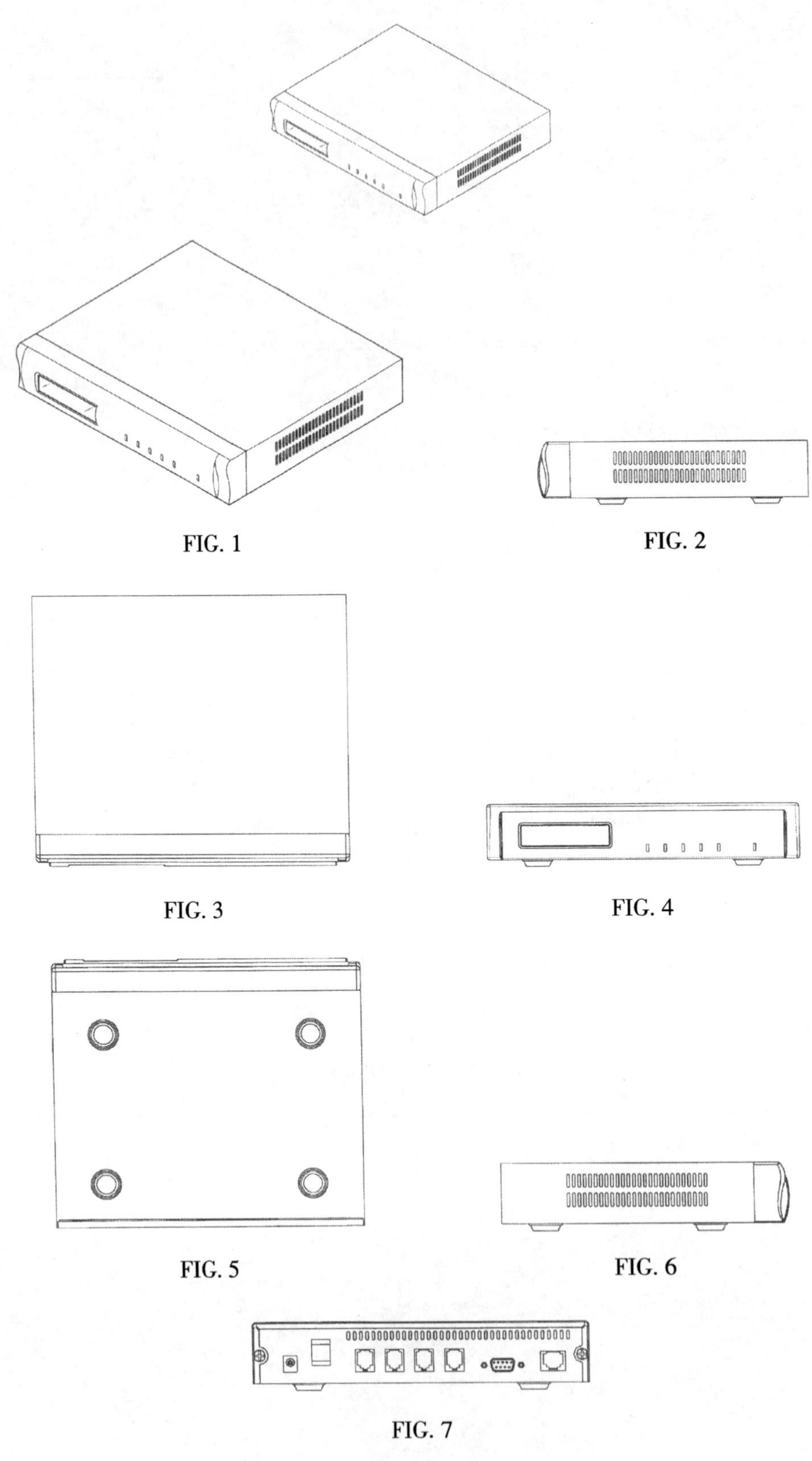

FIG. 1 FIG. 2

FIG. 3 FIG. 4

FIG. 5 FIG. 6

FIG. 7

在先设计 6 附图

150

滚轮轴承

无效宣告请求审查决定（第13017号）

决　定　号 第13017号
决　定　日 2009年3月6日
发明创造名称 滚轮轴承
外观设计分类号 15-99
无效宣告请求人 毕舍普威兹卡沃有限公司（BISHOP-WISECARVERCORPORATION）
专　利　权　人 胡建成
专　利　号 200730116508.9
申　请　日 2007年5月5日
授权公告日 2008年3月19日
合议组组长 吴大章
主　审　员 张媛媛
参　审　员 袁丽颖
附　　图 1页

法律依据 专利法第23条
决定要点

轴承的一般消费者为机械专业人员，其在选择产品时的关注点在于产品的功能，尺寸上的细微差别并不会造成视觉上的明显差异。

一、案由

本无效宣告请求涉及中华人民共和国国家知识产权局于2008年3月19日授权公告的、名称为“滚轮轴承”的外观设计专利权（下称本专利），其专利号是200730116508.9，申请日是2007年5月5日，专利权人是胡建成。

针对本专利，毕舍普威兹卡沃有限公司（下称请求人）于2008年10月16日向专利复审委员会提出无效宣告请求，理由是本专利不符合专利法第23条的规定，并提交了如下4份证据：

证据1：本专利的授权公告文本共4页；

证据2：产品手册“DualVee Motion Technology® Components and Linear Guide”的复印件共48页，出版日期为2002年，公证认证文件的复印件共4页，中文译文共1页；

证据3：产品折页“LINEAR SLIDE SYSTEM”的复印件共7页，出版日期为1992年，公证认证文件的复印件共4页，中文译文共1页；

证据4：国际公开号为WO2006/071448A2的国际公开文本说明书全文的复印件共25页，公开日为2006年7月6日，中文译文共4页。

请求人认为：本专利与证据2或证据3所提供的在先设计属于相同的外观设计，与证据4所提供的在先设计属于相近似的外观设计，因此本专利相对于证据2、证据3或证据4均不符合专利法第23条的规定。

经形式审查合格后，专利复审委员会依法受理了该无效请求，并于2008年12月4日向请求人及专利权人发出无效宣告请求受理通知书，并将请求人提交的专利权无效宣告请求书及其附件清单中所列附件副本转给了专利权人，要求专利权人在规定的期限内陈述意见，对中文译文内容有异议的，应当在一个月内对有异议的部分提交中文译文，没有提交中文译文的，视为无异议。

专利复审委员会依法成立合议组，对本无效宣告请求案进行审理。

2009年1月19日，本案合议组向双方当事人发出口头审理通知书，告知双方本案定于2009年2月16日进行口头审理。

口头审理如期举行，双方当事人均到庭参加口头审理，对合议组成员以及书记员没有回避请求，对对方出庭人员的身份没有异议。在口头审理中，请求人当庭提交证据2和证据3的原件及公证认证书原件，并提交两个产品样品供合议组参考。请求人明确其无效理由、范围和所使用的证据是：本专利相对于证据2、证据3或证据4不符合专利法第23条的规定。请求人确认在证据2中使用的图片是第8页和第9页中的图片。专利权人对证据2~4的真实性、中文译文的准确性没有异议，对证据2和3属于公开出版物、出版日期以及属于轴承领域没有异议。

专利权人认为证据2第8页和第9页的图片所表示的并非同一个产品，即使表示同一产品，其中轴承的内圈和外圈是外凸的，防尘盖是内凹的，不在同一个平面上，而本专利中轴承的内圈、外圈、防尘盖是在同一个平面上的；请求人认为防尘盖稍微有些不同，但突出和凹陷基本上是差不多的。专利权人认为证据3中内圈上有花纹而本专利没有，请求人认为内圈上的花纹是产品型号对于产品本身没有影响。专利权人认为证据5中轴承的内圈结构与本专利不同，如果把凸起螺母504和505除掉之后，501自身不能成为一个产品；请求人认为除掉内圈中的凸起螺母504和505之后，501即与本专利相同。

在此基础上，合议组认为双方当事人已经充分发表了意见，本案事实已经调查清楚，现依法作出审查决定。

二、决定的理由

1. 法律依据

专利法第23条规定："授予专利权的外观设计，应当同申请日以前在国内外出版物上公开发表过或者国内公开使用过的外观设计不相同和不相近似，并不得与他人在先取得的合法权利相冲突。"

2. 证据的认定

请求人使用的证据包括证据2，专利权人对证据2的真实性、中文译文的准确性没有异议。经合议组核实，未发现证据2中存在影响其真实性的瑕疵，合议组对于证据2的真实性和中文译文的准确性予以确认，同时由于证据2的公开日期在本专利的申请日前，因此可以用于评述本专利是否符合专利法第23条的规定。

3. 外观设计是否符合专利法第23条的规定

本专利为滚轮轴承，证据2的中文译文记载"基本额定动载荷和基本额定静载荷是根据抗磨轴承厂商协会9-1990标准，并基于工业标准轴承计算……"，可见证据2中的产品也是轴承，本专利和证据2中的产品属于相同种类的产品，因此可以将两者的相应要素进行比较以判断两者是否构成相同或相近似的外观设计。

本专利为一滚轮轴承，从主视图和后视图可以看出，该轴承包括中空圆环状的浅色内圈、紧贴内圈外侧的深色圆环状防尘盖，紧贴防尘盖外侧的浅色圆环状外圈，外圈包括靠近防尘盖的内侧部分与远离防尘盖的边缘部分，二者之间有一圆形分界线，外圈的内侧部分上写有“VW-3SSX”字样，内圈、防尘盖、外圈的内侧部分和边缘部分的宽度基本上大致相同。从俯视图和左视图可以看出，轴承为一完全对称的两层结构，轴承的侧面呈倒“W”形，上、下表面为平面结构。

证据2为一轴承，从图1（对应于第8页上方右侧图）和图4（对应于第8页上方左侧图）可以看出，该轴承包括中空圆环状的浅色内圈、紧贴内圈外侧的深色圆环状防尘盖，紧贴防尘盖外侧的浅色圆环状外圈，外圈包括靠近防尘盖的内侧部分与远离防尘盖的边缘部分，二者之间有一圆形分界线，内圈、外圈的内侧部分和边缘部分的宽度基本上大致相同，防尘盖的宽度小于上述宽度。从图3（对应于第9页上方中间图）可以看出，轴承为一完全对称的两层结构，轴承的侧面呈倒“W”形，上、下表面为平面结构。从图2（对应于第9页上方右侧图）可以看出，轴承的内圈和外圈是外凸的，防尘盖是内凹的。

合议组认为，证据2是一本产品手册，第8页中W1-W4仅仅表示不同型号产品的具体参数略有差异，产品的外观形状大致相同，因此第8页和第9页中所指产品可以视为同一产品。将本专利与证据2的第8页和第9页中的图片相比较，二者的区别在于：（1）本专利中防尘盖的宽度与内圈、外圈的内侧部分和边缘部分的宽度大致相同，而证据2中防尘盖的宽度小于内圈、外圈的内侧部分和边缘部分的宽度。（2）从本专利的俯视图和左视图可以看出上、下表面是平面，但不能看出内圈、防尘盖和外圈的外表面是否处于同一平面，证据2中轴承的内圈和外圈是外凸的，防尘盖是内凹的。轴承作为一种特定应用领域的产品，其一般消费者通常是机械专业人员，对于机械专业人员来说选择轴承的重点主要在于其功能，至于防尘盖与内圈、外圈的宽度比例略有不同，以及防尘盖与内圈、外圈的表面是否处于同一平面，均属于局部细微的变化，不足以造成视觉上的明显差异，机械专业人员在购买时也很容易将它们误认或混同，故二者属于相近似的外观设计。

综上所述，本专利与证据2的轴承属于相近似的外观设计，本专利不符合专利法第23条的规定。

鉴于上述分析判断已经得出本专利不符合专利法第23条的规定的结论，本专利应予无效，因此，本决定对请求人提出的其他理由和证据不再进行评述。

在此基础上，本案合议组依法作出如下决定。

三、决定

依据专利法第23条的规定，宣告200730116508.9号外观设计专利权无效。

当事人对本决定不服的，可以根据专利法第46条第2款的规定，自收到本决定之日起三个月内向北京第一中级人民法院起诉。根据该款的规定，一方当事人起诉后，另一方当事人应当作为第三人参加诉讼。

主视图　后视图　俯视图　左视图

本专利附图

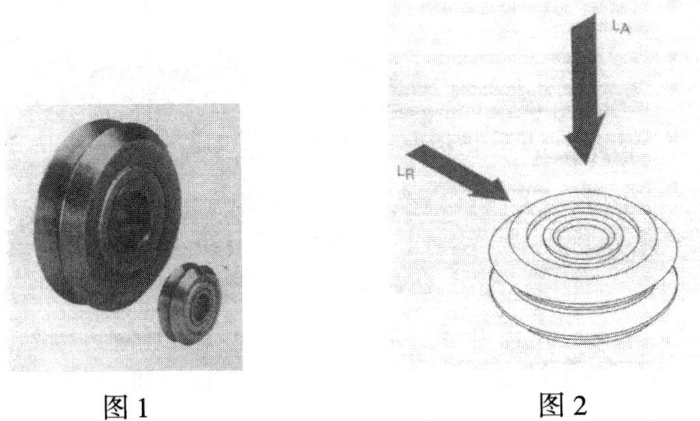

图 1　图 2

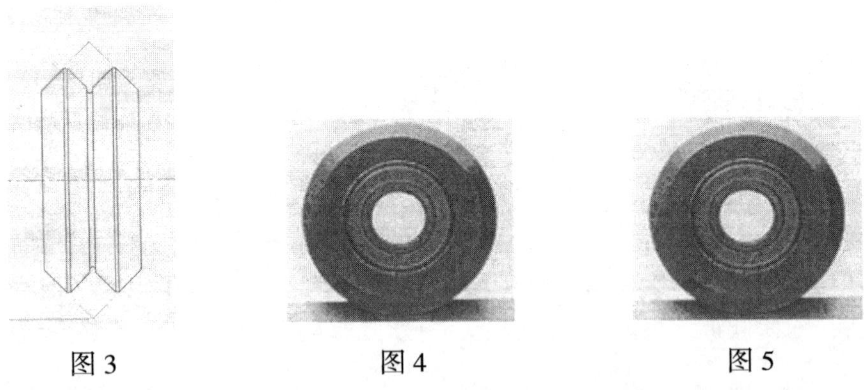

图 3　图 4　图 5

证据 2 附图

151

包装袋（鸡精）

无效宣告请求审查决定（第13025号）

决　定　号　第13025号
决　定　日　2009年3月15日
发明创造名称　包装袋（鸡精）
外观设计分类号　09-05
无效宣告请求人　雀巢产品有限公司
专　利　权　人　陈图豪
专　利　号　200730330888.6
申　请　日　2007年10月31日
授 权 公 告 日　2008年10月1日
合 议 组 组 长　钟　华
主　审　员　王霞军
参　审　员　雷　婧
附　图　1页

法　律　依　据　专利法第23条
决　定　要　点

外观设计专利不保护产品中文字的字音和字义，在相近似判断中，包装袋上标注的产品品牌的文字只能视为一种图案。

在本专利申请日以前已有与其相近似的外观设计在出版物上公开发表过，本专利不符合专利法第23条的规定。

一、案由

本无效宣告请求涉及的是国家知识产权局于2008年10月1日授权公告的、名称为“包装袋（鸡精）”的外观设计专利（下称本专利），其申请号是200730330888.6，申请日是2007年10月31日，专利权人是陈图豪。

针对本专利权，雀巢产品有限公司（下称请求人）于2008年11月24日向专利复审委员会提出无效宣告请求，其主要理由是：本专利与在先公开的外观设计相同或相近似，本专利不符合中国专利法第23条规定。与此同时，请求人提交了如下附件作为证据：

附件1：本专利外观设计专利公报复印件2页；

附件2：98312264.4号外观设计专利公报复印件2页；

附件3：从网络下载的本专利著录项目和图片3页；

附件4：从网络下载的98312264.4号外观设计专利著录项目和图片3页。

请求人认为本专利与附件1产品包装袋的主视图从上至下均包含：商标名称、艺术字“鸡精”、彩带白云、草原、卡通鸡五部分，各部分的图案、颜色均相似，且排列顺序、布局比例、分布位置几乎完全一样，而后视图中的图案排列顺序及布局也几乎完全一样，二者图案的整体视觉效果非常相似，仅在商标名称、飘动的彩带等细微之处略有不同，不足以对产品的整体视觉效果产生显著影响，请求宣告本专利无效。

经形式审查合格，专利复审委员会受理了此案，并于2008年12月22日将无效请求书及相关材料副本转送给专利权人。

专利复审委员会于2009年1月13日向双方当事人发出合议组成员告知通知书。

2009年1月20日，专利权人向专利复审委员会于提交了意见陈述书，专利权人认为：一般消费者在购买商品时首先关注的是产品品牌，二者虽然都是鸡精，但商标和图案完全不同，不存在混同和误认的情况。

2009年1月23日，请求人向专利复审委员会提交了请求合议组成员回避的申请。经专利复审委员会审查，请求人的回避申请不符合专利法实施细则第38条的有关规定，合议组于2009年2月11日向请求人发出《关于回避请求的处理决定》，驳回请求人的回避请求。

合议组认为本案事实清楚，可以依法作出审查决定。

二、决定的理由

1. 法律依据

基于请求人提出的无效宣告请求理由，合议组对本专利是否符合中国专利法第23条的规定进行审查。

专利法第23条规定：“授予专利权的外观设计，应当同申请日以前在国内外出版物上公开发表过或者国内公开使用过的外观设计不相同和不相近似，并不得与他人在先取得的合法权利相冲突。”

2. 证据认定

请求人提交的附件1是国家知识产权局于1999年12月8日授权公告的、申请号是98312264.4、产品名称为“调味品包装袋（13）”的外观设计专利公报复印件，经合议组核实其真实性可以确认。该专利公开文本的公开日期早于本专利的申请日，属于专利法第23条规定的出版物。其上公开了一款包装袋的外观设计（下称在先设计）。本专利与在先设计均为包装袋，二者用途相同，可进行相近似比较。

3. 相同和相近似比较

本专利公开了一款包装袋的外观设计，如图所示，本专利包装袋为长方形，从主视图观察，包装袋最上端中间位置有一长方形色块，块内圆形图案上标有“茂香”两字，长方块的左下侧标有“鸡精”两个大字，右侧为四行文字，包装袋的下半部设有一卡通造型的鸡，头戴厨师帽，身戴围裙，两个翅膀展开，并以青山，绿草，小屋，风车等图案作为背景。后视图的上半部由树木作为背景，上有“茂香”、“鸡精”等文字，下半部的左侧用图案说明的产品用途，右侧为若干行文字说明（详见本专利附图）。

在先设计公开了一款包装袋的外观设计，如图所示，在先设计包装袋为长方形，从主视图观察，包装袋最上端中间有一长方形色块，块内圆形图案上标有“太太乐”三个字，长方块的左下侧标有“鸡精”两个大字，右侧有四行文字，包装袋的下半部有一卡通造型的鸡，头戴厨师帽，身戴围裙，两个翅膀张开，并以青山，绿草，小屋，道路等图案作为背景。后视图的上半部由树木作为背景，上有“TOTOLE”等文字，下半部是用途说明图案和文字说明（详见在先设计附图）。

本专利未请求保护色彩，合议组不对本专利与在先设计的色彩进行评述，仅对二者的形状和图案进行比较。本专利和在先设计的包装袋均为长方形，而长方形状的包装袋应属于该类产品公认的惯常设计，因此，包装袋上的图案变化在相同和相近似判断时对整体视觉效果更具有显著影响。本专利与在先设计包装袋图案均由产品品牌名称，商品名称、鸡的卡通造型和田园背景整体组成，二者整体布局及图案设计均相近似。二者主要不同之处仅在于包装袋上的文字字义以及鸡的眼睛神态和翅膀张开的形状略有不同。外观设计专利不保护产品中文字的字音和字义，在相近似判断中，包装袋上标注的产品品牌的文字只能视为一种图案。合议组认为，两者图案上的细微差异尚不足以对整体外观设计产生显著的影响，从一般消费者的角度观察，二者应属于相近似的外观设计。

综上所述，在本专利申请日以前已有与其相近似的外观设计在出版物上公开发表过，本专利不符合专利法第 23 条的规定。

三、决定

宣告 200730330888.6 号外观设计专利权全部无效。

当事人对本决定不服的，可以根据专利法第 46 条第 2 款的规定，自收到本决定之日起三个月内向北京市第一中级人民法院起诉。根据该款的规定，一方当事人起诉后，另一方当事人应当作为第三人参加诉讼。

主视图

后视图

本专利附图

主视图

后视图

在先设计附图

152

三脚架（SM-812）

无效宣告请求审查决定（第13027号）

决　　定　　号　第13027号
决　　定　　日　2009年3月13日
发明创造名称　三脚架（SM-812）
外观设计分类号　16-05
无效宣告请求人　期健峰
专　利　权　人　赵　勇
专　　利　　号　200630158864.2
申　　请　　日　2006年11月23日
授　权　公　告　日　2007年10月10日
合　议　组　组　长　张雪飞
主　　审　　员　钱亦俊
参　　审　　员　张　凌
附　　　　图　2页

法　律　依　据　专利法第23条
决　定　要　点

就本专利和在先设计而言，产品视觉瞩目点在于形状。将本专利与在先设计进行对比，二者外观设计具有同样的支撑形状和可弯曲的支腿设计。以一般消费者的注意力，难以认定二者具有视觉上的差别，因此，本专利与在先设计应属于相同的外观设计。

一、案由

本无效宣告请求涉及的是国家知识产权局于2007年10月10日授权公告的，名称为“三脚架（SM-812）”的外观设计专利（下称本专利），其申请号是200630158864.2，申请日是2006年11月23日，专利权人是赵勇。

针对本专利权，期健峰（下称请求人）于2008年2月14日向专利复审委员会提出无效宣告请求，其理由是：本专利与其申请日之前国外多家出版物上公开的Joby公司生产的一款名为GO-RILLAPOD的迷你三脚架外观设计（见附件1~7相关内页）相同；附件8证明该款三脚架在申请日以前在新浪网等多家网站上以互联网文件形式公开。附件9~11证明证人陈东在2006年7月通过网上购物方式在Joby公司购得该产品，证明与本专利相同的外观设计在国内公开使用。因此，本专利不符合专利法第23条的规定，请求宣告本专利无效。与此同时，请求人提交了如下证据：

附件1：据称为2006年7月出版的“TAKE GREAT DIGITAL PICTURES，NATIONAL GEOGRAPHIC—SPECIAL EDITION”首页和第44页公证认证件的复印件；

附件2：据称为2006年5月出版的“POPULAR PHOTOGRAPHY & DIGITAL IMAGING”首页和第12页公证认证件的复印件；

附件3：据称为2006年6月出版的“MACWORLD”首页和第61页公证认证件的复印件；

附件4：据称为2006年2月23日出版的卷CLV第53499号“NEW YORK TIMES”首页和第C10版公证认证件的复印件；

附件5：据称为2006年3月29日出版的“SAN FRANCISCO CHRONICLES”首页和第C3版公证认证件的复印件；

附件6：据称为2006年6月出版的“SHUTTER BUG”首页和第82页~第83页公证认证件的复印件；

附件7：据称为2006年11月12日出版的“MACWORLD”首页和第116页公证认证件的复印件；

附件8：关于互联网公开的公证书［（2008）京方圆内经证字第02877号］；

附件9：关于证人证言的公证书［（2008）京方圆内民证字第00722号］；

附件10：关于相关电子邮件的公证书［（2008）京方圆内民证字第00723号］；

附件11：证据保全公证书［（2008）京方圆内民证字第00755号］。

专利复审委员会经形式审查合格受理了该无效宣告请求。于2008年3月24日将请求书及上述证据材料副本转送给专利权人，要求其在指定期限内答复。

2008年3月14日，请求人再次提交意见陈述，进一步陈述上述理由，并附如下证据：（编号续前）

附件12：关于公开销售的网页公证书［（2008）京方圆内经证字第03543号］；

附件13：关于Joby公司三脚架产品销售记录的公证书［（2008）京方圆内经证字第06006号］；

附件14：关于Joby公司三脚架产品销售记录的公证书［（2008）京方圆内经证字第06007号］；

附件15：上述附件1译文；

附件16：上述附件2译文；

附件17：上述附件3译文；

附件18：上述附件4译文；

附件19：上述附件5译文；

附件20：上述附件6译文；

附件21：上述附件7译文；

附件22：上述附件10附页部分内容译文；

附件23：上述附件13附页部分内容译文。

针对上述无效宣告请求，2008年4月30日专利权人提交意见陈述认为：请求人提交的附件1没有中文译文，不能作为法定证据；附件1~7中所有图片都是局部部分图片，没有整体的可比较图片，并且公开的时间、产品的使用功能、用途等方面不能确定；附件8因为没有网站主管的证明证实该图片的真实发布日期及是否更改过，也不具有证据效力；附件9~11存在伪造嫌疑。请求人提交的证据均不能证明本专利不符合专利法第23条的规定。

2008年10月7日，专利复审委员会向双方当事人发出口头审理通知书，告知双方当事人2008年12月2日，本案将在专利复审委员会进行口头审理。同时，将上述双方当事人提交的意见陈述分别转送对方当事人，要求其在指定期限内答复。

口头审理如期举行。专利权人及双方当事人的代理人到庭出席了口头审理。庭审中，请求人提交了上述附件的原件以及上述证据4涉及的2006年2月23日出版的卷CLV第53499号“NEW YORK TIMES”报纸复印件，该复印件上盖有“中国人民大学图书馆藏书”印章，并称该复印件在国家图书馆和中国人民大学均有馆藏，并且还可以在网上核实，其中C10版公开了一款产品外观设计与本专利相同。对此，合议组要求专利权人根据请求人提供的线索庭后去核实附件4涉及报纸的真实性，告知其如有异议及时向合议组提交意见陈述，并当庭将该复印件转送专利权人以便于核实。针对附件1~7，专利权人在坚持原有意见的基础上进一步陈述意见认为：公证认证件不是一个整体，对图片没有公证确认。七份证据都是在美国的加州做的，是管理员的证词和签名，不足以证明证据真实性。针对证据8，请求人当庭演示了网上查找的过程，并通过一个回溯网站找到了相关记载信息以证明其真实性。专利权人在坚持原有意见的基础上进一步陈述意见认为：网页内容黑客也是可以更改的，附件8只能证明公证当天的状态。针对附件9~11，双方坚持原有观点，对附件14，专利权人不发表质证意见。应专利权人的要求，当庭拆封附件11保存证据的实物。

2008年12月25日，专利权人提交意见陈述，其中，并未对出版物的真实性发表明确的意见，仅针对口头审理当庭转送的盖有“中国人民大学图书馆藏书”印章的2006年2月23日出版的卷CLV第53499号“NEW YORK TIMES”报纸复印件陈述了意见。专利权人认为，该证据是一份新的复印件，不是用于完善原有证据形式的公证书或复印件，与原证据没有法律意义上的联系，属于新证据，超过了法定举证期限，应当不予考虑。该证据出证单位不清楚，从形式上属于不合法证据，不应被采纳。该证据不能清晰显示在先客体外观形状，不能证明在本专利申请日之前公开发表过。

至此，合议组认为本案事实清楚，可以依法作出审查决定。

二、决定的理由

根据请求人提出的无效宣告请求的理由和证据合议组对本案进行了审理。

请求人提出的无效宣告请求的理由是：本专利与其申请日之前国外多家出版物上公开的Joby公司生产的一款名为GORILLAPOD的迷你三脚架外观设计（见附件1~7相关内页）相同；附件8证明该款三脚架在申请日以前在新浪网等多家网站上以互联网文件形式公开。附件9~11证明证人陈东在2006年7月通过网上购物方式在Joby公司购得该产品，证明与本专利相同的外观设计在国内公开使用。因此，本专利不符合专利法第23条的规定。

专利法第23条规定：授予专利权的外观设计，应当同申请日以前在国内外出版物上公开发表过或者国内公开使用过的外观设计不相同和不相近似，并不得与他人在先取得的合法权利相冲突。

请求人提交的附件4是2006年2月23日出版的卷CLV第53499号“NEW YORK TIMES”首页和第C10版公证认证件的复印件，后在一个月之内补充了附件18，即附件4的中文译文。在口头审理中请求人出示了相关证据原件，并且，针对相关出版物，请求人指明了在国内馆藏的地点，并附具了其中一处馆藏的证据。合议组认为，请求人已经尽到举证义务，在随后的查证过程中，专利权人对相关出版物的真实性没有举出相反证据证明其不真实。就相关证据而言可以证明2006年2月23日出版的卷CLV第53499号“NEW YORK TIMES”首页和第C10版内容真实可信，本案予以采信。

针对专利权人认为盖有“中国人民大学图书馆藏书”印章的2006年2月23日出版的卷CLV第53499号“NEW YORK TIMES”报纸复印件属于新证据的主张，合议组认为，附件4的公证认证件与“中国人民大学图书馆藏书”印章的复印件都是证明同一个出版物，即2006年2月23日出版的卷CLV第53499号“NEW YORK TIMES”报纸的真实性。根据审查指南关于举证期限的规定，作为证明域外形成的出版物——报纸的真实性的证据，在口头审理结束前，可以提交公证认证件，也可以是原件。本案中，针对报纸的真实性，由于客观情况请求人无法将原件携至庭审现场，但提供可供查阅的馆藏线索，实质上相当于指明原件所在地，其性质相当于出示原件。因此，该举证行为不属于过期举证。

由于2006年2月23日出版的卷CLV第53499号“NEW YORK TIMES”报纸公开在2006年2月23日，在本专利申请日之前。因此，该证据可以用于评价本专利是否符合专利法第23条的规定。在该报纸C10版上方显示有一款相机架的外观设计（下称在先设计），与本专利属于相同类别的产品。

本专利是带有三个支腿的相机架。接触地面端呈圆球状。由下至上，依次呈半圆球相套的结状，可以弯成所需线形。顶部为片状长方体支撑托（详见本专利附图）。

在先设计也是带有三个支腿的相机架。接触地面端呈圆球状。由下至上，依次呈半圆球相套的结状，可以弯成所需线形。顶部片状长方体支撑托（详见在先设计附图）。

将本专利与在先设计进行对比，二者外观设计具有同样的支撑形状和可弯曲的支腿设计，以一般消费者的注意力，难以认定二者具有视觉上的差别，因此，从整体观察综合判断的角度看，本专利与在先设计应属于相同的外观设计，本专利不符合专利法第23条的规定。

鉴于已经得出上述结论，本决定不再针对请求人提出的无效宣告请求的理由结合其他证据进行一一评述。

三、决定

宣告200630158864.2号外观设计专利权全部无效。

当事人对本决定不服的，可以根据专利法第46条第2款的规定，自收到本决定之日起三个月内向北京市第一中级人民法院起诉。根据该款的规定，一方当事人起诉后，另一方当事人应当作为第三人参加诉讼。

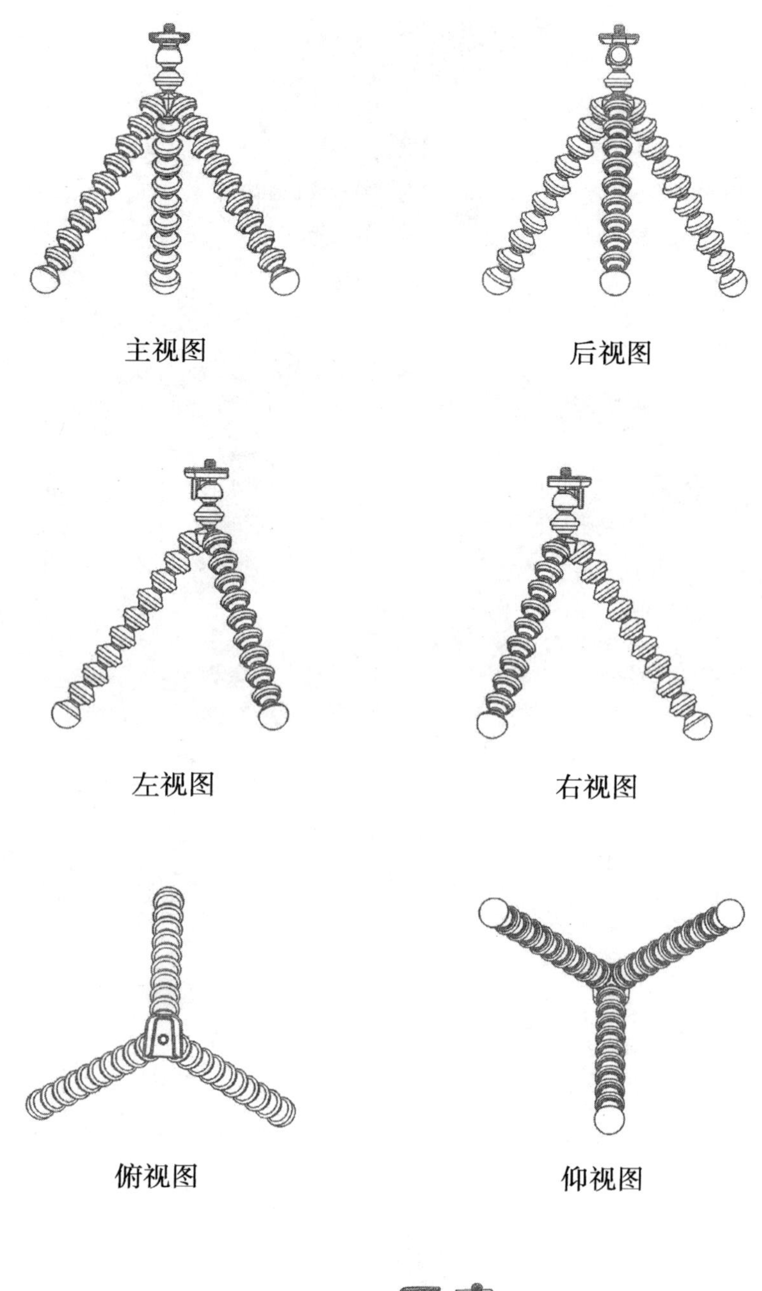
主视图

后视图

左视图

右视图

俯视图

仰视图

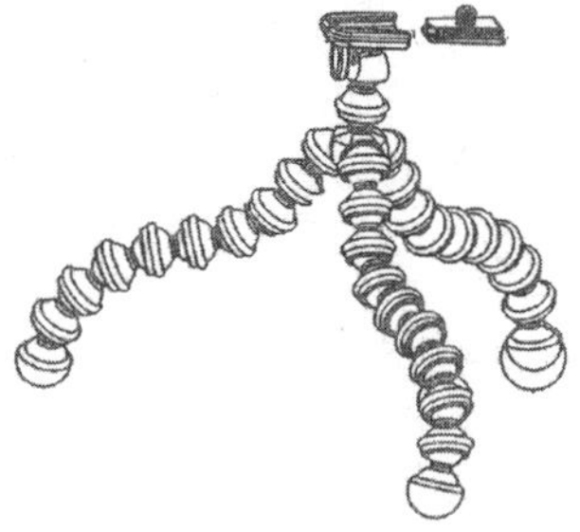
使用状态参考图

本专利附图

在先设计附图

北京市第一中级人民法院
行政判决书

（2009）一中行初字第1779号

原告赵勇，男，1973年12月7日出生，汉族，四川省苍溪县龙山镇老街85号。

委托代理人于文东，北京市国纲华辰律师事务所律师。

被告国家知识产权局专利复审委员会，住所地北京市海淀区北四环西路9号银谷大厦10~12层。

法定代表人张茂于，副主任。

委托代理人张雪飞，国家知识产权局专利复审委员会审查员。

委托代理人曹铭书，国家知识产权局专利复审委员会审查员。

第三人期健峰，男，1981年11月24日出生，住北京市海淀区颐和园路5号北京大学05级法学院研究生集体宿舍。

委托代理人赵林琳，北京市金杜律师事务所律师。

委托代理人赵烨，北京市金杜律师事务所律师。

原告赵勇不服被告国家知识产权局专利复审委员会（以下简称专利复审委员会）第13027号无效宣告请求审查决定（以下简称第13027号决定），于法定期限内向本院提起行政诉讼。本院于2009年7月16受理后，依法组成合议庭，并通知期健峰作为本案的第三人参加诉讼，于2009年9月8日公开开庭审理了本案。原告赵勇的委托代理人于文东，被告专利复审委员会的委托代理人张华、朱明雅参加了诉讼。第三人期健峰经本院合法传唤未到庭参加诉讼，本案现已审理终结。

第13027号决定系专利复审委员会就第三人期健峰作为无效宣告请求人，针对原告赵勇拥有的200630158864.2号名称为“自定位微型三脚架”的外观设计专利（以下简称本专利）提出的无效宣告请求而作出的。

专利复审委员会在该决定中认定：第三人提交的附件4是2006年2月23日出版的卷CLV第53499号“NEW YORK TIMES”首页和第C10版公证认证件的复印件，后在一个月之内补充了附件18，即附件4的中文译文。在口头审理中第三人出示了相关证据原件，并且，针对相关出版物，第三人指明了在国内馆藏的地点，并附具了其中一处馆藏的证据。第三人已经尽到了举证义务，在随后的查证过程中，专利权人对相关出版物的真实性没有举出相反证据证明其不真实。就相关证据而言可以证明2006年2月23日出版的卷CLV第53499号“NEWYORK TIMES”首页和第C10版内容真实可信，本案予以采信。在该报纸C10版上方显示有一款相机架的外观设计，与本专利属于相同类别的产品。二者外观设计具有同样的支撑形状和可弯曲的支腿设计，以一般消费者的注意力，难以认定二者具有视觉上的差别，因此，从整体观察综合判断的角度看，本专利与在先设计应属于相同的外观设计，本专利不符合《中华人民共和国专利法》（以下简称《专利法》）第23条的规定。

基于上述理由，专利复审委员会作出第13027号决定，宣告本专利权全部无效。

原告赵勇诉称：（1）第13027号决定中混淆了“中国人民大学图书馆藏书”印章与“中国人民大学图书馆”印章的区别，盖有“中国人民大学图书馆藏书”印章不能表明中国人民大学图书馆对该复印件的真实性负责。（2）第三人在专利复审委员会的庭审中称该报纸在国家图书馆也有馆藏，却不能提交相应证据，因此第三人提供只提供加盖了“人民大学图书馆藏书”印章的复印件不能起到相应的证据效力。综上所述，被告对证据的采信理由不成立，其所作出的第13027号决定认定事实错误、违反法律规定，请求法院依法撤销。

被告专利复审委员会辩称：第13027号决定认定事实清楚、适用法律正确、审理程序合法、审查结论正确、原告的诉讼理由不能成立，请求法院驳回原告的诉讼请求，维持第13027号决定。

本院经审理查明如下事实：

本专利涉及的是国家知识产权局于2007年10月10日授权公告的、名称为“三脚架（SM-812）”的200630158864.2号外观设计专利，该专利的申请日为2006年11月23日，专利权人为赵勇。本专利授权公告文本见附图1：

针对本专利，第三人期健峰于2008年2月14日向专利复审委员会以本专利不符合《专利法》第二十三条为由提出无效宣告请求，并提交以下证据：

附件4：2006年2月23日出版的卷CLV第53499号“NEWYORK TIMES”首页和第C10版公证认证件的复印件。

附件18：附件4的译文。

2008年12月2日，专利复审委员会对本案进行了口头审理，第三人提交了上述附件的原件以及上述证据4涉及的2006年2月23日出版的卷CLV第53499号“NEW YORK TIMES”报纸复印件，该复印件上盖有“中国人民大学图书馆藏书”印章。第三人称该复印件在国家图书馆和中国人民大学均有馆藏，并且还可以在网上核实。其中C10版公开了一款产品外观设计与本专利相同。对此，被告要求专利权人根据第三人提供的线索庭后去核实附件4涉及报纸的真实性，告知其如有异议，及时提交意见陈述，并当庭将该复印件转送专利权人以便于核实。2008年12月25日，专利权人提交意见陈述，其中，并未对出版物的真实性发表明确的意见，仅针对口头审理当庭转送的盖有“中国人民大学图书馆藏书”印章的2006年2月23日出版的卷CLV第53499号“NEW YORK TIMES”报纸复印件陈述了意见。专利权人认为，该证据是一份新的复印件，不是用于完善原有证据形式的公证书或复印件，与原证据没有法律意义上的联系，属于新证据，超过了法定举证期限，应当不予考虑。该证据出证单位不清楚，从形式上属于不合法证据，不应被采纳。该证据不能清晰显示在先客体外观形状，不能证明在本专利申请日之前公开发表过。

据此，专利复审委员会于2008年12月11日作出第13027号决定。

以上事实有本专利授权公告文本、第13027号决定、附件4、附件18、盖有“中国人民大学图书馆藏书”印章的2006年2月23日出版的卷CLV第53499号“NEW YORK TIMES”报纸复印件及当事人陈述等证据在案佐证。

本院认为：

经审理，被诉决定对于本专利不符合《专利法》第二十三条的认定正确、程序合法，本院应予支持。

本案中，原告仅对被告在第13027号决定中对于证据4所涉及的文章的真实性提出异议。但经本院审查，该证据已具备了涉外公证、认证手续，可以证实该证据的真实性。同时，第三人在无效宣告审查程序中还指明了附件4所涉及文章在国内的馆藏地点，并提供了一份加盖“中国人民大学图书馆藏书”印章的该文章复印件件。被告对该证据予以采信正确，本院应予支持。原告以该国内馆藏文章复印件加盖的不是“中国人民大学图书馆”公章为由，主张附件4不具有真实性的诉讼意见缺乏事实及法律依据，本院不予采纳。

综上，专利复审委员会作出的第13027号决定审查程序合法，认定事实清楚，适用法律正确，本院依法予以维持。原告的诉讼请求缺乏事实与法律依据，本院不予支持。根据《中华人民共和国行政诉讼法》第54条第（1）项之规定，本院判决如下：

维持被告国家知识产权局专利复审委员会作出的第13027号无效宣告请求审查决定。

案件受理费100元，由原告赵勇负担（已交纳）。

如不服本判决，各方当事人可在判决书送达之日起15日内，向本院递交上诉状，并按对方当事人的人数提出副本，上诉于北京市高级人民法院。上诉人在上诉期满后7日内未预交上诉案件受理费又不提出缓交申请的，按自动撤回上诉处理。

审　判　长　强刚华
代理审判员　李冰青
人民陪审员　刘世昌
二〇〇九年十一月二十日
书　记　员　牛　捷

153

展示柜（PZ2610）

无效宣告请求审查决定（第13028号）

决　　定　　号　第13028号
决　　定　　日　2009年3月7日
发明创造名称　展示柜（PZ2610）
外观设计分类号　20-02
无效宣告请求人　孙雅申
专　利　权　人　方正亚洲有限公司，玛丽亚·阿德莱德·卡萨尼
专　　利　　号　200630145448.9
申　　请　　日　2006年11月24日
授权公告日　2007年10月3日
合议组组长　钱亦俊
主　　审　　员　吴大章
参　　审　　员　周　佳

法　律　依　据　专利法第23条
决　定　要　点

专利权人是从事产品出口的中间商，其与国内企业之间存在的产品购销关系的性质不同于国内市场的购销关系，所用于出口的产品并没有处于国内公众中的任何人想得到即可以得到的状态。

国内的生产企业对专利权人订购的产品的生产技术、图纸资料负有保密义务，因此，国内生产企业的生产制造行为没有形成公众可以得知的状态，未构成国内公开使用。

一、案由

本无效宣告请求涉及国家知识产权局于2007年10月3日授权公告的、名称为“展示柜（PZ2610）”的200630145448.9号外观设计专利（下称本专利），其申请日为2006年11月24日，专利权人是方正亚洲有限公司，共同专利权人是帕迪尼·马尔科、玛丽亚·阿德莱德·卡萨尼，后共同专利权人变更为玛丽亚·阿德莱德·卡萨尼。

针对上述外观设计专利权，孙雅申（下称请求人）于2008年4月16日向专利复审委员会提出无效宣告请求，并随无效宣告请求书提交了如下附件作为证据：

附件1：请求人声称的意大利佛卡责任有限公司提供的声明及其相关文件复印件，共33页，其中包括如下文件：

附件1-1：佛卡责任有限公司出具的声明外文复印件及其中文译文，共3页；

附件1-2：利米尼市工商部出具的关于佛卡责任有限公司的普通科注册证明外文复印件及其中文译文，共6页；

附件1-3：利米尼市公证员江安东尼奥·彭尼诺出具的关于摄于佛卡责任有限公司内照片的证明外文复印件及其中文译文，以及请求人声称的上述证明所附照片复印件，共3页；

附件1-4：与方正亚洲有限公司相关单据（发票、报关单、提货单、原产地证明等）外文复印件及其中文译文的复印件，共11页；

附件1-5：利米尼市公证员江安东尼奥·彭尼诺出具的复印件与原件相符的证明外文复印件及其中文译文的复印件，共2页；

附件1-6：订单号（Order Number）为1123/2004的方正亚洲有限公司单据的复印件及其中文译文的复印件，共4页；

附件1-7：第1行标有"ORIGINAL"字样的页复印件及其中文译文的复印件，共2页；

附件1-8：页眉上有："Aug. 25 2004 04：12PM P1"字样的页复印件和译文的复印件2页；

附件2：莱州市宏泰电器有限公司和方正亚洲有限公司（RIGHTWAY ASIA LTD）签订的产品购销合同和莱州电冰柜厂发出产品销售追踪存档单的复印件，共3页；

附件3：嘉宏航运有限公司进仓通知、青岛远洋大亚物流有限公司理货单的复印件，共3页；

附件4：编号为684794836的中华人民共和国海关出口货物报关单复印件，共1页；

附件5：四川湾区康莱士检测有限公司合同（合同登记编号：SBC-CE-04052802，制定日期：2004年5月28日）及相关文件（包括该公司的企业法人营业执照、外商投资企业税务登记证、中华人民共和国组织机构代码证）复印件，以及与该公司相关的外商投资企业基本情况（设立）和年检情况打印件，共11页；

附件6：两份CE标准符合性证明书（出证日期：2004年6月30日）的中文文件和外文文件复印件，EMC测量和测试报告（型号：GN3100TN）的中文文件和外文文件复印件，附被测设备（型号：GN3100TN）照片及中文译文复印件，共10页；

附件7：证人Marco Pardini出具的"Witness Statement"外文书面证言的复印件，共2页。

请求人认为：上述证据证明，在本专利申请日前，专利权人之一方正亚洲有限公司与莱州宏泰电器有限公司有购销合作关系，莱州宏泰电器有限公司通过设计、生产完成的产品"展示柜（PZ2610）"出售给方正亚洲有限公司转销到意大利等国内外各地，本专利与莱州宏泰电器的产品的外观设计是相同或相似的，故本专利不符合《专利法》第23条中应当同申请日以前在国内公开使用过的外观设计不相同和不相近似的规定。

经形式审查合格后，专利复审委员会受理了该无效宣告请求，并于2008年4月30日向双方当事人发出无效宣告请求受理通知书，并随上述无效宣告请求受理通知书将请求人提交的无效宣告请求书及其附件清单中所列附件副本转送专利权人，要求其在指定期限内对该无效宣告请求陈述意见。

请求人又于2008年5月16日向专利复审委员会提交了意见陈述书及如下附件作为补充证据：

附件8：青岛益达设备有限公司的企业法人营业执照（副本）复印件、青岛益达设备有限公司出具的关于Marco Pardini先生是该公司总裁的证明的中文文件和外文文件的复印件、Marco Pardini的护照复印件及其中文译文、附件7及其"见证声明"中文译文，共8页。

专利权人于2008年6月12日向专利复审委员会提交了意见陈述书及如下附件作为证据：

莱州市宏泰电器有限公司与方正亚洲有限公司的协议书复印件，共4页（下称反证1）。

专利权人认为：方正亚洲有限公司与莱州宏泰电器有限公司系委托加工关系，不是国内公开使用；附件3、4证明宏泰电器生产的产品出口，不是国内公开使用；附件5、6证明宏泰电器生产的产品根据出口标准检测，都在特定关系人之间进行，不构成使用公开；附件1、7系域外证据，未经公证认证，不予认定，即使该附件真实有效，也仅能说明本专利产品在国外销售，不能证明在国内公开使用。

专利复审委员会成立合议组，依法对本案进行审查。合议组于2008年7月2日向双方当事人发出口头审理通知书，定于2008年9月23日对本案进行口头审理，并随上述口头审理通知书将请求人于2008年5月16日提交的意见陈述书及其附件清单中所列附件的副本转送给专利权人，同时将专利权人于2008年6月12日提交的意见陈述书及其附件清单中所列附件的副本转送给请求人。

口头审理如期举行，请求人及其证人以及双方当事人的代理人均出席了口头审理。在口头审理中，双方当事人对合议组成员无回避请求，双方当事人对对方出庭人员身份无异议。请求人当庭提交了如下文件：

附件1-1：佛卡责任有限公司出具的声明外文原件，附有中华人民共和国驻米兰总领事馆认证，共1页；

附件1-2：利米尼市工商部出具的关于佛卡责任有限公司的普通科注册证明外文原件，附有中华人民共和国驻米兰总领事馆认证，共3页；

附件1-3：利米尼市公证员江安东尼奥·彭尼诺出具的关于摄于佛卡责任有限公司内照片的证明所附照片的原件，实际为复印件，共1页；

附件1-3：中利米尼市公证员江安东尼奥·彭尼诺出具的关于摄于佛卡责任有限公司内照片的证明外文原件，附有中华人民共和国驻米兰总领事馆认证，用订书钉与上述请求人声称的证明所附照片装订在一起，共1页；

附件1-4：与方正亚洲有限公司相关单据（发票、报关单、提货单、原产地证等）外文的原件，实际为复印件，共5页；

附件1-5：利米尼市公证员江安东尼奥·彭尼诺出具的复印件与原件相符的证明外文原件，附有中华人民共和国驻米兰总领事馆认证，用订书钉与上述附件1~4与方正亚洲有限公司相关单据（发票、报关单、提货单、原产地证等）装订在一起，共1页；

附件1-6：订单号（Order Number）为1123/2004的方正亚洲有限公司单据的复印件共2页，每页上都盖有“莱州市宏泰电器有限公司”的红色印章；

附件1-7：第1行标有“ORIGINAL”字样的页复印件1页，页面上盖有“莱州市宏泰电器有限公司”的红色印章；

附件1-8：页眉上有：“Aug. 25 2004 04：12PM P1”字样的页复印件1页，页面上盖有“莱州市宏泰电器有限公司”的红色印章；

请求人声称的附件2、3、4的原件，实际为复印件，其上盖有“莱州市宏泰电器有限公司”红色印章，共11页；

合议组当庭核实了请求人当庭提交的上述文件与请求人在提出无效宣告请求时提交的附件的一致性，专利权人对两者的一致性无异议。

关于附件5和原件，请求人称在专利复审委员会审理的相关案件中已经提交，专利权人当庭表示对附件5的真实性没有异议；

请求人提交了附件6中的一页原件，所述原件是CE标准符合性证明书（型号：PA2100TN，PZ2600TN，PZ2610TN，PA3100TN，PZ3600TN，U-GN2100TN，U-GN3100TN，U-GN4100TN）。放弃了另一份CE标准符合性证明书。专利权人认为公章有问题。

出具附件7书面证言的证人Marco Pardini出庭作证。

请求人对反证 1 的真实性没有提出异议，并且发表了质证意见。

证人出庭作证称：本专利是在 2004 年 11 月之前生产的，是由莱州宏泰电器有限公司设计的。证人表示，他知道方正亚洲有限公司和莱州宏泰电器有限公司签订的协议（反证 1）。

在上述基础上双方当事人充分陈述了意见。请求人认为：当庭提交的文件均为原件，附件 1 中意大利佛卡责任有限公司出具的声明，声明照片中的产品是从中国国内购买的，附件 1 中有方正亚洲有限公司开具的发票、欧共体的报关单、意大利公司的提单和原产地证明，可以证明专利权人在中国厂家购买了本专利的产品，再销售到国外，国内制造构成了技术的公开。附件 2、附件 3 和附件 4 证明方正亚洲有限公司在莱州宏泰电器有限公司购买了本专利的产品，并发货至意大利。专利权人对附件 1 中有关证据和的真实性提出质疑，对附件 2、附件 3 和附件 4 的真实性提出质疑，认为这些证据不具有真实性。请求人认为附件 5 和附件 6 证明在本专利申请日之前本专利的产品已经交给检测单位进行检测，已经公开。专利权人认为检测、认证不能构成国内公开使用。双方当事人就专利权人和莱州宏泰电器有限公司之间的关系问题进行了辩论，专利权人认为：方正亚洲有限公司与莱州宏泰电器有限公司系委托加工关系，不是国内公开使用，其出口行为也不构成国内的公开使用；请求人认为方正亚洲有限公司与莱州宏泰电器有限公司系买卖合作关系。

至此，合议组认为本案事实已经清楚，可以依法作出无效宣告请求审查决定。

二、决定的理由

1. 法律依据

基于请求人提出的无效宣告的理由，合议组依据专利法第 23 条对本案进行审理。

专利法第 23 条规定："授予专利权的外观设计，应当同申请日以前在国内外出版物上公开发表过或者国内公开使用过的外观设计不相同和不相近似，并不得与他人在先取得的合法权利相冲突。"

审查指南第二部分第三章第 2. 1. 3. 2 节规定，"……使有关技术内容处于公众想得知就能够得知的状态……就构成使用公开"。根据专利法第 23 条和审查指南的上述规定，构成使用公开必须使本专利的外观设计在中国境内处于公众想得知就能够得知的状态。

2. 事实和证据认定

请求人试图用附件 1、附件 2、附件 3、附件 4、附件 7 和附件 8（包含附件 7 的中文译文）证明：在本专利申请日前，专利权人之一方正亚洲有限公司与莱州宏泰电器有限公司有购销合作关系，莱州宏泰电器有限公司通过设计、生产完成的产品"展示柜（PZ2610）"出售给方正亚洲有限公司转销到意大利等国内外各地，本专利与莱州宏泰电器的产品的外观设计是相同或相似的。

专利权人对请求人的上述主张没有予以否认，而是强调方正亚洲有限公司与莱州宏泰电器有限公司系委托加工关系，不是国内公开使用，其出口行为也不构成国内的公开使用。并提交了反证 1 来证明其主张。

请求人对反证 1 的真实性没有异议，合议组对该证据予以采纳。经查，反证 1 可以证明：专利权人向莱州宏泰电器有限公司长期订购本专利产品用于向国外出口。合议组认为：专利权人购买国内厂家产品的目的在于赚取外方的商业利润，其从事的一切商业活动仅仅在于将国内产品推入国际市场，而不是为了在国内销售和使用，专利权人仅是国内厂家和外方之间的中间商。因而，即使专利权人与国内企业之间存在产品购销关系，其性质也不同于国内市场的销售行为，所用于出口的产品并没有处于国内公众中的任何人想得到即可以得到的状态。因此，本案中的出口行为并未涉及该产品在国内的使用公开。

在本案中，反证 1 还进一步证明，国内的生产企业莱州宏泰电器有限公司对专利权人订购的产品的生产技术、图纸资料负有保密义务，因此，合议组认为，莱州宏泰电器有限公司的生产制造行为没有形成公众可以得知的状态，未构成国内公开使用。

从上述分析中不难看出，请求人主张的事实即使能够成立也不属于法律规定的构成公开使用的事实。

鉴于上述已经得出的请求人主张的上述事实并非法律规定的构成公开使用的事实，故请求人提交的用以支持该主张的证据与法律规定的构成公开使用的事实均无关联性，这些证据是：附件1、附件2、附件3、附件4、附件7和附件8。

请求人试图用附件5和附件6证明本专利因检测和认证导致公开。

附件5包括：四川湾区康莱士检测有限公司合同（合同登记编号：SBS-CE-04052802，制定日期：2004年5月28日）；相关文件（包括该公司的企业法人营业执照、外商投资企业税务登记证、中华人民共和国组织机构代码证），其上盖有“莱州市宏泰电器有限公司”红章，以及与该公司相关的外商投资企业基本情况（设立）和年检情况打印件，其上盖有“四川省工商局经济信息中心微机档案查询专用章（仅供参考）”红章。专利权人对该证据的真实性予以认可。经查，上述合同中的第8项约定：四川湾区康莱士检测有限公司对送检方的任何技术资料都有保守商业机密的责任。故合议组认为，附件5不能支持本专利产品经检测导致公开的主张。

请求人提交了附件6中的一页原件，所述原件是CE标准符合性证明书（型号：PA2100TN，PZ2600TN，PZ2610TN，PA3100TN，PZ3600TN，U-GN2100TN，U-GN3100TN，U-GN4100TN）。专利权人认为该证据的公章有问题。合议组认为：一项发明创造根据某项出口标准所做的检测，属于为符合相关标准而完善发明创造的步骤，该检测过程并没有导致本专利的外观设计在国内处于公众想要得知即可得知的状态，因此该检测不构成专利法意义上的公开。故合议组对请求人关于所述产品在国内经检测导致公开的主张不予支持。

请求人主张的事实均不属于法律规定的公开使用的情形，即均不适用专利法第23条的规定。

三、决定

维持200630145448.9号外观设计专利权有效。

当事人对本决定不服的，可以根据专利法第46条第2款的规定，自收到本决定之日起3个月内向北京市第一中级人民法院起诉。根据该款的规定，一方当事人起诉后，另一方当事人应当作为第三人参加诉讼。

北京市第一中级人民法院
行政判决书

（2009）一中行初字第1698号

原告孙雅申，男，1968年5月3日出生，汉族，住中华人民共和国北京市海淀区西土城路25号。

委托代理人孙姗姗，北京市洪范广住律师事务所律师。

被告中华人民共和国国家知识产权局专利复审委员会，住所地中华人民共和国北京市海淀区北四环西路9号银谷大厦10~12层。

法定代表人张茂于，副主任。

委托代理人吴大章，中华人民共和国国家知识产权局专利复审委员会审查员。

委托代理人程强，中华人民共和国国家知识产权局专利复审委员会审查员。

第三人方正亚洲有限公司，中华人民共和国香港特别行政区告士打道 181 号中怡大厦 1001 室。

法定代表人 Cassani，Maria Adelaide，董事。

第三人玛丽亚·阿德莱德·卡萨尼（Maria AdelaideCassani），女，1945 年 9 月 26 日出生，持有 YA0158841 号意大利护照。

委托代理人邵守刚，清泰律师事务所律师。

原告孙雅申不服被告中华人民共和国国家知识产权局专利复审委员会于 2009 年 3 月 7 日作出的第 13028 号无效宣告请求审查决定，于法定期限内向本院提起诉讼。本院于 2009 年 7 月 7 日受理本案后，依法组成合议庭，并通知方正亚洲有限公司、玛丽亚·阿德莱德·卡萨尼作为本案第三人参加诉讼。在本案审理过程中，原告孙雅申于 2009 年 12 月 15 日向本院提出撤诉申请，请求撤回对被告中华人民共和国国家知识产权局专利复审委员会的起诉。

本院认为：原告孙雅申的撤诉申请系其真实意思表示，亦未违反法律规定，应予准许。本院依照《中华人民共和国行政诉讼法》第 51 条之规定，裁定如下：

准许原告孙雅申撤回对被告中华人民共和国国家知识产权局专利复审委员会的起诉。

案件受理费人民币 100 元，减半收取 50 元，由原告孙雅申负担（已交纳）。

审 判 长　赵　静

代理审判员　姜庶伟

人民陪审员　刘世昌

二〇〇九年十二月十五日

书 记 员　高晓旭

154

螺纹圆筒形玻璃钢化粪池

无效宣告请求审查决定（第13033号）

决　　定　　号　第13033号
决　　定　　日　2009年3月18日
发明创造名称　螺纹圆筒形玻璃钢化粪池
外观设计分类号　23-02
无效宣告请求人　昆明滇牛经贸有限公司
专　利　权　人　张守凡
专　　利　　号　200630021280.0
申　　请　　日　2006年10月17日
授 权 公 告 日　2007年7月25日
合 议 组 组 长　吴大章
主　　审　　员　钟　华
参　　审　　员　雷　婧
附　　　　　图　1页

法　律　依　据　专利法第23条
决　定　要　点

外观设计专利保护的是产品的形状、图案和色彩，不保护产品的内部连接方式和功能，本专利是对产品的形状的外观设计，故仅保护其授权图片上所示产品的外观形状。在本专利的形状与在先设计整体形状及主要部件近似，故应认为本专利与在先设计相近似。

一、案由

本无效宣告请求涉及国家知识产权局于2007年7月25日授权公告的名称为“螺纹圆筒形玻璃钢化粪池”的200630021280.0号外观设计专利（下称本专利），其申请日为2006年10月17日，专利权人为张守凡。

针对本专利，昆明滇牛经贸有限公司（下称请求人）于2008年7月30日向专利复审委员会提出无效宣告请求，其理由是在本专利申请日前申请的200430067151.6号外观设计专利相近似，因此本专利不符合专利法第23条的规定，请求人同时提交如下附件作为证据：

附件1：本外观设计专利电子公告打印页1页；

附件2：200430067151.6号外观设计专利电子公告打印页1页。

经形式审查合格，专利复审委员会依法受理了上述无效宣告请求，并于2008年10月28日将无效宣告请求书及相关文件的副本转给专利权人，要求其在指定的期限内答复。

2008年11月19日，专利权人提交了意见陈述书，认为：本专利是以任意个圆筒体和两个端头组合而成，每个圆筒都带法兰盘，用螺栓安装，一般可以用两个端头与1~9个圆筒体组合，而在先设计为固定的整体式化粪池；本专利的两端呈半球形，且表面光滑，在先设计的两端不光滑，包括四条凸肋和一个圆柱形进出水口；本专利的底部凸肋呈平底，便于摆放，在先设计的底部是圆弧形；本专利由于用于组装的圆筒体是完全相同的，因此其顶部检修孔可以有多个，且位置对称，而在先设计的检修孔固定有三个，且位置是非对称的。综上所述，在先设计与本专利既不相同又不相近似，其授权符合专利法第23条的规定。

专利复审委员会于2009年1月7日向双方当事人发出口头审理通知书，定于2009年2月24日举行口头审理，同时将上述专利权人提交的意见陈述书转送给请求人。

口头审理如期举行，双方当事人均有代理人参加本次口头审理。在口头审理中，专利权人对附件1、附件2的真实性均无异议。在此基础上，双方当事人就本专利与附件2所公开的外观设计是否近似进行了充分的意见陈述和辩论。

至此，合议组认为本案事实已经调查清楚，可以作出如下审查决定。

二、决定的理由

1. 法律依据

专利法第23条规定："授予专利权的外观设计，应当同申请日以前在国内外出版物上公开发表过或者国内公开使用过的外观设计不相同和不相近似，并不得与他人在先取得的合法权利相冲突。"

2. 证据的认定

附件1和附件2均为中国外观设计专利电子公告打印页，专利权人对其真实性没有异议，故附件1和附件2均可以作为本案的定案依据。附件2的公开日为2005年8月3日，早于本专利申请日，故其上记载的外观设计属于在本专利申请日前公开的外观设计（下称在先设计）。

3. 本专利是否符合专利法第23条的规定

本专利为螺纹圆筒形玻璃钢化粪池的外观设计，在先设计也为化粪池的外观设计，两者所属产品的种类相同，因此可以进行外观设计近似性比较。

本专利所述螺纹圆筒形玻璃钢化粪池，其整体形状近似封闭圆筒形，筒体底面水平，其余表面呈螺纹形凹凸，一定距离的螺纹形间有若干法兰盘连接。筒体上部有两个检修孔。圆筒体两端呈圆弧形凸出，圆弧形凸出部分的表面光滑（详见本专利附图）。

在先设计所述化粪池，其整体形状近似封闭圆筒形，表面呈螺纹形凹凸，筒体上部有三个检修孔。圆筒体两端呈圆弧形凸出，圆弧形凸出部分的表面有四条突肋，中间的两条竖向平行设置，旁边的凸肋分别向外呈弧形，竖向凸肋间有一圆孔（详见在先设计附图）。

将本专利与在先设计对比，两者的整体均近似封闭圆筒形，筒体表面均呈螺纹形凹凸，上部均有检修孔，圆筒体两端呈圆弧形凸出。两者的不同之处在于：有无法兰盘连接不同，检修孔数量不同，筒体底面是否水平不同，圆弧形凸出的表面是否光滑不同。对此，合议组认为：圆弧形凸出的表面是否光滑、有无法兰盘连接及检修孔数量不同属于局部的细微区别，筒体底面属于使用时不容易看见的部位，上述区别不足以对产品的整体视觉效果产生显著的影响，因此本专利与在先设计构成相近似的外观设计，故本专利不符合专利法第23条的规定。

专利权人认为本专利是以任意个圆筒体和两个端头组合而成，每个圆筒都带法兰盘，用螺栓安装，一般可以用两个端头与1~9个圆筒体组合，顶部检修孔可以有多个。本专利的底部凸肋呈平底，便于摆放。对此，合议组认为：根据专利法第56条第2款的规定，外观设计专利权的保护范围以表示在图片或者照片中的该外观设计专利产品为准。外观设计专利保护的是产品的形状、图案和色彩，不保护产品的内部连接方式和功能，本专利是对产品的形状的外观设计，故仅保护其授权图片上所示产品的外观形状，本专利的形状与在先设计整体形状及主要部件近似，故应认为本专利与在先设计相近似。

三、决定

根据专利法第 23 条和专利法第 46 条第 1 款的规定，宣告 200630021280. 0 号外观设计专利权全部无效。

根据专利法第 46 条第 2 款的规定，当事人对本决定不服的，自收到本决定之日起三个月内向北京市第一中级人民法院起诉，根据该款规定，一方当事人起诉后，另一方当事人应当作为第三人参加诉讼。

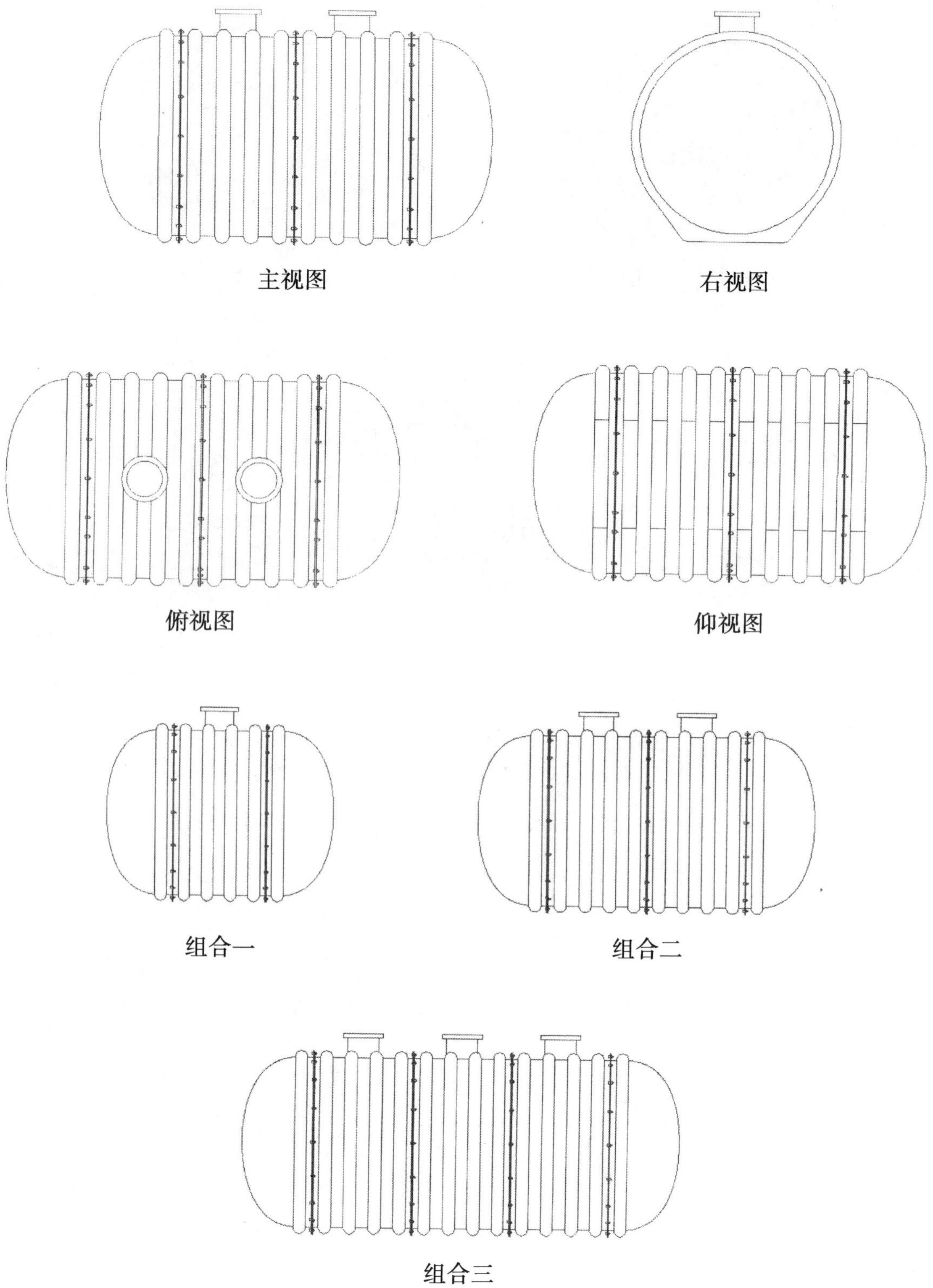
主视图
右视图
俯视图
仰视图
组合一
组合二
组合三

使用状态参考图 1

使用状态参考图 2

本专利附图

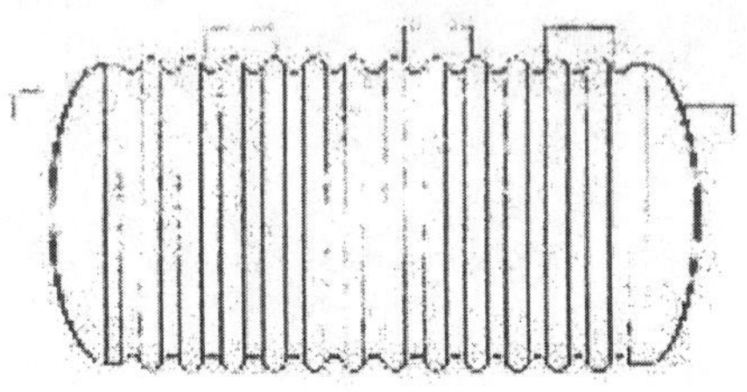

主视图

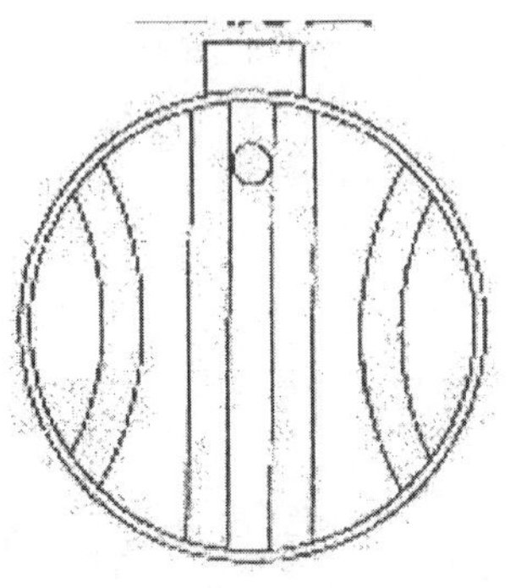

左视图

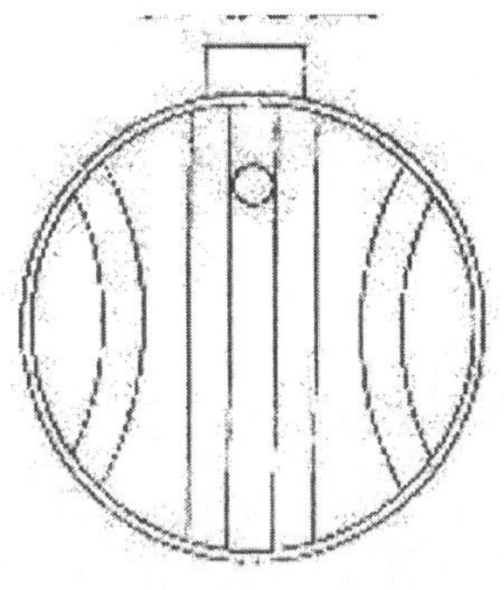

右视图

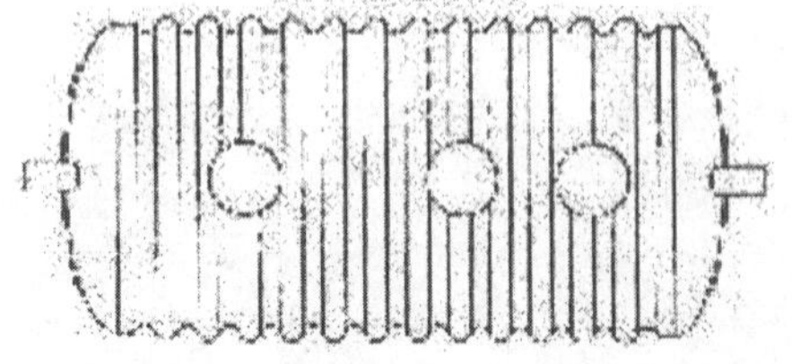

俯视图

仰视图

在先设计附图

155

展示柜（GN3100TNG）

无效宣告请求审查决定（第13043号）

决　　定　　号　第13043号
决　　定　　日　2009年2月13日
发明创造名称　展示柜（GN3100TNG）
外观设计分类号　20-02
无效宣告请求人　孙雅申
专　利　权　人　方正亚洲有限公司，玛丽亚·阿德莱德·卡萨尼
专　　利　　号　200630145459.7
申　　请　　日　2006年11月24日
授　权　公　告　日　2007年10月3日
合　议　组　组　长　钱亦俊
主　　审　　员　吴大章
参　　审　　员　周　佳

法　律　依　据　专利法第23条，专利法实施细则第64条
决　定　要　点

专利权人是从事产品出口的中间商，其与国内企业之间存在的产品购销关系的性质不同于国内市场的购销关系，所用于出口的产品并没有处于国内公众中的任何人想得到即可以得到的状态。

国内的生产企业对专利权人订购的产品的生产技术、图纸资料负有保密义务，因此，国内生产企业的生产制造行为没有形成公众可以得知的状态，未构成国内公开使用。

一、案由

本无效宣告请求涉及国家知识产权局于2007年10月3日授权公告的、名称为“展示柜（GN3100TNG）”的200630145459.7号外观设计专利（下称本专利），其申请日为2006年11月24日，专利权人是方正亚洲有限公司，共同专利权人是帕迪尼·马尔科、玛丽亚·阿德莱德·卡萨尼，后共同专利权人变更为玛丽亚·阿德莱德·卡萨尼。

针对上述外观设计专利权，孙雅申（下称请求人）于2008年4月17日向专利复审委员会提出无效宣告请求，并随无效宣告请求书提交了如下附件作为证据：

附件1：请求人声称的意大利佛卡责任有限公司提供的声明及其相关文件复印件，共33页，其中包括如下文件：

附件1-1：佛卡责任有限公司出具的声明外文复印件及其中文译文，共3页；

附件1-2：利米尼市工商部出具的关于佛卡责任有限公司的普通科注册证明外文复印件及其中文译文，共6页；

附件1-3：利米尼市公证员江安东尼奥·彭尼诺出具的关于摄于佛卡责任有限公司内照片的证明外文复印件及其中文译文，以及请求人声称的上述证明所附照片复印件，共3页；

附件1-4：与方正亚洲有限公司相关单据（发票、报关单、提货单、原产地证明等）外文复印件及其中文译文的复印件，共11页；

附件1-5：利米尼市公证员江安东尼奥·彭尼诺出具的复印件与原件相符的证明外文复印件及其中文译文的复印件，共2页；

附件1-6：页眉处标有“Sep. 07 2004 03：48 PM P2”字样的页复印件及其中文译文的复印件，共4页；

附件1-7：第1行标有“ORIGINAL”字样的页复印件及其中文译文的复印件，共2页；

附件1-8：页眉处标有“Sep. 17 2004 04：43PM P1”字样的页复印件及其中文译文的复印件，共2页；

附件2：莱州市电冰柜厂发出产品销售追综存档单的复印件，共3页；

附件3：嘉宏航运有限公司进仓通知、青岛远洋大亚物流有限公司理货单的复印件，共3页；

附件4：编号为421820040684833007的中华人民共和国海关出口货物报关单复印件，共1页；

附件5：四川湾区康莱士检测有限公司合同（合同登记编号：SBC-CE-04052802，制定日期：2004年5月28日）及相关文件（包括该公司的企业法人营业执照、外商投资企业税务登记证、中华人民共和国组织机构代码证）复印件，以及与该公司相关的外商投资企业基本情况（设立）和年检情况打印件，共11页；

附件6：2份CE标准符合性证明书（出证日期：2004年6月30日）的中文文件和外文文件复印件，EMC测量和测试报告（型号：GN3100TN）的中文文件和外文文件复印件，附被测设备（型号：GN3100TN）照片及中文译文复印件，共11页；

附件7：山东省莱州市公证处出具的（2008）莱州证民字第3号公证书（包含照片1页）复印件，共5页，公证日期为2008年1月4日；

附件8：证人Marco Pardini出具的“Witness Statement”外文书面证言的复印件，共2页。

请求人认为：上述证据证明，在本专利申请日前，专利权人之一方正亚洲有限公司与莱州宏泰电器有限公司有购销合作关系，莱州宏泰电器有限公司通过设计、生产完成的产品“展示柜（GN3100TNG）”出售给方正亚洲有限公司转销到意大利等国内外各地，本专利与莱州宏泰电器的产品的外观设计是相同或相似的，故本专利不符合专利法第23条中应当同申请日以前在国内公开使用过的外观设计不相同和不相近似的规定。

经形式审查合格后，专利复审委员会受理了该无效宣告请求，并于2008年4月30日向双方当事人发出无效宣告请求受理通知书，并随上述无效宣告请求受理通知书将请求人提交的无效宣告请求书及其附件清单中所列附件副本转送专利权人，要求其在指定期限内对该无效宣告请求陈述意见。

请求人又于2008年5月19日向专利复审委员会提交了意见陈述书及补充证据，但请求人未结合所提交的补充证据具体说明相关的无效宣告理由，补充证据如下：

附件9：青岛益达设备有限公司的企业法人营业执照（副本）复印件、青岛益达设备有限公司出具的关于Marco Pardini先生是该公司总裁的证明的中文文件和外文文件的复印件、Marco Pardini的护照复印件及其中文译文、附件8及其“见证声明”中文译文，共8页；

附件10：请求人声称的关于方正亚洲有限公司从莱州宏泰电器有限公司购买产品的相关文件复印件及其中文译文，共21页。

附件11：CE标准符合性证明书（出证日期：2004年6月30日，型号：GN3100BT，GN2100BT，GN 4100BT）的中文文件和外文文件复印件），LVD测量和测试报告（型号：GN3100BT）的中文文件和外文文件复印件，附被测设备（型号：GN3100BT）照片及中文译文复印件，共8页；

专利权人于2008年6月12日向专利复审委员会提交了意见陈述书及如下附件作为证据：

莱州市宏泰电器有限公司与方正亚洲有限公司的协议书复印件，共4页（下称反证1）。

专利权人认为：方正亚洲有限公司与莱州宏泰电器有限公司系委托加工关系，不是国内公开使用；附件3、4证明宏泰电器生产的产品出口，不是国内公开使用；附件5、6证明宏泰电器生产的产品根据出口标准检测，都在特定关系人之间进行，不构成使用公开；附件7是本专利申请日后形成的公证书，仅由宏泰电器口述说明2006年前生产和参展，无法证明申请日前公开使用；附件1、8系域外证据，未经公证认证，不予认定，即使该附件真实有效，也仅能说明本专利产品在国外销售，不能证明在国内公开使用。

专利复审委员会成立合议组，依法对本案进行审查。合议组于2008年7月2日向双方当事人发出口头审理通知书，定于2008年9月23日对本案进行口头审理，并随上述口头审理通知书将请求人于2008年5月19日提交的意见陈述书及其附件清单中所列附件的副本转送给专利权人，同时将专利权人于2008年6月12日提交的意见陈述书及其附件清单中所列附件的副本转送给请求人。

口头审理如期举行，双方当事人均出席了口头审理。在口头审理中，双方当事人对合议组成员无回避请求，双方当事人对对方出庭人员身份无异议。请求人当庭提交了如下文件：

附件1-1：佛卡责任有限公司出具的声明外文原件，附有中华人民共和国驻米兰总领事馆认证，共1页；

附件1-2：利米尼市工商部出具的关于佛卡责任有限公司的普通科注册证明外文原件，附有中华人民共和国驻米兰总领事馆认证，共3页；

附件1-3：利米尼市公证员江安东尼奥·彭尼诺出具的关于摄于佛卡责任有限公司内照片的证明所附照片的原件，实际为复印件，共1页；

附件1-3：中利米尼市公证员江安东尼奥·彭尼诺出具的关于摄于佛卡责任有限公司内照片的证明外文原件，附有中华人民共和国驻米兰总领事馆认证，用订书钉与上述请求人声称的证明所附照片装订在一起，共1页；

附件1-4：与方正亚洲有限公司相关单据（发票、报关单、提货单、原产地证等）外文的原件，实际为复印件，共5页；

附件1-5：利米尼市公证员江安东尼奥·彭尼诺出具的复印件与原件相符的证明外文原件，附有中华人民共和国驻米兰总领事馆认证，用订书钉与上述附件1~4与方正亚洲有限公司相关单据（发票、报关单、提货单、原产地证等）装订在一起，共1页；

附件1-6：页眉处标有“Sep. 07 2004 03：48 PM P2”字样的页复印件共2页，每页上都盖有“莱州市宏泰电器有限公司”的红色印章；

附件1-7：第1行标有“ORIGINAL”字样的页复印件1页，页面上盖有“莱州市宏泰电器有限公司”的红色印章；

附件1-8：页眉处标有“Sep. 17 2004 04：43PM P1”字样的页复印件1页，页面上盖有“莱州市宏泰电器有限公司”的红色印章；

请求人声称的附件2、3、4的原件，实际为复印件，其上盖有“莱州市宏泰电器有限公司”红色印章，共11页；

合议组当庭核实了请求人当庭提交的上述文件与请求人在提出无效宣告请求时提交的附件的一致性，专利权人对两者的一致性无异议。

关于附件5的原件，请求人称在专利复审委员会审理的相关案件中已经提交，专利权人当庭表示对附件5的真实性没有异议；

请求人提交了附件6的原件，并放弃了其中的第3份证书。专利权人当庭表示对附件6的真实性没有异议。

在口头审理中，请求人称附件7证明本专利在展览会展出，合议组当庭告知，由于在提起无效宣告请求时以及提交补充证据中请求人没有就此详细陈述理由。根据专利法实施细则第64条规定，该理由不属于本次审理的范围。请求人没有坚持附件7支持的事实主张，并且未针对附件7发表质证意见。出具附件8书面证言的证人Marco Pardini出庭作证。

请求人对反证1的真实性没有提出异议，并且发表了质证意见。

证人出庭作证称：本专利是在2004年11月之前生产的，是由莱州宏泰电器有限公司设计的。证人表示，他知道方正亚洲有限公司和莱州宏泰电器有限公司签订的协议（反证1）。

在上述基础上双方当事人充分陈述了意见。请求人认为：当庭提交的文件均为原件，附件1中意大利佛卡责任有限公司出具的声明，声明照片中的产品是从中国国内购买的，附件1中有方正亚洲有限公司开具的发票、欧共体的报关单、意大利公司的提单和原产地证明，可以证明，专利权人在中国厂家购买了本专利的产品，再销售到国外，国内制造构成了技术的公开。附件2、附件3和附件4证明方正亚洲有限公司在莱州宏泰电器有限公司购买了本专利的产品，并发货至意大利。专利权人对附件1中有关证据的真实性提出质疑，对附件2、附件3和附件4的真实性提出质疑，认为这些证据不具有真实性。请求人认为附件5和附件6证明在本专利申请日之前本专利的产品已经交给检测单位进行检测，已经公开。专利权人认为检测、认证不能构成国内公开使用。双方当事人就专利权人和莱州宏泰电器有限公司之间的关系问题进行了辩论，专利权人认为：方正亚洲有限公司与莱州宏泰电器有限公司系委托加工关系，不是国内公开使用，其出口行为也不构成国内的公开使用；请求人认为方正亚洲有限公司与莱州宏泰电器有限公司系买卖合作关系。

至此，合议组认为本案事实已经清楚，可以依法作出无效宣告请求审查决定。

二、决定的理由

1. 法律依据

基于请求人提出的无效宣告的理由，合议组依据专利法的23条对本案进行审理。

专利法第23条规定，授予专利权的外观设计，应当同申请日以前在国内外出版物上公开发表过或者国内公开使用过的外观设计不相同和不相近似，并不得与他人在先取得的合法权利相冲突。

审查指南第二部分第三章第2.1.3.2节规定，“……使有关技术内容处于公众想得知就能够得知的状态……就构成使用公开”。根据专利法第23条和审查指南审查指南的上述规定，构成使用公开必须使本专利的外观设计在中国境内处于公众想得知就能够得知的状态。

专利法实施细则第64条规定，依照专利法第45条的规定，请求宣告专利权无效或者部分无效的，应当向专利复审委员会提交专利权无效宣告请求书和必要的证据一式两份。无效宣告请求书应当结合提交的所有证据，具体说明无效宣告请求的理由，并指明每项理由所依据的证据。

2. 事实和证据认定

附件9、附件10和附件11是请求人在期限内提交的补充证据，但请求人未结合所提交的补充证据具体说明相关的无效宣告理由。经查，附件9中包含附件8和附件8的中文译文，因此，合议组认为附件 9 是附件 8 的中文译文。依据审查指南第四部分第三章第 4.3.1 节的规定，除附件 9 之外，合议组对附件 10 和附件 11 不予考虑。

请求人试图用附件 1、附件 2、附件 3、附件 4、附件 8、附件 9 证明：在本专利申请日前，专利权人之一方正亚洲有限公司与莱州宏泰电器有限公司有购销合作关系，莱州宏泰电器有限公司通过设计、生产完成的产品“展示柜（GN3100TNG）”出售给方正亚洲有限公司转销到意大利等国内外各地，本专利与莱州宏泰电器的产品的外观设计是相同或相似的。

专利权人对请求人的上述主张没有予以否认，而是强调方正亚洲有限公司与莱州宏泰电器有限公司系委托加工关系，不是国内公开使用，其出口行为也不构成国内的公开使用，并提交了反证 1 来证明其主张。

请求人对反证 1 的真实性没有异议，合议组对该证据予以采纳。经查，反证 1 可以证明：专利权人向莱州宏泰电器有限公司长期订购本专利产品用于向国外出口。合议组认为：专利权人购买国内厂家产品的目的在于赚取外方的商业利润，其从事的一切商业活动仅仅在于将国内产品推入国际市场，而不是为了在国内销售和使用，专利权人仅是国内厂家和外方之间的中间商。因而，即使专利权人与国内企业之间存在产品购销关系，其性质也不同于国内市场的销售行为，所用于出口的产品并没有处于国内公众中的任何人想得到即可以得到的状态。因此，本案中的出口行为并未涉及该产品在国内的使用公开。

在本案中，反证 1 还进一步证明，国内的生产企业莱州宏泰电器有限公司对专利权人订购的产品的生产技术、图纸资料负有保密义务，因此，合议组认为，莱州宏泰电器有限公司的生产制造行为没有形成公众可以得知的状态，未构成国内公开使用。

从上述分析中不难看出，请求人主张的事实即使能够成立也不属于法律规定的构成公开使用的事实。

鉴于上述已经得出的请求人主张的上述事实并非法律规定的构成公开使用的事实，故请求人提交的用以支持其该主张的证据与法律规定的构成公开使用的事实均无关联性，这些证据是：附件 1、附件 2、附件 3、附件 4、附件 8 和附件 9。

请求人试图用附件 5 和附件 6 证明本专利因检测和认证导致公开。

附件 5 包括：四川湾区康莱士检测有限公司合同（合同登记编号：SBS-CE-04052802，制定日期：2004 年 5 月 28 日）；相关文件（包括该公司的企业法人营业执照、外商投资企业税务登记证、中华人民共和国组织机构代码证），其上盖有“莱州市宏泰电器有限公司”红章，以及与该公司相关的外商投资企业基本情况（设立）和年检情况打印件，其上盖有“四川省工商局经济信息中心微机档案查询专用章（仅供参考）”红章。专利权人对该证据的真实性予以认可。经查，上述合同中的第 8 项约定：四川湾区康莱士检测有限公司对送检方的任何技术资料都有保守商业机密的责任。故合议组认为，附件 5 不能支持本专利产品经检测导致公开的主张。

对于附件 6，其中①CE 标准符合性证明书（出证日期：2004 年 6 月 30 日，型号：GN3100TN，GN3110TN，GN3120TN，GN3130TN，GN3140TN，GN3150TN），②EMC 测量和测试报告（型号：GN3100TN）附被测设备（型号：GN3100TN）照片，请求人提交了该报告的原件，专利权人对其真实性无异议，对其中文译文的准确性无异议。合议组认为：一项发明创造根据某项出口标准所做的检测，属于为符合相关标准而完善发明创造的步骤，该检测过程并没有导致本专利的外观设计在国内处于公众想要得知即可得知的状态，因此该检测不构成专利法意义上的公开。故合议组对请求人关于所述产品在国内经检测导致公开的主张不予支持。

附件 7 是山东省莱州市公证处于 2008 年 1 月 4 日出具的（2008）莱州证民字第 3 号公证书（包

含照片)，其所保全的证据是：“方正亚洲有限公司因参加北京、上海、广州展会或用于国内销售而从莱州市宏泰电器有限公司购买的会后存放在青岛益达设备有限公司的部分不锈钢冷柜（展示柜）进行证据保全。”（见公证书第1页第15~17行，合议组注），“公证员王洪才、张维及申请人的委托代理人冯仕文、参加人（拍摄人）刘福光于二00八年一月四日一起来到位于青岛市城阳区的青岛益达设备有限公司，对存放于该公司的部分不锈钢冷柜（展示柜）进行勘验、拍照并保全证据”（见公证书第1页第18~22行，合议组注）。合议组认为，由于在提起无效宣告请求时以及提交补充证据时请求人没有就此详细陈述理由。根据专利法实施细则第64条规定，该理由不属于本次审理的范围。故合议组认为附件7与本案无效宣告请求的具体理由不具有关联性。

请求人主张的事实均不属于法律规定的公开使用的情形，即均不适用专利法第23条的规定。

三、决定

维持200630145459.7号外观设计专利权有效。

当事人对本决定不服的，可以根据专利法第46条第2款的规定，自收到本决定之日起三个月内向北京市第一中级人民法院起诉。根据该款的规定，一方当事人起诉后，另一方当事人应当作为第三人参加诉讼。

北京市第一中级人民法院
行政判决书

（2009）一中行初字第1699号

原告孙雅申，男，1968年5月3日出生，汉族，住中华人民共和国北京市海淀区西土城路25号。

委托代理人孙姗姗，北京市洪范广住律师事务所律师。

被告中华人民共和国国家知识产权局专利复审委员会，住所地中华人民共和国北京市海淀区北四环西路9号银谷大厦10~12层。

法定代表人张茂于，副主任。

委托代理人吴大章，中华人民共和国国家知识产权局专利复审委员会审查员。

委托代理人程强，中华人民共和国国家知识产权局专利复审委员会审查员。

第三人方正亚洲有限公司，中华人民共和国香港特别行政区告士打道181号中怡大厦1001室。

法定代表人Cassani，Maria Adelaide，董事。

第三人玛丽亚·阿德莱德·卡萨尼（Maria AdelaideCassani），女，1945年9月26日出生，持有YA0158841号意大利护照。

委托代理人邵守刚，清泰律师事务所律师。

原告孙雅申不服被告中华人民共和国国家知识产权局专利复审委员会于2009年2月13日作出的第13043号无效宣告请求审查决定，于法定期限内向本院提起诉讼。本院于2009年7月7日受理本案后，依法组成合议庭，并通知方正亚洲有限公司、玛丽亚·阿德莱德·卡萨尼作为本案第三人参加诉讼。在本案审理过程中，原告孙雅申于2009年12月15日向本院提出撤诉申请，请求撤回对被告中华人民共和国国家知识产权局专利复审委员会的起诉。

本院认为：原告孙雅申的撤诉申请系其真实意思表示，亦未违反法律规定，应予准许。本院依照《中华人民共和国行政诉讼法》第51条之规定，裁定如下：

准许原告孙雅申撤回对被告中华人民共和国国家知识产权局专利复审委员会的起诉。

案件受理费人民币 100 元，减半收取 50 元，由原告孙雅申负担（已交纳）。

审 判 长 赵 静

代理审判员 姜庶伟

人民陪审员 刘世昌

二〇〇九年十二月十五日

书 记 员 谭北川

书 记 员 高晓旭

156

送纬剑壳体带酚醛布板

无效宣告请求审查决定（第13053号）

决　　定　　号　第13053号
决　　定　　日　2009年3月13日
发明创造名称　送纬剑壳体带酚醛布板
外观设计分类号　15-06
无效请求人　无锡明盛纺织机械有限公司
专利权人　虞放河
专　　利　　号　200730030034.6
申　　请　　日　2007年4月11日
授权公告日　2008年4月30日
合议组组长　张　凌
主　　审　　员　雷　婧
参　　审　　员　沙柏青
附　　　　图　2页

法律依据　专利法第23条
决定要点

本专利与在先设计之间的差别属于局部细微的设计变化，对其外观设计的整体视觉效果不会产生影响，二者属于相近似的外观设计。

一、案由

本无效宣告请求涉及的是国家知识产权局于2008年4月30日授权公告的、专利号为200730030034.6的外观设计专利，其产品名称为“送纬剑壳体带酚醛布板”，申请日为2007年4月11日，专利权人为虞放河。

针对上述外观设计专利权（下称本专利），无锡明盛纺织机械有限公司（下称请求人）于2008年11月21日向专利复审委员会提出无效宣告请求，其理由是：在本专利申请日以前已有与其相同或相近似的外观设计在国内出版物上公开发表过并公开使用过，因此本专利不符合专利法第23条的规定。同时，请求人提交了如下附件作为证据：

附件1：专利号为00218643.8的中国实用新型专利说明书复印件，共7页；

附件2：明盛纺织机械厂所产GA74型剑杆头剑壳实物照片、使用说明书及相应印刷发票的复印件，共4页；

附件 3：无锡市第四纺织机械有限公司出具的证明复印件，共 1 页；
附件 4：常州市佳洲纺织厂出具的证明、营业执照、购销合同及发票的复印件，共 4 页；
附件 5：江阴市宝艺纺织有限公司出具的证明、营业执照、购销合同及发票的复印件，共 4 页；
附件 6：江阴市东支织造有限公司出具的证明、营业执照、购销合同及发票的复印件，共 4 页；
附件 7：江苏省纺织机械器材工业协会出具的使用公开证明复印件，共 1 页；
附件 8：上海天复实业有限公司出具的证明及销售发票的复印件，共 4 页；
附件 9：上海天秋纺机配件有限公司的采购协议及发票的复印件，共 2 页。

请求人认为，本专利与在其申请日以前公开发表过的附件 1 中实用新型专利说明书附图所示的送纬剑的外形轮廓相近似，二者之间的差别不属于一般消费者关注的部位，不会对产品的整体视觉效果产生显著影响。从附件 2 中说明书的内容可知，从 2006 年 3 月 28 日起，请求人不再销售印有“无锡市第四纺织机械有限公司”字样的 GA74 型剑杆头，而改以“无锡明盛纺织机械有限公司”和“张达明”字样销售，可见，在上述日期前请求人已生产和销售了印有“无锡市第四纺织机械有限公司”字样的剑头产品；附件 2 中照片所示的产品为请求人在上述日期前后生产和销售的两种剑杆头壳体，二者仅在产品上所印的字样不同，其外观设计和结构均一致，而其与本专利之间的区别仅在于本专利的布板尖部一侧更长，但这一区别属于局部细微变化，且在使用和销售时该部位所在面并不面向消费者，故不会对产品的外观设计整体视觉效果产生显著影响；结合上述说明书及实物照片的内容可证明，本专利与其申请日前请求人生产和销售的产品的外观设计相近似。附件 3~6 中，由使用过无锡市第四纺织机械有限公司销售的织机的企业出具的书面证明均可证明，自本专利申请日以前其所使用的送纬剑杆头的整体外部形状保持多年未作变化，与无锡明盛纺织机械有限公司目前所生产剑杆头相同，故在国内形成了事实上的销售和使用。附件 7~9 为相关工业协会或生产企业出具的书面证明及相关发票和合同，其可证明本专利申请日以前已有企业生产和销售了 GA74 型剑杆头，构成了事实上的公开。综上所述，本专利不符合专利法第 23 条的规定。

经形式审查合格，专利复审委员会依法受理了上述无效宣告请求，并于 2008 年 12 月 22 日将无效宣告请求书及相关文件的副本转送专利权人，通知其在指定的期限内答复。

专利权人逾期未答复。

专利复审委员会成立合议组对本案进行审理，并于 2009 年 1 月 16 日向双方当事人发出口头审理通知书，定于 2009 年 2 月 26 日进行口头审理。

口头审理如期举行，双方当事人均委托代理人出庭，双方对对方出庭人员的身份及资格均无异议，对合议组成员亦无回避请求。口头审理中，关于出版物公开的理由，请求人坚持其原有观点，专利权人对附件 1 的真实性及在先公开性均无异议，但认为其公开的外观设计与本专利不相同也不相近似。关于使用公开的理由，请求人当庭提交了附件 2 的产品实物及说明书原件、附件 3~6 中证明的原件及加盖企业公章的发票复印件、附件 7 与附件 8 中证明的原件以及附件 9 中采购协议的原件，明确以上述证明中所述的日期作为公开日期、以附件 2 中的图片作为在先设计与本专利进行对比，并坚持其原有其他观点；专利权人对附件 2 的产品实物及说明书原件的真实性无异议，对附件 3~9 的真实性均有异议，认为附件 3~8 中证明的原件与复印件一致，附件 9 中采购协议的原件与复印件一致，但上述附件中的合同、发票等均为复印件，附件 7 中无证明的日期，附件 9 的采购协议中只有需方的公章，且上述证明应当经过质证或者公证才能作为证据使用，故难以确认上述证据的真实性；对于相同相近似性，专利权人认为本专利与附件 2 中所示的外观设计不相同也不相近似。

在上述审理的基础上，合议组认为本案事实清楚，可以依法作出审查决定。

二、决定的理由

1. 法律依据

基于请求人提出无效宣告请求的理由，合议组依据专利法第 23 条的规定进行审理。

专利法第 23 条规定："授予专利权的外观设计，应当同申请日以前在国内外出版物上公开发表过或者国内公开使用过的外观设计不相同和不相近似，并不得与他人在先取得的合法权利相冲突。"

2. 证据的认定

请求人提交的附件 1 是专利号为 00218643.8 的中国实用新型专利说明书复印件，其实用新型名称为"新型送纬箭"，申请日为 2000 年 8 月 1 日，授权公告日为 2001 年 8 月 8 日，专利权人对该附件的真实性及在先公开性均无异议。经合议组核实，附件 1 的内容与公报一致，可以确认其真实性，该附件的公开日在本专利的申请日（2007 年 4 月 11 日）以前，可以用于评述本专利是否符合专利法第 23 条的规定。

3. 外观设计相同和相近似的对比

附件 1 的说明书附图公开了一种纺织机械上使用的送纬箭（下称在先设计），其与本专利（即带酚醛布板的送纬剑壳体）用途相同，属于相同类别的产品，可以对二者进行相同和相近似的比较。

本专利整体呈细长状，一端呈尖形箭头状，其上安装的布板呈反向箭头状指向另一端，布板尖部一端的下边线呈水平状与其另一端的水平底边以斜线相接，布板的中间至尖部有两固定螺钉，另一端的三角形槽中有一固定螺钉；位于中部的经纱导纱外壳侧面为一近似梯形的孔；产品底部装有长条形导轨（详见本专利附图）。

在先设计整体呈细长状，一端呈尖形箭头状，其上安装的布板呈反向箭头状指向另一端，布板两端各有一固定螺钉；位于中部的经纱导纱外壳顶面有两个较小的椭圆形孔，侧面有一梯形孔；产品底部装有长条形导轨及纬纱夹纱器（详见在先设计附图）。

将本专利与在先设计相比较，二者整体均呈细长状，均为一端呈尖形箭头状、布板呈反向箭头状指向另一端、位于中部的经纱导纱外壳侧面为近似梯形的孔或梯形孔、底部装有长条形导轨的外观设计。二者的主要不同点在于：产品中部的布板形状不同，本专利中布板尖部的下边线呈水平状、其上共有三个固定螺钉且另一端有三角形槽，而在先设计中布板尖部的两边线为对称的斜线、其上的固定螺钉仅有两个；经纱导纱外壳上的孔不同，在先设计的顶面有两椭圆形孔，而本专利无此设计；在先设计安装有纬纱夹纱器，而本专利未安装该部件。针对上述的相同点与不同点，合议组认为，本专利与在先设计在布板形状、经纱导纱外壳的孔以及是否装有纬纱夹纱器上存在的差别属于局部细微的设计变化，在产品整体外观形状基本相同的情形下，上述的差别对其外观设计的整体视觉效果不会产生显著的影响，因此，本专利与在先设计属于相近似的外观设计。

4. 结论

在本专利申请日以前已有与其相近似的外观设计在出版物上公开发表过，本专利不符合专利法第 23 条的规定。

鉴于已得出上述结论，本决定不再对请求人提交的其他证据进行评述。

三、决定

宣告 200730030034.6 号外观设计专利权全部无效。

当事人对本决定不服的，可以根据专利法第 46 条第 2 款的规定，自收到本决定之日起三个月内向北京市第一中级人民法院起诉，根据该款规定，一方当事人起诉后，另一方当事人应当作为第三人参加诉讼。

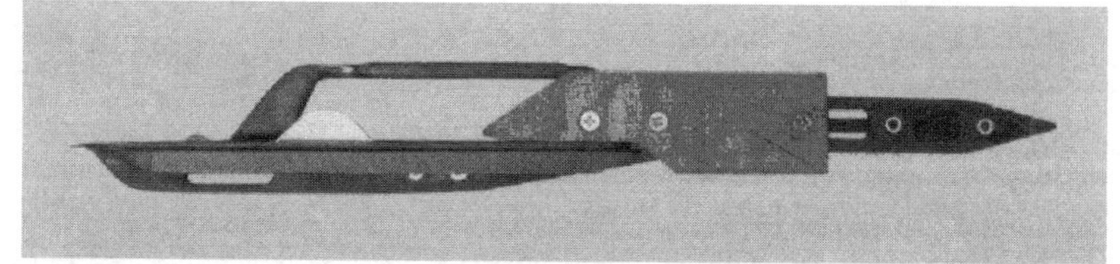

主视图

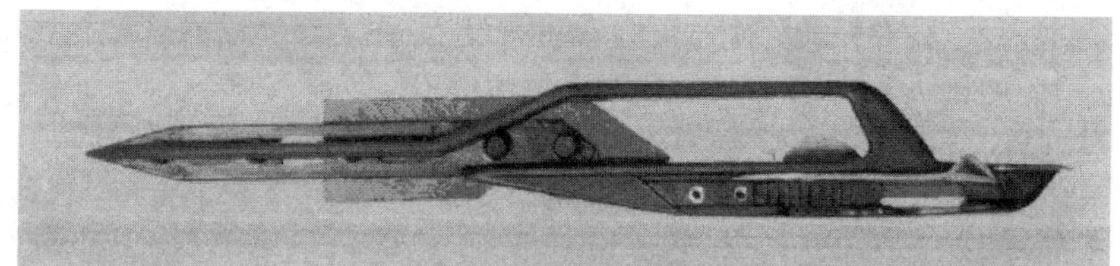

后视图

左视图

右视图

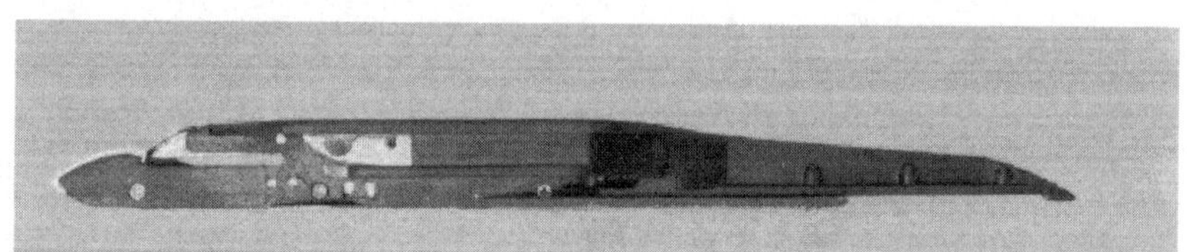

俯视图

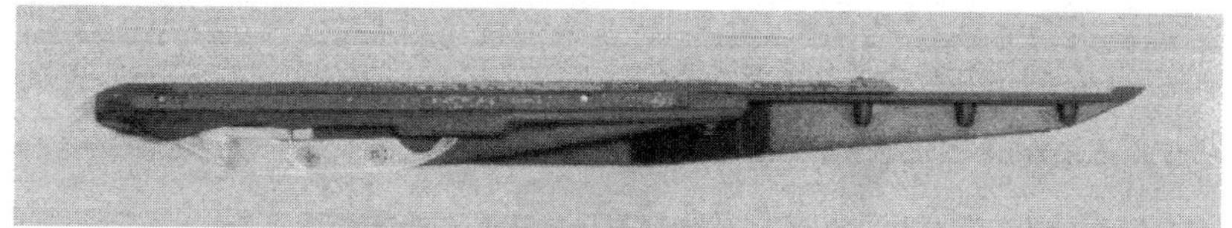

仰视图

本专利附图

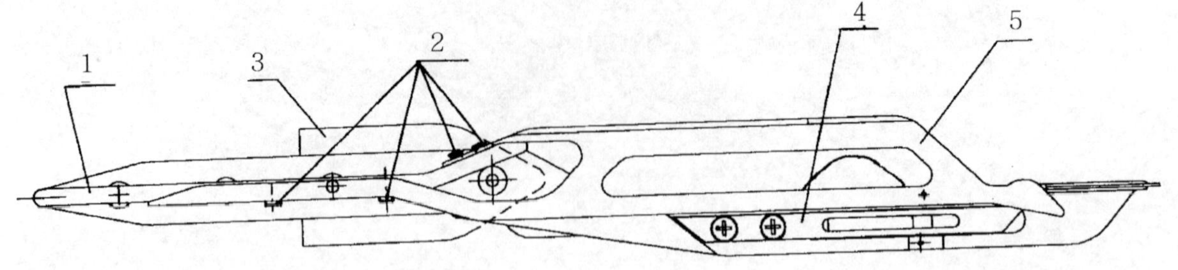

图 1

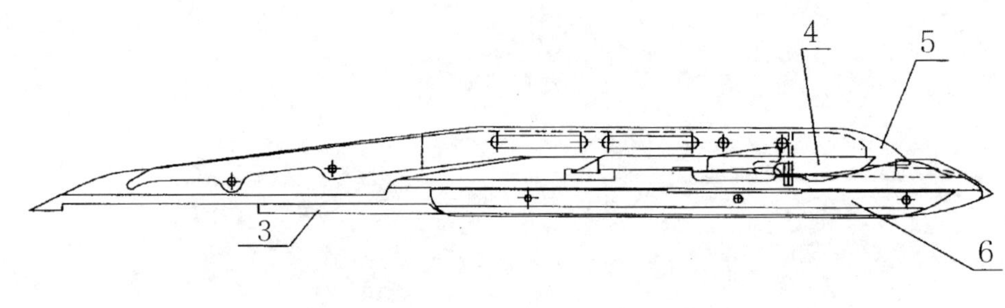

图 2

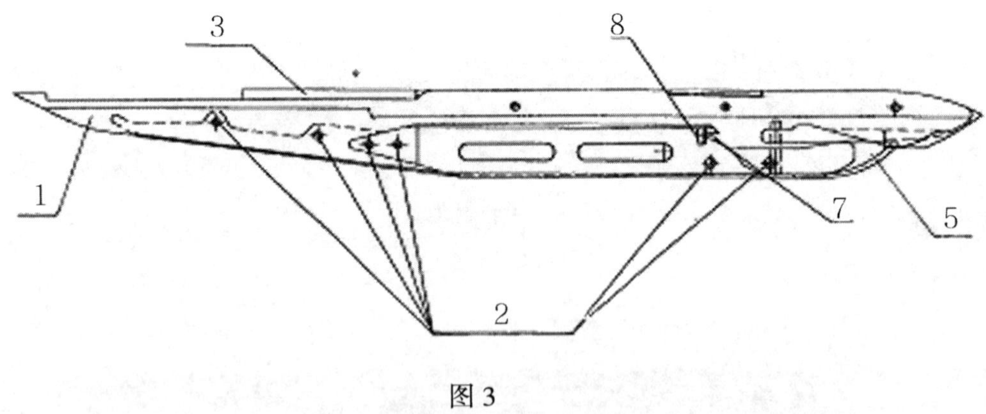

图 3

在先设计附图

157

送纬剑壳体（3）

无效宣告请求审查决定（第13054号）

决　　定　　号　第13054号
决　　定　　日　2009年3月13日
发明创造名称　送纬剑壳体（3）
外观设计分类号　15-06
无 效 请 求 人　无锡明盛纺织机械有限公司
专 利 权 人　虞放河
专　　利　　号　200730030032.7
申　　请　　日　2007年4月11日
授 权 公 告 日　2008年6月4日
合 议 组 组 长　张　凌
主　　审　　员　雷　婧
参　　审　　员　沙柏青
附　　　　　图　2页

法 律 依 据　专利法第23条
决 定 要 点

本专利与在先设计公开的送纬箭壳体之间的差别属于局部细微的设计变化，对其外观设计的整体视觉效果不会产生影响，二者属于相近似的外观设计。

一、案由

本无效宣告请求涉及的是国家知识产权局于2008年6月4日授权公告的、专利号为200730030032.7的外观设计专利，其产品名称为“送纬剑壳体（3）”，申请日为2007年4月11日，专利权人为虞放河。

针对上述外观设计专利权（下称本专利），无锡明盛纺织机械有限公司（下称请求人）于2008年11月21日向专利复审委员会提出无效宣告请求，其理由是：本专利与附件1中的外观设计专利属于同样的发明创造，故本专利不符合专利法实施细则第13条第1款的规定；在本专利申请日以前已有与其相同或相近似的外观设计在国内出版物上公开发表过并公开使用过，因此本专利不符合专利法第23条的规定。同时，请求人提交了如下附件作为证据：

附件1：专利号为200730030033.1的外观设计专利图片复印件，共6页；

附件2：专利号为00218643.8的中国实用新型专利说明书复印件，共7页；

附件3：明盛纺织机械厂所产 GA74 型剑杆头剑壳实物照片、使用说明书及相应印刷发票的复印件，共4页；

附件4：无锡市第四纺织机械有限公司出具的证明复印件，共1页；

附件5：常州市佳洲纺织厂出具的证明、营业执照、购销合同及发票的复印件，共4页；

附件6：江阴市宝艺纺织有限公司出具的证明、营业执照、购销合同及发票的复印件，共4页；

附件7：江阴市东支织造有限公司出具的证明、营业执照、购销合同及发票的复印件，共4页；

附件8：江苏省纺织机械器材工业协会出具的使用公开证明复印件，共1页；

附件9：上海天复实业有限公司出具的证明及销售发票的复印件，共4页；

附件10：上海天秋纺机配件有限公司的采购协议及发票的复印件，共2页。

请求人认为，本专利与附件1中所示的外观设计专利的专利权人相同，二者具有完全相同的产品外观，属于同样的发明创造，不符合专利法实施细则第13条第1款的规定。本专利与在其申请日以前公开发表过的附件2中实用新型专利说明书附图所示的送纬剑的外形轮廓相近似，二者之间的差别不属于一般消费者关注的部位，不会对产品的整体视觉效果产生显著影响。从附件3中说明书的内容可知，从2006年3月28日起，请求人不再销售印有“无锡市第四纺织机械有限公司”字样的 GA74 型剑杆头，而改以“无锡明盛纺织机械有限公司”和“张达明”字样销售，可见，在上述日期前请求人已生产和销售了印有“无锡市第四纺织机械有限公司”字样的剑头产品；附件3中照片所示的产品为请求人在上述日期前后生产和销售的两种剑杆头壳体，二者仅在产品上所印的字样不同，其外观设计和结构均一致，而其与本专利之间的区别仅在于本专利的布板尖部一侧更长，但这一区别属于局部细微变化，且在使用和销售时该部位所在面并不面向消费者，故不会对产品的外观设计整体视觉效果产生显著影响；结合上述说明书及实物照片的内容可证明，本专利与其申请日前请求人生产和销售的产品的外观设计相近似。附件4~7中，由使用过无锡市第四纺织机械有限公司销售的织机的企业出具的书面证明均可证明，自本专利申请日以前其所使用的送纬剑杆头的整体外部形状保持多年未作变化，与无锡明盛纺织机械有限公司目前所生产剑杆头相同，故在国内形成了事实上的销售和使用。附件8~10为相关工业协会或生产企业出具的书面证明及相关发票和合同，其可证明本专利申请日以前已有企业生产和销售了 GA74 型剑杆头，构成了事实上的公开。综上所述，本专利不符合专利法第23条的规定。

经形式审查合格，专利复审委员会依法受理了上述无效宣告请求，并于2008年12月22日将无效宣告请求书及相关文件的副本转送专利权人，通知其在指定的期限内答复。

专利权人逾期未答复。

专利复审委员会成立合议组对本案进行审理，并于2009年1月16日向双方当事人发出口头审理通知书，定于2009年2月26日进行口头审理。

口头审理如期举行，双方当事人均委托代理人出庭，双方对对方出庭人员的身份及资格均无异议，对合议组成员亦无回避请求。口头审理中，关于专利法实施细则第13条第1款，专利权人明确表示放弃两项相关专利中的一项专利权，并于口头审理结束后7日内提交相关的放弃专利权声明。关于出版物公开的理由，请求人坚持其原有观点，专利权人对附件2的真实性及在先公开性均无异议，但认为其公开的外观设计与本专利不相同也不相近似。关于使用公开的理由，请求人当庭提交了附件3的产品实物及说明书原件、附件4~7中证明的原件及加盖企业公章的发票复印件、附件8与附件9中证明的原件以及附件10中采购协议的原件，明确以上述证明中所述的日期作为公开日期、以附件3中的图片作为在先设计与本专利进行对比，并坚持其原有其他观点；专利权人对附件3的产品实物及说明书原件的真实性无异议，对附件4~10的真实性均有异议，认为附件4~9中证明的原件与复印件一致，附件10中采购协议的原件与复印件一致，但上述附件中的合同、发票等均为复印件，附件8中无证明的日期，附件10的采购协议中只有需方的公章，且上述证明应当经过质证或者公证才能作为证据使用，故难以确认上述证据的真实性；对于相同相近似性，专利权人认为本专利与附件3中所示的外观设计不相同也不相近似。

2009年3月5日，专利权人向专利复审委员会提交了意见陈述书，表示已经将放弃200730030033.1号外观设计专利权的书面声明递交给国家知识产权局专利局。

在上述审理的基础上，合议组认为本案事实清楚，可以依法作出审查决定。

二、决定的理由

1. 法律依据

基于请求人提出无效宣告请求的理由，合议组首先依据专利法第23条的规定进行审理。

专利法第23条规定："授予专利权的外观设计，应当同申请日以前在国内外出版物上公开发表过或者国内公开使用过的外观设计不相同和不相近似，并不得与他人在先取得的合法权利相冲突。"

2. 证据的认定

请求人提交的附件2是专利号为00218643.8的中国实用新型专利说明书复印件，其实用新型名称为"新型送纬箭"，申请日为2000年8月1日，授权公告日为2001年8月8日，专利权人对该附件的真实性及在先公开性均无异议。经合议组核实，附件1的内容与公报一致，可以确认其真实性，该附件的公开日在本专利的申请日（2007年4月11日）以前，可以用于评述本专利是否符合专利法第23条的规定。

3. 外观设计相同和相近似的对比

附件2的说明书附图公开了一种纺织机械上使用的送纬箭（下称在先设计），其与本专利（即送纬剑壳体）用途相同，属于相同类别的产品，可以对二者进行相同和相近似的比较。

本专利整体呈细长状，一端为尖形箭头状固定座，该固定座上有两个长方形孔；位于中部的经纱导纱外壳侧面为近似梯形的孔；位于产品下侧的纬纱夹纱器安装部位有一长方形孔（详见本专利附图）。

在先设计整体呈细长状，一端为尖形箭头状固定座，其上安装的布板呈反向箭头状指向另一端，布板两端各有一固定螺钉；位于中部的经纱导纱外壳顶面有两个较小的椭圆形孔，侧面有一梯形孔；产品底部装有长条形导轨及纬纱夹纱器（详见在先设计附图）。

将本专利与在先设计中公开的送纬箭的壳体相比较，二者整体均呈细长状，一端的固定座均呈尖形箭头状，位于中部的经纱导纱外壳侧面均有一近似梯形的孔或梯形孔。二者的主要不同点在于：本专利中安装布板的位置有两个长方形孔，安装纬纱夹纱器的位置有一长方形孔，而在先设计的相应位置均被已安装的配件遮挡；在先设计的经纱导纱外壳顶面有两椭圆形孔，而本专利无此设计。对此，合议组认为，本专利与在先设计中公开的送纬箭的壳体在经纱导纱外壳顶面孔以及被安装配件遮挡的部位上存在的差别属于局部细微的设计变化，在产品整体外观形状基本相同的情形下，上述的差别对其外观设计的整体视觉效果不会产生显著的影响，因此，本专利与在先设计中公开的送纬箭的壳体外观设计属于相近似的外观设计。

4. 结论

在本专利申请日以前已有与其相近似的外观设计在出版物上公开发表过，本专利不符合专利法第23条的规定。

鉴于已得出上述结论，本决定不再对请求人的其他无效宣告请求理由及相关证据进行评述。

三、决定

宣告 200730030032.7 号外观设计专利权全部无效。

当事人对本决定不服的，可以根据专利法第 46 条第 2 款的规定，自收到本决定之日起三个月内向北京市第一中级人民法院起诉，根据该款规定，一方当事人起诉后，另一方当事人应当作为第三人参加诉讼。

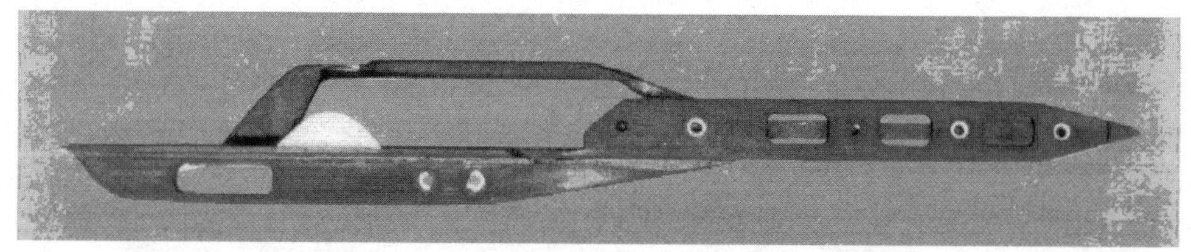

主视图

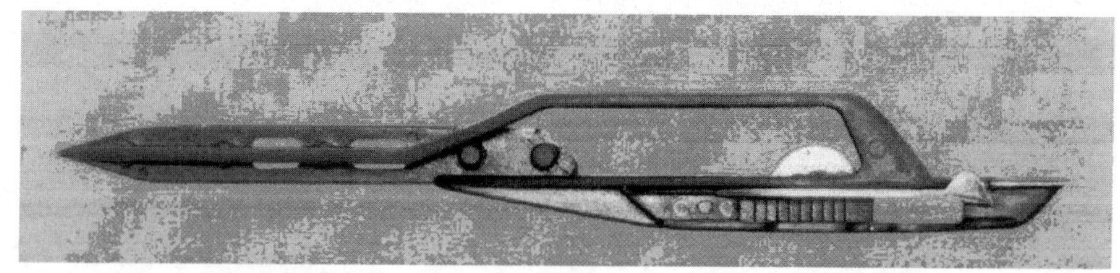

后视图

左视图

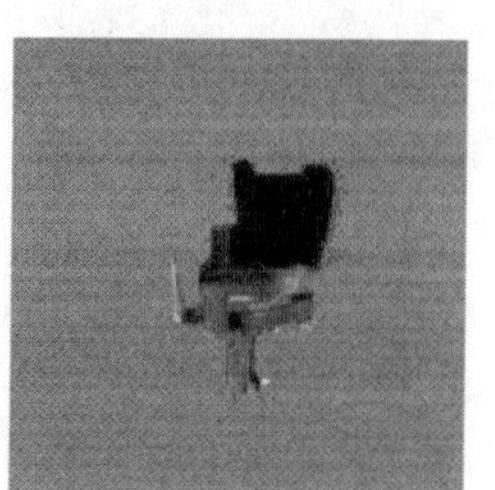

右视图

俯视图

仰视图

本专利附图

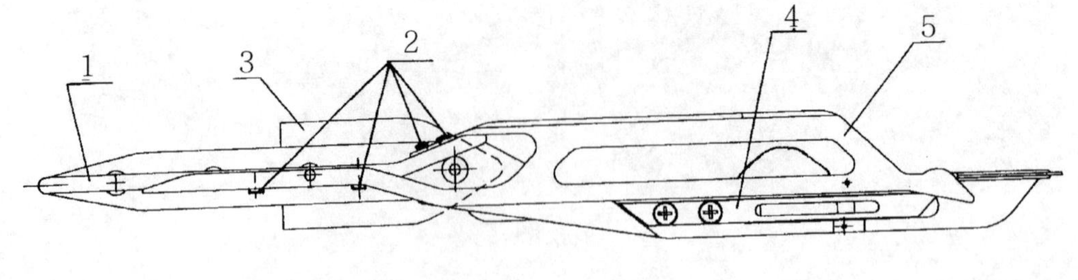

图 1

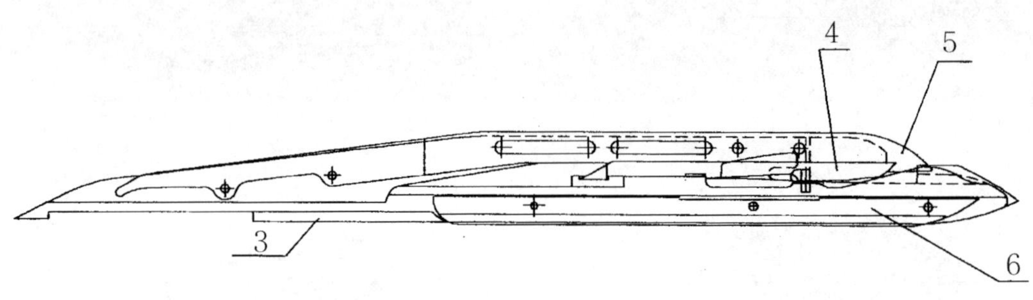

图 2

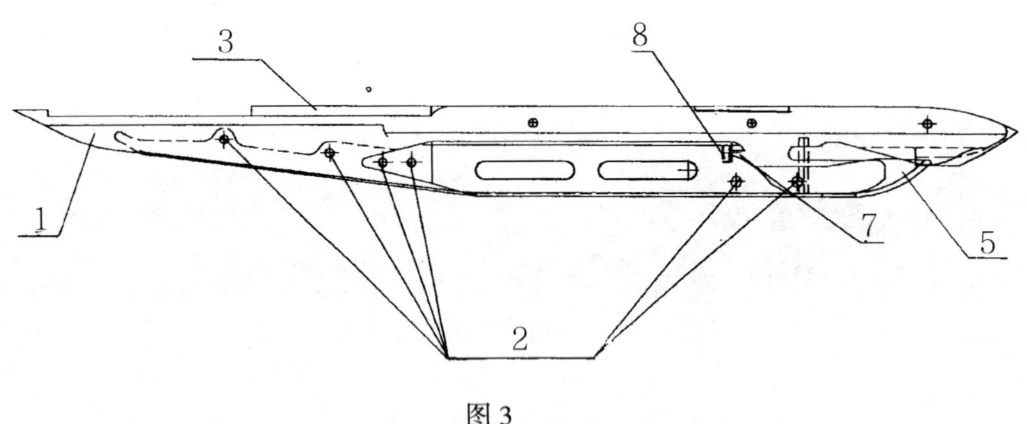

图 3

在先设计附图

158

跑步机仪表（gp21）

无效宣告请求审查决定（第13055号）

决　　定　　号 第13055号
决　　定　　日 2009年3月19日
发明创造名称 跑步机仪表（gp21）
外观设计分类号 21-02
无效宣告请求人 宁波传世健身器材有限公司
专　利　权　人 尤宝乾
专　　利　　号 200730119674.4
申　　请　　日 2007年6月6日
授　权　公　告　日 2008年4月16日
合　议　组　组　长 钱亦俊
主　　审　　员 张雪飞
参　　审　　员 李巍巍
附　　　　图 2页

法　律　依　据 专利法第9条
决　定　要　点

本专利和在先设计的差别均属于局部细微差别、在视觉不易见到部位产生的差别以及使用惯常设计导致的差别等情形，均对整体视觉效果不具有显著的影响，二者应属于相近似的外观设计。

一、案由

本无效宣告请求涉及国家知识产权局于2008年4月16日授权公告的200730119674.4号外观设计专利，使用该外观设计的产品名称是“跑步机仪表（gp21）”，其申请日是2007年6月6日，专利权人是尤宝乾。

针对上述外观设计专利权（下称本专利），宁波传世健身器材有限公司（下称请求人）于2008年10月28日向专利复审委员会提出无效宣告请求，其理由是本专利不符合专利法第9条的规定，并提交了如下附件：

附件1是本专利的著录项目及图片检索打印件共1页；

附件2是公开（公告）日为2007年11月7日的200630161031.1号外观设计专利的著录项目及图片检索打印件共1页，其申请日为2006年12月21日，申请（专利权）人为金跃进，公开（公告）号为CN300706729。

请求人认为，本专利和附件2所示在先申请的外观设计在整体外形和构图方法等处的设计均相同，二者局部的细微变化不足以对整体视觉效果产生显著影响，因此二者采用了相近似的外观设计，属于同样的发明创造，应宣告本专利全部无效。

专利复审委员会根据无效宣告请求审查程序的规定受理了该无效宣告请求，并于2008年10月28日将请求人的无效宣告请求文件转送专利权人，告知其可在规定期限内进行答复。

专利权人逾期未作出答复。

专利复审委员会依法成立合议组，并于2009年1月19日向双方当事人发出合议组成员告知通知书，告知双方当事人可在规定期限内针对合议组成员提出回避请求。

双方当事人逾期均未对合议组成员提出回避请求。

在案件审理的基础上，合议组经合议，认为本案事实清楚，依法作出本审查决定。

二、决定的理由

基于请求人提出的无效宣告请求的理由和证据，合议组依据专利法第9条的规定进行审理。

专利法第9条规定：两个以上的申请人分别就同样的发明创造申请专利的，专利权授予最先申请的人。

请求人提交的证据是公开（公告）日为2007年11月7日的200630161031.1号外观设计专利的著录项目及图片检索打印件，其申请日为2006年12月21日，申请（专利权）人为金跃进，公开（公告）号为CN300706729；专利权人未对其真实性提出质疑。经合议组核实，其内容真实，确系他人在本专利申请日以前提出申请并在后被授权公告的外观设计专利，适用于专利法第9条的规定。

该200630161031.1号外观设计专利授予的是一款跑步机仪表盘的外观设计（下称在先设计）。从图片上观察，在先设计整体为扁盘状；正面包括上部中间的护镜状显示屏、上部两侧的耳状音箱、中部中间的眼状音箱、下部两侧的瓜子状置物槽和中下部的操控部等设计；背面为组装孔等更为细小的设计（详见在先设计附图）。

本专利同样是跑步机仪表的外观设计，其整体为扁盘状；正面包括上部中间的护镜状显示屏、上部两侧的耳状音箱、中部中间的眼状音箱、下部两侧的瓜子状置物槽和中下部的操控部等设计，其中显示屏内在近似蝶状的背景上排列若干方形显示框，操控部内排列若干操控键；背面为椭圆形格栅及更为细小的组装孔等设计（详见本专利附图）。

合议组认为：本专利和在先设计均为跑步机仪表的外观设计，用途相同，属于相同类别的产品，具有可比性。

将本专利与在先设计相比较，其主要的不同点为：本专利多了显示屏内的背景、显示框等设计和操控部内的操控键设计，且二者背面局部设计的形状和排列有所不同。合议组认为：从整体视觉观察，虽然二者存在不同点，但本专利的蝶状显示屏背景尚未导致整体呈护镜状的显示屏产生明显不同的形状变化，更不足以导致整体仪表盘的明显变化，而本专利增加的显示框和操控键等设计均属于此类产品在实际使用时的局部的功能性组成部分，且方形的显示框和圆形的操控键也属于此类设计公认的惯常设计，同时二者背面的设计差异等也属于在视觉不易关注的部位产生的局部细微变化，因此均不足以对整体视觉效果产生显著的影响；二者无论是在整体外观形状还是在各主要组成部分的具体形状及排列等方面的设计均是基本相同的，足以导致一般消费者对二者的整体外观设计产生误认和混同，因此二者应属于相近似的外观设计。根据审查指南第四部分第七章1节的规定，“同样的发明创造”对于外观设计而言，是指外观设计相同或者相近似，因此本专利和在先设计属于同样的发明创造。

综上所述，在本专利申请日以前已有他人就同样的发明创造申请外观设计专利，本专利属于在后申请，不符合专利法第 9 条的规定。

三、决定

宣告 200730119674.4 号外观设计专利权全部无效。

当事人对本决定不服的，可以根据专利法第 46 条第 2 款的规定，自收到本决定之日起三个月内向北京市第一中级人民法院起诉。根据该款的规定，一方当事人起诉后，另一方当事人应当作为第三人参加诉讼。

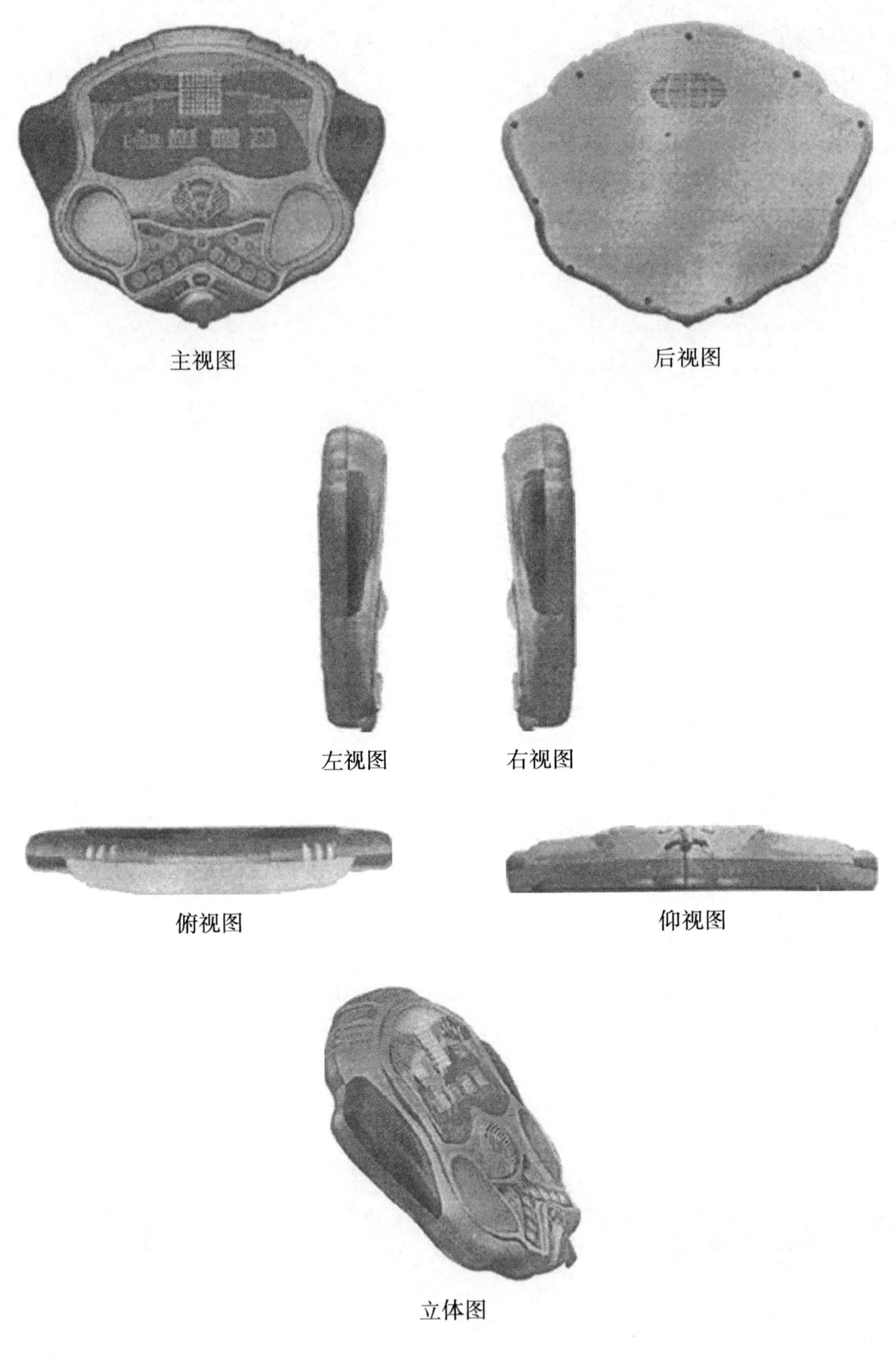

主视图 后视图

左视图 右视图

俯视图 仰视图

立体图

本专利附图

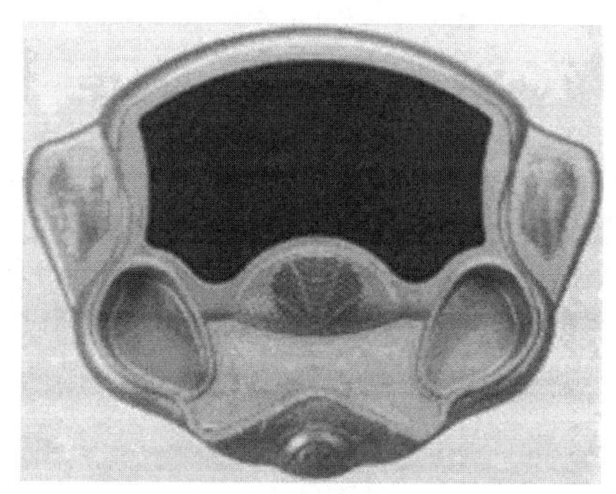

主视图

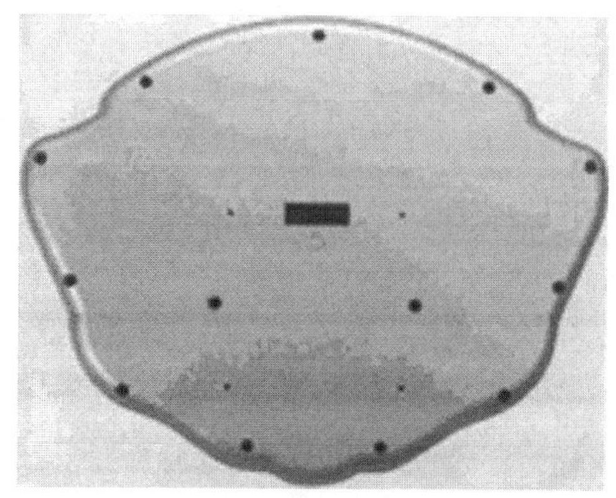

后视图

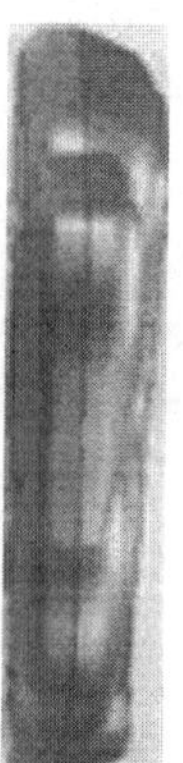

左视图

右视图

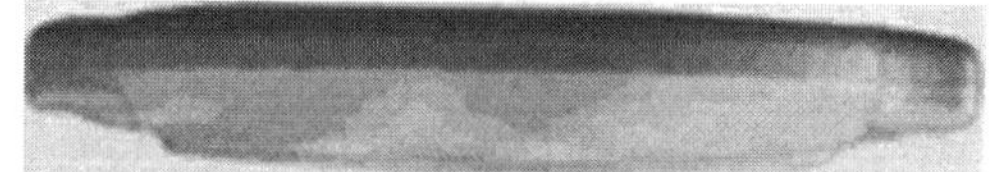

俯视图

仰视图

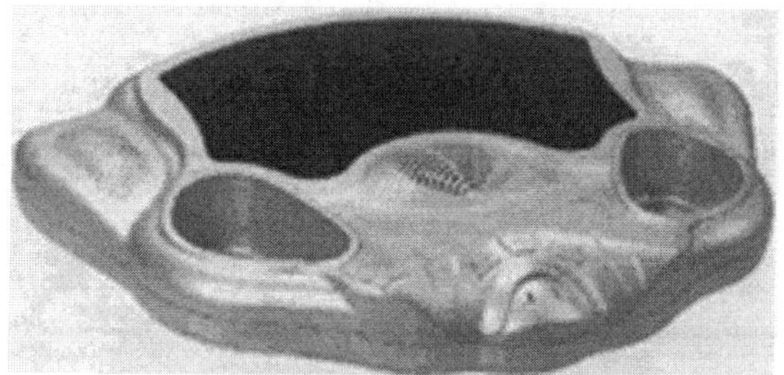

立体图

在先设计附图

159

车用仪表（7C7781）

无效宣告请求审查决定（第13059号）

决　定　号　第13059号
决　定　日　2009年3月17日
发明创造名称　车用仪表（7C7781）
外观设计分类号　10-04
无效宣告请求人　陈显达
专　利　权　人　周则洪
专　利　号　200430121728.7
申　请　日　2004年12月29日
授权公告日　2005年8月31日
合议组组长　钟　华
主　审　员　尹春霞
参　审　员　沙柏青
附　　图　2页

法律依据　专利法第23条
决定要点

请求人提交的证据履行了相关公证认证手续，可以认定其真实性；对于汽车仪表类产品而言，一般消费者更关注产品正面的设计，本专利与在先设计正面仪表盘的设计已经形成了整体相近似的视觉效果，有无小长方形框及安装架的区别属于局部细微差异，不会对整体视觉效果产生显著影响，本专利与在先设计属于相近似的外观设计。

一、案由

本无效宣告请求涉及国家知识产权局于2005年8月31日授权公告的200430121728.7号外观设计专利，使用该外观设计的产品名称是“车用仪表（7C7781）”，其申请日是2004年12月29日，专利权人是周则洪。

针对上述外观设计专利权（下称本专利），陈显达（下称请求人）于2008年12月23日向专利复审委员会提出无效宣告请求，其依据的事实和理由是：本专利与在其申请日以前在国内外出版物上发表的外观设计相同，本专利不符合专利法第23条的规定，应予宣告无效。请求人同时提交了如下附件作为证据：

附件1：《台湾车辆零配件总览》2003年9月刊物的封面及相关页复印件，共4页；

附件2：《台湾车辆零配件总览》2004年5月刊物的封面及相关页复印件，共4页；

附件3-1：附件1与附件2相关页复印件及其公证认证文件复印件，共11页；

附件3-2：附件3-1的中文译文，共4页；

附件4：本专利著录项目及图片复印件，共7页。

请求人认为：附件1及附件2属于审查指南规定的专利法意义上的公开出版物，同时本专利与附件1及附件2相关页中所示的外观设计相同，本专利不符合专利法第23条的规定。

专利复审委员会经形式审查合格受理了该无效宣告请求，并于2008年12月25日将无效宣告请求书及其附件的副本转送专利权人，通知其在指定期限内陈述意见。

专利复审委员会依法成立合议组对本案进行审理，并于2009年1月16日向双方当事人发出口头审理通知书，定于2009年3月3日进行口头审理。

2009年1月19日，专利复审委员会收到专利权人意见陈述。专利权人对请求人提交的附件1、附件2、附件3-1及附件3-2的真实性均有异议，认为附件1及附件2中示出的产品外观设计与本专利既不相同也不相近似。同时，专利权人提交了第12008号无效宣告审查决定作为反证，认为本案请求人作为法人代表的瑞安市东欧汽车仪表厂已经以同样的证据和理由针对本专利提出过无效请求，第12008号决定已作出维持本专利有效的决定。综上，应驳回无效宣告请求，维持本专利有效。

2009年2月3日，专利复审委员会将专利权人提交的意见陈述转送给请求人，要求其在口头审理当庭或在收到所述文件之日起一个月内答复。

口头审理如期举行，双方均委托代理人出席口头审理，专利权人也出席口头审理，均对对方出庭人员的资格无异议，对合议组成员也无回避请求。在口头审理中，请求人当庭提交了附件1、附件2及附件3-1的原件，请求人说明附件1及附件2原件是杂志商向请求人散发的，附件3-1是在中国台湾的图书馆取得的，认证形式是完善的，请求人指认使用附件1和附件2中第115页右上角的图片与本专利进行对比。专利权人认可上述附件的原件与复印件一致，但对其真实性有异议，认为附件1及附件2是中国台湾的证据，没有履行相关的认证手续，不应作为证据使用，同时专利权人以第11980号无效宣告审查决定作为反证，认为本无效宣告请求是以同样的理由和证据提出，不应被受理。合议组当庭告知专利权人第12008号审查决定没有对证据的实体内容进行审理，本案有权进行审理。对于相近似比较，请求人认为本专利与在先设计相近似，只是在先设计多了一个报警灯，但其可以连接也可以不使用。专利权人认为在先设计只公开了一幅视图，而本专利是用在改装车上的，使用时六面视图是都可见的，同时在先设计左上角的报警灯与仪表是一体的，并未指明是可拆卸的部分。

在上述审理的基础上，合议组经合议，认为本案事实清楚，依法作出本审查决定。

二、决定的理由

1. 法律依据

基于请求人提出无效宣告请求所依据的事实和理由，合议组对本专利是否符合专利法第23条的规定进行审查。

专利法第23条规定："授予专利权的外观设计，应当同申请日以前在国内外出版物上公开发表过或者国内公开使用过的外观设计不相同和不相近似，并不得与他人在先取得的合法权利相冲突。"

2. 证据认定

请求人提交的附件1是《台湾车辆零配件总览》2003年9月刊物的封面及相关页复印件，附件2是《台湾车辆零配件总览》2004年5月刊物的封面及相关页复印件，附件3-1是附件1与附件2相关页复印件及其公证认证文件复印件。口头审理时，请求人提交了上述附件的原件。专利权人认可上述附件的原件与复印件一致，但认为公证认证文件只盖有"浙江省公证员协会副本核对专用章"，无证明内容，无日期，无相关经办人签字，对其真实性有异议。合议组认为，附件 1 及附件 2 是中国台湾的杂志，请求人提交了附件 1 及附件 2 的原件，同时对附件 1 及附件 2 在中国台湾进行了公证认证（即附件 3-1），经核实，该公证认证文件每页的骑缝处均有公证人的盖章，最后一页盖有“浙江省公证员协会副本核对专用章”，已经履行了《海峡两岸公证书使用查证协议实施办法》的相关规定，可以认定附件 1 及附件 2 的真实性。附件 1 的封面记载有：刊号为 ISSN 1682-9948、出版日期为 2003 年 9 月，出版者为中经社。附件 2 的封面记载有：刊号为 ISSN 1682-9948、出版日期为 2004 年 5 月，出版者为中经社。根据其封面记载的时间可知，附件 1 及附件 2 的公开时间均早于本专利的申请日（2004 年 12 月 29 日），属于专利法第 23 条所规定的在先公开出版物，适用于本案。

3. 外观设计对比

本专利是车用仪表的外观设计，附件 1 的相关页公开了一款车用转速表的设计（下称在先设计），与本专利的产品用途相同，属于相同类别的产品，可以进行外观设计相同和相近似比较。故对二者的外观设计作如下对比：

本专利公开了主视图、左视图、右视图、俯视图、仰视图和立体图，简要说明载明：省略后视图。正面均匀分布若干刻度，指针指向左下角 0 刻度位置，表盘内还设置三个小表盘，分别示出水温、油温及油压，表盘右侧中下部分别设置有类似长方形的警示灯装置，其他面由阶梯圆柱体连接而成，下部有安装架（详见本专利附图）。

在先设计公开了一幅视图，正面均匀分布若干刻度，指针指向左下角 0 刻度位置，表盘内还设置三个小表盘，分别示出水温、油温及油压，表盘右侧中下部分别设置有类似长方形的警示灯装置，左上角有圆柱状报警灯装置（详见在先设计附图）。

将本专利与在先设计相比较，二者的主要不同点为：本专利在正面右侧多了一微小方形框，在先设计无；本专利公开了其他面的设计，在先设计未公开其他面的设计；在先设计左上角有圆柱状报警灯装置，本专利无。合议组认为，对于汽车仪表类产品而言，一般消费者更关注产品正面的设计，在先设计虽然未公开其他面的设计，但不影响对二者外观设计进行整体观察、综合判断。二者正面仪表盘的设计已经形成了整体相近似的视觉效果，有无小长方形框及安装架的区别属于局部细微差异，不会对整体视觉效果产生显著影响，故本专利与在先设计相近似，本专利不符合专利法第 23 条的规定。专利权人认为在先设计应包括左上角圆柱状的报警灯，与本专利差别较大。对此，合议组认为，根据审查指南第四部分第五章第 5.4 节的规定，相同和相近似比较时应以本专利的外观设计为判断对象，因此，仅将本专利与除圆柱状报警灯外的汽车仪表外观设计进行比较。

鉴于上述已得出本专利与在先设计相近似的结论，本决定对请求人提交其他证据不作评述。

综上所述，在本专利申请日以前已有与其相近似的外观设计在出版物上公开发表过，本专利不符合专利法第 23 条的规定。

三、决定

宣告 200430121728.7 号外观设计专利权全部无效。

当事人对本决定不服的，可以根据专利法第 46 条第 2 款的规定，自收到本决定之日起三个月内向北京市第一中级人民法院起诉。根据该款的规定，一方当事人起诉后，另一方当事人应当作为第三人参加诉讼。

主视图

左视图

立体图

右视图

俯视图

仰视图

本专利附图

在先设计附图

北京市第一中级人民法院
行政判决书

（2009）一中行初字第1581号

原告周则洪，男，1955年1月5日出生，住浙江省瑞安市塘下镇罗凤塘口街19号。

委托代理人刘俊仕，北京市新元律师事务所律师。

被告国家知识产权局专利复审委员会，住所地北京市海淀区北四环西路9号银谷大厦10~12层。

法定代表人张茂于，副主任。

委托代理人尹春霞，国家知识产权局专利复审委员会审查员。

委托代理人田华，国家知识产权局专利复审委员会审查员。

第三人陈显达，男，1970年6月3日出生，住浙江省瑞安市玉海街西小街49号。

委托代理人李茂家，北京市林达刘知识产权代理事务所职员。

委托代理人王璐，北京市林达刘知识产权代理事务所知职员。

原告周则洪不服被告国家知识产权局专利复审委员会（以下简称专利复审委员会）于2009年3月17日作出的第13059号无效宣告请求审查决定（以下简称第13059号决定）向本院提起行政诉讼。本院于2009年6月23日受理后，依法组成合议庭，并依法通知陈显达作为第三人参加诉讼，于2009年9月16日公开开庭进行了审理。原告周则洪及其委托代理人刘俊仕，被告专利复审委员会的委托代理人尹春霞、田华，第三人陈显达的委托代理人李茂家、王璐到庭参加了诉讼。本案现已审理终结。

专利复审委员会在第13059号决定中认定：

《中华人民共和国专利法》（以下简称专利法）第二十三条规定：授予专利权的外观设计，应当同申请日以前在国内外出版物上公开发表过或者国内公开使用过的外观设计不相同和不相近似，并不得与他人在先取得的合法权利相冲突。陈显达提交的附件1是《台湾车辆零配件总览》2003年9月刊物的封面及相关页，附件2是《台湾车辆零配件总览》2004年5月刊物的封面及相关页，附件3-1是附件1与附件2相关页及其公证认证文件。可以认定附件1及附件2的真实性。附件1的封面记载有：刊号为ISSN 1682-9948、出版日期为2003年9月，出版者为中经社。附件2的封面记载有：刊号为ISSN 1682-9948、出版日期为2004年5月，出版者为中经社。根据其封面记载的时间可知，附件1及附件2的公开时间均早于周则洪申请的车用仪表（7C7781）外观设计专利（以下简称本专利）2004年12月29日的申请日，属于《专利法》第二十三条所规定的在先公开出版物，适用于本案。

本专利是车用仪表的外观设计，附件1的相关页公开了一款车用转速表的设计（简称在先设计），与本专利的产品用途相同，属于相同类别的产品，可以进行外观设计相同和相近似比较。根据审查指南第四部分第五章第5.4节的规定，相同和相近似比较时应以本专利的外观设计为判断对象，因此，仅将本专利与除圆柱状报警灯外的汽车仪表外观设计进行比较。对于汽车仪表类产品而言，一般消费者更关注产品正面的设计，在先设计虽然未公开其他面的设计，但不影响对二者外观设计进行整体观察、综合判断。本专利与附件1二者正面仪表盘的设计已经形成了整体相近似的视觉效果，有无小长方形框及安装架的区别属于局部细微差异，不会对整体视觉效果产生显著影响，故本专利与在先设计相近似，本专利不符合《专利法》第二十三条的规定。鉴于本专利与在先设计经比较构成相近似，对陈显达提交的其他证据不作评述。

综上所述，在本专利申请日以前已有与其相近似的外观设计在出版物上公开发表过，本专利不符合《专利法》第二十三条的规定。决定：宣告本专利权全部无效。

原告周则洪不服第13059号决定，向本院提起行政诉讼称：（1）第13059号决定事实认定错误。根据《专利法》第五十六条第二款的规定，申请外观设计专利以六面视图为准。通常车仪表是镶在车体内，只显示表盘和表针，我的专利产品是专用于汽车改装车上的，其使用状态和一般汽车仪表的使用状态不同，安装时完全裸露，整体均可视，每个视图反映的产品特点对消费者均具有显著的影响。而第三人提供的在先设计，只显示了车用仪表盘单面视图，其他几面视图均看不到，而单面视图与本专利六面视图对比是不客观、不公平的，被告主观臆断进行对比，并作为判断构成相近似的依据不符合《专利法》第二十三条的规定，认定事实上明显错误。（2）第三人提交的在先设计附件1是《台湾车辆零配件总览》刊物单面视图，属于境外证据，虽然盖有浙江省公证员协会副本核对专用章，但我在无效程序口头审理时就提出对“浙江省公证员协会副本核对专用章”质疑，该证据认定有误，作出的审查决定必然是错误的。

综上所述，第13059号决定认定事实错误，请求法院依法予以撤销，维持本专利权有效。

被告专利复审委员会辩称：（1）本专利与在先设计的在先设计相比，除本专利在正面下部多了一微小圆柱按钮外，二者正面设计基本相同。虽然本专利公开了其他面的设计，在先设计未公开其他面的设计，但对于汽车仪表类产品而言，一般消费者更关注产品正面的设计，不影响对二者进行整体观察、综合判断。二者正面仪表盘的设计已经形成了整体相近似的视觉效果，有无圆柱按钮的区别属于局部细微差异，不会对整体视觉产生显著影响，两者属于相近似的外观设计。（2）在先设计附件1是中国台湾的杂志，有原件及公证认证，公证文件骑缝和落款手续完整，具有真实性。综上，第13059号决定认定事实清楚，适用法律正确，审理程序合法，请求人民法院予以维持。

第三人陈显达述称：（1）根据《审查指南》第四部分第五章第4节之（1）规定，使用时容易看到部位的设计变化相对于不容易看到或者看不到部位的设计变化，通常对整体视觉效果更具有显著的影响。对于汽车仪表类产品而言，一般消费者更关注产品正面的设计。汽车仪表盘类似于电视机，使用时容易看到的部位为仪表盘正面的面板，因此，对于一般消费者来说，仪表盘面板的变化相对于侧部和背部的变化对整体视觉效果通常更具有显著的影响。通过将在先设计中仪表盘的面板与本专利比对可知，除了属于局部的细微差别，不会对整体视觉效果造成显著影响的微小方形框及安装架外，其他部位完全相同，已经可以得出整体相近似的视觉效果。至于专利权人认为在先设计应包括报警灯，根据审查指南第四部分第五章第5.4节的规定，相同或相近似比较时应以本专利的外观设计为判断对象，因此，应仅将本专利与除报警灯外的汽车仪表外观设计进行比较。本专利与附件1中的在先设计产品属于相近似的外观设计，被告对本案的事实认定正确。（2）本案公证认证文件的每页的骑缝处均有公证人盖章，该证据已经在中国台湾履行了合法的公证手续，是有效证据。

综上所述，第13059号决定认定事实清楚，适用法律正确，恳请法院依法予以维持，驳回原告的诉讼请求。

本院经审理查明：名称为“车用仪表（7C7781）”，专利号为200430121728.7外观设计专利（即本专利），申请日为2004年12月29日，2005年8月31日被授权公告，专利权人是周则洪。本专利授权公告有6幅视图，包括主视图、左视图、右视图、俯视图、仰视图和立体图（详见附图）。

附件1中的在先设计公开了一幅视图，正面均匀分布若干刻度，指针指向左下角0刻度位置，表盘内还设置三个小表盘，分别示出水温、油温及油压，表盘右侧中下部分别设置有类似长方形的警示灯装置，左上角有圆柱状报警灯装置（详见附图）。

经比较，本专利与在先设计的主要不同点为：本专利在正面右侧多了一微小方形框，后者无；本专利公开了其他面的设计，后者没有公开其他面的设计；在先设计左上角有圆柱状报警灯装置，本专利无。

2008 年 12 月 23 日，陈显达以本专利与在其申请日以前在国内外发表的外观设计相同，因此不符合《专利法》第二十三条的规定为理由，向被告提出对本专利的无效宣告请求。2009 年 3 月 3 日，专利复审委员会就陈显达的无效宣告请求进行了口头审理。2009 年 3 月 17 日，专利复审委员会作出第 13059 号决定，宣告本专利权无效。原告不服该决定，在法定时限内向本院提起行政诉讼。

上述事实有本专利公告资料、第 13059 号决定、附件 1、附件 2 以及当庭审陈述笔录等证据在案佐证。

本院认为：

一、载有在先设计视图的附件 1 是在台湾出版的出版物，由于该证据的取得履行了相关公证认证手续，且认证方式完备，具有证据效力。原告虽对其真实性提出异议，但并未提交相关反证予以证明，其异议理由缺乏事实和法律依据不能成立。

二、本专利是用于车辆使用的仪表外观设计，该设计与在先设计比较仅存在微小差异，在整体外观对比中不足以产生质的视觉差异，属于相近似的设计。原告主张本专利产品的使用状态与一般同类产品的嵌入式状态不同，因此一般消费者不会产生混同认识，但外观设计对比应当从整体上进行观察，综合判断其与在先设计是否相同或相近似，外观设计的使用状态不能影响上述判断方法，因此，原告的主张缺乏法律依据，不能成立，本院不予采信。

综上，第 13059 号决定认定事实清楚，适用法律正确，审查程序合法，应予维持。本院依照《中华人民共和国行政诉讼法》第五十四条第（一）项之规定，判决如下：

维持被告国家知识产权局专利复审委员会作出的第 13059 号无效宣告请求审查决定。

案件受理费 100 元，由原告周则洪负担（已交纳）。

如不服本判决，当事人可在本判决书送达之日起 15 日内，向本院递交上诉状及副本两份，交纳上诉案件受理费 100 元，上诉于北京市高级人民法院。

审 判 长 彭文毅
审 判 员 苏 杭
代理审判员 蒋利玮
二〇〇九年十二月十日
书 记 员 袁 伟

主视图

左视图

俯视图

仰视图

右视图

立体图

本专利附图

在先设计附图

160

车用仪表（LED7785）

无效宣告请求审查决定（第 13060 号）

决　　定　　号　第 13060 号
决　　定　　日　2009 年 3 月 12 日
发明创造名称　车用仪表（LED7785）
外观设计分类号　10-04
无效宣告请求人　陈显达
专　利　权　人　周则洪
专　　利　　号　200430121726.8
申　　请　　日　2004 年 12 月 29 日
授 权 公 告 日　2005 年 8 月 24 日
合 议 组 组 长　钟　华
主　　审　　员　尹春霞
参　　审　　员　沙柏青
附　　　　　图　2 页

法　律　依　据　专利法第 23 条
决　定　要　点

请求人提交的证据履行了相关公证认证手续，可以认定其真实性；对于汽车仪表类产品而言，一般消费者更关注产品正面的设计，本专利与在先设计正面仪表盘的设计已经形成了整体相近似的视觉效果，有无圆柱按钮的区别属于局部细微差异，不会对整体视觉效果产生显著影响，本专利与在先设计属于相近似的外观设计。

一、案由

本无效宣告请求涉及国家知识产权局于 2005 年 8 月 24 日授权公告的 200430121726.8 号外观设计专利，使用该外观设计的产品名称是“车用仪表（LED7785）”，其申请日是 2004 年 12 月 29 日，专利权人是周则洪。

针对上述外观设计专利权（下称本专利），陈显达（下称请求人）于 2008 年 12 月 23 日向专利复审委员会提出无效宣告请求，其依据的事实和理由是：本专利与在其申请日以前在国内外出版物上发表的外观设计相同，本专利不符合专利法第 23 条的规定，应予宣告无效。请求人同时提交了如下附件作为证据：

附件 1：《台湾车辆零配件总览》2003 年 9 月刊物的封面及相关页复印件，共 4 页；

附件 2:《台湾车辆零配件总览》2004 年 5 月刊物的封面及相关页复印件，共 4 页；

附件 3-1：附件 1 与附件 2 相关页复印件及其公证认证文件复印件，共 11 页；

附件 3-2：附件 3-1 的中文译文，共 4 页；

附件 4：本专利著录项目及图片复印件，共 7 页。

请求人认为：附件 1 及附件 2 属于审查指南规定的专利法意义上的公开出版物，同时本专利与附件 1 及附件 2 相关页中所示的外观设计相同，本专利不符合专利法第 23 条的规定。

专利复审委员会经形式审查合格受理了该无效宣告请求，并于 2008 年 12 月 25 日将无效宣告请求书及其附件的副本转送专利权人，通知其在指定期限内陈述意见。

专利复审委员会依法成立合议组对本案进行审理，并于 2009 年 1 月 16 日向双方当事人发出口头审理通知书，定于 2009 年 3 月 3 日进行口头审理。

2009 年 1 月 19 日，专利复审委员会收到专利权人意见陈述。专利权人对请求人提交的附件 1、附件 2、附件 3-1 及附件 3-2 的真实性均有异议，认为附件 1 及附件 2 中示出的产品外观设计与本专利既不相同也不相近似。同时，专利权人提交了第 11980 号无效宣告审查决定作为反证，认为本案请求人作为法人代表的瑞安市东欧汽车仪表厂已经以同样的证据和理由针对本专利提出过无效请求，第 11980 号决定已作出维持本专利有效的决定。综上，应驳回无效宣告请求，维持本专利有效。

2009 年 2 月 3 日，专利复审委员会将专利权人提交的意见陈述转送给请求人，要求其在口头审理当庭或在收到所述文件之日起一个月内答复。

口头审理如期举行，双方均委托代理人出席口头审理，专利权人也出席口头审理，均对对方出庭人员的资格无异议，对合议组成员也无回避请求。在口头审理中，请求人当庭提交了附件 1、附件 2 及附件 3-1 的原件，请求人说明附件 1 及附件 2 原件是杂志商向请求人散发的，附件 3-1 是在中国台湾的图书馆取得的，认证形式是完善的，请求人指认使用附件 1 和附件 2 中第 115 页左上角的图片与本专利进行对比。专利权人认可上述附件的原件与复印件一致，但对其真实性有异议，认为附件 1 及附件 2 是中国台湾地区的证据，没有履行相关的认证手续，不应作为证据使用，同时专利权人以第 11980 号无效宣告审查决定作为反证，认为本无效宣告请求是以同样的理由和证据提出，不应被受理。合议组当庭告知专利权人第 11980 号审查决定没有对证据的实体内容进行审理，本案有权进行审理。对于相近似比较，请求人认为本专利与在先设计相近似，只有细微区别，专利权人认为在先设计只公开了一幅视图，而本专利是用在改装车上的，使用时六面视图是都可见的。

在上述审理的基础上，合议组经合议，认为本案事实清楚，依法作出本审查决定。

二、决定的理由

1. 法律依据

基于请求人提出无效宣告请求所依据的事实和理由，合议组对本专利是否符合专利法第 23 条的规定进行审查。

专利法第 23 条规定：“授予专利权的外观设计，应当同申请日以前在国内外出版物上公开发表过或者国内公开使用过的外观设计不相同和不相近似，并不得与他人在先取得的合法权利相冲突。”

2. 证据认定

请求人提交的附件 1 是《台湾车辆零配件总览》2003 年 9 月刊物的封面及相关页复印件，附件 2 是《台湾车辆零配件总览》2004 年 5 月刊物的封面及相关页复印件，附件 3-1 是附件 1 与附件 2 相关页复印件及其公证认证文件复印件。口头审理时，请求人提交了上述附件的原件。专利权人认可上述附件的原件与复印件一致，但认为公证认证文件只盖有“浙江省公证员协会副本核对专用章”，无证明内容，无日期，无相关经办人签字，对其真实性有异议。合议组认为，附件 1 及附件 2 是中国台湾的杂志，请求人提交了附件 1 及附件 2 的原件，同时对附件 1 及附件 2 在中国台湾进行了公证认证（即附件 3-1），经核实，该公证认证文件每页的骑缝处均有公证人的盖章，最后一页盖有“浙江省公证员协会副本核对专用章”，已经履行了《海峡两岸公证书使用查证协议实施办法》的相关规定，可以认定附件 1 及附件 2 的真实性。附件 1 的封面记载有：刊号为 ISSN 1682-9948、出版日期为 2003 年 9 月，出版者为中经社。附件 2 的封面记载有：刊号为 ISSN 1682-9948、出版日期为 2004 年 5 月，出版者为中经社。根据其封面记载的时间可知，附件 1 及附件 2 的公开时间均早于本专利的申请日（2004 年 12 月 29 日），属于专利法第 23 条所规定的在先公开出版物，适用于本案。

3. 外观设计对比

本专利是车用仪表的外观设计，附件 1 的相关页公开了一款车用转速表的设计（下称在先设计），与本专利的产品用途相同，属于相同类别的产品，可以进行外观设计相同和相近似比较。故对二者的外观设计作如下对比：

本专利公开了主视图、左视图、右视图、俯视图、仰视图和立体图，简要说明载明：省略后视图。正面均匀分布若干刻度，指针指向左下角 0 刻度位置，表盘下部分别设置旋钮及警示灯，其他面由阶梯圆柱体连接而成，下部有安装架（详见本专利附图）。

在先设计公开了一幅视图，正面均匀分布若干刻度，指针指向左下角 0 刻度位置，表盘下部分别设置旋钮及警示灯（详见在先设计附图）。

将本专利与在先设计相比较，除本专利在正面下部多了一微小圆柱按钮外，二者正面设计基本相同。此外，本专利公开了其他面的设计，在先设计未公开其他面的设计。合议组认为，对于汽车仪表类产品而言，一般消费者更关注产品正面的设计，在先设计虽然未公开其他面的设计，但不影响对二者外观设计进行整体观察、综合判断。二者正面仪表盘的设计已经形成了整体相近似的视觉效果，有无圆柱按钮的区别属于局部细微差异，不会对整体视觉效果产生显著影响，本专利与在先设计属于相近似的外观设计。

鉴于上述已得出本专利与在先设计相近似的结论，本决定对请求人提交其他证据不作评述。

综上所述，在本专利申请日以前已有与其相近似的外观设计在出版物上公开发表过，本专利不符合专利法第 23 条的规定。

三、决定

宣告 200430121726.8 号外观设计专利权全部无效。

当事人对本决定不服的，可以根据专利法第 46 条第 2 款的规定，自收到本决定之日起三个月内向北京市第一中级人民法院起诉。根据该款的规定，一方当事人起诉后，另一方当事人应当作为第三人参加诉讼。

主视图

俯视图

立体图

仰视图

左体图

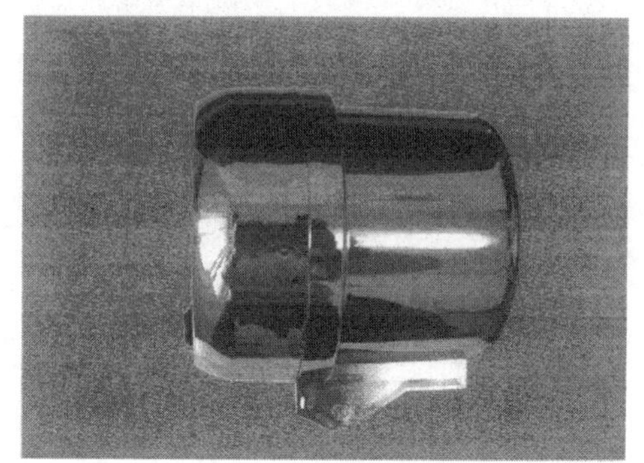

右视图

本专利附图

在先设计附图

北京市第一中级人民法院
行政判决书

（2009）一中行初字第 1582 号

原告周则洪，男，1955 年 1 月 5 日出生，住浙江省瑞安市塘下镇罗凤塘口街 19 号。

被告国家知识产权局专利复审委员会，住所地北京市海淀区北四环西路 9 号银谷大厦 10~12 层。

法定代表人张茂于，副主任。

委托代理人尹春霞，国家知识产权局专利复审委员会审查员。

委托代理人田华，国家知识产权局专利复审委员会审查员。

第三人陈显达，男，1970 年 6 月 3 日出生，住浙江省瑞安市玉海街道西小街 49 号。

委托代理人李茂家，北京市林达刘知识产权代理事务所职员。

委托代理人王璐，北京市林达刘知识产权代理事务所职员。

原告周则洪不服被告国家知识产权局专利复审委员会（以下简称专利复审委员会）于 2009 年 3 月 12 日作出的第 13060 号无效宣告请求审查决定（以下简称第 13060 号决定）向本院提起行政诉讼。本院于 2009 年 6 月 23 日受理后，依法组成合议庭，并依法通知陈显达作为第三人参加诉讼，于 2009 年 9 月 16 日公开开庭进行了审理。原告周则洪，被告专利复审委员会的委托代理人尹春霞、田华，第三人陈显达的委托代理人李茂家、王璐到庭参加了诉讼。本案现已审理终结。

专利复审委员会在第 13060 号决定中认定：

《中华人民共和国专利法》（以下简称《专利法》）第二十三条规定：授予专利权的外观设计，应当同申请日以前在国内外出版物上公开发表过或者国内公开使用过的外观设计不相同和不相近似，并不得与他人在先取得的合法权利相冲突。陈显达提交的附件 1 是《台湾车辆零配件总览》2003 年 9 月刊物的封面及相关页，附件 2 是《台湾车辆零配件总览》2004 年 5 月刊物的封面及相关页，附件 3-1 是附件 1 与附件 2 相关页及其公证认证文件。因有公证认证，可以认定附件 1 及附件 2 的真实性。附件 1 的封面记载有：刊号为 ISSN1682-9948、出版日期为 2003 年 9 月，出版者为中经社。附件 2 的封面记载有：刊号为 ISSN 1682-9948、出版日期为 2004 年 5 月，出版者为中经社。根据其封面记载的时间可知，附件 1 及附件 2 的公开时间均早于周则洪申请的车用仪表（LED7785）外观设计专利（以下简称本专利）2004 年 12 月 29 日的申请日，属于《专利法》第二十三条所规定的在先公开出版物，适用于本案。

本专利是车用仪表的外观设计，附件 1 的相关页公开了一款车用转速表的设计（以下简称在先设计），与本专利的产品用途相同，属于相同类别的产品，可以进行外观设计相同和相近似比较。

将本专利与在先设计相比较，除本专利在正面下部多了一微小圆柱按钮外，二者正面设计基本相同。此外，本专利公开了其他面的设计，在先设计未公开其他面的设计。对于汽车仪表类产品而言，一般消费者更关注产品正面的设计，在先设计虽然未公开其他面的设计，但不影响对二者外观设计进行整体观察、综合判断。二者正面仪表盘的设计已经形成了整体相近似的视觉效果，有无圆柱按钮的区别属于局部细微差异，不会对整体视觉效果产生显著影响，本专利与在先设计属于相近似的外观设计。鉴于上述已得出本专利与在先设计相近似的结论，本决定对请求人提交的其他证据不作评述。

综上所述，在本专利申请日以前已有与其相近似的外观设计在出版物上公开发表过，本专利不符合《专利法》第二十三条的规定。决定：宣告本专利权全部无效。

原告周则洪不服第13060号决定，向本院提起行政诉讼称：（1）根据《专利法》第56条第2条规定，申请本外观设计专利要求保护六面视图为准，通常车仪表是镶在车体内，只显示表盘和表针，原告生产的专利产品是专用于汽车改装车上的、其使用状态也和一般汽车仪表的使用状态不同，安装时完全裸露的、整体均是可视的，每个视图反映的产品特点对消费者具有显著的影响，而本案第三人提供的在先设计证据只显示车用仪表盘单面视图，其他几面视图全看不到，原告认为单面视图与本专利六面视图对比是不客观、不公平的，而被告主观臆断进行对比，并作为近似性判断不符合《专利法》第二十三条规定，显然被告在认定事实上有明显错误。（2）第三人提交的在先设计证据属于境外证据，虽然盖有浙江省公证员协会副本核对专用章，但"浙江省公证员协会副本核对专用章"存疑，无盖章日期和经办人，该证据认定有误，作出的审查决定必然是错误的。综上所述，第13060号决定认定事实错误，请求依法予以撤销，维持本专利权有效。

被告专利复审委员会辩称：（1）本专利与在先设计的在先设计相比，除本专利在正面下部多了一微小圆柱按钮外，二者正面设计基本相同。虽然本专利公开了其他面的设计，在先设计未公开其他面的设计，但对于汽车仪表类产品而言，一般消费者更关注产品正面的设计，不影响对二者进行整体观察、综合判断。二者正面仪表盘的设计已经形成了整体相近似的视觉效果，有无圆柱按钮的区别属于局部细微差异，不会对整体视觉产生显著影响，两者属于相近似的外观设计。（2）在先设计附件1是中国台湾的杂志，有原件及公证认证，公证文件骑缝和落款手续完整，符合相关规定具有真实性。综上，第13060号决定认定事实清楚，适用法律正确，审理程序合法，请求人民法院予以维持。

第三人陈显达述称：（1）根据《审查指南》第四部分第五章第4节之（1）规定，使用时容易看到部位的设计变化相对于不容易看到或者看不到部位的设计变化，通常对整体视觉效果更具有显著的影响。对于汽车仪表类产品而言，一般消费者更关注产品正面的设计。汽车仪表盘类似于电视机，使用时容易看到的部位为仪表盘正面的面板，因此，对于一般消费者来说，仪表盘面板的变化相对于侧部和背部的变化对整体视觉效果通常更具有显著的影响。通过将在先设计中仪表盘的面板与本专利比对可知，除了属于局部的细微差别，不会对整体视觉效果造成显著影响的圆柱按钮外，其他部位完全相同，已经可以得出整体相近似的视觉效果。本专利与在先设计构成相近似，被告对本案的事实认定正确。（2）本案公证认证文件的每页的骑缝处均有公证人盖章，该证据已经在中国台湾履行了合法的公证手续，是有效证据。在本案口头审理中，已经当庭核对了证据的一致性，并无异议。综上所述，第13060号决定认定事实清楚，适用法律正确，恳请法院依法予以维持，驳回原告的诉讼请求。

本院经审理查明：名称为"车用仪表（LED7785）"，专利号为200430121726.8外观设计专利（即本专利），申请日为2004年12月29日，2005年8月24日被授权公告，专利权人是周则洪。

本专利公开了主视图、左视图、右视图、俯视图、仰视图和立体图（见附图），简要说明载明：省略后视图。正面均匀分布若干刻度，指针指向左下角0刻度位置，表盘下部分别设置旋钮及警示灯，其他面由阶梯圆柱体连接而成，下部有安装架。

在先设计公开了一幅视图（见附图），正面均匀分布若干刻度，指针指向左下角0刻度位置，表盘下部分别设置旋钮及警示灯。将本专利与在先设计相比较，除本专利在正面下部多了一微小圆柱按钮外，二者正面设计基本相同。此外，本专利公开了其他面的设计，在先设计未公开其他面的设计。

2008年12月23日，陈显达以本专利与在其申请日以前在国内外发表的外观设计相同，因此不符合《专利法》第二十三条的规定为理由，向被告提出对本专利的无效宣告请求。2009年3月3日，专利复审委员会就陈显达的无效宣告请求进行了口头审理。2009年3月12日，专利复审委员会作出第13060号决定，宣告本专利权无效。原告不服该决定，在法定时限内向本院提起行政诉讼。

上述事实有本专利公告资料、第13060号决定、附件1、附件2以及庭审陈述笔录等证据在案佐证。

本院认为：

一、载有在先设计视图的附件1是在台湾出版的出版物，由于该证据的取得履行了相关公证认证手续，且认证方式完备，具有证据效力。原告虽对其真实性提出异议，但并未提交相关反证予以证明，其异议理由缺乏事实和法律依据不能成立。

二、本专利是用于车辆使用的仪表外观设计，该设计与在先设计比较仅存在微小差异，在整体外观对比中不足以产生质的视觉差异，属于相近似的设计。原告主张本专利产品的使用状态与一般同类产品的嵌入式状态不同，因此一般消费者不会产生混同认识，但外观设计对比应当从整体上进行观察，综合判断其与在先设计是否相同或相近似，外观设计的使用状态不能影响上述判断方法，因此，原告的主张缺乏法律依据，不能成立，本院不予采信。

综上，第13060号决定认定事实清楚，适用法律正确，审查程序合法，应予维持。本院依照《中华人民共和国行政诉讼法》第五十四条第（一）项之规定，判决如下：

维持被告国家知识产权局专利复审委员会作出的第13060号无效宣告请求审查决定。

案件受理费100元，由原告周则洪负担（已交纳）。

如不服本判决，当事人可在本判决书送达之日起15日内，向本院递交上诉状及副本两份，交纳上诉案件受理费100元，上诉于北京市高级人民法院。

审 判 长　彭文毅
审 判 员　苏　杭
代理审判员　蒋利玮
二〇〇九年十二月十日
书 记 员　袁　伟

主视图

俯视图

左体图

立体图

仰视图

右视图

本专利附图

在先设计附图

161

路灯（小蝌蚪形）

无效宣告请求审查决定（第13061号）

决　定　号　第13061号
决　定　日　2009年3月9日
发明创造名称　路灯（小蝌蚪形）
外观设计分类号　26-03
无效宣告请求人　宁波燎原工业股份有限公司
专　利　权　人　陈国强
专　利　号　200630080688.5
申　请　日　2006年2月15日
授权公告日　2007年1月10日
合议组组长　张　华
主　审　员　齐宏涛
参　审　员　隋　璐
附　　　图　2页

法律依据　专利法第23条
决定要点

根据整体观察、综合判断的原则，本专利与在先设计的差别对于产品外观设计的整体视觉效果不具有显著的影响，因此两者属于相近似的外观设计，本专利不符合专利法第23条的规定。

一、案由

本无效宣告请求涉及中华人民共和国国家知识产权局于2007年1月10日授权公告的、名称为"路灯（小蝌蚪形）"的外观设计专利权（下称本专利），其专利号是200630080688.5，申请日是2006年2月15日，专利权人是陈国强。

针对本专利权，宁波燎原工业股份有限公司（下称请求人）于2008年11月5日向专利复审委员会提出无效宣告请求，认为本专利不符合专利法第23条的规定，请求人同时提交了如下附件作为证据：

附件1：国家知识产权局网站上公布的授权公告日为2005年8月17日，专利号为200430114895.9的外观设计专利著录项目和图片，打印件共1页。

请求人认为：本专利涉及一种路灯，附件1也公开了一种路灯，两者产品类别相同，其构造和设计也相同。将两者相比，唯一的差别在于本专利产品的前端具有四条平行的棱角形的线条，但路灯产品一般安装在较高高度，普通消费者不易发现这一细节，根据整体观察、综合判断的原则，两者属于极其近似的外观设计。因此，本专利不符合专利法第 23 条的规定，请求宣告其无效。

经形式审查合格，专利复审委员会依法受理了上述无效宣告请求，并于 2008 年 11 月 28 日向请求人和专利权人发出无效宣告请求受理通知书，同时将专利权无效宣告请求书及其附件清单中所列附件的副本转送给专利权人，并要求专利权人在指定的期限内陈述意见。

专利复审委员会依法成立合议组，对本案进行审理。合议组于 2008 年 12 月 26 日向双方当事人发出无效宣告请求口头审理通知书，定于 2009 年 2 月 16 日举行口头审理。

针对专利复审委员会发出的上述无效宣告请求受理通知书，专利权人于 2009 年 1 月 15 日提交了意见陈述书。专利权人认为：本专利与附件 1 具有如下区别：（1）本专利前端顶部有四条凸起的菱角形线条，附件 1 没有；（2）本专利尾部为平缓的弧线，附件 1 为切削的斜线；（3）本专利反光器有两条对称的棱边，附件 1 没有；（4）本专利除后视图外各视图均有带色彩变化的图案。此外，一般消费者应是产品的购买者，不可能不看路灯的顶部，也不需要爬上高空就能看到产品的全貌。因此，本专利与附件 1 既不相同也不相近似，请求专利复审委员会驳回请求人的无效请求，维持本专利有效。

口头审理如期举行，双方当事人均派出代理人参加了口头审理。

在口头审理中：

（1）合议组当庭将专利权人于 2009 年 1 月 5 日提交的意见陈述转交给请求人，请求人表示对此不再需要提交书面意见进行答复；

（2）请求人明确其无效宣告理由为，本专利相对于附件 1 不符合专利法第 23 条的规定。专利权人对附件 1 的真实性、公开日期没有异议；

（3）双方当事人对本专利与附件 1 是否相近似充分发表了意见，并表示没有其他意见需要补充，合议组当庭告知口头审理之后不再接受双方当事人任何意见陈述。

至此，合议组认为本案事实已经清楚，可以作出审查决定。

二、决定的理由

1. 法律依据

专利法第 23 条规定：“授予专利权的外观设计，应当同申请日以前在国内外出版物上公开发表过或者国内公开使用过的外观设计不相同和不相近似，并不得与他人在先取得的合法权利相冲突。”

2. 证据的认定

附件 1 为国家知识产权局专利局网站上公布的 200430114895. 9 号外观设计专利信息和照片，专利权人对其真实性无异议，经合议组核实，附件 1 的内容真实，可以作为本案的有效证据。由于 200430114895. 9 号外观设计的授权公告日为 2005 年 8 月 17 日，早于本专利申请日 2006 年 2 月 15 日，因此该外观设计可作为评价本专利是否符合专利法第 23 条规定的在先设计（下称在先设计）。

3. 本专利是否符合专利法第 23 条的规定

本专利与在先设计都是路灯的外观设计，其产品用途完全相同，因此两者属于同一类别的产品的外观设计，根据审查指南第四部分第五章第 6 节的规定，可以进行外观设计相近似的比较。

本专利包括主视图、后视图、左视图、右视图、俯视图和立体图，省略仰视图。从各视图观察，该路灯主要由椭圆形前端、近似锥形的长柄后端和尾部构成，长柄后端与前端的后部相连接，尾部和长柄后端的后部连接。前端两侧有两块近似鱼眼的突起，前端顶部中间有四条平行的深色菱角形线条，前端两侧突起与前端顶部交界处、长柄后端与前端的交界处及尾部与长柄后端交界处均有深色线条。前段底部有一个凹槽，其中有一个突出底面的灯泡，灯泡下有一个支撑板。

在先设计包括主视图、俯视图、仰视图、左视图和右视图，省略后视图。从各视图观察，该路灯主要由椭圆形前端和近似锥形的长柄后端构成，长柄后端与前端的后部相连接。前端两侧有两块近似鱼眼的突起。前段底部有一个凹槽，其中有一个充满凹槽并突出底面的灯泡。

将本专利与在先设计相比可知，两者整体外观形状几乎完全相同，其差异之处仅在于：（1）本专利前端顶部中间有四条平行的深色菱角形线条，各部分交界处也有深色线条，而在先设计没有这些线条；（2）本专利还具有一个尾部，而在先设计没有；（3）本专利灯泡尺寸比在先设计小，且可看到其下方的支撑板。

对于上述三点区别，合议组认为：首先，区别（1）在本专利各视图中所占比例均十分微小，对整体视觉效果不产生显著影响；其次，尾部是路灯类产品一般都具有的部件，且其在本专利各视图中所占比例也很小，因此，在先设计未公开这一部件也不会导致两者整体外观产生显著差别；最后，对路灯类产品而言，灯泡大小的不同仅为惯常设计手段的选择，选用较小灯泡必然会看到其下的支撑板，这一点亦不能构成实质性区别。

针对专利权人的意见陈述，合议组认为：首先，专利权人主张本专利前端顶部的四条菱形线是突起的。然而，仔细观察本专利的各视图，均不能确定该部分是突起的，因此这一区别并不存在；其次，专利权人主张路灯类产品的一般消费者是产品购买者，能够关注到路灯顶部的线条变化。然而，路灯类产品的一般消费者应为行人，由于路灯在使用状态下位于道路两侧较高位置，行人很难观察到其顶部的细微线条变化。退一步讲，即便行人能够观察到顶部全貌，在本专利与在先设计两者整体外形非常接近的情况下，上述线条变化也不足以吸引其注意。

综上所述，专利权人的主张缺少事实及法律依据，合议组不予支持。根据整体观察、综合判断的原则，本专利与在先设计属于相近似的外观设计，本专利因此不符合专利法第 23 条的规定，应予无效。

三、决定

宣告 200630080688. 5 号外观设计专利权无效。

当事人对本决定不服的，可以根据专利法第 46 条第 2 款的规定，自收到本决定之日起三个月内向北京市第一中级人民法院起诉。根据该款的规定，一方当事人起诉后，另一方当事人应当作为第三人参加诉讼。

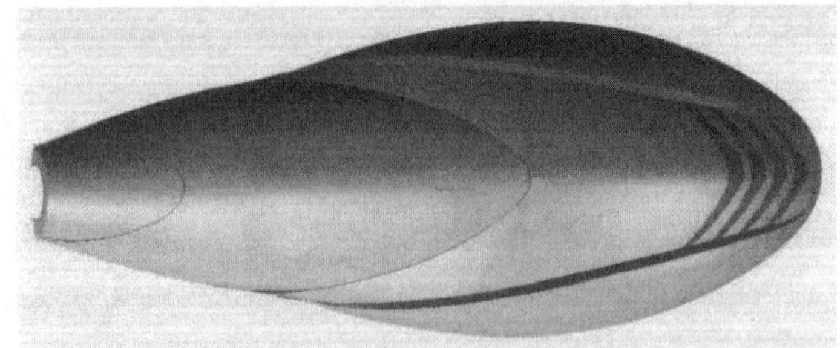

主视图

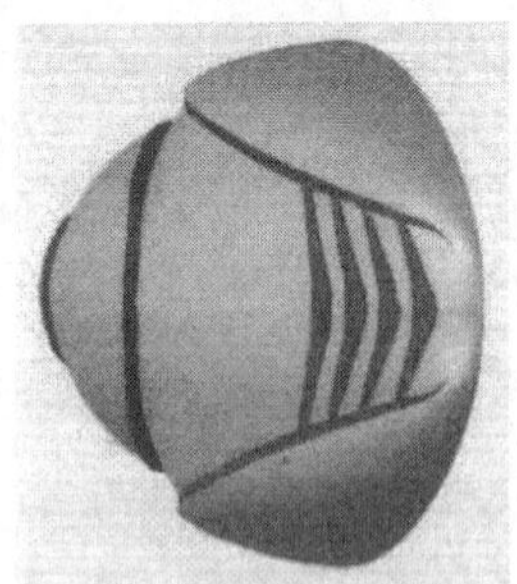

右视图

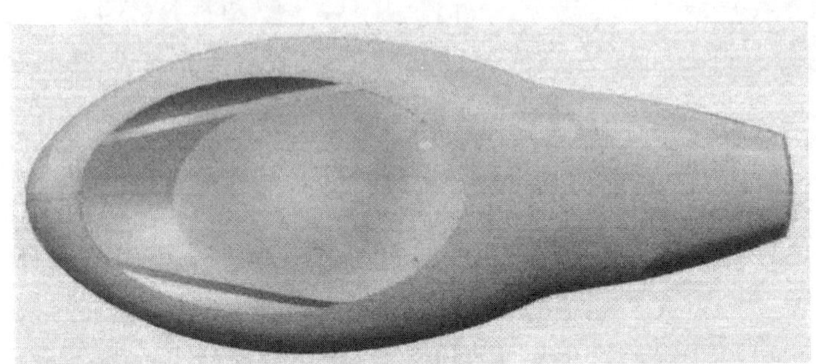

后视图

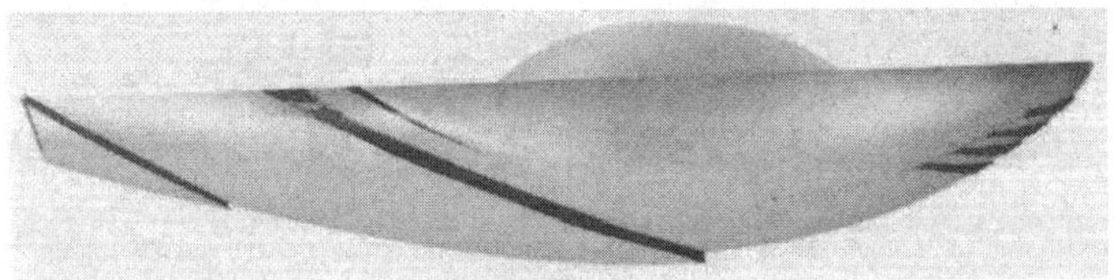

俯视图

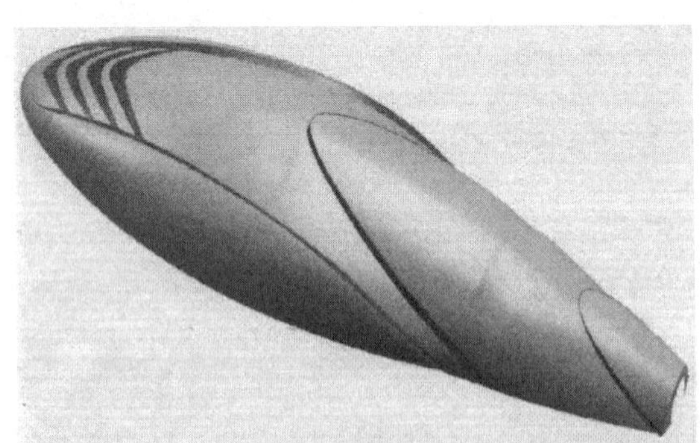

立体图

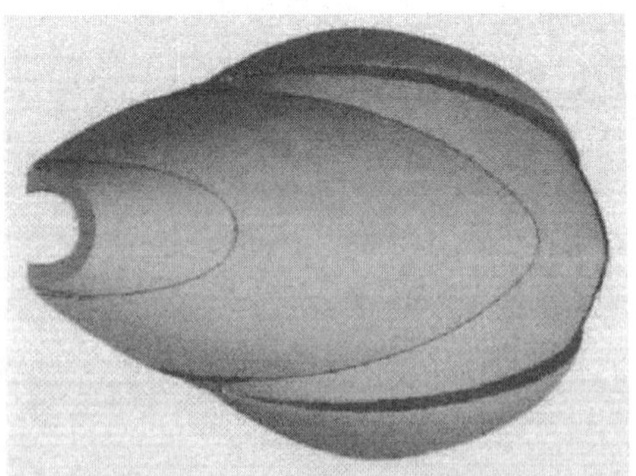

左视图

本专利附图

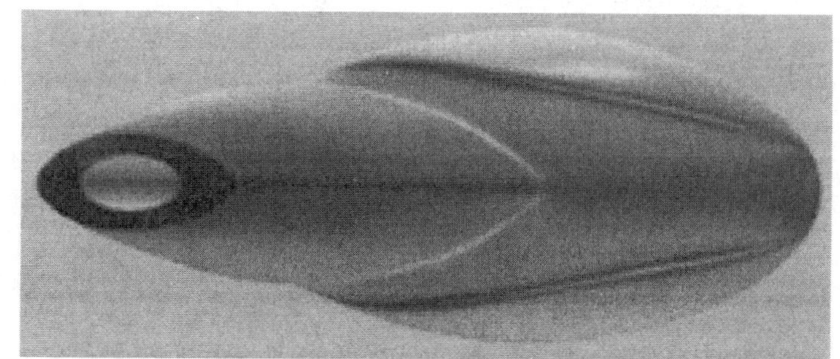

俯视图 P1

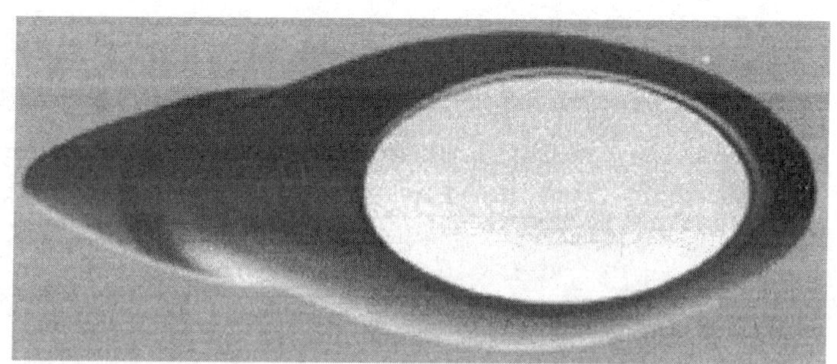

仰视图 P1

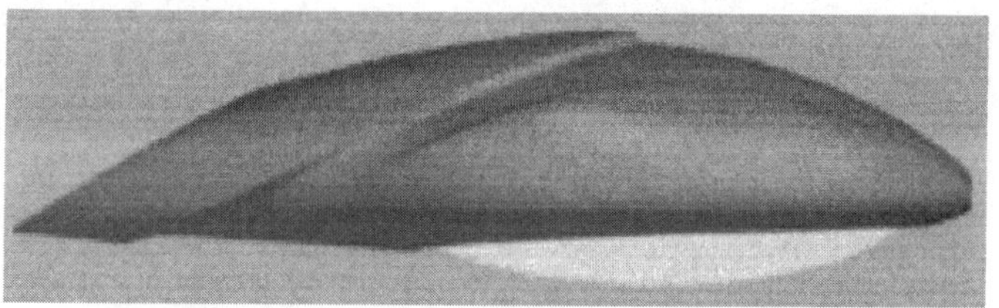

主视图 P1

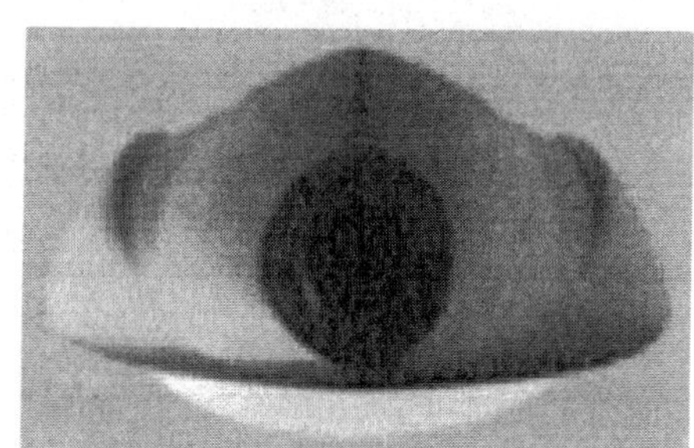

左视图 P1

右视图 P1

在先设计附图

162

家用垃圾处理装置

无效宣告请求审查决定（第13064号）

决　　定　　号　第13064号
决　　定　　日　2009年3月6日
发明创造名称　家用垃圾处理装置
外观设计分类号　09-09
无效宣告请求人　松下电器产业株式会社
专　利　权　人　株式会社铃木综合开发研究所
专　　利　　号　200730157141.5
申　　请　　日　2007年5月28日
授权公告日　2008年7月23日
合议组组长　张雪飞
主　　审　　员　向　琳
参　　审　　员　乔东峰
附　　　　图　3页

法律依据　专利法第23条
决定要点

局部细微差别和在使用过程中不易被一般消费者看到的差别等对于产品外观设计的整体视觉效果不具有显著的影响。如果外观设计专利与在先设计的差别仅是局部细微差别和/或在使用过程中不易被一般消费者看到的差别，则外观设计专利与在先设计相近似。

一、案由

本无效宣告请求涉及中华人民共和国国家知识产权局于2008年7月23日授权公告的200730157141.5号外观设计专利（下称本专利），其名称为“家用垃圾处理装置”，申请日为2007年5月28日，专利权人为株式会社铃木综合开发研究所。

松下电器产业株式会社（以下称请求人）于2008年10月10日针对本专利向国家知识产权局专利复审委员会提出无效宣告请求，其无效理由是本专利不符合专利法第9条、第23条以及专利法实施细则第13条的规定。

请求人在提出无效宣告请求的同时提交了下述附件：

附件1：本专利的网络检索页面打印页1页；

附件2：专利号为200630002652.5的外观设计专利的网络检索页面打印页1页；

附件 3：本专利各组成部分的标号说明图 1 页；

附件 4：本专利和专利号为 200630002652.5 的外观设计专利的比较图 1 页；

附件 5：请求人所称其销售的家庭用垃圾处理机和本专利的比较图 1 页。

请求人在无效宣告请求书中具体陈述了如下无效理由：对本专利和附件 2 所示的外观设计加以比较，两者的整体造型、盖部形态、开盖按钮和锁止机构的形态以及布局、按键面板的形状和布局、盖部和连接部与主体部的位置关系、盖部与连接部的连接关系均相同；所不同的在于（1）操作按钮之一的形状、（2）“1 号机”字样的标识的有无、（3）分割线的有无以及（4）带格栅排气口的有无，其中不同点（1）属于局部细微的差异，不同点（2）是样机上的说明文字，几乎没有装饰性，不同点（3）和（4）都在侧面后侧或者背面，是使用状态时不容易看到的部位，而且这些差异分散于外观设计整体中，彼此没有关联性，对视觉效果没有显著影响。因此，本专利与附件 2 所示的外观设计相近似，而且附件 2 的外观设计专利在本专利申请日之前已经公告，故本专利不符合专利法第 9 条、第 23 条和专利法实施细则第 13 条的规定。

经形式审查合格，专利复审委员会受理了上述无效宣告请求，于 2008 年 12 月 12 日向双方当事人发出无效宣告请求受理通知书，并将专利权无效宣告请求书及其附件清单中所列附件的副本转送给了专利权人，告知其可在指定的期限内答复。

专利权人逾期未作出答复。

专利复审委员会依法成立合议组对本案进行审理。合议组于 2009 年 1 月 13 日向双方当事人发出无效宣告请求口头审理通知书，定于 2009 年 2 月 24 日进行口头审理。

专利权人在指定期限内未针对口头审理通知书进行答复。

口头审理于 2009 年 2 月 24 日如期举行，请求人委托代理人参加了口头审理，专利权人一方没有参加口头审理，合议组依法进行缺席审理。

在口头审理中，请求人对合议组成员没有回避请求。请求人当庭明确表示附件 1 所示的是本专利，附件 2 所示的是对比外观设计专利，附件 3 是标识了本专利的各个部分的符号说明图，附件 4 是本专利与对比外观设计专利的对比图，用以说明本专利与对比外观设计专利存在的异同，附件 5 是供合议组参考的附图，不作为证据使用。请求人在此基础上陈述了无效宣告请求的范围、理由及有关事实和证据，上述范围、理由、事实和证据与无效宣告请求书中的书面意见相同。

在上述审理的基础上，合议组认为本案事实已经清楚，现依法作出审查决定。

二、决定的理由

1. 法律依据

基于请求人提出的无效宣告请求的理由和证据，合议组依据专利法第 9 条、第 23 条和专利法实施细则第 13 条第 1 款的规定对本案进行审理。

专利法第 9 条规定：“两个以上的申请人分别就同样的发明创造申请专利的，专利权授予最先申请的人。”

专利法第 23 条规定：“授予专利权的外观设计，应当同申请日以前在国内外出版物上公开发表过或者国内公开使用过的外观设计不相同和不相近似，并不得与他人在先取得的合法权利相冲突。”

专利法实施细则第 13 条第 1 款规定：同样的发明创造只能被授予一项专利。

2. 关于证据

请求人提交的附件 2 是专利号为 200630002652.5 的外观设计网络检索页面打印页，该外观设计专利的名称为“家庭用垃圾处理机”，授权公告日为 2007 年 3 月 14 日，专利权人未对其真实性提出质疑，合议组经核实认为附件 2 所示的专利其真实性可以确认，已在本专利申请日前公告，因此，附件 2 属于在本专利申请日前公开的在先设计。

3. 相同和相近似性比较

附件 2 中公开了一种“家庭用垃圾处理机”的外观设计（下称在先设计），本专利是“家用垃圾处理装置”的外观设计，二者用途相同，属于类别相同的物品，可以将二者进行相同和相近似性比较。

在先设计公开了一种“家庭用垃圾处理机”的外观设计，包括了以线条绘制的 9 幅视图（俯视图、后视图、开盖状态右视图、立体图、省略内部机构的 A-A 剖视图、仰视图、右视图、主视图、左视图）。从各视图来看：该家庭用垃圾处理机从上到下依次为盖部、连接部和主体部，整体为从上到下宽度大致相同的椭圆筒形；盖部、连接部和主体部在前方对齐，在后方，盖部稍稍向前方退缩；盖部由长圆形上面板、曲面部与盖身部形成；盖身部后方下侧形成沿垂直轴线对称的左右侧圆弧形突起，连接部的后方相应位置形成与上述突起部相嵌合的左右侧圆弧形凹槽，凹槽的中间位置，形成矩形铰链安装部，该铰链安装部嵌入盖身部后方左右侧圆弧形突起部之间使得盖部与连接部铰接；大致呈方形的开盖按钮纵跨曲面部与盖身部设置在该家庭用垃圾处理机前方中间位置，开盖按钮的正下方，盖身部的大致中间位置设有可左右滑动的卡扣，在连接部上的与该卡扣相对应的位置设有条状部件，上述开盖按钮和卡扣、条状部件位于正面中间位置，上下排成一列；在长圆形上面板左右方向上的中间位置处，设有靠近该上面板后方的条状长圆形按键面板，该按键面板上沿前后方向由前向后排列有四个矩形的按钮；主体部后方左侧靠近底部有一个小的矩形（详见在先设计附图）。

本专利公开了一种“家用垃圾处理装置”的外观设计，包括了 6 幅照片（主视图、后视图、左视图、右视图、俯视图、立体图）。从各视图来看：该家用垃圾处理装置从上到下依次为盖部、连接部和主体部，整体为从上到下宽度大致相同的椭圆筒形；盖部、连接部和主体部在前方对齐，在后方，盖部稍稍向前方退缩；盖部由长圆形上面板、曲面部与盖身部形成；盖身部后方下侧形成沿垂直轴线对称的左右侧圆弧形突起，连接部的后方相应位置形成与上述突起部相嵌合的左右侧圆弧形凹槽，凹槽的中间位置，形成矩形铰链安装部，该铰链安装部嵌入盖身部后方左右侧圆弧形突起部之间使得盖部与连接部铰接；大致呈方形的开盖按钮纵跨曲面部与盖身部设置在该家用垃圾处理装置前方中间位置，开盖按钮的正下方，盖身部的大致中间位置设有可左右滑动的卡扣，在连接部上的与该卡扣相对应的位置设有条状部件，上述开盖按钮和卡扣、条状部件位于正面中间位置，上下排成一列；在长圆形上面板左右方向上的中间位置处，设有靠近该上面板后方的条状长圆形按键面板，该按键面板上沿前后方向由前向后排列有三个矩形按钮和一个椭圆形按钮；在条状长圆形按键面板与开盖按钮之间有“1 号机”字样的标识；在主体部上，左右两侧靠后位置形成纵向贯穿主体的分割线，在主体部左侧（见右视图）的分割线后方有“1 号机”字样的标识；主体部的后下方，在左右方向上与铰链安装部对应的位置处设有左右两个带格栅的排气口，左侧带格栅排气口的下方有一个小的矩形（详见本专利附图）。

将在先设计与本专利相比较可知，二者的相同点在于：整体造型；盖部、连接部与主体部的形状和位置关系；盖部构成以及面板按键数量；开盖按钮的形态及布局；盖部与连接部之间的铰接结构。

将在先设计与本专利相比较可知，二者的不同点在于：（1）盖部的按键面板上由前往后第四个按键的形状不同：在先设计是矩形而本专利是椭圆形；（2）在先设计没有“1 号机”字样的标识，而本专利在盖部的长圆形上面板和主体部左后侧分别有“1 号机”字样的标识；（3）在先设计主体部后方没有带格栅的排气口，而本专利在主体部后方设有两个带格栅的排气口；（4）在先设计没有分割线，而本专利左右两侧靠后位置有分割线。其中不同点：（1）仅为局部细微的设计、不同点（2）的“1 号机”字样的标识仅是局部的标识性文字，上述均不足以对整体外观设计产生显著的视觉影响；不同点（3）位于主体部后方，而该家用垃圾处理装置的主体部后方在使用过程中不被一般消费者关注；不同点（4）也未导致类似椭圆柱的该家用垃圾处理装置的整体外观设计形状产生明显不同的视觉变化。

综上所述，在先设计与本专利整体视觉效果没有显著区别；在先设计与本专利的不同点属于局部细微的设计或处于不被一般消费者关注的部位，其对产品外观设计的整体视觉效果也不具有显著的影响。因此，本专利与在先设计相近似，即在本专利申请日以前已有与其相近似的外观设计在出版物上公开发表过，本专利不符合专利法第 23 条的规定。

鉴于上述已经得出本专利不具备专利法规定的授予专利权的条件的结论，本决定对请求人提出的其他理由不再予以评述。

三、决定

宣告第 200730157141.5 号外观设计专利权全部无效。

双方当事人对本决定不服的，可以根据专利法第 46 条第 2 款的规定，自收到本决定之日起三个月内向北京市第一中级人民法院起诉。根据该款的规定，一方当事人起诉后，另一方当事人应当作为第三人参加诉讼。

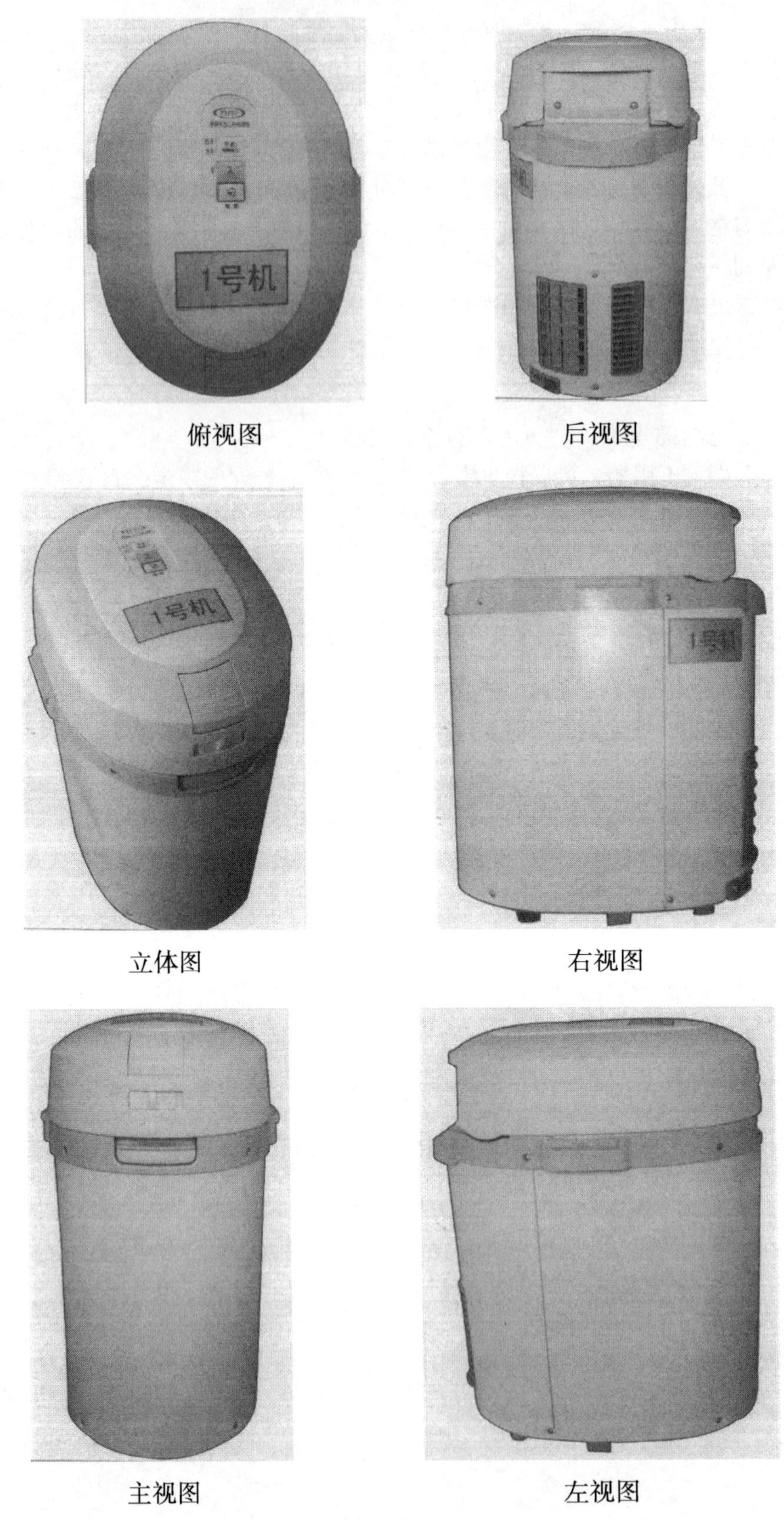

俯视图　后视图
立体图　右视图
主视图　左视图

本专利附图

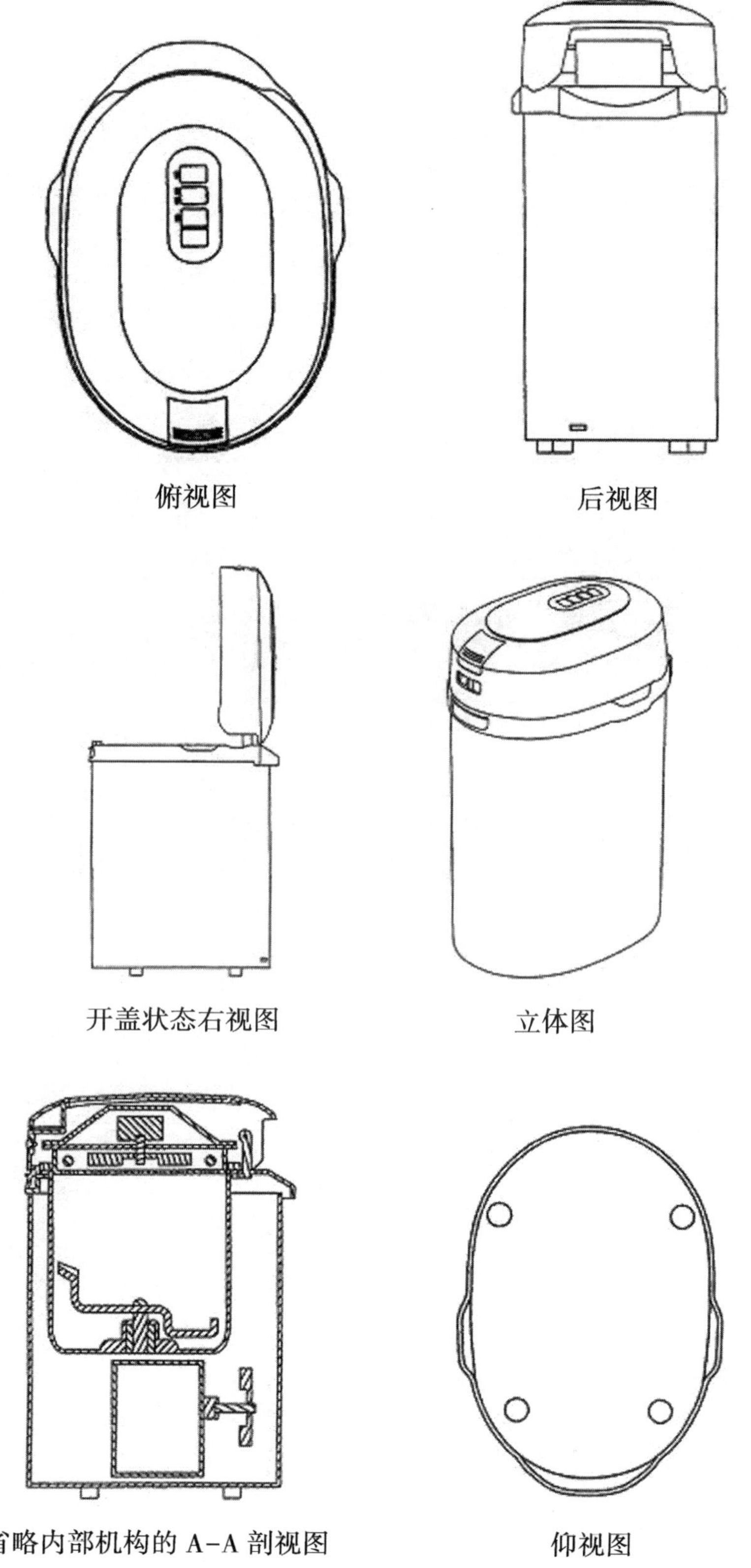

俯视图　后视图

开盖状态右视图　立体图

省略内部机构的 A-A 剖视图　仰视图

在先设计附图

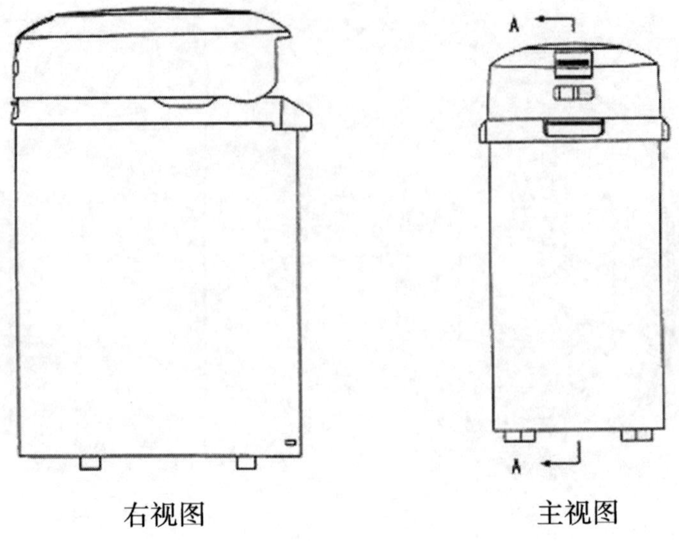

右视图　　主视图

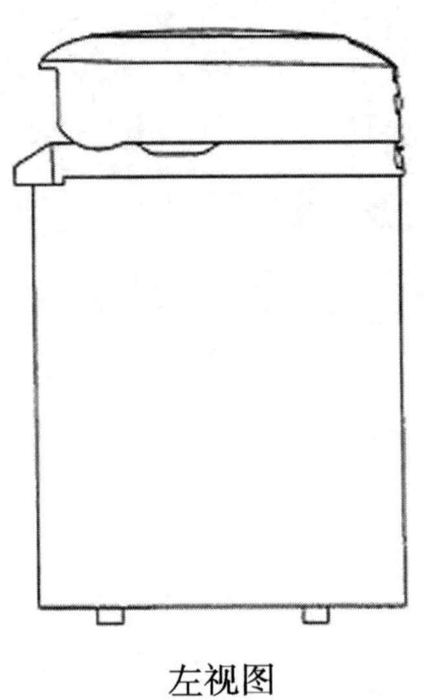

左视图

在先设计附图（续）

163

打　蛋　机

无效宣告请求审查决定（第13066号）

决　　定　　号　第13066号
决　　定　　日　2009年3月17日
发明创造名称　打蛋机
外观设计分类号　31-00
无效宣告请求人　邓志明
专　利　权　人　陈雪莲
专　　利　　号　200530119912.2
申　　请　　日　2005年8月10日
授权公告日　2006年6月14日
合议组组长　徐清平
主　　审　　员　张　巍
参　　审　　员　乔东峰
附　　　　　图　2页

法　律　依　据　专利法第23条
决　定　要　点

本专利打蛋机的搅拌棒为必备附件，相对于打蛋机主体较小，且相对于其常见的形状设计并无显著差别，因此在在先设计和本专利的主体形状设计及主体上的各部位形状设计及布局均相同和相近似时，是否具有搅拌棒对整体视觉效果不具有显著影响，因此二者属于相近似的外观设计。

一、案由

本无效宣告请求涉及国家知识产权局于2006年6月14日授权公告的、名称为“打蛋机”的外观设计专利（下称本专利），其专利号为200530119912.2，申请日为2005年8月10日，专利权人为陈雪莲。

针对上述外观设计专利权，邓志明（下称请求人）以本专利不符合专利法第23条的规定为由于2008年10月6日向专利复审委员会提出了无效宣告请求，请求人随该无效宣告请求书提交了以下附件作为证据：

附件1：专利号为ZL01320055.0的中国外观设计专利公告网络打印件，共1页，授权公告日为2002年1月30日。

请求人在无效宣告请求书中的具体理由是：本专利与附件1完全相同，不论是产品形状、设计构图、散热孔的形状、排列和位置都完全相同，因此本专利不符合专利法第23条的规定。

经形式审查合格后，专利复审委员会受理了该无效宣告请求，于2008年12月12日向双方当事人发出无效宣告请求受理通知书，并将无效宣告请求书及其附件清单中所列附件副本转给了专利权人，要求其在指定期限内答复。

专利权人在指定期限内未答复。

专利复审委员会依法成立合议组对本案进行审理。合议组于2009年1月20日向双方当事人发出无效宣告请求口头审理通知书，定于2009年3月10日举行口头审理。

口头审理于2009年3月10日如期举行，请求人参加了口头审理，专利权人未参加口头审理。请求人对合议组成员无回避请求。请求人明确表示无效理由为：本专利与在先设计（ZL01320055.0）整体相近似，因此本专利不符合专利法第23条的规定。

至此，本案合议组认为事实已清楚，可以在此基础上作出审查决定。

二、决定的理由

1. 法律依据

基于请求人提出的无效宣告请求的理由和证据，合议组依据专利法第23条的规定对本案进行审理。

专利法第23条规定："授予专利权的外观设计，应当同申请日以前在国内外出版物上公开发表过或者国内公开使用过的外观设计不相同和不相近似，并不得与他人在先取得的合法权利相冲突。"

2. 证据认定

请求人提交的附件1是专利号为ZL01320055.0的中国外观设计专利公告网络打印件，经合议组核实，附件1的内容与该外观设计专利公报内容一致，其真实性成立。该外观设计专利的授权公告日是2002年1月30日，即公开发表日期在本专利申请日之前，因此附件1可以作为本专利的在先设计与本专利进行相同或相近似性对比。

3. 相同和相近似性对比

本专利"打蛋机"与在先设计"打蛋机"属于相同类别产品，将两者比较如下：

本专利共有六幅视图，即主视图、俯视图、仰视图、后视图、左视图和右视图，其后视图和主视图基本左右对称，差别仅在于后视图上多了几个螺丝孔。结合六幅视图看，本专利的打蛋机包括主体和安装在主体一侧的搅拌棒，主体上有弧形手柄，手柄的前端有三个按钮；从俯视图可见，主体略呈矩形，其前端略呈弧形，手柄前端的第一个和第二个按钮均略呈椭圆形，第二个按钮位于矩形滑道的中部；从主视图可见，搅拌棒位于主体右侧，主体弧形手柄的下部略呈矩形，其上具有位置左右对称的两排半圆形散热孔，主体的前端有一竖排散热孔，且位于该竖排散热孔的下部的主体向内凹陷，主体的底部略向内凹陷；从仰视图可见，主体底部中央具有一从主体左端延伸至主体右端的直线，底部中间位置具有一小矩形框，主体下部左侧具有一个较大和一个较小的近似半圆形框，较小的近似半圆形框位于较大的近似半圆形内部，两个圆孔上下对称地位于较小的半圆框中；从左视图可见，主体略呈三角形，其上左右对称设置有散热孔，螺丝孔；从右视图可见，连接在主体的右侧的搅拌棒的端部呈圆形，其中央具有一个截面近似菱形的搅拌器（详见本专利附图）。

在先设计共有六幅视图，即主视图、俯视图、仰视图、后视图、左视图和右视图，其后视图和主视图基本左右对称，差别仅在于后视图上多了几个螺丝孔。结合六幅视图看，在先设计的打蛋机有弧形手柄的主体，手柄的前端有三个按钮；从俯视图可见，主体略呈矩形，手柄前端的第一个和第二个按钮均略呈椭圆形，第二个按钮位于矩形滑道的一侧，主体上具有一些竖线；从主视图可见，主体弧形手柄的下部略呈矩形，其上具有位置左右对称的两排半圆形散热孔，主体的前端有一竖排散热孔，且位于该竖排散热孔的下部的主体向内凹陷，主体的底部略向内凹陷，主体中部具有一些竖线；从仰视图可见，主体底部中央具有一从主体左端延伸至主体右端的直线，底部中间位置具有一小矩形框，主体下部左侧具有一些较大和较小的近似半圆形框，较小的近似半圆形框依次位于较大的近似半圆形内部，两个圆孔上下对称地位于较小的半圆框中，主体底部右侧具有一些竖线；从左视图可见，主体略呈三角形，其上左右对称设置有散热孔，螺丝孔；从右视图可见，主体的右侧端部具有一个圆形盖，圆形盖的表面具有一个曲线图案（详见在先设计附图）。

将本专利与在先设计比较，其不同点为：本专利多了搅拌棒的设计；本专利的打蛋机主体前端略呈弧形，在先设计的打蛋机主体前端是平的；本专利的打蛋机主体和在先设计的打蛋机主体上的线条略有区别；本专利和在先设计上的一个按钮的位置不同。合议组认为：首先，本专利和在先设计的打蛋机手柄上的第二个按钮是可以滑动的按钮，因此实质上二者按钮部分的外观设计是相同，而主体前端的形状上的细小差别和主体上的线条差别均属于局部设计上的细小变化；其次，搅拌棒是打蛋机的必备附件，其是可拆卸的，且相对于打蛋机主体较小，而且本专利搅拌棒相对于其常见的形状设计并无显著差别，在本专利和在先设计的打蛋机主体形状设计及主体上的手柄、按钮、散热孔的各部位形状设计及布局均相同和相近似的情况下，是否具有搅拌棒对整体视觉效果不具有显著影响。因此通过对两者的整体观察、综合判断，本专利“打蛋机”与在先设计“打蛋机”属于相近似的外观设计。

综上所述，本合议组认为：在本专利申请日以前，已有与其相近似的外观设计在出版物上公开发表过，因此，本专利不符合专利法第 23 条的规定。

三、决定

宣告 200530119912.2 号外观设计专利权无效。

当事人对本决定不服的，可以根据专利法第 46 条第 2 款的规定，自收到本决定之日起三个月内向北京市第一中级人民法院起诉。根据该款的规定，一方当事人起诉后，另一方当事人应当作为第三人参加诉讼。

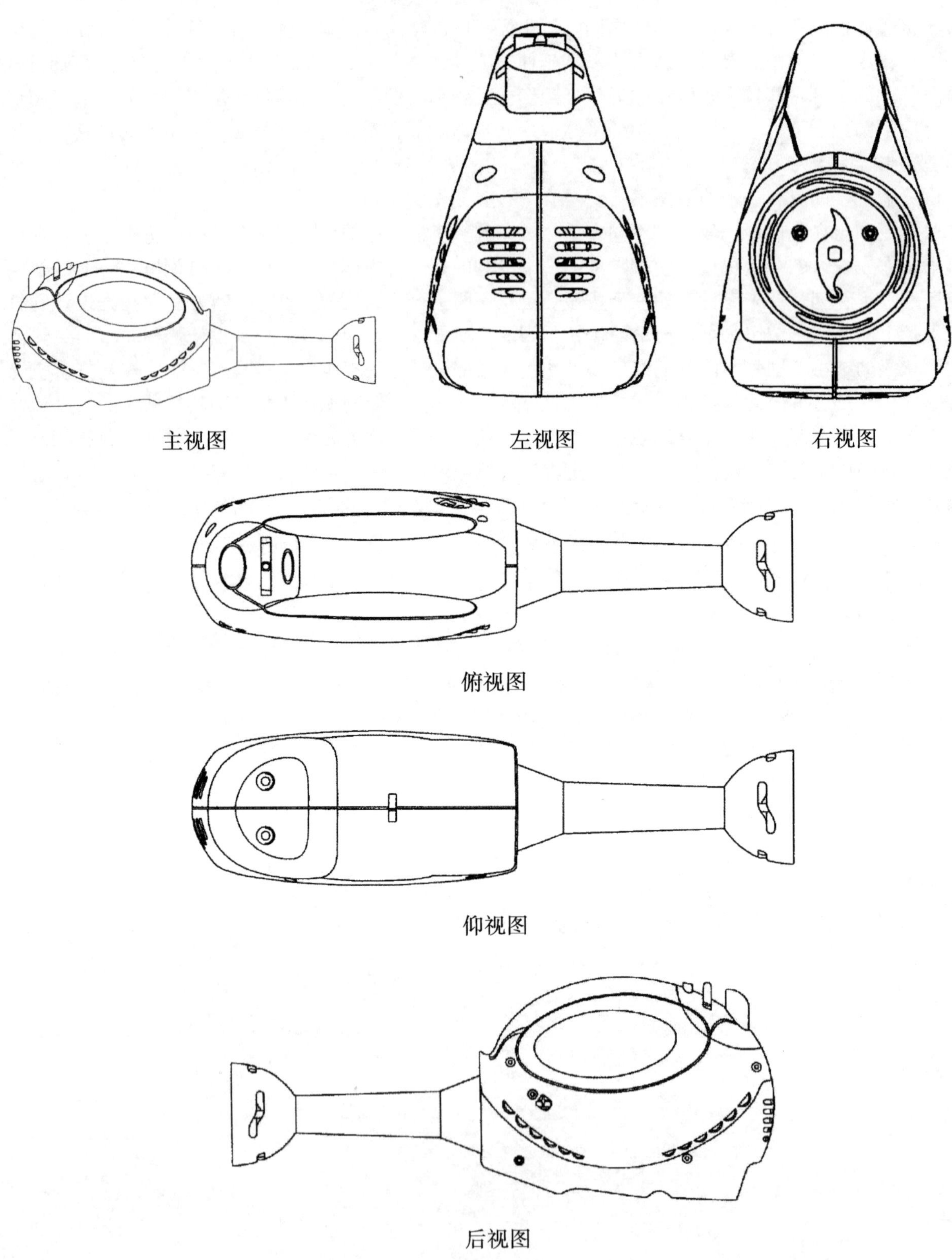

主视图　左视图　右视图

俯视图

仰视图

后视图

本专利附图

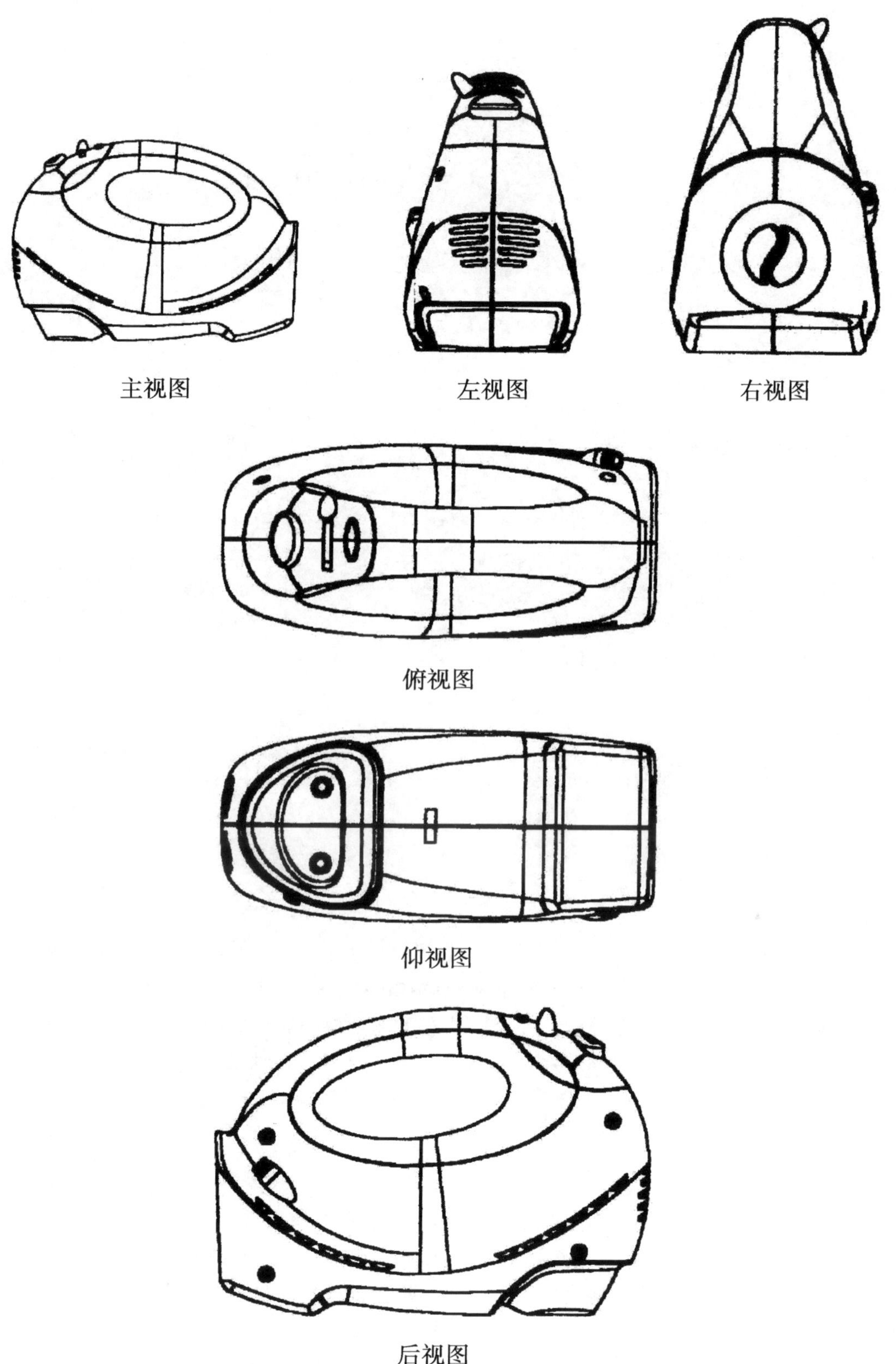

在先设计附图

164

包装瓶（兵牌食品）

无效宣告请求审查决定（第13067号）

决　　定　　号　第13067号
决　　定　　日　2009年3月23日
发明创造名称　包装瓶（兵牌食品）
外观设计分类号　09-01
无效宣告请求人　贵阳南明老干妈风味食品有限责任公司
专　利　权　人　邓　兵
专　　利　　号　200630045107.4
申　　请　　日　2006年11月13日
授权公告日　2007年9月19日
合议组组长　王霞军
主　　审　　员　张　凌
参　　审　　员　雷　婧
附　　　　　图　1页

法律依据　专利法第23条
决定要点

本专利是单纯关于形状的外观设计，其与在先设计的相同相近似对比也仅针对二者形状进行比较，相关对比图片已公开了在先设计包括瓶盖和瓶体在内的整体形状，其虽未公开瓶口处的螺纹和瓶底是否内凹，但上述部位均属于该类产品在使用状态下不会被一般消费者关注的部位，本专利在上述部位的设计也不会对产品的整体视觉效果产生显著影响，故不影响对二者进行整体观察、综合判断。

一、案由

本无效宣告请求涉及国家知识产权局于2007年9月19日授权公告的名称为“包装瓶（兵牌食品）”的200630045107.4号外观设计专利，其申请日为2006年11月13日，专利权人为邓兵。

针对上述外观设计专利（下称本专利），贵阳南明老干妈风味食品有限责任公司（下称请求人）于2008年11月25日向专利复审委员会提出无效宣告请求，理由是本专利与在其申请日前已公开使用过的外观设计相近似，因而不符合专利法第23条的规定。请求人同时提交如下附件作为证据：

附件1：本专利著录项目信息及其外观图片下载打印件，共1页；

附件2：贵阳第二玻璃厂出具的证明原件，共1页；

附件3：贵阳第二玻璃厂工程师刘星火出具的证明原件，共1页；

附件 4：250 老干妈瓶设计图复印件，共 1 页；
附件 5：苏州东方枫晟科技有限公司出具的证明原件，共 1 页；
附件 6：260 老干妈瓶设计图复印件，共 1 页；
附件 7：贵阳第二玻璃厂与请求人签订的《工矿产品购销合同》复印件，共 1 页；
附件 8：贵阳第二玻璃厂与请求人签订的《补充协议》复印件，共 1 页；
附件 9：2002 年 11 月刊《山花》封面及相关页复印件，共 2 页；
附件 10：2003 年 2 月 1 日《人民日报》广告版复印件，共 1 页；
附件 11：2003 年 1 月 24 日《中国改革报》相关版面复印件，共 1 页；
附件 12：声称为请求人公司 2001 年印制的产品宣传册原件 1 本；
附件 13：声称为请求人公司 2003 年印制的产品宣传册原件 1 本；
附件 14：温州兵牌食品有限公司营业执照复印件，共 1 页；
附件 15：国家工商行政管理总局商标局商标案字（2005）第 138 号文的批复复印件，共 1 页；
附件 16：温州市工商行政管理局扣留财物通知书复印件，共 8 页；
附件 17：温州高翔专利事务所关于专利侵权事宜函告复印件，共 4 页；
附件 18：请求人公司营业执照复印件，共 1 页；
附件 19：请求人公司部分荣誉证书复印件，共 13 页。

请求人主张其于 1998 年 9 月委托贵阳第二玻璃厂设计包装瓶，该厂工程师刘星火承担了主要的设计工作（参见附件 2~4）；设计完成后，请求人委托东方模具厂（现更名为苏州东方枫晟科技有限公司）加工成模（参见附件 5）；2002 年贵阳第二玻璃厂工程师刘星火接受请求人的委托，在 250 老干妈瓶的基础上又设计了 260 老干妈瓶，并由贵阳第二玻璃厂负责生产（参见附件 6~8）；请求人使用 250 老干妈瓶和 260 老干妈瓶的产品在国内外市场上销售多年，众多媒体对其进行了报道，请求人自己也印制了宣传资料，在上述报道和宣传资料中公开了与本专利相同的外观设计（参见附件 9~13）；上述充分证明在本专利的申请日前请求人在国内市场上早已公开使用和销售过与之相同的产品，因此本专利不符合专利法第 23 条的规定。此外，本专利的申请人申请已在先使用的产品具有明显的恶意，应宣告其专利权无效（参见附件 14~17）。

经形式审查合格后，专利复审委员会受理了上述无效宣告请求，并于 2008 年 12 月 19 日将无效宣告请求书及相关附件的副本转送给专利权人，要求其在指定的期限内答复。

2008 年 12 月 1 日，请求人提交附件 9 对应的刊物原件一本。

2009 年 2 月 5 日，专利复审委员会收到专利权人针对上述无效宣告请求提交答辩意见，其认为：请求人使用的包装瓶与本专利不相同且不相近似，不构成使用在先。专利权人同时提交了其身份证复印件、其企业营业执照复印件和本专利证书复印件。

2009 年 2 月 12 日专利复审委员会向双方当事人发出口头审理通知书，定于 2009 年 3 月 16 日对本案举行口头审理，同时将专利权人的答辩意见转送请求人，并告知其可在口头审理时一并陈述意见。

口头审理如期举行，双方当事人的代理人参加了口头审理。请求人明确其无效宣告请求的理由为专利法第 23 条，依据附件 2~6 证明委托设计和加工的事实，依据附件 7~8 证明在先使用的事实，依据附件 9~13，证明在先公开使用和公开发表的事实，当庭指定相关附件中与本专利进行相同相近似对比的图片，并认为本专利与上述在先设计相同或相近似。专利权人对附件 2~8、附件 10~19 的真实性均有异议，对附件 9 的真实性无异议，但认为其中的图片没有完整反映在先设计的全貌，并且其公开的部分与本专利也是不相同和不相近似的。

在上述审理的基础上，合议组经合议认为，本案事实清楚，依法作出本审查决定。

二、决定的理由

1. 法律依据

基于请求人提出无效宣告请求所依据的理由和证据，合议组对本专利是否符合专利法第 23 条的规定进行审查。

专利法第 23 条规定，授予专利权的外观设计，应当同申请日以前在国内外出版物上公开发表过或者国内公开使用过的外观设计不相同和不相近似，并不得与他人在先取得的合法权利相冲突。

2. 证据认定

请求人提交的附件 9 是 2002 年 11 月刊《山花》封面及相关页复印件，随后提交了该刊物的原件，口头审理中专利权人对其真实性无异议，故合议组对该证据的真实性予以确认，对其予以采信。根据审查指南的规定，合议组认定附件 9 的公开日为 2002 年 11 月 30 日，早于本专利的申请日（2006 年 11 月 13 日），属于专利法第 23 条所规定的公开出版物，适用于本案。

3. 关于专利法第 23 条

本专利与附件 9 所示外观设计（下称在先设计）均为包装瓶，二者用途相同，属于相同类别的产品，故将其与本专利进行如下相近似性对比。

专利权人主张附件 9 中的图片未反映在先设计的完整内容，没有提供在先设计的六面视图，瓶体上部的形状没有反映出来，瓶盖形状模糊，没有公开瓶口处的螺纹和瓶底，瓶身也被标贴遮挡。

合议组认为，本专利是单纯关于形状的外观设计，其与在先设计的相同相近似对比也仅针对二者形状进行比较，附件 9 的图片已公开了在先设计包括瓶盖和瓶体在内的整体形状，其虽未公开瓶口处的螺纹和瓶底是否内凹，但上述部位均属于该类产品在使用状态下不会被一般消费者关注的部位，本专利在上述部位的设计也不会对产品的整体视觉效果产生显著影响，不影响对二者进行整体观察、综合判断，故对专利权人的主张不予支持。

本专利所示包装瓶由大致呈圆柱状的瓶体和扁圆柱状的瓶盖组成，其中瓶体口部设有若干斜条状的螺纹和一圈环状的螺纹，瓶体上部接近瓶口处和下部接近瓶底处各有一个由若干大小相等的类似椭圆形凸块组成的环状凸起，瓶体底部内凹（详见本专利附图）。

在先设计所示包装瓶由大致呈圆柱状的瓶体和扁圆柱状的瓶盖组成，其中瓶体口部设有一圈环状的螺纹，瓶体上部接近瓶口处和下部接近瓶底处各有一个由若干大小相等的类似椭圆形凸块组成的环状凸起（详见在先设计附图）。

本专利与在先设计相比，二者的相同点为均由大致呈圆柱状的瓶体和扁圆柱状的瓶盖组成，瓶体口部均设有一圈环状的螺纹，瓶体上部接近瓶口处和下部接近瓶底处各有一个由若干大小相等的类似椭圆形凸块组成的环状凸起。二者的区别在于本专利瓶口处设有若干斜条状的螺纹，瓶体底部内凹，而在先设计的上述部分均未示出。合议组认为，本专利与在先设计的上述区别均属于局部细微差异，不足以对二者的视觉效果产生显著差别，本专利与在先设计相近似。

综上所述，在本专利的申请日前已经有与之相近似的外观设计在出版物上公开发表过，本专利不符合专利法第 23 条的规定。

鉴于本专利与在先设计相比较已得出本专利不符合专利法规定的授权条件的结论，故在本决定中对请求人提出的其他证据不再作出评述。

三、决定

宣告 200630045107.4 号外观设计专利权全部无效。

当事人对本决定不服的，可以根据专利法第 46 条第 2 款的规定，自收到本决定之日起三个月内向北京市第一中级人民法院起诉。根据该款的规定，一方当事人起诉后，另一方当事人应当作为第三人参加诉讼。

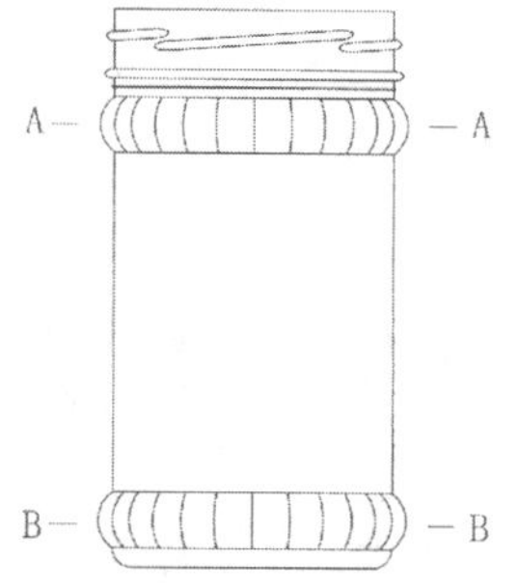

组件 1 主视图

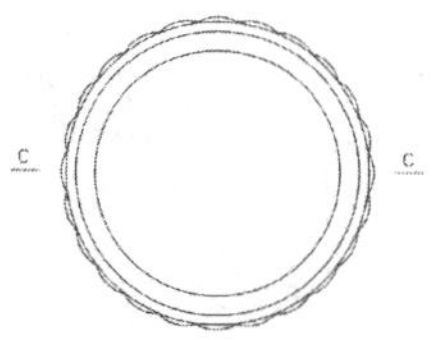

组件 1 俯视图

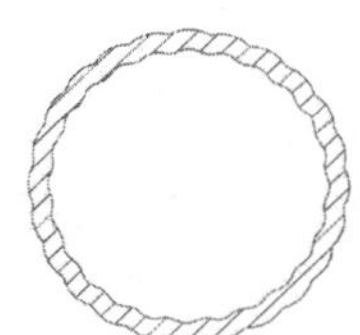

组件 1A-A 剖面图

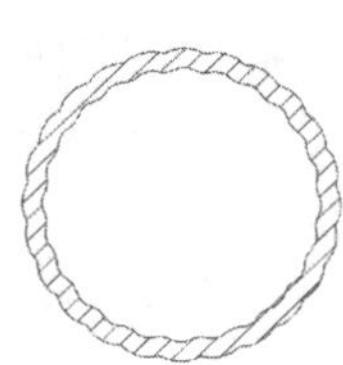

组件 1B-B 剖面图

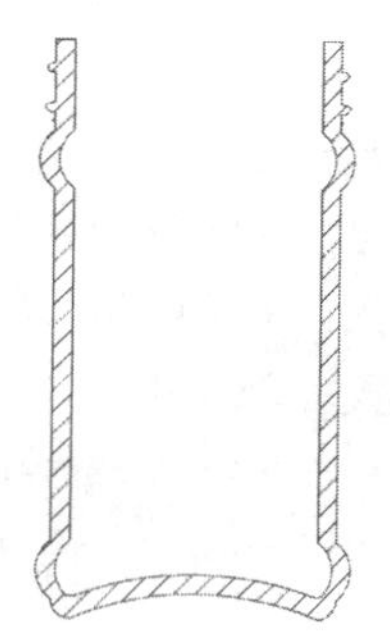

组件 1C-C 剖面图

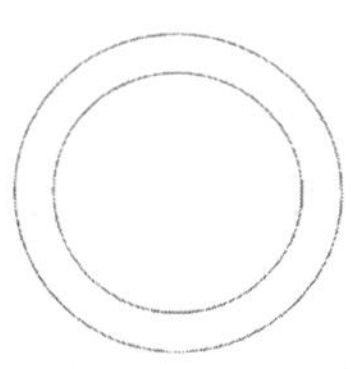

组件 2 主视图

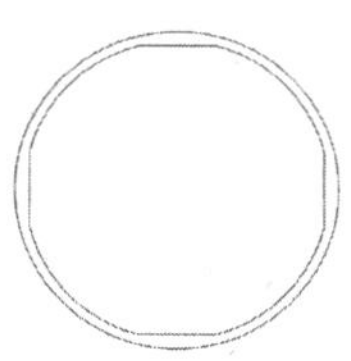

组件 2 后视图

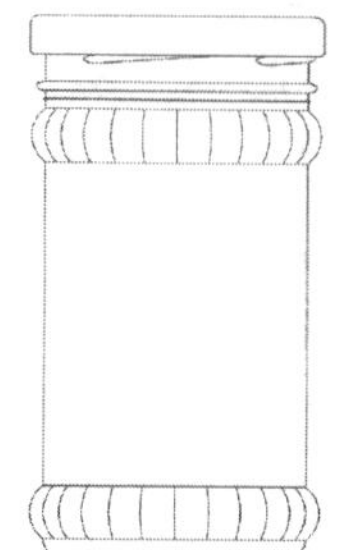

组合状态参考图

本专利附图

在先设计附图

165

包装瓶（调味品）

无效宣告请求审查决定（第13068号）

决　　定　　号　第13068号
决　　定　　日　2009年3月23日
发明创造名称　包装瓶（调味品）
外观设计分类号　09-01
无效宣告请求人　贵阳南明老干妈风味食品有限责任公司
专　利　权　人　邓　兵
专　　利　　号　200630045106. X
申　　请　　日　2006年11月13日
授 权 公 告 日　2007年8月22日
合 议 组 组 长　王霞军
主　　审　　员　张　凌
参　　审　　员　雷　婧
附　　　　　图　1页

法　律　依　据　专利法第23条
决　定　要　点

本专利是单纯关于形状的外观设计，其与在先设计的相同相近似对比也仅针对二者形状进行比较，相关对比图片已公开了在先设计包括瓶盖和瓶体在内的整体形状，其虽未公开瓶口处的螺纹和瓶底是否内凹，但上述部位均属于该类产品在使用状态下不会被一般消费者关注的部位，本专利在上述部位的设计也不会对产品的整体视觉效果产生显著影响，故不影响对二者进行整体观察、综合判断。

一、案由

本无效宣告请求涉及国家知识产权局于2007年8月22日授权公告的名称为“包装瓶（调味品）”的200630045106. X号外观设计专利，其申请日为2006年11月13日，专利权人为邓兵。

针对上述外观设计专利（下称本专利），贵阳南明老干妈风味食品有限责任公司（下称请求人）于2008年11月25日向专利复审委员会提出无效宣告请求，理由是本专利与在其申请日前已公开使用过的外观设计相近似，因而不符合专利法第23条的规定。请求人同时提交如下附件作为证据：

附件1：本专利著录项目信息及其外观图片下载打印件，共1页；

附件2：贵阳第二玻璃厂出具的证明原件及所附发票复印件，共5页；

附件3：贵阳第二玻璃厂工程师刘星火出具的证明原件，共1页；

附件4：花瓣四旋瓶成模图复印件，共1页；

附件5：苏州东方枫晟科技有限公司出具的证明复印件，共1页；

附件6：贵阳第二玻璃厂与请求人签订的《工矿产品购销合同》复印件，共1页；

附件7：贵阳第二玻璃厂与请求人签订的《补充协议》复印件，共1页；

附件8：2002年11月刊《山花》封面及相关页复印件，共2页；

附件9：2003年2月1日《人民日报》广告版复印件，共1页；

附件10：2003年1月24日《中国改革报》相关版面复印件，共1页；

附件11：声称为请求人公司2001年印制的产品宣传册原件1本；

附件12：声称为请求人公司2003年印制的产品宣传册原件1本；

附件13：温州兵牌食品有限公司营业执照复印件，共1页；

附件14：国家工商行政管理总局商标局商标案字（2005）第138号文的批复复印件，共1页；

附件15：温州市工商行政管理局扣留财物通知书复印件，共8页；

附件16：温州高翔专利事务所关于专利侵权事宜函告复印件，共4页；

附件17：请求人公司营业执照复印件，共1页；

附件18：请求人公司部分荣誉证书复印件，共13页。

请求人主张其于1994年12月委托贵阳第二玻璃厂设计油辣椒系列产品的包装瓶，该厂工程师刘星火承担了主要的设计工作，并设计出了花瓣四旋瓶（参见附件2~4）；设计完成后，请求人委托东方模具厂（现更名为苏州东方枫晟科技有限公司）加工成模（参见附件5）；该瓶设计完成后一直由贵阳第二玻璃厂负责生产（参见附件6~7）；请求人使用花瓣四旋瓶的产品在国内外市场上销售多年，众多媒体对其进行了报道，请求人自己也印制了宣传资料，在上述报道和宣传资料中公开了与本专利相同的外观设计（参见附件8~12）；上述充分证明在本专利的申请日前请求人在国内市场上早已公开使用和销售过与之相同的产品，因此本专利不符合专利法第23条的规定。此外，本专利的申请人申请已在先使用的产品具有明显的恶意，应宣告其专利权无效（参见附件13~16）。

经形式审查合格后，专利复审委员会受理了上述无效宣告请求，并于2008年12月19日将无效宣告请求书及相关附件的副本转送给专利权人，要求其在指定的期限内答复。

2008年12月1日，请求人提交附件8对应的刊物原件一本。

2009年2月5日，专利复审委员会收到专利权人针对上述无效宣告请求提交答辩意见，其认为：请求人使用的包装瓶与本专利不相同且不相近似，不构成使用在先。专利权人同时提交了其身份证复印件、其企业营业执照复印件和本专利证书复印件。

2009年2月12日专利复审委员会向双方当事人发出口头审理通知书，定于2009年3月16日对本案举行口头审理，同时将专利权人的答辩意见转送请求人，并告知其可在口头审理时一并陈述意见。

口头审理如期举行，双方当事人的代理人参加了口头审理。请求人明确其无效宣告请求的理由为专利法第23条，依据附件2~5证明委托设计和加工的事实，依据附件6~7证明在先使用的事实，依据附件8~12，证明在先公开使用和公开发表的事实，当庭指定相关附件中与本专利进行相同相近似对比的图片，并认为本专利与上述在先设计相同或相近似。专利权人对附件2~7、附件9~18的真实性均有异议，对附件8的真实性无异议，但认为其中的图片没有完整反映在先设计的全貌，并且其公开的部分与本专利也是不相同和不相近似的。

在上述审理的基础上，合议组经合议认为，本案事实清楚，依法作出本审查决定。

二、决定的理由

1. 法律依据

基于请求人提出无效宣告请求所依据的理由和证据，合议组对本专利是否符合专利法第23条的规定进行审查。

专利法第23条规定，授予专利权的外观设计，应当同申请日以前在国内外出版物上公开发表过或者国内公开使用过的外观设计不相同和不相近似，并不得与他人在先取得的合法权利相冲突。

2. 证据认定

请求人提交的附件 8 是 2002 年 11 月刊《山花》封面及相关页复印件，随后提交了该刊物的原件，口头审理中专利权人对其真实性无异议，故合议组对该证据的真实性予以确认，对其予以采信。根据审查指南的规定，合议组认定附件 8 的公开日为 2002 年 11 月 30 日，早于本专利的申请日（2006 年 11 月 13 日），属于专利法第 23 条所规定的公开出版物，适用于本案。

3. 关于专利法第 23 条

本专利与附件 8 所示外观设计（下称在先设计）均为包装瓶，二者用途相同，属于相同类别的产品，故将其与本专利进行如下相近似性对比。

专利权人主张附件 8 中的图片未反映在先设计的完整内容，没有提供在先设计的六面视图，没有公开瓶口处的螺纹和瓶底，瓶身也被标贴遮挡。

合议组认为，本专利是单纯关于形状的外观设计，其与在先设计的相同相近似对比也仅针对二者形状进行比较，附件 8 的图片已公开了在先设计包括瓶盖和瓶体在内的整体形状，其虽未公开瓶口处的螺纹和瓶底是否内凹，但上述部位均属于该类产品在使用状态下不会被一般消费者关注的部位，本专利在上述部位的设计也不会对产品的整体视觉效果产生显著影响，不影响对二者进行整体观察、综合判断，故对专利权人的主张不予支持。

本专利所示包装瓶由大致呈圆柱状的瓶体和扁圆柱状的瓶盖组成，其中瓶体口部设有若干斜条状的螺纹，从组件 1 的 A-A 剖视图和 B-B 剖面图来看，瓶体上部接近瓶口处和下部接近瓶底处相对瓶身各有一个大致呈八边形的凸起，该凸起的中部内凹，其上等距离分布有若干个椭圆形的凹入，瓶体底部内凹（详见本专利附图）。

在先设计所示包装瓶由大致呈圆柱状的瓶体和扁圆柱状的瓶盖组成，其中瓶体上部接近瓶口处和下部接近瓶底处相对瓶身各有一圈凸起，该凸起中部下凹，其上等距离分布有若干个椭圆形的凹入（详见在先设计附图）。

本专利与在先设计相比，二者的相同点为均由大致呈圆柱状的瓶体和扁圆柱状的瓶盖组成，瓶体上部接近瓶口处和下部接近瓶底处相对瓶身均各有一凸起，该凸起中部内凹，其上等距离分布有若干个椭圆形的凹入。二者的区别在于本专利的剖视图显示其接近瓶口和瓶底处的凸起大致呈八边形，本专利瓶口处设有若干斜条状的螺纹，瓶体底部内凹，而在先设计的上述部分未示出。合议组认为，本专利与在先设计的上述区别均属于局部细微差异，不足以对二者的视觉效果产生显著差别，本专利与在先设计相近似。

综上所述，在本专利的申请日前已经有与之相近似的外观设计在出版物上公开发表过，本专利不符合专利法第 23 条的规定。

鉴于本专利与在先设计相比较已得出本专利不符合专利法规定的授权条件的结论，故在本决定中对请求人提出的其他证据不再作出评述。

三、决定

宣告 200630045106. X 号外观设计专利权全部无效。

当事人对本决定不服的，可以根据专利法第 46 条第 2 款的规定，自收到本决定之日起三个月内向北京市第一中级人民法院起诉。根据该款的规定，一方当事人起诉后，另一方当事人应当作为第三人参加诉讼。

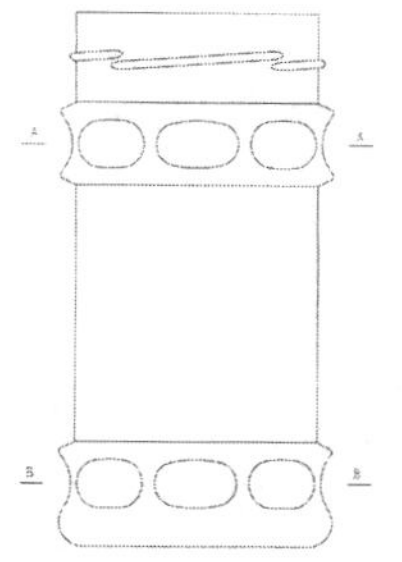

组件 1 主视图

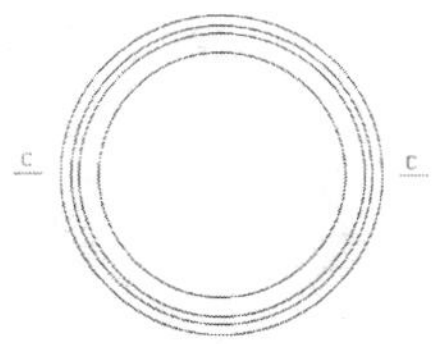

组件 1 俯视图

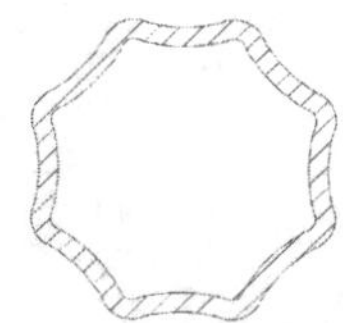

组件 1A-A 剖视图

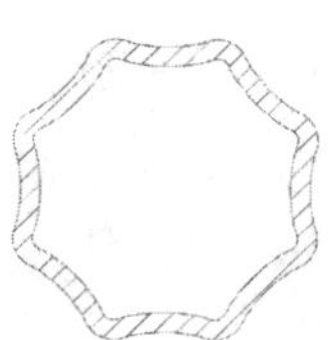

组件 1B-B 剖面图

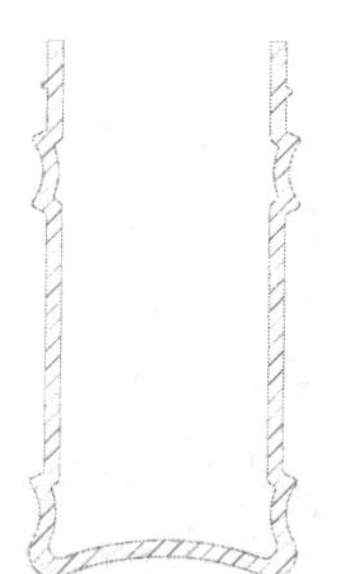

组件 1C-C 剖面图

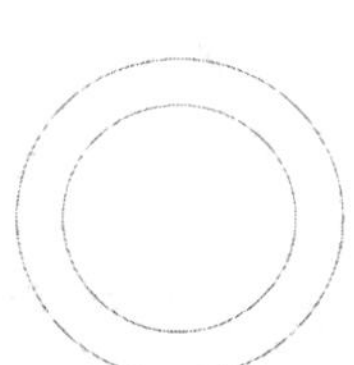

组件 2 主视图

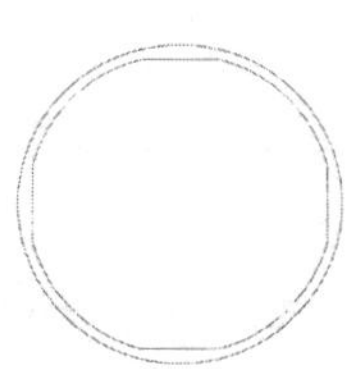

组件 2 后视图

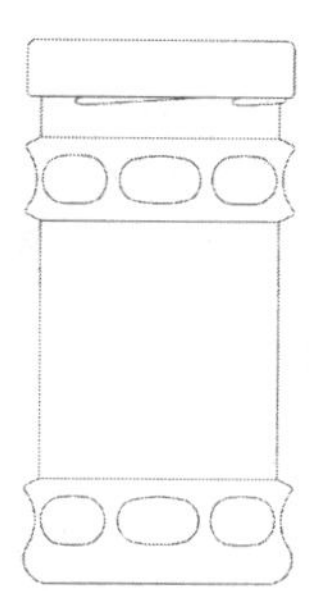

组合状态参考图

本专利附图

在先设计附图

北京市第一中级人民法院
行政判决书

（2009）一中行初字第1711号

原告邓兵，男，1973年8月10日出生，汉族，住四川省富顺县东湖镇东大街105号。

委托代理人郑书利，温州高翔专利事务所专利代理人。

委托代理人陈乾康，男，1945年6月6日出生，温州高翔专利事务所职员，住浙江省温州市鹿城区。

被告国家知识产权局专利复审委员会，住所地北京市海淀区北四环西路9号银谷大厦10~12层。

法定代表人张茂于，副主任。

委托代理人王霞军，国家知识产权局专利复审委员会审查员。

委托代理人郭鹏鹏，国家知识产权局专利复审委员会审查员。

第三人贵阳南明老干妈风味食品有限责任公司，住所地贵州省贵阳市龙洞堡见龙洞路138号。

法定代表人陶华碧，董事长。

委托代理人丁涌，贵州千里律师事务所律师。

原告邓兵不服被告国家知识产权局专利复审委员会（以下简称专利复审委员会）于2009年3月23日作出的第13068号无效宣告请求审查决定（以下简称第13068号决定），于法定期限内向本院提起诉讼。本院于2009年7月8日受理后，依法组成合议庭，并依法通知本专利的无效宣告请求人贵阳南明老干妈风味食品有限责任公司（以下简称老干妈公司）作为第三人参加本案诉讼。本院于2009年11月26日公开开庭进行了审理。原告邓兵及其委托代理人郑书利，被告专利复审委员会的委托代理人王霞军、郭鹏鹏，第三人老干妈公司的委托代理人丁涌到庭参加诉讼。本案现已审理终结。

第13068号决定系被告专利复审委员会针对第三人老干妈公司就原告邓兵所享有的200630045106. X号、名称为“包装瓶（调味品）”的外观设计专利（以下简称本专利）而提起的无效宣告请求而作出的。该决定中认定：

老干妈公司的无效理由是本专利不符合《中华人民共和国专利法》（以下简称《专利法》）第23条的相关规定。

附件8是2002年11月刊《山花》封面及相关页，其公开日为2002年11月30日。专利权人邓兵对其真实性无异议，故专利复审委员会对该证据的真实性予以确认，对其予以采信。

本专利与附件8所示外观设计（下称在先设计）均为包装瓶，二者用途相同，属于相同类别的产品，故将其与本专利进行如下相近似性对比。

专利权人主张附件8中的图片未反映在先设计的完整内容，没有提供在先设计的六面视图，没有公开瓶口处的螺纹和瓶底，瓶身也被标贴遮挡。

专利复审委员会认为，本专利是单纯关于形状的外观设计，其与在先设计的相同相近似对比也仅针对二者形状进行比较，附件8的图片已公开了在先设计包括瓶盖和瓶体在内的整体形状，其虽未公开瓶口处的螺纹和瓶底是否内凹，但上述部位均属于该类产品在使用状态下不会被一般消费者关注的部位，本专利在上述部位的设计也不会对产品的整体视觉效果产生显著影响，不影响对二者进行整体观察、综合判断，故对专利权人的主张不予支持。

本专利与在先设计相比，二者的相同点为均由大致呈圆柱状的瓶体和扁圆柱状的瓶盖组成，瓶体上部接近瓶口处和下部接近瓶底处相对瓶身均各有一凸起，该凸起中部内凹，其上等距离分布有若干个椭圆形的凹入。二者的区别在于本专利的剖视图显示其接近瓶口和瓶底处的凸起大致呈八边形，本专利瓶口处设有若干斜条状的螺纹，瓶体底部内凹，而在先设计的上述部分未示出。因此，本专利与在先设计的上述区别均属于局部细微差异，不足以对二者的视觉效果产生显著差别，本专利与在先设计相近似。

综上，老干妈公司提交的证据可以证明本专利不符合《专利法》第二十三条的规定。

在此基础上，专利复审委员会作出第 13068 号决定，宣告本专利权全部无效。

原告邓兵诉称：第 13068 号决定中认定“本专利与在先设计的上述区别均属于局部细微差异，不足以对二者的视觉效果产生显著差别，本专利与在先设计相近似”，该结论认定错误。理由如下：(1) 在先设计包装瓶被标贴覆盖的部分可能带有足以影响其整体外观的形状设计，从而导致在先设计与本专利不相近似，但第 13068 号决定中并未对在先设计标贴覆盖下的瓶身是否带有足以影响在先设计的形状设计予以评述。(2) 在先设计仅为正投影视图，仅从该图无法看出在先设计的整体形状，在先设计的其他视面很可能与该正投影面并不相同，从而导致认定在先设计与本专利不相近似，但被告却未考虑该可能性。(3) 在先设计包装瓶的瓶体图形的瓶体上部接近瓶口处和下部接近瓶底处相对瓶身各有一圈凸起，而该两凸起存在较大的光影亮点，凸起中亮点的右边又明显过于黯淡，亮点和过于黯淡的部位均导致无法看清产品的形状，也就无法确定在先设计在上述部分是否有与本专利相同的凸起，因此不能准确反映上述部分的形状，也不足以认定其与本专利相同或者相近似。据此，本专利与在先设计并非相同或相近似的外观设计，第 13068 号决定认定错误，请求法院依法予以撤销。

被告专利复审委员会仍坚持其在第 13068 号决定的认定，认定第 13068 号决定认定事实清楚、适用法律正确、审理程序合法，原告的诉讼理由不能成立，请求人民法院驳回原告的诉讼请求，维持第 13068 号决定。

第三人老干妈公司认为第 13068 号决定认定事实清楚、适用法律正确、审理程序合法，原告的诉讼理由不能成立，请求人民法院予以维持。

本院经审理查明如下事实：

邓兵是名称为“包装瓶（调味品）”、专利号为 200630045106. X 的外观设计专利（即本专利）的专利权人，本专利的申请日为 2006 年 11 月 13 日，授权公告日为 2007 年 8 月 22 日。

本专利涉及一种“包装瓶”外观设计，其公告视图包括组件 1 主视图、组件 1 俯视图、组件 1A-A 剖视图、组件 1B-B 剖面图、组件 1C-C 剖面图、组件 2 主视图、组件 2 后视图、组合状态参考图（见本判决书后附图）。

针对本专利，老干妈公司于 2008 年 11 月 25 日向专利复审委员会提出无效宣告请求，认为本专利与在先设计相近似，不符合《专利法》第二十三条的规定，并提交相关证据，其中的附件 8 是 2002 年 11 月刊《山花》封面及相关页，其公开日为 2002 年 11 月 30 日。该附件中包含有辣酱瓶照片（即在先设计，见本判决书后附图）。

专利复审委员会经审理，于 2009 年 3 月 23 日作出第 13068 号决定，宣告本专利权无效。

上述事实有第 13068 号决定、本专利授权公告文本、附件 8 及庭审笔录在案证实。

本院认为：

一、本案的法律适用问题

2008 年 12 月 27 日修改的专利法（以下简称 2009 年《专利法》）已于 2009 年 10 月 1 日起施

行，鉴于本专利申请及授权时间以及本案受理时间处于2001年专利法施行期间，而本案审理时间处于2009年专利法施行期间，因此本案的审理涉及2001年《专利法》与2009年《专利法》之间的适用问题。

《中华人民共和国立法法》第八十四条规定，法律、行政法规、地方性法规、自治条例和单行条例、规章不溯及既往，但为了更好地保护公民、法人和其他组织的权利和利益而作的特别规定除外。

依据上述规定，国家知识产权局制定了《施行修改后的专利法的过渡办法》，该过渡办法于2009年10月1日起施行。根据该过渡办法，对于专利权是否有效的审查，申请日在2009年10月1日前的专利申请以及根据该专利申请授予的专利权适用2001年专利法的规定；申请日在2009年10月1日以后（含该日）的专利申请以及根据该专利申请授予的专利权适用2009年专利法的规定。

鉴于本案属于专利确权行政纠纷，本专利的申请日在2009年10月1日前，因此依据《中华人民共和国立法法》第八十四条之规定，并参照上述过渡办法的相关规定，本案应适用2001年专利法进行审理。

二、本专利是否符合《专利法》第二十三条的规定

专利法第二十三条规定，授予专利权的外观设计，应当同申请日以前在国内外出版物上公开发表过或者国内公开使用过的外观设计不相同和不相近似，并不得与他人在先取得的合法权利相冲突。

原告认为，在先设计包装瓶被标贴覆盖的部分可能带有足以影响其整体外观的形状设计，故第13068号决定应对其予以评述。对此，本院认为，《审查指南》第五章规定，在判断外观设计是否相同或相近似时，应当基于被比设计产品的一般消费者的知识水平和认知能力进行评价。本案中，鉴于在先设计包装瓶上被标贴覆盖的部分，一般消费者并不会注意到，亦通常无法看到，故即便该部分具有与本专利不同的设计，亦不会影响到对于本专利与在先设计是否近似的判断，故原告的该主张不能成立，本院不予支持。

原告认为在先设计仅为正投影视图，该设计的其他视面很可能与该正投影面并不相同，被告应考虑该可能性。对此，本院认为，在先设计系在先公开的辣酱瓶的照片，而非规范的外观设计的六面视图。此类包装瓶虽然存在瓶体设计不规则的可能性，但鉴于通常而言，此类包装瓶在形状上均采用对称结构，故在原告并未举证证明在先设计采用了不规则设计的情况下，被告基于一般消费者的认知能力，在该照片的基础上认定在先设计所示包装瓶为大致呈圆柱形的瓶体及扁圆状的瓶盖并无不当。原告的该主张不能成立，本院不予支持。

原告认为，在先设计瓶体上部接近瓶口处和下部接近瓶底处相对瓶身各有一圈凸起，而该两凸起存在较大的光影亮点，凸起中亮点的右边又明显过于黯淡，亮点和过于黯淡的部位均导致无法看清产品的形状，也就无法确定在先设计瓶子在上述部分是否有与本专利相同的凸起，因此不能准确反映上述部分的形状，也不足以认定其与本专利相同或者相近似。对此，本院认为，原告所称的上述问题系基于照片拍摄时所采用的角度及光线所致，一般消费者基于其通常的认知能力，从该照片中完全可以看出在先设计的包装瓶在上述部分的的凸起与本专利的相应部份的设计基本相同，据此，原告的该主张不能成立，本院不予支持。

综上，本院认为，虽然本专利在接近瓶口和瓶底处的凸起大致呈八边形，且瓶口处设有若干斜条状的螺纹，瓶体底部内凹，而在先设计并无上述设计，但上述区别均属于局部的细微差异，不足以产生显著的视觉影响，故本专利与在先设计为相近似的外观设计。

综上，原告的起诉理由均不能成立，本院不予支持。被告作出的第13068号决定认定事实清楚，适用法律正确，本院依法予以维持。依照《中华人民共和国行政诉讼法》第五十四条第（一）项之规定，本院判决如下：

维持被告国家知识产权局专利复审委员会作出的第 13068 号无效宣告请求审查决定。

案件受理费 100 元，由原告邓兵负担（已交纳）。

如不服本判决，各方当事人可在本判决书送达之日起 15 日内，向本院提交上诉状及副本并交纳上诉案件受理费 100 元，上诉于北京市高级人民法院。

审　判　长　芮松艳
代理审判员　殷　悦
人民陪审员　郝志国
二〇〇九年十二月十八日
书　记　员　张　怡

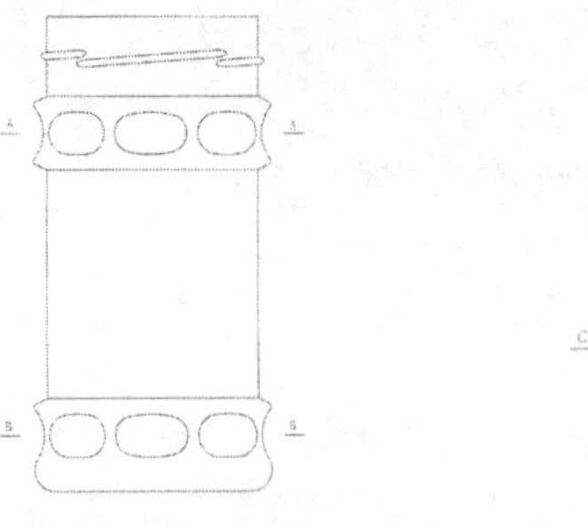

组件 1 主视图

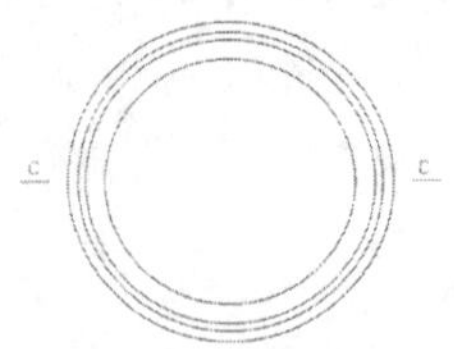

组件 1 俯视图

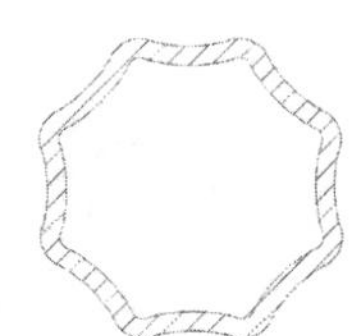

组件 1A-A 剖视图

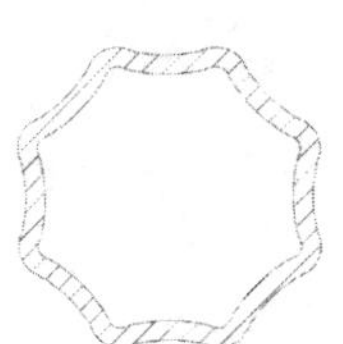

组件 1B-B 剖面图

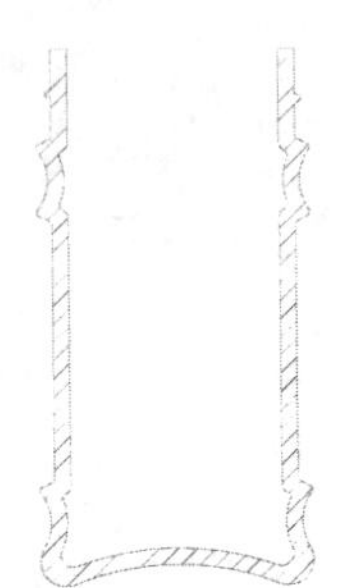

组件 1C-C 剖面图

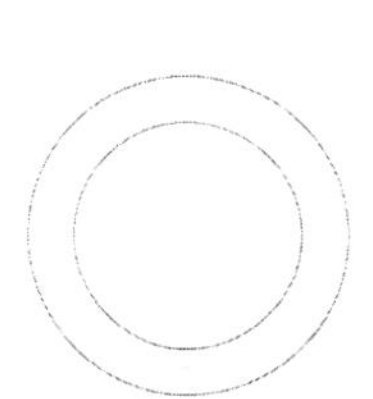

组件 2 主视图

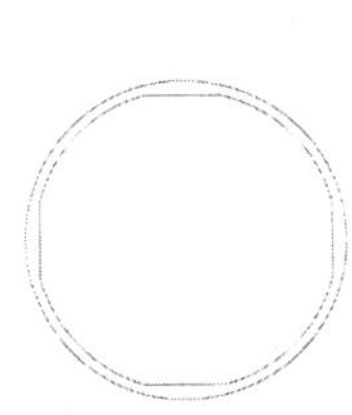

组件 2 后视图

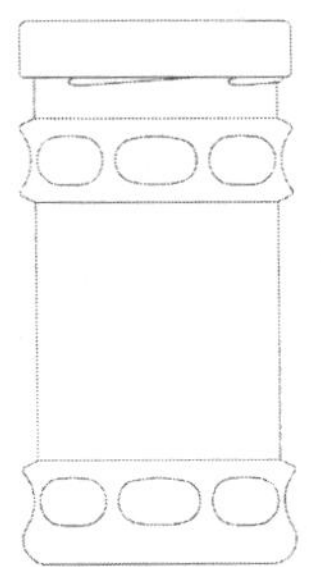

组合状态参考图

本专利附图

在先设计附图

166

触摸灯（3）

无效宣告请求审查决定（第13075号）

决 定 号 第13075号
决 定 日 2009年3月18日
发明创造名称 触摸灯（3）
外观设计分类号 26-06
无效宣告请求人 奥斯拉姆公司
专 利 权 人 王永增
专 利 号 200730116921.5
申 请 日 2007年5月15日
授权公告日 2008年5月14日
合议组组长 徐清平
主 审 员 张 霞
参 审 员 乔东峰
附 图 2页

法 律 依 据 专利法第23条
决 定 要 点

本专利与在先设计相比较，其差别设计对二者的整体视觉效果不具有显著影响，因此，本专利与在先设计属于相近似的外观设计，本专利不符合专利法第23条的规定。

一、案由

本无效宣告请求涉及国家知识产权局于2008年5月14日授权公告的名称为“触摸灯（3）”的200730116921.5号外观设计专利（下称本专利），其申请日是2007年5月15日，专利权人是王永增。

针对本专利，奥斯拉姆公司（下称请求人）于2008年11月6日向专利复审委员会提出无效宣告请求，理由是本专利不符合专利法第23条的规定，并提交了如下附件作为证据：

附件1：专利号为200630005749.1的中国外观设计专利图片（含著录项目信息）及放大视图共4页，其授权公告日为2007年1月3日。

请求人认为：从整体观察，附件1所示外观设计与本专利各组成部分的形状及布局等方面的设计均完全相同，差别之处属于局部的细微变化，不足以构成两产品外观形状的明显改变，因此，二者属于相近似的外观设计，且本专利的申请日在附件1的授权公告日之后，因此，本专利不符合专利法第23条的规定，应予以宣告无效。

经形式审查合格，专利复审委员会受理了该无效宣告请求，于2008年12月5日向双方当事人发出了无效宣告请求受理通知书，并将无效宣告请求书及其附件的副本转给了专利权人。

请求人又于2008年12月4日提交了意见陈述书，补充了无效宣告请求理由，并补充了如下证据：

附件2：专利号为200630040629.5的中国外观设计专利图片（含著录项目信息）及放大视图共4页；

附件3：专利号为200630305910.7的中国外观设计专利图片（含著录项目信息）及放大视图共4页；

请求人认为：从整体观察，附件2、3所示外观设计均与本专利各组成部分的形状及布局等方面的设计均完全相同，差别之处属于局部的细微变化，不会对整体视觉效果造成显著的影响，因此，二者属于相近似的外观设计，且本专利的申请日在附件2、3的申请日和授权公告日之间，因此，本专利不符合专利法第9条和专利法实施细则第13条第1款的规定，应予以宣告无效。

专利复审委员会于2009年1月13日向双方当事人发出了口头审理通知书，定于2009年3月4日在专利复审委员会举行口头审理，并随口头审理通知书将请求人于2008年12月4日提交的意见陈述书及其附件的副本转给了专利权人。

口头审理如期举行，专利权人未出席口头审理，请求人委托代理人参加了口头审理。在口头审理过程中，请求人对合议组成员无回避请求。请求人明确无效宣告请求理由为本专利不符合专利法第9条、第23条以及专利法实施细则第13条第1款的规定。针对相近似性判断，请求人坚持原有观点。

在上述审理的基础上，合议组认为本案事实已经清楚，依法作出本无效宣告请求审查决定。

二、决定的理由

1. 法律依据

基于请求人提出无效宣告请求所依据的理由和证据，合议组首先对本专利是否符合专利法第23条的规定进行审查。

专利法第23条规定："授予专利权的外观设计，应当同申请日以前在国内外出版物上公开发表过或者国内公开使用过的外观设计不相同和不相近似，并不得与他人在先取得的合法权利相冲突。"

2. 证据认定

请求人提交的附件1是专利号为200630005749.1的中国外观设计专利图片（含著录信息）及放大视图共4页，本案合议组经核实，其真实性可以确定。该外观设计专利的授权公告日为2007年1月3日，早于本专利的申请日，属于专利法第23条所规定的本专利申请日前的公开出版物，适用于本案。

3. 相近似比较

附件1上公开了一款灯的外观设计（下称在先设计），与本专利所示的触摸灯的外观设计用途相同，二者属于相同种类的产品，具有可比性。

本专利是一种触摸灯。如图所示，该触摸灯由大体呈扁圆柱体的灯壳以及有弧形凸起的圆形灯罩构成，灯罩直径小于灯壳顶面直径，灯罩上均匀分布有三个环形圈，灯罩中心有一小圆环，灯壳顶面与侧壁之间圆角过渡，灯壳的侧壁下边缘设有凸缘，凸缘上均布有凸棱，灯壳的底面沿周边设有环形圈，环形圈内均匀设置有三个安装孔，并有"OPEN"、"CLOSE"字样（详见本专利附图）。

在先设计是一种便携式灯。如图所示，该便携式灯由大体呈扁圆柱体的灯壳以及有弧形凸起的圆形灯罩构成，灯罩直径小于灯壳顶面直径，灯罩上均匀分布有三个环形圈，灯罩中心有一小圆环，灯壳顶面与侧壁之间圆角过渡，灯壳的底面的周边均匀设置有三个安装孔，安装孔内有螺钉，灯壳底面沿圆周和安装孔设有包络线（详见在先设计附图）。

将本专利与在先设计进行比较，二者均由大体呈扁圆柱体的灯壳以及有弧形凸起的圆形灯罩构成，灯罩直径小于灯壳顶面直径，灯罩上均匀分布有三个环形圈，灯罩中心有一小圆环，灯壳顶面与侧壁之间圆角过渡，二者不同之处主要在于：本专利中灯壳的侧壁下边缘设有凸缘，凸缘上均布有凸棱，在先设计没有该设计；本专利中灯壳的底面沿周边设有环形圈，环形圈内均匀设置有三个安装孔，并有“OPEN”、“CLOSE”字样，在先设计的灯壳底面的周边均匀设置有三个安装孔，安装孔内有螺钉，底面沿圆周和安装孔设有包络线。对此，合议组认为，对于灯这类照明产品而言，一般消费者更加关注灯的整体外观形状和图案，本专利和在先设计的整体形状、灯罩及灯正面设计基本相同，虽然二者在灯壳的侧壁和底面设计上有所不同，但是，该侧壁设计上的区别对于二者的整体外观设计而言属于局部细微差别，灯壳底面属于使用时看不到的部位，上述差异不足以导致二者的整体外观设计产生显著的视觉差异，对二者的整体视觉效果并不具有显著的影响，基于上述分析判断，二者属于相近似的外观设计。

综上所述，在本专利申请日前已有与其相近似的外观设计在出版物上公开发表过，因此，本专利不符合专利法第 23 条的规定。

鉴于本专利不符合专利法第 23 条规定的无效宣告请求的理由成立，对于其他无效宣告请求的理由和证据不再进行评述。

三、决定

宣告 200730116921. 5 号外观设计专利权全部无效。

当事人对本决定不服的，可以根据专利法第 46 条第 2 款的规定，自收到本决定之日起三个月内向北京市第一中级人民法院起诉。根据该款的规定，一方当事人起诉后，另一方当事人应当作为第三人参加诉讼。

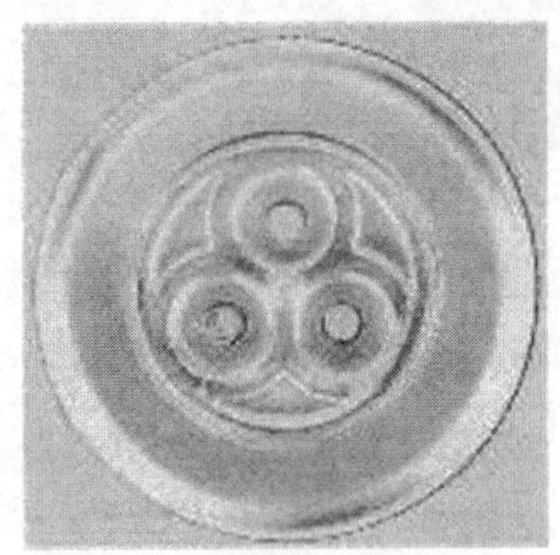

主视图

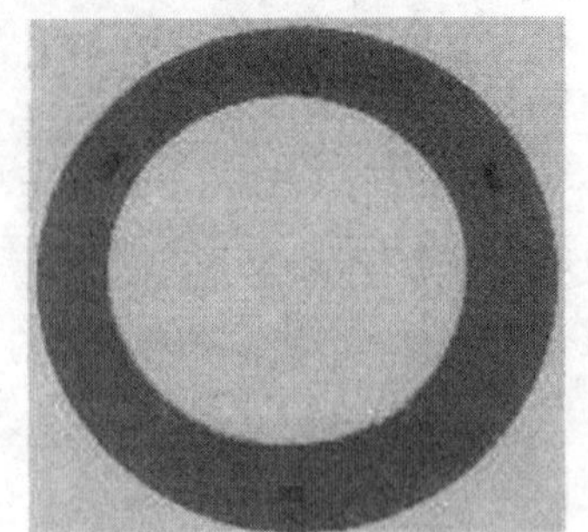

后视图

立体图

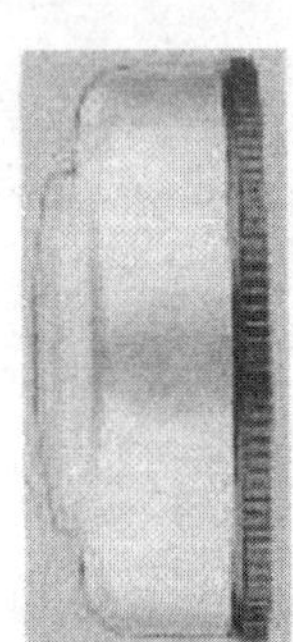

右视图

本专利附图

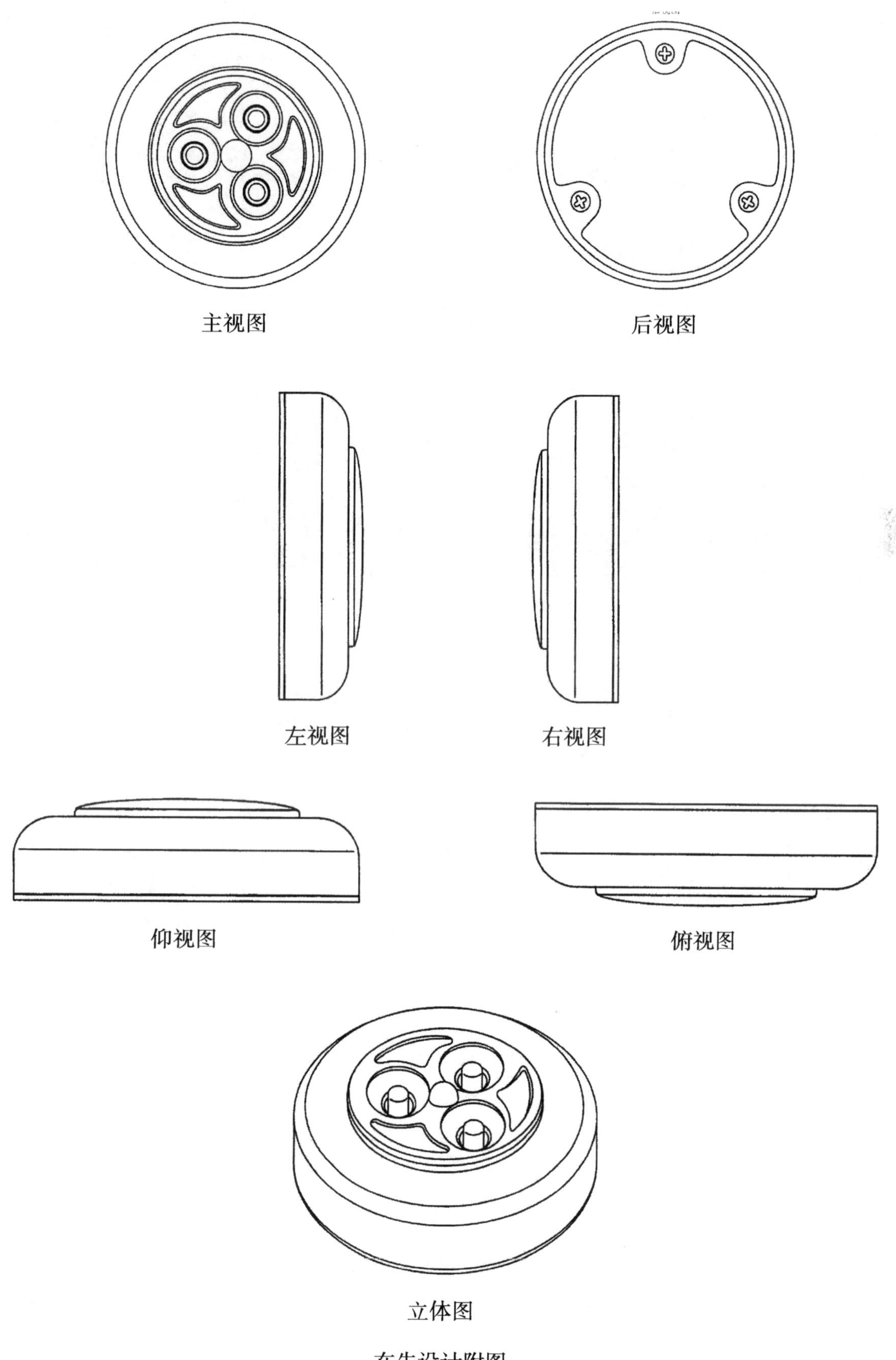

在先设计附图

167

触摸灯（一）

无效宣告请求审查决定（第13076号）

决　　定　　号　第13076号
决　　定　　日　2009年3月18日
发明创造名称　触摸灯（一）
外观设计分类号　26-05
无效宣告请求人　奥斯拉姆公司
专　利　权　人　叶雪峰
专　　利　　号　200630305910.7
申　　请　　日　2006年12月13日
授权公告日　2008年2月20日
合议组组长　徐清平
主　　审　　员　张　霞
参　　审　　员　乔东峰
附　　　　图　2页

法律依据　专利法第9条
决定要点
本专利与他人在先申请在后公开的外观设计属于相近似的外观设计，因而其不符合专利法第9条的规定。

一、案由

本无效宣告请求涉及国家知识产权局于2008年2月20日授权公告的名称为“触摸灯（一）”的200630305910.7号外观设计专利（下称本专利），其申请日是2006年12月13日，专利权人是叶雪峰。

针对本专利，奥斯拉姆公司（下称请求人）于2008年11月6日向专利复审委员会提出无效宣告请求，理由是本专利不符合专利法第9条、专利法实施细则第13条第1款的规定，并提交了如下附件作为证据：

附件1：专利号为200630005749.1的中国外观设计专利图片（含著录项目信息）及放大视图共4页，其优先权日为2005年8月4日，申请日为2006年2月4日，授权公告日为2007年1月3日，申请人为奥斯兰姆施尔凡尼亚公司。

请求人认为：从整体观察，附件1所示外观设计与本专利各组成部分的形状及布局等方面的设计均完全相同，差别之处属于局部的细微变化，不足以构成两产品外观形状的明显改变，因此，二者属于相近似的外观设计，且本专利的申请日在附件1的申请日和授权公告日之间，因此，本专利不符合专利法第9条和专利法实施细则第13条第1款的规定，应予以宣告无效。

经形式审查合格，专利复审委员会受理了该无效宣告请求，于2008年12月5日向双方当事人发出了无效宣告请求受理通知书，并将无效宣告请求书及其附件的副本转给了专利权人。

请求人又于2008年12月4日提交了意见陈述书，并补充了如下证据：

附件2：专利号为200630040629.5的中国外观设计专利图片（含著录项目信息）及放大视图共4页。

请求人认为：从整体观察，附件2所示外观设计与本专利各组成部分的形状及布局等方面的设计均完全相同，差别之处属于局部的细微变化，不足以构成两产品外观形状的明显改变，因此，二者属于相近似的外观设计，且本专利的申请日在附件2的申请日和授权公告日之间，因此，本专利不符合专利法第9条和专利法实施细则第13条第1款的规定，应予以宣告无效。

专利复审委员会依法成立合议组进行审查，并于2009年1月13日向双方当事人发出了口头审理通知书，定于2009年3月4日在专利复审委员会举行口头审理，并随口头审理通知书将请求人于2008年12月4日提交的意见陈述书及其附件的副本转给了专利权人。

口头审理如期举行，专利权人未出席口头审理，请求人委托代理人参加了口头审理。在口头审理过程中，请求人对合议组成员无回避请求。请求人明确无效宣告请求理由为本专利不符合专利法第9条以及实施细则第13条第1款的规定。针对相近似性判断，请求人坚持原有观点。

在上述审理的基础上，合议组认为本案事实已经清楚，依法作出本无效宣告请求审查决定。

二、决定的理由

1. 法律依据

基于请求人提出无效宣告请求所依据的理由和证据，合议组首先对本专利是否符合专利法第9条的规定进行审查。专利法第9条规定：“两个以上的申请人分别就同样的发明创造申请专利的，专利权授予最先申请的人。”

2. 证据认定

请求人提交的附件1是专利号为200630005749.1的中国外观设计专利图片（含著录项目信息）及放大视图共4页，本案合议组经核实，其真实性可以确定。该外观设计专利的优先权日为2005年8月4日，申请日为2006年2月4日，授权公告日为2007年1月3日，申请人为奥斯兰姆施尔凡尼亚公司，属于他人在本专利申请日前申请、在本专利申请日之后授权公告的外观设计专利，因此可适用专利法第9条的规定评价本专利的可专利性。

3. 相近似比较

附件1上公开了一款灯的外观设计（下称在先设计），与本专利所示的触摸灯的外观设计用途相同，二者属于相同种类的产品，具有可比性。

本专利是一种触摸灯。如图所示，该触摸灯由大体呈扁圆柱体的灯壳以及有弧形凸起的圆形灯罩构成，灯罩直径小于灯壳顶面直径，灯壳顶面与侧壁之间圆角过渡，灯罩上均匀分布有三个环形圈，灯罩中心有一小圆环，灯壳的底面的周边均匀设置有三个安装孔，安装孔内有螺钉（详见本专利附图）。

在先设计是一种便携式灯。如图所示，该便携式灯由大体呈扁圆柱体的灯壳以及有弧形凸起的圆形灯罩构成，灯罩直径小于灯壳顶面直径，灯壳顶面与侧壁之间圆角过渡，灯罩上均匀分布有三个环形圈，灯罩中心有一小圆环，灯壳的底面的周边均匀设置有三个安装孔，安装孔内有螺钉，灯壳底面沿圆周和安装孔设有包络线（详见在先设计附图）。

将本专利与在先设计进行比较，二者均由大体呈扁圆柱体的灯壳以及有弧形凸起的圆形灯罩构成，灯罩直径小于灯壳顶面直径，灯壳顶面与侧壁之间圆角过渡，灯罩上均匀分布有三个环形圈，灯罩中心有一小圆环，灯壳的底面的周边均匀设置有三个安装孔，安装孔内有螺钉，二者不同之处主要在于：在先设计的灯壳底面沿圆周和安装孔设有包络线，本专利中没有该设计。对此，合议组认为，对于灯这类照明产品而言，一般消费者更加关注灯的整体外观形状和图案，本专利和在先设计的整体形状、灯罩及灯正面设计基本相同，虽然二者在灯壳的底面设计上有所不同，但是，灯壳底面属于使用时看不到的部位，上述差异不足以导致二者的整体外观设计产生显著的视觉差异，对二者的整体视觉效果并不具有显著的影响，基于上述分析判断，二者应属于相近似的外观设计。

同样的发明创造对于外观设计而言是指两项外观设计相同或者相近似，因此，综上所述，本专利与在先设计属于同样的发明创造。故本专利不符合专利法第 9 条的规定。

鉴于本专利不符合专利法第 9 条规定的无效宣告请求的理由成立，对于其他无效宣告请求的理由和证据不再进行评述。

三、决定

宣告 200630305910. 7 号外观设计专利权全部无效。

当事人对本决定不服的，可以根据专利法第 46 条第 2 款的规定，自收到本决定之日起三个月内向北京市第一中级人民法院起诉。根据该款的规定，一方当事人起诉后，另一方当事人应当作为第三人参加诉讼。

主视图

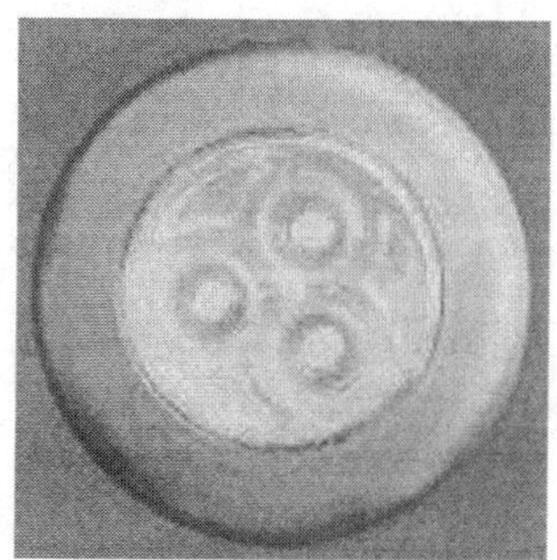

俯视图

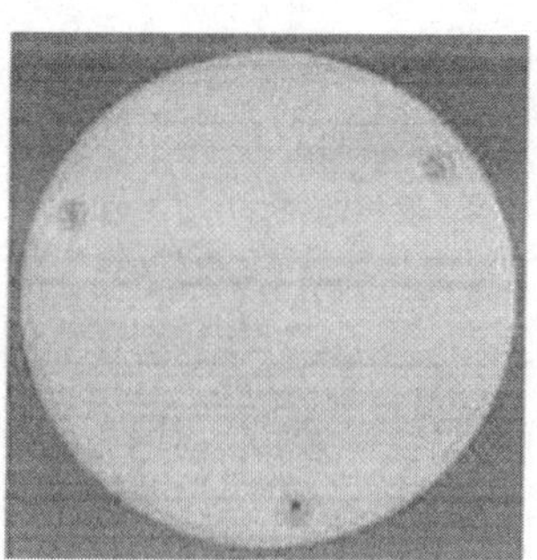

仰视图

本专利附图

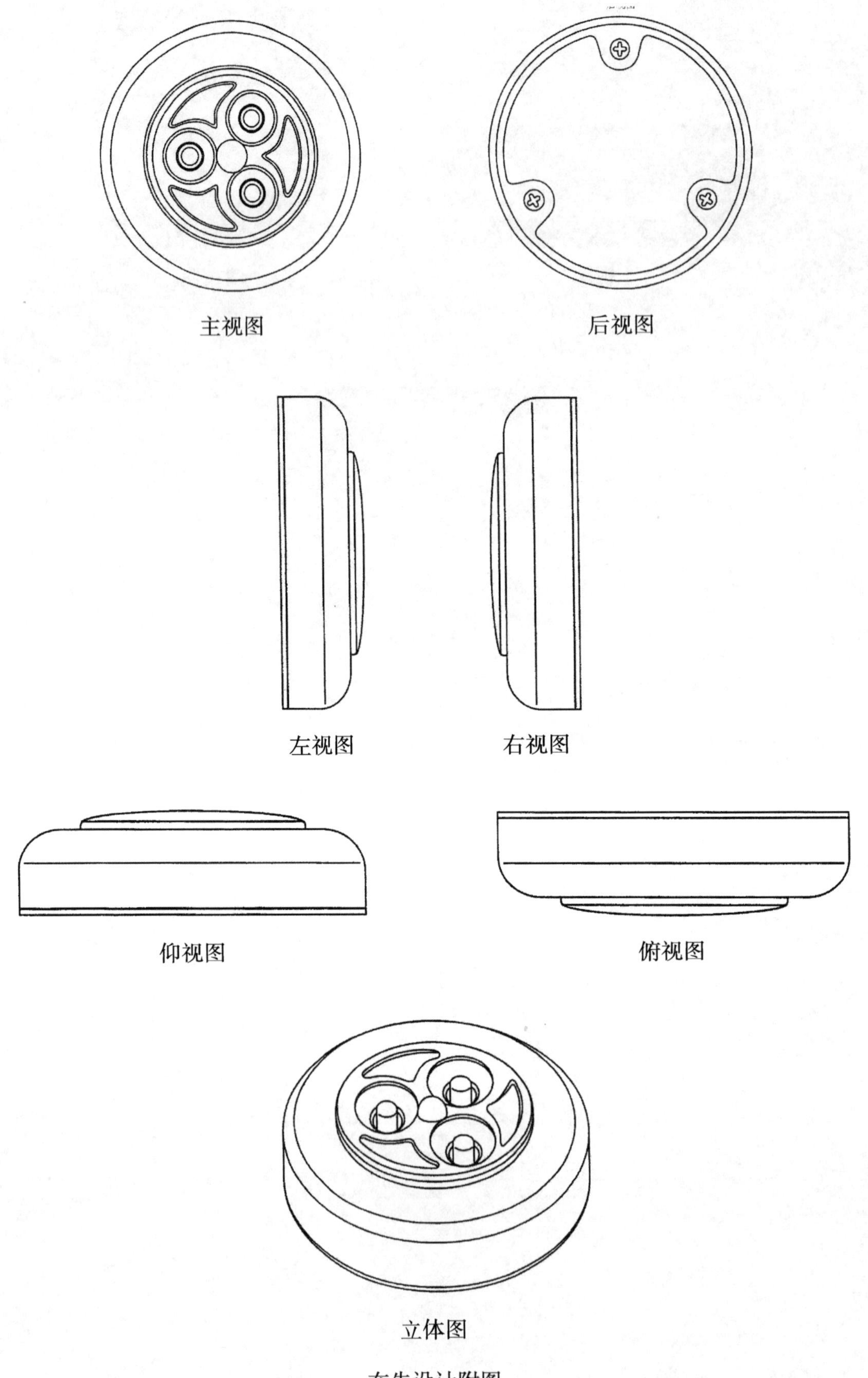

在先设计附图

168

LED 触摸灯（SLED02）

无效宣告请求审查决定（第 13077 号）

决　定　号　第 13077 号
决　定　日　2009 年 3 月 17 日
发明创造名称　LED 触摸灯（SLED02）
外观设计分类号　26-05
无效宣告请求人　奥斯拉姆公司
专　利　权　人　秦光灿
专　利　号　200630040629.5
申　请　日　2006 年 9 月 13 日
授权公告日　2007 年 7 月 18 日
合议组组长　徐清平
主　审　员　张　霞
参　审　员　乔东峰
附　图　2 页

法律依据　专利法第 9 条
决定要点

本专利与他人在先申请在后公开的外观设计属于相近似的外观设计，因而其不符合专利法第 9 条的规定。

一、案由

本无效宣告请求涉及国家知识产权局于 2007 年 7 月 18 日授权公告的名称为“LED 触摸灯（SLED02）”的 200630040629.5 号外观设计专利（下称本专利），其申请日是 2006 年 9 月 13 日，专利权人是秦光灿。

针对本专利，奥斯拉姆公司（下称请求人）于 2008 年 11 月 6 日向专利复审委员会提出无效宣告请求，理由是本专利不符合专利法第 9 条、专利法实施细则第 13 条第 1 款的规定，并提交了如下附件作为证据：

附件 1：专利号为 200630005749.1 的中国外观设计专利图片（含著录项目信息）及放大视图共 4 页，其优先权日为 2005 年 8 月 4 日，申请日为 2006 年 2 月 4 日，授权公告日为 2007 年 1 月 3 日，申请人为奥斯兰姆施尔凡尼亚公司。

请求人认为：从整体观察，附件 1 所示外观设计与本专利各组成部分的形状及布局等方面的设计均完全相同，差别之处属于局部的细微变化，不足以构成两产品外观形状的明显改变，从而导致一般消费者对二者的外观设计产生极其相同的视觉效果，因此，二者属于相近似的外观设计，且本专利的申请日在附件1的申请日和授权公告日之间，因此，本专利不符合专利法第9条和专利法实施细则第13条第1款的规定，应予以宣告无效。

经形式审查合格，专利复审委员会受理了该无效宣告请求，于2008年12月5日向双方当事人发出了无效宣告请求受理通知书，并将无效宣告请求书及其附件的副本转给了专利权人。

专利复审委员会于2009年1月13日向双方当事人发出了口头审理通知书，定于2009年3月4日在专利复审委员会举行口头审理。

口头审理如期举行，专利权人未出席口头审理，请求人委托代理人参加了口头审理。在口头审理过程中，请求人对合议组成员无回避请求。请求人明确无效宣告请求理由为本专利不符合专利法第9条以及专利法实施细则第13条第1款的规定。针对相近似性判断，请求人坚持原有观点。

在上述审理的基础上，合议组认为本案事实已经清楚，依法作出本无效宣告请求审查决定。

二、决定的理由

1. 法律依据

基于请求人提出无效宣告请求所依据的理由和证据，合议组首先对本专利是否符合专利法第9条的规定进行审查。专利法第9条规定："两个以上的申请人分别就同样的发明创造申请专利的，专利权授予最先申请的人。"

2. 证据认定

请求人提交的附件1是专利号为200630005749.1的中国外观设计专利图片（含著录项目信息）及放大视图共4页，本案合议组经核实，其真实性可以确定。该外观设计专利的优先权日为2005年8月4日，申请日为2006年2月4日，授权公告日为2007年1月3日，申请人为奥斯兰姆施尔凡尼亚公司，属于他人在本专利申请日前申请、在本专利申请日之后授权公告的外观设计专利，因此可适用专利法第9条的规定评价本专利的可专利性。

3. 相近似比较

附件1上公开了一款灯的外观设计（下称在先设计），与本专利所示的触摸灯的外观设计用途相同，二者属于相同种类的产品，具有可比性。

本专利是一种LED触摸灯。如图所示，该触摸灯由大体呈扁圆柱体的灯壳以及有弧形凸起的圆形灯罩构成，灯罩直径小于灯壳顶面直径，灯壳顶面与侧壁之间圆角过渡，灯壳侧壁设有凸纹，灯罩上均匀分布有三个环形圈，灯罩中心有一小圆环，灯壳的底面的周边均匀设置有三个安装孔（详见本专利附图）。

在先设计是一种便携式灯。如图所示，该便携式灯由大体呈扁圆柱体的灯壳以及有弧形凸起的圆形灯罩构成，灯罩直径小于灯壳顶面直径，灯壳顶面与侧壁之间圆角过渡，灯罩上均匀分布有三个环形圈，灯罩中心有一小圆环，灯壳的底面的周边均匀设置有三个安装孔，安装孔内有螺钉，灯壳底面沿圆周和安装孔设有包络线（详见在先设计附图）。

将本专利与在先设计进行比较，二者均由大体呈扁圆柱体的灯壳以及有弧形凸起的圆形灯罩构成，灯罩直径小于灯壳顶面直径，灯壳顶面与侧壁之间圆角过渡，灯罩上均匀分布有三个环形圈，灯罩中心有一小圆环，灯壳的底面的周边均匀设置有三个安装孔，二者不同之处主要在于：本专利灯壳侧壁设有凸纹，在先设计中没有该设计；在先设计的底面安装孔内有螺钉，灯壳底面沿圆周和安装孔设有包络线，本专利中没有该设计。对此，合议组认为，对于灯这类照明产品而言，一般消费者更加关注灯的整体外观形状和图案，本专利和在先设计的整体形状、灯罩及灯正面设计基本相同，虽然二者在灯壳的侧壁和底面设计上有所不同，但是，该侧壁设计上的区别对于二者的整体外观设计而言属于局部细微差别，灯壳底面属于使用时看不到的部位，上述差异不足以导致二者的整体外观设计产生显著的视觉差异，对二者的整体视觉效果并不具有显著的影响，基于上述分析判断，二者应属于相近似的外观设计。

同样的发明创造对于外观设计而言是指两项外观设计相同或者相近似，因此，综上所述，本专利与在先设计属于同样的发明创造。故本专利不符合专利法第 9 条的规定。

鉴于本专利不符合专利法第 9 条规定的无效宣告请求的理由成立，对于其他无效宣告请求的理由不再进行评述。

三、决定

宣告 200630040629. 5 号外观设计专利权全部无效。

当事人对本决定不服的，可以根据专利法第 46 条第 2 款的规定，自收到本决定之日起三个月内向北京市第一中级人民法院起诉。根据该款的规定，一方当事人起诉后，另一方当事人应当作为第三人参加诉讼。

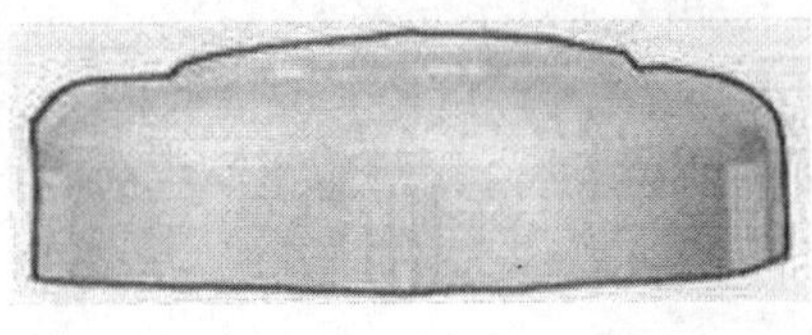

主视图

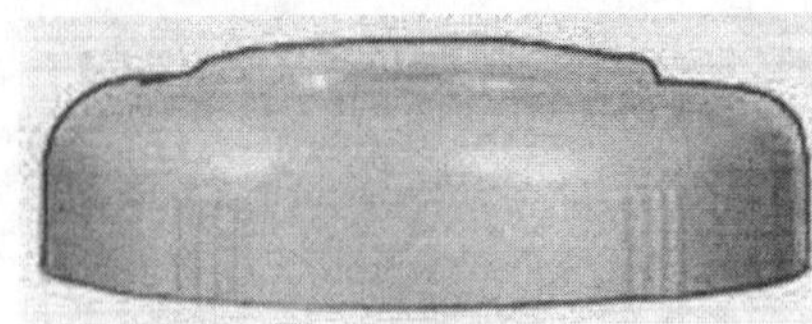

右视图

俯视图

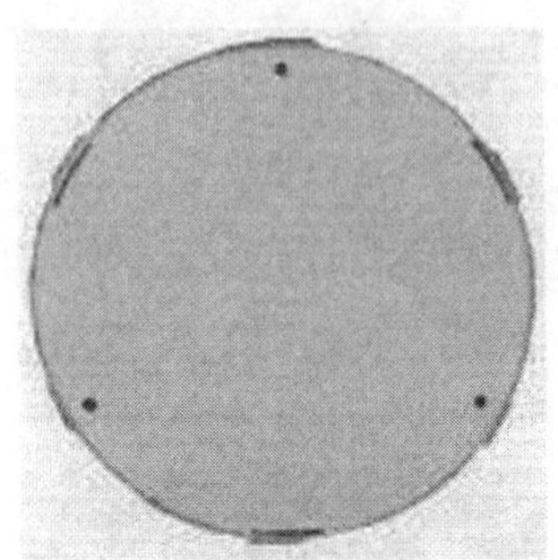

仰视图

本专利附图

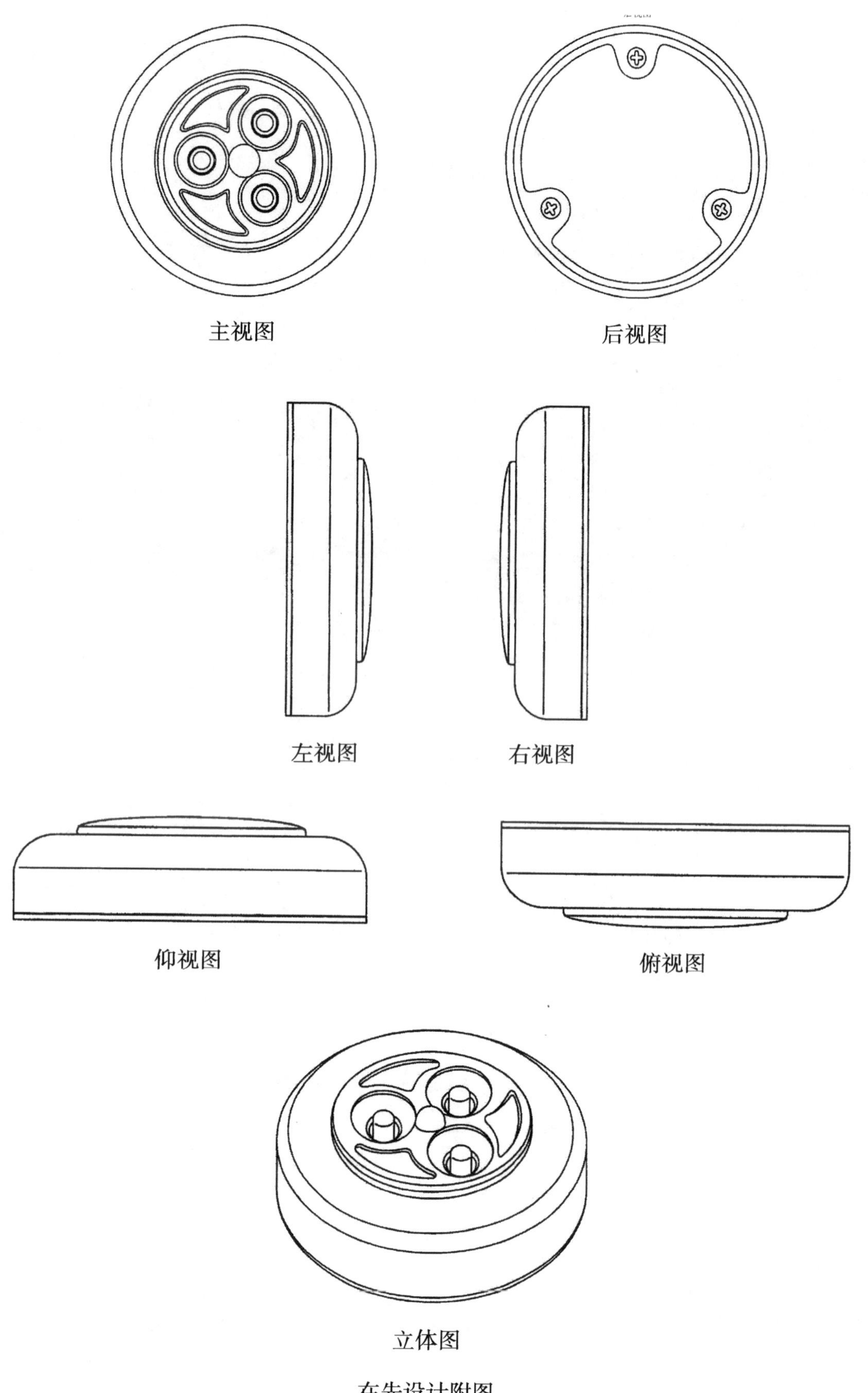

在先设计附图

169

LED 灯

无效宣告请求审查决定（第 13078 号）

决　　定　　号　第 13078 号
决　　定　　日　2009 年 3 月 18 日
发明创造名称　LED 灯
外观设计分类号　26-05
无效宣告请求人　奥斯拉姆公司
专　利　权　人　余一平
专　　利　　号　200730122151.5
申　　请　　日　2007 年 7 月 3 日
授 权 公 告 日　2008 年 6 月 11 日
合 议 组 组 长　徐清平
主　　审　　员　张　霞
参　　审　　员　乔东峰
附　　　　　图　2 页

法　律　依　据　专利法第 23 条
决　定　要　点

本专利与在先设计相比较，其差别设计对二者的整体视觉效果均不具有显著影响，因此，本专利与在先设计属于相近似的外观设计，本专利不符合专利法第 23 条的规定。

一、案由

本无效宣告请求涉及国家知识产权局于 2008 年 6 月 11 日授权公告的名称为“LED 灯”的 200730122151.5 号外观设计专利（下称本专利），其申请日是 2007 年 7 月 3 日，专利权人是余一平。

针对本专利，奥斯拉姆公司（下称请求人）于 2008 年 11 月 6 日向专利复审委员会提出无效宣告请求，理由是本专利不符合专利法第 23 条的规定，并提交了如下附件作为证据：

附件 1：专利号为 200630005749.1 的中国外观设计专利图片（含著录项目信息）及放大视图共 4 页，其授权公告日为 2007 年 1 月 3 日。

请求人认为：从整体观察，附件 1 所示外观设计与本专利各组成部分的形状及布局等方面的设计均完全相同，差别之处属于局部的细微变化，不足以构成两产品外观形状的明显改变，因此，二者属于相近似的外观设计，且本专利的申请日在附件 1 的授权公告日之后，因此，本专利不符合专利法第 23 条的规定，应予以宣告无效。

经形式审查合格，专利复审委员会受理了该无效宣告请求，于2008年12月4日向双方当事人发出了无效宣告请求受理通知书，并将无效宣告请求书及其附件的副本转给了专利权人。

请求人又于2008年12月4日提交了意见陈述书，补充了无效宣告请求理由，并补充了如下证据：

附件2：专利号为200630040629.5的中国外观设计专利图片（含著录项目信息）及放大视图共4页；

附件3：专利号为200630305910.7的中国外观设计专利图片（含著录项目信息）及放大视图共4页；

附件4：专利号为200730116921.5的中国外观设计专利图片（含著录项目信息）及放大视图共3页。

请求人认为：从整体观察，附件2、3、4所示外观设计均与本专利各组成部分的形状及布局等方面的设计均完全相同，差别之处属于局部的细微变化，不足以构成两产品外观形状的明显改变，因此，二者属于相近似的外观设计，且本专利的申请日在附件2、3、4的申请日和授权公告日之间，因此，本专利不符合专利法第9条和专利法实施细则第13条第1款的规定，应予以宣告无效。

专利复审委员会依法成立合议组对本案进行审查，并于2009年1月13日向双方当事人发出了口头审理通知书，定于2009年3月4日在专利复审委员会举行口头审理，并随口头审理通知书将请求人于2008年12月4日提交的意见陈述书及其附件的副本转给了专利权人。

口头审理如期举行，专利权人未出席口头审理，请求人委托代理人参加了口头审理。在口头审理过程中，请求人对合议组成员无回避请求。请求人明确无效宣告请求理由为本专利不符合专利法第9条、第23条以及专利法实施细则第13条第1款的规定。针对相近似性判断，请求人坚持原有观点。

在上述审理的基础上，合议组认为本案事实已经清楚，依法作出本无效宣告请求审查决定。

二、决定的理由

1. 法律依据

基于请求人提出无效宣告请求所依据的理由和证据，合议组首先对本专利是否符合专利法第23条的规定进行审查。

专利法第23条规定："授予专利权的外观设计，应当同申请日以前在国内外出版物上公开发表过或者国内公开使用过的外观设计不相同和不相近似，并不得与他人在先取得的合法权利相冲突。"

2. 证据认定

请求人提交的附件1是专利号为200630005749.1的中国外观设计专利图片（含著录项目信息）及放大视图共4页，本案合议组经核实，其真实性可以确定。该外观设计专利的授权公告日为2007年1月3日，早于本专利的申请日，属于专利法第23条所规定的本专利申请日前的公开出版物，适用于本案。

3. 相近似比较

附件1上公开了一款灯的外观设计（下称在先设计），与本专利所示的LED灯的外观设计用途相同，二者属于相同种类的产品，具有可比性。

本专利是一种LED灯。如图所示，该灯由大体呈扁圆柱体的灯壳以及有弧形凸起的圆形灯罩构成，灯罩直径小于灯壳顶面直径，灯罩上均匀分布有三个环形圈，灯罩中心有一小圆环，灯壳顶面与侧壁之间圆角过渡，灯壳的侧壁下边缘设有均布的浅凹槽，灯壳的底面沿周边设有环形圈，环形圈内有"OPEN"、"LOCK"字样（详见本专利附图）。

在先设计是一种便携式灯。如图所示，该便携式灯由大体呈扁圆柱体的灯壳以及有弧形凸起的圆形灯罩构成，灯罩直径小于灯壳顶面直径，灯罩上均匀分布有三个环形圈，灯罩中心有一小圆环，灯壳顶面与侧壁之间圆角过渡，灯壳的底面的周边均匀设置有三个安装孔，安装孔内有螺钉，灯壳底面沿圆周和安装孔设有包络线（详见在先设计附图）。

将本专利与在先设计进行比较，二者均由大体呈扁圆柱体的灯壳以及有弧形凸起的圆形灯罩构成，灯罩直径小于灯壳顶面直径，灯罩上均匀分布有三个环形圈，灯罩中心有一小圆环，灯壳顶面与侧壁之间圆角过渡，二者不同之处主要在于：本专利中灯壳的侧壁下边缘设有均布的浅凹槽，在先设计没有该设计；本专利中灯壳的底面沿周边设有环形圈，环形圈内有“OPEN”、“LOCK”字样，在先设计的灯壳底面的周边均匀设置有三个安装孔，安装孔内有螺钉，底面沿圆周和安装孔设有包络线。对此，合议组认为，对于灯这类照明产品而言，一般消费者更加关注灯的整体外观形状和图案，本专利和在先设计的整体形状、灯罩及灯正面设计基本相同，虽然二者在灯壳的侧壁和底面设计上有所不同，但是，该侧壁设计上的区别对于二者的整体外观设计而言属于局部细微差别，灯壳底面属于使用时看不到的部位，上述差异不足以导致二者的整体外观设计产生显著的视觉差异，对二者的整体视觉效果并不具有显著的影响，基于上述分析判断，二者应属于相近似的外观设计。

综上所述，在本专利申请日前已有与其相近似的外观设计在出版物上公开发表过，因此，本专利不符合专利法第 23 条的规定。

鉴于本专利不符合专利法第 23 条规定的无效宣告请求的理由成立，对于其他无效宣告请求的理由和证据不再进行评述。

三、决定

宣告 200730122151.5 号外观设计专利权全部无效。

当事人对本决定不服的，可以根据专利法第 46 条第 2 款的规定，自收到本决定之日起三个月内向北京市第一中级人民法院起诉。根据该款的规定，一方当事人起诉后，另一方当事人应当作为第三人参加诉讼。

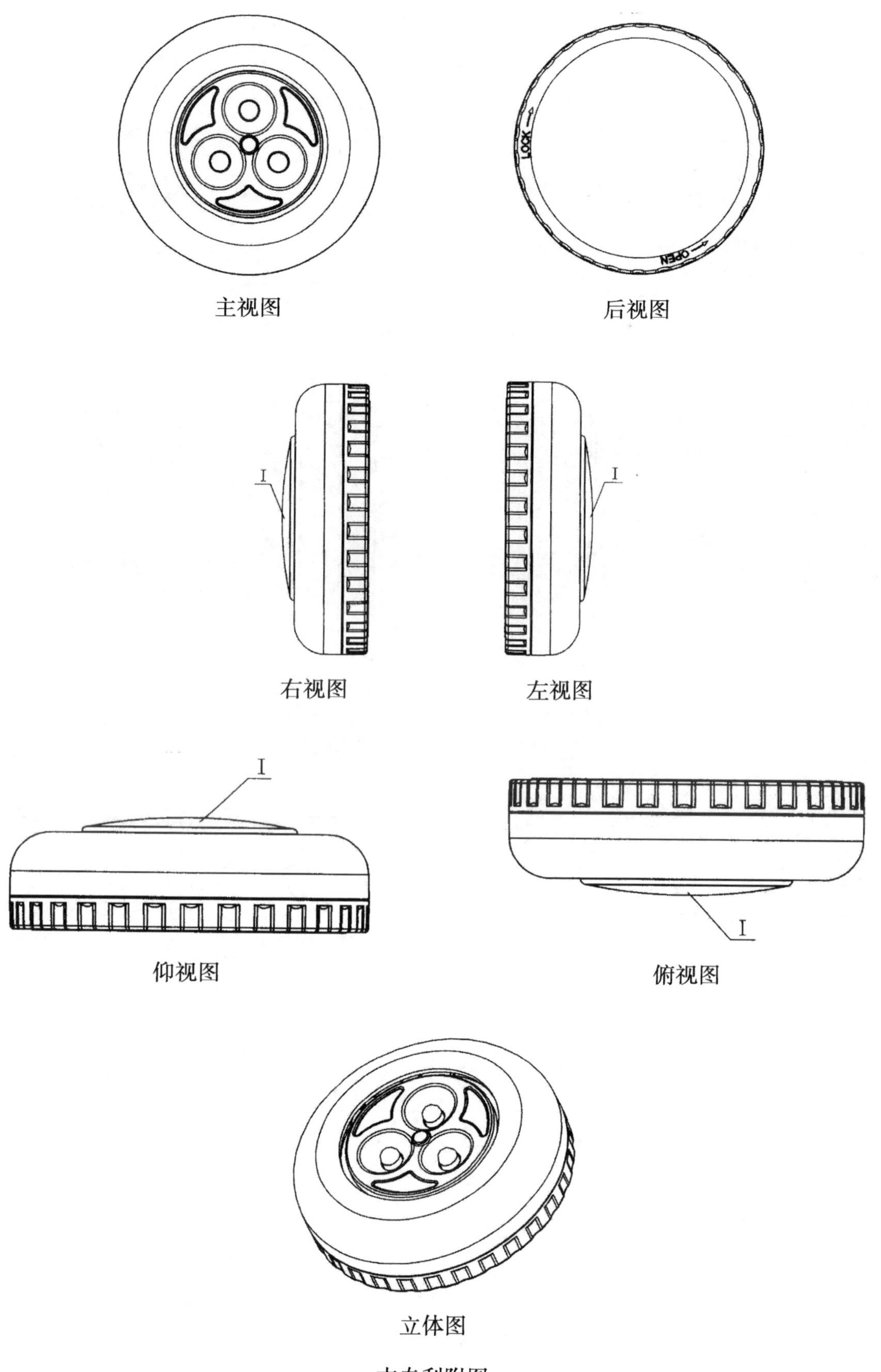

主视图　后视图

右视图　左视图

仰视图　俯视图

立体图

本专利附图

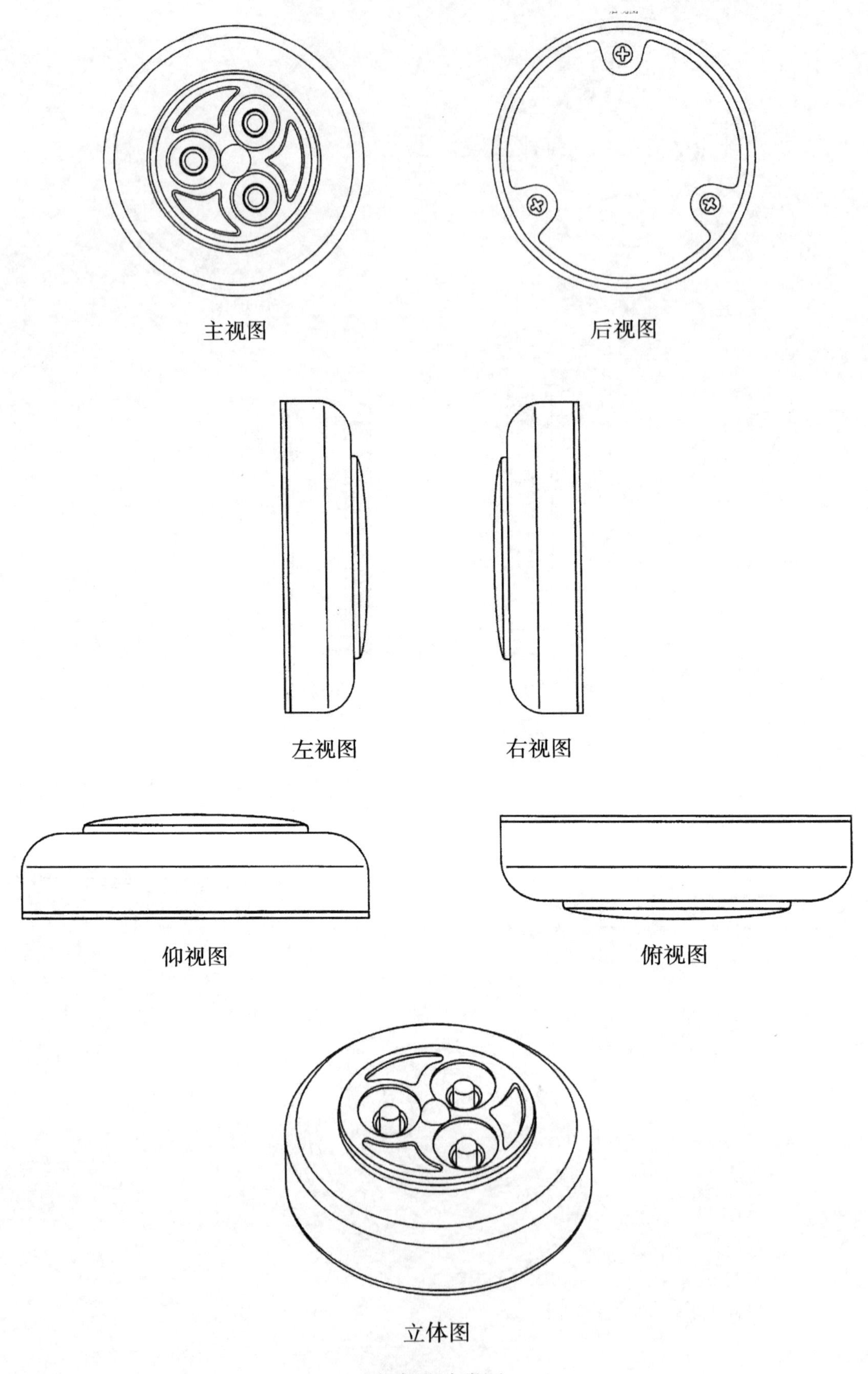

在先设计附图

170

食物处理器

无效宣告请求审查决定（第13085号）

决　　定　　号　第13085号
决　　定　　日　2009年3月24日
发明创造名称　食物处理器
外观设计分类号　07-04
无效宣告请求人　宁波市舜辉电器有限公司
专　利　权　人　皇家菲利浦电子有限公司
专　　利　　号　00305063.7
申　　请　　日　2000年5月16日
授 权 公 告 日　2001年3月14日
合 议 组 组 长　张　凌
主　　审　　员　徐清平
参　　审　　员　尹春霞
附　　　　　图　1页

法　律　依　据　专利法第23条
决　定　要　点

本专利与在先设计虽在产品功能构件的组成上基本相同，但本专利为关于产品形状的外观设计，将二者相比较可见本专利在产品各部分的形状设计上与在先设计均存在明显差异，二者的整体形状也存在明显差别，上述差别对整体视觉效果具有显著影响，二者明显属于不相同且不相近似的外观设计。

一、案由

本无效宣告请求涉及的是国家知识产权局于2001年3月14日授权公告的00305063.7号外观设计专利，使用该外观设计的产品名称为“食物处理器”，申请日是2000年5月16日，专利权人是皇家菲利浦电子有限公司。

针对上述专利权（下称本专利），宁波市舜辉电器有限公司（下称请求人）于2008年10月21日向专利复审委员会提出无效宣告请求，其依据的事实和理由是：本专利与其申请日之前在出版物上公开发表过的外观设计相近似；具体对比可见二者均用于对食物进行加工处理，其用途相近，属于相近类别的产品，在先设计具有本专利产品的所有特征，区别仅在于其开关位于连接臂上远离直管的一端处，主体上邻近口部的位置和底部有微小的台阶面，连接臂的上表面弧度稍有不同，但是所述几点差别不足以在整体视觉效果上构成显著影响，应属于相近似的外观设计。因此，本专利不符合专利法第 23 条的规定。请求人提交了如下附件作为证据：

附件 1：从国家知识产权局网站下载的 93304461. 5 号外观设计专利公告文本打印件 8 页。

专利复审委员会经形式审查合格受理了该无效宣告请求，并于 2008 年 10 月 21 日将无效宣告请求书及其附件的副本转送给专利权人，通知其在指定期限内陈述意见。

2008 年 12 月 5 日专利权人针对上述无效宣告请求提交了意见陈述书，其将本专利与附件 1 所示外观设计进行了详细分析对比，认为二者在整体视觉和盆、盖、提手、朝进料管延伸的延伸部分、按钮等部分的设计均存在明显不同，对于一般消费者而言本专利与附件 1 所示产品在外观设计上明显不同，请求人的无效宣告请求理由不能成立。

专利复审委员会依法成立合议组对本案进行审理，于 2009 年 2 月 5 日向请求人和专利权人发出口头审理通知书，定于 2009 年 3 月 9 日对本案进行口头审理。同时将上述专利权人的意见陈述转送给请求人。

2009 年 2 月 23 日请求人提交了口头审理回执，表示不参加口头审理。

口头审理如期举行，请求人未参加审理，仅专利权人一方到庭，合议组依法按请求人缺席审理本案。专利权人对合议组成员无回避请求，坚持原书面无效宣告请求理由，并详细陈述了意见。

在上述审理的基础上，合议组经合议，认为本案事实清楚，依法作出本审查决定。

二、决定的理由

基于请求人提出无效宣告请求所依据的事实和理由，合议组对本专利是否符合专利法第 23 条的规定进行审查。

专利法第 23 条规定："授予专利权的外观设计，应当同申请日以前在国内外出版物上公开发表过或者国内公开使用过的外观设计不相同和不相近似，并不得与他人在先取得的合法权利相冲突。"

请求人提交的作为证据的附件 1 是从国家知识产权局网站下载的 93304461. 5 号外观设计专利公告文本打印件，其所示专利授权公告日为 1994 年 10 月 5 日，使用外观设计的产品名称为"食品加工机"，经合议组核实，附件 1 所示内容属实，其外观设计公告日在本专利申请日之前，属于在本专利申请日之前公开发表的外观设计（下称在先设计），可适用专利法第 23 条的规定作为本案证据。

在先设计为"食品加工机"的外观设计，与本专利使用外观设计的产品"食物处理器"用途相同，属相同种类的产品，现将二者外观设计是否相同或相近似作如下对比认定：

本专利包括六面正投影视图和立体图，简要说明记载"＊用来表示该部分是透明的"。所示食物处理器包括进料口、机体、接料容器及把手等部分，进料口为类似长椭圆形截面的透明管，其下方为上大下小的类似倒圆台形透明接料容器，容器外侧有由下向上逐渐变粗的透明把手，容器上方有类似球面的透明盖，机体部分从把手上部沿容器盖延伸至进料管，其形状为不规则流线体，并在顶部设有按钮（详见本专利附图）。

在先设计包括六面正投影视图和立体图，简要说明记载"'＊'部分为透明"。所示食物处理器包括进料口、机体、接料容器及把手等部分，进料口为一边呈弧形的类似梯形截面的透明管，其下方为类似柱形的透明接料容器，容器底略作缩进的，容器上部略作台阶状外扩展，容器外侧有透明把手，容器上方有斜边平顶透明盖，机体部分从把手上部沿容器盖延伸至进料管，其顶面和外侧面为弧形面，拐角部设有按钮（详见在先设计附图）。

将本专利与在先设计相比较，二者均由进料口、机体、接料容器及把手等部分组成，各部位置关系基本相同，但二者各部分形状均不相同。合议组认为，本专利与在先设计虽在产品功能构件的组成上基本相同，但本专利为产品形状的外观设计，将二者相比较可见本专利在进料口、机体、接料容器及把手等各部分的形状设计均与在先设计存在明显差异，二者的整体形状也存在明显差别，上述差别对整体视觉效果具有显著影响，二者明显属于不相同且不相近似的外观设计。

综上所述，本专利与请求人提交的证据所示在先设计不相同也不相近似，请求人以此证明本专利不符合专利法第 23 条规定的主张不能成立。

三、决定

维持 00305063. 7 号外观设计专利权有效。

当事人对本决定不服的，可以根据专利法第 46 条第 2 款的规定，自收到本决定之日起 3 个月内向北京市第一中级人民法院起诉。根据该款的规定，一方当事人起诉后，另一方当事人应当作为第三人参加诉讼。

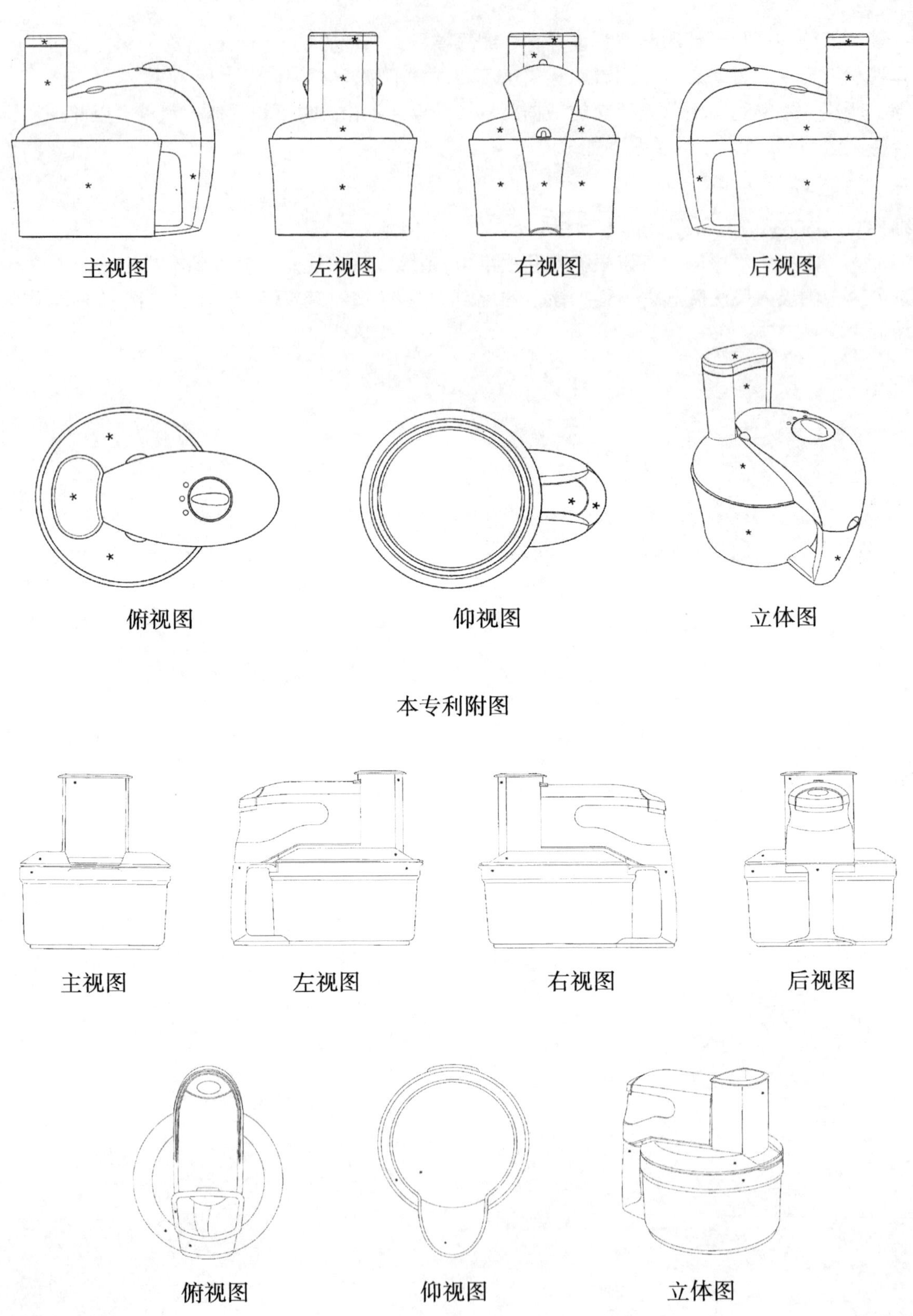

在先设计附图

171

展示柜（1200TNV）

无效宣告请求审查决定（第13087号）

决　　定　　号　第13087号
决　　定　　日　2009年3月7日
发明创造名称　展示柜（1200TNV）
外观设计分类号　20-02
无效宣告请求人　孙雅申
专　利　权　人　方正亚洲有限公司，玛丽亚·阿德莱德·卡萨尼
专　　利　　号　200630145462.9
申　　请　　日　2006年11月24日
授　权　公　告　日　2007年12月12日
合　议　组　组　长　钱亦俊
主　　审　　员　吴大章
参　　审　　员　周　佳

法　律　依　据　专利法第23条，专利法实施细则第64条
决　定　要　点

专利权人是从事产品出口的中间商，其与国内企业之间存在的产品购销关系的性质不同于国内市场的购销关系，所用于出口的产品并没有处于国内公众中的任何人想得到即可以得到的状态。

国内的生产企业对专利权人订购的产品的生产技术、图纸资料负有保密义务，因此，国内生产企业的生产制造行为没有形成公众可以得知的状态，未构成国内公开使用。

一、案由

本无效宣告请求涉及国家知识产权局于2007年12月12日授权公告的、名称为“展示柜（1200TNV）”的第200630145462.9号外观设计专利（下称本专利），其申请日为2006年11月24日，专利权人是方正亚洲有限公司，共同专利权人是帕迪尼·马尔科、玛丽亚·阿德莱德·卡萨尼，后共同专利权人变更为玛丽亚·阿德莱德·卡萨尼。

针对上述外观设计专利权，孙雅申（下称请求人）于2008年4月16日向专利复审委员会提出无效宣告请求，并随无效宣告请求书提交了如下附件作为证据：

附件1：请求人声称的意大利佛卡责任有限公司提供的声明及其相关文件复印件，共31页，其中包括如下文件：

附件1-1：佛卡责任有限公司出具的声明外文复印件及其中文译文，共3页；

附件 1-2：利米尼市工商部出具的关于佛卡责任有限公司的普通科注册证明外文复印件及其中文译文，共 6 页；

附件 1-3：利米尼市公证员江安东尼奥·彭尼诺出具的关于摄于佛卡责任有限公司内照片的证明外文复印件及其中文译文，以及请求人声称的上述证明所附照片复印件，共 3 页；

附件 1-4：与方正亚洲有限公司相关单据（发票、报关单、提货单、原产地证明等）外文复印件及其中文译文的复印件，共 11 页；

附件 1-5：利米尼市公证员江安东尼奥·彭尼诺出具的复印件与原件相符的证明外文复印件及其中文译文的复印件，共 2 页；

附件 1-6：订单号为 0682/2005-FORCAR 复印件及其中文译文的复印件，共 4 页；

附件 1-7：第 1 行标有“ORIGINAL”字样的页复印件及其中文译文的复印件，共 2 页；

附件 2：莱州市宏泰电器有限公司和方正亚洲有限公司（RIGHTWAY ASIA LTD）签订的产品销购销合同和付款凭证的复印件，共 6 页；

附件 3：嘉宏航运有限公司进仓通知、青岛远洋大亚物流有限公司理货单的复印件，共 4 页；

附件 4：中华人民共和国海关出口货物报关单复印件，共 1 页；

附件 5：四川湾区康莱士检测有限公司合同（合同登记编号：SBC-CE-04052802，制订日期：2004 年 5 月 28 日）及相关文件（包括该公司的企业法人营业执照、外商投资企业税务登记证、中华人民共和国组织机构代码证）复印件，以及与该公司相关的外商投资企业基本情况（设立）和年检情况打印件，共 11 页；

附件 6：CE 标准符合性证明书（出证日期：2004 年 6 月 30 日）的中文文件和外文文件复印件，lVD 测量和测试报告（型号：GN1410BT）的中文文件和外文文件复印件，附被测设备（型号：GN1410BT）照片及中文译文复印件，共 8 页；

附件 7：山东省莱州市公证处出具的（2008）莱州证民字第 3 号公证书（包含照片 1 页）复印件，共 5 页，公证日期为 2008 年 1 月 4 日；

附件 8：证人 Marco Pardini 出具的“Witness Statement”外文书面证言的复印件，共 2 页。

请求人认为：上述证据证明，在本专利申请日前，专利权人之一方正亚洲有限公司与莱州宏泰电器有限公司有购销合作关系，莱州宏泰电器有限公司通过设计、生产完成的产品“展示柜（1200TNV）”出售给方正亚洲有限公司转销到意大利等国内外各地，本专利与莱州宏泰电器的产品的外观设计是相同或相似的，故本专利不符合专利法第 23 条中应当同申请日以前在国内公开使用过的外观设计不相同和不相近似的规定。

经形式审查合格后，专利复审委员会受理了该无效宣告请求，并于 2008 年 4 月 30 日向双方当事人发出无效宣告请求受理通知书，并随上述无效宣告请求受理通知书将请求人提交的无效宣告请求书及其附件清单中所列附件副本转送专利权人，要求其在指定期限内对该无效宣告请求陈述意见。

请求人又于 2008 年 5 月 16 日向专利复审委员会提交了意见陈述书及补充证据，但请求人未结合所提交的补充证据具体说明相关的无效宣告理由，补充证据如下：

附件 9：青岛益达设备有限公司的企业法人营业执照（副本）复印件、青岛益达设备有限公司出具的关于 Marco Pardini 先生是该公司总裁的证明的中文文件和外文文件的复印件、Marco Pardini 的护照复印件及其中文译文、附件 8 及其“见证声明”中文译文，共 8 页；

附件 10：请求人声称的关于方正亚洲有限公司从莱州宏泰电器有限公司购买产品的相关文件复印件及其中文译文，共 21 页。

专利权人于 2008 年 6 月 12 日向专利复审委员会提交了意见陈述书及如下附件作为证据：

莱州市宏泰电器有限公司与方正亚洲有限公司的协议书复印件，共4页（下称反证1）。

专利权人认为：方正亚洲有限公司与莱州宏泰电器有限公司系委托加工关系，不是国内公开使用；附件3、4证明宏泰电器生产的产品出口，不是国内公开使用；附件5、6证明宏泰电器生产的产品根据出口标准检测，都在特定关系人之间进行，不构成使用公开；附件7是本专利申请日后形成的公证书，仅由宏泰电器口述说明2006年前生产和参展，无法证明申请日前公开使用；附件1、8系域外证据，未经公证认证，不予认定，即使该附件真实有效，也仅能说明本专利产品在国外销售，不能证明在国内公开使用。

专利复审委员会成立合议组，依法对本案进行审查。合议组于2008年7月2日向双方当事人发出口头审理通知书，定于2008年9月23日对本案进行口头审理，并随上述口头审理通知书将请求人于2008年5月16日提交的意见陈述书及其附件清单中所列附件的副本转送给专利权人，同时将专利权人于2008年6月12日提交的意见陈述书及其附件清单中所列附件的副本转送给请求人。

口头审理如期举行，请求人与其证人及双方当事人的代理人均出席了口头审理。在口头审理中，双方当事人对合议组成员无回避请求，双方当事人对对方出庭人员身份无异议。请求人当庭提交了如下文件：

附件1-1：佛卡责任有限公司出具的声明外文原件，附有中华人民共和国驻米兰总领事馆认证，共1页；

附件1-2：利米尼市工商部出具的关于佛卡责任有限公司的普通科注册证明外文原件，附有中华人民共和国驻米兰总领事馆认证，共3页；

附件1-3：利米尼市公证员江安东尼奥·彭尼诺出具的关于摄于佛卡责任有限公司内照片的证明所附照片的原件，实际为复印件，共1页；

附件1-3：中利米尼市公证员江安东尼奥·彭尼诺出具的关于摄于佛卡责任有限公司内照片的证明外文原件，附有中华人民共和国驻米兰总领事馆认证，用订书钉与上述请求人声称的证明所附照片装订在一起，共1页；

附件1-4：与方正亚洲有限公司相关单据（发票、报关单、提货单、原产地证等）外文的原件，实际为复印件，共5页；

附件1-5：利米尼市公证员江安东尼奥·彭尼诺出具的复印件与原件相符的证明外文原件，附有中华人民共和国驻米兰总领事馆认证，用订书钉与上述附件1-4与方正亚洲有限公司相关单据（发票、报关单、提货单、原产地证等）装订在一起，共1页；

附件1-6：订单号为0682/2005-FORCAR的复印件共2页，每页上都盖有“莱州市宏泰电器有限公司”的红色印章；

附件1-7：第1行标有“ORIGINAL”字样的页复印件1页，页面上盖有“莱州市宏泰电器有限公司”的红色印章;；

请求人声称的附件2、3、4的原件，实际为复印件，其上盖有“莱州市宏泰电器有限公司”红色印章，共11页；

合议组当庭核实了请求人当庭提交的上述文件与请求人在提出无效宣告请求时提交的附件的一致性，专利权人对两者的一致性无异议。

关于附件5和原件，请求人称在专利复审委员会审理的相关案件中已经提交，专利权人当庭表示对附件5的真实性没有异议；

请求人提交了附件6的原件。专利权人认为报告书不是原件，没有公章。

在口头审理中，请求人称附件7证明本专利在展览会展出，合议组当庭告知，由于在提起无效宣告请求时以及提交补充证据中请求人没有就此详细陈述理由。根据专利法实施细则第 64 条规定，该理由不属于本次审理的范围。请求人没有坚持附件 7 支持的事实主张，并且未针对附件 7 发表质证意见。

请求人对反证 1 的真实性没有提出异议，并且发表了质证意见。

出具附件 8 书面证言的证人 Marco Pardini 出庭作证。证人称：本专利是在 2004 年 11 月之前生产的，是由莱州宏泰电器有限公司设计的。证人表示，他知道方正亚洲有限公司和莱州宏泰电器有限公司签订的协议（反证 1）。

在上述基础上双方当事人充分陈述了意见。请求人认为：当庭提交的文件均为原件，附件 1 中意大利佛卡责任有限公司出具的声明，声明照片中的产品是从中国购买的，附件 1 中有方正亚洲有限公司开具的发票、欧共体的报关单、意大利公司的提单和原产地证明，可以证明，专利权人在中国厂家购买了本专利的产品，再销售到国外，国内制造构成了技术的公开。附件 2、附件 3 和附件 4 证明方正亚洲有限公司在莱州宏泰电器有限公司购买了本专利的产品，并发货至意大利。专利权人对附件 1 中有关证据和的真实性提出质疑，对附件 2、附件 3 和附件 4 的真实性提出质疑，认为这些证据不具有真实性。请求人认为附件 5 和附件 6 证明在本专利申请日之前本专利的产品已经交给检测单位进行检测，已经公开。专利权人认为检测、认证不能构成国内公开使用。双方当事人就专利权人和莱州宏泰电器有限公司之间的关系问题进行了辩论，专利权人认为：方正亚洲有限公司与莱州宏泰电器有限公司系委托加工关系，不是国内公开使用，其出口行为也不构成国内的公开使用；请求人认为方正亚洲有限公司与莱州宏泰电器有限公司系买卖合作关系。

至此，合议组认为本案事实已经清楚，可以依法作出无效宣告请求审查决定。

二、决定的理由

1. 法律依据

基于请求人提出的无效宣告的理由，合议组依据专利法的 23 条对本案进行审理。

专利法第 23 条规定，授予专利权的外观设计，应当同申请日以前在国内外出版物上公开发表过或者国内公开使用过的外观设计不相同和不相近似，并不得与他人在先取得的合法权利相冲突。

审查指南第二部分第三章第 2. 1. 3. 2 节规定，“…使有关技术内容处于公众想得知就能够得知的状态…就构成使用公开”。根据专利法第 23 条和审查指南审查指南的上述规定，构成使用公开必须使本专利的外观设计在中国境内处于公众想得知就能够得知的状态。

专利法实施细则第 64 条规定，依照专利法第 45 条的规定，请求宣告专利权无效或者部分无效的，应当向专利复审委员会提交专利权无效宣告请求书和必要的证据一式两份。无效宣告请求书应当结合提交的所有证据，具体说明无效宣告请求的理由，并指明每项理由所依据的证据。

2. 事实和证据认定

附件 9 和附件 10 是请求人在期限内提交的补充证据，但请求人未结合所提交的补充证据具体说明相关的无效宣告理由。经查，附件 9 中包含附件 8 和附件 8 的中文译文，因此，合议组认为附件 9 是附件 8 的中文译文。依据审查指南第四部分第三章第 4. 3. 1 节的规定，合议组接受附件 9，对附件 10 不予考虑。

请求人试图用附件 1、附件 2、附件 3、附件 4、附件 8 和附件 9 证明：在本专利申请日之前，专利权人之一方正亚洲有限公司与莱州宏泰电器有限公司有购销合作关系，莱州宏泰电器有限公司通过设计、生产完成的产品“展示柜（1200TNV）”出售给方正亚洲有限公司转销到意大利等国内外各地，本专利与莱州宏泰电器有限公司的产品的外观设计是相同或相似的。

专利权人对请求人的上述主张没有予以否认，而是强调方正亚洲有限公司与莱州宏泰电器有限公司系委托加工关系，不是国内公开使用，其出口行为也不构成国内的公开使用。并提交了反证 1 来证明其主张。

请求人对反证1的真实性没有异议，合议组对该证据予以采纳。经查，反证1可以证明：专利权人向莱州宏泰电器有限公司长期订购本专利产品用于向国外出口。合议组认为：专利权人购买国内厂家产品的目的在于赚取外方的商业利润，其从事的一切商业活动仅仅在于将国内产品推入国际市场，而不是为了在国内销售和使用，专利权人仅是国内厂家和外方之间的中间商。因而，即使专利权人与国内企业之间存在产品购销关系，其性质也不同于国内市场的销售行为，所用于出口的产品并没有处于国内公众中的任何人想得到即可以得到的状态。因此，本案中的出口行为并未涉及该产品在国内的使用公开。

在本案中，反证1还进一步证明，国内的生产企业莱州宏泰电器有限公司对专利权人订购的产品的生产技术、图纸资料负有保密义务，因此，合议组认为，莱州宏泰电器有限公司的生产制造行为没有形成公众可以得知的状态，未构成国内公开使用。

从上述分析中不难看出，请求人主张的事实即使能够成立也不属于法律规定的构成公开使用的事实。

鉴于上述已经得出的请求人主张的上述事实并非法律规定的构成公开使用的事实，故请求人提交的用以支持其该主张的证据与法律规定的构成公开使用的事实均无关联性，这些证据是：附件1、附件2、附件3、附件4、附件8和附件9。

请求人试图用附件5和附件6证明本专利因检测和认证导致公开。

附件5包括：四川湾区康莱士检测有限公司合同（合同登记编号：SBS-CE-04052802，制订日期：2004年5月28日）；相关文件（包括该公司的企业法人营业执照、外商投资企业税务登记证、中华人民共和国组织机构代码证），其上盖有“莱州市宏泰电器有限公司”红章，以及与该公司相关的外商投资企业基本情况（设立）和年检情况打印件，其上盖有“四川省工商局经济信息中心微机档案查询专用章（仅供参考）”红章。专利权人对该证据的真实性予以认可。经查，上述合同中的第8项约定：四川湾区康莱士检测有限公司对送检方的任何技术资料都有保守商业机密的责任。故合议组认为，附件5不能支持本专利产品经检测导致公开的主张。

对于附件6，其中（1）CE标准符合性证明书（出证日期：2004年6月30日，型号：GN1410BT，GN1410BTM，GN600BTZ1.2），（2）LVD测量和测试报告（型号：GN1410BT）附被测设备（型号：GN1410BT）照片，请求人提交了该报告的原件，专利权人认为报告书不是原件，没有公章。合议组认为：一项发明创造根据某项出口标准所做的检测，属于为符合相关标准而完善发明创造的步骤，该检测过程并没有导致本专利的外观设计在国内处于公众想要得知即可得知的状态，因此该检测不构成专利法意义上的公开。故合议组对请求人关于所述产品在国内经检测导致公开的主张不予支持。

附件7是山东省莱州市公证处于2008年1月4日出具的（2008）莱州证民字第3号公证书（包含照片），其所保全的证据是：“方正亚洲有限公司因参加北京、上海、广州展会或用于国内销售而从莱州市宏泰电器有限公司购买的会后存放在青岛益达设备有限公司的部分不锈钢冷柜（展示柜）进行证据保全”（见公证书第1页第15~17行，合议组注），“公证员王洪才、张维及申请人的委托代理人冯仕文、参加人（拍摄人）刘福光于二〇〇八年一月四日一起来到位于青岛市城阳区的青岛益达设备有限公司，对存放于该公司的部分不锈钢冷柜（展示柜）进行勘验、拍照并保全证据”（见公证书第1页第18~22行，合议组注）。合议组认为，由于在提起无效宣告请求时以及提交补充证据中请求人没有就此详细陈述理由，根据专利法实施细则第64条规定，该理由不属于本次审理的范围。故合议组认为附件7与无效宣告请求的具体理由不具有关联性。另外，附件7仅是证据保全公证，并不能证明公开展览的事实。仅凭证人证言还不足以证明该事实。

请求人主张的事实均不属于法律规定的公开使用的情形，即均不适用专利法第 23 条的规定。

三、决定

维持第 200630145462.9 号外观设计专利权有效。

当事人对本决定不服的，可以根据专利法第 46 条第 2 款的规定，自收到本决定之日起三个月内向北京市第一中级人民法院起诉。根据该款的规定，一方当事人起诉后，另一方当事人应当作为第三人参加诉讼。

北京市第一中级人民法院
行政判决书

（2009）一中行初字第 1700 号

原告孙雅申，男，1968 年 5 月 3 日出生，汉族，住中华人民共和国北京市海淀区西土城路 25 号。

委托代理人孙姗姗，北京市洪范广住律师事务所律师。

被告中华人民共和国国家知识产权局专利复审委员会，住所地中华人民共和国北京市海淀区北四环西路 9 号银谷大厦 10~12 层。

法定代表人张茂于，副主任。

委托代理人吴大章，中华人民共和国国家知识产权局专利复审委员会审查员。

委托代理人程强，中华人民共和国国家知识产权局专利复审委员会审查员。

第三人方正亚洲有限公司，中华人民共和国香港特别行政区告士打道 181 号中怡大厦 1001 室。

法定代表人 Cassani，Maria Adelaide，董事。

第三人玛丽亚·阿德莱德·卡萨尼（Maria Adelaide Cassani），女，1945 年 9 月 26 日出生，持有 YA0158841 号意大利护照。

委托代理人邵守刚，清泰律师事务所律师。

原告孙雅申不服被告中华人民共和国国家知识产权局专利复审委员会于 2009 年 3 月 7 日作出的第 13087 号无效宣告请求审查决定，于法定期限内向本院提起诉讼。本院于 2009 年 7 月 7 日受理本案后，依法组成合议庭，并通知方正亚洲有限公司、玛丽亚·阿德莱德·卡萨尼作为本案第三人参加诉讼。在本案审理过程中，原告孙雅申于 2009 年 12 月 15 日向本院提出撤诉申请，请求撤回对被告中华人民共和国国家知识产权局专利复审委员会的起诉。

本院认为：原告孙雅申的撤诉申请系其真实意思表示，亦未违反法律规定，应予准许。本院依照《中华人民共和国行政诉讼法》第 51 条之规定，裁定如下：

准许原告孙雅申撤回对被告中华人民共和国国家知识产权局专利复审委员会的起诉。

案件受理费人民币 100 元，减半收取 50 元，由原告孙雅申负担（已交纳）。

审 判 长　赵　静
代理审判员　姜庶伟
人民陪审员　刘世昌
二〇〇九年十二月十五日
书 记 员　谭北川
书 记 员　高晓旭

172

电子秤（F）

无效宣告请求审查决定（第13089号）

决　　定　　号　第13089号
决　　定　　日　2009年3月23日
发明创造名称　电子秤（F）
外观设计分类号　10-01
无效宣告请求人　永康市方岩新华五金厂
专　利　权　人　上海友声衡器有限公司
专　　利　　号　200730074559.X
申　　请　　日　2007年4月13日
授权公告日　2008年2月20日
合议组组长　张宗任
主　　审　　员　张　巍
参　　审　　员　乔东峰
附　　　　　图　2页

法律依据　专利法第23条
决定要点

在外观设计专利与同类产品的在先外观设计之间的整体形状设计及大部分部位形状设计及布局均相近似的情况下，二者在局部的细微变化，对整体视觉效果不产生显著的影响，因此二者属于相近似的外观设计。

一、案由

本无效宣告请求涉及国家知识产权局于2008年2月20日授权公告的名称为“电子秤（F）”的外观设计专利（下称本专利），其专利号为200730074559.X，申请日为2007年4月13日，专利权人为上海友声衡器有限公司。

针对上述外观设计专利权，永康市方岩新华五金厂（下称请求人）以本专利不符合专利法第23条的规定为由于2008年9月25日向专利复审委员会提出了无效宣告请求，请求人随该无效宣告请求书提交了以下附件作为证据：

附件1：专利号为ZL200530043444.5的外观设计专利复印件，共1页，授权公告日为2006年6月28日。

请求人在无效宣告请求书中的具体理由是：附件1作为在先设计公开了一种电子秤，如六面视图所示：在先设计包括底座、设置于底座上方的上盖、设置于上盖上方的秤盘和设置于底座上的底脚；由在先设计的主视图可见：上盖的前部是一倾斜的“前屏面板”，在上盖的后部是一微倾的“后屏面板”，在该两面板上装有显示数字的窗口和操作键盘，在先设计与本专利的布局和形状均相同；由在先设计的左、右和本专利的左视图和立体图可见：二者的两个侧面，即由上至下为秤盘、上盖、底座和底脚均具有相同的形状特征；在先设计的俯视图所示的秤盘上表面设有一面积较大的凹面，它低于秤盘的周边，其形状与本专利俯视图所示的秤盘表面的凹面的形状特征相同；由在先设计和本专利的仰视图可见，在底座上设有一个电池盒盖和四个底脚，它们的相对位置相同；只是在先设计的底板形状为矩形，而本专利的底板形状略呈梯形，同属四边形；由于该底板在使用时属于看不到的部位，对整体视觉效果不具显著的影响。综上所述，本专利与在先设计相比，二者为同类产品并且其形状特征相近似，故本专利不符合专利法第 23 条的规定。

经形式审查合格后，专利复审委员会受理了该无效宣告请求，于 2008 年 12 月 12 日向双方当事人发出无效宣告请求受理通知书，并将无效宣告请求书及其附件清单中所列附件的副本转给了专利权人，要求其在指定期限内答复。

专利复审委员会依法成立合议组对本案进行审理。合议组于 2009 年 1 月 20 日向双方当事人发出无效宣告请求口头审理通知书，定于 2009 年 3 月 3 日举行口头审理。

专利权人于 2009 年 2 月 2 日针对上述无效宣告请求向专利复审委员会提交了意见陈述书，陈述了以下意见：“电子秤（F）”和“电子秤（C）”均为本专利的专利权人所申请的专利，其中“电子秤（C）”为桌上型电子秤产品外壳的外形专利，而“电子秤（F）”是带前后显示、键盘面贴的整机产品的外形专利，两者在本质上是不同的外形专利。

口头审理于 2009 年 3 月 3 日如期举行，双方当事人均参加了口头审理。双方当事人对合议组成员变更无异议，对合议组成员无回避请求，对对方出庭人员身份及资格没有异议。合议组当庭将专利权人于 2009 年 2 月 2 日提交的意见陈述书转交给请求人，请求人明确表示当庭对该意见陈述书发表意见。合议组告知双方当事人，关于专利权人于 2009 年 2 月 2 日提交的意见陈述书是否超期的问题待合议组在口头审理之后核实，如果超期，合议组将对该文件不予接受，如果不超期，合议组将接受上述意见陈述书并接受双方当事人针对其的答辩意见。专利权人对附件 1 的真实性无异议。请求人明确表示无效理由为：本专利与附件 1 的在先设计相近似，因此不符合专利法第 23 条的规定。专利权人在口头审理中与其在 2009 年 2 月 2 日提交的意见陈述书中的意见一致，即认为：本专利是带前后显示、键盘面贴的整机产品的外形专利，附件 1 的在先设计是桌上型电子秤产品外壳的外形专利，其中在先设计的面板上显示的都是空框，无法看到按键。

至此，本案合议组认为事实已清楚，可以在此基础上作出本审查决定。

二、决定的理由

1. 法律依据

基于请求人提出的无效宣告请求的理由和证据，合议组依据专利法第 23 条的规定对本案进行审理。

专利法第 23 条规定：“授予专利权的外观设计，应当同申请日以前在国内外出版物上公开发表过或者国内公开使用过的外观设计不相同和不相近似，并不得与他人在先取得的合法权利相冲突。”

2. 证据认定

请求人提交的附件 1 是专利号为 ZL200530043444.5 的外观设计专利复印件，专利权人对附件 1 的真实性无异议，经合议组核实，附件 1 的内容与其外观设计专利公报内容一致。该外观设计专利的授权公告日是 2006 年 6 月 28 日，即其公开发表日期在本专利申请日之前，附件 1（下称在先设计）

与本专利属于相同类别产品，可与本专利进行相同相近似性比较。

3. 相同和相近似性比较

本专利的授权公告文本共有六幅视图，即主视图、俯视图、仰视图、后视图、左视图和立体图。结合六幅视图看，本专利的电子秤包括底座、设置于底座上方的上盖、设置于上盖上方的秤盘和设置于底座上的四个圆形底脚；从主视图可见，上盖的前面板略呈梯形，前面板左上角具有一个矩形框，其下有一个近似方形框，前面板的中部略左有上下两个两边对齐、大小相同的矩形框，前面板的右侧有一个较大的矩形框，其内具有键盘；从后视图可见，上盖的后面板上有三个横向排列的矩形框；从左视图可见，前面板以较大角度向外倾斜，且前面板的上部略向上突起，后面板以较小角度向外倾斜，且其底部比靠近前面板侧的底部高；上盖和底座形成在左侧面上的接缝线为弧线；根据摘要中的说明，其右视图与左视图对称；从俯视图和立体图可见，秤盘整体呈矩形，其中部具有椭圆形框；从仰视图可见，底座的底板呈近似梯形，四个圆形底脚位于底板中下部左右两侧的对称位置上（详见本专利附图）。

在先设计共有六幅视图，即主视图、俯视图、仰视图、后视图、左视图和右视图。结合六幅视图看，在先设计的电子秤包括底座、设置于底座上方的上盖、设置于上盖上方的秤盘和设置于底座上的四个圆形底脚；从主视图可见，上盖的前面板呈矩形，前面板的左上角有一个矩形框，其下有一近似方形框和两个椭圆孔，前面板的中部略左有上下两个右边对齐的矩形框，下侧的矩形框比上侧的矩形框的长边长，前面板的右侧有一个较大的矩形框；从后视图可见，上盖的后面板上有三个横向排列的矩形框；从左视图可见，前面板以较大角度向外倾斜，且前面板的上部略向上突起，后面板以较小角度向外倾斜，且其底部比靠近前面板侧的底部高；上盖和底座形成在左侧面上的接缝线为弧线；从左视图和右视图可见，上盖的左侧面和右侧面对称，因此省略对右视图的描述；从俯视图可见，秤盘整体呈矩形，其中部具有椭圆形框；从仰视图可见，底座的底板呈近似正方形，四个圆形底脚位于底板中下部左右两侧的对称位置上，其中左侧两个底脚之间具有一个矩形框，右侧两个底脚之间具有竖向排列的两个矩形框，在底板的下侧中间位置有一矩形电池盒盖（详见在先设计附图）。

本专利与在先设计的区别为：（1）本专利和在先设计的底部设计略有区别，但是电子秤的底部属于在使用状态下不会被一般消费者关注的部位，其上的设计的变化也不会对产品的整体视觉效果产生显著影响；（2）本专利的电子秤的上盖的前面板略呈梯形，前面板中部略左的两个矩形框大小相同、上下对齐，前面板右侧的矩形框中具有数字键盘；在先设计的前面板呈近似矩形，前面板中部略左下侧的矩形框比其上侧的矩形框的长边长，且前面板右侧的矩形框为空框，这些区别相对于电子秤的整体形状和各部分的布局而言，仅仅是局部的细微变化，对整体视觉效果不具有显著影响。通过对二者的整体观察、综合判断，二者的整体形状设计及大部分部位形状设计是相近似的，底座、上盖、秤盘和底脚的布局均相近似，二者在局部的细微变化，对整体视觉效果不会产生显著的影响，因此本专利与在先设计是相近似的外观设计。

鉴于专利权人于 2009 年 2 月 2 日提交的意见陈述书中的有关意见，专利权人在口头审理过程中已经全面阐述，因此对专利权人于 2009 年 2 月 2 日提交的文件是否接受的认定已无必要。针对专利权人在口头审理过程中提出的意见，合议组认为：虽然本专利中的面板上显示有按键，而在先设计的面板上显示的是空框，但是在二者整体形状设计及大部分部位形状设计和布局均相近似的情况下，按键和空框的区别相对于二者相近似的整体形状和各部位形状设计和布局而言，属于局部的细微变化，均不足以导致二者的整体外观设计产生显著的差别，因此二者应属于相近似的外观设计。

综上所述，在本专利申请日以前，已有与其相近似的外观设计在出版物上公开发表过，因此，本专利不符合专利法第 23 条的规定。

三、决定

宣告 200730074559. X 号外观设计专利权无效。

当事人对本决定不服的，可以根据专利法第 46 条第 2 款的规定，自收到本决定之日起 3 个月内向北京市第一中级人民法院起诉。根据该款的规定，一方当事人起诉后，另一方当事人应当作为第三人参加诉讼。

后视图

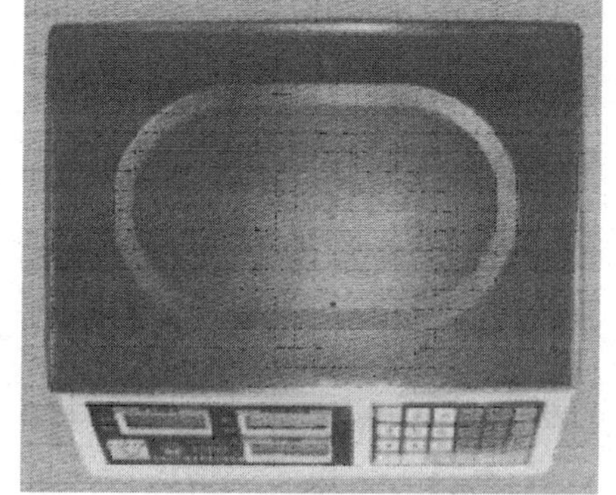
俯视图

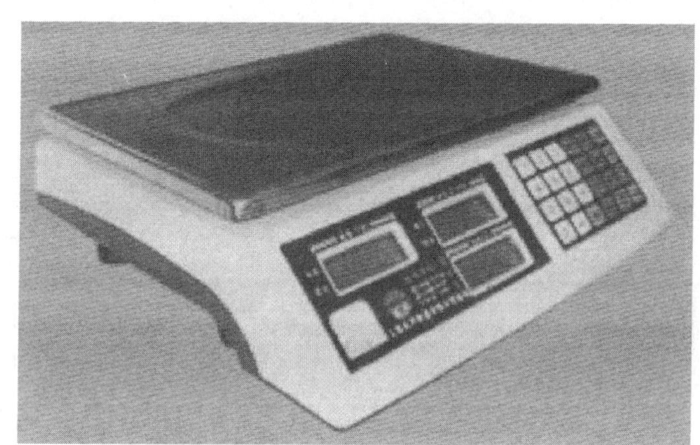
立体图

仰视图

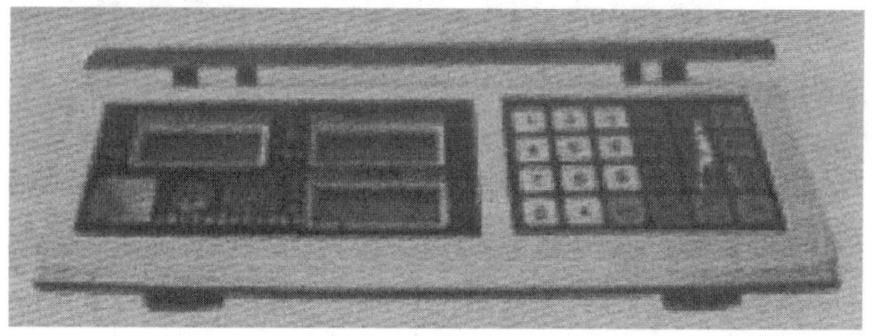
主视图

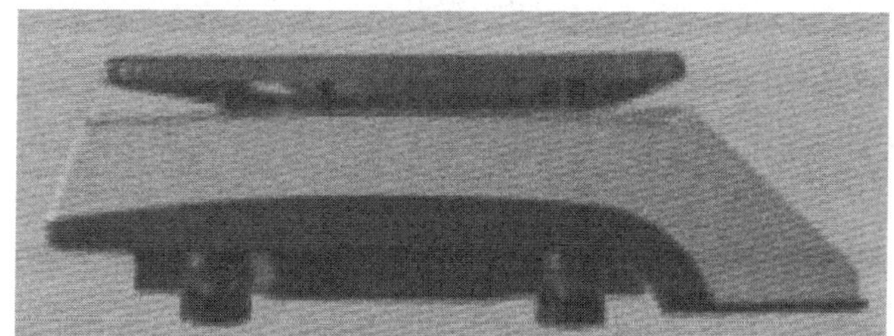
左视图

本专利附图

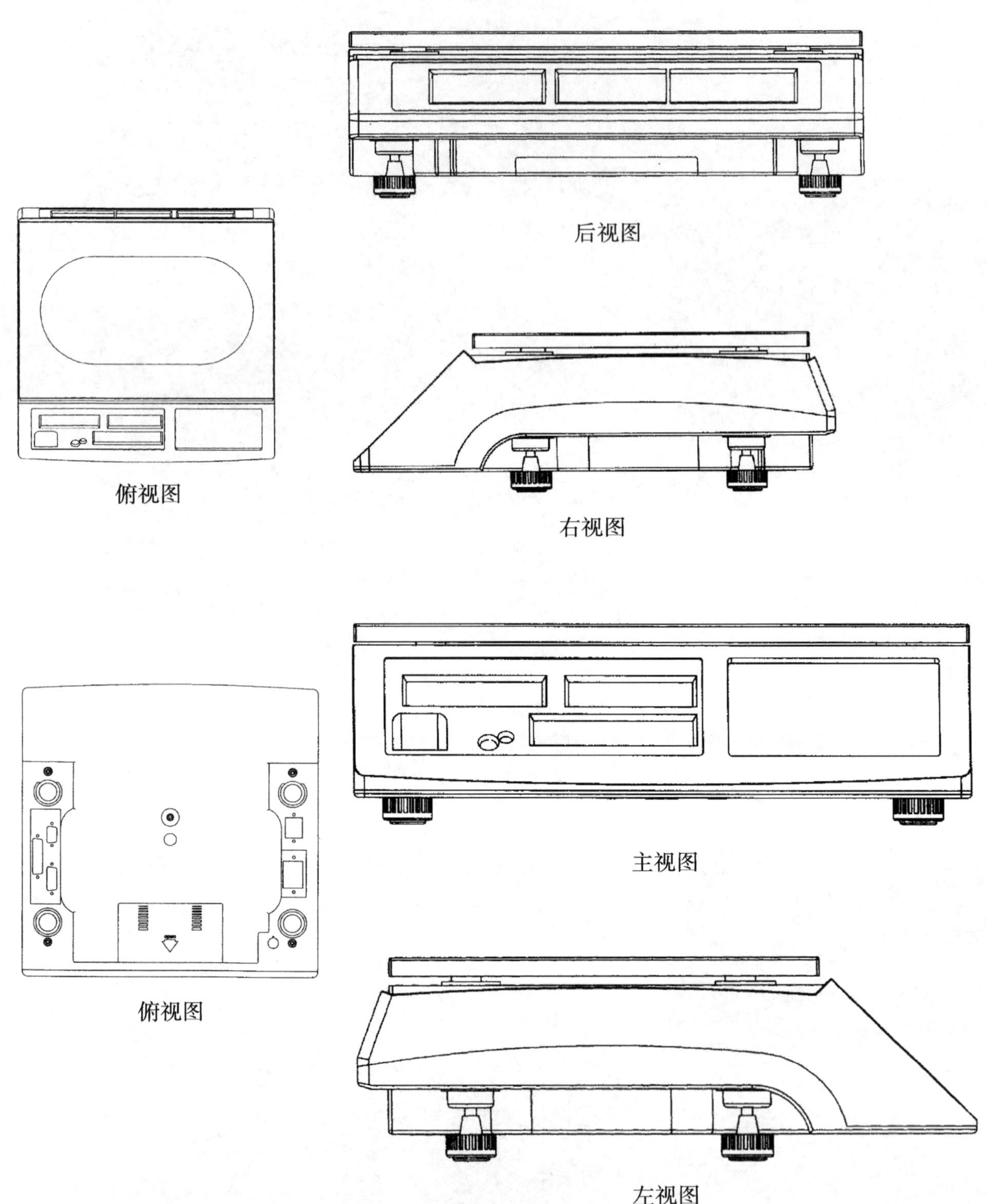

在先设计附图

173

电子秤（A）

无效宣告请求审查决定（第13090号）

决　　定　　号　第13090号
决　　定　　日　2009年3月23日
发明创造名称　电子秤（A）
外观设计分类号　10-04
无效宣告请求人　永康市方岩新华五金厂
专　利　权　人　上海友声衡器有限公司
专　　利　　号　200530043442.6
申　　请　　日　2005年9月23日
授权公告日　2006年11月1日
合议组组长　张宗任
主　　审　　员　张　巍
参　　审　　员　乔东峰
附　　　　　图　2页

法律依据　专利法第23条
决定要点

本专利与在先设计在局部的细微变化对产品整体视觉不具有显著影响，在先设计虽然未完全公开本专利的某一视图，但是未公开的视图属于产品在使用状态下不容易被关注的部位，对产品的整体视觉效果不会产生显著影响，因此根据整体观察、综合判断的原则，本专利与在先设计属于相近似的外观设计。

一、案由

本无效宣告请求涉及国家知识产权局于2006年11月1日授权公告的名称为"电子秤（A）"的外观设计专利（下称本专利），其专利号为200530043442.6，申请日为2005年9月23日，专利权人为上海友声衡器有限公司。

针对上述外观设计专利权，永康市方岩新华五金厂（下称请求人）以本专利不符合专利法第23条的规定为由于2008年9月25日向专利复审委员会提出了无效宣告请求，请求人随该无效宣告请求书提交了以下附件作为证据：

附件1：专利号为ZL02291510.9的实用新型专利说明书复印件，共12页，其授权公告日为2003年11月26日。

请求人在无效宣告请求书中的具体理由是：附件 1 作为在先设计公开了一种电子秤，如附图 1、图 2、图 3 和图 5 所示：该在先设计包括底座，设置于底座上方的上盖，设置于上盖上方的秤盘和底脚；如附件 1 的图 1、图 2 所示，在上盖的前部是一倾斜的“前屏面板”，在上盖的后部是一微倾的“后屏面板”，在所示的两面板上装有显示数字的窗口和操作键盘，其布局与本专利的布局相同；如附件 1 的图 5 所示，在先设计的两个侧面显示了与本专利左、右视图的对应部位相同的形状特征，即由上至下为秤盘、上盖和底座，上盖的两个对称侧面的形状与本专利的相应部位几乎相同，仅在上转角处有小的突起，属于局部的细微变化，对整体视觉效果不足以产生显著的影响；如附件 1 的图 1、2 所示，在先设计的底座内设有一个电池盒和四个用于固定底脚的螺栓，因此其下表面与本专利的仰视图的形状特征相同；如附件 1 的图 2、图 3 所示，在先设计的秤盘的上表面设有一面积较大的凹面，它低于秤盘的周边，本专利俯视图所示的秤盘表面亦设有一凹面，其不同之处仅在于：在先设计的凹面是矩形，而本专利的凹面两侧是半圆形；在平板上冲压凹面的目的是增加秤盘的承载刚度，因此该凹面是一种纯功能性的技术特征，并且由于使用电子秤时，秤盘的上面还设有一个活动货盘，秤盘的凹面部位处于货盘下面，不会被一般消费者关注；综上所述，本专利与在先设计相比，二者为同类产品并且其形状特征相近似，故本专利不符合专利法第 23 条的规定。

经形式审查合格后，专利复审委员会受理了该无效宣告请求，于 2008 年 12 月 12 日向双方当事人发出无效宣告请求受理通知书，并将无效宣告请求书及其附件清单中所列附件的副本转给了专利权人，要求其在指定期限内答复。

专利复审委员会依法成立合议组对本案进行审理。合议组于 2009 年 1 月 20 日向双方当事人发出无效宣告请求口头审理通知书，定于 2009 年 3 月 3 日举行口头审理。

专利权人于 2009 年 2 月 2 日针对上述无效宣告请求向专利复审委员会提交了意见陈述书，陈述了以下意见：（1）与附件 1 相比，本专利上盖和下底座的接缝线是直线，附件 1 的接缝线是弧线；本专利的前面板下面的一个显示窗是靠右对齐的，且前面板上部有一个尖角突起，而附件 1 的前面板下面的一个显示窗是居中的，前面板上部没有尖角突起；此外，两个专利的上托盘也明显不同，本专利为带有凹面的平板，附件 1 为两边翘起而且没有凹面；（2）本专利是电子秤外壳的外形专利，而附件 1 是防止虫类侵入的电子秤装配结构的实用新型专利，两者没有可比性；（3）请求人在意见陈述书中提到的所有形状特征，是所有桌上型电子秤的共同特征，只有少数公司产品的托盘上表面没有凹面，所以没有任何排他性，不能证明本专利不符合专利法第 23 条的规定。

口头审理于 2009 年 3 月 3 日如期举行，双方当事人均参加了口头审理。双方当事人对合议组成员变更无异议，对合议组成员无回避请求，对对方出庭人员身份及资格没有异议。合议组当庭将专利权人于 2009 年 2 月 2 日提交的意见陈述书转交给请求人，请求人明确表示当庭对该意见陈述书发表意见。合议组告知双方当事人，关于专利权人于 2009 年 2 月 2 日提交的意见陈述书是否超期的问题待合议组在口头审理之后核实，如果超期，合议组将对该文件不予接受，如果不超期，合议组将接受上述意见陈述书并接受双方当事人针对其的答辩意见。专利权人对附件 1 的真实性无异议。请求人明确表示使用附件 1 中的图 1~3 和本专利进行对比，放弃使用图 5 和本专利进行对比。请求人明确表示无效理由为：本专利与附件 1 的在先设计相近似，因此不符合专利法第 23 条的规定。专利权人在口头审理中提出的意见与其在 2009 年 2 月 2 日提交的意见陈述书中的意见一致，即认为：本专利的上盖和底座的接缝线是直线，附件 1 的在先设计中是弧线；本专利前面板的下显示窗与上显示窗的右边是对齐的，且前面板上部有一个尖角突起，而附件 1 的在先设计中三个显示窗的下边的一个是居中的，前面板上部没有尖角突起；本专利的前面板显示的是没有键盘的空框，附件 1 的在先设计中是显示有键盘的；本专利的秤盘上是平的，且其内部有一个椭圆形凹槽，附件 1 的在先设计中秤盘的前后边突起，且秤盘内部是平的。

至此，合议组认为本案事实已清楚，可以在此基础上作出审查决定。

二、决定的理由

1. 法律依据

基于请求人提出的无效宣告请求的理由和证据，合议组依据专利法第 23 条的规定对本案进行审理。

专利法第 23 条规定："授予专利权的外观设计，应当同申请日以前在国内外出版物上公开发表过或者国内公开使用过的外观设计不相同和不相近似，并不得与他人在先取得的合法权利相冲突。"

2. 证据认定

请求人提交的附件 1 是专利号为 ZL02291510. 9 的实用新型专利说明书复印件，专利权人对其真实性无异议。经合议组核实，对其真实性予以认可。附件 1 的授权公告日是 2003 年 11 月 26 日，即其公开发表日期在本专利申请日之前。附件 1 虽然是实用新型专利说明书，但是附件 1 的图 1 为电子秤的分解结构示意主体图、图 2 为电子秤的结构示意俯视图、图 3 为电子秤的结构示意剖视图，其中图 1 所示各结构按照点划线指示配合构成一个完整的电子秤产品，因此图 1 具体公开了一种电子秤的外观，图 2、3 为图 1 的局部视图，可以用于补充说明图 1 的外观。另外，附件 1 作为实用新型所解决的是防止虫类侵入的技术问题，这种功能或作用不能改变图 1 所示电子秤外观所属的类别，因而附件 1 与本专利均涉及电子秤，属于相同类别产品，附件 1 的图 1 可作为在先设计与本专利进行相同相近似性比较。

3. 相同和相近似性比较

本专利的授权公告文本共有六幅视图，即主视图、俯视图、仰视图、后视图、左视图和右视图。结合六幅视图看，本专利的电子秤包括底座、设置于底座上方的上盖、设置于上盖上方的秤盘和设置于底座上的四个圆形底脚；从主视图可见，上盖的前面板呈矩形，前面板的左上角有一个矩形框，其下有一近似方形框和两个椭圆孔，前面板的中部略左有上下两个右边对齐的矩形框，下侧的矩形框比上侧的矩形框的长边长，前面板的右侧有一个较大的按键框；从后视图可见，上盖的后面板上有三个横向排列的矩形框；从左视图可见，前面板以较大角度向右下倾斜，且前面板的上部略向上突起，后面板以较小角度向外倾斜，且其底部比靠近前面板侧的底部高，上盖和底座形成在左侧面上的接缝线为大致平行于秤盘和大致平行于前面板的两条相连接的直线；上盖的两侧面对称，右视图和左视图对称设计；从俯视图可见，秤盘整体呈矩形，其中部具有椭圆形框；从仰视图可见，底座的底板呈近似正方形，四个圆形底脚位于底板中下部左右两侧的对称位置上，在底板的下侧中间位置有一矩形电池盒盖（详见本专利附图）。

附件 1 涉及三幅视图，即图 1、图 2 和图 3。综合上述视图（下称在先设计）可见，在先设计的电子秤包括底座、设置于底座上方的上盖、设置于上盖上方的秤盘和设置于底座上的底脚；从图 1 可知，上盖的前面板呈近似矩形，前面板左上角有一个矩形框，左下角有一个半椭圆框和一个圆孔，前面板的中部略左的上侧有一个矩形框，在上述两个矩形框的下侧居中位置有一个矩形框；在前面板的右侧有一个较大的按键框，其内具有按键；前面板以较大角度向右下倾斜，且前面板的上部略向上突起，后面板以较小角度向外倾斜，且其底部比靠近前面板侧的底部高，上盖和底座形成在左侧面的接缝线是弧线；秤盘整体呈矩形，且秤盘位于前后面板的两侧均向上突起；从图 2 可见，秤盘的上部显示有三个横向排列的矩形框，即电子秤的后面板上有三个横向排列的矩形框（详见在先设计附图）。

合议组认为：本专利与在先设计的电子秤整体形状相近似，底座、上盖、秤盘和底脚的整体布局均相近似，两者的区别在于：本专利前面板上中部略左的两个矩形框右边对齐，右侧的按键框为空框，在先设计前面板上中部略左的下侧的矩形框相对于其上部两个矩形框居中，右侧的按键框中显示有按键，但是这种区别相对于矩形的前面板内加小矩形框的整体外形属于局部的细微变化；本专利上盖与底座的接缝为直线，秤盘中部具有椭圆形框，在先设计上盖与底座的接缝为弧线，秤盘中部不具有椭圆形框，且秤盘位于前后面板的两侧均向上突起，但是，这种区别相对于电子秤的整体形状及布局而言，也属于局部的细微变化；因此，这些局部的细微变化，对整体视觉效果不具有显著影响；在先设计没有公开电子秤的底部视图和右视图，但是由于电子秤的左右两侧通常是对称的，而电子秤的底部属于在使用状态下不会被一般消费者关注的部分，因此也不会对产品的整体视觉效果产生显著影响。通过对二者的整体观察、综合判断，二者的整体形状设计及大部分部位形状设计是相近似的，二者在局部的细微变化对整体视觉效果不产生显著的影响，因此，本专利与在先设计是相近似的外观设计。

鉴于专利权人于 2009 年 2 月 2 日提交的意见陈述书中的有关意见，专利权人在口头审理过程中已经全面阐述，因此对专利权人于 2009 年 2 月 2 日提交的文件是否接受的认定已无必要。针对专利权人在口头审理过程中提出的意见，合议组认为：从在先设计的图 1 可以看出，在先设计的前面板也是略向上突起，因此这点和本专利是相同的；虽然本专利和在先设计的前面板上的矩形框、秤盘以及上盖和底座接缝的设计存在区别，但是相对于二者图示的整体形状设计及大部分相近似的各部位形状设计和布局而言，上述区别明显属于局部的细微变化，均不足以影响二者的整体视觉效果，因此二者应属于相近似的外观设计。

综上所述，在本专利申请日以前，已有与其相近似的外观设计在出版物上公开发表过，因此，本专利不符合专利法第 23 条的规定。

三、决定

宣告 200530043442. 6 号外观设计专利权无效。

当事人对本决定不服的，可以根据专利法第 46 条第 2 款的规定，自收到本决定之日起三个月内向北京市第一中级人民法院起诉。根据该款的规定，一方当事人起诉后，另一方当事人应当作为第三人参加诉讼。

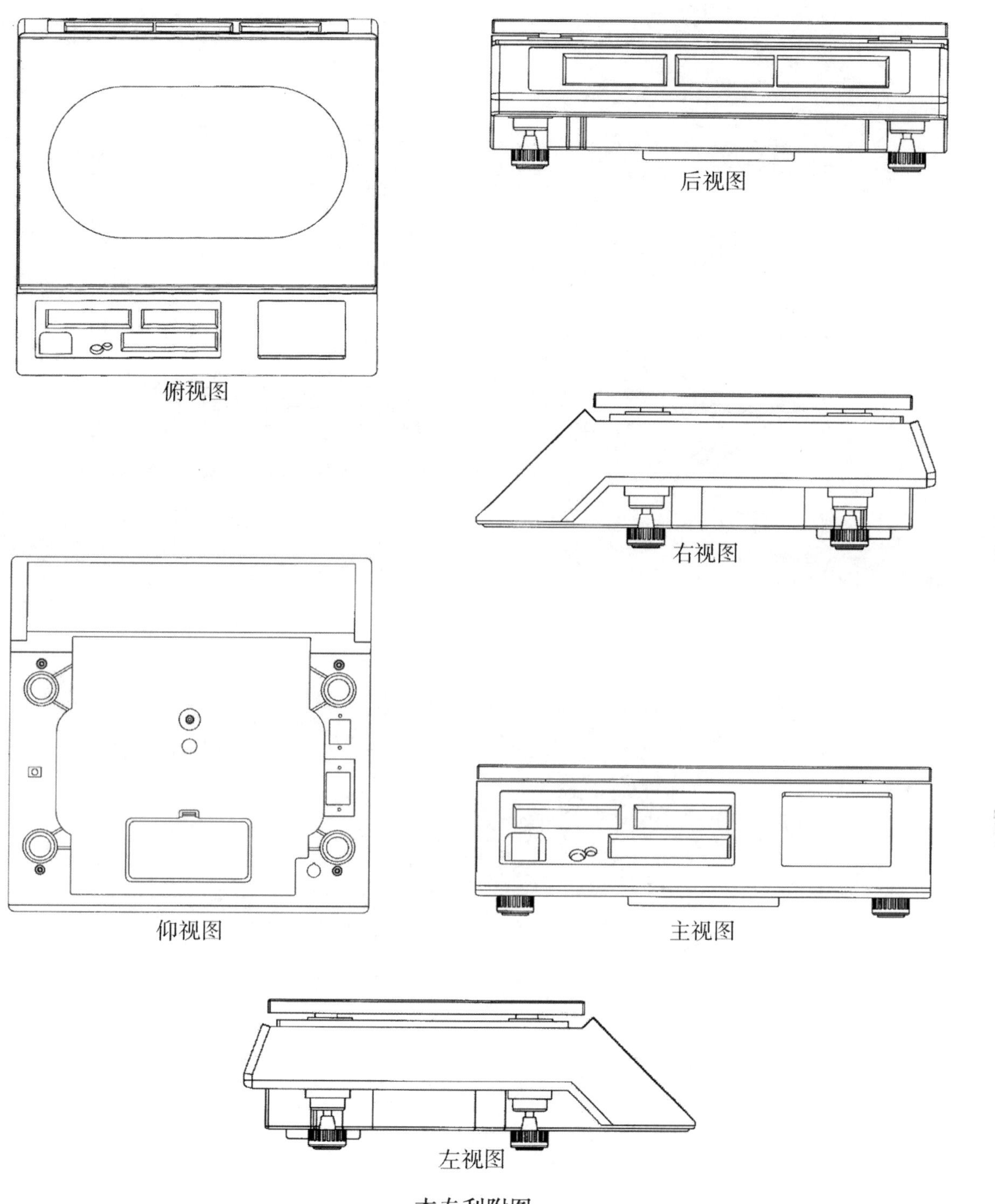

本专利附图

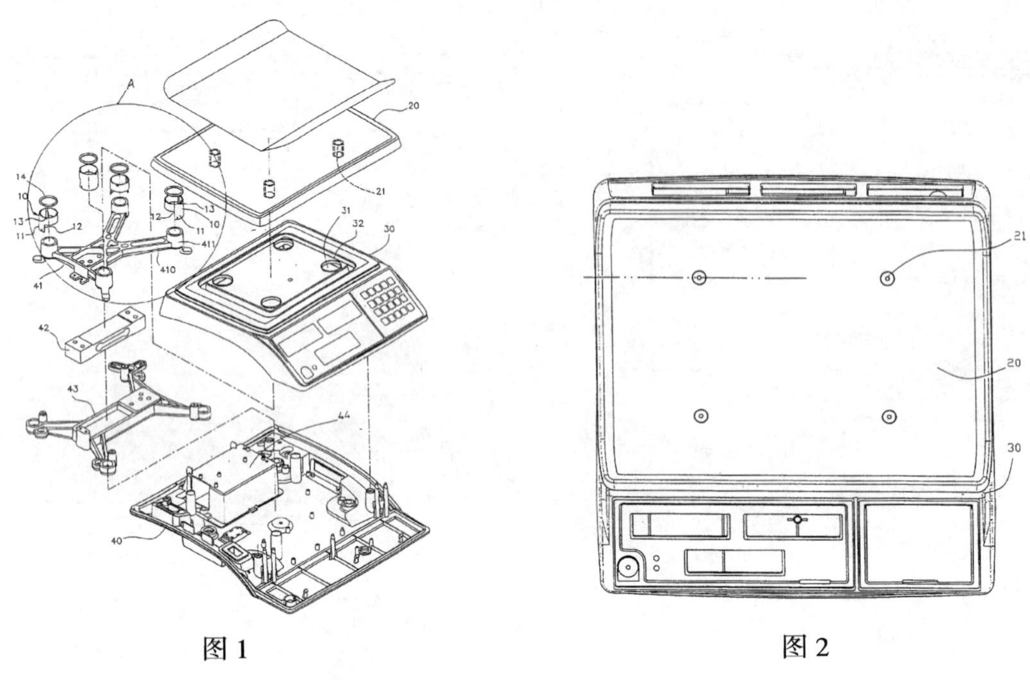

图 1　　　　　　　　图 2

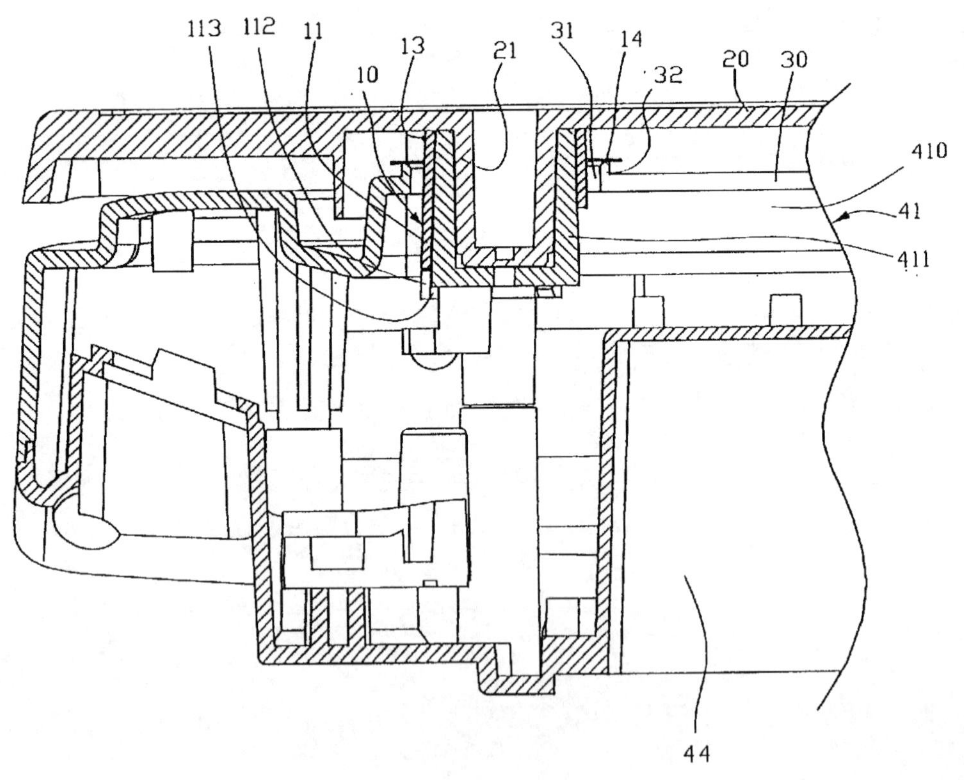

图 3

在先设计附图

174

毛巾架（12）

无效宣告请求审查决定（第 13097 号）

决　　定　　号　第 13097 号
决　　定　　日　2008 年 12 月 25 日
发明创造名称　毛巾架（12）
外观设计分类　23-02
无效宣告请求人　浙江日升卫浴洁具有限公司，申鹭达集团有限公司
专　利　权　人　俞　洸
专　　利　　号　02314349.5
申　　请　　日　2002 年 5 月 9 日
授权公告日　2003 年 1 月 1 日
合议组组长　吴赤兵
主　　审　　员　涂洪文
参　　审　　员　周雷鸣
附　　　　　图　4 页

法　律　依　据　专利法第 23 条
决　定　要　点

如果被比外观设计与在先外观设计的差别对产品外观设计的整体视觉效果不具有显著影响，则两者相近似。

一、案由

本无效宣告请求涉及申请号为 02314349.5、发明名称为“毛巾架（12）”的外观设计专利（下称本专利），其申请日为 2002 年 5 月 9 日，授权公告日为 2003 年 1 月 1 日，专利权人为俞洸。

针对本专权，浙江日升卫浴洁具有限公司（下称第一请求人）于 2008 年 5 月 28 日向专利复审委员会提出无效宣告请求（案件编号为 6W08042）。第一请求人所提交的附件为：

附件 1-1：01326264.5 号中国外观设计专利公报复印件共 1 页，公开日为 2002 年 1 月 23 日。

第一请求人认为本专利与附件 1 的外观设计属于相近似的外观设计专利，其中二者均为由外凸安装座及半圆挂钩组成，二者的主视图均为圆形安装座及半圆带缺口的挂钩图案，二者左视图均为外凸安装座及挂钩侧面细长方形图案，二者其他视图对比效果也同样极其相近似，因此涉案专利不符合专利法第 23 条的规定，请求宣告该外观设计专利无效。

经形式审查合格，专利复审委员会受理了该无效宣告请求，并于 2008 年 5 月 28 日将该无效宣告

请求书及其附件清单中所列附件副本转送给专利权人。

复审委员会依法成立合议组对本案进行审理，合议组于 2008 年 7 月 7 日向双方当事人发出合议组成员告知通知书。

2008 年 7 月 1 日，专利权人提交了意见陈述，其中指出，专利权人对附件 1-1 的真实性没有异议，涉案专利为一环状挂钩，带有两级圆台所组成的底座，其设计要点在于挂钩根部有一麻花状的扭转。而在先设计无论是挂钩本身还是底座均与涉案专利完全不同，更不具有麻花状扭曲这一要部。对于普通消费者来说，两者在整体视觉效果上的差别是十分明显的，因此两者不相近似。另外专利权人认为本案事实简单明了，不必进行口头审理。

2008 年 11 月 4 日，合议组将专利权人提交的意见陈述转送给第一请求人。

2008 年 12 月 18 日第一请求人提交了意见陈述，并提交了专利复审委员会第 5144 号及第 6137 号无效宣告决定及相关终审行政判决书。第一请求人指出：（1）争议专利与对比文件在设计思路和风格上完全一致，两者整体视觉效果完全一致；（2）两者支座随存在两段圆柱体与一个圆锥体的区别，但两者视觉效果均为一种由内向外呈收缩的柱状体，在产品整体上作为一个较小局部所体现的视觉效果是基本一致的；（3）专利权人强调的麻花状扭转属于细微变化，对整体不构成显著影响；（4）挂钩截面的形状为扁平状或圆柱状对普通消费者不构成视觉效果的区别；（5）参照第 5144 号和第 6137 号无效宣告请求审查决定及相关行政判决书，细微区别不足以构成整体外形显著区别；（6）争议专利与对比文件非常相似，请求无需举行口头审理，尽快作出无效宣告审查决定。

2008 年 7 月 8 日，申鹭达集团有限公司（第二请求人）针对本专利向专利复审委员会提出无效宣告请求（案件编号为 6W08223），其中提交了下述附件：

附件 2-1：00328717.3 号中国外观专利公报复印件共 1 页，公开日为 2001 年 4 月 4 日；

附件 2-2：00306053.5 号中国外观专利公报复印件共 1 页，公开日为 2000 年 11 月 29 日；

附件 2-3：英国 3000808 号外观设计专利公报复印件共 1 页，公开日为 2002 年 1 月 19 日；

附件 2-4：上海一中院应诉通知书；

附件 2-5：涉案专利外观设计公报复印件。

第二请求人认为，本专利的特点是：毛巾架（12），为一圈环，环连接在一柱台固定座上。附件 2-1 为在先的中国外观设计专利，产品名称为卫浴配件，外形特点为：一圈环挂件，其环形同涉案专利都是从一固定座起，末端超过半圈，两者的设计相近似。附件 2-2 为了另一在先公开的中国专利，名称为毛巾挂环，其外形特点是：一圈环挂件，其环形同涉案专利都是从一固定座起，末端超过半圈，两者的设计相近似。附件 2-3 为一在先公开的英国外观设计，其公开日在本专利申请日之前，其形状也为一环状挂圈的毛巾挂件，与本专利相比，两者的设计相近似。涉案专利在环线与固定座连接处为一扭曲的旋转体，该特征作为与在先公开的对比文件的的区别而言，首先是细微的，对普通消费者来说不具有显著影响，其次这一变化完全是传统的固定连接，是一种功能设计。

专利复审委员会于 2008 年 7 月 25 日受理了该无效宣告请求，向双方当事人发出无效宣告请求受理通知书，并将第二请求人提交的请求书及其附件的副本转送给专利权人。

2008 年 8 月 20 日，专利权人提交了意见陈述，其中指出其对附件的真实性没有异议，但是涉案专利外观为一环状挂钩，本身为扁平材质，带有两级圆台所组成的底座，其设计要点在于挂钩根部有一麻花状的扭转。而所有在先设计无论是挂钩本身，还是底座，均与涉案专利外观完全不同，更不具有麻花状扭曲这一要部，对于普通消费者来说，两者在整体视觉效果上的差别是十分明显的，涉案专利与在先设计既不相同也不近似。

基于上述工作，合议组认为本案事实已经清楚，依法作出本决定。

二、决定的理由

1. 证据认定

第一请求人提交的附件 1-1 是专利号为 01326264. 5 的外观设计公报复印件公 1 页，其外观设计产品的名称为“毛巾环（6-J）”，其授权公告日为 2002 年 1 月 23 日，其公开日早于本专利的申请日。

2. 关于专利法第 23 条

专利法第 23 条规定：“授予专利权的外观设计，应当同申请日以前在国内外出版物上公开发表过或者国内公开使用过的外观设计不相同和不相近似，并不得与他人在先取得的合法权利相冲突。”

合议组认为：附件 1-1（下称在先设计）与本外观设计专利请求保护的产品都是卫浴配件或毛巾架，属相同或相近类型的产品，具有可比性，可用于进行外观设计相近似性判断。

本专利的毛巾架的外观设计共有仰视图、右视图、主视图、左视图、俯视图、后视图、立体图等七幅视图。俯视图中，主体呈“T”字形，上部为一扁平的长条，中间向下凸出一较小的长方形立柱，该长方形立柱下接一稍大的长方形立柱，上部扁平长条靠近立柱的右部能看见少许扭纹；俯视图呈倒“T”字形，与仰视图图案对称；右视图中可见两级长方形立柱从左到右由小到大排列，在较小立柱下部连接了一扁平长条，该扁平长条的下部约 1/3 前后重叠，其 1/3 的重叠处在前；左视图可见两级长方形立柱从左到右由大到小排列，在较小立柱下部连接了一扁平长条，该扁平长条的下部约 1/3 前后重叠，其 1/3 的重叠处在后；主视图中，上部中间部位有一较大圆环，圆形挂环中有一圆形图案，图案中贯穿一扁平长条，该扁平长条向右部延伸，延伸处有与该扁平长条基本等长的 180 度扭曲，扭曲后继续延伸，延伸的长条向下向右延伸一段后再向左部延伸，到达与圆形挂环对应的位置后继续向右向上延伸，使该毛巾架的大体形状为一半圆形；后视图中，半圆形开口与主视图相反，上部中间的有一圆形图案，图案中有两个小圆点，扭曲部分在挂环的左部（详见本专利附图）。

在先设计的毛巾环的外观设计有仰视图、右视图、主视图、左视图、俯视图、后视图、立体图等七幅视图。俯视图中，主体呈“T”字形，上部为一扁平的长条，左边比右边稍长，中间向下凸出一三角形立柱，三角形立柱的下部中央有一小圆圈，立柱的下部有一小长条，上部长条与立柱连接处有一螺母状部件；俯视图立柱呈倒三角形，与仰视图图案对称；右视图中可见一平卧三角形，三角形的顶部在左部，顶部上有一圆环，圆环中连接一向下的长条；左视图可见三角形立柱顶部向右平卧，顶部接有一圆环，圆环下接一扁平长条，在扁平长条中部有重叠处；主视图上部中央可见一圆形图案，该图案上覆盖有一螺母状连接处。向右连接一扁平长条，延伸一部分后呈直角向下拐弯，拐弯处为一圆角，下部长条基本呈半圆形延伸；后视图上部中央有一圆形图案，该圆形图案中有两个水平排列的小圆环，向左连接该扁平长条，延伸一部分后呈直角向下拐弯，拐弯处为一圆角，下部长条基本呈半圆形延伸；立体图中可见三角形立柱与扁平长条的平面垂直，三角形立柱的顶部与扁平长条的一端相连（详见在先设计附图）。

本专利与在先设计相比，存在如下区别：（1）固定长条的立柱不同，本专利中是使用两级圆柱形连接来固定，长条贯通立柱中的凹槽来连接，而在先设计中是使用三角形立柱来连接，立柱上有螺母；（2）长条弯曲的整体形状有少许差别，本专利大致呈弧形，而在先设计中大致呈半圆形；（3）在立柱附近，本专利有扭纹，而在先设计中没有。

合议组认为：将本专利与在先设计进行对比，本专利与在先设计的上述差别对于产品外观设计的整体视觉效果不具有显著的影响。具体理由如下：（1）本专利产品的整体布局与在先设计相同，都是由立柱和一个弧形的长条连接而成；（2）本专利与在先设计的区别都是细微区别，对整体视觉效果没有显著影响；（3）本专利的扭纹是因为其装配功能带来的，因为其在装配时一端要插入挂环的凹槽中，扭纹可以限定插入部分的长度。由此可见，本专利的产品外观和在先设计的产品外观相近似，因此，本专利不符合专利法第 23 条的规定。

由于已经得出本专利外观设计相对于上述在先设计不符合专利法第 23 条规定的结论，因此合议组对第一请求人提交的其他证据和理由以及第二请求人提交的证据和理由不再进行评述。

综上所述，合议组认为本专利外观设计和其申请日之前公开出版物上发表的外观设计相近似，现依法作出如下决定。

三、决定

宣告 02314349.5 号外观设计专利全部无效。

当事人如对本无效宣告决定不服，根据专利法第 46 条第 2 款的规定，在收到本决定之日起三个月内可以向北京市中级人民法院起诉。根据该条款的规定，一方当事人起诉之后，另一方当事人应当作为第三人参加诉讼。

俯视图

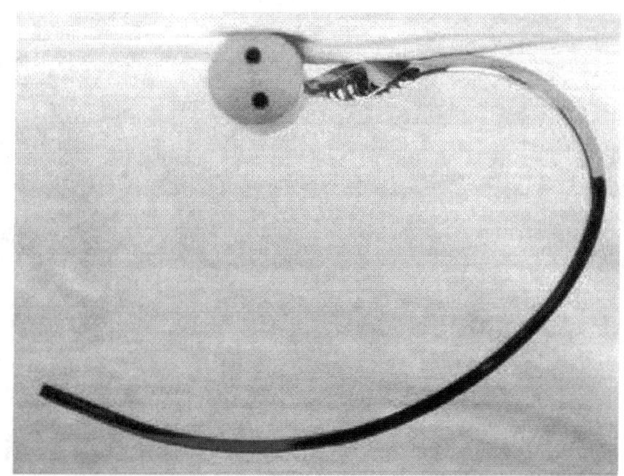

后视图

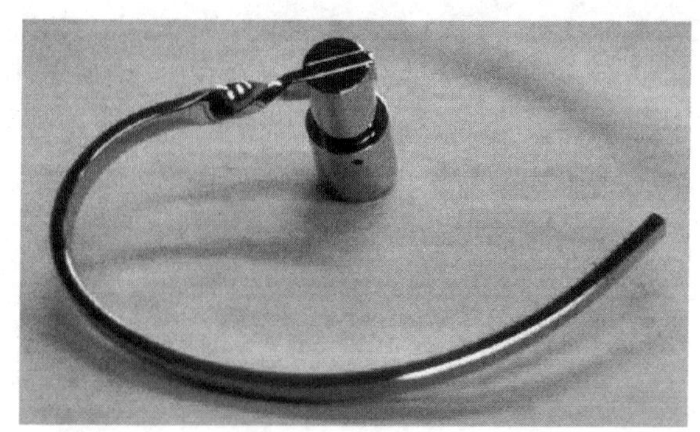

立体图

仰视图

本专利附图

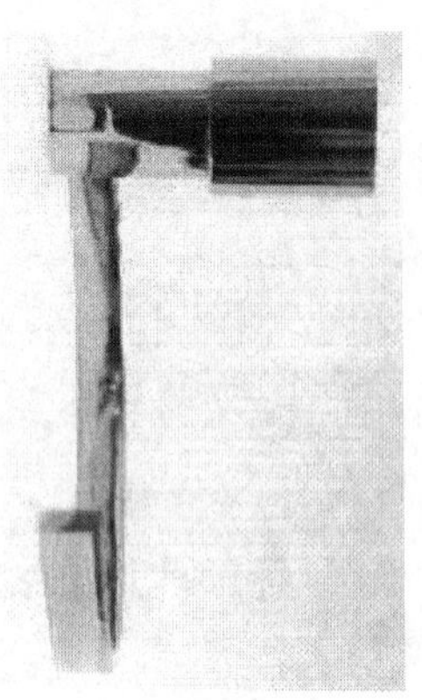

右视图

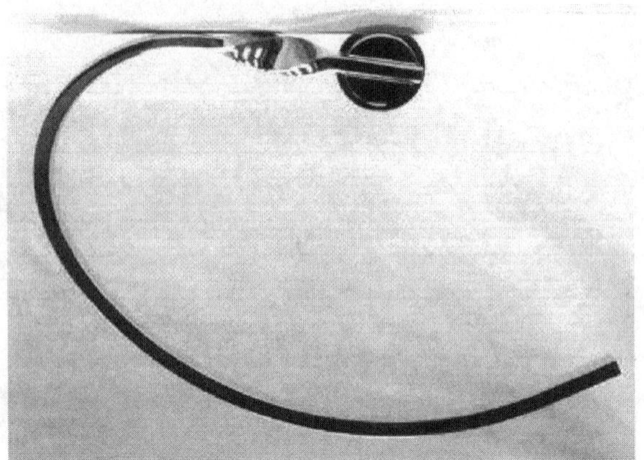

主视图

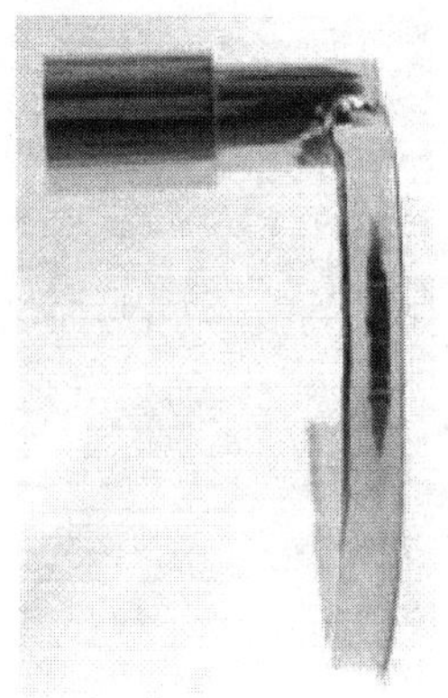

左视图

本专利附图（续）

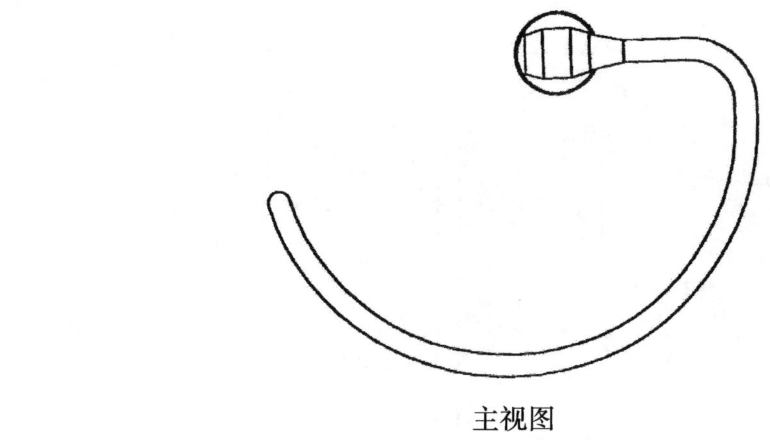

主视图

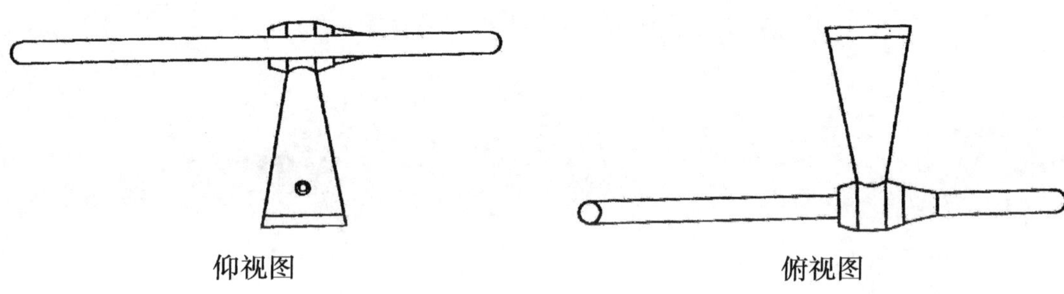

仰视图　　　　俯视图

附件 1-1 附图

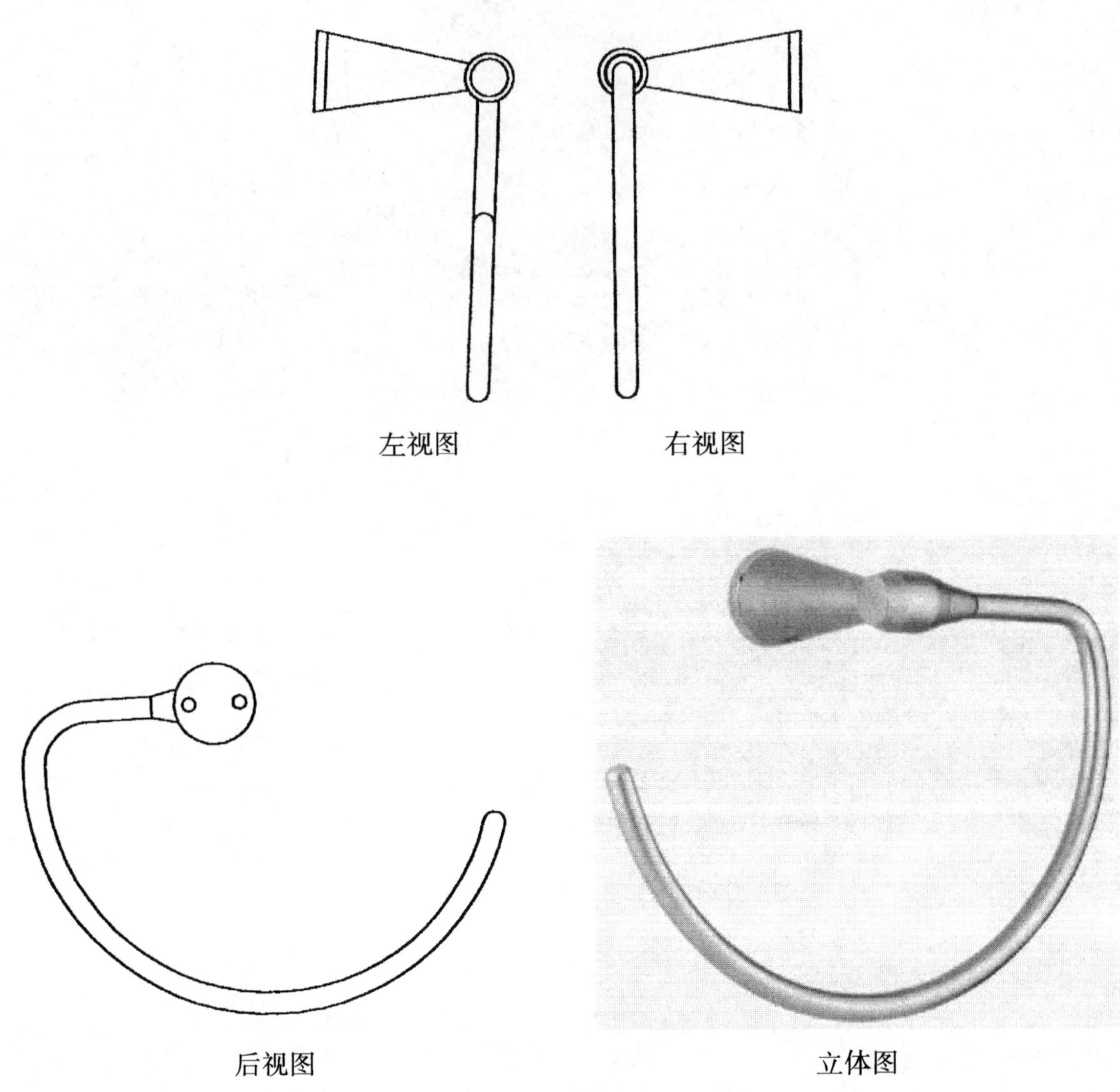

附件 1-1 附图（续）

北京市第一中级人民法院
行政判决书

(2009) 一中行初字第 1299 号

原告俞光（曾用名俞洸），男，1972 年 8 月 19 日出生，汉族，住浙江省新昌县南明街道银城新村 8 幢 121 室。

委托代理人朱枫，杭州之江专利事务所专利代理人。

被告国家知识产权局专利复审委员会，住所地北京市海淀区北四环西路 9 号银谷大厦 10~12 层。

法定代表人张茂于，副主任。

委托代理人涂洪文，国家知识产权局专利复审委员会审查员。

委托代理人王婧，国家知识产权局专利复审委员会审查员。

第三人浙江日升卫浴洁具有限公司，住所地浙江省平阳县万全家具生产基地 B14B15。

法定代表人练武，总经理。

第三人申鹭达集团有限公司，住所地福建省泉州市南安英都镇工业区。

法定代表人洪光明，董事长。

委托代理人尹达，男，1986 年 3 月 28 日出生，住四川省巴中市梓幢庙乡。

原告俞光因不服被告国家知识产权局专利复审委员会（以下简称专利复审委员会）的第 13097 号无效宣告请求审查决定（以下简称第 13097 号决定），于法定期限内向本院提起行政诉讼。本院于 2009 年 5 月 21 日受理后，依法组成合议庭，并通知第 13097 号决定的相对方浙江日升卫浴洁具有限公司（以下简称日升公司）、申鹭达集团有限公司（以下简称申鹭达公司）作为第三人参加本案诉讼，于 2009 年 9 月 16 日公开开庭进行了审理。原告俞光的委托代理人朱枫，被告专利复审委员会的委托代理人涂洪文、王婧到庭参加了诉讼，第三人日升公司、申鹭达公司书面放弃参加本案庭审。本案现已审理终结。

第 13097 号决定系专利复审委员会针对日升公司和申鹭达公司就俞光拥有的名称为“毛巾架（12）”的第 02314349. 5 号外观设计专利（以下简称本专利）所提出的无效宣告请求作出的。第 13097 号决定中认为：

1. 证据认定

附件 1-1 是专利号为 01326264. 5 的外观设计公报复印件共 1 页，其外观设计产品的名称为“毛巾环（6-J）”，其授权公告日为 2002 年 1 月 23 日，早于本专利的申请日。

2. 关于《中华人民共和国专利法》（以下简称《专利法》）第二十三条

附件 1-1（下称在先设计）与本专利请求保护的产品都是卫浴配件或毛巾架，属相同或相近类型的产品，具有可比性，可用于进行外观设计相近似性判断。

在先设计的毛巾环的外观设计有仰视图、右视图、主视图、左视图、俯视图、后视图、立体图等七幅视图。仰视图中，主体呈“T”字形，上部为一扁平的长条，左边比右边稍长，中间向下凸出一三角形立柱，三角形立柱的下部中央有一小圆圈，立柱的下部有一小长条，上部长条与立柱连接处有一螺母状部件；俯视图立柱呈倒三角形，与仰视图图案对称；右视图中可见一平卧三角形，三角形的顶部在左部，顶部上有一圆环，圆环中连接一向下的长条；左视图可见三角形立柱顶部向右平卧，顶部接有一圆环，圆环下接一扁平长条，在扁平长条中部有重叠处；主视图上部中央可见一圆形图案，该图案上覆盖有一螺母状连接处。向右连接一扁平长条，延伸一部分后呈直角向下拐弯，拐弯处为一圆角，下部长条基本呈半圆形延伸；后视图上部中央有一圆形图案，该圆形图案中有两个水平排列的小圆环，向左连接该扁平长条，延伸一部分后呈直角向下拐弯，拐弯处为一圆角，下部长条基本呈半圆形延伸；立体图中可见三角形立柱与扁平长条的平面垂直，三角形立柱的顶部与扁平长条的一端相连。

本专利与在先设计相比，存在如下区别：（1）固定长条的立柱不同，本专利中是使用两级圆柱形连接来固定，长条贯通立柱中的凹槽来连接，而在先设计中是使用三角形立柱来连接，立柱上有螺母；（2）长条弯曲的整体形状有少许差别，本专利大致呈弧形，而在先设计中大致呈半圆形；（3）在立柱附近，本专利有扭纹，而在先设计中没有。

将本专利与在先设计进行对比，本专利与在先设计的上述差别对于产品外观设计的整体视觉效果不具有显著的影响。具体理由如下：（1）本专利产品的整体布局与在先设计相同，都是由立柱和一个弧形的长条连接而成；（2）本专利与在先设计的区别都是细微区别，对整体视觉效果没有显著影响；（3）本专利的扭纹是因为其装配功能带来的，因为其在装配时一端要插入挂环的凹槽中，扭纹可以限定插入部分的长度。由此可见，本专利的产品外观和在先设计的产品外观相近似，因此，本专利不符合《专利法》第二十三条的规定。

由于已经得出本专利外观设计相对于上述在先设计不符合《专利法》第二十三条规定的结论，因此，对日升公司提交的其他证据和理由以及申鹭达公司提交的证据和理由不再进行评述。

据此，专利复审委员会于2008年12月25日作出第13097号决定，宣告本专利权全部无效。

原告俞光不服第13097号决定，在法定期限内向本院提起行政诉讼称：（1）第13097号决定认为在先设计中有一扁平长条，而实际上，附图中可以毫无异议地看出，在先设计中并无扁平长条，而是圆的长条。（2）本专利产品的整体布局，即由底座和弧形长条连接而成，是该类产品的惯常设计，不应成为相似性判断的主要理由。（3）被诉决定认为本专利中的扭纹是装配功能所带来的，这一说法与事实不符，该设计要点完全是出于视觉美感考虑的，没有任何技术效果；况且，不能仅因“功能性设计”为理由而完全无视其视觉效果。（4）“扭纹”正是本专利的设计要点，它借鉴了麻绳这一中国要素，使原来略显单调的几何形状富有变化，结合其对光线的反射折射效果，这一设计才是本专利的点睛之笔；也是最吸引消费者注意力之处。综上所述，被告专利复审委员会作出的第13097号决定认定事实不清、适用法律不当，请求法院予以撤销。

被告专利复审委员会答辩称：（1）对于原告的理由1坚持第13097号决定的观点，即使在先设计的俯视图中能看出其长条是近似圆形，但是由于该截面并非正对，所以其截面是否是圆形难以确定。此外，即使该截面是圆形，与本专利的区别对其相似性判断也没有实质影响。（2）对于理由2，不管该设计是否是惯常设计，在先设计中都已经公开了这种整体布局为底座和弧形长条连接的设计方案。（3）对于理由3和理由4，扭纹客观上起到的作用就是装配时的定位作用。至于该设计是否具有美感，由于该部位所占比例较小，对外观整体影响微乎其微，至于原告所述的该扭纹反射折射，首先要指出，折射不可能发生，至于反射，是否有扭纹都能够发生。关于本专利和在先设计的具体特征对比，已在决定中进行了较为详细的阐述，在此不再赘述。综上所述，专利复审委员会作出的第13097号决定认定事实清楚、适用法律正确、审理程序合法，原告的诉讼理由不能成立，请求法院驳回原告诉讼请求，维持第13097号决定。

第三人日升公司和申鹭达公司均未提交书面答辩意见。

本院经审理查明：

本专利是名称为“毛巾架（12）”的第02314349.5号外观设计专利，其申请日为2002年5月9

日，授权公告日为2003年1月1日，专利权人为俞洸，因俞洸于2007年7月30日更名为俞光，2009年9月2日本专利专利权人变更为俞光。

本专利的毛巾架的外观设计共有仰视图、右视图、主视图、左视图、俯视图、后视图、立体图等七幅视图。仰视图中，主体呈“T”字形，上部为一扁平的长条，中间向下凸出一较小的长方形立柱，该长方形立柱下接一稍大的长方形立柱，上部扁平长条靠近立柱的右部能看见少许扭纹；俯视图呈倒“T”字形，与仰视图图案对称；右视图中可见两级长方形立柱从左到右由小到大排列，在较小立柱下部连接了一扁平长条，该扁平长条的下部约1/3前后重叠，其1/3的重叠处在前；左视图可见两级长方形立柱从左到右由大到小排列，在较小立柱下部连接了一扁平长条，该扁平长条的下部约1/3前后重叠，其1/3的重叠处在后；主视图中，上部中间部位有一较大圆环，圆形挂环中有一圆形图案，图案中贯穿一扁平长条，该扁平长条向右部延伸，延伸处有与该扁平长条基本等长的180度扭曲，扭曲后继续延伸，延伸的长条向下向右延伸一段后再向左部延伸，到达与圆形挂环对应的位置后继续向右向上延伸，使该毛巾架的大体形状为一半圆形；后视图中，半圆形开口与主视图相反，上部中间的有一圆形图案，图案中有两个小圆点，扭曲部分在挂环的左部（详见本专利附图）。

针对本专利权，日升公司于2008年5月28日向专利复审委员会提出无效宣告请求，认为本专利与附件1-1（即在先设计）的外观设计属于相近似的外观设计专利，其中二者均为由外凸安装座及半圆挂钩组成，二者的主视图均为圆形安装座及半圆带缺口的挂钩图案，二者左视图均为外凸安装座及挂钩侧面细长方形图案，二者其他视图对比效果也同样极其相近似，因此本专利不符合专利法第二十三条的规定，请求宣告该外观设计专利无效。提交的附件1-1为：01326264.5号中国外观设计专利公报复印件，公开日为2002年1月23日。在先设计公开了一种毛巾环的外观设计，有仰视图、右视图、主视图、左视图、俯视图、后视图、立体图等七幅视图。仰视图中，主体呈“T”字形，上部为一扁平的长条，左边比右边稍长，中间向下凸出一三角形立柱，三角形立柱的下部中央有一小圆圈，立柱的下部有一小长条，上部长条与立柱连接处有一螺母状部件；俯视图立柱呈倒三角形，与仰视图图案对称；右视图中可见一平卧三角形，三角形的顶部在左部，顶部上有一圆环，圆环中连接一向下的长条；左视图可见三角形立柱顶部向右平卧，顶部接有一圆环，圆环下接一扁平长条，在扁平长条中部有重叠处；主视图上部中央可见一圆形图案，该图案上覆盖有一螺母状连接处。向右连接一扁平长条，延伸一部分后呈直角向下拐弯，拐弯处为一圆角，下部长条基本呈半圆形延伸；后视图上部中央有一圆形图案，该圆形图案中有两个水平排列的小圆环，向左连接该扁平长条，延伸一部分后呈直角向下拐弯，拐弯处为一圆角，下部长条基本呈半圆形延伸；立体图中可见三角形立柱与扁平长条的平面垂直，三角形立柱的顶部与扁平长条的一端相连（详见在先设计附图）。

2008年7月1日，俞光提交了意见陈述，对在先设计的真实性没有异议，本专利为一环状挂钩，带有两级圆台所组成的底座，其设计要点在于挂钩根部有一麻花状的扭转。而在先设计无论是挂钩本身还是底座均与涉案专利完全不同，更不具有麻花状扭曲这一要部。对于普通消费者来说，两者在整体视觉效果上的差别是十分明显的，因此两者不相近似。另外俞光认为本案事实简单明了，不必进行口头审理。

2008年12月18日日升公司提交了意见陈述，指出：（1）本专利与在先设计在设计思路和风格上完全一致，两者整体视觉效果完全一致；（2）两者支座虽存在两段圆柱体与一个圆锥体的区别，但两者视觉效果均为一种由内向外呈收缩的柱状体，在产品整体上作为一个较小局部所体现的视觉效果是基本一致的；（3）俞光强调的麻花状扭转属于细微变化，对整体不构成显著影响；（4）挂钩截面的形状为扁平状或圆柱状对普通消费者不构成视觉效果的区别；（5）参照第5144号和第6137号无效宣告请求审查决定及相关行政判决书，细微区别不足以构成整体外形显著区别；（6）本专利与在先设计非常相似，请求无需举行口头审理，尽快作出无效宣告审查决定。

2008 年 7 月 8 日，申鹭达公司针对本专利向专利复审委员会提出无效宣告请求。

专利复审委员会未进行口头审理，于 2008 年 12 月 25 日作出第 13097 号决定。

原告在诉讼阶段提交的证据 1-11 在无效宣告请求阶段未提交，庭审中原告主动撤回这 11 份证据。

以上事实有本专利授权公告文本、第 13097 号决定、附件 1-1 及各方当事人陈述等在案佐证。

本院认为：

根据各方当事人的诉辩主张，本案的争议焦点在于：本专利外观设计与在先设计相比较是否相近似。

《专利法》第二十三条规定：授予专利权的外观设计，应当同申请日以前在国内外出版物上公开发表过或者国内公开使用过的外观设计不相同和不相近似，并不得与他人在先取得的合法权利相冲突。

首先，在先设计立体图中，长条在拐弯处附近具有棱角，由此可以看出在先设计的长条不应是圆形，而是呈一定的扁平状。因此，原告主张在先设计无扁平长条缺乏事实依据，本院不予支持。

其次，虽然在先设计已经公开了毛巾环是由立柱与一弧形的长条连接而成，与本专利产品的整体布局相同，但是并不能得出这种设计是该类产品公认的惯常设计，对于原告的相关主张缺乏事实依据，本院不予支持。

再次，长条上的扭纹设置在立柱附近，该长条在装配时要插入立柱的凹槽中，扭纹的设计可以限定插入部分的长度，因此，该扭纹的设计是由其装配功能所带来的，对整体视觉效果不具有显著的影响。至于扭纹设计是否具有美感，由于扭纹所占比例较小，对本专利外观整体属于细微差别，对整体视觉效果不具有显著的影响。

综上所述，专利复审委员会认定本专利外观设计产品和在先设计产品相近似并无不当，其作出的第 13097 号决定认定事实清楚，适用法律正确，审理程序合法，依法应当予以维持。依照《中华人民共和国行政诉讼法》第五十四条第（一）项的规定，本院判决如下：

维持被告国家知识产权局专利复审委员会作出的第 13097 号无效宣告请求审查决定。

案件受理费 100 元，由原告俞光负担（已交纳）。

如不服本判决，各方当事人可在本判决书送达之日起 15 日内，向本院提交上诉状并交纳上诉案件受理费 100 元，上诉于北京市高级人民法院。

审　判　长　赵　静
代理审判员　姜庶伟
人民陪审员　郝志国
二〇〇九年十一月二十三日
书　记　员　高晓旭

俯视图

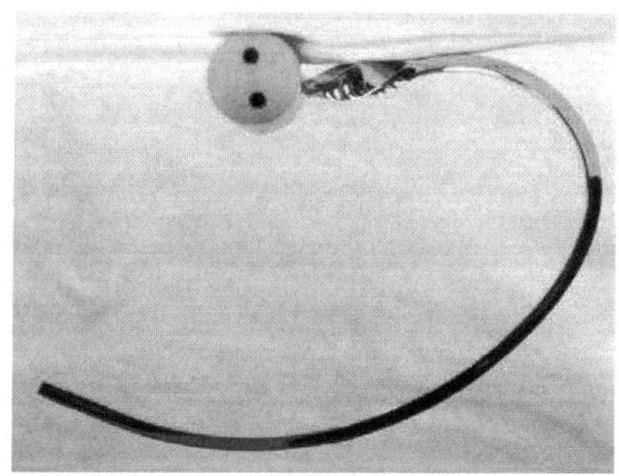
后视图

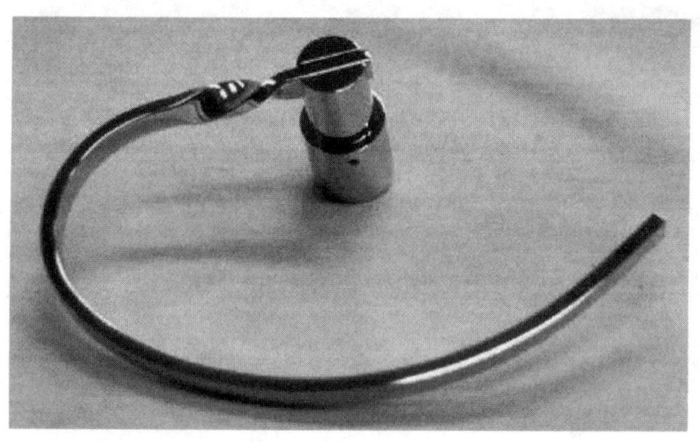
立体图

仰视图

本专利附图

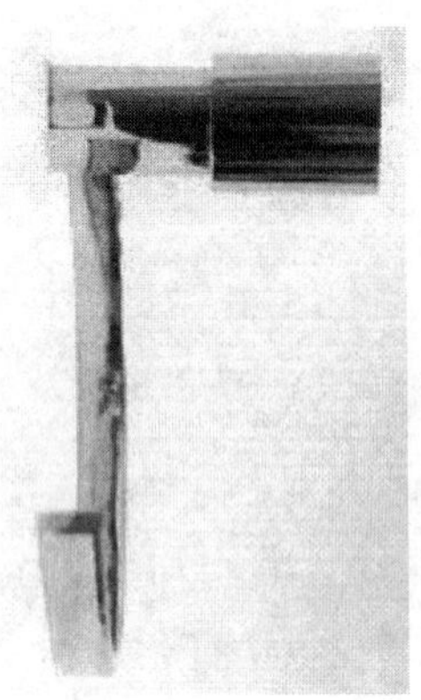

右视图

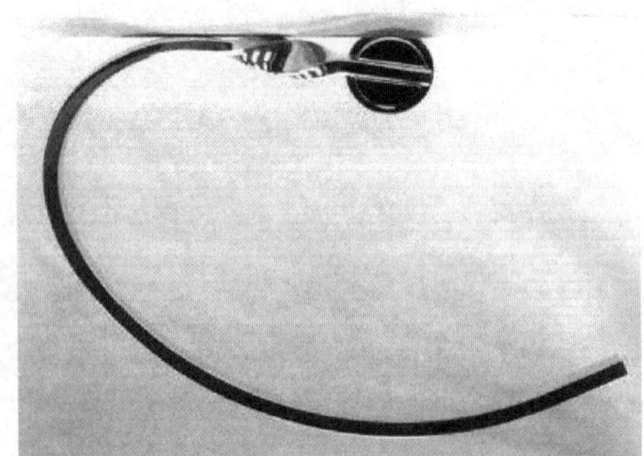

主视图

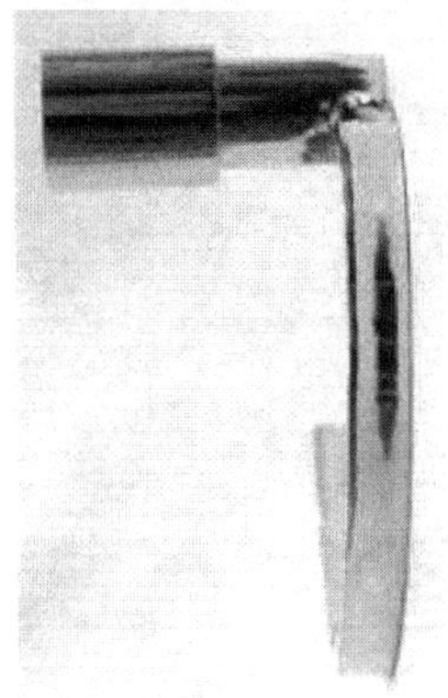

左视图

本专利附图（续）

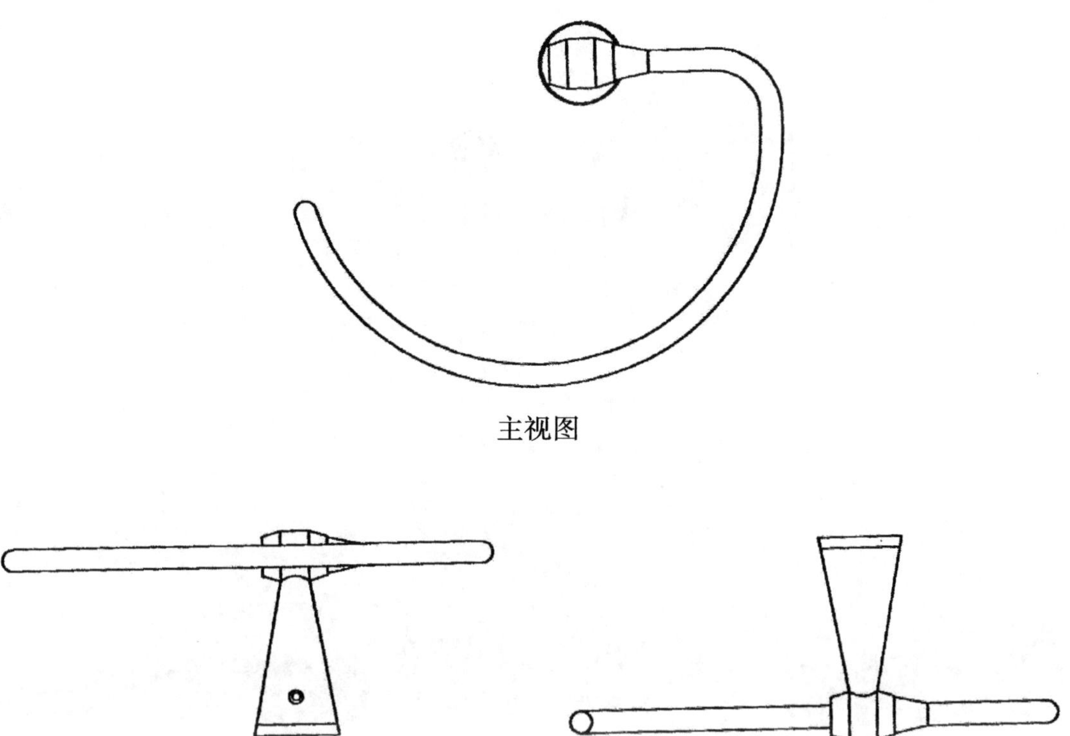

仰视图　　俯视图

附件 1-1 附图

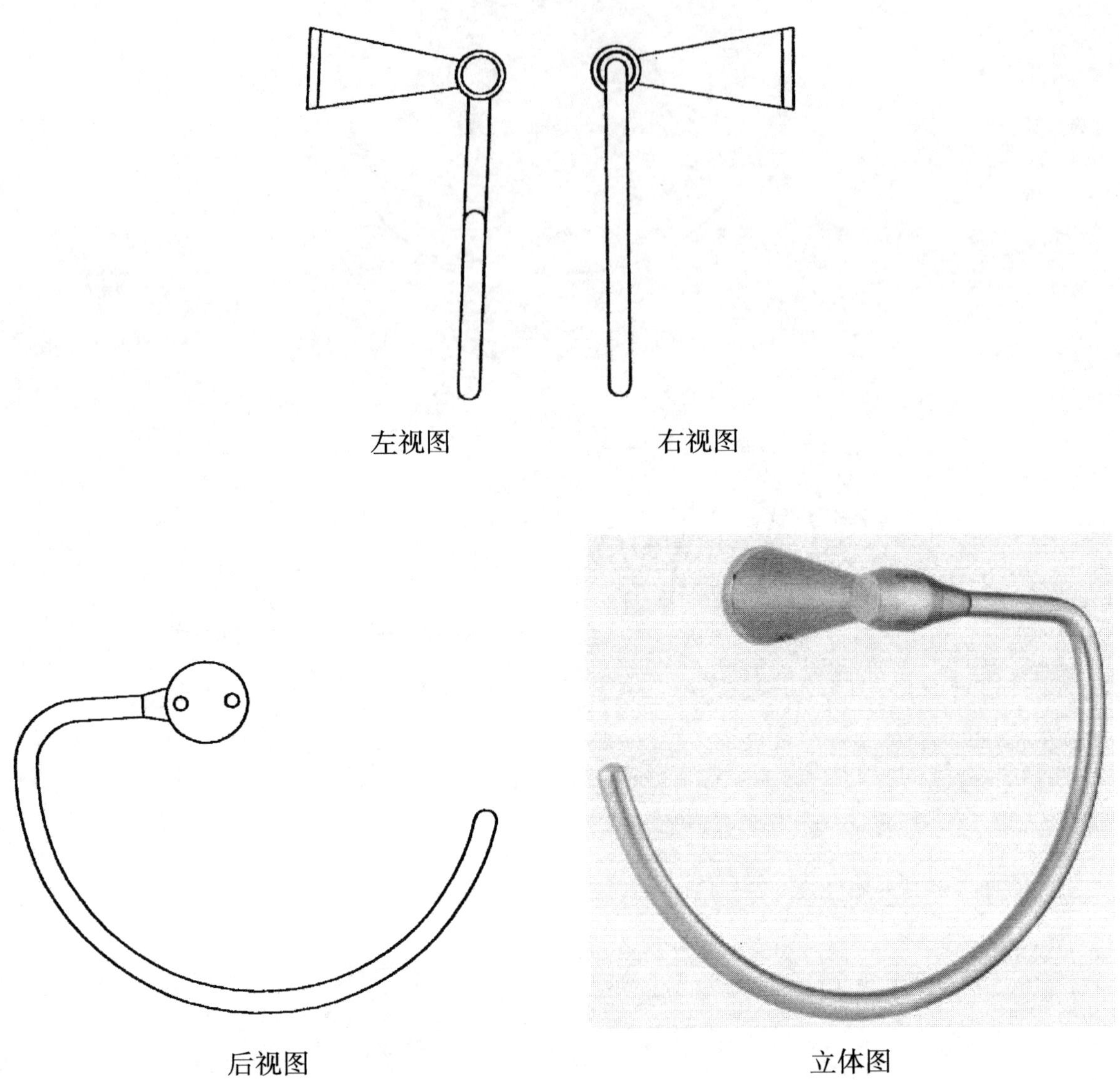

附件 1-1 附图（续）

175

吹　氧　棒

无效宣告请求审查决定（第 13101 号）

决　定　号　第 13101 号
决　定　日　2009 年 3 月 25 日
发明创造名称　吹氧棒
外观设计分类号　08-05
无效宣告请求人　贾建仁
专　利　权　人　袁燕军
专　利　号　200630118929.0
申　请　日　2006 年 10 月 10 日
授 权 公 告 日　2007 年 8 月 8 日
合 议 组 组 长　杨军艳
主　审　员　刘　畅
参　审　员　杨加黎
附　图　1 页

法 律 依 据　专利法第 23 条
决 定 要 点

如果一项外观设计专利的全部外观设计要素与在先设计的相应要素相同，且二者属于同一类别的产品，那么二者属于相同的外观设计。

一、案由

本无效宣告请求案涉及国家知识产权局于 2007 年 8 月 8 日授权公告的、名称为“吹氧棒”的外观设计专利（下称本专利），其申请号是 200630118929.0，申请日是 2006 年 10 月 10 日，专利权人是袁燕军。

针对上述专利权，贾建仁（下称请求人）于 2008 年 1 月 7 日向专利复审委员会提出无效宣告请求，理由是：其所提交的附件 1.1 和附件 1.3 公开了本专利外观设计，因此本专利不符合专利法第 23 条的规定。请求人提交的附件如下：

附件 1.1：授权公告号为 CN2865976Y 的实用新型专利说明书，其申请日为 2005 年 12 月 21 日，授权公告日为 2007 年 2 月 7 日，专利权人为叶煦；

附件 1.3.1：铸造辅助材料销售合同复印件 1 页，其合同编号为：HF-01、甲方：杭州宏峰铸造有限公司，乙方：杭州大运河铸造厂，签定日期为2004年3月5日；

附件1.3.2：No.05943019号浙江增值税专用发票复印件1张；附件1.3.2.1~1.3.2.8分别为杭州宏峰铸造有限公司产品交运单复印件共8张，编号分别为No.000388、No.000391、No.000501、No.000503、No.000069、No.000502、No.000504、No.000505；

附件1.3.3及附件1.3.3.1分别为图纸复印件，共2张，其上记载有“杭州宏峰铸造有限公司”的名称，其中一张图纸名称为“吹氧棒总图（12.5（183CM）”，编号为“HF03-04”，另一张图纸名称为“吹氧管”，编号为“HF03-04-1”；

附件1.3.4：杭州宏峰铸造有限公司于2007年12月6日出具的证明复印件1页；

附件1.3.5：注册号为3301842003370（1/1）的企业法人营业执照复印件1页；

附件1.3.6：杭州宏峰铸造有限公司的产品说明复印件1页，其产品名称为“吹氧棒”；

附件1.3.7：No.05943019号浙江增值税专用发票（第四联）复印件1张；

附件1.3.8：杭州大运河铸造厂于2007年12月6日出具的证明复印件1页。

请求人并未提交附件1.2，在请求书中也没有附件1.2的编号，仅有附件1.1和附件1.3的编号。

经形式审查合格，专利复审委员会依法受理了上述无效宣告请求，案件编号为W607742，并于2008年1月7日向双方当事人发出无效宣告请求受理通知书，随同受理通知书将无效宣告请求书及其附件清单中所列附件的副本转送给专利权人，要求其在收到该通知之日起一个月内对该无效宣告请求陈述意见，并告知专利权人期满未答复的，不影响专利复审委员会审理。

专利权人逾期未答复。

请求人于2008年2月6日提交了意见陈述书，并补充提交了新的附件（编号续前）：

附件1.4：《中国铸机》杂志1987年第6期（总第132期）第42、43页的复印件共2页。

在意见陈述书中请求人仅表述补充了新的证据，并未结合附件1.4对无效宣告理由进行具体说明。

针对上述无效宣告请求，专利复审委员会依法成立合议组进行审理。本案合议组于2008年5月7日向双方当事人发出无效宣告请求口头审理通知书，告知本案定于2008年6月18日进行口头审理。随同口头审理通知书，将请求人于2008年2月6日提交的意见陈述书及其补充提交的附件1.4的副本转给专利权人。合议组于2008年5月8日再次向双方当事人发出无效宣告请求口头审理通知书，告知原定于2008年6月18日对本案进行的口头审理因故取消，改期为2008年6月25日举行。

口头审理如期举行，请求人委托专利代理人翟中平和公民代理人朱忠卿出席了本次口头审理，专利权人缺席。

在口头审理中，请求人明确其无效宣告请求的理由为：本专利不符合专利法第23条的规定，请求全部无效；所使用的证据为：附件1.1（使用图1和图2）、附件1.3.1~1.3.8，其中附件1.3.1~1.3.8用于证明本专利在申请日之前已公开销售的事实，明确表示放弃附件1.4作为证据使用。

请求人当庭出示了附件1.3.1、附件1.3.2、附件1.3.4、附件1.3.6、附件1.3.8的原件，以及附件1.3.1~1.3.8的盖有红章的复印件，当庭表示放弃附件1.3.2中编号为No.000388的杭州宏峰铸造有限公司产品交运单作为证据使用，并说明虽然附件1.3.7没有原件，但是其与附件1.3.2中的发票一致，只是分别为第二联和第四联，当庭所出示的附件1.3.3中的图纸是原件扫描后的彩色打印件。

结合附件1.1，请求人认为：附件1.1的图1完全公开了本专利的主视图和左视图，承认本专利产品的套筒上有两条凹槽，而附件1.1的套筒上只有一条凹槽，但认为该区别不会影响产品的整体外观，因而本专利与附件1.1的产品相近似。

结合附件 1.3.1~1.3.8，请求人认为：附件 1.3.1 是杭州宏峰铸造有限公司与杭州大运河铸造厂的销售合同，产品名称中包括“吹氧棒”；附件 1.3.2 是此次销售行为的交货单及发票；附件 1.3.3 是此次销售产品的设计图纸，用来证明吹氧棒的外观设计，图纸上在套筒处标有“压痕线 2 条”的字样，该压痕线对应本专利中套筒处的凹槽，因而附件 1.3.3 中的图纸与本专利相近似；附件 1.3.6 中吹氧棒的图片与本专利的主视图相同；附件 1.3.8 是杭州大运河铸造厂出具的证明，其内容与附件 1.3.4 中杭州宏峰铸造有限公司出具的证明内容相应。

附件 1.3.4 为杭州宏峰铸造有限公司出具的证明，该单位的法定代表人仲法祥出庭作证，说明该公司于 2003 年年底开始生产吹氧棒产品，并于 2004 年 5 月与杭州大运河铸造厂签订销售合同，合同中的大、小吹氧棒仅是尺寸规格不同，产品是分多次交货、一次结账的，认可附件 1.3.3 中的图纸是其公司的设计图纸，原图存于该公司的电脑中。

针对上述专利权，请求人于 2008 年 9 月 9 日再次向专利复审委员会提出无效宣告请求，理由是：本专利不符合专利法第 23 条的规定。请求人提交的附件如下：

附件 2.1：中华人民共和国国家知识产权局网站上下载的本专利的公告文本打印页 1 页；

附件 2.2.1：盖有上海市工商行政管理档案馆材料证明章的档案机读材料的复印件 1 页，其中记录了上海万悦机械厂的企业注册情况，材料证明章上的日期为 2007 年 11 月 27 日；

附件 2.2.2：上海万悦机械厂的个人独资企业营业执照的复印件 1 页；

附件 2.2.3：盖有“上海万悦机械厂”骑缝章的产品 LO-180 型氧弧熔断棒的使用说明书复印件 4 页；

附件 2.2.4：盖有上海万悦机械厂公章，并附有上海万悦机械厂厂长万明娟签字的证明材料的复印件 1 页，签字日期为 2008 年 9 月 1 日；

附件 2.2.5：供方为上海万悦机械厂，需方为中山市广重铸轧钢有限公司的工矿产品购销合同复印件 1 页，其中产品名称为氧熔棒，规格型号为 LO-180，合同签订日期为 2006 年 1 月；

附件 2.2.6：购货单位为中山市广重铸轧钢有限公司，销货单位为上海万悦机械厂的上海增值税专用发票（第三联）复印件 1 页，其编号为 No. 11714722，其中货物或应税劳务名称为氧熔棒，规格型号为 13-1800，开票日期为 2006 年 2 月 18 日；

附件 2.3.1~2.3.8 与 W607742 案件中请求人提交的附件 1.3.1~1.3.8 完全一致。

请求人认为：附件 2.2.3 记载了上海万悦机械厂生产的 LO-180 型氧弧熔断棒的产品示意图，其公开了本专利的外观设计，并且附件 2.2.5 和附件 2.2.6 证明了上海万悦机械厂与中山市广重铸轧钢有限公司在 2006 年 1 月签订了 LO-180 型氧弧熔断棒的供销合同，并于 2006 年 2 月 18 日履行供货的销售事实，该销售行为发生在本专利申请日之前，因而本专利不符合专利法第 23 条的规定，应予以无效。此外，附件 2.3.1~2.3.8 证明了杭州宏峰铸造有限公司在本专利的申请日之前生产并销售氧弧熔断棒的事实，其所销售的氧弧熔断棒产品页公开了本专利的外观设计，因而本专利不符合专利法第 23 条的规定，应予以无效。

经形式审查合格，专利复审委员会依法受理了上述无效宣告请求，案件编号为 W608361，并于 2008 年 10 月 29 日向双方当事人发出无效宣告请求受理通知书，随同受理通知书将无效宣告请求书及其附件清单中所列附件的副本转送给专利权人。

针对上述无效宣告请求，专利复审委员会依法成立合议组进行审理。本案合议组于 2008 年 11 月 3 日向双方当事人发出无效宣告请求口头审理通知书，告知本案定于 2008 年 12 月 9 日进行口头审理。

口头审理如期举行，请求人委托专利代理人翟中平和公民代理人朱忠卿出席了本次口头审理，专利权人本人及其委托代理人陈小良出席了本次口头审理。

在口头审理中，请求人明确其无效宣告请求的理由为：本专利不符合专利法第23条的规定，请求全部无效；请求人所使用的证据为：第一组证据（附件2.2.1~2.2.6）、第二组证据（附件2.3.1~2.3.8）分别单独用于证明本专利在申请日之前公开销售的事实。

请求人当庭出示了第一组证据的原件，经专利权人当庭核实后认为第一组证据的复印件与原件一致。

请求人表示第二组证据中部分原件已于W607742案件的口头审理当庭提交给合议组，请求人当庭提交了附件2.3.4、附件2.3.6及附件2.3.8的原件，经专利权人当庭核对后认为，请求人提交的第二组证据中大部分复印件与原件是一致的，但认为附件2.3.2.1~2.3.2.8中的8张交运单复印件与其提交的6张交运单原件不一致，其中缺少尾号为391与388的两张交运单原件。请求人当庭表示放弃附件2.3.2.1~2.3.2.8中尾号为391与388的两张交运单作为证据使用。

请求人认为，在第一组证据中，附件2.2.3中"图-1产品示意图"的两幅图分别与本专利的主视图及左视图相同，附件2.2.4证明了氧弧熔断棒的产品设计是公知的，附件2.2.5中的合同型号与产品说明书中的型号是完全吻合的，附件2.2.6中发票产品规格一栏所注明的"13-1800"与附件2.2.3中产品说明书第1页中所解释的产品规格是一致的，其中"13-1800"是用产品的口径和长度来表征的另一种规格型号表示方法，附件2.2.6中的发票可证明附件2.2.5中的销售合同已经履行。

请求人的证人王其良出庭作证，说明其身份为上海万悦机械厂的职工，参加工作时间为2008年7月，专利权人对证人王其良的身份表示无异议。证人王其良称，其为上海万悦机械厂的技术人员，并表示该厂生产的产品与本专利相同，都是有两个凹槽，该厂生产的氧弧熔断棒的长管外径为13毫米，短管为插接套，其外径为16毫米，氧弧熔断棒的长度为1800毫米，其型号为L0-180，与"13-1800"表示的是同一产品，通过产品型号及厂名可以认定附件2.2.5中的合同是本厂签订的，并表示氧弧熔断棒没有相关的国家标准。

专利权人认为，附件2.2.1与本案缺乏关联性，不能证明本专利的外形，并对附件2.2.2的真实性及关联性表示异议。专利权人对附件2.2.3的合法性表示异议，认为其上下名称不符，因而对其真实性表示异议，此外该产品说明书没有反映出时间，说明书中记载的网址申请注册人为韩勇，不知其与上海万悦机械厂是什么关系。附件2.2.3中说明书第2页没有任何凹槽，只有两条线，其产品截面为六个小圆圈外加一个外圈，而本专利的左视图为六个小圆圈外有3个外圈，附件2.2.3中的图形可以有多个产品外形的可能性，此外，附件2.2.3中说明书的图也没有反映出是哪个方向的截面图，附件2.2.4中证人证言无法证明事实，无法理解附件2.2.6中发票产品规格一栏所写的"13"与"1800"所代表的意义，认为其可能为证人或请求人设计的一个编号，不具有普遍性、法定性和唯一性，此外，专利权人还对附件2.2.5的真实性表示异议，认为仅凭型号无法证明产品的外形，请求人仅提交了销售合同中一方的证明，而对于合同另一方没有提供任何证明材料，且销售合同中没有反映出产品的外观设计，专利权人对附件2.2.6的真实性及合法性没有异议，但认为其与本案缺乏关联性，请求人也未提交可证明"13-1800"与"L0-180"之间联系的相关证据。

专利权人当庭表示本专利外观设计中六个钢丝外的三圈线是厚度的表示，其中中间那圈是长管，其余2个是套接管。

请求人认为，附件2.2.1与附件2.2.2是从工商取证的材料，附件2.2.3说明书中左侧的短钢管相当于插接套，右侧的长管为熔断棒，图中的标号3为外壳，里面有六根钢丝，短钢管上的线表示凹槽，对于专利权人质疑附件2.2.4与附件2.2.5的真实性，请求人认为专利权人应当进行举证。对于附件2.2.3中说明书上下名称不一致，请求人认为上下两个名称实质上是一致的，2007年之前国家相关政策不允许一个人成立公司，但作为个人成立的小作坊而言，在说明书上把自己的厂名写成公司的话对于客户而言听起来体面一些。

专利权人认为，插接套大约八公分长，氧弧熔断棒的长度为1800毫米不知是否是本领域的惯用表示。

请求人表示附件2.2.3的截面图是从主视图的左侧向右看时的截面图，如果从有插接套的一端看其截面的话与本专利的左视图是一样的。

结合附件2.3.1~2.3.8，请求人认为：附件2.3.1是杭州宏峰铸造有限公司与杭州大运河铸造厂的销售合同，产品名称中包括“吹氧棒”；附件2.3.2是此次销售行为的交货单及发票；附件2.3.3是此次销售产品的设计图纸，用来证明吹氧棒的外观设计，图纸上在套筒处标有“压痕线2条”的字样，该压痕线对应本专利中套筒处的凹槽，因而附件2.3.3中的图纸与本专利相近似；附件2.3.6中吹氧棒的图片与本专利的主视图相同；附件2.3.7证明买卖已完成；附件2.3.8是杭州大运河铸造厂出具的证明，其内容与杭州宏峰铸造有限公司的证言一致。

附件2.3.4为杭州宏峰铸造有限公司出具的证明，该单位的法定代表人仲法祥出庭作证，专利权人对该证人的身份无异议，证人仲法祥指出，其不认识请求人，其公司从2003年12月开始生产吹氧棒，在自己生产之前是从上海的厂家拿货，其从上海拿的货以及其自行生产的产品与本专利的外观设计是一样的，在与别人交易时，在合同上通常写明产品型号，并表示吹氧棒没有相关的行业标准，关于吹氧棒的型号规格也没有相关的国家统一规定。

专利权人对附件2.3.1中销售合同的真实性表示质疑，认为无法认定杭州大运河有限公司是否认可这份协议，也无法确认这份合同是否发生，且合同中也没有反映出产品的外观设计，附件2.3.2中的发票没有注明产品型号，无法确认发票中的产品是否与本专利的产品相同或相近似，附件2.3.2中尾号为501~505的5张交运单是连号的，但时间跨度比较长，并且从发货单位无法确认销售产品的数量，此外交货单也不能体现出产品的外形，附件2.3.3中的图纸是打印件，因而质疑其真实性，且图纸所表示的产品与本专利的外观设计是不同的，此外专利权人对附件2.3.4的真实性表示质疑，附件2.3.5的营业执照上也未注明该公司有生产销售吹氧棒的经营范围，且该附件2.3.5与本案缺乏关联性，对附件2.3.6的真实性表示质疑，其没有注明公开日期，且附件2.3.6也没有公开产品外形，对附件2.3.7的真实性也表示质疑，且附件2.3.7也没有公开产品外形，附件2.3.8没有相应的证人出庭作证，因而无法证明其真实性。

基于上述当事人的意见陈述及口头审理，合议组认为本案事实已清楚，现依法作出审查决定。

二、决定的理由

1. 关于编号为W608361的案件中第一组证据证明的销售行为

附件2.2.1是盖有“上海市工商行政管理档案馆材料证明章”的关于上海万悦机械厂的企业档案机读资料复印件，请求人当庭提交了附件2.2.1的原件，专利权人核实后认可该复印件与原件一致，未对附件2.2.1的真实性提出异议，经合议组审查后对附件2.2.1的真实性予以认可，其可以证明上海万悦机械厂于2003年4月7日成立，负责人为万明娟，该厂的经营范围包括五金机械设备、氧熔棒及配套工具、五金电器配件、汽车配件、生产、加工，（涉及行政许可的凭许可证经营）并已经经过2006年的企业年检。

附件2.2.2是企业名称为上海市万悦机械厂的个人独资企业营业执照的复印件，请求人当庭出示了原件，专利权人当庭表示对附件2.2.2的真实性有异议。合议组经审查后认为，附件2.2.2上加盖的上海万悦机械厂的公章与企业营业执照上注明的企业名称一致，附件2.2.2中附有的万明娟的签名与该企业营业执照上投资人姓名也一致，且该企业营业执照上所记载的信息，如企业名称、住所、设立日期、经营范围，均与附件 2.2.1 所记载的内容一致，虽然专利权人对附件 2.2.2 的真实性表示异议，但是其并未提供证据来支持其主张，因而合议组对附件 2.2.2 的真实性予以认可，其进一步证明了上海万悦机械厂为 2003 年 4 月 7 日设立的个人独资企业，经营范围中包括氧熔棒（即吹氧棒）。

附件 2.2.6 为编号为 No. 11714722 的上海增值税专用发票，其中标注的购货单位为中山市广重铸轧钢有限公司，销货单位为上海万悦机械厂，货物名称为氧熔棒，规格型号为 13-1800，该发票的开票日期为 2006 年 2 月 18 日。专利权人对附件 2.2.6 的真实性表示认可，经审查，合议组对附件 2.2.6 的真实性予以认可，其可证明上海万悦机械厂于 2006 年 2 月 18 日销售了型号为“13-1800”的氧熔棒产品。

附件 2.2.3 是 L0-180 型氧弧熔断棒使用说明书，请求人当庭出示了原件，专利权人对附件 2.2.3 的真实性及合法性表示有异议，其具体理由为：该说明书首页上下名称不符，其页眉上写的是“上海万悦机械有限公司”，与首页最下方及骑缝章上的“上海万悦机械厂”不一致，因而对其真实性表示异议，此外该产品说明书没有反映出时间，说明书中记载的网址申请注册人为韩勇，不知其与上海万悦机械厂是什么关系。对此合议组经审查后认为：结合附件 2.2.1 与附件 2.2.2 可以看出，上海万悦机械厂的经营范围包括生产加工氧熔棒产品，所以通常情况下该厂具有氧弧熔断棒的说明书；虽然附件 2.2.3 说明书首页中存在上下名称不一致的瑕疵，但是该产品说明书所加盖的骑缝章，以及该说明书首页及最后一页所记载的厂名均为上海万悦机械厂，且说明书最后一页所记载的账号、税号均与附件 2.2.6 中发票所记载的相应内容一致，因而可以认定附件 2.2.3 确为上海万悦机械厂的产品说明书。至于说明书中所记载网址的申请注册人韩勇，合议组认为，网址申请人只表示其为上海万悦机械厂申请了说明书中记载的该网址，而其与上海万悦机械厂之间的关系对附件 2.2.3 真实性的认定没有影响，且专利权人并未针对其主张提供相应的反证，因而合议组对附件 2.2.3 的真实性予以认可。

附件 2.2.5 是供方为上海万悦机械厂，需方为中山市广重铸轧钢有限公司的工矿产品购销合同，请求人当庭出示了附件 2.2.5 的原件，在该份购销合同的产品名称一栏所填写的内容为“氧熔棒”，型号规格为“L0-180”，在供方法人代表及委托代理人一栏有相关人员的签名，并加盖有供方的合同专用章，在需方法人代表及委托代理人一栏也有相关人员的签名并加盖有需方的合同专用章，在该合同的签订日期栏标注的日期为 2006 年 1 月，专利权人对附件 2.2.5 的真实性表示有异议，并表示仅凭合同中的产品型号无法证明产品的外形，且请求人只提供了合同双方中一方的证明，而未提供另一方的证明材料，此外合同中所谓的“标准”事实上并不是国家标准，也没有国家标准存在。对此合议组认为，请求人在口头审理当庭出示了附件 2.2.5 的原件，且经过专利权人当庭核实后认定原件与复印件是一致的；虽然合同本身有瑕疵，将产品的质量标准写成了国家标准，而双方均认为对于氧熔棒这种产品尚无国家标准，但这只能表明生产厂家对质量要求不够严谨，并不足以推翻合同本身的真实性；至于专利权人指出关于请求人没有提供合同另一方出具的证明因而不认可合同的真实性的这一主张，由于专利权人并没有提供任何证据来支持其主张，因而合议组不予支持。综上，合议对附件 2.2.5 的真实性予以认可。

附件 2.2.4 是上海万悦机械厂出具的证明材料，请求人当庭出示了原件，其上盖有上海万悦机械厂的公章，并附有上海万悦机械厂厂长万明娟的签名。该证明材料中陈述了该厂成立于 2003 年 4 月 7 日，从事氧熔棒的生产，该厂与中山市广重铸扎钢有限公司于 2006 年 1 月签订了型号为 L0-180 型氧熔棒产品的购销合同，这与附件 2.2.1、附件 2.2.2 及附件 2.2.5 的内容相印证；L0-180 型氧熔棒的外观见其使用说明书，这与附件 2.2.3 所表示的内容相互印证。可见，附件 2.2.4 进一步证明了 2006 年 1 月上海万悦机械厂与中山市广重铸扎钢有限公司签订了关于 L0-180 型氧熔棒产品的购销合同的事实。

在此基础上，合议组认为：首先，附件 2. 2. 5 中的合同写明了产品的型号，并且附件 2. 2. 3 中的产品使用说明书已经详细说明了该型号产品的基本情况及外观，因而可以推定附件 2. 2. 5 的合同中的需方在签订合同时已经知晓该产品说明书上公开的产品外观，这已构成专利法意义上的在先公开；其次，请求人使用附件 2. 2. 6 的发票来证明该合同已经履行，合议组经审查后认为，附件 2. 2. 6 中购货单位、销货单位、货物名称及开票日期均与合同内容相对应，至于发票中型号“13-1800”与合同中的型号“L0-180”不一致的问题，上海万悦机械厂职工王其良当庭解释说，在附件 2. 2. 3 的说明书第 2 页倒数第 4 行注明了 L0-180 型氧弧熔断棒的外径为 13 毫米，长度为 1800 毫米，“13-1800”是用产品的口径和长度来表示的另一种规格型号，该型号与“L0-180”所对应的产品是一致的。合议组认为由于双方均认可氧弧熔断棒这种产品尚无国家标准，采用口径及长度来标识该产品的规格型号更易于使购货和销货双方达成共识，而附件 2. 2. 3 的说明书第 2 页已经明确记载了“L0-180”型氧弧熔断棒的口径为 13 毫米，长度为 1800 毫米，因而证人王其良的解释具有合理性，且专利权人也未证明上海万悦机械厂存在多种型号的氧熔棒产品，因而合议组认为，附件 2. 2. 6 能够证明附件 2. 2. 5 中的合同已完成销售行为，L0-180 型氧熔棒的外观已于本专利的申请日前公开。

2. 关于专利法第 23 条

专利法第 23 条规定：“授予专利权的外观设计，应当同申请日以前在国内外出版物上公开发表过或者国内公开使用过的外观设计不相同和不相近似，并不得与他人在先取得的合法权利相冲突。”

附件 2. 2. 3 公开了 L0-180 型氧弧熔断棒（即吹氧棒）的产品示意图，本专利是吹氧棒的外观设计，二者用途相同，属于类别相同的物品，可以将二者进行相同和相近似比较。

本专利的外观设计共包括主视图及左视图两幅视图，从视图看，该吹氧棒产品由两圆形管组成，一长管及一短管，长管较粗，短管较细，长管比短管长很多，短管内有 6 个小圆芯，并沿圆周排布，短管与长管的结合段部存在两凹槽（详见本专利附图）。

附件 2. 2. 3 第 2 页公开了 L0-180 型氧弧熔断棒（即吹氧棒）的产品示意图，依据氧熔棒消费者的认知可以认定，L0-180 型氧弧熔断棒由两圆形管组成，一长管及一短管，长管较粗，短管较细，长管比短管长很多，短管内有 6 个小圆芯，并沿圆周排布，短管与长管的结合段部存在环绕圆周的两条线（详见附件 2. 2. 3 附图）。

将附件 2. 2. 3 中的产品示意图与本专利的外观设计进行对比，可以看出二者的区别仅在于：本专利中吹氧棒左端接近两直径不同的管的结合处有两道环绕管圆周的凹槽，而附件 2. 2. 3 中该位置是两条环绕圆周的线。

对此合议组认为：依据氧弧熔断棒的消费者的认知，附件 2. 2. 3 中的两道环绕圆周的线应为长、短两管相套接时配合紧固作用的凹线，如上所述，长管的长度远大于短管的长度，因而即使附件 2. 2. 3 中的凹线与本专利中的凹槽在宽度上有所差异，这种差异也是不显著的，一般消费者容易将本专利产品与附件 2. 2. 3 中的产品混淆，因此二者属于相近似的外观设计。

综上所述，本专利与附件 2. 2. 3 属于相近似的外观设计，本专利相对于附件 2. 2. 3 不符合专利法第 23 条的规定。

鉴于本专利相对于附件 2. 2. 3 不符合专利法第 23 条的规定，应予以无效，因而对于请求人在编号为 W608361 的案件中提出的第二组证据，合议组不再进行评述，基于相同的理由，合议组对请求人在编号为 W607742 中提交的证据及其无效理由也不再进行评述。

三、决定

宣告200630118929.0号外观设计专利权无效。

当事人对本决定不服的，可以根据专利法第46条第2款的规定，自收到本决定之日起三个月内向北京市第一中级人民法院起诉。根据该款的规定，一方当事人起诉后，另一方当事人应当作为当事人参加诉讼。

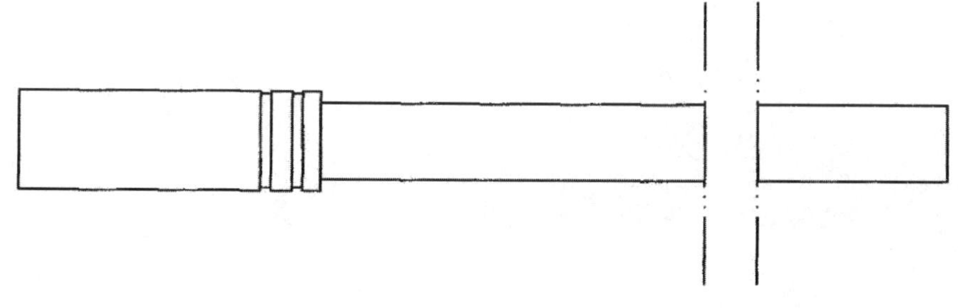

主视图

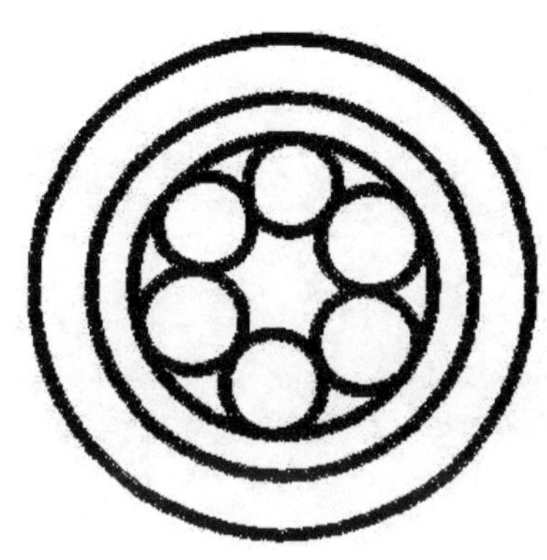

左视图

本专利附图

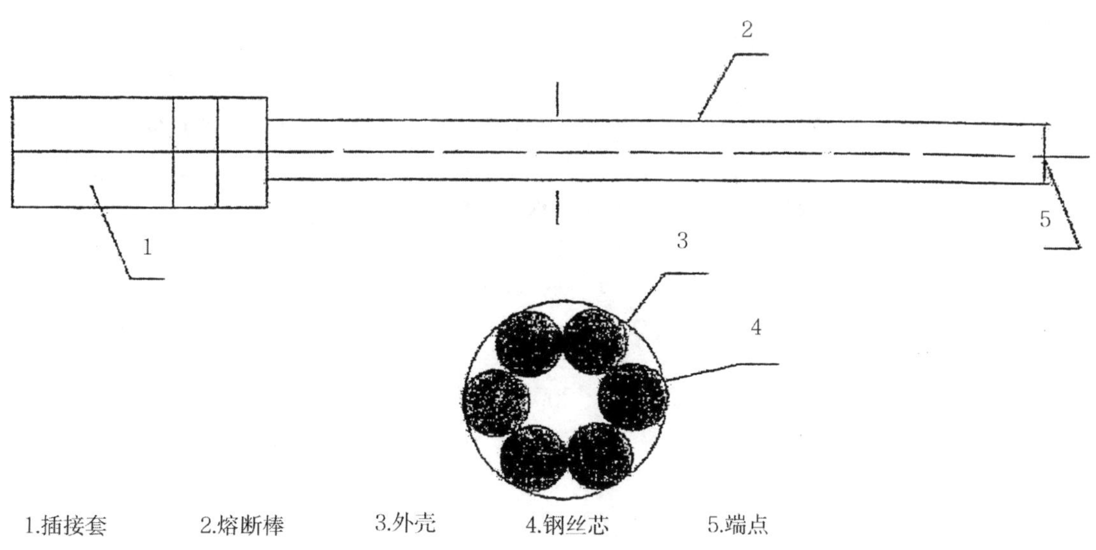

附件 2.2.3 附图

176

玻璃果汁杯（A01）

无效宣告请求审查决定（第13102号）

决　　定　　号 第13102号
决　　定　　日 2009年3月24日
发明创造名称 玻璃果汁杯（A01）
外观设计分类号 07-01
无效宣告请求人 南阳市宛城区环宇玻璃制品有限公司
专　利　权　人 麦兆祥
专　　利　　号 200530155996.5
申　　请　　日 2005年11月29日
授权公告日 2006年9月20日
合议组组长 钟　华
主　　审　　员 王霞军
参　　审　　员 尹春霞
附　　　　　图 1页

法　律　依　据 专利法第23条
决　定　要　点

本专利与在先设计近似的整体形状，已给一般消费者留下了相近似的整体视觉印象，其区别点对整体视觉效果不具有显著影响，杯体上下宽度的差别属于局部细微的变化，尚不足以对整体外观设计产生显著的影响。因此，本专利与在先设计属于相近似的外观设计。

一、案由

本无效宣告请求涉及的是国家知识产权局于2006年9月20日授权公告的、名称为“玻璃果汁杯（A01）”的外观设计专利（下称本专利），其申请号是200530155996.5，申请日是2005年11月29日，专利权人是麦兆祥。

针对本专利权，南阳市宛城区环宇玻璃制品有限公司（下称请求人）于2008年12月4日向专利复审委员会提出无效宣告请求，其主要理由是：本专利与申请日前在国内出版物上公开发表过的外观设计产品相近似，本专利不符合专利法第23条规定。与此同时，请求人提交了如下附件作为证据：

附件1：本专利著录项目和图片复印件1页；

附件2：大龙玻璃产品目录封面、封底、第19页复印件3页。

请求人认为本专利与2003年大龙玻璃厂的产品目录内公开的一款条纹果汁杯的外观形状近似，

二者的杯体形状、杯体上端的引流槽以及杯把的设计位置均相同，其区别仅在于：杯把的形状，本专利杯把为梯形，对比产品杯把为弧形；本专利杯底圆柱外表有两圈凸环，对比产品的杯底圆柱外表没有凸环。虽然二者存在差异，但二者整体设计风格是相同的，一般消费者在购买上述产品时容易将二者混淆，区别属于局部细微的差别，不能给消费者造成视觉上的明显差异，请求宣告本专利无效。

经形式审查合格，专利复审委员会受理了此案，并于2008年12月4日将无效请求书及相关材料副本转送给专利权人。

专利复审委员会于2009年1月4日收到请求人的意见陈述书及补充提交的证据材料，请求人坚持认为：在本专利申请日前已有与本专利外观形状相近似的产品在国内出版物上公开发表过。同时，补充如下附件（编号续前）：

附件3：大龙玻璃产品目录第39页复印件1页；

附件4：200430042200.0号外观设计专利著录项目和图片复印件2页；

附件5：03343325.9号外观设计专利著录项目和图片复印件2页；

附件6：200430073077.9号外观设计专利著录项目和图片复印件2页；

附件7：国家图书馆科技查新中心出具的文献复制证明及《家用电器》时尚消费杂志2002年第08期总第245期封页、目录页、第45页共计复印件6页；

附件8：国家图书馆科技查新中心出具的文献复制证明及《家用电器》市场杂志2004年第1/2期总280/282期封页、目录页、广告页共计复印件7页；

附件9：国家图书馆科技查新中心出具的文献复制证明及《家用电器》市场杂志2004年第6期总第290期封页、目录页、广告页共计复印件7页。

2009年1月7日，专利权人针对请求人的无效宣告请求书进行了意见陈述。专利权人指出，本专利与对比文件均由杯体和杯把构成，但不论杯体的形状、杯把的形状、杯体与杯把的大小比例关系，杯体与杯把的位置连接关系等，均存在明显的不同，造成两者的设计风格迥异，给一般消费者留下不同的视觉印象，因此，本专利与对比文件不相同也不相似。请求维持本专利有效。

2009年1月13日，专利复审委员会向双方当事人发出口头审理通知书，定于2009年2月24日进行口头审理。同日，随口头审理通知书将请求人补充提交的证据材料转给专利权人。

口头审理如期举行，双方当事人均委托代理人参加了口头审理，双方当事人对对方出庭人员的身份、资格无异议，对合议组成员无回避请求。合议组将专利权人的意见陈述书转给请求人。请求人当庭提交了附件2、3大龙玻璃产品目录的原件，提交附件7~9国家图书馆科技查新中心出具的文献复制证明原件，并在所附《家用电器》杂志复印件上盖有骑缝章。专利权人对请求人提交的附件2、3的真实性、合法性有异议。对附件4~9证据的真实性和合法性无异议。双方当事人将本专利分别与附件2~9请求人指认的产品照片进行了相同、相近似的比较，各自坚持原有观点。

在上述审理的基础上，合议组认为本案事实清楚，可以依法作出审查决定。

二、决定的理由

1. 法律依据

基于请求人提出的无效宣告请求理由，合议组对本专利是否符合专利法第23条的规定进行审查。

专利法第23条规定："授予专利权的外观设计，应当同申请日以前在国内外出版物上公开发表过或者国内公开使用过的外观设计不相同和不相近似，并不得与他人在先取得的合法权利相冲突。"

2. 证据认定

请求人提交的附件4是国家知识产权局于2004年12月29日授权公告的、申请号是200430042200.0、产品名称为"果汁机（HA-3212）"的外观设计专利著录项目和图片复印件，专利权人对其真实性无异议。经合议组核实，内容属实。该专利公开文本的公开日期早于本专利的申请日（2005年11月29日），属于专利法第23条规定的出版物，其上公开了一款果汁机的外观设计（下称在先设计）。

3. 相同和相近似比较

本专利是一款果汁杯的外观设计专利，在先设计公开的果汁机包括果汁杯和机座两部分，其中在先设计的果汁杯与本专利用途相同，可以进行相同、相近似的比较。

本专利果汁杯整体形状近似于圆柱状，杯体的上端口有一向外的凸边，杯口与杯把对称的一侧有一向外凸出的圆弧状引流槽，杯体的外表面有四条均匀分布的竖向棱形凹槽，杯体的下端向内收敛与带有螺纹的圆形接口连接，近似梯形的杯把设计在杯体中间位置（详见本专利附图）。

在先设计果汁杯整体形状近似于圆柱状，杯口与杯把对称的一侧有一向外凸出的圆弧状引流槽，杯体的外表面有四条均匀分布的竖向棱形凹槽，杯体的下端向内收敛，近似梯形的杯把设计在杯体中间位置（详见在先设计附图）。

将本专利与在先设计进行比较，二者杯体整体形状均呈圆柱形，杯口部有一向外凸出的引流槽，杯体外表有四条均匀分布的竖向棱形凹槽，杯体下端向内收敛，杯把近似于梯形，二者主要不同之处在于：本专利与在先设计的杯体形状略有差别，本专利杯体宽度基本相同，而在先设计杯体的上、下宽度略有差别，上宽下窄。在先设计杯口被杯盖所覆盖，杯体边沿的凸边未清楚显示；在使用状态下，在先设计的杯底坐落在机座内，杯底连接处有无螺纹未显示。合议组认为，二者近似的整体形状，已给一般消费者留下了相近似的整体视觉印象，其区别点对整体视觉效果不具有显著影响，杯体上下宽度的差别属于局部细微的变化，尚不足以对整体外观设计产生显著的影响。因此，本专利与在先设计属于相近似的外观设计。

综上所述，在本专利申请日以前已有与其相近似的外观设计在出版物上公开发表过，本专利不符合专利法第23条的规定。

在已经得出上述审查结论的基础上，本审查决定对请求人提交的其他证据不再进行评述。

三、决定

宣告200530155996.5号外观设计专利权全部无效。

当事人对本决定不服的，可以根据专利法第46条第2款的规定，自收到本决定之日起三个月内向北京市第一中级人民法院起诉。根据该款的规定，一方当事人起诉后，另一方当事人应当作为第三人参加诉讼。

主视图

左视图

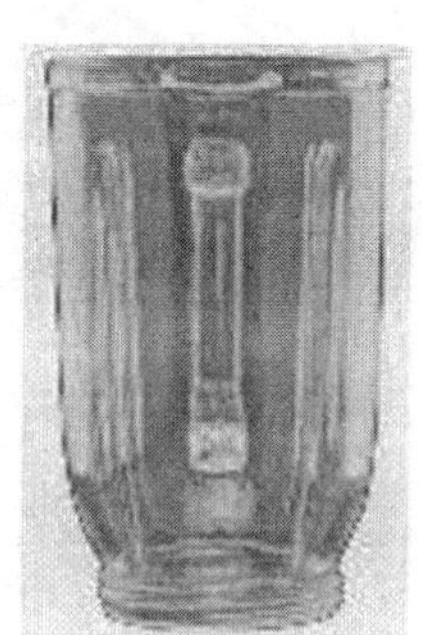

右视图

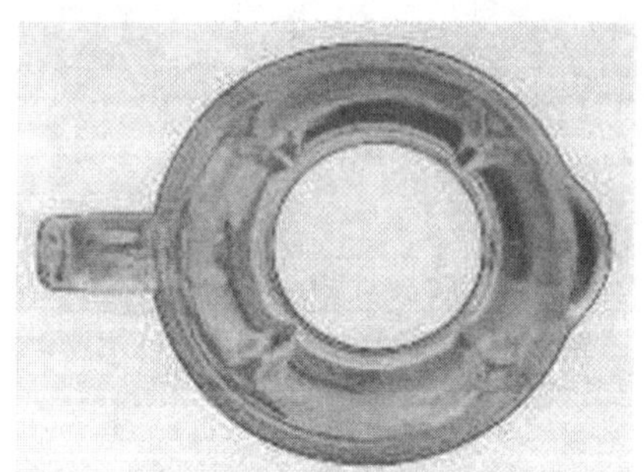

俯视图

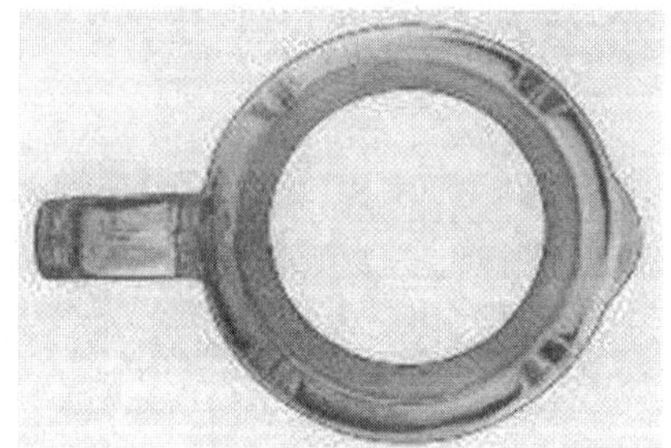

仰视图

本专利附图

在先设计附图

北京市第一中级人民法院
行政判决书

（2009）一中行初字第 1419 号

原告麦兆祥，男，1947 年 2 月 10 日出生，汉族，住广东省佛山市禅城区冲天坊 19 号 701 房。

委托代理人林俐，北京市立方律师事务所专利代理人。

委托代理人谢冠斌，北京市立方律师事务所律师。

被告国家知识产权局专利复审委员会，住所地北京市北四环西路 9 号银谷大厦 10~12 层。

法定代表人张茂于，副主任。

委托代理人王霞军，国家知识产权局专利复审委员会审查员。

委托代理人张华，国家知识产权局专利复审委员会审查员。

第三人南阳市宛城区环宇玻璃制品有限公司，住所地河南省南阳市宛城区新店街（新店轧花厂院内）。

法定代表人胡青宇，董事长。

委托代理人管宏梅，女，1981 年 12 月 10 日出生，中国北方工业公司职员，住北京市海淀区学院南路 39 号 2004 级研究生法律系。

原告麦兆祥不服被告国家知识产权局专利复审委员会（以下简称专利复审委员会）于 2009 年 3 月 24 日作出的第 13102 号无效宣告请求审查决定（以下简称第 13102 号决定），于法定期限内向本院提起诉讼。本院于 2009 年 6 月 4 日受理本案后，依法组成合议庭，并按照法律有关规定通知南阳市宛城区环宇玻璃制品有限公司（以下简称环宇公司）作为第三人参加诉讼，于 2009 年 8 月 14 日公开开庭进行了审理。原告麦兆祥的委托代理人林俐、谢冠斌，被告专利复审委员会的委托代理人王霞军、张华，第三人环宇公司的委托代理人管宏梅到庭参加了诉讼。本案现已审理终结。

2008 年 12 月 4 日，第三人环宇公司针对原告麦兆祥拥有的名称为“玻璃果汁杯（A01）”的第 200530155996.5 号外观设计专利（以下简称本专利）向被告专利复审委员会提出无效宣告请求。2009 年 3 月 24 日，被告专利复审委员会作出第 13102 号决定，认为：

本专利是一款果汁杯的外观设计专利。名称为“果汁机（HA-3212）”的第 200430042200.0 号外观设计专利（以下简称在先专利）公开的果汁机包括果汁杯和机座两部分，其中在先设计的果汁杯与本专利用途相同，可以进行相同、相近似的比较。

本专利果汁杯整体形状近似于圆柱状，杯体的上端口有一向外的凸边，杯口与杯把对称的一侧有一向外凸出的圆弧状引流槽，杯体的外表面有四条均匀分布的竖向棱边凹槽，杯体的下端向内收敛与带有螺纹的圆形接口连接，近似梯形的杯把设计在杯体中间位置。

在先设计果汁杯整体形状近似于圆柱状，杯口与杯把对称的一侧有一向外凸出的圆弧状引流槽，杯体的外表面有四条均匀分布的竖向棱边凹槽，杯体的下端向内收敛，近似梯形的杯把设计在杯体中间位置。

将本专利与在先设计进行比较，二者杯体整体形状均呈圆柱形，杯口部有一向外凸出的引流槽，杯体外表有四条均匀分布的竖向棱边凹槽，杯体的下端向内收敛，杯把近似于梯形，二者主要不同之处在于：本专利与在先设计的杯体形状略有差别，本专利杯体宽度基本相同，而在先设计杯体的上、下宽度略有差别，上宽下窄。在先设计杯口被杯盖所覆盖，杯体边沿的凸边未清楚显示；在使用状态下，在先设计的杯底坐落在机座内，杯底连接处有无螺纹未显示。专利复审委员会认为，二者近似的整体形状，已给一般消费者留下了相近似的整体视觉印象，其区别点对整体视觉效果不具有显著影响，杯体上下宽度的差别属于局部细微的变化，尚不足以对整体外观设计产生显著的影响。因此，本专利与在先设计属于相近似的外观设计。综上所述，在本专利申请日以前已有与其相近似的外观设计在出版物上公开发表过，本专利不符合《中华人民共和国专利法》（以下简称《专利法》）第二十三条的规定。

基于上述理由，专利复审委员会作出第 13102 号决定，宣告本专利权无效。

原告麦兆祥不服该决定，在法定期限内向本院提起诉讼，称：果汁杯属于日常用品，其设计空间非常有限，应注重设计细节。本专利的杯体呈圆柱状，而在先设计的杯体呈上宽下窄的单叶双曲面状；本专利具有杯座，而在先设计不能看出设置有杯座；本专利的杯体外表有四条凹槽，而在先设计的杯体外表看不出是竖纹还是凹槽；本专利的杯把形状粗，棱角突出，在先设计的杯把设计圆润；本专利的杯体有刻度，而在先设计的杯体无刻度；本专利杯口有凸缘，而在先设计的杯口没有凸缘；本专利与在先设计的上述区别明显，对整体视觉效果具有显著影响。第 13102 号决定认定事实不清，适用法律错误，请求法院予以撤销，并责令专利复审委员会重新作出无效宣告审查决定。

被告专利复审委员会辩称：第 13102 号决定运用整体观察、综合判断的原则，以一般消费者作为判断主体，将本专利与在先设计进行比较，分析了本专利与在先设计整体形状的相同点与不同之处，认为其差异对整体效果不具有显著的影响，得出二者相近似的结论。第 13102 号决定认定事实清楚，适用法律正确、审查程序合法，请求人民法院予以维持。

第三人环宇公司述称：第 13102 号决定认定事实清楚，适用法律正确，请求人民法院维持第 13102 号决定。

本院经审理查明：

本专利系名称为“玻璃果汁杯（A01）”的第 200530155996.5 号外观设计专利（详见附图一），申请日为 2005 年 11 月 29 日，授权公告日为 2006 年 9 月 20 日，专利权人为麦兆祥。

在先设计系名称为“果汁机（HA-3212）”的第 200430042200.0 号外观设计专利（详见附图二），申请日为 2004 年 6 月 5 日，授权公告日为 2004 年 12 月 29 日，专利权人为深圳市宝安区西乡镇臣田唐锋电器厂。

2008 年 12 月 4 日，环宇公司针对本专利向专利复审委员会提出无效宣告请求，认为本专利与申请日前在国内出版物公开发表过的外观设计产品相近似，本专利不符合《专利法》第二十三条的规定。2009 年 1 月 4 日，环宇公司向专利复审委员会提交意见陈述书及包括在先设计在内的补充证据。

2009 年 1 月 7 日，麦兆祥向专利复审委员会提交意见陈述，认为本专利与在先设计无论杯体的形状、杯把形状、杯体与杯把的大小比例关系，杯体与杯把的位置连接关系等，均存在明显不同，造成二者设计风格迥异，给一般消费者留下不同的视觉印象，因此，本专利与在先设计不相同也不相近似，请求维持本专利有效。

2009 年 2 月 24 日，专利复审委员会进行了口头审理。口头审理中，麦兆祥对在先设计的真实性和合法性无异议。

2009 年 3 月 24 日，专利复审委员会作出第 13102 号决定。

上述事实，有第 13102 号决定、本专利与在先设计的授权文件、当事人的陈述等证据在案佐证。

本院认为：

《专利法》第二十三条规定，授予专利权的外观设计，应当同申请日以前在国内外出版物上公开发表过或者国内公开使用过的外观设计不相同和不相近似，并不得与他人在先取得的合法权利相冲突。

在判断外观设计是否相同或相近似时，以外观设计产品的一般消费者施以一般注意力对产品进行整体观察、综合判断后是否容易混淆为判断标准。

将本专利与在先设计相比较，二者杯体的整体形状均呈圆柱状，杯口有位置相同的圆弧状引流槽，杯体外表有位置基本相同的均匀分布的四条竖向凹槽，杯把的形状与位置基本相同，虽然本专利的杯口具有凸缘、杯底有螺纹、杯体外表有刻度，而在先设计的杯体没有刻度，且杯口凸缘、杯底形状均无法清楚看出，且本专利与在先设计的杯体形状略有差别，但是，上述区别均属于细微差别，对于产品外观设计的整体视觉效果不会产生显著影响，一般消费者通过整体观察、综合判断对二者仍然容易混淆。因此，本专利与在先设计属于相近似的外观设计，本专利不符合《专利法》第二十三条的规定。麦兆祥主张在先设计与本专利的杯体表面存在条槽区别及二者杯把、杯体均区别明显，本院认为一般消费者根据隔离对比的原则将本专利与在先设计相比较，无法得出本专利与在先设计的杯体表面、杯把、杯体均存在显著差别的结论，故麦兆祥的上述主张，缺乏事实依据，本院不予支持。麦兆祥主张撤销第 13102 号决定，缺乏事实和法律依据，本院不予支持。

综上所述，专利复审委员会作出的第 13102 号决定，认定事实清楚，适用法律并无不当，本院予以维持。依据《中华人民共和国行政诉讼法》第五十四条第（一）项之规定，本院判决如下：

维持被告国家知识产权局专利复审委员会作出的第 13102 号无效宣告请求审查决定。

案件受理费 100 元，由原告麦兆祥负担（已交纳）。

如不服本判决，各方当事人可于本判决书送达之日起 15 日内，向本院提交上诉状及其副本，并交纳上诉案件受理费 100 元，上诉于北京市高级人民法院。

审　判　长　彭文毅
代理审判员　侯占恒
人民陪审员　郝志国
二〇〇九年十月十六日
书　记　员　严　哲

主视图

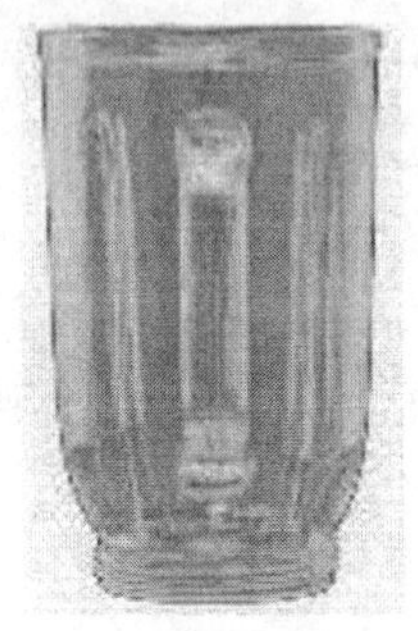

左视图

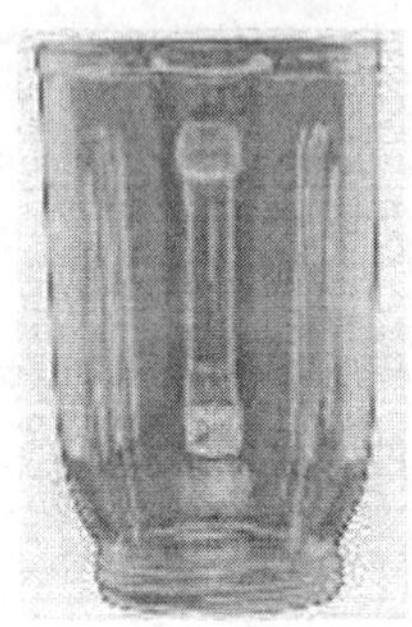

右视图

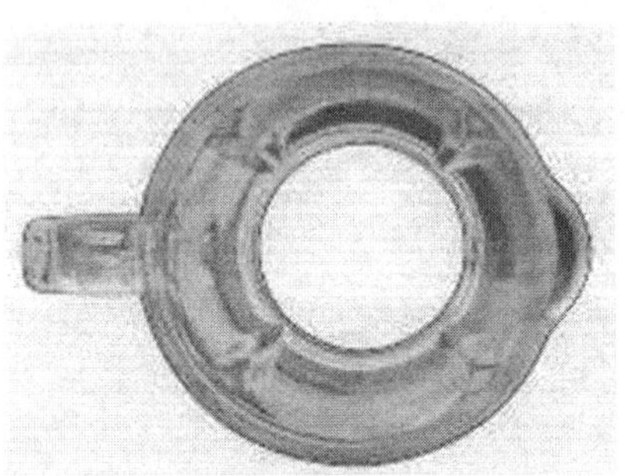

俯视图

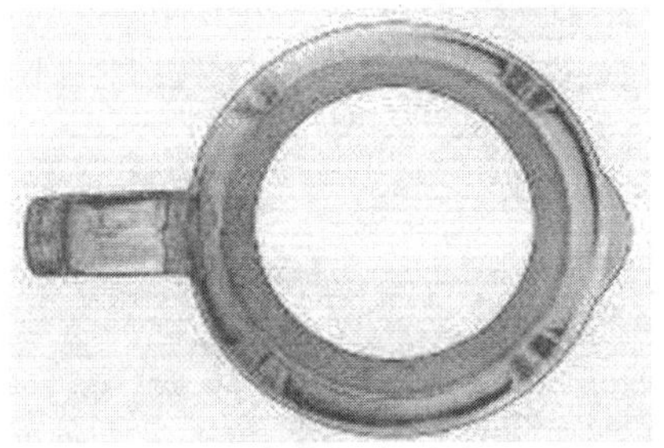

仰视图

本专利附图

在先设计附图

北京市高级人民法院
行政判决书

（2009）高行终字第1444号

上诉人（原审原告）麦兆祥，男，汉族，1947年2月10日出生，住广东省佛山市禅城区冲天坊19号701房。

委托代理人谢冠斌，北京市立方律师事务所律师。

委托代理人孙喜，北京市立方律师事务所律师。

被上诉人（原审被告）国家知识产权局专利复审委员会，住所地北京市北四环西路9号银谷大厦10~12层。

法定代表人张茂于，副主任。

委托代理人王美芳，国家知识产权局专利复审委员会审查员。

委托代理人张华，国家知识产权局专利复审委员会审查员。

原审第三人南阳市宛城区环宇玻璃制品有限公司，住所地河南省南阳市宛城区新店街（新店轧花厂院内）。

法定代表人胡青宇，董事长。

委托代理人管宏梅，女，汉族，1981年12月10日出生，中国北方工业公司职员，住北京市海淀区学院南路39号2004级研究生法律系。

上诉人麦兆祥因外观设计专利权无效行政纠纷一案，不服北京市第一中级人民法院（2009）一中行初字第1419号行政判决，于法定期限内向本院提出上诉。本院于2009年11月24日受理本案后，依法组成合议庭，于2009年12月28日公开开庭进行了审理。上诉人麦兆祥的委托代理人孙喜，被上诉人国家知识产权局专利复审委员会（以下简称专利复审委员会）的委托代理人王美芳、张华，原审第三人南阳市宛城区环宇玻璃制品有限公司（以下简称环宇公司）的委托代理人管宏梅到庭参加了诉讼。本案现已审理终结。

北京市第一中级人民法院认定，麦兆祥系第200530155996.5号“玻璃果汁杯（A01）”外观设计专利（简称本专利）的专利权人，本专利的申请日为2005年11月29日。2008年12月4日，环宇公司以本专利与申请日前在国内出版物公开发表过的外观设计产品相近似为由，请求专利复审委员会宣告本专利无效，其提交的在先设计系申请日为2004年6月5日的第200430042200.0号“果汁机（HA-3212）”外观设计专利。专利复审委员会于2009年3月24日作出第13102号无效宣告请求审查决定（以下简称第13102号决定），认为在本专利申请日以前已有与其相近似的外观设计在出版物上公开发表过，本专利不符合《中华人民共和国专利法》（以下简称《专利法》）第二十三条的规定，决定宣告本专利权无效。

北京市第一中级人民法院认为，本专利与在先设计的区别均属于细微差别，对于产品外观设计的整体视觉效果不会产生显著影响，一般消费者通过整体观察、综合判断对二者仍然容易混淆，故二者属于相近似的外观设计，本专利不符合《专利法》第二十三条的规定。专利复审委员会作出的第13102号决定认定事实清楚，适用法律正确。北京市第一中级人民法院依据《中华人民共和国行政诉讼法》第五十四条第（一）项之规定，判决：维持专利复审委员会作出的第13102号无效宣告请求审查决定。

麦兆祥不服原审判决，在法定期限内向本院提出上诉，请求撤销一审判决并改判支持其诉讼请求。麦兆祥的上诉理由是：（1）原审判决和第 13102 号决定对本专利与在先设计的“杯体”的比较与事实不符，二者的形状具有显著区别，对整体视觉效果具有显著影响；（2）原审判决和第 13102 号决定对本专利的“杯座”与在先设计的“杯底”的比较缺乏事实及法律依据，本专利的杯体底部具有一杯座，在先设计中不能看出设置有杯座，属于常规设计，而原审判决和第 13102 号决定在缺乏事实及法律依据的情况下，认定在先设计具有本专利所述的“杯座”，属于事实认定错误；（3）原审判决和第 13102 号决定认定本专利与在先设计“杯体外表有四条分布均匀的竖向棱形凹稽”、“杯把近似于梯形”等相同或相似之处与事实不符，本专利与在先设计既不相同也不相近似。

专利复审委员会及环宇公司服从原审判决。

经审理查明：名称为“玻璃果汁杯（A01）”外观设计专利（即本专利）的申请日为 2005 年 11 月 29 日，授权公告日为 2006 年 9 月 20 日，授权公告号为 200530155996.5，专利权人为麦兆祥，本专利权的授权公告图样（详见本判决附图一）。

2008 年 12 月 4 日，环宇公司请求专利复审委员会宣告本专利无效，其主要理由是本专利与申请日前在国内出版物公开发表过的外观设计产品相近似，本专利不符合《专利法》第二十三条的规定。2009 年 1 月 4 日，环宇公司向专利复审委员会提交了意见陈述书及包括在先设计在内的补充证据。该在先设计系名称为“果汁机（HA-3212）”的第 200430042200.0 号外观设计专利，其申请日为 2004 年 6 月 5 日，授权公告日为 2004 年 12 月 29 日，专利权人为深圳市宝安区西乡镇臣田唐锋电器厂，在先设计的授权公告图样（详见本判决附图二）。

2009 年 1 月 7 日，麦兆祥向专利复审委员会提交意见陈述，认为本专利与在先设计无论杯体的形状、杯把形状、杯体与杯把的大小比例关系，杯体与杯把的位置连接关系等方面，均存在明显不同，二者设计风格迥异，给一般消费者留下不同的视觉印象，故本专利与在先设计不相同也不相近似，请求维持本专利有效。专利复审委员会于 2009 年 2 月 24 日进行了口头审理，麦兆祥在口头审理中对在先设计的真实性和合法性无异议。

2009 年 3 月 24 日，专利复审委员会作出第 13102 号决定，宣告本专利权无效。第 13102 号决定的主要内容为：本专利是一款果汁杯的外观设计专利，在先设计公开的果汁机包括果汁杯和机座两部分，其中在先设计公开的果汁杯与本专利用途相同，可以进行相同、相近似比较。本专利果汁杯整体形状近似于圆柱状，杯体的上端口有一向外的凸边，杯口与杯把对称的一侧有一向外凸出的圆弧状引流槽，杯体的外表面有四条均匀分布的竖向棱边凹槽，杯体的下端向内收敛与带有螺纹的圆形接口连接，近似梯形的杯把设计在杯体中间位置。在先设计果汁杯整体形状近似于圆柱状，杯口与杯把对称的一侧有一向外凸出的圆弧状引流槽，杯体的外表面有四条均匀分布的竖向棱边凹槽，杯体的下端向内收敛，近似梯形的杯把设计在杯体中间位置。将本专利与在先设计进行比较，二者杯体整体形状均呈圆柱形，杯口部有一向外凸出的引流槽，杯体外表有四条均匀分布的竖向棱边凹槽，杯体的下端向内收敛，杯把近似于梯形。二者主要不同之处在于：本专利与在先设计的杯体形状略有差别，本专利杯体宽度基本相同，而在先设计杯体的上、下宽度略有差别，上宽下窄；在先设计杯口被杯盖所覆盖，杯体边沿的凸边未清楚显示，在使用状态下，在先设计的杯底坐落在机座内，杯底连接处有无螺纹未显示。二者近似的整体形状，已给一般消费者留下了相近似的整体视觉印象，其区别点对整体视觉效果不具有显著影响，杯体上下宽度的差别属于局部细微的变化，尚不足以对整体外观设计产生显著影响，本专利与在先设计属于相近似的外观设计。综上所述，在本专利申请日以前已有与其相近似的外观设计在出版物上公开发表过，本专利不符合《专利法》第二十三条的规定。

麦兆祥不服第 13102 号决定并依法向原审法院提起诉讼。

上述事实，有第13102号决定、本专利与在先设计的授权文件、当事人陈述及庭审笔录等证据在案佐证。

本院认为，本专利的“杯体”与在先设计的“杯体”的整体形状均呈圆柱状，杯口有位置相同的圆弧状引流槽，杯体外表有位置基本相同的均匀分布的四条竖向凹槽，杯把的形状与位置基本相同，虽然本专利的杯口具有凸缘、杯底有螺纹、杯体外表有刻度，而在先设计的杯体没有刻度，且杯口凸缘、杯底形状均无法清楚看出，且本专利与在先设计的杯体形状略有差别，但上述区别属于细微差别，对于产品外观设计的整体视觉效果不会产生显著影响，一般消费者通过整体观察、综合判断对二者仍然容易混淆。上诉人有关本专利与在先设计的“杯体”具有显著区别且对产品整体视觉效果具有显著影响的上诉理由缺乏事实依据不能成立，本院不予支持。虽然本专利具有杯座，在先设计的杯底因坐落于机座内而不能直接看到杯座，但对于此类产品来说，杯座通常是不为消费者所着重注意的部位，原审法院认定本专利的杯座属于常规设计及在先设计具有本专利所述的“杯座”并无不当，上诉人有关原审判决对本专利的“杯座”与在先设计的“杯底”的比较缺乏事实及法律依据的上诉理由不能成立，本院不予支持。原审法院通过对本专利设计与在先设计的观察，认定本专利与在先设计“杯体外表有四条分布均匀的竖向梭形凹槽”、“杯把近似于梯形”具有事实依据。由于本专利与在先设计在杯体、杯座、杯把等方面的差异均属于细微差别，不足以对二者的整体视觉效果产生显著影响，故原审判决判定本专利与在先设计属于相似外观设计并无不当。上诉人有关原审判决对本专利与在先设计的相同相似之处判定不当，本专利与在先设计既不相同也不相近似的上诉理由不能成立。

综上，上诉人麦兆祥的上诉理由因缺乏事实及法律依据不能成立，其上诉请求本院不予支持。一审判决认定事实清楚，适用法律正确，应予维持。依据《中华人民共和国行政诉讼法》第六十一条第（一）项之规定，判决如下：

驳回上诉，维持原判。

一、二审案件受理费各100元，均由麦兆祥负担（已交纳）。

本判决为终审判决。

审　判　长　刘继祥

代理审判员　刘晓军

代理审判员　谢甄珂

二〇一〇年一月十一日

书　记　员　孙　娜

主视图

左视图

右视图

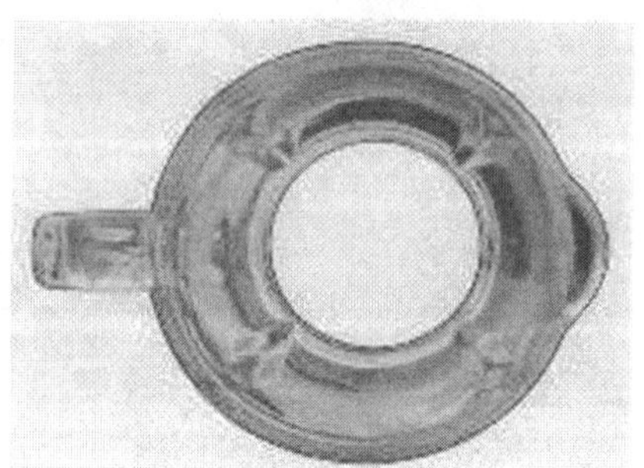

俯视图

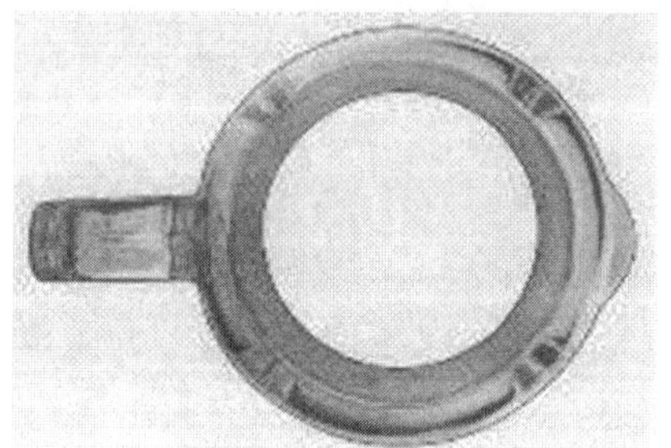

仰视图

本专利附图

在先设计附图

177

果汁杯（玻璃 A05）

无效宣告请求审查决定（第 13103 号）

决　定　号 第 13103 号
决　定　日 2009 年 3 月 26 日
发明创造名称 果汁杯（玻璃 A05）
外观设计分类号 07-01
无效宣告请求人 南阳市宛城区环宇玻璃制品有限公司
专 利 权 人 麦兆祥
专　利　号 200530155993.1
申　请　日 2005 年 11 月 29 日
授权公告日 2006 年 9 月 13 日
合议组组长 钟　华
主　审　员 王霞军
参　审　员 尹春霞
附　　　图 1 页

法 律 依 据 专利法第 23 条
决 定 要 点

本专利与在先设计近似的整体形状，已给一般消费者留下了相近似的整体视觉印象，其区别点对整体视觉效果不具有显著影响，杯体上下宽度的差别属于局部细微的变化，尚不足以对整体外观设计产生显著的影响。因此，本专利与在先设计属于相近似的外观设计。

一、案由

本无效宣告请求涉及的是国家知识产权局于 2006 年 9 月 13 日授权公告的、名称为“果汁杯（玻璃 A05）”的外观设计专利（下称本专利），其申请号是 200530155993.1，申请日是 2005 年 11 月 29 日，专利权人是麦兆祥。

针对本专利权，南阳市宛城区环宇玻璃制品有限公司（下称请求人）于 2008 年 12 月 4 日向专利复审委员会提出无效宣告请求，其主要理由是：本专利与申请日前在国内出版物上公开发表过的外观设计产品相近似，本专利不符合专利法第 23 条规定。与此同时，请求人提交了如下附件作为证据：

附件 1：本专利著录项目和图片复印件 1 页；

附件 2：大龙玻璃产品目录封面、封底、第 19 页复印件 3 页。

请求人认为本专利与 2003 年大龙玻璃厂的产品目录内公开的一款条纹果汁杯的外观形状近似，

二者的杯体形状、杯体上端的引流槽以及杯把的设计位置均相同，其区别仅在于：杯把的形状，本专利杯把为梯形，对比产品杯把为弧形；本专利杯底圆柱外表有两圈凸环，对比产品的杯底圆柱外表没有凸环。虽然二者存在差异，但二者整体设计风格是相同的，一般消费者在购买上述产品时容易将二者混淆，区别属于局部细微的差别，不能给消费者造成视觉上的明显差异，请求宣告本专利无效。

经形式审查合格，专利复审委员会受理了此案，并于 2008 年 12 月 4 日将无效请求书及相关材料副本转送给专利权人。

专利复审委员会于 2009 年 1 月 4 日收到请求人的意见陈述书及补充提交的证据材料，请求人坚持认为：在本专利申请日前已有与本专利外观形状相近似的产品在国内出版物上公开发表过。同时，补充如下附件（编号续前）：

附件 3：大龙玻璃产品目录第 39 页复印件 1 页；

附件 4：03343325.9 号外观设计专利著录项目和图片复印件 2 页；

附件 5：200430042200.0 号外观设计专利著录项目和图片复印件 2 页；

附件 6：200430073077.9 号外观设计专利著录项目和图片复印件 2 页；

附件 7：国家图书馆科技查新中心出具的文献复制证明及《家用电器》时尚消费杂志 2002 年第 08 期总第 245 期封页、目录页、第 45 页共计复印件 6 页；

附件 8：国家图书馆科技查新中心出具的文献复制证明及《家用电器》市场杂志 2004 年第 1/2 期总 280/282 期封页、目录页、广告页共计复印件 7 页；

附件 9：国家图书馆科技查新中心出具的文献复制证明及《家用电器》市场杂志 2004 年第 6 期总第 290 期封页、目录页、广告页共计复印件 7 页。

2009 年 1 月 7 日，专利权人针对请求人的无效宣告请求书进行了意见陈述。专利权人指出，本专利与对比文件均由杯体和杯把构成，但不论杯体的形状、杯把的形状、杯体与杯把的大小比例关系，杯体与杯把的位置连接关系等，均存在明显的不同，造成两者的设计风格迥异，给一般消费者留下不同的视觉印象，因此，本专利与对比文件不相同也不相似。请求维持本专利有效。

2009 年 1 月 13 日，专利复审委员会向双方当事人发出口头审理通知书，定于 2009 年 2 月 24 日进行口头审理。同日，随口头审理通知书将请求人补充提交的证据材料转给专利权人。

口头审理如期举行，双方当事人均委托代理人参加了口头审理，双方当事人对对方出庭人员的身份、资格无异议，对合议组成员无回避请求。合议组将专利权人的意见陈述书转给请求人。请求人当庭提交了附件 2、3 大龙玻璃产品目录的原件，提交附件 7~9 国家图书馆科技查新中心出具的文献复制证明原件，并在所附《家用电器》杂志复印件上盖有骑缝章。专利权人对请求人提交的附件 2、3 的真实性、合法性有异议。对附件 4~9 证据的真实性和合法性无异议。双方当事人将本专利分别与附件 2~9 请求人指认的产品照片进行了相同、相近似的比较，各自坚持原有观点。

在上述审理的基础上，合议组认为本案事实清楚，可以依法作出审查决定。

二、决定的理由

1. 法律依据

基于请求人提出的无效宣告请求理由，合议组对本专利是否符合专利法第 23 条的规定进行审查。

专利法第 23 条规定："授予专利权的外观设计，应当同申请日以前在国内外出版物上公开发表过或者国内公开使用过的外观设计不相同和不相近似，并不得与他人在先取得的合法权利相冲突。"

2. 证据认定

请求人提交的附件 5 是国家知识产权局于 2004 年 12 月 29 日授权公告的、申请号是 200430042200.0、产品名称为"果汁机（HA-3212）"的外观设计专利著录项目和图片复印件，专利权人对其真实性无异议。经合议组核实，其内容属实，公开日期早于本专利的申请日（2005 年 11 月 29 日），其上公开了一款果汁机的外观设计（下称在先设计）。

3. 相同和相近似比较

本专利是一款果汁杯的外观设计专利，在先设计公开的果汁机包括果汁杯和机座两部分，其中在先设计的果汁杯与本专利用途相同，可以进行相同、相近似的比较。

本专利果汁杯整体形状近似于圆柱状，杯体的上端口有一向外的凸边，杯口与杯把对称的一侧有一向外凸出的圆弧状引流槽，杯体的外表面有四条均匀分布的竖向梭形凹槽，杯体的下端向内收敛与带有螺纹的圆形接口连接，近似梯形的杯把设计在杯体中间位置（详见本专利附图）。

在先设计果汁杯整体形状近似于圆柱状，杯口与杯把对称的一侧有一向外凸出的圆弧状引流槽，杯体的外表面有四条均匀分布的竖向梭形凹槽，杯体的下端向内收敛，近似梯形的杯把设计在杯体中间位置（详见在先设计附图）。

将本专利与在先设计进行比较，二者杯体整体形状均呈圆柱形，杯口部有一向外凸出的引流槽，杯体外表有四条均匀分布的竖向梭形凹槽，杯体下端向内收敛，杯把近似于梯形，二者主要不同之处在于：本专利与在先设计的杯体形状略有差别，本专利杯体宽度基本相同，而在先设计杯体的上、下宽度略有差别，上宽下窄。在先设计杯口被杯盖所覆盖，杯体边沿的凸边未清楚显示；在使用状态下，在先设计的杯底坐落在机座内，杯底连接处有无螺纹未显示。合议组认为，二者近似的整体形状，已给一般消费者留下了相近似的整体视觉印象，其区别点对整体视觉效果不具有显著影响，杯体上下宽度的差别属于局部细微的变化，尚不足以对整体外观设计产生显著的影响。因此，本专利与在先设计属于相近似的外观设计。

综上所述，在本专利申请日以前已有与其相近似的外观设计在出版物上公开发表过，本专利不符合专利法第 23 条的规定。

在已经得出上述审查结论的基础上，本审查决定对请求人提交的其他证据不再进行评述。

三、决定

宣告 200530155993. 1 号外观设计专利权全部无效。

当事人对本决定不服的，可以根据专利法第 46 条第 2 款的规定，自收到本决定之日起三个月内向北京市第一中级人民法院起诉。根据该款的规定，一方当事人起诉后，另一方当事人应当作为第三人参加诉讼。

主视图

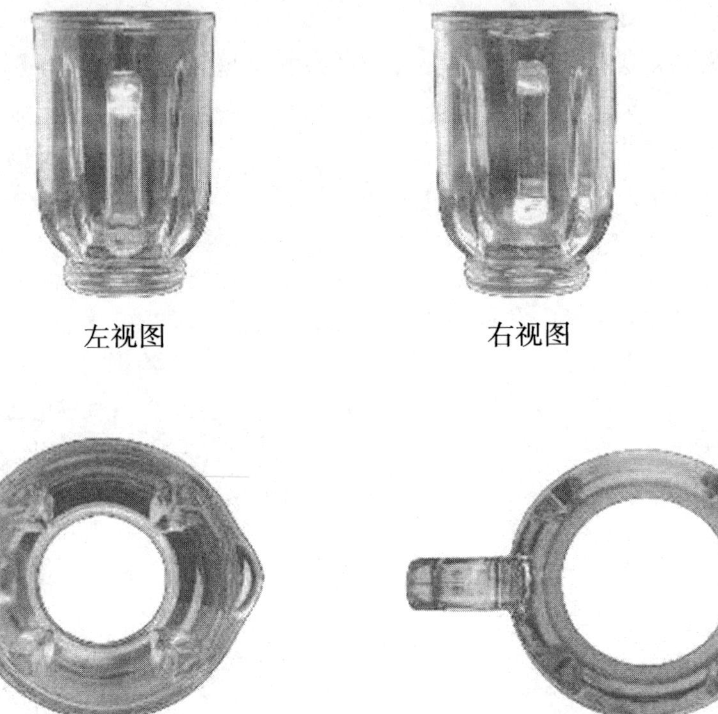

左视图　　右视图

俯视图　　仰视图

本专利附图

在先设计附图

北京市第一中级人民法院
行政判决书

（2009）一中行初字第1418号

原告麦兆祥，男，1947年2月10日出生，汉族，住广东省佛山市禅城区冲天坊19号701房。

委托代理人林俐，北京市立方律师事务所专利代理人。

委托代理人谢冠斌，北京市立方律师事务所律师。

被告国家知识产权局专利复审委员会，住所地北京市北四环西路9号银谷大厦10~12层。

法定代表人张茂于，副主任。

委托代理人王霞军，国家知识产权局专利复审委员会审查员。

委托代理人张华，国家知识产权局专利复审委员会审查员。

第三人南阳市宛城区环宇玻璃制品有限公司，住所地河南省南阳市宛城区新店街（新店轧花厂院内）。

法定代表人胡青宇，董事长。

委托代理人管宏梅，女，1981年12月10日出生，中国北方工业公司职员，住北京市海淀区学院南路39号2004级研究生法律系。

原告麦兆祥不服被告国家知识产权局专利复审委员会（以下简称专利复审委员会）于2009年3月26日作出的第13103号无效宣告请求审查决定（以下简称第13103号决定），于法定期限内向本院提起诉讼。本院于2009年6月4日受理本案后，依法组成合议庭，并按照法律有关规定通知南阳市宛城区环宇玻璃制品有限公司（以下简称环宇公司）作为第三人参加诉讼，于2009年8月14日公开开庭进行了审理。原告麦兆祥的委托代理人林俐、谢冠斌，被告专利复审委员会的委托代理人王霞军、张华，第三人环宇公司的委托代理人管宏梅到庭参加了诉讼。本案现已审理终结。

2008年12月4日，第三人环宇公司针对原告麦兆祥拥有的名称为“果汁杯（玻璃A05）”的第200530155993.1号外观设计专利（以下简称本专利）向被告专利复审委员会提出无效宣告请求。2009年3月26日，被告专利复审委员会作出第13103号决定，认为：

本专利是一款果汁杯的外观设计专利。名称为“果汁机（HA-3212）”的第200430042200.0号外观设计专利（以下简称在先专利）公开的果汁机包括果汁杯和机座两部分，其中在先设计的果汁杯与本专利用途相同，可以进行相同、相近似的比较。

本专利果汁杯整体形状近似于圆柱状，杯体的上端口有一向外的凸边，杯口与杯把对称的一侧有一向外凸出的圆弧状引流槽，杯体的外表面有四条均匀分布的竖向棱边凹槽，杯体的下端向内收敛与带有螺纹的圆形接口连接，近似梯形的杯把设计在杯体中间位置。

在先设计果汁杯整体形状近似于圆柱状，杯口与杯把对称的一侧有一向外凸出的圆弧状引流槽，杯体的外表面有四条均匀分布的竖向棱边凹槽，杯体的下端向内收敛，近似梯形的杯把设计在杯体中间位置。

将本专利与在先设计进行比较，二者杯体整体形状均呈圆柱形，杯口部有一向外凸出的引流槽，杯体外表有四条均匀分布的竖向棱边凹槽，杯体的下端向内收敛，杯把近似于梯形，二者主要不同之处在于：本专利与在先设计的杯体形状略有差别，本专利杯体宽度基本相同，而在先设计杯体的上、下宽度略有差别，上宽下窄。在先设计杯口被杯盖所覆盖，杯体边沿的凸边未清楚显示；在使用状态下，在先设计的杯底坐落在机座内，杯底连接处有无螺纹未显示。专利复审委员会认为，二者近似的整体形状，已给一般消费者留下了相近似的整体视觉印象，其区别点对整体视觉效果不具有显著影响，杯体上下宽度的差别属于局部细微的变化，尚不足以对整体外观设计产生显著的影响。因此，本专利与在先设计属于相近似的外观设计。综上所述，在本专利申请日以前已有与其相近似的外观设计在出版物上公开发表过，本专利不符合《中华人民共和国专利法》（以下简称《专利法》）第二十三条的规定。

基于上述理由，专利复审委员会作出第 13103 号决定，宣告本专利权无效。

原告麦兆祥不服该决定，在法定期限内向本院提起诉讼，称：果汁杯属于日常用品，其设计空间非常有限，应注重设计细节。本专利的杯体呈圆柱状，而在先设计的杯体呈上宽下窄的单叶双曲面状；本专利具有非常明显的杯座，而在先设计不能看出设置有杯座；本专利的杯体外表有四条凹槽，而在先设计的杯体外表看不出是竖纹还是凹槽；本专利的杯把形状非常粗，棱角非常突出，在先设计的杯把设计圆润；本专利的杯体有刻度，而在先设计的杯体无刻度；本专利杯口有凸缘，而在先设计的杯口没有凸缘；本专利与在先设计的上述区别明显，对整体视觉效果具有显著影响。第 13103 号决定认定事实不清，适用法律错误，请求法院予以撤销，并责令专利复审委员会重新作出无效宣告审查决定。

被告专利复审委员会辩称：第 10103 号决定运用整体观察、综合判断的原则，以一般消费者作为判断主体，将本专利与在先设计进行比较，分析了本专利与在先设计整体形状的相同点与不同之处，认为其差异对整体效果不具有显著的影响，得出二者相近似的结论。第 13103 号决定认定事实清楚，适用法律正确，审查程序合法，请求人民法院予以维持。

第三人环宇公司述称：第 13103 号决定认定事实清楚，适用法律正确，请求人民法院维持第 13103 号决定。

本院经审理查明：

本专利系名称为“果汁杯（玻璃 A05）”的第 200530155993.1 号外观设计专利（详见附图一），申请日为 2005 年 11 月 29 日，授权公告日为 2006 年 9 月 13 日，专利权人为麦兆祥。

在先设计系名称为“果汁机（HA-3212）”的第 200430042200.0 号外观设计专利（详见附图二），申请日为 2004 年 6 月 5 日，授权公告日为 2004 年 12 月 29 日，专利权人为深圳市宝安区西乡镇臣田唐锋电器厂。

2008 年 12 月 4 日，环宇公司针对本专利向专利复审委员会提出无效宣告请求，认为本专利与申请日前在国内出版物公开发表过的外观设计产品相近似，本专利不符合《专利法》第二十三条的规定。2009 年 1 月 4 日，环宇公司向专利复审委员会提交意见陈述书及包括在先设计在内的补充证据。

2009 年 1 月 7 日，麦兆祥向专利复审委员会提交意见陈述，认为本专利与在先设计无论杯体的形状、杯把形状、杯体与杯把的大小比例关系，杯体与杯把的位置连接关系等，均存在明显不同，造成二者设计风格迥异，给一般消费者留下不同的视觉印象，因此，本专利与在先设计不相同也不相近似，请求维持本专利有效。

2009 年 2 月 24 日，专利复审委员会进行了口头审理。口头审理中，麦兆祥对在先设计的真实性和合法性无异议。

2009 年 3 月 26 日，专利复审委员会作出第 13103 号决定。

上述事实，有第 13103 号决定、本专利与在先设计的授权文件、当事人的陈述等证据在案佐证。

本院认为：

《专利法》第二十三条规定，授予专利权的外观设计，应当同申请日以前在国内外出版物上公开发表过或者国内公开使用过的外观设计不相同和不相近似，并不得与他人在先取得的合法权利相冲突。

在判断外观设计是否相同或相近似时，以外观设计产品的一般消费者施以一般注意力对产品进行整体观察、综合判断后是否容易混淆为判断标准。

将本专利与在先设计相比较，二者杯体的整体形状均呈圆柱状，杯口有位置相同的圆弧状引流槽，杯体外表有位置基本相同的均匀分布的四条竖向凹槽，杯把的形状与位置基本相同，虽然本专利的杯口具有凸缘、杯底有螺纹、杯体外表有刻度，而在先设计的杯体没有刻度，且杯口凸缘、杯底形状均无法清楚看出，且本专利与在先设计的杯体形状略有差别，但是，上述区别均属于细微差别，对于产品外观设计的整体视觉效果不会产生显著影响，一般消费者通过整体观察、综合判断对二者仍然容易混淆。因此，本专利与在先设计属于相近似的外观设计，本专利不符合《专利法》第二十三条的规定。麦兆祥主张在先设计与本专利的杯体表面存在条槽区别及二者杯把、杯体均区别明显，本院认为一般消费者根据隔离对比的原则将本专利与在先设计相比较，无法得出本专利与在先设计的杯体表面、杯把、杯体均存在显著差别的结论，故麦兆祥的上述主张，缺乏事实依据，本院不予支持。麦兆祥主张撤销第13103号决定，缺乏事实和法律依据，本院不予支持。

综上所述，专利复审委员会作出的第13103号决定，认定事实清楚，适用法律并无不当，本院予以维持。依据《中华人民共和国行政诉讼法》第五十四条第（1）项之规定，本院判决如下：

维持被告国家知识产权局专利复审委员会作出的第13103号无效宣告请求审查决定。

案件受理费100元，由原告麦兆祥负担（已交纳）。

如不服本判决，各方当事人可于本判决书送达之日起15日内，向本院提交上诉状及其副本，并交纳上诉案件受理费100元，上诉于北京市高级人民法院。

审 判 长　彭文毅
代理审判员　侯占恒
人民陪审员　郝志国
二〇〇九年十月十六日
书 记 员　严 哲

主视图

左视图

右视图

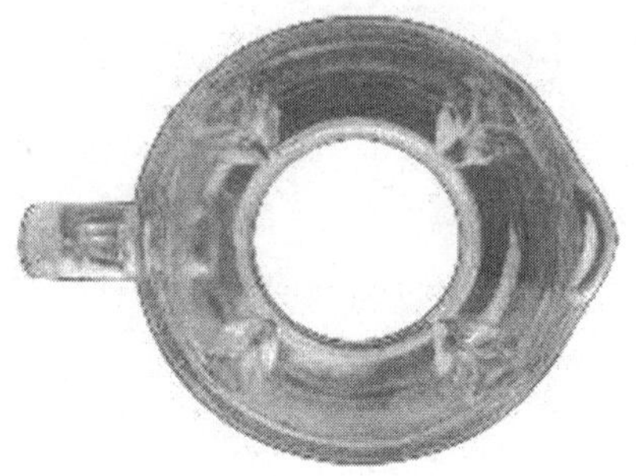

俯视图

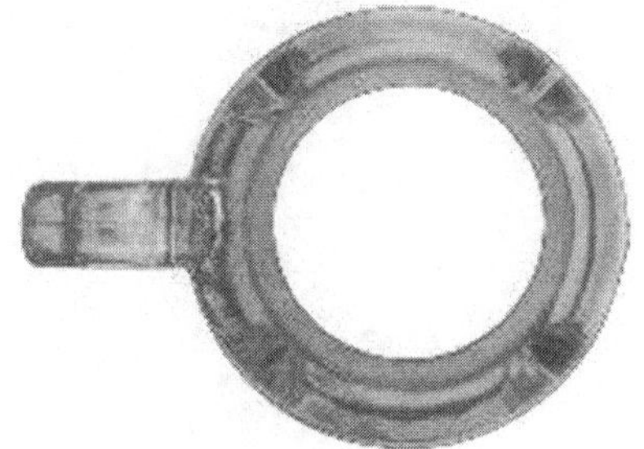

仰视图

本专利附图

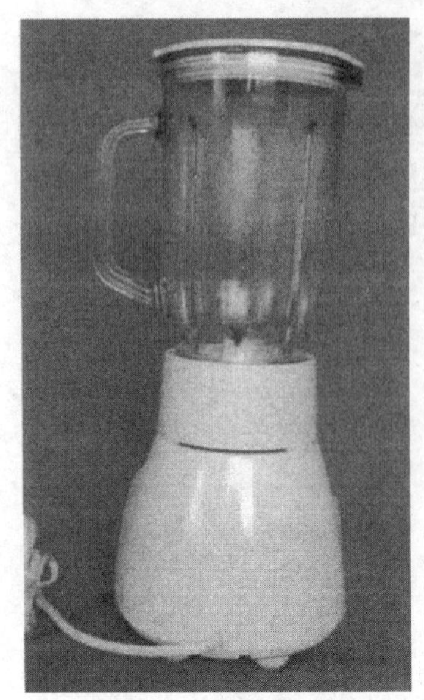

在先设计附图

北京市高级人民法院
行政判决书

（2009）高行终字第1445号

上诉人（原审原告）麦兆祥，男，汉族，1947年2月10日出生，住广东省佛山市禅城区冲天坊19号701房。

委托代理人谢冠斌，北京市立方律师事务所律师。

委托代理人孙喜，北京市立方律师事务所律师。

被上诉人（原审被告）国家知识产权局专利复审委员会，住所地北京市北四环西路9号银谷大厦10~12层。

法定代表人张茂于，副主任。

委托代理人王美芳，国家知识产权局专利复审委员会审查员。

委托代理人张华，国家知识产权局专利复审委员会审查员。

原审第三人南阳市宛城区环宇玻璃制品有限公司，住所地河南省南阳市宛城区新店街（新店轧花厂院内）。

法定代表人胡青宇，董事长。

委托代理人管宏梅，女，汉族，1981年12月10日出生，中国北方工业公司职员，住北京市海淀区学院南路39号2004级研究生法律系。

上诉人麦兆祥因外观设计专利权无效行政纠纷一案，不服北京市第一中级人民法院（2009）一中行初字第1418号行政判决，于法定期限内向本院提出上诉。本院于2009年11月24日受理本案后，依法组成合议庭，于2009年12月28日公开开庭进行了审理。上诉人麦兆祥的委托代理人孙喜，被上诉人国家知识产权局专利复审委员会（以下简称专利复审委员会）的委托代理人王美芳、张华，原审第三人南阳市宛城区环宇玻璃制品有限公司（以下简称环宇公司）的委托代理人管宏梅到庭参加了诉讼。本案现已审理终结。

北京市第一中级人民法院认定，麦兆祥系第200530155993.1号“果汁杯（玻璃A05）”外观设计专利（以下简称本专利）的专利权人，本专利的申请日为2005年11月29日。2008年12月4日，环宇公司以本专利与申请日前在国内出版物公开发表过的外观设计产品相近似为由，请求专利复审委员会宣告本专利无效，其提交的在先设计系申请日为2004年6月5日的第200430042200.0号“果汁机（HA-3212）”外观设计专利。专利复审委员会于2009年3月26日作出第13103号无效宣告请求审查决定（以下简称第13103号决定），认为在本专利申请日以前已有与其相近似的外观设计在出版物上公开发表过，本专利不符合《中华人民共和国专利法》（以下简称《专利法》）第二十三条的规定，决定宣告本专利权无效。

北京市第一中级人民法院认为，本专利与在先设计的区别均属于细微差别，对于产品外观设计的整体视觉效果不会产生显著影响，一般消费者通过整体观察、综合判断对二者仍然容易混淆，故二者属于相近似的外观设计，本专利不符合《专利法》第二十三条的规定。专利复审委员会作出的第13103号决定认定事实清楚，适用法律正确。北京市第一中级人民法院依据《中华人民共和国行政诉讼法》第五十四条第（1）项之规定，判决：维持专利复审委员会作出的第13103号无效宣告请求审查决定。

麦兆祥不服原审判决，在法定期限内向本院提出上诉，请求撤销一审判决并改判支持其诉讼请求。麦兆祥的上诉理由是：（1）原审判决和第 13103 号决定对本专利与在先设计的“杯体”的比较与事实不符，二者的形状具有显著区别，对整体视觉效果具有显著影响；（2）原审判决和第 13103 号决定对本专利的“杯座”与在先设计的“杯底”的比较缺乏事实及法律依据，本专利的杯体底部具有一杯座，在先设计中不能看出设置有杯座，属于常规设计，而原审判决和第 13103 号决定在缺乏事实及法律依据的情况下，认定在先设计具有本专利所述的“杯座”，属于事实认定错误；（3）原审判决和第 13103 号决定认定本专利与在先设计“杯体外表有四条分布均匀的竖向梭形凹槽”、“杯把近似于梯形”等相同或相似之处与事实不符，本专利与在先设计既不相同也不相近似。

专利复审委员会及环宇公司服从原审判决。

经审理查明：名称为“果汁杯（玻璃 A05）”外观设计专利（即本专利）的申请日为 2005 年 11 月 29 日，授权公告日为 2006 年 9 月 13 日，授权公告号为 200530155993.1，专利权人为麦兆祥，本专利权的授权公告图样详见本判决附图一。

2008 年 12 月 4 日，环宇公司请求专利复审委员会宣告本专利无效，其主要理由是本专利与申请日前在国内出版物公开发表过的外观设计产品相近似，本专利不符合《专利法》第二十三条的规定。2009 年 1 月 4 日，环宇公司向专利复审委员会提交了意见陈述书及包括在先设计在内的补充证据。该在先设计系名称为“果汁机（HA-3212）”的第 200430042200.0 号外观设计专利，其申请日为 2004 年 6 月 5 日，授权公告日为 2004 年 12 月 29 日，专利权人为深圳市宝安区西乡镇臣田唐锋电器厂，在先设计的授权公告图样详见本判决附图二。

2009 年 1 月 7 日，麦兆祥向专利复审委员会提交意见陈述，认为本专利与在先设计无论杯体的形状、杯把形状、杯体与杯把的大小比例关系，杯体与杯把的位置连接关系等方面，均存在明显不同，二者设计风格迥异，给一般消费者留下不同的视觉印象，故本专利与在先设计不相同也不相近似，请求维持本专利有效。专利复审委员会于 2009 年 2 月 24 日进行了口头审理，麦兆祥在口头审理中对在先设计的真实性和合法性无异议。

2009 年 3 月 26 日，专利复审委员会作出第 13103 号决定，宣告本专利权无效。第 13103 号决定的主要内容为：本专利是一款果汁杯的外观设计专利，在先设计公开的果汁机包括果汁杯和机座两部分，其中在先设计公开的果汁杯与本专利用途相同，可以进行相同、相近似比较。本专利果汁杯整体形状近似于圆柱状，杯体的上端口有一向外的凸边，杯口与杯把对称的一侧有一向外凸出的圆弧状引流槽，杯体的外表面有四条均匀分布的竖向梭边凹槽，杯体的下端向内收敛与带有螺纹的圆形接口连接，近似梯形的杯把设计在杯体中间位置。在先设计果汁杯整体形状近似于圆柱状，杯口与杯把对称的一侧有一向外凸出的圆弧状引流槽，杯体的外表面有四条均匀分布的竖向梭边凹槽，杯体的下端向内收敛，近似梯形的杯把设计在杯体中间位置。将本专利与在先设计进行比较，二者杯体整体形状均呈圆柱形，杯口部有一向外凸出的引流槽，杯体外表有四条均匀分布的竖向梭边凹槽，杯体的下端向内收敛，杯把近似于梯形。二者主要不同之处在于：本专利与在先设计的杯体形状略有差别，本专利杯体宽度基本相同，而在先设计杯体的上、下宽度略有差别，上宽下窄；在先设计杯口被杯盖所覆盖，杯体边沿的凸边未清楚显示，在使用状态下，在先设计的杯底坐落在机座内，杯底连接处有无螺纹未显示。二者近似的整体形状，已给一般消费者留下了相近似的整体视觉印象，其区别点对整体视觉效果不具有显著影响，杯体上下宽度的差别属于局部细微的变化，尚不足以对整体外观设计产生显著影响。因此，本专利与在先设计属于相近似的外观设计。综上所述，在本专利申请日以前已有与其相近似的外观设计在出版物上公开发表过，本专利不符合《专利法》第二十三条的规定。

麦兆祥不服第 13103 号决定并依法向原审法院提起诉讼。

上述事实，有第 13103 号决定、本专利与在先设计的授权文件、当事人陈述及庭审笔录等证据在案佐证。

本院认为，本专利的“杯体”与在先设计的“杯体”的整体形状均呈圆柱状，杯口有位置相同的圆弧状引流槽，杯体外表有位置基本相同的均匀分布的四条竖向凹槽，杯把的形状与位置基本相同，虽然本专利的杯口具有凸缘、杯底有螺纹、杯体外表有刻度，而在先设计的杯体没有刻度，且杯口凸缘、杯底形状均无法清楚看出，且本专利与在先设计的杯体形状略有差别，但上述区别属于细微差别，对于产品外观设计的整体视觉效果不会产生显著影响，一般消费者通过整体观察、综合判断对二者仍然容易混淆。上诉人有关本专利与在先设计的“杯体”具有显著区别且对产品整体视觉效果具有显著影响的上诉理由缺乏事实依据不能成立，本院不予支持。虽然本专利具有杯座，在先设计的杯底因坐落于机座内而不能直接看到杯座，但对于此类产品来说，杯座通常是不为消费者所着重注意的部位，原审法院认定本专利的杯座属于常规设计及在先设计具有本专利所述的“杯座”并无不当，上诉人有关原审判决对本专利的“杯座”与在先设计的“杯底”的比较缺乏事实及法律依据的上诉理由不能成立，本院不予支持。原审法院通过对本专利设计与在先设计的观察，认定本专利与在先设计“杯体外表有四条分布均匀的竖向梭形凹槽”、“杯把近似于梯形”具有事实依据。由于本专利与在先设计在杯体、杯座、杯把等方面的差异均属于细微差别，不足以对二者的整体视觉效果产生显著影响，故原审判决判定本专利与在先设计属于相似外观设计并无不当。上诉人有关原审判决对本专利与在先设计的相同相似之处判定不当，本专利与在先设计既不相 同也不相近似的上诉理由不能成立。

综上，上诉人麦兆祥的上诉理由因缺乏事实及法律依据不能成立，其上诉请求本院不予支持。一审判决认定事实清楚，适用法律正确，应予维持。依据《中华人民共和国行政诉讼法 》第六十一条第（一）项之规定，判决如下：

驳回上诉，维持原判。

一、二审案件受理费各 100 元，均由麦兆祥负担（已交纳）。

本判决为终审判决。

审　判　长　刘继祥

代理审判员　刘晓军

代理审判员　谢甄珂

二〇一〇年一月十一日

书　记　员　孙　娜

主视图

左视图

右视图

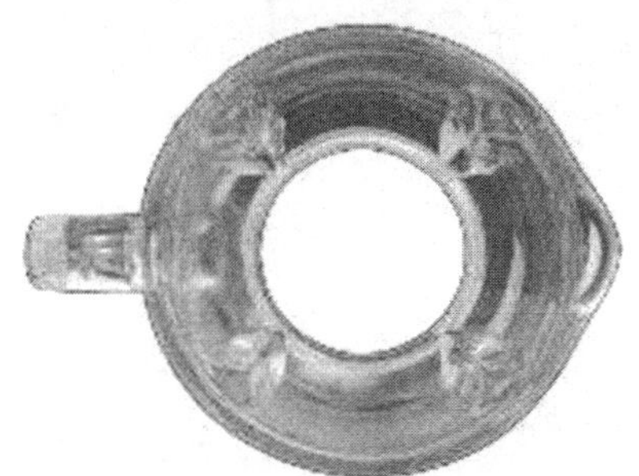

俯视图

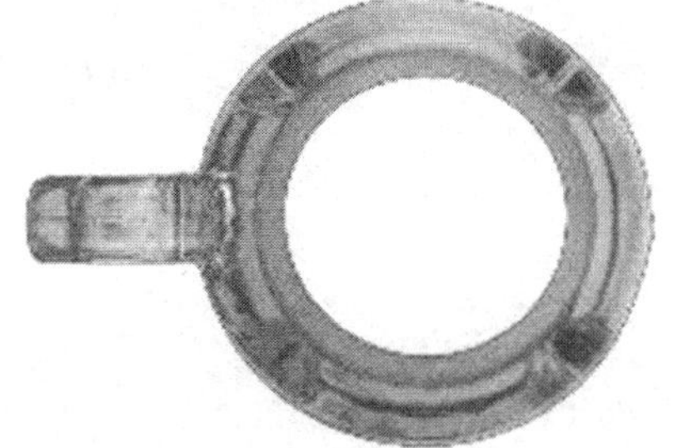

仰视图

本专利附图

在先设计附图

178

标　　贴

无效宣告请求审查决定（第13107号）

决　　定　　号 第13107号
决　　定　　日 2009年3月27日
发明创造名称 标贴
外观设计分类号 19-08
无效宣告请求人 柯荣元
专　利　权　人 方松鹤
专　　利　　号 200630120195.X
申　　请　　日 2006年6月23日
授权公告日 2007年8月22日
合议组组长 崔国振
主　　审　　员 张梅珍
参　　审　　员 刘　蕾
附　　　　图 共1页

法律依据 专利法第23条
决定要点

如果被比设计与在先设计仅仅摆放角度不同，而其形状、图案完全相同，则应当认定二者为相同的外观设计。

一、案由

本无效宣告请求涉及国家知识产权局于2007年8月22日授权公告的、名称为“标贴”的ZL200630120195.X号外观设计专利权（下称本专利），其申请日为2006年6月23日，专利权人为方松鹤。

针对上述外观设计专利权，柯荣元（下称请求人）于2008年9月18日向专利复审委员会提出无效宣告请求，其无效宣告的理由是本专利不符合专利法第23条的规定，同时提交如下证据：

证据1：2005年第6期《美甲时代》的封面和第49页复印件，共2页；

证据2：2006年第5期《时尚美甲》的封面、第19页和第93页复印件，共3页。

请求人认为，证据1或证据2披露的标贴外观设计与本专利创作要点完全相同，不同之处仅在于小花花心摆设的角度略有差异，而该差异仅是使用角度的变换所致，不是产品设计的不同。因此本专利与证据1或证据2所披露的外观设计是相同和相近似的。

经形式审查合格，专利复审委员会依法受理了上述无效宣告请求，于2008年11月14日向双方当事人发出了无效宣告请求受理通知书，同时将请求人提交的无效宣告请求书及附件清单中所列附件的副本转给专利权人，要求其在指定的期限内答复，并指出逾期不答复不影响专利复审委员会对本案的审理。

专利权人逾期未答复。

在此基础上，专利复审委员会依法成立合议组对本案进行审理。本案合议组于2009年2月25日向双方当事人发出无效宣告请求口头审理通知书，定于2009年3月26日举行口头审理。

口头审理如期举行，请求人出席了本次口头审理，专利权人缺席。请求人明确无效理由为本专利与证据1或证据2中披露的外观设计相同相近似，不符合专利法第23条的规定。请求人提交了证据1、证据2的原件，并明确所使用的部分。关于相同相近似比较，请求人坚持无效请求书正文中的意见，认为证据1中第49页与证据2中第93页所使用部分的图案是粘贴于美甲产品上的标贴，并且该图案与本专利相近似。

至此，合议组认为本案事实清楚，现依法作出审查决定。

二、决定的理由

1. 关于证据

证据1为2005年第6期《美甲时代》的封面和第49页复印件，请求人于口头审理当庭提交了该证据的原件，合议组经审查认为其可以作为本案的证据使用，该证据原件目录页上记载“2005年6月刊”，可见其公开时间早于本专利的申请日2006年6月23日，其上公开的信息可以用于评价本专利是否符合专利法第23条的规定。

2. 关于专利法第23条

专利法第23条规定：“授予专利权的外观设计，应当同申请日以前在国内外出版物上公开发表过或者国内公开使用过的外观设计不相同和不相近似，并不得与他人在先取得的合法权利相冲突。”

请求人认为本专利与证据1第49页中部有若干瓶子的图片中最大瓶子上的标贴相同相近似。

合议组经审理，查明：

本专利为一标贴，具体为：一朵小花，花为两层，每层三瓣，外层花瓣比内层大，两层花瓣交错排列，花心为两层小花瓣圈套而成，其形状与花瓣相同、比内层花瓣小，花心位于两内层花瓣的中间位置，且花心花瓣尖端指向右下方（详见本决定附图“本专利”）。

证据1所示标贴具体为：一朵小花，花为两层，每层三辦，外层花瓣比内层大，两层花瓣交错排列，花心为两层小花瓣圈套而成，其形状与花瓣相同、比内层花瓣小，花心位于两内层花瓣的中间位置，且花心花瓣尖端指向右上方（详见本决定附图“证据1”）。

将本专利与证据1进行比较，其相同之处在于：花的构成、花瓣形状、花心形状。不同之处仅仅在于花心花瓣尖端指向不同，前者指向右下方，后者指向右上方，而上述指向的不同仅仅由于小花的摆放角度不同造成，实质上，二者的图案和形状完全相同。由此可见，本专利与证据1属于相同的外观设计，不符合专利法第23条的规定。

基于以上事实和理由，本案合议组作出如下决定。

三、决定

宣告200630120195. X号外观设计专利权全部无效。

当事人对本决定不服的，可以根据专利法第46条第2款的规定，自收到本决定之日起三个月内向北京市第一中级人民法院起诉，根据该款规定，一方当事人起诉后，另一方当事人应当作为第三人参加诉讼。

本专利附图

证据 1 附图

179

自行车（折叠）

无效宣告请求审查决定（第13108号）

决　定　号 第13108号
决　定　日 2009年3月25日
发明创造名称 自行车（折叠）
外观设计分类号 12-11
无效宣告请求人 特嘉科研有限公司
专　利　权　人 程恩广
专　利　号 200630022172.5
申　请　日 2006年10月19日
授权公告日 2007年8月8日
合议组组长 吴赤兵
主　审　员 李巍巍
参　审　员 张　凌
附　　图 2页

法律依据 专利法第23条
决定要点

从整体观察，在本专利与在先设计的整体形状和各部分的组成形状均基本相同情况下，二者脚踏位置上的不同属于局部细微差别，对整体视觉效果不具有显著的影响，其他更为细微的差别也均不足以对整体视觉效果产生显著的影响，因此二者应属于相近似的外观设计。

一、案由

本无效宣告请求涉及2007年8月8日国家知识产权局授权公告的200630022172.5号外观设计专利，其产品名称是“自行车（折叠）”，申请日是2006年10月19日，专利权人是程恩广。

针对上述外观设计专利权（下称本专利），特嘉科研有限公司（下称请求人）于2008年8月4日向专利复审委员会提出无效宣告请求，其理由是本专利权的授予不符合专利法第23条的规定。同时，请求人提交了如下附件作为证据：

附件1是本专利的著录项目及外观图片下载打印件9页；

附件2是200430056662.8号外观设计专利著录项目及外观图片下载打印件8页；

附件3是200510073039.7号发明专利申请公开说明书相关页及部分附图复印件8页；

附件4是美国USD512346S号外观设计专利授权公告文本复印件7页；

附件 5 是澳大利亚 AU301875S 号外观设计专利授权公告文本复印件 11 页；

附件 6 是澳大利亚 AU305829S 号外观设计专利授权公告文本复印件 14 页。

请求人认为：本专利与附件 2~6 均属同类别的产品，将本专利与附件 2~6 分别比较可知，均与本专利构成相近似的外观设计专利，虽然这些证据中有些视图未显示，但从其他视图所公开的内容中可以告知该部分的形状，本专利与附件 2、附件 4 和附件 5 的区别在于自行车左把手的操控绳索设置稍有不同；与附件 3 和附件 6 的区别在于自行车脚踏曲柄及脚踏的位置稍有不同，但其为绕曲轴环形转动，故在旋转一定角度后可具有同样的位置。综上所述，本专利的授予不符合专利法第 23 条的规定，应宣告本专利权全部无效。

2008 年 9 月 4 日，请求人提交了附件 4~6 的中文译文。

经形式审查合格，专利复审委员会受理了该无效宣告请求，并于 2008 年 9 月 11 日将无效宣告请求书和证据的副本转送给专利权人，限其在指定期限内答复。并告知专利权人如逾期不答复，不影响专利复审委员会的审理。

针对请求人提出的无效宣告请求理由和提交的证据，专利权人逾期未答复。

2008 年 11 月 18 日，专利复审委员会向双方当事人发出合议组成员告知通知书，指出如对本案合议组人员有回避请求的，应于收到本通知之日起 7 天内提交书面请求书，逾期未答复，视为无回避请求。在规定的期限内双方当事人均未对合议组成员提出回避的请求。

在以上审理的基础上，本案合议组经合议，认为本案事实清楚，依法作出本审查决定。

二、决定的理由

1. 法律依据

根据请求人提出的无效宣告请求的理由和提交的证据，本案合议组依据专利法第 23 条的规定对本案进行审理。

专利法第 23 条规定：“授予专利权的外观设计，应当同申请日以前在国内外出版物上公开发表过或者国内公开使用过的外观设计不相同和不相近似，并不得与他人在先取得的合法权利相冲突。”

2. 证据的认定

请求人提交的附件 3 是 200510073039.7 号发明专利申请公开说明书相关页及部分附图复印件，专利申请日为 2005 年 5 月 30 日，名称为“便携折叠式自行车”，公开号为 CN1715131A，公开日为 2006 年 1 月 4 日，早于本专利申请日（2006 年 10 月 19 日），经合议组核实，该复印件所示内容与公报一致，可确定其的真实性。可作为认定本专利是否符合专利法第 23 条规定的证据。

3. 相同和相近似的比较

附件 3 中公开了一种“便携折叠式自行车”的外观设计（下称在先设计），本专利也是关于折叠自行车的外观设计，二者用途相同属于相同类别的产品，可以将二者进行相同和相近似的比较。

本专利公开了一种“便携折叠式自行车”的外观设计，从整体观察，在先设计自行车由可折合的三角形框架车身、可折合的三角形框架、可折合的车把、操控把手、操控绳索、车轮、脚踏曲柄、脚踏、曲柄箱及车座等部件组成。三角形框架的前后撑杆由两个内径不同的内外套管套接，并由套夹固定；车把呈一字形，左右各有连接一个连接操控绳索的操控把手，左侧操控绳索的一端连接三角形框架的后支撑杆，右侧操控绳索的一端连接到车把的中间位置；车座位于三角形延长边的端部，大致呈“Y”形（详见本专利附图）。

在先设计公开了一种“便携折叠式自行车”的外观设计，从整体观察，在先设计自行车由可折合的三角形框架车身、可折合的三角形框架、可折合的车把、操控把手、操控绳索、车轮、脚踏曲柄、脚踏、曲柄箱及车座等部件组成。三角形框架的前后撑杆由两个内径不同的内外套管套接，并由套夹固定；车把呈“-”字形，左右各有连接一个连接操控绳索的操控把手，左侧操控绳索的一端连接三角形框架的后支撑杆，右侧操控绳索的一端连接到车把的中间位置；车座位于三角形延长边的端部，大致呈“Y”形（详见在先设计附图）。

将本专利与在先设计相对比，合议组认为：从整体观察，二者的整体形状和各部分的组成形状均基本相同，二者的不同点为左右脚踏位置不同，该不同点属于局部细微差别，对整体视觉效果不具有显著的影响，其他更为细微的差别也均不足以对整体视觉效果产生显著的影响，因此，二者应属于相近似的外观设计。

综上所述，本专利在申请日前已有与其相近似的外观设计在国内出版物上公开发表过，因此不符合专利法第23条的规定。

鉴于由上述认定已得出本专利不符合专利法第23条规定的结论，本决定对请求人提交的其他证据不再作出评述。

三、决定

宣告200630022172.5号外观设计专利权全部无效。

当事人对本决定不服的，可以根据专利法第46条第2款的规定，自收到本决定之日起三个月内向北京市第一中级人民法院起诉。根据该款的规定，一方当事人起诉后，另一方当事人应当作为第三人参加诉讼。

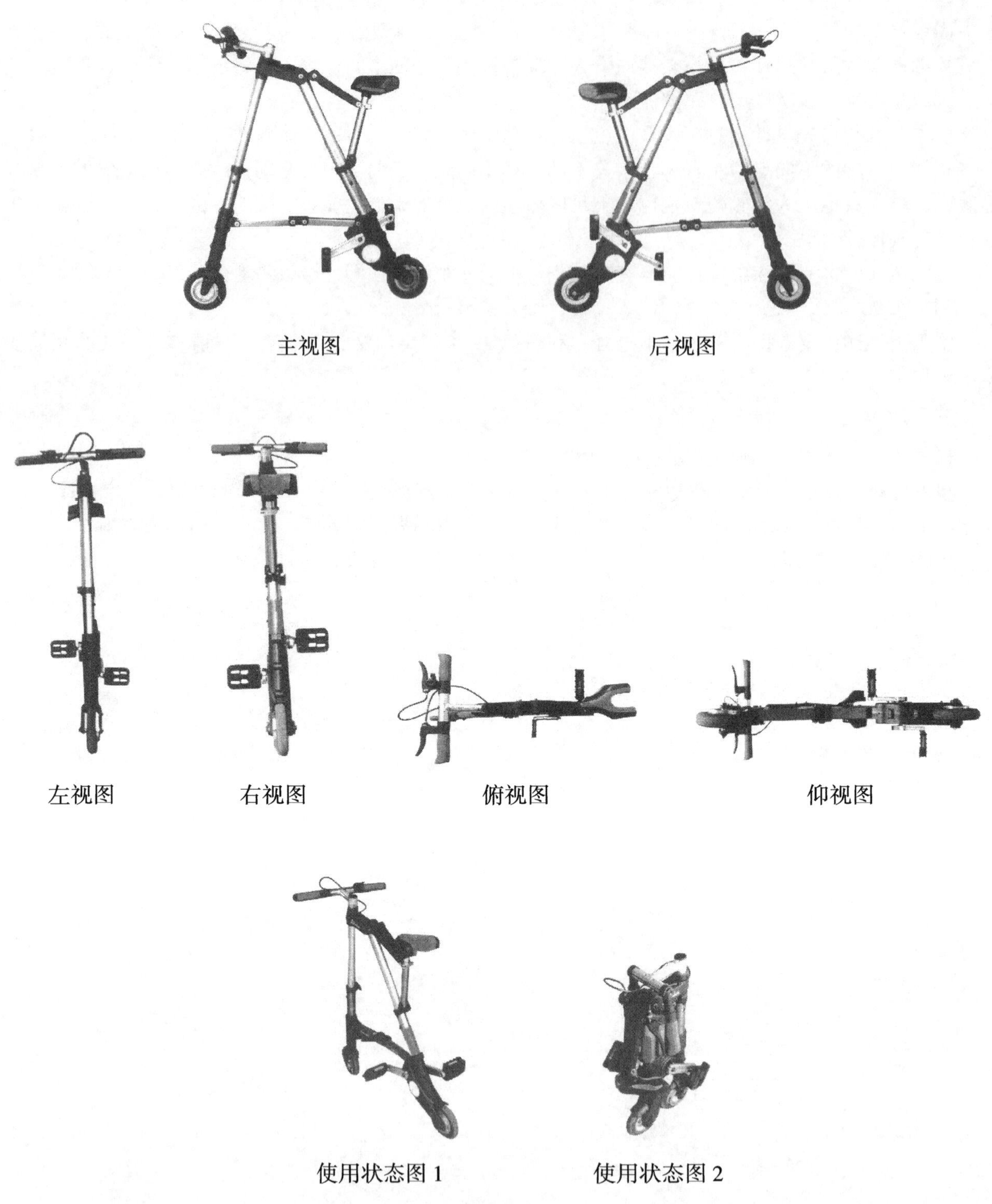

主视图　后视图

左视图　右视图　俯视图　仰视图

使用状态图 1　使用状态图 2

本专利附图

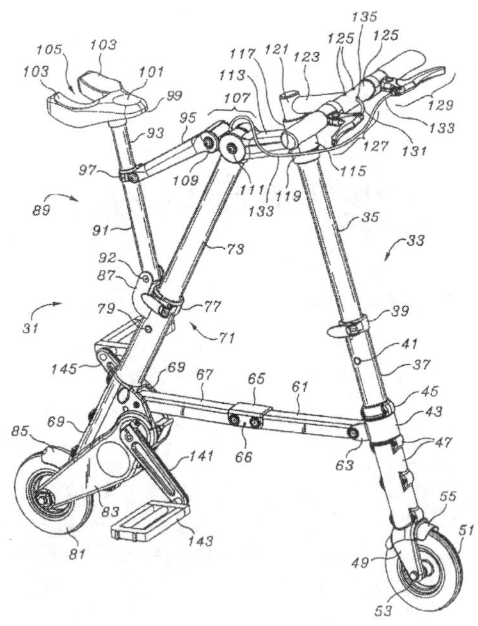

图 1

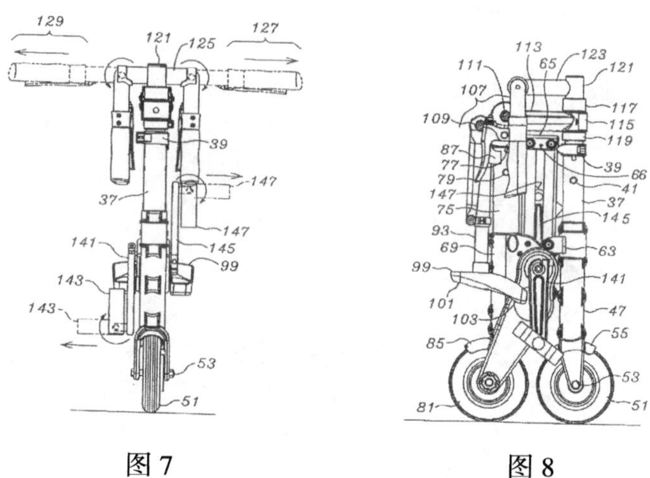

图 7 图 8

在先设计附图

180

儿童推车（1）

无效宣告请求审查决定（第13112号）

决　　定　　号　第13112号
决　　定　　日　2009年3月20日
发明创造名称　儿童推车（1）
外观设计分类号　12-12
无效宣告请求人　昆山龙添儿童用品有限公司
专　利　权　人　好孩子儿童用品有限公司
专　　利　　号　03346638.6
申　　请　　日　2003年8月18日
授 权 公 告 日　2004年4月28日
合 议 组 组 长　钟　华
主　　审　　员　尹春霞
参　　审　　员　雷　婧
附　　　　　图　10页

法　律　依　据　专利法第23条
决　定　要　点

对于在域外形成的证据，如未履行相关的公证认证手续，则不能作为本案的定案依据。

请求人提交的附件2~14不能证明在本专利申请日前已在国内公开销售了与本专利相同或相近似的外观设计。

本专利与在先设计1~5的差别均处于视觉容易见到的部位，对整体视觉效果产生显著的影响，本专利与在先设计1~5属于既不相同也不相近似的外观设计。

一、案由

本无效宣告请求涉及国家知识产权局于2004年4月28日授权公告的03346638.6号外观设计专利，其名称为“儿童推车（1）”，申请日为2003年8月18日，专利权人为好孩子儿童用品有限公司。

针对上述外观设计专利（下称本专利），昆山龙添儿童用品有限公司（下称请求人）于2008年11月28日向专利复审委员会提出无效宣告请求，认为本专利不符合专利法第23条及专利法实施细则第2条第3款的规定，同时请求人提交了下列附件作为证据：

附件1：康贝公司1998年的宣传册复印件，共72页；

附件2：康贝公司2003年儿童推车的宣传册复印件，共32页；

附件3：2002年龙添公司SB-1儿童推车设计图纸（生产用图）全套，复印件，共62页；

附件4：龙添公司制版的在美国销售的Tetra Ts model 6700推车随车吊牌复印件，共2页；

附件5：2003年3月龙添公司制版的在美国销售的Tetra Ts model 6700推车随车说明书复印件，共12页；

附件6：2003年3月14日龙添公司制作的用于外包装箱的不干胶光盘内照片打印件，共2页；

附件7：龙添公司向台州海德堡公司采购SB-1（Tetra Ts model 6700）说明书、吊牌及生产序号等货物订单及收货检验单复印件，共3页；

附件8：2003年龙添公司采购台州海德堡公司SB-1（Tetra Ts model 6700）外包装、说明书等货物的发票及明细复印件，共4页；

附件9：龙添公司委托大上海公司出口SB-1（Tetra Ts model 6700）的报关单、发票等材料复印件，共6页；

附件10：龙添公司销售SB-1（Tetra Ts model 6700）儿童推车增值税发票复印件，共4页；

附件11：康贝公司2003年测试使用的SB-1（Tetra Ts model 6700）样品订单复印件，共1页；

附件12：康贝公司高于生产SB-1（Tetra Ts model 6700）推车的颜色等要求的通知书及量产仕样书复印件，共6页。

请求人认为，2003年1月昆山龙添儿童用品有限公司（本案请求人）已经设计出与本专利相近似的产品名称为Tetra Ts model 6700的儿童推车，并由康贝公司负责销售到美国，同时本专利与康贝公司1998年的宣传册中公开的儿童推车的外观设计相近似，因此本专利不符合专利法第23条的规定；在本专利申请日前，市场上的儿童推车形状与本专利相同或相近似，属于行业领域的公知技术，不是新设计，本专利不符合专利法实施细则第2条第3款的规定。

经形式审查合格，专利复审委员会依法受理了上述无效宣告请求，并于2008年11月28日向请求人和专利权人发出无效宣告请求受理通知书，同时将无效宣告请求书及其附件清单中所列附件的副本转送给专利权人，通知其在指定期限内陈述意见。专利权人逾期未提交意见陈述。

请求人于2008年12月24日补充提交意见陈述，认为上述附件3~6与附件7~12形成完整证据链，并且相互印证，证明在本专利申请日前，龙添公司已经开始生产并大量销售与本专利完全相同的型号为SB-1（Tetra Ts model 6700）的儿童推车。请求人同时补充提交了以下附件，编号续前：

附件13：2003年龙添公司SB-1儿童推车（美国）生产用图全套复印件，共84页；

附件14：2003年4月24日龙添公司向台州海德堡公司印刷Tetra Ts model 6700吊牌的确认样品复印件，共2页；

附件15：中国专利申请号为98327408.8的外观设计网页检索公证书复印件，共13页；

附件16：日本专利申请号为938827的外观设计网页检索及翻译件公证书复印件，共34页；

附件17：中国专利申请号为02308455.3的外观设计网页检索公证书复印件，共14页；

附件18：南京妙文翻译有限公司营业执照复印件及南京妙文翻译有限公司提供的对附件1、附件2、附件4、附件5、附件9、附件11、附件12的翻译件，共40页；

请求人认为，补充提交的附件13及附件14对附件1~12进行补充，确凿充分地证明与本专利相同的产品在申请日前已经生产和销售。附件15~17是三份公开的外观设计专利，公开时间都在本专利申请日前，图片与本专利的图片完全相同。综上，本专利不符合专利法第23条及专利法实施细则第2条第3款的规定，应宣告本专利无效。

专利复审委员会依法成立合议组对本案进行审理，并于2008年1月16日向双方当事人发出无效宣告请求口头审理通知书，定于2009年3月4日对本案进行口头审理。同时随口头审理通知书将请求人于2008年12月24补充提交的意见陈述书及附件转送专利权人，告知其可在口头审理当庭陈述意见，如不参加口审，应在收到所述文件起一个月内陈述意见。

口头审理如期进行，双方当事人均委托代理人出席口头审理。双方当事人对合议组成员无回避请求，对对方出庭人员的身份、资格无异议。口头审理中请求人当庭表示放弃本专利不符合专利法实施细则第2条第3款的无效宣告理由，放弃附件3作为证据，放弃附件7的第3页作为证据。请求人当庭提交了附件1、附件2、附件4、附件5、附件7~14的原件，附件6的光盘。请求人以附件1证明在本专利申请日前已经有与本专利相近似的外观设计公开发表，并确定以封面右下角地“1998”作为公开时间；以附件2~14证明在本专利申请日前已经有与本专利相同的外观设计公开销售。专利权人认可上述附件的原件与复印件一致，但对附件1、附件2、附件4~6及附件7的第1页和第2页的真实性、合法性均有异议，对附件8本身的真实性没有异议，但对其与其他附件的关联性有异议，对附件9~12的真实性均有异议，对附件13、附件14的真实性有异议，因此以上附件均不能作为证据使用。对于附件15~17，请求人认为其公开的图片均与本专利相近似。专利权人对附件15~17的真实性均没有异议，认为其公开的图片均与本专利不相同也不相近似。专利权人对附件18译文的翻译没有异议。

在上述审理的基础上，合议组认为本案事实已经调查清楚，可以依法作出审查决定。

二、决定的理由

1. 法律依据

基于请求人提出无效宣告请求所依据的事实和理由，合议组对本专利是否符合专利法第23条的规定进行审查。

专利法第23条规定：“授予专利权的外观设计，应当同申请日以前在国内外出版物上公开发表过或者国内公开使用过的外观设计不相同和不相近似，并不得与他人在先取得的合法权利相冲突。”

2. 证据认定

请求人提交的附件1是康贝公司1998年的日文版宣传册复印件，附件2是康贝公司2003年儿童推车的英文版宣传册复印件，附件4是龙添公司制版的在美国销售的Tetra Ts model 6700英文版推车随车吊牌复印件，附件5是2003年3月龙添公司制版的在美国销售的Tetra Ts model 6700英文版推车随车说明书复印件，请求人当庭提交了上述复印件的原件。专利权人认可上述附件的原件与复印件一致，但对上述附件的真实性均有异议。合议组认为，虽然请求人提交了上述附件的原件，并提交了相关页的中文译文，但上述附件均是在域外形成的证据，均未履行相关的公证认证手续，专利权人对其真实性也不予认可，不能作为本案的定案依据。

请求人声明放弃附件3，合议组对附件3不予评述。

请求人提交的附件6是2003年3月14日龙添公司制作的用于外包装箱的不干胶光盘内照片打印件，请求人当庭提交了光盘实物。专利权人认为光盘本身不能证明其真实性，对真实性、合法性、公开日都有异议。合议组认为，附件6及光盘实物形成较为随意，在请求人未提交其他佐证证明的情况下，附件6的真实性不能确认，因此附件6不能作为本案的定案依据。

请求人提交的附件13是2003年龙添公司SB-1儿童推车（美国）生产用图全套复印件，请求人当庭提交了附件13的原件。专利权人认可附件13的原件与复印件一致，但对附件13的真实性有异议。合议组认为，附件13是请求人的生产图纸，属于企业内部资料，同时附件13的形成较为随意，专利权人对附件13的真实性也有异议，在请求人未提交其他佐证证明的情况下，附件13的真实性不能确认，因此附件13不能作为本案的定案依据。

请求人提交的附件8是2003年龙添公司采购台州海德堡公司SB-1（Tetra Ts model 6700）外包装、说明书等货物德发票及明细复印件，请求人当庭提交了附件8的原件。请求人说明附件7与附件8结合使用证明公开销售。专利权人认可附件8的原件与复印件一致，对附件8的增值税发票的真实性无异议，对其后所附清单的真实性有异议。合议组认为，附件8是增值税发票及清单，专利权人对附件8的增值税发票的真实性无异议，合议组对附件8的真实性予以确认。从其发票上的内容可知，2003年6月11日，昆山龙添儿童用品有限公司向台州市海德堡印刷有限公司支付货物款，货物款名称为"标贴附清单"。

请求人提交的附件7是龙添公司向台州海德堡公司采购SB-1（Tetra Ts model 6700）说明书、吊牌及生产序号等货物订单及收货检验单复印件，请求人当庭提交了附件7前2页的原件，同时由于附件7的第3页无原件，请求人放弃附件7的第3页。请求人说明附件7与附件8结合使用证明公开销售。专利权人认可附件7的原件与复印件一致，但对附件7的真实性有异议。合议组认为，附件7来源于请求人，是产品说明书、吊牌及生产序号等货物订单及收货检验单，附件7的证据形式较为随意，而且从附件7订单及检验单上的货物名称及规格栏所添名称中均不能得出与附件8所列清单的商品及劳务清单栏所添名称中有唯一对应关系，因此附件7不能作为本案的定案依据。

请求人提交的附件9是龙添公司委托大上海公司出口SB-1（Tetra Ts model 6700）的报关单、发票等材料复印件，请求人提交了该附件的第5页及第6页的原件。对于该附件，合议组认为，附件9的第5页填发日期是2003年9月22日，第6页的开票日期是2003年9月19日，均在本专利的申请日（2003年8月18日）之后，不能证明其上所述产品在本专利申请日前在国内公开销售过。

请求人提交的附件10是龙添公司销售SB-1（Tetra Ts model 6700）儿童推车增值税发票复印件，请求人提交了该附件的原件。专利权人认可附件10的原件与复印件一致，但对其真实性及关联性均有异议。合议组认为，附件10是江苏增值税专用发票4页，请求人提交了该附件的原件，合议组对其真实性予以确认，但其所列的规格型号均无请求人所述的SB-1 6700型号，同时合议组对附件1~7的真实性均未予以确认，故附件10所列规格的产品外观不能确定，因此附件10不能证明在本专利申请日前已公开销售了外观与本专利相同或相近似的产品。

请求人提交的附件11是康贝公司2003年测试使用的SB-1（Tetra Ts model 6700）样品订单复印件，请求人当庭提交了该附件的原件，并说明该附件来源于康贝公司。专利权人认可附件11的原件与复印件一致，但对其真实性有异议。合议组认为，该附件是请求人提供的样品订单的打印件，请求人虽然提交了该附件的原件，但没有相关佐证以证明附件11的真实性，合议组对其真实性不予认定，附件11不能作为本案的定案依据。

附件12是康贝公司高于生产SB-1（Tetra Ts model 6700）推车的颜色等要求的通知书及量产仕样书复印件，附件14是2003年4月24日龙添公司向台州海德堡公司印刷Tetra Ts model 6700吊牌的确认样品复印件，请求人当庭提交了上述复印件的原件，并说明上述附件均来源于请求人。专利权人认可上述附件的原件与复印件一致，但对上述附件的真实性均有异议。合议组认为，上述附件均来源于请求人，请求人虽然提交了上述附件的原件，但没有相关佐证以证明上述附件的真实性，合议组对其真实性不予认定，上述附件不能作为本案的定案依据。

综上，请求人提交的附件2、附件4、附件5均是域外形成的证据，未履行公证认证手续，附件6、附件7的形成较为随意，附件11是是请求人提供的样品订单的打印件，附件12、附件13、附件14均来源于请求人，合议组对以上附件的真实性均不予确认，附件8仅能证明请求人在本专利申请日前采购过"标贴"，附件9的填发日期在本专利申请日之后，附件10所列规格的产品外观不能确定，故其销售的产品与本专利是否相同或相近似无法确定，不能证明与本专利相同或相近似的外观设计在本专利申请日前在国内公开销售过，因此附件2~14均不能支持其无效宣告请求的理由。

请求人提交的附件15是中国专利申请号为98327408.8的外观设计网页检索公证书［（2008）苏宁石证内经字第29498号］复印件，所述专利的产品名称为“儿童推车（1999S）”，专利权人对该附件的真实性没有异议。经合议组核实，该附件所示内容真实。其公告日是1999年5月26日，早于本专利的申请日2003年8月18日，属于在本专利申请日之前公开的外观设计（下称在先设计1），适用于本案，可以作为评述本专利是否符合专利法第23条规定的证据。

请求人提交的附件16是日本专利申请号为938827的关联外观设计网页检索及翻译件公证书［（2008）苏宁石证内经字第29499号］复印件，所述专利的产品名称分别为“婴儿车”、“折叠式婴儿车”、“带托盘婴儿车”，专利权人对该附件的真实性没有异议。经合议组核实，该附件所示内容真实。包括基本设计1项及与类似设计2项，其公告日分别是1995年11月10日、1998年6月4日、1998年6月22日，均早于本专利的申请日2003年8月18日，属于在本专利申请日之前公开的外观设计（以下分别称在先设计2、在先设计3、在先设计4），适用于本案，可以作为评述本专利是否符合专利法第23条规定的证据。

请求人提交的附件17是中国专利申请号为02308455.3的外观设计网页检索公证书［（2008）苏宁石证内经字第29497号］复印件，所述专利的产品名称分别为“婴儿车”，专利权人对该附件的真实性没有异议。经合议组核实，该附件所示内容真实。其公告日是2003年7月30日，早于本专利的申请日2003年8月18日，属于在本专利申请日之前公开的外观设计（下称在先设计5），适用于本案，可以作为评述本专利是否符合专利法第23条规定的证据。

3. 外观设计相近似性对比

本专利是儿童推车的设计，在先设计1~5均为儿童推车的设计，本专利与上述在先设计1~5用途相同，属于相同类别的产品，对其外观设计分别作如下对比：

本专利由推手柄、遮阳棚、托盘、车轮、侧面扶手把、置物框及脚踏板等组成。托盘呈近似的长方形，儿童安全带置于与托盘一体的杆上；侧面扶手把呈四分之一圆弧形向下延伸与前轮相连；侧扶手与后轮支架大致呈直角；置物框大致呈长方体置于车座正下方，且其两侧及后部呈透明状；座位向下延伸与脚踏板呈一体（详见本专利附图）。

在先设计1由推手柄、遮阳棚、前扶手、车轮、侧面扶手把、置物框及脚踏板等组成。前扶手呈圆弧状置于车座前端；儿童安全带置于扶手杆上；侧面扶手把与地面平行并在一侧与前扶手相接；侧扶手与后轮支架大致呈钝角；置物框大致呈半圆柱体置于车座后下方；车座下方有四边形支架支撑车体（详见在先设计1附图）。

将本专利与在先设计1相比较，二者的相同点为：均由推手柄、遮阳棚、车轮、侧面扶手把、置物框及脚踏板等组成；扶手及车轮的形状相同。二者的主要不同点为：本专利车座前端为托盘，在先设计1为扶手；本专利的侧扶手呈四分之一圆弧形一直延伸至前轮处，在先设计1呈直线状与前把手相连；本专利的置物框呈长方体置于车座正下方，在先设计1呈半圆柱状置于车座的后下方；本专利车座下方无支架，在先设计1车座下方有支撑架支撑车体。合议组认为：根据整体观察，综合判断的原则，以上差别处于视觉容易见到部位，且属于该类产品的一般消费者所关注的部位，整体视觉印象具有明显差别，对一般消费者而言，上述差别对二者的整体视觉效果具有显著的影响，因此二者属于不相同且不相近似的外观设计。

在先设计2由推手柄、遮阳棚、前扶手、车轮、侧面扶手把、置物框及脚踏栏杆等组成。推手柄中部圆柱状装置直径略比两端粗；前扶手呈圆弧状置于车座前端；儿童安全带置于车体座位上；两端的侧面扶手把与地面平行并向下延伸呈直线与前轮相接；置物框大致呈长方体吊置于车座后下方

（详见在先设计 2 附图）。

将本专利与在先设计 2 相比较，二者的相同点为：均由推手柄、遮阳棚、车轮、侧面扶手把、置物框及等组成；车轮的形状相同。二者的主要不同点为：本专利车座前端为托盘，在先设计 2 为扶手；本专利的侧面扶手把呈四分之一圆弧形一直延伸至前轮处，在先设计 2 两端的侧面扶手把与地面平行并向下延伸呈直线与前轮相接；本专利推手柄直径一致，在先设计 2 推手柄中部圆柱状装置直径略比两端粗；本专利的置物框呈长方体置于车座正下方，并与车体紧密相接，在先设计 2 置物框大致呈长方体吊置于车座后下方，与车体留有一定间隙；本专利有脚踏板，在先设计 2 为脚踏栏杆；本专利的儿童安全带置于与托盘一体的杆上，在先设计 2 的儿童安全带置于车体座位上；本专利的脚踏板与座位连为一体，在先设计 2 的脚踏栏杆与支架连为一体。合议组认为：根据整体观察，综合判断的原则，以上差别处于视觉容易见到部位，且属于该类产品的一般消费者所关注的部位，整体视觉印象具有明显差别，对一般消费者而言，上述差别对二者的整体视觉效果具有显著的影响，因此二者属于不相同且不相近似的外观设计。

在先设计 3 由推手柄、遮阳棚、前扶手、车轮、侧面扶手把、置物框及脚踏栏杆等组成。推手柄中部圆柱状装置直径略比两端粗；前扶手呈圆弧状置于车座前端；儿童安全带置于车体座位上；两端的侧面扶手把与地面平行并向下延伸呈直线与前轮相接；置物框大致呈长方体吊置于车座后下方（详见在先设计 3 附图）。

将本专利与在先设计 3 相比较，二者的相同点为：均由推手柄、遮阳棚、车轮、侧面扶手把、置物框等组成；车轮的形状相同。二者的主要不同点为：本专利车座前端为托盘，在先设计 3 为扶手；本专利的侧面扶手把呈四分之一圆弧形一直延伸至前轮处，在先设计 3 两端的侧面扶手把与地面平行并向下延伸呈直线与前轮相接；本专利推手柄直径一致，在先设计 3 推手柄中部圆柱状装置直径略比两端粗；本专利的置物框呈长方体置于车座正下方，并与车体紧密相接，在先设计 3 置物框大致呈长方体吊置于车座后下方，与车体留有一定间隙；本专利有脚踏板，在先设计 3 为脚踏栏杆；本专利的儿童安全带置于与托盘一体的杆上，在先设计 3 的儿童安全带置于车体座位上；本专利的脚踏板与座位连为一体，在先设计 3 的脚踏栏杆与支架连为一体。合议组认为：根据整体观察，综合判断的原则，以上差别处于视觉容易见到部位，且属于该类产品的一般消费者所关注的部位，整体视觉印象具有明显差别，对一般消费者而言，上述差别对二者的整体视觉效果具有显著的影响，因此二者属于不相同且不相近似的外观设计。

在先设计 4 由推手柄、遮阳棚、托盘、车轮、侧面扶手把、置物框及脚踏栏杆等组成。推手柄中部圆柱状装置直径略比两端粗；前扶手呈圆弧状置于车座前端；儿童安全带置于车体座位上；两端的侧面扶手把与地面平行并向下延伸呈直线与前轮相接；置物框大致呈长方体吊置于车座后下方（详见在先设计 4 附图）。

将本专利与在先设计 4 相比较，二者的相同点为：均由推手柄、遮阳棚、车轮、侧面扶手把、置物框等组成；车轮的形状相同；托盘的形状大致相同。二者的主要不同点为：本专利的侧面扶手把呈四分之一圆弧形一直延伸至前轮处，在先设计 4 两端的侧面扶手把与地面平行并向下延伸呈直线与前轮相接；本专利推手柄直径一致，在先设计 4 推手柄中部圆柱状装置直径略比两端粗；本专利的置物框呈长方体置于车座正下方，并与车体紧密相接，在先设计 4 置物框大致呈长方体吊置于车座后下方，与车体留有一定间隙；本专利有脚踏板，在先设计 4 为脚踏栏杆；本专利的儿童安全带置于与托盘一体的杆上，在先设计 4 的儿童安全带置于车体座位上；本专利的脚踏板与座位连为一体，在先设计 4 的脚踏栏杆与支架连为一体。合议组认为：根据整体观察，综合判断的原则，以上差别处于视觉容易见到部位，且属于该类产品的一般消费者所关注的部位，整体视觉印象具有明显差别，对一般消费者而言，本专利的整体感觉纤细、轻巧，在先设计的整体感觉厚重、结实，上述差别对二者的整体视觉效果具有显著的影响，二者属于不相同且不相近似的外观设计。

在先设计 5 由推手柄、遮阳棚、前扶手、车轮、侧面扶手把、置物框及脚踏栏杆等组成。推手柄中部圆柱状装置直径略比两端粗；前扶手呈圆弧状置于车座前端；儿童安全带置于车体座位上；置物框大致呈长方体吊置于车座后下方（详见在先设计 5 附图）。

将本专利与在先设计 5 相比较，二者的相同点为：均由推手柄、遮阳棚、车轮、侧面扶手把、置物框等组成；车轮的形状相同；侧面扶手把的形状大致相同。二者的主要不同点为：本专利推手柄直径一致，在先设计 5 推手柄中部圆柱状装置直径略比两端粗；本专利的置物框呈长方体置于车座正下方，并与车体紧密相接，在先设计 5 置物框大致呈长方体吊置于车座后下方，与车体留有一定间隙；本专利有脚踏板，在先设计 5 为脚踏栏杆；本专利的儿童安全带置于与托盘一体的杆上，在先设计 5 的儿童安全带置于车体座位上；本专利的脚踏板与座位连为一体，在先设计 5 的脚踏栏杆与支架连为一体。合议组认为：根据整体观察，综合判断的原则，以上差别处于视觉容易见到部位，且属于该类产品的一般消费者所关注的部位，整体视觉印象具有明显差别，对一般消费者而言，上述差别对二者的整体视觉效果具有显著的影响，因此二者属于不相同且不相近似的外观设计。

综上所述，本专利与在先设计 1~5 均不相同且不相近似，请求人提交的所有证据均不能证明本专利不符合专利法第 23 条的规定，无法支持其无效宣告请求的理由。

三、决定

维持 03346638.6 号外观设计专利权有效。

当事人对本决定不服的，可以根据专利法第 46 条第 2 款的规定，自收到本决定之日起三个月内向北京市第一中级人民法院起诉。根据该款的规定，一方当事人起诉后，另一方当事人应当作为第三人参加诉讼。

主视图

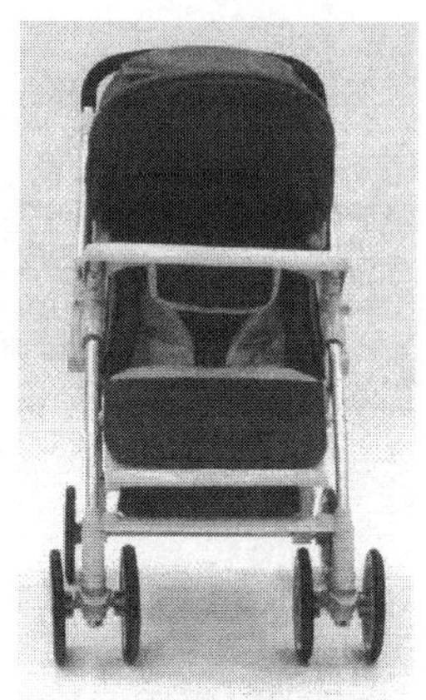
左视图

后视图

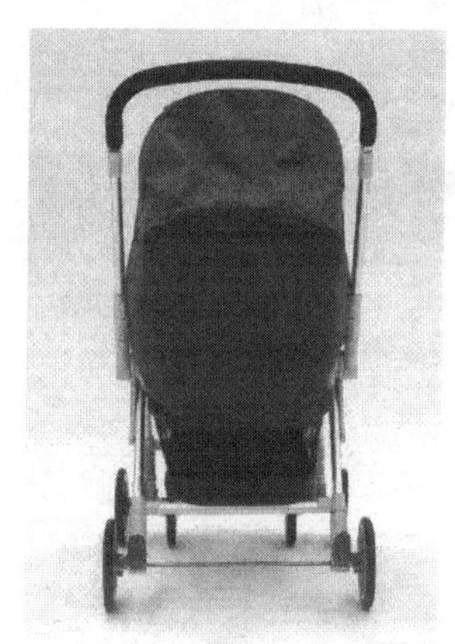
右视图

俯视图

立体图

本专利附图

主视图　仰视图　俯视图

左视图　右视图　立体图

使用状态图　使用状态图　其他视图

在先设计 1 附图

主视图　　后视图

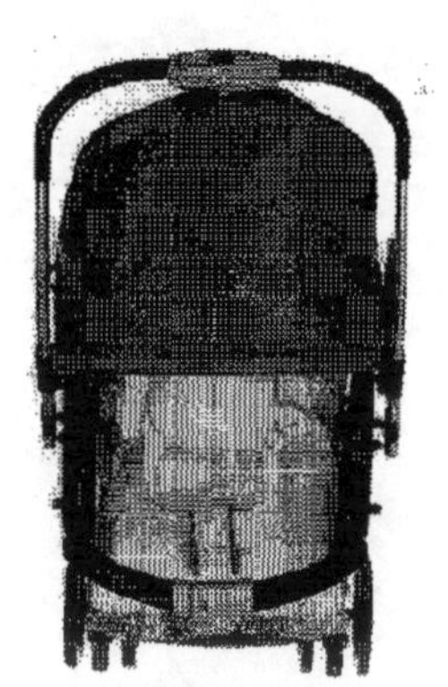

俯视图

仰视图

左视图

右视图

在先设计 2 附图

立体图

婴儿车折叠状态立体图

车篷折叠状态立体图

在先设计 2 附图（续）

主视图

后视图

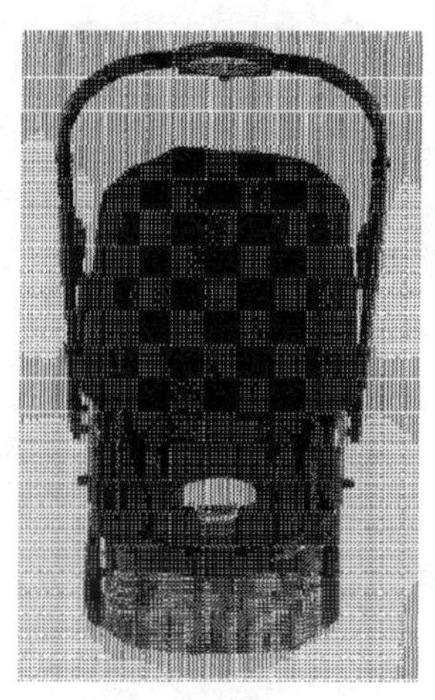

俯视图

仰视图

左视图

右视图

在先设计 3 附图

立体图

显示皮带立起状态立体图

手柄变化状态立体图

打开护栏状态立体图

座位前部下垂状态立体图

手柄变化状态立体图

折叠状态立体图

在先设计 3 附图（续）

折叠状态主视图

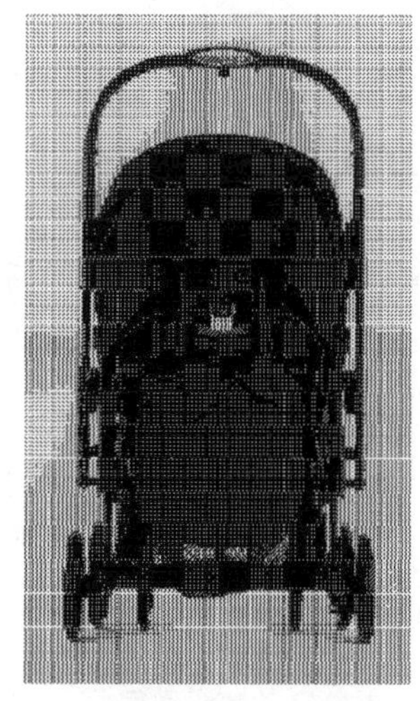
折叠状态后视图

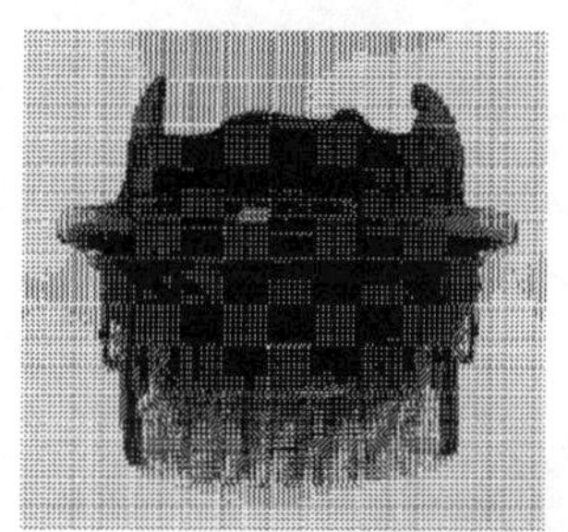
折叠状态俯视图

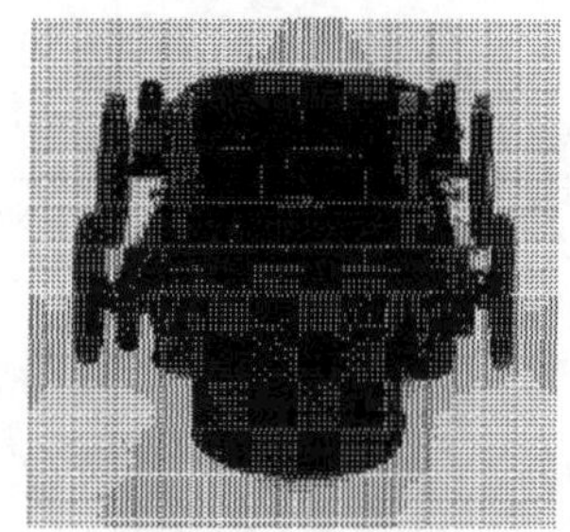
折叠状态仰视图

折叠状态左视图

折叠状态右视图

在先设计 3 附图（续）

主视图

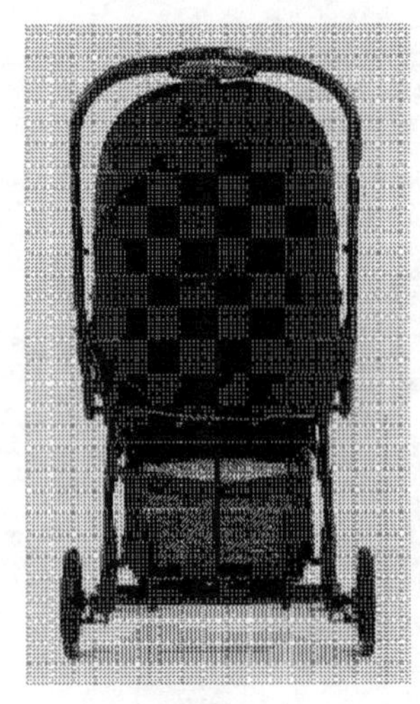
后视图

俯视图

仰视图

左视图

右视图

立体图

折起车篷、立起靠背状态立体图

在先设计 4 附图

折叠状态正面立体图

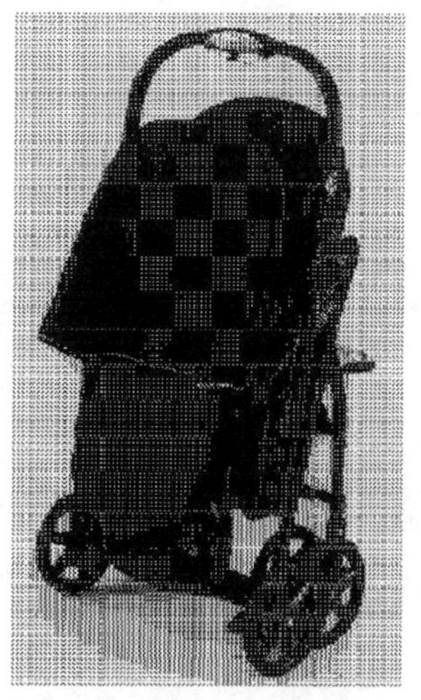

折叠状态背面立体图

折起车篷、立起靠背、拆下托盘，安装好护框状态立体图

在先设计 4 附图（续）

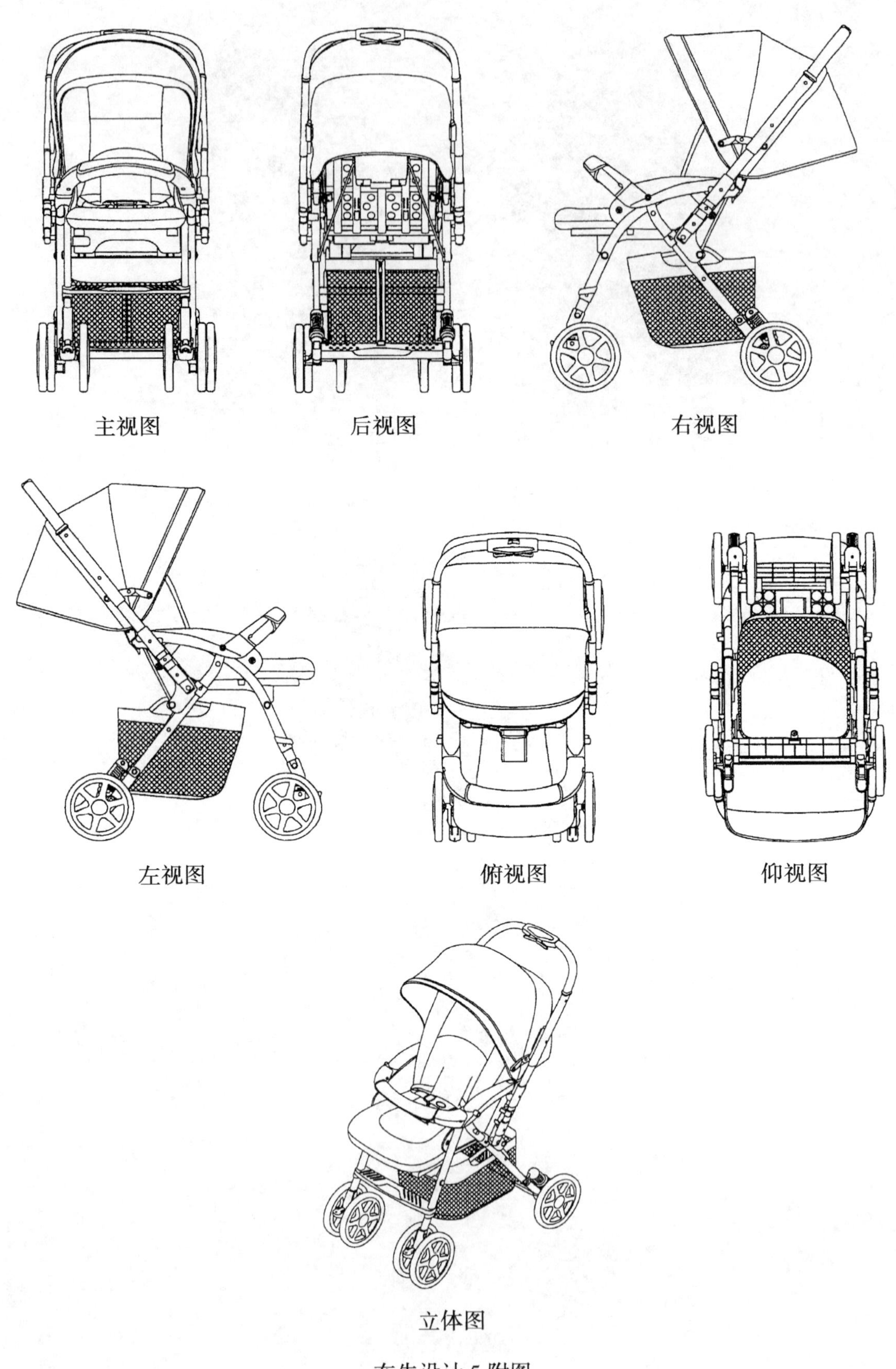

在先设计 5 附图

181

投光灯（LWW-1）

无效宣告请求审查决定（第13113号）

决　　定　　号　第13113号
决　　定　　日　2009年3月23日
发明创造名称　投光灯（LWW-1）
外观设计分类号　26-05
无效宣告请求人　夏德忠
专　利　权　人　朱　敏
专　　利　　号　200630073423.2
申　　请　　日　2006年9月18日
授权公告日　2007年7月18日
合议组组长　钟　华
主　　审　　员　尹春霞
参　　审　　员　雷　婧
附　　　　图　2页

法　律　依　据　专利法第23条
决　定　要　点

请求人提交的附件4为产品宣传册，在没有其他证据佐证其真实性的情况下，不能作为本案的定案依据；本专利与在先设计的差别处于一般消费者容易关注的部位，对整体视觉效果产生显著的影响，因此本专利与在先设计属于不相同且不相近似的外观设计。

一、案由

本无效宣告请求涉及国家知识产权局于2007年7月18日授权公告的200630073423.2号外观设计专利，使用该外观设计的产品名称是“投光灯（LWW-1）”，其申请日是2006年9月18日，专利权人是朱敏。

针对上述外观设计专利权（下称本专利），夏德忠（下称请求人）于2008年11月21日向专利复审委员会提出无效宣告请求，其理由是本专利与在其申请日以前在国内出版物上公开的外观设计相近似，因此本专利不符合专利法第23条的规定，应予宣告无效。请求人同时提交了如下附件作为证据：

附件1：本专利著录项目及图片复印件1页；

附件2：美国US D463，610 S号外观设计专利著录项目与图片复印件及其中文译文共12页；

附件3：94302370.X号外观设计专利著录项目及图片复印件1页。

请求人认为：本专利与附件2及附件3所示外观设计为同类产品，且附件2及附件3的公告日均在本专利申请日之前，因此附件2及附件3可以作为判断被请求宣告无效的专利在先设计。请求人列表将本专利与附件2进行对比，说明附件2除没有底座外，其余部分与本专利相似，而通过附件3可知，设置底座属于本领域的惯常设计，因此本专利与附件2相近似，本专利应予宣告无效。

专利复审委员会经形式审查合格受理了该无效宣告请求，并于2008年12月22日将无效宣告请求书及其附件的副本转送专利权人，通知其在指定期限内陈述意见。专利权人在指定期限内未进行意见陈述。

2008年12月16日请求人提交补充意见陈述书，认为本专利与在其申请日以前在国内出版物上公开的外观设计相近似，因此本专利不符合专利法第23条的规定，应予宣告无效。请求人同时提交了如下附件作为补充证据（编号续前）：

附件4:《2006银雨照明系列产品》宣传册复印件4页。

请求人认为，本专利与附件4所示宣传册第78页和第79页上显示的产品外观设计相近似，且该宣传册的印刷日期为2006年4月，早于本专利申请日，故本专利应予宣告无效。

专利复审委员会依法成立合议组对本案进行审理，并于2009年1月16日向双方当事人发出口头审理通知书，定于2009年3月5日对本案进行口头审理。随口头审理通知书将请求人的补充意见及证据转送专利权人，通知其在口头审理当庭陈述意见，或在指定期限内提交意见陈述。

专利权人于2009年1月20日提交意见陈述书，认为附件2没有底座，而本专利有底座且与投光灯主体框架形成一个整体统一的产品，二者是不相同也不相近似的外观设计，应维持本专利有效。

专利复审委员会于2009年2月6日将专利权人意见陈述书转送请求人，通知其在口审当庭陈述意见，或在指定期限内提交意见陈述。

口头审理如期举行，双方当事人均委托代理人出庭，均对对方出庭人员的身份和资格无异议，对合议组成员无回避请求。

口头审理中，对相近似判断，请求人认为本专利是矩形的框架，框架上有一面是透明的，里面有灯泡，附件2也是矩形的，透明表面设置有灯泡，侧面也是非常近似，从后视图看，二者都是矩形，有纵向散热片。区别仅仅是本专利有底座，附件2没有底座，而底座属于惯常设计。请求人明确附件3不与本专利作近似性对比，只是证明此类产品有底座的设计是惯常设计。对于附件4，请求人当庭提交了附件4的原件，认为印刷日期在本专利的申请日之前，其上所示的产品可以与本专利进行对比，认为第78页上左侧的3副图表示的产品与本专利相近似。专利权人对附件2及附件3的真实性无异议，但认为附件2与本专利不相同也不相近似，对附件4的真实性有异议，认可附件4三个图显示的是一个产品，但认为其与本专利不相同也不相近似。

在双方当事人意见陈述及口头审理的基础上，合议组经合议，认为本案事实清楚，依法作出本审查决定。

二、决定的理由

1. 法律依据

基于请求人提出无效宣告请求所依据的事实和理由，合议组对本专利是否符合专利法第23条的规定进行审查。

专利法第23条规定："授予专利权的外观设计，应当同申请日以前在国内外出版物上公开发表过或者国内公开使用过的外观设计不相同和不相近似，并不得与他人在先取得的合法权利相冲突。"

2. 证据认定

请求人提交的附件2是美国US D463，610 S号外观设计专利著录项目与图片复印件及其中文译文，其公告日是2002年9月24日，使用该外观设计的产品名称是“照明设备”。专利权人对附件2的真实性无异议。经合议组核实其内容属实，属于在本专利申请日前公开的出版物，可以作为评价本专利是否符合专利法第23条规定的证据。

请求人提交的附件3是94302370. X号外观设计专利著录项目及图片复印件，经合议组核实，其内容真实，可以作为本案的定案依据。

请求人提交附件4是《2006银雨照明系列产品》宣传册复印件，请求人当庭提交了附件4的原件。专利权人认可附件4的原件与复印件一致，但对其真实性有异议。合议组认为，附件4为产品宣传册，其上仅有印刷日期，但无出版者、出版刊号等出版信息，也无其他证据佐证证明其真实性，合议组对其真实性不予认可，附件4不能作为本案的定案依据。

3. 相同和相近似对比

本专利是投光灯的外观设计，附件2公开了照明装置的外观设计（下称在先设计），二者均是用于照明，用途相同，属于相同类别的产品，具有可比性。

本专利由投光灯主体、支架及底座组成。其中投光灯主体侧面由阶梯状三部分组成，正面大致呈矩形，上部透明，内置若干排灯泡；支架侧面近似“C”状连接主体及底座；底座为扁圆柱状置于下部（详见本专利附图）。

在先设计由投光灯主体组成。正面大致呈矩形，上部透明，内置若干排灯泡（详见在先设计附图）。

将本专利与在先设计相比较，二者的相同点为：主体正面均为矩形，上部透明，内置若干排灯泡。二者的主要不同点为：本专利的投光灯主体侧面明显由阶梯状三部分组成，在先设计的投光灯主体浑然一体；本专利有支架及底座，在先设计无。合议组认为：投光灯类产品在使用过程中，一般消费者不仅关注其正面，也会注意到其侧面及底座，故本专利与在先设计的上述差别均处于一般消费者容易关注的部位，对整体视觉效果产生显著的影响，因此本专利与在先设计属于不相同且不相近似的外观设计。对于请求人提交附件3以证明投光灯的底座是惯常设计，合议组认为仅依据附件3不足以证明有底座是投光灯类产品的惯常设计，同时底座的形状设计千差万别，因此请求人的主张不能成立。

综上所述，本专利与在先设计不相同且不相近似，请求人提交的证据不能支持其无效宣告请求的理由。

三、决定

维持200630073423.2号外观设计专利权有效。

当事人对本决定不服的，可以根据专利法第46条第2款的规定，自收到本决定之日起三个月内向北京市第一中级人民法院起诉。根据该款的规定，一方当事人起诉后，另一方当事人应当作为第三人参加诉讼。

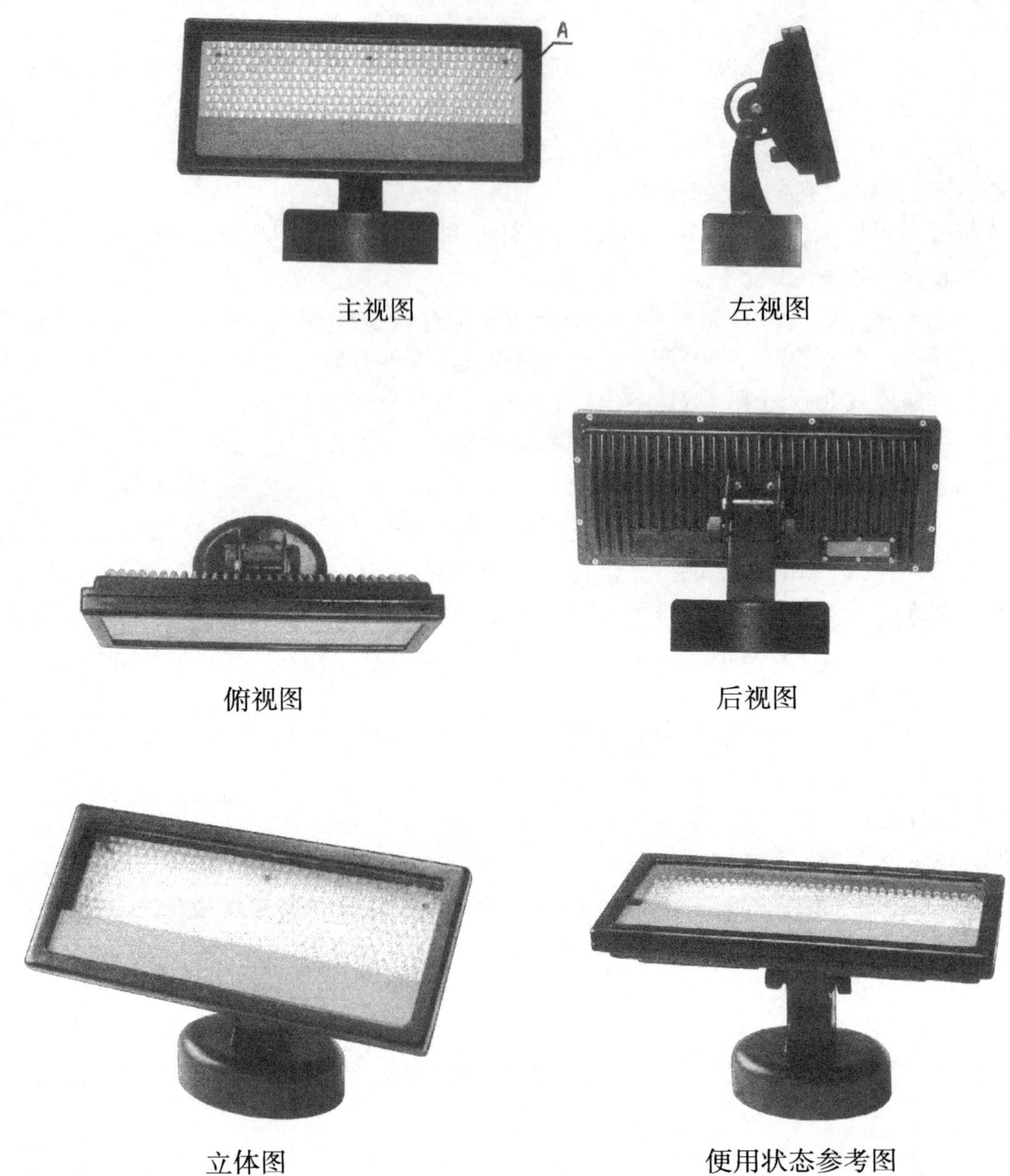

主视图　左视图

俯视图　后视图

立体图　使用状态参考图

本专利附图

图 1

图 2

图 3

图 4

图 5

在先设计附图

182

厅柜（101）

无效宣告请求审查决定（第13114号）

决　　定　　号 第13114号
决　　定　　日 2009年3月26日
发明创造名称 厅柜（101）
外观设计分类号 06-04
无效宣告请求人 重庆美缘家具有限公司
专　利　权　人 刘焕元
专　　利　　号 200530028298.9
申　　请　　日 2005年5月17日
授 权 公 告 日 2005年12月7日
合 议 组 组 长 吴大章
主　　审　　员 徐清平
参　　审　　员 李改平

法　律　依　据 专利法第23条
决　定　要　点

请求人提交的证据不足以证明其主张的有关家具产品已在本专利申请日之前在先销售的事实，其据此证明本专利不符合专利法第23条规定的无效宣告请求理由不能成立。

一、案由

本无效宣告请求涉及的是国家知识产权局于2005年12月7日授权公告的200530028298.9号外观设计专利，使用该外观设计的产品名称为"厅柜（101）"，申请日是2005年5月17日，专利权人是刘焕元。

针对上述专利权（下称本专利），重庆美缘家具有限公司（下称请求人）于2007年5月8日向专利复审委员会提出无效宣告请求，其依据的事实和理由是：请求人提的附件1所示两份公证书可证明在本专利申请日之前已有照片所示相近似的外观设计产品在先公开销售，附件2和附件1所示公证书中有关产品型号、照片相结合可证明在本专利申请日之前已有与本专利相近似的产品在先公开销售，因此本专利不符合专利法第23条的规定，应宣告无效。请求人提交的作为证据的附件如下：

附件1：（2007）川成蜀证内经字第52319号公证书复印件6页、（2007）川成蜀证内经字第52320号公证书复印件4页；

附件2：（2006）渝涪证字第585号公证书及相关送货单复印件共8页。

经形式审查合格，专利复审委员会受理了该无效宣告请求，并于2007年5月8日将无效宣告请求书及其附件的副本转送给专利权人，通知其在指定期限内陈述意见。

2007年5月29日专利权人提交了意见陈述书，专利权人认为：请求人提交的公证书所示“声明”作为证人证言，是事后回忆性描述，其声明内容的真实性不能得到确认，同时与特定的外观设计专利形状没有关联性；所示“商场送货单客户联”是企业自制单据，具有很大随意性，也没有记载特定家具外观形状，其型号并不是特定的，也是企业自己确定的，具有不确定性；有关照片是事后拍摄的，所示家具来源的合法性、所涉及时间的真实性、家具的外观形状均不能得到确认；这些证据不能形成完整的证据链，缺乏必要的其他证据支持，各证据之间不具有唯一的对应关系。附件1、附件2此类证据材料在专利复审委员会作出的第5597号无效宣告请求审查决定中也早有认定，其不能成立。因此，请求人的无效宣告请求事实和理由均不能成立。专利权人同时提交了如下附件：

附件A：专利复审委员会第5597号无效宣告请求审查决定复印件6页。

请求人分别于2007年6月7日、7月12日、7月27日、8月7日先后提交了意见陈述，认为其在先已经生产销售的产品与本专利产品的外观设并无区别，由于其提交的附件1中（2007）川成蜀证内经字第52319号公证书所涉及的照片仅限于产品正面的外观，没有全面反映出产品各个面的外观，因此补充提交带有产品侧面等不同方位照片并由相应公证处以同样公证号出具的公证书。请求人补充的作为证据的附件如下（编号续前）：

附件3：（2007）川成蜀证内经字第52319号公证书复印件13页。

专利复审委员会依法成立合议组对本案进行审理，于2008年2月15日向请求人和专利权人发出口头审理通知书，定于2008年4月1日对本案进行口头审理。同时将上述专利权人的意见陈述、请求人意见陈述及补充证据分别转送给对方。

口头审理如期举行，请求人和专利权人均委托代理人参加了审理，双方对对方参加口头审理人员的身份和资格无异议，对合议组成员无回避请求。请求人当庭提交了附件1中（2007）川成蜀证内经字第52320号公证书原件及附件2、附件3所示公证书原件，认为通过附件1、附件3可证明雷春雷在本专利申请日之前购买相关产品的事实，附件2可证明胡永伦在本专利申请日之前购买相关产品的事实，据此证明本专利不符合专利法第23条的规定。专利权人对请求人提交的公证书原件本身的真实性无异议，但认为其内容不能证明请求人所主张的事实，并坚持原书面陈述意见。双方将请求人指定的附件3中有关照片所示对比设计与本专利是否相同或相近似进行了详细对比，各自陈述了意见。

经过上述审理，合议组经合议，认为本案事实清楚，依法作出本审查决定。

二、决定的理由

1. 无效宣告请求理由相关法律规定

基于请求人提出无效宣告请求所依据的事实和理由，合议组对本专利是否符合专利法第23条的规定进行审查。专利法第23条规定：“授予专利权的外观设计，应当同申请日以前在国内外出版物上公开发表过或者国内公开使用过的外观设计不相同和不相近似，并不得与他人在先取得的合法权利相冲突。”

2. 证据及事实认定

（1）关于附件1、附件3。

请求人提交的附件1是（2007）川成蜀证内经字第52319号公证书复印件6页、（2007）川成蜀证内经字第52320号公证书复印件4页，附件3是（2007）川成蜀证内经字第52319号公证书复印件13页，并在口头审理中当庭提交了上述公证书原件。请求人认为附件1、附件3可证明雷春雷在本专利申请日之前已购买相关产品的销售事实。

上述（2007）川成蜀证内经字第52319号公证书附有《声明》、《工作记录》复印件各1页，及现场照片18张。其中《声明》内容为声明人雷春雷证明其于2005年4月7日在成都八一家具城贝德罗家具专卖店预订家具，签订有0012182号订货合约单，同年5月3日送货到家，现仍在使用；《工作记录》对公证书所涉及公证过程进行了记录。公证书证明内容为：兹证明与本公证书相粘连的《声明》复印件与原件相符，《声明》原件系雷春雷亲笔书写，其上雷春雷的签名、捺指印均属实；《工作记录》的复印件与原件相符；现场照片系工作人员现场拍摄取得；《工作记录》上雷春雷及公证员和工作人员签名均属实。上述（2007）川成蜀证内经字第52320号公证书附有0012182号订货合约复印件1页，其记载订货和送货日期别为2005年4月7日、2005年5月3日，公证书证明内容为"兹证明前面Bedloe贝德罗《订货合约》的复印件与原件相符"。

合议组认为：上述公证书仅能证明有关复印件与原件相符，有关人员签字、捺指印属实，公证现场当时情况属实，并不涉及对《声明》内容、订货合约内容是否属实的证明；该《声明》作为证人证言属事后证明，上述订货合约虽为原始证据，但其属于不受第三方监督管理的双方签约材料，并且无签约双方签字盖章，其证明力较低，《声明》所述事实缺乏充分的原始证据相印证，故所述《声明》与订货合约相结合不足以证明在所述时间购买所述家具的事实；同时，公证书中所示照片为事后拍摄，除声明人的事后证明外，并无其他客观形成的可证明照片所示家具与订货合约具有必然联系的证据，仅凭证人证言不足以确认订货合约所预订的家具即为照片所示家具，故上述证据亦不足以形成的完整的证明体系证明照片所示家具的购买时间。因此，将请求人提交的附件1、附件3相结合不足以证明其主张的有关家具产品已在本专利申请日之前在先销售的事实。

（2）关于附件2。

请求人提交的附件2是（2006）渝涪证字第585号公证书及0008144号送货单客户联、000826号送货单合计联复印件共8页，并在口头审理中当庭提交了该公证书原件。请求人认为附件2可证明胡永伦在本专利申请日之前购买相关产品的销售事实。

上述公证书附有《声明书》、《商场送货单》客户联复印件各1页。其中《声明书》内容为声明人胡永伦证明其于2005年5月13日在涪陵恒美特家具商场购买贝德罗家具E805衣柜、E101厅柜各一个，取得商场送货单0000826一张；《商场送货单》记载的送货日期为2005年5月13日，商品名称为"E805衣柜"和"E101厅柜"。公证书证明内容为：兹证明与本公证书相粘连的《声明书》及《商场送货单》复印件与原件内容相符，《声明书》原件上胡永伦的签名、拇印均属实。

合议组认为：请求人未提交附件2中0008144号送货单客户联、000826号送货单合计联的原件，不能作为定案依据；上述公证书仅能证明有关复印件与原件相符，有关人员签字、捺指印属实，并不涉及对《声明书》内容、商场送货单内容是否属实的证明；该《声明书》作为证人证言属事后证明，上述商场送货单虽为原始证据，但其属于不受第三方监督管理的商场内部单据材料，并且无商场盖章，其证明力较低，《声明书》所述事实缺乏充分的原始证据相印证，故所述《声明书》与送货单相结合不足以证明在所述时间购买所述家具的事实；同时，在无证明相关产品外观设计的图片和照片的情况下，仅凭上述声明和送货单也不足以证明已有与本专利外观设设计相同或相近似的产品已公开销售过。因此，请求人提交的附件2不足以证明其主张的已有与本专利相同或相近似的家具产品已在本专利申请日之前在先销售的事实。

综上所述，请求人提交的证据不足以证明其主张的有关家具产品已在本专利申请日之前在先销售的事实，其据此证明本专利不符合专利法第23条规定的无效宣告请求理由不能成立。

三、决定

维持200530028298.9号外观设计专利权有效。

当事人对本决定不服的，可以根据专利法第46条第2款的规定，自收到本决定之日起三个月内向北京市第一中级人民法院起诉。根据该款的规定，一方当事人起诉后，另一方当事人应当作为第三人参加诉讼。

183

沙发（8251）

无效宣告请求审查决定（第13120号）

决　　定　　号　第13120号
决　　定　　日　2009年3月26日
发明创造名称　沙发（8251）
外观设计分类号　06-01
无效宣告请求人　厦门康城健康家居产品有限公司东莞分公司
专　利　权　人　敏华荣家具（深圳）有限公司
专　　利　　号　200730170517.6
申　　请　　日　2007年6月18日
授 权 公 告 日　2008年5月21日
合 议 组 组 长　张　凌
主　　审　　员　郭　琼
参　　审　　员　喻　颖
附　　　　　图　2页

法　律　依　据　专利法第23条
决　定　要　点

本专利与在先设计的整体形状相同，二者已呈现整体相近似的视觉效果，二者存在的差别为局部细微差异，其不足以对二者整体的视觉效果产生显著影响，因此，二者属于相近似的外观设计。

一、案由

本无效宣告请求涉及申请日为2007年6月18日、授权公告日为2008年5月21日、名称为“沙发（8251）”、专利号为200730170517.6的外观设计专利（下称本专利），其专利权人是敏华荣家具（深圳）有限公司。

针对上述专利权，厦门康城健康家居产品有限公司东莞分公司（下称请求人）于2008年11月1日向国家知识产权局专利复审委员会提出无效宣告请求，其无效理由为：本外观设计专利不符合专利法第23条的规定。请求人提交了如下证据：

证据1：国家知识产权局网站上下载的200530147645.X号，名称为“沙发（型号：2797）”的外观设计专利授权公告的打印页，共1页，其授权公告日为2007年1月10日；

证据2：国家知识产权局网站上下载的200530009305.0号，名称为“沙发”的外观设计专利授权公告的打印页，共1页，其授权公告日为2006年1月25日；

证据3：国家知识产权局网站上下载的200530147651.5号，名称为“沙发（型号：2858）”的外观设计专利授权公告的打印页，共1页，其授权公告日为2007年7月11日。

请求人将本专利主视图、俯视图、右视图、立体图与证据1~3的主视图、俯视图、右视图、立体图分别进行了比较后认为：本专利分别与证据1~3所公开的外观设计的要部特征相同相近似，故本专利不符合专利法第23条的规定。

经形式审查合格，专利复审委员会依法受理了上述无效宣告请求，于2008年11月1日向双方当事人发出无效宣告请求受理通知书，向广东省东莞市中级人民法院发出无效宣告案件审查状态通知书（一），同时将请求人提交的无效宣告请求书及其附件清单中所列附件副本转给专利权人，要求其在指定期限内答复。

专利复审委员会于2008年12月26日向双方当事人发出无效宣告请求口头审理通知书，定于2009年2月17日对本案进行口头审理。

针对上述无效宣告请求，专利权人于2009年1月6日提交意见陈述书，认为请求人的无效理由不成立，本专利符合专利法第23条的规定。并具体陈述了以下意见：（1）请求人的证据3的授权公告日为2007年7月11日，晚于本专利的申请日，因此，请求人在无效宣告请求书中认为本专利相对于证据3所公开的外观设计不符合专利法第23条的规定属于适用法律不当，其无效理由不能成立。（2）本专利与证据1所公开的沙发外观设计相比较，存在以下区别：①本专利的背枕和腰枕呈向上拱的弧形，背枕与腰枕的大小比例约为2∶1，腰枕上侧边处有一向下弯曲的弧形装饰驳线，而证据1的腰枕很小，背枕相对扁平，背枕与腰枕的大小比例约为5∶1，腰枕上侧边处的装饰驳线为直线；②本专利的坐垫部整体为向下弯曲的凹弧形，而证据1的坐垫部整体为向上弯曲的凸形；③本专利靠背部后侧面向后侧倾斜，而证据1靠背部后侧面为一垂直面；④本专利背枕及坐垫上有两条垂直平行排列的装饰驳线，而证据1背枕及坐垫上没有两条垂直平行排列的装饰驳线。上述四点主要的外观设计差异都位于沙发的易见部位，因此，本专利沙发外观设计的整体视觉效果是圆润饱满、凹凸有致，而证据1沙发外观设计的整体视觉效果则是方正密实、平整划一，二者存在巨大差别。除了上述各视图和立体图所呈现的整体视觉效果有明显差异外，本专利具有多种变化的使用状态（使用状态参考图1~4），证据1的沙发外观没有公开本专利的各种使用状态，证据1所公开的沙发的使用状态与本专利沙发的使用状态有着明显的差异。（3）本专利与证据2所公开的沙发外观设计相比较，存在以下区别：①本专利的背枕和腰枕呈向上拱的弧形，背枕与腰枕的大小比例约为2∶1，腰枕上侧边有一向下弯曲的弧形装饰驳线，而证据2的腰枕较小，背枕相对扁平，背枕与腰枕的大小比例约为3∶1，腰枕上侧边处的装饰驳线为直线；②本专利的坐垫部整体为向下弯曲的凹弧形，而证据2的坐垫部整体为“锯齿”形；③本专利靠背部后侧面向后侧倾斜，而证据2靠背部后侧面为一垂直面；④本专利背枕有两条垂直平行排列的装饰驳线，而证据2背枕上没有两条垂直平行排列的装饰驳线。上述四点主要的外观设计差异都位于沙发的易见部位，因此，本专利沙发外观设计的整体视觉效果是圆润饱满、条块均等，而证据2沙发外观设计的整体视觉效果则是凸凹有别、条块差异，二者存在巨大差别。除了上述各视图和立体图所呈现的整体视觉效果有明显差异外，本专利具有多种变化的使用状态（使用状态参考图1~4），证据2的沙发外观没有公开本专利的各种使用状态，证据2所公开的沙发的使用状态与本专利沙发的使用状态有着明显的差异，本专利的沙发与证据2所公开的沙发外观不相近似。

专利复审委员会于2009年2月10日将专利权人2009年1月6日提交的意见陈述书转送给请求人。

口头审理如期举行，双方当事人均出席了口头审理。双方当事人对合议组成员变更无异议，对合议组成员无回避请求。双方当事人对对方出庭人员身份无异议。专利权人对证据1~3的真实性无异议。专利权人认为证据3的公开日在本专利申请日之后，不能适用专利法第23条。合议组告知请求人后，请求人将其无效理由变更为：分别采用证据1和证据2证明本专利不符合专利法第23条的规定，采用证据3证明本专利不符合专利法第9条的规定。请求人认为本专利公开的外观设计与证据1~3分别公开的外观设计相近似，具体比较可参见无效宣告请求书。专利权人认为本专利公开的外观设计与证据1~3公开的外观设计有明显的区别：（1）本专利沙发腰枕比例与证据1~3所公开沙发的腰枕比例有很大差异；（2）本专利沙发坐垫是下凹的，其形状构成与证据1~3沙发坐垫的形状构成不同；（3）从主视图看本专利沙发是圆润饱满的，从右视图看本专利沙发的靠垫是倾斜的，与证据1~3的沙发整体设计风格不同。请求人认为专利法没有明确保护外观设计的风格，无论从沙发腰枕、靠背、手垫以及装饰线条，除了比例略有差异，基本上是相近似的，整体的视觉效果也是相近似的。专利权人当庭明确对于请求人当庭提出的无效宣告理由变更不需要在口头审理之后提交新的意见。

在上述审理的基础上，本案合议组经合议，认为本案事实已经清楚，可以依法作出无效请求审查决定。

二、决定的理由

1. 法律依据

根据请求人提出无效宣告请求的理由及所提交的证据，本案合议组依据专利法第23条对本案进行审理。

专利法第23条规定："授予专利权的外观设计，应当同申请日以前在国内外出版物上公开发表过或者国内公开使用过的外观设计不相同和不相近似，并不得与他人在先取得的合法权利相冲突。"

2. 证据的认定

请求人提交的证据2是授权公告日为2006年1月25日、从国家知识产权局网站上下载的申请号为200530009305.0的中国外观设计专利的外观设计专利公告，该专利名称为"沙发"。专利权人未对请求人提交的证据2的真实性提出异议，经核实，合议组对证据2的真实性予以认可。由于证据2的公开日早于本专利申请日（2007年6月18日），因此可以作为评价本专利是否符合专利法第23条的证据使用。

3. 外观设计对比

本专利的沙发与证据2（下称在先设计）的沙发用途相同，属于相同类别的产品，故将二者作如下的相同相近似的对比：

本专利所示沙发整体为三座，两侧设扶手，后设靠背，靠背上设有背枕和腰枕，背枕和腰枕呈向上拱的弧形，背枕与腰枕的大小比例约为2∶1。沙发座位部自上至下由背枕、腰枕、坐垫、脚垫四部分组成，腰枕部上侧边为呈向下弯曲的弧形，靠近上侧边处有一向下弯曲的弧形装饰驳线；沙发坐垫部整体为向下弯曲的凹弧形；沙发坐垫、脚垫之间的大小比例约为1∶1；沙发坐垫有一横向分割线；每块坐垫部分有两条压线缝；沙发背枕上有两条竖直平行排列的装饰线；沙发靠背部后侧面向后侧倾斜，且与侧面板部有一弧形接触线；侧面有一圆形控制柄（详见本专利附图）。

在先设计所示沙发为三座，两侧设扶手，后设靠背，背枕相对扁平，背枕与腰枕的大小比例约为3∶1；座位部自上至下由由背枕、腰枕、"锯齿"型坐垫、脚垫四部分依次组成；沙发坐垫有一横向分割线；每块坐垫部分有两条压线缝；靠背部与侧面板接触线呈弧形，沙发靠背部后侧面为一垂直面；侧面有一圆形控制柄（详见在先设计附图）。

两件外观设计相同之处在于：两者的组成与形状基本相同，都是整体为三座的沙发，两侧设扶手，后设靠背，靠背安装有背枕和腰枕，沙发座位部自上至下由背枕、腰枕、坐垫、脚垫四部分依次平行组成，沙发坐垫有一横向分割线；每块坐垫部分有两条压线缝；沙发背枕上有两条竖直平行排列的装饰线；沙发靠背与侧面板部有一弧形接触线；侧面有一圆形控制柄。两者不同点主要在于：（1）两者的背枕与腰枕之间大小比例稍有不同；坐垫与脚垫之间大小比例也稍有不同；（2）本专利靠背部后侧面向后侧倾斜，而在先设计靠背部后侧面为一垂直面；（3）本专利背枕有两条竖直平行排列的装饰驳线；而在先设计则无。合议组认为，两者的整体结构形状和布局相近似，背枕与腰枕之间的大小比例，坐垫与脚垫之间大小比例，靠背部后侧面是否垂直以及背枕上是否有装饰驳线属于局部的细微差别，上述局部区别对二者整体视觉效果明显不具有显著影响，因此依据整体观察、综合判断的原则，本专利与在先设计相近似，不符合专利法第23条的规定。

专利权人认为：（1）本专利沙发的坐垫部整体为向下弯曲的凹弧形；而在先设计坐垫部整体为"锯齿"形，本专利沙发外观设计的整体视觉效果是圆润饱满、条块均等；而在先设计沙发外观设计的整体视觉效果则是凸凹有别、条块差异。（2）本专利具有多种变化的使用状态，而外观设计没有公开如本专利沙发的各种使用状态，外观设计所公开的沙发的使用状态与本专利沙发的使用状态有着明显的差异。对此，合议组认为：（1）两者的坐垫部分均有两条压线缝，仅是在先设计坐垫更向上突出，因此缝上压缝线后的视觉效果略有不同；此外由于两者的整体形状及构成相近，部分线条和坐垫的弧度不同而导致的饱满或平直的视觉效果对二者整体视觉效果不具有显著影响。（2）本专利的使用状态由使用状态参考图所公开。根据审查指南的规定，"在确定被比设计时，应当以外观设计专利授权文本中的图片或者照片表示的外观设计为准；本专利中的使用状态参考图通常用于理解被比设计的所属领域、使用方法、使用场所或者用途，以便于确定产品类别"，其不属于外观设计专利的保护范围。因此专利权人的上述意见不成立。

鉴于已得出本专利不符合专利法第23条规定的结论，本决定对请求人提交的其他无效宣告请求理由和证据不再予以评述。

三、决定

宣告200730170517.6号外观设计专利权全部无效。

当事人对本决定不服的，可以根据专利法第46条第2款的规定，自收到本决定之日起三个月内向北京市第一中级人民法院起诉。根据该款的规定，一方当事人起诉后，另一方当事人应当作为第三人参加诉讼。

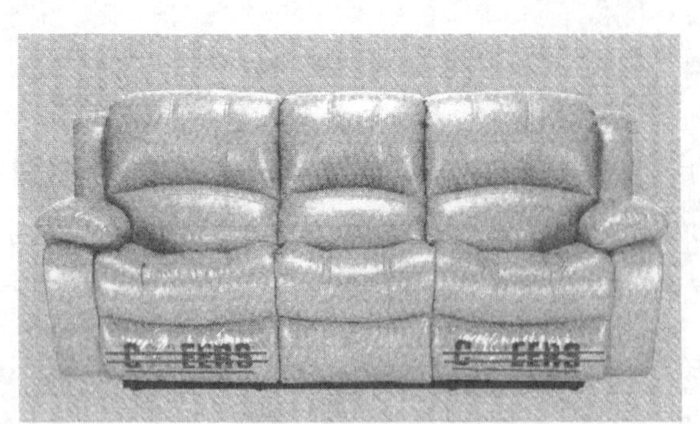

主视图

右视图

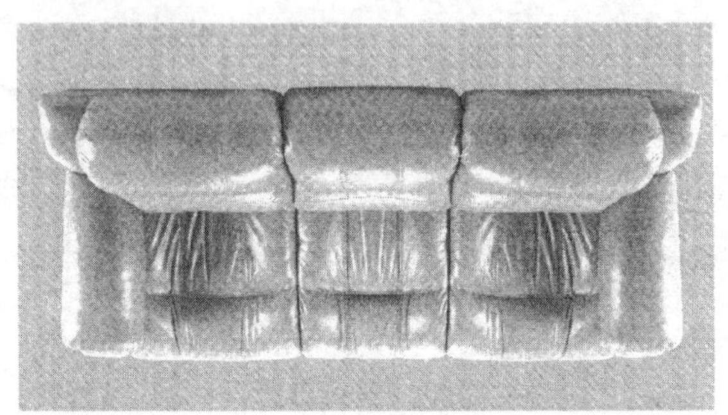

俯视图

立体图

使用状态参考图 1

使用状态参考图 2

使用状态参考图 3

使用状态参考图 4

本专利附图

主视图

后视图

左视图（放大）

右视图（放大）

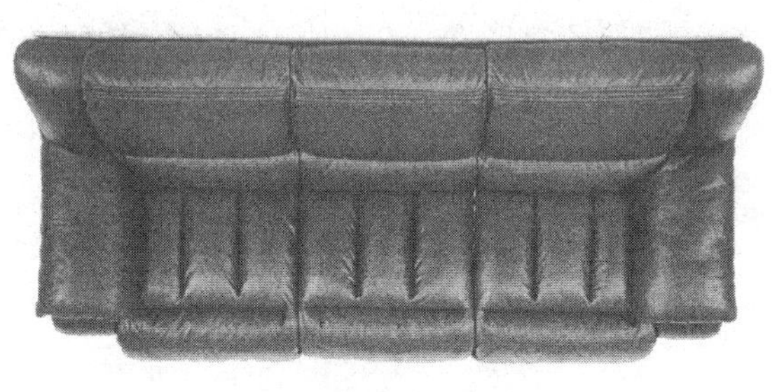

俯视图

立体图

在先设计附图

北京市第一中级人民法院
行政判决书

（2009）一中行初字第1175号

原告敏华荣家具（深圳）有限公司，住所地广东省深圳市龙岗区横岗镇红棉路189工业区敏华工业城1号厂房。

法定代表人雷祖成，总经理。

委托代理人胡晋南，广东深大地律师事务所律师。

委托代理人王志明，深圳市万商天勤知识产权事务所专利代理人。

被告国家知识产权局专利复审委员会，住所地北京市海淀区北四环西路9号银谷大厦10~12层。

法定代表人张茂于，副主任。

委托代理人郭琼，女，国家知识产权局专利复审委员会审查员。

委托代理人王婧，女，国家知识产权局专利复审委员会审查员。

第三人厦门康城健康家居产品有限公司东莞分公司，住所地广东省东莞市厚街镇新塘村家具大道49号。

法定代表人柳书苗，负责人。

委托代理人张凡忠，男，厦门蒙发利科技（集团）股份有限公司法务专员。

原告敏华荣家具（深圳）有限公司因专利行政裁决一案，不服被告国家知识产权局专利复审委员会作出的无效宣告请求审查决定，向本院提起行政诉讼。本院受理后，依法组成合议庭，根据《中华人民共和国行政诉讼法》第二十七条，通知厦门康城健康家居产品有限公司东莞分公司作为第三人参加诉讼。本院于2009年9月1日公开开庭审理了本案。原告的委托代理人胡晋南和王志明、被告的委托代理人郭琼和王婧、第三人的委托代理人张凡忠到庭参加了诉讼。本案现已审理终结。

第三人针对专利权人为原告的名称为“沙发（8251）”的第200730170517.6号外观设计专利（以下简称本专利）向被告提出无效宣告请求。被告经审查于2009年3月26日作出第13120号无效宣告请求审查决定（以下简称无效决定）。被告认为：

（1）法律依据。

根据第三人提出无效宣告请求的理由及所提交的证据，被告依据《中华人民共和国专利法》（2000年修订，以下简称《专利法》）第二十三条对本案进行审理。

（2）证据的认定。

第三人提交的证据2是授权公告日为2006年1月25日、从国家知识产权局网站上下载的申请号为200530009305.0的中国外观设计专利的外观设计专利公告，该专利名称为“沙发”。原告未对第三人提交的证据2的真实性提出异议，经核实，被告对证据2的真实性予以认可。由于证据2的公开日早于本专利申请日（2007年6月18日），因此可以作为评价本专利是否符合《专利法》第二十三条的证据使用。

（3）外观设计对比。

本专利的沙发与证据2（以下简称在先设计）的沙发用途相同，属于相同类别的产品，故将二者作如下的相同相近似的对比：

本专利所示沙发整体为三座，两侧设扶手，后设靠背，靠背上设有背枕和腰枕，背枕和腰枕呈向上拱的弧形，背枕与腰枕的大小比例约为2：1。沙发座位部自上至下由背枕、腰枕、坐垫、脚垫四部分组成，腰枕部上侧边为呈向下弯曲的弧形，靠近上侧边处有一向下弯曲的弧形装饰驳线；沙发坐垫部整体为向下弯曲的凹弧形；沙发坐垫、脚垫之间的大小比例约为1：1；沙发坐垫有一横向分割线；每块坐垫部分有两条压线缝；沙发背枕上有两条竖直平行排列的装饰线；沙发靠背部后侧面向后侧倾斜，且与侧面板部有一弧形接触线；侧面有一圆形控制柄（详见本专利附图）。

在先设计所示沙发为三座，两侧设扶手，后设靠背，背枕相对扁平，背枕与腰枕的大小比例约为3：1；座位部自上至下由由背枕、腰枕、"锯齿"型坐垫、脚垫四部分依次组成；沙发坐垫有一横向分割线；每块坐垫部分有两条压线缝；靠背部与侧面板接触线呈弧形，沙发靠背部后侧面为一垂直面；侧面有一圆形控制柄（详见在先设计附图）。

两件外观设计相同之处在于：两者的组成与形状基本相同，都是整体为三座的沙发，两侧设扶手，后设靠背，靠背安装有背枕和腰枕，沙发座位部自上至下由背枕、腰枕、坐垫、脚垫四部分依次平行组成，沙发坐垫有一横向分割线；每块坐垫部分有两条压线缝；沙发靠背与侧面板部有一弧形接触线；侧面有一圆形控制柄。两者不同点主要在于：（1）两者的背枕与腰枕之间大小比例稍有不同；坐垫与脚垫之间大小比例也稍有不同；（2）本专利靠背部后侧面向后侧倾斜，而在先设计靠背部后侧面为一垂直面；（3）本专利背枕有两条竖直平行排列的装饰驳线；而在先设计则无。被告认为，两者的整体结构形状和布局相近似，背枕与腰枕之间的大小比例，坐垫与脚垫之间大小比例，靠背部后侧面是否垂直以及背枕上是否有装饰驳线属于局部的细微差别，上述局部区别对二者整体视觉效果明显不具有显著影响，因此依据整体观察、综合判断的原则，本专利与在先设计相近似，不符合《专利法》第二十三条的规定。

原告认为：（1）本专利沙发的坐垫部整体为向下弯曲的凹弧形；而在先设计坐垫部整体为"锯齿"形，本专利沙发外观设计的整体视觉效果是圆润饱满、条块均等；而在先设计沙发外观设计的整体视觉效果则是凸凹有别、条块差异。（2）本专利具有多种变化的使用状态，而外观设计没有公开如本专利沙发的各种使用状态，外观设计所公开的沙发的使用状态与本专利沙发的使用状态有着明显的差异。对此，被告认为：（1）两者的坐垫部分均有两条压线缝，仅是在先设计坐垫更向上突出，因此缝上压缝线后的视觉效果略有不同；此外由于两者的整体形状及构成相近，部分线条和坐垫的弧度不同而导致的饱满或平直的视觉效果对二者整体视觉效果不具有显著影响。（2）本专利的使用状态由使用状态参考图所公开。根据《审查指南》的规定："在确定被比设计时，应当以外观设计专利授权文本中的图片或者照片表示的外观设计为准；本专利中的使用状态参考图通常用于理解被比设计的所属领域、使用方法、使用场所或者用途，以便于确定产品类别"，其不属于外观设计专利的保护范围。因此原告的上述意见不成立。

鉴于已得出本专利不符合《专利法》第二十三条规定的结论，本决定对第三人提交的其他无效宣告请求理由和证据不再予以评述。

被告根据《专利法》第二十三条的规定，宣告本专利全部无效。

被告在法定期限内向本院提交了下列证据，证明被诉决定认定事实清楚，适用法律正确，程序合法：（1）专利号为200730170517.6的外观设计专利公告网络打印件（即本专利）；（2）专利号为200530009305.0的外观设计专利公告网络打印件（即无效决定中的证据2）。

原告诉称：（1）被告在判断本专利与在先设计是否构成相近似时违背了《审查指南》第四部分第五章第4节外观设计相同和相近似判断原则中惯常设计的有关规定；（2）本专利与在先设计有8点不同：沙发座位组成结构不同、坐垫结构不同、靠垫与侧面板的接触部分接触线不同、本专利在腰枕2/3处有一个向上的弧线而在先设计没有、本专利的坐垫是向下突出的抛物线且坐垫的边缘和扶手齐平而在先设计坐垫水平且与扶手有落差、本专利所有部件的接触线都是弧形而在先设计接触线均为直线、本专利的整体效果是饱满圆润而在先设计是平直；（3）本专利与在先设计相比较，仅在“沙发设扶手，后设靠背，靠背安装有背枕和腰枕，沙发座位部自上至下由背枕、腰枕、坐垫、脚垫四部分依次平行组成”等受沙发使用功能制约的惯常设计方面相似，但在体现本沙发个性化设计方面却存在巨大差异。原告请求法院判决撤销无效决定、判令被告重新作出无效决定。

原告向本院提交了下列证据用于证明本专利与在先设计不相近似：（1）本专利公告；（2）在先设计公告。

被告辩称：无效决定认定的事实清楚、适用法律正确、程序合法。被告坚持无效决定中的认定理由，请求法院判决维持无效决定。

第三人述称：被告关于本专利与在先设计的相同之处和细微差别的事实准确，基于一般消费者的知识水平和认知能力进行评价，本专利与在先设计相近似。第三人同意被告的意见，其请求法院判决维持无效决定。

第三人未向本院提交证据。

经庭审质证，原告和被告对于对方提交证据的关联性、合法性、真实性没有异议，对其证明作用持有异议；第三人同意被告的质证意见，且对被告提交的证据没有异议。本院对当事人提交的证据认证如下：被告和原告提交的证据符合关联性、合法性、真实性的要求，且可以证明本专利、在先设计及被告审查程序等情况，均可以作为本案认定事实的依据。

依据上述有效证据以及均无异议的当事人陈述，本院认定事实如下：

原告于2007年6月18日向国家知识产权局申请名称为“沙发（8251）”的第200730170517.6号外观设计专利权（即本专利），2008年5月21日授权公告，专利权人为敏华荣家具（深圳）有限公司（即本案原告）。

针对本专利，第三人于2008年11月1日向被告提出无效宣告请求，其无效理由为：本外观设计专利不符合《专利法》第二十三条的规定。第三人向被告提交了如下证据：

证据1：国家知识产权局网站上下载的200530147645.X号，名称为“沙发（型号：2797）”的外观设计专利授权公告的打印页，共1页，其授权公告日为2007年1月10日；

证据2：国家知识产权局网站上下载的200530009305.0号，名称为“沙发”的外观设计专利授权公告的打印页，共1页，其授权公告日为2006年1月25日；

证据3：国家知识产权局网站上下载的200530147651.5号，名称为“沙发（型号：2858）”的外观设计专利授权公告的打印页，共1页，其授权公告日为2007年7月11日。

经形式审查合格，被告依法受理了上述无效宣告请求，于2008年11月1日向双方当事人发出无效宣告请求受理通知书，向广东省东莞市中级人民法院发出无效宣告案件审查状态通知书（一），同时将第三人提交的无效宣告请求书及其附件清单中所列附件副本转给原告。

被告于2008年12月26日向双方当事人发出无效宣告请求口头审理通知书，定于2009年2月17日对本案进行口头审理。

针对上述无效宣告请求，原告于2009年1月6日提交意见陈述书，认为第三人的无效理由不成立，本专利符合《专利法》第二十三条的规定。

被告于2009年2月10日将原告2009年1月6日提交的意见陈述书转送给第三人。

对于本专利和在先设计外观的认定，本院认可无效决定中的记载。

口头审理如期举行，双方当事人均出席了口头审理。双方当事人对被告合议组成员变更无异议，对合议组成员无回避请求。双方当事人对对方出庭人员身份无异议。原告对证据1~3的真实性无异议。原告认为证据3的公开日在本专利申请日之后，不能适用《专利法》第二十三条。被告告知第三人后，第三人将其无效理由变更为：分别采用证据1和证据2证明本专利不符合《专利法》第二十三条的规定，采用证据3证明本专利不符合《专利法》第九条的规定。第三人认为本专利公开的外观设计与证据1~3分别公开的外观设计相近似，具体比较可参见无效宣告请求书。原告认为本专利公开的外观设计与证据1~3公开的外观设计有明显的区别：（1）本专利沙发腰枕比例与证据1~3所公开沙发的腰枕比例有很大差异；（2）本专利沙发坐垫是下凹的，其形状构成与证据1~3沙发坐垫的形状构成不同；（3）从主视图看本专利沙发是圆润饱满的，从右视图看本专利沙发的靠垫是倾斜的，与证据1~3的沙发整体设计风格不同。请求人认为《专利法》没有明确保护外观设计的风格，无论从沙发腰枕、靠背、手垫以及装饰线条，除了比例略有差异，基本上是相近似的，整体的视觉效果也是相近似的。原告当庭明确对于第三人当庭提出的无效宣告理由变更不需要在口审之后提交新的意见。

被告经审查后作出无效决定。原告不服无效决定，向本院提起行政诉讼。

另，原告在本院法庭审理中明确，其对于被告具有受理无效请求和作出无效决定的法定职权没有异议，其对于无效决定中案由部分已载明的事实、审查程序没有异议；对于无效决定理由部分法律依据、证据的认定，以及被告关于在先设计与本专利属于同类产品的认定均没有异议。第三人对上述问题亦无异议。被告在本院法庭审理中明确，无效决定书中第4页倒数第2行“沙发背枕上有两条竖直平行排列的装饰线”系笔误，应予删除，原告和第三人对被告口头更正笔误的行为不持异议。

本院认为：对于当事人均无争议的事实，本院经审查对其合法性予以确认。经各方当事人确认，本案的争议焦点是：被告关于本专利与在先设计属于相近似的外观设计的认定是否合法。

根据《专利法》第二十三条的规定，授予专利权的外观设计，应当同申请日以前在国内外出版物上公开发表过或者国内公开使用过的外观设计不相同和不相近似，并不得与他人在先取得的合法权利相冲突。

本院认可无效决定认定的本专利与在先设计之间的相同之处。

本专利与在先设计不同点主要在于：（1）两者的背枕与腰枕之间大小比例不同；坐垫与脚垫之间大小比例不同；（2）本专利靠背部后侧面向后侧倾斜，而在先设计靠背部后侧面为一垂直面：（3）本专利背枕有两条竖直平行排列的装饰驳线；而在先设计则无。另，本专利与在先设计还存在以下区别：（1）本专利沙发由背枕、腰枕、坐垫、脚垫四部分组成，而在先设计由背枕、腰枕、“锯齿”型坐垫、腿垫、脚垫五部组成；（2）本专利坐垫有一横向分隔线，而在先设计则无；（3）本专利背枕上有两条竖直平行排列的装饰线而在先设计则无；（4）本专利主视图和立体图所示坐垫、脚垫之间的比例约为1：1，而在先设计分为坐垫、腿垫、脚垫，且与本专利明显不同；（5）本专利的背枕、腰枕、坐垫、脚垫边缘多采用弧线设计，而在先设计背枕、腰枕、坐垫、腿垫、脚垫多采用直线和直角设计。

参照《审查指南》第四部分第五章第4节外观设计相同和相近似判断原则的规定，当产品上某些设计被证明是该类产品公认的惯常设计时，则其余设计的变化通常对整体视觉效果更具有显著影响。

本专利与在先设计同为三座沙发的外观设计专利，三座沙发具有三个座位、两侧设扶手、后设靠背、靠背安装有背枕和腰枕、沙发座位部自上至下由背枕、腰枕、坐垫、脚垫四部分依次平行组成，上述特征是三座沙发公认的惯常设计，在判断两个三座沙发外观设计专利相同或近似时，应当注重其余设计的变化对整体视觉效果的影响。本专利与在先设计除惯常设计外，其余设计存在的诸多不同之处足以使消费者在整体视觉效果上产生区分，故本专利与在先设计属于不相近似的外观设计。因此被告关于本专利与在先设计属于相近似外观设计的认定，事实不清、证据不足，本院不予支持。

综上，原告的诉讼请求成立，本院予以支持。据此，本院依照《中华人民共和国行政诉讼法》第五十四条第（二）项第1目的规定，判决如下：

撤销被告国家知识产权局专利复审委员会于二〇〇九年三月二十六日作出的第13120号无效宣告请求审查决定。

案件受理费100元，由被告国家知识产权局专利复审委员会负担（于本判决生效后7日内交纳）。

如不服本判决，当事人可在本判决书送达之日起15日内，向本院递交上诉状，预交上诉费100元，并按对方当事人的人数提交副本，上诉于北京市高级人民法院。

审　判　长　梁　菲
代理审判员　乔　军
代理审判员　龙　非
二〇〇九年十二月十七日
书　记　员　曹　炜

184

按摩椅（豪华型）

无效宣告请求审查决定（第13126号）

决　定　号　第13126号
决　定　日　2009年3月16日
发明创造名称　按摩椅（豪华型）
外观设计分类号　06-01
无效宣告请求人　游耀隆
专　利　权　人　上海荣泰健身科技发展有限公司
专　利　号　200630195855.0
申　请　日　2006年12月29日
授权公告日　2008年1月9日
合议组组长　吴大章
主　审　员　钱亦俊
参　审　员　张　凌
附　　图　3页

法律依据　专利法第9条
决定要点

就本专利和在先设计而言，产品视觉瞩目点在于形状。作为按摩沙发椅，由于受功能限定，其靠背的设计角度，软硬材料的配置、各部分组成结构及相对位置、腿及脚部的按摩槽的形状等设计均应符合人机工程学的要求，故设计空间不大，相关设计已经形成了该类产品的一种惯常设计。一般消费者区分该类产品不是靠对相关设计的认知，而主要是关注该部分以外的设计内容，这部分内容在本案中主要体现在本专利和在先设计1的不同之处，即两侧板的形状及其他设计的不同之处。这些不同之处对于整体视觉效果具有显著影响。二者应属于不相同且不相近似的外观设计。

一、案由

本无效宣告请求涉及的是国家知识产权局于2008年1月9日授权公告的，名称为"按摩椅（豪华型）"的外观设计专利（下称本专利），其专利号是200630195855.0，申请日是2006年12月29日，专利权人是上海荣泰健身科技发展有限公司。

针对本专利权，游耀隆（下称请求人）于2008年4月29日向专利复审委员会提出无效宣告请求，其理由是：本专利与其申请日之前申请，在后公开的200630106887.9号外观设计专利相近似。因此，本专利不符合专利法实施细则第13条第1款的规定，请求宣告本专利无效。与此同时，请求人提交了如下证据作为对比文件：

证据1：200630106887.9号外观设计专利网上公开信息打印件。

专利复审委员会经形式审查合格受理了该无效宣告请求。于2008年4月29日将请求书及上述证据材料副本转送给专利权人，要求其在指定期限内答复。

2008年5月28日，请求人以相同理由补充如下证据：（编号续前）

证据2：200630106888.3号外观设计专利网上公开信息打印件。

针对上述无效宣告请求，2008年6月4日，专利权人提交意见陈述认为，请求人提交的证据1与本专利既不相同也不相近似，不能证明本专利不符合专利法实施细则第13条第1款的规定。

2008年8月15日，专利复审委员会将上述双方当事人的意见陈述随口头审理通知书转送双方当事人，要求其在指定期限内进行答复。同时告知双方当事人本案将于2008年10月22日在专利复审委员会进行口头审理。

口头审理如期举行，双方当事人均有代理人出席口头审理，经合议组释明，请求人将无效宣告请求理由变更为本专利不符合专利法第9条的规定。请求人认为两份证据所示的外观设计形状相同，仅在颜色上有所差别，专利权人对证据的真实性没有异议。

至此，合议组认为本案事实清楚，可以依法作出审查决定。

二、决定的理由

根据请求人提出的无效宣告请求的理由和证据合议组对本案进行了审理。

请求人提出的无效宣告请求的理由是：本专利与其申请日之前申请、在后公开的外观设计专利相近似。因此，本专利不符合专利法第9条的规定。

专利法第9条规定：“两个以上的申请人分别就同样的发明创造申请专利的，专利权授予最先申请的人。”

请求人提交的证据1是专利号为200630106887.9号外观设计专利网上公开信息打印件。证据2是200630106888.3号外观设计专利网上公开信息打印件。经核实，其内容属实，合议组对其予以采信。证据1公开的产品名称为“按摩椅（DLK-H008）”，申请日为2006年4月4日，授权公告日为2007年5月16日，专利权人为温州得力康电子有限公司，属于他人在本专利申请日之前申请，在后公开的外观设计专利（下称在先设计1）。证据2公开的产品名称为“按摩椅（DLK-H009智能）”，申请日为2006年4月4日，授权公告日为2007年2月28日，专利权人也为温州得力康电子有限公司，属于他人在本专利申请日之前申请，在后公开的外观设计专利（下称在先设计2）。两项在先设计均与本专利属于同类产品，可以用于评价本专利是否符合专利法第9条的规定。

本专利未要求保护色彩，其属于关于形状要素的外观设计专利。因此，仅就其形状进行评述。按摩椅形状类似简易单人沙发，皮制靠背、坐垫，前部有与腿形及脚形相适应的腿部及脚部按摩槽，亦为皮制。靠背顶部有矩形头枕。两侧扶手板呈硬质材料状。靠上部有条形孔，下部靠后侧有近似圆角梯形皮面设计，侧板顶面各有一条皮制镶嵌条。该嵌条上方各有两条弧形板扣合截面呈近似圆形的支架，支架下端插入上述侧板上部的条形孔中。椅右侧板中部靠前端有螺旋状管向上支出，挂有耳机。螺旋管顶端有带有显示屏的矩形操作面板。显示屏下端及侧端有导线与椅后部底端的插孔相连。侧板底端有条形座脚，座脚后端带有轮子（详见本专利附图）。

在先设计1按摩椅形状类似简易单人沙发，皮制靠背、坐垫，前部有与腿形及脚形相适应的腿部及脚部按摩槽，亦为皮制。靠背顶部有梯形头枕。两侧扶手板呈硬质材料状。靠上部有矩形孔，下部有近似圆角倒梯形皮面设计。上方有近似“C”状支架，支架下端插入上述侧板上部的矩形孔中。椅右侧板中部靠前端有杆向上支出，挂有耳机。螺旋管顶端有带有显示屏的矩形操作面板。显示屏下端及侧端有导线与椅后部底端的插孔相连。侧板底端有条形座脚，其上边呈波浪形，座脚后端带有轮子(详见在先设计 1 附图)。

将本专利与在先设计 1 进行对比，二者主要相同点在于：二者的靠背的倾斜角度、各部分组成结构及相对位置、腿及脚部的按摩槽的形状。具体而言，整体形状都给人以简易沙发的视觉印象，即皮制靠背、坐垫，靠背顶部有梯形头枕。两侧扶手板呈硬质材料状，且都有条形孔，右侧上方都有支架，支架下端插入上述侧板上部的矩形孔中。合议组认为，作为按摩沙发椅，由于受功能限定，其靠背的设计角度，软硬材料的配置、各部分组成结构及相对位置、腿及脚部的按摩槽的形状等设计均应符合人机工程学的要求，故设计空间不大，相关设计已经形成了该类产品的一种惯常设计。一般消费者区分该类产品不是靠对相关设计的认知，而主要是关注该部分以外的设计内容，这部分内容在本案中主要体现在本专利和在先设计 1 的不同之处，即两侧板的形状及其他设计的不同之处。本专利侧板近似平行四边形，前侧面后倾，给人一种下部前冲的视觉印象；而在先设计 1 前部下侧内收，后部的曲线及底座的波浪线条给人一种稳中有动的视觉印象。另外，二者操作面板、侧面板上部支架、靠垫及坐垫等的形状设计均有不同。基于前述，对于一般消费者而言，二者该部分设计对整体视觉效果具有显著影响，给整体带来明显不同的视觉印象，因此，本专利与在先设计 1 应属于不相同且不相近似的外观设计。

同样的发明创造对于外观设计而言是指两项外观设计相同或相近似。因此，二者不属于同样的发明创造。

由于本专利未要求保护色彩，故其属于设计要点在于形状的外观设计。而在先设计 1 与在先设计 2 形状相同，仅在色彩上有差别，一个是黑色，一个是白色（详见在先设计 2 附图)。因此，在先设计 2 与本专利的相同和相近似比较及结论与在先设计 1 与本专利的对比相同，故参见在先设计 1 与本专利相近似比较的评述，在此不再赘述。

综上，请求人提交的证据不能证明本专利不符合专利法第 9 条的规定。

三、决定

维持 200630195855. 0 号外观设计专利权有效。

当事人对本决定不服的，可以根据专利法第 46 条第 2 款的规定，自收到本决定之日起三个月内向北京市第一中级人民法院起诉。根据该款的规定，一方当事人起诉后，另一方当事人应当作为第三人参加诉讼。

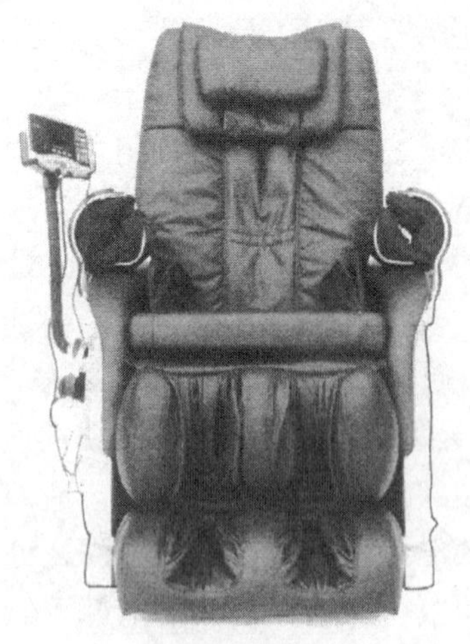

主视图

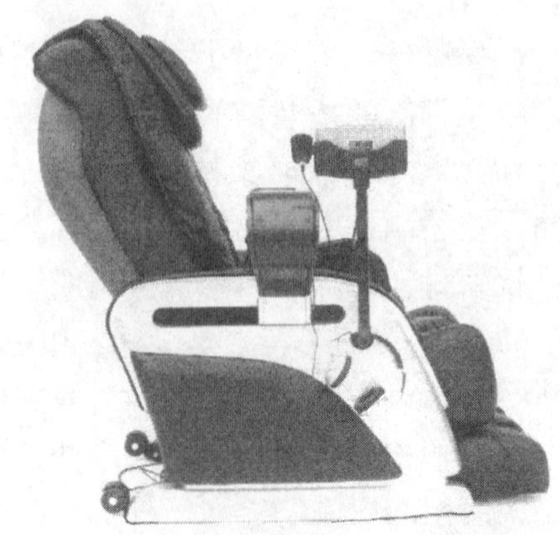

左视图

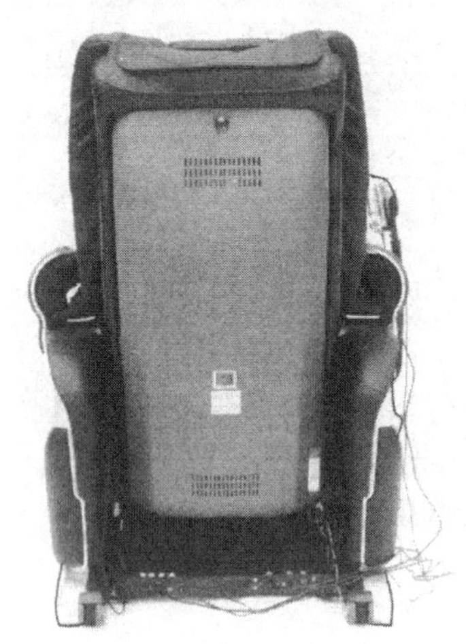

后视图

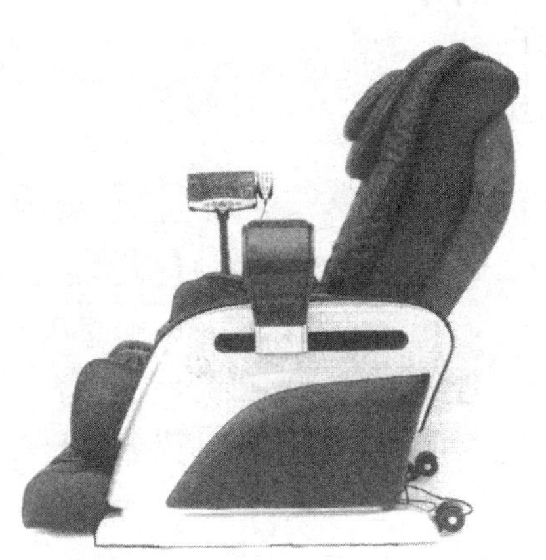

右视图

俯视图

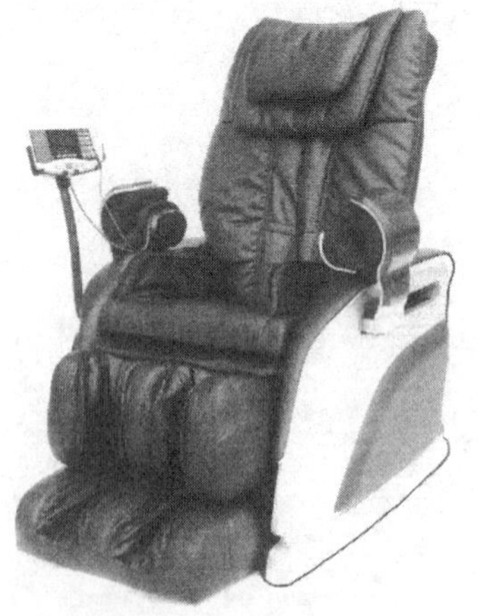

立体图

本专利附图

在先设计 1 附图

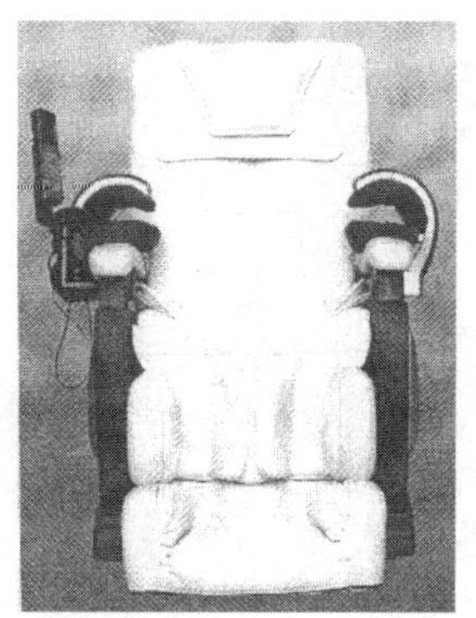

主视图

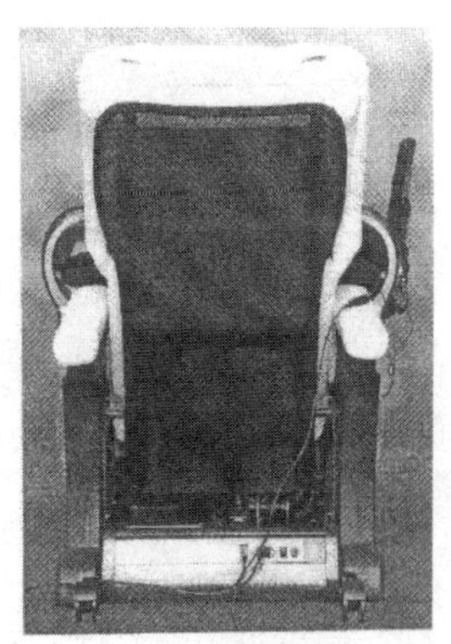

后视图

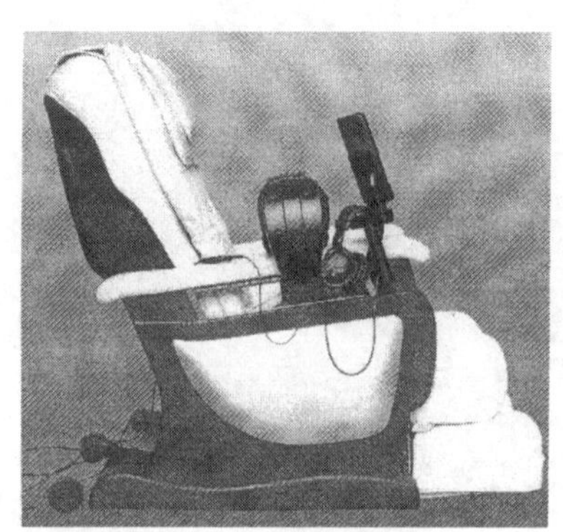

左视图

右视图

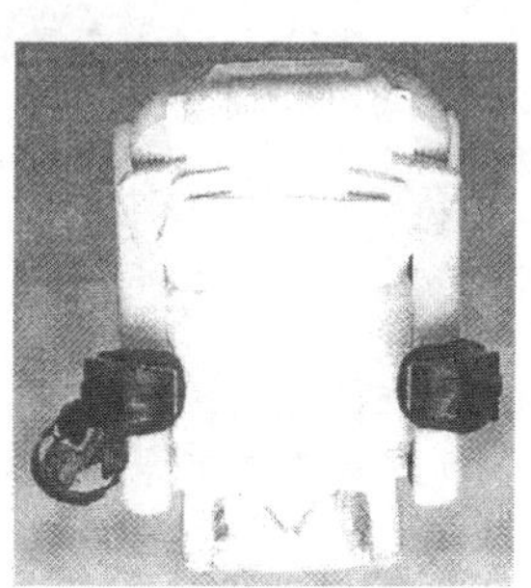

俯视图

仰视图

在先设计 1 附图

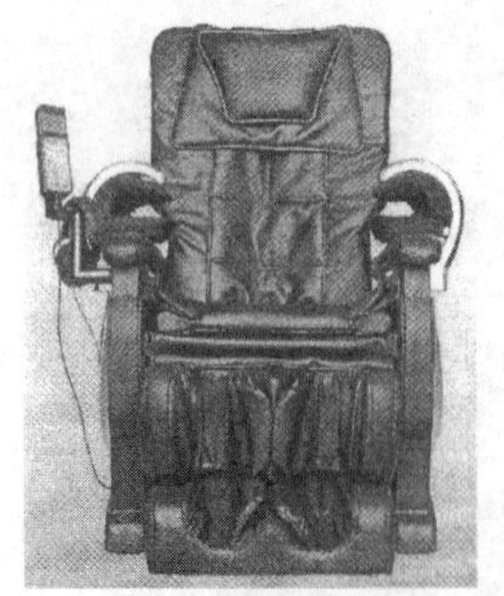
主视图

左视图

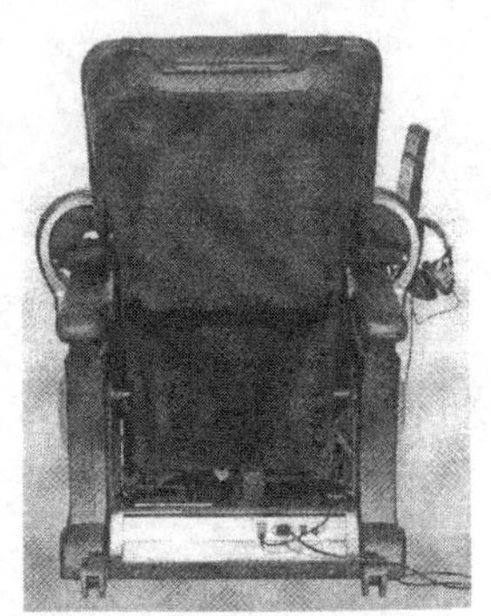
后视图

右视图

俯视图

仰视图

在先设计 2 附图

北京市第一中级人民法院
行政判决书

（2009）一中行初字第 1341 号

原告游耀隆，男，1974 年 2 月 26 日出生，汉族，住福建省柘荣县黄柏乡。

委托代理人康永辉，男，1953 年 12 月 16 日出生，住福建省福州市鼓楼区湖东路。

被告国家知识产权局专利复审委员会，住所地北京市海淀区北四环西路 9 号银谷大厦 10~12 层。

法定代表人张茂于，副主任。

委托代理人王霞军，国家知识产权局专利复审委员会审查员。

委托代理人郭鹏鹏，国家知识产权局专利复审委员会审查员。

第三人上海荣泰健身科技发展有限公司，住所地上海市青浦区朱家角工业园区内。

法定代表人林琪，总经理。

委托代理人吴平，上海诺盛律师事务所律师。

委托代理人顾惠民，上海诺盛律师事务所律师。

原告游耀隆不服被告国家知识产权局专利复审委员会（以下简称专利复审委员会）于 2009 年 3 月 16 日作出的第 13126 号无效宣告请求审查决定（以下简称第 13126 号决定），于法定期限内向本院提起诉讼。本院于 2009 年 5 月 26 日受理后，依法组成合议庭，并依法通知本专利的专利权人上海荣泰健身科技发展有限公司（以下简称荣泰公司）作为第三人参加诉讼，于 2009 年 11 月 26 日公开开庭进行了审理。原告游耀隆的委托代理人康永辉，被告专利复审委员会的委托代理人郭鹏鹏，第三人荣泰公司的委托代理人林琪、吴平到庭参加诉讼。本案现已审理终结。

第 13126 决定系被告专利复审委员会针对原告游耀隆就第三人荣泰公司所享有的 200630195855.0 号名称为“按摩椅（豪华型）”的外观设计专利（以下简称本专利）所提无效宣告请求而作出的，该决定中认定：

将本专利与在先设计 1 进行对比，二者主要相同点在于：二者的靠背的倾斜角度、各部分组成结构及相对位置、腿及脚部的按摩槽的形状。具体而言，整体形状都给人以简易沙发的视觉印象，即皮制靠背、坐垫，靠背顶部有梯形头枕。两侧扶手板呈硬质材料状，且都有条形孔，右侧上方都有支架，支架下端插入上述侧板上部的矩形孔中。专利复审委员会认为，作为按摩沙发椅，由于受功能限定，其靠背的设计角度，软硬材料的配置、各部分组成结构及相对位置、腿及脚部的按摩槽的形状等设计均应符合人机工程学的要求，故设计空间不大，相关设计已经形成了该类产品的一种惯常设计。一般消费者区分该类产品不是靠对相关设计的认知，而主要是关注该部分以外的设计内容，这部分内容在本案中主要体现在本专利和在先设计 1 的不同之处，即两侧板的形状及其他设计的不同之处。本专利侧板近似平行四边形，前侧面后倾，给人一种下部前冲的视觉印象；而在先设计 1 前部下侧内收，后部的曲线及底座的波浪线条给人一种稳中有动的视觉印象。另外，二者操作面板、侧面板上部支架、靠垫及坐垫等的形状设计均有不同。基于前述，对于一般消费者而言，二者该部分设计对整体视觉效果具有显著影响，给整体带来明显不同的视觉印象，因此，本专利与在先设计 1 应属于不相同且不相近似的外观设计。同样的发明创造对于外观设计而言是指两项外观设计相同或相近似。因此，二者不属于同样的发明创造。

由于本专利未要求保护色彩，故其属于设计要点在于形状的外观设计。而在先设计 1 与在先设计

2形状相同，仅在色彩上有差别，一个是黑色，一个是白色。因此，在先设计2与本专利的相同和相近似比较及结论与在先设计1与本专利的对比相同，故参见在先设计1与本专利相近似比较的评述，在此不再赘述。

综上，游耀隆提交的证据不能证明本专利不符合《中华人民共和国专利法》（以下简称《专利法》）第九条的规定。

在此基础上，专利复审委员会作出第13126号决定，维持本专利权有效。

原告游耀隆不服该决定，于法定期限内提起诉讼，其诉称：第13126号决定认定本专利与两在先设计在操作面板、侧面板上部支架、靠垫及坐垫等部位均具有区别，但上述区别或者从视图中无法清晰地看出，或者属于细微的差异，不影响整体的视觉效果。据此，本专利与两在先设计属于相近似的外观设计，本专利不符合专利法第九条的规定。第13126号决定认定错误，请求法院依法予以撤销。

被告专利复审委员会坚持其在第13126号决定中的意见，认为该决定认定事实清楚，适用法律正确，请求法院依法予以维持。

第三人上海荣泰公司同意第13126号决定中的意见，请求法院依法予以维持。

本院经审理查明：

本专利是名称为“按摩椅（豪华型）”的外观设计专利，其专利号是200630195855. 0，申请日是2006年12月29日，专利权人是荣泰公司，授权公告日为2008年1月9日。该专利包括六个视图，分别是主视图、左视图、右视图、俯视图、立体图及后视图（参见附图）。

针对本专利权，游耀隆于2008年4月29日向专利复审委员会提出无效宣告请求，其理由是：本专利与其在申请日之前申请，在后公开的外观设计专利相近似。因此，本专利不符合《中华人民共和国专利法实施细则》（以下简称专利法实施细则）第十三条第一款的规定，请求宣告本专利无效。其同时提交了如下证据：

证据1（即在先设计1）：200630106887. 9号外观设计专利，该专利的申请日为2006年4月4日，授权公告日为2007年5月16日，该专利包括六个视图，分别是主视图、左视图、右视图、俯视图、仰视图及后视图（参见本判决书后附图）。

证据2（即在先设计2）：200630106888. 3号外观设计专利。该专利的申请日为2006年4月4日，授权公告日为2007年2月28日，该专利包括六个视图，分别是主视图、左视图、右视图、俯视图、仰视图及后视图（参见本判决书后附图）。

专利复审委员会经形式审查合格受理了该无效宣告请求，并于2008年10月22日进行了口头审理。

口头审理中，游耀隆将无效宣告请求理由变更为本专利不符合《专利法》第九条的规定。

2009年3月16日，专利复审委员会作出第13126号决定，维持本专利权有效。

上述事实有第13126号决定、本专利及在先设计1、2的网页打印件及庭审笔录在案佐证。

本院认为：

一、本案的法律适用问题

2008年12月27日修改的专利法（以下简称2009年《专利法》）已于2009年10月1日起施行，鉴于本专利申请及授权时间以及本案受理时间处于2001年专利法施行期间，而本案审理时间处于2009年专利法施行期间，因此本案的审理涉及2001年专利法与2009年专利法之间的适用问题。

《中华人民共和国立法法》第八十四条规定，法律、行政法规、地方性法规、自治条例和单行条例、规章不溯及既往，但为了更好地保护公民、法人和其他组织的权利和利益而作的特别规定除外。

依据上述规定，国家知识产权局制定了《施行修改后的专利法的过渡办法》，该过渡办法于2009

年 10 月 1 日起施行。根据该过渡办法，对于专利权是否有效的审查，申请日在 2009 年 10 月 1 日前的专利申请以及根据该专利申请授予的专利权适用 2001 年专利法的规定；申请日在 2009 年 10 月 1 日以后（含该日）的专利申请以及根据该专利申请授予的专利权适用 2009 年专利法的规定。

鉴于本案属于专利确权行政纠纷，本专利的申请日在 2009 年 10 月 1 日前，因此依据《中华人民共和国立法法》第八十四条之规定，并参照上述过渡办法的相关规定，本案应适用 2001 年专利法进行审理。

二、本专利申请是否符合《专利法》第九条的规定

专利法第九条规定，两个以上的申请人分别就同样的发明创造申请专利的，专利权授予最先申请的人。

本案中，鉴于在先设计 1、2 的申请日均早于本专利，故如果本专利与在先设计 1、2 属于相同或相近似的外观设计，则本专利与在先设计 1、2 属于同样的发明创造，其申请将不符合《专利法》第九条的规定。

将本专利与在先设计 1 相比，可以看出二者在侧面底座的形状（1）、操作面板（2）、操作面板的支架（3）、靠垫（4）及坐垫（5）上均有区别。鉴于对于本专利与在先设计 1 所涉及的“按摩椅”而言，其在椅子整体的设计角度及必须具有的各种部件及其位置、形状等方面的设计上，均须符合相应的功能，故该产品具有的设计空间并不大。在此情况下，相对于一般消费者而言，本专利与在先设计 1 所具有的上述区别，足以给产品的外观带来显著的视觉影响，据此，本专利与在先设计 1 不属于相近似的外观设计。

鉴于在先设计 1 与在先设计 2 仅是颜色不同，故本专利与在先设计 2 亦非相近似的外观设计。

综上，本专利与在先设计 1、2 均非相近似的外观设计，不属于同样的发明创造，故本专利符合《专利法》第九条的规定。原告的起诉理由不能成立，本院不予支持。第 13126 号决定认定事实清楚，适用法律正确，本院予以维持。依照《中华人民共和国行政诉讼法》第五十四条第（一）项之规定，本院判决如下：

维持被告国国家知识产权局专利复审委员会作出的第 13126 号无效宣告请求审查决定。

案件受理费 100 元，由原告游耀隆负担（已交纳）。

如不服本判决，各方当事人可在本判决书送达之日起 15 日内向本院提交上诉状及副本并交纳上诉案件受理费 100 元，上诉于北京市高级人民法院。

审　判　长　芮松艳
代理审判员　殷　悦
人民陪审员　郝志国
二〇〇九年三月十八日
书　记　员　杨　力

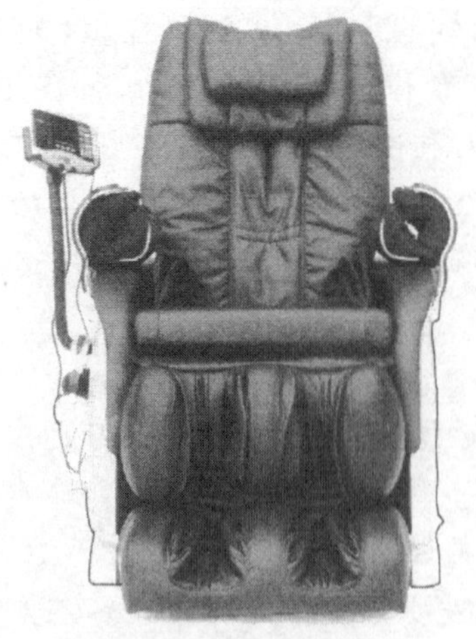
主视图

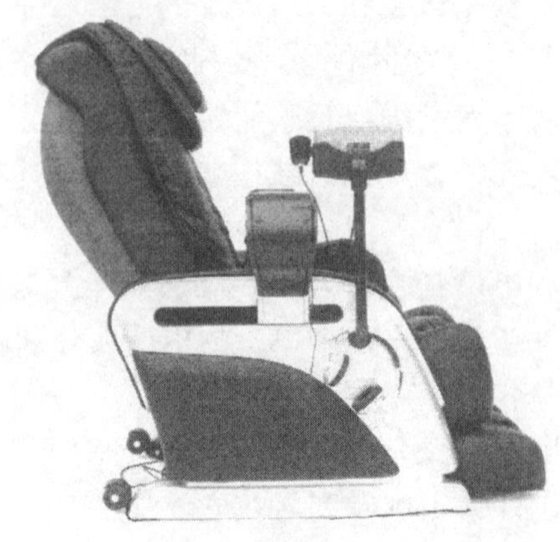
左视图

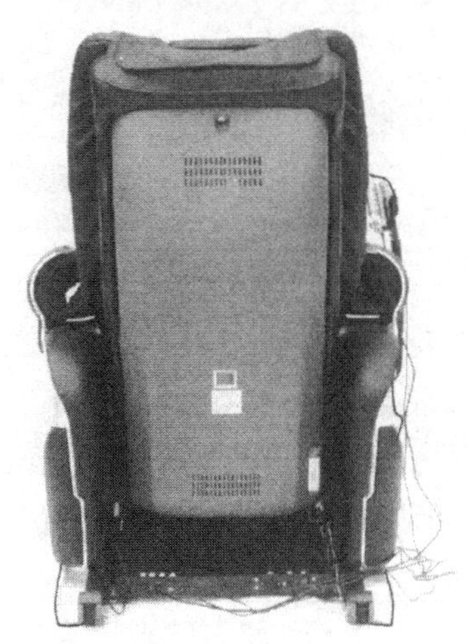
后视图

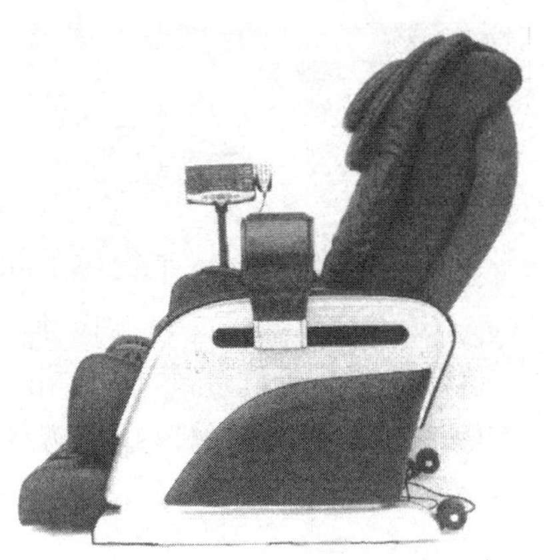
右视图

俯视图

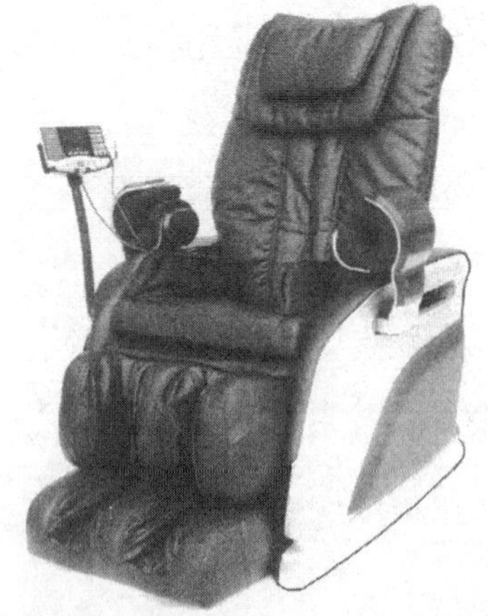
立体图

本专利附图

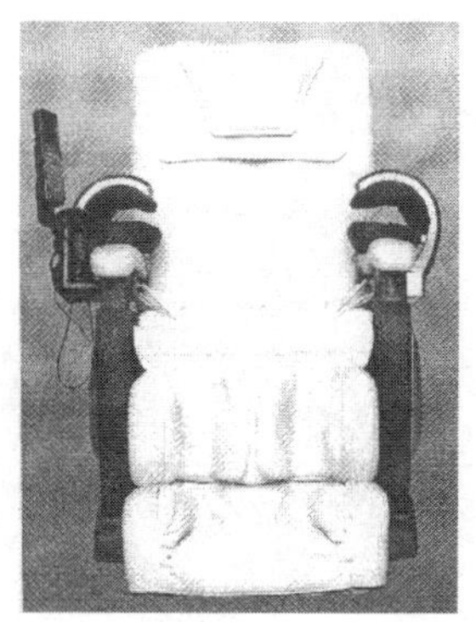

主视图

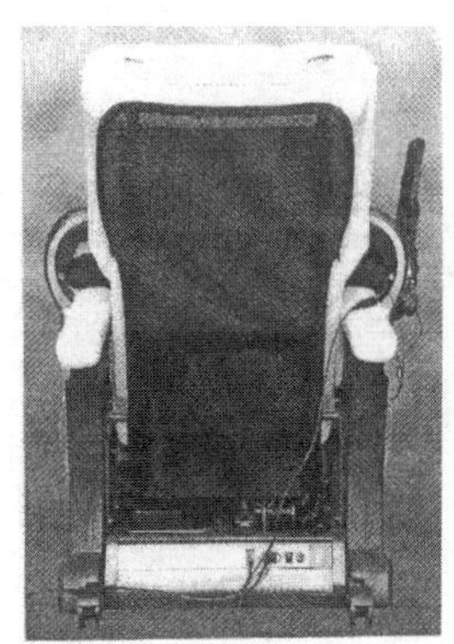

后视图

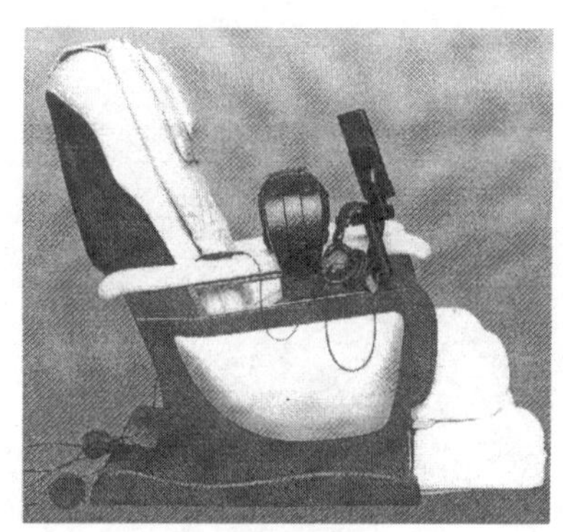

左视图

右视图

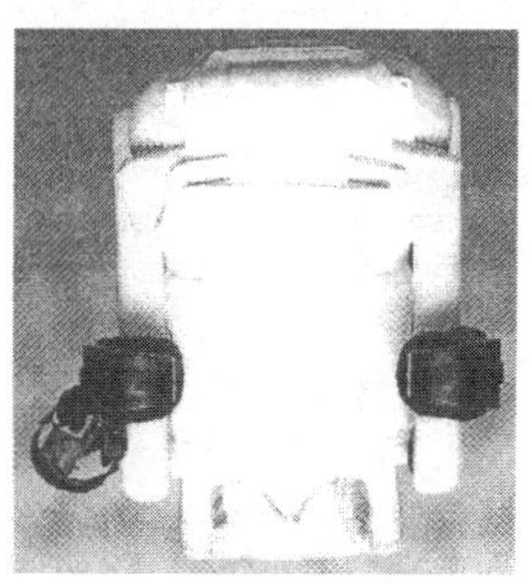

俯视图

仰视图

在先设计 1 附图

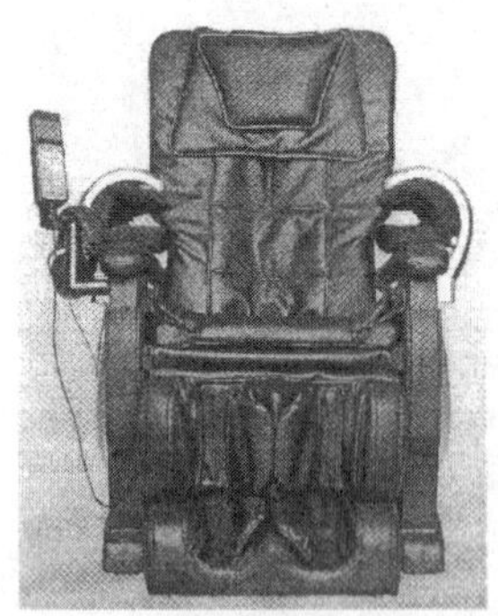
主视图

左视图

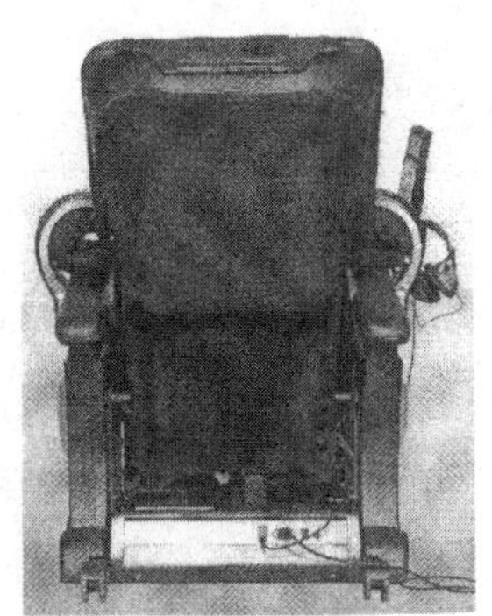
后视图

右视图

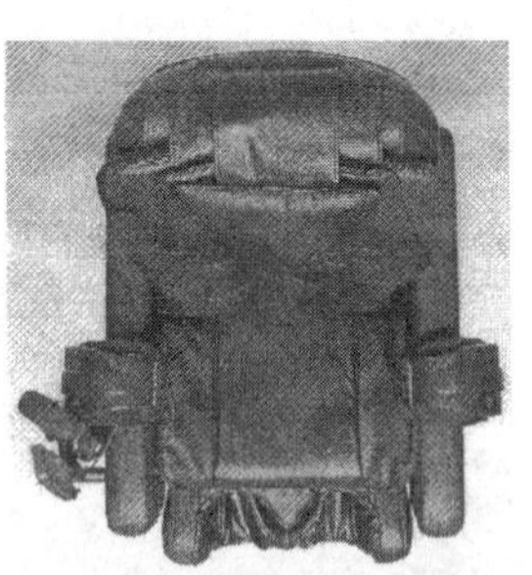
俯视图

仰视图

在先设计 2 附图

185

按压式大口径钢桶

无效宣告请求审查决定（第13128号）

决　　定　　号　第13128号
决　　定　　日　2009年3月20日
发明创造名称　按压式大口径钢桶
外观设计分类号　09-02
无 效 请 求 人　北海兴创制桶有限公司
专　利　权　人　南宁市正通金属包装厂
专　　利　　号　01335773.5
申　　请　　日　2001年6月23日
授 权 公 告 日　2002年2月13日
合 议 组 组 长　程　强
主　　审　　员　隋　璐
参　　审　　员　朱　茜
附　　　　　图　3页

法　律　依　据　专利法第23条
决　定　要　点

如果被比外观设计与在先设计的差别对于被比外观设计产品的整体视觉效果不具有显著的影响，不能引起一般消费者视觉上的注意，则被比外观设计与在先设计相近似，被比外观设计不符合专利法第23条的规定。

一、案由

本无效宣告请求案涉及国家知识产权局于2002年2月13日授权公告、名称为“按压式大口径钢桶”的第01335773.5号外观设计专利权（下称本专利），其申请日为2001年6月23日，专利权人为南宁市正通金属包装厂。

针对上述专利权，北海兴创制桶有限公司（下称请求人）于2008年10月22日以本专利不符合专利法第23条为由向专利复审委员会提出专利权无效宣告请求，同时请求人提交了下述附件作为证据：

附件1：《中华人民共和国国家标准包装容器钢筒GB325-91》，第427、429、433、441页复印件，共4页；

附件2：《中华人民共和国国家标准包装容器钢筒封闭器GB13251-91》，第560、570、576页复印件，共3页；

附件3：《中华人民共和国国家标准包装容器钢筒 GB/T325-2000》，封面，版权页，第1~4、6页、附录页复印件，共9页。

无效请求人认为：附件2为钢桶封闭器的国家标准，附件1、3为钢桶的国家标准。附件1和附件2是相互引用的国家钢桶标准，组成了一套完整的技术文件，作为一份对比文件单独与被比设计进行对比。同样附件3和附件2也是相互引用的国家钢桶标准，也作为一份对比文件单独与被比设计进行对比。被比设计和附件1、2及附件2、3上公开的具有封闭器的钢桶外观设计相同，因此，本专利不符合专利法第23条的规定。

经形式审查合格后，专利复审委员会受理了上述请求，于2008年11月28日向双方当事人发出《无效宣告请求受理通知书》，并将《专利权无效宣告请求书》及其附件的副本转送给专利权人，要求其在指定的期限内答复。

专利权人期满未答复。

专利复审委员会于2008年12月16日向双方发出无效宣告请求口头审理通知书，定于2009年1月14日在专利复审委员会举行口头审理。

口头审理如期举行，双方当事人均参加了口头审理。

在口头审理中，专利权人提交了针对无效宣告请求书的答复意见，合议组当庭将其转送给请求人。双方当事人对对方当事人出庭资格无异议，亦对合议组成员无回避请求。请求人当庭放弃附件1作为证据使用。请求人提交了附件3的原件。请求人明确其无效宣告请求的理由为：附件2为钢桶封闭器的国家标准，附件3为钢桶的国家标准。附件2和附件3相互引用，作为一份对比文件单独与被比设计进行对比。本专利产品外观设计和附件2、附件3公开的具有封闭器的钢桶外观设计是相近似的，因此，本专利不符合专利法第23条的规定。专利权人对附件2、3的真实性、公开性、公开时间以及附件2、3所示产品和本专利所示产品是同类产品均没有异议。专利权人认为本专利和附件2、3所示的钢桶相比，桶身是相同的，设计要点在于封闭器，本专利封闭器具有凹槽和卷边，相应桶顶中间的开口凸起圆边处亦向外翻有卷边，与封闭器的凹槽卷边相扣合，形成密封。附件2、3中封闭器无此设计。双方就所持的观点进行了充分的意见陈述。

至此，合议组认为本案的事实清楚，可以作出审查决定。

二、决定的理由

1. 法律依据

专利法第23条规定，授予专利权的外观设计，应当同申请日以前在国内外出版物上公开发表过或者国内公开使用过的外观设计不相同和不相近似，并不得与他人在先取得的合法权利相冲突。

2. 证据认定

由于请求人放弃了附件1作为证据使用，因此合议组对附件1不予评述。请求人提交了附件3的原件。专利权人对附件2、3的真实性、合法性、公开时间没有异议。合议组经核实，认可附件2、3的真实性。附件2的公开时间是1992年8月1日，附件3的公开时间是2000年10月30日，均在本专利的申请日之前。附件3所示产品和本专利所示产品均为钢桶，是同类产品。附件3明确引用附件2，因此附件3中封闭器必然如附件2第570页图15、16所示。综上，合议组认为：附件3中公开的钢桶外观设计（其封闭器如附件2图15、16所示）可用作评价本专利的授权是否符合专利法第23条的在先设计（下称在先设计）。

3. 外观设计相近似性认定

本专利为一包装容器钢桶的外观设计，授权公告文件共7幅视图，即钢桶的立体图、主视图1、主视图2、后视图2、仰视图1、俯视图1、俯视图2。该钢桶的桶身为空心圆柱状，桶身的中部具有两道环筋，上环筋至桶顶、下环筋至桶底之间分别均有五道波纹，桶身与桶顶、桶底的卷封为圆卷边，桶顶中心处有圆形的封闭器，从封闭器的视图看，封闭器的外边缘有一圈凹槽和卷边（具体参见本专利附图）。

在先设计也为一包装容器钢桶的外观设计，该钢桶的桶身为空心圆柱状，桶身的中部具有两道环筋，上环筋至桶顶、下环筋至桶底之间均有七道波纹（文字记载该处可以有三至七道波纹），桶身与桶顶、桶底的卷封为圆卷边，桶顶中心处有圆形的封闭器。（具体参见附件2第570页图15、16，附件3的图1、第6页）

将本专利与在先设计相比较，其相同之处在于：该钢桶的桶身为空心圆柱状，桶身的中部具有两道环筋，上环筋至桶顶、下环筋至桶底之间有波纹，桶身与桶顶、桶底的卷封为圆卷边，桶顶中心处有圆形的封闭器。

本专利与在先设计主要不同点为：本专利所示钢桶上环筋至桶顶、下环筋至桶底之间均有五道波纹，在先设计上环筋至桶顶、下环筋至桶底之间均有七道波纹；从本专利封闭器的视图看，封闭器有凹槽和卷边，在先设计没有此设计。

合议组认为：首先，本专利的名称是“按压式大口径钢桶”，而非封闭器，其要求保护的整个钢桶的外观设计；其次，封闭器在整个钢桶只占很小的比例，因此封闭器是否有卷边、凹槽，并不能使人在钢桶对整体视觉上产生明显不同的差异。此外，虽然本专利桶身的环筋至桶顶、桶底的波纹是五道，在先设计相应处的波纹是七道，但在先设计文字记载波纹是三道至七道，而且波纹的数目对人的视觉不会产生显著影响；此外，虽然专利权人强调封闭器有凹槽卷边，与桶顶中间的开口的卷边相扣合，形成密封，但封闭功能对钢桶整体视觉效果不具有显著影响。因此，本专利与在先设计属于相近似的外观设计，本专利不符合专利法第23条的规定。

三、决定

宣告第01335773.5号外观设计专利权无效。

当事人对本决定不服的，可以根据专利法第46条第2款的规定，自收到本决定之日起三个月内向北京市第一中级人民法院起诉。根据该款的规定，一方当事人起诉后，另一方当事人应当作为第三人参加诉讼。

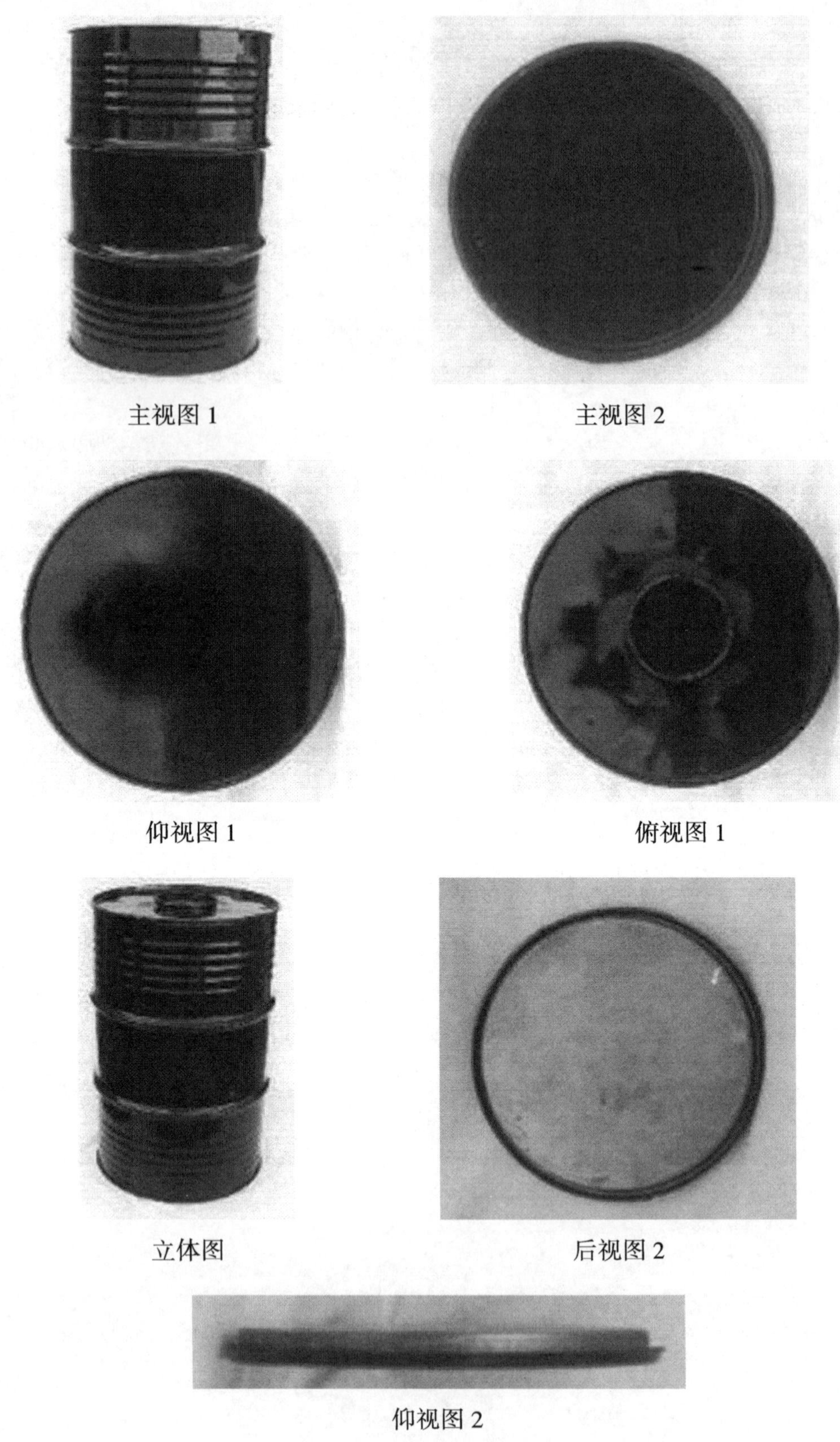
主视图 1
主视图 2
仰视图 1
俯视图 1
立体图
后视图 2
仰视图 2

本专利附图

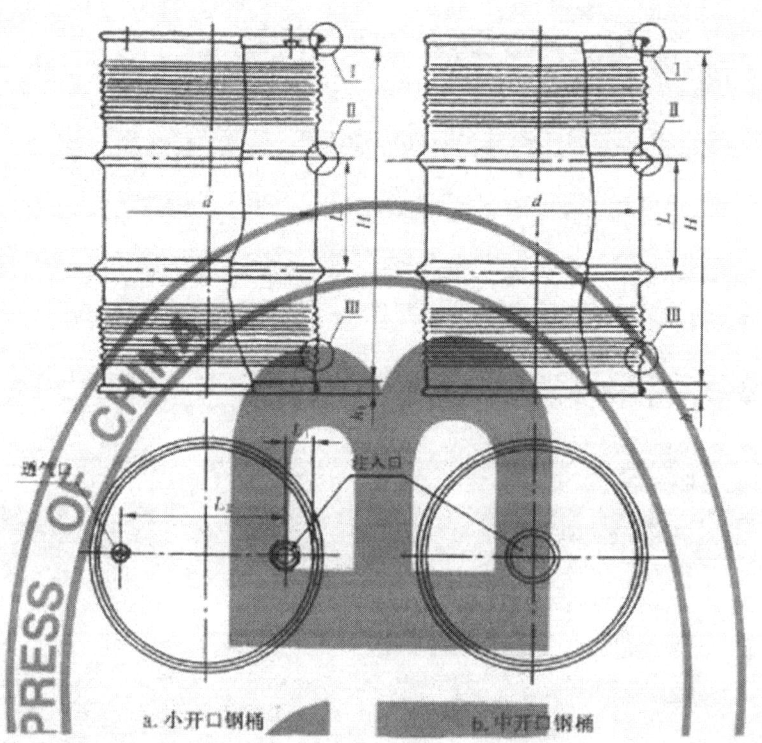

附件 3 附图

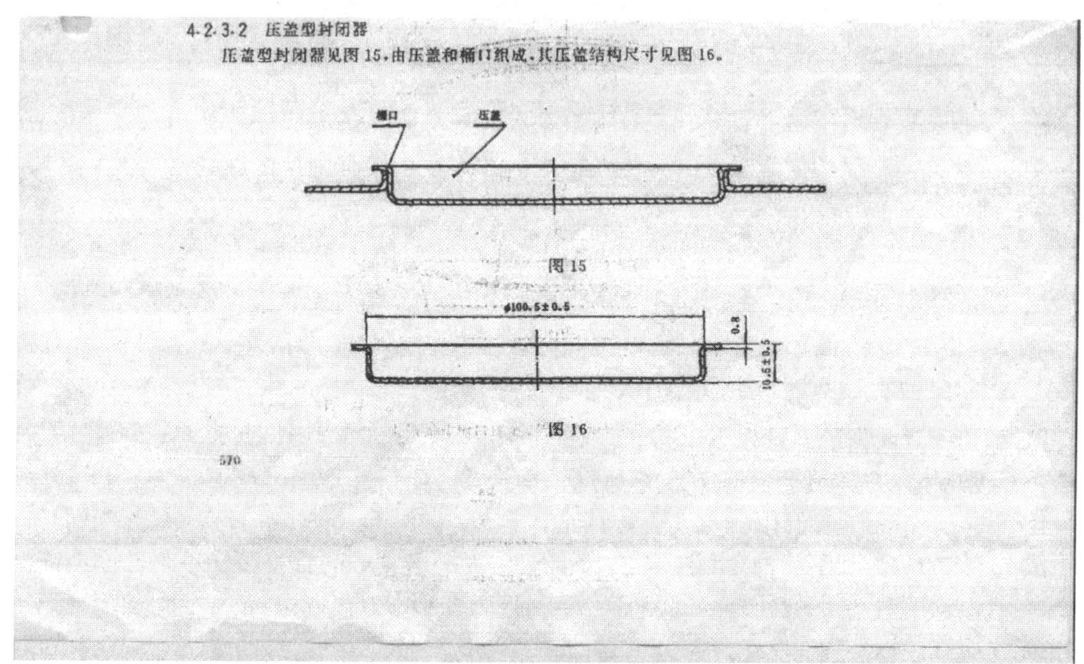
4.2.3.2 压盖型封闭器

压盖型封闭器见图 15，由压盖和桶口组成、其压盖结构尺寸见图 16。

图 15

图 16

570

附件 2 附图

水龙头起泡器

无效宣告请求审查决定（第 13137 号）

决　　定　　号 第 13137 号
决　　定　　日 2009 年 4 月 3 日
发明创造名称 水龙头起泡器
外观设计分类号 23-01
无效宣告请求人 浩瀚国际有限公司
专　利　权　人 洪崎峰
专　　利　　号 200730140519.0
申　　请　　日 2007 年 9 月 20 日
授权公告日 2008 年 9 月 10 日
合议组组长 张　鹏
主　　审　　员 齐宏涛
参　　审　　员 王　婧
附　　　　图 2 页

法律依据 专利法第 23 条
决定要点

在证据没有清楚完整地公开已有外观设计，且未公开部分并非该类产品在使用状态下一般消费者不会关注的部位或该类产品的惯常设计时，无法依据整体观察、综合判断的原则，对本专利与该证据进行相同相近似比较。

一、案由

本无效宣告请求涉及中华人民共和国国家知识产权局于 2008 年 9 月 10 日授权公告的、名称为“水龙头起泡器”的外观设计专利权（下称本专利），其专利号是 200730140519.0，申请日是 2007 年 9 月 20 日，专利权人是洪崎峰。

针对本专利权，浩瀚国际有限公司（下称请求人）于 2008 年 10 月 31 日向专利复审委员会提出无效宣告请求，认为本专利不符合专利法第 23 条的规定，请求人同时提交了如下附件作为证据：

证据 1：授权公告日为 2007 年 4 月 18 日，专利号为 200620004600.6 的中国实用新型专利说明书，共 17 页；

证据 2：请求人声称为 2005 年 8 月 1 日出版的中国建材报，复印件共 1 页；

证据 3：请求人声称为 2006 年 10 月 27 日出版的金陵晚报，复印件共 1 页。

请求人认为：本专利为水龙头起泡器，安装后呈现的外观造型仅为一圆柱体及在端头呈现有突出的长柱体，证据1的控制水阀也呈现圆柱的外形及下方的出水位置具有一突出的长柱体，因此两者构成相近似。同理，本专利与证据2、3也构成相近似。因此，本专利不符合专利法第23条的规定，请求宣告其无效。

经形式审查合格，专利复审委员会依法受理了上述无效宣告请求，并于2008年11月28日向请求人和专利权人发出无效宣告请求受理通知书，同时将专利权无效宣告请求书及其附件清单中所列附件的副本转送给专利权人，并要求专利权人在指定的期限内陈述意见。

专利复审委员会依法成立合议组，对本案进行审理。合议组于2008年12月25日向双方当事人发出无效宣告请求口头审理通知书，定于2009年1月19日举行口头审理。

口头审理如期举行，专利权人未出席口头审理。在口头审理中：请求人提交了证据3的原件，并表示无法提交证据2的原件。请求人明确其无效宣告理由为，本专利分别相对于证据1、2、3不符合专利法第23条的规定。针对证据1，请求人明确表示使用附图2、3、4与本专利进行对比，同时请求人认可证据1没有公开本专利的螺纹部分和主视图中的径向横梁，但认为这些设计对整体外观不产生显著的影响。针对证据3，请求人认可证据3无法看出本专利主视图的径向横梁中部凸起，本专利后视图的滤网。

专利权人于2009年1月5日提交意见陈述书，其认为：证据1~3均为复印件，对其真实性不予评价；本专利出水端是内凹的，格栅是放射状的，其中心阀杆外端大，而证据1的出水端是平直的，不存在格栅，阀杆为直杆，没有任何凸出，因此两者既不相同也不相似；证据2、3不清楚，无法看清其形状，不能评论。综上，请求专利复审委员会驳回请求人的无效请求，维持本专利有效。

合议组于2009年2月2日发出转送文件通知书将上述意见陈述转交给请求人，要求其在指定期限内答复，请求人逾期未答复。

至此，合议组认为本案事实已经清楚，可以作出审查决定。

二、决定的理由

1. 法律依据

专利法第23条规定："授予专利权的外观设计，应当同申请日以前在国内外出版物上公开发表过或者国内公开使用过的外观设计不相同和不相近似，并不得与他人在先取得的合法权利相冲突。"

2. 证据的认定

证据1是中国专利文献，合议组经审查后对其真实性予以认可。同时，证据1的授权公告日为2007年4月18日，早于本专利的申请日2007年9月20日，属于专利法第23条规定的公开出版物，适用于本案。

请求人未提交证据2的原件，专利权人亦未对其真实性表示认可，因此，合议组对其不予采信。

请求人提交了证据3的原件，经核实复印件的内容与原件相一致，因此，合议组对其真实性予以认可。同时，证据3作为一份公开出版的报纸，其出版日为2006年10月27日，早于本专利的申请日2007年9月20日，属于专利法第23条规定的公开出版物，适用于本案。

3. 本专利是否符合专利法第23条的规定

本专利为一种水龙头起泡器，包括主视图、后视图、右视图和立体图。从各视图观察，该水龙头起泡器大致为圆柱形，一端为出水端，另一端为进水端。进水端一面设有一明显凸出的进水滤网。靠近进水端一侧的柱体直径较小，周边设有螺纹。出水端一面中部向下凹陷，并设有中心发散状的出水格栅，格栅中央有一向外凸出的阀杆，阀杆头部明显粗于杆身。

证据1附图2、3、4公开了一种控制水阀，其与本专利的产品用途相同，属于同一类别的产品，因此，可以进行相近似比较。从附图2、3、4观察，该水龙头起泡器大致为圆柱形，一端为出水端，另一端为进水端。进水端一面设有一进水滤网。靠近进水端一侧的柱体直径较小。出水端一面大致为平面，中央有一向外凸出的阀杆，阀杆为规则圆柱体。将其与本专利相比，可发现存在以下主要差异：（1）证据1出水端面的形状和结构与本专利并不相同；（2）证据1出水端面凸出的阀杆的形状和本专利也不相同；（3）证据1靠近进水端一侧的柱体周边未设置螺纹；（4）证据1进水滤网明显高出进水端面，而本专利中进水滤网与进水端面基本平齐。

对于两者是否相近似，合议组认为，虽然本专利与证据1的整体造型均为圆柱形，但这一形状是由与水龙头配合的要求唯一确定的，而水龙头采用圆柱形是该类产品的惯常选择，因此，其余部分的变化特别是出水端面及阀杆的形状差异对整体视觉效果更具显著影响，同时，上述出水端面及阀杆属于起泡器产品安装后的主要可见部分，其变化也容易引起一般消费者的关注。针对请求人所述的本专利的出水格栅为功能性设计的主张，合议组认为，出水格栅的设计存在多种可能性，本专利的设计并非是由功能所唯一决定的。综上，根据整体观察、综合判断的原则，本专利与证据1存在较大差异，这些差异导致两者属于既不相同也不相近似的外观设计，请求人依据证据1证明本专利不符合专利法第23条的规定的主张不能成立。

证据3的A55版中包括一张产品照片，该照片公开了一种安装在龙头上的起泡装置，其与本专利的产品用途相同，属于同一类别的产品。但合议组注意到，证据3公开的龙头处于出水状态，无法观察到起泡装置的出水端面。对于龙头起泡器而言，出水端面及邻近的圆柱体是龙头起泡器安装后的全部可见部分，这一点请求人也予以认同，且在圆柱体为惯常设计的情形下，出水端面的变化对整体视觉效果更具显著影响。由此可见，出水端面并非该类产品在使用状态下一般消费者不会关注的部位或该类产品的惯常设计，证据3没有清楚完整地公开已有外观设计，不属于审查指南第四部分第五章第5.5.3节中规定的可以进行对比的情形。也即无法依据整体观察、综合判断的原则，对本专利与证据3进行相同相近似比较，从而得出二者是否相同或者相近似的结论。因此，请求人依据证据3证明本专利不符合专利法第23条的规定的主张也不能成立。

综上，请求人提交的证据均不能证明本专利不符合专利法第23条的规定，因此请求人无效宣告请求的理由不成立。

三、决定

维持200730140519.0号外观设计专利权有效。

当事人对本决定不服的，可以根据专利法第46条第2款的规定，自收到本决定之日起三个月内向北京市第一中级人民法院起诉。根据该款的规定，一方当事人起诉后，另一方当事人应当作为第三人参加诉讼。

立体图 P1

后视图 P1

主视图 P1

右视图 P1

使用状态参考图 2P2

使用状态参考图 1P1

本专利附图

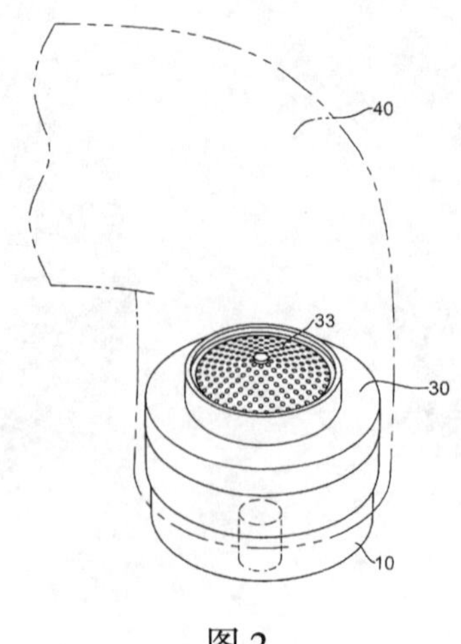

图 2

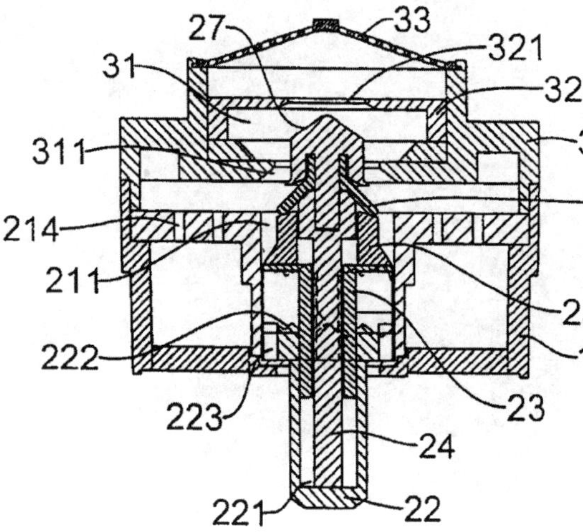

图 3

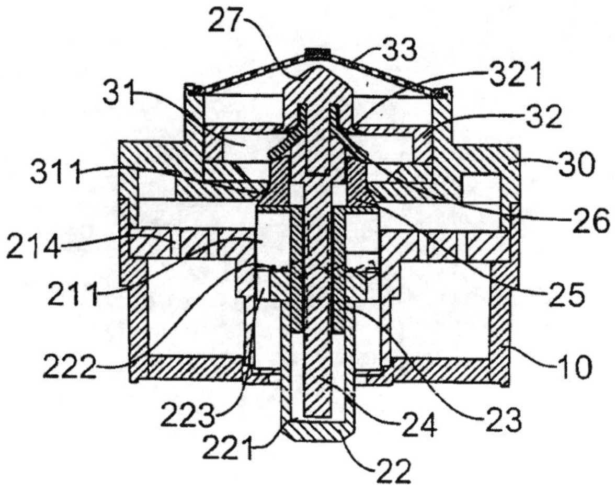

图 4

证据 1 附图

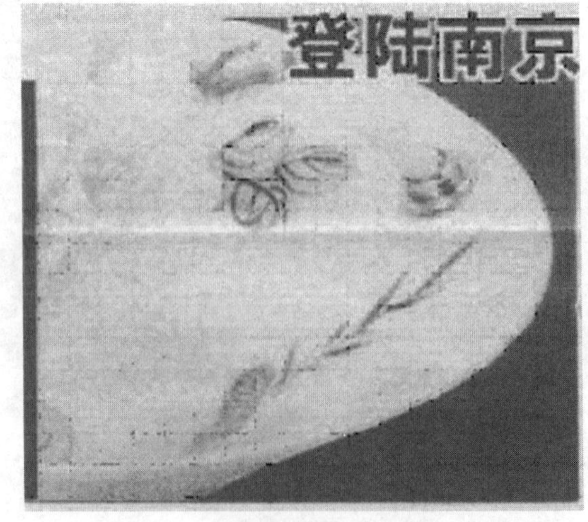

证据 2 附图

187

玩偶（中国狮）

无效宣告请求审查决定（第 13143 号）

决　　定　　号　第 13143 号
决　　定　　日　2009 年 3 月 30 日
发明创造名称　玩偶（中国狮）
外观设计分类号　21-01
无效宣告请求人　罗水英
专　利　权　人　蔡清洲
专　　利　　号　200430092586.6
申　　请　　日　2004 年 11 月 9 日
授 权 公 告 日　2005 年 8 月 3 日
合 议 组 组 长　崔　峥
主　　审　　员　崔国振
参　　审　　员　刘　蕾

法　律　依　据　专利法第 23 条
决　定　要　点

通常情况下，向客户展示产品并接受订单的行为，特别是允许客户带领其他人到生产工厂参观的行为构成专利法意义上的使用公开。

一、案由

本无效宣告请求涉及国家知识产权局于 2005 年 8 月 3 日授权公告的 200430092586.6 号外观设计专利，使用该外观设计的产品名称是“玩偶（中国狮）”，其申请日是 2004 年 11 月 9 日，专利权人是蔡清洲。

针对上述外观设计专利权（下称本专利），罗水英（下称请求人）于 2008 年 11 月 21 日向专利复审委员会提出无效宣告请求，其理由是本专利与其申请日以前在出版物上公开发表过和在国内公开使用过的外观设计相同或者相近似，且本专利与他人在先取得的合法权利相冲突，因此不符合专利法第 23 条的规定，应予宣告无效，并提交了如下附件：

附件 1 是（2008）漳二证内字第 2530 号公证书，内附 200430048978.2 号外观设计专利图片网络打印件，复印件共 17 页；

附件 2 是 200430048978.2 号外观设计的专利证书，证书号为第 454899 号，复印件 1 页；

附件 3 是本专利文件，复印件共 9 页；

附件4是蔡清洲起诉漳州市工艺美术厂等四被告的《民事起诉状》及附件副本，复印件共22页；

附件5是（2007）厦民初字第243号应诉通知书，复印件1页；

附件6是蔡清洲2007年11月6日向专利复审委员会提交的意见陈述书，复印件共6页。

经形式审查合格，专利复审委员会根据无效宣告请求审查程序的规定受理了该无效宣告请求，于2008年12月22日向双方当事人发出了受理通知书，并于同日将请求人的无效宣告请求书及其附件副本转送专利权人。

专利权人于2009年2月3日提交了意见陈述书，认为请求人提交的200430048978.2号外观设计专利公开日为2005年6月8日，在本专利的申请日2004年11月9日之后，在其未提交生效的能够证明外观设计专利权与商标权、著作权等在先权利相冲突的处理决定或者判决的情况下，本专利与200430048978.2号外观设计专利不存在冲突；由于在第11403号无效宣告请求审查决定中已经认定附件6信函中记载的“……2004年7月，国外一个客户要我设计一款提线狮子，经过两个多月的时间我设计出提线广东狮和提线北京狮两款狮子……在我批量生产的一个月后，同年（2004年）11月……等内容，但是纵观信函全文均未记载上述两款狮子即为本专利产品的相关内容，因此合议组对请求人的主张不予支持。”故根据一事不再理原则，该主张不成立。

专利复审委员会于2009年2月25日向双方当事人发出口头审理通知书，定于2009年3月23日进行口头审理。

口头审理如期举行，双方均对对方出庭人员的身份无异议，对变更后的合议组成员无回避请求。在口头审理中，请求人认为：依据附件1，本专利的件2不符合专利法第9条和专利法实施细则第13条的规定；依据附件4~6（附件4第2页第2段、附件6第5页第1~10行），本专利不符合专利法第23条的规定；并明确针对当庭收到的专利权人2009年2月3日提交的意见陈述书进行当庭答辩，庭后不再提交意见陈述。专利权人对请求人提交的附件1~6的真实性无异议，当庭提交了其受让200430048978.2号外观设计权手续合格通知书及公告时间的网络下载打印件，以及放弃该专利权的声明，并明确附件6第5页第2行的“提线广东狮”和“提线北京狮”即为本专利的两件狮子，但不清楚对应关系，并认为10月份的生产没有销售，不构成公开。在相近似性判断方面，双方当事人均认可本专利件2和附件1俯视图在头部及背部花纹等处存在差别，但请求人认为上述差别不具有显著影响，其他视图无区别。

在上述审理的基础上，合议组经合议，认为本案事实清楚，依法作出本审查决定。

二、决定的理由

1. 关于一事不再理原则

由于在本无效宣告请求中，请求人使用的是附件4~6作为本专利在先使用公开的证据，其与第11403号无效宣告请求审查决定中使用的证据并不相同，因此，对本无效宣告请求案件的受理及对相关理由的审理均不违反审查指南关于一事不再理原则的规定。

2. 关于无效理由和证据

根据请求原则，本案审理的无效理由包括：本专利的件2相对于附件1是否符合专利法第9条和专利法实施细则第13条的规定，本专利相对于附件4~6是否符合专利法第23条的规定。由于专利权人明确表示对请求人提交的附件1~6的真实性无异议，合议组对上述证据予以采信。

3. 关于专利法第23条

专利法第23条规定：“授予专利权的外观设计，应当同申请日以前在国内外出版物上公开发表过或者国内公开使用过的外观设计不相同和不相近似，并不得与他人在先取得的合法权利相冲突。”

在请求人提交的附件6中记载了如下内容“2004年7月，国外一个客户要我设计一款提线狮子，经过两个多月的时间我设计出提线广东狮和提线北京狮两款狮子，客户看后对产品十分满意，但订的数量很有限，所以我找到一个台湾客户，介绍我设计的两种狮子，他也觉得很不错，便下了不少的订单，然而这个客户不讲信用，把我的产品拿给徐聪亮，还带徐聪亮到我工厂巡视了一番，当时徐聪亮表示不会仿我这只提线狮，可他不讲信誉，把这个产品拿去给他的亲戚徐月梅，让她到为我生产配件的厂家要求按照我的形状生产这些配件但遭到拒绝，后来他让人另外翻了模具，让哪个厂家生产。在我批量生产的一个月后，同年（2004 年）11 月徐聪亮也开始大量生产提线广东狮……”（见附件 6 第 5 页第 1~10 行）。上述内容已经表明，在 2004 年 11 月徐聪亮开始大量生产提线广东狮之前的一个月，即 2004 年 10 月底之前，专利权人曾向不止一个客户展示其设计的提线广东狮和提线北京狮两款狮子并接受了订单，而且至少有一个客户将该产品向其他人展示并带领其他人来参观，在此期间专利权人进行了批量生产。合议组认为，上述专利权人向客户展示产品并接受订单的行为，特别是允许客户带领其他人到生产工厂参观的行为已经构成专利法意义上的使用公开，使得专利权人设计的提线广东狮和提线北京狮两款狮子在 2004 年 10 月底以前已经处于一种公众可以得知的状态。结合专利权人口头审理中明确承认的“提线广东狮”和“提线北京狮”即为本专利的两件狮子的意见，可以确定本专利的两件玩偶狮子在 2004 年 10 月底之前已经被公开使用。由于该时间在本专利的申请日之前，因此，本专利在申请日之前已经经上述行为使用公开，因此不符合专利法第 23 条的规定。

鉴于上述认定已得出本专利不符合专利法第 23 条规定的结论，所以对请求人提出的其他无效理由和证据不再进行评述。

三、决定

宣告 200430092586.6 号外观设计专利权全部无效。

当事人对本决定不服的，可以根据专利法第 46 条第 2 款的规定，自收到本决定之日起三个月内向北京市第一中级人民法院起诉。根据该款的规定，一方当事人起诉后，另一方当事人应当作为第三人参加诉讼。

北京市第一中级人民法院
行政判决书

（2009）一中行初字第 1660 号

原告蔡清洲，男，1952 年 3 月 2 日出生，汉族，住福建省漳州市芗城区新华南路 40 号 5 幢 207 室。

委托代理人廖汉初，男，1976 年 11 月 8 日出生，住福建省厦门市湖里区祥店里。

委托代理人刘兰，女，1961 年 6 月 4 日出生，住北京市东城区北竹杆胡同。

被告国家知识产权局专利复审委员会，住所地北京市海淀区北四环西路 9 号银谷大厦 10~12 层。

法定代表人张茂于，副主任。

委托代理人隋璐，国家知识产权局专利复审委员会审查员。

委托代理人毛琎，国家知识产权局专利复审委员会审查员。

第三人罗水英，女，1955 年 7 月 19 日出生，汉族，住福建省漳州市芗城区澎湖路 6 号 501 室。

原告蔡清洲因不服被告国家知识产权局专利复审委员会（以下简称专利复审委员会）的第 13143 号无效宣告请求审查决定（以下简称第 13143 号决定），于法定期限内向本院提起行政诉讼。本院于

2009年7月2日受理后，依法组成合议庭，并通知第13143号决定的相对方罗水英作为第三人参加本案诉讼，于2009年9月17日公开开庭进行了审理。原告蔡清洲的委托代理人廖汉初，被告专利复审委员会的委托代理人隋璐、毛琎到庭参加了诉讼，第三人罗水英经本院传唤未到庭，依法对本案进行缺席审理。本案现已审理终结。

第13143号决定系专利复审委员会针对罗水英就蔡清洲拥有的名称为“玩偶（中国狮）”的第200430092586.6号外观设计专利（简称本专利）所提出的无效宣告请求作出的。第13143号决定中认为：

1. 关于一事不再理原则

由于在本无效宣告请求中，罗水英使用的是附件4~6作为本专利在先使用公开的证据，其与第11403号无效宣告请求审查决定（以下简称第11403号决定）中使用的证据并不相同，因此，对本无效宣告请求案件的受理及对相关理由的审理均不违反审查指南关于一事不再理原则的规定。

2. 关于《中华人民共和国专利法》（以下简称《专利法》）第二十三条

在附件6中记载了如下内容“2004年7月，国外一个客户要我设计一款提线狮子，经过两个多月的时间我设计出提线广东狮和提线北京狮两款狮子，客户看后对产品十分满意，但订的数量很有限，所以我找到一个台湾客户，介绍我设计的两种狮子，他也觉得很不错，便下了不少的订单，然而这个客户不讲信用，把我的产品拿给徐聪亮，还带徐聪亮到我工厂巡视了一番，当时徐聪亮表示不会仿我这只提线狮，可他不讲信誉，把这个产品拿去给他的亲戚徐月梅，让她到为我生产配件的厂家要求按照我的形状生产这些配件但遭到拒绝，后来他让人另外翻了模具，让哪个厂家生产。在我批量生产的一个月后，同年（2004年）11月徐聪亮也开始大量生产提线广东狮……”（见附件6第5页第1~10行）。上述内容已经表明，在2004年11月徐聪亮开始大量生产提线广东狮之前的一个月，即2004年10月月底之前，蔡清洲曾向不止一个客户展示其设计的提线广东狮和提线北京狮两款狮子并接受了订单，而且至少有一个客户将该产品向其他人展示并带领其他人来参观，在此期间蔡清洲进行了批量生产。专利复审委员会认为，蔡清洲向客户展示产品并接受订单的行为，特别是允许客户带领其他人到生产工厂参观的行为已经构成专利法意义上的使用公开，使得蔡清洲设计的提线广东狮和提线北京狮两款狮子在2004年10月底以前已经处于一种公众可以得知的状态。结合蔡清洲口头审理中明确承认的“提线广东狮”和“提线北京狮”即为本专利的两件狮子的意见，可以确定本专利的两件玩偶狮子在2004年10月月底之前已经被公开使用。由于该时间在本专利的申请日之前，因此，本专利在申请日之前已经经上述行为使用公开，因此不符合《专利法》第二十三条的规定。

据此，专利复审委员会于2009年3月30日作出第13143号决定，宣告本专利权全部无效。

原告蔡清洲不服第13143号决定，在法定期限内向本院提起行政诉讼称：（1）本专利未违背《专利法》第二十三条规定，原告的情形不属于使用公开。原告只是邀请了一家国外客户以及一位台湾地区的客户参观涉案产品，邀请的对象完全由原告确定，非经原告邀请，任何人均无法接触原告的产品。亦即有机会接触原告产品设计的对象是原告可以确定的特定对象，而非“公众”。且原告涉案专利的设计及产品在整个参观过程中，均处于原告的合法控制之下。由于受邀对象的特定性以及方式的限定性，涉案专利设计始终处于原告控制之下。被告并无任何证据可以证实，任意第三人在原告涉案设计的申请日之前，可以通过公开的途径不受限制地知悉涉案专利设计。因此，原告的专利不属于专利法意义上的使用公开。（2）被告在第11403号决定中认定原告出具的信函与本专利无关，维持本专利，被告前后两次专利无效审查过程中，基于相同的案情，相同的证据，却作出完全不同的审查决定，对证据的认定显然自相矛盾，违背了行政行为的稳定性要求。综上所述，被告专利复审委员会作出的第13143号决定认定事实不清、适用法律不当，请求法院予以撤销。

被告专利复审委员会答辩称：（1）关于事实认定。第13143号决定的事实主要有两个方面：一是专利权人蔡清洲2007年11月6日向专利复审委员会提交的意见陈述书；二是蔡清洲在专利复审委员会2009年3月23日口头审理时陈述的意见“附件6第5页第2行的‘提线广东狮’和‘提线北京狮’即为本专利的两件狮子”，与第11403号决定的事实基础不同。（2）关于法律适用。蔡清洲向客户展示产品并接受订单的行为，特别是允许客户带领其他人到生产工厂参观的行为已经构成专利法意义上的使用公开，使得蔡清洲设计的提线广东狮和提线北京狮两款狮子在2004年10月底以前已经处于一种公众可以得知的状态。因此，本专利在申请日之前已经经上述行为使用公开，不符合《专利法》第二十三条的规定。综上所述，专利复审委员会作出的第13143号决定认定事实清楚、适用法律正确、审理程序合法，原告的诉讼理由不能成立，请求法院驳回原告诉讼请求，维持第13143号决定。

第三人罗水英向本院提交书面陈述意见称：专利复审委员会作出的第13143号决定认定事实清楚，适用法律正确，程序合法，请求法院予以维持。

本院经审理查明：

本专利是名称为“玩偶（中国狮）”的第200430092586.6号外观设计专利，其申请日为2004年11月9日，授权公告日为2005年8月3日，专利权人为蔡清洲。

针对本专利权，罗水英于2008年11月21日向专利复审委员会提出无效宣告请求，其理由是本专利与其申请日以前在出版物上公开发表过和在国内公开使用过的外观设计相同或者相近似，且本专利与他人在先取得的合法权利相冲突，因此不符合《专利法》第二十三条的规定，应予宣告无效，其中提交的附件6是蔡清洲2007年11月6日向专利复审委员会提交的意见陈述书，复印件共6页，该附件记载了如下内容“2004年7月，国外一个客户要我设计一款提线狮子，经过两个多月的时间我设计出提线广东狮和提线北京狮两款狮子，客户看后对产品十分满意，但订的数量很有限，所以我找到一个台湾客户，介绍我设计的两种狮子，他也觉得很不错，便下了不少的订单，然而这个客户不讲信用，把我的产品拿给徐聪亮，还带徐聪亮到我工厂巡视了一番，当时徐聪亮表示不会仿我这只提线狮，可他不讲信誉，把这个产品拿去给他的亲戚徐月梅，让她到为我生产配件的厂家要求按照我的形状生产这些配件但遭到拒绝，后来他让人另外翻了模具，让哪个厂家生产。在我批量生产的一个月后，同年（2004年）11月徐聪亮也开始大量生产提线广东狮……”（见附件6第5页第1~10行）。

专利复审委员会于2009年3月23日举行口头审理，口头审理中蔡清洲对附件6的真实性无异议，并明确附件6第5页第2行的“提线广东狮”和“提线北京狮”即为本专利的两件狮子，但不清楚对应关系。

专利复审委员会于2009年3月30日作出第13143号决定，宣告本专利权无效。

另查明，第11403号决定中认为：信函中虽然记载“……2004年7月，国外一客户要我设计一款提线狮子，经过两个多月的时间设计出提线广东狮和提线北京狮两款狮子……在我批量生产的一个月后，同年（2004年）11月……”等内容，但纵观信函全文均未记载上述两款狮子即为本专利产品的相关内容，因此，对请求人的主张不予支持。

庭审中，原告补充一点理由：原告在2007年11月6日提交的意见陈述书中讲到对相关的参观人员提出过保密要求。

以上事实有本专利著录项目及图片网页打印件、第13143号决定、第11403号决定、附件6、口头审理记录表及各方当事人陈述等在案佐证。

本院认为：

根据各方当事人的诉辩主张，本案的争议焦点在于：第一，专利复审委员会作出第13143号决定是否违反一事不再理原则的规定；第二，原告蔡清洲的行为是否属于使用公开。

一、关于一事不再理原则

首先，第13143号决定中使用的证据与第11403号决定中使用的证据并不相同。其次，第11403号决定虽然对附件6进行了评述，但未明确附件6中所涉及的两款狮子与本专利产品的关系，而第13143号决定的事实依据是附件6以及蔡清洲在2009年3月23日口头审理时的意见陈述“专利权人明确附件6第5页第2行的‘提线广东狮’和‘提线北京狮’即为本专利的两件狮子”。由此可见，第13143号决定与第11403号决定的事实基础不同，不属于一事不再理的情形，专利复审委员会对证据的认定并不矛盾，对于原告的相关诉讼主张，本院不予支持。

二、关于原告蔡清洲的行为是否属于使用公开

《专利法》第二十三条规定：授予专利权的外观设计，应当同申请日以前在国内外出版物上公开发表过或者国内公开使用过的外观设计不相同和不相近似，并不得与他人在先取得的合法权利相冲突。

原告认为受邀参观工厂对象是特定的，并且客户的参观行为处于原告的控制之下，原告产品不可能在公开渠道流传，然而根据查明的事实，原告的以下行为：（1）向不止一个客户展示提线广东狮和提线北京狮两款狮子产品并接受了订单；（2）带领客户参观生产工厂，已经构成专利法意义上的使用公开。虽然原告主张与受邀参观生产工厂的客户有保密要求并且受原告控制，但未提交相关证据，对于原告的该主张，本院不予支持，因此，专利复审委员会认定本专利产品在2004年10月底以前已经被公开使用并无不当。

综上所述，专利复审委员会作出的第13143号决定认定事实清楚，适用法律正确，审理程序合法，依法应当予以维持。依照《中华人民共和国行政诉讼法》第五十四条第（一）项的规定，本院判决如下：

维持被告国家知识产权局专利复审委员会作出的第13143号无效宣告请求审查决定。

案件受理费100元，由原告蔡清洲负担（已交纳）。

如不服本判决，各方当事人可在本判决书送达之日起15日内，向本院提交上诉状并交纳上诉案件受理费100元，上诉于北京市高级人民法院。

审 判 长 赵 静
代理审判员 姜庶伟
人民陪审员 郝志国
二〇〇九年十一月二十日
书 记 员 谭北川

188

展示柜（GN650TNG）

无效宣告请求审查决定（第13146号）

决 定 号 第13146号
决 定 日 2009年3月14日
发明创造名称 展示柜（GN650TNG）
外观设计分类号 20-02
无效宣告请求人 孙雅申
专 利 权 人 方正亚洲有限公司，玛丽亚·阿德莱德·卡萨尼
专 利 号 200630145447.4
申 请 日 2006年11月24日
授权公告日 2007年10月3日
合议组组长 钱亦俊
主 审 员 吴大章
参 审 员 周 佳

法律依据 专利法第23条，专利法实施细则第64条
决定要点

专利权人是从事产品出口的中间商，其与国内企业之间存在的产品购销关系的性质不同于国内市场的购销关系，所用于出口的产品并没有处于国内公众中的任何人想得到即可以得到的状态。

国内的生产企业对专利权人订购的产品的生产技术、图纸资料负有保密义务，因此，国内生产企业的生产制造行为没有形成公众可以得知的状态，未构成国内公开使用。

一、案由

本无效宣告请求涉及国家知识产权局于2007年10月3日授权公告的、名称为“展示柜（GN650TNG）”的第200630145447.4号外观设计专利（下称本专利），其申请日为2006年11月24日，专利权人是方正亚洲有限公司，共同专利权人是帕迪尼·马尔科、玛丽亚·阿德莱德·卡萨尼，后共同专利权人变更为玛丽亚·阿德莱德·卡萨尼。

针对上述外观设计专利权，孙雅申（下称请求人）于2008年4月16日向专利复审委员会提出无效宣告请求，并随无效宣告请求书提交了如下附件作为证据：

附件1：请求人声称的意大利佛卡责任有限公司提供的声明及其相关文件复印件，共32页，其中包括如下文件：

附件1-1：佛卡责任有限公司出具的声明外文复印件及其中文译文，共3页；

附件1-2：利米尼市工商部出具的关于佛卡责任有限公司的普通科注册证明外文复印件及其中文译文，共6页；

附件1-3：利米尼市公证员江安东尼奥·彭尼诺出具的关于摄于佛卡责任有限公司内照片的证明外文复印件及其中文译文，以及请求人声称的上述证明所附照片复印件，共3页；

附件1-4：与方正亚洲有限公司相关单据（发票、报关单、提货单、原产地证明等）外文复印件及其中文译文的复印件，共11页；

附件1-5：利米尼市公证员江安东尼奥·彭尼诺出具的复印件与原件相符的证明外文复印件及其中文译文的复印件，共2页；

附件1-6：订单号（Order Number）为1141/2004的方正亚洲有限公司的单据复印件及其中文译文的复印件，共4页；

附件1-7：第1行标有“ORIGINAL”字样的页复印件及其中文译文的复印件，共2页；

附件1-8：页眉处具有“Sep. 17 2004 04：43”字样的单据的复印件和中文译文复印件共2页；

附件2：莱州市电冰柜厂发出产品销售追综存档单的复印件，共3页；

附件3：嘉宏航运有限公司进仓通知、青岛远洋大亚物流有限公司理货单的复印件，共3页；

附件4：421820040684833007号中华人民共和国海关出口货物报关单复印件，共1页；

附件5：四川湾区康莱士检测有限公司合同（合同登记编号：SBS-CE-04052802，制订日期：2004年5月28日）及相关文件（包括该公司的企业法人营业执照、外商投资企业税务登记证、中华人民共和国组织机构代码证）复印件，以及与该公司相关的外商投资企业基本情况（设立）和年检情况打印件，共11页；

附件6：包括两份标准符合性证明书和相对应的两份测试报告的复印件共26页：

附件6-1：CE标准符合性证明书（出证日期：2004年6月30日，涉及的型号：GN650BT，PA800BT，GN650BTM）的中文文件和外文文件复印件，LVD测量和测试报告（型号：GN650BT）的中文文件和外文文件复印件，附被测设备（型号：GN650BT）照片及中文译文复印件；

附件6-2：CE标准符合性证明书（出证日期：2004年6月30日，涉及的型号：GN650BT，PA800BT，GN650BTM）的中文文件和外文文件复印件，ECM测量和测试报告（型号：GN650TN）的中文文件和外文文件复印件，附被测设备（型号：GN650TN）照片及中文译文复印件；

附件7：山东省莱州市公证处出具的（2008）莱州证民字第3号公证书（包含照片1页）复印件，共5页，公证日期为2008年1月4日；

附件8：证人Marco Pardini出具的“Witness Statement”外文书面证言的复印件，共2页。

请求人认为：上述证据证明，在本专利申请日前，专利权人之一方正亚洲有限公司与莱州宏泰电器有限公司有购销合作关系，莱州宏泰电器有限公司通过设计、生产完成的产品“展示柜（GN650TNG）”出售给方正亚洲有限公司转销到意大利等国内外各地，本专利与莱州宏泰电器的产品的外观设计是相同或相似的，故本专利不符合专利法第23条中应当同申请日以前在国内公开使用过的外观设计不相同和不相近似的规定。

经形式审查合格后，专利复审委员会受理了该无效宣告请求，并于2008年4月30日向双方当事人发出无效宣告请求受理通知书，并随上述无效宣告请求受理通知书将请求人提交的无效宣告请求书及其附件清单中所列附件副本转送专利权人，要求其在指定期限内对该无效宣告请求陈述意见。

请求人又于2008年5月16日向专利复审委员会提交了意见陈述书及补充证据，但请求人未结合所提交的补充证据具体说明相关的无效宣告理由，补充证据如下：

附件9：青岛益达设备有限公司的企业法人营业执照（副本）复印件、青岛益达设备有限公司出具的关于 Marco Pardini 先生是该公司总裁的证明的中文文件和外文文件的复印件、Marco Pardini 的护照复印件及其中文译文、附件 8 及其“见证声明”中文译文，共 8 页；

附件 10：请求人声称的关于方正亚洲有限公司从莱州宏泰电器有限公司购买产品的相关文件复印件及其中文译文，共 21 页。

专利权人于 2008 年 6 月 12 日向专利复审委员会提交了意见陈述书及如下附件作为证据：

莱州市宏泰电器有限公司与方正亚洲有限公司的协议书复印件，共 4 页（下称反证 1）。

专利权人认为：方正亚洲有限公司与莱州宏泰电器有限公司系委托加工关系，不是国内公开使用；附件 3、4 证明宏泰电器生产的产品出口，不是国内公开使用；附件 5、6 证明宏泰电器生产的产品根据出口标准检测，都在特定关系人之间进行，不构成使用公开；附件 7 是本专利申请日后形成的公证书，仅由宏泰电器口述说明 2006 年前生产和参展，无法证明申请日前公开使用；附件 1、8 系域外证据，未经公证认证，不予认定，即使该附件真实有效，也仅能说明本专利产品在国外销售，不能证明在国内公开使用。

专利复审委员会成立合议组，依法对本案进行审查。合议组于 2008 年 7 月 2 日向双方当事人发出口头审理通知书，定于 2008 年 9 月 23 日对本案进行口头审理，并随上述口头审理通知书将请求人于 2008 年 5 月 16 日提交的意见陈述书及其附件清单中所列附件的副本转送给专利权人，同时将专利权人于 2008 年 6 月 12 日提交的意见陈述书及其附件清单中所列附件（反证 1）的副本转送给请求人。

口头审理如期举行，请求人及其证人，双方当事人的代理人出席了口头审理。在口头审理中，双方当事人对合议组成员无回避请求，双方当事人对对方出庭人员身份无异议。请求人当庭提交了如下文件：

附件 1-1：佛卡责任有限公司出具的声明外文原件，附有中华人民共和国驻米兰总领事馆认证，共 1 页；

附件 1-2：利米尼市工商部出具的关于佛卡责任有限公司的普通科注册证明外文原件，附有中华人民共和国驻米兰总领事馆认证，共 3 页；

附件 1-3：利米尼市公证员江安东尼奥·彭尼诺出具的关于摄于佛卡责任有限公司内照片的证明所附照片的原件，实际为复印件，共 1 页；

附件 1-3：中利米尼市公证员江安东尼奥·彭尼诺出具的关于摄于佛卡责任有限公司内照片的证明外文原件，附有中华人民共和国驻米兰总领事馆认证，用订书钉与上述请求人声称的证明所附照片装订在一起，共 1 页；

附件 1-4：与方正亚洲有限公司相关单据（发票、报关单、提货单、原产地证等）外文的原件，实际为复印件，共 5 页；

附件 1-5：利米尼市公证员江安东尼奥·彭尼诺出具的复印件与原件相符的证明外文原件，附有中华人民共和国驻米兰总领事馆认证，用订书钉与上述附件 1~4 与方正亚洲有限公司相关单据（发票、报关单、提货单、原产地证等）装订在一起，共 1 页；

附件 1-6：订单号（Order Number）为 1141/2004 的方正亚洲有限公司的单据复印件共 2 页，每页上都盖有“莱州市宏泰电器有限公司”的红色印章；

附件 1-7：第 1 行标有“ORIGINAL”字样的页复印件 1 页，页面上盖有“莱州市宏泰电器有限公司”的红色印章；

附件 1-8：页眉处具有“Sep. 17 2004 04：43”字样的单据的复印件 1 页，页面上盖有“莱州市宏泰电器有限公司”的红色印章；

请求人声称的附件2、3、4的原件，实际为复印件，其上盖有“莱州市宏泰电器有限公司”红色印章，共7页；

合议组当庭核实了请求人当庭提交的上述文件与请求人在提出无效宣告请求时提交的附件的一致性，专利权人对两者的一致性无异议。

关于附件5的原件，请求人称在专利复审委员会审理的相关案件中已经提交，专利权人当庭表示对附件5的真实性没有异议；

请求人提交了附件6的原件，声明以GN650BT（附件6-1涉及的型号）的照片作为在先设计。专利权人对附件6的真实性没有提出异议。

在口头审理中，请求人称附件7证明本专利在展览会展出，合议组当庭告知，由于在提起无效宣告请求时以及提交补充证据中请求人没有就此具体陈述理由。根据专利法实施细则第64条的规定，该理由不属于本次审理的范围。请求人没有坚持附件7支持的事实主张，并且未针对附件7发表质证意见。出具附件8书面证言的证人Marco Pardini出庭作证。

证人出庭作证称：本专利是在2004年11月之前生产的，是由莱州宏泰电器有限公司设计的。证人表示，他知道方正亚洲有限公司和莱州宏泰电器有限公司签订的协议（反证1）。

请求人对反证1的真实性没有提出异议，并且发表了质证意见。

在上述基础上双方当事人充分陈述了意见。请求人认为：当庭提交的文件均为原件，附件1中意大利佛卡责任有限公司出具的声明，声明照片中的产品是从中国国内购买的，附件1中有方正亚洲有限公司开具的发票、欧共体的报关单、意大利公司的提单和原产地证明，可以证明，专利权人在中国厂家购买了本专利的产品，再销售到国外，国内制造构成了技术的公开。附件2、附件3和附件4证明方正亚洲有限公司在莱州宏泰电器有限公司购买了本专利的产品，并发货至意大利。专利权人对附件1中有关证据和的真实性提出质疑，对附件2、附件3和附件4的真实性提出质疑，认为这些证据不具有真实性。请求人认为附件5和附件6证明在本专利申请日之前本专利的产品已经交给检测单位进行检测，已经公开。专利权人认为检测、认证不能构成国内公开使用。双方当事人就专利权人和莱州宏泰电器有限公司之间的关系问题进行了辩论，专利权人认为：方正亚洲有限公司与莱州宏泰电器有限公司系委托加工关系，不是国内公开使用，其出口行为也不构成国内的公开使用；请求人认为方正亚洲有限公司与莱州宏泰电器有限公司系买卖合作关系。

至此，合议组认为本案事实已经清楚，可以依法作出无效宣告请求审查决定。

二、决定的理由

1. 法律依据

基于请求人提出的无效宣告的理由，合议组依据专利法第23条对本案进行审理。

专利法第23条规定，授予专利权的外观设计，应当同申请日以前在国内外出版物上公开发表过或者国内公开使用过的外观设计不相同和不相近似，并不得与他人在先取得的合法权利相冲突。

审查指南第二部分第三章第2.1.3.2节规定，“……使有关技术内容处于公众想得知就能够得知的状态……就构成使用公开”。根据专利法第23条和审查指南的上述规定，构成使用公开必须使本专利的外观设计在中国境内处于公众想得知就能够得知的状态。

专利法实施细则第64条规定，依照专利法第45条的规定，请求宣告专利权无效或者部分无效的，应当向专利复审委员会提交专利权无效宣告请求书和必要的证据一式两份。无效宣告请求书应当结合提交的所有证据，具体说明无效宣告请求的理由，并指明每项理由所依据的证据。

2. 事实和证据认定

附件9和附件10是请求人在期限内提交的补充证据，但请求人未结合所提交的补充证据具体说明相关的无效宣告理由。经查，附件9中包含附件8和附件8的中文译文，因此，合议组认为附件9是附件8的中文译文。依据审查指南第四部分第三章第4.3.1节的规定，合议组接受附件9，对附件10不予考虑。

请求人试图用附件1、附件2、附件3、附件4、附件8和附件9证明：在本专利申请日前，专利权人之一方正亚洲有限公司与莱州宏泰电器有限公司有购销合作关系，莱州宏泰电器有限公司通过设计、生产完成的产品“展示柜（GN650TNG）”出售给方正亚洲有限公司转销到意大利等国外各地，本专利与莱州宏泰电器的产品的外观设计是相同或相似的。

专利权人认为方正亚洲有限公司与莱州宏泰电器有限公司系委托加工关系，不是国内公开使用，其出口行为也不构成国内的公开使用。并提交了反证1来证明其主张。

请求人对反证1的真实性没有异议，合议组对该证据予以采纳。经查，反证1可以证明：专利权人向莱州宏泰电器有限公司长期订购本专利产品用于向国外出口。合议组认为：专利权人购买国内厂家产品的目的在于赚取外方的商业利润，其从事的一切商业活动仅仅在于将国内产品推入国际市场，而不是为了在国内销售和使用，专利权人仅是国内厂家和外方之间的中间商。因而，即使专利权人与国内企业之间存在产品购销关系，其性质也不同于国内市场的公开销售行为，所用于出口的产品并没有处于国内公众中的任何人想得到即可以得到的状态。因此，本案中的出口行为并未涉及该产品在国内的使用公开。

在本案中，反证1还进一步证明，国内的生产企业莱州宏泰电器有限公司对专利权人订购的产品的生产技术、图纸资料负有保密义务，因此，合议组认为，莱州宏泰电器有限公司的生产制造行为没有形成公众可以得知的状态，未构成国内公开使用。

从上述分析中不难看出，请求人主张的事实即使能够成立也不属于法律规定的构成公开使用的事实。因此上述附件1、附件2、附件3、附件4、附件8和附件9不能证明在本专利申请日之前已经有与其相同和相近似的外观设计在国内公开使用过。

请求人试图用附件5和附件6证明本专利因检测和认证导致公开。

附件5包括：四川湾区康莱士检测有限公司合同（合同登记编号：SBS-CE-04052802，制订日期：2004年5月28日）；相关文件（包括该公司的企业法人营业执照、外商投资企业税务登记证、中华人民共和国组织机构代码证），其上盖有“莱州市宏泰电器有限公司”红章，以及与该公司相关的外商投资企业基本情况（设立）和年检情况打印件，其上盖有“四川省工商局经济信息中心微机档案查询专用章（仅供参考）”红章。专利权人对该证据的真实性予以认可。经查，上述合同中的第8项约定：四川湾区康莱士检测有限公司对送检方的任何技术资料都有保守商业机密的责任。故合议组认为，附件5不能支持本专利产品经检测导致公开的主张。

对于附件6，（1）附件6-1：CE标准符合性证明书（出证日期：2004年6月30日，涉及的型号：GN650BT，PA800BT，GN650BTM），LVD测量和测试报告（型号：GN650BT），附被测设备（型号：GN650BT）照片；（2）附件6-2：CE标准符合性证明书（出证日期：2004年6月30日，涉及的型号：GN650TN，GN650TNM，PA800TN，GN650TNG），ECM测量和测试报告（型号：GN650TN），附被测设备（型号：GN650TN）照片；专利权人对该证据的真实性没有提出异议。合议组认为：一项发明创造根据某项出口标准所做的检测，属于为符合相关标准而完善发明创造的步骤，该检测过程并没有导致本专利的外观设计在国内处于公众想要得知即可得知的状态，因此该检测不构成专利法意义上的公开。故合议组对请求人关于所述产品在国内经检测导致公开的主张不予支持。

附件7是山东省莱州市公证处于2008年1月4日出具的（2008）莱州证民字第3号公证书（包含照片），其所保全的证据是：“方正亚洲有限公司因参加北京、上海、广州展会或用于国内销售而从莱州市宏泰电器有限公司购买的会后存放在青岛益达设备有限公司的部分不锈钢冷柜（展示柜）进行证据保全”（见公证书第1页第15~17行，合议组注），“公证员王洪才、张维及申请人的委托代理人冯仕文、参加人（拍摄人）刘福光于二〇〇八年一月四日一起来到位于青岛市城阳区的青岛益达设备有限公司，对存放于该公司的部分不锈钢冷柜（展示柜）进行勘验、拍照并保全证据”（见公证书第1页第18~22行，合议组注）。合议组认为，由于在提起无效宣告请求时以及提交补充证据中请求人没有就此证据具体陈述理由，根据专利法实施细则第64条的规定及审查指南第四部分第三章第3.3（5）节的规定，该理由不属于本次审理的范围。另外，附件7仅是证据保全公证，并不能证明公开展览的事实，仅凭证人证言还不足以证明该事实。

综上，请求人主张的事实均不属于法律规定的国内公开使用的情形，即均不适用专利法第23条的规定。

三、决定

维持第200630145447.4号外观设计专利权有效。

当事人对本决定不服的，可以根据专利法第46条第2款的规定，自收到本决定之日起三个月内向北京市第一中级人民法院起诉。根据该款的规定，一方当事人起诉后，另一方当事人应当作为第三人参加诉讼。

北京市第一中级人民法院
行政判决书

（2009）一中行初字第1701号

原告孙雅申，男，1968年5月3日出生，汉族，住中华人民共和国北京市海淀区西土城路25号。

委托代理人孙姗姗，北京市洪范广住律师事务所律师。

被告中华人民共和国国家知识产权局专利复审委员会，住所地中华人民共和国北京市海淀区北四环西路9号银谷大厦10~12层。

法定代表人张茂于，副主任。

委托代理人吴大章，中华人民共和国国家知识产权局专利复审委员会审查员。

委托代理人程强，中华人民共和国国家知识产权局专利复审委员会审查员。

第三人方正亚洲有限公司，中华人民共和国香港特别行政区告士打道181号中怡大厦1001室。

法定代表人Cassani，Maria Adelaide，董事。

第三人玛丽亚·阿德莱德·卡萨尼（Maria Adelaide Cassani），女，1945年9月26日出生，持有YA0158841号意大利护照。

委托代理人邵守刚，清泰律师事务所律师。

原告孙雅申不服被告中华人民共和国国家知识产权局专利复审委员会于2009年4月8日作出的第13146号无效宣告请求审查决定，于法定期限内向本院提起诉讼。本院于2009年7月7日受理本案后，依法组成合议庭，并通知方正亚洲有限公司、玛丽亚·阿德莱德·卡萨尼作为本案第三人参加诉讼。在本案审理过程中，原告孙雅申于2009年12月15日向本院提出撤诉申请，请求撤回对被告中华人民共和国国家知识产权局专利复审委员会的起诉。

本院认为：原告孙雅申的撤诉申请系其真实意思表示，亦未违反法律规定，应予准许。本院依照

《中华人民共和国行政诉讼法》第五十一条之规定，裁定如下：

准许原告孙雅申撤回对被告中华人民共和国国家知识产权局专利复审委员会的起诉。

案件受理费人民币100元，减半收取50元，由原告孙雅申负担（已交纳）。

审　判　长　赵　静
代理审判员　姜庶伟
人民陪审员　刘世昌
二〇〇九年十二月十五日
书　记　员　高晓旭

189

展示柜（GN3100TN）

无效宣告请求审查决定（第13148号）

决　定　号 第13148号
决　定　日 2009年3月14日
发明创造名称 展示柜（GN3100TN）
外观设计分类号 20-02
无效宣告请求人 孙雅申
专　利　权　人 方正亚洲有限公司，玛丽亚·阿德莱德·卡萨尼
专　利　号 200630145446.X
申　请　日 2006年11月24日
授权公告日 2007年10月3日
合议组组长 钱亦俊
主　审　员 吴大章
参　审　员 周　佳

法律依据 专利法第23条
决定要点

专利权人是从事产品出口的中间商，其与国内企业之间存在的产品购销关系的性质不同于国内市场的购销关系，所用于出口的产品并没有处于国内公众中的任何人想得到即可以得到的状态。

国内的生产企业对专利权人订购的产品的生产技术、图纸资料负有保密义务，因此，国内生产企业的生产制造行为没有形成公众可以得知的状态，未构成国内公开使用。

一、案由

本无效宣告请求涉及国家知识产权局于2007年10月3日授权公告的、名称为“展示柜（GN3100TN）”的200630145446.X号外观设计专利（下称本专利），其申请日为2006年11月24日，专利权人是方正亚洲有限公司，共同专利权人是帕迪尼·马尔科、玛丽亚·阿德莱德·卡萨尼，后共同专利权人变更为玛丽亚·阿德莱德·卡萨尼。

针对上述外观设计专利权，孙雅申（下称请求人）于2008年6月26日向专利复审委员会提出无效宣告请求，并随无效宣告请求书提交了如下附件作为证据：

附件1：请求人声称的意大利佛卡责任有限公司提供的声明及其相关文件复印件，共33页，其中包括如下文件：

附件1-1：佛卡责任有限公司出具的声明外文复印件及其中文译文，共4页；

附件 1-2：利米尼市工商部出具的关于佛卡责任有限公司的普通科注册证明外文复印件及其中文译文，共 8 页；

附件 1-3：利米尼市公证员江安东尼奥·彭尼诺出具的关于摄于佛卡责任有限公司内照片的证明外文复印件及其中文译文，以及请求人声称的上述证明所附照片复印件，共 3 页；

附件 1-4：与方正亚洲有限公司相关单据（发票、报关单、提货单、原产地证明等）外文复印件及其中文译文的复印件，共 9 页；

附件 1-5：利米尼市公证员江安东尼奥·彭尼诺出具的复印件与原件相符的证明外文复印件及其中文译文的复印件，共 3 页；

附件 1-6：订单号（Order Number）为 1080/2004 的方正亚洲有限公司的票据复印件及其中文译文的复印件，共 2 页；

附件 1-7：第 1 行标有"ORIGINAL"字样的页复印件及其中文译文的复印件，共 2 页；

附件 1-8：页眉处标有"Jun. 07 2004 05：12PM P1"字样的页复印件及其中文译文的复印件，共 2 页；

附件 2：莱州市宏泰电器有限公司和正亚洲有限公司（RIGHTWAY ASIA LTD）签订的产品销购销合同和莱州电冰柜厂发出产品销售追踪存档单的复印件，共 3 页；

附件 3：嘉宏航运有限公司进仓通知、青岛远洋大亚物流有限公司理货单的复印件，共 2 页；

附件 4：编号为 684547065 的中华人民共和国海关出口货物报关单复印件，共 1 页；

附件 5：包括以下文件：

附件 5-1：2 份 CE 标准符合性证明书（出证日期：2004 年 6 月 30 日，其中一份的型号：GN3100TN，GN3110TN，GN3120TN，GN3130TN，GN3140TN，GN3150TN；另一份的型号：PA2100TN，PZ2600TN，PZ2610TN，PA3100TN，PZ3600TN，PZ3699TN，U-GN2100TN，U-GN3100TN，U-GN4100TN）的中文文件和外文文件复印件，LVD 测量和测试报告（型号：GN3100TN）的中文文件和外文文件复印件，附被测设备（型号：GN3100TN）照片及中文译文复印件，共 10 页；

附件 5-2：1 份 CE 标准符合性证明书（出证日期：2004 年 6 月 30 日，型号：GN3100BT，GN2100BT，GN4100BT）的中文文件和外文文件复印件，LVD 测量和测试报告（型号：GN3100BT）的中文文件和外文文件复印件，附被测设备（型号：GN3100BT）照片及中文译文复印件，共 8 页；

附件 5-3：四川湾区康莱士检测有限公司合同（合同登记编号：SBC-CE-04052802，制订日期：2004 年 5 月 28 日）及相关文件（包括该公司的企业法人营业执照、外商投资企业税务登记证、中华人民共和国组织机构代码证）复印件，以及与该公司相关的外商投资企业基本情况（设立）和年检情况打印件，共 11 页；

附件 6：请求人声称的方正亚洲有限公司从莱州宏泰公司购买产品参加展览会的票据、单据的复印件共 21 页；

附件 7：山东省莱州市公证处出具的（2008）莱州证民字第 3 号公证书（包含照片 1 页）复印件，共 5 页，公证日期为 2008 年 1 月 4 日；

附件 8：青岛益达设备有限公司的企业法人营业执照（副本）复印件、青岛益达设备有限公司出具的关于 Marco Pardini 先生是该公司总裁的证明的中文文件和外文文件的复印件、Marco Pardini 的护照复印件及其中文译文；"见证声明"（Witness Statement）外文书面证言和中文译文，共 8 页。

请求人认为：上述证据证明，在本专利申请日前，专利权人之一方正亚洲有限公司与莱州宏泰电器有限公司有购销合作关系，莱州宏泰电器有限公司通过设计、生产完成的产品"展示柜

（GN3100TN）”出售给方正亚洲有限公司转销到意大利等国内外各地，本专利与莱州宏泰电器的产品的外观设计是相同或相似的，故本专利不符合专利法第 23 条中应当同申请日以前在国内公开使用过的外观设计不相同和不相近似的规定。

经形式审查合格后，专利复审委员会受理了该无效宣告请求，并于 2008 年 6 月 26 日向双方当事人发出无效宣告请求受理通知书，并随上述无效宣告请求受理通知书将请求人提交的无效宣告请求书及其附件清单中所列附件副本转送专利权人，要求其在指定期限内对该无效宣告请求陈述意见。

专利复审委员会成立合议组，依法对本案进行审查。2008 年 9 月 23 日，在双方当事人对 200630145472.2 号无效宣告请求案件进行口头审理时，应双方当事人的请求，合议组对本案进行合并口头审理。

请求人与其证人及双方当事人的代理人出席了口头审理。庭审中，双方当事人对合议组成员无回避请求，双方当事人对对方出庭人员身份无异议。请求人当庭提交了如下文件：

附件 1-1：佛卡责任有限公司出具的声明外文原件，附有中华人民共和国驻米兰总领事馆认证，共 1 页；

附件 1-2：利米尼市工商部出具的关于佛卡责任有限公司的普通科注册证明外文原件，附有中华人民共和国驻米兰总领事馆认证，共 3 页；

附件 1-3：利米尼市公证员江安东尼奥·彭尼诺出具的关于摄于佛卡责任有限公司内照片的证明所附照片的原件，实际为复印件，共 1 页；

附件 1-3：中利米尼市公证员江安东尼奥·彭尼诺出具的关于摄于佛卡责任有限公司内照片的证明外文原件，附有中华人民共和国驻米兰总领事馆认证，用订书钉与上述请求人声称的证明所附照片装订在一起，共 1 页；

附件 1-4：与方正亚洲有限公司相关单据（发票、报关单、提货单、原产地证等）外文的原件，实际为复印件，共 4 页；

附件 1-5：利米尼市公证员江安东尼奥·彭尼诺出具的复印件与原件相符的证明外文原件，附有中华人民共和国驻米兰总领事馆认证，用订书钉与上述附件 1-4 与方正亚洲有限公司相关单据（发票、报关单、提货单、原产地证等）装订在一起，共 1 页；

附件 1-6：订单号（Order Number）为 1080/2004 的方正亚洲有限公司单据的复印件共 1 页，页面上盖有“莱州市宏泰电器有限公司”的红色印章；

附件 1-7：第 1 行标有“ORIGINAL”字样的页复印件 1 页，页面上盖有“莱州市宏泰电器有限公司”的红色印章；

附件 1-8：页眉上有：“Jun. 07 2004 05：12PM P1”字样的页复印件 1 页，页面上盖有“莱州市宏泰电器有限公司”的红色印章；

附件 1 的复制件（包括附件 1-1 至附件 1-8），涉及公证认证内容的为彩色页，每页上都盖有“中国对外翻译出版公司翻译业务专用章”的蓝色印章骑缝章。

请求人声称的附件 2、3、4 的原件，实际为复印件，其上盖有“莱州市宏泰电器有限公司”红色印章，共 11 页；

合议组当庭核实了请求人当庭提交的上述文件与请求人在提出无效宣告请求时提交的附件的一致性，专利权人对两者的一致性无异议，但是对证据的真实性提出异议。

附件 5-1：中的 1 份 CE 标准符合性证明书（出证日期：2004 年 6 月 30 日，型号：GN3100TN，GN3110TN，GN3120TN，GN3130TN，GN3140TN，GN3150TN）；LVD 测量和测试报告（型号：GN3100TN）的原件 1 册，报告附有被测设备（型号：GN3100TN）照片。

专利权人当庭没有表示对附件 5 的真实性持有异议。

请求人当庭表示放弃附件 6、附件 7，附件 5 的证书中保留附件 5-1。

专利权人当庭提交了意见陈述书和所附的附件（莱州市宏泰电器有限公司与方正亚洲有限公司的协议书复印件，共 4 页，下称反证）。

专利权人当庭提交的书面辩论意见可以归纳为：方正亚洲有限公司与莱州宏泰电器有限公司系委托加工关系，不是国内公开使用；附件 2、3、4 无法证明与本专利有关，即使能够证明，也不是国内公开销售；附件 5 证明宏泰电器生产的产品根据出口标准检测，都在特定关系人之间进行，不构成使用公开。专利权人对证据的真实性提出质疑，认为请求人将欲证明的图片复印后与认证书装订在一起，极容易伪造。

出具附件 8 书面证言的证人 Marco Pardini 出庭作证，附件 8 书面证言共涉及 6 个事实主张，请求人当庭表示第 3、4 个事实主张与本专利无关（“3. 部分这些产品目前储存在青岛益达设备有限公司的库房里，如公证文件所示。4. 方正亚洲有限公司从莱州市宏泰电器有限公司定购的产品参加了北京、上海和广州的一些展览会，如公证文件所示”，合议组注），证人不再就这两个问题作证。

证人出庭作证称：本专利是在 2004 年 11 月之前生产的，是由莱州宏泰电器有限公司设计的。证人表示，他知道方正亚洲有限公司和莱州宏泰电器有限公司签订的协议（反证）。

在口头审理结束时，合议组要求请求人在指定期限内对当庭转送的专利权人的意见陈述书作出答复。合议组逾期未收到请求人的答复意见。

至此，合议组认为本案事实已经清楚，可以依法作出无效宣告请求审查决定。

二、决定的理由

1. 法律依据

基于请求人提出的无效宣告的理由，合议组依据专利法的 23 条对本案进行审理。

专利法第 23 条规定，授予专利权的外观设计，应当同申请日以前在国内外出版物上公开发表过或者国内公开使用过的外观设计不相同和不相近似，并不得与他人在先取得的合法权利相冲突。

审查指南第二部分第三章第 2. 1. 3. 2 节规定，“……使有关技术内容处于公众想得知就能够得知的状态……就构成使用公开”。根据专利法第 23 条和审查指南的上述规定，构成使用公开必须使本专利的外观设计在中国境内处于公众想得知就能够得知的状态。

2. 事实和证据认定

请求人口头审理时当庭放弃了附件 6、附件 7，因此合议组对这两个证据不再评述。

请求人试图用附件 1、附件 2、附件 3、附件 4 和附件 8 证明：在本专利申请日前，专利权人之一方正亚洲有限公司与莱州宏泰电器有限公司有购销合作关系，莱州宏泰电器有限公司通过设计、生产完成的产品“展示柜（GN3100TN）”出售给方正亚洲有限公司转销到意大利等国内外各地，本专利与莱州宏泰电器的产品的外观设计是相同或相似的。

专利权人认为，方正亚洲有限公司与莱州宏泰电器有限公司系委托加工关系，不是国内公开使用，产品的销售行为即使发生过也是在国外，不构成国内的公开使用。并提交了反证来证明其主张。

请求人对反证的真实性没有异议，合议组对该证据予以采纳。经查，反证可以证明：专利权人向莱州宏泰电器有限公司长期订购本专利产品用于向国外出口。合议组认为：专利权人购买国内厂家产品的目的在于赚取外方的商业利润，其从事的一切商业活动仅仅在于将国内产品推入国际市场，而不是为了在国内销售和使用，专利权人仅是国内厂家和外方之间的中间商。因而，即使专利权人与国内企业之间存在产品购销关系，其性质也不同于国内市场的销售行为，所用于出口的产品并没有处于国内公众中的任何人想得到即可以得到的状态。因此，本案中的出口行为并未涉及该产品在国内的使用公开。

在本案中，反证还进一步证明，国内的生产企业莱州宏泰电器有限公司对专利权人订购的产品的生产技术、图纸资料负有保密义务，因此，合议组认为，莱州宏泰电器有限公司的生产制造行为没有形成公众可以得知的状态，未构成国内公开使用。

综上，请求人主张的事实即使能够成立也不属于法律规定的构成国内公开使用的事实。因此上述附件1、附件2、附件3、附件4和附件8不能证明在本专利申请日之前已经有与其相同和相近似的外观设计在国内公开使用过。

请求人试图用附件5证明本专利因检测和认证导致公开。请求人提交了附件5-1中的1份CE标准符合性证明书（出证日期：2004年6月30日，型号：GN3100TN，GN3110TN，GN3120TN，GN3130TN，GN3140TN，GN3150TN）的原件；LVD测量和测试报告（型号：GN3100TN）的原件，报告附有被测设备（型号：GN3100TN）照片。专利权人对其真实性未提出异议，对其中文译文的准确性无异议。合议组认为：一项发明创造根据某项出口标准所做的检测，属于为符合相关标准而完善发明创造的步骤，该检测过程并没有导致本专利的外观设计在国内处于公众想要得知即可得知的状态，因此该检测不构成专利法意义上的公开。故合议组对请求人关于所述产品在国内经检测导致公开的主张不予支持。

附件5-3是四川湾区康莱士检测有限公司合同（合同登记编号：SBS-CE-04052802，制订日期：2004年5月28日）；相关文件（包括该公司的企业法人营业执照、外商投资企业税务登记证、中华人民共和国组织机构代码证），其上盖有“莱州市宏泰电器有限公司”红章，以及与该公司相关的外商投资企业基本情况（设立）和年检情况打印件，其上盖有“四川省工商局经济信息中心微机档案查询专用章（仅供参考）”红章。专利权人对该证据的真实性予以认可。经查，上述合同中的第8项约定：四川湾区康莱士检测有限公司对送检方的任何技术资料都有保守商业机密的责任。故合议组认为，附件5不能支持本专利产品经检测导致公开的主张。

综上所述，请求人主张的事实均不属于法律规定的国内公开使用的情形，即均不适用专利法第23条的规定。

三、决定

维持200630145446.X号外观设计专利权有效。

当事人对本决定不服的，可以根据专利法第46条第2款的规定，自收到本决定之日起三个月内向北京市第一中级人民法院起诉。根据该款的规定，一方当事人起诉后，另一方当事人应当作为第三人参加诉讼。

北京市第一中级人民法院
行政判决书

(2009) 一中行初字第 1702 号

原告孙雅申，男，1968 年 5 月 3 日出生，汉族，住中华人民共和国北京市海淀区西土城路 25 号。

委托代理人孙姗姗，北京市洪范广住律师事务所律师。

被告中华人民共和国国家知识产权局专利复审委员会，住所地中华人民共和国北京市海淀区北四环西路 9 号银谷大厦 10~12 层。

法定代表人张茂于，副主任。

委托代理人吴大章，中华人民共和国国家知识产权局专利复审委员会审查员。

委托代理人程强，中华人民共和国国家知识产权局专利复审委员会审查员。

第三人方正亚洲有限公司，中华人民共和国香港特别行政区告士打道 181 号中怡大厦 1001 室。

法定代表人 Cassani，Maria Adelaide，董事。

第三人玛丽亚·阿德莱德·卡萨尼（Maria Adelaide Cassani），女，1945 年 9 月 26 日出生，持有 YA0158841 号意大利护照。

委托代理人邵守刚，清泰律师事务所律师。

原告孙雅申不服被告中华人民共和国国家知识产权局专利复审委员会于 2009 年 3 月 14 日作出的第 13148 号无效宣告请求审查决定，于法定期限内向本院提起诉讼。本院于 2009 年 7 月 7 日受理本案后，依法组成合议庭，并通知方正亚洲有限公司、玛丽亚·阿德莱德·卡萨尼作为本案第三人参加诉讼。在本案审理过程中，原告孙雅申于 2009 年 12 月 15 日向本院提出撤诉申请，请求撤回对被告中华人民共和国国家知识产权局专利复审委员会的起诉。

本院认为：原告孙雅申的撤诉申请系其真实意思表示，亦未违反法律规定，应予准许。本院依照《中华人民共和国行政诉讼法》第 51 条之规定，裁定如下：

准许原告孙雅申撤回对被告中华人民共和国国家知识产权局专利复审委员会的起诉。

案件受理费人民币 100 元，减半收取 50 元，由原告孙雅申负担（已交纳）。

审 判 长　赵　静

代理审判员　姜庶伟

人民陪审员　刘世昌

二〇〇九年十一月十五日

书 记 员　谭北川

书 记 员　高晓旭

190

声音或图像的记录或复制设备

无效宣告请求审查决定（第13149号）

决　定　号　第13149号
决　定　日　2009年3月19日
发明创造名称　声音或图像的记录或复制设备
外观设计分类号　14-01
专　利　权　人　苹果公司
无效宣告请求人　上海罗恩网络信息有限公司
申　请　号　200730148751.9
申　请　日　2007年6月29日
授权公告日　2008年6月4日
合议组组长　吴赤兵
主　审　员　程　华
参　审　员　吴　佳
附　　图　2页

法律依据　专利法实施细则第13条第1款
决定要点

专利法实施细则第13条第1款关于禁止重复授权的规定，即同样的发明创造只能被授予一项专利。就外观设计而言，为防止外观设计专利权中间的相互冲突，无论是相同的外观设计，还是相近似的外观设计，也不论是否为同一申请人，均应按照上述行政法规的规定授予一项专利权。

一、案由

本无效宣告请求涉及申请日为2007年6月29日、公开日为2008年6月4日、名称为“声音或图像的记录或复制设备”、专利号为200730148751.9的外观设计专利，专利权人是苹果公司。

针对上述专利权（下称本专利），上海罗恩网络信息有限公司（下称请求人）于2008年11月21日向国家知识产权局专利复审委员会提出无效宣告请求，其无效理由为本外观设计专利分别相对于附件1~4不符合专利法第23条的规定，分别相对于附件5、附件6不符合专利法实施细则第13条第1款的规定。请求人提交了如下附件作为证据：

附件1：（2008）沪闵证字第3236号公证书复印件6页；

附件2：2004年第12期（总第108期）新潮电子封面、出版信息和第60页复印件，出版日期为2004年12月1日；

附件3：总第119期新潮电子封面、出版信息页和第45页复印件，出版日期为2005年6月1日出版；

附件4：2006年4月出版总第172期通信技术封面、出版信息页和第26页复印件；

附件5：中国外观设计200730148719.0号专利复印件5页，授权公告日为2008年6月4日；

附件6：中国外观设计200730148767.X号专利复印件5页，授权公告日为2008年7月16日。

经形式审查合格，专利复审委员会依法受理了上述无效宣告请求，于2008年12月12日向双方当事人发出无效宣告请求受理通知书，同时将请求人于2008年11月21日提交的无效宣告请求书及其附件清单中所列附件副本转给专利权人，要求在指定期限内答复。

本案合议组于2009年12月25日向双方当事人发出口头审理通知书，定于2009年2月19日对本案进行口头审理。

针对上述无效宣告请求，专利权人于2009年2月1日提交意见陈述书及其附件1-18。附件内容如下：

附件1-1：苹果公司赢得8项iF设计大奖的资料及其中文译文共计3页；

附件1-2：苹果公司赢得4项2008IDEA大奖的资料及其中文译文共计5页；

附件1-3：苹果公司获得设计奖的资料及其中文译文共计2页；

附件1-4：苹果公司获得red dot奖的资料及其中文译文共计3页；

附件1-5：Jonathan Ive因iPhone设计获得MDA奖的资料及其中文译文共计4页；

附件1-6：苹果公司的iPhone获奖的资料及其中文译文共计2页；

附件1-7：iPhone获奖的资料及其中文译文共计4页；

附件1-8：苹果公司的iPhone获奖的资料及其中文译文共计2页；

附件1-9：苹果公司的iPhone获2008D&AD奖的资料及其中文译文共计2页；

附件1-10：苹果公司的iPhone赢得产品设计奖的资料及其中文译文共计2页；

附件1-11：苹果公司iPhone获得2008创造奖的资料及其中文译文共计8页；

附件1-12：iPhone设计师Ive因iPhone获得MDA设计奖的资料及其中文译文共计7页；

附件1-13：苹果公司Jonathan Ive因iPhone设计获得MDA个人成就奖及其中文译文共计4页；

附件1-14：苹果公司获得red dot奖的资料及其中文译文共计8页；

附件1-15："时代"将iPhone命名为"年度发明"的资料及其中文译文共计3页；

附件1-16：iPhone获2008年全球设计奖的资料及其中文译文共计3页；

附件1-17：iPhone获2008年iF产品设计奖的资料及其中文译文共计18页；

附件1-18：关于请求人年检情况的资料复印件共4页。

专利权人认为：（1）请求人没有在该请求人工商登记的地址营业，同时，该请求人工商登记的档案机读材料显示该公司在2006年之后就没有再进行年检，也没有2006年之后的工商年检审计报告，专利权人认为上述无效宣告请求的请求人实际并不存在，该请求不应被受理。（2）附件1为网页，其内容在首次公开之后可以很容易地被改变，只能推定附件1的公开日是请求人对该网页进行公证的时间，即2008年9月26日，在本外观设计专利申请日之后，不属于在先设计，不能用于评价本外观设计专利的专利性。（3）附件1~4所示产品只包括相对较小的屏幕、大的下部输入区域，并且没有边框，均没有公开较大的显示区域、小的下部输入区域和边框这样的组合。本外观设计专利与附件1至附件4所示设计具有完全不同的整体视觉效果，符合专利法第23条的规定。（4）本外观设计专利与附件5、附件6的外观设计分类号不同，涉及不同的产品。附件5后视图、俯视图、仰视图和左视图均有一些附加技术特征，附件6后视图和侧视图具有一条水平线。所以，本外观设计专利与附件 5、附件 6 不属于同样的发明创造，符合专利法实施细则第 13 条第 1 款的规定。

因 2009 年 2 月 1 日提交的意见陈述书第 2 页图有误，专利权人又于 2009 年 2 月 3 日提交了无效宣告程序补正书，提交意见陈述书第 2 页的替换页。

口头审理如期举行，双方当事人均委托代理人出席了口头审理。在口头审理中，双方当事人对合议组成员无回避请求，对对方出庭人员身份无异议。合议组当庭将专利权人于 2009 年 2 月 1 日以及 2009 年 2 月 3 日针对本案提交的意见陈述书及其附件转送无效宣告请求人。请求人当庭提交了附件 1~4的原件，以及盖有工商部门的章的营业执照复印件。合议组要求请求人在口审之后 7 日内提交营业执照原件或相关的证明材料，供合议组与专利权人核实。专利权人对附件 1~4 的真实性没有异议，对附件 1 的公开日期有异议。请求人明确表示具体的无效理由：本外观设计专利相对于附件 1~4 均不符合第 23 条的规定，相对于附件 5 和附件 6 不符合专利法实施细则第 13 条第 1 款的规定。就上述无效理由，双方当事人充分发表了意见。专利权人当庭提交了附件 1-19 至附件 1-24，并声明是仅供合议组参考。合议组当庭告知专利权人其有权选择放弃某项或某两项专利权，如要放弃在口审结束后 7 日内，提交放弃的书面声明，并在一个月之内到国家知识产权局专利局办理相关手续。如果不放弃合议组根据审查指南第四部分第 7 章第 2 条的规定进行审查。

专利权人于 2009 年 2 月 26 日提交了意见陈述书，关于请求人提出的本外观设计专利相对于附件 5、附件 6 不符合专利法实施细则第 13 条第 1 款的无效理由，坚持认为三个外观设计专利涉及的产品不同，图片中所显示的外观设计之间具有差别，保护范围不同，不允许三项专利共存违背专利法的立法目的。

请求人于 2009 年 2 月 26 日提交了企业法人营业执照公证书以证明请求人具有企业法人资格。2009 年 3 月 9 日专利权人的代理人郭小军到专利复审委员会亲自核实了上述文件，对其内容无异议，并坚持口头审理中的意见。

二、决定的理由

1. 关于请求人的主体资格问题

专利权人认为：请求人没有在该请求人工商登记的地址营业，同时，该请求人工商登记的档案机读材料显示该公司在 2006 年之后就没有再进行年检，也没有 2006 年之后的工商年检审计报告，上述无效宣告请求的请求人实际并不存在。

合议组认为：专利权人在答复无效宣告请求受理通知书时提交的附件 1-18 仅能表明 2005 年度请求人的工商年检情况，不能证明按照相关的法律规定请求人的营业执照被吊销，其作为企业法人的主体资格不适格。同时，专利权人口审当庭提交盖有工商部门印章的营业执照复印件，请求人于 2009 年 2 月 26 日提交了企业法人营业执照公证书以证明请求人具有企业法人资格，专利权人的代理人亲自到专利复审委员会核实上述文件，并对其内容无异议。综上，专利权人提出的关于请求人的主体资格问题，合议组不予支持。

2. 法律依据

基于请求人提出的无效宣告请求的理由和证据，合议组依据专利法实施细则第 13 条第 1 款的规定对本案进行审理。

专利法实施细则第 13 条第 1 款规定："同样的发明创造只能被授予一项专利权。" 审查指南第四部分第七章第 1 节明确规定："对于外观设计而言，是指外观设计相同或相近似。"

3. 证据认定

请求人提交的附件 5 与本外观设计专利均为同一专利权人于同一日提出申请的外观设计专利，可以作为判断本外观设计专利是否符合专利法实施细则第 13 条第 1 款规定的证据使用。

4. 具体理由的阐述

附件 5 中公开了一种名称为“移动式通信装置”的外观设计（下称同日申请外观设计），本专利是声音或图像的记录或复制设备的外观设计，二者均是电子设备，均可以进行声音或图像数据处理，用途相近，属于类别相近似的产品，可以将二者进行相同和相近似比较。

同日申请外观设计公开了一种名称为“移动式通信装置”的外观设计，有 8 幅视图，包括两幅立体图及六面视图。从主视图观察，整体轮廓类似长方形，四角呈圆弧状，四周有一与设备整体轮廓相适应的边框线，上部中间位置有一小的矩形方框，下部有一条横线以区分显示区域与输入区域，显示区域在正面占据较大比例，输入区域正中间有一圆形图案。从后视图观察，整体轮廓类似长方形，四角呈圆弧状，左上角有一圆框。后视图在靠近下部的位置有一条直线将设备的背面分割成上下两部分，与其对应地，右视图和左视图下部靠近背面的位置上有一线段，右视图和左视图靠近显示屏的一侧有一条边框线。从俯视图、仰视图观察，整体轮廓类似跑道形，在俯视图靠近下部边线的位置、仰视图靠近上部边线的位置上均有一条直线。左视图、俯视图和仰视图还示出了一些通信装置功能性的附加特征（详见同日申请外观设计附图）。

本专利公开了一种名称为“声音或图像的记录或复制设备”的外观设计，有 8 幅视图，包括两幅立体图及六面视图。从主视图观察，整体轮廓类似长方形，四角呈圆弧状，四周有一与设备整体轮廓相适应的边框线，上部中间位置有一小的矩形方框，下部有一条横线以区分显示区域与输入区域，显示区域在正面占据较大比例，输入区域正中间有一圆形图案。从后视图观察，整体轮廓类似长方形，四角呈圆弧状。后视图在靠近下部的位置有一条直线将设备的背面分割成上下两部分，与其对应地，右视图和左视图下部靠近背面的位置上有一线段，右视图和左视图靠近显示屏的一侧有一条边框线。从俯视图、仰视图观察，整体轮廓类似跑道形，在俯视图靠近下部边线的位置、仰视图靠近上部边线的位置上均有一条直线（详见本专利附图）。

将同日申请外观设计与本专利相比较可知，二者的相同点在于：主视图均为整体轮廓类似长方形，四角呈圆弧状，四周有一与设备整体轮廓相适应的边框线，上部中间位置有一小的矩形方框，下部有一条横线以区分显示区域与输入区域，显示区域在正面占据较大比例，输入区域正中间有一圆形图案，即二者主视图完全相同。后视图整体轮廓类似长方形，四角呈圆弧状，靠近下部的位置有一条直线将设备的背面分割成上下两部分。右视图和左视图下部靠近背面的位置上有一线段，靠近显示屏的一侧有一条边框线，即右视图和左视图完全相同。俯视图、仰视图整体轮廓均为类似跑道形，俯视图靠近下部边线的位置、仰视图靠近上部边线的位置上均有一条直线。二者的不同点在于：同日申请外观设计后视图、左视图、俯视图以及仰视图上均有一些通信装置功能性的附加特征。本专利和同日申请外观设计的主视图是一般消费者区别二者的视觉注目部位，本案中二者的主视图完全相同，由于上述两个电子设备较薄，相对来讲，侧面较窄，属于易被视觉忽略的部位。上述区别点所述的功能性附加特征并不是由产品的功能唯一限定的特定形状，其形状、大小均是符合业内相关标准的惯常设计，而且上述设计是在使用状态不易见的部位，对整体视觉效果不具有显著的影响。不易引起消费者的注意，故根据整体观察、综合判断的原则，上述差别对整体视觉效果不具有显著影响，因此本专利与同日申请外观设计属于相近似的外观设计，本专利不符合专利法实施细则第 13 条第 1 款的规定。

基于本专利已不符合专利法实施细则第 13 条第 1 款的规定，对于请求人提出的其他无效理由在此不予评述。

三、决定

宣告 200730148751.9 号外观设计专利权全部无效。当事人如对本决定不服，可依据专利法第 46 条第 2 款的规定，自收到本决定之日起三个月内向北京市第一中级人民法院起诉。根据该款的规定，一方当事人起诉后，另一方当事人应当作为第三人参加诉讼。

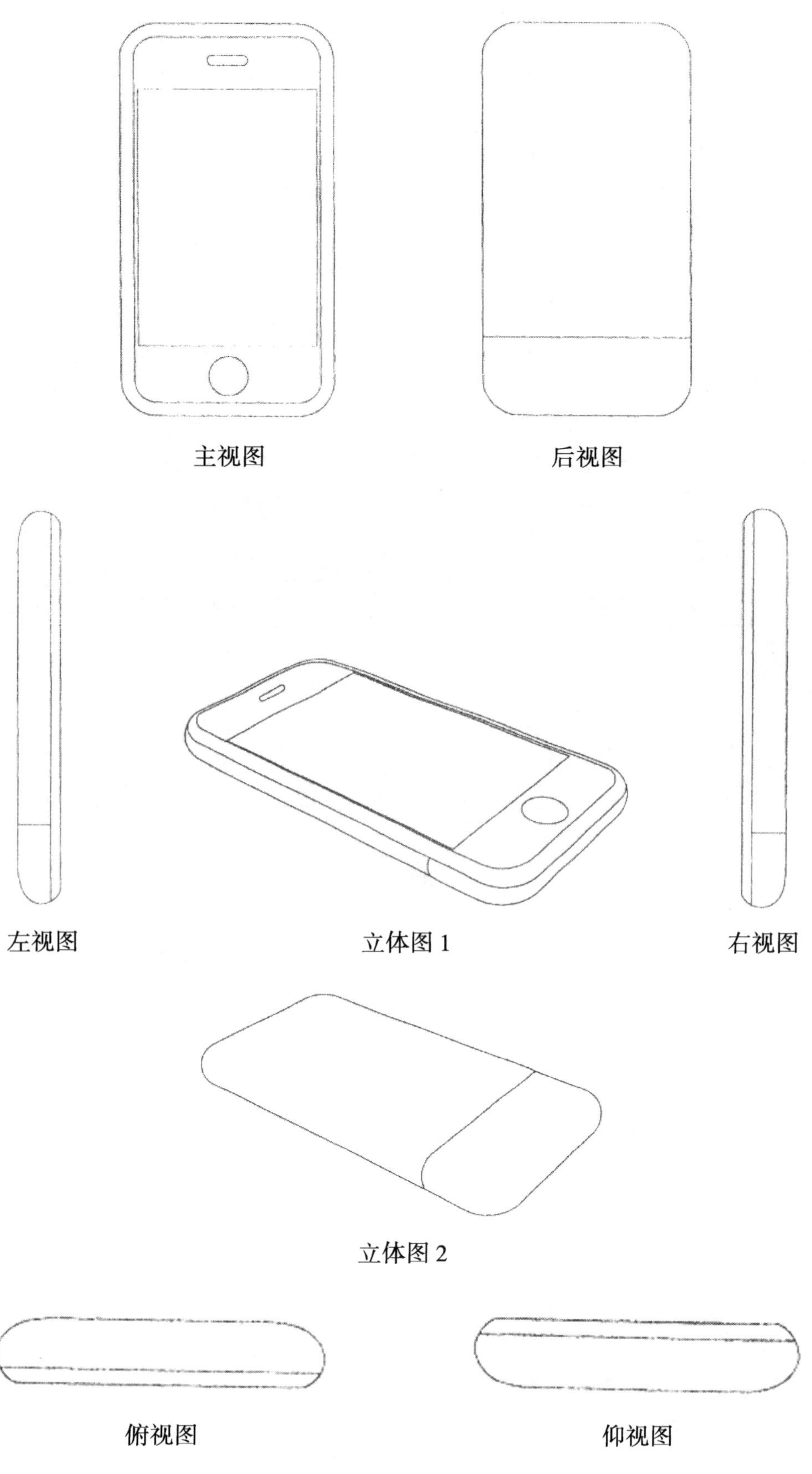

本专利附图

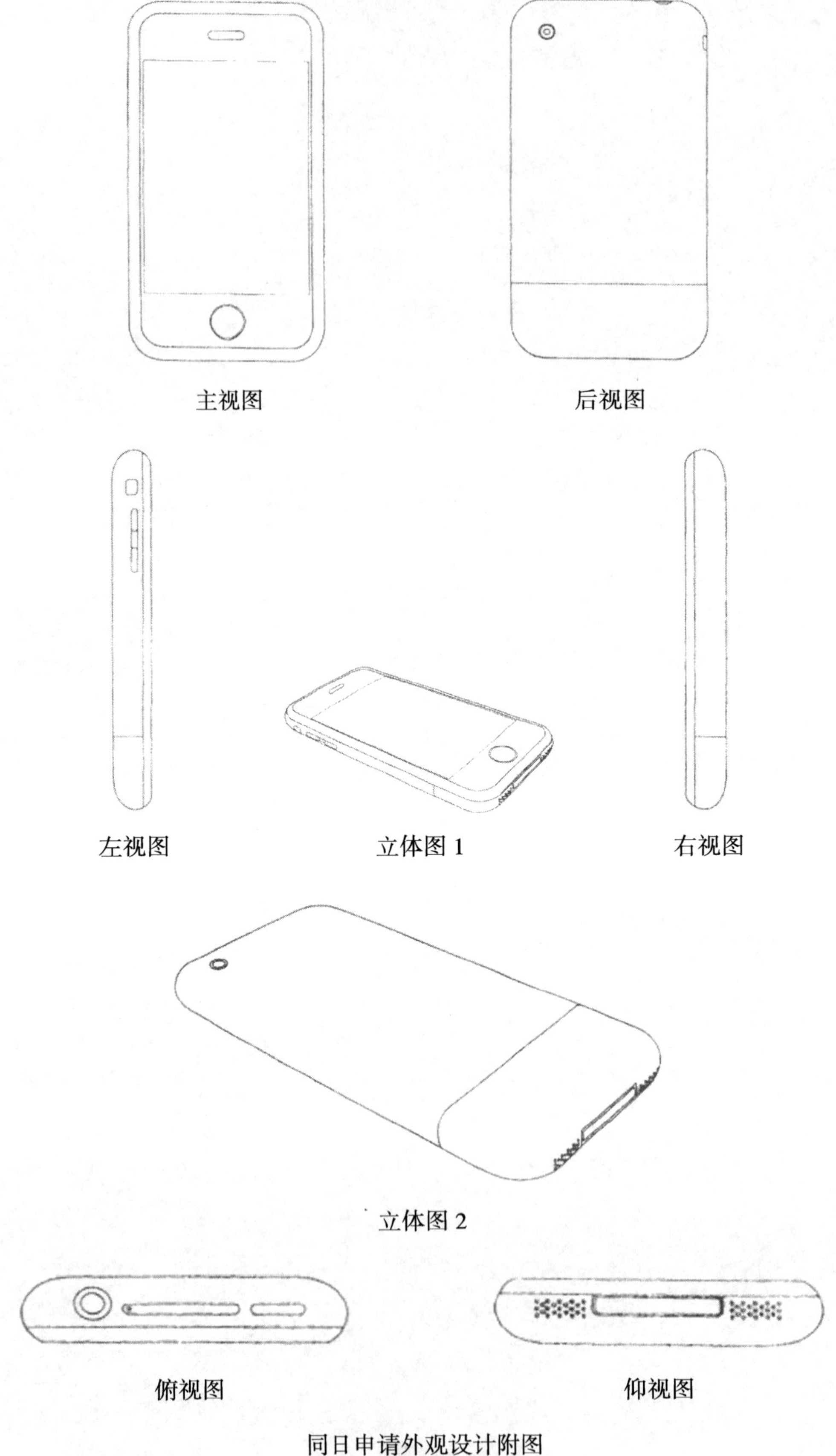

同日申请外观设计附图

191

数据处理装置

无效宣告请求审查决定（第13150号）

决　　定　　号　第13150号
决　　定　　日　2009年3月19日
发明创造名称　数据处理装置
外观设计分类号　14-02
专　利　权　人　苹果公司
无效宣告请求人　上海罗恩网络信息有限公司
专　　利　　号　200730148767.X
申　　请　　日　2007年6月29日
授权公告日　2008年7月16日
合议组组长　吴赤兵
主　　审　　员　程　华
参　　审　　员　吴　佳
附　　　　　图　2页

法律依据　专利法实施细则第13条第1款
决定要点

专利法实施细则第13条第1款关于禁止重复授权的规定，即同样的发明创造只能被授予一项专利。就外观设计而言，为防止外观设计专利权中间的相互冲突，无论是相同的外观设计，还是相近似的外观设计，也不论是否为同一申请人，均应按照上述行政法规的规定授予一项专利权。

一、案由

本无效宣告请求涉及申请日为2007年6月29日、公开日为2008年7月16日、名称为“数据处理装置”、专利号为200730148767.X的外观设计专利申请，专利权人是苹果公司。

针对上述专利权（下称本专利），上海罗恩网络信息有限公司（下称请求人）于2008年11月21日向国家知识产权局专利复审委员会提出无效宣告请求，其无效理由为本外观设计专利分别相对于附件1~4不符合专利法第23条的规定，分别相对于附件5、附件6不符合专利法实施细则第13条第1款的规定。请求人提交了如下附件作为证据：

附件1：（2008）沪闵证字第3236号公证书复印件6页；

附件2：2004年第12期（总第108期）新潮电子封面、出版信息和第60页复印件，出版日期为2004年12月1日；

附件3：总第119期新潮电子封面、出版信息页和第45页复印件，出版日期为2005年6月1日出版；

附件4：2006年4月出版总第172期通信技术封面、出版信息页和第26页复印件；

附件5：中国外观设计200730148719.0号专利复印件5页，专利权人为苹果公司，申请日为2007年6月29日，授权公告日为2008年6月4日；

附件6：中国外观设计200730148767.X号专利复印件5页，专利权人为苹果公司，申请日为2007年6月29日，授权公告日为2008年7月16日。

经形式审查合格，专利复审委员会依法受理了上述无效宣告请求，于2008年12月11日向双方当事人发出无效宣告请求受理通知书，同时将请求人于2008年11月21日提交的无效宣告请求书及其附件清单中所列附件副本转给专利权人，要求在指定期限内答复。

本案合议组于2009年1月15日向双方当事人发出口头审理通知书，定于2009年2月19日对本案进行口头审理。

针对上述无效宣告请求，专利权人于2009年2月1日提交意见陈述书及其附件1-18。附件内容如下：

附件1-1：苹果公司赢得8项iF设计大奖的资料及其中文译文共计3页；

附件1-2：苹果公司赢得4项2008IDEA大奖的资料及其中文译文共计5页；

附件1-3：苹果公司获得设计奖的资料及其中文译文共计2页；

附件1-4：苹果公司获得red dot奖的资料及其中文译文共计3页；

附件1-5：Jonathan Ive因iPhone设计获得MDA奖的资料及其中文译文共计4页；

附件1-6：苹果公司的iPhone获奖的资料及其中文译文共计2页；

附件1-7：iPhone获奖的资料及其中文译文共计4页；

附件1-8：苹果公司的iPhone获奖的资料及其中文译文共计2页；

附件1-9：苹果公司的iPhone获2008D&AD奖的资料及其中文译文共计2页；

附件1-10：苹果公司的iPhone赢得产品设计奖的资料及其中文译文共计2页；

附件1-11：苹果公司iPhone获得2008创造奖的资料及其中文译文共计8页；

附件1-12：iPhone设计师Ive因iPhone获得MDA设计奖的资料及其中文译文共计7页；

附件1-13：苹果公司Jonathan Ive因iPhone设计获得MDA个人成就奖及其中文译文共计4页；

附件1-14：苹果公司获得red dot奖的资料及其中文译文共计8页；

附件1-15："时代"将iPhone命名为"年度发明"的资料及其中文译文共计3页；

附件1-16：iPhone获2008年全球设计奖的资料及其中文译文共计3页；

附件1-17：iPhone获2008年iF产品设计奖的资料及其中文译文共计18页；

附件1-18：关于请求人年检情况的资料。

专利权人认为：（1）请求人没有在该请求人工商登记的地址营业，同时，该请求人工商登记的档案机读材料显示该公司在2006年之后就没有再进行年检，也没有2006年之后的工商年检审计报告，专利权人认为上述无效宣告请求的请求人实际并不存在，该请求不应被受理。（2）附件1为网页，其内容在首次公开之后可以很容易地被改变，只能推定附件1的公开日是请求人对该网页进行公证的时间，即2008年9月26日，在本外观设计专利申请日之后，不属于在先设计，不能用于评价本外观设计专利的专利性。（3）附件1~4所示产品只包括相对较小的屏幕、大的下部输入区域，并且没有边框，均没有公开较大的显示区域、小的下部输入区域和边框这样的组合。本外观设计专利与附件1~4所示设计具有完全不同的整体视觉效果，符合专利法第23条的规定。（4）本外观设计专利与附件5、附件6的外观设计分类号不同，涉及不同的产品。附件5后视图和侧视图具有一条水平线，附件6后视图、俯视图、仰视图和左视图均有一些附加技术特征，所以，本外观设计专利与附件5、附件6不属于同样的发明创造，符合专利法实施细则第13条第1款的规定。

专利权人又于2009年2月3日提交了无效宣告程序补正书。因2009年2月1日提交的意见陈述书第2页图有误，提交替换页。

口头审理如期举行，双方当事人均委托代理人出席了口头审理。在口头审理中，双方当事人对合议组成员无回避请求，对对方出庭人员身份无异议。合议组当庭将专利权人于2009年2月1日以及2009年2月3日针对本案提交的意见陈述书及其附件转送无效宣告请求人。请求人当庭提交了附件1~4的原件，以及盖有工商部门印章的营业执照复印件。合议组要求请求人在口头审理之后7日内提交营业执照原件或相关的证明材料，供合议组与专利权人核实。专利权人对附件1~4的真实性没有异议，对附件1的公开日期有异议。请求人明确表示具体的无效理由为：本案专利分别相对于附件1~4均不符合第23条的规定，分别相对于附件5和附件6不符合专利法实施细则第13条第1款的规定。就上述无效理由，双方当事人充分发表了意见。专利权人当庭提交了附件1-19至附件1-24，并声明是仅供合议组参考。合议组当庭告知专利权人其有权选择放弃某项或某两项专利权，如要放弃在口审结束后7日内，提交放弃的书面声明，并在一个月之内到国家知识产权局专利局办理相关手续。如果不放弃合议组根据审查指南第四部分第7章第2节的规定进行审查。

专利权人于2009年2月26日提交了意见陈述书，关于请求人提出的本外观设计专利相对于附件5、附件6不符合专利法实施细则第13条第1款的无效理由，坚持认为三个外观设计专利涉及的产品不同，图片中所显示的外观设计之间具有差别，保护范围不同，不允许三项专利共存违背专利法的立法目的。

专利复审委员会于2009年3月3日收到了请求人提交的企业法人营业执照公证书以证明请求人具有企业法人资格。2009年3月9日专利权人的代理人郭小军到专利复审委员会亲自核实了上述文件，对其内容无异议，并坚持口头审理中的意见。

在上述工作的基础上，合议组认为本案事实已经清楚，可以依法作出审查决定。

二、决定的理由

1. 关于请求人的主体资格问题

专利权人认为：请求人没有在该请求人工商登记的地址营业，同时，该请求人工商登记的档案机读材料显示该公司在2006年之后就没有再进行年检，也没有2006年之后的工商年检审计报告，上述无效宣告请求的请求人实际并不存在。

合议组认为：专利权人在答复无效宣告请求受理通知书时提交的附件1~18仅能表明2005年度请求人的工商年检情况，不能证明按照相关的法律规定请求人的营业执照被吊销，其作为企业法人的主体资格不适格。同时，专利权人口头审理当庭提交盖有工商部门印章的营业执照复印件，专利复审委员会于2009年3月3日收到了请求人提交的企业法人营业执照公证书，专利权人的代理人亲自到专利复审委员会核实上述文件，并对其内容无异议。综上，专利权人提出的关于请求人的主体资格问题，合议组不予支持。

2. 法律依据

基于请求人提出的无效宣告请求的理由和证据，合议组依据专利法实施细则第13条第1款的规定对本案进行审理。

专利法实施细则第13条第1款规定："同样的发明创造只能被授予一项专利权。"审查指南第四部分第七章第1节明确规定："对于外观设计而言，是指外观设计相同或相近似。"

3. 证据认定

请求人提交的附件 6 与本外观设计专利均为同一专利权人于同一日提出申请的外观设计专利，可以作为判断本专利是否符合专利法实施细则第 13 条第 1 款规定的证据使用。

4. 具体理由的阐述

附件 6 中公开了一种名称为“移动式通信装置”的外观设计（下称同日申请外观设计），本专利是数据处理装置的外观设计，二者均是电子设备，均可以进行数据处理，用途相近，属于类别相近似的物品，可以将二者进行相同和相近似比较。

同日申请外观设计公开了一种名称为“移动式通信装置”的外观设计，有 8 幅视图，包括两幅立体图及六面视图。从主视图观察，整体轮廓类似长方形，四角呈圆弧状，四周有一与设备整体轮廓相适应的边框线，上部中间位置有一小的矩形方框，下部有一条横线以区分显示区域与输入区域，显示区域在正面占据较大比例，输入区域正中间有一圆形图案。从后视图观察，整体轮廓类似长方形，四角呈圆弧状，左上角有一圆框，在靠近下部的位置有一条直线将设备的背面分割成上下两部分，与其对应地，右视图和左视图下部靠近背面的位置上有一线段。从俯视图、仰视图观察，整体轮廓类似跑道形，在俯视图靠近下部边线的位置、仰视图靠近上部边线的位置上均有一条线。左视图、俯视图和仰视图还示出了一些通信装置功能性的附加特征（详见同日申请外观设计附图）。

本专利公开了一种名称为“数据处理装置”的外观设计，有 8 幅视图，包括两幅立体图及六面视图。从主视图观察，整体轮廓类似长方形，四角呈圆弧状，四周有一与设备整体轮廓相适应的边框线，上部中间位置有一小的矩形方框，下部有一条横线以区分显示区域与输入区域，显示区域在正面占据较大比例，输入区域正中间有一圆形图案。从后视图观察，整体轮廓类似长方形，四角呈圆弧状。右视图和左视图靠近显示屏的一侧有一条边框线。从俯视图、仰视图观察，整体轮廓类似跑道形，在俯视图靠近下部边线的位置、仰视图靠近上部边线的位置上均有一条直线（详见本专利附图）。

将本专利与同日申请外观设计相比较可知，二者的相同点在于：主视图均为整体轮廓类似长方形，四角呈圆弧状，四周有一与设备整体轮廓相适应的边框线，上部中间位置有一小的矩形方框，下部有一条横线以区分显示区域与输入区域，显示区域在正面占据较大比例，输入区域正中间有一圆形图案，即二者主视图完全相同；后视图、左视图、右视图整体轮廓相同，右视图和左视图靠近显示屏的一侧有一条边框线；俯视图、仰视图整体轮廓均为类似跑道形，俯视图靠近下部边线的位置、仰视图靠近上部边线的位置上均有一条直线。二者的不同点在于：同日申请外观设计后视图、左视图、俯视图以及仰视图上均有一些通信装置功能性的附加特征；同日申请外观设计后视图靠近下部的位置有一条直线将设备的背面分割成上下两部分，与其对应地，右视图和左视图下部靠近背面的位置上有一线段。本专利和同日申请外观设计的主视图是一般消费者区别二者的视觉注目部位，由于上述两个电子设备较薄，相对来讲，侧面较窄，属于易被视觉忽略的部位。上述区别点所述的功能性附加特征并不是由产品的功能唯一限定的特定形状，其形状、大小均是符合业内相关标准的惯常设计，同时将设备背面外壳设置成一个整体或分成两部分构成均是惯常设计，而且上述设计是在使用状态不易见的部位，对整体视觉效果不具有显著的影响，不易引起消费者的注意。故根据整体观察、综合判断的原则，上述差别对整体视觉效果不具有显著影响，因此本专利与同日申请外观设计属于相近似的外观设计，本专利不符合专利法实施细则第 13 条第 1 款的规定。

基于本专利已不符合专利法实施细则第 13 条第 1 款的规定，对于请求人提出的其他无效理由在此不予评述。

三、决定

宣告200730148767.X号外观设计专利权全部无效。当事人如对本决定不服，可依据专利法第46条第2款的规定，自收到本决定之日起三个月内向北京市第一中级人民法院起诉。根据该款的规定，一方当事人起诉后，另一方当事人应当作为第三人参加诉讼。

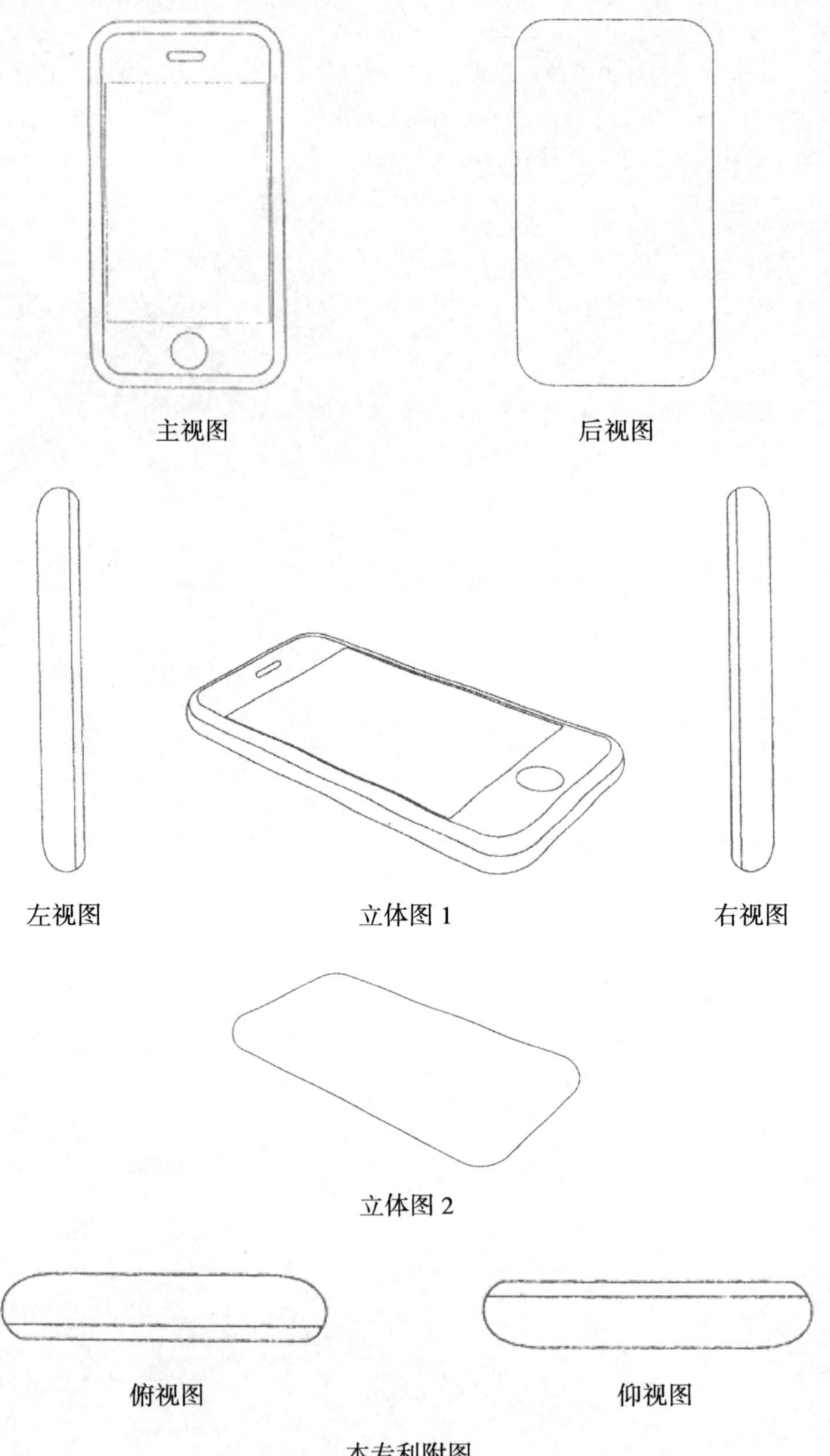

本专利附图

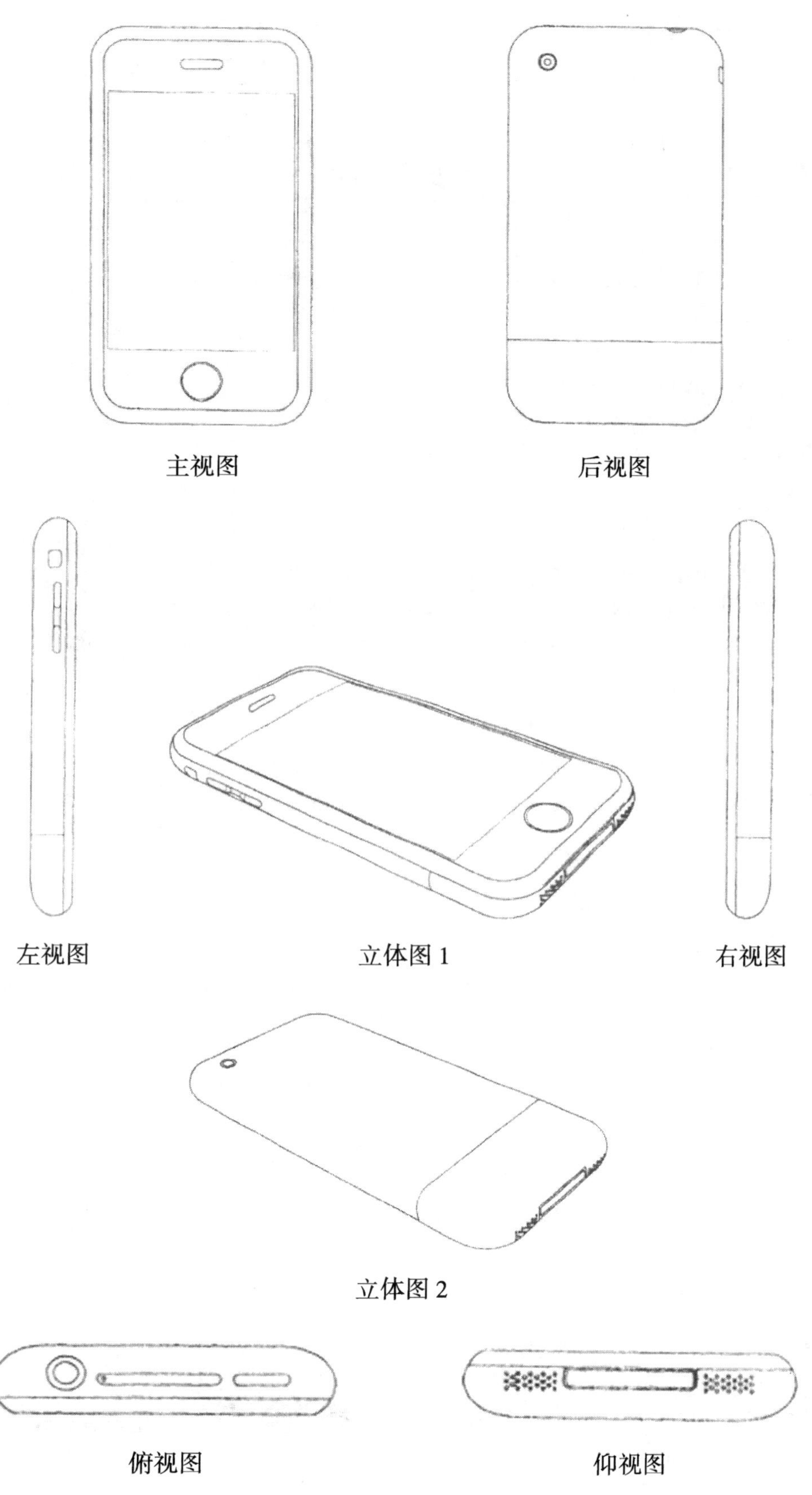

主视图　后视图

左视图　立体图 1　右视图

立体图 2

俯视图　仰视图

同日申请外观设计附图

驾驶室（501）

无效宣告请求审查决定（第13151号）

决　　定　　号　第13151号
决　　定　　日　2009年4月1日
发明创造名称　驾驶室（501）
外观设计分类号　12-08
无效宣告请求人　五十铃自动车株式会社
专　利　权　人　中国第一汽车集团公司
专　　利　　号　200630312932.6
申　　请　　日　2006年12月27日
授 权 公 告 日　2008年3月19日
合 议 组 组 长　张雪飞
主　　审　　员　王　红
参　　审　　员　尹春霞
附　　　　　图　3页

法　律　依　据　专利法第23条
决　定　要　点
本专利与在先设计的车前部差别对整体视觉效果具有显著影响，应属于不相同也不相近似的外观设计。

一、案由

本无效宣告请求涉及的是国家知识产权局于2008年3月19日授权公告的200630312932.6号外观设计专利，使用该外观设计的产品名称为"驾驶室（501）"，申请日是2006年12月27日，专利权人是中国第一汽车集团公司。

针对上述专利权（下称本专利），五十铃自动车株式会社（下称请求人）于2008年9月16日向专利复审委员会提出无效宣告请求，其依据的事实和理由是：在本专利申请日前，已有与其相近似的外观设计在出版物上公开发表过，因此，本专利不符合专利法第23条的规定。请求人同时提交了如下附件作为证据：

附件1：本专利的公开图片及著录项目打印件1页；

附件2：200330124448.7号外观设计专利的公开图片及著录项目打印件1页。

请求人认为，附件2所公开的在先设计与本专利的形状极其相近似，本专利不符合专利法第23

条的有关规定。

专利复审委员会经形式审查合格后受理了该无效宣告请求，并于2008年10月22日将请求人提交的无效宣告请求书及附件的副本转送专利权人。

专利复审委员会于2008年11月21日向双方当事人发出合议组成员告知通知书。

专利权人于2008年12月8日提交了意见陈述书，认为请求人提交的证据是真实的，但与本专利相比属于不相同且不相近似的外观设计，因此本专利符合专利法第23条的规定。

专利权人于2009年1月19日再次提交意见陈述书，请求合议组对本案进行口头审理。

专利复审委员会于2009年2月10日向双方当事人发出口头审理通知书，定于2009年3月9日进行口头审理。

口头审理如期举行，双方当事人均委托代理人出席口头审理，双方对对方出庭人员的身份和资格均无异议，对合议组成员也无回避请求。在口头审理中，请求人以附件2证明本专利不符合专利法第23条的规定。专利权人结合本专利与在先设计的相应视图说明二者即不相同，也不相近似。双方各自坚持原有意见。

请求人当庭提出，本专利不是完整产品，不符合专利法实施细则第2条第3款的规定。合议组当庭告知，根据专利法实施细则第66条规定，该证明属于超期提出的理由，本案不予考虑。

在上述审理的基础上，合议组经合议，认为本案事实清楚，依法作出本审查决定。

二、决定的理由

1. 法律依据

基于请求人提出的无效宣告请求的理由，合议组依据专利法第23条的规定对本案进行审理。

专利法第23条规定："授予专利权的外观设计，应当同申请日以前在国内外出版物上公开发表过或者国内公开使用过的外观设计不相同和不相近似，并不得与他人在先取得的合法权利相冲突。"

请求人在口审中增加专利法实施细则第2条第3款作为理由，对此合议组认为，根据专利法实施细则第66条规定："在专利复审委员会受理无效宣告请求后，请求人可以在提出无效宣告请求之日起1个月内增加理由或者补充证据。逾期增加理由或者补充证据的，专利复审委员会可以不予考虑。基于请求人在口审中提出的理由超出法定期限，本案不予考虑。"

2. 证据认定

请求人提交的附件2是200330124448.7号外观设计专利的公开图片及著录项目复印件。合议组经核实，其内容属实。其授权公告日是2004年10月6日，早于本专利的申请日（2006年12月27日），属于专利法第23条所规定的公开出版物，适用于本案。

3. 外观设计相同和相近似对比

附件2所示为汽车驾驶室的外观设计（下称在先设计），本专利也为汽车驾驶室的外观设计，二者用途相同，属于相同类别的产品，可以进行外观设计相同和相近似比较。

本专利公开了"驾驶室"的主视图、后视图、右视图、俯视图和立体图。从主视图看，前部风挡玻璃较宽阔，其下部面板中间部分向前突出，两侧脚板相对于中间部分向后凹陷，上沿与底部成弧线，中部突起，两侧下沉，前面板呈近似"T"字形；格栅是长条开口，呈两长条孔形；保险杠较宽；底盖是圆弧的曲线；前玻璃较宽。从右视图看，侧窗平直；腰线位于同一水平直线，整体造型连贯；脚踏板呈水平；外轮廓上部线条有明显的内凹，顶部线条平直，弧度小（详见本专利附图）。

在先设计公开了"驾驶室"的主视图、右视图、后视图、俯视图、仰视图、立体图和使用状态参考图。从主视图看，前部风挡玻璃窄，其下部面板中间部分向内凹陷，其前面板呈近似"Y"字形；格栅划分了分割部分，呈六个孔形；保险杠基本与车的宽度相等；在车前两侧安装有车灯。从右视图看，侧面的窗玻璃设计有棱角，呈水平状；车窗两侧的肋部具有台阶部（详见在先设计附图）。

将本专利与在先设计相比较，两者的主要相同点为：驾驶室的外轮廓线相近似，各部分组成基本相同。其主要的不同点为：从主视图看，前风挡玻璃的下部面板部分不同，本专利是横向与玻璃等宽，而在先设计装饰板被两侧的前板所遮挡；二者的前部的板架不同，本专利前部风挡玻璃较宽阔，面板中间部分向前突出，两侧脚板相对于中间部分向后凹陷，上沿与底部成弧线，中部突起，两侧下沉，前面板呈近似“T”字形，而在先设计前部风挡玻璃窄，面罩中间部分向内凹陷，其前面板呈近似“Y”字形；格栅形状不同，本专利呈两长条孔形，而在先设计呈六个孔形。

综上所述，虽然二者存在上述相同点，但由于上述前部面板和格栅等处的设计明显不同，足以导致视觉瞩目的车前部产生明显不同的视觉效果，从而对本专利与在先设计的整体视觉效果产生显著影响，因此，二者属于不相同且不相近似的外观设计。

4. 结论

本专利与在先设计不相同也不相近似，因此请求人提出本专利不符合专利法第 23 条的理由不能成立。

三、决定

维持 200630312932.6 号外观设计专利权有效。

当事人对本决定不服的，可以根据专利法第 46 条第 2 款的规定，自收到本决定之日起三个月内向北京市第一中级人民法院起诉。根据该款的规定，一方当事人起诉后，另一方当事人应当作为第三人参加诉讼。

主视图

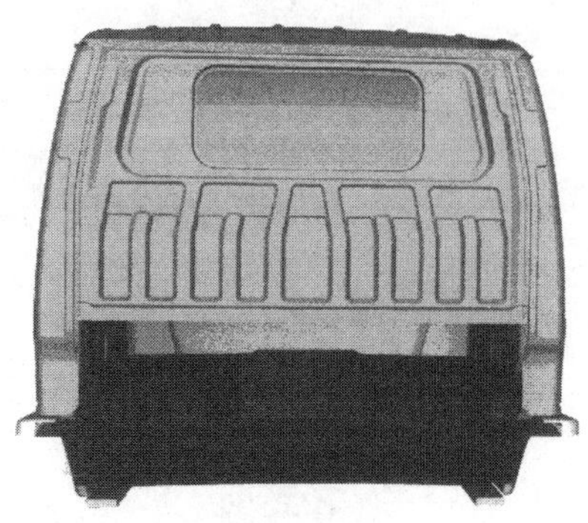

后视图

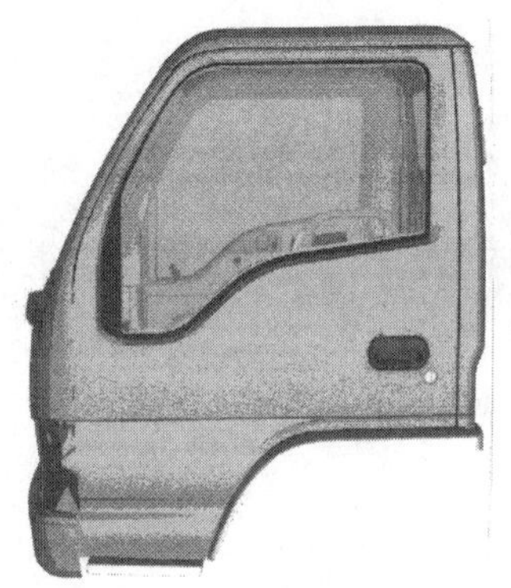

右视图

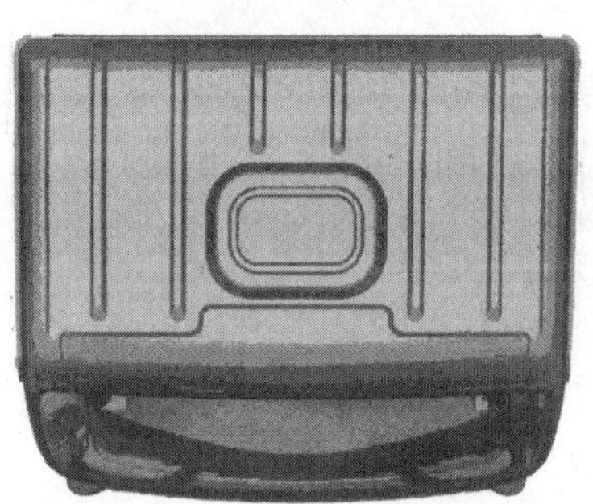

俯视图

立体图

本专利附图

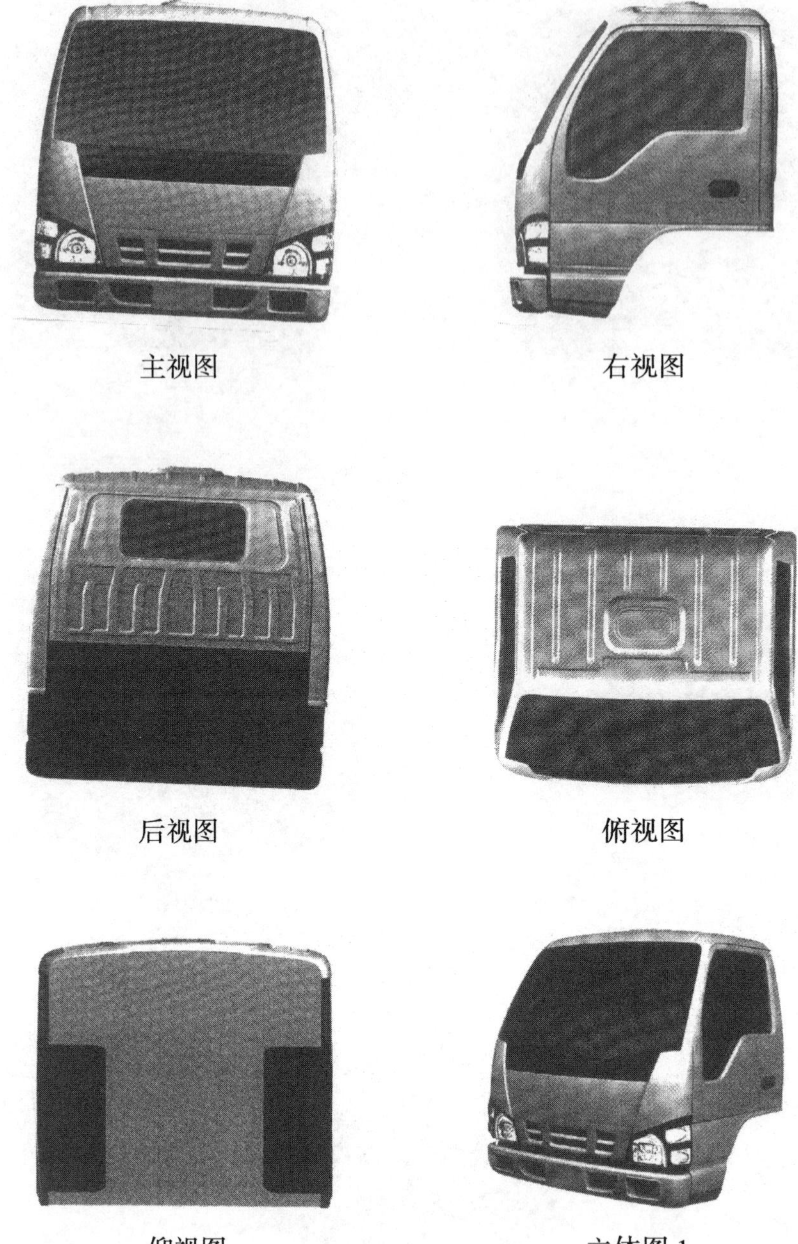

主视图　　右视图

后视图　　俯视图

仰视图　　立体图 1

本专利附图（续）

立体图 2

使用状态参考图 1

使用状态参考图 2

在先设计附图

193

被动红外探测器（幕帘式 LH-912D）

无效宣告请求审查决定（第 13152 号）

决　定　号　第 13152 号
决　定　日　2009 年 4 月 1 日
发明创造名称　被动红外探测器（幕帘式 LH-912D）
外观设计分类号　10-05
无效宣告请求人　深圳市精华隆安防设备有限公司
专　利　权　人　深圳市豪恩安全科技有限公司
专　利　号　200330104638.2
申　请　日　2003 年 11 月 11 日
授权公告日　2004 年 6 月 16 日
合议组组长　钟　华
主　审　员　徐清平
参　审　员　雷　婧
附　　图　1 页

法律依据　专利法第 23 条
决定要点

本专利与在先设计所示红外探测器在整体形状及正面凹槽设计上均存在明显差别，其对整体视觉效果具有显著影响，因此，二者属于不相同且不相近似的外观设计。

一、案由

本无效宣告请求涉及的是国家知识产权局于 2004 年 6 月 16 日授权公告的 200330104638.2 号外观设计专利，使用该外观设计的产品名称为“被动红外探测器（幕帘式 LH-912D）”，申请日是 2003 年 11 月 11 日，专利权人是深圳市豪恩安全科技有限公司。

针对上述专利权（下称本专利），深圳市精华隆安防设备有限公司（下称请求人）于 2008 年 11 月 6 日向专利复审委员会提出无效宣告请求，其依据的事实和理由是：本专利与其申请日之前公开的外观设计专利所示红外探测器外观设计相近似，具体对比分析可以看出，在先专利的外观设计特点是在近似长方体的产品下部之上设置有一个圆弧状凸起，在凸起部分中部设置一凹槽，在凹槽内有三个圆弧面形波浪状，本专利完全抄袭了在先专利的设计要点，除了在边角部分圆弧过渡的大小不同、侧边稍微带有一点弧线外，其余部分完全相同，而边角部分圆弧过渡的大小不同、侧边稍微带一点弧线这种细微的区别并没有本质的设计改进，也没有对外设计产生显著区别，因此，二者属于相近似的外观设计，本专利不符合专利法第 23 条的规定。请求人提交了如下附件作为证据：

附件 1：从国家知识产权局网站下载的 02360235. X 号外观设计专利公告文本打印件 1 页。

专利复审委员会经形式审查合格受理了该无效宣告请求，并于 2008 年 11 月 7 日将无效宣告请求书及其附件的副本转送给专利权人，通知其在指定期限内陈述意见。

2008 年 12 月 15 日专利权人提交了意见陈述书，将本专利与附件 1 所示外观设计进行了详细分析对比，认为二者存在很大区别，不论从外形设计还是各局部的设计，其差别对于产品外观设计的视觉效果具有显著影响，尤其是对于一般消费者视觉感观最深的产品正面形象，二者之间有极大差别；在先专利从整体来讲有一种方方正正的感觉，而本专利是一种带有现代美术感的异形设计，这是二者的根本区别，一般消费者不会将二者误认、混同，其属于不相近似的外观设计，请求人的无效宣告请求理由不能成立。专利权人同时提交了本专利申请文件的外观设计图片复印件、本专利与在先专利实物照片对照页、本专利与在先专利公告中的图片对照页作对比参考说明。

专利复审委员会依法成立合议组对本案进行审理，于 2009 年 2 月 6 日向请求人和专利权人发出口头审理通知书，定于 2009 年 3 月 12 日对本案进行口头审理。同时将上述专利权人的意见陈述转送给请求人。

口头审理如期举行，请求人和专利权人均委托代理人参加了审理，双方对对方参加口头审理人员的身份和资格无异议，对合议组成员无回避请求。专利权人对请求人提交附件 1 所示专利公告文本内容的真实性无异议，并认可其已在本专利申请日之前公开发表过。双方对本专利与附件 1 所示外观设计是否相近似进行了具体分析对比，详细陈述了意见，并坚持原书面意见。

经过上述审理，合议组经合议，认为本案事实清楚，依法作出本审查决定。

二、决定的理由

基于请求人提出无效宣告请求所依据的事实和理由，合议组对本专利是否符合专利法第 23 条的规定进行审查。

专利法第 23 条规定："授予专利权的外观设计，应当同申请日以前在国内外出版物上公开发表过或者国内公开使用过的外观设计不相同和不相近似，并不得与他人在先取得的合法权利相冲突。"

请求人提交的作为证据的附件 1 是从国家知识产权局网站下载的 02360235. X 号外观设计专利公告文本，其所示专利授权公告日为 2003 年 4 月 2 日，使用外观设计的产品名称为"红外探测器（shadow-XL）"，经合议组核实，附件 1 所示内容属实，其外观设计公告日在本专利申请日之前，属于本专利申请日之前公开发表的外观设计（下称在先设计），可适用专利法第 23 条的规定作为本案证据。

在先设计为"红外探测器"的外观设计，与本专利使用外观设计的产品"被动红外探测器"用途相同，属相同种类的产品，现将二者是否相同或相近似作如下对比认定：

本专利包括主视图、左视图、右视图、仰视图、后视图和和立体图。从正面观察，所示红外探测器两端为凸出的近似半圆形、两侧边为内凹的弧形设计，中部有弧形边纵向凹槽设计，凹槽底面呈三段起伏弧面；从侧面观察其中部朝向正面方向呈弧形隆起；另有指示灯、插孔等设计（详见本专利附图）。

在先设计包括六幅正投影视图和立体图。从正面观察，所示红外探测器两端略呈弧形凸出、两侧边为直边设计，中部有直边纵向凹槽设计，凹槽底面呈三段起伏弧面；从侧面观察其中部朝向正面方向呈弧形隆起；另有指示灯、插孔等设计（详见在先设计附图）。

将本专利与在先设计相比较，二者所示红外探测器均在正面中部有纵向凹槽设计，凹槽底面呈三段起伏弧面，二者在侧面中部均呈弧形隆起，二者主要不同之处在于正面两端部、两侧边的形状及凹槽边线形存在明显差异。合议组认为，单从侧面正投影观察，虽然二者中部均呈相近似的弧形隆起，但将其与正面相应部分外形相结合可以看出，二者在该部分的立体形状亦即正面所示凹槽的两侧边，其存在明显差别，本专利为向内凸出的带有斜面的弧形边，而在先设计为无斜面直边；在整体形状设计上，本专利正面为两端呈凸出的近似半圆形、两侧边呈弧形内凹的非规则外形，而在先设计为两端面略呈弧形凸出的类似矩形设计，其整体外形存在明显差别；由于二者在整体形状及正面凹槽设计均存在上述明显差别，其对整体视觉效果具有显著影响，因此，二者属于不相同且不相近似的外观设计。

综上所述，本专利与请求人提交的证据所示在先设计不相同也不相近似，请求人以此证明本专利不符合专利法第 23 条规定的主张不能成立。

三、决定

维持 200330104638. 2 号外观设计专利权有效。

当事人对本决定不服的，可以根据专利法第 46 条第 2 款的规定，自收到本决定之日起三个月内向北京市第一中级人民法院起诉。根据该款的规定，一方当事人起诉后，另一方当事人应当作为第三人参加诉讼。

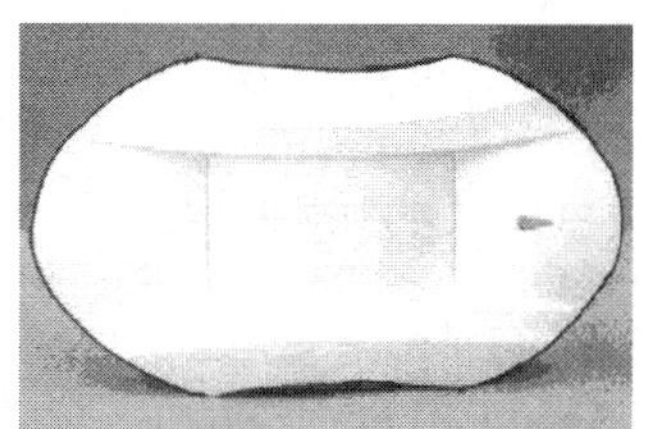
主视图

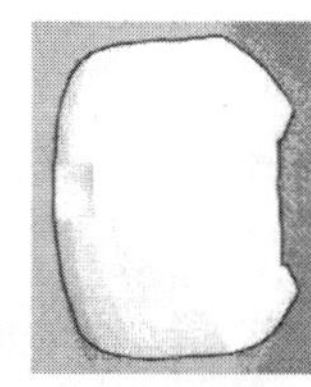
左视图

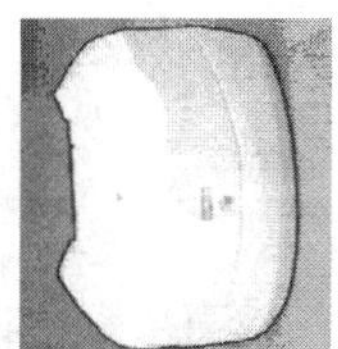
右视图

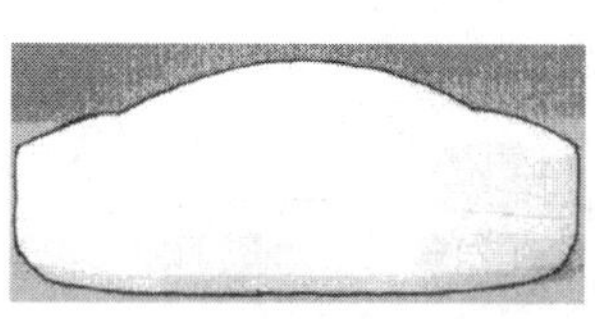
俯视图

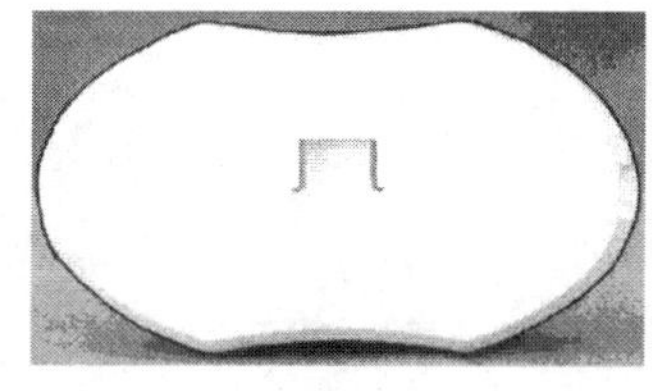
后视图

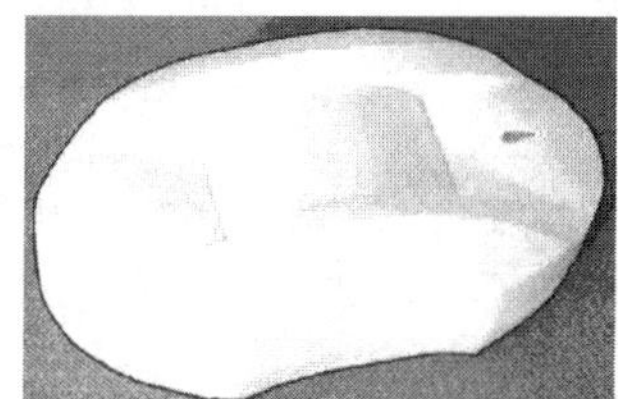
立体图

本专利附图

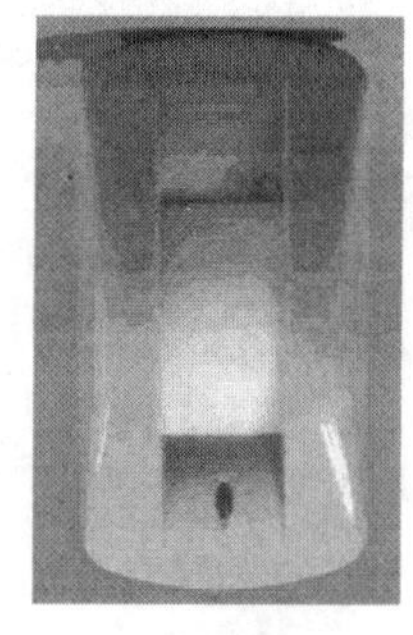
主视图

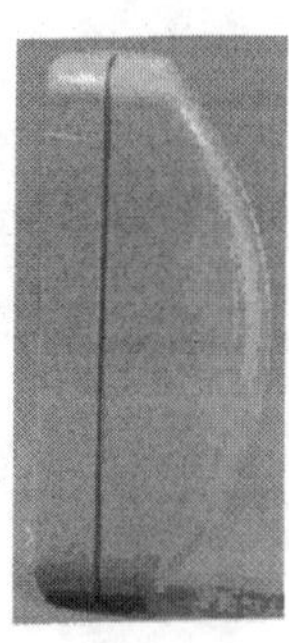
左视图

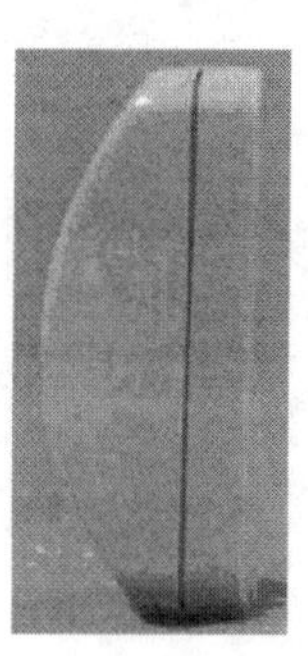
右视图

后视图

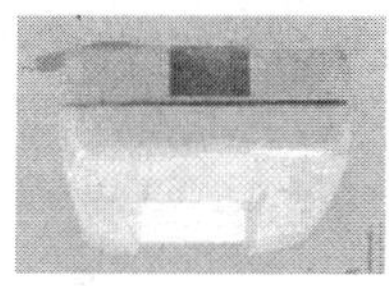
俯视图

仰视图

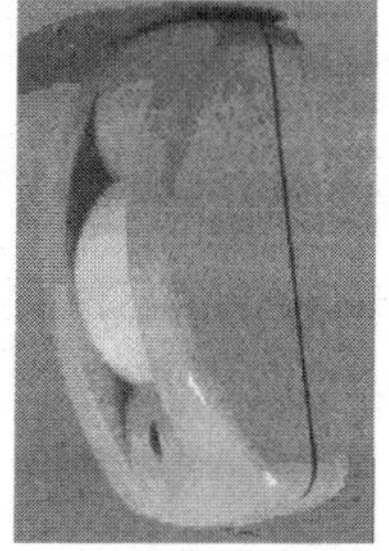
立体图

在先设计附图

194

双元被动红外探测器（LH-933）

无效宣告请求审查决定（第13153号）

决　　定　　号　第13153号
决　　定　　日　2009年4月3日
发明创造名称　双元被动红外探测器（LH-933）
外观设计分类号　10-05
无效宣告请求人　深圳市精华隆安防设备有限公司
专　利　权　人　深圳市豪恩安全科技有限公司
专　　利　　号　200630004875.5
申　　请　　日　2006年1月20日
授权公告日　2006年12月27日
合议组组长　钟　华
主　　审　　员　徐清平
参　　审　　员　雷　婧
附　　　　图　1页

法律依据　专利法第23条
决定要点

本专利与在先设计具有相近似的整体形状和正面设计，形成了相近似整体视觉效果，二者不同之处对整体视觉效果不具显著影响，因此二者属于相近似的外观设计。

一、案由

本无效宣告请求涉及的是国家知识产权局于2006年12月27日授权公告的200630004875.5号外观设计专利，使用该外观设计的产品名称为"双元被动红外探测器（LH-933）"，申请日是2006年1月20日，专利权人是深圳市豪恩安全科技有限公司。

针对上述专利权（下称本专利），深圳市精华隆安防设备有限公司（下称请求人）于2008年11月6日向专利复审委员会提出无效宣告请求，其依据的事实和理由是本专利与其申请日之前公开的外观设计相同或相近似，因此，本专利不符合专利法第23条的规定。请求人提交了如下附件作为证据：

附件1：《中国公共安全》2004年第11期封面及相关内页复印件共3页；

附件2：从国家知识产权局网站下载的02360237.6号外观设计专利公告文本打印件1页。

请求人将本专利与附件1、附件2所示外观设计进行了详细对比，其认为：本专利与附件1所示产品的外观设计整体上都是在长方形上形成一近似半圆柱，近似半圆柱下部具有一弧面凹陷，上部具有一细长槽，而这个近似半圆柱的部分正是该产品的主要部分，给人带来视觉效果的也是该部分，虽然在其他部位两者之间存在局部细微差别，但是这些细微差别不足以产生不同的视觉效果，两者从整体上看属于相同的外观设计；本专利与附件2所示产品外观设计整体上的设计特点是相同的，虽然两者之间存在局部细微差别，但是这些细微差别不足以产生不同的视觉效果，两者从整体上看属于相近似的外观设计。

专利复审委员会经形式审查合格受理了该无效宣告请求，并于2008年11月7日将无效宣告请求书及其附件的副本转送给专利权人，通知其在指定期限内陈述意见。

2008年12月15日专利权人提交了意见陈述书，专利权人认为：请求人提交的附件1所示外观设计是一幅很不清晰的正面图，作为对比产品设计，如果缺少能反映出产品整体设计的视图，则无法作对比，不能知晓该产品整体或局部特征，比如其他部位与正面的比例是多少，侧视、后视是什么样，是否对称，有无独特设计等，由此无法确定其与本专利外观设计是否相同或相近似；退一步讲，即使仅以上述图片与本专利作比较，两者窗口与整体间长度比例、上部细长槽位置都有很大区别。专利权人将本专利与请求人提交的附件2所示外观设计各个视图分别进行了一一对比，认为二者不论外形设计还是各局部设计的差别对于产品的整体视觉效果具有显著影响，一般消费者不会误认、混同，尤其是对于一般消费者视觉感观最深的产品正面像，二者之间有极大差别，在先设计为不对称、圆润风格，本专利为对称、直形、有棱有角的硬朗风格，其视觉效果截然不同，二者不相近似。请求人的无效宣告请求理由不能成立。专利权人同时提交了本专利和请求人提交的附件2所示专利的从国家知识产权局网站下载的公告文本打印件、本专利与求人提交的附件2所示专利的放大图片对照页、请求人提交的附件3中刊有对比设计的页面复印件。

专利复审委员会依法成立合议组对本案进行审理，于2009年2月6日向请求人和专利权人发出口头审理通知书，定于2009年3月12日对本案进行口头审理。同时将上述专利权人的意见陈述转送给请求人。

口头审理如期举行，请求人和专利权人均委托代理人参加了审理，双方对对方参加口头审理人员的身份和资格无异议，对合议组成员无回避请求。请求人当庭确认其提交的证据仅用于证明在先公开发表的事实，不涉及证明公开使用的事实，并当庭提交了附件1所示刊物的整本原件；专利权人其真实性及出版时间（2004年11月1日）均无异议，并认可其已在本专利申请日之前公开发表过，但认为本专利与附件1所示产品不是同类产品，不能进行外观设计对比，因为本专利是红外探测装置，用于安全、测试等用途，起到探测人或动物的作用，而对比产品为无线报警系统，仅能报警；双方对本专利与附件1、附件2所示外观设计是否相近似进行了具体分析对比，详细陈述了意见，并坚持原书面意见。

经过上述审理，合议组经合议，认为本案事实清楚，依法作出本审查决定。

二、决定的理由

基于请求人提出无效宣告请求所依据的事实和理由，合议组对本专利是否符合专利法第23条的规定进行审查。

专利法第23条规定："授予专利权的外观设计，应当同申请日以前在国内外出版物上公开发表过或者国内公开使用过的外观设计不相同和不相近似，并不得与他人在先取得的合法权利相冲突。"

请求人提交的作为证据的附件1是《中国公共安全》2004年第11期封面及相关内页复印件共3页，并在口头审理中当庭提交了其原件，其出版信息页刊载有国际和国内刊号、出版单位等信息，所示出版时间为2004年11月1日。专利权人专利权人附件1的真实性及出版时间均无异议，合议组对该证据予以采信，其出版时间在本专利申请日（2006年1月20日）之前，属于本专利申请日之前的公开出版物，可适用专利法第 23 条的规定作为本案证据。

附件 1 的广告页刊载有名为“DWA 数字无线报警系统”系列产品图片，请求人指定的图片中的对比外观设计（以下称在先设计）产品为该报警系统的探测头装置。合议组认为，虽然在先设计产品为“无线”报警，与本专利的“红外”探测存在不同，但其属于工作原理的差异，而在用途上均是用作探测、感应的装置；在具体使用时，按专利权人所称本专利产品是用作安全、测试等用途的探测装置，其与在先设计产品用作报警系统的探测装置在用途上也是相近的，因此在先设计与本专利为相近种类的产品。现将二者外观设计是否相同或相近似作如下对比认定：

本专利包括六面正投影视图和立体图。所示红外探测器正面主体部分为纵向凸出的类似半圆柱体，其与近似长方体的座体部分相连一体，座体背面四周为倒斜角边；正面半圆柱体的上部有横向细长条浅槽，下部有略作凹进的长方形柱面探测窗口；下端面有较小凹槽和圆孔设计，背面有略作凹进的较小六边形和带文字的长方形设计（详见本专利附图）

在先设计仅由一幅立体图片表示。所示探测器正面主体部分为纵向凸出的类似半圆柱体，其与近似长方体的座体部分相连一体，半圆柱体的上部有横向细长条设计，下部有略作凹进的长方形柱面探测窗口，探测器的侧面、顶面和背面未显示（详见在先设计附图）

将本专利与在先设计相比较，二者所示探测器均在正面有纵向凸出的类似半圆柱体，与近似长方体的座体相连，正面上部有细长条状设计，下部有略凹进长方形柱面探测窗口；二者不同之处主要在于：本专利正面上部细长条为浅槽，在先设计所述细长条未清楚显示是否为浅槽，二者位置和长短也有所不同；二者探测窗口的长宽比例有所不同；在先设计未显示本专利背面和下端面所示的设计。合议组认为：（1）本专利的整体形状是以端面外形在高度方向上作延伸而成，在背面、侧面并没有可影响其整体形状的设计内容，在此情况下，在先设计虽仅有一幅视图，但其作为立体图已清楚显示一个端面外形以及由此在高度方向上作延伸而形成的整体形状，即在先设计虽未显示其他面的设计，但并不影响判断是否公开了与本专利相同或相近似的整体形状；而二者的端面外形均为类似长方形与半圆形相贯而成，以其在高度方向上作延伸均形成了类似半圆柱体与近似长方体的座体相连的相近似整体形状，虽然本专利在座体背面四周有倒斜角边，但由于位于使用状态下不易见的部位，对整体形状视觉效果影响较小，故二者的整体形状是相近似的；（2）正面设计上，二者在半圆柱体下部均有醒目的略作凹进的长方形柱面探测窗口，虽比例关系有所不同，但仍属相近似的长方形；二者正面上部长条状设计虽有位置、长短及是否为浅槽的不同，但其相对于正面的整体布局和长短比例关系是接近的，本专利的略有凹下的细长条浅槽与在先设计相应部位的细长条设计在视觉效果上并无明显差别，故二者在正面设计的整体视觉效果是相近似的，所述差别对其不具显著影响；（3）在先设计虽未显示本专利下端面、背面所示凹槽、圆孔、略作凹进小六边形和长方形设计等，但由于所述背面在使用状态下为不可见面，本专利在下端面所述设计也仅为局部的细节设计，故在先设计未显示相应面并不影响对二者整体视觉效果的对比判断；综上，由于本专利与在先设计具有相近似的整体形状和正面设计，形成了相近似整体视觉效果，其不同之处对整体视觉效果不具显著影响，因此二者属于相近似的外观设计。

综上所述，本专利与请求人提交的证据所示在申请日之前在先公开发表外观设计相近似，因此，本专利不符合专利法第 23 条的规定。

鉴于上述已得出本专利不符合专利法第 23 条规定的结论，本决定对请求人提出的其他证据不再作评述。

三、决定

宣告200630004875.5号外观设计专利权全部无效。

当事人对本决定不服的，可以根据专利法第46条第2款的规定，自收到本决定之日起三个月内向北京市第一中级人民法院起诉。根据该款的规定，一方当事人起诉后，另一方当事人应当作为第三人参加诉讼。

主视图

左视图

右视图

后视图

俯视图

仰视图

立体图

本专利附图

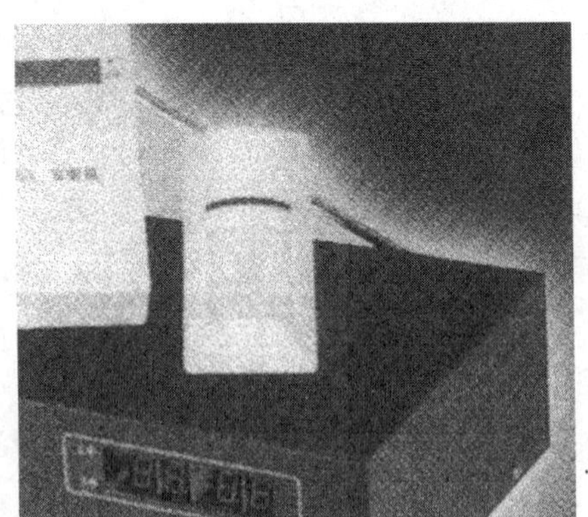
在先设计附图

北京市第一中级人民法院
行政判决书

（2009）一中行初字第1288号

原告江苏友信高分子材料有限公司，住所地江苏省常州市金坛经济开发区晨风工业园区东侧、新常金路南侧。

法定代表人纪云芳，董事长。

被告国家知识产权局专利复审委员会，住所地北京市海淀区北四环西路9号银谷大厦10~12层。

法定代表人廖涛，副主任。

委托代理人雷婧，国家知识产权局专利复审委员会审查员。

委托代理人柴爱军，国家知识产权局专利复审委员会审查员。

第三人薛惕忠，男，1948年10月11日出生，汉族，住江苏省无锡市崇安区东映山河29号402室。

委托代理人孙银生，江苏圣典律师事务所律师。

原告江苏友信高分子材料有限公司（以下简称友信公司）不服被告国家知识产权局专利复审委员会（以下简称专利复审委员会）作出的第12308号无效宣告请求审查决定（以下简称第12308号决定），于法定期限内向本院提起诉讼。本院于2009年5月18日受理本案后，依法组成合议庭，并依法通知薛惕忠作为第三人参加诉讼，在本案审理过程中，原告友信公司于2009年7月24日向本院书面申请撤回本案诉讼。

本院认为，原告友信公司的撤诉申请系其真实意思表示，未违反有关法律规定，应予准许。依照《中华人民共和国行政诉讼法》第五十一条之规定，裁定如下：

准予原告江苏友信高分子材料有限公司撤回对被告国家知识产权局专利复审委员会起诉。

案件受理费100元，减半收取50元，由原告江苏友信高分子材料有限公司负担（已缴纳）。

审　判　长　任　进
代理审判员　邢　军
人民陪审员　牛艳玲
二〇〇九年七月二十七日
书　记　员　陈文煊

北京市第一中级人民法院
行政判决书

（2009）一中行初字第1786号

原告深圳市豪恩安全科技有限公司，住所地广东省深圳市光明新区万代恒光明高新科技工业园厂房第4栋、第5栋第一层。

法定代表人吴志明，总经理。

委托代理人闫杰雄，女，1981年6月26日出生，住广东省深圳市宝安区大浪街道同富裕工业园大道豪恩科技园宿舍。

被告国家知识产权局专利复审委员会，住所地北京市海淀区北四环西路9号银谷大厦10~12层。

法定代表人廖涛，副主任。

第三人深圳市精华隆安防设备有限公司，住所地广东省深圳市宝安区观澜街道环观南路大和工业区A3幢。

法定代表人廖水英，总经理。

委托代理人邵泽锋，广东国意律师事务所律师。

原告深圳市豪恩安全科技有限公司不服被告国家知识产权局专利复审委员会于2009年4月8日作出的第13153号无效宣告请求审查决定，于法定期限内向本院提起诉讼。本院于2009年7月16日受理后，依法组成合议庭进行审理。在本案审理过程中，原告深圳市豪恩安全科技有限公司于2009年8月21日以接受第13153号无效宣告请求审查决定书的内容为由向本院提出书面撤诉申请，请求撤回对被告国家知识产权局专利复审委员会的起诉。

本院认为，原告深圳市豪恩安全科技有限公司的撤诉申请系其真实意思表示，未违反有关法律规定，应予准许。依照《中华人民共和国行政诉讼法》第五十一条之规定，本院裁定如下：

准许原告深圳市豪恩安全科技有限公司撤回对被告国家知识产权局专利复审委员会的起诉。

案件受理费100元，减半收取50元，由原告深圳市豪恩安全科技有限公司负担（已交纳）。

审　判　长　仪　军

代理审判员　周丽婷

人民陪审员　刘颖页

二〇〇九年八月二十七日

书　记　员　李晓帆

195

相架（一）

无效宣告请求审查决定（第13157）

决　　定　　号　第13157号
决　　定　　日　2009年4月3日
发明创造名称　相架（一）
外观设计分类号　06-07
无效宣告请求人　东莞市科典实业有限公司
专　利　权　人　陈　实
专　　利　　号　200530009943.2
申　　请　　日　2005年4月18日
授　权　公　告　日　2006年1月25日
合　议　组　组　长　徐清平
主　　审　　员　王　红
参　　审　　员　雷　婧
附　　　　图　3页

法　律　依　据　专利法第23条
决　定　要　点

本专利与在先设计1、在先设计2的差别在整体视觉效果上均具有显著差别，其明显属于不相同也不相近似的外观设计。

一、案由

本无效宣告请求涉及的是国家知识产权局于2006年1月25日授权公告的、专利号为200530009943.2的外观设计专利，其产品名称为“相架（一）”，申请日为2005年4月18日，专利权人为陈实。

针对上述外观设计专利权（下称本专利），东莞市科典实业有限公司（下称请求人）于2008年9月20日向专利复审委员会提出无效宣告请求，其理由是本专利与在其申请日前公开的99330150.9号、99330148.7号外观设计专利相近似，因此不符合专利法第23条的规定，应予宣告无效。同时，请求人提交了如下附件作为证据：

附件1：专利号为99330150.9的外观设计专利的著录项目及图片复印件1页；

附件2：专利号为99330148.7的外观设计专利的著录项目及图片复印件1页。经形式审查合格，专利复审委员会依法受理了上述无效宣告请求，并于2008年11月17日将无效宣告请求书及相关文件的副本转送专利权人，通知其在指定的期限内答复。

2008 年 12 月 30 日，专利权人向专利复审委员会提交了意见陈述书，认为本专利与附件 1 和附件 2 中所示的外观设计均不相同也不相近似，产品外部形状及图案的不同使得本专利与附件 1 和附件 2 所示外观设计在整体视觉效果上明显不同，并对本专利和附件 1、附件 2 进行了详细的描述和对比。

专利复审委员会依法成立合议组对本案进行审理，并于 2009 年 1 月 15 日向双方当事人发出口头审理通知书，定于 2009 年 2 月 18 日进行口头审理，同时将专利权人提交的意见陈述书转送请求人，通知其在指定期限内答复。

2008 年 2 月 3 日，请求人向专利复审委员会提交了无效宣告口头审理通知书回执，表示参加口头审理。对于专利权人的意见陈述书，请求人逾期未答复。

口头审理如期举行，无效宣告请求人未出庭，专利权人委托代理人出庭，对合议组成员没有回避请求。在口头审理中，专利权人对附件 1 和附件 2 的真实性无异议，将附件 1 、附件 2 与本专利的进行了详细对比，并坚持其原有观点。

通过上述审理，合议组经合议，认为本案事实清楚，依法作出本审查决定。

二、决定的理由

1. 法律依据

基于请求人提出无效宣告请求的理由，合议组依据专利法第 23 条的规定进行审理。

专利法第 23 条规定："授予专利权的外观设计，应当同申请日以前在国内外出版物上公开发表过或者国内公开使用过的外观设计不相同和不相近似，并不得与他人在先取得的合法权利相冲突。"

2. 证据的认定

请求人提交的附件 1 是专利号为 99330150. 9 的外观设计专利的著录项目及图片复印件，其所示专利的申请日是 1999 年 5 月 4 日，授权公告日为 2000 年 3 月 8 日，授权公告号是 CN3140918，使用外观设计的产品名称为"相架（7）"，经合议组核实，其内容真实，所示为本专利申请日前在中国专利公报上公开发表的外观设计，可以作为评述本专利是否符合专利法第 23 条规定的证据。

请求人提交的附件 2 是专利号为 99330148. 7 的外观设计专利的著录项目及图片复印件，其所示专利的申请日是 1999 年 5 月 4 日，授权公告日为 2000 年 2 月 23 日，授权公告号是 CN3139209，使用外观设计的产品名称为"相架（5）"，经合议组核实，其内容真实，所示为本专利申请日前在中国专利公报上公开发表的外观设计，可以作为评述本专利是否符合专利法第 23 条规定的证据。

3. 外观设计相同和相近似的对比

附件 1、附件 2 中所示外观设计与本专利均为相架，具有相同的用途，属于相同类别的产品，因此可以就本专利与附件 1 中公开的外观设计（下称在先设计 1）和附件 2 中公开的外观设计（下称在先设计 2）进行相同和相近似对比。

本专利公开了产品的六面正投影视图，简要说明载明："本产品由透明材料制成。"从主视图和后视图看，本专利呈现的是一个近似长方体形状的产品，其中一组对角为弧形设计，另一组对角为直角设计。在相架的两个直角位置各有一个圆孔；从左视图、右视图、俯视图和仰视图看，本专利相架分前后两片并由连接钉连为一体（详见本专利附图）。

在先设计 1 公开了产品的六面正投影视图。相框为薄板状，其外形两侧呈波浪状，整体呈现竖向的飘动旗帜形状，中间同心设置两个矩形图案，在图形的四角设有安装螺钉；倾斜的相框后面设置有三角形的薄板支架（详见在先设计 1 附图）。

将本专利与在先设计 1 进行比较，二者的主要区别有：本专利呈现的是一个近似长方体形状的产品，其中一组对角为弧形设计，另一组对角为直角设计。而在先设计 1 相架的外形两侧呈波浪状，整体呈现竖向的飘动旗帜形状。在倾斜设置的相框后面还设置三角形的支架，本专利无支架设计。合议组认为，本专利与在先设计1在相架的整体形状上具有显著差异，使得二者在整体视觉效果上具有显著差别。因此二者明显属于既不相同、也不相近似的外观设计。

在先设计2公开了主视图、右视图、俯视图和仰视图，简要说明记载省略其他视图。其所示外观设计由矩形相框及底座构成，其相框中间是由四段波浪线围成的一个框，底座位于相框的正下方。底座外形在正面呈嵌套的双心形，侧面呈波浪形的转角式设计（详见在先设计2附图）。

将本专利与在先设计2进行比较，二者的主要区别在于：本专利呈现的是一个近似长方体形状的产品，其中一组对角为弧形设计，另一组对角为直角设计。而在先设计2相框外部形状呈矩形薄板状，在该矩形的中间是由四段波浪线围成的一个框，底座位于相框的正下方。底座外形在正面呈嵌套的双心形，侧面呈波浪形的转角式设计。合议组认为，本专利与在先设计2无论是从相框外部形状，还是其中的图案均具有显著差异，使得二者在整体视觉效果上具有显著差别。因此二者明显属于既不相同、也不相近似的外观设计。

4. 结论

本专利与请求人提交的在申请日前在先公开发表的上述外观设计均不相同也不相近似，因此请求人据此提出本专利不符合专利法第23条规定的无效宣告理由不能成立。

三、决定

维持200530009943.2号外观设计专利权有效。

当事人对本决定不服的，可以根据专利法第46条第2款的规定，自收到本决定之日起三个月内向北京市第一中级人民法院起诉，根据该款规定，一方当事人起诉后，另一方当事人应当作为第三人参加诉讼。

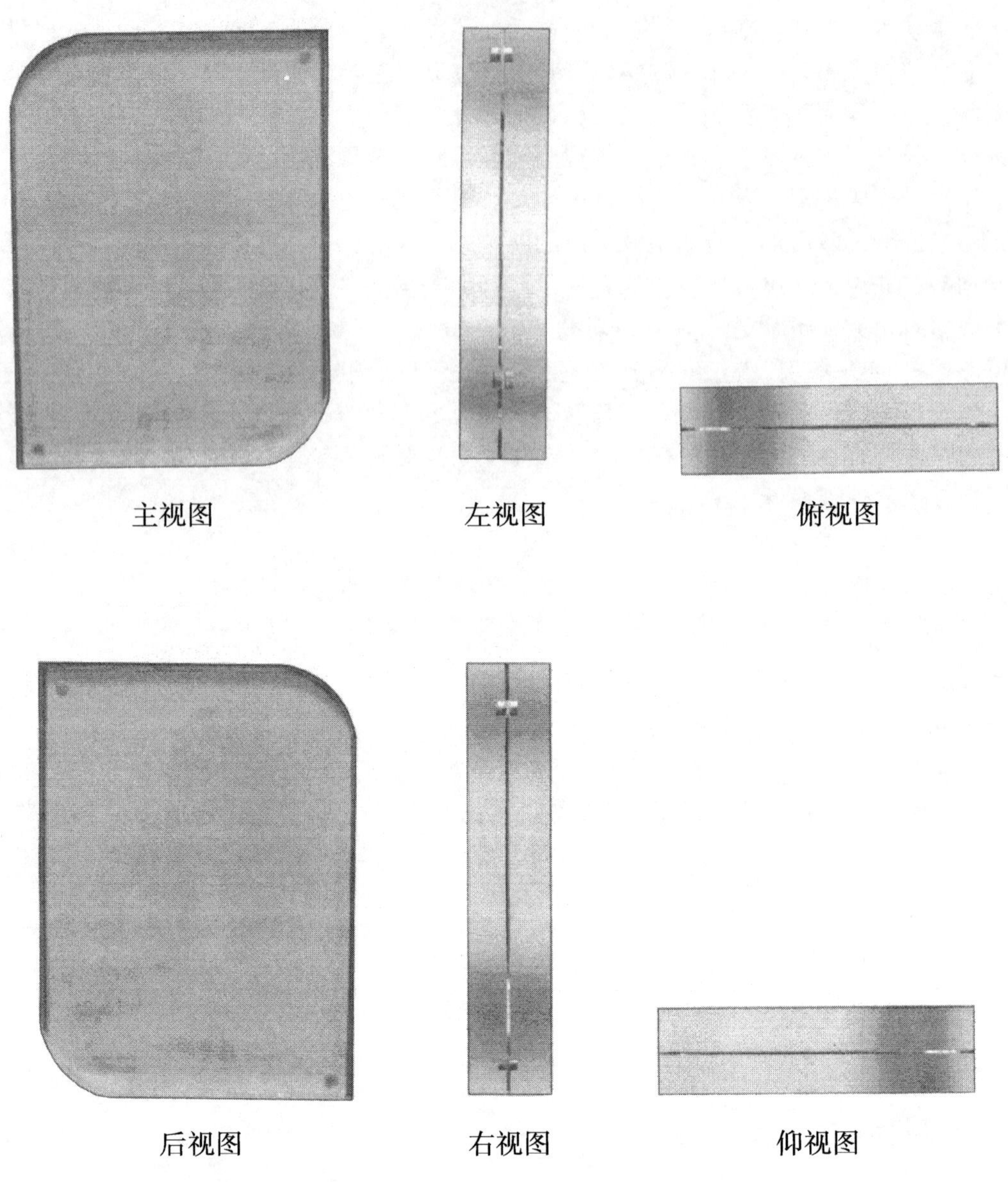

本专利附图

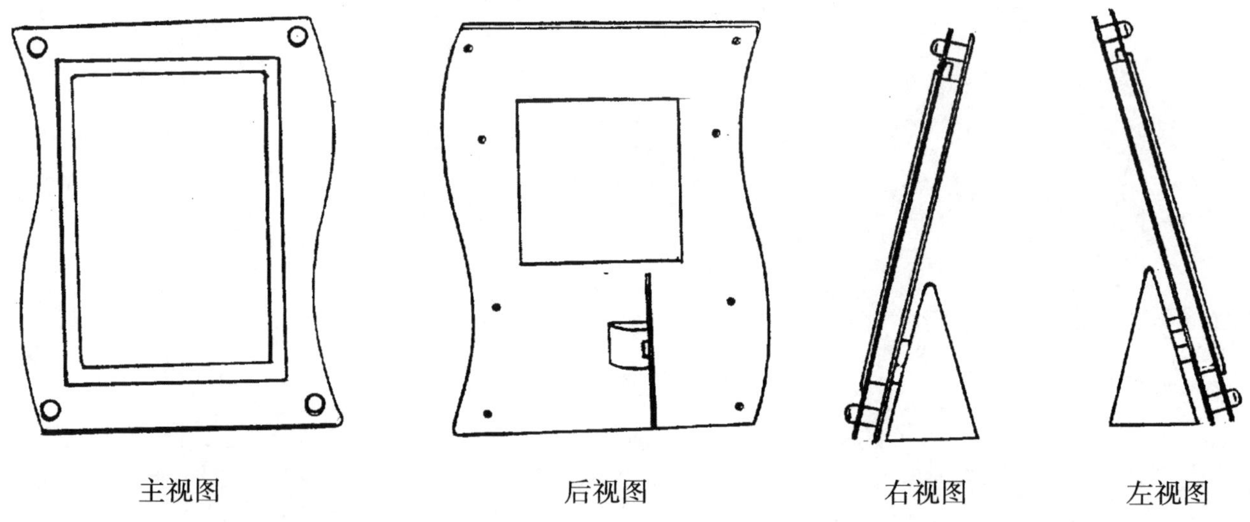

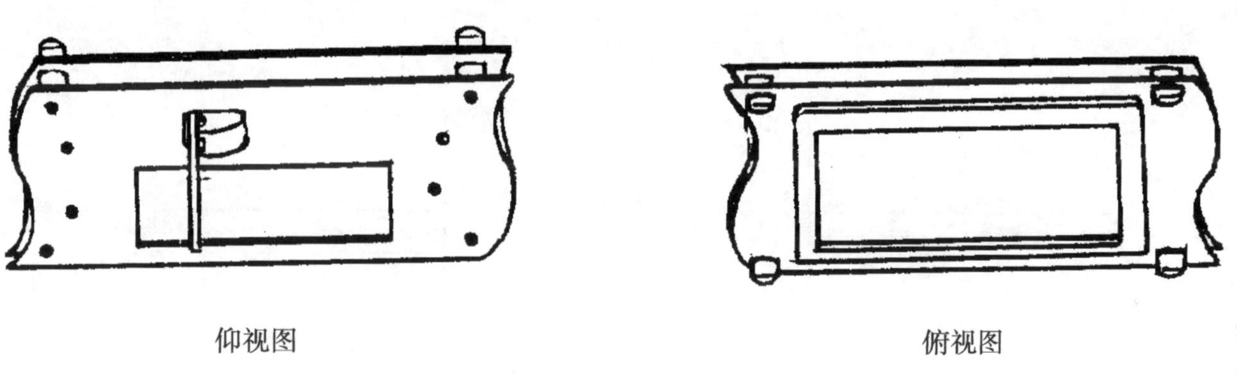

在先设计附图 1

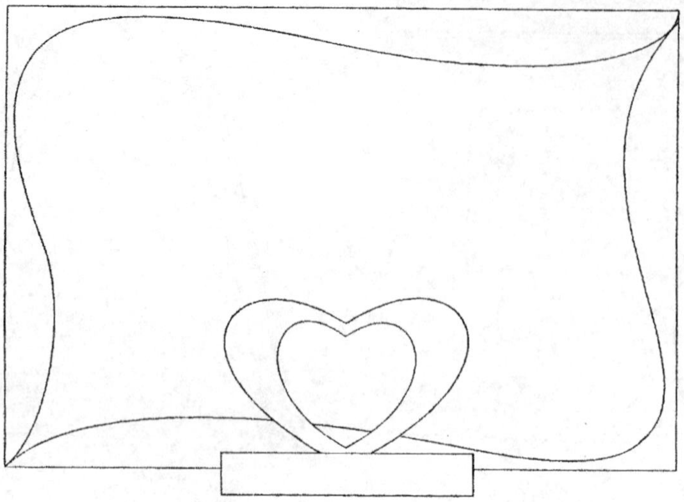

主视图

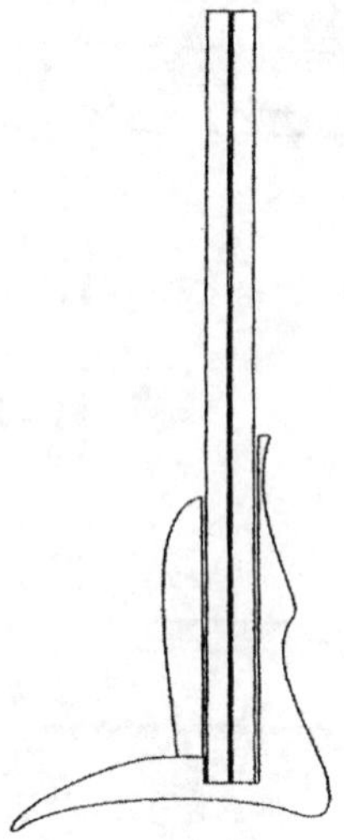

右视图

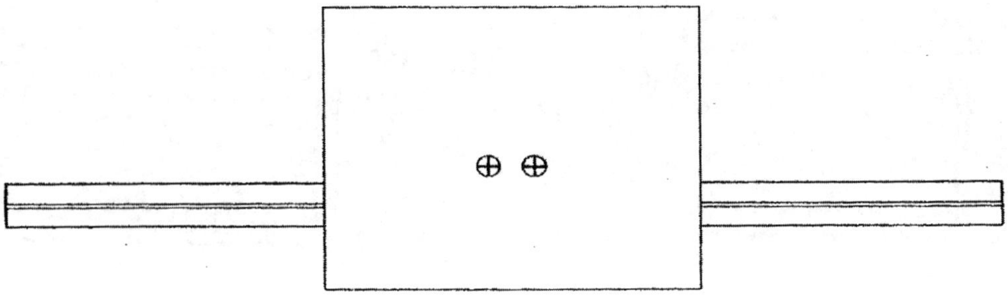

仰视图

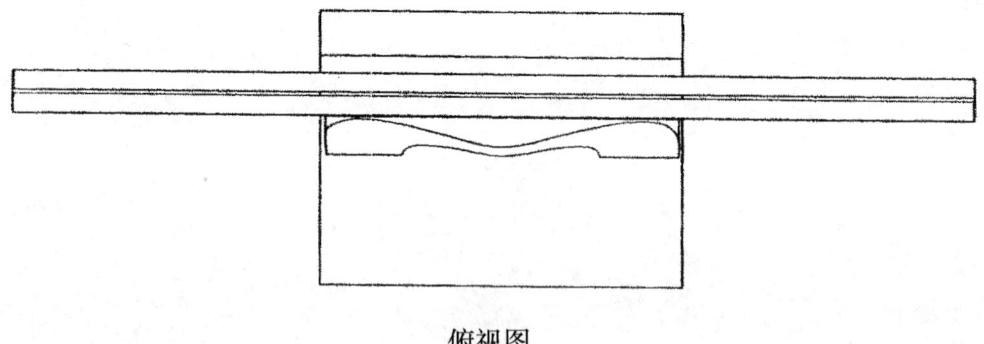

俯视图

在先设计附图 2

196

展示柜（Cooling Well）

无效宣告请求审查决定（第13160号）

决　　定　　号　第13160号
决　　定　　日　2009年3月14日
发明创造名称　展示柜（CoolingWell）
外观设计分类号　20-02
无效宣告请求人　孙雅申
专　利　权　人　方正亚洲有限公司，玛丽亚·阿德莱德·卡萨尼
专　　利　　号　200630145472.2
申　　请　　日　2006年11月24日
授权公告日　2007年12月12日
合议组组长　钱亦俊
主　　审　　员　吴大章
参　　审　　员　周　佳

法　律　依　据　专利法第23条
决　定　要　点

专利权人是从事产品出口的中间商，其与国内企业之间存在的产品购销关系的性质不同于国内市场的购销关系，所用于出口的产品并没有处于国内公众中的任何人想得到即可以得到的状态。

国内的生产企业对专利权人订购的产品的生产技术、图纸资料负有保密义务，因此，国内生产企业的生产制造行为没有形成公众可以得知的状态，未构成国内公开使用。

一、案由

本无效宣告请求涉及国家知识产权局于2007年12月12日授权公告的、名称为“展示柜（Cooling Well）”的200630145472.2号外观设计专利（下称本专利），其申请日为2006年11月24日，专利权人是方正亚洲有限公司，共同专利权人是帕迪尼·马尔科、玛丽亚·阿德莱德·卡萨尼，后共同专利权人变更为玛丽亚·阿德莱德·卡萨尼。

针对上述外观设计专利权，孙雅申（下称请求人）于2008年4月16日向专利复审委员会提出无效宣告请求，并随无效宣告请求书提交了如下附件作为证据：

附件1：请求人声称的意大利佛卡责任有限公司提供的声明及其相关文件复印件，共29页，其中包括如下文件：

附件 1-1：佛卡责任有限公司出具的声明外文复印件及其中文译文，共 3 页；

附件 1-2：利米尼市工商部出具的关于佛卡责任有限公司的普通科注册证明外文复印件及其中文译文，共 6 页；

附件 1-3：利米尼市公证员江安东尼奥·彭尼诺出具的关于摄于佛卡责任有限公司内照片的证明外文复印件及其中文译文，以及请求人声称的上述证明所附照片复印件，共 3 页；

附件 1-4：与方正亚洲有限公司单据（发票、报关单、提货单、原产地证明等）外文复印件及其中文译文的复印件，共 9 页；

附件 1-5：利米尼市公证员江安东尼奥·彭尼诺出具的复印件与原件相符的证明外文复印件及其中文译文的复印件，共 2 页；

附件 1-6：青岛益达设备有限公司的商业发票的复印件及其中文译文的复印件，共 2 页；

附件 1-7：青岛益达设备有限公司的装箱单的复印件及其中文译文的复印件，共 2 页；

附件 1-8：第 1 行标有“SAMPLE”字样的页复印件及其中文译文的复印件，共 2 页；

附件 2：421 * 20050689 * 30 * 27 中华人民共和国海关出口货物报关单复印件，共 1 页；

附件 3：证人 Marco Pardini 出具的“Witness Statement”外文书面证言的复印件，共 2 页。

请求人又于 2008 年 5 月 16 日向专利复审委员会提交了意见陈述书及如下附件作为补充证据：

附件 4：青岛益达设备有限公司的企业法人营业执照（副本）复印件、青岛益达设备有限公司出具的关于 Marco Pardini 先生是该公司总裁的证明的中文文件和外文文件的复印件、Marco Pardini 的护照复印件及其中文译文、附件 3 及其“见证声明”中文译文，共 8 页。

请求人认为：上述证据证明，在本专利申请日前，专利权人之一方正亚洲有限公司与莱州宏泰电器有限公司有购销合作关系，莱州宏泰电器有限公司通过设计、生产完成的产品“展示柜（Cooling-Well）”提供给青岛益达设备有限公司经方正亚洲有限公司转销到意大利等国内外各地，本专利与莱州宏泰电器的产品的外观设计是相同或相似的，故本专利不符合专利法第 23 条中应当同申请日以前在国内公开使用过的外观设计不相同和不相近似的规定。

经形式审查合格后，专利复审委员会受理了该无效宣告请求，并于 2008 年 6 月 5 日向双方当事人发出无效宣告请求受理通知书，并随上述无效宣告请求受理通知书将请求人提交的无效宣告请求书及其附件清单中所列附件副本转送专利权人，要求其在指定期限内对该无效宣告请求陈述意见。

专利复审委员会成立合议组，依法对本案进行审查。合议组于 2008 年 7 月 2 日向双方当事人发出口头审理通知书，定于 2008 年 9 月 23 日对本案进行口头审理。

专利权人于 2008 年 7 月 11 日向专利复审委员会提交了意见陈述书及如下附件作为证据：

莱州市宏泰电器有限公司与方正亚洲有限公司的协议书复印件，共 4 页（下称反证 1）。

专利权人认为：方正亚洲有限公司与莱州宏泰电器有限公司系委托加工关系，不是国内公开使用；附件 2 证明宏泰电器生产的产品出口，不是国内公开使用；附件 1、附件 3 系域外证据，未经公证认证，不予认定，即使该附件真实有效，也仅能说明本专利产品在国外销售，不能证明在国内公开使用。

合议组将专利权人于 2008 年 7 月 11 日提交的意见陈述书及其附件清单中所列附件的副本（反证 1）转送给请求人，要求其在口头审理时一并答复。

口头审理如期举行，请求人与其证人及双方当事人的代理人出席了口头审理。在口头审理中，双方当事人对合议组成员无回避请求，双方当事人对对方出庭人员身份无异议。请求人当庭提交了如下文件：

附件 1-1 佛卡责任有限公司出具的声明外文原件，附有中华人民共和国驻米兰总领事馆认证，共 1 页；

附件 1-2 利米尼市工商部出具的关于佛卡责任有限公司的普通科注册证明外文原件，附有中华人民共和国驻米兰总领事馆认证，共 3 页；

附件 1-3 利米尼市公证员江安东尼奥·彭尼诺出具的关于摄于佛卡责任有限公司内照片的证明所附照片的原件，实际为复印件，共 1 页；

附件 1-3 中利米尼市公证员江安东尼奥·彭尼诺出具的关于摄于佛卡责任有限公司内照片的证明外文原件，附有中华人民共和国驻米兰总领事馆认证，用订书钉与上述请求人声称的证明所附照片装订在一起，共 1 页；

附件 1-4 与方正亚洲有限公司相关单据（发票、报关单、提货单、原产地证等）外文的原件，实际为复印件，共 4 页；

附件 1-5 利米尼市公证员江安东尼奥·彭尼诺出具的复印件与原件相符的证明外文原件，附有中华人民共和国驻米兰总领事馆认证，用订书钉与上述附件 1-4 与方正亚洲有限公司相关单据（发票、报关单、提货单、原产地证等）装订在一起，共 1 页；

附件 1-6：青岛益达设备有限公司的商业发票的复印件，页面上盖有“青岛益达设备有限公司”的红色印章，共 1 页；

附件 1-7：青岛益达设备有限公司的装箱单的复印件，页面上盖有“青岛益达设备有限公司”的红色印章，共 1 页；

附件 1-8：第 1 行标有“SAMPLE”字样的页复印件，页面上盖有“青岛益达设备有限公司”的红色印章，共 1 页；

请求人声称的附件 2（421 * 20050689 * 30 * 27 中华人民共和国海关出口货物报关单）的原件，实际为复印件，其上盖有“莱州市宏泰电器有限公司”红色印章，共 1 页；

合议组当庭核实了请求人当庭提交的上述文件与请求人在提出无效宣告请求时提交的附件的一致性，专利权人对两者的一致性无异议。

出具附件 3 书面证言的证人 Marco Pardini 出庭作证。

请求人对反证 1 的真实性没有提出异议，并且发表了质证意见。

证人出庭作证称：本专利是在 2004 年 11 月之前生产的，是由莱州宏泰电器有限公司设计的。证人表示，他知道方正亚洲有限公司和莱州宏泰电器有限公司签订的协议（反证 1）。

在上述基础上双方当事人充分陈述了意见。请求人认为：当庭提交的文件均为原件，附件 1 中意大利佛卡责任有限公司出具的声明，声明照片中的产品是从中国国内购买的，附件 1 中有方正亚洲有限公司开具的发票、欧共体的报关单、意大利公司的提单和原产地证明，可以证明，专利权人在中国厂家购买了本专利的产品，再销售到国外，国内制造构成了技术的公开。附件 2 证明方正亚洲有限公司在莱州宏泰电器有限公司购买了本专利的产品，并发货至意大利。专利权人对附件 1 中有关证据和的真实性提出质疑，对附件 2 真实性提出质疑，认为这些证据不具有真实性。双方当事人就专利权人和莱州宏泰电器有限公司之间的关系问题进行了辩论，专利权人认为：方正亚洲有限公司与莱州宏泰电器有限公司系委托加工关系，不是国内公开使用，其出口行为也不构成国内的公开使用；请求人认为方正亚洲有限公司与莱州宏泰电器有限公司系买卖合作关系。

至此，合议组认为本案事实已经清楚，可以依法作出无效宣告请求审查决定。

二、决定的理由

1. 法律依据

基于请求人提出的无效宣告的理由，合议组依据专利法第 23 条对本案进行审理。

专利法第 23 条规定，授予专利权的外观设计，应当同申请日以前在国内外出版物上公开发表过或者国内公开使用过的外观设计不相同和不相近似，并不得与他人在先取得的合法权利相冲突。

审查指南第二部分第三章第 2. 1. 3. 2 节规定。“……使有关技术内容处于公众想得知就能够得知的状态……就构成使用公开”。根据专利法第 23 条和审查指南的上述规定，构成使用公开必须使本专利的外观设计在中国境内处于公众想得知就能够得知的状态。

2. 事实和证据认定

请求人试图用附件 1、附件 2、附件 3 和附件 4 证明：在本专利申请日前，专利权人之一方正亚洲有限公司与莱州宏泰电器有限公司有购销合作关系，莱州宏泰电器有限公司通过设计、生产完成的产品“展示柜（CoolingWell）”出售给方正亚洲有限公司转销到意大利等国内外各地，本专利与莱州宏泰电器的产品的外观设计是相同或相似的。

专利权人认为，方正亚洲有限公司与莱州宏泰电器有限公司系委托加工关系，不是国内公开使用，其出口行为也不构成国内的公开使用。并提交了反证 1 来证明其主张。

请求人对反证 1 的真实性没有异议，合议组对该证据予以采纳。经查，反证 1 可以证明：专利权人向莱州宏泰电器有限公司长期订购本专利产品用于向国外出口。合议组认为：专利权人购买国内厂家产品的目的在于赚取外方的商业利润，其从事的一切商业活动仅仅在于将国内产品推入国际市场，而不是为了在国内销售和使用，专利权人仅是国内厂家和外方之间的中间商。因而，即使专利权人与国内企业之间存在产品购销关系，其性质也不同于国内市场的销售行为，所用于出口的产品并没有处于国内公众中的任何人想得到即可以得到的状态。因此，本案中的出口行为并未涉及该产品在国内的使用公开。

在本案中，反证 1 还进一步证明，国内的生产企业莱州宏泰电器有限公司对专利权人订购的产品的生产技术、图纸资料负有保密义务，因此，合议组认为，莱州宏泰电器有限公司的生产制造行为没有形成公众可以得知的状态，未构成国内公开使用。

从上述分析中不难看出，请求人主张的事实即使能够成立也不属于法律规定的构成国内公开使用的事实。

综上，请求人主张的事实不属于法律规定的国内公开使用的情形，即不适用专利法第 23 条的规定。

三、决定

维持 200630145472. 2 号外观设计专利权有效。

当事人对本决定不服的，可以根据专利法第 46 条第 2 款的规定，自收到本决定之日起三个月内向北京市第一中级人民法院起诉。根据该款的规定，一方当事人起诉后，另一方当事人应当作为第三人参加诉讼。

北京市第一中级人民法院
行政判决书

（2009）一中行初字第1703号

原告孙雅申，男，1968年5月3日出生，汉族，住中华人民共和国北京市海淀区西土城路25号。

委托代理人孙姗姗，北京市洪范广住律师事务所律师。

被告中华人民共和国国家知识产权局专利复审委员会，住所地中华人民共和国北京市海淀区北四环西路9号银谷大厦10~12层。

法定代表人张茂于，副主任。

委托代理人吴大章，中华人民共和国国家知识产权局专利复审委员会审查员。

委托代理人程强，中华人民共和国国家知识产权局专利复审委员会审查员。

第三人方正亚洲有限公司，中华人民共和国香港特别行政区告士打道181号中怡大厦1001室。

法定代表人Cassani，Maria Adelaide，董事。

第三人玛丽亚·阿德莱德·卡萨尼（Maria Adelaide Cassani），女，1945年9月26日出生，持有YA0158841号意大利护照。

委托代理人邵守刚，清泰律师事务所律师。

原告孙雅申不服被告中华人民共和国国家知识产权局专利复审委员会于2009年3月14日作出的第13160号无效宣告请求审查决定，于法定期限内向本院提起诉讼。本院于2009年7月7日受理本案后，依法组成合议庭，并通知方正亚洲有限公司、玛丽亚·阿德莱德·卡萨尼作为本案第三人参加诉讼。在本案审理过程中，原告孙雅申于2009年12月15日向本院提出撤诉申请，请求撤回对被告中华人民共和国国家知识产权局专利复审委员会的起诉。

本院认为：原告孙雅申的撤诉申请系其真实意思表示，亦未违反法律规定，应予准许。本院依照《中华人民共和国行政诉讼法》第五十一条之规定，裁定如下：

准许原告孙雅申撤回对被告中华人民共和国国家知识产权局专利复审委员会的起诉。

案件受理费人民币100元，减半收取50元，由原告孙雅申负担（已交纳）。

审 判 长　赵　静
代理审判员　姜庶伟
人民陪审员　刘世昌
二〇〇九年十二月十五日
书 记 员　谭北川
书 记 员　高晓旭

197

椅子扶手（D00203）

无效宣告请求审查决定（第13166号）

决　　定　　号　第13166号
决　　定　　日　2009年3月25日
发明创造名称　椅子扶手（D00203）
外观设计分类号　06-06
无效宣告请求人　佛山市顺德区圣意家具有限公司
专　利　权　人　卢顺接
申　　请　　号　200630051053.2
申　　请　　日　2006年1月16日
授权公告日　2007年1月10日
合议组组长　詹靖康
主　　审　　员　刘　微
参　　审　　员　曲　颖
附　　　　　图　2页

法　律　依　据　专利法第23条
决　定　要　点

如果一般消费者经过对被比设计与在先设计的整体观察可以看出，二者的差别对于产品外观设计的整体视觉效果不具有显著的影响，则被比设计与在先设计相近似。

一、案由

本无效宣告请求涉及中华人民共和国国家知识产权局于2007年1月10日授权公告的名称为“椅子扶手（D00203）”的200630051053.2号外观设计专利（下称本专利），其申请日为2006年1月16日，专利权人为卢顺接。

针对本专利权，佛山市顺德区圣意家具有限公司（下称请求人）于2008年10月8日向专利复审委员会提出无效宣告请求，理由是外观设计分别相对于附件1、2、3、4、5不符合专利法第23条的规定。其提供的附件如下：

附件2：公告号为CN3497648的中国外观专利，公告日为2006年1月11日；

附件3：公告号为CN3427192的中国外观专利，公告日为2005年2月23日；

附件4：公告号为CN3366116的中国外观专利，公告日为2004年5月5日；

附件5：公告号为CN3392488的中国外观专利，公告日为2004年9月22日；

附件6：公告号为CN3359412的中国外观专利，公告日为2004年3月31日。

经形式审查合格后，专利复审委员会受理了上述无效宣告请求，于2008年12月4日向双方当事人发出无效宣告请求受理通知书，并将上述专利权无效宣告请求书及其证据副本转送给专利权人（下称专利权人），要求专利权人在一个月内陈述意见。

针对请求人的无效宣告请求，专利权人于2009年1月15日寄交了意见陈述书，认为本外观设计与附件2~6相比不相同也不相近似，因此符合专利第23条的规定。

2009年2月1日，本案合议组向双方当事人发出口头审理通知书，告知双方当事人定于2009年2月25日进行口头审理。

口头审理如期举行，双方当事人均到庭参加口头审理，对合议组成员没有回避请求，并对对方出庭人员的身份没有异议，合议组在此情况下就本无效宣告请求案进行了庭审调查：

合议组当庭将专利权人于2009年1月15日寄交的意见陈述书副本转给请求人。

请求人当庭明确表示其无效理由为：

本专利相对于下述附件属于相同或相近似的外观设计，因此本专利不符合专利法第23条的规定。

附件2：公告号为CN3497648的中国外观专利，公告日为2006年1月11日；

附件3：公告号为CN3427192的中国外观专利，公告日为2005年2月23日；

附件4：公告号为CN3366116的中国外观专利，公告日为2004年5月5日；

附件5：公告号为CN3392488的中国外观专利，公告日为2004年9月22日；

附件6：公告号为CN3359412的中国外观专利，公告日为2004年3月31日。

具体无效宣告请求理由以书面意见为准。

专利权人当庭表示对上述附件2~6的真实性没有异议；具体答辩意见以书面意见为准。

双方当事人当庭明确表示，已经充分陈述了各自意见，不再补充意见陈述；口头审理之后合议组不再接受双方当事人的任何意见陈述和证据。至此，合议组认为，本案事实已经清楚，可以作出审查决定。

二、决定的理由

1. 关于证据认定

附件2~6为中国专利文献，其公开日均早于本专利的申请日，与本专利属同类产品，并且专利权人对其真实性无异议，因此，附件2~6可以作为评价本专利是否符合专利法第23条的在先设计。

2. 关于专利法第23条

专利法第23条规定，授予专利的外观设计，应当同申请日以前在国内外出版物上公开发表过或者国内公开使用过的外观设计不相同和不相近似，并不得与他人在先取得的合法权利相冲突。

如果一般消费者经过对被比设计与在先设计的整体观察可以看出，二者的差别对于产品外观设计的整体视觉效果不具有显著的影响，则被比设计与在先设计相近似。

本专利的椅子扶手的设计为：椅子扶手由托板、支撑架组成，从俯视图和仰视图观察，托板面呈长方形，长方形四角为圆弧过渡，支撑架连接片为长方形，其上设有三个圆孔，支撑架连接片与托板垂直；从后视图和主视图观察，托板表面为弧形，支撑架呈“丫”字形支撑托板，从后视图观察支撑架上部左侧比右侧细，支撑架约二分之一处有一条形装饰条，其上设有一圆形按钮，支撑架与托板夹角略大于90°；从左视图和右视图观察，支撑架与托板垂直，支撑架与支撑架连接片构成“L”形，弯折处为圆弧过渡。

附件3（下称在先设计）的椅子扶手的设计为：椅子扶手由托板、支撑架组成，从俯视图和仰视图观察，托板面呈长方形，长方形四角为圆弧过渡，支撑架连接片为长方形，长方形一端的两角为圆弧过渡，其上设有三个圆孔，支撑架连接片与托板垂直；从后视图和主视图观察，托板表面为弧形，支撑架呈“丫”字形支撑托板，从后视图观察支撑架枝丫上部左侧和右侧粗细基本一致，支撑架约二分之一处有一条形装饰条，其上设有一圆形按钮，支撑架与托板夹角略大于 90 度；从左视图和右视图观察，支撑架与托板垂直，支撑架与支撑架连接片构成“L”形，弯折处为直角。

本专利与在先设计相比较，区别在于：（1）本专利支撑架连接片的长方形一端的两角为直角，在先设计的支撑架连接片的长方形一端的两角为圆弧过渡；（2）支撑架与支撑架连接片构成的“L”形的过渡角不同，本专利为弧形过渡，在先设计为直角过渡；（3）在先设计的支撑架枝丫上部左侧比本专利的细；（4）条形装饰条的宽窄略有不同，本专利的较窄，在先设计的较宽。

对于区别（1）和（2），合议组认为：连接片是用来固定椅子扶手的，扶手安装后，连接片位于椅子底座之下，不容易被观察到，连接片与支撑架的“L”形的过渡角也是不容易被使用者观察到，而且，本专利与在先设计相比连接片的基本形状相同，连接片都为长方形，连接片与支撑架都构成“L”形，角部或弯折处是否为圆弧过渡属于微小的设计变化，因此区别（1）和（2）对椅子扶手的外观设计的整体视觉效果不具有显著的影响。

对于区别（3），合议组认为：本专利与在先设计相比支撑架都为“丫”形，且枝丫的外部轮廓形状相同，区别仅仅是“丫”形顶部左侧的粗细略有不同，该区别属于局部的细微变化，对整体的视觉效果不足以产生显著影响。

对于区别（4），合议组认为：本专利与在先设计相比条形装饰条的位置相同，区别仅仅是宽窄略有不同，在先设计的较宽，本专利的较窄，然而该变化属于微小的变化，对整体的视觉效果不具有显著的影响。

综上，经整体观察，综合判断，本专利与在先设计的差别对于本专利产品外观设计的整体视觉效果不具有显著的影响，属于相近似的外观设计，因此本专利不符合专利法第 23 条的规定。

在此基础上，对请求人提交的其他证据及相应无效理由不再评述。

本案合议组依法作出如下决定。

三、决定

宣告 200630051053. 2 号外观设计专利权无效。

当事人对本决定不服的，可以根据专利法第 46 条第 2 款的规定，自收到本决定之日起三个月内向北京第一中级人民法院起诉。根据该款的规定，一方当事人起诉后，另一方当事人应当作为第三人参加讼诉。

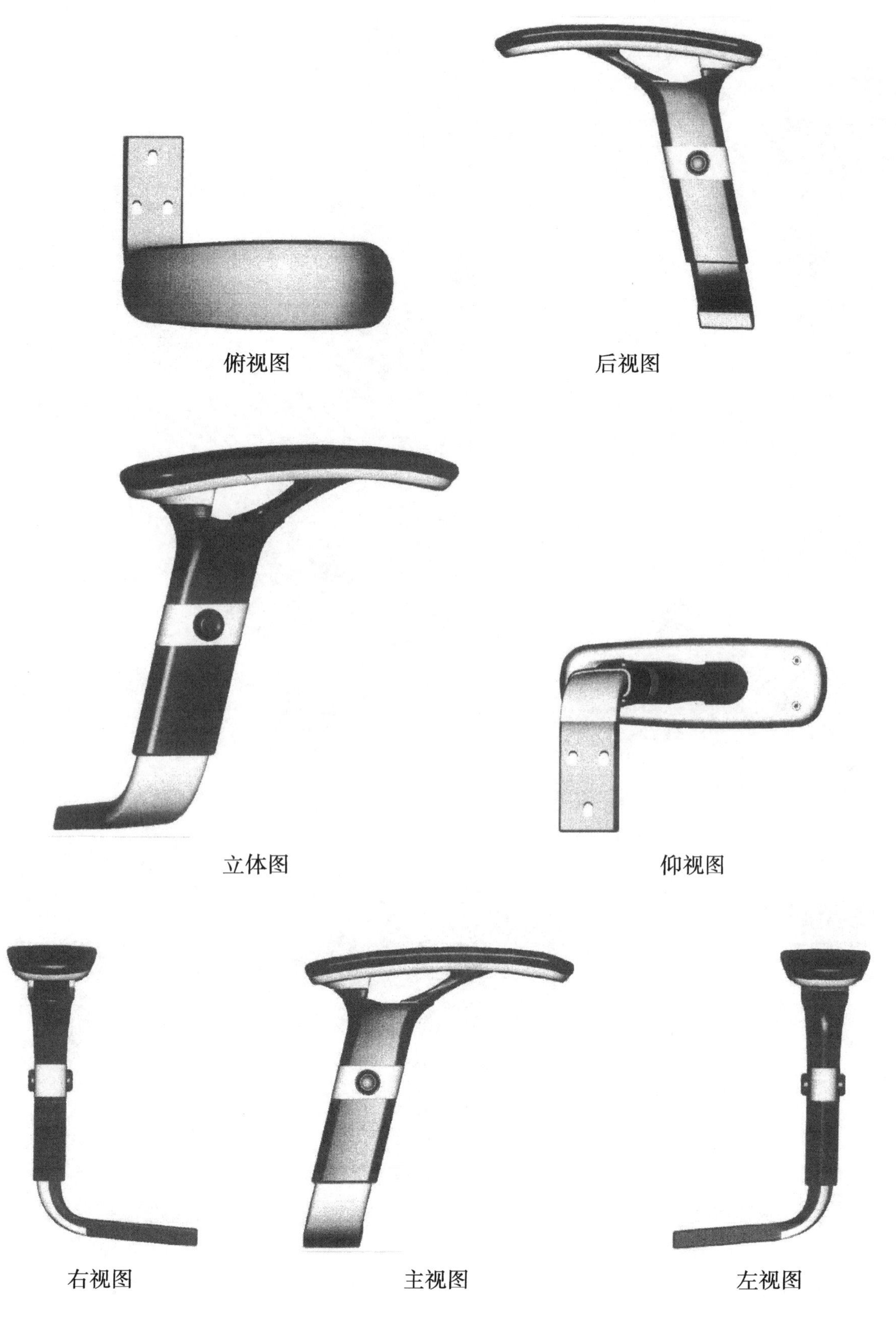

本专利外观设计附图

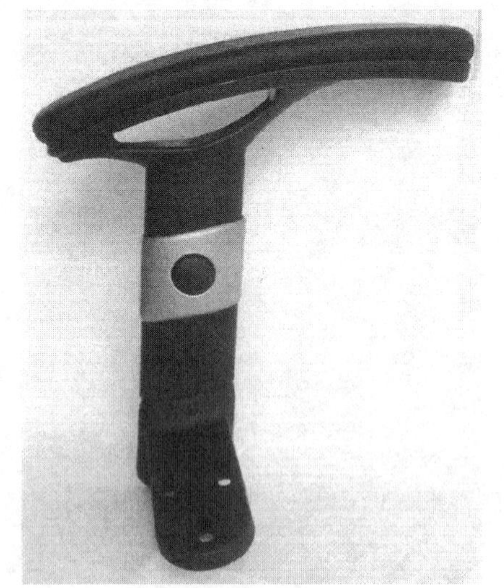
后视图

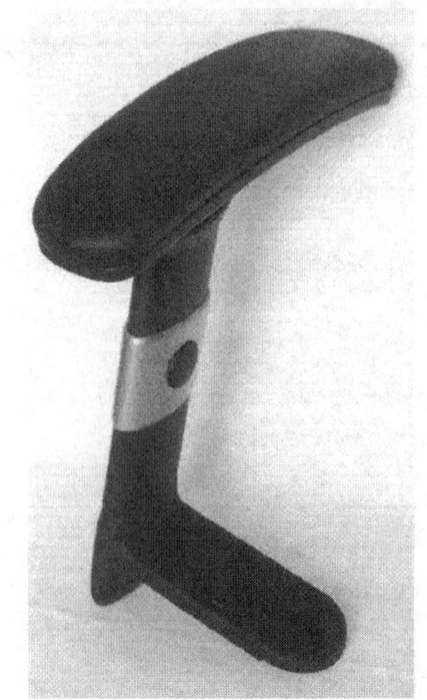
立体图

俯视图

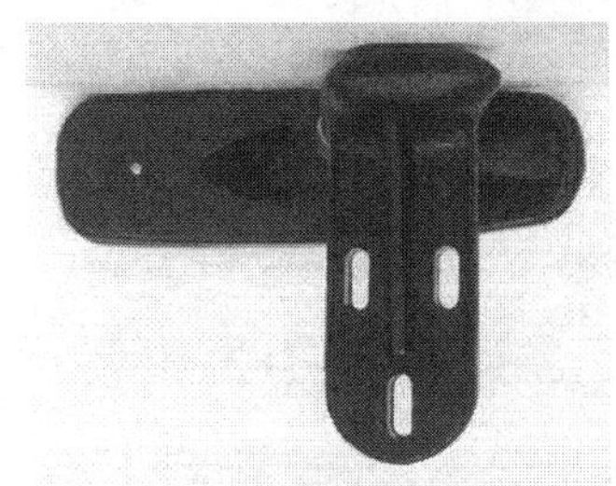
仰视图

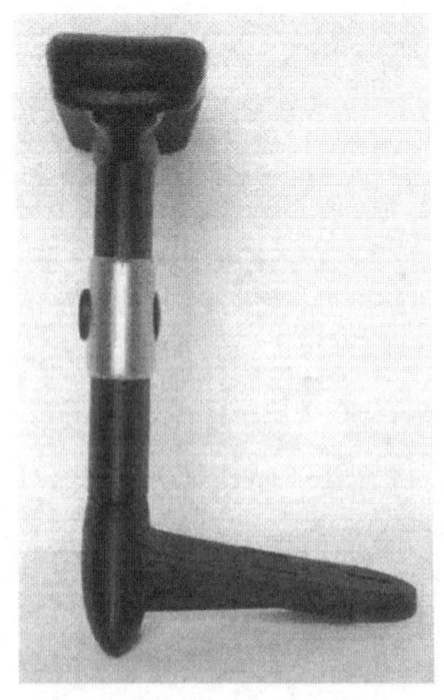
右视图

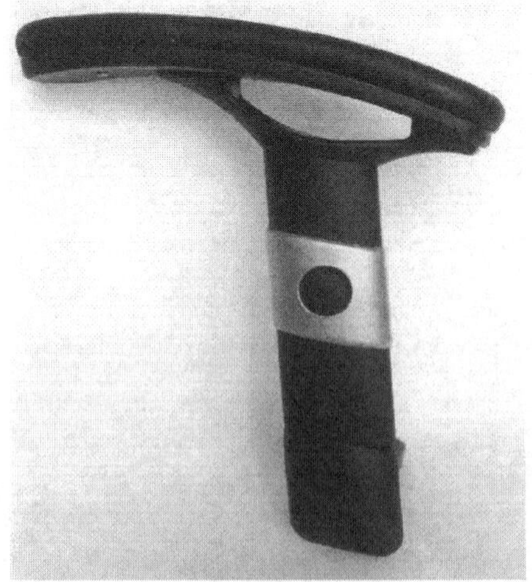
立体图

左视图

附件 3 外观设计附图

198

展示柜（S903PZ）

无效宣告请求审查决定（第13167号）

决　　定　　号　第13167号
决　　定　　日　2009年3月14日
发明创造名称　展示柜（S903PZ）
外观设计分类号　20-02
无效宣告请求人　孙雅申
专　利　权　人　方正亚洲有限公司，玛丽亚·阿德莱德·卡萨尼
专　　利　　号　200630145467.1
申　　请　　日　2006年11月24日
授 权 公 告 日　2007年10月3日
合 议 组 组 长　钱亦俊
主　　审　　员　吴大章
参　　审　　员　周　佳

法　律　依　据　专利法第23条
决　定　要　点

专利权人是从事产品出口的中间商，其与国内企业之间存在的产品购销关系的性质不同于国内市场的购销关系，所用于出口的产品并没有处于国内公众中的任何人想得到即可以得到的状态。

国内的生产企业对专利权人订购的产品的生产技术、图纸资料负有保密义务，因此，国内生产企业的生产制造行为没有形成公众可以得知的状态，未构成国内公开使用。

一、案由

本无效宣告请求涉及国家知识产权局于2007年10月3日授权公告的、名称为“展示柜（S903PZ）”的200630145467.1号外观设计专利（下称本专利），其申请日为2006年11月24日，专利权人是方正亚洲有限公司，共同专利权人是帕迪尼·马尔科、玛丽亚·阿德莱德·卡萨尼，后共同专利权人变更为玛丽亚·阿德莱德·卡萨尼。

针对上述外观设计专利权，孙雅申（下称请求人）于2008年4月17日向专利复审委员会提出无效宣告请求，并随无效宣告请求书提交了如下附件作为证据：

附件1：请求人声称的意大利佛卡责任有限公司提供的声明及其相关文件复印件，共31页，其中包括如下文件：

附件1-1：佛卡责任有限公司出具的声明外文复印件及其中文译文，共3页；

附件 1-2：利米尼市工商部出具的关于佛卡责任有限公司的普通科注册证明外文复印件及其中文译文，共 6 页；

附件 1-3：利米尼市公证员江安东尼奥·彭尼诺出具的关于摄于佛卡责任有限公司内照片的证明外文复印件及其中文译文，以及请求人声称的上述证明所附照片复印件，共 3 页；

附件 1-4：与方正亚洲有限公司相关单据（发票、报关单、提货单、原产地证明等）外文复印件及其中文译文的复印件，共 11 页；

附件 1-5：利米尼市公证员江安东尼奥·彭尼诺出具的复印件与原件相符的证明外文复印件及其中文译文的复印件，共 2 页；

附件 1-6：订单号（Order Number）为 1123/2004 的方正亚洲有限公司单据的复印件及其中文译文的复印件，共 4 页；

附件 1-7：第 1 行标有"ORIGINAL"字样的页复印件及其中文译文的复印件，共 2 页；

附件 1-8：页眉处标有"Aug. 25 2004 04：12PM P1"字样的页复印件及其中文译文的复印件，共 2 页；

附件 2：莱州市宏泰电器有限公司和正亚洲有限公司（RIGHTWAY ASIA LTD）签订的产品销购销合同和莱州市电冰柜厂发出产品销售追踪存档单的复印件，共 3 页；

附件 3：嘉宏航运有限公司进仓通知、青岛远洋大亚物流有限公司理货单的复印件，共 3 页；

附件 4：684794836 号中华人民共和国海关出口货物报关单复印件，共 1 页；

附件 5：四川湾区康莱士检测有限公司合同（合同登记编号：SBC-CE-04052802，制订日期：2004 年 5 月 28 日）及相关文件（包括该公司的企业法人营业执照、外商投资企业税务登记证、中华人民共和国组织机构代码证）复印件，以及与该公司相关的外商投资企业基本情况（设立）和年检情况打印件，共 11 页；

附件 6：CE 标准符合性证明书（出证日期：2004 年 6 月 30 日）的中文文件和外文文件复印件，lVD 测量和测试报告（型号：S903）的中文文件和外文文件复印件，附被测设备（型号：S903）照片及中文译文复印件，共 10 页；

附件 7：证人 Marco Pardini 出具的"Witness Statement"外文书面证言的复印件，共 2 页。

请求人认为：上述证据证明，在本专利申请日前，专利权人之一方正亚洲有限公司与莱州宏泰电器有限公司有购销合作关系，莱州宏泰电器有限公司通过设计、生产完成的产品"展示柜（S903PZ）"出售给方正亚洲有限公司转销到意大利等国内外各地，本专利与莱州宏泰电器的产品的外观设计是相同或相似的，故本专利不符合专利法第 23 条中应当同申请日以前在国内公开使用过的外观设计不相同和不相近似的规定。

经形式审查合格后，专利复审委员会受理了该无效宣告请求，并于 2008 年 4 月 30 日向双方当事人发出无效宣告请求受理通知书，并随上述无效宣告请求受理通知书将请求人提交的无效宣告请求书及其附件清单中所列附件副本转送专利权人，要求其在指定期限内对该无效宣告请求陈述意见。

请求人又于 2008 年 5 月 19 日向专利复审委员会提交了意见陈述书和补充证据，但请求人未结合所提交的补充证据具体说明相关的无效宣告理由，补充证据如下：

附件 8：青岛益达设备有限公司的企业法人营业执照（副本）复印件、青岛益达设备有限公司出具的关于 Marco Pardini 先生是该公司总裁的证明的中文文件和外文文件的复印件、Marco Pardini 的护照复印件及其中文译文、附件 8 及其"见证声明"中文译文，共 8 页；写有方正亚洲有限公司"广东展览会""订单据"等文字的单据的复印件及翻译件共 21 页（文件清单上未列出）。

专利权人于 2008 年 6 月 12 日向专利复审委员会提交了意见陈述书及如下附件作为证据：

莱州市宏泰电器有限公司与方正亚洲有限公司的协议书复印件，共4页（下称反证1）。

专利权人认为：方正亚洲有限公司与莱州宏泰电器有限公司系委托加工关系，不是国内公开使用；附件3、附件4证明宏泰电器生产的产品出口，不是国内公开使用；附件5、附件6证明宏泰电器生产的产品根据出口标准检测，都在特定关系人之间进行，不构成使用公开；附件1、附件7系域外证据，未经公证认证，不予认定，即使该附件真实有效，也仅能说明本专利产品在国外销售，不能证明在国内公开使用。

专利复审委员会成立合议组，依法对本案进行审查。合议组于2008年7月2日向双方当事人发出口头审理通知书，定于2008年9月23日对本案进行口头审理，并随上述口头审理通知书将请求人于2008年5月19日提交的意见陈述书及其附件清单中所列附件的副本转送给专利权人，同时将专利权人于2008年6月12日提交的意见陈述书及其附件清单中所列附件的副本转送给请求人。

口头审理如期举行，请求人及其证人，双方当事人的代理人出席了口头审理。在口头审理中，双方当事人对合议组成员无回避请求，双方当事人对对方出庭人员身份无异议。请求人当庭提交了如下文件：

附件1-1：佛卡责任有限公司出具的声明外文原件，附有中华人民共和国驻米兰总领事馆认证，共1页；

附件1-2：利米尼市工商部出具的关于佛卡责任有限公司的普通科注册证明外文原件，附有中华人民共和国驻米兰总领事馆认证，共3页；

附件1-3：利米尼市公证员江安东尼奥·彭尼诺出具的关于摄于佛卡责任有限公司内照片的证明所附照片的原件，实际为复印件，共1页；

附件1-3中利米尼市公证员江安东尼奥·彭尼诺出具的关于摄于佛卡责任有限公司内照片的证明外文原件，附有中华人民共和国驻米兰总领事馆认证，用订书钉与上述请求人声称的证明所附照片装订在一起，共1页；

附件1-4：与方正亚洲有限公司相关单据（发票、报关单、提货单、原产地证等）外文的原件，实际为复印件，共5页；

附件1-5：利米尼市公证员江安东尼奥·彭尼诺出具的复印件与原件相符的证明外文原件，附有中华人民共和国驻米兰总领事馆认证，用订书钉与上述附件1~4与方正亚洲有限公司相关单据（发票、报关单、提货单、原产地证等）装订在一起，共1页；

附件1-6：订单号（Order Number）为1123/2004的方正亚洲有限公司单据的复印件，共2页，页面上盖有“莱州市宏泰电器有限公司”的红色印章；

附件1-7：第1行标有“ORIGINAL”字样的页复印件1页，页面上盖有“莱州市宏泰电器有限公司”的红色印章；

附件1-8：页眉处标有“Aug. 25 2004 04：12PM P1”字样的页复印件1页，页面上盖有“莱州市宏泰电器有限公司”的红色印章；

请求人声称的附件2、附件3、附件4的原件，实际为复印件，其上盖有“莱州市宏泰电器有限公司”红色印章，共11页；

合议组当庭核实了请求人当庭提交的上述文件与请求人在提出无效宣告请求时提交的附件的一致性，专利权人对两者的一致性无异议。

关于附件5和原件，请求人称在专利复审委员会审理的相关案件中已经提交，专利权人当庭表示对附件5的真实性没有异议；

关于附件6和原件，请求人称在专利复审委员会审理的相关案件中已经提交，专利权人当庭表示对附件6的真实性没有异议。

出具附件8书面证言的证人Marco Pardini出庭作证。请求人放弃附件8中除证人证言之外的补充证据。专利权人要求以此证据作为反证。

请求人对反证1的真实性没有提出异议，并且发表了质证意见。

证人出庭作证称：本专利是在2004年11月之前生产的，是由莱州宏泰电器有限公司设计的。证人表示，他知道方正亚洲有限公司和莱州宏泰电器有限公司签订的协议（反证1）。

在上述基础上双方当事人充分陈述了意见。请求人认为：当庭提交的文件均为原件，附件1中意大利佛卡责任有限公司出具的声明，声明照片中的产品是从中国国内购买的，附件1中有方正亚洲有限公司开具的发票、欧共体的报关单、意大利公司的提单和原产地证明，可以证明，专利权人在中国厂家购买了本专利的产品，再销售到国外，国内制造构成了技术的公开。附件2、附件3和附件4证明方正亚洲有限公司在莱州宏泰电器有限公司购买了本专利的产品，并发货至意大利。专利权人对附件1中有关证据的真实性提出质疑，对附件2、附件3和附件4的真实性提出质疑，认为这些证据不具有真实性。请求人认为附件5和附件6证明在本专利申请日之前本专利的产品已经交给检测单位进行检测，已经公开。专利权人认为检测、认证不能构成国内公开使用。双方当事人就专利权人和莱州宏泰电器有限公司之间的关系问题进行了辩论，专利权人认为：方正亚洲有限公司与莱州宏泰电器有限公司系委托加工关系，不是国内公开使用，其出口行为也不构成国内的公开使用；请求人认为方正亚洲有限公司与莱州宏泰电器有限公司系买卖合作关系。

至此，合议组认为本案事实已经清楚，可以依法作出无效宣告请求审查决定。

二、决定的理由

1. 法律依据

基于请求人提出的无效宣告的理由，合议组依据专利法23条对本案进行审理。

专利法第23条规定："授予专利权的外观设计，应当同申请日以前在国内外出版物上公开发表过或者国内公开使用过的外观设计不相同和不相近似，并不得与他人在先取得的合法权利相冲突。"

审查指南第二部分第三章第2.1.3.2节规定，"……使有关技术内容处于公众想得知就能够得知的状态……就构成使用公开"。根据专利法第23条和审查指南的上述规定，构成使用公开必须使本专利的外观设计在中国境内处于公众想得知就能够得知的状态。

2. 事实和证据认定

请求人口头审理时当庭放弃了附件8中除证人证言外的其他证据，因此合议组对放弃的证据不再评述。附件8是请求人在期限之内提交的，并且该附件的保留部分是附件7的中文译文，合议组对该证据的保留部分予以接受。

请求人试图用附件1、附件2、附件3、附件4、附件7和附件8（附件7的中文译文部分）证明：在本专利申请日前，专利权人之一方正亚洲有限公司与莱州宏泰电器有限公司有购销合作关系，莱州宏泰电器有限公司通过设计、生产完成的产品"展示柜（S903PZ）"出售给方正亚洲有限公司转销到意大利等国内外各地，本专利与莱州宏泰电器的产品的外观设计是相同或相似的。

专利权人认为，方正亚洲有限公司与莱州宏泰电器有限公司系委托加工关系，不是国内公开使用，其出口行为也不构成国内的公开使用。并提交了反证1来证明其主张，同时要求以请求人放弃的补充证据作为反证来支持其主张。

请求人对反证1的真实性没有异议，合议组对该证据予以采纳。经查，反证1可以证明：专利权人向莱州宏泰电器有限公司长期订购本专利产品用于向国外出口。合议组认为：专利权人购买国内厂家产品的目的在于赚取外方的商业利润，其从事的一切商业活动仅仅在于将国内产品推入国际市场，而不是为了在国内销售和使用，专利权人仅是国内厂家和外方之间的中间商。因而，即使专利权人与国内企业之间存在产品购销关系，其性质也不同于国内市场的销售行为，所用于出口的产品并没有处于国内公众中的任何人想得到即可以得到的状态。因此，本案中的出口行为并未涉及该产品在国内的使用公开。

在本案中，反证1还进一步证明，国内的生产企业莱州宏泰电器有限公司对专利权人订购的产品的生产技术、图纸资料负有保密义务，因此，合议组认为，莱州宏泰电器有限公司的生产制造行为没有形成公众可以得知的状态，未构成国内公开使用。

综上，请求人主张的事实即使能够成立也不属于法律规定的构成公开使用的事实。

鉴于上述已经得出的请求人主张的上述事实并非法律规定的构成公开使用的事实，故请求人提交的用以支持其上述主张的证据与法律规定的构成公开使用的事实均无关联性，这些证据是：附件1、附件2、附件3、附件4、附件7和附件8（附件7的中文译文部分）。

请求人试图用附件5和附件6证明本专利因检测和认证导致公开。

附件5包括：四川湾区康莱士检测有限公司合同（合同登记编号：SBS-CE-04052802，制订日期：2004年5月28日）；相关文件（包括该公司的企业法人营业执照、外商投资企业税务登记证、中华人民共和国组织机构代码证），其上盖有“莱州市宏泰电器有限公司”红章，以及与该公司相关的外商投资企业基本情况（设立）和年检情况打印件，其上盖有“四川省工商局经济信息中心微机档案查询专用章（仅供参考）”红章。专利权人对该证据的真实性予以认可。经查，上述合同中的第8项约定：四川湾区康莱士检测有限公司对送检方的任何技术资料都有保守商业机密的责任。故合议组认为，附件5不能支持本专利产品经检测导致公开的主张。

对于附件6，其中①CE标准符合性证明书（出证日期：2004年6月30日，型号：S903，S903PZ，PS300，S903S/STOP），②LVD测量和测试报告（型号：S903）附被测设备（型号：S903）照片，请求人提交了该报告的原件。专利权人对该证据的真实性没有提出异议。合议组认为：一项发明创造根据某项出口标准所做的检测，属于为符合相关标准而完善发明创造的步骤，该检测过程并没有导致本专利的外观设计在国内处于公众想要得知即可得知的状态，因此该检测不构成专利法意义上的公开。故合议组对请求人关于所述产品在国内经检测导致公开的主张不予支持。

综上所述，请求人主张的事实均不属于法律规定的公开使用的情形，即均不适用专利法第23条的规定。

三、决定

维持200630145467.1号外观设计专利权有效。

当事人对本决定不服的，可以根据专利法第46条第2款的规定，自收到本决定之日起三个月内向北京市第一中级人民法院起诉。根据该款的规定，一方当事人起诉后，另一方当事人应当作为第三人参加诉讼。

北京市第一中级人民法院
行政判决书

(2009) 一中行初字第1704号

原告孙雅申，男，1968年5月3日出生，汉族，住中华人民共和国北京市海淀区西土城路25号。

委托代理人孙姗姗，北京市洪范广住律师事务所律师。

被告中华人民共和国国家知识产权局专利复审委员会，住所地中华人民共和国北京市海淀区北四环西路9号银谷大厦10~12层。

法定代表人张茂于，副主任。

委托代理人吴大章，中华人民共和国国家知识产权局专利复审委员会审查员。

委托代理人程强，中华人民共和国国家知识产权局专利复审委员会审查员。

第三人方正亚洲有限公司，中华人民共和国香港特别行政区告士打道181号中怡大厦1001室。

法定代表人 Cassani，Maria Adelaide，董事。

第三人玛丽亚·阿德莱德·卡萨尼（Maria Adelaide Cassani)，女，1945年9月26日出生，持有YA0158841号意大利护照。

委托代理人邵守刚，清泰律师事务所律师。

原告孙雅申不服被告中华人民共和国国家知识产权局专利复审委员会于2009年3月14日作出的第13167号无效宣告请求审查决定，于法定期限内向本院提起诉讼。本院于2009年7月7日受理本案后，依法组成合议庭，并通知方正亚洲有限公司、玛丽亚·阿德莱德·卡萨尼作为本案第三人参加诉讼。在本案审理过程中，原告孙雅申于2009年12月15日向本院提出撤诉申请，请求撤回对被告中华人民共和国国家知识产权局专利复审委员会的起诉。

本院认为：原告孙雅申的撤诉申请系其真实意思表示，亦未违反法律规定，应予准许。本院依照《中华人民共和国行政诉讼法》第五十一条之规定，裁定如下：

准许原告孙雅申撤回对被告中华人民共和国国家知识产权局专利复审委员会的起诉。

案件受理费人民币100元，减半收取50元，由原告孙雅申负担（已交纳）。

审　判　长　赵　静
代理审判员　姜庶伟
人民陪审员　刘世昌
二〇〇九年十二月十五日
书　记　员　谭北川
书　记　员　高晓旭

199

水龙头（004400）

无效宣告请求审查决定（第13171号）

决　　定　　号　第13171号
决　　定　　日　2009年4月7日
发明创造名称　水龙头（004400）
外观设计分类号　23-01
无效宣告请求人　温州市苹果洁具有限公司，何景福
专　利　权　人　江门市金凯登装饰材料实业有限公司
专　　利　　号　200630071175.8
申　　请　　日　2006年8月23日
授权公告日　2007年7月25日
合议组组长　王霞军
主　　审　　员　钟　华
参　　审　　员　尹春霞
附　　　　　图　2页

法　律　依　据　专利法第23条
决　定　要　点

在域外出版的期刊类证据，如果其向国内发行，且请求人提交了该期刊的原件，其真实性应该予以确认。

在本专利申请日前已经公开了与本专利近似的外观设计，故本专利不符合专利法第23条的规定。

一、案由

本无效宣告请求涉及国家知识产权局于2007年7月25日授权公告的名称为“水龙头（004400）”的200630071175.8号外观设计专利（下称本专利），其申请日为2006年8月23日，专利权人为江门市金凯登装饰材料实业有限公司。

1. 第一无效宣告请求

针对本专利，温州市苹果洁具有限公司（下称第一请求人）于2008年9月9日向专利复审委员会提出无效宣告请求，其理由是在本专利申请日前已经公开发表过与本专利相近似的外观设计，因此本专利不符合专利法第23条的规定，第一请求人同时提交如下附件作为证据：

附件1-1：01338001.X号外观设计专利公报复印件1页。

经形式审查合格，专利复审委员会依法受理了上述无效宣告请求，并于2008年9月9日将无效

宣告请求书及相关文件的副本转给专利权人，要求其在指定的期限内答复。专利权人逾期未答复。

2008 年 10 月 8 日，请求人提交了意见陈述书，坚持认为本专利与在其申请日前公开的外观设计相同或者相近似，同时补充提交了如下附件作为证据（编号续前）：

附件 1-2：000049648-0014 号欧共体外观设计网上查询信息及图片打印件 3 页，内含 000049648-0014 号欧共体外观设计图片 4 张及著录项目对应中文译文。

2009 年 2 月 23 日，专利复审委员会收到第一请求人提交的附件 1~2 经国家知识产权局专利检索咨询中心出具的认证件（含000049648-0014 号欧共体外观设计图片 3 张）及全文翻译稿。

2. 第二无效宣告请求

针对本专利，何景福（下称第二请求人）于 2008 年 11 月 19 日向专利复审委员会提出无效宣告请求，其理由是在本专利申请日前已经公开发表过与本专利相近似的外观设计，因此本专利不符合专利法第 23 条的规定，第二请求人同时提交如下附件作为证据：

附件 2-1：2005 年 4 月出版《香港建筑指南——中国版》第 14 期封面页、出版信息页、目录页、第 126~128 页、第 298~299 页复印件共 11 页。

经形式审查合格，专利复审委员会依法受理了上述无效宣告请求，并于 2008 年 12 月 11 日将无效宣告请求书及相关文件的副本转给专利权人，要求其在指定的期限内答复。专利权人逾期未答复。

2009 年 2 月 23 日，专利复审委员收到第二请求人提交的附件 2-1 的整本书刊原件。

3. 合并审理

本案合议组经过合议，决定对上述两个无效宣告请求进行合并审理，并于 2009 年 2 月 1 日向双方当事人发出口头审理通知书，定于 2009 年 3 月 25 日举行口头审理，同时将第一请求人提交的意见陈述书转送给专利权人，要求其在口头审理中当庭陈述意见，或者在收到文件之日起一个月内陈述意见。

口头审理如期举行，第一、第二请求人委派代理人参加本次口头审理，专利权人缺席本次口头审理。第一、第二请求人对合议组成员均无回避请求。在口头审理中，第一请求人再次向专利复审委员会提交了附件 1-2 经国家知识产权局专利检索咨询中心出具的认证件（含 000049648-0014 号欧共体外观设计图片 4 张）及全文翻译稿。第二请求人陈述附件 2-1 向国内发行，专利权人在该杂志上第 126 页、第 127 页、第 298 页、第 299 页上登过广告，指认附件 2-1 第 128 页上的图片与本专利相同或者极其近似。第一、第二请求人在口头审理中充分陈述了意见。

至此，合议组经过合议，认为本案事实已经调查清楚，依法作出如下审查决定。

二、决定的理由

1. 法律依据

专利法第 23 条规定："授予专利权的外观设计，应当同申请日以前在国内外出版物上公开发表过或者国内公开使用过的外观设计不相同和不相近似，并不得与他人在先取得的合法权利相冲突。"

2. 证据的认定

附件 1-1 是中国外观设计专利公报，附件 1-2 是欧共体外观设计公告信息及图片打印页，第一请求人提交了经经国家知识产权局专利检索咨询中心出具的认证件件，并在举证期限内提交了中文译文，经合议组核实，其内容真实，故上述附件可以作为本案的定案依据。

附件 2-1 是《香港建筑指南——中国版》第 14 期封面页、出版信息页、目录页、第 126~128 页、第 298~299 页复印件共 11 页，第二请求人提交了《香港建筑指南——中国版》第 14 期整本书的原件，经合议组核实：附件 2-1 的原件与复印件相符，该书刊的书脊上标示其 ISBN 号为 988-208-108-8，封面页上明确表明"中国版"，书中绝大部分内容为简体中文，其出版信息页上记载其是每年的三/四月间出版一次，每年除在国内及香港三十多个展览会派发外，还通过各种渠道在全国分发。请求人同时指认该杂志第126页、第127页、第298页、第299页上刊登广告，该广告商的企业名称与专利权人相同。

合议组认为：从附件2~1的形式及内容来看，其属于向国内发行的正式出版物，在专利权人对其真实性未提出异议、未提交任何相反证据的情况下，附件2~1的真实性应予以确认，可以作为本案的定案依据。附件2~1是2005年的期刊，其公开日早于本专利申请日2006年8月23日，故其第128页上公开的水龙头的外观设计属于在本专利申请日前公开的外观设计（下称在先设计）。

3. 本专利是否符合专利法第23条的规定

本专利为水龙头的外观设计，在先设计也为水龙头的外观设计，两者用途相同，故所属产品的种类相同，可以进行外观设计近似性比较。

本专利授权图片包括主视图、后视图、左视图、右视图、俯视图、仰视图和立体图，其所示水龙头上部是长钩子状的圆水管、下部是薄片状的正方形底座，底座底面对称设置有若干圆孔。上述钩子状水管和正方形底座之间由长方体形水管连接，该长方体水管粗细介于正方体底座、钩子状圆水管之间。上述长方体水管的中间部位的两侧对称斜向上各伸出一个较小长方体水管，小长方体水管的顶端连接有短圆柱体和十字形开关（详见本专利附图）。

在先设计公开了一副立体图，其所示水龙头上部是钩子状的圆水管、下部是薄片状的正方形底座。上述钩子状圆柱水管和正方形底座之间由短圆柱体及长方体水管连接，该长方体水管粗细介于正方体底座、钩子状圆水管之间。上述长方体水管的中间部位的两侧对称斜向上各伸出一个较小长方体水管，小长方体水管的顶端连接有短圆柱体和十字形开关（详见在先设计附图）。

将本专利与在先设计对比，两者的整体形状、主要构件的形状及位置关系均非常近似，两者的不同之处在于：在先设计未公开其底座的底面设计。本专利的钩子状圆水管和正方形底座之间直接由长方体水管连接，而在先设计的钩子状圆水管和长方体水管之间还有一个短圆柱体。对此，合议组认为：底座的底面为使用时不能见到的部位，本专利与在先设计的钩子状圆柱水管和长方体水管之间有无短圆柱体属于局部的细微差别，故上述区别不足以对产品的整体视觉效果产生显著的影响，因此本专利与在先设计构成相近似的外观设计，本专利不符合专利法第23条的规定。

鉴于上述评述已经得出本专利不符合授权条件的结论，合议组对第一请求人提出的理由和证据不再予以评述。

三、决定

根据专利法第23条和专利法第46条第1款的规定，宣告200630071175.8号外观设计专利权全部无效。

根据专利法第46条第2款的规定，当事人对本决定不服的，自收到本决定之日起三个月内向北京市第一中级人民法院起诉，根据该款规定，一方当事人起诉后，另一方当事人应当作为第三人参加诉讼。

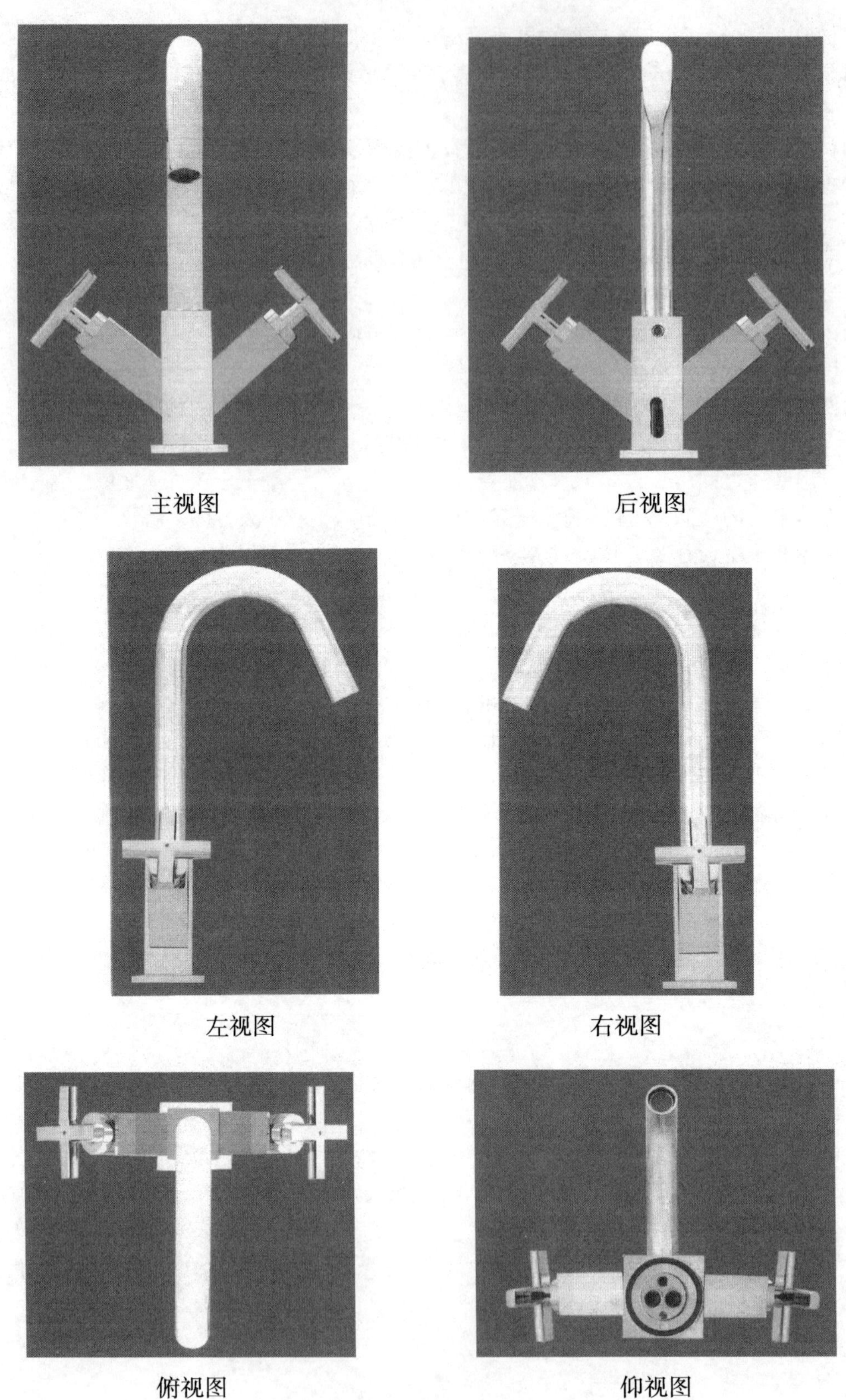

主视图　后视图

左视图　右视图

俯视图　仰视图

本专利附图

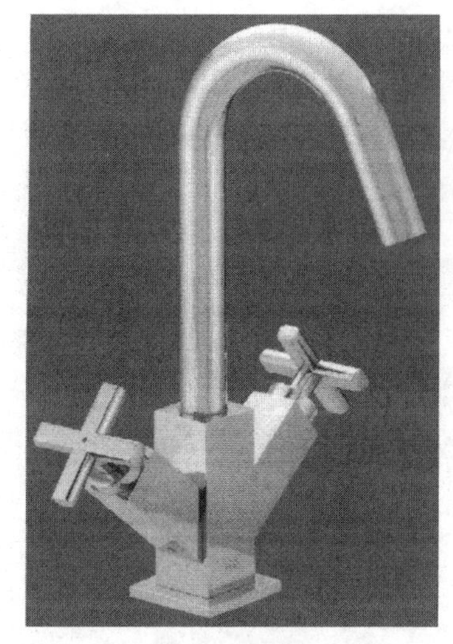

立体图

本专利附图（续）

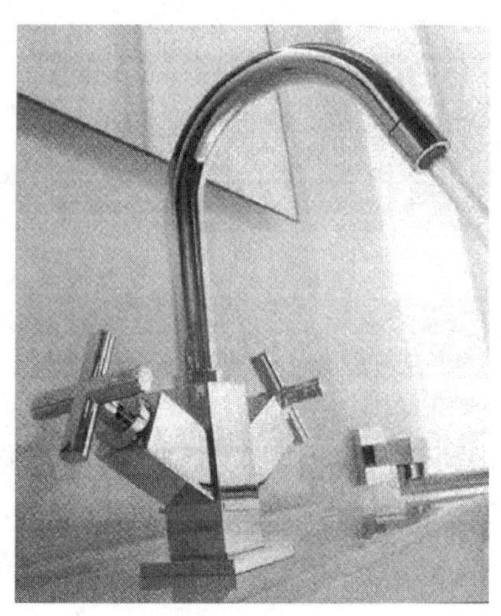

在先设计附图

200

切 药 机

无效宣告请求审查决定（第 13183 号）

决　　定　　号 第 13183 号
决　　定　　日 2009 年 4 月 15 日
发明创造名称 切药机
外观设计分类号 15-99
无效宣告请求人 梁国志
专　利　权　人 楚丽芳
专　　利　　号 200630124177.9
申　　请　　日 2007 年 6 月 27 日
授　权　公　告　日 2006 年 8 月 16 日
合　议　组　组　长 陈海平
主　　审　　员 郭　琼
参　　审　　员 关山松
附　　　　图 2 页

法　律　依　据 专利法第 23 条
决　定　要　点

本专利与在先设计的整体形状相同，二者已呈现整体相近似的视觉效果，二者存在的差别为局部细微差异，其不足以对二者整体的视觉效果产生显著影响，因此，二者属于相近似的外观设计。

一、案由

本无效宣告请求涉及国家知识产权局于 2007 年 6 月 27 日授权公告的、名称为“切药机”的 200630124177.9 号外观设计专利，其申请日为 2006 年 8 月 16 日，专利权人由楚怀玉变更为楚丽芳。

针对上述外观设计专利（下称本专利），梁国志（下称请求人）于 2008 年 10 月 20 日向专利复审委员会提出无效宣告请求，理由是本专利不符合专利法实施细则第 2 条第 3 款有关外观设计定义的规定，不属于外观设计专利的保护客体；以及本专利与在其申请日前已公开发表过的外观设计相同或相近似，因而不符合专利法第 23 条的规定。请求人同时提交如下证据：

证据 1：在亳州市科学技术局用纸上记录的询问笔录复印件，共 4 页；

证据 2：盖有“亳州市谯城区工业局”公章的证明复印件 1 页以及 JQ280 中药材切片机使用说明书复印件 2 页；

证据 3：安徽省亳州市金铎公证处（2008）皖亳金公证字第 499 号《公证书》复印件，其中附有证人证言，共8页；

证据4：安徽省亳州市金铎公证处（2008）皖亳金公证字第498号《公证书》复印件，其中附有证明及相关照片3张复印件，共6页；

证据5：亳州广播电视报2003年3月25日的第8版、2003年3月28日的第5版、2003年4月1日的第8版的复印件，共3页；

证据6：名称为“药博会简介”的网页复印件，共1页；

证据7：亳州市人民政府编的全国（亳州）中医药交易会的宣传手册《华佗故里亳州》封面以及其中印有楚怀玉多功能切药机修造厂简介及“多功能切药机QYJ67-32”图片的内容页复印件，共2页；

证据8：2008年国际（亳州）中医药博览会第24届全国（亳州）中药材交易会“中华药都 主题晚会节目画册”封面复印件，共1页；

证据9：2003年第十九届全国药交会简介及新闻报道网页复印件，共2页；

证据10：楚怀玉多功能切药机修造厂宣传手册复印件，共4页；

证据11：安徽省亳州市金铎公证处（2008）皖亳金公证字第915号《公证书》复印件，其中附有相关照片，共7页；

证据12：请求人声称2001年生产的楚怀玉多功能切药机的照片复印件，共9页。

请求人认为：（1）本专利所公开的5个视图，均仅仅是适用本外观设计的切药机本身的形状，是切药机得以实现其功能的各部件的组合，并无对产品外部点、线、面的移动、变化、组合使之呈现某种特殊的轮廓，从而形成附着于切药机上的新设计，从图案看，本专利也没有任何可构成新设计的线条或是色块组合从而在切药机表面形成图形，即本专利不符合外观设计的构成要素，不属于外观设计专利的保护客体。（2）即使本专利符合外观设计的构成要素，也不符合专利法第23条的规定。证据1、证据2说明本专利申请日之前已经有大量切药机生产销售，证据3表明本专利申请日之前已有企业和个人生产切药机，证据4表明本专利申请日之前有与本专利结构相同的切药机出现；证据5表明本专利申请日之前与本专利相同的技术已经公开，证据6~10表明本专利申请日之前与本专利相同的技术已经广泛宣传和公开，证据11~12表明本专利申请日之前与本专利相同的切药机已经公开销售和使用。

经形式审查合格后，专利复审委员会受理了上述无效宣告请求，并于2008年12月4日向双方当事人发出无效宣告请求受理通知书，并将该无效请求书及其所附证据副本转送给专利权人，要求其在指定期限内答复，同时成立合议组对本案进行审理。

合议组于2008年12月26日向双方当事人发出口头审理通知书，定于2009年2月18日在专利复审委员会举行口头审理。

专利权人在指定期限内没有提交意见陈述书。

口头审理如期举行，双方当事人均参加了口头审理，双方当事人对合议组成员变更无异议，对合议组成员无回避请求。双方当事人对对方出庭人员身份无异议。请求人当庭提交了证据2~5、7、8、10、11的原件，专利权人当庭提交《楚丽芳对外观设计专利无效宣告请求所附证据的质证意见》一份。专利权人经过核实认为提交的原件与相关证据的复印件一致，对未提供原件的证据1、6、9的真实性有异议，认为证据10为非正式出版的印刷品，对其真实性有异议，对其他提交了原件的证据本身的真实性无异议，但对其所证明的事实有异议。另外，鉴于本案中使用的全部证据已经在5w10483一案中经过质证，双方在5w10483案中的意见均可引入本案。请求人明确表示本专利的无效理由和证据使用情况为：以证据1~4作为一组证据，证明本专利申请日之前切药机已经广泛使用；以证据5~

10为一组证据，证明在申请日之前与本专利相同的技术已经广泛宣传和公开，其中的图片与本专利的设计相近似；证据11证明本专利申请日前已经有与本专利相同结构的切药机公开使用，公证书中图片公开的切药机与本专利切药机相近似；证据12仅供合议组参考，不作为证据使用。专利权人认为对证据1~11的具体质证意见可参见《楚丽芳对外观设计专利无效宣告请求所附证据的质证意见》。请求人认为本专利视图投影关系不正确；专利权人认为本专利的视图不是图纸而是照片，效果不同，照片中某些部位被挡住了。请求人认为证据7中“多功能切药机 QYJ67-32”的图片与本专利主视图相同相近似；专利权人认为证据7不能证明是2003年印制的，其中的图片只能反映切药机的一面，无法证明与本专利相同或相近似，其中的图片达不到出版公开的程度，不属于公开发表，也不能证明公开使用。请求人认为证据7的时间可以看出，在原件封面上有艺术体的第19届，证据6、9可以证明是2003年开的第19届药交会，证据7中提到2005年未来人口规划问题，证据7中两位领导人的任职时间也可推算出证据7的公开时间。

在上述审理的基础上，合议组经合议认为，本案事实清楚，依法作出本审查决定。

二、决定的理由

1. 法律依据

根据请求人提出无效宣告请求的理由及所提交的证据，本案合议组依据专利法第23条对本案进行审理。

专利法第23条规定：“授予专利权的外观设计，应当同申请日以前在国内外出版物上公开发表过或者国内公开使用过的外观设计不相同和不相近似，并不得与他人在先取得的合法权利相冲突。”

2. 证据认定

请求人提交的证据7是亳州市人民政府编的“全国（亳州）中医药交易会”的宣传手册——《华佗故里亳州》，其中印有楚怀玉多功能切药机修造厂简介及“多功能切药机 QYJ67-32”的图片。专利权人未对请求人提交的证据7的真实性提出异议，经核实，合议组对证据7的真实性予以认可。由于证据7第95~96页“美好未来”栏中载有“根据亳州全面建设小康社会目标和‘十五’计划，在‘十五’期间，国内设产总值年均增长9%左右”以及“人口自然增长率控制在千分之九以内，2005年全市总人口不超过550万”的字样。一般情况下，这种交易会宣传手册的编制目的就是向公众介绍该交易会参展厂商的参展产品的情况，其必然会向公众散发。因此，合议组推定其公开日早于2005年年底，也即早于本专利申请日（2006年8月16日），所以证据7可以作为评价本专利是否符合专利法第23条的证据使用。

3. 关于专利法第23条

本专利的切药机与证据7（下称在先设计）中的多功能切药机 QYJ67-32 用途相同，属于相同类别的产品，故将二者作如下的相同相近似的对比：

本专利所示切药机包括有主、后、左、右、俯视图，其整体由机架、刀盘护罩、出料斗、料盘、送料链、砂轮、皮带轮、电机、电线等部件组成，按主视图所示方向：位于切药机右上侧的刀盘护罩为圆柱形，其前下方设有中空的出料斗，刀盘护罩右侧有皮带轮，出料斗开口在切药机的右下方，开口呈矩形，出料斗开口下方有电机，电机外附着有机罩，切药机左上侧为呈矩形的近于水平设置的料盘，料盘位于右侧中间的位置上有呈长条形的纵向送料链（从俯视图方向看），料盘下部由两根斜撑支架支撑，支架与料盘和右侧机架整体呈三角形，紧贴料盘右下部有支撑托，出料斗开口下方电机的右侧有皮带轮，切药机的出料斗的后侧有砂轮，切药机的底部支架整体轮廓为矩形（详见本专利附图）。

在先设计所示切药机包括一幅从其前上方摄制的照片，其整体由机架、刀盘护罩、出料斗、料盘、送料链、砂轮、皮带轮、电机、电线等部件组成，位于切药机右上侧的刀盘护罩为圆柱形，其前下方设有中空的出料斗，刀盘护罩右侧有皮带轮，出料斗开口在切药机的右下方，开口呈矩形，出料斗开口下方有电机，电机外附着有机罩，切药机左上侧为呈矩形的近于水平设置的料盘，料盘位于右侧中间的位置上有呈长条形的纵向送料链，料盘下部由两根斜撑支架支撑，支架与料盘和右侧机架整体呈三角形，切药机右下侧电机的右侧有皮带轮，切药机的底部支架整体轮廓为矩形（详见在先设计附图）。

两件外观设计相同之处在于：两者的组成与形状基本相同，机架、刀盘护罩、出料斗、料盘的整体布局和比例基本相同。两者不同点主要在于：（1）在先设计仅公开了一幅从其前上方摄制的照片，导致在先设计切药机部分的，尤其是后部的结构无法看到；（2）本专利切药机紧贴料盘右下部有支撑托，而在先设计则由于拍摄角度的原因无法确认该支撑托，在先设计支架与料盘和右侧机架所构成的三角形靠近机架侧有一矩形片突出。对此，合议组认为：两者的整体结构形状和布局相近似，虽然证据 7 没有完全公开在先设计的全部视图，但是，对于切药机这类产品的外观设计，依据一般消费者的认知能力，根据在先设计的图片已公开的内容即可推定出产品其他部分的外观设计，而且，在先设计的图片未公开的部位相对于其主视图来说属于该类产品使用状态下不会被一般消费者关注的部位，且在先设计在相应部位的设计的变化也不会对产品的整体视觉效果产生显著影响，所以不影响对本专利和在先设计进行整体观察、综合判断；至于支撑托、后部砂轮或皮带轮的形状，以及是否有矩形片突出等，均属于局部的细微差别，这些局部区别对二者整体视觉效果不具有显著影响。依据整体观察、综合判断的原则，本专利与在先设计相近似，不符合专利法第 23 条的规定。

鉴于已得出本专利不符合专利法第 23 条规定的结论，本决定对请求人提交的其他无效宣告请求理由和证据不再予以评述。

三、决定

宣告 200630124177.9 号外观设计专利权全部无效。

当事人对本决定不服的，可以根据专利法第 46 条第 2 款的规定，自收到本决定之日起三个月内向北京市第一中级人民法院起诉。根据该款的规定，一方当事人起诉后，另一方当事人应当作为第三人参加诉讼。

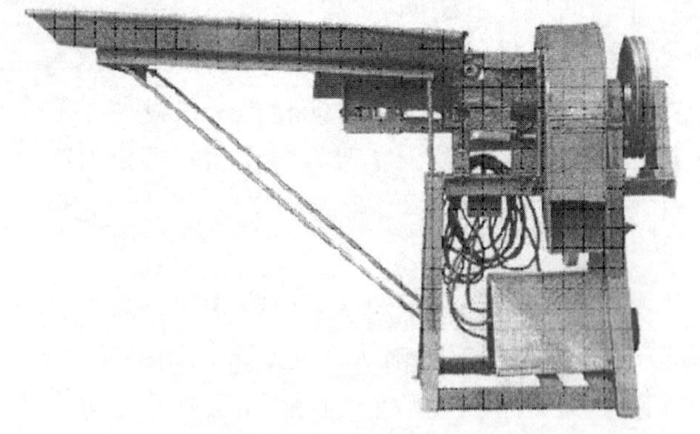

主视图

后视图

左视图

右视图

俯视图

本专利附图

在先设计附图

201

型材（20-D1235）

无效宣告请求审查决定（第13189号）

决　定　号　第13189号
决　定　日　2009年4月15日
发明创造名称　型材（20-D1235）
外观设计分类号　25-01
无效宣告请求人　佛山市罗南铝业有限公司
专　利　权　人　广东兴发集团有限公司
专　利　号　99338396.3
申　请　日　1999年12月6日
授权公告日　2000年8月9日
合议组组长　徐清平
主　审　员　张　凌
参　审　员　沙柏青

法律依据　专利法实施细则第2条第3款
决定要点

对于要求保护的外观设计是否满足“新设计”的一般性要求，通常仅需根据其设计内容和一般消费者的常识进行判断。

本专利符合专利法实施细则第2条第3款关于“新设计”的一般性要求，符合上述法律条款的规定。

一、案由

本无效宣告请求涉及国家知识产权局于2000年8月9日授权公告的名称为“型材（20-D1235）”的99338396.3号外观设计专利，其申请日为1999年12月6日，专利权人为广东兴发集团有限公司。

针对上述专利权（下称本专利），佛山市罗南铝业有限公司（下称请求人）于2008年7月16日向专利复审委员会提出无效宣告请求，理由是本专利不符合外观设计的定义，不符合专利法实施细则第2条第3款的规定；本专利与在其申请日前已公开发表过的外观设计属于相近似的外观设计，不符合专利法第23条规定。请求人同时提交如下附件作为证据：

附件1：99300974.3号外观设计专利著录项目及其外观图片复印件，共5页。

请求人认为：本专利是一种铝合金窗的下框型材，在主视图中展示的其截面形状是由功能决定的设计，并且该截面形状在使用中是不可见的，从其他视图来看，本专利的外观就是一个普通的矩形框，没有对外形美观的变化作出必要的新贡献，不具有美感；也没有体现出设计要点，其不符合专利法实施细则第 2 条第 3 款关于新设计的规定；本专利与附件 1 中所示的在先设计相近似，其不符合专利法第 23 条的规定。

经形式审查合格后，专利复审委员会依法受理了上述无效宣告请求，并于 2008 年 7 月 16 日将无效宣告请求书及相关文件的副本转给专利权人，要求其在指定的期限内答复。

2008 年 8 月 11 日，针对上述无效宣告请求，专利权人提交了答复意见，认为在专利复审委员会第 6753 号决定中已做出了本专利与附件 1 所示的在先设计不相同且不相近似的认定，根据一事不再理的原则，请求驳回请求人的上述无效宣告请求，维持本专利有效。

2009 年 2 月 23 日专利复审委员会向双方当事人发出口头审理通知书，定于 2009 年 3 月 18 日对本案进行口头审理，同时将专利权人的上述答复意见转送请求人，并告知请求人鉴于专利复审委员会第 6753 号无效宣告请求审查决定已经认定本专利与 99300974.3 号外观设计专利不相同且不相近似，本次口头审理对请求人的该项无效宣告理由和证据不予审理。

口头审理如期举行，双方当事人的代理人出席了口头审理。请求人明确其无效宣告理由为本专利不符合专利法第 23 条的规定，在其申请日前，附件 1 中已经公开了与之相近似的外观设计；并且依据附件 1 证明本专利不是新设计，不符合专利法实施细则第 2 条第 3 款的规定；放弃本专利不具有美感而不符合专利法实施细则第 2 条第 3 款的无效宣告理由。专利权人认为型材是独立销售的工业产品，本专利的设计要点体现在其截面的变化上，是新的设计，符合专利法实施细则第 2 条第 3 款的规定。

在上述审理的基础上，合议组经合议，认为本案事实清楚，依法作出本审查决定。

二、决定的理由

1. 法律依据

鉴于专利复审委员会第 6753 号无效宣告请求审查决定已经认定本专利与 99300974.3 号外观设计专利不相同且不相近似，本专利相对于上述对比文件符合专利法第 23 条的规定，根据专利法实施细则第 65 条第 2 款的规定，本案合议组对请求人的该项无效宣告理由及其证据不予审理，仅针对本专利是否符合专利法实施细则第 2 条第 3 款的规定进行审查。

专利法实施细则第 2 条第 3 款规定，专利法所称外观设计，是指对产品的形状、图案或者其结合以及色彩与形状、图案的结合所作出的富有美感并适于工业应用的新设计。

2. 关于专利法实施细则第 2 条第 3 款

鉴于请求人在口头审理中已表示放弃关于本专利不具有美感因而不符合专利法实施细则第 2 条第 3 款的规定的无效宣告理由，本决定对其不再予以评述。

请求人主张本专利属于具有唯一组装关系的组件产品中的一个部件，其使用和销售时状态不同，又属于变化状态的产品，因此应当以其使用和组合状态下的外观作为判断的对象；本专利在横断面上的变化是由其功能决定的；在安装状态下，附件 1 与本专利可见部分的外观均是表面没有任何纹路和图案的板框；因此本专利不符合专利法实施细则第 2 条第 3 款关于新设计的规定。

对此，合议组认为，本专利是横断面形状沿长度方向连续延伸、在长度方向上无其他形状变化的型材类产品，而非审查指南中所规定的组装关系唯一的组件产品和变化状态产品，在判断其是否属于专利法实施细则第 2 条第 3 款所述的新设计时应当以其反映在外观设计图片或者照片中的内容为准，并综合考虑横断面周边轮廓及其内在的形状设计，请求人仅以本专利安装状态下可见部分的外观作为外观设计保护客体的判断对象不符合法律的规定，对其不予支持；根据审查指南的相关规定，对于型材类产品，在其横断面周边构成惯常的矩形的情况下，其横断面其余部分的变化通常对整体视觉效果更具有显著影响，本专利横断面形状的设计确实存在功能的考虑，但是请求人没有证据证明这种形状的设计是由其功能唯一确定的，因此其横断面形状的设计属于应予考虑的外观设计内容。根据审查指南的规定，对于要求保护的外观设计是否满足“新设计”的一般性要求，通常仅需根据其设计内容和一般消费者的常识进行判断。本专利不属于已知的常见设计，请求人同时也明确承认本专利与附件1的横断面形状存在不同，因此本专利符合专利法实施细则第2条第3款关于“新设计”的一般性要求。

综上，请求人关于本专利不符合专利法实施细则第2条第3款的规定的无效宣告理由不能成立。

三、决定

维持99338396.3号外观设计专利权有效。

当事人对本决定不服的，可以根据专利法第46条第2款的规定，自收到本决定之日起三个月内向北京市第一中级人民法院起诉。根据该款的规定，一方当事人起诉后，另一方当事人应当作为第三人参加诉讼。

北京市第一中级人民法院
行政判决书

（2009）一中行初字第1710号

原告佛山市罗南铝业有限公司，住所地广东省佛山市南海区罗村大布沙。

法定代表人杨锦明，董事长。

委托代理人包鸿滨，男，1973年3月5日出生，住广东省佛山市行仁里26号。

委托代理人万炯熙，广东汇联律师事务所律师。

被告国家知识产权局专利复审委员会，住所地北京市海淀区北四环西路9号银谷大厦10~12层。

法定代表人张茂于，副主任。

委托代理人张凌，国家知识产权局专利复审委员会审查员。

委托代理人柴爱军，国家知识产权局专利复审委员会审查员。

第三人广东兴发集团有限公司，住所地广东省佛山市禅城区南庄镇人和路23号。

法定代表人罗苏，董事长。

委托代理人吴秋星，江苏苏州兴吴律师事务所律师。

委托代理人周建飞，江苏苏州兴吴律师事务所律师。

原告佛山市罗南铝业有限公司（以下简称罗南铝业公司）不服被告国家知识产权局专利复审委员会（以下简称专利复审委员会委员会）于2009年4月15日作出的第13189号无效宣告请求审查决定（以下简称第13189号决定），于法定期限内向本院提起诉讼。本院于2009年7月8日受理后，依法组成合议庭，并通知广东兴发集团有限公司（以下简称兴发集团公司）作为本案第三人参加诉讼。

经查，本案定于2009年9月2日13点30分公开开庭审理，但原告罗南铝业公司未派员到庭参加诉讼，亦未做出合理解释。经本院核实，原告罗南铝业公司已于2009年8月26日签收了本案开庭传票、被告专利复审委员会答辩状及证据。

本院认为，原告罗南铝业公司经本院合法传唤，无正当理由拒不到庭。依照《最高人民法院关于执行<中华人民共和国行政诉讼法>若干问题的解释》第四十九条第一款、第六十三条第一款第（十）项之规定，裁定如下：

本案按撤诉处理。

案件受理费100元，减半收取50元，由原告佛山市罗南铝业有限公司负担（已交纳）。

审 判 长 彭文毅
代理审判员 侯占恒
人民陪审员 刘世昌
二〇〇九年九月二日
书 记 员 严 哲

扣板（06-05）

无效宣告请求审查决定（第13195号）

决　　定　　号　第13195号
决　　定　　日　2009年4月3日
发明创造名称　扣板（06-05）
外观设计分类号　25-01
无效宣告请求人　海宁市海创塑胶电器有限公司
专　利　权　人　陈建明
专　　利　　号　200630112585.2
申　　请　　日　2006年7月5日
授权公告日　2007年5月23日
合议组组长　钱亦俊
主　　审　　员　邢欣欣
参　　审　　员　喻　颖
附　　　　　图　2页

法　律　依　据　专利法第23条
决　定　要　点
本专利与在先设计的形状本身存在明显差别，该差别在产品使用过程中对整体视觉效果的影响更为显著，因此本专利与在先设计不相同也不相近似。

一、案由

本无效宣告请求涉及申请日为2006年7月5日、授权公告日为2007年5月23日、名称为“扣板（06-05）”、申请号为200630112585.2的外观设计专利（下称本专利），其专利权人是陈建明。

针对上述专利权，海宁市海创塑胶电器有限公司（下称请求人）于2008年10月9日向专利复审委员会提出无效宣告请求，其主要理由为：本专利的扣板与申请日前在国内出版物（200530055506.4号中国外观设计专利授权公告）上公开发表的天花扣板的外观整体形状基本相同，属于相同或相近似外观设计，因此本专利不符合专利法第23条的规定。请求人提交了如下附件作为证据：

附件1：200530055506.4号中国外观设计专利授权公告的著录项目信息及图片的打印页共1页，其授权公告日为2005年11月30日。

经形式审查合格，专利复审委员会受理了该无效宣告请求，并于2008年12月12日发出无效宣告请求受理通知书，将该专利权无效宣告请求书及其附件清单所列附件转送给了专利权人，同时成立合议组对本案进行审查。

专利复审委员会于2009年2月11日向双方当事人发出了口头审理通知书，定于2009年3月11日在专利复审委员会对本案进行口头审理。

专利权人于2009年2月17日提交了意见陈述书，同时提交了200530055506.4号中国外观设计专利的局部放大立体图及主视图的进一步放大图作为证据，认为：请求人对附件1所公开的图示产品外观的观察存在错误，附件1所示是一块凸板而不是请求人认为的凹板。而本专利图示的产品是一块凹板，与附件1所示的产品存在凹面板和凸面板的区别，这种区别是非常明显的，因此，二者不相同和不相近似。

专利复审委员会于2009年2月25日发出转送文件通知书，将专利权人于2009年2月17日提交的意见陈述书及其附件清单所列附件副本转送给了请求人。

口头审理如期举行，双方当事人均出席了本次口头审理，双方当事人对合议组成员没有回避请求，对双方出席口头审理人员的身份没有异议。在口头审理过程中，双方当事人都表示收到了合议组转交的对方的意见陈述书及所附附件，专利权人对附件1的真实性无异议。请求人认为附件1所示外观产品的中间部分是凹陷的，并且不管其是突出还是凹陷都与本外观专利产品没有显著区别。专利权人认为附件1中间部分是凸起的，本专利扣板的凹陷可以增加天花板的高度空间。

在此基础上，合议组认为本案事实已经清楚，依法作出如下审查决定。

二、决定的理由

1. 法律依据

专利法第23条规定："授予专利权的外观设计，应当同申请日以前在国内外出版物上公开发表过或者国内公开使用过的外观设计不相同和不相近似，并不得与他人在先取得的合法权利相冲突。"

2. 证据的认定

请求人提交的附件1是200530055506.4号中国外观设计专利授权公告打印件，专利权人对其真实性无异议。附件1的授权公告日为2005年11月30日，在本专利的申请日之前，经核查，合议组认为其可以作为评价本外观设计专利是否符合专利法第23条规定的证据使用。

3. 关于专利法第23条

本专利为一种室内装饰用集成吊顶所用的扣板，附件1所示外观设计为一种天花扣板（下称在先设计），两者所属产品的用途相同，属于相同类别的产品，可以进行相同或相近似性对比。

本专利的"扣板"，其板面形状为正方形，扣板正面中间为大面积正方形平面凹陷，其四周形成一个周边等距的凸起边框。从本专利的俯视图、左视图和立体图可以看出，在扣板侧面，沿着正方形板面的两条相对边缘，设有两端带有弧形缺口、其上带有用于嵌接在龙骨上的凹槽的长条形嵌接边（详见本专利附图）。

在先设计的"天花扣板"，其板面形状为正方形，扣板正面中间为大面积正方形平面凸起，其扣板侧面的四条边缘上，都设有两端带有弧形缺口、其上设有凹槽的长条形嵌接边（详见在先设计附图）。

将本专利与在先设计相比，二者的相同点是：板面形状均为正方形，其侧面的嵌接边均为两端带有缺口、其上具有凹槽的长条形。二者主要的不同之处在于：本专利扣板侧面的长条形嵌接边为相对的两条，而在先设计的嵌接边为四条；本专利的扣板正面为凹板，而在先设计的扣板正面为凸板。

合议组认为：在扣板的使用过程中，其侧面的嵌接边要嵌接于龙骨之上，被相邻的扣板所遮挡，对于扣板的整体视觉效果不具有显著的影响。但是其正面的凹凸形状对于消费者而言是容易分辨的，是区别该类产品的视觉瞩目面；由于正面为凹板的扣板四周形成了周边等距的凸起边框，在扣板的使用过程中，多块这样的扣板安装在一起，会在天花板上拼出连续的凸棱，而用中间凸起的扣板安装在一起，则会在天花板上拼出连续的凹槽，使得二者在整体视觉效果上具有显著的差别，经整体观察综合判断，请求人提交的证据不足以证明本专利与在先设计相同或相近似，其据此证明本专利不符合专利法第 23 条规定的主张不能成立。

基于上述理由，合议组依法作出如下决定。

三、决定

维持 200630112585.2 号外观设计专利权有效。

当事人对本决定不服的，可以根据专利法第 46 条第 2 款的规定，在收到本决定之日起三个月内向北京市第一中级人民法院起诉，根据该款的规定，一方当事人起诉后，另一方当事人应当作为第三人参加诉讼。

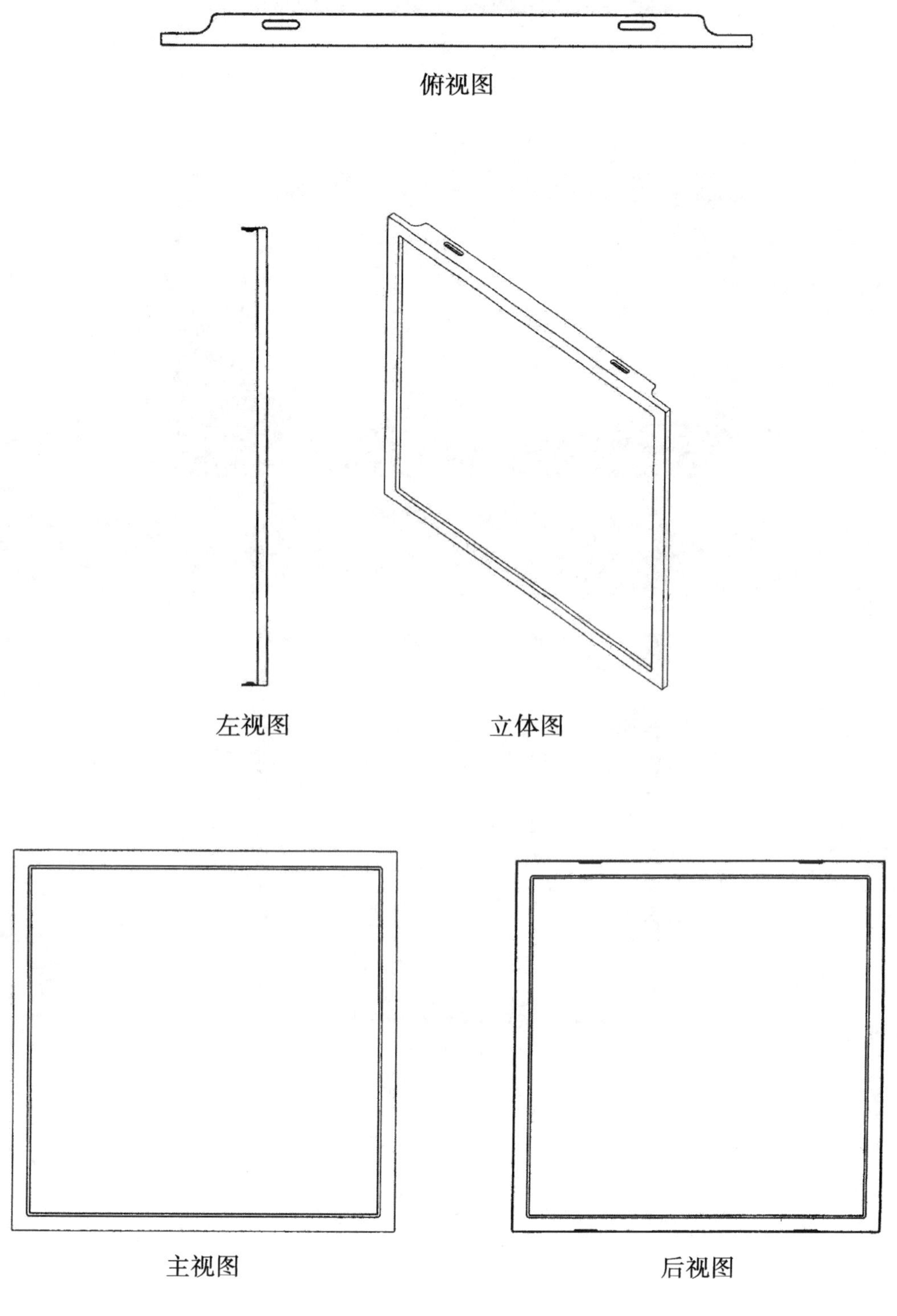

本专利附图

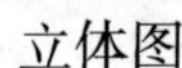

立体图

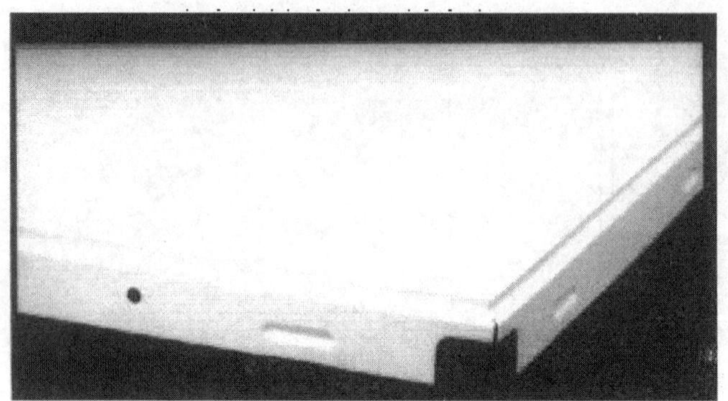

局部放大立体图

俯视图

在先设计附图

北京市第一中级人民法院
行政判决书

（2009）一中行初字第1233号

原告海宁市海创塑胶电器有限公司，住所地浙江省海宁市袁花镇谈桥工业园区内。

法定代表人俞建勤，董事长。

委托代理人魏亮，男，1976年12月15日出生，海宁市海创塑胶电器有限公司职员，住浙江省杭州市西湖区友谊新村5栋14号404室。

被告国家知识产权局专利复审委员会，住所地北京市海淀区北四环西路9号银谷大厦10~12层。

法定代表人张茂于，副主任。

委托代理人邢欣欣，国家知识产权局专利复审委员会审查员。

委托代理人曹铭书，国家知识产权局专利复审委员会审查员。

第三人陈建明，男，1970年8月28日出生，汉族，浙江宝兰电气有限公司总经理，住浙江省海盐县横港乡五丰村七组殷家浜4号。

委托代理人翁霁明，杭州九洲专利事务所有限公司专利代理人。

原告海宁市海创塑胶电器有限公司（以下简称海创公司）不服被告国家知识产权局专利复审委员会（以下简称专利复审委员会）于2009年4月3日作出的第13195号无效宣告请求审查决定（以下简称第13195号决定），于法定期限内向本院提起行政诉讼。本院于2009年5月12日受理本案后，依法组成合议庭，并通知第13195号决定的专利权人陈建明作为第三人参加本案诉讼。本院于2009年10月21日公开开庭进行了审理。原告海创公司的委托代理人魏亮，被告专利复审委员会的委托代理人曹铭书，第三人陈建明的委托代理人翁霁明到庭参加了诉讼。本案现已审理终结。

被告专利复审委员会针对原告海创公司就专利权人为第三人陈建明的名称为“扣板（06-05）”的外观设计专利权（以下简称本专利）所提出的无效宣告请求作出第13195号决定，该决定认定：

本专利为一种室内装饰用集成吊顶所用的扣板，附件1所示外观设计为一种天花扣板（以下简称在先设计），两者所属产品的用途相同，属于相同类别的产品，可以进行相同或相近似性对比。

本专利的“扣板”，其板面形状为正方形，扣板正面中间为大面积正方形平面凹陷，其四周形成一个周边等距的凸起边框。从本专利的俯视图、左视图和立体图可以看出，在扣板侧面，沿着正方形板面的两条相对边缘，设有两端带有弧形缺口、其上带有用于嵌接在龙骨上的凹槽的长条形嵌接边（详见本专利附图）。

在先设计的“天花扣板”，其板面形状为正方形，扣板正面中间为大面积正方形平面凸起，其扣板侧面的四条边缘上，都设有两端带有弧形缺口、其上设有凹槽的长条形嵌接边（详见在先设计附图）。

将本专利与在先设计相比，二者的相同点是：板面形状均为正方形，其侧面的嵌接边均为两端带有缺口、其上具有凹槽的长条形。二者主要的不同之处在于：本专利扣板侧面的长条形嵌接边为相对的两条，而在先设计的嵌接边为四条；本专利的扣板正面为凹板，而在先设计的扣板正面为凸板。

专利复审委员会认为：在扣板的使用过程中，其侧面的嵌接边要嵌接于龙骨之上，被相邻的扣板所遮挡，对于扣板的整体视觉效果不具有显著的影响。但是其正面的凹凸形状对于消费者而言是容易分辨的，是区别该类产品的视觉瞩目面；由于正面为凹板的扣板四周形成了周边等距的凸起边框，在扣板的使用过程中，多块这样的扣板安装在一起，会在天花板上拼出连续的凸棱，而用中间凸起的扣板安装在一起，则会在天花板上拼出连续的凹槽，使得二者在整体视觉效果上具有显著的差别，经整体观察综合判断，海创公司提交的证据不足以证明本专利与在先设计相同或相近似，其据此证明本专利不符合《专利法》第二十三条规定的主张不能成立。

被告专利复审委员会作出第 13195 号决定，维持 200630112585. 2 号外观设计专利权有效。

原告海创公司不服该决定，于法定期限内向本院提起诉讼，诉称：（1）被告认定在先设计为凸板程序违法。第 13195 号决定中认定在先设计为凸板，却并未在引用任何作出上述认定的理由和依据，只是主观地认定在先设计为凸板。因此，被告认定事实程序违法。（2）被告认定在先设计为凸板属事实认定错误。从在先设计的主视图中可以明显看出在先设计为凹板，理由是在先设计在边框线的上方并未看见有任何高出边框的线条。（3）即便在先设计是凸板，也与本专利是相同或相近似的外观设计，因为无论扣板的中间部分是凹陷还是凸起，都是构成了相对凹凸的阶梯状，在外观上的视觉效果并无明显区别。（4）被告在对比相同或相近似时的判断方式错误。第 13195 号决定在对比过程中并未以外观设计授权文本中的图片进行对比，而是将该图片加入主观想象，用一种并未在决定中描述的安装方式，组合成一种并未在决定中描述的形状，以此作出两者在整体视觉效果上具有显著差别的结论，违背了《审查指南》第四部分第五章第 5. 5. 2 节的规定。

综上，请求法院依法撤销第 13195 号决定。

被告专利复审委员会辩称：（1）在无效程序的口头审理过程中，原告和第三人已经充分陈述了在先设计是凹板还是凸板的意见，被告听取了双方的意见陈述作出决定，故审查程序合法。（2）从在先设计授权公告文本的附图中可以清楚看出，在先设计“天花扣板”正面为凸板。（3）关于在先设计与本专利的相近似性比对，被告坚持第 13195 号决定中的观点。另外，原告提交的证据 1 在无效程序中没有提交，应不予采信。综上，请求法院维持第 13195 号决定。

第三人陈建明述称，同意被告专利复审委员会的意见，请求法院维持第 13195 号决定。

本院经审理查明：陈建明于 2006 年 7 月 5 日向国家知识产权局申请了名称为“扣板（06-05）”的外观设计专利权（即本专利，详见判决后附图）。本专利于 2007 年 5 月 23 日被授权公告，申请号为 200630112585. 2。

针对上述专利权，海创公司于 2008 年 10 月 9 日向专利复审委员会提出无效宣告请求，并提交了如下附件作为证据：

附件 1：200530055506. 4 号中国外观设计专利授权公告的著录项目信息及图片（即在先设计，详见判决后附图）的打印页共 1 页，其授权公告日为 2005 年 11 月 30 日。

口头审理如期举行，双方当事人均出席了口头审理。

2009 年 4 月 3 日，专利复审委员会作出第 13195 号决定。

在本案诉讼过程中，原告提交了证据 1：200630112583. 3 号中国外观设计专利文献。在庭审过程中，原告坚持认为在先设计为凹板，对此被告称在无效程序中曾经调取过在先设计的原始文本，因属于拍照而来的图片，可以清楚地看出在先设计是凸板。

另查，被告提交了第 13195 号决定的口头审理记录表，记载了原告和第三人关于在先设计是凹板还是凸板的争论意见。

上述事实，有第 13195 号决定、本专利文献、200530055506. 4 号专利文献、口头审理记录表、庭审笔录及当事人陈述等证据为证。

本院认为：

根据第 13195 号决定及本案各方当事人的诉辩主张，本案的争议焦点是：（1）第 13195 号决定认定在先设计为凸板，程序是否违法。（2）在先设计是否是凸板。（3）在先设计与本专利是否相似，第13195号决定的比对方法是否错误。

（1）根据第13195号决定及口头审理记录表的记载，原告在口头审理中对在先设计是凹板还是凸板的问题已经充分发表了意见，不存在第13195号决定认定的事实没有经过原告发表意见的情况，故对原告关于第13195号决定认定在先设计为凸板，存在程序违法问题的主张，本院不予采信。

（2）根据第13195号决定后附图，该附图属于实物照片，因拍摄角度及光线产生的立体感是客观实在，且结合该附图的主视图和局部放大图，可以看出在先设计为凸板结构，本院对此予以确认。原告虽一再强调在先设计为凹板结构，但其主张没有事实依据，本院对此不予采纳。第13195号决定认定在先设计为凸板，该事实认定正确，本院予以支持。

（3）本专利与在先设计的相同点是：板面形状均为正方形，其侧面的嵌接边均为两端带有缺口、其上具有凹槽的长条形。二者主要的不同之处在于：本专利扣板侧面的长条形嵌接边为相对的两条，而在先设计的嵌接边为四条；本专利的扣板正面为凹板，而在先设计的扣板正面为凸板。

现原告起诉认为即便在先设计是凸板，也与本专利是相同或相近似的外观设计，第13195号决定在比对二者的区别时认定“在扣板的使用过程中，多块这样的扣板安装在一起，会在天花板上拼出连续的凸棱，而用中间凸起的扣板安装在一起，则会在天花板上拼出连续的凹槽，使得二者在整体视觉效果上具有显著的差别”，该比对方法违反审查指南的规定。对此本院认为，在先设计的正面为凸板，本专利正面为凹板，二者在外观上存在明显区别，普通消费者在购买扣板产品时，施加一般注意力，容易发现二者的区别，从而将二者区分开来。并且对于扣板这类产品，在实际使用状态中，多个产品安装在一起可能会产生相比单个产品更显著的区别特征，故专利复审委员会考虑本专利和在先设计的多个产品一起使用的状态特征，得出二者并不相同或相近似的结论，该结论正确，本院对此予以维持。

综上，被告专利复审委员会作出的第13195号决定认定事实清楚，适用法律正确，程序合法，应予维持。依照《中华人民共和国行政诉讼法》第五十四条第（一）项之规定，本院判决如下：

维持被告国家知识产权局专利复审委员会作出的第13195号无效宣告请求审查决定。

案件受理费100元，由原告海宁市海创塑胶电器有限公司负担（已交纳）。

如不服本判决，可在本判决书送达之日起15日内，向本院递交上诉状，并按对方当事人人数提交副本，交纳上诉案件受理费100元，上诉于北京市高级人民法院。

审　判　长　任　进
代理审判员　邢　军
人民陪审员　牛艳玲
二〇〇九年十一月十八日
书　记　员　牛　捷

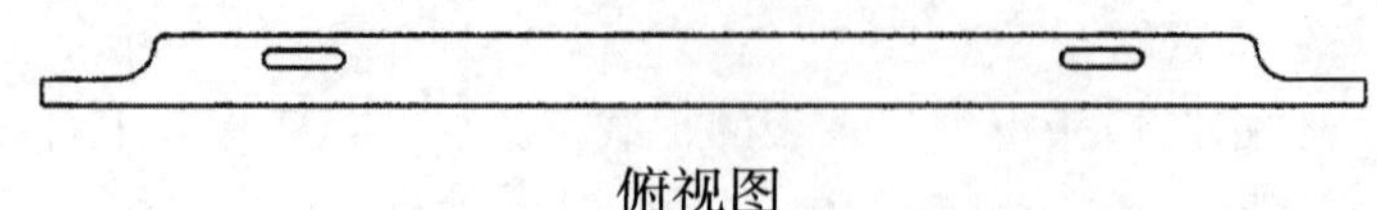

俯视图

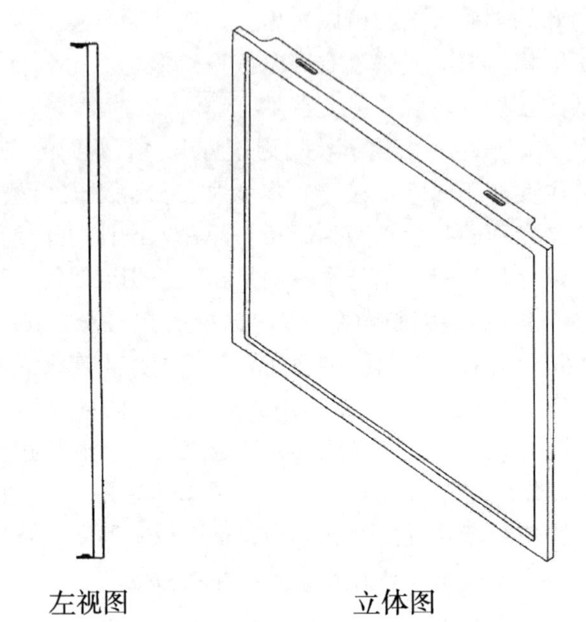

左视图　　　　立体图

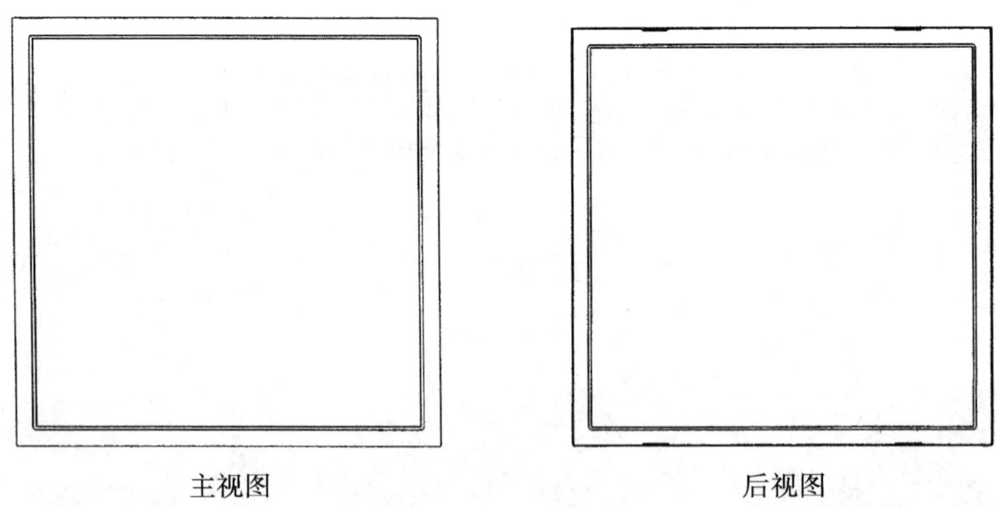

主视图　　　　后视图

本专利附图

立体图

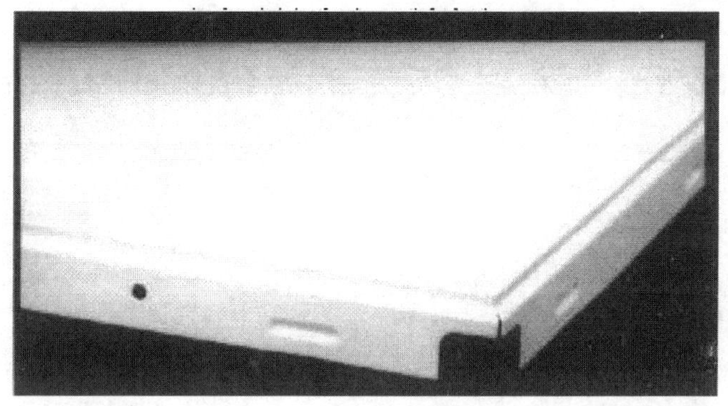

局部放大立体图

俯视图

在先设计附图

203

SCP-3 自由门铰链

无效宣告请求审查决定（第 13197 号）

决　定　号 第 13197 号
决　定　日 2009 年 4 月 17 日
发明创造名称 SCP-3 自由门铰链
外观设计分类号 08-99
无效宣告请求人 上海佰达超市用品有限公司
专　利　权　人 上海尤宜福罗国际贸易有限公司
专　利　号 00308740.9
申　请　日 2000 年 7 月 27 日
授权公告日 2001 年 2 月 14 日
合议组组长 吴大章
主　审　员 徐清平
参　审　员 张　凌
附　　　图 1 页

法律依据 专利法第 23 条
决定要点

仅凭请求人提交的证据所示一个投影方向的正投影视图，不能反映出产品的立体形状，无法将其与本专利所示铰链的立体形状设计进行整体观察、综合判断，不能认定二者外观设计相同或相近似。

一、案由

本无效宣告请求涉及的是国家知识产权局于 2001 年 2 月 14 日授权公告的 00308740.9 号外观设计专利，使用该外观设计的产品名称为“SCP-3 自由门铰链”，申请日是 2000 年 7 月 27 日，专利权人是上海尤宜福罗国际贸易有限公司。

针对上述专利权（下称本专利），上海佰达超市用品有限公司（下称请求人）于 2008 年 9 月 22 日向专利复审委员会提出无效宣告请求，其理由是：本专利与其申请日之前公开的外观设计相同，因此，本专利不符合专利法第 23 条的规定。请求人提交了如下证据：

证据 1：美国 4 635 421 号专利文献复印件及其中文译文共 20 页；

请求人认为，结合证据 1 专利文献所示图 1 和图 12 可以得出其公开的铰链在使用状态下的完整视图；本专利所示铰链在安装后，其俯视图、仰视图、左视图和右视图所示面不能被消费者观察到，不会对铰链的整体视觉效果产生影响，故证据 1 中虽未公开铰链的相应视图，其不影响与本专利进行整体观察、综合判断；证据1中公开的铰链视图为消费者所关注的视图，将其与本专利相应的主视图和后视图相对比即可判断二者是否相同，经对比可见二者在形状上完全相同，且二者属于同一类别的产品，因此二者为相同的外观设计；且证据1所示专利文献公开日早于本专利申请日，因此本专利不符合专利法第23条的规定。

请求人于2008年10月22日补充了如下证据（编号续前）：

证据2：所称本专利产品在使用状态的照片打印件2页；

证据3："超级回转门"产品宣传手册复印件及其中文译文共6页；

证据4："简易回转门"产品宣传手册复印件及其中文译文共6页；

证据5：美国3 160 913号专利文献复印件及其中文译文共20页；

证据6：Chase门业实业公司致相关人士的公开信复印件2页。

请求人认为：提交证据2仅仅是为了更直观地说明本专利产品的使用状态，可进一步说明本专利所示铰链的俯视图、仰视图、左视图和右视图在使用状态下不能被消费者观察到，将证据2和证据1相结合，并考虑证据1中的有关文字说明，结合一般消费的常识，可进一步说明证据1公开了与本专利相近似的外观设计；证据3、证据4的公开日期均在本专利申请日之前，其公开的铰链外观设计与本专利仅有细微差别，属于相近似的外观设计；证据5公开了一种摆门铰链，结合文字描述及图9、图10、图12、图13、图15、图7可见其外观设计与本专利相近似；证据6能够证明随附目录中的铰链曾在1985年8月公开过，其与本专利形状相近似，属于相近似的外观设计；上述证据均可分别证明本专利不符合专利法第23条的规定。

经形式审查合格，专利复审委员会受理了该无效宣告请求，并于2008年11月17日将无效宣告请求书及其附件的副本转送给专利权人，通知其在指定期限内陈述意见。

2008年12月17日专利权人提交了意见陈述书，专利权人认为：请求人提交的证据1中图1并没有公开门铰链的外形，与本专利没有关联性，图12为一个平面视图，图中并没有显示铰链轴上方设有托架、下方设有固定件，其与本专利不相同也不相近似；同时本专利为立体造型，在使用状态下由于门的转动，其各个视图均能被消费者观察到；证据2所示铰链不能被证明在本专利申请日之已被公开销售或使用过，与本专利没有关联性；证据3、证据4属于境外出版物，请求人未依法办理公证、认证手续，不符合证据的形式要件，不具有证明效力；证据5与第11418号无效宣告审查决定所认定的证据5所示在先专利为同族专利，其附图完全相同，而在该决定中已认定所述在先专利附图所示外观设计与本专利不相同也不相近似，故证据5附图所示外观设计与本专利不相同也不相近似；证据6属于证人证言，其真实性无法确认，且作为境外证据未经相关公证、认证，不具有证明效力；综上，请求人的无效宣告请求没有事实依据，不能成立。专利权人同时提交了如下附件：

附件A：称请求人在2007年10月请求宣告本专利无效的请求书及相关证据复印件15页；

附件B：称请求人在专利侵权诉讼中向法院提交的证据复印件2页。

专利复审委员会依法成立合议组对本案进行审理，于2009年2月6日向请求人和专利权人发出口头审理通知书，定于2009年3月17日对本案进行口头审理。同时将上述专利权人的意见陈述及其附件材料转送给请求人。

口头审理如期举行，请求人和专利权人均委托代理人参加了审理，双方对对方参加口头审理人员的身份和资格无异议，对合议组成员无回避请求。请求人当庭放弃证据3至证据6作为本案证据，并表示证据2仅供合议组参考，仅证明所示产品的使用状态；请求人将本专利与证据1中图1、图12所示铰链的外观设计进行了详细对比，认为图1的左上角对应于本专利中与门框固定的"厂"字形部位，图12中显示了本专利中"凹"字形部位及有圆柱形设计，与门体连接部分在图12中有显示，结合译文第四栏最后一段文字表述可以推断出倒“U”形设计，可见其与本专利右视图结构相同，故本专利与附件1所示外观设计相同或相近似；同时坚持原书面陈述意见。专利权人对证据1的真实性和在先公开性无异议，对中文译文与原文内容一致无异议，但认为图1为方框图未显示整个外观设计形状，图12为平面图，不能反映铰链的外形，没有显示出“厂”字形托架、倒“U”形固定件及圆柱形设计，二者不能进行对比；专利权人对请求人提交的证据2真实性有异议，认为其不是本专利产品；专利权人放弃其提交的附件B作为证据，并以附件A证明请求人提交的证据1中图1和图12没有关联性，不能结合使用；专利权人同时坚持原书面陈述意见。

经过上述审理，合议组经合议，认为本案事实清楚，依法作出本审查决定。

二、决定的理由

基于请求人提出无效宣告请求所依据的事实和理由，合议组对本专利是否符合专利法第23条的规定进行审查。

专利法第23条规定：“授予专利权的外观设计，应当同申请日以前在国内外出版物上公开发表过或者国内公开使用过的外观设计不相同和不相近似，并不得与他人在先取得的合法权利相冲突。”

请求人提交的证据1是美国4 635 421号专利文献复印件及其中文译文，该专利的发明名称为“模制门”，其公开日为1987年1月13日。专利权人对证据1的真实性和在先公开性无异议，经合议组核实，证据1所示专利文献内容属实，其公开日在本专利申请日之前，属于本专利申请日前的公开出版物，可适用专利法第23条的规定作为本案证据。

请求人提交的证据2是其所称本专利产品在使用状态的照片，仅用于证明本专利产品的使用状态，专利权人证据2真实性有异议，认为其不是本专利产品。合议组认为，证据2照片所示产品虽在外观细节上与本专利不完全相同，但在各组成部分及结构设计上与本专利基本相同，可用于说明本专利所示产品的使用状态。

请求人已放弃证据3~6作为本案证据，故合议组对其不再作评述。

本专利为铰链的立体形状设计，包括使用时安装在门框上的托架和安装在门上的转动件两部分，其托架为直角薄板状，转动件上部有转轴、类似“凹”字形薄板框及弯折状盖板，下部有两组类似倒“U”形薄板卡槽，卡槽的两侧边宽窄不同。

将本专利与证据1中图1和图12所示铰链相比较，合议组认为：图1是安装有铰链的门的正投影视图，其显示有安装在门框上的铰链托架的侧面正投影视图，对于转动件部分仅有正投影安装位置的示意性表示，图2仅显示了铰链转动件的侧面正投影视图；即使将图1、图12相结合与本专利进行比较，由于其仅显示了同一个投影方向的正投影视图，也不能反映出产品的立体形状，而本专利是关于立体产品的形状设计，仅凭证据所示一个投影方向的正投影视图不能与本专利的托架、转轴、“凹”字形薄板框及其盖板、倒“U”形薄板卡槽等各部分的立体形状进行对比；即使将请求人所指出的证据所示文字部分与附图相结合，由于文字说明中所述“开口”“沟槽”“在凹口的下部容纳门”“沟槽的依赖腿将门……夹在其中间”等表述仅能从功能效果限定角度说明铰链与门的安装、结构关系，而对于铰链各部分的立体形状在除附图所示的其他的投影面可以存在多种多样的变化，按照一般常识并不能得知其清楚、确定的立体形状；因此，无法将证据1中所示铰链与本专利所示铰链的立体形状设计进行整体观察、综合判断，不能认定二者外观设计相同或相近似。

请求人认为本专利所示铰链在安装后，其俯视图、仰视图、左视图和右视图所示面不能被消费者观察到，不会对铰链的整体视觉效果产生影响。合议组认为，本案所示铰链的一般消费者既包括将其安装于门上的使用者，也包括铰链的购买者，因而在非安装使用状态下对铰链能够观察到的部分均应予以考虑；更何况，根据一般常识及请求人提交的证据2所示照片，所述铰链在使用状态下并非只能被观察到证据1所示一个向的方向的正投影形状，而是随着门的转动可以从多个方向清楚观察到托架的立体形状，对于转动件部分除了“凹”字形薄板框、卡槽的局部不能被观察到外，其整体的形状设计同样能够从多个方向被使用者清楚观察到；因此，请求人的上述主张不能成立。

综上所述，对于请求人提交的证据，不能判断其公开了与本专利相同或相近似的铰链外观设计，请求人据此证明本专利不符合专利法第23条规定的无效宣告请求理由不能成立。

鉴于已得出上述结论，本决定对专利权人提交的证据不再作评述。

三、决定

维持00308740.9号外观设计专利权有效。

当事人对本决定不服的，可以根据专利法第46条第2款的规定，自收到本决定之日起三个月内向北京市第一中级人民法院起诉。根据该款的规定，一方当事人起诉后，另一方当事人应当作为第三人参加诉讼。

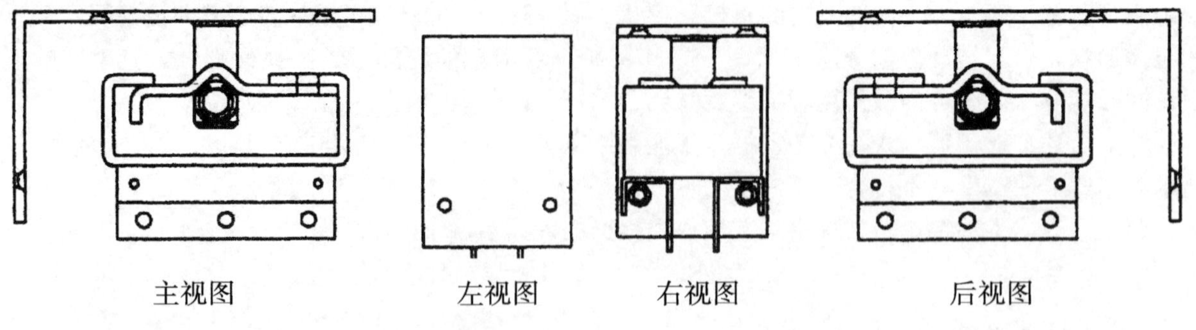

主视图　　左视图　　右视图　　后视图

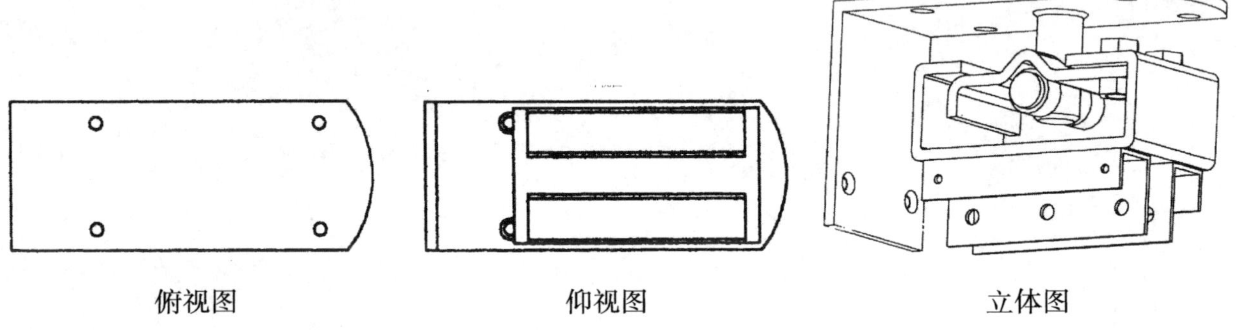

俯视图　　仰视图　　立体图

本专利附图

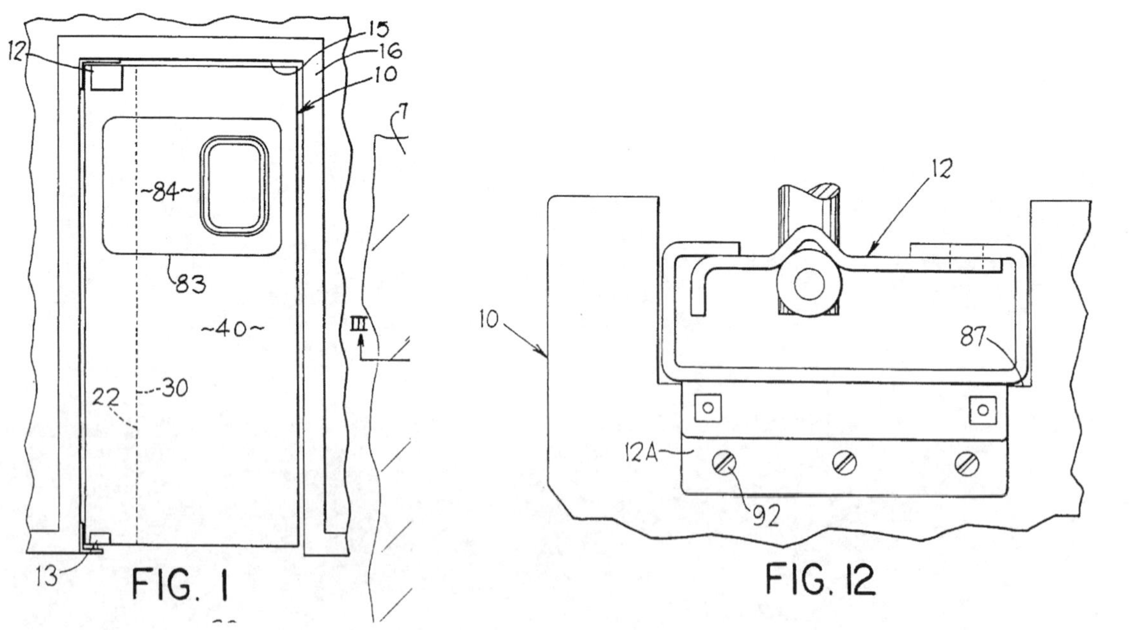

证据 1 附图

204

衬衫面料（8）

无效宣告请求审查决定（第13199号）

决　定　号　第13199号
决　定　日　2009年4月10日
发明创造名称　衬衫面料（8）
外观设计分类号　05-05
无效宣告请求人　诸暨市三宝纺织有限公司
专　利　权　人　董灿兴
专　利　号　200830092463.0
申　请　日　2008年3月26日
授权公告日　2008年7月23日
合议组组长　郭健国
主　审　员　段立彦
参　审　员　李巍巍
附　图　1页

法律依据　专利法第23条
决定要点

若请求人提交的证明在本专利申请日前某产品设计开发、加工和销售三个环节的事实的证据之间形成了完整的证明体系，且在没有相反证据足以否定上述事实的情况下，则可以认定在本专利的申请日前已使用公开该产品。

一、案由

本无效宣告请求涉及国家知识产权局于2008年7月23日授权公告的名称为“衬衫面料（8）”的200830092463.0号外观设计专利，其申请日为2008年3月26日，专利权人为董灿兴。

针对上述外观设计专利（下称本专利），诸暨市三宝纺织有限公司（下称请求人）于2008年9月26日向专利复审委员会提出无效宣告请求，理由是本专利与在其申请日前已公开使用过的外观设计相近似，因而不符合专利法第23条的规定。请求人同时提交如下附件作为证据：

附件1′：请求人与诸暨市立勤纺织有限公司（技术部）签订的《新产品委托开发协议书》复印件，共1页；

附件2′：诸暨市立勤纺织有限公司出具的证明复印件，共1页。

请求人认为其在2007年1月就委托其他公司设计面料样式，其中于2008年1月收到该设计公司提供的一款面料样式与本专利相近似，证明在本专利的申请日前国内市场上已公开使用过与之相近似的产品，因此本专利不符合专利法第23条的规定。

经形式审查合格，专利复审委员会于2008年10月9日受理了该无效宣告请求，向请求人和专利权人分别发出无效宣告请求受理通知书，并将请求人提交的无效宣告请求书及其附件清单中所列的附件副本转送给专利权人，要求其在指定期限内陈述意见。

2008年10月26日，请求人针对上述无效宣告请求再次提交意见陈述，并提交如下附件作为证据：

附件1：请求人与诸暨市立勤纺织有限公司（技术部）签订的《新产品委托开发协议书》复印件，共1页；

附件2：诸暨市立勤纺织有限公司营业执照复印件，共1页；

附件3：诸暨市立勤纺织有限公司出具的证明及其所附产品图样复印件，共2页；

附件4：诸暨市立勤纺织有限公司设计员王建的身份证复印件，共1页；

附件5：诸暨市立勤纺织有限公司设计QY092面料样式的相关纸样复印件，共3页；

附件6：诸暨市立勤纺织有限公司设计QY092面料样式的工艺单及手织样复印件，共2页；

附件7：浙江鑫晟实业股份有限公司营业执照复印件，共1页；

附件8：浙江省企业档案管理中心出具的浙江鑫晟实业股份有限公司“变更登记情况”复印件，共1页；

附件9：浙江鑫晟实业股份有限公司出具的证明及其所附产品图样复印件，共2页；

附件10：浙江鑫晟实业股份有限公司业务员楼红锋身份证复印件，共1页；

附件11：义乌市飞天制衣有限公司营业执照复印件，共1页；

附件12：义乌市飞天制衣有限公司采购员宣清武驾驶证复印件，共1页；

附件13：义乌市飞天制衣有限公司出具的购买证明及其所附产品图样复印件，共2页；

附件14：请求人出具的、收货单位为义乌市飞天制衣有限公司的产品出（入）库码单复印件，共1页。

请求人认为：其于2008年1月收到诸暨市立勤纺织有限公司为其设计的QY092面料样式后（参见附件1~6），按照8875的编号组织生产获得半成品并交由浙江星辰实业股份有限公司（现更名为浙江鑫晟实业股份有限公司）进行出水整理（参见附件7~10），获得成品后于2008年3月18日销售给义乌市飞天制衣有限公司（参见附件11~14），上述附件证明请求人在2008年1月就在国内公开使用与本专利相似的8875面料样式，早于本专利的申请日，因此本专利不符合专利法第23条的规定。

2008年11月17日，专利权人针对上述无效宣告请求提交答辩意见，对请求人提起无效宣告请求时提交的两份附件的真实性和关联性均不予认可，认为其没有证明力，应维持本专利有效。

经请求人和专利权人的同意，合议组定于2009年2月25日对本案举行口头审理，并于2009年2月10日向双方当事人发出口头审理通知书，随口头审理通知书向专利权人转送请求人于2008年10月26日提交的意见陈述书及其所附附件。

口头审理如期举行，双方当事人的代理人参加了口头审理。双方当事人对合议组成员无回避请求，对对方出庭人员的身份、资格钧无异议，应双方当事人的请求，本案口头审理的日期改为2009年2月25日上午进行。请求人明确其无效宣告请求的理由为专利法第23条，放弃提起无效宣告请求时递交的附件1′和附件2′，依据补充意见陈述时提交的附件1~14证明其在本专利的申请日前已在国内公开使用过与之相同的产品的事实，其中附件1~6结合使用证明其委托他人设计并获得编号为QY092衬衫面料样式的事实，附件7~10结合使用证明其委托他人对编号为8875衬衫面料样式的半成品进行出水整理的事实，附件 11~14 结合使用证明其将上述衬衫面料成品销售给义乌市飞天制衣有限公司的事实。请求人当庭提交附件 1、附件 3、附件 9、附件 13~14 的原件。证人王建、楼红锋、宣清武出庭接受质证，王建出示附件 4~6 的原件，确认附件 3 上其签字的真实性；楼红锋出示附件 10 的原件，并确认附件 9 上其签字的真实性；宣清武出示附件 12 的原件，并确认附件 13 上其签字的真实性。专利权人对附件 1~3、附件 7~9、附件 11、附件 13~14 的真实性均有异议。关于相同相近似对比，请求人认为其在先使用的编号为 8875 衬衫面料样式与本专利相同，专利权人对此表示认可。

合议组当庭将专利权人 2008 年 11 月 17 日提交的意见陈述书转送请求人，请求人明确表示不需要对此文件答复意见。

在上述审理的基础上，合议组经合议认为，本案事实清楚，依法作出本审查决定。

二、决定的理由

1. 法律依据

基于请求人提出无效宣告请求所依据的理由和证据，合议组对本专利是否符合专利法第 23 条的规定进行审查。

专利法第 23 条规定，授予专利权的外观设计，应当同申请日以前在国内外出版物上公开发表过或者国内公开使用过的外观设计不相同和不相近似，并不得与他人在先取得的合法权利相冲突。

2. 证据和事实认定

鉴于请求人在口头审理中已明确表示放弃其在提起无效宣告请求时提交的附件 1′和附件 2′，本决定对其不再予以评述。

请求人补充提交的附件 1~6 是其与诸暨市立勤纺织有限公司（技术部）签订的《新产品委托开发协议书》复印件、后者的营业执照复印件、后者出具的证明及所附产品图样的复印件、后者公司设计员王建的身份证复印件和后者设计编号为 QY092 衬衫面料样式的相关纸样、工艺单和手织样的复印件，口头审理中请求人出具了除诸暨市立勤纺织有限公司营业执照外的其他原件，证人王建出庭接受质证，并确认了请求人提交的附件 3 上其签字的真实性。专利权人因请求人未提交附件 2 原件对其真实性和关联性有异议；以请求人与诸暨市立勤纺织有限公司之间存在业务往来构成利害关系为由，对附件 1 和附件 3 的真实性均不予认可，认为附件 1 有可能是事后补的，附件 3 则是在请求人在提起无效宣告请求前刚产生的；对附件 4 的真实性和证人王建的身份没有异议；承认请求人与诸暨市立勤纺织有限公司之间存在委托关系。

合议组认为，请求人提供了附件 1、附件 3 的原件，附件 3 的证明上既有诸暨市立勤纺织有限公司的公章，也有该单位法定代表人杨易和设计员王建的签字，王建就该证明出庭接受质证，并确认了其签字的真实性，同时提供了附件 5 和附件 6 的原件。专利权人虽然对附件 2 的真实性和关联性提出异议，但承认请求人与诸暨市立勤纺织有限公司之间存在委托关系，对附件 4 的真实性没有异议，对证人王建的身份也没有异议。从证据形式上看，请求人提交的上述证据不存在明显的瑕疵，也没有涂改的痕迹。根据王建的陈述，诸暨市立勤纺织有限公司自 2006 年开始为请求人设计开发面料样式，已经连续合作 3 年，每年为请求人提供 100 个新品种的面料样式，其最迟在 2008 年 1 月底将包含编号为 QY092 在内的为请求人设计的 100 个新品种的面料样式一并交付。上述证言与附件 1、附件 3、附件 5 和附件 6 记载的内容一致并相互印证；同时附件 3 上王建的签名与附件 6 一致，附件 5 和附件 6 中形成的设计纸样和手织样与附件 3 中所附的图样一致，即上述附件之间相互印证，可以证明请求人委托诸暨市立勤纺织有限公司设计编号为 QY092 面料样式的事实具有高度的盖然性，在没有相反证据足以否定的情况下，该事实应当予以认定。专利权人以请求人与该出证单位之间存在业务往来构成利害关系为由，对二者之间委托设计的事实提出质疑，但未提交任何反证。合议组认为请求人与该出证单位之间正常的业务往来不属于法律上所述的本案的利害关系，专利权人未提交证据证明其主张，其质疑不足以否定上述证据及其证明的事实的真实性。

请求人补充提交的附件7~10是浙江鑫晟实业股份有限公司营业执照复印件、浙江省企业档案管理中心出具的浙江鑫晟实业股份有限公司“变更登记情况”复印件、浙江鑫晟实业股份有限公司出具的证明及其所附产品图样复印件、该公司业务员楼红锋身份证复印件，口头审理中请求人出示了附件9的原件，证人楼红锋出庭接受质证，并确认附件9上其签字的真实性，当庭出示了其保存的用于与请求人核对交付产品的图册（2008年上半年部分）一本，专利权人当庭核实其中的相关图样与附件9所附产品图样一致。专利权人因请求人未提交附件7和附件8的原件对其真实性及关联性均不予认可；以请求人与浙江鑫晟实业股份有限公司之间存在业务往来构成利害关系为由，对附件9的真实性不予认可；对附件10的真实性和证人楼红锋的身份没有异议。

合议组认为，请求人提交了附件9浙江鑫晟实业股份有限公司出具的证明及其所附产品图样的原件，该公司业务员楼红锋出庭接受质证，并确认了其签字的真实性。从证据形式上看，附件9没有明显的瑕疵和涂改的痕迹。根据楼红锋的陈述，其负责本公司与请求人之间的业务联系，主要是为请求人生产的布料提供清洗和印染服务，布料的清洗一般第二天即可交货，布料印染一般第二或第三天可交货，特殊情况下可能有延迟；浙江鑫晟实业股份有限公司的名称进行过变更，之前叫浙江星辰实业股份有限公司；此外，浙江鑫晟实业股份有限公司也为包括专利权人的公司在内的其他多家公司提供布料的清洗和印染服务。楼红锋还出示了与请求人核对交付产品的图册一本，该图册包含了浙江鑫晟实业股份有限公司2008年上半年为请求人清洗和染整的部分产品图样，其中有附件9中所附的编号8875产品图样。上述证言与附件7~10记载的内容一致并相互印证，可以证明请求人委托浙江鑫晟实业股份有限公司对编号为8875的衬衫面料半成品进行出水整理的事实具有高度的盖然性，在没有相反证据足以否定的情况下，该事实应当予以认定。专利权人以请求人与该出证单位之间存在业务往来构成利害关系为由，对二者之间委托印染清洗布料的事实提出质疑，但未提交任何反证。合议组认为请求人与该出证单位之间正常的业务往来不属于法律上所述的利害关系，并且在证人称其公司同样为专利权人的公司提供服务时，专利权人并未否认，因此专利权人的质疑不足以否定上述证据及其证明的事实的真实性。

请求人补充提交的附件11~14是义乌市飞天制衣有限公司营业执照复印件、该公司采购员宣清武驾驶证复印件、该公司出具的购买证明及其所附产品图样复印件及请求人出具的、对应上述销售行为的产品出（入）库码单复印件。口头审理中，请求人出示了附件13~14的原件，证人宣清武出庭接受质证，确认附件13上其签字的真实性，当庭出示对应其购买行为的入库单一份。专利权人因请求人未提交附件11的原件对其真实性和关联性提出异议；以请求人与上述出证单位之间存在业务往来构成利害关系为由，对附件13的真实性不予认可；以附件14为请求人自己出具的凭证为由，对其真实性不予认可；对附件12的真实性及证人宣清武的身份没有异议；对于该证人出具的入库单，认为已过举证期限，不应予以接受，并且对其真实性也不予认可。

合议组认为，请求人提交了附件13~14的原件，证人宣清武出庭接受质证，确认附件13上其签字的真实性。从证据形式上看，上述附件没有明显的瑕疵和涂改的痕迹。根据宣清武的陈述，其为所在公司的采购员，负责采购衬衣面料，2008年3月曾从请求人处购买相关面料，在请求人到其公司取证时，其根据采购时的入库单确认了上述购买事实及涉及的数量。上述证言与附件11~14记载的内容一致并相互印证，附件13的证明中所述购买的产品型号、数量和运货人员与附件14中显示的一致，即上述附件之间相互印证而无明显矛盾。关于专利权人提出上述销售行为均没有发票的问题，请求人表示在当地布料市场由于交易频繁发生，交易量大但金额很低，一般不会履行繁琐的交易手续，也不会开具正规的销售合同和发票；除非对陌生的或是零星购买的客户，卖方一般也不会要求买方提货时付款，而是一定时间后凭出库单到对方处收款，除非对方要求，一般也不会开发票。经合议组询问，证人宣清武述称上述交易习惯确实存在，并表示其公司一般是按季度或半年付款，年底结清相关款项，也不开发票。合议组认为请求人的上述解释是合理的并且也得到了证人证言的佐证；此外结合附件1~10所确定的事实，请求人在2008年1月底从诸暨市立勤纺织有限公司获得了编号为QY092的面料样式，在组织生产获得编号为8875的衬衫面料半成品后并于2008年3月上旬交由浙江鑫晟实业股份有限公司进行出水整理获得编号为8875的衬衫面料的成品，衬衫面料作为一种受到市场流行趋势影响较大、市场寿命相对有限的产品，通常情况下，其生产者会尽快将这些面料投放市场进行销售；所以请求人提供证据11~14证明其于2008年3月18日向义乌市飞天制衣有限公司销售也合乎情理，故合议组认为请求人在附件14记载的出库日期2008年3月18日已经公开销售了上述编号为8875的衬衫面料的事实具有高度的盖然性，在没有相反证据足以否定的情况下，该事实应当予以认定。专利权人仅以请求人与义乌市飞天制衣有限公司之间存在业务往来构成利害关系为由对上述附件的真实性不予认可，但未提交任何反证。合议组认为，请求人与该出证单位之间正常的业务往来不属于法律上所述的本案的利害关系，专利权人的质疑没有证据支持，不足以否定上述证据及其证明的事实的真实性。

根据附件1~14，请求人已于2008年3月18日在国内销售了附件13所示的编号为8875的衬衫面料样式，该衬衫面料的销售公开时间早于本专利的申请日，属于专利法第23条所规定的在本专利申请日前在国内公开使用过的外观设计（下称在先设计）。

3. 关于专利法第23条

本专利与在先设计均为衬衫面料，二者用途相同，属于相同类别的产品，故将其与本专利进行如下相同、相近似对比。

本专利所示衬衫面料的图案大致为离散的圆点形成的一条浅色竖条纹、依次叠加的菱形浅色条纹、长方形浅色条纹、离散的圆点形成的一条浅色数条纹和连续的圆点形成的两条较细浅色竖条纹组成的重复单元（详见本专利附图）。

编号为8875的衬衫面料的图案大致为离散的圆点形成的一条浅色竖条纹、依次叠加的菱形浅色条纹、长方形浅色条纹、离散的圆点形成的一条浅色数条纹和连续的圆点形成的两条较细浅色竖条纹组成的重复单元（详见在先设计附图）。

本专利与在先设计相比，二者是相同的外观设计。

综上所述，在本专利的申请日前已经有与之相近似的外观设计在国内公开使用过，本专利不符合专利法第23条的规定。

三、决定

宣告200830092463.0号外观设计专利权全部无效。

当事人对本决定不服的，可以根据专利法第46条第2款的规定，自收到本决定之日起三个月内向北京市第一中级人民法院起诉。根据该款的规定，一方当事人起诉后，另一方当事人应当作为第三人参加诉讼。

主视图

本专利附图

在先设计附图

北京市第一中级人民法院
行政判决书

（2009）一中行初字第 1479 号

原告董灿兴，男，汉族，1966 年 9 月 20 日出生，住浙江省绍兴市越城区东浦镇强头村 3-77 号。

委托代理人常玉明，北京中知法苑知识产权代理事务所专利代理人。

委托代理人陈俊由，北京中知法苑知识产权代理事务所专利代理人。

被告国家知识产权局专利复审委员会，住所地北京市海淀区北四环西路 9 号银谷大厦 10~12 层。

法定代表人张茂于，副主任。

委托代理人张凌，国家知识产权局专利复审委员会审查员。

委托代理人杨存吉，国家知识产权局专利复审委员会审查员。

第三人诸暨市三宝纺织有限公司，住所地浙江省诸暨市枫桥镇梅苑村。

法定代表人杨勤，总经理。

委托代理人顾征，浙江康城律师事务所律师。

原告董灿兴不服被告国家知识产权局专利复审委员会（简称专利复审委员会）于 2009 年 4 月 10 日作出的第 13199 号无效宣告请求审查决定（简称第 13199 号决定），于法定期限内向本院提起行政诉讼。本院于 2009 年 6 月 11 日受理本案后，依法组成合议庭，并依法通知诸暨市三宝纺织有限公司（简称三宝公司）作为本案第三人参加诉讼，于 2009 年 8 月 1 3 日公开开庭进行了审理。原告董灿兴及其委托代理人常玉明、陈俊由，被告专利复审委员会的委托代理人张凌、杨存吉，第三人三宝公司的委托代理人顾征到庭参加了诉讼。本案现已审理终结。

第 13199 号决定系专利复审委员会针对三宝公司就董灿兴拥有的名称为“衬衫面料（8）”的外观设计专利（简称本专利）提出的无效宣告请求作出的。专利复审委员会在该决定中认为：一、三宝公司提交的附件 1~6 是其与诸暨市立勤纺织有限公司（技术部）签订的《新产品委托开发协议书》复印件、后者的营业执照复印件、后者出具的证明及所附产品图样的复印件、后者公司设计员王建的身份证复印件和后者设计编号为 QY092 衬衫面料样式的相关纸样、工艺单和手织样的复印件，口头审理中三宝公司出具了除诸暨市立勤纺织有限公司营业执照外的其他原件，证人王建出庭接受质证，并确认了三宝公司提交的附件 3 上其签字的真实性。董灿兴因三宝公司未提交附件 2 原件对其真实性和关联性有异议；以三宝公司与诸暨市立勤纺织有限公司之间存在业务往来构成利害关系为由，对附件 1 和附件 3 的真实性均不予认可，认为附件 1 有可能是事后补的，附件 3 则是在三宝公司在提起无效宣告请求前刚产生的。董灿兴对附件 4 的真实性和证人王建的身份没有异议，且承认三宝公司与诸暨市立勤纺织有限公司之间存在委托关系。专利复审委员会认为，三宝公司提供了附件 1、附件 3 的原件，附件 3 的证明上既有诸暨市立勤纺织有限公司的公章，也有该单位法定代表人杨易和设计员王建的签字，王建就该证明出庭接受质证，并确认了其签字的真实性，同时提供了附件 5 和附件 6 的原件。董灿兴虽然对附件 2 的真实性和关联性提出异议，但承认三宝公司与诸暨市立勤纺织有限公司之间存在委托关系，对附件 4 的真实性没有异议，对证人王建的身份也没有异议。从证据形式上看，三宝公司提交的上述证据不存在明显的瑕疵，也没有涂改的痕迹。根据王建的陈述，诸暨市立勤纺织有限公司自 2006 年开始为三宝公司设计开发面料样式，已经连续合作 3 年，每年为三宝公司提供 100 个新品种的面料样式，其最迟在 2008 年 1 月底将包含编号为 QY092 在内的为三宝公司设计的

100 个新品种的面料样式一并交付。上述证言与附件 1、附件 3、附件 5 和附件 6 记载的内容一致并相互印证；同时附件 3 上王建的签名与附件 6 一致，附件 5 和附件 6 中形成的设计纸样和手织样与附件 3 中所附的图样一致，即上述附件之间相互印证，可以证明三宝公司委托诸暨市立勤纺织有限公司设计编号为 QY092 面料样式的事实具有高度的盖然性，在没有相反证据足以否定的情况下，该事实应当予以认定。董灿兴以三宝公司与该出证单位之间存在业务往来构成利害关系为由，对二者之间委托设计的事实提出质疑，但未提交任何反证。专利复审委员会认为三宝公司与该出证单位之间正常的业务往来不属于法律上所述的本案的利害关系，董灿兴未提交证据证明其主张，其质疑不足以否定上述证据及其证明的事实的真实性。

三宝公司提交的附件 7~10 是浙江鑫晟实业股份有限公司营业执照复印件、浙江省企业档案管理中心出具的浙江鑫晟实业股份有限公司“变更登记情况”复印件、浙江鑫晟实业股份有限公司出具的证明及其所附产品图样复印件、该公司业务员楼红锋身份证复印件，口头审理中三宝公司出示了附件 9 的原件，证人楼红锋出庭接受质证，并确认附件 9 上其签字的真实性，当庭出示了其保存的用于与三宝公司核对交付产品的图册（2008 年上半年部分）一本，董灿兴当庭核实其中的相关图样与附件 9 所附产品图样一致。董灿兴因三宝公司未提交附件 7 和附件 8 的原件对其真实性及关联性均不予认可；以三宝公司与浙江鑫晟实业股份有限公司之间存在业务往来构成利害关系为由，对附件 9 的真实性不予认可；对附件 10 的真实性和证人楼红锋的身份没有异议。专利复审委员会认为，三宝公司提交了附件 9 浙江鑫晟实业股份有限公司出具的证明及其所附产品图样的原件，该公司业务员楼红锋出庭接受质证，并确认了其签字的真实性。从证据形式上看，附件 9 没有明显的瑕疵和涂改的痕迹。根据楼红锋的陈述，其负责本公司与三宝公司之间的业务联系，主要是为三宝公司生产的布料提供清洗和中染服务，布料的清洗一般第二天即可交货，布料印染一般第二或第三天可交货，特殊情况下可能有延迟；浙江鑫晟实业股份有限公司的名称进行过变更，之前叫浙江星辰实业股份有限公司；此外，浙江鑫晟实业股份有限公司也为包括董灿兴的公司在内的其他多家公司提供布料的清洗和印染服务。楼红锋还出示了与三宝公司核对交付产品的图册一本，该图册包含了浙江鑫晟实业股份有限公司 2008 年上半年为三宝公司清洗和染整的部分产品图样，其中有附件 9 中所附的编号 8875 产品图样。上述证言与附件 7~10 记载的内容一致并相互印证，可以证明三宝公司委托浙江鑫晟实业股份有限公司对编号为 8875 的衬衫面料半成品进行出水整理的事实具有高度的盖然性，在没有相反证据足以否定的情况下，该事实应当予以认定。董灿兴以三宝公司与该出证单位之间存在业务往来构成利害关系为由，对二者之间委托印染清洗布料的事实提出质疑，但未提交任何反证。专利复审委员会认为三宝公司与该出证单位之间正常的业务往来不属于法律上所述的利害关系，并且在证人称其公司同样为董灿兴的公司提供服务时，董灿兴并未否认，因此董灿兴的质疑不足以否定上述证据及其证明的事实的真实性。三宝公司提交的附件 11~14 是义乌市飞天制衣有限公司营业执照复印件、该公司采购员宣清武驾驶证复印件、该公司出具的购买证明及其所附产品图样复印件、及三宝公司出具的、对应上述销售行为的产品出（入）库码单复印件。口头审理中，三宝公司出示了附件13~14 的原件，证人宣清武出庭接受质证，确认附件 13 上其签字的真实性，当庭出示对应其购买行为的入库单一份。董灿兴因三宝公司未提交附件 11 的原件对其真实性和关联性提出异议；以三宝公司与上述出证单位之间存在业务往来构成利害关系为由，对附件 13 的真实性不予认可；以附件 14 为三宝公司自己出具的凭证为由，对其真实性不予认可；对附件 12 的真实性及证人宣清武的身份没有异议；对于该证人出具的入库单，认为已过举证期限，不应予以接受，并且对其真实性也不予认可。专利复审委员会认为，三宝公司提交了附件 13~14 的原件，证人宣清武出庭接受质证，确认附件 13 上其签字的真实性。从证据形式上看，上述附件没有明显的瑕疵和涂改的痕迹。根据宣清武的陈述，其为所在公司的采购员，负责采购衬衣面料，2008 年 3 月曾从三宝公司处购买相关面料，在三宝公司到其公司取证时，其根据采购时的入库单确认了上述购买事实及涉及的数量。上述证言与附件 11～14 记载的内容一致并相互印证，附件 13 的证明中所述购买的产品型号、数量和运货人员与附件 14 中显示的一致，即上述附件之间相互印证而无明显矛盾。关于董灿兴提出上述销售行为均没有发票的问题，三宝公司表示在当地布料市场由于交易频繁发生，交易量大但金额很低，一般不会履行繁琐的交易手续，也不会开具正规的销售合同和发票；除非对陌生的或是零星购买的客户，卖方一般也不会要求买方提货时付款，而是一定时间后凭出库单到对方处收款，除非对方要求，一般也不会开发票。经专利复审委员会询问，证人宣清武述称上述交易习惯确实存在，并表示其公司一般是按季度或半年付款，年底结清相关款项，也不开发票。专利复审委员会认为，三宝公司的上述解释是合理的并且也得到了证人证言的佐证；此外结合附件 1～10 所确定的事实，三宝公司在 2008 年 1 月底从诸暨市立勤纺织有限公司获得了编号为 QY092 的面料样式，在组织生产获得编号为 8875 的衬衫面料半成品后并于 2008 年 3 月上旬交由浙江鑫晟实业股份有限公司进行出水整理获得编号为 8875 的衬衫面料的成品，衬衫面料作为一种受到市场流行趋势影响较大、市场寿命相对有限的产品，通常情况下，其生产者会尽快将这些面料投放市场进行销售；所以三宝公司提供证据 11～14 证明其于 2008 年 3 月 18 日向义乌市飞天制衣有限公司销售也合乎情理，故综上，专利复审委员会，认为三宝公司在附件 14 记载的出库日期 2008 年 3 月 18 日已经公开销售了上述编号为 8875 的衬衫面料的事实具有高度的盖然性，在没有相反证据足以否定的情况下，该事实应当予以认定。董灿兴仅以三宝公司与义乌市飞天制衣有限公司之间存在业务往来构成利害关系为由对上述附件的真实性不予认可，但未提交任何反证。专利复审委员会认为，三宝公司与该出证单位之间正常的业务往来不属于法律上所述的本案的利害关系，董灿兴的质疑没有证据支持，不足以否定上述证据及其证明的事实的真实性。根据附件 1～14，三宝公司已于 2008 年 3 月 18 日在国内销售了附件 13 所示的编号为 8875 的衬衫面料样式，该衬衫面料的销售公开时间早于本专利的申请日，属于《中华人民共和国专利法》（以下简称《专利法》）第二十三条所规定的在本专利申请日前在国内公开使用过的外观设计。综上所述，在本专利的申请日前已经有与之相近似的外观设计在国内公开使用过，本专利不符合《专利法》第二十三条的规定。故专利复审委员会作出第 13199 号决定，宣告本专利专利权全部无效。

董灿兴不服第 13199 号决定，在法定期限内向本院提起行政诉讼称：（1）销售是使用公开的一种形式，认定以销售形式公开并不需要与公众不能随意获悉的设计和生产加工环节结合来证明，因此，被告认定设计和生产加工环节的证据对是否构成以“销售”这种使用形式的使用公开事实不符合法律规定。第三人提交的附件 1～10 证明其自行设计开发和委托加工的证据对公开销售行为是否发生没有任何证明作用。（2）附件 13 是采购员宣清武根据采购时的入库单确认附件 13 上的事实及涉及的数量的，但是入库单并没有做为证据出现在本案当中，更没有没有在口审的质证中得到专利复审委员会的确认，附件 13 与附件 14 是两个孤证，二者之间没有连接点。附件 13 中写出了承运人韩德堂的姓名和身份证号，附件 13 是依照附件 14 中韩德堂的名字获取其驾驶证号在没有经过韩德堂的许可的情况下擅自写在附件 13 中的，不能说明是韩德堂承认的了附件 13 的内容。（3）开具税务发票不仅是交易双方付款和收款凭证，而且是国家的法律规定，任何销售不开发票的行为都是一种偷逃税款的违法行为，严重的还要负刑事责任。即使这种行为不违法，一个交易习惯或称交易惯例的认定，也不能随意由某个自然人猜测就能认可的，被告对与本案有利害关系的当事人一方和由其找的一个自然人证人声称这是交易习惯就认为是合理的，没有任何事实根据和法律依据。（4）附件 14 为第三人出具，没有其他证据佐证，其上面唯一的签字人承运司机韩德堂没有出庭作证，无法证实其真实性。（5）附件 14 上记载收货单位为“飞天”，没有证据证明“飞天”就是第三人在附件 13 中主张的“义乌市飞天制衣有限公司”。义乌市存在多家字号为“飞天”的使用纺织面料的企业。此外在码单上注明的是“诸暨市三宝纺织厂产品出（入）库码单”与第三人“诸暨市三宝纺织有限公司”的企业名称也不一致。综上所述，第13199号决定认定事实不清，三宝公司民法院依法予以撤销。

被告专利复审委员会辩称：（1）关于原告认为我委决定中对证据和相关事实的认定错误的主张，我委认为：第三人提交的证据足以证明其在本专利申请日前已经委托他人设计了相关产品图样并进行加工，最终又将相关产品投入市场，整个证明体系是完整的，其中的证明环节也是相互联系的，原告所述第三人提交的证明其自行设计开发和委托加工的证据对公开销售行为没有任何证明作用的主张完全没有事实和法律依据，不应予以支持；附件13为义乌市飞天制衣有限公司出具的购买证明，该公司委派其经手日常采购的员工宣武清出庭就相关购买事实作证并无不妥，原告没有证据证明第三人与上述出证单位之间存在法律上的利害关系，仅以二者之间存在买卖关系就否定上述出证单位证言真实性，因此原告关于附件13和附件14认定错误的主张缺乏事实依据，不应予以支持，我委坚持认为第三人提交的证据足以证明相关产品在本专利的申请日前已处于使用公开的状态，具体认定参见决定。（2）原告提交的证据3在无效宣告程序中并未出具过，上述证据不应在行政诉讼中予以考虑。综上述，我委作出的决定事实清楚、适用法律正确、审理程序合法、审查结论正确，原告的诉讼理由不能成立，请求法院驳回原告请求，维持第13199号决定。

第三人三宝公司庭前未向本院提交书面意见陈述，其当庭陈述意见称：第13199号决定认定事实清楚，适用法律正确，审查程序合法，三宝公司民法院驳回原告的诉讼请求，维持第13199号决定。

本院经审理查明：

名称为衬衫面料（8）的外观设计专利（即本专利）由董灿兴于2008年3月26日向国家知识产权局提出申请，2008年7月23日被授权公告，专利号为200830092463.0，董灿兴为董灿兴。

2008年9月26日，三宝公司以本专利不符合《专利法》第二十三条的规定为由向专利复审委员会提出无效宣告请求。为支持其无效宣告请求，先后提交了如下证据：

附件1：三宝公司与诸暨市立勤纺织有限公司（技术部）签订的《新产品委托开发协议书》复印件，共1页；

附件2：诸暨市立勤纺织有限公司营业执照复印件；

附件3：诸暨市立勤纺织有限公司出具的证明及其所附产品图样复印件；

附件4：诸暨市立勤纺织有限公司设计员王建的身份证复印件；

附件5：诸暨市立勤纺织有限公司设计QY092面料样式的相关纸样复印件；

附件6：诸暨市立勤纺织有限公司设计QY092面料样式的工艺单及手织样复印件；

附件7：浙江鑫晟实业股份有限公司营业执照复印件；

附件8：浙江省企业档案管理中心出具的浙江鑫晟实业股份有限公司“变更登记情况”复印件；

附件9：浙江鑫晟实业股份有限公司出具的证明及其所附产品图样复印件；

附件10：浙江鑫晟实业股份有限公司业务员楼红锋身份证复印件；

附件11：义乌市飞天制衣有限公司营业执照复印件；

附件12：义乌市飞天制衣有限公司采购员宣清武驾驶证复印件，共1页；

附件13：义乌市飞天制衣有限公司出具的购买证明及其所附产品图样复印件；

附件14：三宝公司出具的、收货单位为义乌市飞天制衣有限公司的产品出（入）库码单复印件。

2009年2月25日，专利复审委员会举行了口头审理，在口头审理过程中，三宝公司明确其无效宣告请求的理由为《专利法》第二十三条，以附件1~14证明在本专利申请日前已在国内公开使用过与之相同的产品的事实，其中附件1~6结合使用证明其委托他人设计并获得QY092面料样式的事实，附件 7~10 结合使用证明其委托他人对 8919 面料样式的半成品进行出水整理的事实，附件 11~14 结合使用证明其将上述面料成品销售给义乌市飞天制衣有限公司的事实。三宝公司当庭提交附件 1、附件 3、附件 9、附件 13~14 的原件。证人王建、楼红锋、宣清武出庭接受质证，王建出示附件 4~6 的原件，确认附件 3 上其签字的真实性；楼红锋出示附件 10 的原件，并确认附件 9 上其签字的真实性；宣清武出示附件 12 的原件，并确认附件 13 上其签字的真实性。董灿兴对附件 1~3、附件 7~9、附件 11、附件 13~14 的真实性均有异议。关于相同相近似对比，三宝公司认为其在先使用的 8875 面料样式与本专利相同，董灿兴对此表示认可。

2009 年 4 月 10 日，专利复审委员会作出第 13199 号决定宣告本专利专利权全部无效。

上述事实，有本专利授权公告文本、附件 1~14、第 13199 号决定、口头审理记录表及当事人陈述等证据在案佐证。本院认为：根据各方当事人的诉辩主张，本案的焦点问题在于三宝公司在无效程序中提交的相关证据是否足以证明在本专利申请日之前已经有与之相同或相近似的外观设计在国内公开。

根据查明的事实可以确认，三宝公司提交的附件 1~6 包括三宝公司与诸暨市立勤纺织有限公司（技术部）签订的《新产品委托开发协议书》，及该公司的营业执照复印件、证明及所附产品图样的复印件、设计员王建的身份证复印件和 QY092 面料样式的相关纸样、工艺单和手织样的复印件。口头审理中三宝公司出具了除诸暨市立勤纺织有限公司营业执照外的其他原件，同时证人王建出庭作证并确认三宝公司提交的附件 3 上其签字的真实性。董灿兴因三宝公司未提交附件 2 的原件对其真实性和关联性有异议；以三宝公司与诸暨市立勤纺织有限公司之间存在业务往来构成利害关系为由，对附件 1 和附件 3 的真实性均不予认可，认为附件 1 有可能是事后补的，附件 3 则是在三宝公司在提起无效宣告请求前刚产生的；对附件 4 的真实性和证人王建的身份没有异议；承认三宝公司与诸暨市立勤纺织有限公司之间存在委托关系。经本院审查认为，三宝公司提供了附件 1、附件 3 的原件，附件 3 的证明上既有诸暨市立勤纺织有限公司的公章，也有该单位法定代表人杨易和设计员王建的签字，王建就该证明出庭接受质证，并确认了其签字的真实性，同时提供了附件 5 和附件 6 的原件。董灿兴虽然对附件 2 的真实性和关联性提出异议，但其在无效程序中承认三宝公司与诸暨市立勤纺织有限公司之间存在委托关系，且对附件 4 的真实性及证人王建的身份均没有异议。据此可以确认三宝公司提交的上述证据已经形成证据链，即王建的证言与附件 1、附件 3、附件 5 和附件 6 记载的内容一致并相互印证，附件 3 上王建的签名与附件 6 一致，附件 5 和附件 6 中形成的设计纸样和手织样与附件 3 中所附的图样一致。由于上述附件之间相互印证，因此足以认定三宝公司委托诸暨市立勤纺织有限公司设计相关产品样式的事实。董灿兴虽以三宝公司与诸暨市立勤纺织有限公司之间存在业务往来构成利害关系为由，对二者之间委托设计的事实提出质疑，但未提交任何相反的证据加以证明，因此本院对董灿兴的主张不予支持。根据对附件 9 审查可以确认，浙江鑫晟实业股份有限公司出具了证明及其所附产品图样的原件，该公司业务员楼红锋在无效程序中出庭接受了质证并确认其签字的真实性。该证据应当作为认定本案事实的证据之一，根据该证据可以确认浙江鑫晟实业股份有限公司也为包括董灿兴的公司在内的其他多家公司提供布料的清洗和印染服务。在楼红锋出示了与三宝公司核对交付产品的图册中包含了浙江鑫晟实业股份有限公司 2008 年上半年为三宝公司清洗和染整的部分产品图样，其中有附件 9 中所附的 8875 产品图样。上述证言与附件 7~10 记载的内容一致并相互印证，足以认定三宝公司委托浙江鑫晟实业股份有限公司对相关产品的半成品进行出水整理的事实。董灿兴虽以三宝公司与浙江鑫晟实业股份有限公司之间存在业务往来构成利害关系为由，对二者之间委托印染清洗布料的事实提出质疑，但未提交任何相反的证据加以证明，故本院对董灿兴所提主张不予支持。经对三宝公司提交的附件 11~1 4 审查后，本院认为，首先，前述证据符合法律规定的形式要件，其次，原告并没有相反的证据对前述证据进行抗辩，在第 13199 号决定中对上述证据进行了详细的评述，对待证事实进行了论述和认证，由于上述论述及认证并未违反法律对于证据呆信及认证的禁止性规定，并具有高度盖然性，且董灿兴亦无相反的证据足以推翻故第 13199 号决定认定的事实，故对董灿兴的抗辩主张不予支持。

此外，关于董灿兴主张本案涉及的销售行为均没有发票一节，本院注意到，在现实生活中小商小贩或小额交易不开具发票的情形普遍存在，即便是在较大的批发市场，此种情形也是屡见不鲜。此问题的存在确需相关部门加强管理，但就本案而言并不足以构成推翻涉案交易及使用公开真实存在的事实。综上，第 13199 号决定对于涉案证据的认证及对于事实的认定均正确，本院予以确认。

本专利与在先设计均为衬衫面料，二者用途相同，属于相同类别的产品，故将其与本专利进行如下相同、相近似对比。本专利所示衬衫面料的图案大致为离散的圆点形成的一条浅色竖条纹、依次叠加的菱形浅色条纹、长方形浅色条纹、离散的圆点形成的一条浅色数条纹和连续的圆点形成的两条较细浅色竖条纹组成的重复单元。编号为 8875 的衬衫面料的图案大致为离散的圆点形成的一条浅色竖条纹、依次叠加的菱形浅色条纹、长方形浅色条纹、离散的圆点形成的一条浅色数条纹和连续的圆点形成的两条较细浅色竖条纹组成的重复单元。本专利与在先设计相比，二者是相同的外观设计。

综上所述，原告董灿兴的诉讼请求缺乏事实和法律依据，本院不予支持。被告专利复审委员会所作的第 13199 号决定认定事实清楚，证据充分、程序合法，适用法律正确，应予维持。依照《中华人民共和国行政诉讼法》第五十四条第（一）项之规定，判决如下：

维持国家知识产权局专利复审委员会第 13199 号无效宣告请求审查决定。

案件受理费 100 元，由原告董灿兴负担（已交纳）。

如不服本判决，可在判决书送达之日起 15 日内，向本院递交上诉状，并按对方当事人的人数提交副本，并交纳上诉案件受理费 100 元，上诉于北京市高级人民法院。

审　判　长　刘海旗
代理审判员　周　波
人民陪审员　郝志国
二〇〇九年十一月十五日
书　记　员　穆　颖

205

家用报警挂锁

无效宣告请求审查决定（第13206号）

决　　定　　号 第13206号
决　　定　　日 2009年4月17日
发明创造名称 家用报警挂锁
外观设计分类号 08-07
无效宣告请求人 方志春
专　利　权　人 邓伦凯
专　　利　　号 200630119757.9
申　　请　　日 2006年10月22日
授权公告日 2007年8月15日
合议组组长 熊　婷
主　　审　　员 贾彦飞
参　　审　　员 汤　锷
附　　　　图 3页

法　律　依　据 专利法第23条
决　定　要　点
本专利与请求人提供的作为证据的外观设计既不相同也不相近似，符合专利法第23条的规定。

一、案由

本无效宣告请求涉及中华人民共和国国家知识产权局于2007年8月15日授权公告的200630119757.9号外观设计专利（下称本专利）的专利权，名称为“家用报警挂锁”，申请日为2006年10月22日，专利权人是邓伦凯。

针对上述专利权，方志春（下称请求人）于2008年12月2日向国家知识产权局专利复审委员会提出了宣告本专利权无效的请求，同时，请求人提交了如下附件作为证据：

附件1（下称证据1）：公开号为CN3022840的中国外观设计专利的网络打印件1页，其公开日为1994年1月12日；

附件2（下称证据2）：公开号为CN3100061的中国外观设计专利的网络打印件1页，其公开日为1999年1月27日。

其主要无效理由是：（1）证据1与本专利属于同类产品，挂锁的主要构成部件是锁梁、锁舌、锁体、锁梁弹簧，其中占据大部分比例的是锁梁和锁体，证据1与本专利的锁梁均是一条粗细均匀的半圆环，且锁梁的粗细相同，锁体均为不规则立方体，锁体证明由三个面组成，三个面不在同一平面上，中间的平面大于两边的平面并且略微突出，二者的区别仅仅只是平面面积划分不同，锁梁和锁体的连接部分是两个圆环，焊接成一体，这种设计使锁体的顶面有下凹感，两者不同之处在于锁舌，但锁舌所占的比例相对较小，不易引起消费者的注意，因此两者属于相近似的外观设计；（2）证据2与本专利的锁梁均为粗细均匀的半圆环，锁梁和锁体连接处各设有一圆环，锁体均为不规则立方体，锁体侧面由三个面组成，三个面沿中线对称，两者的区别仅仅是平面面积划分不同，本专利的锁体右侧偏上设有一圆柱形凸起锁舌，证据2的锁体下部分的右侧底边设有凸起物，虽然位置不同，但俯视效果相同，因此两者属于相近似的外观设计。

对于上述无效宣告请求，专利复审委员会经形式审查合格，于2008年12月30日受理，同时将无效宣告请求书及其附件清单中所列附件的副本转寄给专利权人。

专利权人于2009年2月2日提交了意见陈述书，其主要意见是：本专利的设计要点在于锁体的设计，从主视图可以看出，锁体的外形轮廓为扁长方体，锁体的右侧偏上位置设有圆柱形凸起，锁体的顶面设有圆弧形下凹部，下凹部与锁梁构成近似圆孔，而证据1和证据2中的锁体外观与本专利的锁体外观完全不同，因此本专利与证据1、证据2的整体视觉效果的差别是十分明显的，本专利与证据1、2不相同也不相近似。

合议组于2009年2月25日向双方当事人发出口头审理通知书，定于2009年3月24日对本案举行口头审理，同时随口头审理通知书将专利权人于2009年2月2日提交的意见陈述书转给请求人。

口头审理如期举行，双方当事人均出席口头审理并各自陈述了意见，双方当事人对对方出席人员的身份没有异议，对合议组成员没有回避请求。在口头审理中，请求人明确其无效宣告的理由和证据为本专利相对于证据1和证据2不符合专利法第23条的规定；专利权人对证据1和证据2的真实性予以认可。

至此，合议组认为本案事实已经清楚，现依法作出审查决定。

二、决定的理由

1. 关于证据

证据1、证据2为在本专利申请日前公开的外观设计专利文件，且专利权人对其真实性没有异议，其可以作为在先设计与本专利进行对比。

2. 关于专利法第23条

专利法第23条规定："授予专利权的外观设计，应当同申请日以前在国内外出版物上公开发表过或者国内公开使用过的外观设计不相同和不相近似，并不得与他人在先取得的合法权利相冲突。"

本专利请求保护一种家用报警挂锁，其分类号为08-07；证据1为挂锁，其分类号为08-07，证据2为防水挂锁壳，其分类号为08-07-L0200，虽然证据1、证据2与本专利的名称不同，但是其属于同一领域，可以进行相似性对比。

证据1为一个挂锁，挂锁主要由锁梁和锁体构成，其中锁梁是由具有一定直径的圆柱体弯曲而成，弯曲后形成了半圆环形顶部以及连接上述半圆环形顶部的具有一定长度的圆柱体；锁体侧面成六面结构，从俯视图和仰视图看，锁体底面形成六边形结构，以锁梁中心线所在的平面为中心平面，锁体底面形成的六边形是对称的，从俯视图和主视图可以看出，锁体具有与锁梁的中心线所在的平面垂直的两个平面，从俯视图和右视图可以看出，夹在在上述两个平面之间的另外两个平面之间形成的夹角接近180°，并且该另外两个平面相交形成的直线到上述两个平面之间的距离大体相等；从主视图和右视图可以看出，锁体上部为一台体，该台体同样具有六个侧面，台体的每个侧面均相对于锁体侧面具有一定内倾角；从俯视图和右视图可以看出，在台体的顶部，锁体与锁梁相连的部分具有两个凸起部分，该凸起呈圆台体形状；从仰视图可以看出，在锁体底面具有一个环状结构，该环状结构的两端分别为直径不同的两个半圆形，该两个半圆形之间由两条直线相连，该两个半圆形的顶端分别位于锁梁中心线所在的平面上，在位于直径较小的半圆形的一端的环状结构内部具有两个同心圆（参见证据 1 的附图）。

证据 2 为一个防水挂锁壳，挂锁主要由锁梁和锁体构成，其中锁梁是由具有一定直径的圆柱体弯曲而成，弯曲后形成了半圆环形顶部以及连接上述半圆环形顶部的具有一定长度的圆柱体；锁体可分为上中下三部分，该三部分均为六棱柱体，上中下三部分的六棱柱体的对应六个侧面相互平行，只是上中下三部分的六棱柱体的大小不同，从横截面积看，锁体下部略大于锁体上部，锁体上部大于锁体中部，同时，锁体中部的高度大于锁体上部的高度和锁体下部的高度，从俯视图和主视图可以看出，在锁体的上中下部分的六棱柱体均具有与锁梁的中心线所在的平面垂直的两个平面，从俯视图和右视图可以看出，锁体的上中下部分的六棱柱体均具有夹在上述两个平面之间的另外两个平面，该另外两个平面之间形成的夹角接近 180°，并且该另外两个平面相交形成的直线到上述两个平面之间的距离大体相等，从立体图、主视图、仰视图和俯视图看，锁体下部六棱柱体上与锁梁的中心线所在的平面垂直的一个平面上具有一个凸出的半圆环，与锁梁的中心线所在的平面垂直的另一个平面上具有一个圆弧形凸起，从俯视图和仰视图看，锁体底面形成六边形结构，以锁梁中心线所在的平面为中心平面，锁体底面形成的六边形是对称的，锁体上表面有一个圆弧形凹槽，凹槽与锁梁的一端的相交部分有一般具有半圆柱形凸起，锁体与锁梁的另一端相交部分有一个圆柱形凸起。(参见证据 2 的附图)。

本专利为家用报警挂锁，挂锁主要由锁体和锁梁构成，其中锁梁是由具有一定直径的圆柱体弯曲而成，弯曲后形成了半圆环形顶部以及连接上述半圆环形顶部的具有一定长度的圆柱体；锁体可分为上下两部分，其中从主视图、后视图、左视图、右视图和仰视图看，锁体下半部分为六棱柱体，该六棱柱体具有与锁梁的中心线所在的平面平行的两个平面，夹在上述两个平面之间的另外两个平面之间形成的夹角约 90°，锁体上部具有一个圆弧形凹部，锁体上部与锁梁相接的部分为两个圆柱形凸起，锁体上部一侧具有一个圆柱体状凸起，锁体上部的其他四个面均相对于锁体下部的四个平面内倾，从右视图看，该凸起中央具有一个十字形孔，从左视图看，锁体上部的另一侧具有一个圆孔，从仰视图看，锁体底部具有一个圆形状设计，其中有沿圆形的边缘均匀设置有六个弧形孔（参见本专利的附图）。

将本专利与证据 1 相比，其区别在于：本专利的锁体的六棱柱体与证据 1 的六棱柱体不同，本专利的锁体下半部分的六棱柱体具有与锁梁的中心线所在的平面平行的两个平面，而证据 1 的锁体具有与锁梁的中心线所在的平面垂直的两个平面；本专利的锁体上部一侧具有一个圆柱体状凸起，并且该凸起中央具有一个十字形孔，而证据 1 中并无该设计；本专利的锁体底面具有一个圆形状设计，其中有沿圆形的边缘均匀设置有六个弧形孔，而证据 1 的底面一个环状结构。合议组认为：根据整体观察，综合判断的原则，本专利的锁体与证据 1 的锁体的显著区别在于本专利的锁体六棱柱体与证据 1 的六棱柱体是不同的，并且本专利的锁体一侧具有一圆柱体状凸起，并且该凸起中央还具有一个十字形孔，本专利与证据 1 的差别对于产品的整体视觉效果来说具有显著的影响，因此本专利与证据 1 的设计不相同也不相近似。

将本专利与证据 2 相比，其区别在于：本专利的锁体与证据 2 的锁体不同，本专利的锁体可分为上下两部分，而证据 2 的锁体是分上中下三部分，本专利锁体下部的六棱柱体与证据 1 的锁体上中下部的任何一个部分的六棱柱体不同，本专利的锁体下半部分的六棱柱体具有与锁梁的中心线所在的平面平行的两个平面，而证据 2 的锁体的上中下部分的六棱柱体均具有与锁梁的中心线所在的平面垂直的两个平面；本专利的锁体上部一侧具有一个圆柱体状凸起，并且该凸起中央具有一个十字形孔，而证据 2 中并无该设计；本专利的锁体底面具有一个圆形状设计，其中有沿圆形的边缘均匀设置有六个弧形孔，证据 2 中也无该设计。合议组认为：根据整体观察，综合判断的原则，本专利的锁体与证据 2 的锁体的显著区别在于本专利的锁体六棱柱体与证据 2 的锁体的六棱柱体是不同的，并且本专利的锁体一侧具有一圆柱体状凸起，并且该凸起中央还具有一个十字形孔，本专利与证据 2 的差别对于产品的整体视觉效果来说具有显著的影响，因此本专利与证据 2 的设计不相同也不相近似。

综上所述，本专利和证据 1、证据 2 属于不相同且不相近似的外观设计，请求人提出的无效宣告请求的理由不成立。

三、决定

维持 200630119757.9 号外观设计专利权有效。

当事人对本决定不服的，可以根据专利法第 46 条第 2 款的规定，自收到本决定之日起三个月内向北京市第一中级人民法院起诉。根据该款的规定，一方当事人起诉后，另一方当事人应当作为第三人参加诉讼。

主视图

后视图

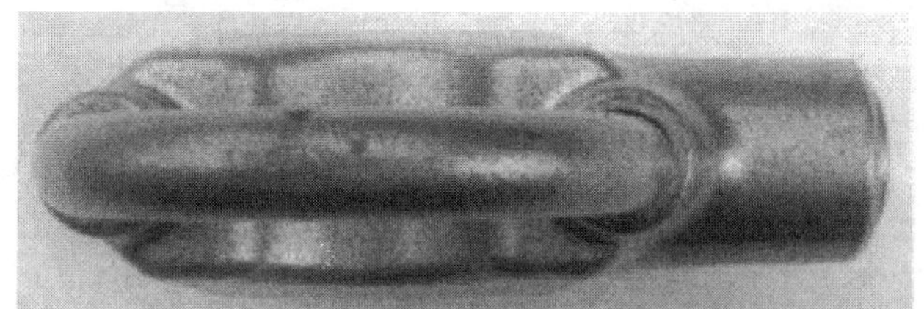

俯视图（放大）

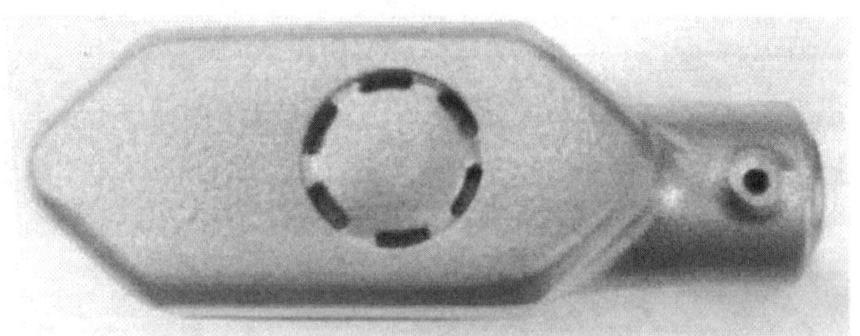

仰视图（放大）

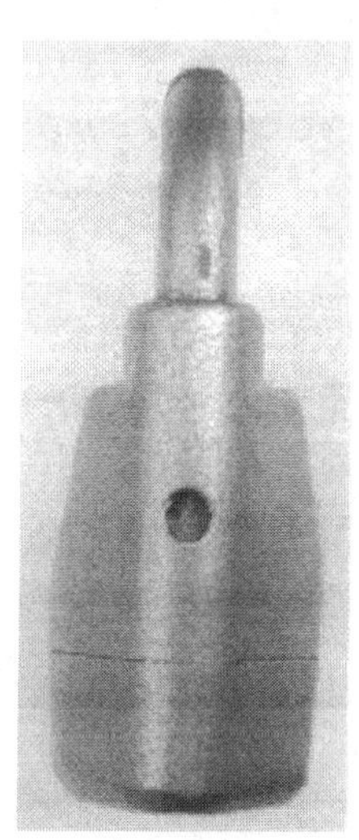

左视图

右视图（放大）

本专利附图

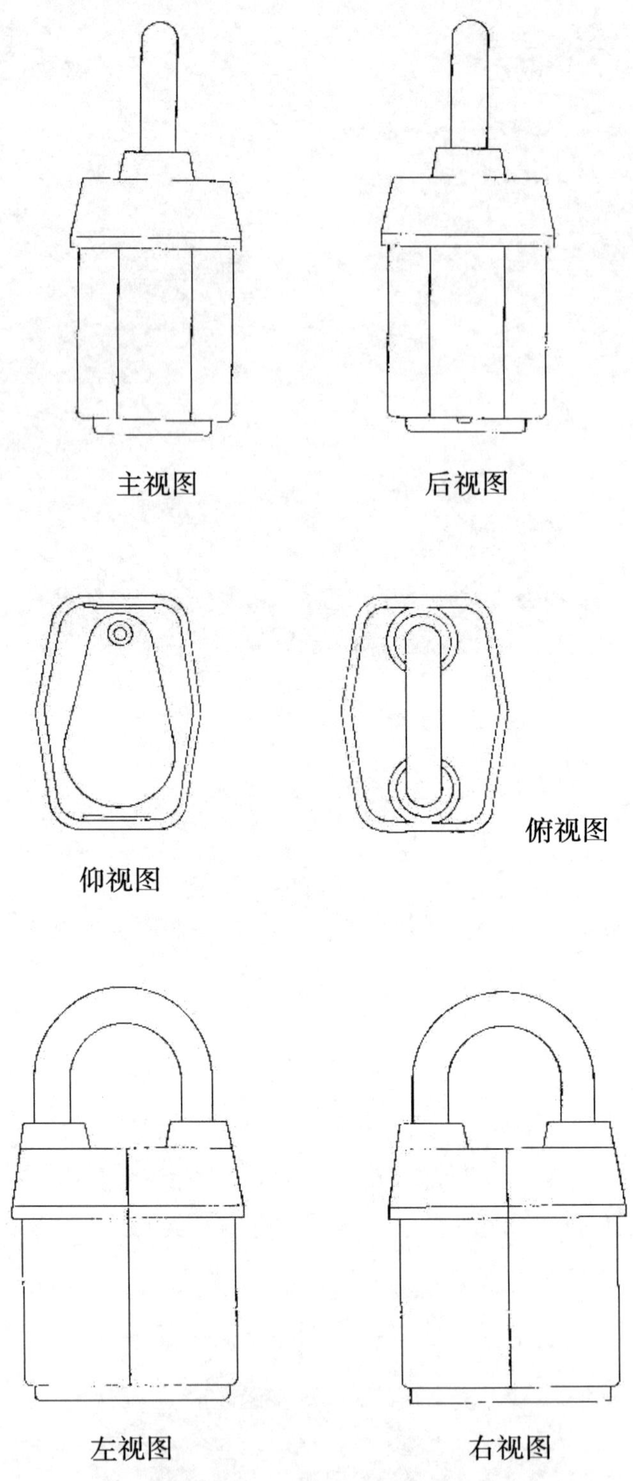

证据 1 附图

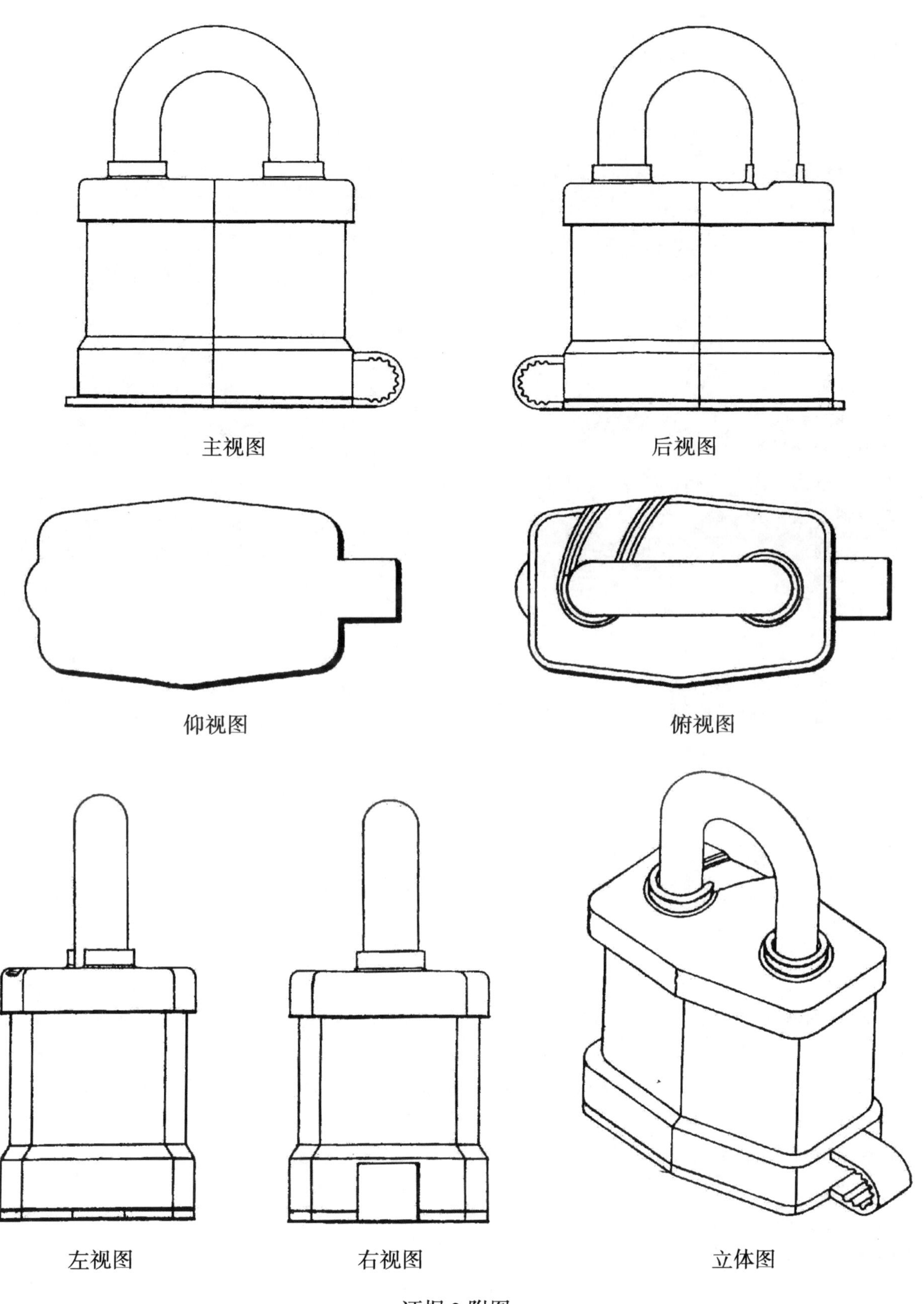

证据 2 附图

水龙头（0381）

无效宣告请求审查决定（第13208号）

决　　定　　号　第13208号
决　　定　　日　2009年4月20日
发明创造名称　水龙头（0381）
外观设计分类号　23-01
无效宣告请求人　广州市科奈建材有限公司
专　利　权　人　俞　光
专　　利　　号　200630161553.1
申　　请　　日　2006年12月27日
授　权　公　告　日　2008年3月5日
合　议　组　组　长　李巍巍
主　　审　　员　钟　华
参　　审　　员　尹春霞
附　　　　图　1页

法　律　依　据　专利法第23条
决　定　要　点
本专利与在其申请日前公开的外观设计相近似，不符合专利法第23条的规定。

一、案由

本无效宣告请求涉及国家知识产权局于2008年3月5日授权公告的名称为“水龙头（0381）”的200630161553.1号外观设计专利（下称本专利），其申请日为2006年12月27日，专利权人为俞光。

针对本专利，广州市科奈建材有限公司（下称请求人）于2008年7月15日向专利复审委员会提出无效宣告请求，其理由是在本专利申请日前已经公开使用过与本专利相近似的外观设计，因此本专利不符合专利法第23条的规定，请求人同时提交如下附件作为证据：

附件1：2006年广州市科奈建材有限公司的产品目录手册1本；

附件2：产品发货清单复印件2页；

附件3：银行对账单复印件2页。

经形式审查合格，专利复审委员会依法受理了上述无效宣告请求，并于2008年7月15日将无效宣告请求书及相关文件的副本转给专利权人，要求其在指定的期限内答复。专利权人逾期未陈述意见。

2008 年 7 月 23 日，请求人向专利复审委员会提交了意见陈述书，坚持认为本专利与其申请日前公开的外观设计相近似，不符合专利法第 23 条的规定，并补充提交了下列附件（编号续前）：

附件 4：200530065215.3 号中国外观设计专利电子公告信息及图片复印件共 8 页。

专利复审委员会于 2009 年 2 月 1 日向双方当事人发出口头审理通知书，定于 2009 年 4 月 2 日举行口头审理，同时将请求人提交的意见陈述书及附件转送给专利权人。

口头审理如期举行，请求人委托了代理人参加本次口头审理，专利权人缺席本次口头审理。在口头审理中，请求人不申请合议组人员回避，明确放弃附件 1~3 作为本案证据，并充分陈述了意见。

至此，合议组认为本案事实已经调查清楚，可以作出如下审查决定。

二、决定的理由

1. 法律依据

专利法第 23 条规定："授予专利权的外观设计，应当同申请日以前在国内外出版物上公开发表过或者国内公开使用过的外观设计不相同和不相近似，并不得与他人在先取得的合法权利相冲突。"

2. 证据的认定

附件 4 是 200530065215.3 号中国外观设计专利电子公告信息及图片，经合议组核实，其内容真实，可以作为本案的定案依据。附件 4 的公开日为 2006 年 5 月 24 日，早于本专利申请日 2006 年 12 月 27 日，故其上记载的外观设计属于在本专利申请日前公开的外观设计（下称在先设计）。

3. 本专利是否符合专利法第 23 条的规定

本专利为水龙头的外观设计，在先设计也为水龙头的外观设计，两者所属产品的种类相同，因此可以进行外观设计近似性比较。

本专利授权图片包括主视图、左视图、俯视图和使用状态参考图，简要说明中记载右视图与左视图对称，省略后视图和仰视图。本专利所示水龙头下部是薄片状的正方形底座，底座上方连接着横截面略小于底座的方形水管。方形水管的上端连接一后侧有近似三角形缺口的开关部，开关部的顶面居中设置向正前方伸出的细长条形把手。方形水管的中上部向正前方伸出一较小的方形水管，较小长方体水管顶端从侧面看为直角梯形且其下方连接有短圆柱形出水口（详见本专利附图）。

在先设计公开了主视图、后视图、左视图、右视图、仰视图、俯视图和立体图，其所示水龙头下部是薄片状的正方形底座，该底座上部表面略内凹，底座上方连接着横截面略小于底座的方形水管。方形水管的上端连接一后侧有近似三角形缺口的开关部，开关部的顶面居中设置向正前方伸出的细长条形把手。方形水管的中上部向正前方伸出一较小的方形水管，该较小长方体水管顶端从侧面看倒圆角梯形，下方连接有短圆柱形出水口（详见在先设计附图）。

将本专利与在先设计对比，两者的整体形状、主要构件的形状及位置关系均近似，两者的不同之处在于：在先设计的该底座上部表面略内凹，本专利对应部位平直；在先设计的较小长方体水管顶端呈圆弧形，本专利对应部位平直。对此，合议组认为：上述区别属于局部的细微差别，不足以对产品的整体视觉效果产生显著的影响，因此本专利与在先设计构成相近似的外观设计，本专利不符合专利法第 23 条的规定。

三、决定

根据专利法第 23 条和第 46 条第 1 款的规定，宣告 200630161553.1 号外观设计专利权全部无效。

根据专利法第 46 条第 2 款的规定，当事人对本决定不服的，自收到本决定之日起三个月内向北京市第一中级人民法院起诉，根据该款规定，一方当事人起诉后，另一方当事人应当作为第三人参加诉讼。

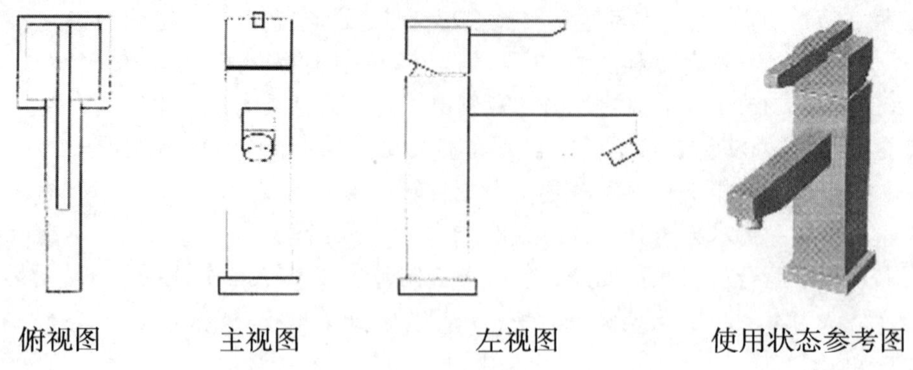
俯视图　主视图　左视图　使用状态参考图

本专利附图

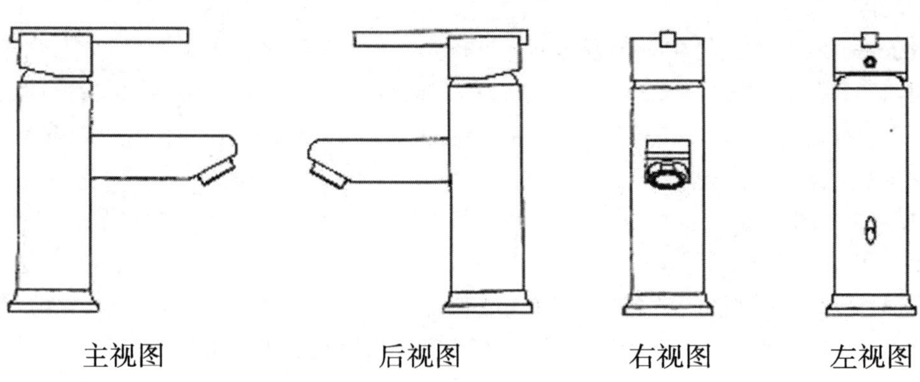
主视图　后视图　右视图　左视图

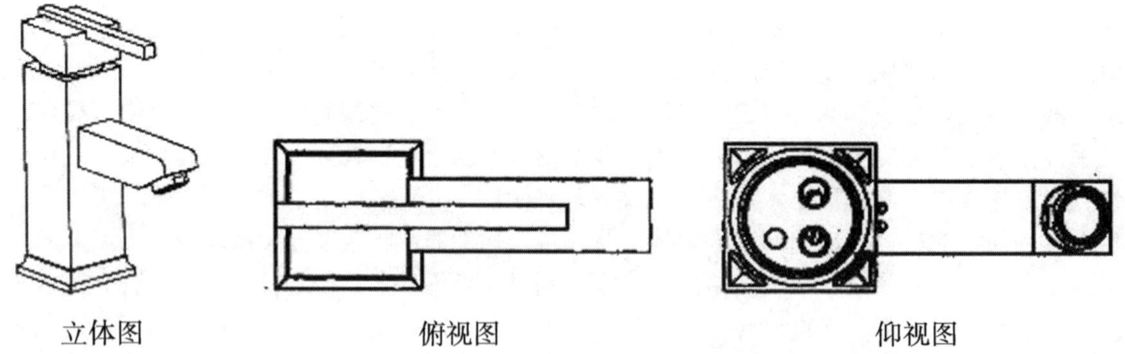
立体图　俯视图　仰视图

在先设计附图

207

管钳（防爆）

无效宣告请求审查决定（第13209号）

决　　定　　号　第13209号
决　　定　　日　2009年4月17日
发明创造名称　管钳（防爆）
外观设计分类号　08-05
无效宣告请求人　沧州渤海防爆特种工具有限公司
专　利　权　人　杨庆来
专　　利　　号　200730106817.8
申　　请　　日　2007年3月30日
授 权 公 告 日　2008年1月30日
合 议 组 组 长　吴大章
主　　审　　员　钟　华
参　　审　　员　雷　婧
附　　　　　图　1页

法　律　依　据　专利法第23条
决　定　要　点

在本专利申请日以前已经有相近似的外观设计公开发表过，故本专利不符合专利法第23条的规定。

一、案由

本无效宣告请求涉及国家知识产权局于2008年1月30日授权公告的名称为“管钳（防爆）”的200730106817.8号外观设计专利（下称本专利），其申请日为2007年3月30日，专利权人为杨庆来。

针对本专利，沧州渤海防爆特种工具有限公司（下称请求人）于2008年9月10日向专利复审委员会提出无效宣告请求，其理由是在本专利申请日前已经公开发表过和在国内公开使用过与本专利相近似的外观设计，因此不符合专利法第23条的规定，请求人同时提交如下附件作为证据：

附件1：中华人民共和国轻工行业标准（QB/T2508-2001）管子钳复印件共7页；

附件2：中华人民共和国轻工行业标准（QB/T2613.10-2005）防爆工具防爆用管子钳复印件共7页；

附件3：《中国石油石化工程技术和物装手册》复印件4页；

附件4：《中国石油石化高新技术成果展示与产品推广》复印件4页；

附件5：日本东邦工机械株式会社宣传册复印件4页；

附件6：卡恩捷特工具（上海）有限公司宣传册复印件4页；

附件7：卡恩捷特工具（上海）有限公司宣传册复印件5页；

附件8：上海力易得工具有限公司2006年发布的宣传册复印件4页；

附件9：史丹利五金工具（上海）有限公司宣传册复印件4页；

附件10：河北中泊防爆工具集团有限公司销售部在网上发布的扳手供应信息页打印件3页；

附件11：白树江出具的证明、支款单复印件共2页；

附件12：本外观设计专利电子公告信息及其图片共2页。

经形式审查合格，专利复审委员会依法受理了上述无效宣告请求，并于2008年9月10日将无效宣告请求书及相关文件的副本转给专利权人，要求其在指定的期限内答复。

2008年10月22日，专利权人提交了意见陈述书，认为：附件1、附件2为管钳白描线图，形状和色彩均与本专利不同；附件3的图示效果从形状和色彩均与本专利不相同；附件4不清晰，无法与本专利比较；附件5至附件9为自制宣传图片，非公开出版物，不构成本专利的在先设计；附件10的网页来源以及所示图片来源不明确，无法采信；附件11为个人出具的证明材料，无法采信。本专利与请求人出具的所有附件均不相同和不相近似，本专利符合专利法第23条的规定。

2009年2月1日，专利复审委员会向双方当事人发出口头审理通知书，定于2009年4月1日举行口头审理，同时将上述专利权人提交的意见陈述书转送给请求人。

口头审理如期举行，双方当事人均委托了代理人参加本次口头审理。在口头审理中，双方当事人均不申请合议组人员回避，对对方出席口头审理人员资格均无异议。请求人明确放弃附件10、附件11作为本案的证据；请求人没有提交附件1、附件2的原件，专利权人对附件1的真实性有异议，认为其没有原件，出处不明，不应该采信，请求人称附件1、附件2均可以在国家标准化信息网上查到；请求人当庭提交了附件3、附件4的原件，专利权人当庭核实上述原件，对附件3、附件4的真实性均没有异议；请求人当庭提交了附件5~9的原件，专利权人对附件5~9的真实性均有异议，认为上述附件都是自制的宣传图片，不是公开出版物，请求人未举证获取上述附件的日期。在此基础上，双方当事人就本专利与请求人指认的图片进行相近似性比较，双方当事人进行了充分的意见陈述和辩论。

至此，合议组认为本案事实已经调查清楚，可以依法作出如下审查决定。

二、决定的理由

1. 法律依据

专利法第23条规定："授予专利权的外观设计，应当同申请日以前在国内外出版物上公开发表过或者国内公开使用过的外观设计不相同和不相近似，并不得与他人在先取得的合法权利相冲突。"

2. 证据的认定

附件3为《中国石油石化工程技术和物装手册》复印件4页，请求人当庭提交了原件，经核实原件与复印件一致，专利权人对附件3的真实性没有异议，故附件3可以作为本案的定案依据。附件3的出版日为2004年8月，早于本专利申请日2007年3月30日，故其D9页记载的外观设计属于在本专利申请日前公开的外观设计（下称在先设计）。

3. 本专利是否符合专利法第23条的规定

本专利为管钳的外观设计，在先设计也为管钳的外观设计，两者所属产品的种类相同，因此可以进行外观设计近似性比较。

本专利授权图片包括主视图、后视图、仰视图、俯视图、左视图、右视图和立体图，简要说明中记载请求保护色彩。本专利所示管钳由活动钳口和钳柄体组成，活动钳口伸出钳柄体时近似卧倒7字形，活动钳体和钳柄体对应咬合处为锯齿形，钳柄体近似卧倒ㄗ字形，其连接活动钳口的头部较大，头部上端内设有调节螺母，头部中央有一个小椭圆形。扁平长条状手柄表面有近似倒圆角长方形凹槽，接近末端处设置有椭圆形孔。本专利的活动钳口、调节螺母、钳柄体与活动钳口对应咬合处、头部中部的小椭圆形均为暗金色，其他部位均为暗红色（详见本专利附图）。

在先设计公开了一个视图，其所示管钳由活动钳口和钳柄体组成，活动钳口伸出钳柄体时近似卧倒7字形，活动钳体和钳柄体对应咬合处为锯齿形，钳柄体近似卧倒“ㄗ”字形，其连接活动钳口的头部较大，头部上端内设有调节螺母。扁平长条状手柄表面有近似倒圆角长方形凹槽，接近末端处设置有椭圆形孔。在先设计整体均为金色（详见在先设计附图）。

将本专利与在先设计对比，两者的整体形状和各部件的形状及位置关系均近似，两者的不同之处在于：本专利钳柄体头部的中央有一小椭圆形，在先设计对应部位无设计；两者颜色不同。对此，合议组认为：钳柄体头部的中央有无一小椭圆形为局部的细微差别，不足以对产品的整体视觉效果产生显著的影响；本专利的活动钳口、调节螺母、钳柄体与活动钳口对应咬合处、头部中部的小椭圆形的暗金色均为本专利产品所选择的合金材料的本色，其余部位的暗红色为易燃易爆场所、防爆工具所惯常采用的警戒色，对于管钳的一般消费者而言，上述色彩均为防爆类管钳的司空见惯的颜色，不足以对产品的整体视觉效果产生显著的影响。因此，本专利与在先设计构成相近似的外观设计，本专利不符合专利法第23条的规定。

鉴于上述评述已经得出本专利不符合专利授权条件的结论，合议组对请求人的其他无效宣告理由和证据不再予以评述。

三、决定

根据专利法第23条和专利法第46条第1款的规定，宣告200730106817.8号外观设计专利权全部无效。

根据专利法第46条第2款的规定，当事人对本决定不服的，自收到本决定之日起三个月内向北京市第一中级人民法院起诉，根据该款规定，一方当事人起诉后，另一方当事人应当作为第三人参加诉讼。

主视图

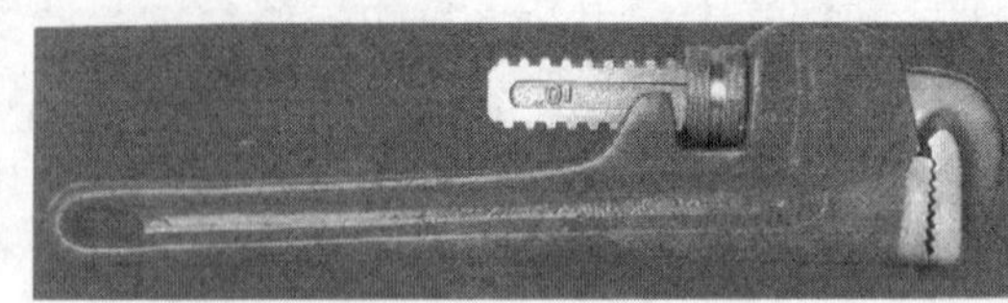
后视图

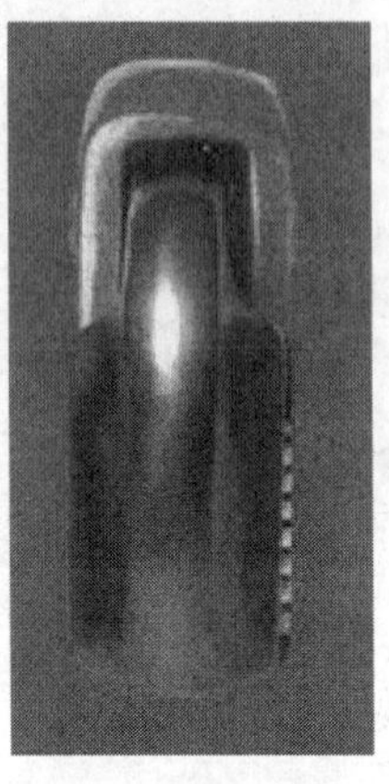
左视图

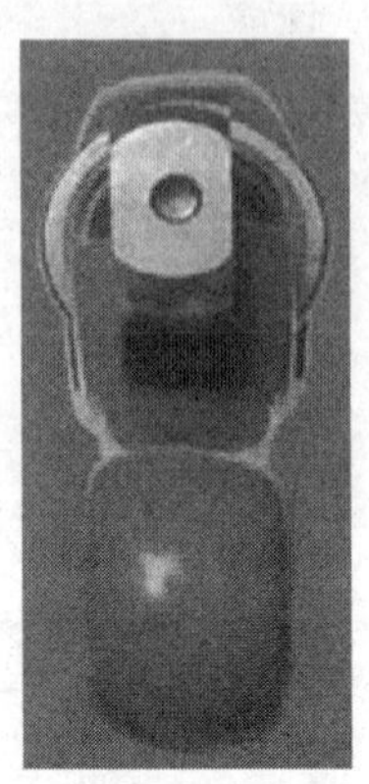
右视图

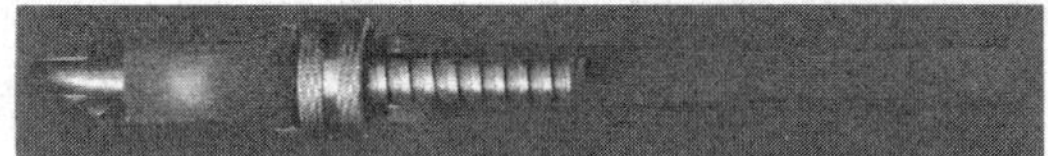
俯视图

仰视图

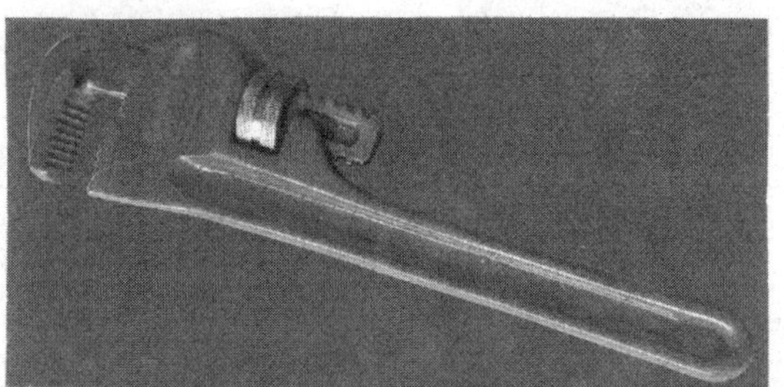
立体图

本专利附图

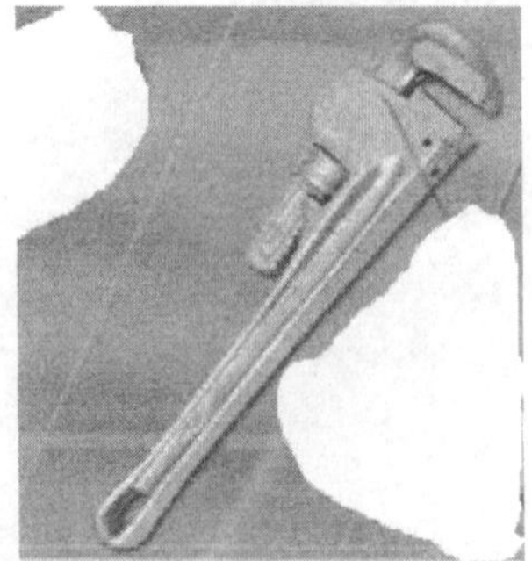
在先设计附图

北京市第一中级人民法院
行政判决书

（2009）一中行初字第1893号

原告杨庆来，男，1946年9月8日出生，汉族，住河北省泊头市王武镇石桥村。

委托代理人李洪信，男，1973年10月28日出生，石家庄新世纪专利商标事务所有限公司专利代理人，住河北省石家庄市新华区大郭镇于底村永安路四区付53号。

委托代理人董金国，石家庄新世纪专利商标事务所有限公司专利代理人。

被告国家知识产权局专利复审委员会，住所地北京市海淀区北四环西路9号银谷大厦10~12层。

法定代表人张茂于，副主任。

委托代理人钟华，国家知识产权局专利复审委员会审查员。

委托代理人张华，国家知识产权局专利复审委员会审查员。

第三人沧州渤海防爆特种工具有限公司，住所地河北省沧州市南皮县付庄开发区。

法定代表人付景义，总经理。

委托代理人郝伟，女，1973年10月26日出生，石家庄国为知识产权事务所专利代理人，住河北省石家庄市裕华区翟营大街。

委托代理人赵立军，男，1976年5月13日出生，石家庄国为知识产权事务所专利代理人，住河北省石家庄市长安区建设北大街。

原告杨庆来因不服被告国家知识产权局专利复审委员会（以下简称专利复审委员会）的第13209号无效宣告请求审查决定（以下简称第13209号决定），于法定期限内向本院提起行政诉讼。本院于2009年7月27日受理后，依法组成合议庭，并通知第13209号决定的相对方沧州渤海防爆特种工具有限公司（以下简称沧州渤海公司）作为第三人参加本案诉讼，于2009年11月17日公开开庭进行了审理。原告杨庆来的委托代理人董金国，被告专利复审委员会的委托代理人钟华、张华，第三人沧州渤海公司的委托代理人郝伟、赵立军到庭参加了诉讼。本案现已审理终结。

第13209号决定系专利复审委员会针对沧州渤海公司就杨庆来拥有的名称为“管钳（防爆）”的200730106817.8号外观设计专利（以下简称本专利）所提出的无效宣告请求作出的。第13209号决定中认为：

1. 证据的认定

附件3为《中国石油石化工程技术和物装手册》复印件4页，沧州渤海公司当庭提交了原件，经核实原件与复印件一致，杨庆来对附件3的真实性没有异议，故附件3可以作为本案的定案依据。附件3的出版日为2004年8月，早于本专利申请日2007年3月30日，故其D9页记载的外观设计属于在本专利申请日前公开的外观设计（下称在先设计）。

2. 本专利是否符合《中华人民共和国专利法》（以下简称《专利法》）第二十三条的规定

本专利为管钳的外观设计，在先设计也为管钳的外观设计，两者所属产品的种类相同，因此可以进行外观设计近似性比较。

在先设计公开了一个视图，其所示管钳由活动钳口和钳柄体组成，活动钳口伸出钳柄体时近似卧倒7字形，活动钳体和钳柄体对应咬合处为锯齿形，钳柄体近似卧倒卩字形，其连接活动钳口的头部较大，头部上端内设有调节螺母。扁平长条状手柄表面有近似倒圆角长方形凹槽，接近末端处设置有椭圆形孔。在先设计整体均为金色。

将本专利与在先设计对比，两者的整体形状和各部件的形状及位置关系均近似，两者的不同之处在于：本专利钳柄体头部的中央有一小椭圆形，在先设计对应部位无设计；两者颜色不同。对此，专利复审委员会认为：钳柄体头部的中央有无一小椭圆形为局部的细微差别，不足以对产品的整体视觉效果产生显著的影响；本专利的活动钳口、调节螺母、钳柄体与活动钳口对应咬合处、头部中部的小椭圆形的暗金色均为本专利产品所选择的合金材料的本色，其余部位的暗红色为易燃易爆场所、防爆工具所惯常采用的警戒色，对于管钳的一般消费者而言，上述色彩均为防爆类管钳的司空见惯的颜色，不足以对产品的整体视觉效果产生显著的影响。因此，本专利与在先设计构成相近似的外观设计，本专利不符合《专利法》第二十三条的规定。

据此，专利复审委员会于2009年4月17日作出第13209号决定，宣告本专利权全部无效。

原告杨庆来不服第13209号决定，在法定期限内向本院提起行政诉讼称：（1）管钳头部设置椭圆形凸台不是局部的细微差别，其足以对产品的整体视觉效果产生显著的影响。（2）本专利和在先设计的手柄部及头的中部和下部构成“主要判断部分”。（3）本专利主要展示面为红色，其对产品的整体视觉效果产生显著的影响。（4）本专利在手柄部及头的中部和下部均设计为红色，其和本专利产品的防爆功能结合为一体。（5）选择将手柄部及头的中部和下部均设计为红色正是本外观设计作为防爆工具设计上的高潮，对于一般消费者而言，尤其在易燃易爆场所，同时存放着本专利产品和在先设计产品，因为本专利产品的红色产生了极强的视觉冲击效果，使本专利产品和在先设计产品极易区分，可防止误操作的出现，有效避免重大安全事故的发生。综上所述，被告专利复审委员会作出的第13209号决定认定事实不清、适用法律不当，请求法院予以撤销。

被告专利复审委员会答辩称：（1）本专利与在先设计的判断主体“一般消费者”对于管钳类产品具有常识性了解，对于产品之间在形状、图案以及色彩上的差别具有一定的分辨力，但不会注意到产品的形状、图案以及色彩的微小变化。换言之，该“一般消费者”是涵盖上述内容的抽象化的人，而不是具体的某个或者某类具体的人。（2）作为管钳类产品的一般消费者，应当知晓红色为易燃易爆场所、防爆工具所惯常采用的警戒色，因此该颜色的采用不足以对产品的整体视觉效果产生显著的影响，本专利与在先设计的钳柄体有无一小椭圆形的区别为细微差别，也不足以对产品的整体视觉效果产生显著的影响，因此在本专利的整体形状和各主要部件的形状及位置关系均近似的情况下，应该认定本专利与在先设计相近似，本专利不符合《专利法》第二十三条的规定。综上所述，专利复审委员会作出的第13209号决定认定事实清楚、适用法律正确，原告的诉讼理由不能成立，请求法院驳回原告诉讼请求，维持第13209号决定。

第三人沧州渤海公司述称：（1）本专利在惯常的管钳上涂上惯常采用的警戒色，对于管钳的一般消费者而言，不足以为产品的整体视觉效果产生显著的影响。（2）一般消费者并不等同于专家，对于一般消费者不容易区分本专利和在先设计产品。综上所述，专利复审委员会作出的第13209号决定认定事实清楚，适用法律正确，程序合法，请求法院予以维持。

本院经审理查明：

本专利是名称为“管钳（防爆）”的200730106817.8号外观设计专利，其申请日为2007年3月30日，授权公告日为2008年1月30日，专利权人为杨庆来。简要说明中记载：请求保护的外观设计包含颜色（详见本专利附图）。

针对本专利权，沧州渤海公司于2008年9月10日向专利复审委员会提出无效宣告请求，其理由是在本专利申请日前已经公开发表过和公开使用过与本专利相近似的外观设计，与他人在先取得的合法权利相冲突，因此不符合专利法第二十三条的规定，提交的附件3为《中国石油石化工程技术和物装手册》复印件4页，出版日为2004年8月。其D9页所示管钳（即在先设计）由活动钳口和钳柄体组成，活动钳口伸出钳柄体时近似卧倒7字形，活动钳体和钳柄体对应咬合处为锯齿形，钳柄体近似卧倒“卩”字形，其连接活动钳口的头部较大，头部上端内设有调节螺母。扁平长条状手柄表面有近似倒圆角长方形凹槽，接近末端处设置有椭圆形孔。在先设计整体均为金色（详见在先设计附图）。

专利复审委员会于2009年4月1日举行口头审理，并于2009年4月17日作出第13209号决定，宣告本专利权无效。

以上事实有本专利授权公告文本、第13209号决定、附件3及各方当事人陈述等在案佐证。

本院认为：

《专利法》第二十三条规定：授予专利权的外观设计，应当同申请日以前在国内外出版物上公开发表过或者国内公开使用过的外观设计不相同和不相近似，并不得与他人在先取得的合法权利相冲突。

《审查指南》第四部分第五章第5.5节规定：外观设计近似性判断应当采用“整体观察、综合判断”的方式进行，由本专利的整体来确定是否与在先设计相近似，而不从外观设计的部分或者局部出发得出与在先设计是否相同或者相近似的结论。

《审查指南》第四部分第五章第3节规定：在判断外观设计是否相同或者相近似时，应当基于被比设计产品的一般消费者的知识水平和认知能力进行评价。不同类别的被比外观设计产品具有不同的消费者群体。作为某类外观设计产品的一般消费者应当具备下列特点：（1）对被比设计产品的同类或者相近类产品的外观设计状况具有常识性的了解。（2）对外观设计产品之间在形状、图案以及色彩上的差别具有一定的分辨力，但不会注意到产品的形状、图案以及色彩的微小变化。

首先，根据《审查指南》规定的“整体观察、综合判断”的外观设计近似性判断方式，原告主张的管钳手柄部及头的中部和下部构成“主要判断部分”缺乏事实和法律依据，本院不予支持。

其次，一般消费者对管钳类产品具有常识性了解，不会注意到该类产品的形状、图案以及色彩的微小变化。同时对于管钳类产品的一般消费者来说，应当知晓红色为易燃易爆场所、防爆工具惯常采用的警戒色。因此，该颜色的采用不足以对管钳的整体视觉效果产生显著的影响。

最后，管钳体头部设置的一小椭圆形相对于管钳来说属于局部细微差别，不足以对管钳整体视觉效果产生显著影响。

综上所述，专利复审委员会认定本专利外观设计产品与在先设计产品相近似并无不当，其作出的第13209号决定认定事实清楚，适用法律正确，审理程序合法，依法应当予以维持。依照《中华人民共和国行政诉讼法》第五十四条第（一）项的规定，本院判决如下：

维持被告国家知识产权局专利复审委员会作出的第13209号无效宣告请求审查决定。

案件受理费100元，由原告杨庆来负担（已交纳）。

如不服本判决，各方当事人可在本判决书送达之日起15日内，向本院提交上诉状并交纳上诉案件受理费100元，上诉于北京市高级人民法院。

审　判　长　侯占恒

代理审判员　殷　悦

人民审判员　郝志国

二〇〇九年十二月三十日

书　记　员　张　莹

主视图

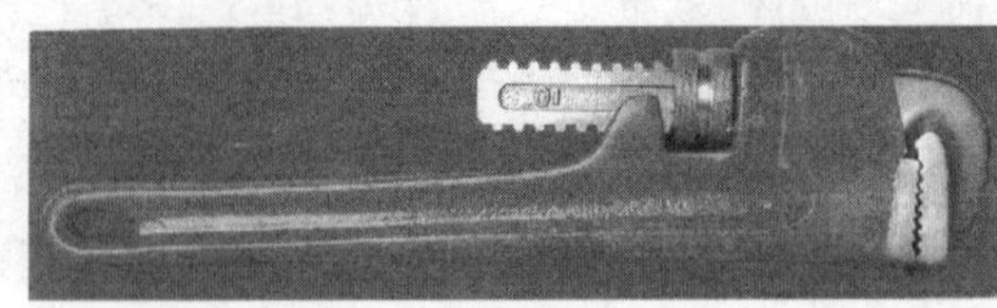

后视图

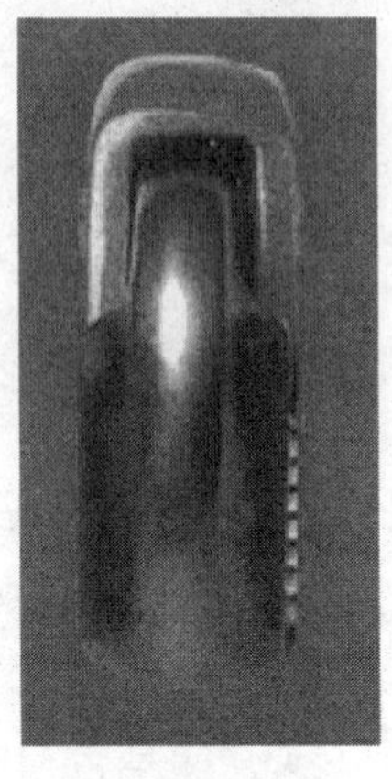

左视图

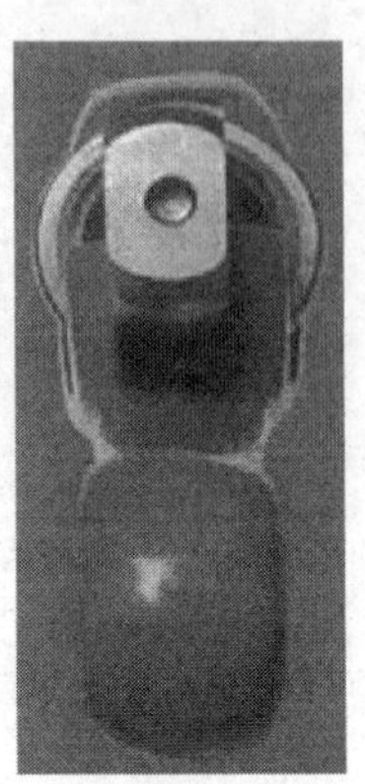

右视图

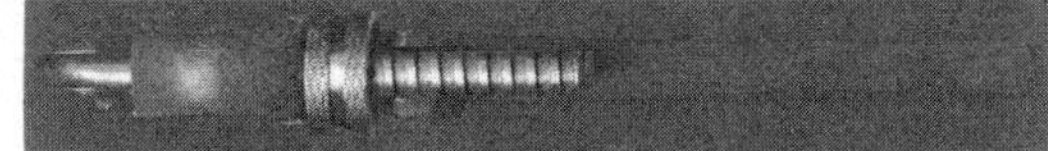

俯视图

仰视图

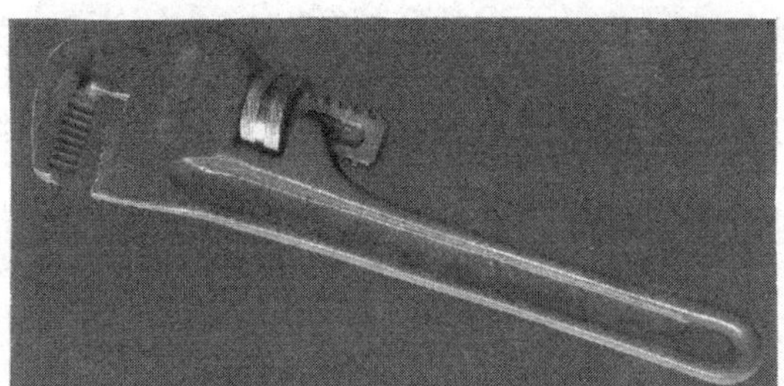

立体图

本专利附图

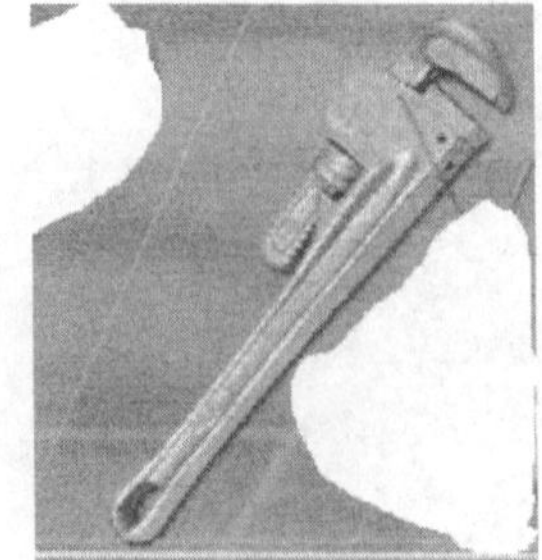

在先设计附图

208

茶几（356A）

无效宣告请求审查决定（第13211号）

决　　定　　号　第13211号
决　　定　　日　2009年4月20日
发明创造名称　茶几（356A）
外观设计分类号　06-03
无效宣告请求人　广州市金海豹家具有限公司
专　利　权　人　黎智聪
专　　利　　号　02300492.4
申　　请　　日　2002年1月28日
授 权 公 告 日　2002年12月11日
合 议 组 组 长　王霞军
主　　审　　员　张　凌
参　　审　　员　尹春霞
附　　　　　图　1页

法 律 依 据　专利法第23条
决 定 要 点

请求人提交的附件3中的各项证据相互印证并且无明显矛盾，上述证据已经能够形成完整的证明体系，足以证明相关外观设计产品在本专利的申请日前已经在国内公开使用过；在本专利的申请日前已有与之相同的外观设计在国内公开使用过，本专利不符合专利法第23条的规定。

一、案由

根据北京市高级人民法院（2008）高行终字第570号判决，专利复审委员会重新成立合议组，依法作出本审查决定。本决定涉及国家知识产权局于2002年12月11日授权公告的，名称为“茶几（356A）”的外观设计专利（下称本专利），其申请号是02300492.4，申请日是2002年1月28日，专利权人是黎智聪。

针对本专利，广州市金海豹家具有限公司（下称请求人）于2006年9月14日向专利复审委员会提出无效宣告请求，其依据的事实和理由是：请求人在本专利的申请日之前已经生产制造并公开销售与之相同的产品，构成在先公开使用；同时，请求人也已将与本专利相同的外观设计印制成产品宣传册并公开发行，构成在先公开发表，因此，本专利不符合专利法第23条的规定。为此，请求人提交了如下附件作为证据：

附件 1：杭州市公证处出具的“（2006）杭证民字第 5330 号”公证书复印件 1 份、盖有杭州东方家私市场金海豹家私专卖店发票专用章的收款收据复印件 2 张、涉及茶几产品的照片复印件 8 张；

附件 2：沈阳市铁西区公证处出具的“（2006）沈西证民字第 832 号”公证书复印件 1 份及 2006 年 6 月 29 日广州市金海豹家具有限公司用户访问表复印件 1 张；

附件 3：昆明市西山区公证处出具的“（2006）昆西证字第 6140 号”、“（2006）昆西证字第 5762 号”公证书、昆明宝丽家具订货单复印件各 1 份；

附件 4：杭州东方家私市场浩轩家具专卖店出具的声明书复印件 1 页；

附件 5：请求人与广东青蛙广告有限公司签订的印刷合同复印件 1 页。

请求人认为，上述证据中，附件 1 可证实杭州居民宋肖军、瞿晶分别于 2001 年 10 月 1 日、2001 年 9 月 25 日向请求人购买秋千长几产品，使用至今，该秋千长几产品与本专利外观设计相同；附件 2 可证实沈阳居民李新宇于 2000 年 3 月 21 日向请求人购买秋千长几产品，使用至今，该秋千长几产品与本专利外观设计相同；附件 3 可证实昆明居民李贵林于 2001 年 3 月 14 日向请求人购买秋千长几和方几产品各一张，使用至今，该秋千长几和方几产品与本专利外观设计相同；附件 4 为杭州东方家私市场浩轩家具专卖店证明 2001 年 6 月已开始销售请求人生产的秋千长几产品；附件 5 可证明请求人于 2001 年 6 月 21 日已委托广告公司印刷出版发行产品画册，内附秋千长几、方几的外观设计与本专利相同。

经形式审查合格，专利复审委员会受理了该无效宣告请求，并于 2006 年 11 月 15 日将无效宣告请求书及其附件的副本转送给专利权人，要求其在指定期限内陈述意见。

2006 年 12 月 19 日请求人补充提交了证据，认为这些证据可证明其早在 2001 年已生产、销售秋千茶几产品，所补充提交的证据如下（编号续前）：

附件 6：“金海豹”家具图册复印件 7 页；

附件 7：吉正（吉隆达）运输有限公司货物运单复印件、“金海豹”送货清单复印件共 7 页；

附件 8：请求人公司的秋千长几使用状况反馈书复印件 2 页；

附件 9：有关家具经销单位出具的证明及销货凭证复印件共 6 页。

2006 年 12 月 29 日专利权人提交了意见陈述书，认为：（1）请求人提交的附件 1~3 所示公证书不能证明用户家中茶几的具体购买时间，从而不能证明本专利产品已于申请日前公开使用，同时公证书中的用户调查行为仅由一名公证员进行，其违反了公证程序；（2）请求人并未提供附件 4 声明书中所提及的销售单据、托运单据等证据，该声明仅能算作一份书面证言，且无相关负责人、自然人签字，不符合证据的形式要求，同时其出证单位与请求人有利害关系，不能单独作认定事实的依据；（3）附件 5 所示合同双方的签字日期中均有明显更改痕迹，不能确认其真实有效，且无相关图样，无法证明本专利已于申请日前公开出版和公开使用。因此，请求人提交的证据不能构成对本专利的在先使用公开或出版物公开，其无效宣告理由不能成立。专利权人同时提交了《最高人民法院关于民事诉讼证据的若干规定》、《公证程序规则》、《浙江省公证条例》复印件各 1 份。

2007 年 4 月 10 日专利复审委员会向双方当事人发出口头审理通知书，定于 2007 年 5 月 17 日对本案进行口头审理。同时将上述请求人补充提交的证据和意见陈述、专利权人提交意见陈述及其附件分别转送给对方。

口头审理如期举行，双方当事人均委托代理人参加了审理。请求人当庭提交了附件 1~4 的原件，并补充提交了与附件 1 中两张照片内容相同且在背面另附证人证言的照片（编号续前，下称附件 10），附件 4 及附件 10 中所涉及的证人梁耀雄出庭作证，证人出示了其所经营的家具专卖店的三份营业执照；请求人认为附件 1 和附件 4 相结合、附件 2、附件 3 均可证明有关在先销售的事实，附件 5

可证明在先公开发表的事实，据此证明本专利不符合专利法第 23 条的规定。专利权人对附件 3 公证书原件的真实性无异议，对其他证据的真实性均有异议，并认为请求人提交的证据均不能证明所述在先销售、公开发表的事实。合议组当庭告知请求人 2006 年 12 月 19 日提交的证据及当庭补充提交的证据均超过了举证期限，合议组对其不予考虑；针对附件 5，专利复审委员会第 8287 号无效宣告请求审查决定已作出认定，请求人现以同样的理由和证据对本专利再次提出无效宣告请求，合议组对其不予审理。

在上述审理的基础上，专利复审委员会认为本案事实清楚，于 2007 年 12 月 14 日作出维持本专利有效的第 10763 号审查决定，并于 2007 年 12 月 16 日寄交双方当事人。

请求人不服上述第 10763 号审查决定，向北京市第一中级人民法院提起诉讼。经审理，北京市第一中级人民法院作出“（2008）一中行初字第 453 号行政判决书”，认定附件 3 中各个证据已经能够形成完整的证据链，证明相关个人在本专利申请日 2002 年 1 月 28 日之前的 2001 年 3 月 14 日“购买了”与本专利外观设计相近似的产品的盖然性明显大于“没有购买”的盖然性，专利复审委员会对该证据的认定不当，并判决撤销第 10763 号审查决定。

专利权人不服北京市第一中级人民法院作出的上述判决，向北京市高级人民法院提起上诉。经审理，北京市高级人民法院作出“（2008）高行终字第 570 号行政判决书”，判决维持北京市第一中级人民法院作出的“（2008）一中行初字第 453 号行政判决书”。

2009 年 2 月 24 日专利复审委员会向双方当事人发出了合议组成员告知通知书，双方当事人逾期均未答复，视为对合议组成员无回避请求。

在上述审理的基础上，合议组经合议，认为本案事实清楚，依法作出本审查决定。

二、决定的理由

1. 法律依据

基于请求人提出无效宣告请求所依据的理由和证据，合议组对本专利是否符合专利法第 23 条的规定进行审查。

专利法第 23 条规定，授予专利权的外观设计，应当同申请日以前在国内外出版物上公开发表过或者国内公开使用过的外观设计不相同和不相近似，并不得与他人在先取得的合法权利相冲突。

2. 证据认定

请求人提交的附件 3 是昆明市西山区公证处出具的“（2006）昆西证字第 6140 号”、“（2006）昆西证字第 5762 号”公证书、昆明宝丽家具订货单复印件各 1 份，并提交了相应公证书和订货单的原件。

“（2006）昆西证字第 5762 号”公证书的内容为相关公证机构对昆明恒际家具有限公司客户李贵林家中“秋千长几”和“秋千方几”的使用现状所作的证据保全公证，其中包含“现场工作记录”1 页和现场拍摄照片十四张。“（2006）昆西证字第 6140 号”公证书的内容为相关公证机构对李贵林到其处作出声明，并签名、捺印的行为的公证，其中包含上述李贵林的声明一页（下称“声明”）。在该声明中，李贵林称其于 2001 年 3 月 14 日在昆明恒际家具有限公司得胜家具城购买了金海豹家具系列中的秋千长几和秋千方几各一件。昆明宝丽家具订货单为李贵林在购买上述家具时由昆明恒际家具有限公司向其开具的单据。

专利权人对上述公证书原件的真实性无异议，但认为“（2006）昆西证字第 5762 号”只能证明公证日当天对李贵林家中茶几拍照的情况；“（2006）昆西证字第 6140 号”公证书只是对李贵林作出声明的行为的公证，不能证明其声明内容即相关购买行为的真实性；昆明宝丽家具订货单没有售货单位的签章，没有附具相关销售发票，其真实性无法确定，并且该单据也只能表明李贵林曾向昆明恒际家具有限公司订货，不能证明销售是否确实履行；此外，李贵林家中的秋千长几和秋千方几与其在“声明”中所述购买的茶几也不具有唯一对应关系，无法据此推断其家中茶几的购买时间。因此，仅根据上述证据无法证明金海豹家具系列的相关茶几在先公开销售的事实。

对此，合议组认为，“（2006）昆西证字第5762号”公证书是对李贵林家中茶几外观和使用状况的客观反映，专利权人对其真实性亦无异议，合议组对该证据予以采信；“（2006）昆西证字第6140号”公证书是对李贵林作出声明的行为的公证，专利权人对该公证书的真实性无异议，合议组据此确认该公证书中的“声明”确由李贵林作出并签字、捺印；从证据形态上看，昆明宝丽家具订货单是一份完整的原始单据，没有涂改的痕迹，其中李贵林的签字与其在“（2006）昆西证字第6140号”公证书中出具的“声明”的签字字体相同，订货单上记载的客户地址与“（2006）昆西证字第5762号”公证书中《现场工作记录》中记载的地址相符，订货单的日期与“声明”中的购买日期一致，订货单上记载的家具名称与“（2006）昆西证字第5762号”公证书和“声明”中的家具名称相同，订货单与“（2006）昆西证字第5762号”公证书照片中所显示的家具上均印有“金海豹家具”的文字及图标，故上述订货单与“声明”及“（2006）昆西证字第5762号”公证书相互印证并且无明显矛盾。尽管“（2006）昆西证字第6140号”公证书并不直接证明“声明”内容尤其是李贵林购买行为的真实性，但是综合考虑上述3份证据和审理的情况，合议组认为附件3各个证据已经能够形成完整的证明体系，足以证明李贵林在2001年3月14日，即本专利的申请日前（2002年1月28日）购买了金海豹家具系列中的秋千长几产品。

附件3中的秋千长几在国内公开销售的时间早于本专利的申请日，属于专利法第23条所规定的在本专利申请日前在国内公开使用过的外观设计（下称在先设计），适用本案。

3. 关于相同、相近似的对比

本专利与在先设计均为家具，二者属于相同类别的产品，可以进行相同、相近似性对比。本专利是单纯关于形状的外观设计，仅将其形状与在先设计进行对比即可。

本专利所示茶几整体为长方形，其中上层为长方形的玻璃桌面，下层为纵横条格交错的长方形置物架，四边是大致为正方形的桌腿，置物架四角有与桌腿相连的金属支架，透过桌面可看到桌腿顶部的圆形金属支撑（详见本专利附图）。

在先设计所示茶几整体为长方形，其中上层为长方形的玻璃桌面，下层为纵横条格交错的长方形置物架，四边是大致为正方形的桌腿，置物架四角有与桌腿相连的金属支架，透过桌面可看到桌腿顶部的圆形金属支撑（详见在先设计附图）。

将本专利与在先设计相比，两者是相同的。

鉴于本专利与在先设计相比较已得出二者相同的结论，故在本决定中对请求人提出的其他证据不再作出评述。

综上所述，在本专利的申请日前已经有与之相同的外观设计在国内公开使用过，本专利不符合专利法第23条的规定。

三、决定

宣告02300492.4号外观设计专利全部无效。

当事人对本决定不服的，可以根据专利法第46条第2款的规定，自收到本决定之日起3个月内向北京市第一中级人民法院起诉。根据该款的规定，一方当事人起诉后，另一方当事人应当作为第三人参加诉讼。

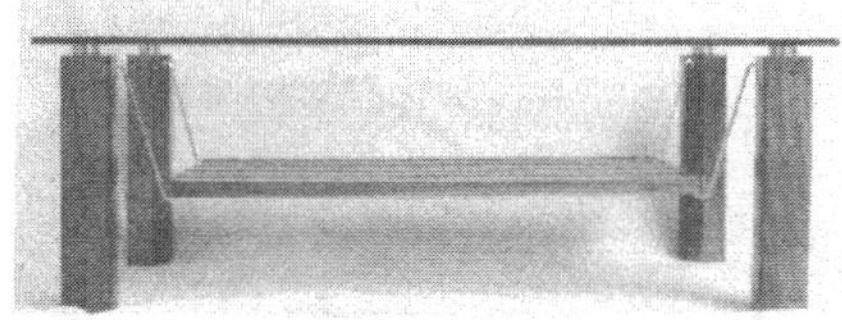

主视图

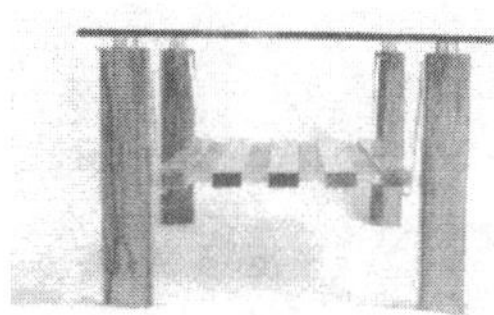

右视图

俯视图

仰视图

立体图

本专利附图

在先设计附图

209

五门衣柜（805）

无效宣告请求审查决定（第13212号）

决　　定　　号　第13212号
决　　定　　日　2009年4月8日
发明创造名称　五门衣柜（805）
外观设计分类号　06-04
无效宣告请求人　重庆贝德罗家具有限公司
专　利　权　人　刘焕元
专　　利　　号　200530028292.1
申　　请　　日　2005年5月17日
授权公告日　2006年1月11日
合议组组长　李韵美
主　　审　　员　张　莹
参　　审　　员　涂洪文

法　律　依　据　专利法第23条
决　定　要　点

请求人提交的证据不足以证明其主张的有关家具产品已在本专利申请日之前在先销售的事实，其据此证明本专利不符合专利法第23条规定的无效宣告请求理由不能成立。

一、案由

本无效宣告请求涉及的是国家知识产权局于2006年1月11日授权公告的200530028292.1号外观设计专利，该外观设计名称为“五门衣柜（805）”，申请日是2005年5月17日，专利权人是刘焕元。

针对上述专利权（下称本专利），重庆贝德罗家具有限公司（下称请求人）于2008年10月10日向专利复审委员会提出无效宣告请求，其依据的事实和理由是：请求人提交的附件1和附件2所示两份公证书可证明在本专利申请日之前已有照片所示相近似的外观设计产品在先公开销售，附件3和附件1、2所示公证书中有关产品型号、照片相结合用于证明在本专利申请日之前已有与本专利相近似的产品在先公开销售，因此本专利不符合专利法第23条的规定，应宣告无效。请求人提交的作为证据的附件如下：

附件1：（2008）渝沙证字第3220号公证书复印件2份，每份9页；

附件2：（2008）渝沙证字第4182号公证书复印件2份，每份3页；

附件3：（2008）川律公证字第13896号公证书复印件2份，每份10页。

经形式审查合格，专利复审委员会受理了该无效宣告请求，于2008年10月10日发出受理通知书并将无效宣告请求书及其附件的副本转送给专利权人，通知其在指定期限内陈述意见，同时依法成立合议组对本案进行审理。

合议组于2008年10月15日向请求人和专利权人发出口头审理通知书，定于2008年11月10日对本案进行口头审理。

口头审理如期举行，请求人和专利权人均委托代理人参加了口头审理，双方对对方参加口头审理人员的身份和资格无异议，对合议组成员无回避请求。请求人当庭补充了无效请求意见及相关附件，并认为：附件4、5说明本专利的产品在申请日以前已由请求人和专利权人共同在市场上公开销售，从附件4、5中复印出资料附件6，进一步说明本专利型号对应外观的产品早在申请日以前已公开销售，因此本专利与所有证据构成近似，应被宣告无效。请求人补充的作为证据的附件如下（编号续前）：

附件4：（2005）青羊民初字第2416号民事判决书复印件2份，每份8页；

附件5：（2006）成民终字第848号民事判决书复印件2份，每份12页；

附件6：请求人称从法院复印的案卷资料2份，具体内容分别称为附件6-1至附件6-8，每份8页。

附件6-1：贝德罗订货合约0012182号复印件；

附件6-2：贝德罗第二联客户联0001053号复印件；

附件6-3：贝德罗第一联存根0001053号复印件；

附件6-4：贝德罗送货单第一联存根0005146号复印件；

附件6-5：盖有“四川省成都市中级人民法院调查转递材料专用章（2）”的证据目录复印件；

附件6-6：盖有“四川省成都市中级人民法院调查转递材料专用章（2）”的专利号为200530028292.1的外观设计专利复印件；

附件6-7：贝德罗送货单第四联财务0008459号复印件；

附件6-8：贝德罗送货单第四联财务0008141号复印件。

请求人提交了附件1~3、附件5以及附件6-1、附件6-3至附件6-8的原件，没有提交附件4的原件。

请求人当庭放弃附件6-2，并主张用附件1、2、4、5、6（除附件6-2）结合证明或附件3、4、5、6（除附件6-2）结合证明在本专利申请日之前已经被销售公开。

合议组当庭将请求人补充提交的附件4、5、6（除附件6-2）当庭转给专利权人。专利权人明确表示对附件1-5的真实性没有异议，但对附件1-5之间的关联性有异议，附件6-1、附件6-3至附件6-8的原件与复印件一致，对附件6（除附件6-2）的真实性有异议，认为无法形成完整的证据链，证明待证事实。

请求人的证人胡元忠和雷春雷分别就其公证书中的声明内容出庭作证，专利权人确认请求人的两名证人的身份证与公证书中相符，但是无法确定是否是送货单中签字的顾客。

专利权人于2008年11月12日提交了意见陈述书，专利权人认为：（1）附件1中涉及证人刘敞英的证人证言，由于其没有出庭作证，因此附件1不能单独作为定案的依据；附件2、3虽然证人参与质证，但是证人胡元忠在其背诵证言之后不能清楚描述所购家具的具体款式、证人雷春雷证言内容与其在其他无效案件中所出具过的证人证言情况不符，因此以上证人证言的真实性不能得到认可，因此附件2、3中的证人证言不能采信。（2）附件4、5中仅提到53款产品，这只是说明贝德罗公司仿制了三鑫琪瑞系列的款式，但附件4、5中并没有具体说明53款产品的型号和型号对应的款式，更没有任何地方明确说明53款产品中包括有本案专利在内。（3）附件1、2、3、6中《订货合约》、《送货单》、证人证言都是单方提供的主观证据，各证据之间是孤立的不能形成完整证据链；附件1、2、3、6中只有产品型号没有型号对应的产品图样，并且产品型号、《订货合约》、《送货单》的编号都是请求人自行编制，不能证明所指产品的同一性，缺乏证明力，因此无法与本案进行比较；请求人的主要证据均来自公证书的证人证言，并且证人证言前后矛盾，其所陈述的内容的真实性不能得到确认；请求人在口审当日提交附件4-6作为佐证使用，因此附件4-6不能作为定案依据。经过上述审理，合议组经合议，认为本案事实已经清楚，现依法作出本无效宣告审查决定。

二、决定的理由

1. 无效宣告请求理由相关法律规定

基于请求人提出无效宣告请求所依据的事实和理由，合议组对本专利是否符合专利法第23条的规定进行审查。

专利法第23条规定："授予专利权的外观设计，应当同申请日以前在国内外出版物上公开发表过或者国内公开使用过的外观设计不相同和不相近似，并不得与他人在先取得的合法权利相冲突。"

2. 证据及事实认定

（1）关于附件1、附件2。

请求人提交的附件1是（2008）渝沙证字第3220号公证书复印件9页，附件2是（2008）渝沙证字第4182号公证书复印件3页，并在口头审理中当庭提交了上述公证书原件。请求人认为附件1、附件2可证明胡元忠在本专利申请日之前已购买相关产品的销售事实。

上述（2008）渝沙证字第3220号公证书附有《送货单》、《证明》复印件各1页，及现场照片8张。其中《证明》内容为证明人刘啟英证明其与胡元忠于2005年4月30日在重庆贝德罗家具专卖店预订了五门柜等家具，见0005146号送货单，同年5月7日送货到家，安装完毕现仍在使用；0005146号送货单上列有6种家具，其中包括型号为"E805"的五门衣柜1个。公证书证明内容为：兹证明与本公证书相粘连的0005146《送货单》的复印件与原件内容相符；与本公证书相粘连的《证明》的复印件与原件内容相符，原件上刘啟英的签名属实；与本公证书相粘连的照片共8张为重庆贝德罗家具有限公司的法定代表人尤建飞现场拍摄，与现场情况相符。

上述（2008）渝沙证字第4182号公证书附有《证明书》1页，公证书证明内容为：胡元忠（身份证编号：510228196908028631）在公证员面前在所附《证明书》上签名，按指印属实。

合议组认为：上述公证书仅能证明相关复印件与原件相符，有关人员签字、按指印属实，公证现场当时情况属实，并不涉及对《声明》内容、《送货单》内容是否属实的证明；该《声明》作为证人证言属购买家具事后的证明，是证人对已发生3年前事情的追忆，证明力较弱；上述《送货单》虽为原始证据，但其属于不受第三方监督管理的双方签约材料，并且无签约双方签字盖章，且为请求人自己的合约，与本案存在利害关系，其证明力较低。对于附件1中证人刘啟英的出具的书面证言，由于其没有出庭接受质证，因此其出具的书面证言不能单独作为认定案件事实的依据；附件2虽然分别有证人胡元忠出庭接受质证，但是证人胡元忠在其背诵曾提交的书面证言之后，并不能清楚描述所购家具的具体款式，《证明》、《证明书》所述事实缺乏充分的原始证据相印证，故所述《证明》、《证明书》与订货合约相结合不足以证明在所述时间购买所述家具的事实；同时，公证书中所示照片为购买事实的事后拍摄，除声明人的事后证明外，并无其他客观形成的可证明照片所示家具与订货合约具有必然联系的证据，仅凭证人证言不足以确认订货合约所预订的家具即为照片所示家具，故上述证据亦不足以形成的完整的证明体系证明照片所示家具的购买时间。因此，将请求人提交的附件1、附件2相结合不足以证明其主张的有关家具产品已在本专利申请日之前在先销售的事实。

（2）关于附件3。

请求人提交的附件3是（2008）川律公证字第13896号公证书复印件及与其相粘连的0013734号《订货合约》客户联复印件、0012182《送货单》复印件、雷春雷署名的《声明》复印件，并在口头审理中当庭提交了该公证书原件。请求人认为附件3可证明雷春雷在本专利申请日之前购买相关产品的销售事实。

上述公证书其中《声明书》内容为声明人雷春雷证明其于2005年4月7日在成都八一家具城贝德罗家具专卖店购买了一批家具，即单号为0000826的订货合约单，该专卖店于2005年5月3日送货到家安装完毕；《订货合约》记载的日期为2005年4月7日，商品名称包括有“E805五门衣柜”，《送货单》记载的送货日期为2005年5月3日，商品名称包括有“E805五门衣柜”。公证书证明内容为：兹证明与本公证书相粘连的NO. 0013734《订货合约》、NO. 0012182《送货单》的复印件与原件内容相符；与本公证书相粘连的《声明》的复印件与原件内容相符，原件上雷春雷的签名属实；与本公证书相粘连的照片共九张为重庆贝德罗家具有限公司的委托代理人雷章富现场拍摄，与现场情况相符。

合议组认为：上述公证书仅能证明有关复印件与原件相符，有关人员签字、捺指印属实，并不涉及对《声明书》内容、商场《订货合约》、《送货单》内容是否属实的证明；该《声明》作为证人证言属购买家具事后的证明，是证人对已发生三年前事情的追忆，证明力较弱；上述商场送货单虽为原始证据，但其属于不受第三方监督管理的商场内部单据材料，无商场盖章，且为请求人自己的合约，与本案存在利害关系，其证明力较低，附件3虽然分别有证人雷春雷出庭接受质证，但是证人雷春雷出庭口头证言内容与其在其他无效案件中所出具过的书面证言内容也不相符，因而以上证言内容的真实性不能得到认可，从而，附件3中的书面证人证言不能采信，《证明》、《证明书》所述事实缺乏充分的原始证据相印证，故所述《证明》、《证明书》与订货合约相结合不足以证明在所述时间购买所述家具的事实；同时，在无证明相关产品外观设计的图片和照片的情况下，仅凭上述声明和送货单也不足以证明已有与本专利外观设设计相同或相近似的产品已公开销售过。因此，请求人提交的附件3不足以证明其主张的已有与本专利相同或相近似的家具产品已在本专利申请日之前在先销售的事实。

（3）关于附件4-6。

附件4、5都是法院的民事判决书复印件，附件5的成都中级法院终审判决书是针对附件4成都市青羊区人民法院的判决书而作出撤销的决定，附件6（除附件6-2）是从附件4、5案卷中复印出的法院案卷资料。

请求人认为由其中专利权人陈述“三鑫琪瑞系列的53款产品自2004年7月推出后，2005年3月被贝德罗一件不留、一成不变地克隆……一成不变的仿冒，甚至连型号、编号都完全一样”可以说明本专利的产品在申请日之前已由请求人和专利权人共同公开在市场上销售，附件6的资料进一步说明本专利对应外观的产品早在申请日以前已在公开销售。

合议组认为，首先，附件4中在仅仅是专利权人递交给法院的投诉书中的意见陈述，附件5中是《成都家具》2005年9月报道文章中声称内容，附件4、5中法院均没有将其作为认定事实而判决侵权，并且，附件5中法院认定“《成都家具》报道的‘成都三鑫投诉贝德罗300万索赔欲掀维权风暴’的文章中关于渝美贝德罗家具公司仿冒三鑫家具厂的专利产品的内容，尚无相关部门认定的依据，且在本案一、二审中亦无渝美贝德罗家具公司仿冒三鑫家具厂专利产品已经相关部门认定的证据，故该内容缺乏事实依据，应属不实”，这种认定与请求人主张的事实不一致，因此附件4、5不能作为本专利的产品在申请日之前已由请求人和专利权人共同公开在市场上销售的依据。其次，专利权人陈述的“53款产品”没有具体说明53款产品的型号和型号对应的款式，因此无法确定这53款产品中是否包括有本案专利产品在内。附件6所示的法院案卷中的资料是当事人曾作为证据提交给法院的，但是没有佐证附件6资料中所示产品就包括在附件4、5中所述的“53款产品”之内，也无法确认其是否已经作为经法院认定的具有内容真实性证据，因此请求人的上述意见不能成立。

（4）请求人主张用附件1、2、4、5、6（除附件6-2）结合证明或附件3、4、5、6（除附件6-2）结合证明在本专利申请日之前已经被销售公开。但是，由于附件1~3的公证书的内容的真实性无法得到认可，附件4~6（除附件6-2）也不能证明“本专利的产品在申请日之前已公开在市场上销售”这样的事实，因此附件1~6（除附件6-2）或者附件3~6（除附件6-2）都无法形成完整、有效的证据链来支持请求人的主张，因此合议组对此不予支持。

3. 结论

综上所述，请求人提交的证据不足以证明其主张的有关家具产品已在本专利申请日之前在先公开销售的事实，其据此证明本专利不符合专利法第23条规定的无效宣告请求理由不能成立。

三、决定

维持200530028292.1号外观设计专利权有效。

当事人对本决定不服的，可以根据专利法第46条第2款的规定，自收到本决定之日起三个月内向北京市第一中级人民法院起诉。根据该款的规定，一方当事人起诉后，另一方当事人应当作为第三人参加诉讼。

210

投光灯（LWW-2）

无效宣告请求审查决定（第13213号）

决　定　号　第13213号
决　定　日　2009年4月20日
发明创造名称　投光灯（LWW-2）
外观设计分类号　26-05
无效宣告请求人　夏德忠
专　利　权　人　朱　敏
申　请　号　200630073424.7
申　请　日　2006年9月18日
授权公告日　2007年7月18日
合议组组长　吴赤兵
主　审　员　左　一
参　审　员　邢文飞
附　　　图　2页

法　律　依　据　专利法第23条
决　定　要　点

请求人提交的附件4为产品宣传册，在没有其他证据佐证其真实性的情况下，不能作为本案的定案依据。

本专利与在先设计的差别处于一般消费者容易关注的部位，对整体视觉效果产生显著的影响，因此本专利与在先设计属于不相同且不相近似的外观设计。

一、案由

本无效宣告请求涉及名称为"投光灯（LWW-2）"的外观设计专利（下称本专利），其专利号为200630073424.7，申请日为2006年9月18日，授权公告日为2007年7月18日，专利权人为朱敏。

针对上述外观设计专利权，夏德忠（下称请求人）于2008年11月21日向专利复审委员会提出了无效宣告请求，并提交了以下附件：

附件1：从国家知识产权局网站下载的200630073424.7号中国外观设计专利公报网络打印件1页（即本专利）。

附件2：从国家知识产权局网站下载的200430111187.X号中国外观设计专利公报网络打印件1

页，公开日为2005年9月14日。

附件3：请求人的代理人的授权委托书。

具体无效理由如下：本专利与附件2相比区别仅在于：（1）投光灯主体框架的长宽比例略有不同，但这种差异完全不足以影响两者的整体视觉效果；（2）投光灯主体框架与两个支脚的连接位置不同，但这种不同反映在形状上的差异只体现在左视图和右视图中，而此类产品的左视图和右视图是极其不易被关注的，不是一般消费者所关注的部位，其差异对整体视觉效果不足以产生显著影响，因此本专利与附件2的在先设计相同，不符合专利法第23条的规定，应该被全部无效。

经形式审查合格，专利复审委员会于2008年12月12日向双方当事人发出无效宣告请求受理通知书，并将无效宣告请求书及其附件的副本转给了专利权人，要求其在指定期限内进行意见陈述。

请求人于2008年12月16日再次提交了意见陈述书，并且补充提交了以下附件（编号续前）：

附件4：《2006银雨照明系列产品》的封面页，版权页，第82页、第83页的复印件，共4页，其中版权页上显示“2006年4月印刷”字样。

在上述意见陈述书中，请求人认为：《多行旋转投光灯（户外型）》的图片公布在《2006银雨照明系列产品》的第82、83页，《2006银雨照明系列产品》是真明丽集团有限公司、鹤山银雨照明有限公司的企业产品宣传册，印刷日期为2006年4月，早于本专利的申请日，且与本专利属于同一类别的产品，可以作为本专利的在先设计；本专利与附件4相比：（1）二者都包括一个矩形的主体框架和两个支脚，区别在于支脚设置的位置不同，本专利的支脚设置于主体框架的底部，附件4的支脚设置于主体框架的两侧，而支脚设置方式的不同主要是制造者出于对投光灯调节投光角度、位置及照明效果等产品功能的考虑，由此导致的外观上的差异通常不是一般消费者所关注的对象，对整体视觉效果也不足以产生显著影响；（2）二者都在矩形框架内设置有灯泡，灯泡在水平方向上排列有若干行；（3）虽然附件4没有六面视图，但两者立体视图所反应出的产品整体外观极为相似，其使用状态下视觉效果足以使一般消费者产生混淆。

专利权人针对请求人的无效请求于2008年12月29日进行了意见陈述，认为：（1）从主视图看，附件2主视图在长方形外框的两端具有封堵，封堵的厚度约为壳体厚度的五倍，本专利在长方形外框的两端具有封堵，封堵的厚度约为壳体厚度的一倍；附件2的底座设置在透光材料的侧面，本专利的底座设置在与透光材料相对应的壳体背面；（2）从左、右视图看，由于左、右视图对称，以左视图为例，附件2外框端面呈半圆形，在半圆的顶部位置具有一扇形缺口，本专利外框端面呈矩形，在靠近底部的位置具有一约占外框端面1/2的矩形内凹；附件2的底座呈“L”形，固定连接在壳体上透光材料的侧面位置（视图底部），本专利的底座呈“T”形，在壳体上透光材料的相背位置设置一圆形凸起，沿着圆形凸起有一圆形弧槽，“T”形通过一销可滑动地连接于圆弧形槽；附件2地视图上部有一缺口，本专利没有；（3）从俯视图看，附件2在上下方向中间位置有一沿壳体长度方向延伸的槽，本专利没有；（4）从后视图看，附件2的壳体表面为光滑面，本专利的壳体表面设置有呈散热片形状排列的若干细长槽，此外从其他视图中也可看出此区别；（5）从仰视图看，附件2在上下方向中间位置有一沿壳体长度方向延伸的槽，底座可滑动的设置在槽内，本专利没有；本专利没有仰视图，其形状完全是由于其他视图的形状而直接决定的；（6）从使用状态参考图看，两者使用状态下的视觉差别明显；通过上述对比分析可见，两者的形状特征区别非常显著，视觉效果完全不同，根本不可能给消费者造成视觉混淆，符合专利法第23条的规定。

专利复审委员会依法成立合议组对本案进行审查。

本案合议组于2009年1月13日向双方当事人发出合议组成员告知通知书、转送文件通知书以及无效宣告请求口头审理通知书，将合议组变更情况告知双方当事人，并向专利权人转送请求人于

2008 年 12 月 16 日提交的意见陈述书的副本，向请求人转送专利权人于 2008 年 12 月 29 日提交的意见陈述书及其所附附件的副本，并告知双方当事人合议组定于 2009 年 3 月 4 日对本案举行口头审理。

口头审理于 2009 年 3 月 4 日如期举行，双方当事人均参加了口头审理，双方当事人对对方出庭人员的身份无异议，对合议组成员无回避请求。请求人当庭出示了附件 4 的原件，专利权人对作为证据材料使用的附件 2、附件 4 的真实性发表了意见，对附件 2 的真实性无异议，但对附件 4 的真实性有异议，认为附件 4 是企业印刷的目录，不属于经过国家注册登记的出版物，公开时间无法确定，也无法证明印刷日期的真实性，此外，附件 4 最后一页显示的“真明丽集团有限公司”和“鹤山银雨照明有限公司”与该页郑重声明中的“本目录所含图片著作权归鹤山银雨灯饰有限公司所有”前后公司名称不一致。请求人认为附件 4 是第三方公司发行的向公众公开的产品目录，可以作为在先设计的证据。请求人坚持认为本专利外观设计分别相对于附件 2 和附件 4 不具备专利法第 23 条的规定，其中附件 4 第 83 页的 4 幅图除了颜色不同之外形状完全相同，因此以这几幅图作为证据使用，并指出附件 4 第 82 页中下面的示意图即为后视图。双方当事人在口审当庭充分发表了意见。

在当事人的意见陈述和口头审理的基础上，合议组经合议，认为本案事实清楚，依法作出本审查决定。

二、决定的理由

1. 法律依据

根据请求人提出的无效宣告请求的范围、理由和证据，本案合议组依据专利法第 23 条对本案进行审理。

专利法第 23 条规定：“授予专利权的外观设计，应当同申请日以前在国内外出版物上公开发表过或者国内公开使用过的外观设计不相同和不相近似，并不得与他人在先取得的合法权利相冲突。”

如果一般消费者经过对被比外观设计与在先设计的整体观察可以看出，二者的差别对于产品的整体视觉效果不具有显著的影响，则被比外观设计和在先设计属于相近似。

2. 关于证据

请求人用作证据的附件是附件 2 和附件 4，在此仅对附件 2 和附件 4 进行评价。

请求人提交的附件 2 是中国外观设计专利公报网络打印件，使用该外观设计的产品名称是“LED 投光灯（LVE-T1000-36RGB）”。专利权人对附件 2 的真实性无异议。经合议组核实附件 2 内容属实，属于在本专利申请日前公开的出版物，附件 2（下称在先设计）可以作为评价本专利是否符合专利法第 23 条规定的在先设计证据。

请求人提交附件 4 是《2006 银雨照明系列产品》宣传册复印件，请求人当庭出示了附件 4 的原件。专利权人对其真实性有异议。合议组认为，附件 4 为产品宣传册，其上仅有印刷日期，但无出版者、出版刊号等出版信息，也无其他证据佐证证明其真实性，合议组对其真实性不予认可，附件 4 不能作为本案的定案依据。

3. 关于专利法第 23 条

本专利是投光灯的外观设计，附件 2 公开了 LED 投光灯的外观设计（下称在先设计），二者均是用于照明的投光灯，用途相同，属于相同类别的产品，具有可比性。

本专利由投光灯主体、连接部以及两个支脚组成。其中投光灯主体为长方体，从正面看大致呈矩形，四角为弧形，投光灯主体的上部透明，壳体表面设置有呈散热片形状排列的若干细长槽，内置若干排灯泡；两个连接部呈半圆形，其直径部分与主体连接，且该直径小于与其相临的投光灯主体背面矩形的宽度，连接部靠圆弧边的位置有一圆形弧槽，支脚呈“T”形，“T”形支脚通过一销可滑动地连接于圆弧形槽（详见本专利附图）。

在先设计由投光灯主体和两个支脚组成。投光灯主体为长方体和半圆柱的组合，在主体上部中间位置有一沿壳体长度方向延伸的槽，投光灯主体正面大致呈矩形，上部透明，内置若干 LED 小灯珠，在主体下部中间位置有一沿壳体长度方向延伸的槽，支脚呈“L”形，可滑动的设置在槽内，直接与投光灯下部矩形直边相连（详见在先设计附图）。

将本专利与在先设计相比较，二者的相同点为：主体正面均为矩形，上部透明。二者的主要不同点为：（1）本专利的投光灯主体为长方体，背面呈矩形平面，在先设计投光灯主体为长方体和半圆柱的组合，背面为拱起的弧形，在主体上部中间位置有一沿壳体长度方向延伸的槽，在主体下部中间位置有一沿壳体长度方向延伸的槽；（2）本专利的投光灯和支脚之间通过半圆形的连接部连接，“T”形支脚通过一销可滑动地连接于半圆形的连接部上的圆弧形槽，在先设计的“L”形支脚直接设置在投光灯主体的槽内。合议组认为：投光灯类产品在使用过程中，一般消费者不仅关注其正面，也会注意到其侧面及支脚，故本专利与在先设计的上述差别均处于一般消费者容易关注的部位，对整体视觉效果产生显著的影响，因此本专利与在先设计属于不相同且不相近似的外观设计。

综上所述，本专利与在先设计不相同且不相近似，请求人提交的证据不能支持其无效宣告请求的理由，因此本专利符合专利法第 23 条的规定。

三、决定

维持第 200630073424.7 号外观设计专利权有效。

当事人对本决定不服的，可以根据专利法第 46 条第 2 款的规定，自收到本决定之日起三个月内向北京市第一中级人民法院起诉。根据该款的规定，一方当事人起诉后，另一方当事人应当作为第三人参加诉讼。

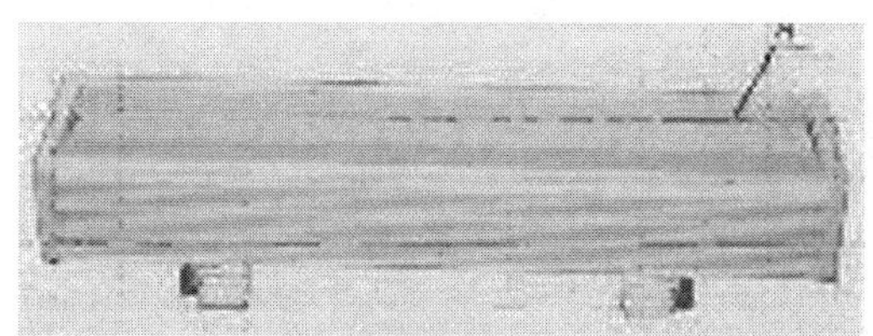
主视图

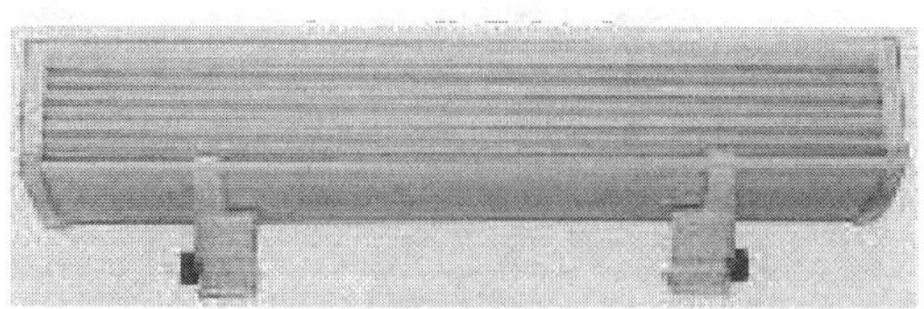
后视图

左视图

右视图

俯视图

立体图

使用状态参考图

本专利附图

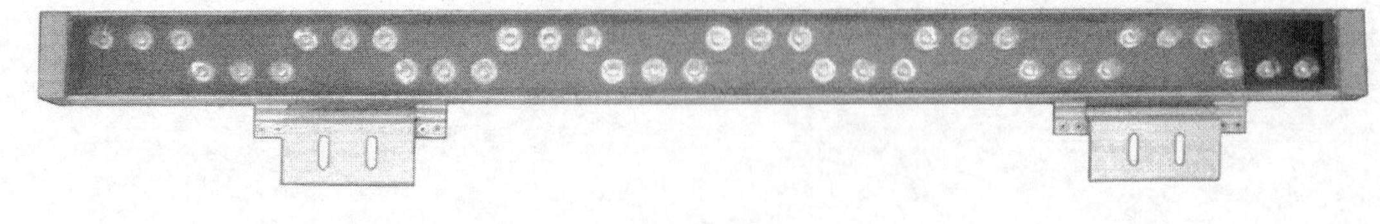

主视图

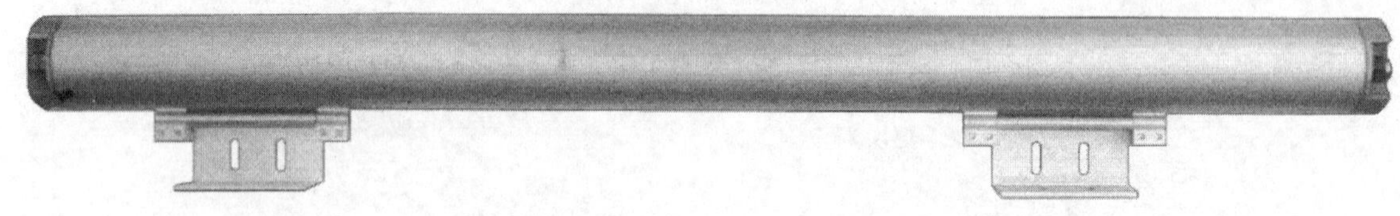

后视图

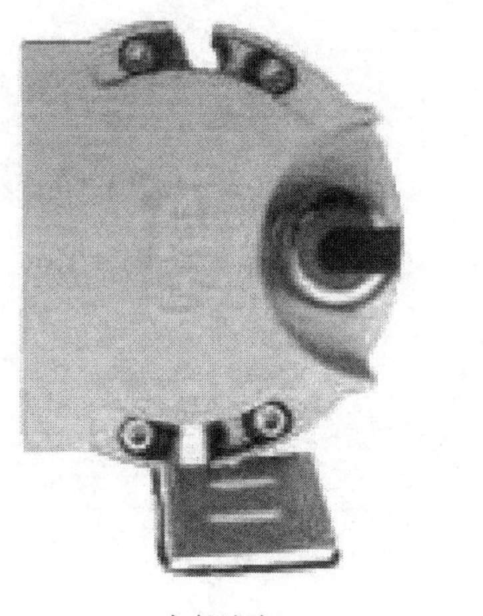

右视图

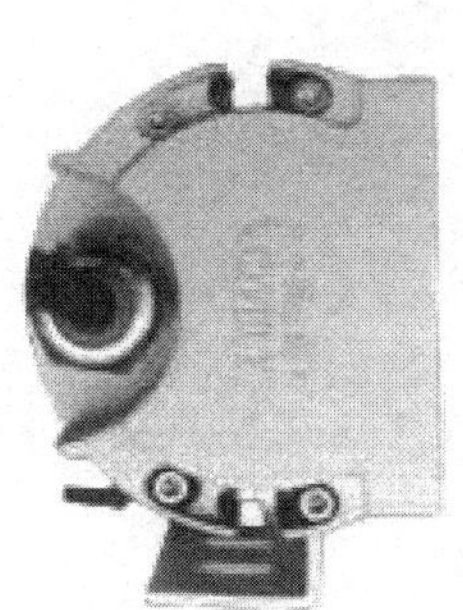

左视图

仰视图

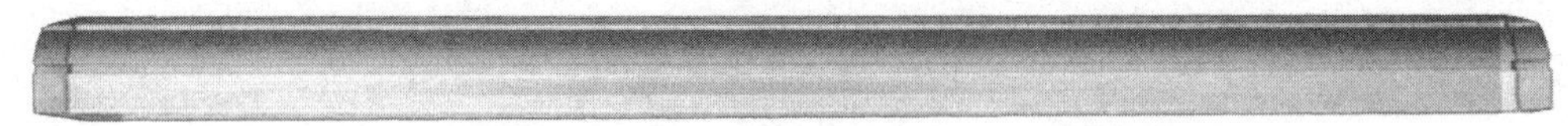

俯视图

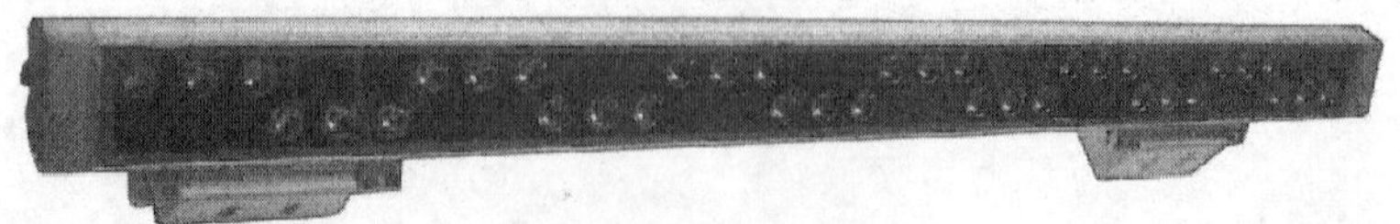

使用状态参考图

附件 2 附图

211

厅柜（101）

无效宣告请求审查决定（第13228号）

决　　定　　号　第13228号
决　　定　　日　2009年4月20日
发明创造名称　厅柜（101）
外观设计分类号　06-04
无效宣告请求人　重庆贝德罗家具有限公司
专　利　权　人　刘焕元
专　　利　　号　200530028298.9
申　　请　　日　2005年5月17日
授 权 公 告 日　2005年12月7日
合 议 组 组 长　李韵美
主　　审　　员　张　莹
参　　审　　员　涂洪文

法　律　依　据　专利法第23条
决　定　要　点

请求人提交的证据不足以证明其主张的有关家具产品已在本专利申请日之前在先销售的事实，其据此证明本专利不符合专利法第23条规定的无效宣告请求理由不能成立。

一、案由

本无效宣告请求涉及的是国家知识产权局于2005年12月7日授权公告的200530028298.9号外观设计专利，使用该外观设计的产品名称为“厅柜（101）”，申请日是2005年5月17日，专利权人是刘焕元。

针对上述专利权（下称本专利），重庆贝德罗家具有限公司（下称请求人）于2008年10月10日向专利复审委员会提出无效宣告请求，其依据的事实和理由是：请求人提交的附件1和附件2所示两份公证书可证明在本专利申请日之前已有照片所示相近似的外观设计产品在先公开销售，附件3和附件1、2所示公证书中有关产品型号、照片相结合可证明在本专利申请日之前已有与本专利相近似的产品在先公开销售，因此本专利不符合专利法第23条的规定，应宣告无效。请求人提交的作为证据的附件如下：

附件1：（2008）渝沙证字第3220号，2份，每份9页；

附件2：（2008）渝沙证字第4182号，2份，每份3页；

附件3：（2008）川律公证字第13896号，2份，每份10页。

经形式审查合格，专利复审委员会受理了该无效宣告请求，并于2008年10月10日发出受理通知书并将无效宣告请求书及其附件的副本转送给专利权人，通知其在指定期限内陈述意见。

请求人于2008年11月10日提交了补充无效请求意见及相关附件4~6，并认为：附件4、5说明涉案专利的产品在申请日以前已由请求人和专利权人共同公开在市场上销售，请求人从附件4、5中复印出资料附件6，进一步说明涉案专利型号对应外观的产品早在申请日以前已公开销售，因此涉案专利与所有证据构成近似，应被宣告无效。请求人补充的作为证据的附件如下（编号续前）：

附件4：（2005）青羊民初字第2416号民事判决书，2份，每份8页；

附件5：（2006）成民终字第848号民事判决书，2份，每份12页；

附件6：请求人声称的法院案卷资料，2份，每份8页，具体包括如下附件：

附件6-1：贝德罗订货合约0012182号复印件；

附件6-2：贝德罗第二联客户联0001053号复印件；

附件6-3：贝德罗第一联存根0001053号复印件；

附件6-4：贝德罗送货单第一联存根0005146号复印件；

附件6-5：盖有“四川省成都市中级人民法院调查转递材料专用章（2）”的证据目录复印件；

附件6-6：盖有“四川省成都市中级人民法院调查转递材料专用章（2）”的专利号为200530028292.1的外观设计专利复印件；

附件6-7：贝德罗送货单第四联财务0008459号复印件；

附件6-8：贝德罗送货单第四联财务0008141号复印件。

合议组于2008年11月20日向请求人和专利权人发出口头审理通知书，定于2009年1月6日对本案进行口头审理。

专利权人于2008年12月4日提交了意见陈述书，专利权人认为：（1）专利权人对附件1、2、3三份公证书本身的真实性无异议，但对其关联性以及证明力以及公证书中所记载的待证事实不予认可。（2）附件4、5中仅提到53款产品，这只是说明贝德罗公司仿制了三鑫琪瑞系列的款式，但附件4、5中并没有具体说明53款产品的型号和型号对应的款式，更没有任何地方明确说明53款产品中包括有本案专利在内。（3）附件1、2、3、6中《订货合约》、《送货单》、证人证言都是其自身提供的主观证据，各证据之间是孤立的不能形成完整证据链；附件1、2、3、6中只有产品型号没有型号对应的产品图样，并且产品型号、《订货合约》、《送货单》的编号都是请求人自行编制，不能证明所指产品的同一性，缺乏证明力，因此无法与本案进行比较；请求人的主要证据均来自公证书的证人证言，其所陈述的内容的真实性不能得到确认。

口头审理如期举行，请求人和专利权人均委托代理人参加了口头审理，双方对对方参加口头审理人员的身份和资格无异议，对合议组成员无回避请求。合议组当庭核实专利权人已经收到合议组随口审通知书转送的意见陈述书，并将专利复审委员会于2008年12月9日收到的专利权人的意见陈述书转交给请求人，请求人当庭签收。

专利权人当庭表示对证据1~5本身的真实性无异议，对证据6的真实性有异议。

请求人当庭表示表示对证据4~6的使用方式与在6W08404无效案中的使用方式相同，证据组合方式具体为用附件1、2、4、5、6（除附件6-2）结合证明或附件3、4、5、6（除附件6-2）结合证明在本专利申请日之前已经被销售公开。

合议组当庭核实本案证据与6W08404无效案中的证据相同，双方当事人也相同，并且请求人已在6W08404无效程序中提交了附件1-3、附件5以及附件6-1、附件6-3至附件6-8的原件，没有提交附件 4 的原件。

请求人的证人胡元忠和雷春雷分别就其公证书中的声明内容出庭作证，专利权人确认请求人的两名证人的身份证与公证书中相符，但是无法确定是否是送货单中签字的顾客。

专利权人又于 2008 年 1 月 8 日提交了意见陈述书。

经过上述审理，合议组经合议，认为本案事实已经清楚，现依法作出本无效宣告审查决定。

二、决定的理由

1. 无效宣告请求理由相关法律规定

基于请求人提出无效宣告请求所依据的事实和理由，合议组对本专利是否符合专利法第 23 条的规定进行审查。

专利法第 23 条规定："授予专利权的外观设计，应当同申请日以前在国内外出版物上公开发表过或者国内公开使用过的外观设计不相同和不相近似，并不得与他人在先取得的合法权利相冲突。"

2. 证据及事实认定

（1）关于附件 1、附件 2。

请求人提交的附件 1 是（2008）渝沙证字第 3220 号公证书复印件 9 页，附件 2 是（2008）渝沙证字第 4182 号公证书复印件 3 页。请求人认为附件 1、附件 2 可证明胡元忠在本专利申请日之前已购买相关产品的销售事实。

附件 1（2008）渝沙证字第 3220 号公证书附有《送货单》、《证明》复印件各 1 页，及现场照片 8 张。其中《证明》内容为证明人刘啟英证明其与胡元忠于 2005 年 4 月 30 日在重庆贝德罗家具专卖店预订了五门柜等家具，见 0005146 号送货单，同年 5 月 7 日送货到家，安装完毕现仍在使用；0005146 号送货单上列有 6 种家具，其中包括型号为"E101"的厅柜 1 个。公证书证明内容为：兹证明与本公证书相粘连的 0005146《送货单》的复印件与原件内容相符；与本公证书相粘连的《证明》的复印件与原件内容相符，原件上刘啟英的签名属实；与本公证书相粘连的照片共 8 张为重庆贝德罗家具有限公司的法定代表人尤建飞现场拍摄，与现场情况相符。

附件 2（2008）渝沙证字第 4182 号公证书附有《证明书》1 页，公证书证明内容为：胡元忠（身份证编号：510228196908028631）在公证员面前在所附《证明书》上签名，按指印属实。

合议组认为：上述公证书仅能证明相关复印件与原件相符，有关人员签字、按指印属实，公证现场当时情况属实，并不涉及对《声明》内容、《送货单》内容是否属实的证明；该《声明》作为证人证言属购买家具事后的证明，是证人对已发生 3 年前事情的追忆，证明力较弱；上述《送货单》虽为原始证据，但其属于不受第三方监督管理的双方签约材料，并且无签约双方签字盖章，且为请求人自己的合约，与本案存在利害关系，其证明力较低。对于附件 1 中证人刘啟英的出具的书面证言，由于其没有出庭接受质证，因此其出具的书面证言不能单独作为认定案件事实的依据；附件 2 虽然分别有证人胡元忠出庭接受质证，但是证人胡元忠在其背诵曾提交的书面证言之后，并不能清楚描述所购家具的具体款式，《证明》、《证明书》所述事实缺乏充分的原始证据相印证，故所述《证明》、《证明书》与订货合约相结合不足以证明在所述时间购买所述家具的事实；同时，公证书中所示照片为购买事实的事后拍摄，除声明人的事后证明外，并无其他客观形成的可证明照片所示家具与订货合约具有必然联系的证据，仅凭证人证言不足以确认订货合约所预订的家具即为照片所示家具，故上述证据亦不足以形成的完整的证明体系证明照片所示家具的购买时间。因此，将请求人提交的附件 1、附件 2 相结合不足以证明其主张的有关家具产品已在本专利申请日之前在先销售的事实。

（2）关于附件 3。

请求人提交的附件 3 是（2008）川律公证字第 13896 号公证书复印件及与其相粘连的 0013734 号

《订货合约》客户联复印件、0012182《送货单》复印件、雷春雷署名的《声明》复印件，并在口头审理中当庭提交了该公证书原件。请求人认为附件 3 可证明雷春雷在本专利申请日之前购买相关产品的销售事实。

上述公证书其中《声明书》内容为声明人雷春雷证明其于 2005 年 4 月 7 日在成都八一家具城贝德罗家具专卖店购买了一批家具，即单号为 0000826 的订货合约单，该专卖店于 2005 年 5 月 3 日送货到家安装完毕；《订货合约》记载的日期为 2005 年 4 月 7 日，商品名称包括有"E101 厅柜"，《送货单》记载的送货日期为 2005 年 5 月 3 日，商品名称包括有"E101 厅柜"。公证书证明内容为：兹证明与本公证书相粘连的 NO. 0013734《订货合约》、NO. 0012182《送货单》的复印件与原件内容相符；与本公证书相粘连的《声明》的复印件与原件内容相符，原件上雷春雷的签名属实；与本公证书相粘连的照片共九张为重庆贝德罗家具有限公司的委托代理人雷章富现场拍摄，与现场情况相符。

合议组认为：上述公证书仅能证明有关复印件与原件相符，有关人员签字、按指印属实，并不涉及对《声明书》内容、商场《订货合约》、《送货单》内容是否属实的证明；该《声明》作为证人证言属购买家具事后的证明，是证人对已发生 3 年前事情的追忆，证明力较弱；上述商场送货单虽为原始证据，但其属于不受第三方监督管理的商场内部单据材料，无商场盖章，且为请求人自己的合约，与本案存在利害关系，其证明力较低，附件 3 虽然分别有证人雷春雷出庭接受质证，但是证人雷春雷出庭口头证言内容与其在其他无效案件中所出具过的书面证言内容也不相符，因而以上证言内容的真实性不能得到认可，从而，附件 3 中的书面证人证言不能采信，《证明》、《证明书》所述事实缺乏充分的原始证据相印证，故所述《证明》、《证明书》与订货合约相结合不足以证明在所述时间购买所述家具的事实；同时，在无证明相关产品外观设计的图片和照片的情况下，仅凭上述声明和送货单也不足以证明已有与本专利外观设设计相同或相近似的产品已公开销售过。因此，请求人提交的附件 3 不足以证明其主张的已有与本专利相同或相近似的家具产品已在本专利申请日之前在先销售的事实。

（3）关于附件 4-6。

附件 4、5 都是法院的民事判决书复印件，附件 5 的成都中级法院终审判决书是针对附件 4 成都市青羊区人民法院的判决书而作出撤销的决定，附件 6（除附件 6-2）是从附件 4、5 案卷中复印出的法院案卷资料。

请求人认为由其中专利权人陈述"三鑫琪瑞系列的 53 款产品自 2004 年 7 月推出后，2005 年 3 月被贝德罗一件不留、一成不变地克隆……一成不变的仿冒，甚至连型号、编号都完全一样"可以说明本专利的产品在申请日之前已由请求人和专利权人共同公开在市场上销售，附件 6 的资料进一步说明本专利对应外观的产品早在申请日以前已在公开销售。

合议组认为，首先，附件 4 中在仅仅是专利权人递交给法院的投诉书中的意见陈述，附件 5 中是《成都家具》2005 年 9 月报道文章中声称内容，附件 4、5 中法院均没有将其作为认定事实而判决侵权，并且，附件 5 中法院认定"《成都家具》报道的'成都三鑫投诉贝德罗 300 万索赔欲掀维权风暴'的文章中关于渝美贝德罗家具公司仿冒三鑫家具厂的专利产品的内容，尚无相关部门认定的依据，且在本案一、二审中亦无渝美贝德罗家具公司仿冒三鑫家具厂专利产品已经相关部门认定的证据，故该内容缺乏事实依据，应属不实"，这种认定与请求人主张的事实不一致，因此附件 4、5 不能作为本专利的产品在申请日之前已由请求人和专利权人共同公开在市场上销售的依据。其次，专利权人陈述的"53 款产品"没有具体说明 53 款产品的型号和型号对应的款式，因此无法确定这 53 款产品中是否包括有本案专利产品在内。附件 6 所示的法院案卷中的资料是当事人曾作为证据提交给法院的，但是没有佐证附件 6 资料中所示产品就包括在附件 4、5 中所述的"53 款产品"之内，也无法确认其是否已经作为经法院认定的具有内容真实性证据，因此请求人的上述意见不能成立。

（4）请求人主张用附件1、2、4、5、6（除附件6-2）结合证明或附件3、4、5、6（除附件6-2）结合证明在本专利申请日之前已经被销售公开。但是，由于附件1-3的公证书的内容的真实性无法得到认可，附件4~6（除附件6-2）也不能证明“本专利的产品在申请日之前已公开在市场上销售”这样的事实，因此附件1~6（除附件6-2）或者附件3~6（除附件6-2）都无法形成完整、有效的证据链来支持请求人的主张，因此合议组对此不予支持。

3. 结论

综上所述，请求人提交的证据不足以证明其主张的有关家具产品已在本专利申请日之前在先公开销售的事实，其据此证明本专利不符合专利法第23条规定的无效宣告请求理由不能成立。

三、决定

维持200530028298.9号外观设计专利权有效。

当事人对本决定不服的，可以根据专利法第46条第2款的规定，自收到本决定之日起三个月内向北京市第一中级人民法院起诉。根据该款的规定，一方当事人起诉后，另一方当事人应当作为第三人参加诉讼。

宠物碗（后单手孔）

无效宣告请求审查决定（第13237号）

决　　定　　号　第13237号
决　　定　　日　2009年4月10日
发明创造名称　宠物碗（后单手孔）
外观设计分类号　30-03
无效宣告请求人　绍兴波波宠物用品厂，徐金权
专　利　权　人　蔡　彬
专　　利　　号　200530105092.1
申　　请　　日　2005年3月27日
授权公告日　2006年1月25日
合议组组长　张雪飞
主　　审　　员　王　红
参　　审　　员　雷　婧
附　　　　图　1页

法　律　依　据　专利法第23条
决　定　要　点

本专利与在先设计的不同之处均明显不足以对整体视觉效果产生显著影响，因此，二者属于相近似的外观设计，本专利不符合专利法第23条的规定。

一、案由

本无效宣告请求涉及的是国家知识产权局于2006年1月25日授权公告的、专利号为200530105092.1的外观设计专利，其产品名称为“宠物碗（后单手孔）”，申请日为2005年3月27日，专利权人为蔡彬。

针对上述外观设计专利权（下称本专利），绍兴波波宠物用品厂（下称第一请求人）于2008年8月26日向专利复审委员会提出无效宣告请求，其理由是本专利与在其申请日前公开的00324017.7号外观设计专利相近似，因此不符合专利法第23条的规定；且本专利与专利权人在同一日申请的200530105093.6号外观设计专利为同样的发明创造，因此不符合专利法实施细则第13条第1款的规定，应予宣告无效。同时，第一请求人提交了如下附件作为证据：

附件1-1：00324017.7号外观设计专利著录项目及图片复印件1页；

附件1-2：200530105093.6号外观设计专利著录项目及图片复印件1页。

第一请求人认为，本专利与附件1-1中所示的外观设计均为宠物碗，尽管二者之间存在细微的差别，但在整体观察、综合判断的原则下仍然可以认定为相近似的外观设计；本专利与附件1-2中所示的外观设计属于同样的发明创造（包括相近似）。

经形式审查合格，专利复审委员会依法受理了上述无效宣告请求，并于2008年9月11日将无效宣告请求书及相关文件的副本转送专利权人，通知其在指定的期限内答复。

2008年10月22日，专利复审委员会收到专利权人提交的意见陈述书，认为本专利与附件1-1、附件1-2中所示的外观设计不相同也不相近似，本专利的产品为单手孔设计，附件1-1中的宠物碗周边有六个孔，附件1-2中的宠物碗为两侧双手孔形状，二者与本专利均具有明显区别，属于不相同也不相近似的外观设计，应维持本专利有效。

专利复审委员会成立合议组对本案进行审理，于2008年10月17日向双方当事人发出口头审理通知书，定于2008年11月19日进行口头审理。

专利复审委员会于2008年10月29日将专利权人提交的意见陈述书转送第一请求人，通知其在指定的期限内答复。

第一请求人逾期未提交书面的意见陈述。

口头审理如期举行，双方当事人均委托代理人出席口头审理，双方对对方出庭人员的身份和资格均无异议，对合议组成员也无回避请求。在口头审理中，第一请求人明确以附件1-1、附件1-2分别证明本专利不符合专利法第23条以及专利法实施细则第13条第1款的规定。专利权人对附件1-1、附件1-2的真实性无异议。双方各自坚持原有意见。

针对本专利，徐金权（下称第二请求人）于2008年11月27日向专利复审委员会提出无效宣告请求，其理由是本专利与在其申请日前公开的出版编号为649023-649028的法国外观设计专利相近似，因此不符合专利法第23条的规定。同时，请求人提交了如下附件作为证据：

附件2-1：出版编号为649023-649028法国外观设计专利公报复印件及相关中文译文，共10页。

第二请求人认为，本专利与附件2-1中所示的外观设计均为宠物碗，二者侧面均有开孔，且开孔部分均呈中间小两端大的形状，二者属于完全相同或至少极其相近似的外观设计。

经形式审查合格，专利复审委员会依法受理了上述无效宣告请求，并于2008年12月19日将无效宣告请求书及相关文件的副本转送专利权人，通知其在指定的期限内答复。

专利复审委员会成立合议组对本案进行审理，于2009年1月5日向双方当事人发出口头审理通知书，定于2009年2月16日进行口头审理。

2009年1月13日，专利复审委员会收到专利权人提交的意见陈述书，其认为附件2-1第6页、第9页及第10页中文译文与本案无关联，对其真实性和合法性不予认可，应维持本专利有效。

专利复审委员会于2009年1月19日将专利权人提交的意见陈述书转送第二请求人，通知其在指定的期限内答复。

第二请求人逾期未提交书面的意见陈述。

口头审理如期举行，双方当事人均委托代理人出席口头审理，双方对对方出庭人员的身份和资格均无异议，对合议组成员也无回避请求。在口头审理中，第二请求人明确以附件2-1证明本专利不符合专利法第23条有关出版物公开的规定。专利权人对附件2-1的真实性无异议，对中文译文的准确性无异议，但认为部分中文译文与其相关图片没有关联性。鉴于请求人提交的中文译文个别之处与原文存在明显不对应，合议组当庭告知请求人在指定期限内重新提交相关部分的中文译文。对于相同和相近似对比，请求人当庭明确以附件2-1第3页中的相关图片所示内容作为对比设计。

2009年2月23日，第二请求人向专利复审委员会提交了意见陈述书及出版编号为649023~

649028 的法国外观设计专利的相关中文译文。

专利复审委员会于 2009 年 2 月 25 日将第二请求人提交的意见陈述书转送专利权人，通知其在指定的期限内答复。

2009 年 3 月 12 日，专利权人向专利复审委员会提交了意见陈述书，认为第二请求人提交的中文译文是一份新证据，专利权人不予认可，且第二请求人未结合该证据具体说明理由。

在上述审理的基础上，合议组经合议，认为本案事实清楚，依法作出本审查决定。

二、决定的理由

1. 法律依据

基于两个请求人提出无效宣告请求的理由，合议组首先依据专利法第 23 条的规定进行审理。

专利法第 23 条规定："授予专利权的外观设计，应当同申请日以前在国内外出版物上公开发表过或者国内公开使用过的外观设计不相同和不相近似，并不得与他人在先取得的合法权利相冲突。"

2. 证据的认定

第二请求人提交的证据是出版编号为 649023-649028 的法国外观设计专利公报复印件及其相关中文译文，其公开日期为 2001 年 12 月 21 日，产品名称为"宠物碗"。专利权人对其真实性无异议。经合议组核实，其内容真实，所示内容为本专利申请日前在法国专利公报上公开发表的外观设计，可以作为评述本专利是否符合专利法第 23 条规定的证据。

对于第二请求人重新提交的相关中文译文，合议组认为，由于第二请求人在无效宣告请求时提交的附件 2-1 第 3 页中显示的图片 4-4 至图片 4-6 明显为碗状设计，且其分类号也明确为 30-03（即喂食器与喂水器），而相关说明的中文译文却称其为地毯，二者明显不对应，合议组在口头审理当庭要求请求人在指定期限内对其进行更正，因此，请求人重新提交的该中文译文属于应合议组的要求对所使用部分的译文进行的更正，不属于超期提交的证据，而且其中所使用的部分均在原有意见陈述中具体说明，因此亦不属于未结合证据具体说明理由的情形。

3. 外观设计相同和相近似的对比

附件 2-1 第 3 页中出版编号为 649026（图号为 4-4）的图片所示的外观设计（下称在先设计）与本专利均为宠物碗的外观设计，具有相同的用途，属于相同类别的产品，因此可以就本专利与在先设计进行相同和相近似对比。

本专利包括宠物碗的主视图、后视图、左视图、俯视图、立体图，简要说明记载右视图与左视图对称，省略右视图，仰视图为不常见面，省略仰视图。其所示外观设计整体形状近似椭圆形碗状，一侧有一近似花生形的手孔（详见本专利附图）。

在先设计公开了宠物碗的俯视图及两幅立体图，其所示外观设计为圆形碗状，一侧有一弧形手孔（详见在先设计附图）。

将本专利与在先设计相比较，二者的主要不同点为：本专利整体形状近似椭圆形碗状，在先设计所示的外观设计为圆形碗状，一侧的手孔的形状稍有不同；同时，本专利的顶面为斜面。合议组认为，从整体观察，本专利的整体形状为近似圆形的椭圆形，其与在先设计的整体圆形形状已形成了相近似的整体视觉效果，手孔具体形状的差别属于局部的细微差别，对整体视觉效果不构成显著影响，同时本专利顶面的斜面设计因斜度较小，而未导致整体碗状的形状产生明显的视觉变化，因此本专利与在先设计属于相近似的外观设计。

4. 结论

综上所述，在本专利申请日以前已有与其相近似的外观设计在出版物上公开发表过，本专利不符合专利法第 23 条的规定。

鉴于由上述已得出本专利不符合专利法所规定的授权条件的结论，本决定对第一请求人提出的理由和证据不再予以评述。

三、决定

宣告200530105092.1号外观设计专利权全部无效。

当事人对本决定不服的，可以根据专利法第46条第2款的规定，自收到本决定之日起三个月内向北京市第一中级人民法院起诉，根据该款规定，一方当事人起诉后，另一方当事人应当作为第三人参加诉讼。

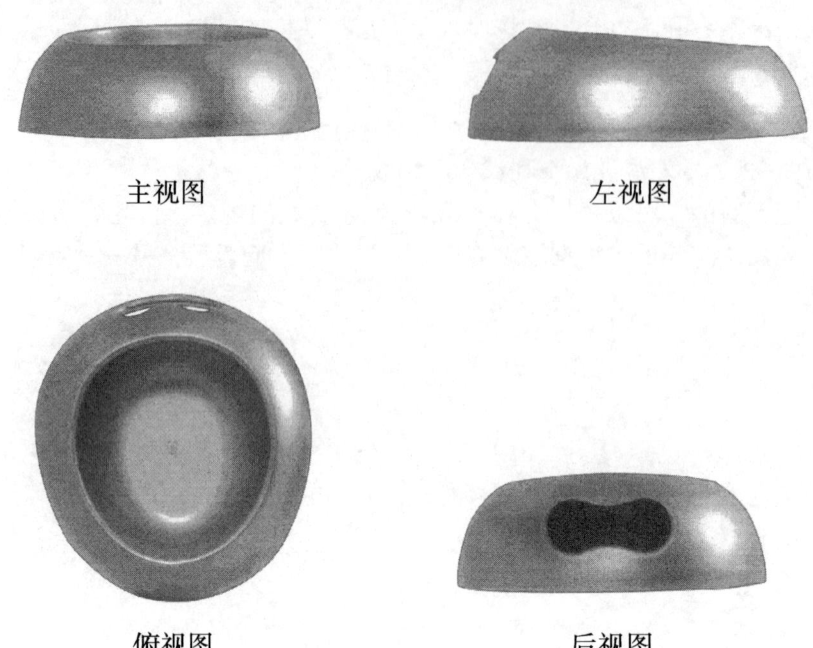

主视图　　左视图

俯视图　　后视图

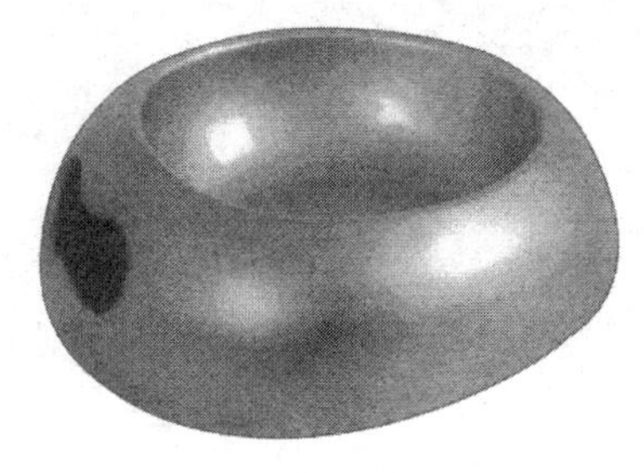

立体图

本专利附图

4-4

在先设计附图

北京市第一中级人民法院
行政判决书

（2009）一中行初字第1489号

原告蔡彬，男，1968年7月19日出生，汉族，台州市黄岩翩翩宠物用品厂厂长，住浙江省台州市黄岩区东城街道白杨新村53幢355单元502室。

委托代理人徐光寿，男，浙江杭州金通专利事务所有限公司专利代理人。

被告国家知识产权局专利复审委员会，住所地北京市海淀区北四环西路9号银谷大厦10~12层。

法定代表人廖涛，副主任。

委托代理人王红，国家知识产权局专利复审委员会审查员。

委托代理人余心蕾，国家知识产权局专利复审委员会审查员。

第三人绍兴波波宠物用品厂，住所地浙江省绍兴市平水工业园区。

法定代表人黄湘红，厂长。

第三人徐金权，男，1963年3月20日出生，汉族，绍兴波波宠物用品厂总经理，住浙江省绍兴市越城区百草园公寓8幢103室。

第三人之共同委托代理人吴继道，男，温州瓯越专利代理有限公司专利代理人。

第三人之共同委托代理人夏建锋，男，温州瓯越专利代理有限公司职员。

原告蔡彬不服被告国家知识产权局专利复审委员会作出的第13237号无效宣告请求审查决定（以下简称第13237号决定），向本院提起行政诉讼。本院受理后，依法组成合议庭，在法定期限内向被告送达了起诉书副本及应诉通知书。依照《中华人民共和国行政诉讼法》第二十七条的规定，本院通知绍兴波波宠物用品厂、徐金权作为第三人参加诉讼，并于2010年5月25日公开开庭审理了本案。原告蔡彬及其委托代理人徐光寿，被告的委托代理人王红、余心蕾，第三人的委托代理人吴继道、夏建锋到庭参加了诉讼。本案现已审理终结。

2009年4月10日，被告作出第13237号决定。该决定认为，在名称为“宠物碗（后单手孔）”的第200530105092.1号外观设计专利（以下简称本专利）申请日以前，已有与其相近似的外观设计在出版物上公开发表过，本专利不符合《中华人民共和国专利法》（以下简称《专利法》）第二十三条的规定，故决定宣告本专利权全部无效。

在法定举证期限内，被告向本院提交了下列证据：（1）本专利图片；（2）出版编号为649023-649028的法国外观设计专利公报（即被诉决定中的附件2-1）中出版编号为649026（图号为4-4）的图片（以下简称在先设计）；（3）徐金权提交的无效宣告请求书及相关附件；（4）2009年2月23日徐金权提交的意见陈述及附件2-1的中文译文；（5）口头审理记录表。上述证据用以证明被诉决定认定事实清楚、适用法律正确、审理程序合法。

原告诉称：（1）被告适用法律错误，且滥用职权。第三人徐金权对其提交的无效理由未结合证据作具体说明。原告对第三人徐金权提交的中文译文已认可，该译文应属无争议的证据。依据当事人处置的原则，被告无权对双方无争议的证据要求一方当事人重新提交译文更正，被告在本无效请求案中要求第三人徐金权重新提交译文是变相延长了法定举证期限，对原告是不公平的，属于滥用职权。（2）被告认定本专利与在先设计产品构成相近似设计是错误的。本专利与对比文件产品的外观设计具有明显的区别，应属于不相近似的外观设计。综上所述，请求法院判决撤销第13237号决定。

在法定举证期限内，原告为支持其诉讼主张，向本院提交了下列证据：（1）本专利的授权公告；（2）徐金权补充提交的意见陈述书；（3）无效请求意见陈述书。上述证据用以证明原告对于第三人重新提交的译文翻译不予认可。

被告辩称，第 13237 号决定适用法律和相近似判断的认定正确，我委坚持在第 13237 号决定中的认定意见。请求法院判决予以维持定。

第三人绍兴波波宠物用品厂、徐金权述称：第三人徐金权在提出无效宣告请求时，对其提出的无效理由已经结合证据作了具体说明。被告适用法律正确，程序合法，不存在滥用职权的行为。被告关于本专利与在先设计构成相近似外观的认定正确。综上所述，被告作出的第 13237 号决定认定事实清楚、适用法律正确、审理程序合法，请求法院判决驳回原告的诉讼请求，维持上述决定。

在法定举证期限内，第三人徐金权向本院提交了下列证据：（1）无效宣告请求书附页，证明其提出无效宣告请求时 3 所作意见陈述。（2）转送文件通知书。（3）原告 2009 年 1 月 7 日提交的意见陈述，证明口头审理中原告认可了附件 2-1 的三性。

在法定举证期限内，第三人绍兴波波宠物用品厂未向本院提交证据。

经庭审质证，各方当事人均充分发表了质证意见。本院经审查认为，原告、被告、第三人徐金权提交的证据均与第 13237 号决定有关，且符合证据合法性、真实性的要求，本院均予以采纳。

根据上述经确认的有效证据以及当事人当庭无争议的陈述，本院认定事实如下：

2005 年 3 月 27 日，原告向国家知识产权局提出产品名称为“宠物碗（后单手孔）”的外观设计专利申请。国家知识产权局经审查，于 2006 年 1 月 25 日授予其专利权，即本专利。

2008 年 8 月 26 日，绍兴波波宠物用品厂以本专利与在其申请日前公开的 00324017.7 号外观设计专利相近似，不符合《专利法》第二十三条的规定，且本专利与原告在同一日申请的 200530105093.6 号外观设计专利为同样的发明创造，不符合《中华人民共和国专利法实施细则》（以下简称《专利法实施细则》）第十三条第一款的规定为由，向被告提出无效宣告请求，并提交了 00324017.7 号外观设计专利著录项目及图片复印件 1 页（即被诉决定中的附件 1-1）、200530105093.6 号外观设计专利著录项目及图片复印件 1 页（即被诉决定中的附件 1-2）作为证据。

被告受理后进行了转文。2008 年 10 月 22 日，蔡彬提交了意见陈述书，认为本专利与附件 1-1、附件 1-2 中所示的外观设计不相同也不相近似，属于不相同也不相近似的外观设计，应维持本专利有效。

2008 年 11 月 19 日，被告举行了口头审理。在口头审理中，绍兴波波宠物用品厂明确以附件 1-1、附件 1-2 分别证明本专利不符合《专利法》第二十三条以及《专利法实施细则》第十三条第一款的规定。蔡彬对附件 1-1、附件 1-2 的真实性无异议。

2008 年 11 月 27 日，徐金权以本专利与在其申请日前公开的在先设计相近似，因此不符合《专利法》第二十三条的规定为由，向被告提出无效宣告请求，并提交了附件 2-1 及相关中文译文（共 10 页）作为证据。

被告受理后进行了转文。2009 年 1 月 13 日，蔡彬提交了意见陈述书，其认为附件 2-1 第 6 页、第 9 页及第 10 页中文译文与本案无关联，对其真实性和合法性不予认可，主张应维持本专利有效。

2009 年 2 月 16 日，被告针对徐金权提出的无效宣告请求举行了口头审理。在口头审理中，徐金权明确以附件 2-1 证明本专利不符合《专利法》第二十三条有关出版物公开的规定。蔡彬对附件 2-1 的真实性无异议，对中文译文的准确性无异议，但认为部分中文译文与其相关图片没有关联性。鉴于徐金权提交的中文译文个别之处与原文存在明显不对应，被告当庭告知其在指定期限内重新提交相关部分的中文译文。对于相同和相近似对比，徐金权当庭明确以附件 2-1 第 3 页中的相关图片所示内容作为对比设计。

2009 年 2 月 23 日，徐金权向被告提交了意见陈述书及附件 2-1 的相关中文译文。被告于 2009 年 2 月 25 日将徐金权提交的上述文件转送蔡彬，通知其在指定的期限内答复。

2009 年 3 月 12 日，蔡彬向被告提交了意见陈述书，认为徐金权提交的中文译文是一份新证据，不予认可，且徐金权亦未结合该证据具体说明理由。

被告经审查认为，徐金权提交的证据是出版编号为 649023-649028 的法国外观设计专利公报复印件及其相关中文译文，其公开日期为 2001 年 12 月 21 日，产品名称为“宠物碗”。蔡彬对其真实性无异议。经被告核实，其内容真实，所示内容为本专利申请日前在法国专利公报上公开发表的外观设计，可以作为评述本专利是否符合《专利法》第二十三条规定的证据。

对于徐金权重新提交的相关中文译文，被告认为，由于徐金权在无效宣告请求时提交的附件 2-1 第 3 页中显示的图片 4-4 至图片 4-6 明显为碗状设计，且其分类号也明确为 30-03（即喂食器与喂水器），而相关说明的中文译文却称其为地毯，二者明显不对应，被告在口头审理当庭要求徐金权在指定期限内对其进行更正，因此，徐金权重新提交的该中文译文属于应被告的要求对所使用部分的译文进行的更正，不属于超期提交的证据，而且其中所使用的部分均在原有意见陈述中具体说明，因此亦不属于未结合证据具体说明理由的情形。

附件 2-1 第 3 页中出版编号为 649026（图号为 4-4）的图片所示的外观设计（即在先设计）与本专利均为宠物碗的外观设计，具有相同的用途，属于相同类别的产品，因此可以就本专利与在先设计进行相同和相近似对比。

本专利包括宠物碗的主视图、后视图、左视图、俯视图、立体图，简要说明记载右视图与左视图对称，省略右视图，仰视图为不常见面，省略仰视图。其所示外观设计整体形状近似椭圆形碗状，一侧有一近似花生形的手孔（详见本专利附图）。

在先设计公开了宠物碗的俯视图及两幅立体图，其所示外观设计为圆形碗状，一侧有一弧形手孔（详见在先设计附图）。

将本专利与在先设计相比较，二者的主要不同点为：本专利整体形状近似椭圆形碗状，在先设计所示的外观设计为圆形碗状，一侧的手孔的形状稍有不同；同时，本专利的顶面为斜面。从整体观察，本专利的整体形状为近似圆形的椭圆形，其与在先设计的整体圆形形状已形成了相近似的整体视觉效果，手孔具体形状的差别属于局部的细微差别，对整体视觉效果不构成显著影响，同时本专利顶面的斜面设计因斜度较小，而未导致整体碗状的形状产生明显的视觉变化，因此本专利与在先设计属于相近似的外观设计。

综上所述，在本专利申请日以前已有与其相近似的外观设计在出版物上公开发表过，本专利不符合《专利法》第二十三条的规定。

鉴于根据上述分析已得出本专利不符合《专利法》所规定的授权条件的结论，被告对绍兴波波宠物用品厂提出的理由和证据未再予以评述。被告于 2008 年 11 月 27 日作出第 13237 号决定，宣告本专利全部无效。原告不服该决定，向本院提起行政诉讼。

本院认为：徐金权提出无效宣告请求时提交的附件 2-1 中的图 4-4、图 4-5、图 4-6 显示为碗状，其工业设计分类号为 30-03，该分类号对应的类别为动物的管理与驯养设备，使用该外观设计的产品类别为喂食器与喂水器。而对应的中文译文为地毯，二者明显不对应。且在口头审理中，各方当事人均认为图片显示内容与中文译文不符，在徐金权提交的中文译文存疑的情况下，被告要求徐金权在指定期限内对上述内容进行更正并无不当。徐金权根据被告的要求提交更正后的中文译文不属于《专利法实施细则》第六十六条规定的逾期补充证据的情形。徐金权在提出无效宣告请求时，已经结合其主张使用的在先设计外观具体说明无效宣告请求的理由。因此，徐金权此次仅提交更正后的中文译文亦未违反《专利法实施细则》第六十四条第一款的规定。原告关于被告允许徐金权重新提交中文译文，系变相延长法定举证期限，滥用职权的诉讼主张，依据不足，本院不予采信。

被告将本专利与在先设计进行对比，认定本专利与在先设计存在的区别点正确。通过对本专利与在先设计进行整体观察、综合判断，两个外观设计存在的区别点，并未导致两个外观设计在整体视觉效果上产生明显差异。被告据此认定本专利与在先设计属于相近似的外观设计是正确的，本院应予支持。原告关于本专利与在先设计不构成相近似外观设计的诉讼理由不能成立，本院不予采信。

综上，第 13237 号决定认定事实清楚，适用法律正确，审理程序合法，本院应予维持。原告诉讼请求缺乏事实和法律依据，本院不予支持。据此，依照《中华人民共和国行政诉讼法》第五十四条第（一）项的规定，判决如下：

维持被告国家知识产权局专利复审委员会于二〇〇九年四月十日作出的第 13237 号无效宣告请求审查决定。

案件受理费 100 元，由原告蔡彬负担（已交纳）。

如不服本判决，可在判决书送达之日起 15 日内，向本院递交上诉状，并按对方当事人的人数提出副本，上诉于北京市高级人民法院。上诉人在接到人民法院预交诉讼费的通知后 7 日内未预交，又不提出缓交申请的，按自动撤回上诉处理。

审 判 长 张 杰
代理审判员 何君慧
代理审判员 龙 非
二〇〇九年十一月十三日
书 记 员 李 智

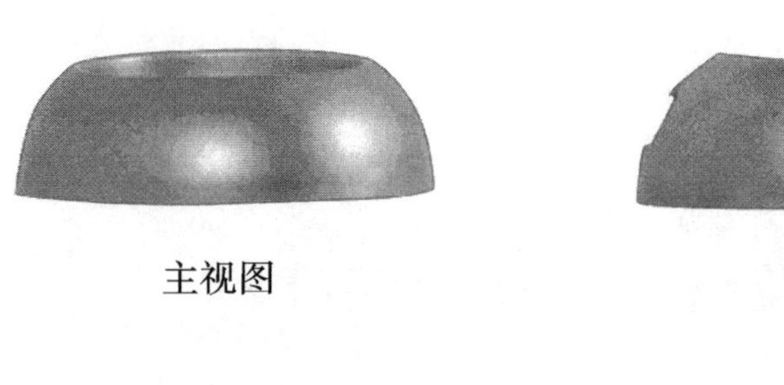

主视图　　左视图

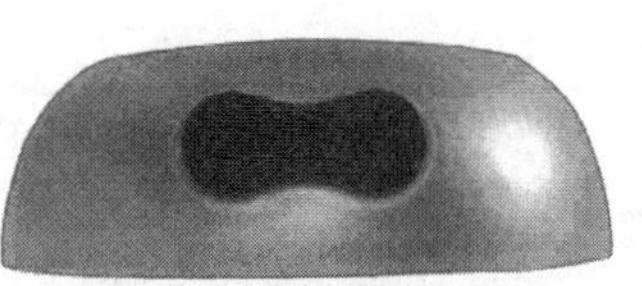

俯视图　　后视图

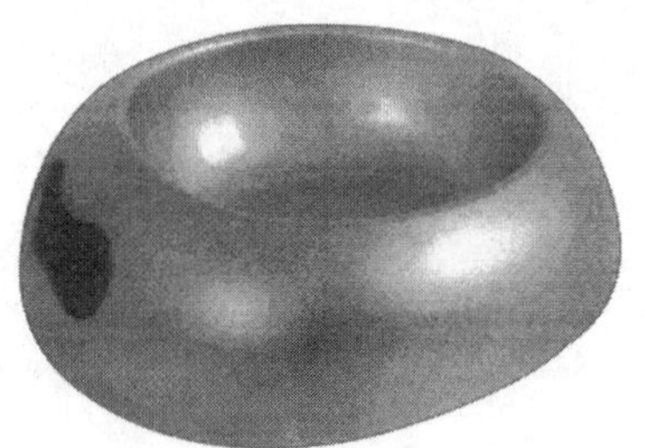

立体图

本专利附图

4-4

在先设计附图

213

宠物碗（两侧双手孔）

无效宣告请求审查决定（第13238号）

决　　定　　号 第13238号
决　　定　　日 2009年4月10日
发明创造名称 宠物碗（两侧双手孔）
外观设计分类号 30-03
无效宣告请求人 绍兴波波宠物用品厂，徐金权
专　利　权　人 蔡　彬
专　　利　　号 200530105093.6
申　　请　　日 2005年3月27日
授权公告日 2006年5月24日
合议组组长 张雪飞
主　　审　　员 王　红
参　　审　　员 雷　婧
附　　　　　图 1页

法律依据 专利法第23条
决定要点

本专利与在先设计的不同之处均明显不足以对整体视觉效果产生显著影响，因此，二者属于相近似的外观设计，本专利不符合专利法第23条的规定。

一、案由

本无效宣告请求涉及的是国家知识产权局于2006年5月24日授权公告的、专利号为200530105093.6的外观设计专利，其产品名称为“宠物碗（两侧双手孔）”，申请日为2005年3月27日，专利权人为蔡彬。

针对上述外观设计专利权（下称本专利），绍兴波波宠物用品厂（下称第一请求人）于2008年8月26日向专利复审委员会提出无效宣告请求，其理由是本专利与在其申请日前公开的00324017.7号外观设计专利相近似，因此不符合专利法第23条的规定。且本专利与专利权人在同一日申请的200530105092.1号外观设计专利为同样的发明创造，因此不符合专利法实施细则第13条第1款的规定，应予宣告无效。同时，第一请求人提交了如下附件作为证据：

附件1-1：00324017.7号外观设计专利著录项目及图片复印件1页；

附件1-2：200530105092.1号外观设计专利著录项目及图片复印件1页。

第一请求人认为，本专利与附件1-1中所示的外观设计均为宠物碗，尽管二者之间存在细微的差别，但在整体观察、综合判断的原则下仍然可以认定为相近似的外观设计；本专利与附件1-2中所示的外观设计属于同样的发明创造（包括相近似）。

经形式审查合格，专利复审委员会依法受理了上述无效宣告请求，并于2008年9月11日将无效宣告请求书及相关文件的副本转送专利权人，通知其在指定的期限内答复。

2008年10月16日，专利权人向专利复审委员会提交了意见陈述书，认为本专利与附件1-1、附件1-2中所示的外观设计不相同也不相近似，本专利的产品为双手孔设计，附件1-1中的宠物碗周边有六个孔，附件1-2中的宠物碗为单手孔形状，二者与本专利均具有明显区别，属于不相同也不相近似的外观设计，应维持本专利有效。

专利复审委员会成立合议组对本案进行审理，于2008年10月17日向双方当事人发出口头审理通知书，定于2008年11月19日进行口头审理。

专利复审委员会于2008年10月29日将专利权人提交的意见陈述书转送第一请求人，通知其在指定的期限内答复。

第一请求人逾期未提交书面的意见陈述。

口头审理如期举行，双方当事人均委托代理人出席口头审理，双方对对方出庭人员的身份和资格均无异议，对合议组成员也无回避请求。在口头审理中，第一请求人明确以附件1-1、附件1-2分别证明本专利不符合专利法第23条以及专利法实施细则第13条第1款的规定。专利权人对附件1、附件1-2的真实性无异议。双方各自坚持原有意见。

针对本专利，徐金权（下称第二请求人）于2008年11月27日向专利复审委员会提出无效宣告请求，其理由是本专利与在其申请日前公开的出版编号为649023-649028的法国外观设计专利相近似，因此不符合专利法第23条的规定。同时，请求人提交了如下附件作为证据：

附件2-1：出版编号为649023-649028法国外观设计专利公报复印件及相关中文译文，共10页。

第二请求人认为，本专利与附件2-1中所示的外观设计均为宠物碗，二者侧面均有开孔，且开孔部分均呈中间小两端大的形状，二者属于完全相同或至少极其相近似的外观设计。

经形式审查合格，专利复审委员会依法受理了上述无效宣告请求，并于2008年12月19日将无效宣告请求书及相关文件的副本转送专利权人，通知其在指定的期限内答复。

专利复审委员会成立合议组对本案进行审理，于2009年1月5日向双方当事人发出口头审理通知书，定于2009年2月16日进行口头审理。

2009年1月13日，专利复审委员会收到专利权人提交的意见陈述书，其认为附件2-1第6页、第9页及第10页中文译文与本案无关联，对其真实性和合法性不予认可，应维持本专利有效。

专利复审委员会于2009年1月19日将专利权人提交的意见陈述书转送第二请求人，通知其在指定的期限内答复。

第二请求人逾期未提交书面的意见陈述。

口头审理如期举行，双方当事人均委托代理人出席口头审理，双方对对方出庭人员的身份和资格均无异议，对合议组成员也无回避请求。在口头审理中，第二请求人明确以附件2-1证明本专利不符合专利法第23条有关出版物公开的规定。专利权人对附件2-1的真实性无异议，对中文译文的准确性无异议，但认为部分中文译文与其相关图片没有关联性。鉴于请求人提交的中文译文个别之处与原文存在明显不对应，合议组当庭告知请求人在指定期限内重新提交相关部分的中文译文。对于相同和相近似对比，请求人当庭明确以附件2-1第3页中的相关图片所示内容作为对比设计。

2009年2月23日，第二请求人向专利复审委员会提交了意见陈述书及出版编号为649023-

649028 的法国外观设计专利的相关中文译文。

专利复审委员会于 2009 年 2 月 25 日将第二请求人提交的意见陈述书转送专利权人，通知其在指定的期限内答复。

2009 年 3 月 12 日，专利权人向专利复审委员会提交了意见陈述书，认为第二请求人提交的中文译文是一份新证据，专利权人不予认可，且第二请求人未结合该证据具体说明理由。

在上述审理的基础上，合议组经合议，认为本案事实清楚，依法作出本审查决定。

二、决定的理由

1. 法律依据

基于两个请求人提出无效宣告请求的理由，合议组首先依据专利法第 23 条的规定进行审理。

专利法第 23 条规定："授予专利权的外观设计，应当同申请日以前在国内外出版物上公开发表过或者国内公开使用过的外观设计不相同和不相近似，并不得与他人在先取得的合法权利相冲突。"

2. 证据的认定

第二请求人提交的证据是出版编号为 649023-649028 的法国外观设计专利公报复印件及其相关中文译文，其公开日期为 2001 年 12 月 21 日，产品名称为"宠物碗"。专利权人对其真实性无异议。经合议组核实，其内容真实，所示内容为本专利申请日前在法国专利公报上公开发表的外观设计，可以作为评述本专利是否符合专利法第 23 条规定的证据。

对于第二请求人重新提交的相关中文译文，合议组认为，由于第二请求人在无效宣告请求时提交的附件 2-1 第 3 页中显示的图片 4-4 至图片 4-6 明显为碗状设计，且其分类号也明确为 30-03（即喂食器与喂水器），而相关说明的中文译文却称其为地毯，二者明显不对应，合议组在口头审理当庭要求请求人在指定期限内对其进行更正，因此，请求人重新提交的该中文译文属于应合议组的要求对所使用部分的译文进行的更正，不属于超期提交的证据，而且其中所使用的部分均在原有意见陈述中具体说明，因此亦不属于未结合证据具体说明理由的情形。

3. 外观设计相同和相近似的对比

附件 2-1 第 3 页中出版编号为 649026（图号为 4-4）的图片所示的外观设计（下称在先设计）与本专利均为宠物碗的外观设计，具有相同的用途，属于相同类别的产品，因此可以就本专利与在先设计进行相同和相近似对比。

本专利包括宠物碗的主视图、后视图、右视图、俯视图、立体图，简要说明记载右视图与左视图对称，省略左视图，仰视图为不常见面，省略仰视图。其所示外观设计整体形状近似椭圆形碗状，两侧各有一近似花生形的手孔（详见本专利附图）。

在先设计公开了宠物碗的立体图，其所示外观设计为圆形碗状，一侧有一弧形手孔（详见在先设计附图）。

将本专利与在先设计相比较，二者的主要不同点为：本专利整体形状近似椭圆形碗状，两侧有手孔，而在先设计为圆形碗状，一侧有手孔，且手孔的形状稍有不同；同时，本专利的顶面为斜面。合议组认为，从整体观察，本专利的整体形状为近似圆形的椭圆形，其与在先设计的整体圆形形状已形成了相近似的整体视觉效果，手孔具体形状的差别属于局部的细微差别，手孔数量的不同属于在不同视觉面上的简单复制导致的差别，对整体视觉效果均不构成显著影响，同时本专利顶面的斜面设计因斜度较小，而未导致整体碗状的形状产生明显的视觉变化，因此本专利与在先设计属于相近似的外观设计。

4. 结论

综上所述，在本专利申请日以前已有与其相近似的外观设计在出版物上公开发表过，本专利不符合专利法第 23 条的规定。

鉴于由上述已得出本专利不符合专利法所规定的授权条件的结论，本决定对第一请求人提出的理由和证据不再予以评述。

三、决定

宣告 200530105093.6 号外观设计专利权全部无效。

当事人对本决定不服的，可以根据专利法第 46 条第 2 款的规定，自收到本决定之日起三个月内向北京市第一中级人民法院起诉，根据该款规定，一方当事人起诉后，另一方当事人应当作为第三人参加诉讼。

主视图　后视图　右视图

俯视图　立体图

本专利附图

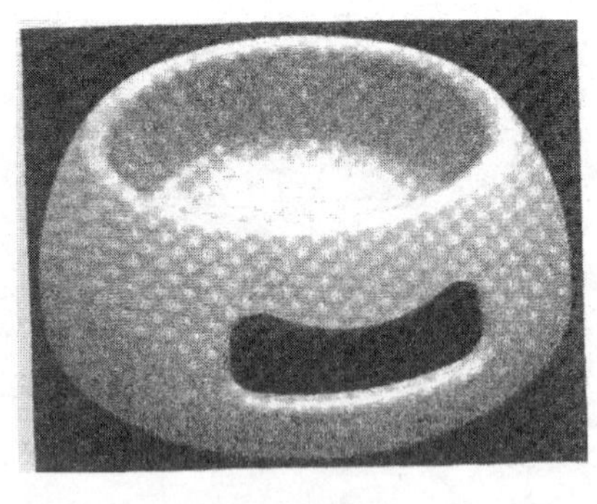

4-4

在先设计附图

北京市第一中级人民法院
行政判决书

（2009）一中行初字第1490号

原告蔡彬，男，1968年7月19日出生，汉族，台州市黄岩翩翩宠物用品厂厂长，住浙江省台州市黄岩区东城街道白杨新村53幢355单元502室。

委托代理人徐光寿，男，浙江杭州金通专利事务所有限公司专利代理人。

被告国家知识产权局专利复审委员会，住所地北京市海淀区北四环西路9号银谷大厦10~12层。

法定代表人廖涛，副主任。

委托代理人王红，国家知识产权局专利复审委员会审查员。

委托代理人余心蕾，国家知识产权局专利复审委员会审查员。

第三人绍兴波波宠物用品厂，住所地浙江省绍兴市平水工业园区。

法定代表人黄湘红，厂长。

第三人徐金权，男，1963年3月20日出生，汉族，绍兴波波宠物用品厂总经理，住浙江省绍兴市越城区百草园公寓8幢103室。

第三人之共同委托代理人吴继道，男，温州瓯越专利代理有限公司专利代理人。

第三人之共同委托代理人夏建锋，男，温州瓯越专利代理有限公司职员。

原告蔡彬不服被告国家知识产权局专利复审委员会作出的第13238号无效宣告请求审查决定（以下简称第13238号决定），向本院提起行政诉讼。本院受理后，依法组成合议庭，在法定期限内向被告送达了起诉书副本及应诉通知书。依照《中华人民共和国行政诉讼法》第二十七条的规定，本院通知绍兴波波宠物用品厂、徐金权作为第三人参加诉讼，并于2010年5月25日公开开庭审理了本案。原告蔡彬及其委托代理人徐光寿，被告的委托代理人王红、余心蕾，第三人的委托代理人吴继道、夏建锋到庭参加了诉讼。本案现已审理终结。

2009年4月10日，被告作出第13238号决定。该决定认为，在名称为“宠物碗（两侧双手孔）”的200530105093.6号外观设计专利（以下简称本专利）申请日以前，已有与其相近似的外观设计在出版物上公开发表过，本专利不符合《中华人民共和国专利法》（以下简称《专利法》）第二十三条的规定，故决定宣告本专利权全部无效。

在法定举证期限内，被告向本院提交了下列证据：（1）本专利图片；（2）出版编号为649023-649028法国外观设计专利公报（即被诉决定中的附件2-1）中出版编号为649026（图号为4-4）的外观设计图片（以下简称在先设计）；（3）徐金权提交的无效宣告请求书及相关附件；（4）2009年2月25日徐金权提交的意见陈述及附件2-1的中文译文；（5）口头审理记录表。上述证据用以证明被诉决定认定事实清楚、适用法律正确、审理程序合法。

原告诉称：（1）被告适用法律错误，且滥用职权。第三人徐金权对其提交的无效理由未结合证据作具体说明。原告对第三人徐金权提交的中文译文已认可，该译文应属无争议的证据。依据当事人处置的原则，被告无权对双方无争议的证据要求一方当事人重新提交译文更正，被告在本无效请求案中要求第三人徐金权重新提交译文是变相延长了法定举证期限，对原告是不公平的，属于滥用职权。（2）被告认定本专利与在先设计产品构成相近似设计是错误的。本专利与对比文件产品的外观设计具有明显的区别，应属于不相近似的外观设计。综上所述，请求法院判决撤销第13238号决定。

在法定举证期限内，原告为支持其诉讼主张，向本院提交了下列证据：（1）本专利的授权公告；（2）徐金权补充提交的意见陈述书；（3）无效请求意见陈述书。上述证据用以证明原告对于第三人重新提交的译文翻译不予认可。

被告辩称，第 13238 号决定适用法律和相近似判断的认定正确，我委坚持在第 13238 号决定中的认定意见。请求法院判决予以维持定。

第三人绍兴波波宠物用品厂、徐金权述称：第三人徐金权在提出无效宣告请求时，对其提出的无效理由已经结合证据作了具体说明。被告适用法律正确，程序合法，不存在滥用职权的行为。被告关于本专利与在先设计构成相近似外观的认定正确。综上所述，被告作出的第 13238 号决定认定事实清楚、适用法律正确、审理程序合法，请求法院判决驳回原告的诉讼请求，维持上述决定。

在法定举证期限内，第三人徐金权向本院提交了下列证据：（1）无效宣告请求书附页，证明其提出无效宣告请求时所作意见陈述。（2）转送文件通知书。（3）原告 2009 年 1 月 7 日提交的意见陈述，证明口头审理中原告认可了附件 2-1 的三性。

在法定举证期限内，第三人绍兴波波宠物用品厂未向本院提交证据。

经庭审质证，各方当事人均充分发表了质证意见。本院经审查认为，原告、被告、第三人徐金权提交的证据均与第 13238 号决定有关，且符合证据合法性、真实性的要求，本院均予以采纳。

根据上述经确认的有效证据以及当事人当庭无争议的陈述，本院认定事实如下：

2005 年 3 月 27 日，原告向国家知识产权局提出产品名称为“宠物碗（两侧双手孔）”的外观设计专利申请。国家知识产权局经审查，于 2006 年 5 月 24 日授予其专利权，即本专利。

2008 年 8 月 26 日，绍兴波波宠物用品厂以本专利与在其申请日前公开的 00324017.7 号外观设计专利相近似，不符合《专利法》第二十三条的规定，且本专利与原告在同一日申请的 200530105092.1 号外观设计专利为同样的发明创造，不符合《中华人民共和国专利法实施细则》（以下简称《专利法实施细则》）第十三条第一款的规定为由，向被告提出无效宣告请求，并提交了 00324017.7 号外观设计专利著录项目及图片复印件 1 页（即被诉决定中的附件 1-1）、200530105092.1 号外观设计专利著录项目及图片复印件 1 页（即被诉决定中的附件 1-2）作为证据。

被告受理后进行了转文。2008 年 10 月 16 日，蔡彬提交了意见陈述书，认为本专利与附件 1-1、附件 1-2 中所示的外观设计不相同也不相近似，属于不相同也不相近似的外观设计，应维持本专利有效。

2008 年 11 月 19 日，被告举行了口头审理。在口头审理中，绍兴波波宠物用品厂明确以附件 1-1、附件 1-2 分别证明本专利不符合《专利法》第二十三条以及《专利法实施细则》第十三条第一款的规定。蔡彬对附件 1-1、附件 1-2 的真实性无异议。

2008 年 11 月 27 日，徐金权以本专利与在其申请日前公开的在先设计相近似，因此不符合《专利法》第二十三条的规定为由，向被告提出无效宣告请求，并提交了附件 2-1 及相关中文译文（共 10 页）作为证据。

被告受理后进行了转文。2009 年 1 月 13 日，蔡彬提交了意见陈述书，其认为附件 2-1 第 6 页、第 9 页及第 10 页中文译文与本案无关联，对其真实性和合法性不予认可，主张应维持本专利有效。

2009 年 2 月 16 日，被告针对徐金权提出的无效宣告请求举行了口头审理。在口头审理中，徐金权明确以附件 2-1 证明本专利不符合《专利法》第二十三条有关出版物公开的规定。蔡彬对附件 2-1 的真实性无异议，对中文译文的准确性无异议，但认为部分中文译文与其相关图片没有关联性。鉴于徐金权提交的中文译文个别之处与原文存在明显不对应，被告当庭告知其在指定期限内重新提交相关部分的中文译文。对于相同和相近似对比，徐金权当庭明确以附件 2-1 第 3 页中的相关图片所示内容作为对比设计。

2009 年 2 月 23 日，徐金权向被告提交了意见陈述书及附件 2-1 的相关中文译文。被告于 2009 年 2 月 25 日将徐金权提交的上述文件转送蔡彬，通知其在指定的期限内答复。

2009 年 3 月 12 日，蔡彬向被告提交了意见陈述书，认为徐金权提交的中文译文是一份新证据，不予认可，且徐金权亦未结合该证据具体说明理由。

被告经审查认为，徐金权提交的证据是出版编号为 649023-649028 的法国外观设计专利公报复印件及其相关中文译文，其公开日期为 2001 年 12 月 21 日，产品名称为“宠物碗”。蔡彬对其真实性无异议。经被告核实，其内容真实，所示内容为本专利申请日前在法国专利公报上公开发表的外观设计，可以作为评述本专利是否符合《专利法》第二十三条规定的证据。

对于徐金权重新提交的相关中文译文，被告认为，由于徐金权在无效宣告请求时提交的附件 2-1 第 3 页中显示的图片 4-4 至图片 4-6 明显为碗状设计，且其分类号也明确为 30-03（即喂食器与喂水器），而相关说明的中文译文却称其为地毯，二者明显不对应，被告在口头审理当庭要求徐金权在指定期限内对其进行更正，因此，徐金权重新提交的该中文译文属于应被告的要求对所使用部分的译文进行的更正，不属于超期提交的证据，而且其中所使用的部分均在原有意见陈述中具体说明，因此亦不属于未结合证据具体说明理由的情形。

附件 2-1 第 3 页中出版编号为 649026（图号为 4-4）的图片所示的外观设计（即在先设计）与本专利均为宠物碗的外观设计，具有相同的用途，属于相同类别的产品，因此可以就本专利与在先设计进行相同和相近似对比。

本专利包括宠物碗的主视图、后视图、右视图、俯视图、立体图，简要说明记载右视图与左视图对称，省略左视图，仰视图为不常见面，省略仰视图。其所示外观设计整体形状近似椭圆形碗状，两侧各有一近似花生形的手孔（详见本专利附图）。

在先设计公开了宠物碗的立体图，其所示外观设计为圆形碗状，一侧有一弧形手孔（详见在先设计附图）。

将本专利与在先设计相比较，二者的主要不同点为：本专利整体形状近似椭圆形碗状，两侧有手孔，而在先设计为圆形碗状，一侧有手孔，且手孔的形状稍有不同；同时，本专利的顶面为斜面。从整体观察，本专利的整体形状为近似圆形的椭圆形，其与在先设计的整体圆形形状已形成了相近似的整体视觉效果，手孔具体形状的差别属于局部的细微差别，手孔数量的不同属于在不同视觉面上的简单复制导致的差别，对整体视觉效果均不构成显著影响，同时本专利顶面的斜面设计因斜度较小，而未导致整体碗状的形状产生明显的视觉变化，因此本专利与在先设计属于相近似的外观设计。综上所述，在本专利申请日以前已有与其相近似的外观设计在出版物上公开发表过，本专利不符合《专利法》第二十三条的规定。

鉴于根据上述分析已得出本专利不符合《专利法》所规定的授权条件的结论，被告对绍兴波波宠物用品厂提出的理由和证据未再予以评述。被告于 2009 年 4 月 10 日作出第 13238 号决定，宣告本专利全部无效。原告不服该决定，向本院提起行政诉讼。

本院认为，徐金权提出无效宣告请求时提交的附件 2-1 中的图 4-4、4-5、4-6 显示为碗状，其工业设计分类号为 30-03，该分类号对应的类别为动物的管理与驯养设备，使用该外观设计的产品类别为喂食器与喂水器。而对应的中文译文为地毯，二者明显不对应。且在口头审理中，各方当事人均认为图片显示内容与中文译文不符，在徐金权提交的中文译文存疑的情况下，被告要求徐金权在指定期限内对上述内容进行更正并无不当。徐金权根据被告的要求提交更正后的中文译文不属于《专利法实施细则》第六十六条规定的逾期补充证据的情形。徐金权在提出无效宣告请求时，已经结合其主张使用的在先设计外观具体说明无效宣告请求的理由。因此，徐金权此次仅提交更正后的中文译文亦未违反《专利法实施细则》第六十四条第一款的规定。原告关于被告允许徐金权重新提交中文译文，系变相延长法定举证期限，滥用职权的诉讼主张，依据不足，本院不予采信。

被告将本专利与在先设计进行对比，认定本专利与在先设计存在的区别点正确。通过对本专利与在先设计进行整体观察、综合判断，两个外观设计存在的区别点，并未导致两个外观设计在整体视觉效果上产生明显差异。被告据此认定本专利与在先设计属于相近似的外观设计是正确的，本院应予支持。原告关于本专利与在先设计不构成相近似外观设计的诉讼理由不能成立，本院不予采信。

综上，第 13238 号决定认定事实清楚，适用法律正确，审理程序合法，本院应予维持。原告诉讼请求缺乏事实和法律依据，本院不予支持。据此，依照《中华人民共和国行政诉讼法》第五十四条第（一）项的规定，判决如下：

维持被告国家知识产权局专利复审委员会于二○○九年四月十日作出的第 13238 号无效宣告请求审查决定。

案件受理费 100 元，由原告蔡彬负担（已交纳）。

如不服本判决，可在判决书送达之日起 15 日内，向本院递交上诉状，并按对方当事人的人数提出副本，上诉于北京市高级人民法院。上诉人在接到人民法院预交诉讼费的通知后 7 日内未预交，又不提出缓交申请的，按自动撤回上诉处理。

审 判 长 张 杰
代理审判员 何君慧
代理审判员 龙 非
二○○九年十一月二十三日
书 记 员 李 智

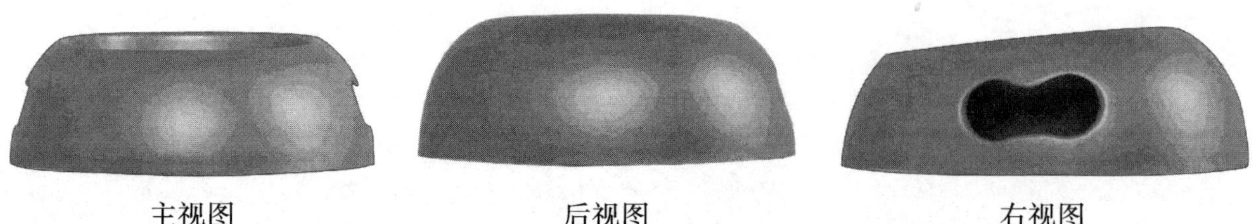

主视图　　后视图　　右视图

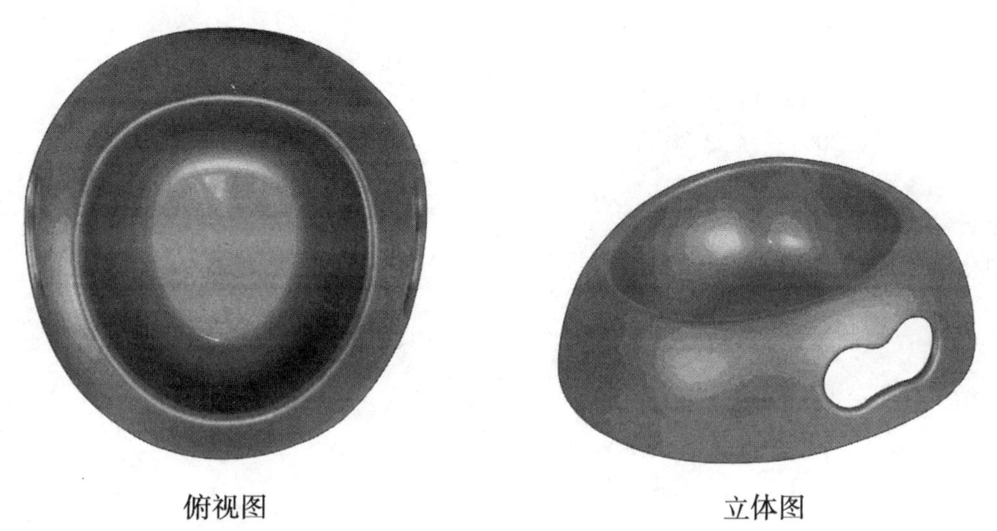

俯视图　　立体图

本专利附图

4-4

在先设计附图

型材（2310Q）

无效宣告请求审查决定（第 13239 号）

决　　定　　号　第 13239 号
决　　定　　日　2009 年 4 月 20 日
发明创造名称　型材（2310Q）
外观设计分类号　25-01
无效宣告请求人　山东蒙山铝业有限公司
专　利　权　人　高力登
专　　利　　号　200730045797.8
申　　请　　日　2007 年 1 月 12 日
授 权 公 告 日　2007 年 11 月 28 日
合 议 组 组 长　徐清平
主　　审　　员　雷　婧
参　　审　　员　尹春霞

法　律　依　据　专利法第 23 条
决　定　要　点

企业产品图集的印刷或修改随意性较大，在无相关证据佐证的情况下无法确认其真实性，且仅凭企业产品图集也不能直接证明所示产品确已在国内公开使用过；缺乏充分的原始证据相印证的单位证明内容不足以采信。

一、案由

本无效宣告请求涉及的是国家知识产权局于 2007 年 11 月 28 日授权公告的、专利号为 200730045797.8 的外观设计专利，其产品名称为“型材（2310Q）”，申请日为 2007 年 1 月 12 日，专利权人为高力登。

针对上述外观设计专利权（下称本专利），山东蒙山铝业有限公司（下称请求人）于 2009 年 1 月 19 日向专利复审委员会提出无效宣告请求，其理由是：在本专利的申请日前已有与其相同的外观设计在相关图集中公开过，相关企业也生产及销售过相同的产品或者模具产品，因此本专利不符合专利法第 23 条的规定。同时，请求人提交了如下附件作为证据：

附件 1：佛山市丰登铝业有限公司产品图集封面的复印件，共 1 页；

附件 2：佛山市丰登铝业有限公司产品图集相关图页的复印件，共 1 页；

附件 3：临沂市三佳利印刷有限公司出具的证明复印件，共 1 页；

附件 4：临沂市三佳利印刷有限公司出具的收据复印件，共 1 页；

附件 5：山东蒙山铝业有限公司产品目录图集封面的复印件，共 1 页；

附件 6：山东蒙山铝业有限公司产品目录图集相关图页的复印件，共 2 页；

附件 7：山东蒙山铝业有限公司成品磅码单的复印件，共 1 页；

附件 8：佛山市金兴顺模具机械有限公司出具的证明复印件，共 1 页；

附件 9：佛山市金兴顺模具机械有限公司模具图纸的复印件，共 5 页；

附件 10：佛山市南海区兴航五金厂出具的证明复印件，共 1 页；

附件 11：佛山市南海区兴航五金厂模具图纸的复印件，共 5 页；

附件 12：山东蒙山铝业有限公司向合肥中级人民法院申请依职权调取证据的申请书复印件，共 1 页；

附件 13：声称为合肥中级人民法院依职权调取的证据材料的复印件，共 23 页。

请求人认为，本专利申请日前，与本专利相同的产品已在佛山市丰登铝业有限公司的产品图集及请求人的产品目录图集中公开且请求人也生产和销售过相同的产品（见附件 1~7）；佛山市金兴顺模具机械有限公司及佛山市南海区兴航五金厂均生产销售过与本专利相同的模具产品（见附件 8~13），故本专利不符合专利法第 23 条的规定。

经形式审查合格，专利复审委员会依法受理了上述无效宣告请求，并于 2009 年 1 月 19 日将无效宣告请求书及相关文件的副本转送专利权人，通知其在指定的期限内答复。

专利权人逾期未答复。

专利复审委员会成立合议组对本案进行审理，并于 2009 年 2 月 20 日向双方当事人发出口头审理通知书，定于 2009 年 3 月 31 日进行口头审理。

口头审理如期举行，双方当事人均委托代理人出庭，双方对对方出庭人员的身份及资格均无异议，对合议组成员亦无回避请求。口头审理中，请求人主动放弃附件 7 作为本无效宣告请求的证据，并出示了附件 1、附件 2 和附件 8 的原件以及附件 9 加盖相关公章原迹的复印件，称附件 3~6、附件 12 和附件 13 的原件在合肥市中级人民法院，且专利权人已核实过。请求人明确其提交的证据均仅用于证明本专利在其申请日以前已公开使用，不用于证明在先公开发表。请求人认为，附件 1 与附件 2 相结合作为一组证据，附件 3~6 相结合作为一组证据，其中，附件 1 和附件 2 的公开时间（封面印制的“2006-2007”）、以附件 3 和附件 4 佐证的附件 5 和附件 6 的公开时间均在本专利的申请日以前，且其公开的相关外观设计均与本专利相近似；由相关模具生产企业分别出具的证明附件 8 与附件 9 相结合、附件 10 与附件 11 相结合均分别可证明该两企业在本专利的申请日以前已生产过与本专利相近似的模具；附件 12 和附件 13 用以佐证附件 3~11 的来源、真实性及合法性。专利权人认为请求人提交的证据均不能证明本专利已在先公开使用；对附件 1 和附件 2 的真实性和在先公开性均有异议，对附件 3~6、附件 8~11 的真实性均有异议，认为附件 8 和附件 10 均为证人证言，证人应当出庭质证，且该证明上没有自然人的签字，附件 9 不是图纸的原件，仅为加盖公章原迹的复印件；认可附件 13 为法院依职权调取的材料，但认为调取的证据不是原件。专利权人当庭提交意见陈述书一份，内容与其当庭陈述的意见一致。

在上述审理的基础上，合议组认为本案事实清楚，可以依法作出审查决定。

二、决定的理由

1. 法律依据

基于请求人提出无效宣告请求的理由，合议组依据专利法第 23 条的规定进行审理。

专利法第 23 条规定：“授予专利权的外观设计，应当同申请日以前在国内外出版物上公开发表过

或者国内公开使用过的外观设计不相同和不相近似，并不得与他人在先取得的合法权利相冲突。”

2. 证据及事实的认定

附件1和附件2分别是佛山市丰登铝业有限公司产品图集封面和其相关图页的复印件，请求人在口头审理时出示了上述附件的整本原件，专利权人对其真实性和在先公开性均有异议。合议组认为，上述附件为企业产品图集的相关页，由于此类产品图集属于企业自行印制的印刷品，印刷或修改的随意性较大，故无相关证据佐证的情况下，合议组无法确认附件1和附件2的真实性，因此不予采信。同时，仅凭企业产品图集也不能直接证明所示产品确已生产、销售或在国内公开使用过，即不足以证明请求人所主张的在本专利申请日前公开使用的事实。

附件3是临沂市三佳利印刷有限公司出具的证明复印件，附件4是临沂市三佳利印刷有限公司出具的收据复印件，附件5和附件6分别是山东蒙山铝业有限公司产品目录图集封面和其相关图页的复印件，请求人称其原件在合肥市中级人民法院审理涉及本专利的侵权诉讼中已出示过，且专利权人已核实过，原件现保存在该人民法院，并表示以附件3和附件4证明附件5和附件6的公开时间，专利权人认可核实过该组证据的原件，确认原件与复印件内容一致，但对其真实性有异议。合议组认为，附件4为企业的自制单据，其证明力较低，附件5和附件6为企业自行印制的印刷品，印刷或修改的随意性较大，无其他证据佐证不足以采信。在此情况下，附件3的单位证明缺乏充分的原始证据相印证，其内容不足以采信。因此，上述证据的结合不足以证明请求人主张的所述产品在本专利申请日前已公开使用过的事实。

附件7是山东蒙山铝业有限公司成品磅码单的复印件，鉴于请求人在口头审理时已明确放弃其作为本无效宣告请求的证据，合议组对其不再予以评述。

附件8是佛山市金兴顺模具机械有限公司出具的证明复印件，附件9是佛山市金兴顺模具机械有限公司模具图纸的复印件，口头审理时，请求人出示了附件8的原件及附件9加盖“佛山市金兴顺模具机械有限公司”公章原迹的复印件，并表示附件9中的图纸仅有电子档案，无纸质档案，专利权人对上述附件的真实性均有异议。合议组认为，附件8为单位所作的事后证明，无充分的原始证据相印证，其内容不足以采信；对于附件9，请求人仅是在其原有复印件或打印件上加盖了相关模具公司的公章，并未提交或出示其原件，仅凭电子档案的打印件不能确认其真实性。因此，请求人主张的以附件8与附件9结合证明在本专利申请日以前已生产过所述的模具的事实不能成立。

附件10是佛山市南海区兴航五金厂出具的证明复印件，附件11是佛山市南海区兴航五金厂模具图纸的复印件，专利权人对上述附件的真实性均有异议。合议组认为，请求人未提交或出示上述附件的原件，合议组无法确认其真实性，故对附件10和附件11均不予采信。

附件12是山东蒙山铝业有限公司向合肥中级人民法院申请依职权调取证据的申请书复印件，附件13是请求人声称为合肥中级人民法院依职权调取的证据材料的复印件，其中包括佛山市金兴顺模具机械有限公司（以下简称金兴顺模具公司）和佛山市南海区兴航五金厂（以下简称兴航五金厂）的企业法人营业执照复印件各1页、金兴顺模具公司的模具设计图纸复印件5页、兴航五金厂的模具设计图纸复印件5页、声称是合肥市中级人民法院对金兴顺模具公司法定代表人进行的调查笔录复印件1页、金兴顺模具公司的模具设计图纸复印件4页、声称是兴航五金厂的原始模具加工笔记的相关页复印件4页以及请求人与金兴顺模具公司签订的模具加工合同相关页复印件2页。请求人表示以上述附件证明附件3~11的来源、真实性及合法性，称附件13中的图纸均是合肥市中级人民法院从相关企业的电脑中调取的材料，其原件在合肥市中级人民法院；专利权人表示已核实过附件12的原件，复印件与原件内容一致，其认可附件13是法院依职权调取的材料，但认为调取的证据不是原件。合议组认为，鉴于专利权人已核实过附件12的原件且表示复印件与原件内容一致，合议组可确认附件

12 的真实性；对于附件 13，请求人未提交或出示其原件且表示其中的模具设计图纸均来自于电子档案，专利权人虽认可其为法院依职权调取的材料但表示法院调取的该材料并非证据原件，因此，在无所述人民法院生效判决认定其内容真实的情况下，合议组仅可确认其在证据来源上为合肥市中级人民法院依职权调取，而在未提交原件的情况下或仅凭电子档案的打印件，合议组不能确认其内容的真实性；对于其中的调查笔录，合议组认为其属于证人证言，无充分的原始证据相印证不能确认其内容的真实性。综上，附件 12 和附件 13 与前述附件 3~11 相结合也不足以证明请求人所主张的事实。

3. 结论

请求人提交的证据均不能证明本专利不符合专利法第 23 条的规定，因此请求人提出无效宣告请求的理由不成立。

三、决定

维持 200730045797. 8 号外观设计专利权有效。

当事人对本决定不服的，可以根据专利法第 46 条第 2 款的规定，自收到本决定之日起三个月内向北京市第一中级人民法院起诉，根据该款规定，一方当事人起诉后，另一方当事人应当作为第三人参加诉讼。

215

型材（2320Q）

无效宣告请求审查决定（第13240号）

决　　定　　号　第13240号
决　　定　　日　2009年4月20日
发明创造名称　型材（2320Q）
外观设计分类号　25-01
无效宣告请求人　山东蒙山铝业有限公司
专　利　权　人　高力登
专　　利　　号　200730045796.3
申　　请　　日　2007年1月12日
授权公告日　2007年11月28日
合议组组长　徐清平
主　　审　　员　雷　婧
参　　审　　员　尹春霞

法律依据　专利法第23条
决定要点

企业产品图集的印刷或修改随意性较大，在无相关证据佐证的情况下无法确认其真实性，且仅凭企业产品图集也不能直接证明所示产品确已在国内公开使用过；缺乏充分的原始证据相印证的单位证明内容不足以采信。

一、案由

本无效宣告请求涉及的是国家知识产权局于2007年11月28日授权公告的、专利号为200730045796.3的外观设计专利，其产品名称为“型材（2320Q）”，申请日为2007年1月12日，专利权人为高力登。

针对上述外观设计专利权（下称本专利），山东蒙山铝业有限公司（下称请求人）于2009年1月19日向专利复审委员会提出无效宣告请求，其理由是：在本专利的申请日前已有与其相同的外观设计在相关图集中公开过，相关企业也生产及销售过相同的产品或者模具产品，因此本专利不符合专利法第23条的规定。同时，请求人提交了如下附件作为证据：

附件1：佛山市丰登铝业有限公司产品图集封面的复印件，共1页；

附件2：佛山市丰登铝业有限公司产品图集相关图页的复印件，共1页；

附件3：临沂市三佳利印刷有限公司出具的证明复印件，共1页；

附件4：临沂市三佳利印刷有限公司出具的收据复印件，共1页；

附件5：山东蒙山铝业有限公司产品目录图集封面的复印件，共1页；

附件6：山东蒙山铝业有限公司产品目录图集相关图页的复印件，共2页；

附件7：山东蒙山铝业有限公司成品磅码单的复印件，共1页；

附件8：佛山市金兴顺模具机械有限公司出具的证明复印件，共1页；

附件9：佛山市金兴顺模具机械有限公司模具图纸的复印件，共5页；

附件10：佛山市南海区兴航五金厂出具的证明复印件，共1页；

附件11：佛山市南海区兴航五金厂模具图纸的复印件，共5页；

附件12：山东蒙山铝业有限公司向合肥中级人民法院申请依职权调取证据的申请书复印件，共1页；

附件13：声称为合肥中级人民法院依职权调取的证据材料的复印件，共23页。

请求人认为，本专利申请日前，与本专利相同的产品已在佛山市丰登铝业有限公司的产品图集及请求人的产品目录图集中公开且请求人也生产和销售过相同的产品（见附件1~7）；佛山市金兴顺模具机械有限公司及佛山市南海区兴航五金厂均生产销售过与本专利相同的模具产品（见附件8~13），故本专利不符合专利法第23条的规定。

经形式审查合格，专利复审委员会依法受理了上述无效宣告请求，并于2009年1月19日将无效宣告请求书及相关文件的副本转送专利权人，通知其在指定的期限内答复。

专利权人逾期未答复。

专利复审委员会成立合议组对本案进行审理，并于2009年2月20日向双方当事人发出口头审理通知书，定于2009年3月31日进行口头审理。

口头审理如期举行，双方当事人均委托代理人出庭，双方对对方出庭人员的身份及资格均无异议，对合议组成员亦无回避请求。口头审理中，请求人主动放弃附件7作为本无效宣告请求的证据，并出示了附件1、附件2和附件8的原件以及附件9加盖相关公章原迹的复印件，称附件3~6、附件12和附件13的原件在合肥市中级人民法院，且专利权人已核实过。请求人明确其提交的证据均仅用于证明本专利在其申请日以前已公开使用，不用于证明在先公开发表。请求人认为，附件1与附件2相结合作为一组证据，附件3~6相结合作为一组证据，其中，附件1和附件2的公开时间（封面印制的“2006-2007”）、以附件3和附件4佐证的附件5和附件6的公开时间均在本专利的申请日以前，且其公开的相关外观设计均与本专利相近似；由相关模具生产企业分别出具的证明附件8与附件9相结合、附件10与附件11相结合均分别可证明该两企业在本专利的申请日以前已生产过与本专利相近似的模具；附件12和附件13用以佐证附件3~11的来源、真实性及合法性。专利权人认为请求人提交的证据均不能证明本专利已在先公开使用；对附件1和附件2的真实性和在先公开性均有异议，对附件3~6、附件8~11的真实性均有异议，认为附件8和附件10均为证人证言，证人应当出庭质证，且该证明上没有自然人的签字，附件9不是图纸的原件，仅为加盖公章原迹的复印件；认可附件13为法院依职权调取的材料，但认为调取的证据不是原件。专利权人当庭提交意见陈述书一份，内容与其当庭陈述的意见一致。

在上述审理的基础上，合议组认为本案事实清楚，可以依法作出审查决定。

二、决定的理由

1. 法律依据

基于请求人提出无效宣告请求的理由，合议组依据专利法第23条的规定进行审理。

专利法第23条规定：“授予专利权的外观设计，应当同申请日以前在国内外出版物上公开发表过

或者国内公开使用过的外观设计不相同和不相近似，并不得与他人在先取得的合法权利相冲突。”

2. 证据及事实的认定

附件 1 和附件 2 分别是佛山市丰登铝业有限公司产品图集封面和其相关图页的复印件，请求人在口头审理时出示了上述附件的整本原件，专利权人对其真实性和在先公开性均有异议。合议组认为，上述附件为企业产品图集的相关页，由于此类产品图集属于企业自行印制的印刷品，印刷或修改的随意性较大，故无相关证据佐证的情况下，合议组无法确认附件 1 和附件 2 的真实性，因此不予采信。同时，仅凭企业产品图集也不能直接证明所示产品确已生产、销售或在国内公开使用过，即不足以证明请求人所主张的在本专利申请日前公开使用的事实。

附件 3 是临沂市三佳利印刷有限公司出具的证明复印件，附件 4 是临沂市三佳利印刷有限公司出具的收据复印件，附件 5 和附件 6 分别是山东蒙山铝业有限公司产品目录图集封面和其相关图页的复印件，请求人称其原件在合肥市中级人民法院审理涉及本专利的侵权诉讼中已出示过，且专利权人已核实过，原件现保存在该人民法院，并表示以附件 3 和附件 4 证明附件 5 和附件 6 的公开时间，专利权人认可核实过该组证据的原件，确认原件与复印件内容一致，但对其真实性有异议。合议组认为，附件 4 为企业的自制单据，其证明力较低，附件 5 和附件 6 为企业自行印制的印刷品，印刷或修改的随意性较大，无其他证据佐证不足以采信。在此情况下，附件 3 的单位证明缺乏充分的原始证据相印证，其内容不足以采信。因此，上述证据的结合不足以证明请求人主张的所述产品在本专利申请日前已公开使用过的事实。

附件 7 是山东蒙山铝业有限公司成品磅码单的复印件，鉴于请求人在口头审理时已明确放弃其作为本无效宣告请求的证据，合议组对其不再予以评述。

附件 8 是佛山市金兴顺模具机械有限公司出具的证明复印件，附件 9 是佛山市金兴顺模具机械有限公司模具图纸的复印件，口头审理时，请求人出示了附件 8 的原件及附件 9 加盖“佛山市金兴顺模具机械有限公司”公章原迹的复印件，并表示附件 9 中的图纸仅有电子档案，无纸质档案，专利权人对上述附件的真实性均有异议。合议组认为，附件 8 为单位所作的事后证明，无充分的原始证据相印证，其内容不足以采信；对于附件 9，请求人仅是在其原有复印件或打印件上加盖了相关模具公司的公章，并未提交或出示其原件，仅凭电子档案的打印件不能确认其真实性。因此，请求人主张的以附件 8 与附件 9 结合证明在本专利申请日以前已生产过所述的模具的事实不能成立。

附件 10 是佛山市南海区兴航五金厂出具的证明复印件，附件 11 是佛山市南海区兴航五金厂模具图纸的复印件，专利权人对上述附件的真实性均有异议。合议组认为，请求人未提交或出示上述附件的原件，合议组无法确认其真实性，故对附件 10 和附件 11 均不予采信。

附件 12 是山东蒙山铝业有限公司向合肥中级人民法院申请依职权调取证据的申请书复印件，附件 13 是请求人声称为合肥中级人民法院依职权调取的证据材料的复印件，其中包括佛山市金兴顺模具机械有限公司（以下简称金兴顺模具公司）和佛山市南海区兴航五金厂（以下简称兴航五金厂）的企业法人营业执照复印件各 1 页、金兴顺模具公司的模具设计图纸复印件 5 页、兴航五金厂的模具设计图纸复印件 5 页、声称是合肥市中级人民法院对金兴顺模具公司法定代表人进行的调查笔录复印件 1 页、金兴顺模具公司的模具设计图纸复印件 4 页、声称是兴航五金厂的原始模具加工笔记的相关页复印件 4 页以及请求人与金兴顺模具公司签订的模具加工合同相关页复印件 2 页。请求人表示以上述附件证明附件 3~11 的来源、真实性及合法性，称附件 13 中的图纸均是合肥市中级人民法院从相关企业的电脑中调取的材料，其原件在合肥市中级人民法院；专利权人表示已核实过附件 12 的原件，复印件与原件内容一致，其认可附件 13 是法院依职权调取的材料，但认为调取的证据不是原件。合议组认为，鉴于专利权人已核实过附件 12 的原件且表示复印件与原件内容一致，合议组可确认附件

12 的真实性；对于附件 13，请求人未提交或出示其原件且表示其中的模具设计图纸均来自于电子档案，专利权人虽认可其为法院依职权调取的材料但表示法院调取的该材料并非证据原件，因此，在无所述人民法院生效判决认定其内容真实的情况下，合议组仅可确认其在证据来源上为合肥市中级人民法院依职权调取，而在未提交原件的情况下或仅凭电子档案的打印件，合议组不能确认其内容的真实性；对于其中的调查笔录，合议组认为其属于证人证言，无充分的原始证据相印证不能确认其内容的真实性。综上，附件 12 和附件 13 与前述附件 3~11 相结合也不足以证明请求人所主张的事实。

3. 结论

请求人提交的证据均不能证明本专利不符合专利法第 23 条的规定，因此请求人提出无效宣告请求的理由不成立。

三、决定

维持 200730045796. 3 号外观设计专利权有效。

当事人对本决定不服的，可以根据专利法第 46 条第 2 款的规定，自收到本决定之日起三个月内向北京市第一中级人民法院起诉，根据该款规定，一方当事人起诉后，另一方当事人应当作为第三人参加诉讼。

型材（2308Q）

无效宣告请求审查决定（第13241号）

决　　定　　号 第13241号
决　　定　　日 2009年4月20日
发明创造名称 型材（2308Q）
外观设计分类号 25-01
无效宣告请求人 山东蒙山铝业有限公司
专　利　权　人 高力登
专　　利　　号 200730045883.9
申　　请　　日 2007年1月12日
授 权 公 告 日 2007年12月26日
合 议 组 组 长 徐清平
主　　审　　员 雷　婧
参　　审　　员 尹春霞

法　律　依　据 专利法第23条
决　定　要　点

企业产品图集的印刷或修改随意性较大，在无相关证据佐证的情况下无法确认其真实性，且仅凭企业产品图集也不能直接证明所示产品确已在国内公开使用过；缺乏充分的原始证据相印证的单位证明内容不足以采信。

一、案由

本无效宣告请求涉及的是国家知识产权局于2007年12月26日授权公告的、专利号为200730045883.9的外观设计专利，其产品名称为"型材（2308Q）"，申请日为2007年1月12日，专利权人为高力登。

针对上述外观设计专利权（下称本专利），山东蒙山铝业有限公司（下称请求人）于2009年1月19日向专利复审委员会提出无效宣告请求，其理由是：在本专利的申请日前已有与其相同的外观设计在相关图集中公开过，相关企业也生产及销售过相同的产品或者模具产品，因此本专利不符合专利法第23条的规定。同时，请求人提交了如下附件作为证据：

附件1：佛山市丰登铝业有限公司产品图集封面的复印件，共1页；

附件2：佛山市丰登铝业有限公司产品图集相关图页的复印件，共1页；

附件3：临沂市三佳利印刷有限公司出具的证明复印件，共1页；

附件 4：临沂市三佳利印刷有限公司出具的收据复印件，共 1 页；

附件 5：山东蒙山铝业有限公司产品目录图集封面的复印件，共 1 页；

附件 6：山东蒙山铝业有限公司产品目录图集相关图页的复印件，共 2 页；

附件 7：山东蒙山铝业有限公司成品磅码单的复印件，共 1 页；

附件 8：佛山市金兴顺模具机械有限公司出具的证明复印件，共 1 页；

附件 9：佛山市金兴顺模具机械有限公司模具图纸的复印件，共 5 页；

附件 10：佛山市南海区兴航五金厂出具的证明复印件，共 1 页；

附件 11：佛山市南海区兴航五金厂模具图纸的复印件，共 5 页；

附件 12：山东蒙山铝业有限公司向合肥中级人民法院申请依职权调取证据的申请书复印件，共 1 页；

附件 13：声称为合肥中级人民法院依职权调取的证据材料的复印件，共 23 页。

请求人认为，本专利申请日前，与本专利相同的产品已在佛山市丰登铝业有限公司的产品图集及请求人的产品目录图集中公开且请求人也生产和销售过相同的产品（见附件 1～7）；佛山市金兴顺模具机械有限公司及佛山市南海区兴航五金厂均生产销售过与本专利相同的模具产品（见附件 8～13），故本专利不符合专利法第 23 条的规定。

经形式审查合格，专利复审委员会依法受理了上述无效宣告请求，并于 2009 年 1 月 19 日将无效宣告请求书及相关文件的副本转送专利权人，通知其在指定的期限内答复。

专利权人逾期未答复。

专利复审委员会成立合议组对本案进行审理，并于 2009 年 2 月 20 日向双方当事人发出口头审理通知书，定于 2009 年 3 月 31 日进行口头审理。

口头审理如期举行，双方当事人均委托代理人出庭，双方对对方出庭人员的身份及资格均无异议，对合议组成员亦无回避请求。口头审理中，请求人主动放弃附件 7 作为本无效宣告请求的证据，并出示了附件 1、附件 2 和附件 8 的原件以及附件 9 加盖相关公章原迹的复印件，称附件 3～6、附件 12 和附件 13 的原件在合肥市中级人民法院，且专利权人已核实过。请求人明确其提交的证据均仅用于证明本专利在其申请日以前已公开使用，不用于证明在先公开发表。请求人认为，附件 1 与附件 2 相结合作为一组证据，附件 3～6 相结合作为一组证据，其中，附件 1 和附件 2 的公开时间（封面印制的“2006-2007”）、以附件 3 和附件 4 佐证的附件 5 和附件 6 的公开时间均在本专利的申请日以前，且其公开的相关外观设计均与本专利相近似；由相关模具生产企业分别出具的证明附件 8 与附件 9 相结合、附件 10 与附件 11 相结合均分别可证明该两企业在本专利的申请日以前已生产过与本专利相近似的模具；附件 12 和附件 13 用以佐证附件 3～11 的来源、真实性及合法性。专利权人认为请求人提交的证据均不能证明本专利已在先公开使用；对附件 1 和附件 2 的真实性和在先公开性均有异议，对附件 3～6、附件 8～11 的真实性均有异议，认为附件 8 和附件 10 均为证人证言，证人应当出庭质证，且该证明上没有自然人的签字，附件 9 不是图纸的原件，仅为加盖公章原迹的复印件；认可附件 13 为法院依职权调取的材料，但认为调取的证据不是原件。专利权人当庭提交意见陈述书一份，内容与其当庭陈述的意见一致。

在上述审理的基础上，合议组认为本案事实清楚，可以依法作出审查决定。

二、决定的理由

1. 法律依据

基于请求人提出无效宣告请求的理由，合议组依据专利法第 23 条的规定进行审理。

专利法第 23 条规定：“授予专利权的外观设计，应当同申请日以前在国内外出版物上公开发表过

或者国内公开使用过的外观设计不相同和不相近似，并不得与他人在先取得的合法权利相冲突。”

2. 证据及事实的认定

附件1和附件2分别是佛山市丰登铝业有限公司产品图集封面和其相关图页的复印件，请求人在口头审理时出示了上述附件的整本原件，专利权人对其真实性和在先公开性均有异议。合议组认为，上述附件为企业产品图集的相关页，由于此类产品图集属于企业自行印制的印刷品，印刷或修改的随意性较大，故无相关证据佐证的情况下，合议组无法确认附件1和附件2的真实性，因此不予采信。同时，仅凭企业产品图集也不能直接证明所示产品确已生产、销售或在国内公开使用过，即不足以证明请求人所主张的在本专利申请日前公开使用的事实。

附件3是临沂市三佳利印刷有限公司出具的证明复印件，附件4是临沂市三佳利印刷有限公司出具的收据复印件，附件5和附件6分别是山东蒙山铝业有限公司产品目录图集封面和其相关图页的复印件，请求人称其原件在合肥市中级人民法院审理涉及本专利的侵权诉讼中已出示过，且专利权人已核实过，原件现保存在该人民法院，并表示以附件3和附件4证明附件5和附件6的公开时间，专利权人认可核实过该组证据的原件，确认原件与复印件内容一致，但对其真实性有异议。合议组认为，附件4为企业的自制单据，其证明力较低，附件5和附件6为企业自行印制的印刷品，印刷或修改的随意性较大，无其他证据佐证不足以采信。在此情况下，附件3的单位证明缺乏充分的原始证据相印证，其内容不足以采信。因此，上述证据的结合不足以证明请求人主张的所述产品在本专利申请日前已公开使用过的事实。

附件7是山东蒙山铝业有限公司成品磅码单的复印件，鉴于请求人在口头审理时已明确放弃其作为本无效宣告请求的证据，合议组对其不再予以评述。

附件8是佛山市金兴顺模具机械有限公司出具的证明复印件，附件9是佛山市金兴顺模具机械有限公司模具图纸的复印件，口头审理时，请求人出示了附件8的原件及附件9加盖“佛山市金兴顺模具机械有限公司”公章原迹的复印件，并表示附件9中的图纸仅有电子档案，无纸质档案，专利权人对上述附件的真实性均有异议。合议组认为，附件8为单位所作的事后证明，无充分的原始证据相印证，其内容不足以采信；对于附件9，请求人仅是在其原有复印件或打印件上加盖了相关模具公司的公章，并未提交或出示其原件，仅凭电子档案的打印件不能确认其真实性。因此，请求人主张的以附件8与附件9结合证明在本专利申请日以前已生产过所述的模具的事实不能成立。

附件10是佛山市南海区兴航五金厂出具的证明复印件，附件11是佛山市南海区兴航五金厂模具图纸的复印件，专利权人对上述附件的真实性均有异议。合议组认为，请求人未提交或出示上述附件的原件，合议组无法确认其真实性，故对附件10和附件11均不予采信。

附件12是山东蒙山铝业有限公司向合肥中级人民法院申请依职权调取证据的申请书复印件，附件13是请求人声称为合肥中级人民法院依职权调取的证据材料的复印件，其中包括佛山市金兴顺模具机械有限公司（以下简称金兴顺模具公司）和佛山市南海区兴航五金厂（以下简称兴航五金厂）的企业法人营业执照复印件各1页、金兴顺模具公司的模具设计图纸复印件5页、兴航五金厂的模具设计图纸复印件5页、声称是合肥市中级人民法院对金兴顺模具公司法定代表人进行的调查笔录复印件1页、金兴顺模具公司的模具设计图纸复印件4页、声称是兴航五金厂的原始模具加工笔记的相关页复印件4页以及请求人与金兴顺模具公司签订的模具加工合同相关页复印件2页。请求人表示以上述附件证明附件3~11的来源、真实性及合法性，称附件13中的图纸均是合肥市中级人民法院从相关企业的电脑中调取的材料，其原件在合肥市中级人民法院；专利权人表示已核实过附件12的原件，复印件与原件内容一致，其认可附件13是法院依职权调取的材料，但认为调取的证据不是原件。合议组认为，鉴于专利权人已核实过附件12的原件且表示复印件与原件内容一致，合议组可确认附件

12 的真实性；对于附件 13，请求人未提交或出示其原件且表示其中的模具设计图纸均来自于电子档案，专利权人虽认可其为法院依职权调取的材料但表示法院调取的该材料并非证据原件，因此，在无所述人民法院生效判决认定其内容真实的情况下，合议组仅可确认其在证据来源上为合肥市中级人民法院依职权调取，而在未提交原件的情况下或仅凭电子档案的打印件，合议组不能确认其内容的真实性；对于其中的调查笔录，合议组认为其属于证人证言，无充分的原始证据相印证不能确认其内容的真实性。综上，附件 12 和附件 13 与前述附件 3~11 相结合也不足以证明请求人所主张的事实。

3. 结论

请求人提交的证据均不能证明本专利不符合专利法第 23 条的规定，因此请求人提出无效宣告请求的理由不成立。

三、决定

维持 200730045883. 9 号外观设计专利权有效。

当事人对本决定不服的，可以根据专利法第 46 条第 2 款的规定，自收到本决定之日起三个月内向北京市第一中级人民法院起诉，根据该款规定，一方当事人起诉后，另一方当事人应当作为第三人参加诉讼。

217

型材（2307Q）

无效宣告请求审查决定（第13242号）

决　定　号　第13242号
决　定　日　2009年4月20日
发明创造名称　型材（2307Q）
外观设计分类号　25-01
无效宣告请求人　山东蒙山铝业有限公司
专　利　权　人　高力登
专　利　号　200730045798.2
申　请　日　2007年1月12日
授权公告日　2007年11月28日
合议组组长　徐清平
主　审　员　雷　婧
参　审　员　尹春霞

法律依据　专利法第23条
决定要点
企业产品图集的印刷或修改随意性较大，在无相关证据佐证的情况下无法确认其真实性，且仅凭企业产品图集也不能直接证明所示产品确已在国内公开使用过；缺乏充分的原始证据相印证的单位证明内容不足以采信。

一、案由

本无效宣告请求涉及的是国家知识产权局于2007年11月28日授权公告的、专利号为200730045798.2的外观设计专利，其产品名称为"型材（2307Q）"，申请日为2007年1月12日，专利权人为高力登。

针对上述外观设计专利权（下称本专利），山东蒙山铝业有限公司（下称请求人）于2009年1月19日向专利复审委员会提出无效宣告请求，其理由是：在本专利的申请日前已有与其相同的外观设计在相关图集中公开过，相关企业也生产及销售过相同的产品或者模具产品，因此本专利不符合专利法第23条的规定。同时，请求人提交了如下附件作为证据：

附件1：佛山市丰登铝业有限公司产品图集封面的复印件，共1页；

附件2：佛山市丰登铝业有限公司产品图集相关图页的复印件，共1页；

附件3：临沂市三佳利印刷有限公司出具的证明复印件，共1页；

附件 4：临沂市三佳利印刷有限公司出具的收据复印件，共 1 页；

附件 5：山东蒙山铝业有限公司产品目录图集封面的复印件，共 1 页；

附件 6：山东蒙山铝业有限公司产品目录图集相关图页的复印件，共 2 页；

附件 7：山东蒙山铝业有限公司成品磅码单的复印件，共 1 页；

附件 8：佛山市金兴顺模具机械有限公司出具的证明复印件，共 1 页；

附件 9：佛山市金兴顺模具机械有限公司模具图纸的复印件，共 5 页；

附件 10：佛山市南海区兴航五金厂出具的证明复印件，共 1 页；

附件 11：佛山市南海区兴航五金厂模具图纸的复印件，共 5 页；

附件 12：山东蒙山铝业有限公司向合肥中级人民法院申请依职权调取证据的申请书复印件，共 1 页；

附件 13：声称为合肥中级人民法院依职权调取的证据材料的复印件，共 23 页。

请求人认为，本专利申请日前，与本专利相同的产品已在佛山市丰登铝业有限公司的产品图集及请求人的产品目录图集中公开且请求人也生产和销售过相同的产品（见附件 1~7）；佛山市金兴顺模具机械有限公司及佛山市南海区兴航五金厂均生产销售过与本专利相同的模具产品（见附件 8~13），故本专利不符合专利法第 23 条的规定。

经形式审查合格，专利复审委员会依法受理了上述无效宣告请求，并于 2009 年 1 月 19 日将无效宣告请求书及相关文件的副本转送专利权人，通知其在指定的期限内答复。

专利权人逾期未答复。

专利复审委员会成立合议组对本案进行审理，并于 2009 年 2 月 20 日向双方当事人发出口头审理通知书，定于 2009 年 3 月 31 日进行口头审理。

口头审理如期举行，双方当事人均委托代理人出庭，双方对对方出庭人员的身份及资格均无异议，对合议组成员亦无回避请求。口头审理中，请求人主动放弃附件 7 作为本无效宣告请求的证据，并出示了附件 1、附件 2 和附件 8 的原件以及附件 9 加盖相关公章原迹的复印件，称附件 3~6、附件 12 和附件 13 的原件在合肥市中级人民法院，且专利权人已核实过。请求人明确其提交的证据均仅用于证明本专利在其申请日以前已公开使用，不用于证明在先公开发表。请求人认为，附件 1 与附件 2 相结合作为一组证据，附件 3~6 相结合作为一组证据，其中，附件 1 和附件 2 的公开时间（封面印制的“2006-2007”）、以附件 3 和附件 4 佐证的附件 5 和附件 6 的公开时间均在本专利的申请日以前，且其公开的相关外观设计均与本专利相近似；由相关模具生产企业分别出具的证明附件 8 与附件 9 相结合、附件 10 与附件 11 相结合均分别可证明该两企业在本专利的申请日以前已生产过与本专利相近似的模具；附件 12 和附件 13 用以佐证附件 3~11 的来源、真实性及合法性。专利权人认为请求人提交的证据均不能证明本专利已在先公开使用；对附件 1 和附件 2 的真实性和在先公开性均有异议，对附件 3~6、附件 8~11 的真实性均有异议，认为附件 8 和附件 10 均为证人证言，证人应当出庭质证，且该证明上没有自然人的签字，附件 9 不是图纸的原件，仅为加盖公章原迹的复印件；认可附件 13 为法院依职权调取的材料，但认为调取的证据不是原件。专利权人当庭提交意见陈述书一份，内容与其当庭陈述的意见一致。

在上述审理的基础上，合议组认为本案事实清楚，可以依法作出审查决定。

二、决定的理由

1. 法律依据

基于请求人提出无效宣告请求的理由，合议组依据专利法第 23 条的规定进行审理。

专利法第 23 条规定：“授予专利权的外观设计，应当同申请日以前在国内外出版物上公开发表过

或者国内公开使用过的外观设计不相同和不相近似，并不得与他人在先取得的合法权利相冲突。”

2. 证据及事实的认定

附件 1 和附件 2 分别是佛山市丰登铝业有限公司产品图集封面和其相关图页的复印件，请求人在口头审理时出示了上述附件的整本原件，专利权人对其真实性和在先公开性均有异议。合议组认为，上述附件为企业产品图集的相关页，由于此类产品图集属于企业自行印制的印刷品，印刷或修改的随意性较大，故无相关证据佐证的情况下，合议组无法确认附件 1 和附件 2 的真实性，因此不予采信。同时，仅凭企业产品图集也不能直接证明所示产品确已生产、销售或在国内公开使用过，即不足以证明请求人所主张的在本专利申请日前公开使用的事实。

附件 3 是临沂市三佳利印刷有限公司出具的证明复印件，附件 4 是临沂市三佳利印刷有限公司出具的收据复印件，附件 5 和附件 6 分别是山东蒙山铝业有限公司产品目录图集封面和其相关图页的复印件，请求人称其原件在合肥市中级人民法院审理涉及本专利的侵权诉讼中已出示过，且专利权人已核实过，原件现保存在该人民法院，并表示以附件 3 和附件 4 证明附件 5 和附件 6 的公开时间，专利权人认可核实过该组证据的原件，确认原件与复印件内容一致，但对其真实性有异议。合议组认为，附件 4 为企业的自制单据，其证明力较低，附件 5 和附件 6 为企业自行印制的印刷品，印刷或修改的随意性较大，无其他证据佐证不足以采信。在此情况下，附件 3 的单位证明缺乏充分的原始证据相印证，其内容不足以采信。因此，上述证据的结合不足以证明请求人主张的所述产品在本专利申请日前已公开使用过的事实。

附件 7 是山东蒙山铝业有限公司成品磅码单的复印件，鉴于请求人在口头审理时已明确放弃其作为本无效宣告请求的证据，合议组对其不再予以评述。

附件 8 是佛山市金兴顺模具机械有限公司出具的证明复印件，附件 9 是佛山市金兴顺模具机械有限公司模具图纸的复印件，口头审理时，请求人出示了附件 8 的原件及附件 9 加盖“佛山市金兴顺模具机械有限公司”公章原迹的复印件，并表示附件 9 中的图纸仅有电子档案，无纸质档案，专利权人对上述附件的真实性均有异议。合议组认为，附件 8 为单位所作的事后证明，无充分的原始证据相印证，其内容不足以采信；对于附件 9，请求人仅是在其原有复印件或打印件上加盖了相关模具公司的公章，并未提交或出示其原件，仅凭电子档案的打印件不能确认其真实性。因此，请求人主张的以附件 8 与附件 9 结合证明在本专利申请日以前已生产过所述的模具的事实不能成立。

附件 10 是佛山市南海区兴航五金厂出具的证明复印件，附件 11 是佛山市南海区兴航五金厂模具图纸的复印件，专利权人对上述附件的真实性均有异议。合议组认为，请求人未提交或出示上述附件的原件，合议组无法确认其真实性，故对附件 10 和附件 11 均不予采信。

附件 12 是山东蒙山铝业有限公司向合肥中级人民法院申请依职权调取证据的申请书复印件，附件 13 是请求人声称为合肥中级人民法院依职权调取的证据材料的复印件，其中包括佛山市金兴顺模具机械有限公司（以下简称金兴顺模具公司）和佛山市南海区兴航五金厂（以下简称兴航五金厂）的企业法人营业执照复印件各 1 页、金兴顺模具公司的模具设计图纸复印件 5 页、兴航五金厂的模具设计图纸复印件 5 页、声称是合肥市中级人民法院对金兴顺模具公司法定代表人进行的调查笔录复印件 1 页、金兴顺模具公司的模具设计图纸复印件 4 页、声称是兴航五金厂的原始模具加工笔记的相关页复印件 4 页以及请求人与金兴顺模具公司签订的模具加工合同相关页复印件 2 页。请求人表示以上述附件证明附件 3~11 的来源、真实性及合法性，称附件 13 中的图纸均是合肥市中级人民法院从相关企业的电脑中调取的材料，其原件在合肥市中级人民法院；专利权人表示已核实过附件 12 的原件，复印件与原件内容一致，其认可附件 13 是法院依职权调取的材料，但认为调取的证据不是原件。合议组认为，鉴于专利权人已核实过附件 12 的原件且表示复印件与原件内容一致，合议组可确认附件

12 的真实性；对于附件 13，请求人未提交或出示其原件且表示其中的模具设计图纸均来自于电子档案，专利权人虽认可其为法院依职权调取的材料但表示法院调取的该材料并非证据原件，因此，在无所述人民法院生效判决认定其内容真实的情况下，合议组仅可确认其在证据来源上为合肥市中级人民法院依职权调取，而在未提交原件的情况下或仅凭电子档案的打印件，合议组不能确认其内容的真实性；对于其中的调查笔录，合议组认为其属于证人证言，无充分的原始证据相印证不能确认其内容的真实性。综上，附件 12 和附件 13 与前述附件 3~11 相结合也不足以证明请求人所主张的事实。

3. 结论

请求人提交的证据均不能证明本专利不符合专利法第 23 条的规定，因此请求人提出无效宣告请求的理由不成立。

三、决定

维持 200730045798. 2 号外观设计专利权有效。

当事人对本决定不服的，可以根据专利法第 46 条第 2 款的规定，自收到本决定之日起三个月内向北京市第一中级人民法院起诉，根据该款规定，一方当事人起诉后，另一方当事人应当作为第三人参加诉讼。

218

型材（2306Q）

无效宣告请求审查决定（第13243号）

决　　定　　号　第13243号
决　　定　　日　2009年4月14日
发明创造名称　型材（2306Q）
外观设计分类号　25-01
无 效 请 求 人　山东蒙山铝业有限公司
专　利　权　人　高力登
专　　利　　号　200730045873.5
申　　请　　日　2007年1月12日
授 权 公 告 日　2007年12月26日
合 议 组 组 长　徐清平
主　　审　　员　雷　婧
参　　审　　员　尹春霞

法　律　依　据　专利法第23条
决　定　要　点

企业产品图集的印刷或修改随意性较大，在无相关证据佐证的情况下无法确认其真实性，且仅凭企业产品图集也不能直接证明所示产品确已在国内公开使用过；缺乏充分的原始证据相印证的单位证明内容不足以采信。

一、案由

本无效宣告请求涉及的是国家知识产权局于2007年12月26日授权公告的、专利号为200730045873.5的外观设计专利，其产品名称为“型材（2306Q）”，申请日为2007年1月12日，专利权人为高力登。

针对上述外观设计专利权（下称本专利），山东蒙山铝业有限公司（下称请求人）于2009年1月19日向专利复审委员会提出无效宣告请求，其理由是：在本专利的申请日前已有与其相同的外观设计在相关图集中公开过，相关企业也生产及销售过相同的产品或者模具产品，因此本专利不符合专利法第23条的规定。同时，请求人提交了如下附件作为证据：

附件1：佛山市丰登铝业有限公司产品图集封面的复印件，共1页；

附件2：佛山市丰登铝业有限公司产品图集相关图页的复印件，共1页；

附件3：临沂市三佳利印刷有限公司出具的证明复印件，共1页；

附件4：临沂市三佳利印刷有限公司出具的收据复印件，共1页；

附件5：山东蒙山铝业有限公司产品目录图集封面的复印件，共1页；

附件6：山东蒙山铝业有限公司产品目录图集相关图页的复印件，共2页；

附件7：山东蒙山铝业有限公司成品磅码单的复印件，共1页；

附件8：佛山市金兴顺模具机械有限公司出具的证明复印件，共1页；

附件9：佛山市金兴顺模具机械有限公司模具图纸的复印件，共5页；

附件10：佛山市南海区兴航五金厂出具的证明复印件，共1页；

附件11：佛山市南海区兴航五金厂模具图纸的复印件，共5页；

附件12：山东蒙山铝业有限公司向合肥中级人民法院申请依职权调取证据的申请书复印件，共1页；

附件13：声称为合肥中级人民法院依职权调取的证据材料的复印件，共24页。

请求人认为，本专利申请日前，与本专利相同的产品已在佛山市丰登铝业有限公司的产品图集及请求人的产品目录图集中公开且请求人也生产和销售过相同的产品（见附件1~7）；佛山市金兴顺模具机械有限公司及佛山市南海区兴航五金厂均生产销售过与本专利相同的模具产品（见附件8~13），故本专利不符合专利法第23条的规定。

经形式审查合格，专利复审委员会依法受理了上述无效宣告请求，并于2009年1月19日将无效宣告请求书及相关文件的副本转送专利权人，通知其在指定的期限内答复。

专利权人逾期未答复。

专利复审委员会成立合议组对本案进行审理，并于2009年2月20日向双方当事人发出口头审理通知书，定于2009年3月31日进行口头审理。

口头审理如期举行，双方当事人均委托代理人出庭，双方对对方出庭人员的身份及资格均无异议，对合议组成员亦无回避请求。口头审理中，请求人主动放弃附件7作为本无效宣告请求的证据，并出示了附件1、附件2和附件8的原件以及附件9加盖相关公章原迹的复印件，称附件3~6、附件12和附件13的原件在合肥市中级人民法院，且专利权人已核实过。请求人明确其提交的证据均仅用于证明本专利在其申请日以前已公开使用，不用于证明在先公开发表。请求人认为，附件1与附件2相结合作为一组证据，附件3~6相结合作为一组证据，其中，附件1和附件2的公开时间（封面印制的“2006-2007”）、以附件3和附件4佐证的附件5和附件6的公开时间均在本专利的申请日以前，且其公开的相关外观设计均与本专利相近似；由相关模具生产企业分别出具的证明附件8与附件9相结合、附件10与附件11相结合均分别可证明该两企业在本专利的申请日以前已生产过与本专利相近似的模具；附件12和附件13用以佐证附件3~11的来源、真实性及合法性。专利权人认为请求人提交的证据均不能证明本专利已在先公开使用；对附件1和附件2的真实性和在先公开性均有异议，对附件3~6、附件8~11的真实性均有异议，认为附件8和附件10均为证人证言，证人应当出庭质证，且该证明上没有自然人的签字，附件9不是图纸的原件，仅为加盖公章原迹的复印件；认可附件13为法院依职权调取的材料，但认为调取的证据不是原件。专利权人当庭提交意见陈述书一份，内容与其当庭陈述的意见一致。

在上述审理的基础上，合议组认为本案事实清楚，可以依法作出审查决定。

二、决定的理由

1. 法律依据

基于请求人提出无效宣告请求的理由，合议组依据专利法第23条的规定进行审理。

专利法第23条规定：“授予专利权的外观设计，应当同申请日以前在国内外出版物上公开发表过

或者国内公开使用过的外观设计不相同和不相近似，并不得与他人在先取得的合法权利相冲突。”

2. 证据及事实的认定

附件1和附件2分别是佛山市丰登铝业有限公司产品图集封面和其相关图页的复印件，请求人在口头审理时出示了上述附件的整本原件，专利权人对其真实性和在先公开性均有异议。合议组认为，上述附件为企业产品图集的相关页，由于此类产品图集属于企业自行印制的印刷品，印刷或修改的随意性较大，故无相关证据佐证的情况下，合议组无法确认附件1和附件2的真实性，因此不予采信。同时，仅凭企业产品图集也不能直接证明所示产品确已生产、销售或在国内公开使用过，即不足以证明请求人所主张的在本专利申请日前公开使用的事实。

附件3是临沂市三佳利印刷有限公司出具的证明复印件，附件4是临沂市三佳利印刷有限公司出具的收据复印件，附件5和附件6分别是山东蒙山铝业有限公司产品目录图集封面和其相关图页的复印件，请求人称其原件在合肥市中级人民法院审理涉及本专利的侵权诉讼中已出示过，且专利权人已核实过，原件现保存在该人民法院，并表示以附件3和附件4证明附件5和附件6的公开时间，专利权人认可核实过该组证据的原件，确认原件与复印件内容一致，但对其真实性有异议。合议组认为，附件4为企业的自制单据，其证明力较低，附件5和附件6为企业自行印制的印刷品，印刷或修改的随意性较大，无其他证据佐证不足以采信。在此情况下，附件3的单位证明缺乏充分的原始证据相印证，其内容不足以采信。因此，上述证据的结合不足以证明请求人主张的所述产品在本专利申请日前已公开使用过的事实。

附件7是山东蒙山铝业有限公司成品磅码单的复印件，鉴于请求人在口头审理时已明确放弃其作为本无效宣告请求的证据，合议组对其不再予以评述。

附件8是佛山市金兴顺模具机械有限公司出具的证明复印件，附件9是佛山市金兴顺模具机械有限公司模具图纸的复印件，口头审理时，请求人出示了附件8的原件及附件9加盖“佛山市金兴顺模具机械有限公司”公章原迹的复印件，并表示附件9中的图纸仅有电子档案，无纸质档案，专利权人对上述附件的真实性均有异议。合议组认为，附件8为单位所作的事后证明，无充分的原始证据相印证，其内容不足以采信；对于附件9，请求人仅是在其原有复印件或打印件上加盖了相关模具公司的公章，并未提交或出示其原件，仅凭电子档案的打印件不能确认其真实性。因此，请求人主张的以附件8与附件9结合证明在本专利申请日以前已生产过所述的模具的事实不能成立。

附件10是佛山市南海区兴航五金厂出具的证明复印件，附件11是佛山市南海区兴航五金厂模具图纸的复印件，专利权人对上述附件的真实性均有异议。合议组认为，请求人未提交或出示上述附件的原件，合议组无法确认其真实性，故对附件10和附件11均不予采信。

附件12是山东蒙山铝业有限公司向合肥中级人民法院申请依职权调取证据的申请书复印件，附件13是请求人声称为合肥中级人民法院依职权调取的证据材料的复印件，其中包括佛山市金兴顺模具机械有限公司（以下简称金兴顺模具公司）和佛山市南海区兴航五金厂（以下简称兴航五金厂）的企业法人营业执照复印件各1页、金兴顺模具公司的模具设计图纸复印件5页、兴航五金厂的模具设计图纸复印件5页、声称是合肥市中级人民法院对金兴顺模具公司法定代表人进行的调查笔录复印件1页、金兴顺模具公司的模具设计图纸复印件5页、声称是兴航五金厂的原始模具加工笔记的相关页复印件4页以及请求人与金兴顺模具公司签订的模具加工合同相关页复印件2页。请求人表示以上述附件证明附件3~11的来源、真实性及合法性，称附件13中的图纸均是合肥市中级人民法院从相关企业的电脑中调取的材料，其原件在合肥市中级人民法院；专利权人表示已核实过附件12的原件，复印件与原件内容一致，其认可附件13是法院依职权调取的材料，但认为调取的证据不是原件。合议组认为，鉴于专利权人已核实过附件12的原件且表示复印件与原件内容一致，合议组可确认附件

12 的真实性；对于附件 13，请求人未提交或出示其原件且表示其中的模具设计图纸均来自于电子档案，专利权人虽认可其为法院依职权调取的材料但表示法院调取的该材料并非证据原件，因此，在无所述人民法院生效判决认定其内容真实的情况下，合议组仅可确认其在证据来源上为合肥市中级人民法院依职权调取，而在未提交原件的情况下或仅凭电子档案的打印件，合议组不能确认其内容的真实性；对于其中的调查笔录，合议组认为其属于证人证言，无充分的原始证据相印证不能确认其内容的真实性。综上，附件 12 和附件 13 与前述附件 3~11 相结合也不足以证明请求人所主张的事实。

3. 结论

请求人提交的证据均不能证明本专利不符合专利法第 23 条的规定，因此请求人提出无效宣告请求的理由不成立。

三、决定

维持 200730045873. 5 号外观设计专利权有效。

当事人对本决定不服的，可以根据专利法第 46 条第 2 款的规定，自收到本决定之日起三个月内向北京市第一中级人民法院起诉，根据该款规定，一方当事人起诉后，另一方当事人应当作为第三人参加诉讼。

219

展示柜（PS300）

无效宣告请求审查决定（第13244号）

决　定　号　第13244号
决　定　日　2009年4月22日
发明创造名称　展示柜（PS300）
外观设计分类号　20-02
无效宣告请求人　孙雅申
专　利　权　人　方正亚洲有限公司，玛利亚·阿德莱德·卡萨尼
专　利　号　200630145458.2
申　请　日　2006年11月24日
授权公告日　2007年10月3日
合议组组长　吴大章
主　审　员　张　凌
参　审　员　雷　婧

法律依据　专利法第23条
决定要点

生产制造是否导致相关设计被使用公开取决于该行为是否导致相关设计处于公众中任何一个人想得知即可得知的状态；根据商业习惯，通常企业的生产活动属于企业内部的行为，企业外部的人员一般并不能随意了解到企业内部的生产活动状况，故在无证据证明相关生产过程是公开的情况下，不能仅以企业生产制造了某产品即认定该产品已被公众所知。

一、案由

本无效宣告请求涉及国家知识产权局于2007年10月3日授权公告的名称为“展示柜（PS300）”的200630145458.2号外观设计专利，其申请日为2006年11月24日，专利权人为方正亚洲有限公司、帕迪尼·马尔科和玛利亚·阿德莱德·卡萨尼，后变更为方正亚洲有限公司和玛利亚·阿德莱德·卡萨尼。

针对上述专利权（下称本专利），孙雅申（下称请求人）于2008年10月17日向专利复审委员会提出无效宣告请求，理由是本专利与在其申请日前已公开使用过的外观设计相同，不符合专利法第23条规定。请求人同时提交如下附件作为证据：

附件1：声称为莱州市宏泰电器有限公司在国内公开生产、销售与本专利相同的外观设计产品的相关证明文件复印件，共18页；

附件 2：意大利佛卡公司从中国购买展示柜（PS300）产品的相关证明文件复印件，共 31 页；

附件 3：展示柜（S903）产品的 CE 标准符合性证明书及相关文件复印件，共 19 页；

附件 4：管秋生与 Marco Pardini 出具的证言复印件，共 4 页。

请求人认为，附件 1 表明莱州市宏泰电器有限公司在本专利申请日前已在国内公开设计、生产、销售和运输与本专利相同的外观设计产品；附件 2 为意大利佛卡公司从国内购买展示柜（PS300）产品的相关证明文件，这表明该产品在国内已经公开生产；附件 3 为展示柜（S903）产品的“标准符合性证明书”，这从反面说明该产品在国内已经公开生产；附件 4 表明上述产品在国内的公开设计、生产和销售都早于本专利的申请日；公开生产、销售和展出都属于“使用公开”的方式，上述行为均构成在国内的公开使用；综上，与本专利相同的外观设计产品的设计、生产和销售均早于本专利的申请日，且上述设计、生产和销售都是在公开状态下完成的，上述外观设计已处于公众已得知或可得知的状态，因此本专利不符合专利法第 23 条的规定。

经形式审查合格后，专利复审委员会受理了上述无效宣告请求，并于 2008 年 12 月 22 日将无效宣告请求书及相关附件的副本转给专利权人，要求其在指定的期限内答复。专利权人逾期未答复。

2009 年 1 月 19 日专利复审委员会向双方当事人发出口头审理通知书，定于 2009 年 3 月 19 日对本案进行口头审理。

口头审理如期举行，请求人与专利权人的代理人参加了口头审理。请求人明确其无效宣告的理由为本专利不符合专利法第 23 条的规定，依据附件 1~4 证明在先使用公开的事实；请求人当庭提交附件 1 加盖莱州市宏泰电器有限公司公章的相关页的复印件和附件 2 公证认证文件的原件；证人管秋生出庭接受质证。专利权人对附件 1 中的复印件、附件 2 和附件 4 证人证言的真实性均有异议，对管秋生的身份有异议，对附件 3 的真实性无异议，但认为其不构成专利法意义上的公开使用。关于相同、相近似对比，请求人明确以附件 2 和附件 3 相关页的图片与本专利进行对比，并认为附件 2 中公开的在先设计与本专利相同，附件 3 中的在先设计与本专利相近似；专利权人拒绝对二者的相同相近似对比发表意见。

在上述审理的基础上，合议组经合议，认为本案事实清楚，依法作出本审查决定。

二、决定的理由

1. 法律依据

基于请求人提出无效宣告请求所依据的理由和证据，合议组对本专利是否符合专利法第 23 条的规定进行审查。

专利法第 23 条规定，授予专利权的外观设计，应当同申请日以前在国内外出版物上公开发表过或者国内公开使用过的外观设计不相同和不相近似，并不得与他人在先取得的合法权利相冲突。

2. 证据和事实认定

请求人提交的附件 1 是声称为莱州市宏泰电器有限公司在国内公开生产、销售与本专利相同的外观设计产品的证明文件复印件，其内容包括莱州市宏泰电器有限公司的合同、方正亚洲有限公司的订单、莱州市电冰柜厂的产品销售追踪单、莱州市电冰柜厂更名为莱州市宏泰电器有限公司的证明文件、海关出口货物报关单、货物托运单证、原产地证明以及付款凭证等。上述证据中请求人仅提交了莱州市宏泰电器有限公司名称变更的证明文件的原件，其余仅提交加盖莱州市宏泰电器有限公司公章的复印件。专利权人对莱州市宏泰电器有限公司名称变更的证明文件及其事实的真实性无异议，对其他证据的真实性均有异议。

请求人提交的附件 2 是意大利佛卡公司出具的其曾从莱州市宏泰电器有限公司购买展示柜（PS300）产品的声明、相关证明文件及其公证认证文件的复印件，包括佛卡公司的注册信息、其购买的展示柜（PS300）产品的照片、方正亚洲有限公司的发票、货物进口报关单、提单、原产地证明等。请求人在口头审理中提交了上述证据相关公证认证文件的原件，专利权人对该组证据的真实性均有异议。

对此，合议组认为，附件1中除莱州市宏泰电器有限公司名称变更的证明文件外均为复印件，其真实性难以确认；从证据内容来看，附件1和附件2中莱州市宏泰电器有限公司的相关产品经一家香港公司——方正亚洲有限公司，被销售至意大利佛卡公司，即便上述事实确实是真实的，这种出口行为也不构成在中国范围内的使用公开，因此附件1和附件2均不能证明与本专利相同的外观设计产品在国内已经公开使用。

请求人提交的附件3是展示柜（S903）产品的CE标准符合性证明书及相关文件复印件，包括莱州市宏泰电器有限公司与四川湾区康莱士检测有限公司签订的委托办理CE认证事宜的合同以及证明四川湾区康莱士检测有限公司主体资格的相关文件。专利权人对附件3的真实性予以认可，但认为其不构成专利法意义上的公开使用。

对此，合议组认为，鉴于专利权人对附件3的真实性予以认可，合议组对该组证据予以采信。根据附件3中莱州市宏泰电器有限公司与四川湾区康莱士检测有限公司签订的合同第8条的规定，“乙方对甲方产品的任何技术资料有保守商业机密的责任，同时甲乙双方未经对方同意，不得与第三方讨论或泄露本合同任何内容”，因此尽管莱州市宏泰电器有限公司在2004年5月28日（早于本专利的申请日2006年11月24日）即委托四川湾区康莱士检测有限公司代为办理展示柜（S903）产品的CE认证事宜，但是后者显然对其通过检测过程而获知的该产品的信息赋有保密义务，并且未经莱州市宏泰电器有限公司的同意也不能向其他第三方泄漏该合同的内容，不能据此认为展示柜（S903）产品就此已经处于任何人想要得知即可得知的状态，附件3涉及的对该产品的检测不构成专利法意义上的使用公开。

请求人提交的附件4是由管秋生与Marco Pardini出具的证言复印件，其中管秋生出庭接受质证。专利权人对上述证言的真实性均不予认可，并指出Marco Pardini曾是本专利的共同专利权人，与本案具有利害关系，且未出庭，对其证言应不予采信。

对此，合议组认为Marco Pardini并未出庭接受质证，对其出具的证言不予采信；管秋生虽出庭接受质证，但未指出展示柜（PS300）产品的设计和生产从何时起即处于公开状态，也未指出该产品在市场上公开销售的时间，其证言与本案的待证事实之间缺乏关联性，合议组对其证言不予采信。综上，附件4不能证明展示柜（PS300）产品在本专利的申请日前曾在国内公开设计、生产和销售。

请求人认为附件1~3均可以证明相关产品在本专利的申请日前已在国内公开生产，从而构成使用公开。

对此，合议组认为：生产制造同使用、销售等行为一样均是有可能构成相关设计被使用公开的方式，但其中“公开”的认定取决于上述行为是否导致相关设计处于公众中任何一个人想得知即可得知的状态；根据商业习惯，通常企业的生产活动属于企业内部的行为，企业外部的人员一般并不能随意了解到企业内部的生产活动状况，故在无证据证明相关生产过程是公开的情况下，不能仅以企业生产制造了某产品即认定该产品已被公众所知；本案中请求人未就相关产品的生产和制造过程是否处于公开状态提供证据，故合议组对其主张不予支持。

综上，请求人提交的证据均不能证明本专利不符合专利法第23条的规定，请求人无效宣告的理由不成立。

三、决定

维持200630145458.2号外观设计专利有效。

当事人对本决定不服的，可以根据专利法第46条第2款的规定，自收到本决定之日起三个月内向北京市第一中级人民法院起诉。根据该款的规定，一方当事人起诉后，另一方当事人应当作为第三人参加诉讼。

北京市第一中级人民法院
行政判决书

（2009）一中行初字第1705号

原告孙雅申，男，1968年5月3日出生，汉族，住中华人民共和国北京市海淀区西土城路25号。

委托代理人孙姗姗，北京市洪范广住律师事务所律师。

被告中华人民共和国国家知识产权局专利复审委员会，住所地中华人民共和国北京市海淀区北四环西路9号银谷大厦10~12层。

法定代表人张茂于，副主任。

委托代理人程强，中华人民共和国国家知识产权局专利复审委员会审查员。

第三人方正亚洲有限公司，中华人民共和国香港特别行政区告士打道181号中怡大厦1001室。

法定代表人Cassani，Maria Adelaide，董事。

第三人玛丽亚·阿德莱德·卡萨尼（Maria Adelaide Cassani），女，1945年9月26日出生，持有YA0158841号意大利护照。

委托代理人邵守刚，清泰律师事务所律师。

原告孙雅申不服被告中华人民共和国国家知识产权局专利复审委员会于2009年4月22日作出的第13244号无效宣告请求审查决定，于法定期限内向本院提起诉讼。本院于2009年7月7日受理本案后，依法组成合议庭，并通知方正亚洲有限公司、玛丽亚·阿德莱德·卡萨尼作为本案第三人参加诉讼。在本案审理过程中，原告孙雅申于2009年12月15日向本院提出撤诉申请，请求撤回对被告中华人民共和国国家知识产权局专利复审委员会的起诉。

本院认为：原告孙雅申的撤诉申请系其真实意思表示，亦未违反法律规定，应予准许。本院依照《中华人民共和国行政诉讼法》第五十一条之规定，裁定如下：

准许原告孙雅申撤回对被告中华人民共和国国家知识产权局专利复审委员会的起诉。

案件受理费人民币100元，减半收取50元，由原告孙雅申负担（已交纳）。

审　判　长　赵　静
代理审判员　姜庶伟
人民陪审员　刘世昌
二〇〇九年十二月十五日
书　记　员　谭北川
书　记　员　高晓旭

展示柜（S900）

无效宣告请求审查决定（第13245号）

决　定　号　第13245号
决　定　日　2009年4月22日
发明创造名称　展示柜（S900）
外观设计分类号　20-02
无效宣告请求人　孙雅申
专　利　权　人　方正亚洲有限公司，玛利亚·阿德莱德·卡萨尼
专　利　号　200630145461.4
申　请　日　2006年11月24日
授权公告日　2007年10月3日
合议组组长　吴大章
主　审　员　张　凌
参　审　员　雷　婧

法律依据　专利法第23条
决定要点

生产制造是否导致相关设计被使用公开取决于该行为是否导致相关设计处于公众中任何一个人想得知即可得知的状态；根据商业习惯，通常企业的生产活动属于企业内部的行为，企业外部的人员一般并不能随意了解到企业内部的生产活动状况，故在无证据证明相关生产过程是公开的情况下，不能仅以企业生产制造了某产品即认定该产品已被公众所知。

一、案由

本无效宣告请求涉及国家知识产权局于2007年10月3日授权公告的名称为“展示柜（S900）”的200630145461.4号外观设计专利，其申请日为2006年11月24日，专利权人为方正亚洲有限公司、帕迪尼·马尔科和玛利亚·阿德莱德·卡萨尼，后变更为方正亚洲有限公司和玛利亚·阿德莱德·卡萨尼。

针对上述专利权（下称本专利），孙雅申（下称请求人）于2008年10月17日向专利复审委员会提出无效宣告请求，理由是本专利与在其申请日前已公开使用过的外观设计相同，不符合专利法第23条规定。请求人同时提交如下附件作为证据：

附件1：声称为莱州市宏泰电器有限公司在国内公开生产、销售与本专利相同的外观设计产品（即展示柜（S900）产品）的相关证明文件复印件，共15页；

附件 2：意大利佛卡公司从中国购买展示柜（S900）产品的相关证明文件复印件，共 29 页；

附件 3：展示柜（S900）产品的 CE 标准符合性证明书及相关文件复印件，共 27 页；

附件 4：展示柜（S900）产品在国内展会上展出的相关证明文件复印件，共 26 页；

附件 5：管秋生与 Marco Pardini 出具的证言复印件，共 4 页。

请求人认为，附件 1 表明莱州市宏泰电器有限公司在本专利申请日前已在国内公开生产与本专利相同的外观设计产品——展示柜（S900）产品；附件 2 为意大利佛卡公司从国内购买上述产品的相关证明文件，这表明该产品在国内已经公开生产；附件 3 为上述产品的“标准符合性证明书”，这从反面说明该产品在国内已经公开生产；附件 4 表明上述产品已经在国内公开制造、销售和展出；附件 5 表明上述产品在国内的公开设计、生产和销售都早于本专利的申请日；公开生产、销售和展出都属于“使用公开”的方式，上述行为均构成在国内的公开使用；综上，与本专利相同的外观设计产品的设计、生产和销售均早于本专利的申请日，且上述设计、生产和销售都是在公开状态下完成的，上述外观设计已处于公众已得知或可得知的状态，因此本专利不符合专利法第 23 条的规定。

经形式审查合格后，专利复审委员会受理了上述无效宣告请求，并于 2008 年 12 月 22 日将无效宣告请求书及相关附件的副本转给专利权人，要求其在指定的期限内答复。专利权人逾期未答复。

2009 年 1 月 19 日专利复审委员会向双方当事人发出口头审理通知书，定于 2009 年 3 月 19 日对本案进行口头审理。

口头审理如期举行，请求人与专利权人的代理人参加了口头审理。请求人明确其无效宣告的理由为本专利不符合专利法第 23 条的规定，依据附件 1~5 证明在先使用公开的事实；请求人当庭提交附件 1 和附件 4 加盖莱州市宏泰电器有限公司公章的相关页的复印件、附件 2 公证认证文件的原件、附件 4 公证书的原件，放弃附件 2 中佛卡公司关于购买 SNACK400TN 产品的声明（即第 18~19 页）、附件 4 中对应广东展会的证据（即第 72~78 页）以及附件 4 第 85 页；证人管秋生出庭接受质证。专利权人对附件 1 和附件 4 中的复印件、附件 2 和附件 5 证人证言的真实性均有异议，对管秋生的身份有异议，对附件 3 和附件 4 中公证书原件的真实性无异议，但认为附件 3 不构成专利法意义上的公开使用。关于相同、相近似对比，请求人明确以附件 2~4 相关页的图片与本专利进行对比，并认为附件 2 中公开的在先设计与本专利相近似，附件 3 和附件 4 中的在先设计与本专利相同，明确表示展示柜（S900）产品的外观曾经做过改变；专利权人拒绝对二者的相同相近似对比发表意见。

在上述审理的基础上，合议组经合议，认为本案事实清楚，依法作出本审查决定。

二、决定的理由

1. 法律依据

基于请求人提出无效宣告请求所依据的理由和证据，合议组对本专利是否符合专利法第 23 条的规定进行审查。

专利法第 23 条规定，授予专利权的外观设计，应当同申请日以前在国内外出版物上公开发表过或者国内公开使用过的外观设计不相同和不相近似，并不得与他人在先取得的合法权利相冲突。

2. 证据和事实认定

请求人提交的附件 1 是声称为莱州市宏泰电器有限公司在国内公开生产、销售展示柜（S900）产品的证明文件复印件，其内容包括莱州市宏泰电器有限公司的合同、方正亚洲有限公司的订单、莱州市电冰柜厂的产品销售追踪单、莱州市电冰柜厂更名为莱州市宏泰电器有限公司的证明文件、海关出口货物报关单、货物托运单证、原产地证明以及付款凭证等。上述证据中请求人仅提交了莱州市宏泰电器有限公司名称变更的证明文件的原件，其余仅提交加盖莱州市宏泰电器有限公司公章的复印件。专利权人对莱州市宏泰电器有限公司名称变更的证明文件及其事实的真实性无异议，对其他证据的真实性均有异议。

请求人提交的附件2是意大利佛卡公司出具的其曾从莱州市宏泰电器有限公司购买展示柜（S900）产品的声明、相关证明文件及其公证认证文件的复印件，包括佛卡公司的注册信息、其购买的展示柜（S900）产品的照片、方正亚洲有限公司的发票、货物进口报关单、提单、原产地证明等。请求人在口头审理中提交了上述证据相关公证认证文件的原件，专利权人对该组证据的真实性均有异议。

对此，合议组认为，附件1中除莱州市宏泰电器有限公司名称变更的证明文件外均为复印件，其真实性难以确认；从证据内容来看，附件1和附件2中莱州市宏泰电器有限公司的相关产品经一家香港公司——方正亚洲有限公司，被销售至意大利佛卡公司，即便上述事实确实是真实的，这种出口行为也不构成在中国范围内的使用公开，因此附件1和附件2均不能证明与本专利相同的外观设计产品在国内已经公开使用。

请求人提交的附件3是展示柜（S900）产品的CE标准符合性证明书及相关文件复印件，包括莱州市宏泰电器有限公司与四川湾区康莱士检测有限公司签订的委托办理CE认证事宜的合同以及证明四川湾区康莱士检测有限公司主体资格的相关文件。专利权人对附件3的真实性予以认可，但认为其不构成专利法意义上的公开使用。

对此，合议组认为，鉴于专利权人对附件3的真实性予以认可，合议组对该组证据予以采信。根据附件3中莱州市宏泰电器有限公司与四川湾区康莱士检测有限公司签订的合同第8条的规定，“乙方对甲方产品的任何技术资料有保守商业机密的责任，同时甲乙双方未经对方同意，不得与第三方讨论或泄露本合同任何内容”，因此尽管莱州市宏泰电器有限公司在2004年5月28日（早于本专利的申请日2006年11月24日）即委托四川湾区康莱士检测有限公司代为办理展示柜（S900）产品的CE认证事宜，但是后者显然对其通过检测过程而获知的该产品的信息赋有保密义务，并且未经莱州市宏泰电器有限公司的同意也不能向其他第三方泄露该合同的内容，不能据此认为展示柜（S900）产品就此已经处于任何人想要得知即可得知的状态，附件3涉及的对该产品的检测不构成专利法意义上的使用公开。

请求人提交的附件4是展示柜（S900）产品参加国内展会的相关证明文件，包括订单、提货单、电汇明细等单据复印件、方正亚洲有限公司与莱州市宏泰电器有限公司相关邮件的复印件和（2008）莱州政民字第3号公证书的复印件，口头审理中请求人提交了上述公证书的原件，其余仅提交加盖莱州市宏泰电器有限公司公章的复印件。专利权人对上述公证书的真实性无异议，对其他证据的真实性有异议。

请求人提交的附件5是由管秋生与Marco Pardini出具的证言复印件，其中管秋生出庭接受质证。专利权人对上述证言的真实性均不予认可，并指出Marco Pardini曾是本专利的共同专利权人，与本案具有利害关系，且未出庭，对其证言应不予采信。

对此，合议组认为附件4中除了公证书外的其余证据均为复印件，其真实性难以确认，无法证明展示柜（S900）产品在国内公开销售，其中也无证据直接证明该产品确实参加了国内的相关展会及当时展出的产品的外观状况，并且请求人也明确承认展示柜（S900）产品的外观曾经进行过改变；专利权人对（2008）莱州政民字第3号公证书的真实性予以认可，合议组对其亦予以采信，但该公证书是证据保全公证，仅可以证明公证当日青岛益达设备有限公司存放的部分不锈钢展示柜的外观状况，公证书并未对其中莱州市宏泰电器有限公司委托代理人冯仕文的相关陈述进行核实，对其陈述事实的真实性也不具有证明力；Marco Pardini并未出庭接受质证，合议组对附件5中其出具的证言不予采信，管秋生虽出庭接受质证，但表示其是莱州市宏泰电器有限公司的技术部部长，不直接经手本企业的销售，也没有直接参加过展会，其关于方正亚洲有限公司曾从其所在公司购买产品以参加在国内举行的各种产品展销会的陈述既缺乏相关参展证据的佐证，与附件4也无直接和确定的联系，合议组对其证言不予采信。综上，附件4和附件5均不能证明展示柜（S900）产品在本专利的申请日前曾在国内公开销售尤其是展出过。

请求人认为附件1~4均可以证明展示柜（S900）产品在本专利的申请日前已在国内公开生产，从而构成使用公开。

对此，合议组认为：生产制造同使用、销售等行为一样均是有可能构成相关设计被使用公开的方式，但其中“公开”的认定取决于上述行为是否导致相关设计处于公众中任何一个人想得知即可得知的状态；根据商业习惯，通常企业的生产活动属于企业内部的行为，企业外部的人员一般并不能随意了解到企业内部的生产活动状况，故在无证据证明相关生产过程是公开的情况下，不能仅以企业生产制造了某产品即认定该产品已被公众所知；本案中请求人未就展示柜（S900）产品的生产和制造过程是否处于公开状态提供证据，故合议组对其主张不予支持。

综上，请求人提交的证据均不能证明本专利不符合专利法第23条的规定，请求人无效宣告的理由不成立。

三、决定

维持200630145461.4号外观设计专利有效。

当事人对本决定不服的，可以根据专利法第46条第2款的规定，自收到本决定之日起三个月内向北京市第一中级人民法院起诉。根据该款的规定，一方当事人起诉后，另一方当事人应当作为第三人参加诉讼。

北京市第一中级人民法院
行政判决书

（2009）一中行初字第1706号

原告孙雅申，男，1968年5月3日出生，汉族，住中华人民共和国北京市海淀区西土城路25号。

委托代理人孙姗姗，北京市洪范广住律师事务所律师。

被告中华人民共和国国家知识产权局专利复审委员会，住所地中华人民共和国北京市海淀区北四环西路9号银谷大厦10~12层。

法定代表人张茂于，副主任。

委托代理人程强，中华人民共和国国家知识产权局专利复审委员会审查员。

第三人方正亚洲有限公司，中华人民共和国香港特别行政区告士打道181号中怡大厦1001室。

法定代表人Cassani，Maria Adelaide，董事。

第三人玛丽亚·阿德莱德·卡萨尼（Maria Adelaide Cassani），女，1945年9月26日出生，持有YA0158841号意大利护照。

委托代理人邵守刚，清泰律师事务所律师。

原告孙雅申不服被告中华人民共和国国家知识产权局专利复审委员会于2009年4月22日作出的第13245号无效宣告请求审查决定，于法定期限内向本院提起诉讼。本院于2009年7月7日受理本案后，依法组成合议庭，并通知方正亚洲有限公司、玛丽亚·阿德莱德·卡萨尼作为本案第三人参加诉讼。在本案审理过程中，原告孙雅申于 2009 年 12 月 15 日向本院提出撤诉申请，请求撤回对被告中华人民共和国国家知识产权局专利复审委员会的起诉。

本院认为：原告孙雅申的撤诉申请系其真实意思表示，亦未违反法律规定，应予准许。本院依照《中华人民共和国行政诉讼法》第五十一条之规定，裁定如下：

准许原告孙雅申撤回对被告中华人民共和国国家知识产权局专利复审委员会的起诉。

案件受理费人民币 100 元，减半收取 50 元，由原告孙雅申负担（已交纳）。

审 判 长 赵 静
代理审判员 姜庶伟
人民陪审员 刘世昌
二〇〇九年十二月十五日
书 记 员 谭北川
书 记 员 高晓旭

221

脱 毛 器

无效宣告请求审查决定（第13251号）

决　　定　　号　第13251号
决　　定　　日　2009年4月24日
发明创造名称　脱毛器
外观设计分类号　28-03
无效宣告请求人　浙江君得利电器有限公司
专　利　权　人　百灵公司
专　　利　　号　00305932.4
申　　请　　日　2000年5月10日
优　先　权　日　1999年11月10日
授 权 公 告 日　2001年1月17日
合 议 组 组 长　王霞军
主　　审　　员　钟　华
参　　审　　员　雷　婧
附　　　　　图　3页

法　律　依　据　专利法第9条、第23条，专利法实施细则第10条第1款、第13条第1款
决　定　要　点
本专利优先权成立，故在适用专利法第9条和专利法第23条时，应将其优先权日视为申请日。

请求人提交的证据不能证明与本专利相同或者相近似的外观设计在本专利优先权日之前申请过或者公开发表过，故其无效宣告请求不成立。

一、案由

本无效宣告请求涉及国家知识产权局于2001年1月17日授权公告的名称为“脱毛器”的00305932.4号外观设计专利（下称本专利），其申请日为2000年5月10日，优先权日为1999年11月10日，专利权人为百灵公司。

针对本专利，浙江君得利电器有限公司（下称请求人）于2008年10月4日向专利复审委员会提出无效宣告请求，其理由是：在本专利申请日前已经公开发表过与本专利相近似的外观设计，因此本专利不符合专利法第23条的规定；在本专利申请日前已有相近似的外观设计在先申请过，因此本专利不符合专利法第9条和专利法实施细则第13条第1款的规定。请求人同时提交如下了附件作为证据：

附件 1：97302220.5 号外观设计专利电子公告打印件 1 页；

附件 2：99304491.3 号外观设计专利电子公告打印件 1 页。

请求人认为：附件 1 的申请时间早于本专利，是在先申请的外观设计，将其与本专利进行对比，两者的相同点在于：两者的整体形状相同，均为略呈弓形的长方体，各组成部分及其形状基本相同，均由本体头部和本体握柄两部分组成，刀头部较小握柄部较大，在本体的正面中均设有突起的按钮开关，握柄两侧中下部均有类椭圆形设计。两者的区别在于：本专利刀头部分设置有在正背面突起的弧线加强条，使刀头部分向正背面突出，延伸向下；本专利头部两侧向下的弧线在中部相连，而在先申请的设计中二弧线直接延伸至脱毛器尾部；本专利两侧的椭圆形弧形更圆，还设有圆点突起，而在先申请设计的椭圆接近三角形，没有圆点突起。依据整体观察、综合判断的原则，在整体轮廓相近似的前提下，对于一般消费者而言，两者的上述细微差异不足以对其整体视觉效果产生显著影响，本专利与在先申请设计近似，不符合专利法第 9 条和专利法实施细则第 13 条第 1 款的规定；附件 2 为 1998 年公开的一种电脱毛器，将其与本专利进行对比，两者的相同点在于：两者的整体形状相同，均为略呈弓形的长方体，两者的组成部分及各组成部分的形状基本相同，均由本体头部和本体握柄两部分组成，在本体的正面均设有突起开关，握柄两侧中下部均有类椭圆形设计，虽然在脱毛器的头部及握柄两侧略有区别，但由于两者整体近似，其底部与两侧的变化不是较大，因此请求人认为两者还是近似的设计，本专利不符合专利法第 23 条的规定。

经形式审查合格，专利复审委员会依法受理了上述无效宣告请求，并于 2008 年 11 月 17 日将无效宣告请求书及相关文件的副本转给专利权人，要求其在指定的期限内答复。

2008 年 12 月 25 日，专利复审委员会收到专利权人提交的意见陈述书，认为本专利与请求人提交的两份附件所示外观设计相比，均不相同且不相近似，本专利符合专利法第 9 条、专利法实施细则第 13 条第 1 款、专利法第 23 条的规定。

2009 年 2 月 1 日，专利复审委员会将上述专利权人的意见陈述书转送给请求人，要求其在指定的期限内进行答复。同日，向专利权人发出合议组成员告知通知书，告知其如对合议组成员有回避请求，应于收到通知书之日起 7 日内提交书面请求。请求人逾期未进行答复。专利权人逾期未提出合议组人员回避请求。

至此，合议组认为本案事实清楚，可以作出如下审查决定。

二、决定的理由

1. 法律依据

专利法第 9 条规定：“两个以上的申请人分别就同样的发明创造申请专利的，专利权授予最先申请的人。”

专利法第 23 条规定：“授予专利权的外观设计，应当同申请日以前在国内外出版物上公开发表过或者国内公开使用过的外观设计不相同和不相近似，并不得与他人在先取得的合法权利相冲突。”

专利法实施细则第 10 条第 1 款规定：“除专利法第 28 条和第 42 条规定的情形外，专利法所称申请日，有优先权的，指优先权日。”

专利法实施细则第 13 条第 1 款规定：“同样的发明创造只能被授予一项专利。”

2. 证据的认定

经合议组核实，附件 1 和附件 2 的内容真实，可以作为本案的定案依据。

经合议组核实，本专利优先权成立，故在适用专利法第 9 条和专利法第 23 条时，应将其优先权日 1999 年 11 月 10 日视为申请日。

附件 1 的公开日为 1998 年 3 月 5 日，早于本专利优先权日 1999 年 11 月 10 日，故附件 1 记载的外观设计属于专利法第23条所述在申请日以前公开发表过的外观设计（下称在先发表设计）。

附件2的申请日为1999年4月6日，公开日为2000年2月23日。附件2的公开日晚于本专利优先权日，但其申请日早于本专利优先权日1999年11月10日，故其上记载的外观设计属于在本专利申请日前申请的外观设计（下称在先申请设计），能用以评述本专利是否符合专利法第9条和专利法实施细则第13条第1款的规定。

3. 本专利是否符合专利法第23条的规定

本专利为脱毛器的外观设计，在先发表设计为电脱毛器的外观设计，两者所属产品的种类相同，因此可以进行外观设计近似性比较。

本专利授权图片包括主视图、后视图、左视图、右视图、俯视图、仰视图和立体图。从主、后视图看，本专利所示脱毛器由刀头和握柄组成，刀头设置于握柄上，整体近似上窄下宽的扁椭圆形，侧面略呈弧线弓形。其刀头呈马鞍形，顶端内置近似“U”形脱毛刀片，脱毛刀片下方凹陷。刀头周边突出于握柄，向握柄正面延伸呈居中的“V”字形，“V”字形下部为略突出的前推钮。刀头周边向握柄背面延伸呈圆弧形。上述“V”字形外接“V”字框，“V”字框外侧上方各有一个突起圆点。脱毛器外侧下部对称设置有近似三角形。从后视图看，上述刀头周边突出握柄背面延伸的圆弧形和上述脱毛器外侧下部对称设置的图案之间为近似树叉状（详见本专利附图）。

在先发表设计公开了主视图、后视图、左视图、右视图、仰视图、俯视图和三个立体图，其所示脱毛器由刀头和握柄组成，刀头设置于握柄上，整体近似蚕豆状，中部两侧向内凹陷，侧面呈弧线弓形。其刀头呈长方形，顶端内置近似梯形脱毛刀片，从主视图看其下方有一排齿状凸起物。刀头周边向握柄正面延伸呈近似喇叭花形，喇叭花形的下部为明显突出的前推钮，刀头周边向背面延伸与握柄有一条弧形分界线。脱毛器的一侧向内凹陷处设有侧推钮（详见在先发表设计附图）。

将本专利与在先发表设计对比，两者的共同点在于：两者均由刀头和握柄组成，刀头均设置于握柄上，整体近似扁椭圆形。两者主要的不同之处在于：本专利为上窄下宽的扁椭圆形，在先设计为中部凹陷的扁椭圆形；刀头设计不同；握柄正面、背面的设计不同；有无侧推钮不同。对此，合议组认为：脱毛器的主要部件为刀头和握柄，本专利与在先发表设计在刀头和握柄正面、背面的区别较大，容易引起一般消费者的注意，足以对产品的整体视觉效果产生显著的影响，因此本专利与在先设计不相同且不相近似，本专利符合专利法第23条的规定。

4. 本专利是否符合专利法第9条和专利法实施细则第13条第1款的规定

本专利为脱毛器的外观设计，在先申请设计为电脱毛器的外观设计，两者所属产品的种类相同，因此可以进行外观设计近似性比较。

在先申请设计记载了主视图、仰视图、俯视图、右视图、立体图、其他视图等十个视图，其所示电脱毛器由刀头和握柄组成，刀头设置于握柄上，整体近似鼠标形，底部呈圆弧形，侧面略呈弧线弓形。其刀头呈漏斗形，顶端内置长方形脱毛刀片，刀头周边与握柄贴合，且向握柄正面延伸呈居中的高脚杯形贯穿到握柄的底端，漏斗形中央是扇形前推钮。脱毛器外侧下部对称设置有柳叶形（详见在先申请设计附图）。

将本专利与在先申请设计对比，两者的共同点在于：均由刀头和握柄组成，刀头均设置于握柄上，握柄底部均呈圆弧形。两者的不同之处在于：整体形状不同；刀头设计不同；握柄设计不同。对此，合议组认为：本专利与在先申请设计在整体形状、刀头、握柄正面的区别较大，容易引起一般消费者的注意，足以对产品的整体视觉效果产生显著的影响，因此本专利与在先申请设计不相同且不相近似。依据审查指南第四部分第七章的规定，专利法第9条和专利法实施细则第13条第1款所述的“同样的发明创造”，对于外观设计而言，是指外观设计相同或者相近似，故本专利与在先申请设计不属于同样的发明创造，本专利符合专利法第 9 条和专利法实施细则第 13 条第 1 款的规定。

综上所述，请求人提交的证据不能证明其主张，其无效宣告请求不成立。

三、决定

根据专利法第 9 条、第 23 条、第 46 条第 1 款和专利法实施细则第 10 条第 1 款、第 13 条第 1 款的规定，维持 00305932.4 号专利权有效。

根据专利法第 46 条第 2 款的规定，当事人对本决定不服的，自收到本决定之日起三个月内向北京市第一中级人民法院起诉，根据该款规定，一方当事人起诉后，另一方当事人应当作为第三人参加诉讼。

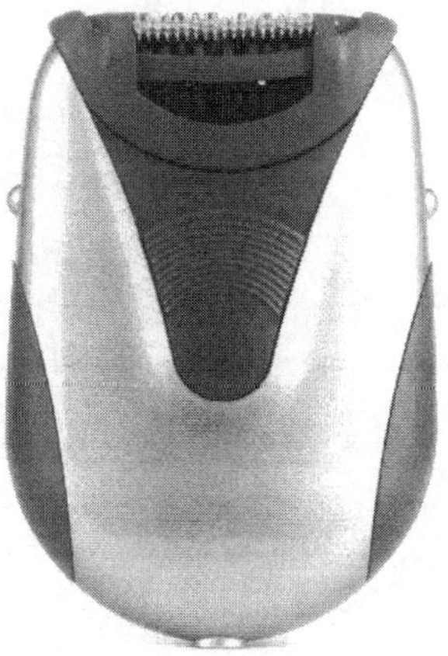

主视图 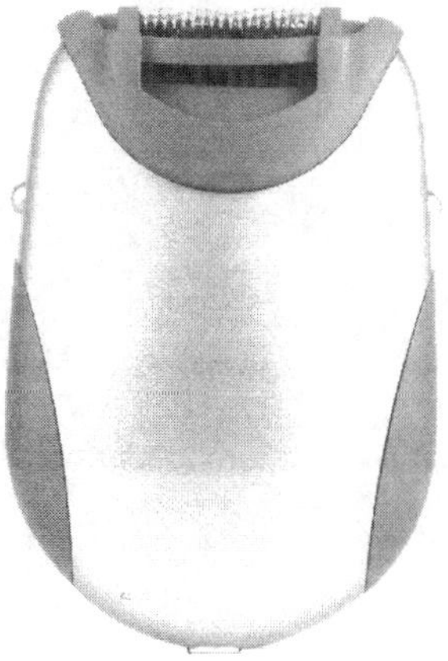　　后视图

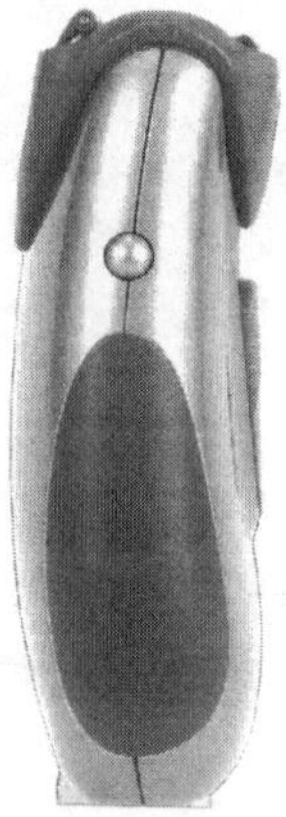

左视图 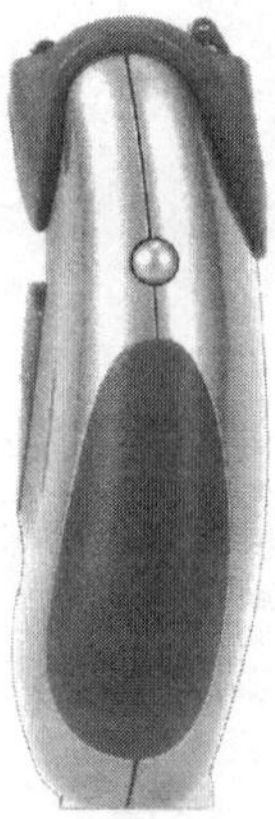　　右视图 　　俯视图 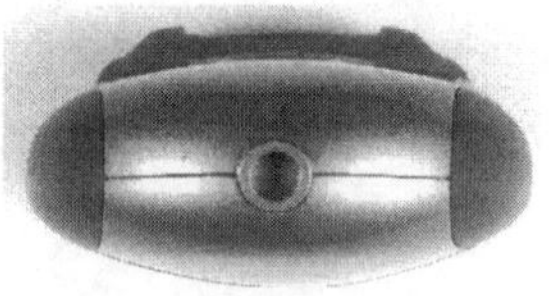　　仰视图

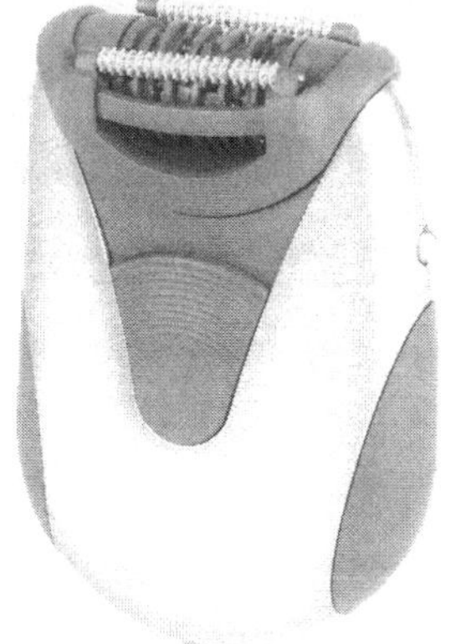

立体图

本专利附图

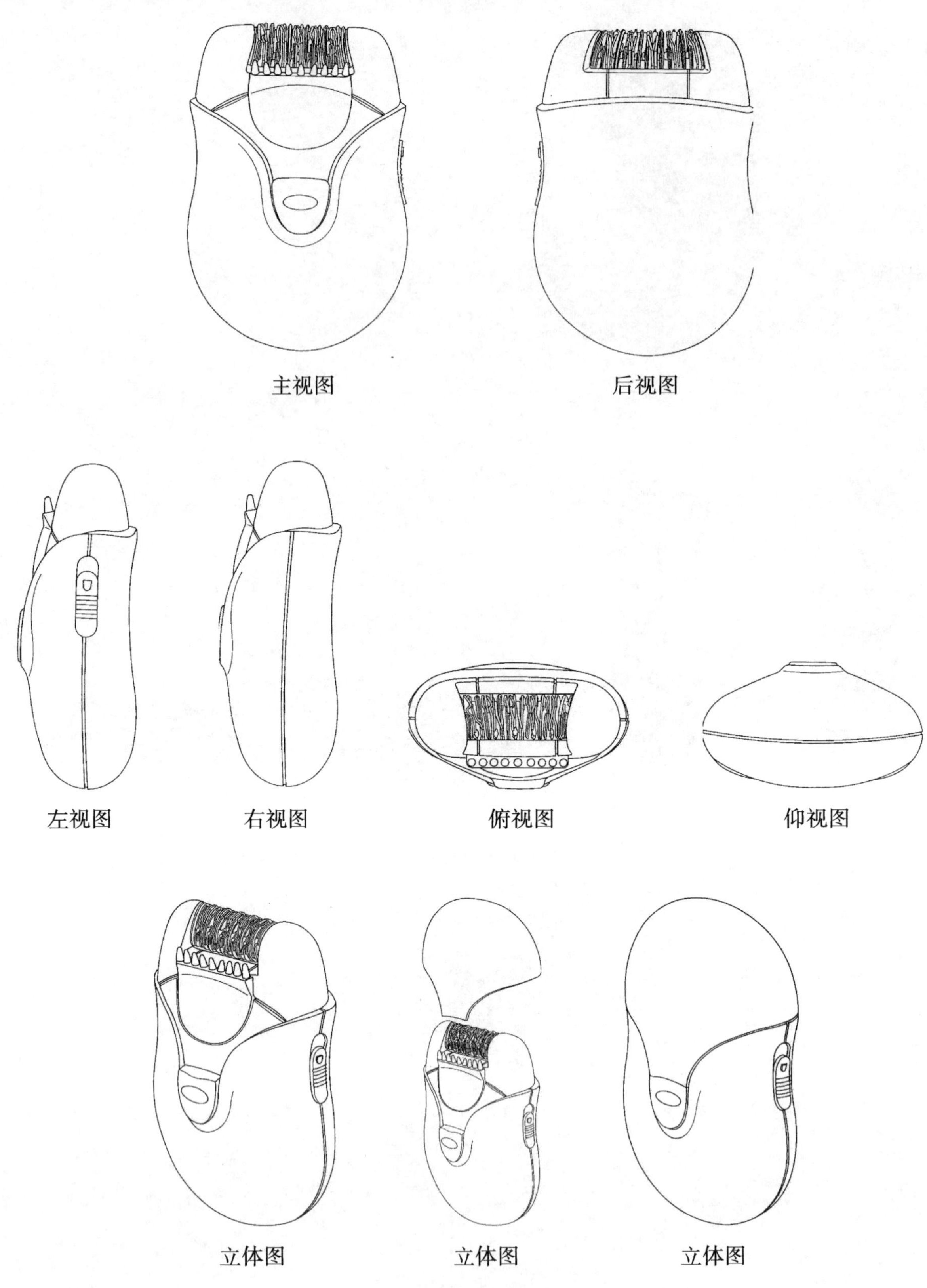

在先发表设计附图

主视图
立体图
右视图
俯视图
仰视图
其他视图——主视图
其他视图——右视图
其他视图——立体图
其他视图——俯视图
其他视图——仰视图

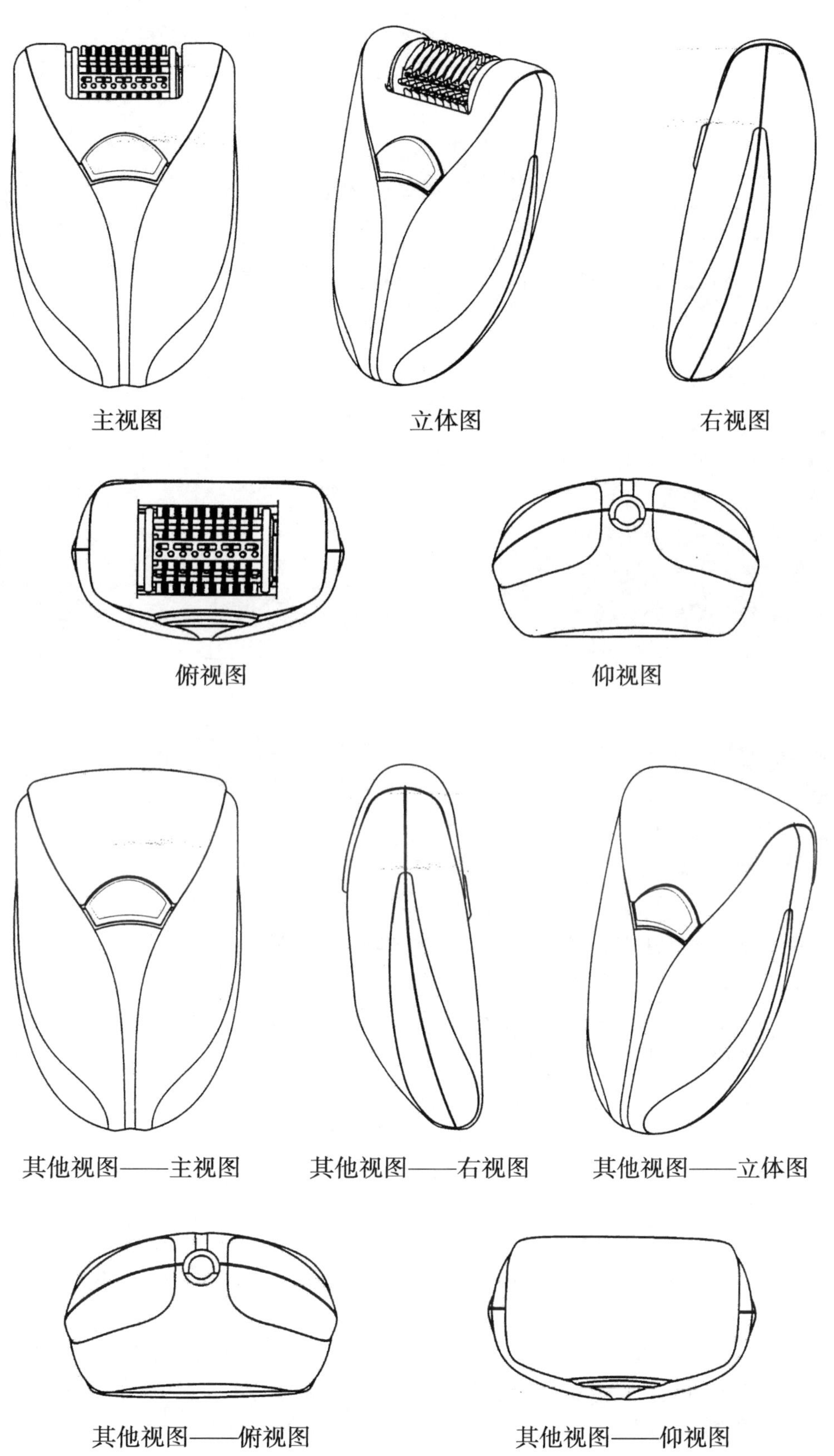

在先申请设计附图

222

脱　毛　机

无效宣告请求审查决定（第 13252 号）

决　　定　　号　第 13252 号
决　　定　　日　2009 年 4 月 24 日
发明创造名称　脱毛机
外观设计分类号　28-03
无效宣告请求人　浙江君得利电器有限公司
专　利　权　人　百灵公司
专　　利　　号　02338528.6
申　　请　　日　2002 年 9 月 28 日
优　先　权　日　2002 年 4 月 3 日
授 权 公 告 日　2003 年 5 月 14 日
合 议 组 组 长　王霞军
主　　审　　员　钟　华
参　　审　　员　雷　婧
附　　　　　图　3 页

法　律　依　据　专利法第 23 条，专利法实施细则第 10 条第 1 款
决　定　要　点

本专利优先权成立，故在适用专利法专利法第 23 条时，应将其优先权日视为申请日。

请求人提交的证据不能证明与本专利相同或者相近似的外观设计在本专利优先权日之前公开发表过，故其无效宣告请求不成立。

一、案由

本无效宣告请求涉及国家知识产权局于 2003 年 5 月 14 日授权公告的名称为“脱毛机”的 02338528.6 号外观设计专利（下称本专利），其申请日为 2002 年 9 月 28 日，优先权日为 2002 年 4 月 3 日，专利权人为百灵公司。

针对本专利，浙江君得利电器有限公司（下称请求人）于 2008 年 10 月 4 日向专利复审委员会提出无效宣告请求，其理由是：在本专利申请日前已经公开发表过与本专利相近似的外观设计，因此本专利不符合专利法第 23 条的规定。请求人同时提交如下了附件作为证据：

附件 1：00305932.4 号外观设计专利公报复印件 1 页；

附件 2：99304491.3 号外观设计专利电子公告打印件 1 页。

请求人认为：附件 1 和附件 2 的公开时间早于本专利，将附件 1 与本专利进行对比，两者的相同点非常之多，而主要的区别在于：附件 1 脱毛器中部的按钮为多条弧线状，而本专利为月牙形；附件 1 的握柄中、尾部宽于刀头，而本专利中、尾端内缩，窄于头部；本专利的头部侧面多一层透明塑料片及六道小弧线段；两侧圆形颗粒的形状略有区别。依据整体观察、综合判断的原则，两者整体形状相同，各组成部分相同，不同点主要在于开关的形状、产品握柄处两侧的弧度，对于一般消费者而言，上述细微差异不足以对其整体视觉效果产生显著影响，故本专利与在附件 1 近似；将附件 2 与本专利进行对比，两者的相同点在于：两者的整体形状相同，均为略呈弓形的长方体，两者的组成部分及其形状基本相同，均由本体头部和本体握柄两部分组成，在本体的正面均设有突起开关，握柄两侧中下部均有类椭圆形设计。两者的区别在于：本专利刀头部分在正、背面设有突起的弧线加强条，使刀头部分向正背面突出；本专利刀头部两侧向下的弧线在中部相连，而附件 2 二弧线直接延伸至脱毛器尾部；本专利两侧的椭圆形有较大弧度，并在两侧设有圆形突起，而附件 2 则接近三角形。依据整体观察、综合判断的原则，在整体近似的前提下，对于一般消费者而言，上述细微差异不足以对其整体视觉效果产生显著的影响，本专利与附件 2 相近似。综上，请求人认为本专利不符合专利法第 23 条的规定。

经形式审查合格，专利复审委员会依法受理了上述无效宣告请求，并于 2008 年 11 月 17 日将无效宣告请求书及相关文件的副本转给专利权人，要求其在指定的期限内答复。

2008 年 12 月 25 日，专利复审委员会收到专利权人提交的意见陈述书，认为本专利与请求人提交的两份附件所示外观设计相比，均不相同且不相近似，本专利符合专利法第 23 条的规定。专利权人同时提交了如下反证：

反证、国家知识产权局专利信息中心出具的检索报告。

2009 年 2 月 1 日，专利复审委员会将上述专利权人的意见陈述书转送给请求人，要求其在指定的期限内进行答复。同日，向专利权人发出合议组成员告知通知书，告知其如对合议组成员有回避请求，应于收到通知书之日起 7 日内提交书面请求。请求人逾期未进行答复。专利权人逾期未提出合议组人员回避请求。

至此，合议组认为本案事实清楚，可以作出如下审查决定。

二、决定的理由

1. 法律依据

专利法第 23 条规定："授予专利权的外观设计，应当同申请日以前在国内外出版物上公开发表过或者国内公开使用过的外观设计不相同和不相近似，并不得与他人在先取得的合法权利相冲突。"

专利法实施细则第 10 条第 1 款规定：除专利法第 28 条和第 42 条规定的情形外，专利法所称申请日，有优先权的，指优先权日。

2. 证据的认定

经合议组核实，附件 1 和附件 2 的内容真实，可以作为本案的定案依据。

经合议组核实，本专利优先权成立，故在适用专利法第 23 条时，应将其优先权日 2002 年 4 月 3 日视为申请日。

附件 1 的公开日为 2001 年 1 月 17 日，附件 2 的公开日为 2000 年 2 月 23 日，均早于本专利优先权日 2002 年 4 月 3 日，故其上记载的外观设计均属于在本专利优先权日之前公开发表过的外观设计（以下分别称在先设计 1 和在先设计 2），能用以评述本专利是否符合专利法第 23 条的规定。

3. 本专利是否符合专利法第 23 条的规定

本专利为脱毛机的外观设计，在先设计 1 为脱毛器的外观设计，两者所属产品的种类相同，因此可以进行外观设计近似性比较。

本专利授权图片包括主视图、后视图、左视图、右视图、俯视图、仰视图和立体图。本专利所示脱毛器由刀头和握柄组成，刀头设置于握柄上，从主、后视图看，整体近似倒梯形，底部呈圆弧形。从左、右视图看，其略呈弧线弓形。其刀头呈马鞍形，顶端内置近似“U”形脱毛刀片，脱毛刀片下方由透明塑料片遮盖。刀头周边突出于握柄，向握柄正面延伸呈居中的“V”字形，“V”字形下部为略突出的前推钮，前推钮上有月牙形凸挡。上述“V”字形外接大“V”字框构成握柄的正面，“V”字框外侧上方各有一个突起椭圆点。刀头周边向握柄背面延伸呈圆弧形。握柄背面其他部位呈光滑弧线。握柄侧面自突起圆点处开始内缩至底端，且与正面、背面呈钝角角度连接（详见本专利附图）。

在先设计1公开了主视图、后视图、左视图、右视图、俯视图、仰视图和立体图。在先设计1所示脱毛器由刀头和握柄组成，刀头设置于握柄上，从主、后视图看，整体近似上窄下宽的扁椭圆形，底部呈圆弧形。从左、右视图看，其侧面略呈弧线弓形。其刀头呈马鞍形，顶端内置近似“U”形脱毛刀片，脱毛刀片下方凹陷。刀头周边突出于握柄，向握柄正面延伸呈居中的“V”字形，“V”字形下部为略突出的前推钮，前推钮上设置有多条细圆弧线。刀头周边向握柄背面延伸呈圆弧形。上述“V”字形外接大“V”字框，大“V”字框外侧上方各有一个突起圆点。握柄的正、背面的外侧下部均对称设置有近似三角形，侧面则近似椭圆形。握柄背面其他部位呈光滑弧线。握柄侧面自起点处呈弧形外扩至底端，且与正面、背面圆弧形光滑过渡（详见在先设计1附图）。

将本专利与在先设计1对比，两者的共同点在于：刀头近似；刀头均向握柄正面延伸呈居中的“V”字形，“V”字形下部为略突出的前推钮，“V”字框外侧上方各有一个突起点；握柄背面其他部位均呈光滑弧形；底部呈圆弧形；侧面略呈弧线弓形。两者的不同之处在于：脱毛器的整体形状不同；握柄的整体形状不同；握柄的正面、背面外侧下部设计不同，与侧面过渡连接不同；脱毛刀片下方不同；前推钮不同；突起点的形状不同。对此，合议组认为：本专利与在先设计1脱毛器的的整体形状、握柄的形状及其正面、背面与侧面的连接过渡处差别较大，这些差别容易引起一般消费者的注意，足以对产品的整体视觉效果产生显著的影响，因此本专利与在先设计不相同且不相近似，在先设计1不能证明本专利不符合专利法第23条的规定。

本专利为脱毛机的外观设计，在先设计2为脱毛器的外观设计，两者所属产品的种类相同，因此可以进行外观设计近似性比较。

在先设计2公开了主视图、仰视图、俯视图、右视图、立体图、其他视图等十个视图，其所示电脱毛器由刀头和握柄组成，刀头设置于握柄上，整体近似鼠标形，底部呈圆弧形，侧面略呈弧线弓形。其刀头呈漏斗形，顶端内置长方形脱毛刀片，刀头周边与握柄贴合，且向握柄正面延伸呈居中的高脚杯形贯穿到握柄的底端，漏斗形中央是扇形前推钮。脱毛器外侧下部对称设置有柳叶形（详见在先设计2附图）。

将本专利与在先设计2对比，两者的共同点在于：均由刀头和握柄组成，刀头均设置于握柄上，握柄底部均呈圆弧形。侧面略呈弧线弓形。两者的不同之处在于：整体形状不同；刀头设计不同；握柄的整体形状不同；握柄的正面、背面外侧下部设计不同，与侧面过渡连接不同；前推钮不同；有无侧面突起点不同。对此，合议组认为：本专利与在先设计2在整体形状、刀头、握柄的形状均区别较大，容易引起一般消费者的注意，足以对产品的整体视觉效果产生显著的影响，因此本专利与在先设计不相同且不相近似。在先设计2不能证明本专利不符合专利法第23条的规定。

综上所述，请求人提交的证据不能证明其主张，其无效宣告请求不成立。

鉴于以上评述已经得出请求人的无效宣告请求不成立的结论，本决定对专利权人提交的反证不再予以评述。

三、决定

根据专利法第 23 条、第 46 条第 1 款和专利法实施细则第 10 条第 1 款的规定，维持 02338528.6 号专利权有效。

根据专利法第 46 条第 2 款的规定，当事人对本决定不服的，自收到本决定之日起 3 个月内向北京市第一中级人民法院起诉，根据该款规定，一方当事人起诉后，另一方当事人应当作为第三人参加诉讼。

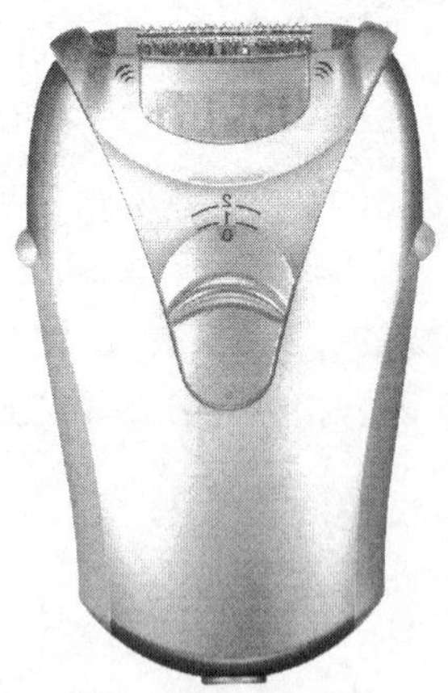

主视图

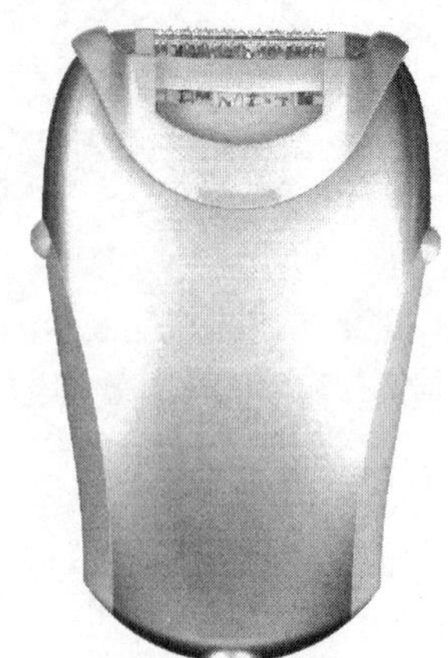

后视图

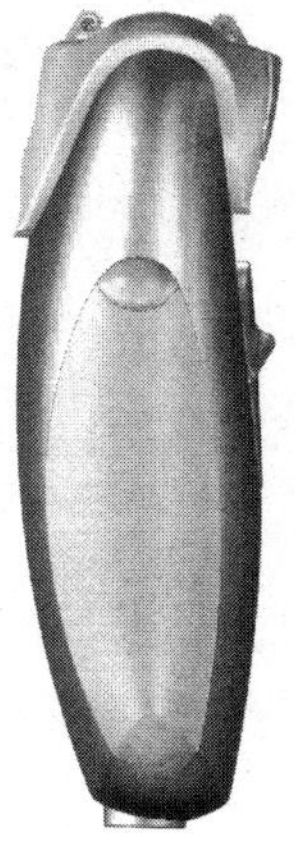

左视图

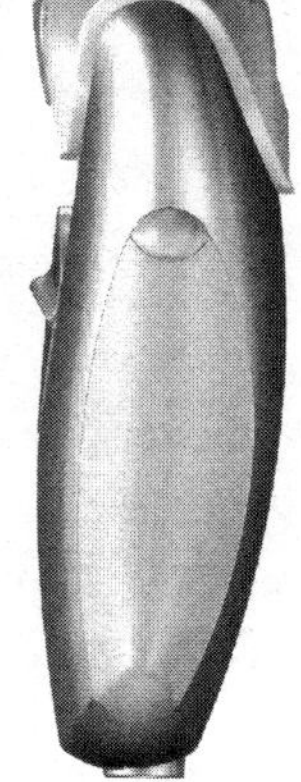

右视图

俯视图

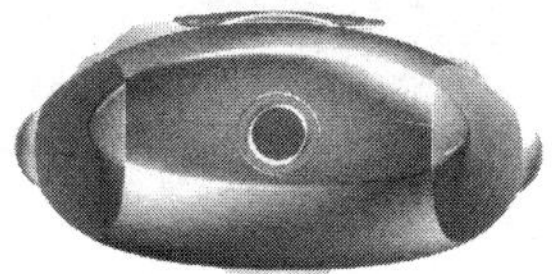

仰视图

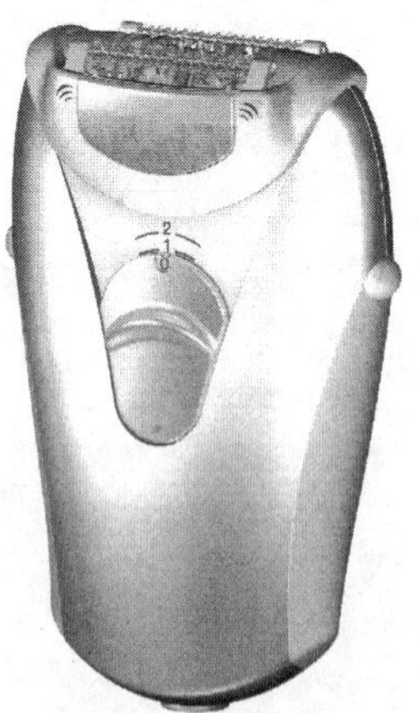

立体图

本专利附图

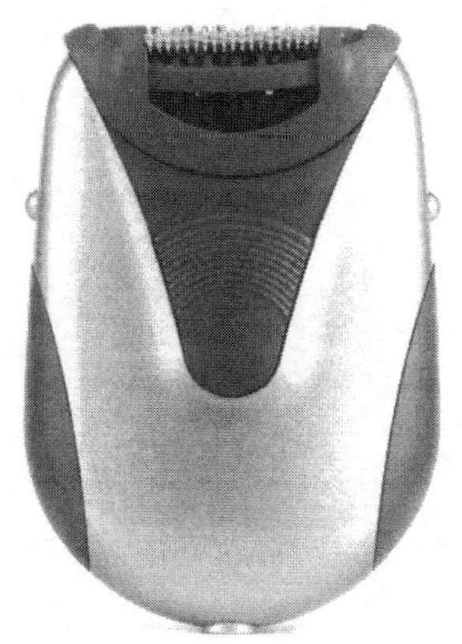

主视图

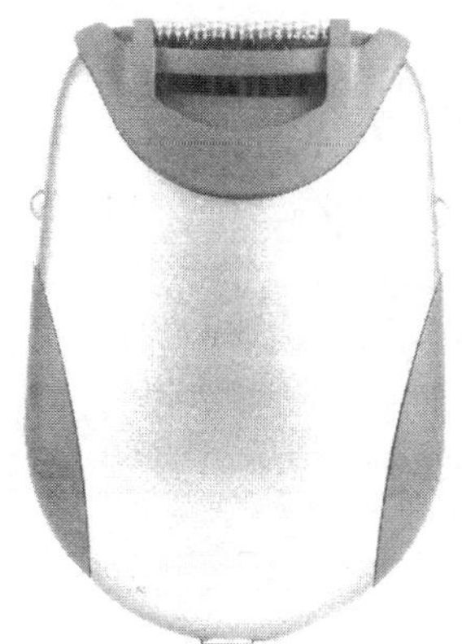

后视图

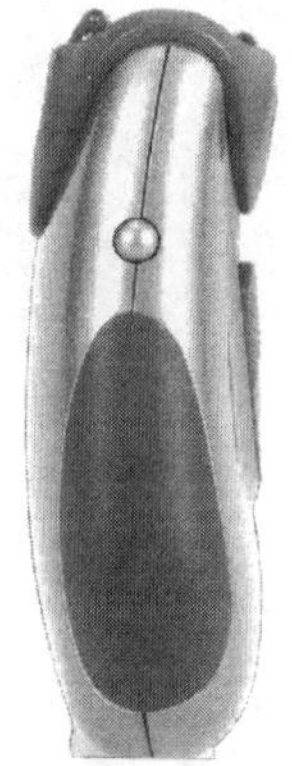

左视图

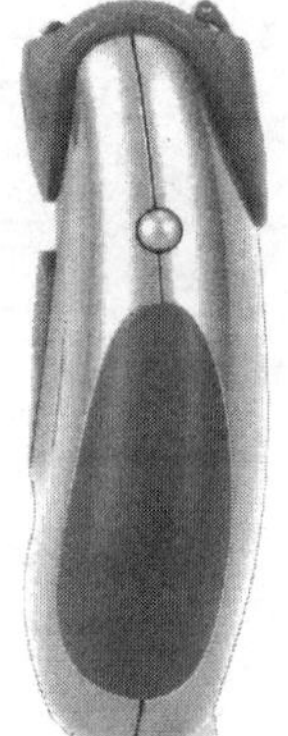

右视图

俯视图

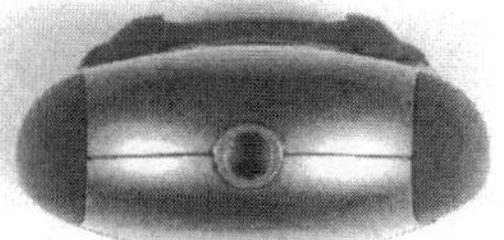

仰视图

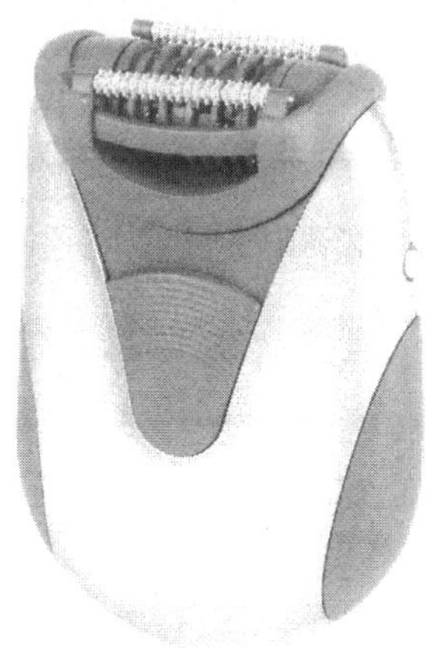

立体图

在先设计 1 附图

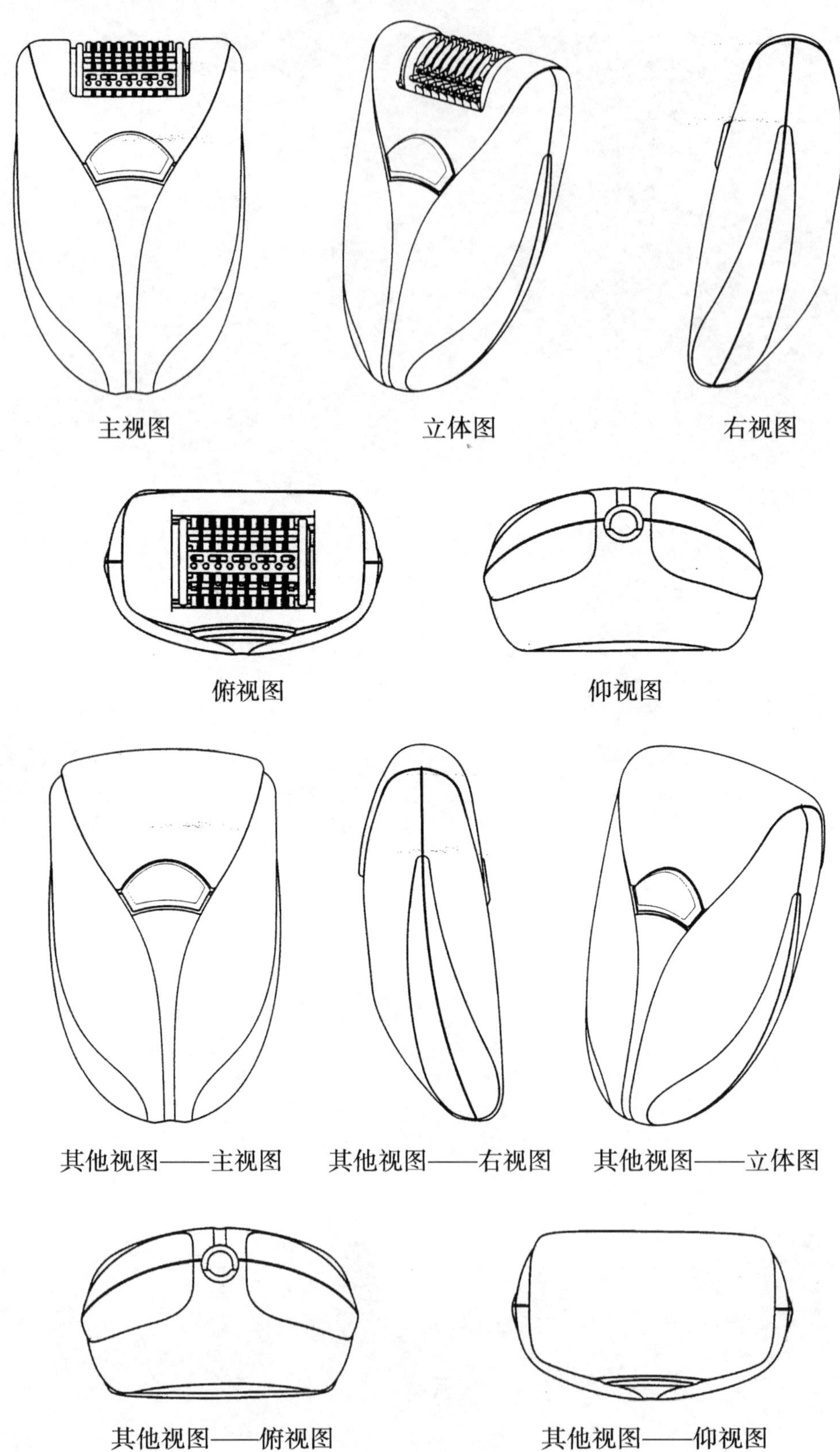

在先设计 2 附图

223

玩具（医生组）

无效宣告请求审查决定（第13256号）

决　　定　　号　第13256号
决　　定　　日　2009年3月20日
发明创造名称　玩具（医生组）
分　　类　　号　2101
无效宣告请求人　晋江嘉隆玩具有限公司
专　利　权　人　高树杨
专　　利　　号　200430061094.0
申　　请　　日　2004年6月22日
授 权 公 告 日　2005年3月23日
合 议 组 组 长　吴大章
主　　审　　员　沈　丽
参　　审　　员　汤　锷
附　　　　　图　5页

法　律　依　据　专利法第23条
决　定　要　点
本专利和申请日前在网络上公开过的外观设计相近似，因此本专利不符合专利法第23条的规定。

一、案由

本无效宣告请求涉及的是国家知识产权局于2005年3月23日授权公告的200430061094.0号外观设计专利，使用该外观设计的产品名称为“玩具（医生组）”，申请日是2004年6月22日，专利权人是高树杨。针对上述专利权（下称本专利），晋江嘉隆玩具有限公司（下称请求人）于2008年11月25日向专利复审委员会提出无效宣告请求，其依据的事实和理由是：整体观察本专利与在先设计，构图风格相同，所不同的地方在于手术钳、手术剪、镊子和手术刀两个视图中的位置刚好左右对调，但是这一细微的差别对整体的视觉效果不具有显著的影响，被比设计的件1与在先设计相近似；本专利与在先设计属于同一类别的产品，本领域的一般消费者经过整体观察、综合判断可以得出，本专利在申请日之前已被香港知识产权署于2000年9月15日公告的外观设计记录册所公开。因此，本专利不符合专利法第23条的规定，应予宣告无效。请求人同时提交的作为证据的附件如下：

附件1：香港知识产权署网站上公开的注册号为0011112.0的外观设计专利，共9页。

经形式审查合格，专利复审委员会受理了该无效宣告请求，并于2008年12月31日将无效宣告请求书及其附件的副本转送给专利权人，通知其在指定期限内陈述意见。

专利复审委员会依法成立合议组对本案进行审理，于2009年2月11日向请求人和专利权人发出口头审理通知书，定于2009年3月16日对本案进行口头审理。

2009年2月19日，专利复审委员会收到专利权人提交的专利无效答辩意见书共2页，专利权人认为，(1) 本专利与在先设计有颜色和摆放位置上的区别，能够让消费者区分开来，就应当认定这两个设计存在实质性的不同；(2) 无效请求人提供的证据不符合民事法律关于证据的要求，缺乏真实性和合法性，不能作为合法证据使用。因此请求人的无效宣告请求理由不能成立。

2009年2月20日，合议组将2009年2月19日专利复审委员会收到的专利权人提交的专利无效答辩意见书转送给请求人。

2009年3月5日，请求人仅提交了意见陈述书，请求人认为，(1) 本专利没有要求保护色彩，不应将本专利的颜色与在先设计的颜色进行比对；(2) 在先设计是从网站下载形成，不属域外证据，无需履行公证认证手续，该证据是以图片所记载的内容与本专利相同实现证明目的，而不是通过文字实现证明目的，因此无需翻译。

口头审理如期举行，专利权人未出席口头审理，请求人出席了口头审理。请求人对合议组成员没有回避请求。口头审理中，请求人称：(1) 其提交的附件1是通过国家知识产权局网站链接找到香港知识产权署网站找到的。(2) 认为本专利在申请日之前已被附件1所公开，本专利与附件1相比相同或相近似，不符合专利法第23条的规定。

通过上述审理，合议组经合议，认为本案事实清楚，依法作出本审查决定。

二、决定的理由

1. 无效宣告请求理由相关法律规定基于请求人提出无效宣告请求所依据的事实和理由，合议组对本专利是否符合专利法第23条的规定进行审查。

专利法第23条规定："授予专利权的外观设计，应当同申请日以前在国内外出版物上公开发表过或者国内公开使用过的外观设计不相同和不相近似，并不得与他人在先取得的合法权利相冲突。"

2. 证据认定

附件1为请求人在香港知识产权署网上检索系统的网站下载的注册号为0011112.0的外观设计专利图片，注册日期为2000年8月19日，用于证明本专利在申请日即2004年6月22日之前已被附件1所公开。口头审理中请求人称附件1来源于国家知识产权局网站上链接到的香港知识产权署所属网站。

专利权人在2009年2月19日提交的意见陈述书中认为，(1) 该网站资料未经香港知识产权署书面确认，不宜直接作为证据使用；(2) 该证据属于域外证据，未办理法定证明手续；(3) 请求人提供的网页中部分为英文描述，没有相应的中文说明，因此附件1不能作为证据使用。

2006版审查指南第四部分第八章第2.2.2节中规定，当事人向专利复审委员会提供的证据是香港、澳门、台湾地区形成的，应当履行相关的证明手续，但该证据是能够从除香港、澳门、台湾地区外的国内公共渠道获得的，如从专利局获得的国外专利文件，或者从公共图书馆获得的国外文献资料，当事人可以在无效宣告程序中不办理相关的证明手续。合议组认为，就本案而言，附件1可以从国家知识产权局网站上链接到的香港知识产权署所属网站获得的，而香港知识产权署所属网站属于政府职能机构向公众发布信息的网站，其具有较高公信力，因此附件1属于从官方或公共渠道获得的公开出版物，证据的来源是可靠的，这样的证据无需案例公证、认证手续。专利权人没有提交任何关于该网页的反证，在没有相反的证据证明其不真实的情况下，应该认定请求人提供的该网页记载内容的真实性。因此，合议组对附件1的真实性予以认可。尽管当事人未单独提交正式的译文，但在无效宣告请求书中，请求人明确提出附件1记载的是玩具，应当视为当事人已提交该附件相关部分的译文，因此附件 1 可以采信。由于附件 1 的注册日为 2000 年 8 月 19 日，早于本专利申请日即 2004 年 6 月 22 日，因此可以作为评价本专利是否符合专利法第 23 条的证据使用。

3. 本专利是否符合专利法第 23 条的规定

本专利为一种玩具（医生组），附件 1 记载了一种玩具（下称在先设计），两者所属产品的种类相同，可以进行相同和相近似性对比。

本专利为一种玩具，包括 29 幅视图，即件 1 的主视图、后视图、左视图、右视图、俯视图和仰视图；件 2 的主视图和仰视图；使用状态参考图；件 3～12 的主视图和后视图。简要说明为：本外观设计产品为玩具，由件 1～12 组成，同时销售并同时使用；件 2 的后视图与件 2 的主视图相同，省略；件 2 俯视图与件 2 仰视图相同，省略；省略件 3～12 的左视图、右视图、俯视图、仰视图。观察本专利的主视图可以看出，件 1 为长方形，左上角是一个类似心脏监测仪的图形，右上角是一个类似时钟的圆盘，圆盘外侧沿圆周方向均匀分布有件 3～12 的缩小图形，所述图形（件 3～12 的形状）象征人体各部分的器官，圆盘的中间是一个指针图形，主视图中下部背景是一张带枕头的床，床上躺着一个卡通人，卡通人的身上有十个凹槽，各凹槽的形状与件 3～12 相对应，在卡通人身边的左边放置有手术刀和镊子，右边放置有手术钳、手术剪（详见本专利附图）。

在先设计包括 7 幅视图，即透视图、主视图、后视图、俯视图、底视图、左视图、右视图。观察在先设计的主视图可以看出，主视图左上角是一个类似心脏监测仪的图形，右上角是一个类似时钟的圆盘，圆盘外侧沿圆周方向均匀分布有十件各不相同的图形，所述图形象征人体各部分的器官，圆盘的中间是一个指针图形，主视图中下部背景是一张带枕头的床，床上躺着一个卡通人，卡通人的身上有十个凹槽，各凹槽的形状与圆盘上各图形相对应，在卡通人身边的左边放置有手术钳、手术剪，右边放置有手术刀和镊子（详见在先设计附图）。

本专利与在先设计进行比较，二者的相同部分为：主视图左上角是一个类似心脏监测仪的图形，右上角是一个类似时钟的圆盘，圆盘外侧沿圆周方向均匀分布有十件形状各不相同的图形，圆盘的中间是一个指针图形，主视图中下部背景是一张带枕头的床，床上躺着一个卡通人，该卡通人表情惊愕，卡通人的身上有十个凹槽，各凹槽的形状与圆盘上各图形相对应，在卡通人的身边放置有手术钳、手术剪、镊子和手术刀。二者的区别之处仅在于：本专利的卡通人身边的左边放置有手术刀和镊子，右边放置有手术钳、手术剪，而在先设计中卡通人身边的左边放置有手术钳、手术剪，右边放置有手术刀和镊子。对于一般消费者而言，在玩具的其他部分的形状和结构非常相似的情况下，仅仅卡通人身边医疗器具的左右摆放位置变化不足以对产品外观设计的整体视觉效果产生显著的影响。因此，合议组认为：本专利和在先设计这两个外观设计整体形状是相近似的，又由于两者类别相同，故属于相近似的外观设计。

专利权人在 2009 年 2 月 19 日提交的意见陈述书中认为，本专利的外观设计与在先设计在颜色上有区别，能够让消费者区分开来。

合议组认为，从本专利的外观设计简要说明中可以看出，本专利并未要求保护色彩，因此专利权人的上述主张不能成立。

综上所述，本专利和申请日前在网络上公开（即出版物公开）的外观设计相近似，故本专利的授予不符合专利法第 23 条的规定。

三、决定

依据专利法第 23 条的规定，宣告 200430061094.0 号外观设计专利权全部无效。当事人对本决定不服的，可以根据专利法第 46 条第 2 款的规定，自收到本决定之日起三个月内向北京市第一中级人民法院起诉。根据该款的规定，一方当事人起诉后，另一方当事人应当作为第三人参加诉讼。

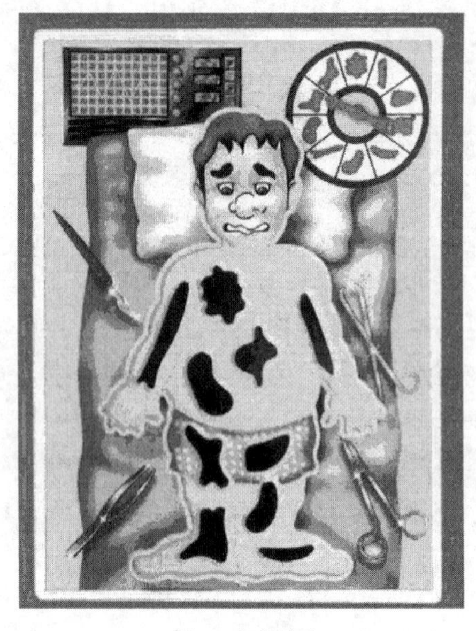

件 1 主视图

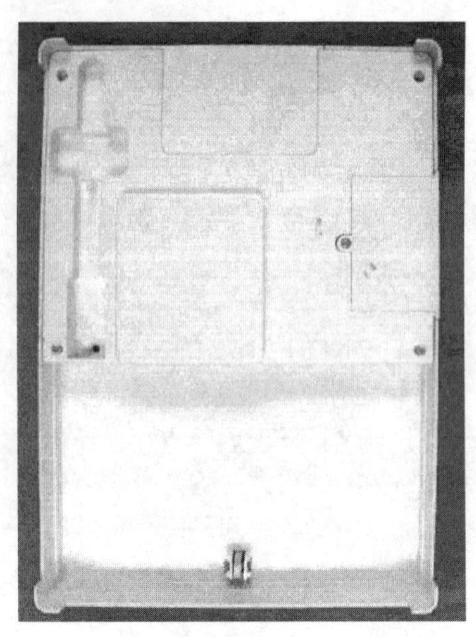

件 1 后视图

件 1 左视图　件 1 右视图

件 1 俯视图

件 1 俯视图

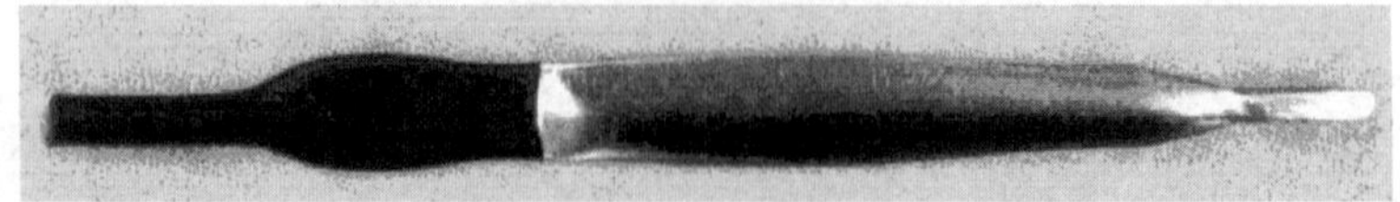

件 2 主视图

本专利附图

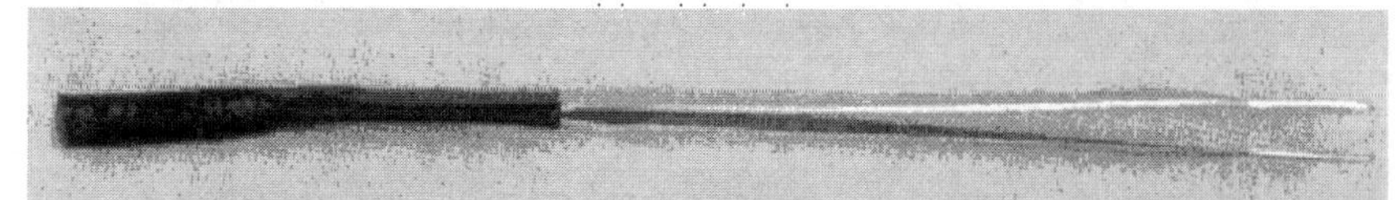

件 2 仰视图

使用状态参考图

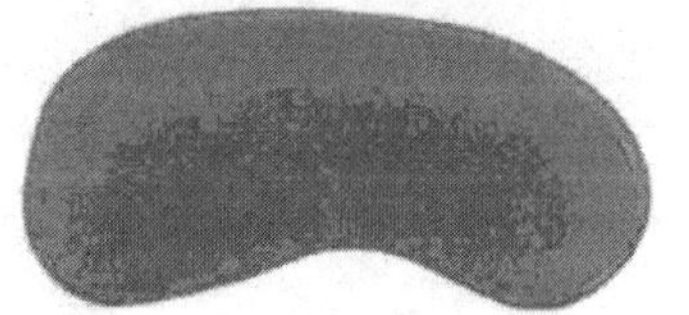

件 3 主视图

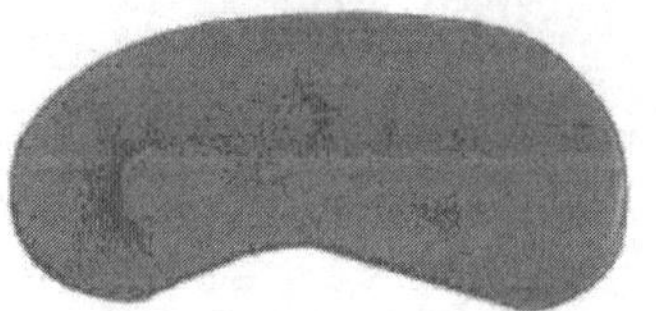

件 3 后视图

件 4 主视图

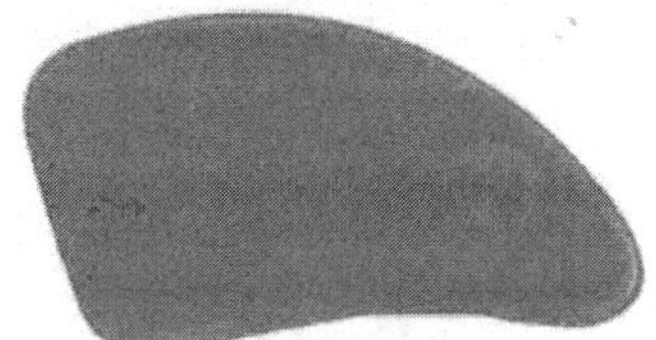

件 4 后视图

本专利附图（续）

件 5 主视图
件 5 后视图
件 6 主视图
件 6 后视图
件 7 主视图
件 7 后视图
件 8 主视图
件 8 后视图
件 9 主视图
件 9 后视图
件 10 主视图
件 10 后视图 P4

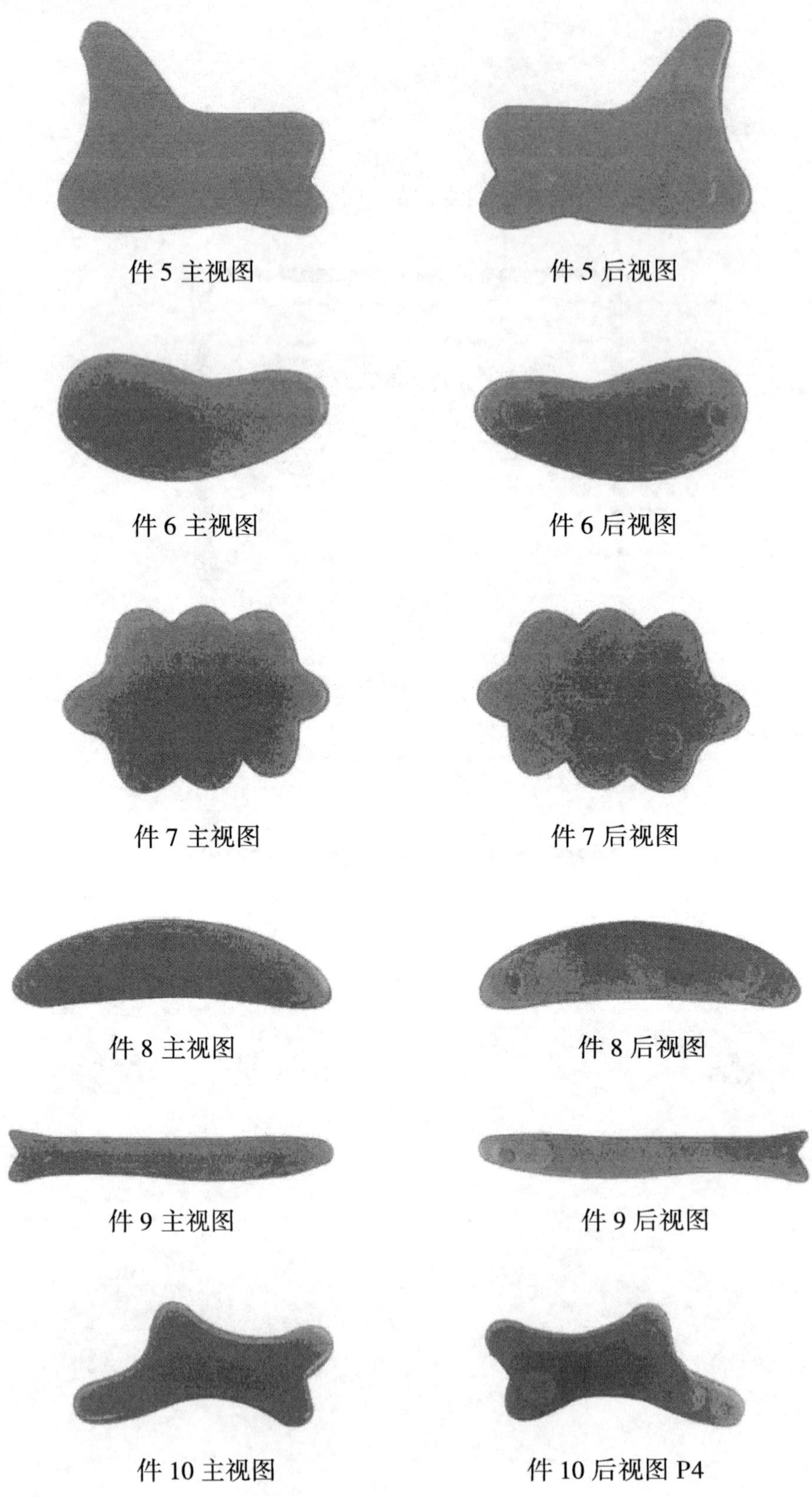

本专利附图（续）

件 11 主视图

件 11 后视图

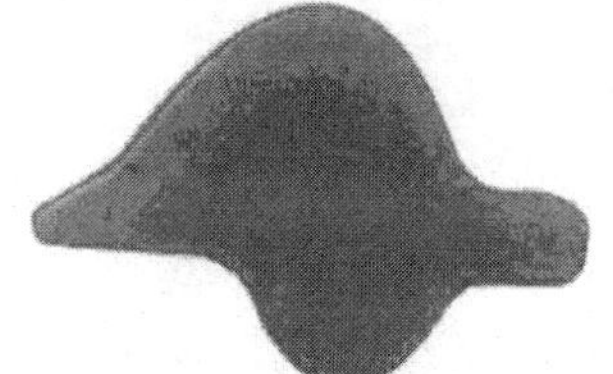

件 12 主视图

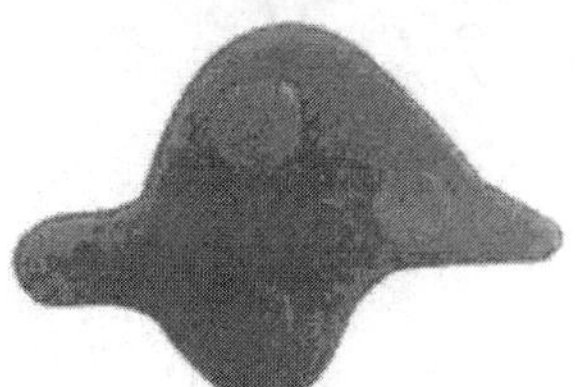

件 12 后视图

在先设计的透视图

在先设计的主视图

在先设计的后视图

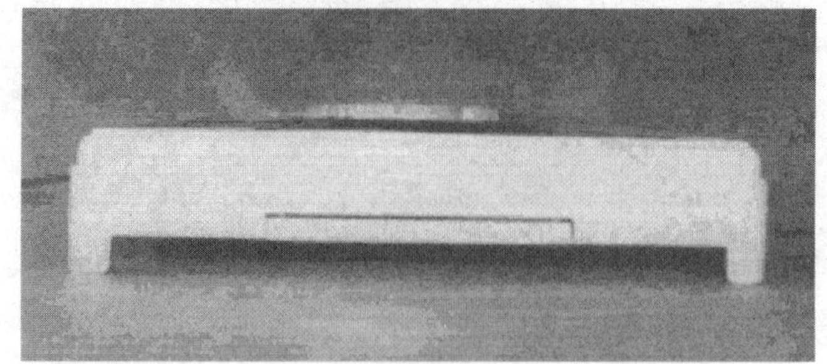

在先设计的顶视图

在先设计的底视图

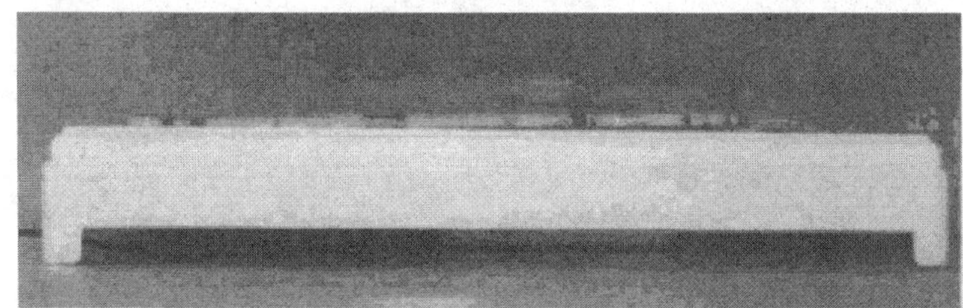

在先设计的一侧视图

在先设计的另一侧视图

墙体砌块（11-1）

无效宣告请求审查决定（第13257号）

决　定　号 第13257号
决　定　日 2009年4月21日
发明创造名称 墙体砌块（11-1）
外观设计分类号 25-01
无效宣告请求人 汕头市基兴建材厂有限公司
专 利 权 人 骆建雄
专　利　号 200730068819.2
申　请　日 2007年9月10日
授权公告日 2008年10月1日
合议组组长 孙克良
主　审　员 张　莹
参　审　员 曲　颖
附　　　图 2页

法律依据 专利法实施细则第2条第3款，专利法第23条
决定要点

对于墙体砌砖这类小型建筑产品，其在使用状态中各个视图面均可见，均可为一般消费者观察到，如果一项外观设计与在先设计存在上述诸多差别，这些差异已对两者整体的视觉效果形成显著的影响，那么两者应属于不相同且不相近似的外观设计。

一、案由

本无效宣告请求涉及国家知识产权局于2008年10月1日授权公告的200730068819.2号外观设计专利，其名称为“墙体砌块（11-1）”，申请日为2007年9月10日，专利权人为骆建雄。

针对上述专利权（下称本专利），汕头市基兴建材厂有限公司（下称请求人）于2008年12月10日向专利复审委员会提交了无效宣告请求书，其理由是该外观设计专利不符合专利法实施细则第2条第3款以及专利法第23条的规定，并同时提交了如下证据：

证据1：企业法人营业执照的复印件，共1页；

证据2：国家技术监督局于1997年5月6日发布、1997年10月出版的《中华人民共和国国家标准　普通混凝土小型空心砌砖》的封面、出版页、第1页的复印件，共3页；

证据3：中华人民共和国国家发展和改革委员会于2004年7月3日发布、2004年11月出版的

《中华人民共和国建材行业标准 混凝土多孔砖》的封面、第1~3页、出版页的复印件，共5页；

证据4：上海科学技术出版社于2005年10月出版的《国家建筑标准设计图集05SG616混凝土砌块系列块型》的封面、出版页、第30页的复印件，共3页；

证据5：汕头市保源建材机械有限公司与汕头市基兴建材有限公司签订的、合同编号为BYJX-061201的购销合同的复印件，共1页；

证据6：2008年5月17日出版的《汕头日报》报头部分的复印件，共1页；

证据7：由中华人民共和国广东省汕头市汕头公证处出具的公证号为（2008）汕市证经字第364号的公证书及与该公证书相粘连的3个附件的复印件，共7页；

证据8：由中华人民共和国广东省汕头市汕头公证处出具的公证号为（2008）汕市证经字第365号的公证书及与该公证书相粘连的5个附件的原件，共14页。

请求人的具体无效宣告请求理由是：（1）该外观设计是仅以在其产品所属领域内司空见惯的带有圆角的矩形，交错有序排列成三排构成的外观设计，这与证据2~4中所公开的多孔砖特征相同，因此本专利不符合专利法实施细则第2条第3款的规定。（2）证据5~8形成证据链来证明，专利权人为法人代表的公司在本专利申请日前已经在国内公开使用与本专利相同的外观设计，因此本专利不符合专利法第23条的规定。

经形式审查合格，专利复审委员会受理了该无效宣告请求，并于2008年12月10日向双方当事人发出无效宣告请求受理通知书，并将无效宣告请求书及其证据的副本转给专利权人，要求专利权人在指定期限内陈述意见，同时依法成立合议组对本案进行审理。

专利权人于2009年1月20日提交了意见陈述书，答辩意见主要是：（1）证据2~4能证实多孔砖的创新性和实用性恰恰就是砖体的外部形状和孔型以及孔的排列的结合；证据4第2页明确指出该图集涉及专利技术的资料应当遵守国家专利法的规定，该图集多处指出由专利技术资料编制，可见砖体的外部形状和孔型及孔的排列并不是司空见惯；证据1~6中没有在本专利申请日之前与本专利外观设计相同或相近似的图片或照片，反而证实本专利符合专利法实施细则第2条第3款的规定。（2）证据7、8作为公证书是2008年12月5日制作的，但是网上的内容是随时可以变更的，这些公证书无法证实公证内容在本专利申请日前就存在，并且有关多孔砖三道防渗槽可有效抗渗水，而本专利无防渗槽的设计，因此证据7、8没有唯一性和可信性，其内容与本专利不相同不相近似，不能作为无效本专利的证据。综上，请求人的理由以及证据都不成立，应当维持本专利权有效。同时提交以下反证：

反证1'：上海科学技术出版社出版、中国建筑标准设计研究院组织编制的《国家建筑标准设计图集05SG616混凝土砌块系列块型》的说明页复印件2页，以及专利权人统计的“混凝土砌块系列块型图集中涉及专利的页码及备注统计表”1页。

合议组于2009年2月1日发出无效宣告请求口头审理通知书，定于2002年2月24日进行口头审理。

合议组于2009年2月6日向请求人发出转送文件通知书，将专利权人所提交的上述意见陈述书及所附反证转交给请求人。

口头审理如期举行，双方当事人均委托代理人参加了此次口头审理，并对对方出席人员的身份和资格没有异议，对合议组成员没有回避请求，合议组在此情况下就本无效宣告请求案进行了如下庭审调查：

（1）请求人确认收到了合议组于2009年2月6日转送的专利权人的意见答复及所附反证，并明确表示口审结束后不需额外时间进行书面意见陈述。

（2）针对请求人希望订正专利权无效宣告请求书中关于证据页码的编号的请求，合议组当庭告知对此予以接受；而针对请求人将证据5~8加入其中作为本专利不符合专利法实施细则第2条3款的无效宣告理由请求的请求，合议组当庭告知由于其属于对专利法实施细则第2条第3款无效理由增加新证据，鉴于已经超出了专利法实施细则第66条规定的请求人可以在1个月的补充证据的法定期限，合议组对此不予接受；请求人当庭简述无效理由和范围是证据2~4用于证明本专利不符合专利法实施细则第2条第3款的规定、证据5~8结合形成证据链以证明本专利不符合专利法第23条的规定。

（3）请求人当庭提交了证据2~7的原件，专利权人对证据1~7的真实性无异议，对证据2~4的公开日无异议。专利权人对请求人使用证据8所要证明的待证事实的真实性有异议。请求人对专利权人提交的反证1’的真实性无异议。

（4）双方当事人当庭已经充分陈述各自意见，且请求人已经确认口头审理结束后不需要再提交意见答复，因此口头审理之后合议组不再接受双方当事人的任何意见和证据。

在此基础上，合议组认为当事人已经充分发表了意见，本案事实已经调查清楚，现依法作出本决定。

二、决定的理由

1. 关于证据

（1）关于证据2~4。

专利权人对证据2~4的真实性、公开日均无异议，合议组也未发现影响其真实性的瑕疵，因此合议组对该证据予以采信。

（2）关于证据5~8的真实性、关联性。

①关于证据5~8的真实性。

专利权人对证据5~7的真实性无异议；对于证据8，该公证书出具的日期是2008年12月5日，因此专利权人认为这些页面是本专利申请日之后产生的页面，对其证明的待证事实的真实性不予认可。

合议组对证据8进行了审查得到以下事实：

证据8是由中华人民共和国广东省汕头市汕头公证处出具的公证号为（2008）汕市证经字第365号的公证书及与该公证书相粘连的5个附件的原件，与该公证书相粘连附有5个附件，其中附件2~5是按照附件1《电脑操作纪录》中记录方法所获得的。附件2是键入网址“http：//www. byzj. com. cn”后得到的带“广东省汕头市保源建材机械有限公司自主研发生产保源牌变频砖机”文字的电子页面的打印件1页；附件3是点击网页上“中文版”后网页内容的打印页4页，是有关“汕头嘉悦华园住宅小区”的工程简介，其中包括“墙体材料的选用”、“工程情况及用量”等文字介绍以及第3页有关11孔墙体砌砖的图片；附件4是点击网页上“产品展示”栏所得网页内容3页，即有关砖机的不同型号机型图片；附件5是点击网页上“联系我们”所得网页内容的打印件2页，其中示出了公司名称（广东省汕头市保源建材机械有限公司）、地址、服务热线等。

对于证据8的真实性，合议组审查后认为：证据8是公证书，请求人未对其形式提出任何异议，在合议组未发现其瑕疵的情况下，应当对其形式的真实性予以确认。证据8中附件为汕头市保源建材机械有限公司的公司情况介绍，从与其相粘连的附件3~5中“工程实例”、“产品展示”、“联系我们”这些自我介绍的栏目及其内容可以确定这是汕头市保源建材机械有限公司的公司网页。此外，从附件3的具体内容来看，该网页所介绍的“嘉悦华园”工程于2006年3月开始砌筑墙体，墙体材料的选用为汕头市保源建材机械有限公司所生产的混凝土多孔砖产品，并具体图示了该砖的结构，即附件 3 中将混凝土多孔砖产品作为施工的建筑材料进行的宣传介绍，并明确了使用该建筑材料的比较具体的时间。鉴于专利权人是汕头市保源建材机械有限公司的法人代表，上述网站的内容也就是专利权人在自己公司的网站上发布的信息，根据诚实信用原则，合议组认为专利权人在自己网站上发布的信息是真实可信的。在附件 8 第 7 页顶端的附图示出了在“嘉悦华园”工程中公开使用的砖的形状和结构，同页倒数第 7 行记载了“该工程于 2006 年 3 月开始砌筑墙体”，因此通过上述内容可以确定，附件 8 附图所示的砖已经在 2006 年 3 月 31 日处于公众想得知就能得知的状态，即在该日期构成了使用公开。针对专利权人的意见，合议组认为，第一，专利权人对自己公司网站发布的内容的真实性有异议，应承担举证在责任证明其主张，但专利权人在规定期限内未提交相应证据来推翻其在网页宣传中承认的事实；第二，专利权人认为上述网站内容的公开时间在申请日之后。请求人主张的使用公开，非出版物公开，因此只要图示的砖其公开使用的日期在申请日之前即可作为使用公开的证据，与网站网页本身的公开时间无关。因此，专利权人的意见不成立。

②关于证据 5~8 的关联性。

关于证据 5~8 的关联性，请求人认为：证据 5~8 能形成证据链，证明了专利权人为法人代表的公司在本专利申请日前已经在国内公开使用与本专利相同相近似的外观设计。其中，证据 5 证明了 2006 年 12 月 12 日专利权人骆健雄为法定代表人的汕头市保源建材机械有限公司的电话是 0754-7493359；证据 6 证明了汕头市固定电话于 2008 年 5 月 18 日起升为 8 位，所有电话号码前加 8；证据 7 证明了该公司职员承认互联网址 http：//www. byzj. com. cn 是该公司网址，证据 8 能证明专利权人为法人的企业“自认”在本专利的申请日前已经公开使用本专利所保护的墙体砌块，即证据 8 证明了与本专利相同的外观设计在 2006 年 2 月已经公开使用。以上证据形成证据链以证明专利权人为法人代表的公司在本专利申请日前已经在国内公开使用与本专利相同的外观设计。证据 8 中关于墙体砌砖的 2 个图片恰恰证明了只有主视图对于公众是最重要的，孔洞位于砌块内部，但是其洞体渐变并不会引起公众注意。

对此，专利权人认为：证据 8 是一份公证书，其公证了一个产生于本专利申请日之后产生的页面内容。

合议组对证据 5~8 进行了审查得到以下事实：

证据 5 是汕头市保源建材机械有限公司与汕头市基兴建材有限公司签订的、合同编号为 BYJX—061201 的购销合同的复印件。该合同左下方有供需双方的盖章及其法定代表人（骆健雄、吴兴标）的签字，并且在该合同中，汕头市保源建材机械有限公司的联系电话是 0754-7493359。

证据 6 是 2008 年 5 月 17 日出版的《汕头日报》报头部分的复印件，报头位置印有“2008 年 5 月 18 日零时起汕头市本地固定电话网由 7 位升至 8 位，升位办法：原 7 位号码前加‘8’”的字样。

证据 7 是 2008 年 12 月 4 日由中华人民共和国广东省汕头市汕头公证处出具的公证号为（2008）汕市证经字第 364 号的公证书及与该公证书相粘连的 3 个附件的复印件，通过拨打升位后汕头市保源建材机械有限公司的联系电话，得到汕头市保源建材机械有限公司的公司网址。

证据 8 的审查事实如上。

对于证据 5~8 的关联性，合议组鉴于以上审查认为，证据 5~8 已经形成完整证据链，证据 8 中附件 3 的混凝土多孔砖的图片可以作为评述本专利是否符合专利法第 23 条规定的公开使用的证据。

2. 关于本专利是否符合专利法实施细则第 2 条第 3 款的规定

专利法实施细则第 2 条第 3 款规定：“专利法所称外观设计，是指对产品的形状、图案或者其结合以及色彩与形状、图案的结合所作出的富有美感并适于工业应用的新设计。”

请求人认为：根据审查指南第一部分第三章 6. 4. 3 节第 9 点的规定，仅以在其产品所属领域内司空见惯的几何形状和图案构成的外观设计不给予外观设计专利保护。本专利主要特点在于该多孔砖具有“带圆角的矩形孔洞”、“孔洞多排、有序交错排列”的特征，这些都属于早已存在的行业标准，是以砌砖领域内司空见惯的孔洞形状及孔洞排列构成的外观设计；并且证据第2~4页分别证明了砌砖的孔洞形状、孔洞交错排列在本专利申请日以前已经是行业标准，在业内已经司空见惯。

合议组认为：

第一，专利法实施细则第2条第3款是对可获得专利保护的外观设计的一般性定义，其中对于要求保护的外观设计是否满足“新设计”的一般性要求，仅需要根据申请文件的内容及一般消费者的常识进行判断，而无需与现有技术进行对比。

第二，对一项外观设计应进行整体观察，不能仅因为构成其的某个构件为常规几何形状而认为该外观设计即属于司空见惯的形状。因此，如果一项外观设计专利所保护的产品并不是所属领域内常见的形状，那么这种外观设计并非司空见惯的外观设计。

本专利所涉及的外观设计具有较复杂的结构和独特外形，与其在所属砌砖领域内司空见惯的几何形状所有不同。虽然构成本专利的每个孔洞的横截面形状均为“带圆角的矩形孔洞”这种常规形状，多个孔洞也形成了“多排、交错排列”的特点，但是本专利中各排孔洞大小不同，即上下两排孔洞较小，中间一排孔洞较大，并且每个孔洞呈近似圆锥体并在砖体前截面形成的矩形孔比后截面形成的矩形孔大，这些特征共同形成了整体的外观设计。因此，本专利所保护的墙体砌块并不是简单的常见几何形状，而是由多种几何形状构成的复杂外观设计，这种较复杂的外观设计在建筑领域也并非司空见惯的外观设计。

综上所述，对于请求人认为本专利属于所属领域内司空见惯的形状和图案构成的外观设计因此不符合专利法实施细则第2条第3款的规定的主张，合议组不予支持。

3. 关于本专利是否符合专利法第23条的规定

专利法第23条规定：“授予专利权的外观设计，应当同申请日以前在国内外出版物上公开发表过或者国内公开使用过的外观设计不相同和不相近似，并不得与他人在先取得的合法权利相冲突。”

合议组认为：证据8中附件所示图片中混凝土砖与本专利外观设计用途相同，为相同种类的产品，故可以进行相同和相近似性比较。

从证据8附件3第3页中左图所示11孔墙体砌砖上看：

该图示出的空心砖有3排孔洞，上、下两排孔洞小，中间一排孔洞大，且各孔洞有序、交错排列，各孔洞的角形状不清晰，且各孔洞立体形状不详（详见证据8的附件3第3页中的图）。

本专利的墙体砌块，从其主视图、后视图和剖视图可见，该砖体大致为长方体，其上分布了多个贯穿砖体前后面的孔洞，孔洞具体设置为平行的三排，上下两排孔洞较小，中间一排孔洞较大，各排孔洞有序、交错排列，每个孔洞呈近似圆锥体并在砖体前、后截面均形成了带圆角的矩形，且前截面形成的孔比后截面形成的孔大（详见本专利附图）。

将本专利与该图进行相比，两者区别在于：（1）本专利每个孔洞呈近似圆锥体，证据8的左图中孔洞立体形状不详；（2）本专利每个孔洞在砖体前、后截面均形成了带圆角的矩形，证据8的左图中各孔洞的角形状不清晰；（3）本专利孔洞的前截面形成的孔比后截面形成的孔大，而证据8的左图中各孔洞后截面形状不详。

请求人和专利权人在口头审理中对何为墙体砌砖产品的主要视觉关注面具有不同意见，请求人认为对这类产品而言一般消费者在使用时容易关注的为其主视图，并且证据8中关于墙体砌砖的图都是主视图，这恰恰证明了对于这类产品只有主视图对于公众是最重要的，而孔洞位于砖体内部，其渐变不会引起公众注意；而从主视图上看，本专利与证据8的左图所示外观设计相同。专利权人则认为，本专利除了主视图，后视图、剖视图同样不能忽略。

合议组认为，对于墙体砌砖这类小型建筑产品，其在使用状态中各个视图面均可见，均可为一般消费者观察到，本专利与在先设计存在上述诸多差别，特别是本专利中“贯通砖体的每个孔洞呈近似圆锥体且主视图中孔洞截面的洞明显较后视图中孔洞截面的洞更大”这样的设计差异已对两者整体的视觉效果形成显著的影响，一般消费者不会将两者误认、混同，应属于不相同且不相近似的外观设计。因此，本专利和证据 8 中左图所公开的外观设计属于不相同且不相近似的外观设计，符合专利法第 23 条的规定。

同理，本专利和证据 8 附件 3 第 3 页中右图所示 8 孔墙体砌砖右图所公开的外观设计也属于不相同且不相近似的外观设计，符合专利法第 23 条的规定。

综上所述，请求人所提出的无效理由均不成立。

三、决定

维持第 200730068819. 2 号外观设计专利权有效。

当事人对本决定不服的，可以根据专利法第 46 条第 2 款的规定，自收到本决定之日起三个月内向北京市第一中级人民法院起诉。根据该款规定，一方当事人起诉后，另一方当事人应当作为第三人参加诉讼。

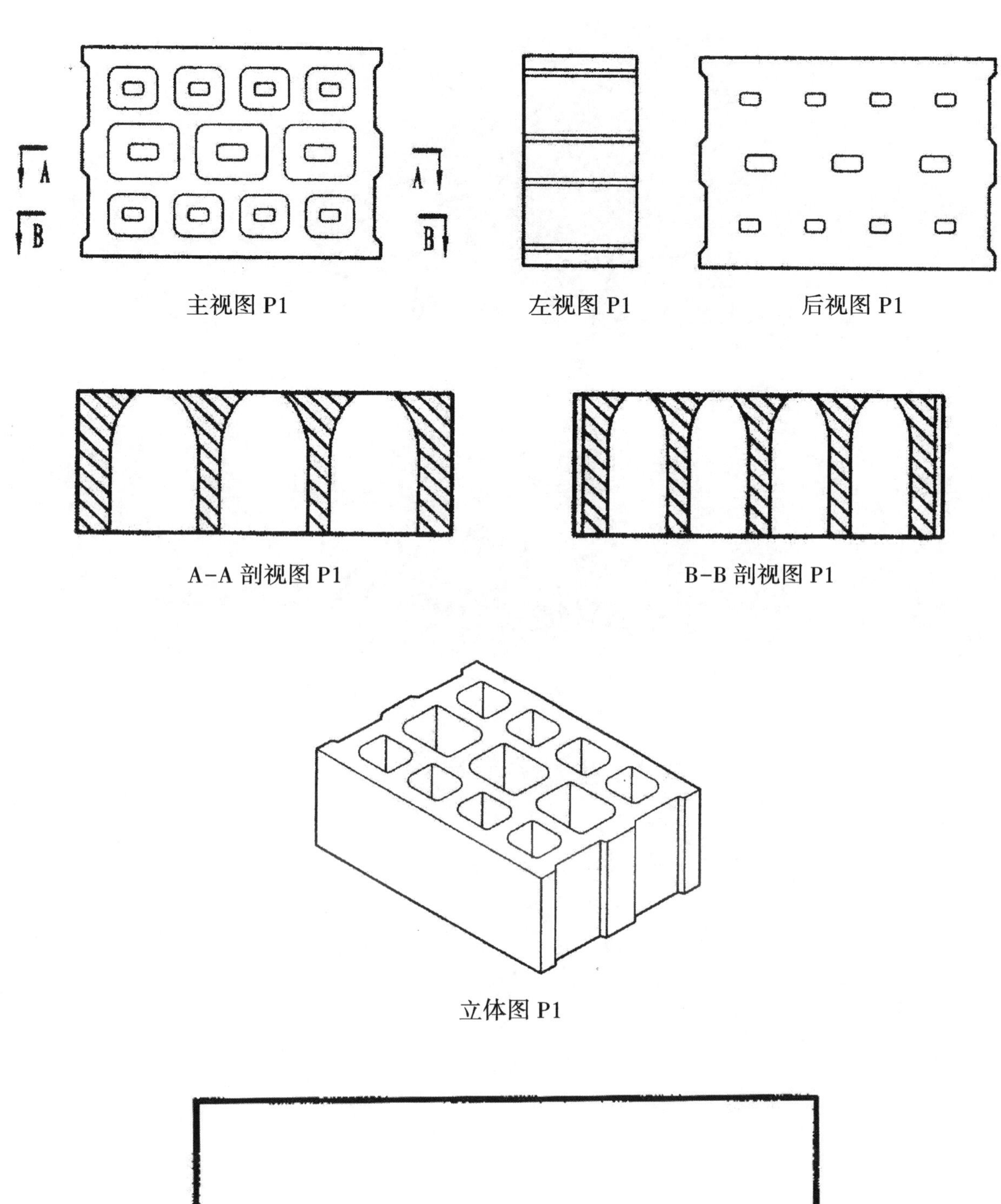

主视图 P1　左视图 P1　后视图 P1

A-A 剖视图 P1　B-B 剖视图 P1

立体图 P1

俯视图 P1

本专利附图

在先设计 1 附图

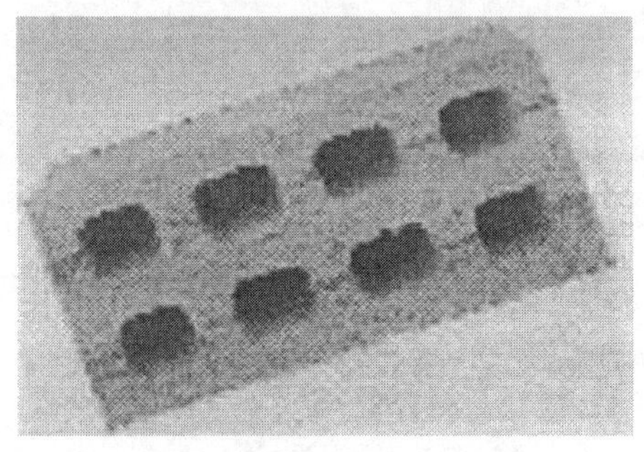

在先设计 2 附图

225

椅子（D00203）

无效宣告请求审查决定（第13259号）

决　　定　　号　第13259号
决　　定　　日　2009年4月23日
发明创造名称　椅子（D00203）
外观设计分类号　06-01
无效宣告请求人　佛山市顺德区圣意家具有限公司
专　利　权　人　卢顺接
专　　利　　号　200630051054.7
申　　请　　日　2006年1月16日
授 权 公 告 日　2007年3月7日
合 议 组 组 长　张　华
主　　审　　员　瞿晓峰
参　　审　　员　郭鹏鹏
附　　　　　图　2页

法　律　依　据　专利法第23条
决　定　要　点
如果对一般消费者而言，本专利与在先设计的差别足以对产品外观设计的整体视觉效果产生显著影响，那么本专利与在先设计既不相同也不相近似。

一、案由

本无效宣告请求涉及申请日为2006年1月16日、授权公告日为2007年3月7日、名称为“椅子（D00203）”的200630051054.7号外观设计专利（下称本专利），专利权人为卢顺接。

针对本专利，佛山市顺德区圣意家具有限公司（下称请求人）于20008年10月8日向专利复审委员会提出无效宣告请求，认为本专利不符合专利法第23条的规定。请求人提交了以下证据：

证据1：CN3334864中国外观设计专利。

请求人认为，证据1所公开的在先设计与本专利外观设计都主要由椅座、椅背、椅座椅背连接机构、头枕、头枕调整机构和扶手组成，两者的椅背弯曲近似C字形，椅背后部中段设有凸出连接部，椅背连接机构和头枕调整机构均延伸至该凸出连接部，椅座呈微凸弧状，椅座两侧安装有扶手，扶手上部有近似三角形的通孔，扶手外壳中部位置套设有扶手外套，按钮设置在扶手外套上，两者唯一的区别在于，在先设计中椅座、椅背连接机构只用于连接椅座和椅背，本专利外观设计则延伸至凸出连接部，但是该区别对椅子整体外观不具有明显的区别性，且椅背一般属于不常见部位，因此本专利外观设计与在先设计是相同或近似的外观设计，不符合专利法第23条的规定。

经形式审查合格后，专利复审委员会受理了上述请求，于2008年12月4日向双方当事人发出无效宣告请求受理通知书，并将无效宣告请求书及其附件清单中所列附件副本转给专利权人，同时成立合议组对本案进行审查。

专利复审委员会合议组于2009年1月13日向双方当事人发出了口头审理通知书，定于2009年2月19日举行口头审理。

针对请求人的无效宣告请求，专利权人于2009年1月15日提交了意见陈述书，专利权人认为：本专利外观设计与在先设计存在头枕形状不同、头枕支撑部位形状不同、椅背形状不同、椅背与椅座之间的连接固定件的形状及设置位置不同、扶手不同、扶手与椅座之间的固定连接件形状明显不同、椅座形状不同等七处主要区别，因此本专利相对于在先设计既不相同也不相近似。

口头审理如期举行，双方当事人都参加了口头审理。合议组将专利权于2009年1月15日提交的意见陈述书当庭转给请求人。请求人坚持其无效宣告请求中的意见，认为本专利与证据1所公开的在先设计的区别对椅子整体外观不具有明显的区别性，且椅背一般属于不常见部位，因此本专利外观设计与在先设计是相同或近似的外观设计，不符合专利法第23条的规定。专利权人对证据1的真实性没有异议，但认为两者存在七点区别，具体理由与其意见陈述内容相同，因此认为本专利相对于证据1不相同也不相近似。

至此，合议组认为本案事实清楚，现依法作出审查决定。

二、决定的理由

1. 证据认定

证据1是中国外观设计专利，公开了一种网状椅的外观设计，与本专利属于相同的产品类别，且其授权公告日为2003年11月12日，早于本专利的申请日，故证据1（下称在先设计）可以与本专利进行相近似比较。

2. 关于本专利是否符合专利法第23条的规定

本专利请求保护一种椅子，主要由椅座、椅背、椅座椅背连接机构、头枕、头枕调整机构和扶手组成，其中头枕两侧中间较宽而上下收窄，头枕调整机构与头枕有两处支撑，椅背中部凸出，椅背自中部以下逐渐收窄、椅背上下有两块较大的镂空，椅背中段后部设有凸出连接部，椅背连接机构和头枕调整机构均延伸至该凸出连接部、并继续往下延伸成为椅背与椅座的连接固定件，椅座呈微凸弧状，椅座两侧安装有弧形的扶手把，扶手套侧面设有按钮，扶手与椅座的连接处呈平滑的弧形（详见本专利附图）。

在先设计公开了一种网状椅，包括椅座、椅背、椅座椅背连接机构、头枕、头枕调整机构和扶手等部分，其中头枕两侧上窄下宽，头枕调整机构与头枕有一处较宽的支撑，椅背上窄下宽、其上有若干整齐排列的小孔，椅背的两侧边与头枕的两侧边相呼应，椅背弯曲呈波浪形，椅背中段后部设有凸出连接部，椅背连接机构和头枕调整机构均延伸至该凸出连接部，椅背与椅座通过三角放射状部件固定连接，椅座呈微凸弧状、椅座前部略收窄，椅座两侧安装有波浪状扶手，扶手上部有近似三角形的通孔，扶手外套正面设有按钮，椅座与扶手连接处呈90°弯折（详见在先设计附图）。

将本专利与在先设计相比，两者存在以下主要差别：头枕形状不同、头枕支撑部件形状不同、椅背形状不同、椅背与椅座之间的连接固定件的形状及设置位置不同、扶手形状不同、扶手与椅座之间的固定连接件形状不同、椅座形状不同。对一般消费者而言，上述差别足以对产品外观设计的整体视觉效果产生显著影响，因此，本专利与在先设计既不相同也不相近似。

三、决定

维持 200630051054.7 号外观设计专利权有效。

当事人对本决定不服的，可以根据专利法第 46 条第 2 款的规定，自收到本决定之日起三个月内向北京市第一中级人民法院起诉。根据该款的规定，一方当事人起诉后，另一方当事人应当作为第三人参加诉讼。

俯视图

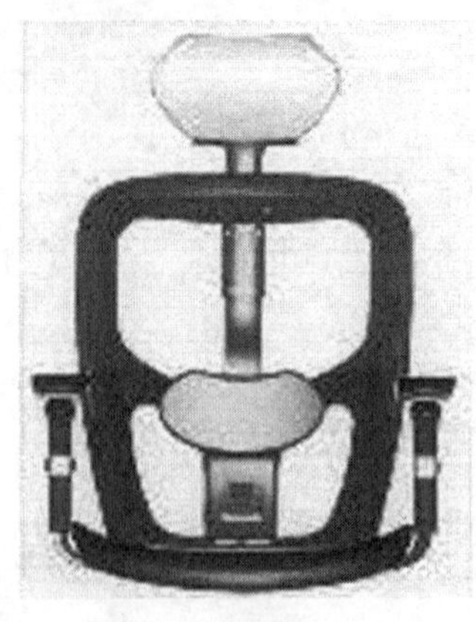
后视图

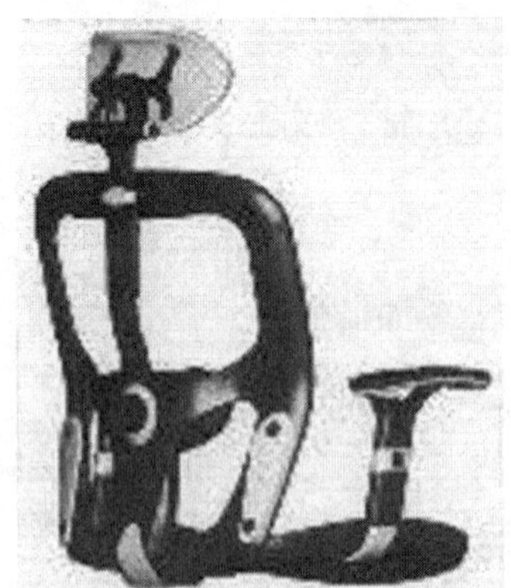
立体图

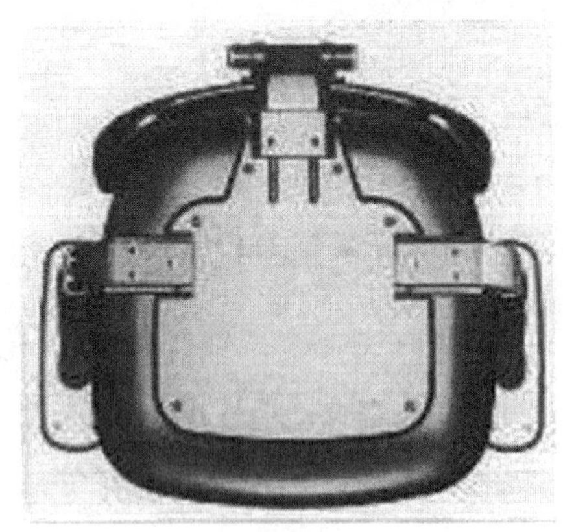
仰视图

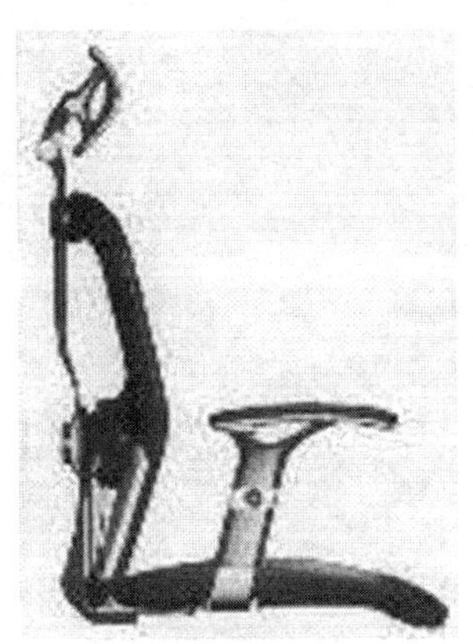
右视图

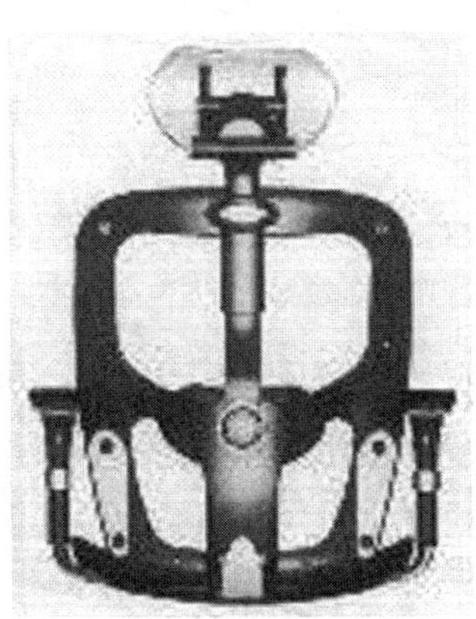
主视图

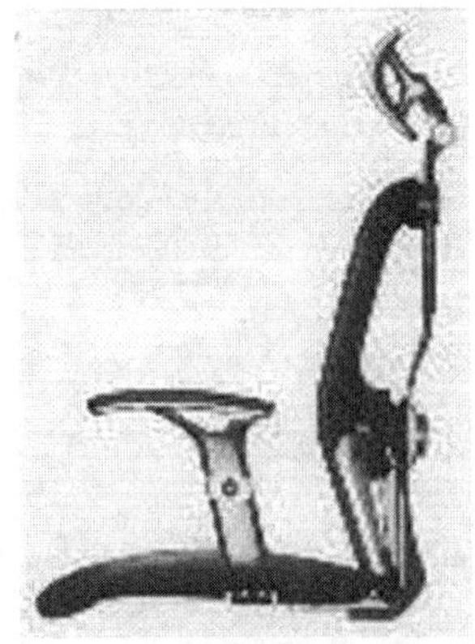
左视图

本专利附图

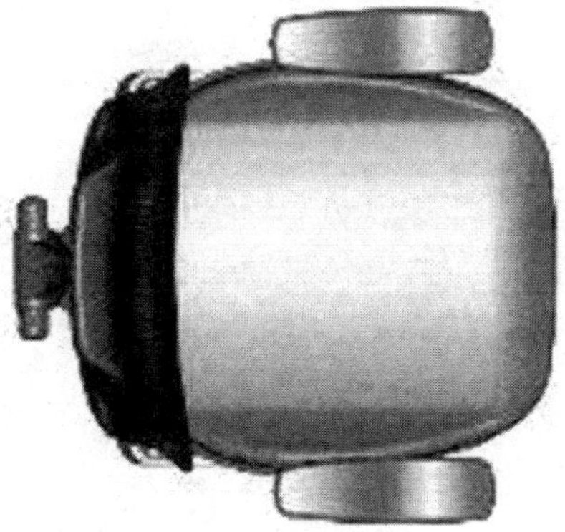

俯视图 　　后视图 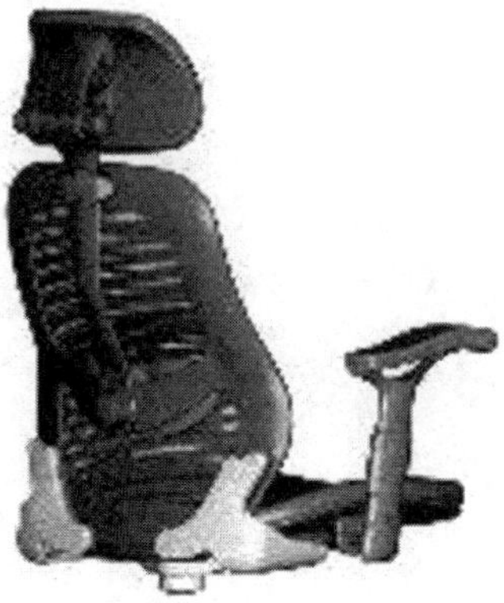　　立体图

仰视图 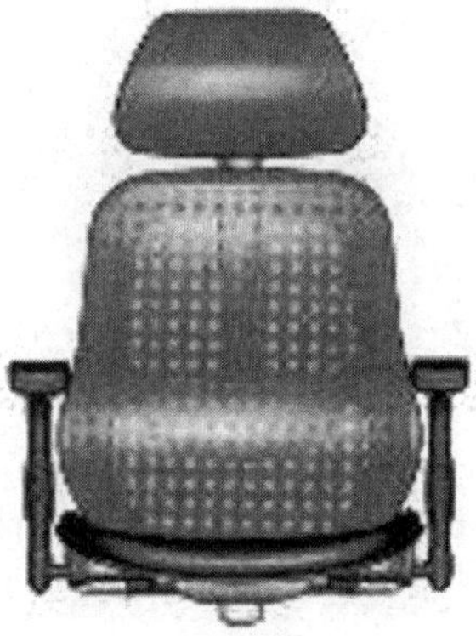　　右视图 　　主视图

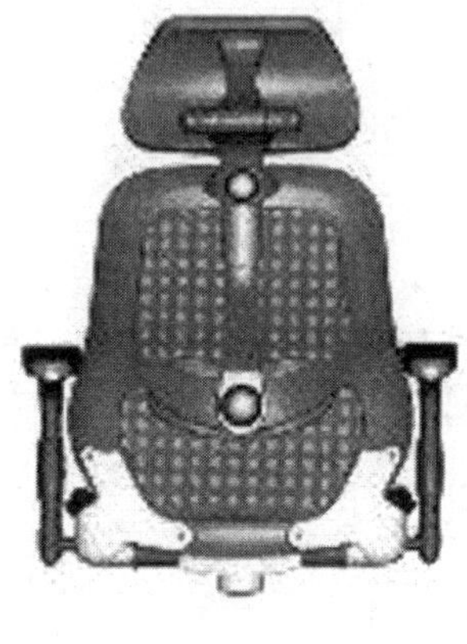

左视图

在先设计附图

圆规（ZG-2508）

无效宣告请求审查决定（第13264）

决　　定　　号　第13264号
决　　定　　日　2009年4月8日
发明创造名称　圆规（ZG-2508）
外观设计分类号　19-06
无效宣告请求人　王卫东
专　利　权　人　梁佛南
专　　利　　号　200730062615.8
申　　请　　日　2007年8月3日
授权公告日　2008年8月20日
合议组组长　吴赤兵
主　　审　　员　熊　洁
参　　审　　员　张媛媛
附　　　　　图　1页

法　律　依　据　专利法第23条
决　定　要　点

对比文件在先公开的圆规的整体造型与本专利属于相近似的外观设计，故本专利不符合专利法第23条的规定。

一、案由

本无效宣告请求涉及中华人民共和国国家知识产权局于2008年8月20日授权公告的ZL200730062615.8号外观设计专利（下称本专利），其名称为“圆规（ZG-2508）”，申请日是2007年8月3日，专利权人是梁佛南。

针对本专利，王卫东（下称请求人）于2008年11月4日向国家知识产权局专利复审委员会提出无效宣告请求（案件编号为6W08483），请求人认为本专利与其他国内外已经公开使用过的外观设计相近似，不符合专利法第23条的规定。请求人提交了如下附件作为证据：

附件1：《发现资源广告》（2003年7月）复印件，封面、目录页、第34页、第53页共4页，公开日为2003年7月；

附件2：《发现资源广告》（2006年10月）复印件，封面、第22页、第23页、第124页共4页（A06号产品），公开日为2006年10月；

附件3：杭州爱华文具有限公司的产品宣传资料复印件，封面、第7页、第12页、第13页、共4页（第07页，AH815产品；第12页，AH688产品；第13页，AH-2508产品），公开日为2004年；

附件4：杭州爱华文具有限公司的产品宣传资料复印件，封面、第4页、第9页共3页（第4页，AH-815产品；第9页AH-2508产品），公开日为2005年；

附件5：杭州爱华文具有限公司的产品宣传资料复印件，封面、第4页、第18页、第23页共4页（第4页，AH-815产品；第18页，AH-2688产品；第23页，AH-2508产品），公开日为2006年；

经形式审查合格，专利复审委员会依法受理了上述无效宣告请求，于2008年12月31日向请求人和专利权人发出无效宣告请求受理通知书，并将请求人的无效宣告请求书及其附件清单所列附件副本转送给专利权人，要求其在指定的期限内答复，同时成立合议组对本无效宣告请求案进行审理。

合议组于2009年2月17日向双方当事人发出了无效宣告请求口头审理通知书，定于2009年3月24日对本案进行口头审理。

针对上述无效宣告请求，专利权人于2009年3月15日递交了意见陈述书。在该意见陈述书中，专利权人认为：（1）对比文件《发现资源广告》不是法律意义上的公开出版物，不能作为有效对比文件，且《发现资源广告》的照片与本专利不相同也不相近似；（2）杭州爱华公司的产片宣传资料不是法律意义上的公开出版物，不能作为有效对比文件，且杭州爱华公司的产片宣传资料的照片与本专利不相同也不相近似。

口头审理如期举行，双方当事人均出席了口头审理。在口头审理过程中，双方当事人对合议组成员没有回避请求，对对方出庭人员身份无异议。在口头审理过程中：

（1）请求人当庭出示附件1~5的原件，合议组当庭核实后转交给专利权人核实。

（2）专利权人当庭表示：附件1~5的原件与复印件一致，附件1~5不是国家法定的出版物，对附件1~5原件的真实性无异议。

（3）请求人当庭明确其无效理由为：本专利相对于附件1~5不符合专利法第23条的规定。

在此基础上，合议组认为当事人已经充分发表了意见，本案事实已经调查清楚，现依法作出本决定。

二、决定的理由

1. 审查的文本

本决定所依据的审查文本是本专利授权公告的文本。

2. 证据认定

附件1是《发现资源广告》（2003年7月）复印件，封面、目录页、第34页、第53页共4页，请求人当庭出示附件1的原件，经专利权人核实，附件1的复印件所示内容与原件一致。根据审查指南的规定，专利法意义上的出版物是指记载有技术或设计内容的独立存在的传播载体，并且应当表明或有其他证据证明其公开发表或出版的时间。附件1上记载有“许可证：粤临广审字2003年第7号”，即为国家批准的公开出版的广告刊物，属于专利法意义上的公开出版物。附件1的公开日期为2003年7月，早于本专利的申请日2007年8月3日，因此附件1属于本专利申请日前的公开出版物，故可以适用专利法第23条的规定作为本案证据。

3. 关于专利法第23条

专利法第23条规定：“授予专利权的外观设计，应当同申请日以前在国内外出版物上公开发表过或国内公开使用过的外观设计不相同和不相近似，并不得于他人在先取得的合法权利相冲突。”

本专利是圆规。从主视图看，该圆规具有上部手柄，上部手柄处由一颗螺丝固定，手柄下面延伸出来左右两个可绕该螺丝开合的规脚，左边的规脚末端放铅芯，其末端的正面有一个用于固定铅芯的螺丝；右边的规脚末端放定心针，其末端的侧面有一个用于固定定心针的螺丝；两规脚中部各又有一个螺丝，使下部放铅芯和定心针的两个小支脚能分别绕其转动（参见本专利附图）。

附件1是涉及圆规的公开出版物，即2003年7月的《发现资源广告》第34页的AH815产品图（下称在先设计）。在先设计圆规具有上部手柄，上部手柄处由一颗螺丝固定，手柄下面延伸下出来左右两个可绕该螺丝开合的规脚，左边的规脚末端放铅芯，其末端的正面有一个用于固定铅芯的螺丝；右边的规脚末端放定心针，其末端的侧面有一个用于固定定心针的螺丝；两规脚中部各又有一个螺丝，使下部放铅芯和定心针的两个小支脚能分别绕其转动（参见在先设计附图）。

将本专利与在先设计进行比较后可以看出，尽管在先设计未显示侧面，但是二者形状基本相同。因此合议组认为，根据外观设计整体观察、综合对比的原则，本专利外观设计与在先设计属于相近似的外观设计。综上所述，本专利与其申请日之前公开的在先设计相近似，不符合专利法第23条的规定。

鉴于本专利与在先设计相比较已得出本专利不符合专利法第23条所规定的授权条件的结论，合议组对请求人提出的其他无效理由和证据不作评述。

三、决定

宣告ZL200730062615.8号外观设计专利权全部无效。

当事人对本决定不服的，可以根据专利法第46条第2款的规定，自收到本决定之日起三个月内向北京市第一中级人民法院起诉。根据该款的规定，一方当事人起诉后，另一方当事人应当作为第三人参加诉讼。

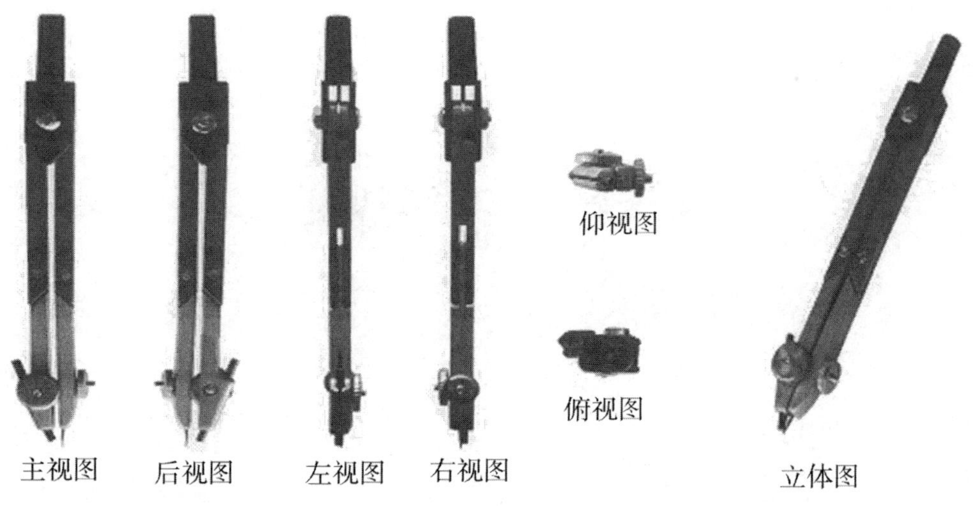

本专利附图

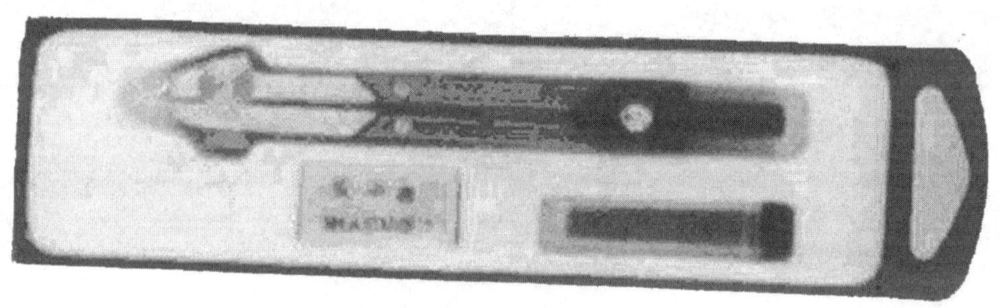

AH-815

在先设计附图

文具袋（ZG-2508）

无效宣告请求审查决定（第13265号）

决　　定　　号　第13265号
决　　定　　日　2009年4月16日
发明创造名称　文具袋（ZG-2508）
外观设计分类号　09-05
无效宣告请求人　王卫东
专　利　权　人　梁佛南
专　　利　　号　200730062605.4
申　　请　　日　2007年8月3日
授权公告日　2008年8月20日
合议组组长　吴赤兵
主　　审　　员　熊　洁
参　　审　　员　张媛媛
附　　　　　图　1页

法　律　依　据　专利法第23条
决　定　要　点

将本专利与在先的外观设计相比较，二者是相近似的外观设计，因此，本专利不符合专利法第23条的规定。

一、案由

本无效宣告请求涉及中华人民共和国国家知识产权局于2008年8月20日授权公告的ZL200730062605.4号外观设计专利（下称本专利），其名称为“文具袋（ZG-2508）”，申请日是2007年8月3日，专利权人是梁佛南。

针对本专利，王卫东（下称请求人）于2008年11月4日向国家知识产权局专利复审委员会提出无效宣告请求（案件编号为6W08484），请求人认为本专利与其他国内外已经公开使用过的外观设计相近似，不符合专利法第23条的规定。请求人提交了如下附件作为证据：

附件1：《发现资源广告》（2003年7月）复印件共4页（Pg34页，No.2501、No.2506号产品），公开日为2003年7月；

附件2：《发现资源广告》（2006年11月）复印件共4页（Pg38页，尺规塑套装产品），公开日为2006年11月；

附件3：《中国办公文具采购大全》（2006年出版）复印件共5页（Pg139页，AH-2510产品），公开日为2006年；

附件4：《中国办公文具采购大全》（2007年4月出版）复印件共6页（Pg18页，AH-2510产品），公开日为2007年4月；

附件5：杭州爱华文具有限公司的产品宣传资料复印件共3页（Pg13页，AH-2501、AH-2502、AH-2503、AH-2506、AH-2508、AH-2515产品），公开日为2004年；

附件6：杭州爱华文具有限公司的产品宣传资料复印件共2页（Pg9页，AH-2501、AH-2502、AH-2503、AH-2506、AH-2508、AH-2515产品），公开日为2005年；

附件7：杭州爱华文具有限公司的产品宣传资料（2006年）复印件共2页（Pg23页，AH-2501、AH-2502、AH-2503、AH-2506、AH-2508产品），公开日为2006年；

附件8：杭州爱华文具有限公司的产品宣传资料（2007年）复印件共2页（Pg20页，AH-2501、AH-2508产品），公开日为2007年。

经形式审查合格，专利复审委员会依法受理了上述无效宣告请求，于2008年12月31日向请求人和专利权人发出无效宣告请求受理通知书，并将请求人的无效宣告请求书及其附件清单所列附件副本转送给专利权人，要求其在指定的期限内答复，同时成立合议组对本无效宣告请求案进行审理。

专利复审委员会依法成立合议组对本案进行审查。合议组于2009年2月17日向双方当事人发出了无效宣告请求口头审理通知书，定于2009年3月25日对本案进行口头审理。

针对上述无效宣告请求，专利权人于2009年3月15日递交了意见陈述书。在该意见陈述书中，专利权人认为：（1）对比文件《发现资源广告》不是法律意义上的公开出版物，不能作为有效对比文件，且《发现资源广告》的照片与本专利不相同也不相近似；（2）杭州爱华公司的产品宣传资料不是法律意义上的公开出版物，不能作为有效对比文件，且杭州爱华公司的产片宣传资料的照片与本专利不相同也不相近似。

口头审理如期举行，双方当事人均出席了口头审理。在口头审理过程中，双方当事人对合议组成员没有回避请求，对对方出庭人员身份无异议。在口头审理过程中：

（1）双方当事人当庭表示同意将本案在2009年3月24日上午进行审理。

（2）请求人当庭出示附件1~8的原件，合议组当庭核实后转交给专利权人核实。

（3）专利权人当庭表示：附件1~8的原件与复印件一致，附件1~8不是国家法定的出版物，对附件1~8的真实性有异议。

（4）请求人当庭明确其无效理由为：本专利相对于附件1~8相近似，不符合专利法第23条的规定。

在此基础上，合议组认为当事人已经充分发表了意见，本案事实已经调查清楚，现依法做出本决定。

二、决定的理由

1. 审查的文本

本决定所依据的审查文本是本专利授权公告的文本。

2. 证据认定

附件1是《发现资源广告》（2003年）第34页的复印件，请求人当庭出示附件1的原件，经专利权人核实，附件1的复印件所示内容与原件一致。根据审查指南的规定，专利法意义上的出版物是指记载有技术或设计内容的独立存在的传播载体，并且应当表明或有其他证据证明其公开发表或出版的时间。附件1封面页上记载有“许可证号：粤临广审字2003第7号”，即为国家批准的公开出版的刊物，属于专利法意义上的公开出版物。附件1的公开日期为2003年7月，早于本专利的申请日为2007年8月3日，因此附件1属于本专利申请日前的公开出版物，故可以适用专利法第23条的规定作为本案证据。

3. 关于无效理由

由于附件3~8不能作为本案的有效证据，因此对请求人提出的本专利相对于附件3~8不符合专利法第23条的规定的无效理由本决定不再进行评述。

4. 关于专利法第23条

专利法第23条规定："授予专利权的外观设计，应当与申请日以前在国内外出版物上公开发表过或国内公开使用过的外观设计不相同和不相近似，并不得于他人在先取得的合法权利相冲突。"

本专利是涉及文具袋的外观设计。从主视图看，本文具袋形状为纵向长方形，正面右侧边中间位置有一颗折叠后可以按合的纽扣，纵向长方形上边上还有一呈横向矩形状的延伸部，该延伸部的中心部分有一个孔；从后视图看，本文具袋背面可插入印有说明的卡片，其背面左侧有一颗折叠后可以按合的纽扣；从立体图看，文具袋由可折叠的三面组成，结合使用状态参考图3看，本文具袋摊开可成为一个整体平面，它的左侧一面的左上方可放三角尺，右下方可放量角器，背面可插纸卡；中间一面的左侧可放直尺（竖放），右侧上方可放圆规（竖放），圆规下方可放铅芯（横放）；它的右侧一面没有放置文具的位置，可插入一张印有说明的纸卡。在左右两面上分别有一颗折叠后可以按合的纽扣，折叠后其一面可以看到直尺和圆规，并能影照出后面的三角尺和量角器，另一面是可写公司名称和文具名称的纸卡（详见本专利附图）。

附件1（下称在先设计）第34页公开了一文具袋的产品图（参见NO. 2506附图），该文具袋由可折叠的三面组成，摊开可成为一个整体平面，它的左侧一面是左上方可放三角尺，右下方可放量角器，背面可插纸卡；中间一面的左侧可放直尺（竖放），右侧上方可放圆规（竖放），圆规下方可放铅芯（横放）；它的右侧一面没有放置文具的位置，可插入一张印有说明的纸卡。在左右两面上分别有一颗折叠后可以按合的纽扣（详见在先设计附图）。

将本专利与在先设计进行比较后可以看出，尽管在先设计未显示文具袋折叠后的视图，但是二者形状基本相同。因此合议组认为，根据外观设计整体观察、综合对比的原则，本专利外观设计与在先设计属于相近似的外观设计。综上所述，本专利与其申请日之前公开的在先设计相近似，不符合专利法第23条的规定。

鉴于本专利与在先设计相比较已得出本专利不符合专利法第23条所规定的授权条件的结论，合议组对请求人提出的其他证据和无效理由不作评述。

三、决定

宣告200730062605.4号外观设计专利权全部无效。

当事人对本决定不服的，可以根据专利法第46条第2款的规定，自收到本决定之日起三个月内向北京市第一中级人民法院起诉。根据该款的规定，一方当事人起诉后，另一方当事人应当作为第三人参加诉讼。

主视图

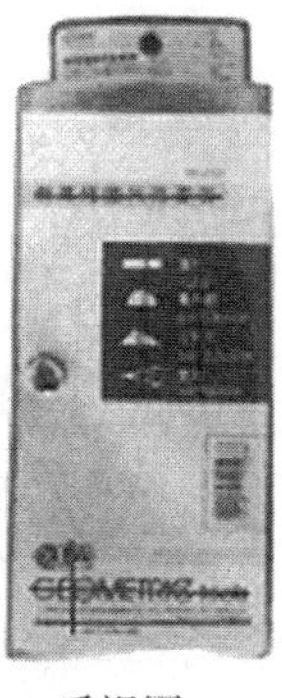
后视图

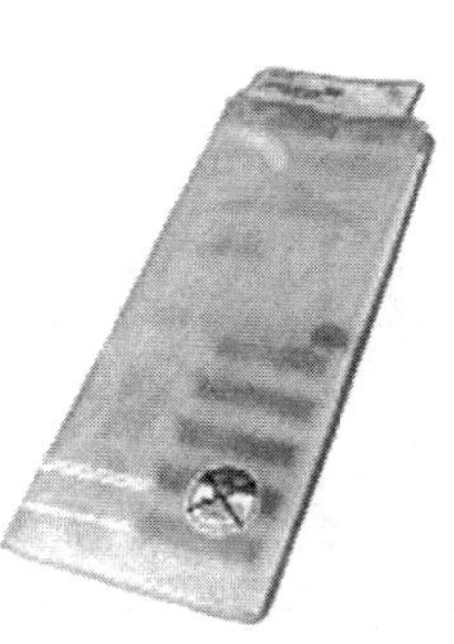
立体图

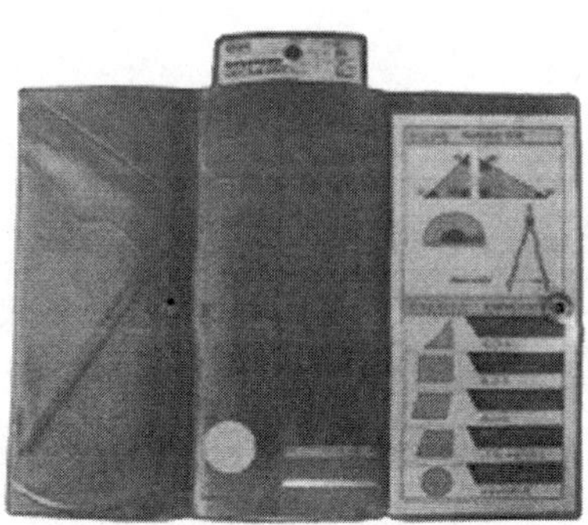
展开状态参考图 2

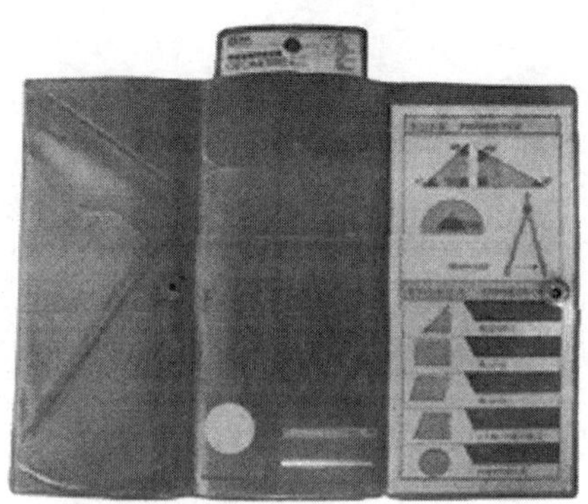
展开状态参考图 2

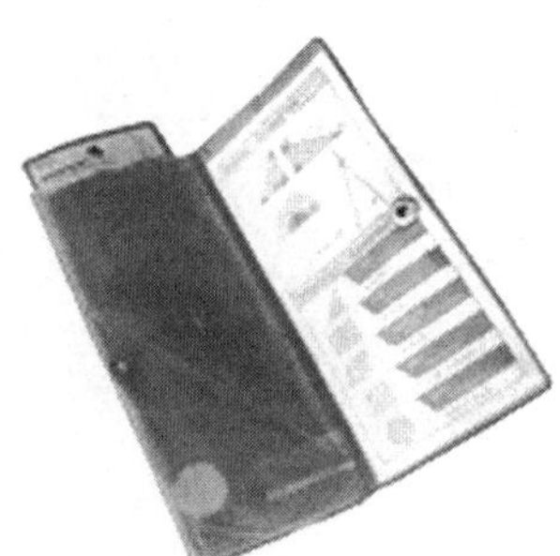
展开状态参考图 3

使用状态参考图 1

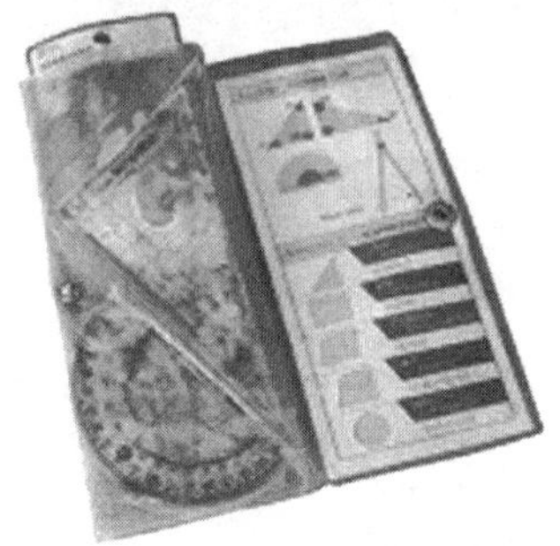
使用状态参考图 2

使用状态参考图 3

本专利附图

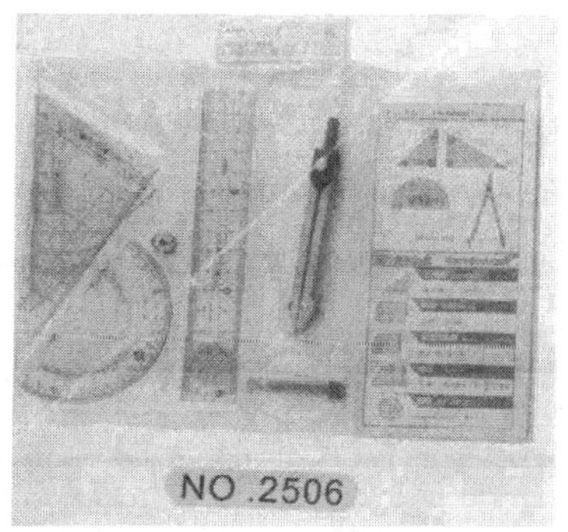

在先设计附图

228

文具盒（ZG-2520）

无效宣告请求审查决定（第13266号）

决　　定　　号　第13266号
决　　定　　日　2009年4月8日
发明创造名称　文具盒（ZG-2520）
外观设计分类号　19-06
请　　求　　人　王卫东
被　请　求　人　梁佛南
专　　利　　号　200730062619.6
申　　请　　日　2007年8月3日
授权公告日　2008年8月27日
合议组组长　吴赤兵
主　　审　　员　熊　洁
参　　审　　员　张媛媛
附　　　　图　1页

法律依据　专利法第23条
决定要点

在判断外观设计是否相同和相近似时，是通过一般消费者是否容易混淆为标准来进行的。也就是说，将一般购买者作为判断外观设计是否相同和相近似的判断主体。本专利外观设计与对比文件披露的外观设计有明显差别，属于不相近似的外观设计。

一、案由

本无效宣告请求涉及中华人民共和国国家知识产权局于2008年8月27日授权公告的200730062619.6号外观设计专利（下称本专利），其名称为“文具盒（ZG-2520）”，申请日是2007年8月3日，专利权人是梁佛南。

针对本专利，王卫东（下称请求人）于2008年11月4日向国家知识产权局专利复审委员会提出无效宣告请求（案件编号为6W08482），请求人认为本专利与其他国内外已经公开的外观设计相近似，不符合专利法第23条的规定。请求人提交了如下附件作为证据：

附件1：《中国文仪》（2005年8月）复印件，封面、扉页4、扉页5、第18页共4页，公开日为2005年8月；

附件2：《发现资源广告》（2004年5月）复印件，封面、第7页、第16页共3页（第7页，AH

-588号产品)，公开日为2004年5月；

附件3：《中国办公文具采购大全》（2006年出版）复印件共5页（第139页，AH-588、AH-1688产品)，公开日为2006年；

附件4：《中国办公文具采购大全》（2007年上期，总第2期）复印件共5页（第18页，AH-588、AH-1688产品)，公开日为2007年；

附件5：杭州爱华文具有限公司的产品宣传资料（2004年）复印件共2页（第12页，AH-588、AH-688产品)，公开日为2004年；

附件6：杭州爱华文具有限公司的产品宣传资料（2005年）复印件共3页（第16页，AH-1588、AH-1688、AH-1788产品；第17页，AH-588产品)，公开日为2005年；

附件7：杭州爱华文具有限公司的产品宣传资料（2006年）复印件共2页（第17页，AH-1588、AH-1688、AH-1788产品)，公开日为2006年；

附件8：杭州爱华文具有限公司的产品宣传资料（2007年）复印件共2页（第17页，AH-1588、AH-1688、AH-1788、AH-588产品)，公开日为2007年。

经形式审查合格，专利复审委员会依法受理了上述无效宣告请求，于2008年12月31日向请求人和专利权人发出无效宣告请求受理通知书，并将请求人的无效宣告请求书及其附件清单所列附件副本转送给专利权人，要求其在指定的期限内答复，同时成立合议组对本无效宣告请求案进行审理。

专利复审委员会依法成立合议组对本案进行审查。合议组于2009年2月17日向双方当事人发出了无效宣告请求口头审理通知书，定于2009年3月25日对本案进行口头审理。

针对上述无效宣告请求，专利权人于2009年3月15日递交了意见陈述书。在该意见陈述书中，专利权人认为：(1）对比文件《发现资源广告》不是法律意义上的公开出版物，不能作为有效对比文件，且《发现资源广告》的照片与本专利不相同也不相近似；(2）杭州爱华公司的产品宣传资料不是法律意义上的公开出版物，不能作为有效对比文件，且杭州爱华公司的产片宣传资料的照片与本专利不相同也不相近似；(3)《中国办公文具采购大全》出版时间、对象均无有效证明，不能作为对比文件；(4)《中国文仪》页内主体相片与本专利无相近相似之处，不能作为对比文件。

口头审理如期举行，双方当事人均出席了口头审理。在口头审理过程中，双方当事人对合议组成员没有回避请求，对对方出庭人员身份无异议。在口头审理过程中：

(1）双方当事人当庭表示同意将本案在2009年3月24日上午进行审理。

(2）请求人当庭出示附件1~8的原件，合议组当庭核实后转交给专利权人核实。

(3）专利权人当庭表示：附件1~8的复印件与原件一致，附件1~8不是国家法定的出版物，对附件1~8的真实性有异议。

(4）请求人当庭明确其无效理由为：本专利相对于附件1~8相近似，不符合专利法第23条的规定。

在此基础上，合议组认为当事人已经充分发表了意见，本案事实已经调查清楚，现依法作出本决定。

二、决定的理由

1. 审查的文本

本决定所依据的审查文本是本专利授权公告的文本。

2. 证据认定

附件2是《发现资源广告》的复印件，请求人当庭出示附件2的原件，经专利权人核实，附件2的复印件内容与原件一致。根据审查指南的规定，专利法意义上的出版物是指记载有技术或设计内容的独立存在的传播载体，并且应当表明或有其他证据证明其公开发表或出版的时间。附件 2 上记载有“许可证号：国印广登字（2004）第 1056 号”，即为国家批准的公开出版的刊物，其公开日期为 2004 年 5 月，早于本专利的申请日 2007 年 8 月 3 日，因此附件 2 属于本专利申请日前的公开出版物，故可以适用专利法第 23 条的规定作为本案证据。

附件 1 是《中国文仪》的复印件，其公开日为 2005 年 8 月，由于《中国文仪》自身没有版权信息页和许可证号，同时也没有相关证据证明其属于国家批准的公开出版的刊物，且专利权人对附件 1 的真实性也不予以认可；附件 3 为《中国办公文具采购大全》的复印件，公开日为 2006 年；附件 4 为《中国办公文具采购大全》（2007 年上期）的复印件，公开日为 2007 年，由于《中国办公文具采购大全》为香港惠多国际投资有限公司主编，属于域外证据，但是请求人并未履行相关的公证认证手续，且专利权人对附件 3、4 的真实性也不认可，因此，合议组认定，附件 1、3~4 不能作为本案的有效证据。附件 5~8 为爱华公司的产品宣传资料，属于在特定范围内发行的资料，且专利权人对附件 5~8 的真实性也不认可，因此合议组认为附件 3~5 不属于专利法意义上的公开出版物，不能作为本案的有效证据。

3. 关于无效理由

由于附件 1、3~8 不能作为本案的有效证据，因此对请求人提出的本专利相对于附件 1、3~8 不符合专利法第 23 条的规定的无效理由本决定不再进行评述。

4. 关于专利法第 23 条

专利法第 23 条规定：“授予专利权的外观设计，应当同申请日以前在国内外出版物上公开发表过或国内公开使用过的外观设计不相同和不相近似，并不得于他人在先取得的合法权利相冲突。”

本专利是涉及文具盒的外观设计。从主视图看，该文具盒为圆角长方形，文具盒由三层组成：透明盒盖、盒内的凹槽托盘、透明盒底，凹槽托盘具有连在一起的异形凹槽，还有一个分离的圆角长方形凹槽。从仰视图看，文具盒由三层构成，在文具盒的正侧面中间部分有便于打开盒子的凹槽，凹槽上面有许多用于增大摩擦力的微小透明颗粒（详见本专利附图）。

附件 2 第 7 页公开了文具盒 AH-588 的产品图，该文具盒呈圆角长方形，该文具盒包括白色的盒盖、盒内的凹槽托盘，凹槽托盘具有多个平行的长条状凹槽（详见附件 2 附图）。

在判断外观设计是否相同和相近似时，一般以消费者对产品是否容易混淆为标准来进行判断的。合议组将本专利与附件 1 的文具盒产品图进行比较认为，虽然二者均为文具盒，但本专利的文具盒的盒盖为透明的，且文具盒包括三层，而附件 2 所示的文具盒的盒盖均为白色，且从附件 2 的文具盒产品图也无法看出文具盒包括三层，盒内凹槽托盘的形状也不相同。合议组认为，由于消费者在购买和使用时应会注意到各种文具盒的结构和颜色，所以上述差异是显著的，相对于附件中的外观设计而言，本专利形成有区别明显的新的外观设计，在视觉效果上显然构成了显著差别，应认为二者是不相近似的外观设计。

合议组认定，对于文具盒的消费者来说，上述区别点完全可以使其轻而易举地将二者区分开。

综上所述，请求人的主张没有得到证据的支持。故宣告本专利权无效的理由不能成立。

三、决定

维持 200730062619.6 号外观设计专利权有效。

当事人对本决定不服的，可以根据专利法第 46 条第 2 款的规定，自收到本决定之日起三个月内向北京市第一中级人民法院起诉。根据该款的规定，一方当事人起诉后，另一方当事人应当作为第三人参加诉讼。

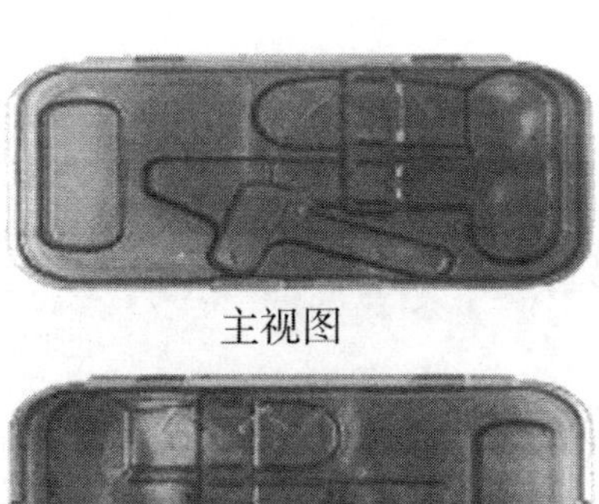

主视图

左视图

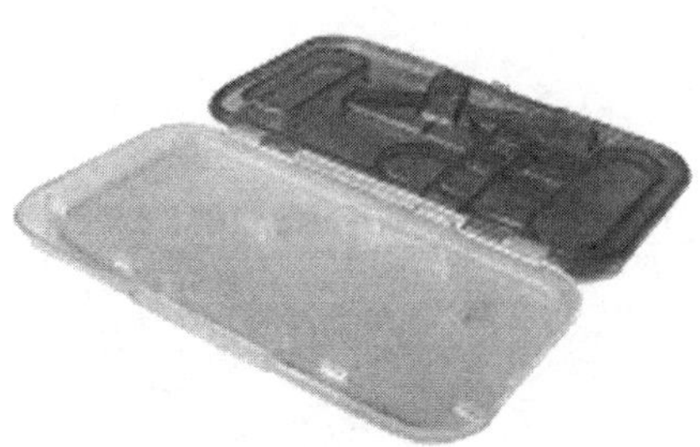

使用状态参考图 1

后视图

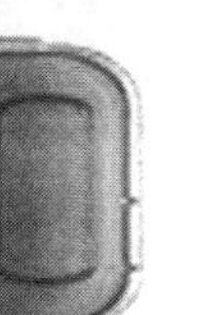

右视图

俯视图

仰视图

使用状态参考图 2

本专利附图

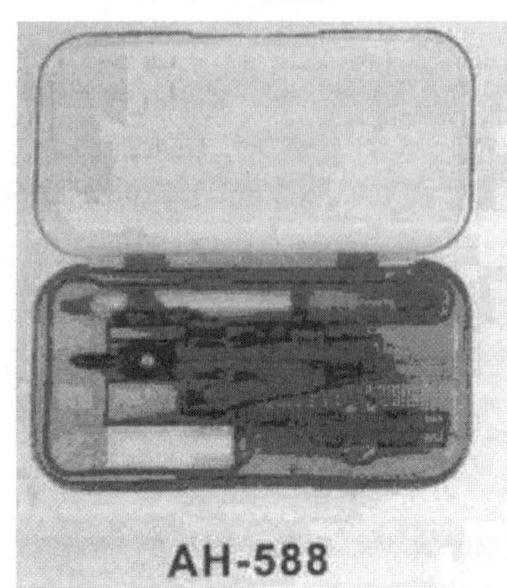

附件 2 附图

229

圆规（ZG-2521）

无效宣告请求审查决定（第13267号）

决　定　号　第13267号
决　定　日　2009年4月7日
发明创造名称　圆规（ZG-2521）
外观设计分类号　19-06
请　求　人　王卫东
被 请 求 人　梁佛南
专　利　号　200730062609.2
申　请　日　2007年8月3日
授权公告日　2008年8月27日
合议组组长　吴赤兵
主　审　员　熊　洁
参　审　员　张媛媛
附　　　图　1页

法律依据　专利法第23条
决定要点
将本专利与在先的外观设计相比较，二者是相近似的外观设计，因此，本专利不符合专利法第23条的规定。

一、案由

本无效宣告请求涉及中华人民共和国国家知识产权局于2008年8月27日授权公告的200730062609.2号外观设计专利（下称本专利），其名称为“圆规（ZG-2521）”，申请日是2007年8月3日，专利权人是梁佛南。

针对本专利，王卫东（下称请求人）于2008年11月4日向国家知识产权局专利复审委员会提出无效宣告请求（案件编号为6w08485），请求人认为本专利与其他国内已经公开过的外观设计相近似，不符合专利法第23条的规定；并且200730062615.8号外观设计专利与本专利完全相同，两个外观设计申请人、申请日相同，但授权日不同，对专利权人的同一发明创造授予了两个专利权，因此不符合专利法实施细则第13条第1款的规定。请求人提交了如下附件作为证据：

附件1：《发现资源广告》（2003年7月）复印件，封面、目录页、第34页、第53页共4页，公开日为2003年7月；

附件2：《发现资源广告》（2006年10月）复印件，封面、第22页、第23页、第124页共4页（A06号产品），公开日为2006年10月；

附件3：杭州爱华文具有限公司的产品宣传资料复印件，封面、第7页、第12页、第13页、共4页（第7页，AH815产品；第12页AH688产品；第13页，AH-2508产品），公开日为2004年；

附件4：杭州爱华文具有限公司的产品宣传资料复印件，封面、第4页、第9页共3页（第4页，AH-815产品；第9页AH-2508产品），公开日为2005年；

附件5：杭州爱华文具有限公司的产品宣传资料复印件，封面、第4页、第18页、第23页共4页（第4页，AH-815产品；第18页，AH-2688产品；第23页，AH-2508产品），公开日为2006年；

附件6：ZL200730062615.8号外观设计专利复印件共1页。

经形式审查合格，专利复审委员会依法受理了上述无效宣告请求，于2008年12月31日向请求人和专利权人发出无效宣告请求受理通知书，并将请求人的无效宣告请求书及其附件清单所列附件副本转送给专利权人，要求其在指定的期限内答复，同时成立合议组对本无效宣告请求案进行审理。

专利复审委员会依法成立合议组对本案进行审查。合议组于2009年2月17日向双方当事人发出了无效宣告请求口头审理通知书，定于2009年3月24日对本案进行口头审理。

针对上述无效宣告请求，专利权人于2009年3月15日递交了意见陈述书。在该意见陈述书中，专利权人认为：（1）对比文件《发现资源广告》不是法律意义上的公开出版物，不能作为有效对比文件，且《发现资源广告》的照片与本专利不相同也不相近似；（2）杭州爱华公司的产片宣传资料不是法律意义上的公开出版物，不能作为有效对比文件，且杭州爱华公司的产片宣传资料的照片与本专利不相同也不相近似。

口头审理如期举行，双方当事人均出席了口头审理。在口头审理过程中，双方当事人对合议组成员没有回避请求，对对方出庭人员身份和资格无异议。在口头审理过程中：

（1）请求人当庭出示附件1~5的原件，合议组当庭核实后转交给专利权人核实。

（2）专利权人当庭表示：附件1~5的原件与复印件一致，附件1~5不是国家法定的出版物，不能作为有效证据对附件1~5原件的真实性无异议。

（3）请求人当庭明确其无效理由为：本专利相对于附件1~5不符合专利法第23条的规定；相对于附件6不符合专利法实施细则第13条第1款的规定。

在此基础上，合议组认为当事人已经充分发表了意见，本案事实已经调查清楚，现依法作出本决定。

二、决定的理由

1. 审查的文本

本决定所依据的审查文本是本专利授权公告的文本。

2. 证据认定

附件1是《发现资源广告》（2003年7月）复印件，封面、目录页、第34页、第53页，共4页，请求人当庭出示附件1的原件，经专利权人核实，附件1的复印件所示内容与原件一致。根据审查指南的规定，专利法意义上的出版物是指记载有技术或设计内容的独立存在的传播载体，并且应当表明或有其他证据证明其公开发表或出版的时间。附件1上记载有许“可证号：粤临广审字2003年第7号”，即为国家批准的公开出版的刊物，其公开日期为2003年7月，早于本专利的申请日2007年8月3日，因此附件1属于本专利申请日前的公开出版物，故可以适用专利法第23条的规定作为本案证据。

3. 关于专利法第 23 条

专利法第 23 条规定："授予专利权的外观设计，应当同申请日以前在国内外出版物上公开发表过或国内公开使用过的外观设计不相同和不相近似，并不得于他人在先取得的合法权利相冲突。"

本专利是圆规。从主视图看，该圆规具有上部手柄，上部手柄处由一颗螺丝固定，手柄下面延伸下出来左右两个可绕该螺丝开合的规脚，左边的规脚末端放铅芯，其末端的正面有一个用于固定铅芯的螺丝；右边的规脚末端放定心针，其末端的侧面有一个用于固定定心针的螺丝；两规脚中部各又有一个螺丝，使下部放铅芯和定心针的两个小支脚能分别绕其转动（参见本专利附图）。

附件 1 涉及圆规的公开出版物，即 2003 年 7 月的《发现资源广告》第 34 页的 AH-815 产品图（下称在先设计）。在先设计圆规具有上部手柄，上部手柄处由一颗螺丝固定，手柄下面延伸下出来左右两个可绕该螺丝开合的规脚，左边的规脚末端放铅芯，其末端的正面有一个用于固定铅芯的螺丝；右边的规脚末端放定心针，其末端的侧面有一个用于固定定心针的螺丝；两规脚中部各又有一个螺丝，使下部放铅芯和定心针的两个小支脚能分别绕其转动（参见在先设计附图）。

将本专利与在先设计进行比较后可以看出，尽管在先设计未显示侧面，但是二者形状基本相似。因此合议组认为，根据外观设计整体观察、综合对比的原则，本专利外观设计与在先设计属于相近似的外观设计。综上所述，本专利与其申请日之前公开的在先设计相近似，不符合专利法第 23 条的规定。

鉴于本专利与在先设计相比较已得出本专利不符合专利法第 23 条所规定的授权条件的结论，合议组对请求人提出的其他证据和无效理由不作评述。

三、决定

宣告 200730062609. 2 号外观设计专利权全部无效。

当事人对本决定不服的，可以根据专利法第 46 条第 2 款的规定，自收到本决定之日起三个月内向北京市第一中级人民法院起诉。根据该款的规定，一方当事人起诉后，另一方当事人应当作为第三人参加诉讼。

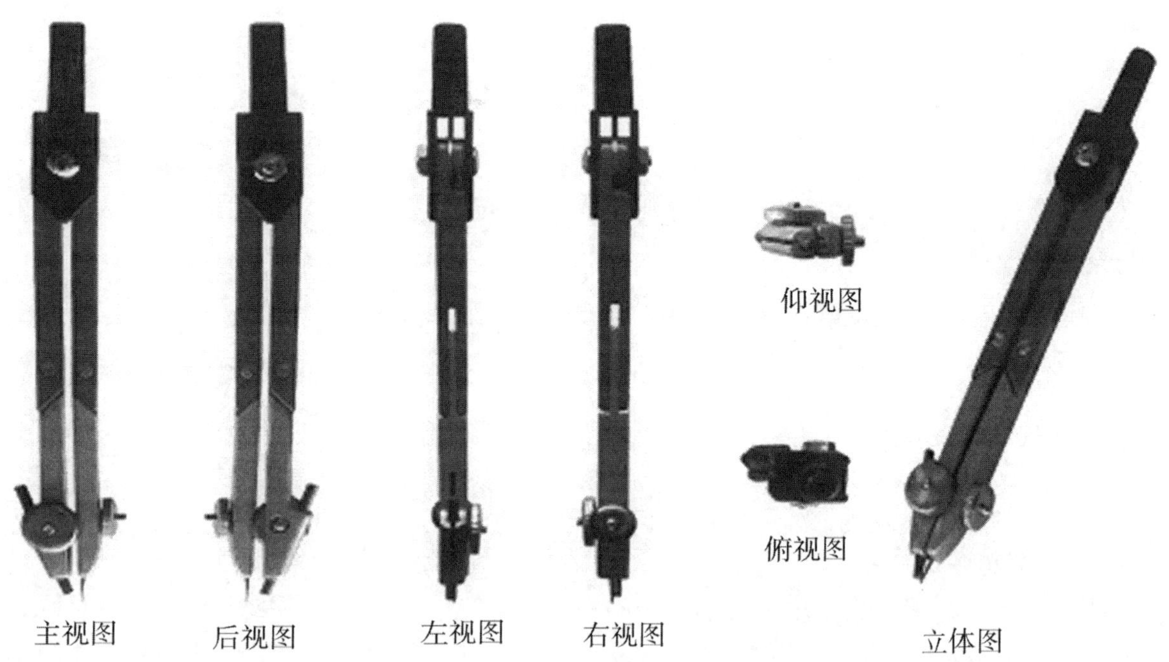

本专利附图

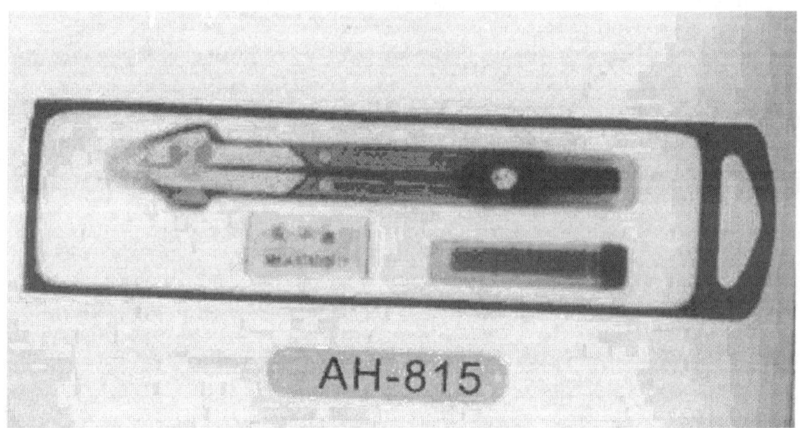

在先设计附图

230

熨 衣 板

无效宣告请求审查决定（第 13273 号）

决 定 号 第 13273 号
决 定 日 2009 年 4 月 24 日
发明创造名称 熨衣板
外观设计分类号 07-05
无 效 请 求 人 浙江龙士达塑业有限公司
专 利 权 人 黄鹄斌，黄鹄欣
专 利 号 200330117026.7
申 请 日 2003 年 11 月 17 日
授权公告日 2004 年 7 月 14 日
合议组组长 吴大章
主 审 员 武 磊
参 审 员 邢欣欣
附 图 1 页

法 律 依 据 专利法实施细则第 2 条第 3 款
决 定 要 点

本专利的某些视图尽管存在错误之处，但是上述视图错误属于局部细微瑕疵，不足以导致无法确定产品的整体形状进而无法生产，不会导致本专利不适于工业应用的后果，本专利并不违反专利法实施细则第 2 条第 3 款的规定。

一、案由

本无效宣告请求涉及的是国家知识产权局于 2004 年 7 月 14 日授权公告的 200330117026.7 号外观设计专利，其名称是“熨衣板”，申请日是 2003 年 11 月 17 日，专利权人为黄伟雄，后变更为黄鹄斌、黄鹄欣。

针对上述专利的专利权（下称本专利），浙江龙士达塑业有限公司（下称请求人）于 2008 年 5 月 15 日向专利复审委员会提出无效宣告请求，其依据的事实和理由是：（1）在本专利申请日以前已有与其相近似的外观设计（03355807.8 号外观设计专利）在出版物上公开发表过，因此，本专利不符合专利法第 23 条的规定；（2）本专利的主视图与仰视图、俯视图之间存在不对应的现象，各视图的不对应现象体现在：主视图上有凹槽，而仰视图和俯视图上找不到对应关系，而凹槽是本专利的主要独创设计部分，这样的视图不对应现象将造成不能还原成一个有确切形状的产品设计，导致其不适于工业应用，因此，本专利不符合专利法实施细则第 2 条第 3 款的规定。同时，请求人提交了如下附件：

附件 1：03355807.8 号外观设计专利的授权公告文本的复印件，共 1 页；

附件 2：第 5097 号无效宣告请求审查决定书的复印件，共 6 页；

附件 3：第 10287 号无效宣告请求审查决定书的复印件，共 9 页；

附件 4：请求人描绘的对本专利授权公告文本各视图的分析图，共 1 页。

经形式审查合格后，专利复审委员会受理了该无效宣告请求，并于 2008 年 6 月 17 日向双方当事人发出无效宣告请求受理通知书，并将请求人提交的无效宣告请求书及其附件的副本转送给专利权人，要求其在指定期限内陈述意见。

专利权人在指定期限内未提交任何意见陈述。

专利复审委员会依法成立合议组，并于 2008 年 12 月 25 日向双方当事人发出无效宣告请求口头审理通知书，定于 2009 年 1 月 15 日举行无效宣告请求口头审理。

口头审理如期举行，双方当事人均委托代理人出席口头审理。在口头审理过程中，双方当事人对合议组成员无回避请求，对对方出庭人员的身份无异议。请求人当庭表示放弃附件 1 作为证据使用，并放弃本专利不符合专利法第 23 条规定的无效理由，请求人当庭提交附件 5（北京市高级人民法院作出的（2008）高行终字第 295 号行政判决书的复印件，共 12 页），并表示所提交的附件 2 和附件 5 仅供合议组参考。请求人明确无效宣告请求理由为：本专利的主视图与仰视图、俯视图之间存在不对应的现象，各视图的不对应现象体现在：主视图上有凹槽，而仰视图和俯视图上找不到对应关系，凹槽是本专利的主要独创设计部分，这样的视图不对应现象将造成不能还原成一个有确切形状的产品设计，导致其不适于工业应用，因此，本专利不符合专利法实施细则第 2 条第 3 款的规定。请求人使用附件 3 和附件 4 作为评述本专利不符合专利法实施细则第 2 条第 3 款规定的证据，其中附件 3 证明本专利的凹槽设计在前一次针对本案作出的无效宣告请求审查决定中被认定为是本专利与现有技术的主要差别，该差别对于产品外观设计的整体视觉效果产生显著的影响，附件 4 是请求人描绘的对本专利授权公告文本的各视图分析图。专利权人对附件 3 和附件 5 的真实性无异议，但认为附件 4 与本专利的授权公告文本的视图相比清晰度不高，同时认为本专利授权公告文本的视图已经清楚的显示了本专利的设计要点，主视图与俯视图、仰视图的不对应是拍摄角度的问题，本专利的外观设计是有凹槽的。双方当事人在口头审理过程中详细阐述了各自的具体主张及理由。

在上述审理工作的基础上，合议组认为本案事实清楚，现依法作出本审查决定。

二、决定的理由

1. 法律依据

基于请求人提出的无效宣告请求的理由，合议组依据专利法实施细则第 2 条第 3 款的规定对本案进行审理。

专利法实施细则第 2 条第 3 款规定，专利法所称外观设计是指对产品的形状、图案或者其结合以及色彩与形状、图案的结合所作出的富有美感并适于工业应用的新设计。

2. 关于请求人提供的证据

请求人提交的附件 3 是第 10287 号无效宣告请求审查决定书的复印件，专利权人对其真实性予以认可，合议组对其真实性予以采信。合议组认为，该无效宣告请求审查决定书是针对请求人前次提出的本专利不符合专利法第 23 条的无效宣告请求理由而作出的审查决定，其中并没有涉及有关本专利的各视图之间存在不对应现象的审查结论，因此其不能作为评价本专利不符合专利法实施细则第 2 条第 3 款规定的证据使用。

请求人提交的附件4是其描绘的对本专利授权公告文本各视图的分析图，其中对于各视图之间不对应的现象进行了标注和分析，合议组认为，附件4所描绘的内容是为更直观地表述请求人所主张的事实，其描述的内容应当视为其意见陈述的一部分，在本案的审理中可以供合议组参考。

3. 关于专利法实施细则第2条第3款

针对请求人认为“本专利的主视图与仰视图、俯视图之间对于凹槽的表述存在不对应现象，导致该外观设计产品不适于工业应用，因而不符合专利法实施细则第2条第3款的规定”的意见。

合议组认为：从主视图看，本专利的整体形状近似为长方形，长与宽的比例约为4∶1；自上边靠左约全长的1/3处，一段凸起的圆弧连接上下两个平行的长边，圆弧与下边的交接处用小圆角过渡，形成一个圆弧尖角；在板面自右靠左约全长的1/6处的垂直方向上有一凹陷部分（凹槽），将板面分割为两部分，在凹陷部分的上下两端各有一个贯通缺口；分割出来的右边部分上边向尾部略微收缩；从仰视图和俯视图来看，在板体的右前方约全长的1/6处各有一个垂直阴影，其对应于主视图上凹陷部分两端的贯通缺口，在仰视图中，板体的上表面呈水平直线，垂直阴影的上方与该水平直线相交，在俯视图中，板体的下表面呈水平直线，垂直阴影的下方与该水平直线相交。综合上面视图表述可知，从主视图看，板面右前方约全长的1/6处有一凹陷部分（凹槽），而仰视图和俯视图此处的表述为连续实线，在仰视图垂直阴影的上方和俯视图垂直阴影的下方与水平直线的相交处并没有凹形缺口，主视图的凹陷部分在仰视图和俯视图中的投影并没有表示出来，仰视图和俯视图确实存在不当之处，但是，从主视图中对凹陷部分的表述可以看到，该凹陷部分的宽度和深度并不大，其在仰视图和俯视图上的投影区域也必然不会很明显，因此，这种视图的缺陷仅为局部细微瑕疵，在机械制图中这种表达方式也是可以接受的，而且综合其他视图公开的信息可以确定其整体的设计，不足以导致无法确定产品的整体形状和设计并进行生产的后果。

综上，本专利的某些视图虽然存在缺陷，但是均为局部细微瑕疵，综合各个视图公开的信息可以确定其整体的设计。这种视图绘制准确程度上的瑕疵尚不足以导致无法确定产品的整体形状进而无法生产，即不会导致本专利不适于工业应用的后果，因此，本专利并不违反专利法实施细则第2条第3款的规定。

综上所述，请求人提出的无效宣告请求的理由不成立。

三、决定

维持200330117026.7号外观设计专利权有效。

当事人对本决定不服的，可以根据专利法第46条第2款的规定，自收到本决定之日起三个月内向北京市第一中级人民法院起诉。根据该款的规定，一方当事人起诉后，另一方当事人应当作为第三人参加诉讼。

仰视图

左视图

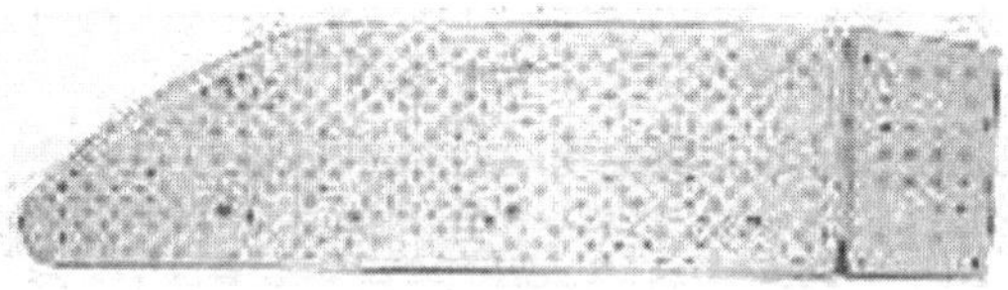

主视图

右视图

俯视图

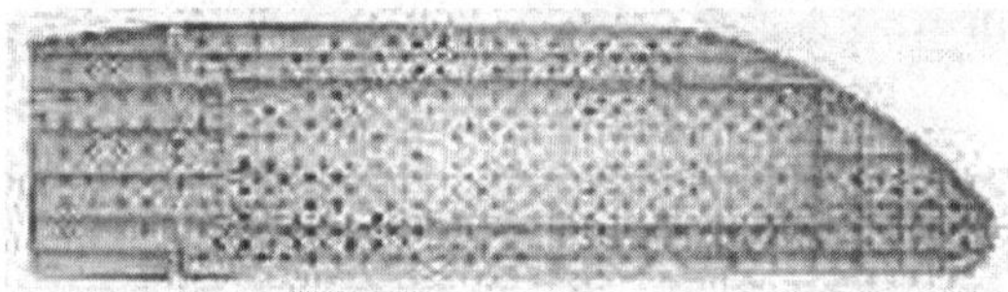

后视图

使用状态参考图 1

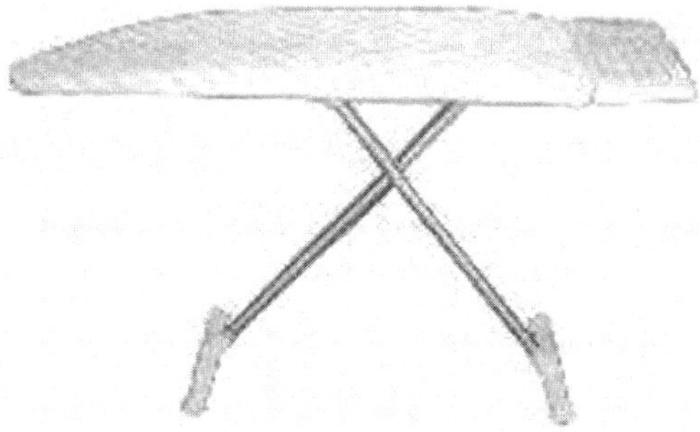

使用状态参考图 2

本专利附图

北京市第一中级人民法院
行政判决书

（2009）一中行初字第 1430 号

原告浙江龙士达塑业有限公司，住所地浙江省临海市沿江镇下洋水。

法定代表人张灵伟，董事长。

委托代理人王兵，杭州天正专利事务所有限公司专利代理人。

被告国家知识产权局专利复审委员会，住所地北京市海淀区北四环西路 9 号银谷大厦 10~12 层。

法定代表人廖涛，副主任。

委托代理人武磊，国家知识产权局专利复审委员会审查员。

委托代理人余心蕾，国家知识产权局专利复审委员会审查员。

第三人黄鹄斌，男，1983 年 10 月 8 日出生，汉族，广州市番禺区好友实业有限公司副总经理，住广东省广州市海珠区涌尾大街 50 号北座 804 房。

委托代理人姚盛华，女，1984 年 10 月 10 日出生，广州市番禺区好友实业有限公司职员，住湖南省安化县仙溪镇山口村第十二村民组 344 号。

第三人黄鹄欣，女，1995 年 6 月 1 日出生，汉族，广州市祈福英语实验中学学生，住广东省广州市海珠区涌尾大街 50 号北座 804 房。

法定代理人梁以峰（黄鹄欣之母），女，1956 年 6 月 7 日出生，汉族，广州市番禺区好友实业有限公司总经理，住广东省广州市海珠区涌尾大街 50 号北座 804 房。

委托代理人姚盛华，女，1984 年 10 月 10 日出生，广州市番禺区好友实业有限公司职员，住湖南省安化县仙溪镇山口村第十二村民组 344 号。

原告浙江龙士达塑业有限公司（以下简称龙士达公司）不服被告国家知识产权局专利复审委员会（以下简称专利复审委员会）作出的第 13273 号无效宣告请求审查决定（以下简称第 13273 号决定），于法定期限内向本院提起诉讼。本院于 2009 年 6 月 4 日受理本案后，依法组成合议庭，并依法通知黄鹄斌、黄鹄欣作为第三人参加诉讼，于 2009 年 7 月 17 日公开开庭进行了审理。原告龙士达公司的委托代理人王兵，被告专利复审委员会的委托代理人武磊、余心蕾，第三人黄鹄斌、黄鹄欣的委托代理人姚盛华到庭参加诉讼。本案现已审理终结。

专利复审委员会 2009 年 4 月 24 日作出的第 13273 号决定是针对龙士达公司对黄鹄斌、黄鹄欣享有的 200330117026. 7 号名称为“熨衣板”的外观设计专利（以下简称本专利）所提出的无效宣告请求作出的。

专利复审委员会认为：本专利的某些视图虽然存在缺陷，但均为局部细微瑕疵，综合各个视图公开的信息可以确定其整体的设计。这种视图绘制准确程度上的瑕疵尚不足以导致无法确定产品的整体形状进而无法生产，即不会导致本专利不适于工业应用的后果，因此，本专利并不违反《中华人民共和国专利法实施细则》（以下简称《专利法实施细则》）第二条第三款的规定。决定维持 200330117026. 7 号外观设计专利权有效。

原告龙士达公司不服该决定，向本院起诉称：（1）凹槽是本专利区别于现有设计的特色部分，在整体视觉中占有重要地位，也是各种视觉瞩目之处，该部位的视觉不对应，导致设计特色部位形状不能确定，必然对整体视觉印象产生很大影响。第 10287 号无效宣告请求审查决定（以下简称第

10287号决定）可以予以证明。（2）视图对应是《审查指南》和机械制图的基本要求，第13273号决定声称本专利视图不对应“在机械制图中这种表达方式是可以接受的”，该观点没有事实依据和法律依据。专利复审委员会既往对待视图不对应问题即作出无效宣告决定，本案应与既往案件一致对待。（3）仰视图、俯视图与主视图在凹槽部位的不对应，客观上导致无法确定作为设计特色的凹槽是否存在，导致本专利产品形状不确定。（2008）高行终字第295号行政判决中已认定“专利复审委员会关于本专利有一凹槽的确认理由欠充分”。本专利的主视图与仰视图、俯视图之间均存在不对应问题，不能确定产品形状，无法在工业上应用。第13273号决定认定事实和适用法律错误，请求撤销专利复审委员会作出的该决定。

被告专利复审委员会答辩称：我委在第13273号决定中认定本专利的主视图与仰视图、俯视图之间对于凹陷部分的表达存在不对应现象，即主视图的凹陷部分在仰视图、俯视图中的投影未被表达出来，仰视图和俯视图确实存在不当之处，但是从主视图可以看到，该凹陷部分的宽度并不大，另外，主视图中的凹陷部分两侧的阴影部分所占的区域及深度不大，因此该凹陷部分在仰视图和俯视图上的投影区域也必然不会很明显，这种视图缺陷仅为局部细微瑕疵，而且综合其他视图公开的信息可以确定产品整体设计，该瑕疵尚不足以导致无法确定产品整体形状进而无法生产，即不会导致本专利不适于工业应用的后果，因此本专利不违反专利法实施细则第二条第三款之规定。关于第5097号无效宣告请求审查决定（以下简称第5097号决定）一证，我委认为所涉视图之间不对应问题与本案无关，（2008）高行终字第295号行政判决是针对龙士达公司关于本专利不符合《中华人民共和国专利法》（以下简称《专利法》）第二十三条规定作出的审查，没有涉及本案相关问题，不能作为评判本案的证据。综上，第13273号决定认定事实清楚、适用法律准确、程序合法，故请求驳回原告的诉讼请求，维持第13273号决定。

第三人黄鹄斌、黄鹄欣同意第13273号决定。未提交书面陈述。

经审理查明：

2003年11月17日，黄伟雄申请了名称为“熨衣板”的外观设计专利（即本专利），2004年7月14日获得授权，专利申请号为200330117026.7，2006年11月29日，本专利的专利权人变更为黄鹄斌、黄鹄欣。本专利外观设计见后附图。

2008年5月15日，龙士达公司提出无效请求，其中理由之一是，本专利的主视图与仰视图、俯视图之间存在不对应现象，体现在主视图上有凹槽，而仰视图、俯视图均找不到对应情况的表达，凹槽是本专利的主要独创设计部分，这样的视图不能还原确切的产品设计，并导致不适于工业应用，故本专利不符合《专利法实施细则》第二条第三款之规定，应予无效。

在本案审理中，专利复审委员会出示了本专利外观设计图或照片的原件，其上可见主视图所示熨衣板右侧部位从图的上方至下方有一条阴影，阴影两端各有一缺口形状，在仰视图及俯视图对主视图相对部位之处各有一垂直阴影，但没有缺口形状表达。

龙士达公司为证明因视图缺陷，专利复审委员会已有宣告专利权无效的决定，提交了第5097号关于华裕电器集团有限公司等针对宁波凯森电器实业有限公司“饮水机”外观设计专利的无效宣告请求审查决定，认为本专利也应当被宣告无效。专利复审委员会表示，两案情况完全不同，涉及的是两种不相干的产品设计，第5097号决定涉及的视图存在多处错误，与本案没有可比性，该证据不能作为评判本专利效力的依据。

为证明本专利曾经北京市高级人民法院终审判决认定“本专利有一‘凹槽’的确认理由欠充分”，龙士达公司提交了（2008）高行终字第295号行政判决，该判决是针对龙士达公司于2007年1月16日，以本专利不符合《专利法》第二十三条规定为由提起无效宣告请求审查而作出的。龙士达公司表示该证据证明本专利主视图上的凹槽是否存在最终没有得到司法确认。经本院询问，龙士达公司明确其主张为，本专利主视图上有凹槽，而仰视图、俯视图与之对应部位没有给予相应表达，视图存在无可复原的瑕疵，不适于工业生产，故不再坚持“主视图应否有凹槽，表达不清”的主张。

龙士达公司在庭审中还提出，专利复审委员会未对龙士达公司提交的第5097号决定及（2008）高行终字第295号行政判决两证作出评述，属于程序错误。专利复审委员会坚持其答辩意见，认为两证与本案所需审查的事实无关。

上述事实有第13273号决定、本专利外观设计公告文本、第5097号决定、第10287号决定、（2008）高行终字第295号行政判决，以及当事人陈述等证据在案佐证。

本院认为：

专利复审委员会依据龙士达公司的主张，对本专利主视图与仰视图、俯视图之间有关局部设计的表达存在不对应，能否还原出确切的产品设计适于工业应用，即本专利是否符合《专利法实施细则》第二条第三款之规定作出审查，该内容也是本案审理核心之所在，对此本院予以确认。

关于仰视图、俯视图出现的上述瑕疵事实，因当事人各方均不持异议，本院予以认定，本案的核心争议在于如视图所示的瑕疵，能否导致该产品设计无以确定，以至于无法适于工业生产。对此，本院认为，本案所涉产品不属于复杂且难以辨别的产品，本领域技术人员根据其所掌握的相关设计知识，可以将该产品设计还原成带有凹槽缺口的形状，且不存在难以克服而无所适从的障碍。故本专利仍属于可以适于工业生产的设计，尚不违背《专利法实施细则》第二条第三款之规定。

第5097号决定与本案属于具体情况各不相同的案件，他案审查不是本案裁判的法定依据。证据的引用应当具备与本案待证明事实的关联性，龙士达公司选择请求对本专利给予无效宣告审查的理由是主视图与它图的不对应表达问题，而其在此引用（2008）高行终字第295号行政判决加以证明，显然缺乏关联性，据此，专利复审委员会对上述两证不予采纳并无不当。

综上所述，专利复审委员会作出的第13273号决定认定事实清楚，适用法律正确，程序合法，依照《中华人民共和国行政诉讼法》第五十四条第（一）项之规定，本院判决如下：

维持被告国家知识产权局专利复审委员会作出的第13273号无效宣告请求审查决定。

案件受理费100元，由原告浙江龙士达塑业有限公司负担（已交纳）。

如不服本判决，各方当事人可于本判决书送达之日起15日内，向本院递交上诉状，并按对方当事人人数提交上诉状副本，同时交纳上诉案件受理费100元，上诉于北京市高级人民法院。

审 判 长 任 进
代理审判员 邢 军
人民陪审员 牛艳玲
二〇〇九年七月十一日
书 记 员 未 平

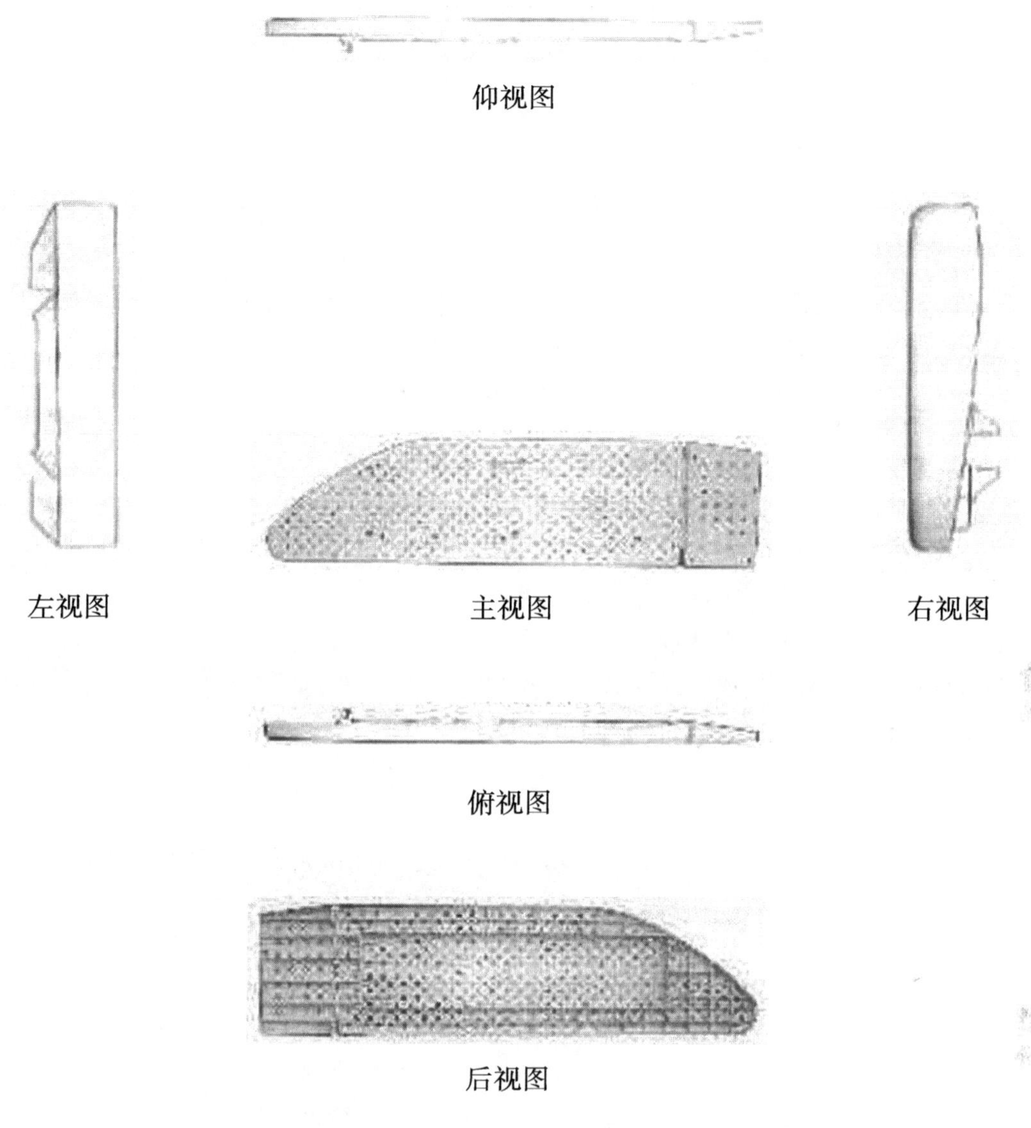

仰视图

左视图　主视图　右视图

俯视图

后视图

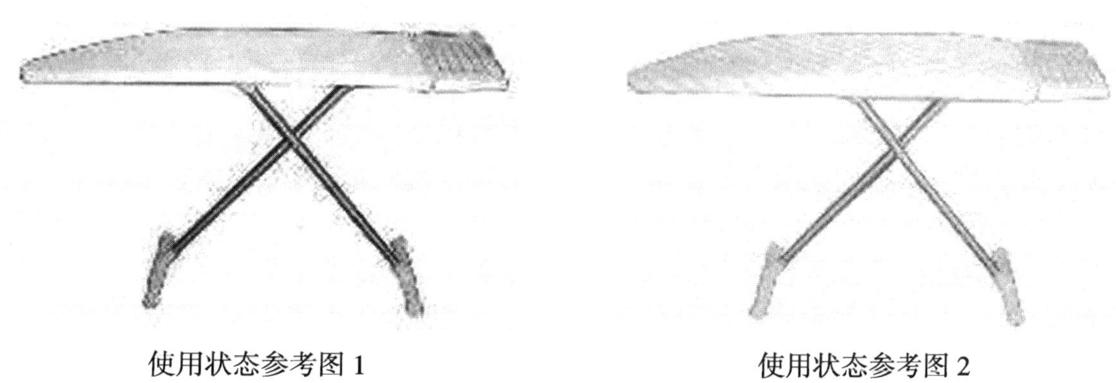

使用状态参考图 1　使用状态参考图 2

本专利附图

北京市高级人民法院
行政判决书

（2009）高行终字第1289号

上诉人（原审原告）浙江龙士达塑业有限公司，住所地浙江省临海市沿江镇下洋水。

法定代表人张灵伟，董事长。

委托代理人王兵，男，汉族，1967年2月28日出生，杭州天正专利事务所有限公司专利代理人，住浙江省杭州市江干区机场路40号。

被上诉人（原审被告）国家知识产权局专利复审委员会，住所地北京市海淀区北四环西路9号银谷大厦10~12层。

法定代表人张茂于，副主任。

委托代理人武磊，该委员会审查员。

委托代理人余心蕾，该委员会审查员。

原审第三人黄鹄斌，男，汉族，1983年10月8日出生，广州市番禺区好友实业有限公司副总经理，住广东省广州市海珠区涌尾大街50号北座804房。

委托代理人姚盛华，女，汉族，1984年10月10日出生，广州市番禺区好友实业有限公司职员，住湖南省安化县仙溪镇山口村第十二村民组344号。

原审第三人黄鹄欣，女，1995年6月1日出生，汉族，广州市祈福英语实验中学学生，住广东省广州市海珠区涌尾大街50号北座804房。

委托代理人姚盛华，女，汉族，1984年10月10日出生，广州市番禺区好友实业有限公司职员，住湖南省安化县仙溪镇山口村第十二村民组344号。

上诉人浙江龙士达塑业有限公司（以下简称龙士达公司）因外观设计专利权无效行政纠纷一案，不服北京市第一中级人民法院（2009）一中行初字第1430号行政判决，向本院提起上诉。本院2009年10月29日受理后，依法组成合议庭，于2009年12月14日公开开庭进行了审理。上诉人龙士达公司的委托代理人王兵，被上诉人国家知识产权局专利复审委员会（以下简称专利复审委员会）的委托代理人武磊、余心蕾到庭参加了诉讼。原审第三人黄鹄斌、黄鹄欣经本院合法传票传唤，无正当理由未到庭。本案现已审理终结。

北京市第一中级人民法院认定，黄鹄斌、黄鹄欣是名称为“熨衣板”外观设计专利（以下简称本专利）的专利权人。龙士达公司于2008年5月15日向专利复审委员会提出宣告本专利权无效的请求。专利复审委员会经审查，于2009年4月24日作出第13273号无效宣告请求审查决定（以下简称第13273号无效决定），维持本专利权有效。

北京市第一中级人民法院认为，本专利仰视图、俯视图虽存在瑕疵，但本案所涉产品不属于复杂且难以辨别的产品，本领域技术人员根据其所掌握的相关设计知识，可以将该产品设计还原成带有凹槽缺口的形状，且不存在难以克服而无所适从的障碍，本专利仍属于可以适于工业生产的设计，尚不违背《专利法实施细则》第二条第三款的规定。第5097号无效宣告请求审查决定（以下简称第5097号无效决定）与本案情况不同。北京市高级人民法院（2008）高行终字第295号行政判决（以下简称第295号判决）与本案缺乏关联性，因此，专利复审委员会不采纳上述证据并无不当。

北京市第一中级人民法院依据《中华人民共和国行政诉讼法》第五十四条第（一）项的规定，

判决：维持专利复审委员会作出的第 13273 号无效决定。

龙士达公司不服一审判决，向本院提起上诉。理由是：任何外观设计专利的视图都必须符合视图对应的规则。一审判决认定“本领域技术人员根据所掌握的相关设计知识，可以将该产品设计还原成带有凹槽缺口的形状，且不存在难以克服而无所适从的障碍”明显违背事实和常识。不采纳第 295 号判决和第 5097 号无效决定毫无道理。请求撤销一审判决和第 13273 号无效决定，判决本专利权无效；由专利复审委员会承担诉讼费用。专利复审委员会、黄鹄斌、黄鹄欣服从一审判决。

经审理查明，“熨衣板”外观设计专利是黄伟雄于 2003 年 11 月 17 日向国家知识产权局提出申请，2004 年 7 月 14 日获得授权，专利号为 200330117026. 7。本专利包括主视图、俯视图、左视图、右视图、后视图、使用状态参考图等 8 幅视图（见本判决书附图 1）。2006 年 11 月 29 日，本专利的专利权人变更为黄鹄斌、黄鹄欣。

2008 年 5 月 15 日，龙士达公司向专利复审委员会提出宣告本专利权无效的请求。龙士达公司的无效理由包括：本专利的主视图与仰视图、俯视图之间存在不对应现象，体现在主视图上有凹槽，而仰视图、俯视图均找不到对应情况的表达，凹槽是本专利的主要独创设计部分，这样的视图不能还原确切的产品设计，并导致不适于工业应用，故本专利不符合《专利法实施细则》第二条第三款的规定。

专利复审委员会经审查，于 2009 年 4 月 24 日作出第 13273 号无效决定，维持本专利权有效。专利复审委员会认为，本专利的某些视图虽然存在缺陷，但均为局部细微瑕疵，综合各个视图公开的信息可以确定其整体的设计。这种视图绘制准确程度上的瑕疵尚不足以导致无法确定产品的整体形状进而无法生产，即不会导致本专利不适于工业应用的后果，因此，本专利并不违反《专利法实施细则》第二条第三款的规定。

基于上述理由，专利复审委员会作出第 13273 号无效决定。

龙士达公司不服第 13273 号无效决定，在法定期限内向一审法院提起诉讼。

在一审法院审理本案过程中，专利复审委员会出示了本专利视图的原件，该视图原件上可见主视图所示熨衣板右侧部位从图的上方至下方有一条阴影，阴影两端各有一缺口形状，在仰视图及俯视图对主视图相对部位之处各有一垂直阴影，但没有缺口形状表达。

龙士达公司提交了专利复审委员会就华裕电器集团有限公司等针对宁波凯森电器实业有限公司“饮水机”外观设计专利提出的无效宣告请求所作出的第 5097 号无效决定。龙士达公司以第 5097 号无效决定证明因外观设计专利视图缺陷，专利复审委员会已有宣告外观设计专利权无效的决定。专利复审委员会针对第 5097 号无效决定，主张两案情况完全不同，涉及的是两种不相干的产品设计，第 5097 号无效决定涉及的视图存在多处错误，与本案没有可比性，该证据不能作为评判本专利权效力的依据。

龙士达公司还提交了本院作出的第 295 号判决。该判决是针对龙士达公司于 2007 年 1 月 16 日以本专利权不符合《专利法》第二十三条规定为由，向专利复审委员会提出无效宣告请求，专利复审委员会于 2007 年 7 月 14 日作出的第 10287 号无效宣告请求审查决定（以下简称第 10287 号无效决定）而作出的终审判决。龙士达公司以第 295 号判决中认定“本专利有一‘凹槽’的确认理由欠充分”，证明本专利视图上的凹槽是否存在最终没有得到司法确认。

龙士达公司在一审法院审理本案过程中明确其主张是，本专利主视图上有凹槽，而仰视图、俯视图与之对应部位没有给予相应表达，视图存在无可复原的瑕疵，不适于工业生产，故不再坚持“主视图应否有凹槽，表达不清”的主张。

以上事实，由本专利文件、第 13273 号无效决定、第 5097 号无效决定、第 10287 号无效决定、第 295 号判决及当事人陈述等证据在案佐证。

本院认为，外观设计是指对产品的形状、图案或者其结合以及色彩与形状、图案的结合所作出的富有美感并适于工业应用的新设计。外观设计专利的保护范围以表示在图片或者照片中的该外观设计专利产品为准。

在外观设计专利的视图中存在的细微瑕疵不影响其设计要点的表达，一般消费者通过查看其他视图后可以明显确定该瑕疵属于制图失误，而且该瑕疵不会导致工业上无法应用的，则该外观设计符合《专利法实施细则》第二条第三款的规定。

通过阅读本专利的视图，本专利主视图记载的熨衣板上有一凹槽，仰视图和俯视图中在与主视图相对应的部分仅有一黑色点，不能反映出是凹槽。故可以认定本专利主视图与仰视图和俯视图之间确实存在局部设计的表达不对应的瑕疵。根据上述 3 幅视图，可以确定本专利确实存在一分隔熨衣板为两部分的设计，通过阅读主视图、仰视图、俯视图，从一般消费者的角度，前述瑕疵属于对主视图中凹槽在仰视图和俯视图中制图失误，可以确定本专利存在一凹槽，因此，该瑕疵不会导致本专利在工业上无法应用。

第 5097 号无效决定与本案案件事实并不相同，并不能作为本案裁判依据。根据本案当事人的陈述及其他证据，本专利主视图中确实存在一凹槽，其与第 295 号判决认定本专利有一“凹槽”的确认理由欠充分的认定并未冲突，且龙士达公司在本案中请求宣告本专利权无效的理由是主视图与它图的不对应表达问题，第 295 号判决是针对本专利是否符合《专利法》第二十三条规定的作出的，与本案缺乏关联性。因此，专利复审委员会对上述证据不予采纳并无不当。

龙士达公司的上诉理由不能成立，其上诉请求本院不予支持。

综上，一审判决认定事实清楚，适用法律正确。依据《中华人民共和国行政诉讼法》第六十一条第（一）项的规定，判决如下：

驳回上诉，维持原判。

一审案件受理费 100 元，由浙江龙士达塑业有限公司负担（已交纳）；二审案件受理费 100 元，由浙江龙士达塑业有限公司负担（已交纳）。

本判决为终审判决。

审　判　长　刘　辉
代理审判员　岑宏宇
代理审判员　焦　彦
二〇〇九年十二月十六日
书　记　员　耿巍巍

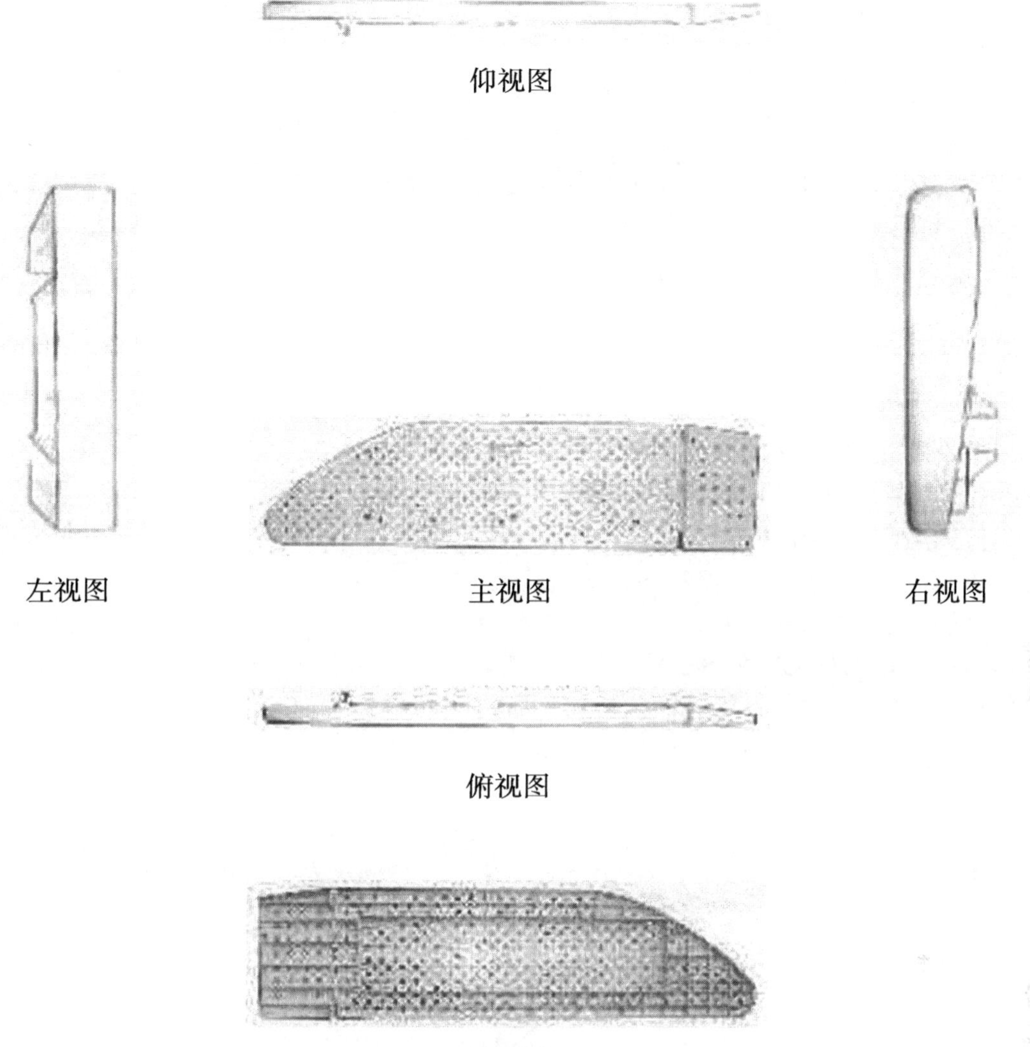

仰视图

左视图　　主视图　　右视图

俯视图

后视图

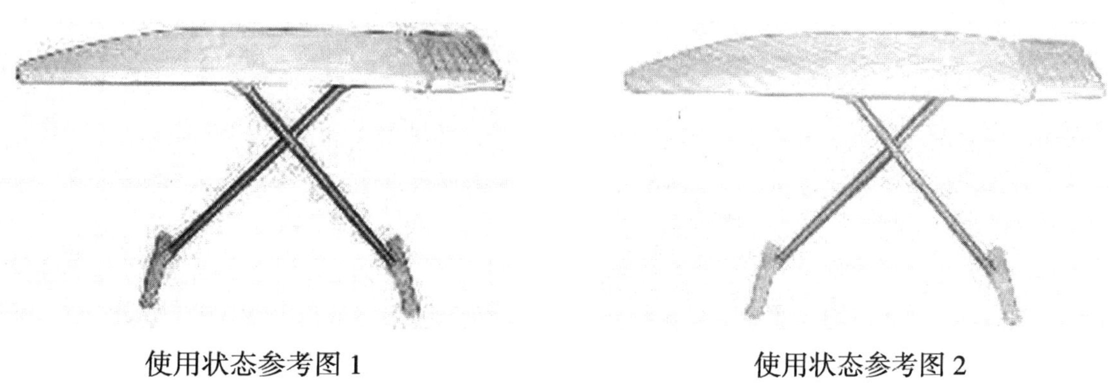

使用状态参考图 1　　使用状态参考图 2

本专利附图

231

便携式无线扩音机（PA 系列）

无效宣告请求审查决定（第 13278 号）

决　　定　　号　第 13278 号
决　　定　　日　2009 年 4 月 23 日
发明创造名称　便携式无线扩音机（PA 系列）
外观设计分类号　14-01
无效请求人　威森尔（恩平）电子有限公司
专　利　权　人　吴锦平
专　　利　　号　200530069456.5
申　　请　　日　2005 年 9 月 10 日
授权公告日　2006 年 7 月 12 日
合议组组长　王霞军
主　　审　　员　曲　颖
参　　审　　员　汤　锷

法　律　依　据　专利法第 23 条
决　定　要　点

如果请求人不能证明其所提交的产品照片和发票之间的关联性，那么所述证据就不能形成一个完整的证据链证明与本专利外观设计相同或相近似的产品在本专利的申请日之前已经公开生产、销售。

一、案由

本无效宣告请求涉及国家知识产权局于 2006 年 7 月 12 日授权公告的，名称为“便携式无线扩音机（PA 系列）”的外观设计专利（下称本专利），其申请号为 200530069456.5，申请日为 2005 年 9 月 10 日，专利权人为吴锦平。

针对上述专利权，威森尔（恩平）电子有限公司（下称请求人）于 2008 年 9 月 1 日向专利复审委员会提出无效宣告请求，其理由是本专利不符合专利法第 23 条的规定。请求人认为：（1）本专利与附件 1（P-160 型无线手拖扩音机）的外观设计相近似：对比产品的照片复印件是专利权人在之前的侵权诉讼过程中曾提供过的，专利权人在之前侵权诉讼过程中曾认为本专利与对比产品相近似，以证明请求人侵权，江门中院的判决书判决本专利与对比产品相近似，并且请求人同样认为本专利与对比产品相近似，二者同类产品设计，并且二者的主视图、俯视图、仰视图、后视图、立体图及使用状态参考图都与对比产品如出一辙；（2）对比产品的公开日期应追溯到 2005 年 7 月：江门中院的判决书判定专利权人于 2007 年 1 月 15 日从请求人的公司购买了 P-160 型扩音机，2005 年 7 月宁波的仁远电子公司曾从请求人处定购了PA160型扩音机，双方于2005年9月履行完毕以及侵权诉讼庭审过程中，原被告双方确认P-160型扩音机与PA160型扩音机所指为同一产品，根据上述内容可以确认对比产品的公开日期应追溯到2005年7月；（3）对比产品外观设计的公开时间早于本专利的申请日，且二者相近似，因此本专利应被宣告无效。并且，请求人提交了如下作为证据使用的附件1~7：

附件1：P-160型无线手拖扩音机外观照片复印件，共1页；

附件2：广东省江门市中级人民法院民事判决书（2007）江中法知初字第84号复印件，共10页；

附件3：2005年6月8日签订的PA160型无线手拖扩音机的产品购销合同复印件，共1页；

附件4：2005年7月8日开具的PA160型无线手拖扩音机的内部加工订单联络书复印件及2005年7月7日签订的加工定作合同复印件，共2页；

附件5：2005年7月16日的客户答复电子邮件的复印件，共1页；

附件6：由威森尔（恩平）电子有限公司开具的编号分别为05286195、05296201、05286202的广东增值税专用发票复印件，开票日期分别为2005年7月28日、2005年8月26日、2005年9月6日，共3张；

附件7：由中国银行恩平支行出具的编号分别为062611125、063293709、063294052的中国银行支付系统收付款通知复印件，发报日分别为2005年7月15日、2005年8月30日、2005年9月7日，共3张；

经形式审查合格，专利复审委员会于2008年9月1日向双方当事人发出《无效宣告请求受理通知书》，并将《专利权无效宣告请求书》及其附件清单中所列附件副本转送给专利权人。

2008年10月13日，专利权人向专利复审委员会提交了意见陈述书，针对请求人提出的无效理由及证据，专利权人在意见陈述书中陈述：（1）附件1~7均为复印件，需看到其原件后才能对其真实性进行评述，即使请求人提供的附件1~7的复印件是真实的，也不能否定本专利符合专利法第23条的规定；（2）附件1是请求人销售的侵权产品，购买于2007年1月15日，在本专利的申请日之后，因此不能否定本专利符合专利法第23条的规定；（3）附件2是间接证据，请求人没有其他证据证明自己生产的PA160型无线手拖扩音机与专利权人于2007年1月15日通过公证购买的P-160型无线手拖扩音机的外观设计是相同的；（4）附件3是购销合同，合同中只能看到“货号-PA160，名称及规格-无线手拖扩音机”，但该附件中没有任何外观设计的信息，无法推测该“无线手拖扩音机”的外形结构；（5）附件4有2页，彼此之间无关联性，并且从第1页可见PA160有多个型号，很难想象其结构，更无法证明其具有于本专利外观设计的外形结构；（6）附件5与本专利外观设计无关联性；（7）附件6的“电气扩音机”与附件3中的名称均不相同，与本专利的外观设计无关联性；（8）附件7的货物名称是“01货款”，与附件3中的名称均不相同，与本专利外观设计无关联性。综上所述，请求人提供的证据不能证明本专利的外观设计在申请日之前已经公开使用，也不能证明本专利与他人在先取得的合法权利相冲突，因此本专利外观设计符合专利法第23条的规定。

专利复审委员会依法成立合议组对本案进行审理。2008年10月20日，本案合议组向双方当事人发出了《无效宣告请求口头审理通知书》，定于2008年11月26日进行口头审理，并向请求人转交了专利权人于2008年10月13日提交的意见陈述书及其所附附件。

口头审理如期举行，双方当事人均参加了此次口头审理。在口头审理中明确的事实如下：

（1）双方当事人对对方出席人员的身份和资格没有异议，对合议组组长、主审员、参审员、书记员没有回避请求。

（2）请求人当庭明确其无效理由为：与本专利相同相近似的外观设计产品在国内公开销售过，

因此本专利不符合专利法第23条的规定，具体理由参见无效宣告请求书，所使用的证据为附件1~7，附件1~7共同形成一个完整的证据链。

（3）请求人当庭提交了附件2和附件6的原件，指出附件1中的照片即附件2判决书中的照片，并称附件3~5以及附件7的原件在法院诉讼阶段传递过程中丢失。

（4）专利权人当庭表示对附件1、附件2和附件6的真实性没有异议，对附件3~5和附件7的真实性有异议，对附件4的两页之间的关联性有异议，附件4、附件5上有多种型号，没有任何外观设计信息，附件6的货物名称“电气扩音机组”与本专利名称不同，不能证明和本专利的关联性，且上面没有任何外观设计信息，附件7的名称“汇款用途-01货款”与本专利名称不同，不能证明和本专利的关联性。

（5）双方当事人均认为本专利与P-160型无线手拖扩音机是相近似的外观设计。

（6）请求人庭后取走了附件2和附件6的证据原件。

至此，合议组认为本案的事实已经清楚，依法作出审查决定。

二、决定的理由

1. 关于证据的认定

请求人向专利复审委员会提交了7份证据，分别是附件1~7。

（1）关于附件1~7的真实性。

对于附件2和附件6，请求人当庭提交了附件2和附件6的原件，并且专利权人对附件2和附件6的真实性没有异议，所以合议组对附件2和附件6的真实性予以认可。

对于附件1，请求人当庭提交了附件2，指出附件1即附件2中的照片，并且专利权人对附件1的真实性没有异议，所以合议组对附件1的真实性予以认可。

对于附件3~5以及附件7，请求人声称附件3~5以及附件7的原件在法院诉讼阶段传递过程中丢失，因此未能出示附件3~5以及附件7的原件，专利权人对附件3~7的真实性有异议。请求人提交的附件2为广东省江门市中级人民法院作出的（2007）江中法知初字第84号民事判决书，其中写明被告，即无效宣告程序中的请求人威森尔公司在侵权诉讼阶段提交了内部订单联络书、购销合同、合同履行洽谈过程、银行通知单、发票等证据，但因为请求人并没有提交相应的证据证明上述在侵权诉讼阶段提交的证据与其在无效宣告请求阶段提交的证据之间的关联性，因此，上述（2007）江中法知初字第84号民事判决书不能佐证附件3、附件4、附件5以及附件7的真实性，并且鉴于专利权人对上述证据的真实性存在异议，因此合议组对附件3、附件4、附件5以及附件7不予采信。

（2）关于附件1、附件2和附件6的关联性。

附件1为P-160型无线手拖扩音机外观照片复印件，共1页。

附件2为广东省江门市中级人民法院作出的（2007）江中法知初字第84号民事判决书的复印件，共10页。该判决书中附有P-160型无线手拖扩音机的产品照片，并且明确记载了在庭审过程中，请求人和专利权人双方均确认P-160与PA160所指向的是同一产品（参见附件2的第6页第3行至第6行）。而在无效宣告请求程序中，专利权人并没有提出反证来证明与其自认相反的事实，因此合议组认定P-160型无线手拖扩音机与PA160型无线手拖扩音机所指向的是同一产品，附件2中P-160型无线手拖扩音机的产品照片（即附件1的照片）也就是PA160型无线手拖扩音机的产品照片。

附件6为广东增值税专用发票复印件，共3张，其中发票一编号为05286195，开票日期为2005年7月28日，购货单位名称为宁波镇海仁远电子有限公司，货物或应税劳务名称为电器扩音机组，数量为75，价税合计为71250元人民币，销货单位为威森尔（恩平）电子有限公司；发票二编号为05286201，开票日期为2005年8月26日，购货单位名称为宁波镇海仁远电子有限公司，货物或应税劳务名称为电器扩音机组，数量为70，价税合计为66500元人民币，销货单位为威森尔（恩平）电子有限公司；发票三编号为05286202，开票日期为2005年9月6日，购货单位名称为宁波镇海仁远电子有限公司，货物或应税劳务名称为电器扩音机组，数量为55，价税合计为52250元人民币，销货单位为威森尔（恩平）电子有限公司。

请求人主张，虽然附件2中P-160型无线手拖扩音机的产品照片的公开日期为2007年1月15日，但附件3至附件7证明了与上述P-160型无线手拖扩音机相同的产品PA160型无线手拖扩音机早在2005年7月已经公开生产、销售，因此P-160型无线手拖扩音机的公开日期也应为2005年7月，并且P-160型无线手拖扩音机的外观设计与本专利的外观设计相近似，因此本专利不符合专利法第23条的规定。

合议组经审理后认为：参见上述对证据真实性的相关评述，因无法核实其真实性，所以合议组对附件3、附件4、附件5以及附件7不予采信，因此请求人仅能利用附件1、附件2和附件6形成证据链证明与本专利外观设计相近似的产品在本专利的申请日以前已经公开生产、销售。但附件6的三张发票中的货物名称是“电气扩音机组”，没有任何关于规格型号的信息，请求人威森尔（恩平）电子有限公司的经营范围是麦克风、咪芯、音箱、调音台、喇叭、功放机及其配件、灯饰及灯饰设备，对于这样一个公司来说，其生产的电气扩音机组肯定具有多种不同的类型和规格，因此仅凭这三张发票中的货物名称“电气扩音机组”根本不能证明其与PA160型即P-160型无线手拖扩音机的关联性，因此附件1、附件2、附件6不能形成一个完整的证据链证明PA160型即P-160型无线手拖扩音机在本专利的申请日以前已经公开生产、销售。

2. 关于专利法第23条的规定

专利法第23条规定，授予专利权的外观设计，应当同申请日以前在国内外出版物上公开发表过或者国内公开使用过的外观设计不相同或者不相近似，并不得与他人在先取得的合法权利相冲突。

由于请求人提交的证据不能形成一个完整的证据链证明PA160型即P-160型无线手拖扩音机在本专利的申请日以前已经公开生产、销售，因此上述证据不足以证明本专利不符合专利法第23条的规定，请求人的宣告本专利权无效的理由不成立。

基于以上事实和理由，合议组作出如下审查决定。

三、决定

维持200530069456.5号外观设计专利权有效。

当事人对本决定不服的，可以根据专利法第46条第2款的规定，自收到本决定之日起三个月内向北京市第一中级人民法院起诉。根据该款的规定，一方当事人起诉后，另一方当事人应当作为第三人参加诉讼。

232

广告牌（T）

无效宣告请求审查决定（第13283号）

决　　定　　号　第13283号
决　　定　　日　2009年4月28日
发明创造名称　广告牌（T）
外观设计分类号　20-03
无效宣告请求人　龙口市金穗铜铝材厂
专　利　权　人　张砚吉
专　　利　　号　200530136211.X
申　　请　　日　2005年12月17日
授权公告日　2006年12月13日
合议组组长　吴大章
主　　审　　员　尹春霞
参　　审　　员　王美芳
附　　　　图　1页

法　律　依　据　专利法第23条
决　定　要　点
附件1-1至附件1-4内容之间相互关联，能够证明待证事实，可以作为本案的定案依据；
本专利与在先设计的差别为局部细微差别，对于产品整体视觉效果不具有显著影响，本专利与在先设计属于相近似的外观设计。

一、案由

本无效宣告请求涉及国家知识产权局于2006年12月13日授权公告的200530136211.X号外观设计专利，其名称为“广告牌（T）”，申请日为2005年12月17日，专利权人为张砚吉。

针对上述外观设计专利（下称本专利），龙口市金穗铜铝材厂（下称请求人）于2008年10月8日向专利复审委员会提出无效宣告请求，认为本专利不符合专利法第22条、专利法实施细则第30条、专利法第56条第2款、专利法实施细则第2条第3款、专利法第5条的规定，同时请求人提交了下列附件作为证据：

附件1-1：龙工商公处字（2003）第1335号处罚决定书复印件，共2页；

附件1-2：加盖“龙口市工商行政管理局档案查询章”的证件复制（提取）单复印件，共1页；

附件1-3：加盖“龙口市工商行政管理局档案查询章”的山东省代收罚款收据，共1页；

附件1-4：由“龙口市金穗铜铝材厂”出具的并加盖“龙口市工商行政管理局档案查询章”的附页，共1页；

附件2：龙工商公处字（2006）第906号处罚决定书复印件，共3页；

附件3：龙政函字（2006）22号函复印件，共10页；

附件4：本专利图片复印件，共1页；

附件5：审查指南第一部分第三章部分页复印件，共3页；

附件6：《商标法》《反不正当竞争法》法条复印件，共2页。

请求人认为：附件1-1至附件1-4已经充分证明本专利不具有新颖性；根据专利法第56条第2款、专利法实施细则第2条第3款规定，“龙口铝材”字样不应作为外观设计专利保护内容；本专利内容违反了《商标法》、《反不正当竞争法》的规定，也损害了社会公共利益，根据专利法第5条的规定，不应授予专利权；本专利的图形与文字的组合并没有与广告牌构成外观设计意义上的结合，也没有为广告牌的外观带来美感，更符合商标的特征，是违法冒用龙口产地的违法行为，况且本专利的内容已经成为公知技术而丧失新颖性，因此应宣告本专利无效。

由于请求人提出的无效宣告理由包含不属于专利法实施细则第64条第2款规定的理由，专利复审委员会于2008年12月5日向请求人发出了无效宣告请求补正通知书，通知其在指定期限内补正。

2009年1月13日，专利复审委员会收到请求人提交的补正的无效宣告请求书。请求人将本专利不符合专利法第22条的理由变更为本专利不符合专利法第23条。请求人认为：根据附件1可知，带有图案的龙口标贴在2003年10月11日前已经公开使用，成为公知设计，该标贴图案由“龙口”两字和两字之间的图案组成，本专利由“龙口铝材”和之间的图案组成，且标贴与广告牌的用途相同，可以进行比较，两者的文字布局和图案基本相同，属于相近似的外观设计，本专利不符合专利法第23条的规定，应宣告本专利无效。

经形式审查合格，专利复审委员会依法受理了上述无效宣告请求，并于2009年1月22日向请求人和专利权人发出无效宣告请求受理通知书，同时将专利权无效宣告请求书及其附件清单中所列附件的副本转送给专利权人，并要求专利权人在指定的期限内陈述意见。专利权人逾期未提交意见陈述。

专利复审委员会依法成立合议组对本案进行审理，并于2009年2月19日向双方当事人发出无效宣告请求口头审理通知书，定于2009年4月16日举行口头审理。

口头审理如期进行，双方当事人均委托代理人出席口头审理。双方当事人对对方出庭人员的身份、资格无异议，对合议组成员无回避请求。合议组当庭告知请求人附件4~6不能作为证据使用。请求人当庭提交了附件1~3的部分原件。专利权人对附件1~3的真实性均不认可，同时认为请求人提交变更理由的意见陈述及附件是提出无效宣告请求之日起一个月后提交的，超出了法定期限，不同意变更理由。对于相近似比较，请求人认为本专利与附件1所示的外观设计相近似，同时本专利不是新设计并损害社会公共利益，应予宣告无效。专利权人认为本专利与在先设计类别不同，不具有可比性，同时本专利的授予符合规定。

在上述审理的基础上，合议组认为本案事实已经调查清楚，可以依法作出审查决定。

二、决定的理由

1. 法律依据

基于请求人提出无效宣告请求所依据的事实和理由，合议组对本专利是否符合专利法第23条的规定进行审查。

请求人于2008年10月8日提出无效宣告请求，认为本专利不符合专利法第22条的规定。2009年1月13日，专利复审委员会收到请求人提交的补正的无效宣告请求书，将本专利不符合专利法第

22 条的理由变更为本专利不符合专利法第 23 条。专利权人认为请求人提交变更理由的意见陈述及附件是提出无效宣告请求之日起一个月后提交的，超出了法定期限，不同意变更理由。合议组认为：根据审查指南第四部分第三章第 4.2 节的规定，请求人在提出无效宣告请求之日起一个月后增加无效宣告理由的，专利复审委员会一般不予考虑，但对明显与提交的证据不相对应的无效宣告理由进行变更的，属于不予考虑的例外。请求人提交的附件 1 对应的无效宣告请求的理由应是本专利不符合专利法第 23 条的规定，并非增加无效宣告理由，而是对无效宣告理由进行变更，因此专利权人的主张不能成立。

专利法第 23 条规定："授予专利权的外观设计，应当同申请日以前在国内外出版物上公开发表过或者国内公开使用过的外观设计不相同和不相近似，并不得与他人在先取得的合法权利相冲突。"

2. 证据认定

请求人提交的附件 1-1 是龙工商公处字（2003）第 1335 号行政处罚决定书复印件、附件 1-2 是加盖"龙口市工商行政管理局档案查询章"的证件复制（提取）单复印件、附件 1-3 是加盖"龙口市工商行政管理局档案查询章"的山东省代收罚款收据复印件、附件 1-4 是由"龙口市金穗铜铝材厂"出具的并加盖"龙口市工商行政管理局档案查询章"的附页复印件。请求人当庭提交了附件 1-1 至附件 1-4 的原件，请求人欲以上述附件的结合证明本专利与在其申请日前国内公开使用的外观设计相近似。专利权人认可附件 1-1 至附件 1-4 的原件与复印件一致。对于附件 1-1 至附件 1-4 真实性，专利权人认为除附件 1-1 第 1335 号行政处罚决定书的第 2 页外，其余附件的骑缝章不完整，对真实性均不予认可。合议组认为，附件 1 的第 1335 号决定书第 2 页加盖有"龙口市工商行政管理局"的公章，第 1 页虽无公章，但就其内容来说，第 1 页与第 2 页的内容连贯，同时行政处罚决定书一般只在最后一页盖章，因此可以认定第 1335 号决定书的真实性。附件 1-2 至附件 1-4 的每一页均加盖了"龙口市工商行政管理局档案查询章"，可以认定附件 1-2 至附件 1-4 的真实性。对于专利权人认为附件 1 的骑缝章不完整，不认可其真实性的主张，合议组认为附件 1-1 至附件 1-4 各自独立，不需要骑缝章，同时附件 1-1 至附件 1-4 均盖有公章，因此专利权人的主张不能成立。根据附件 1-1 至附件 1-4 可知，龙口市工商行政管理局于 2003 年 10 月 11 日到龙口市金穗铜铝材厂（本案请求人）提取带有"龙口"二字的商标（见附件 1-2），龙口市金穗铜铝材厂于 2003 年 11 月 11 日书面承认该厂使用了"龙口"作为商标，违反了《商标法》的有关规定（见附件 1-4），2003 年 12 月 10 日，龙口市工商行政管理局作出第 1335 号行政处罚决定书，责令龙口市金穗铜铝材厂改正违法行为，并罚款 20000 元人民币（见附件 1-1），2003 年 12 月 16 日，龙口市金穗铜铝材厂向龙口市工商行政管理局缴纳罚款 20000 元人民币（见附件 1-3）。综上所述，附件 1-2 至附件 1-4 的结合能够证明待证事实，可以作为本案的定案依据。

根据附件 1-1 可知，在 2003 年 12 月 10 日（早于本专利申请日"2005 年 12 月 17 日"）前，带有"龙口"字样的产品标识已经广泛使用在铝型材类产品上。附件 1-1 可以作为评述本专利是否符合专利法第 23 条规定的证据。

3. 外观设计相同和相近似的对比

附件 1 的证件复制单上部中间位置公开了一种产品标识的图案设计（下称在先设计），可以用于包装袋、贴模、印刷品、合格证等，本专利是广告牌的外观设计。可见，二者均可用于包装，起到标识、装饰的作用，用途相近，属于相近类别的产品，可以进行相同和相近似对比。

本专利是广告牌的平面设计，只有一幅主视图，简要说明中载明：其他视图无设计要点，省略其他视图。本专利由"龙口铝材"四个字和之间的圆形图案组成，上下两侧各有两排细小文字（详见本专利附图）。

在先设计由“龙口”两个字和之间的圆形图案组成（详见在先设计附图）。

将本专利与在先设计进行比较，二者均是平面设计，其形状相同。二者主要图案均由文字和中间的圆形图案组成，且文字、图形排布及文字的字型、大小均相似。两者的不同点为：本专利上下两侧各有两排细小文字，在先设计无；本专利的圆形图案两侧各有两个字，在先设计只有一个字。合议组认为，相对其整体设计而言，二者的此处差别为局部细微差别，对于产品整体视觉效果不具有显著影响。二者主要图案及图案排列均相似，已呈现整体相近似的视觉效果，本专利与在先设计属于相近似的外观设计。

综上所述，在本专利申请日前，已有与其相近似的产品标识公开使用过，故本专利不符合专利法第 23 条的规定。

鉴于已经得出本专利不符合专利法第 23 条规定的结论，合议组对请求人提出的其他理由不再进行评述。

三、决定

宣告 200530136211. X 号外观设计专利权全部无效。

当事人对本决定不服的，可以根据专利法第 46 条第 2 款的规定，自收到本决定之日起三个月内向北京市第一中级人民法院起诉。根据该款的规定，一方当事人起诉后，另一方当事人应当作为第三人参加诉讼。

龙口 LONGKOU 铝材

山东金穗铝材有限公司　电话：(0536)3712967　手机：13705361575

本专利附图

在先设计附图

233

包装带（铝型材2）

无效宣告请求审查决定（第13284号）

决　　定　　号　第13284号
决　　定　　日　2009年4月23日
发明创造名称　包装带（铝型材2）
外观设计分类号　09-06
无效请求人　龙口市金穗铜铝材厂
专利权人　张砚吉
专　　利　　号　200430150427.7
申　　请　　日　2004年6月17日
授权公告日　2005年7月27日
合议组组长　吴大章
主　　审　　员　雷　婧
参　　审　　员　张　凌
附　　　　图　1页

法律依据　专利法实施细则第2条第3款
决定要点

根据一般消费者的常识，本专利的形状和图案以及二者的结合在包装带领域均为惯常的设计，因此，本专利不符合专利法实施细则第2条第3款中“新设计”的一般性定义。

一、案由

本无效宣告请求涉及的是国家知识产权局于2005年7月27日授权公告的、专利号为200430150427.7的外观设计专利，其产品名称为“包装带（铝型材2）”，申请日为2004年6月17日，专利权人为张砚吉。

针对上述外观设计专利权（下称本专利），龙口市金穗铜铝材厂（下称请求人）于2008年10月8日向专利复审委员会提出无效宣告请求，其理由是：本专利在2003年10月11日前已经公开使用，后因专利涉嫌违法使用县级以上行政区划地名作为商标使用而受到龙口市工商行政管理局的处罚，附件1可充分证明本专利不具有新颖性，不符合专利法第22条和专利法实施细则第30条的规定；本专利中含有“龙口铝材”字样，而龙口为行政区划地名，不属于外观设计专利保护的要素，不符合专利法第56条第2款和专利法实施细则第2条第3款的规定（见附件4和附件5）；本专利的内容违反了商标法及反不正当竞争法的相关规定，其与铝材商标混淆使用损害了龙口市多家铝材企业的利益和消费者的合法权益，损害了社会的公共利益，因此不符合专利法第5条的规定（见附件1~3、附件6和附件7）。同时，请求人提交了如下附件作为证据：

附件1：龙口市工商行政管理局的龙工商公处字（2003）第1335号行政处罚决定书的复印件，共5页；

附件2：龙口市工商行政管理局的龙工商公处字（2006）第906号行政处罚决定书的复印件，共3页；

附件3：龙口市人民政府的龙政函字（2006）22号函的复印件，共1页；

附件4：本专利图片的复印件，共1页；

附件5：《审查指南》相关章节页面的复印件，共3页；

附件6：《商标法》、《反不正当竞争法》相关条款页面的复印件，共3页；

附件7：包装带样本图片的复印件，共1页。

由于请求人提出的无效宣告理由包含不属于专利法实施细则第64条第2款规定的理由，专利复审委员会于2008年12月4日向请求人发出了无效宣告请求补正通知书，通知其在指定期限内补正。

2009年1月11日，请求人向专利复审委员会提交了补正的无效宣告请求书，认为与本专利相近似的外观设计在2004年9月1日前已进行了公开销售，故本专利不符合专利法第23条的规定（见附件8）；请求人将原用于证明本专利不符合专利法第22条和专利法实施细则第30条规定的证据，变更用于证明本专利不符合专利法实施细则第2条第3款的规定（见附件9）。同时，请求人提交了如下附件作为证据（编号续前）：

附件8：龙口市从林铝材有限公司的包装带、购货发票及采购清单的复印件，共3页；

附件9（即无效请求日提交的附件1）：龙口市工商行政管理局的龙工商公处字（2003）第1335号行政处罚决定书的复印件，共5页。

请求人认为，本专利与在先销售的包装带均有龙口字样、带状装饰图案，二者属于相近似的外观设计；本专利的图案为公知的设计，且仅以没有功能变形的文字“龙口铝材”为主要设计内容，其简单线条也不足以构成外观设计的美感，因此不属于外观设计专利保护的内容。

经形式审查合格，专利复审委员会依法受理了上述无效宣告请求，并于2009年1月22日将无效宣告请求书及相关文件的副本转送专利权人，通知其在指定的期限内答复。

2009年3月6日，专利权人提交了意见陈述书，认为请求人提交的证据均为复印件，且对比文件不具有关联性、合法性和真实性，并提交了如下附件材料：

反证1：山东省高级人民法院的（2008）鲁商终字第240号民事判决书的复印件，共15页。

专利复审委员会成立合议组对本案进行审理，并于2009年3月17日向双方当事人发出口头审理通知书，定于2009年4月16日进行口头审理，同时将专利权人的意见陈述书转送请求人，并通知其在指定期限内答复。

口头审理如期举行，双方当事人均委托代理人出庭，双方对对方出庭人员的身份及资格均无异议，对合议组成员亦无回避请求。口头审理中，合议组当庭告知请求人，其于2009年1月11日补正增加的附件8及以其证明本专利不符合专利法第23条规定的理由已超出举证期限，合议组不予审理。请求人明确以附件1、附件2、附件3及附件7证明本专利不符合专利法第5条的规定，并当庭出示了附件1和附件3的原件，专利权人对上述附件的真实性均有异议，认为附件1的骑缝章不完整，附件3只有“龙政函字（2006）22号函”的最后一页有公章，其内容前后无关联性，且其余内容均为复印件。对于专利法第5条，请求人认为本专利中含有地名，违反了商标法的规定，且对其他龙口铝材厂的正常经营和销售造成了侵害，故而不符合专利法第5条的规定；专利权人认为文字是作为图案来保护的，而其字义不是外观设计保护的内容。对于专利法实施细则第2条第3款，请求人认为本专利是一种公知的惯常设计，且不具有美感；专利权人认为本专利中的图案具有美感。

在上述审理的基础上，合议组认为本案事实清楚，可以依法作出审查决定。

二、决定的理由

1. 法律依据

基于请求人提出无效宣告请求的理由，合议组依据专利法第5条和专利法实施细则第2条第3款的规定进行审理。

专利法第5条规定：“对违反国家法律、社会公德或者妨害公共利益的发明创造，不授予专利权。”

专利法实施细则第2条第3款规定：“专利法所称的外观设计，是指对产品的形状、图案或者其结合以及色彩与形状、图案的结合所作出的富有美感并适于工业应用的新设计。”

2. 有关专利法实施细则第2条第3款

本专利为铝型材的包装带，其外轮廓呈两方连续无限定边界的长条形，其图案由三排横向文字和两条横向细条构成，其中文字字型均为宋体，中间一排的文字字号较大（详见本专利附图）。请求人认为，本专利的条形状为公知的惯常设计，其中的文字为一般文字字型，没有功能变形，故不属于外观设计专利保护的内容。专利权人认为本专利中的文字是作为图案来保护的。合议组认为，包装带的带状或者条状设计属于其所属领域公知的惯常设计；专利权人所述构成图案的文字仅为一般宋体字型的文字，其文字字型未经过再设计，其排列方式也仅为常规的横向排列。审查指南第一部分第三章第6.4.2节规定，“对于要求保护的外观设计是否满足‘新设计’的一般性要求，审查员通常仅需根据申请文件的内容及一般消费者的常识进行判断”。本专利以长条形构成外轮廓形状、以常规的横向宋体文字排列和简单线条构成图案，根据一般消费者的常识，上述形状和图案以及二者的结合在包装带领域均为惯常的设计，因此，本专利不符合专利法实施细则第2条第3款中“新设计”的一般性定义。

3. 有关专利权人提交的反证

专利权人于2009年3月6日向专利复审委员会提交了反证，但其在举证期限内未对该证据进行具体说明，故专利复审委员会对其不予考虑。

4. 结论

本专利不符合专利法实施细则第2条第3款的规定。

鉴于已得出上述结论，本决定对请求人提出无效宣告请求的其他理由及证据不再予以评述。

三、决定

宣告200430150427.7号外观设计专利权全部无效。

当事人对本决定不服的，可以根据专利法第46条第2款的规定，自收到本决定之日起三个月内向北京市第一中级人民法院起诉，根据该款规定，一方当事人起诉后，另一方当事人应当作为第三人参加诉讼。

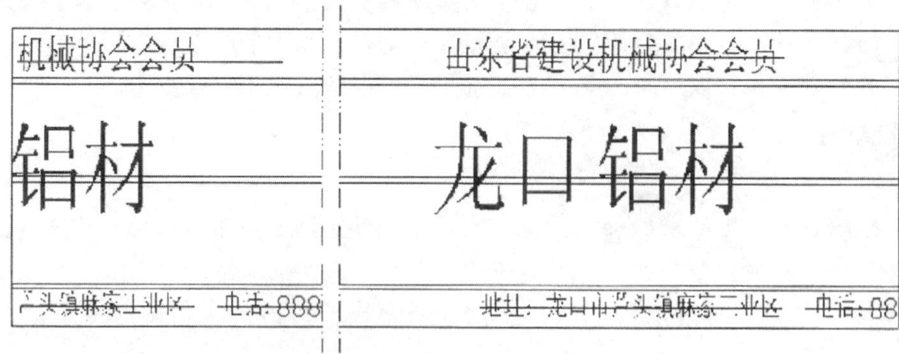

本专利附图

234

瓶　　贴

无效宣告请求审查决定（第 13286 号）

决　定　号 第 13286 号
决　定　日 2009 年 4 月 7 日
发明创造名称 瓶贴
外观设计分类号 19-08
无效宣告请求人 胡　军
专　利　权　人 北京金月饮品有限责任公司
专　利　号 200630008639.0
申　请　日 2006 年 3 月 29 日
授权公告日 2007 年 1 月 10 日
合议组组长 郭健国
主　审　员 万　琦
参　审　员 李巍巍
附　　　图 1 页

法　律　依　据 专利法第 23 条
决　定　要　点
若当事人提供的证据难以确定其真实性，则不能作为定案依据。

一、案由

本无效宣告请求涉及的是国家知识产权局于 2007 年 1 月 10 日授权公告的 200630008639.0 号外观设计专利，该外观设计的产品名称为“瓶贴”，申请日是 2006 年 3 月 29 日，专利权人是北京金月饮品有限责任公司。

针对上述专利权（下称本专利），无效宣告请求人胡军（下称请求人）于 2008 年 11 月 25 日向专利复审委员会提出无效宣告请求，认为本专利不符合专利法第 23 条的规定，并提交了以下附件：

附件 1：本专利著录项目及图片复印件 1 页；

附件 2：专利号为 200530038749.7 的外观设计专利著录项目及图片复印件 2 页，该外观设计专利申请日为 2005 年 6 月 22 日，授权公告日为 2006 年 3 月 8 日，发明名称为“啤酒标贴（清爽型）”；

附件 3：专利号为 98318234.5 的外观设计专利著录项目及图片复印件 1 页，该外观设计专利申请日为 1998 年 5 月 29 日，授权公告日为 1999 年 8 月 4 日，发明名称为“啤酒罐（强力啤酒）”；

附件 4：北京燕京啤酒在先公开生产的样品照片复印件 1 页；

附件5：燕京啤酒罐印刷版面复印件1页。

请求人认为：

（1）本专利的保护内容为瓶贴，视图主要由2个椭圆形图案构成，设计要部的椭圆形图案的构成要素为：①椭圆形；②椭圆形的接近边缘部分有与椭圆形形状相似、尺寸略小的椭圆形环；③椭圆形图案中心是由椭圆形环围成的椭圆，椭圆的背景为无色；④椭圆形图案中部有带状物图案横放在椭圆形中；⑤带状物图案成折叠状显示在两边的椭圆形环中；⑥带状物图案的边沿有不同于带状物图案颜色的长条图形；⑦没有要求保护色彩。

（2）附件2的授权公告日早于本专利的申请日，其与本专利的类别都是19-08，因此可以进行相同、相近似判断。附件2提供了一幅瓶贴的主视图，该主视图具有1个椭圆形图案，该图案由9个要素构成。本专利的前6点要素与附件2的前6点要素基本相同或相似，附件2的其他要素为局部特征。一般消费者将二者的前6点要素进行对比会得出基本相同或相近似判断，足以使一般消费者产生混淆。

（3）附件3的授权公告日早于本专利的申请日，其类别为09-03，本专利的类别是19-08，属于相近类别的产品，可以进行相同、相近似判断。附件3提供了一幅啤酒罐的主视图，该主视图具有1个椭圆形图案，该图案由7个要素构成。本专利的前5个要素与附件3的前5个要素基本相同或相似，附件3的其他要素为局部特征。一般消费者将二者的前5点要素进行对比会得出基本相同或相近似判断，足以使一般消费者产生混淆。

（4）附件4图1的啤酒罐底日期字样表明啤酒生产日期为2004年3月30日，在本专利的申请日之前。同时，本专利为饮料瓶贴，燕京啤酒也属于饮料类别，对于一般消费者来说都是饮料类产品，属于相近类别产品，可以进行相同、相近似判断。图2的主要部分为1个椭圆形图案，该图案的构成要素为8个。将本专利构成要素与燕京啤酒罐构成要素进行对比，其中二者前6点构成要素基本相同或近似，燕京啤酒罐其他构成要素为局部特征。一般消费者将二者的前6点要素进行对比会得出基本相同或相近似判断，足以使一般消费者产生混淆。

（5）附件5表明在2004年1月22日附件4的北京燕京啤酒的印罐已经印制公开。

经形式审查合格，专利复审委员会于2008年12月12日受理了请求人提出的无效宣告请求，并于同日将无效宣告请求书及其附件的副本转送给专利权人，要求其在指定期限内陈述意见。

2008年12月12日请求人向专利复审委员会补充递交了下列附件：

附件6：北京燕京啤酒在先公开生产的样品照片复印件1页；

附件7：北京燕京啤酒在先公开生产的样品照片复印件1页；

附件8：北京燕京啤酒股份有限公司于2008年12月2日出具的证明原件1页；

附件9：太平洋制罐（北京）有限公司于2008年12月2日出具的证明原件1页；

附件10：燕京啤酒罐印刷版面原件1页。

请求人认为：

（1）附件6、附件7表明啤酒的生产日期为2002年7月31日，附件8为在先公开生产证明，均在本专利申请日之前。同时，本专利为饮料瓶贴，燕京啤酒也属于饮料类别，对于一般消费者来说都是饮料类产品，属于相近类别产品，可以进行相同、相近似判断。附件6主要部分为1个椭圆形图案，该图案的构成要素为6个。将本专利构成要素与燕京啤酒罐构成要素相对比，其中二者的前6点构成要素基本相同或近似，燕京啤酒罐的其他构成要素为局部特征。一般消费者将二者的前6点要素进行对比会得出基本相同或相近似判断，足以使一般消费者产生混淆。

（2）附件9表明在2004年1月22日附件10的北京燕京啤酒的印罐已经印制公开，附件10有北京燕京啤酒股份有限公司对版面认可后的公章和人员签字。

专利复审委员会于2009年2月4日将上述请求人的补充证据转送给专利权人，并同日向双方当事人发出了口头审理通知书，定于2009年3月11日对本案进行口头审理。

2009年2月17日，请求人寄交了口审回执，表明参加口头审理，并将出示北京燕京啤酒罐物证。专利权人未提交口头审理回执。

口头审理如期进行，专利权人未出席口头审理。请求人及其委托的专利代理人参加了口头审理，请求人对合议组成员无回避请求，并当庭提交附件4、附件6、附件7涉及的实物证据2件。

2009年3月17日，请求人提交了与口头审理中陈述相一致的补充意见书，并补充了附件11（北京市第一中级人民法院（2008）一中民初字第10633号民事判决书复印件19页）。请求人认为附件11为新发现的证据应予以接受，判决中认定现有技术抗辩成立，被控侵权产品瓶贴不构成对本专利的侵权。

在请求人意见陈述及口头审理的基础上，合议组经合议，认为本案事实清楚，可以依法作出本案审查决定。

二、决定的理由

1. 法律依据

专利法第23条规定，授予专利权的外观设计，应当同申请日以前在国内外出版物上公开发表过或者国内公开使用过的外观设计不相同和不相近似，并不得与他人在先取得的合法权利相冲突。

2. 证据的认定

（1）附件2、附件3为外观设计专利著录项目及图片复印件，经核实合议组认可其真实性。附件2、附件3的授权公告日均早于本专利的申请日，并且与本专利属于相同或相近类别外观设计，因此附件2、附件3可以作为在先设计与本专利进行对比。

（2）附件4为北京燕京啤酒在先公开生产的样品照片复印件。附件4有两幅图，图1为燕京啤酒罐的底部视图，有“2004/03/30A1”字样，请求人认为其表明生产日期为2004年3月30日，图2为易拉罐的椭圆形视图。请求人当庭提交附件4所涉及的实物1，经合议组核实照片中反映的内容与实物1一致。

附件5为燕京啤酒罐印刷版面复印件，附件10燕京啤酒罐印刷版面原件。请求人主张附件10与附件5相同，并盖有北京燕京啤酒股份有限公司的公章和北京燕京啤酒股份有限公司副董事长、常务副总经理戴永全的亲笔签字。经合议组核实，除附件10加盖了北京燕京啤酒股份有限公司的公章外，其余内容与附件5相同。请求人认为，附件5表明在2004年1月22日实物1的易拉罐已经印制公开。经合议组核实，实物1“燕京啤酒”下的红色飘带中为“11° P Light Beer”字样，附件5为“11° Light Beer”字样，因此二者并不一致，从而不具有相关性。

附件6、附件7分别为北京燕京啤酒在先公开生产的样品照片，请求人认为附件6为在先公开生产的样品照片，附件7为啤酒罐底部视图，在底部有“20020731A2”字样，表明其生产日期为2002年7月31日。经合议组核实，附件6“燕京啤酒”下的红色飘带中为“11° P Light Beer”字样，附件7为“11° Light Beer”字样。由此可知，附件6、附件7并非指向同一啤酒罐，因此二者不具有相关性。同时，请求人当庭提交涉及附件7的实物2，经合议组核实附件7所反映的内容与实物2一致。

实物1为11°P清爽特制啤酒，实物2为11°清爽特制，请求人声称实物1、附件2由北京燕京啤酒股份有限公司副董事长、常务副总经理戴永全提供，并来源于其办公室。附件8为北京燕京啤酒股份有限公司的证明，请求人认为附件8与附件6、实物2相互佐证，证明11°P清爽特制330mL易拉罐啤酒于2002年5月开发并投入生产。附件9为太平洋制罐（北京）有限公司的印刷证明，证明太平洋制罐（北京）有限公司于2004年开始为北京燕京啤酒股份有限公司生产附件10中的11°P清爽特制啤酒易拉罐。

合议组认为，附件8证明11° P清爽特制330mL易拉罐啤酒于2002年5月开发并投入生产，而附件6为11° P清爽特制啤酒样品照片，实物2为11°清爽特制，三者的证明对象分别为11° P清爽特制、11° P清爽特制啤酒和11°清爽特制。由此可知，附件8的证明对象并不能与附件6照片中的样品和实物2相对应，因此附件8不能与附件6、实物2相互佐证。同时，附件8不能单独证明11° P清爽特制330ml易拉罐的外部设计的表现形式，加之出具附件8的相关人员未出席口头审理并进行质证，其真实性无法核实，故合议组对于附件8不予采纳。

实物1、实物2属于罐装啤酒，理应具有固有的保质期。通常来说，这类产品超过保质期较难获得，而请求人主张的二者生产日期至实物提交日期的时间间隔已远远超出产品的保质期。虽然请求人声称实物来自于北京燕京啤酒股份有限公司的副董事长办公室，但在没有其他证据予以佐证的情况下，实物的合法来源难以确认，继而不能确定其真实性。因此，合议组对于实物1、实物2不予采纳。

附件6为11° P清爽特制啤酒样品照片，由于请求人未提交实物，同时没有相关证据证明其生产日期，因此无法作为在先公开使用的现有设计。因此，合议组对于附件6也不予采纳。

附件5、附件10为11° P清爽特制燕京啤酒罐印刷版面复印件和原件，该版面由北京燕京啤酒股份有限公司提供。由于附件10盖有公章，而附件5没有公章，同时相关重要信息由手工填写，下部信息栏没有任何内容。由此可知该证据形成具有随意性，其真实性难以确定，故合议组对附件5、附件10不予采纳。这导致与附件10组合使用的附件9不能单独证明太平洋制罐（北京）有限公司为北京燕京啤酒股份有限公司生产的330mL11° P清爽特制啤酒易拉罐的外部设计表现形式，故其与本案不具有关联性。另外，出具附件9的相关人员未出席口头审理并进行质证，其真实性无法核实，因此合议组对于附件9也不予采纳。

（3）附件11为提出无效宣告请求后形成的证据，合议组对其予以接受。但其内容涉及被控侵权产品是否属于现有技术，与本案的确权判定无关，故本案不予考虑。

3. 相近似判断

（1）本专利瓶贴仅包括主视图，没有要求保护色彩。主视图为长方形，以浅色直线条纹图案为背景，从左至右可以分为四个部分。其中第一部分为一椭圆形图案，第三部分与第一部分完全相同；第二部分是被覆盖的说明性文字，仅余下右下角的环保标记；第四部分上部为质量安全标志，下部为产品条形码。从整体上观察，第一部分与第三部分图案完全相同，且二者占据了标贴三分之二的面积，因此在使用状态下第一部分图案可以作为一般消费者视觉上所瞩目并产生识别的主要部分。

第一部分图形为一椭圆形，其边框由形状相似、大小不一的两个椭圆环环绕组成，两椭圆环内侧分别有一椭圆弧线相衬。图形中间有一宽带，将椭圆形分成上下大致相同的两部分，上半部分是该产品的商标图案。该宽带上下两边分别有一线条相衬，左右部分在靠近椭圆环处微微上扬，并在椭圆环上进一步形成上扬的褶皱，并终止于外椭圆环。其中，褶皱部分占据了宽带长度的三分之一（详见本专利附图）。

（2）附件2是200530038749.7号外观设计专利著录项目及图片，其公开了一个啤酒瓶贴的外观设计，并请求保护色彩。该专利与本专利用途相同，属于相同类别物品，可以将二者进行相同和相近似比较。其中该专利包括件1、件2两个瓶贴的外观设计，每项外观设计均具备授权条件，虽作为一件外观设计申请，但每项外观设计分别各自独立。因此，其中的件1主视图可以作为在先设计（下称在先设计1）。

在先设计1中为一长方形背景中央有一椭圆形图案，该椭圆形由一椭圆环组成，椭圆形环上下两部分分别有英文字母。一宽带将上述椭圆形分成上下相等的两个部分，上部为产品标识，下部为含有“清爽型”字样的横幅和“BEER”图案。宽带由中部向两边逐渐变宽，最后在靠近椭圆形外边缘内侧向后弯曲，并从宽带后部向外部进一步上扬延伸，终止于椭圆形外部，宽带上有“青爽啤酒”字样（详见在先设计1附图）。

将本专利与在先设计1进行比较可知，二者虽然从整体上看都是一个由椭圆环构成的椭圆图形，一个宽带将椭圆分成上下两个部分，但二者的宽带及其上下部分等主要部分的图案设计上均具有明显差别，已足以导致消费者在整体上对二者产生明显差异的视觉印象，不会产生混淆和误认，因此二者属于不相近似的外观设计。

（3）附件3是98318234.5号外观设计专利著录项目及图片，其公开了一个啤酒罐的外观设计（下称在先设计2），不要求保护色彩。该专利与本专利用途相同，属于类别相近物品，可以与本专利进行相近似比较。从主视图观察其图案设计，椭圆环构成椭圆形图案的边框，边框上下两部分均有英文字母。一个长方形宽带将椭圆形分成上下两个部分，一个稍长等宽的宽带作为上述宽带的衬底。下半部分为“强力啤酒”字样，宽带上为“BEER”字样，宽带下为一个含有“CHANGLEE”字样的弧形横幅。其后视图图案与主视图图案完全相同，左视图和右视图的图案除有部分文字设计、条形编码外，基本反映了主视图图案的投影关系，俯视图、仰视图没有相关图案（详见在先设计2附图）。

将本专利与在先设计2进行比较可知，二者从整体上看都是一个由椭圆环构成的椭圆形，一个宽带将椭圆形分成上下两个部分，但二者的宽带及其上下部分图案均具有明显差别，而这些差别已足以导致消费者在整体外观设计上对二者产生明显差异的视觉印象，而不会产生混淆和误认，因此二者属于不相近似的外观设计专利。

综上所述，请求人提交的对比文件均不能证明本专利不符合专利法第23条的规定，其据此请求宣告本专利无效的主张不能成立。

三、决定

维持200630008639.0号外观设计专利权有效。

当事人对本决定不服的，可以根据专利法第46条第2款的规定，自收到本决定之日起三个月内向北京市第一中级人民法院起诉。根据该款的规定，一方当事人起诉后，另一方当事人应当作为当事人参加诉讼。

主视图

本专利附图

件 1 主视图

件 2 主视图

在先设计 1 附图

主视图

仰视图

俯视图

左视图

右视图

后视图

在先设计 2 附图

235

瓶　　贴

无效宣告请求审查决定（第13287号）

决　　定　　号　第13287号
决　　定　　日　2009年4月8日
发明创造名称　瓶贴
外观设计分类号　19-08
无效宣告请求人　北京盛世天香饮品有限公司
专　利　权　人　北京金月饮品有限责任公司
专　　利　　号　200630008639.0
申　　请　　日　2006年3月29日
授 权 公 告 日　2007年1月10日
合 议 组 组 长　郭健国
主　　审　　员　万　琦
参　　审　　员　李巍巍
附　　　　　图　3页

法　律　依　据　专利法第23条
决　定　要　点

若请求人未结合所提交的证据具体说明其主张，则对前述证据不予考虑。

一件成套产品的外观设计，是由属于同一类别、习惯上成套出售、同时使用且分别具备授权条件的各项外观设计组成。其组成部分（即各项外观设计）各自独立，均可以作为在先设计。

一、案由

本无效宣告请求涉及的是国家知识产权局于2007年1月10日授权公告的200630008639.0号外观设计专利，该外观设计的产品名称为“瓶贴”，申请日是2006年3月29日，专利权人是北京金月饮品有限责任公司（下称专利权人）。

针对上述专利权（下称本专利），无效宣告请求人北京盛世天香饮品有限公司（下称请求人）于2008年10月22日向专利复审委员会提出无效宣告请求，认为本专利不符合专利法第23条的规定，并提交了以下附件：

附件1：本专利著录项目及图片复印件1页；

附件2：专利号为200430003717.9的外观设计专利著录项目及图片复印件1页，该外观设计专利申请日为2004年3月2日，授权公告日为2004年10月6日，发明名称为“包装罐（11度听装1）”；

附件3：专利号为200430089089.0的外观设计专利著录项目及图片复印件1页，该外观设计专利申请日为2004年9月29日，授权公告日为2005年3月23日，发明名称为“瓶贴（二）”；

附件4：专利号为200430103101.9的外观设计专利著录项目及图片复印件1页，该外观设计专利申请日为2004年11月3日，授权公告日为2005年7月20日，发明名称为“瓶贴（三）”；

附件5：专利号为02351405.1的外观设计专利著录项目及图片复印件1页，该外观设计专利申请日为2002年10月17日，授权公告日为2003年6月18日，发明名称为“啤酒瓶贴（绿标纯生）”；

附件6：专利号为200430102795.4的外观设计专利著录项目及图片复印件1页，该外观设计专利申请日为2004年11月3日，授权公告日为2005年8月24日，发明名称为“瓶贴（九）”。

结合上述附件，请求人认为：

（1）附件2~6的公开日期均早于本专利的申请日，因此都可以作为本专利的对比文件；

（2）本专利仅提供了一幅瓶贴的主视图，该主视图提供了两个完全相同的图片。从一个图片中可以看出，该图形整体设计为一宽边的椭圆形圆环状外圆，在椭圆形外圆的中间通过一条宽带将椭圆形分割成大致平均的上下两个部分。除去外观设计不能保护的因素，该瓶贴所保护的就只有椭圆形圆环状外圆，通过一宽带将其分成大致均衡的上下两部分；

（3）附件2提供了一个包装罐的六幅视图，从图中主、后视图相同可以得出包装罐中也是两幅相同的图片，主视图中一个椭圆形圆环状外圆，通过一宽带将其分成大致均衡的上下两部分，与本专利的图形相近似；

（4）附件3提供了一幅瓶贴的主视图和使用状态参考图，从主视图中可以看出，虽然瓶贴的外形近似方形的外框，但是方形外框中间也是通过一条宽带将其分成大致均衡的上下两部分，与本专利的整体构思相近似；

（5）附件4中提供了一组瓶贴，从件2主视图可以看出该设计与本专利的设计极其近似，稍微不同的地方在于本专利的宽带两端都是向上折叠，在一条水平线上。而件2主视图中宽带的左端向上折叠，右端向下折叠，呈“≈”状。但是，依据审查指南的有关规定，这些细微的差距不足以使一般消费者辨别，只有通过仔细的对比才能得到的区别，因此可视为相近似；

（6）附件5中提供了一幅啤酒瓶贴的主视图，该图中椭圆形的、环状外框中间，通过一条宽带将其分成大致均衡的上下两部分，这种设计与本专利相近似；

（7）附件6中提供了一组瓶贴，从件2主视图可以看出该设计与本专利的设计极其近似，稍微不同的地方在于件2中没有用宽带将其分成上下两部分，而是在这个位置设计了一排英文字母，以形成上下两个部分的效果，椭圆形的外部结构与本专利是相近似的。

经形式审查合格，专利复审委员会2008年10月22日受理了请求人提出的无效宣告请求，并于同日将无效宣告请求书及其附件副本转送给专利权人，要求其在指定期限内陈述意见。

2008年10月30日请求人补充了下列三份证据，但没有结合证据具体说明其主张。

附件7：太平洋制罐（北京）有限公司开具增值税专用发票申请表复印件；

附件8：北京增值税专用发票复印件；

附件9：燕京啤酒罐印刷版面复印件。

针对请求人提出的无效宣告请求，专利权人于2008年11月27日提交了意见陈述书，专利权人认为从一般消费者的视觉出发，本外观设计与附件2~6既不相同，也不相近似，应当维持本专利有效。

（1）本专利主体形状为长方形，长方形内设置两个完全相同的椭圆形，两个椭圆形之间有多个小字体，两个椭圆形的下方有一排小字体，右侧椭圆形的右侧有条形码和“质量安全QS”标识。每个椭圆形的中部为一横幅，横幅上有一排大字体，横幅的上方是金月商标，横幅的下方是两排较大字体。横幅的两端为飘带状，并向上扬起，横幅上下边具有一定的弧度。椭圆形还具有椭圆环的外轮廓，外轮廓的上下部分均写有英文字体；

（2）附件2与本专利相比，两者的整体形状完全不同，一个为长方形，一个为椭圆形，两者横幅的形状不同，横幅上方的商标图案完全不同，横幅下方的图案也完全不同；

（3）附件3与本专利相比，两者的主体虽均是长方形，但本专利的主体内具有两个相同的椭圆形图案，附件3主体内具有一个类似长方形的图案，两者的图案形状也完全不同，因此两者的差异较大，根本没有可比性；

（4）附件4与本专利相比，二者的主体形状不同，一个为正方形，另一个为长方形，二者的内部虽均具有椭圆形图案，但椭圆形内部的图案却完全不同。首先，二者的横幅形状不同。本专利横幅的两端为飘带状，并向上扬起，横幅的上下边具有一定的弧度。而附件4横幅的上下边为波浪状，其横幅的两端虽也有折叠，但折叠形状与本专利不同。再者，二者横幅上下方的图案也完全不同；

（5）附件5与本专利相比，二者的差别是：①二者的整体形状不同。一个为椭圆形，而一个为长方形；②二者虽均具有椭圆形，但椭圆形内的横幅形状不同。本专利横幅的左右两端为飘带状向上扬起，横幅的上下两端有一定弧度，而附件5的横幅的两端内折，内折的宽度大于横幅的宽度，横幅的上下边分别为两条直线；③横幅上下部分的商标和图案也完全不同；④椭圆形外轮廓内的图案设计不同。本专利内有沿椭圆形外框的英文，而附件5没有；

（6）附件6与本专利相比，二者的差别是主体形状不同，一个为正方形，一个为长方形。虽然二者内部均具有椭圆形，但本专利具有两个椭圆形，而附件6具有一个椭圆形，两者椭圆形的内部的图案根本不同。

2009年2月4日，专利复审委员会将请求人于2008年10月30日提交的补充证据和专利权人于2008年11月27日提交的意见陈述分别转送给对方，并同日向双方当事人发出了口头审理通知书，定于2009年3月11日对本案进行口头审理。

2009年2月16日，请求人提交了口头审理回执，同时提交了附件10（北京市第一中级人民法院（2008）一中民初字第10633号民事判决书复印件8页）。2009年2月23日，专利权人提交了口审回执。

口头审理如期进行，请求人的法定代表人和专利权人委托的专利代理人参加了口头审理，双方对对方出庭人员资格无异议，对合议组成员无回避请求。请求人当庭提交了附件10的原件，专利权人对其真实性予以认可，合议组当庭向专利权人转送附件10复印件一份，要求专利权人于7日内答复。专利权人认可附件2~6的真实性。

在双方当事人意见陈述及口头审理的基础上，合议组经合议认为本案事实清楚，可以依法作出本案审查决定。

二、决定的理由

1. 法律依据

专利法第23条规定，授予专利权的外观设计，应当同申请日以前在国内外出版物上公开发表过或者国内公开使用过的外观设计不相同和不相近似，并不得与他人在先取得的合法权利相冲突。

2. 证据认定

（1）附件2~6为外观设计著录项目及图片复印件，专利权人认可其真实性、合法性。同时，附件2~6的授权公告日均早于本专利申请日，并且与本专利属于相同或相近类别外观设计，因此附件2~6可以作为与本专利进行对比的在先设计。

(2) 由于请求人递交附件7~9时，未结合所递交的证据说明其主张，根据专利法实施细则第64条第1款的规定，合议组不予考虑。

(3) 附件10为提出无效宣告请求后形成的证据，合议组对其予以接受。但其内容涉及被控侵权产品是否属于现有技术，与本案的确权判定无关，故合议组不予考虑。

3. 相近似判断

(1) 本专利瓶贴仅包括主视图，没有要求保护色彩。主视图为长方形，以浅色直线条纹图案为背景，从左至右可以分为四个部分。其中第一部分为一椭圆形图案，第三部分与第一部分完全相同；第二部分是被覆盖的说明性文字，仅余下右下角的环保标记；第四部分上部为质量安全标志，下部为产品条形码。从整体上观察，第一部分与第三部分图案完全相同，且两者占据了标贴三分之二的面积，因此在使用状态下第一部分图案可以作为一般消费者视觉上所瞩目并产生识别的主要部分。

第一部分图形为一椭圆形，其边框由形状相似、大小不一的两个椭圆环环绕组成，两椭圆环内侧分别有一椭圆弧线相衬。图形中间有一宽带，将椭圆形分成上下大致相同的两部分，上半部分是该产品的商标图案。该宽带上下两边分别有一线条相衬，左右部分在靠近椭圆环处微微上扬，并在椭圆环上进一步形成上扬的褶皱，并终止于外椭圆环。其中，褶皱部分占据了宽带长度的三分之一（详见本专利附图）。

(2) 附件2是专利号为200430003717.9的外观设计专利，其公开了一款包装罐的外观设计（下称在先设计1），未要求保护色彩。该专利与本专利用途相同，属于类别相近物品，可以与本专利进行相近似比较。从主视图观察其图案设计，椭圆环构成椭圆形图案的边框，一个长方形宽带将椭圆形分成上下两个部分。上半部分为产品商标，下半部分为“Beijing”、“BEER”、“11°P 啤酒”和麦穗图案，宽带上为“北京啤酒”字样。其后视图图案与主视图图案完全相同，左视图和右视图的图案除有部分文字设计、条形编码外，基本反映了主视图图案的投影关系，俯视图、仰视图没有相关图案（详见在先设计1附图）。

将本专利与在先设计1进行比较可知，二者从整体上看都是由椭圆环构成的椭圆形，一个宽带将椭圆形分成上下两个部分，但二者的宽带及其上下部分图案均具有明显差别，而这些差别已足以导致消费者在整体外观设计上对二者产生明显差异的视觉印象，而不会产生混淆和误认，因此二者属于不相近似的外观设计专利。

(3) 附件3是专利号为200430089089.0的外观设计专利，其公开了一款瓶贴外观设计（下称在先设计2），未要求保护色彩。该专利与本专利用途相同，属于类别相近物品，可以与本专利进行相近似比较。其主视图为在一个长方形背景上，有一个盾形图案，一个两端褶皱上扬的宽带将其分为上下两部分。上部为产品的商标图案，下部为“yanjingBeer”和“11°”的图案，右下角为条形码，在盾形图案上下边框有若干说明性文字（详见在先设计2附图）。

将本专利与在先设计2进行比较可知，二者图案在整体上即存在明显差异，即本专利整体上为椭圆形，而在先设计2为盾形，该差异已构成了作为二者区别特征的视觉效果，消费者不会产生混淆和误认，因此二者属于不相近似的外观设计。

(4) 附件4为专利号为200430103101.9的外观设计专利，其公开了一款瓶贴外观设计，请求保护的外观设计包含色彩。该专利与本专利用途相同，属于类别相同物品，可以与本专利进行相近似比较。该专利包括件1、件2和件3三个瓶贴的外观设计，由于一件成套产品的外观设计是由属于同一类别、习惯上成套出售、同时使用且分别具备授权条件的各项外观设计组成。同时，其组成部分（即各项外观设计）各自独立，均可以作为在先设计。因此，其中的件2主视图可以作为在先设计（下称在先设计3）。

在先设计3为在一个正方背景中央，有一个由椭圆环构成的椭圆图案，该椭圆环内衬一椭圆弧，一个两端褶皱、呈“≈”状的宽带将椭圆分为上下两部分，其中上部为产品商标图案。在椭圆图案左右两侧还有一对对称的麦穗图形，椭圆环上边框和宽带上分别有“YANJINGBEER”和“燕京啤酒”字样（详见在先设计3附图）。

将本专利与在先设计3进行比较可知，二者虽然从整体上看都是由椭圆环构成的椭圆图形，一个宽带将椭圆分成上下两个部分，但二者的宽带及其上下部分等主要部分的图案设计上均具有明显差别，已足以导致消费者在整体上对二者产生明显差异的视觉印象，不会产生混淆和误认，因此二者属于不相近似的外观设计。

（5）附件5为专利号为02351405.1的外观设计专利，其公开了一款啤酒瓶贴（下称在先设计4），其省略其他视图，请求保护色彩。该专利与本专利用途相同，属于类别相同物品，可以与本专利进行相近似比较。其主视图为一个椭圆形图案，椭圆形环构成其边框，上下两部分均有文字说明。一长方形宽带将椭圆形分成上下两部分，其中宽带在靠近椭圆形边缘处逐渐变宽并向后翻折，终止于边框内边缘。宽带上有“青岛啤酒”字样，上部分为产品商标图案和“TSINGTAO”字样，下部分为“Since1903”和“纯生”等字样（详见在先设计4附图）。

将本专利与在先设计4进行比较可知，二者虽然从整体上看都是由椭圆环构成的椭圆图形，一个宽带将椭圆分成上下两个部分，但二者的宽带及其上下部分等主要部分的图案设计上均具有明显差别，已足以导致消费者在整体上对二者产生明显差异的视觉印象，不会产生混淆和误认，因此二者属于不相近似的外观设计。

（6）附件6为专利号为200430102795.4的外观设计专利，其公开了一款瓶贴，请求保护色彩。该专利与本专利用途相同，属于类别相同物品，可以与本专利进行相近似比较。该专利包括件1、件2和件3三个瓶贴的外观设计，由于一件成套产品的外观设计是由属于同一类别、习惯上成套出售、同时使用且分别具备授权条件的各项外观设计组成。同时，其组成部分（即各项外观设计）各自独立，均可以作为在先设计。因此，其中的件2主视图可以作为在先设计（下称在先设计5）。

在先设计5为在正方形、呈放射状的背景中央，有一个椭圆形图案，自上而下分为产品商标图案、“燕京啤酒”和“yanjing Beer”字样，其中“yanjing Beer”字样位于椭圆形中央（详见在先设计5附图）。

将本专利与在先设计5进行比较可知，二者图案在整体上即存在明显差异，该差异已构成了作为二者区别特征的视觉效果，消费者不会产生混淆和误认，因此二者属于不相近似的外观设计。

综上所述，请求人提交的证据均不能证明本专利不符合专利法第23条的规定，其据此请求宣告本专利无效的主张不能成立。

三、决定

维持200630008639.0号外观设计专利权有效。

当事人对本决定不服的，可以根据专利法第46条第2款的规定，自收到本决定之日起三个月内向北京市第一中级人民法院起诉。根据该款的规定，一方当事人起诉后，另一方当事人应当作为当事人参加诉讼。

主视图

本专利附图

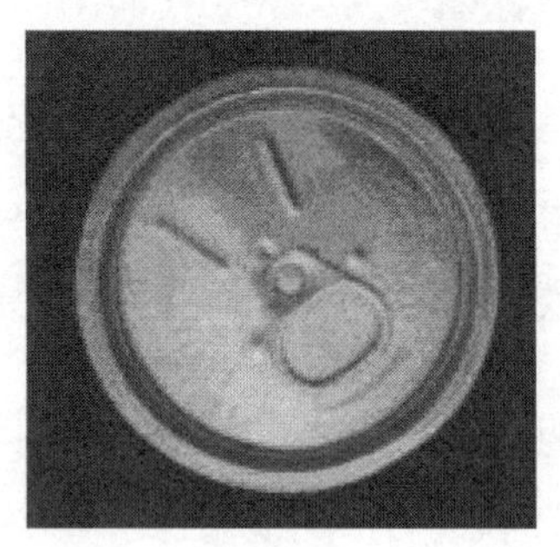

俯视图

后视图

主视图

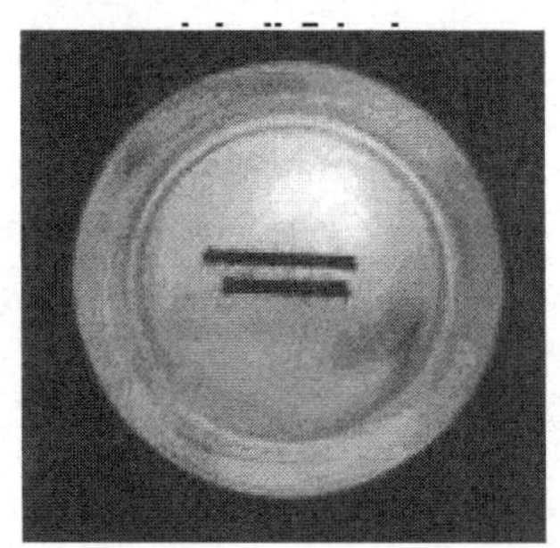

仰视图

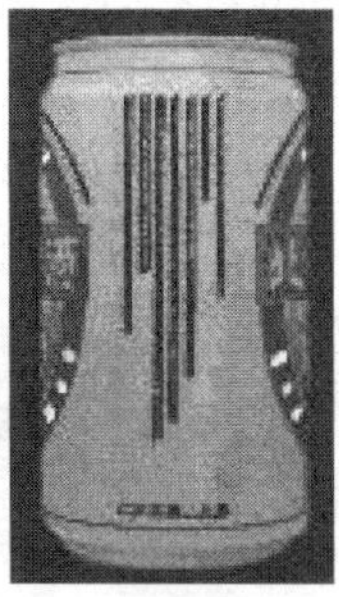

右视图

左视图

在先设计 1 附图

使用状态参考图

主视图

在先设计 2 附图

件 1 主视图

件 2 主视图

件 3 主视图

使用状态参考图 1

使用状态参考图 2

在先设计 3 附图

主视图

在先设计 4 附图

件 1 主视图

件 2 主视图

件 3 主视图

使用状态参考图（1）

使用状态参考图（2）

在先设计 5 附图

236

录　音　笔

无效宣告请求审查决定（第 13288 号）

决　　定　　号　第 13288 号
决　　定　　日　2009 年 4 月 23 日
发明创造名称　录音笔
外观设计分类号　14-01
无效宣告请求人　熊　欣
专　利　权　人　吴　梅
专　　利　　号　200730057009.7
申　　请　　日　2007 年 6 月 5 日
授权公告日　2008 年 5 月 21 日
合议组组长　张雪飞
主　　审　　员　龙　安
参　　审　　员　杜　宇

法　律　依　据　专利法第 9 条
决　定　要　点

本专利与在先设计相比，二者的结构、布局从整体视觉效果上看相近似，仅存在细微差别，并且该差别对产品外观设计的整体效果不具有显著影响，因此，二者属于“同样的发明创造”。

一、案由

本无效宣告请求涉及国家知识产权局于 2008 年 5 月 21 日授权公告的 200730057009.7 号外观设计专利（下称本专利），其名称为“录音笔”，专利权人为吴梅，申请日为 2007 年 6 月 5 日。

针对本专利，熊欣（下称请求人）于 2008 年 9 月 18 日向国家知识产权局专利复审委员会提出宣告本专利权无效的请求，同时提交如下证据：

证据 1：200630165172.0 号中国外观设计专利公告，申请日为 2006 年 12 月 18 日，公告日为 2007 年 10 月 31 日，申请人为三洋电机株式会社，网络下载件，共 12 页；

证据 2：《参考消息·北京参考》，国内统一刊号为 CN11-0228，发行日为 2007 年 1 月 24 日，共 4 页；

证据 3：《参考消息·北京参考》，2007 年 4 月 18 日，共 1 页。

请求人的理由为：（1）本专利与证据 1 中的录音笔均由一上半部分的小长方体和一下半部分的大长方体及连接二者的连接件组成，且各部分的比例关系大致相同，两者在整体形状上是相同的；主视图中，长方体包括一面板、一按键组及一外框架，面板、按键组和外框架相近似；后视图、左视图和右视图两者均相同。本专利与证据1所公开的产品属于相近似的外观设计，证据1的优先权日早于本专利的申请日，公开日晚于本专利申请日，故本专利不符合专利法第9条的规定。(2) 本专利与证据2公开的产品属于相同类别，且形状相似，其出版发行日期早于本专利的申请日，因此本专利不符合专利法第23条的规定。(3) 本专利相对于证据3同样不符合专利法第23条的规定。

经形式审查合格后，专利复审委员会依法受理了上述无效宣告请求，并于2009年1月22日分别向请求人和专利权人发出无效宣告请求受理通知书，并将所述专利权无效宣告请求书及附件清单所列的附件副本转送给专利权人，要求其在指定期限内答复。同时专利复审委员会依法成立合议组，对本案进行审理。

专利权人逾期未作出答复。

专利复审委员会于2009年3月23日向双方当事人发出无效宣告请求口头审理通知书，定于2009年4月16日对上述无效宣告请求进行口头审理。

口头审理如期举行，专利权人未出席口头审理，仅请求人委托代理人出席此次口头审理。期间明确如下事项：请求人对合议组成员没有回避请求；请求人明确其无效理由以书面意见为准，并强调主视图中，证据1产品的左下方有一个竖着的椭圆形，而本专利中没有这个图形，但是此差别在整体中所占比例比较小且形状常见，对整体相同的形状和周边的形状都没有足够影响，是细微的区别；请求人同时提交了证据2和证据3的原件。

至此，合议组认为本案事实已经清楚，可以作出审查决定。

二、决定理由

1. 法律依据

基于请求人提出的无效宣告请求的理由和证据，合议组依据专利法第9条和第23条的规定对本案进行审理。

专利法第9条规定："两个以上的申请人分别就同样的发明创造申请专利的，专利权授予最先申请的人。"

审查指南第四部分第七章第1节规定，"同样的发明创造"对于外观设计而言，是指外观设计相同或者相近似。

专利法第23条规定："授予专利权的外观设计，应当同申请日以前在国内外出版物上公开发表过或者国内公开使用过的外观设计不相同或不相近似，并不得与他人在先取得的合法权利相冲突。"

2. 关于证据

证据1是专利号为200630165172.0的中国外观设计专利公告，合议组未发现证据1中存在能影响其真实性的瑕疵，因此合议组对证据1的真实性予以认可。证据1的申请日是2006年12月18日，优先权日为2006年9月13日（均早于本专利申请日2007年6月5日），其公告日为2007年10月31日（晚于本专利申请日），其申请人为三洋电机株式会社。证据1确系在本专利申请日以前由他人提出申请而后被授权公告的外观设计专利，适用于专利法第9条。

3. 相同和相近似比较

(1) 本专利。

本专利涉及一种录音笔，包括主视图、后视图、左视图、右视图、俯视图、仰视图、立体图和使用状态参考图，未要求保护色彩。主视图中，所述录音笔包括一小长方形及一大长方形，两者间以另一长方形相连，该小长方形的左右两侧比中部窄，其上侧的中部包括一方形凹槽；大长方形包括一面板、一按键组及一外框架，面板上部为一长方形凸起部，该凸起部上侧中部包括一长方形凹槽；按键组包括位于左右两侧的长方形按键及一位于中部的圆形按键，左侧长方形按键上有三个圆形凸起，右侧长方形按键上有一细长条形凸起，外框架中部右侧有多个构成圆形的孔。

后视图中，所述录音笔也是由一小长方形及一大长方形构成，两者间以另一长方形相连，所述长方形包括一外框架及一盖板，盖板位于该长方形的右下部，外框架上从上至下排列有三个横向凹部和一个纵向凹部，四个凹部中均置有控件。

左视图中，录音笔由上部的小正方形和下部的长方形构成，所述长方形偏上位置有圆孔。

右视图中，录音笔亦由上部的小正方形和下部的长方形构成，所述长方形自上而下包括一个圆孔、三个长方形按键和三个圆形按键。

俯、仰视图中，录音笔呈类长方形。

具体参见本专利附图。

（2）证据 1。

证据 1 涉及一种录音笔（下称在先设计），包括主视图、后视图、左视图、右视图、俯视图、仰视图、立体图、立起传声器状态的立体图、引出 USB 端子状态的立体图、省略内部机构的 A-A 剖面图和使用状态参考图，未要求保护色彩。主视图中，所述录音笔包括一小长方形及一大长方形，两者间以另一长方形相连，该小长方形的左右两侧比中部窄，其上侧的中部包括一方形凹槽；大长方形包括一面板、一按键组及一外框架，面板上部为一长方形凸起部，该凸起部上侧中部包括一长方形凹槽；按键组包括位于左右两侧的长方形按键及一位于中部的圆形按键，左侧长方形按键上有三个圆形突起，右侧长方形按键上有一细长条形凸起，外框架中部右侧有多个构成长方形的圆孔，圆孔左侧有椭圆图形。

后视图中，所述录音笔也是由一小长方形及一大长方形构成，两者间以另一长方形相连，所述长方形包括一外框架及一盖板，盖板位于该长方形的右下部，外框架上从上至下排列有三个横向凹部和一个纵向凹部，四个凹部中均置有控件。

左视图中，录音笔由上部的小正方形和下部的长方形构成，所述长方形偏上位置有圆孔。

右视图中，录音笔亦由上部的小正方形和下部的长方形构成，所述长方形自上而下包括一个圆孔、三个长方形按键和三个圆形按键。

俯、仰视图中，录音笔呈类长方形。

具体参见在先设计附图。

（3）本专利与在先设计比较、结论。

本专利与在先设计皆为录音笔，用途完全相同，可以进行相近似比较。从上述描述可知，二者的整体形状、比例和各组成部分的具体形状及布局等方面均极其相近似。本专利与在先设计的区别主要体现在：主视图中，本专利外框架中部右侧有多个构成圆形状的圆孔，圆孔左侧没有图形，在先设计外框架中部右侧有多个构成长方形的圆孔，且圆孔左侧有椭圆图形。

两者正面下部的变化相对于整体设计而言，属于局部表面的细节改变，无法对两项外观设计在整体视觉效果上产生显著影响。且其他更为微小的变化亦明显属于局部细微差别，均不足以对二者的整体外观设计产生显著的影响。由此可见，本专利与证据 1 中的设计属于相近似的外观设计，即，二者属于同样的发明创造，因此，本专利不符合专利法第 9 条的规定。

鉴于已经得出上述结论，本决定不再对请求人提出的其他无效理由及提交的证据进行评述。

三、决定

宣告 200730057009.7 号外观设计专利权全部无效。

当事人如对本决定不服，可以根据专利法第 46 条第 2 款的规定，自收到本决定之日起三个月内向北京市第一中级人民法院起诉。根据该款的规定，一方当事人起诉后，另一方当事人应当作为第三人参加诉讼。

237

防护门窗

无效宣告请求审查决定（第13292号）

决　　定　　号　第13292号
决　　定　　日　2009年4月27日
发明创造名称　防护门窗
外观设计分类号　25-02
无效宣告请求人　李文强
专　利　权　人　罗建良
专　　利　　号　200430029925.6
申　　请　　日　2004年6月11日
授　权　公　告　日　2005年5月25日
合　议　组　组　长　王晓云
主　　审　　员　彭郁葱
参　　审　　员　李梦楠
附　　　　　图　2页

法　律　依　据　专利法第23条
决　定　要　点

本专利与在先设计的整体形状、结构基本相同，二者的区别之处为局部细微差别，对整体视觉效果不构成显著影响，二者属于相近似的外观设计。

一、案由

本无效宣告请求涉及国家知识产权局于2005年5月25日授权公告的200430029925.6号外观设计专利（下称本专利），其产品名称为“防护门窗”，申请日为2004年6月11日，专利权人为罗建良。

针对上述专利权，李文强（下称请求人）于2008年12月5日向专利复审委员会提出无效宣告请求，并提交了如下证据：

证据1：专利号为00319458.2的中国外观设计专利公告文本，公告号为CN3188761，公告日为2001年5月30日，复印件共1页；

证据2：《地铁风》，上海新文朋友广告有限公司主办，发送日2002年10月31日，复印件共2页；

证据3：《地铁风》，上海新文朋友广告有限公司主办，发送日2002年11月28日，复印件共2页；

证据4：《地铁风》，上海新文朋友广告有限公司主办，发送日2002年12月5日，复印件共2页；

证据5：《地铁风》，上海新文朋友广告有限公司主办，发送日2002年12月31日，复印件共2页；

证据6：其中包括如下内容：

6-1：湖南省常德市公证处于2006年2月10日作出的（2006）常证民字第71号公证书，复印件共2页。

6-2：常德市兴广龙新型建材厂职工冯某和付某的证明文件，以及常德市育才小学的证明文件，复印件共1页。

6-3：2006年2月10日的《工作记录》复印件共1页。

6-4：照片4张，复印件共1页。

请求人认为：

（1）证据1显示了一种防护窗的形状，与本专利属于同一类别，证据1与本专利的防护窗都是由一个矩形框架和联动链条组成，通过将证据1中的主视图旋转90度即可以得到本专利的主视图，因此本专利与证据1中显示的在先设计相同或相近似，不符合专利法第23条的规定。

（2）证据2上的广告显示的“福尔凯内置式平移式双开防护窗”为防护窗中的联动栅管收拢状态的视图，其形状与本专利中“防护窗打开状态参考图”显示的形状相同，即证据2中显示的在先设计与本专利相同，所以本专利不符合专利法第23条的规定。

（3）证据3~5上均刊登有“福尔凯防护门窗”的图片广告，通过单独对比，每个图中的在先设计与本专利的不同之处仅在于在先设计的联动链条为三排，而本专利的联动链条为两排。联动链条的排数为本领域的惯常设计，对于一般消费者来说，二者的差别不具有显著影响，因而本专利与证据3~5中显示的在先设计相同或相近似，不符合专利法第23条的规定。

（4）证据6证明本外观专利产品已经在申请日前公开使用，因此本专利不符合专利法第23条的规定。

经形式审查合格，专利复审委员会受理了该无效宣告请求，于2008年12月5日向双方当事人发出《无效宣告请求受理通知书》，并将《无效宣告请求书》及其他有关文件的副本转送给专利权人，要求其在指定期限内答复，同时成立合议组对本无效宣告请求案进行审查。

专利权人针对上述无效宣告请求于2009年1月16日向专利复审委员会提交意见陈述书，认为：

（1）对于证据1，①本专利包括打开和收拢两种状态，而证据1中的产品为不可活动的防护窗产品。②证据1中联动链条为顺人字形和反人字形交互排列，每个顺人字形或反人字形与两相邻的联动栅管共有三点连接，为不对称连接，受力不均匀；而本专利产品中联动链条为X形，与两相邻的联动栅管共有对称的四点连接，受力均匀。③证据1中外包角为相互垂直的“7”字形，而本专利的外包角为类三角形。④不能将证据1中的主视图旋转90度而得到本专利的主视图。

（2）对于证据2，①对该证据是否是2002年10月31日印刷发送的真实性表示怀疑。②证据2没有主视图，不能用作评价本专利是否符合专利法第23条规定的依据。③从证据2图片中看不出任何关于收拢后联动链条变化后的形状信息，根据该图片无法判断这种防护窗的结构与本专利产品结构是否相同。④证据2中防护窗的矩形框架的四角没有外包角，本专利的有包角。综上，本专利与证据2中图片不完全相同，也不相近似，符合专利法第23条的规定。

（3）对于证据3~5，①对于其是否在本专利申请日前印刷发送的真实性表示怀疑。②证据3~5的联动链条呈3个花排，上下两花排为“X”形花型，中间一排为菱形花型。而本专利联动链条有两排，均为“X”形花型。③证据3~5中菱形花型的联动链条与左右相邻两联动栅管的连接点数仅为2

点，属于非完全稳定连接方式；而本专利产品中联动链条为“X”形，与两相邻的联动栅管共有对称的四点连接，属于稳定连接方式。④证据3~5中菱形花型处于中排最显眼的位置，这与本专利之间不是微小的差别。⑤联动链条排数的多少要依据花型花排组合后形成的主视图综合考虑，不能简单认为花排数量是惯常设计。⑥尽管根据本专利的简要说明很容易想到本专利中的联动链条为3排，但是按照主视图中所示，三排应当都是“X”形花型，不会出现证据3~5中间一排的菱形。因而，本外观设计的结构与证据3~5图片中的结构完全不同，也不相近似，符合专利法第23条的规定。

（4）对于证据6，专利权人认为不能证明本专利已经在其申请日前进行了公开使用。

专利复审委员会本案合议组于2009年2月17日向双方当事人发出《口头审理通知书》，拟定于2009年3月19日对本专利的无效宣告请求进行口头审理，同时将专利权人的上述意见陈述书转送给请求人，要求其在口头审理时一并陈述意见。

2009年3月19日，口头审理如期进行，专利权人和请求人均委托代理人出席了口头审理。双方均对对方出庭人员的资格和身份无异议，对合议组成员无回避请求。口头审理认定事实如下：

（1）请求人当庭放弃证据6及其相关理由，明确其无效宣告理由为本专利相对于证据1、证据2、证据3、证据4或证据5不符合专利法第23条的规定。

（2）专利权人对于证据1的真实性和合法性没有异议，但是对其与本专利的关联性有异议。

（3）请求人当庭出示了证据2~5的原件，专利权人对于证据2~5的真实性、合法性以及公开时间有异议。

（4）请求人当庭确认证据3、证据4的图是一样的，只比对证据3即可，证据5左边的图与证据3、证据4的图的区别是没有粗杆，专利权人认可上述内容。

口头审理过程中，合议组对请求人提出的无效宣告理由和事实进行了充分调查，并听取了各方当事人的陈述。

至此，合议组认为本案事实已经清楚，可以作出审查决定。

二、决定的理由

1. 法律依据

基于请求人提出的无效宣告请求理由及证据，合议组依据专利法第23条的规定对本案进行审查。

专利法第23条规定：授予专利权的外观设计，应当同申请日以前在国内外出版物上公开发表过或者国内公开使用过的外观设计不相同和不相近似，并不得与他人在先取得的合法权利相冲突。

2. 证据的认定

请求人当庭提交了证据2~5的原件，专利权人认为其上没有记载刊号，对其真实性、公开性、合法性有异议。对此，合议组认为，请求人提交的证据2~5均为上海新文朋友广告有限公司主办的《地铁风》广告印刷品，首页的右上角明确记载了上海工商部门的临时广告登记号“（沪）工商广临印字2002000375号”，该广告印刷品的主办单位名称、地址和电话，设计制作单位的名称和电话，以及该广告印刷品的发送时间等内容，在通常情况下，可认为该广告是经工商部门审查认可的合法广告，请求人对于证据2~5的真实性、合法性及公开性已经完成基本的举证责任，在专利权人未提供任何反证支持其主张的情况下，合议组对证据2~5的真实性、合法性及其上所记载的发送时间予以认可。根据证据2~5上所记载的发送时间可以看出，证据2~5的公开日均早于本专利的申请日，故可作为本专利的在先设计使用。

3. 相同和相近似性比较

本专利为防护门窗的外观设计，证据5“富尔凯防护门窗”的左图所示为防护门窗（下称在先设计），本专利与在先设计属于相同类别的产品，可以进行相同和相近似性比较。

本专利授权公告文本共包括四幅图，分别为主视图、俯视图、左视图及防护门窗打开状态参考图。其主视图显示，本专利的防护门窗由一个矩形框架、设置在矩形框架内的纵向栏杆和横向连接件构成，其中所述横向连接件有两排，连接件在相邻两栏杆间呈“X”形，每排连接件整体呈多个相邻的菱形，在矩形框架四角有外包角。(详见本专利主视图)

在先设计的防护门窗由一个矩形框架、设置在矩形框架内的纵向栏杆和横向连接件构成，所述连接件有三排，其中上、下两排连接件在相邻两栏杆间呈“X”形，中间一排连接件在相邻两栏杆间呈菱形，每排连接件整体呈多个相邻的菱形。(详见在先设计附图)

将本专利主视图显示的防护门窗与在先设计相比，可以看出，二者均由一个矩形框架、设置在矩形框架内的纵向栏杆和横向连接件构成，连接件整体呈多个相邻菱形，其区别之处在于（1）：本专利比在先设计少一排连接件，即在先设计为三排连接件，其中上下两排在相邻两栏杆间呈 X 形，中间一排呈菱形，而本专利为二排连接件，每排均呈“X”形。（2）本专利在矩形框架四角有外包角。合议组认为，连接件为两排或三排是本领域的惯常设计；相对于二者的相同点而言，在先设计第二排连接件在形状上稍有变化以及本专利存在外包角属于局部细微差别，对于产品外观设计整体视觉效果不具有显著影响。

本专利的俯视图、左视图显示的是防护门窗的侧面，其上没有瞩目的外观设计图案，在使用过程中为不常见或不能见部分，其对于整体视觉效果也不具有显著的影响。

本专利所包括的“防护门窗打开状态参考图”，其表明本专利的产品除主视图所示的状态外，还有另一种状态，该图参考性说明了本专利防护门窗处于打开状态时连接件彼此收拢的状态，由于本专利产品在正常使用时应该是主视图所示的连接件展开状态，因此，“防护门窗打开状态参考图”不足以对本专利产品的整体视觉效果产生显著影响。

专利权人还强调，本专利主视图在相邻两栏杆之间的连接件均呈“X”形，与两相邻的栏杆共有对称的四点连接，属于稳定连接方式。而在先设计中处于最显眼位置的中间一排连接件与本专利的不同，其在相邻两栏杆之间呈菱形，与左右栏杆仅有两点连接，属于非完全稳定连接方式。

对此，合议组认为，在判断外观设计相同或相近似过程中，应当从本专利的整体来确定其是否与在先设计相同或相近似，而不能从外观设计的部分或局部出发。本专利与在先设计两者整体形状均是矩形，均是以栏杆和菱形作为题材，构图方法均是纵向栏杆和横向菱形，即使具有差别的连接件处于中排，上述差别也仅仅体现在相邻两栏杆之间，属于局部细微差别，而且无论在两栏杆之间是“X”形还是菱形，整体观察均是相邻的菱形，对整体视觉效果不具有显著影响，而是否稳定连接属于产品的技术性能，不会对视觉效果造成影响。

综上，合议组认为，本专利和在先设计相比，二者的整体形状、结构基本相同，而二者的差别之处对于产品外观设计的整体视觉效果不具有显著影响，故本专利与在先设计属于相近似的外观设计，本专利不符合专利法第 23 条的规定。

由于已经得出本专利相对于证据 5 不符合专利法第 23 条规定的结论，因而对于请求人提交的其他证据不再进行评述。

三、决定

宣告 200430029925.6 号外观设计专利权无效。

当事人对本决定不服的，可以根据专利法第 46 条第 2 款的规定，自收到本决定之日起三个月内向北京市第一中级人民法院起诉。根据该款的规定，一方当事人起诉后，另一方当事人应当作为第三人参加诉讼。

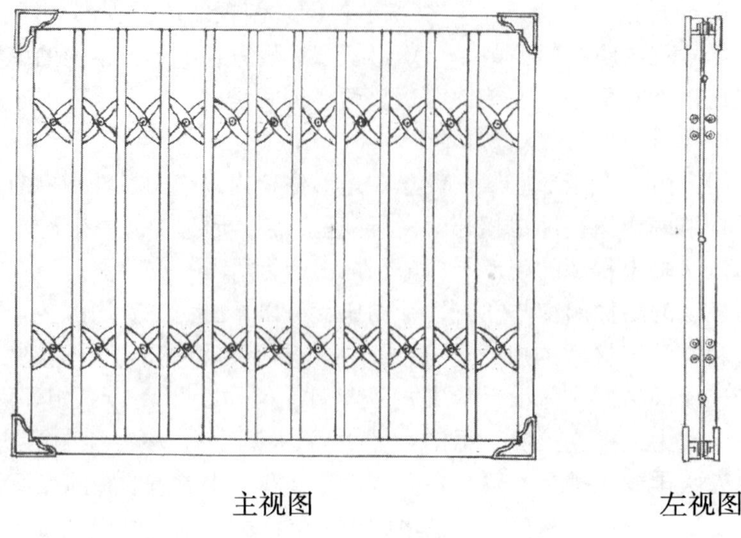

主视图　　左视图

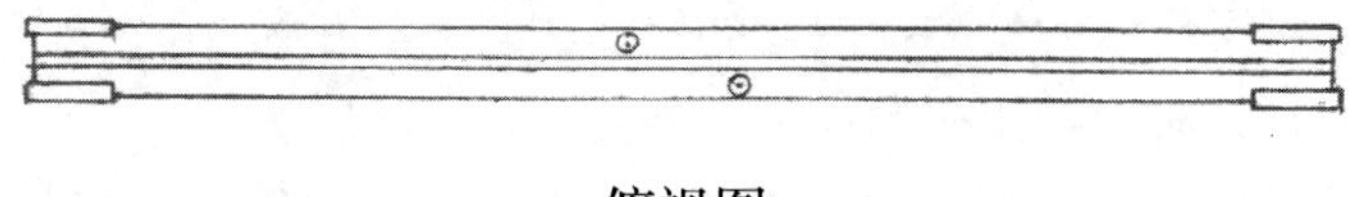

俯视图

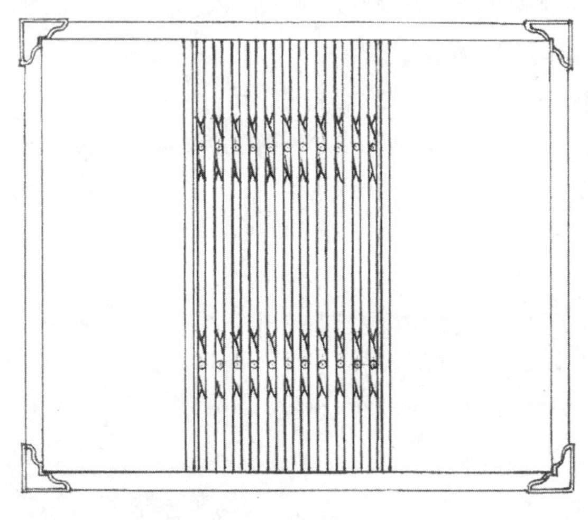

防护门窗打开状态参考图

本专利附图

在先设计附图

北京市第一中级人民法院
行政判决书

（2009）一中行初字第 1769 号

原告罗建良，男，1949 年 8 月 20 日出生，汉族，住湖南省长沙市雨花区南大路 86 号 502 号。

委托代理人叶勇，北京市汉卓律师事务所律师。

委托代理人胡雍文，男，1945 年 7 月 22 日出生，住湖南省长沙市雨花区自然岭路 9 号。

被告国家知识产权局专利复审委员会，住所地北京市海淀区北四环西路 9 号银谷大厦 10~12 层。

法定代表人张茂于，副主任。

委托代理人吴通义，国家知识产权局专利复审委员会审查员。

委托代理人王婧，国家知识产权局专利复审委员会审查员。

第三人李文强，男，1975 年 6 月 26 日出生，汉族，住江西省吉安市吉州区井冈山大道 209 号 2 栋 1 单元 502 房。

原告罗建良不服被告国家知识产权局专利复审委员会（以下简称专利复审委员会）的第 13292 号无效宣告请求审查决定（以下简称第 13292 号决定），于法定期限内向本院提起行政诉讼。本院于 2009 年 7 月 15 日受理后，依法组成合议庭，并通知第 13292 号决定的相对方李文强作为第三人参加本案诉讼，于 2009 年 11 月 2 日公开开庭进行了审理。原告罗建良的委托代理人叶勇、胡雍文，被告专利复审委员会的委托代理人吴通义、王婧，第三人李文强到庭参加了诉讼。本案现已审理终结。

第 13292 号决定系专利复审委员会针对李文强就罗建良拥有的名称为“防护门窗”的 200430029925.6 号外观设计专利（以下简称本专利）所提出的无效宣告请求作出的。第 13292 号决定中认为：

（1）证据的认定。

李文强在口头审理中当庭提交了证据 2~5 的原件，罗建良认为其上没有记载刊号，对其真实性、公开性、合法性有异议。对此，合议组认为，李文强提交的证据 2~5 均为上海新文朋友广告有限公司主办的《地铁风》广告印刷品，首页的右上角明确记载了上海工商部门的临时广告登记号“（沪）工商广临印字 2002000375 号”，该广告印刷品的主办单位名称、地址和电话，设计制作单位的名称和电话，以及该广告印刷品的发送时间等内容，在通常情况下，可认为该广告是经工商部门审查认可的合法广告，李文强对于证据 2~5 的真实性、合法性及公开性已经完成基本的举证责任，在罗建良未提供任何反证支持其主张的情况下，合议组对证据 2~5 的真实性、合法性及其上所记载的发送时间予以认可。根据证据 2~5 上所记载的发送时间可以看出，证据 2~5 的公开日均早于本专利的申请日，故可作为本专利的在先设计使用。

（2）相同和相近似性比较。

本专利为防护门窗的外观设计，证据 5“富尔凯防护门窗”的左图所示为防护门窗（以下简称在先设计），本专利与在先设计属于相同类别的产品，可以进行相同和相近似性比较。

将本专利主视图显示的防护门窗与在先设计相比，可以看出，二者均由一个矩形框架、设置在矩形框架内的纵向栏杆和横向连接件构成，连接件整体呈多个相邻菱形，其区别之处在于①本专利比在先设计少一排连接件，即在先设计为三排连接件，其中上下两排在相邻两栏杆间呈“X”形，中间一排呈菱形，而本专利为二排连接件，每排均呈“X”形。②本专利在矩形框架四角有外包角。合议组认为，连接件为两排或三排是本领域的惯常设计；相对于二者的相同点而言，在先设计第二排连接件在形状上稍有变化以及本专利存在外包角属于局部细微差别，对于产品外观设计整体视觉效果不具有显著影响。

本专利的俯视图、左视图显示的是防护门窗的侧面，其上没有瞩目的外观设计图案，在使用过程中为不常见或不能见部分，其对于整体视觉效果也不具有显著的影响。

本专利所包括的“防护门窗打开状态参考图”，其表明本专利的产品除主视图所示的状态外，还有另一种状态，该图参考性说明了本专利防护门窗处于打开状态时连接件彼此收拢的状态，由于本专利产品在正常使用时应该是主视图所示的连接件展开状态，因此，“防护门窗打开状态参考图”不足以对本专利产品的整体视觉效果产生显著影响。

罗建良还强调，本专利主视图在相邻两栏杆之间的连接件均呈“X”形，与两相邻的栏杆共有对称的四点连接，属于稳定连接方式。而在先设计中处于最显眼位置的中间一排连接件与本专利的不同，其在相邻两栏杆之间呈菱形，与左右栏杆仅有两点连接，属于非完全稳定连接方式。

对此，合议组认为，在判断外观设计相同或相近似过程中，应当从本专利的整体来确定其是否与在先设计相同或相近似，而不能从外观设计的部分或局部出发。本专利与在先设计两者整体形状均是矩形，均是以栏杆和菱形作为题材，构图方法均是纵向栏杆和横向菱形，即使具有差别的连接件处于中排，上述差别也仅仅体现在相邻两栏杆之间，属于局部细微差别，而且无论在两栏杆之间是“X”形还是菱形，整体观察均是相邻的菱形，对整体视觉效果不具有显著影响，而是否稳定连接属于产品的技术性能，不会对视觉效果造成影响。

综上，本专利和在先设计相比，二者的整体形状、结构基本相同，而二者的差别之处对于产品外观设计的整体视觉效果不具有显著影响，故本专利与在先设计属于相近似的外观设计，本专利不符合《中华人民共和国专利法》（以下简称《专利法》）第二十三条的规定。

据此，专利复审委员会于 2009 年 4 月 27 日作出第 13292 号决定，宣告本专利权全部无效。

原告罗建良不服第 13292 号决定，在法定期限内向本院提起行政诉讼称：(1) 被诉决定认定事实所依据的证据违法。证据 2~5 是名叫《地铁风》的广告印刷品，只显示了主办单位和设计单位，没有出版、印刷、发行单位，也没有刊号、刊期，不符合国内出版物的形式要件，不能成为被诉决定认定事实的依据。(2) 即便基于违法证据，本专利与在先设计也不相近似。①本专利与在先设计因横向排数的不同，防护门窗排数的多少，对于防护门窗的采光和视线及安全性等起决定因素，在先设计比本专利多出一排，多出的部分正好在防护门窗正中的部位，对于采光和视线的影响尤为突出，而本专利较在先设计而言，由于中间部分没有横物遮挡，而显得更加明亮，使得视野更加开阔。对于一般消费者而言，在挑选两款产品时，会很容易地将两者加以区分，不会构成混淆。②在展开状态下，本专利与在先设计的横排连接的图案的花形不同。本专利展开状态下，横向连接件有两排，在相邻两栏杆间全部是相同的“X”形，而在先设计有三排，是由两排“X”形和一排菱形的两种形状组成。③本专利与在先设计相比较，两者的连接点也存在不同。本专利的“X”形连接件左右两端与相邻栏杆的连接点数为 4 点，而在先设计的“菱”形连接件的相邻两栏杆间的连接点为 2 点。④本专利具有独特的外包角，不但使防护门窗更加坚固，同时还提升了防护门窗美感。⑤本专利具有独特的收拢状态，与在先设计在形状上构成了巨大的差别。综上所述，被告专利复审委员会作出的第 13292 号决定认定事实不清、适用法律不当，请求法院予以撤销。

被告专利复审委员会答辩称：第一，关于证据的认定，仍坚持决定中的意见。第二，关于相同和相近似性比较。（1）关于横向排数的不同。①连接件为两排或三排是本领域的惯常设计，而排数的多少是否影响采光和视线以及安全性是对防护门窗功能的影响，对视觉效果不具有显著影响；②仅仅根据两项外观设计不会导致一般消费者误认、混同并不必然得出二者的差别对于产品外观设计的整体视觉效果具有显著影响的结论。（2）关于展开状态下的横排连接的图案的花形。在判断外观设计相同或相近似过程中，应当从本专利的整体来确定其是否与在先设计相同或相近似，而不能从外观设计的部分或局部出发。本专利与在先设计两者整体形状均是矩形，均以栏杆和菱形作为题材，构图方法均是纵向栏杆和横向菱形，原告所述的差别仅仅体现在相邻两栏杆之间，属于局部细微差别，而且无论在两栏杆之间是“X”形还是菱形，整体观察均是相邻的菱形，对整体视觉效果不具有显著影响。（3）关于外包角。相对于防护门窗整体而言，尽管本专利有四个相互对称的外包角，但由于其均处于防护门窗的四个角，而且在整个防护门窗中仅占很小的面积，基本与矩形边框的四个角重叠，普通消费者施以一般注意力并不会注意到上述差别，因而，不会对整体视觉效果造成显著影响。（4）关于收拢状态。由于本专利产品在正常使用时应该是主视图所示的连接件展开状态，因此，“防护门窗打开状态参考图”不足以对本专利产品的整体视觉效果产生显著影响。综上所述，专利复审委员会作出的第13292号决定认定事实清楚、适用法律正确、审理程序合法，原告的诉讼理由不能成立，请求法院驳回原告诉讼请求，维持第13292号决定。

第三人李文强未提交书面答辩意见。

本院经审理查明：

本专利是名称为“防护门窗”的200430029925.6号外观设计专利，其申请日为2004年6月11日，授权公告日为2005年5月25日，专利权人为罗建良。本专利授权公告文本共包括四幅图，分别为主视图、俯视图、左视图及防护门窗打开状态参考图（详见本专利主视图）。

针对本专利权，李文强于2008年12月5日向专利复审委员会提出无效宣告请求，认为本专利外观设计产品与证据1~6单独对比，不符合《专利法》第二十三条的规定。其中的证据2~5为《地铁风》广告印刷品，证据5首页的右上角明确记载了上海工商部门的临时广告登记号“（沪）工商广临印字2002000375号”，上海新文朋友广告有限公司主办，江宁路838号24层，电话62273830、62273935，淮海中路1298号（永隆商厦四楼），电话：64747304，上海博易广告有限公司设计制作，电话64270359，2002年12月31日起发送；证据5上刊登有“富尔凯防护门窗”的图片广告，该防护门窗由一个矩形框架、设置在矩形框架内的纵向栏杆和横向连接件构成，所述连接件有三排，其中上、下两排连接件在相邻两栏杆间呈“X”形，中间一排连接件在相邻两栏杆间呈菱形，每排连接件整体呈多个相邻的菱形（详见在先设计附图）。

专利复审委员会于2009年3月19日举行口头审理，口头审理认定如下事实：（1）李文强当庭放弃证据6及其相关理由，明确其无效宣告理由为本专利相对于证据1、证据2、证据3、证据4或证据5不符合《专利法》第二十三条的规定。（2）罗建良对于证据1的真实性和合法性没有异议，但是对其与本专利的关联性有异议。李文强当庭出示了证据2~5的原件，罗建良对于证据2~5的真实性、合法性以及公开时间有异议。（3）李文强当庭确认证据3、证据4的图是一样的，只比对证据3即可，证据5左边的图与证据3、证据4的图的区别是没有粗杆，罗建良认可上述内容。

专利复审委员会于2009年4月27日作出第13292号决定，宣告本专利权无效。

在庭审中，原告还对第13292号决定中有关本专利横向连接件的以下描述“每排连接件整体呈多个相邻的菱形”提出异议，认为本专利中的连接件并非菱形。

以上事实有本专利著录项目及图片网页打印件、第13292号决定、证据5及各方当事人陈述等在案佐证。

本院认为：

根据各方当事人的诉辩主张，本案的争议焦点在于：（1）证据5是否真实、合法；（2）本专利外观设计与在先设计相比较是否相近似。

《专利法》第二十三条规定：授予专利权的外观设计，应当同申请日以前在国内外出版物上公开发表过或者国内公开使用过的外观设计不相同和不相近似，并不得与他人在先取得的合法权利相冲突。

一、对于证据5的真实性和合法性

首先，证据5首页的右上角明确记载了上海工商部门的临时广告登记号“（沪）工商广临印字2002000375号”，因此，该广告印刷品是经工商部门审查认可的合法广告。其次，该广告印刷品首页明确载有主办单位名称、地址和电话，设计制作单位的名称和电话，以及该广告印刷品的发送时间等内容，因此，在无相反证据推翻证据5是真实和合法出版物的情况下，专利复审委员会对证据5的真实性、合法性及其上所记载的发送时间予以认可并无不当，因此，对于原告的相关诉讼请求，本院不予支持。

二、对于本专利外观设计与在先设计是否相近似

1. 关于连接件的排数

首先，连接件横向为两排或者三排属于本领域的惯常设计。其次，原告认为连接件横向排数的多少对采光、视线以及安全性有影响，而这些影响均属于功能方面的影响，对防护门窗整体视觉效果不具有显著影响。

2. 关于横排连接件的图案

首先，第13292号决定中的认定“每排连接件整体呈多个相邻的菱形”是对连接件整体的描述，不包括栏杆，从本专利主视图可以看出，就每排连接件整体而言，是呈多个相邻的菱形，因此，专利复审委员会对本专利的描述并无不当。其次，在先设计中间一排连接件整体也是呈多个相邻的菱形。最后，本专利与在先设计整体均呈矩形，并以栏杆和菱形连接件作为构成要素，原告所主张的本专利两栏杆间全部是“X”形连接件，而在先设计的连接件是由两排“X”形和一排菱形两种形状组成，以及连接点个数不同仅仅体现相邻两栏杆之间连接件的细微差别，对整体视觉效果不具有显著影响。

3. 关于外包角

本专利中的四个外包角均处于防护门窗的四个角，且相对于防护门窗所占的面积很小，属于局部细微差别，消费者施以一般注意力并不会注意到该差别，因此，防护门窗的四个外包角不会对产品的整体视觉效果产生显著影响。

4. 关于收拢状态

本专利产品包括的“防护门窗打开状态参考图”表明本专利产品的另一种状态，对于参考图所显示的产品状态不属于被比设计的保护范围，因此，本专利防护门窗受专利法保护的使用状态应是本专利主视图所示的连接件展开状态。根据《审查指南》第四部分第五章第5.4.2节的规定，对于被比设计而言，应当以其使用状态图所示的外观设计作为与在先设计进行比较的对象，产品的相同或者相近似取决于产品各种使用状态的外观设计的相同或者相近似。因此，专利复审委员会以本专利主视图作为使用状态与在先设计进行相同或者相近似对比并无不当。

综上所述，本专利外观设计与在先设计属于相近似的外观设计，专利复审委员会作出的第13292号决定认定事实清楚，适用法律正确，审理程序合法，依法应当予以维持。依照《中华人民共和国

行政诉讼法》第五十四条第（一）项的规定，本院判决如下：

维持被告国家知识产权局专利复审委员会作出的第 13292 号无效宣告请求审查决定。

案件受理费 100 元，由原告罗建良负担（已交纳）。

如不服本判决，各方当事人可在本判决书送达之日起 15 日内，向本院提交上诉状并交纳上诉案件受理费 100 元，上诉于北京市高级人民法院。

审 判 长 任 进

代理审判员 姜庶伟

人民陪审员 郝志国

二〇〇九年十月二十日

书 记 员 谭北川

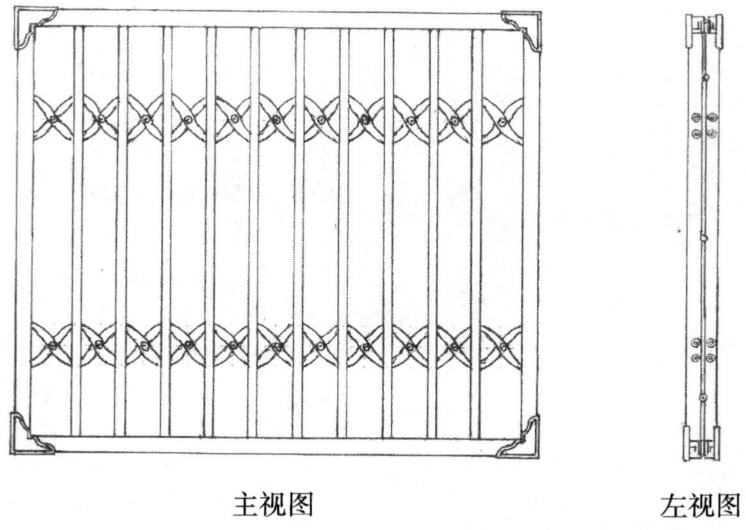

主视图　　左视图

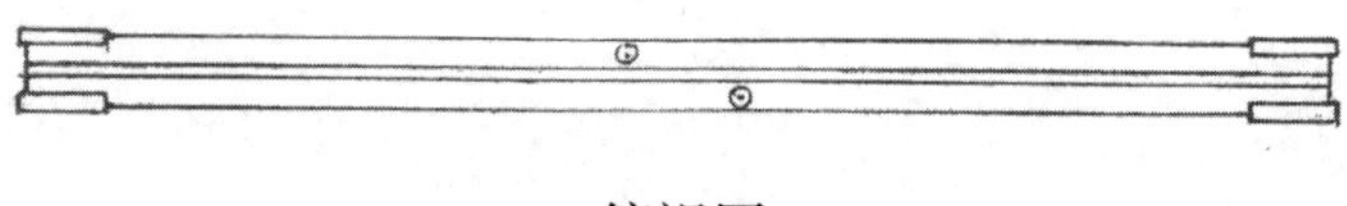

俯视图

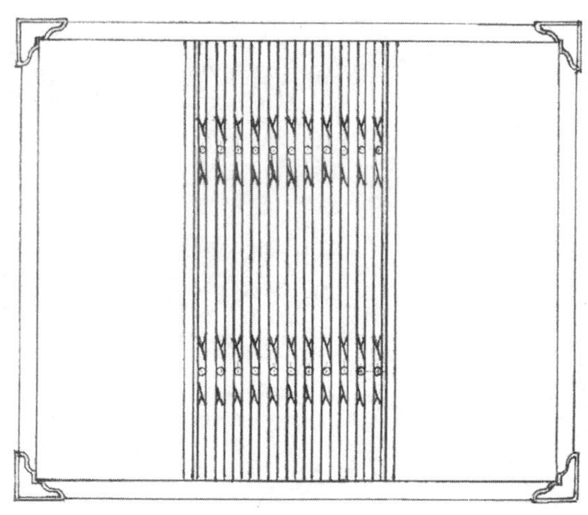

防护门窗打开状态参考图

本专利附图

在先设计附图

238

微型摄像头

无效宣告请求审查决定（第 13293 号）

决　　定　　号 第 13293 号
决　　定　　日 2009 年 4 月 23 日
发明创造名称 微型摄像头
外观设计分类号 16-01
无效宣告请求人 深圳市兴之林电子有限公司
专　利　权　人 姜　恒
专　　利　　号 200530005037.5
申　　请　　日 2005 年 3 月 1 日
授权公告日 2005 年 11 月 2 日
合议组组长 王霞军
主　　审　　员 张　凌
参　　审　　员 吴赤兵
附　　　　图 1 页

法　律　依　据 专利法第 23 条
决　定　要　点

本专利与在先设计的组成部分及其形状相同，二者的整体形状相近似，已呈现整体相近似的视觉效果；二者在连接线上存在的差别不足以对其整体的视觉效果产生显著影响，因此，本专利与在先设计属于相近似的外观设计。

一、案由

本无效宣告请求涉及国家知识产权局于 2005 年 11 月 2 日授权公告的名称为“微型摄像头”的 200530005037.5 号外观设计专利，其申请日为 2005 年 3 月 1 日，专利权人为姜恒。

针对上述外观设计专利（下称本专利），深圳市兴之林电子有限公司（下称请求人）于 2009 年 1 月 12 日向专利复审委员会提出无效宣告请求，理由是本专利与在其申请日前已公开发表过的外观设计相近似，因而不符合专利法第 23 条的规定。除本专利的著录项目信息及其外观图片的下载打印件外，请求人同时提交如下证据：

证据 1：《慧聪商情广告》封面和相应广告页复印件，共 2 页；

证据 2：03304198.9 号外观设计专利著录项目信息及其外观图片的下载打印件，共 1 页。

请求人认为证据 1 和证据 2 所示的外观设计均在本专利申请日前公开，其中证据 1 与本专利相同，证据2与本专利相近似；因此本专利不符合专利法第23条的规定。

经形式审查合格后，专利复审委员会受理了上述无效宣告请求，并于2009年1月12日将无效宣告请求书及相关附件的副本转送给专利权人，要求其在指定的期限内答复。

专利权人逾期未答复。

2009年2月24日专利复审委员会向双方当事人发出口头审理通知书，定于2009年3月30日对本案进行口头审理。

口头审理如期举行，专利权人及其代理人和请求人的代理人参加了口头审理。请求人明确其无效宣告请求的理由为专利法第23条（公开发表），依据的证据为证据1和证据2，其中证据2仅用于证明摄像头的锥形设计是一种惯常设计，不与本专利进行相近似对比；当庭提交证据1对应的杂志原件一本，并指出其中与本专利进行对比的图片；关于本专利与证据1所示在先设计的相近似性对比，请求人坚持其原有意见。专利权人对证据1的真实性予以认可，并承认该证据中涉及的广告是其投放的，但认为该证据封面上载有的“2005.02.20”为印刷日不是出版日，该证据的实际公开时间不是在本专利的申请日之前；对证据2的真实性不予认可。关于相近似性对比，专利权人认为本专利与证据1中所示的在先设计的连接线不同，而且证据1只公开了在先设计一个面的视图信息；证据2不能证明摄像头的锥形设计是惯常设计，摄像头的形状可以有很多种。

在上述审理的基础上，合议组经合议认为，本案事实清楚，依法作出本审查决定。

二、决定的理由

1. 法律依据

基于请求人提出无效宣告请求所依据的理由和证据，合议组对本专利是否符合专利法第23条的规定进行审查。

专利法第23条规定，授予专利权的外观设计，应当同申请日以前在国内外出版物上公开发表过或者国内公开使用过的外观设计不相同和不相近似，并不得与他人在先取得的合法权利相冲突。

2. 证据认定

请求人提交的证据1是《慧聪商情广告》封面和相应广告页复印件，口头审理中请求人提交了相应的杂志原件一本。专利权人对该证据的真实性无异议，但认为杂志封面上载有的“2005.02.20”是印刷日而不是出版日，该证据的实际公开时间不是在本专利的申请日之前。

对此，合议组认为：根据审查指南第二部分第三章第2.1.3.1节的规定，“出版物的印刷日视为公开日，有其他证据证明其公开日的除外”，专利权人并未就证据1的实际公开时间提供证据，故对其主张不予支持。专利权人对证据1的真实性没有异议，合议组对该证据亦予以采信。证据1的公开日为2005年2月20日，早于本专利的申请日（2005年3月1日），属于专利法第23条所规定的公开出版物，适用于本案。

3. 关于专利法第23条

本专利与证据1所示外观设计（下称在先设计）均为摄像头，二者用途相同，属于相同类别的产品，故将二者作如下相近似性对比。

专利权人认为证据1只公开了在先设计一面的视图，未公开其全部的设计内容，因此无法与本专利进行相近似性对比。

对此，合议组认为：证据1中公开了在先设计的立体图，根据其显示的形状，可以将其与本专利进行相近似性对比，故对专利权人的主张不予支持。

本专利所示摄像头由长方形的控制盒、管状连接线和摄像头组成，其中摄像头由正方形底座和大致呈圆锥形的头部组成，头部与底座之间还设有一级台阶（详见本专利附图）。

在先设计所示摄像头由长方形的控制盒、柱状连接线和摄像头组成，其中摄像头由正方形底座和大致呈圆锥形的头部组成，头部与底座之间还设有一级台阶（详见在先设计附图）。

本专利与在先设计相比，二者主要的相同点在于：本专利与在先设计均由长方形的控制盒、连接线和摄像头三部分组成，二者的摄像头均由正方形底座和大致呈圆锥形的头部组成，头部与底座之间还设有一级台阶。二者主要的区别在于：本专利的连接线是可弯曲的软管，在先设计的连接线是竖直固定的。对此，合议组认为，在本专利与在先设计的组成部分及其形状相同、二者整体形状相近似的情况下，二者已形成整体相近似的视觉效果，本专利与在先设计在连接线上的区别对整体视觉效果不具有显著影响，因此本专利与在先设计属于相近似的外观设计。

综上所述，在本专利的申请日前已经有与之相近似的外观设计在出版物上公开发表过，本专利不符合专利法第 23 条的规定。

鉴于本专利与在先设计相比较已得出本专利不符合专利法规定的授权条件的结论，故在本决定中对请求人提出的其他证据不再作出评述。

三、决定

宣告 200530005037.5 号外观设计专利权全部无效。

当事人对本决定不服的，可以根据专利法第 46 条第 2 款的规定，自收到本决定之日起三个月内向北京市第一中级人民法院起诉。根据该款的规定，一方当事人起诉后，另一方当事人应当作为第三人参加诉讼。

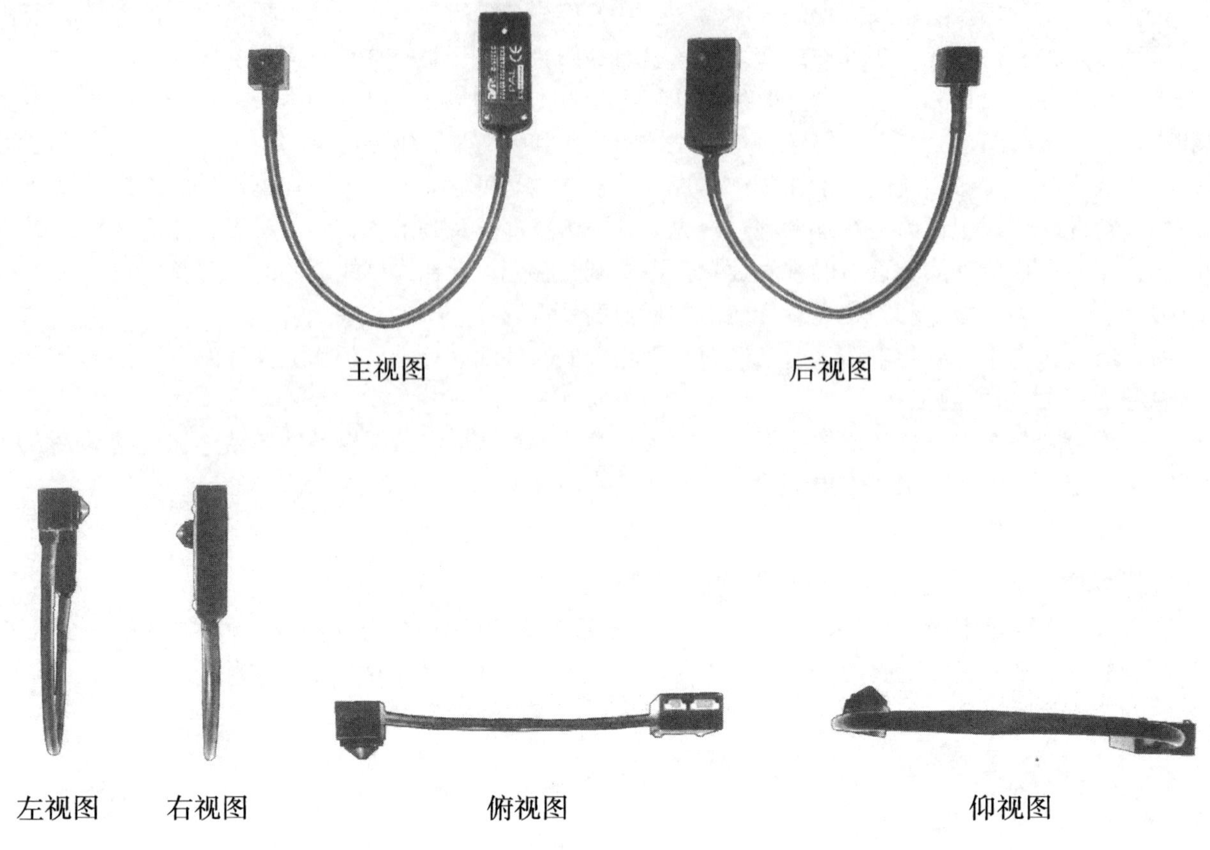

主视图　后视图

左视图　右视图　俯视图　仰视图

立体图

本专利附图

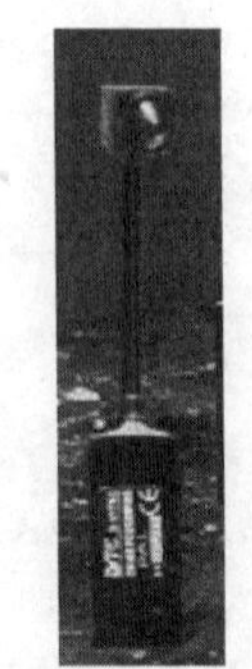

在先设计附图

239

摄　像　头

无效宣告请求审查决定（第13294号）

决　　定　　号 第13294号
决　　定　　日 2009年4月27日
发明创造名称 摄像头
外观设计分类号 16-03
无效宣告请求人 深圳市兴之林电子有限公司
专　利　权　人 姜　恒
专　　利　　号 200330103868.7
申　　请　　日 2003年11月25日
授 权 公 告 日 2004年9月1日
合 议 组 组 长 王霞军
主　　审　　员 张　凌
参　　审　　员 吴赤兵

法　律　依　据 专利法第23条
决　定　要　点

本专利的样品在其申请日前即已在国内举办的展会上公开展出过，因此本专利不符合专利法第23条的规定。

一、案由

本无效宣告请求涉及国家知识产权局于2004年9月1日授权公告的名称为“摄像头”的200330103868.7号外观设计专利，其申请日为2003年11月25日，专利权人为姜恒。

针对上述外观设计专利（下称本专利），深圳市兴之林电子有限公司（下称请求人）于2009年1月12日向专利复审委员会提出无效宣告请求，理由是本专利与在其申请日前已公开发表过的外观设计相同和相近似，因而不符合专利法第23条的规定。除本专利的著录项目信息及其外观图片的下载打印件外，请求人同时提交如下证据：

证据1：2003年10月30日出版的《慧聪商情广告》封面和相应广告页复印件，共2页；

证据2：02365957.2号外观设计专利著录项目信息及其外观图片的下载打印件，共1页。

请求人认为证据1和证据2所示的外观设计均在本专利申请日前公开，其中证据1与本专利相同，证据2与本专利相近似；因此本专利不符合专利法第23条的规定。

经形式审查合格后，专利复审委员会受理了上述无效宣告请求，并于2009年1月12日将无效宣告请求书及相关附件的副本转送给专利权人，要求其在指定的期限内答复。

专利权人逾期未答复。

2009 年 2 月 11 日请求人补充提交意见陈述，认为在本专利的申请日前已有与之相同的外观设计在国内公开使用过，本专利不符合专利法第 23 条的规定。请求人同时提交如下证据（编号续前）：

证据 3：2003 年 10 月 30 日出版的《慧聪商情广告》封面和 A012 页复印件，共 2 页；

证据 4：发票号分别为 0115748 和 0613565 的发票复印件 2 张及深圳市迪威泰实业有限公司营业执照复印件，共 2 页；

证据 5：广东省深圳市中级人民法院（2004）深中法民三初字第 695 号民事判决书复印件，共 6 页；

证据 6：黄新斌、陶林出具的证言、其身份证及相关照片复印件，共 5 页；

证据 7：深圳市迪威泰实业有限公司与深圳市山水印刷有限公司签订的印刷合同和相应产品宣传页的复印件，共 2 页；

证据 8：深圳市迪威泰实业有限公司与深圳市嘉豪塑胶五金制品厂签订的模具加工协议和相应收据及黄新斌、肖光辉就此出具的证言及其身份证的复印件，共 7 页。

请求人认为：证据 3 至证据 5 表明“2003 第九届社会公共安全国际博览会”于 2003 年 11 月 1~4 日在深圳高交会展馆举办，深圳市迪威泰实业有限公司参展，并展出了本专利的样品；证据 6 是黄新斌和陶林的证言，他们作为深圳市迪威泰实业有限公司的职员参加了上述展会，并证明当时在展会上展出的 DV-4000 小型摄像机系列产品的样品与本专利相同；证据 7 表明深圳市迪威泰实业有限公司为参加“2003 第九届社会公共安全国际博览会”而印刷了宣传封套和 DV-4000 小型摄像机系列产品的彩页，该产品的外观设计与本专利相同；证据 8 表明在本专利的申请日前深圳市迪威泰实业有限公司已委托他人加工与本专利相同的产品模具。

2009 年 2 月 24 日专利复审委员会向双方当事人发出口头审理通知书，定于 2009 年 3 月 30 日对本案进行口头审理，同时将请求人的补充意见陈述及其相关附件转送专利权人，告知其可在口头审理时一并陈述意见。

口头审理如期举行，专利权人及其代理人和请求人的代理人参加了口头审理。请求人明确其无效宣告请求的理由为专利法第 23 条（公开发表、公开使用），依据证据 1 和证据 2 证明在先公开发表的事实，其中证据 2 仅用于证明摄像头的方形和分体设计是一种惯常设计，不与本专利进行相近似对比，依据证据 3~8 证明本专利的样品在展会上公开展出的事实；当庭提交证据 1 和证据 3 对应的杂志原件一本，并指出其中与本专利进行对比的图片，当庭提交证据 5~8 的原件，出示证据 4 的原件和加盖深圳市迪威泰实业有限公司公章的其营业执照的复印件；请求人认为证据 3~8 已形成完整的证明体系，证明在本专利的申请日前其样品就已进行模具开发、宣传资料印刷和展会展出，并得到了在先生效判决的确认；认为本专利与证据 1 和证据 7、证据 8 中所示外观设计的相同。专利权人对证据 1 的真实性予以认可，并承认该证据中涉及的广告是其投放的，但认为该证据只公开了一个面的设计图，未完整反映在先设计的内容；对证据 2 的真实性难以确认，并且认为其不能证明摄像头的方形和分体设计是惯常设计；对证据 3~5 的真实性无异议，对证据 6 和证据 7 的真实性有异议，对证据 8 中模具加工协议的真实性无异议，承认该协议上其签字的真实性，但认为该协议的附图是后来增加的，是不真实的，认为黄新斌、陶林和肖光辉等人与本案具有利害关系，其证言的真实性存疑；专利权人表示在展会上展出的样品与本专利不同，本专利在样品的基础上进行过修改，同时认为证据 7 和证据 8 中公开的 DV-4000B 和 DV-4000CH 不是在展会上展出的样品，认可上述两产品的外形一致，仅因其内部元件不同而做不同的命名，DV-4000 系列的产品外形都是相同的。

在上述审理的基础上，合议组经合议认为，本案事实清楚，依法作出本审查决定。

二、决定的理由

1. 法律依据

基于请求人提出无效宣告请求所依据的理由和证据，合议组对本专利是否符合专利法第 23 条的规定进行审查。

专利法第 23 条规定，授予专利权的外观设计，应当同申请日以前在国内外出版物上公开发表过或者国内公开使用过的外观设计不相同和不相近似，并不得与他人在先取得的合法权利相冲突。

2. 证据认定

请求人提交的证据 3~5 分别是 2003 年 10 月 30 日出版的《慧聪商情广告》封面和 A012 页、发票号分别为 0115748 和 0613565 的发票 2 张及深圳市迪威泰实业有限公司营业执照复印件和广东省深圳市中级人民法院就原告深圳市迪威泰实业有限公司诉被告姜恒（即本案专利权人）不正当竞争纠纷一案所做的（2004）深中法民三初字第 695 号民事判决书，专利权人对上述证据的真实性均无异议，故合议组对其予以采信。

根据证据 3 可知，“2003 第九届社会公共安全国际博览会”于 2003 年 11 月 1~4 日在深圳召开；根据证据 4 和证据 5 中“2002 年 12 月 19 日，原告（姜恒为代表人）与深圳市安全防范行业协会组委会签订了（2003）深圳市社会公共安全国际博览会确定展位合同，原告提交展会期间（2003 年 11 月）拍摄的照片证明在该博览会展出了涉案专利产品的样品。被告予以确认，但认为样品展出后根据客户意见，又进行了修改，产品于 2004 年才推出。因此，本院确认涉案专利的样品于 2003 年 11 月在博览会展出”的记载，深圳市迪威泰实业有限公司参加了上述展览，并展出了涉案专利（即本专利）的样品。口头审理中专利权人对此予以认可，但是认为当时展出的样品与本专利不同。

合议组认为，专利权人在涉及本专利的民事诉讼中承认本专利的样品曾于 2003 年 11 月 1~4 日在展会上展出，该事实也得到了广东省深圳市中级人民法院（2004）深中法民三初字第 695 号民事判决的确认；尽管专利权人表示展会上展出的样品与本专利不同，本专利曾经做过修改，但是未就此提供任何证据，故合议组对其主张不予支持。

综上，证据 3~5 已经证明在本专利申请日（2003 年 11 月 25 日）前，其样品已在国内举办的展会上公开展出过，因此，本专利不符合专利法第 23 条的规定。

鉴于通过上述证据已得出本专利不符合专利法规定的授权条件的结论，故在本决定中对请求人提出的其他证据不再作出评述。

三、决定

宣告 200330103868. 7 号外观设计专利权全部无效。

当事人对本决定不服的，可以根据专利法第 46 条第 2 款的规定，自收到本决定之日起三个月内向北京市第一中级人民法院起诉。根据该款的规定，一方当事人起诉后，另一方当事人应当作为第三人参加诉讼。

喷头式瓶盖（B）

无效宣告请求审查决定（第13297号）

决　　定　　号　第13297号
决　　定　　日　2009年4月30日
发明创造名称　喷头式瓶盖（B）
外观设计分类号　09-07
无效宣告请求人　北京宝恩科技有限公司
专　利　权　人　陈开颜
专　　利　　号　200530149864.1
申　　请　　日　2005年12月27日
授 权 公 告 日　2007年2月14日
合 议 组 组 长　张　凌
主　　审　　员　吴大章
参　　审　　员　尹春霞
附　　　　　图　1页

法　律　依　据　专利法第23条
决　定　要　点

将本专利和在先设计进行对比后可以看到二者的使用中见到的部位的形状几乎相同。合议组认为，对于一般消费者而言，容易将本专利与在先设计相混淆，因此二者属于相近似的外观设计。

一、案由

本无效宣告请求涉及国家知识产权局于2007年2月14日授权公告、申请号为200530149864.1、名称为"喷头式瓶盖（B）"的外观设计专利（下称本专利），其申请日是2005年12月27日，专利权人是陈开颜。

针对上述专利权，北京宝恩科技有限公司（下称请求人）于2009年2月16日向国家知识产权局专利复审委员会提出无效宣告请求，其无效理由为本专利不符合专利法第23条的规定。请求人在无效宣告请求书附件清单中所列出的附件如下：

附件1：在中华人民共和国国家知识产权局网站上下载的本专利外观设计的网络打印件，共1页；

附件2：声称为施地瑞玛生理性海水鼻腔喷雾剂产品及包装盒的照片组复印件共2页；

附件3：标题为"10月30日，这是一个值得纪念的日子法国施地瑞玛产品正式在中国上市"的网页下载页打印件1页；

附件4：标题为“勿忘昨日非典肆虐，时刻重视科学健康”的网页下载页打印件1页；

附件5：《丽家宝贝》产品广告册2005年春季刊的相关页复印件1页，该页刊登了施地瑞玛鼻腔喷雾剂广告；

附件6：《乐友》产品广告册2005年7月刊的相关页复印件1页，该页刊登了施地瑞玛鼻腔喷雾剂广告；

附件7：《红孩子》产品广告册2005年冬季刊的相关页复印件1页，该页刊登了施地瑞玛鼻腔喷雾剂广告；

附件8：《丽家宝贝》产品广告册2005年春季刊的相关页复印件1页，该页刊登了蓝澳鼻腔护理液的广告；

附件9：《乐友》产品广告册2005年7月刊的相关页复印件1页，该页刊登了蓝澳鼻腔护理液的广告；

附件10：声称为蓝澳鼻腔护理液产品照片组复印件共2页；

附件11：国外杂志《Doses》2003年第13期中有关内容的复印件和中文译文共4页；

附件12：瑞士EP公司出具的证明的复印件和中文译文共2页；

附件13：瑞士EP公司产品照片组复印件共6页。

请求人认为：（1）本专利与施地瑞玛产品的喷头外形、结构及用途完全一致。施地瑞玛的产品于2003年10月在中国上市，其代理商于2004年元月作过该产品的推广活动，该事实主张由附件2~4予以证实；（2）在本专利申请日之前，施地瑞玛鼻腔喷雾剂和蓝澳鼻腔护理液已经在出版物上公开刊登，本专利与上述产品的外观设计相同或相近似，该事实主张由附件5~11予以证实；（3）瑞士EP公司早在2000年已经将与本专利一样的产品投放市场，该事实主张由附件12和附件13予以证实。

专利复审委员会受理了上述无效宣告请求，并于2009年3月6日向双方当事人发出了无效宣告请求受理通知书，同时将请求人提交的无效宣告请求书及其附件的副本转给专利权人，要求其在指定的期限内答复。专利权人逾期未答复。

专利复审委员会于2009年3月18日向双方当事人发出口头审理通知书，定于2009年4月27日对本案进行口头审理。

口头审理如期举行，请求人委托代理人出席了口头审理，专利权人未出席口头审理。请求人对合议组成员无回避请求。请求人确认用附件5~7证明施地瑞玛的产品于本专利的申请日之前在出版物上公开发表，用附件8和附件9证明蓝澳鼻腔护理液于本专利的申请日之前在出版物上公开发表，提交了附件5~9的原件。请求人声明放弃附件11~13。请求人认为其提交的证据证明在本专利申请日之前与本专利相同和相近似的外观设计已经在国内出版物上公开发表和公开使用。

在上述审理的基础上，合议组认为本案事实已经清楚，可以作出审查决定。

二、决定的理由

1. 法律依据

基于请求人提出无效宣告请求的理由，合议组依据专利法第23条的规定进行审理。

专利法第23条规定：“授予专利权的外观设计，应当同申请日以前在国内外出版物上公开发表过或者国内公开使用过的外观设计不相同和不相近似，并不得与他人在先取得的合法权利相冲突。”

2. 证据认定

请求人提交的附件9是《乐友》广告册杂志2005年7月刊及其中蓝澳鼻腔护理液广告页的复印件。在口头审理中，请求人提交了该证据的原件。专利权人始终未针对该证据提交任何意见陈述，也为提交相关证据证明其不真实，亦不出席口头审理。合议组经核实，对该证据予以采信。合议组认为，《乐友》广告册杂志属于专利法意义上的出版物，在上述杂志的封面上注明，目录推广开始日期是 2005 年 7 月 28 日，其公开时间在本专利申请日（2005 年 12 月 27 日）之前，在其第 32 页刊载了瓶装蓝澳鼻腔护理液的广告。故附件 9 可以作为判断本专利是否符合专利法第 23 条规定的依据。

3. 相同和相近似比较

附件 9 第 32 页刊载了蓝澳鼻腔护理液包装瓶的外观设计。其中包含喷头式瓶盖（下称在先设计），使用本专利外观设计的产品名称是“喷头式瓶盖”，两者用途相同，故可以进行相同和相近似比较。

本专利的整体形状可以分为两个部分，上部为一个斜方向伸出的臂状设计，下部近似圆柱形，所述臂状设计近似锥形，该臂状设计的下方与所述圆柱形部分平缓过渡连接，在所述圆柱形顶部形成凹下；本专利的底面具有放射状条形和椭圆形的设计（详见本专利附图）。

在先设计的整体形状可以分为两个部分，上部为一个斜方向伸出的臂状设计，下部近似圆柱形，所述臂状设计近似锥形，该臂状设计的下方与所述圆柱形部分平缓过渡连接，在所述圆柱形顶部形成凹下（详见在先设计附图）。

将本专利和在先设计进行对比后，可以看到：二者的上部和侧面体形状几乎相同。由于在先设计没有披露其底面的设计，因此不能比较二者的底面。合议组认为，喷头式瓶盖底面属于使用时不易见到的部位，对整体视觉效果不具有显著影响，就使用中常见部位而言，一般消费者容易将本专利与在先设计相混淆，因此二者属于相近似的外观设计。

综上所述，在本专利申请日之前，已经有与其相近似的外观设计在出版物上公开发表过，因此，本专利不符合专利法第 23 条的规定。

鉴于上述已经得出本专利不符合专利法第 23 条的规定的结论，合议组对请求人提交的其他证据不再评述。

三、决定

宣告 200530149864.1 号外观设计专利权无效。

当事人对本决定不服的，可以根据专利法第 46 条第 2 款的规定，自收到本决定之日起三个月内向北京市第一中级人民法院起诉。根据该款的规定，一方当事人起诉后，另一方当事人应当作为第三人参加诉讼。

仰视图

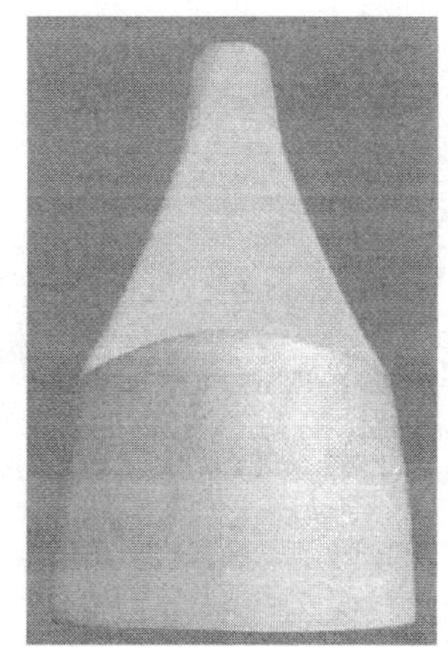

主视图

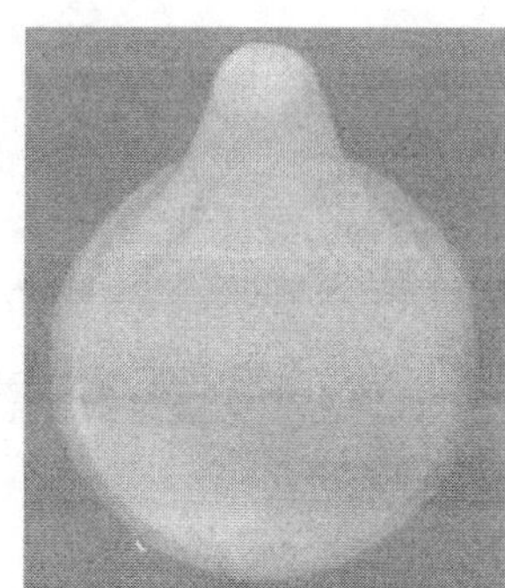

俯视图

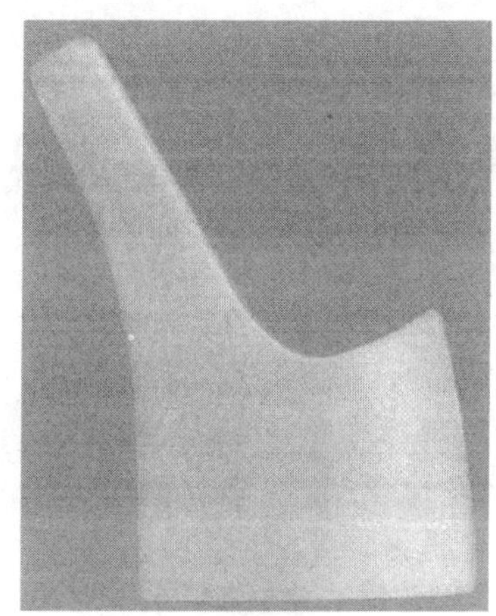

左视图

后视图

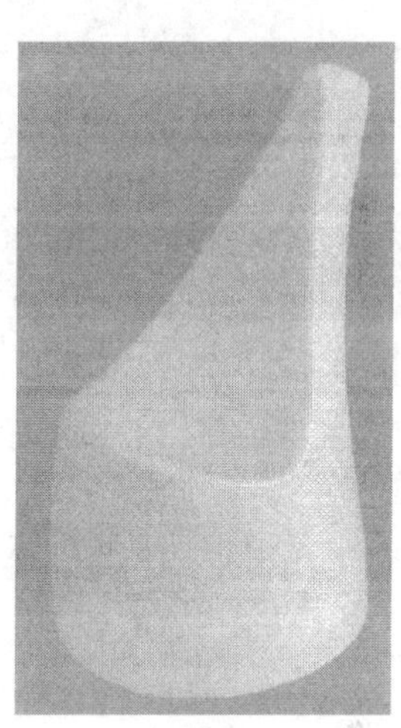

立体图

本专利附图

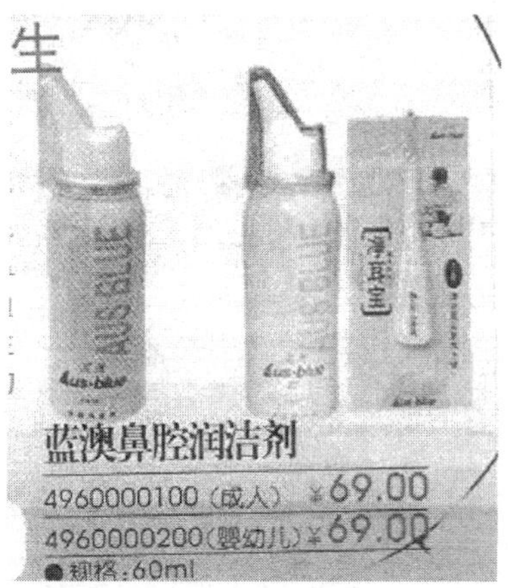

在先设计附图

241

药 品 盒

无效宣告请求审查决定（第13312号）

决　　定　　号　第13312号
决　　定　　日　2009年4月9日
发明创造名称　药品盒
外观设计分类号　09-03
无效宣告请求人　山东健康药业有限公司
专　利　权　人　莱阳市江波制药有限责任公司
专　　利　　号　200530090611.1
申　　请　　日　2005年3月3日
授权公告日　2005年11月30日
合议组组长　钟　华
主　　审　　员　李改平
参　　审　　员　李巍巍
附　　　　　图　2页

法律依据　专利法第23条
决定要点

本专利与在先设计在线条与文字的布局均基本相同，其他各面的设计内容也基本相同，二者属于相近似的外观设计，本专利的授予不符合专利法第23条的规定。

一、案由

本无效宣告请求涉及的是国家知识产权局于2005年11月30日授权公告的、名称为“药品盒”的外观设计专利，其申请号是200530090611.1，申请日是2005年3月3日，专利权人是莱阳市江波制药有限责任公司。

针对上述专利权（下称本专利），山东健康药业有限公司（下称请求人）于2007年4月26日向专利复审委员会提出无效宣告请求，其理由是：本专利与其申请日之前在国内出版物上公开发表过的外观设计完全相同，不符合专利法第23条的规定，请求宣告本专利无效。请求人提交了如下附件作为证据：

附件1：《当代小说》1994年第4期封面及封底广告页复印件共2页；

附件2：2000年《济南名牌产品》封面、内页及济南市经委关于出版时间的说明共2页；

附件3：《东风人的奉献》封面及封二复印件共3页；

附件4：济南市食品药品监督管理局济食药监函［2006］195号关于山东健康药业有限公司盐酸环丙沙星片包装、标签、说明书备案的情况说明和山东健康药业有限公司药品包装备案申请文件的复印件共20页；

附件5：济南市长清区公证处（2006）济长清证民字第303号公证书复印件共5页；

附件6：济南扬帆印务有限公司提供的证明复印件共2页；

附件7：章丘仁和印务有限公司提供的证明共2页。

经形式审查合格，专利复审委员会受理了此案，并于2007年7月19日将无效请求书及相关材料副本转送给专利权人。专利权人逾期未答复。

2007年10月11日专利复审委员会向双方当事人发出无效宣告请求口头审理通知书，定于2007年12月3日在专利复审委员会进行口头审理。

口头审理如期举行，双方当事人均委托代理人出庭。双方对对方出庭人员资格均无异议，对合议组成员无回避请求。请求人当庭陈述了请求宣告本专利无效的主要理由和事实，提交了附件1~7的全部原件，认为附件1和附件2属于出版物公开证据，其中公开了与本专利完全相同的包装盒外观设计，附件3~7属于使用公开证据，证明在本专利申请日前已经有与本专利相同的外观设计产品已公开使用。附件1的出版时间为1994年4月，封底广告页中公开的包装盒与本专利完全相同；附件2为2000年的出版物，其中的第55页公开的包装盒与本专利完全相同；附件3的出版日期为1996年，在封二上公开的包装盒与本专利完全相同；附件4的备案时间是2003年12月25日，在倒数第2页上公开的包装盒与本专利完全相同；附件5对姜卫东以普通消费者的身份购买杨帆牌盐酸环丙沙星片包装盒的过程进行了公证，该包装盒上显示的生产日期为2004年8月26日，该包装盒外观设计与本专利完全相同；附件6是济南扬帆印务有限公司提供的证明，其上有法定代表人吴宝印的签字，证人吴宝印出庭作证，证明自1992年起就开始为济南东风制药厂（现名为山东健康药业有限公司，即请求人）印刷所附图片的包装盒，请求人认为该包装盒与本专利完全相同；附件7是章丘仁和印务有限公司提供的证明，其上有法定代表人靳绍林的签字，出庭作证的证人王永宝为该公司的副经理，证明自1996年起就开始为济南东风制药厂印刷所附图片的包装盒，请求人认为该包装盒与本专利完全相同。因此，本专利应当被宣告无效。

专利权人认为，附件1没有公开日期，不认可是1994年的刊物，其封底广告页上反映的是局部图，不能与本专利进行对比；附件2的《济南名牌产品》中没有出版日期，济南市经委关于出版时间的说明中没有证明人的签字，因此，不认可附件2的真实性和关联性，且《济南名牌产品》的第55页公开的包装盒只有一面视图，与本专利不具有可比性；附件3中1966—1996不认为是出版日期，不能证明是公开发行的出版物，对真实性和关联性不认可，其封二中的照片所反映的包装盒有一部分被遮住了，不能与本专利进行对比；对附件4的真实性不予认可，且该附件中提交的是展开图，与本专利不相同和不相近似；附件5的公证书只能证明当时发生的事情，不能说明以前的事情，对公证的内容有异议，并且所展示的实物上面的日期是随意打上去的，该实物与本专利不是完全相同的，而是相近似的；附件6和附件7都是请求人的利害关系人出具的证明，具有随意性，对其真实性有异议，并且附件6和附件7中所附的包装盒图片与本专利不是相同的。因此，请求维持本专利权有效。

2007年11月13日董丽宁（下称中止请求人）因权属纠纷，根据专利法实施细则第86条的规定向国家知识产权局提出中止无效程序审理的请求，国家知识产权局经审理，认为中止请求人的请求符合专利法实施细则的有关规定，于2008年1月23日向中止请求人和本专利专利权人发出中止程序审批通知书，并告知自2007年11月13日起对本专利启动中止程序，同时还告知根据专利法实施细则第86条第3款的规定，自请求中止之日起一年内本专利专利权归属的纠纷未能结案，需要继续中止有关程序的，中止请求人应当在期限届满日之前请求延长中止。期满未请求延长的，专利局自行恢复有关程序。在规定的期限内中止请求人未提出继续中止的请求，因此，国家知识产权局于 2009 年 1 月 7 日向中止请求人和专利权人发出中止程序结束通知书。

至此，合议组认为本案事实清楚，可以依法作出审查决定。

二、决定的理由

1. 法律依据

基于请求人提出的无效宣告请求理由，合议组对本专利是否符合专利法第 23 条的规定进行审查。

专利法第 23 条规定："授予专利权的外观设计，应当同申请日以前在国内外出版物上公开发表过或者国内公开使用过的外观设计不相同和不相近似，并不得与他人在先取得的合法权利相冲突。"

2. 证据认定

附件 4 是济南市食品药品监督管理局济食药监函［2006］195 号关于山东健康药业有限公司盐酸环丙沙星片包装、标签、说明书备案的情况说明（下称包装情况说明）和山东健康药业有限公司药品包装备案申请文件（下称备案申请文件）的复印件，口头审理当庭请求人提交了附件 4 的原件。该证据为《济南市食品药品监督管理局》（济食药监函［2006］195 号）《关于山东健康药业有限公司盐酸环丙沙星片包装、标签、说明书备案的情况说明》的函，并且在上述包装情况说明原件上盖有《济南市食品药品监督管理局》公章及骑缝章，在后附的盐酸环丙沙星片包装、标签、说明书、包装盒实物也盖有《济南市食品药品监督管理局药品包装、标签、说明书备案专用章》。其内记载：按照原山东省药品监督管理局《关于进一步加强药品包装标签和说明书监督管理工作的通知》（鲁药监注［2003］220 号）的规定，根据企业申请，我局（原济南市药品监督管理局）于 2003 年 12 月 26 日对山东健康药业有限公司生产和盐酸环丙沙星片（规格：205mg，包装规格：铝塑包装，9 片/板/盒）包装、标签、说明书进行备案。合议组认为，上述备案申请文件原件与上述包装情况说明中的相关内容一致，虽然济南市食品药品监督管理局的出证日期为 2006 年 11 月 14 日，但在正文中已确认该盐酸环丙沙星片包装盒实物的备案时间为 2003 年 12 月 26 日，虽然专利权人对附件 4 的真实性不予认可，但未提交支持其主张的证据。因此，其真实性可以确定。鉴于山东健康药业有限公司在济南市食品药品监督管理局（原济南市药品监督管理局）的备案日期在本专利申请日之前，根据附件 4 的内容，其内所附盐酸环丙沙星片（规格：250mg）包装盒（下称在先设计）在本专利申请日之前已经在国内公开使用，可以作为判断本专利是否符合专利法第 23 条的规定的证据。

3. 外观设计对比

由于本专利与在先设计都用于包装盒，两者用途相同，故两者具有可比性。

观察本专利主视图可以看到：盒体上边缘有色带，中部有"盐酸环丙沙星片"几个字，其下有对应的英文字母，盒体下边略向上有两段色带。观察本专利后视图可以看到：盒体上边缘有色带，左上方有"盐酸环丙沙星片"几个字，其他为说明性文字。在左视图、右视图、仰视图上有文字排列，俯视图上无设计内容（详见本专利附图）。

观察在先设计主视图可以看到：盒体上边缘有色带，中部有"盐酸环丙沙星片"几个字，其下有对应的英文字母，盒体下边略向上有两段色带。观察在先设计后视图可以看到：盒体上边缘有色带，左上方有"盐酸环丙沙星片"几个字，其他为说明性文字。在左视图、右视图、仰视图上有文字排列，俯视图上无设计内容（详见在先设计附图）。

将本专利与在先设计进行对比，二者在主视图和后视图的色带布局、"盐酸环丙沙星片"几个字的排列布局均基本相同，其他各面的设计内容也基本相同。因此，二者属于相近似的外观设计。

4. 结论

综上，在本专利申请日之前已有与本专利相近似的外观设计公开使用，本专利的授予不符合专利法第23条的规定。

三、决定

宣告200530090611.1号外观设计专利权全部无效。

当事人对本决定不服的，可以根据专利法第46条第2款的规定，自收到本决定之日起三个月内向北京市第一中级人民法院起诉。根据该款的规定，一方当事人起诉后，另一方当事人应当作为第三人参加诉讼。

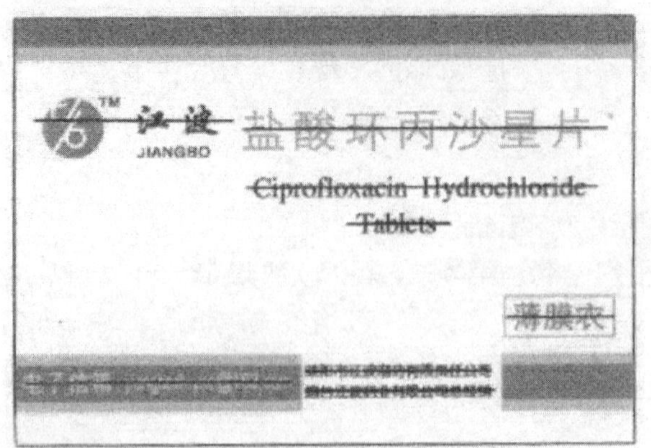

主视图

左视图

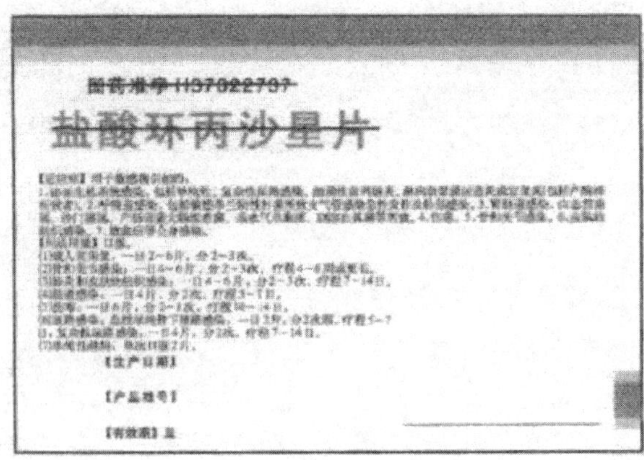

后视图

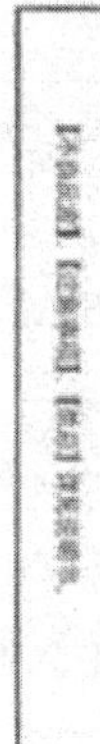

右视图

俯视图

【成份】盐酸环丙沙星。【贮藏】遮光，密封保存。
【性状】本品为薄膜衣片，除去包衣后显白色或类白色。

仰视图

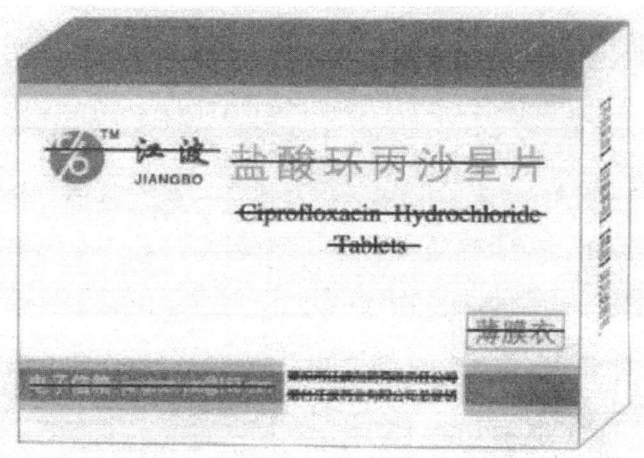

立体图

本专利附图

在先设计附图

淋浴柱（2007-1）

无效宣告请求审查决定（第13318号）

决　　定　　号　第13318号
决　　定　　日　2009年5月5日
发明创造名称　淋浴柱（2007-1）
外观设计分类号　23-02
无效宣告请求人　宣城市德思电子电器有限公司
专　利　权　人　蔡贤良
专　　利　　号　200730073314.5
申　　请　　日　2007年2月14日
授权公告日　2008年5月7日
合议组组长　钟　华
主　　审　　员　张　凌
参　　审　　员　尹春霞
附　　　　　图　2页

法　律　依　据　专利法第23条
决　定　要　点
本专利与在先设计在各组成部分的形状上均存在明显差异，其对整体视觉效果具有显著影响，因此二者不相同且不相近似。

一、案由

本无效宣告请求涉及国家知识产权局于2008年5月7日授权公告的名称为“淋浴柱（2007-1）”的200730073314.5号外观设计专利，其申请日为2007年2月14日，专利权人为蔡贤良。

针对上述专利权（下称本专利），宣城市德思电子电器有限公司（下称请求人）于2008年7月18日向专利复审委员会提出无效宣告请求，理由是本专利与在其申请日前已公开发表过的外观设计相近似，不符合专利法第23条规定。请求人同时提交如下附件作为证据：

附件1：本专利著录项目及其外观图片下载打印件，共6页；

附件2：200530052971.2号外观设计专利著录项目及其外观图片下载打印件，共9页。

请求人认为附件2的公开时间早于本专利的申请日，其中所公开的外观设计与本专利相同或至少是相近似的，因而本专利不符合专利法第23条的规定。

经形式审查合格后，专利复审委员会受理了上述无效宣告请求，并于2008年7月18日将无效宣告请求书及相关附件的副本转给专利权人，要求其在指定的期限内答复。专利权人逾期未答复。

2008 年 8 月 18 日，请求人针对上述无效宣告请求补充提交了如下附件（编号续前）：

附件 3：000035241-0002 号德国专利原文及其译文，共 4 页。

2009 年 3 月 9 日，专利复审委员会向双方当事人发出口头审理通知书，定于 2009 年 4 月 13 日对本案进行口头审理，同时将请求人补充提交的上述附件转送专利权人。

口头审理如期举行，请求人委托的代理人参加了口头审理，专利权人未参加口头审理。口头审理中请求人明确其无效宣告的理由为专利法第 23 条（在先公开发表），依据的证据为附件 2，放弃附件 3；关于相同相近似对比，请求人认为本专利与附件 2 所示的在先设计相近似。

在上述审理的基础上，合议组经合议，认为本案事实清楚，依法作出本审查决定。

二、决定的理由

1. 法律依据

基于请求人提出无效宣告请求所依据的理由和证据，合议组对本专利是否符合专利法第 23 条的规定进行审查。

专利法第 23 条规定，授予专利权的外观设计，应当同申请日以前在国内外出版物上公开发表过或者国内公开使用过的外观设计不相同和不相近似，并不得与他人在先取得的合法权利相冲突。

2. 证据认定

请求人提交的附件 2 是 200530052971.2 号外观设计专利著录项目及其外观图片下载打印件，专利权人未对该证据的真实性发表意见。合议组经核实，对该证据予以采信。附件 2 的公开时间为 2005 年 12 月 28 日，早于本专利的申请日 2007 年 2 月 14 日，属于专利法第 23 条规定的在本专利申请日前在国内外公开发表过的外观设计，适用于本案。

3. 关于专利法第 23 条

附件 2 中公开的淋浴用升降杆，与本专利都是卫浴用具，二者的用途相同，属于相同类别的产品，故将本专利与其附图中所示的外观设计（下称在先设计）进行如下相同相近似对比。

本专利所示的淋浴柱的柱体整体呈倒置的“L”形，柱体横截面大致为椭圆形，柱体横杆前部装有一个盘状花洒，柱体竖杆中部设有一个大致为椭圆形的夹持座，夹持座上放置一个头部大致呈扁圆盘状的、手柄为圆柱形的淋浴器，该淋浴器通过软管与竖杆底部连接，柱体竖杆内侧底部设有一个圆柱形的调节旋钮，柱体竖杆外侧的上部和下部各设有一个椭圆形的连接件（详见本专利附图）。

在先设计所示的淋浴柱的柱体整体呈倒置的“L”形，柱体横截面大致为梯形，柱体横杆前部装有一个大致为四边形的花洒，柱体竖杆中部设有一个方形的夹持座，夹持座上放置一个头部大致呈扁圆柱状的、手柄大致呈方形的淋浴器，该淋浴器通过软管与竖杆底部连接，柱体竖杆内侧底部设有一个大致为方形、周边有数个凹入的调节旋钮，柱体竖杆外侧的上部和下部各设有一个大致为六边形的连接件（详见在先设计附图）。

将本专利与在先设计相比，两者的相同点是柱体整体均呈倒置的“L”形。两者的区别在于本专利的柱体横截面为椭圆形，在先设计为梯形；本专利的花洒呈盘状，在先设计为四边形；本专利的夹持座大致为椭圆形，在先设计为方形；本专利的淋浴器头部呈扁圆盘状、手柄为圆柱形，在先设计的淋浴器头部为扁圆柱状、手柄为方形；本专利的调节旋钮为圆柱形、连接件为椭圆形，在先设计的调节旋钮大致为方形，连接件为六边形。合议组认为，上述区别体现出两个外观设计在各组成部分的形状上均存在明显差异，使二者形成整体差别显著的视觉效果，因此本专利与在先设计不相同且不相近似。

综上，请求人提交的证据不能证明本专利不符合专利法第 23 条的规定，其无效宣告请求的理由不成立。

三、决定

维持200730073314.5号外观设计专利权有效。

当事人对本决定不服的，可以根据专利法第46条第2款的规定，自收到本决定之日起三个月内向北京市第一中级人民法院起诉。根据该款的规定，一方当事人起诉后，另一方当事人应当作为第三人参加诉讼。

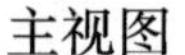
主视图

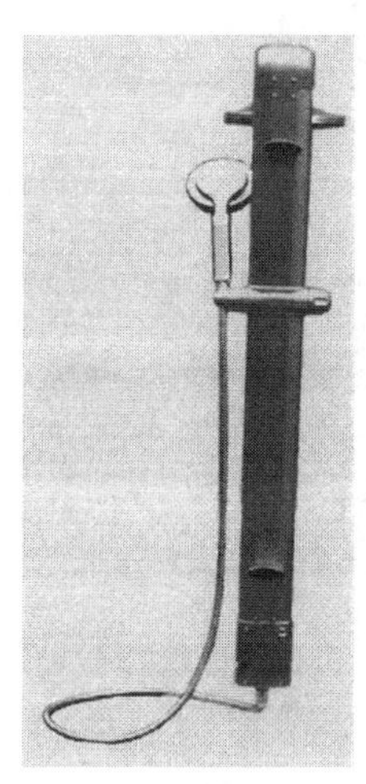
后视图

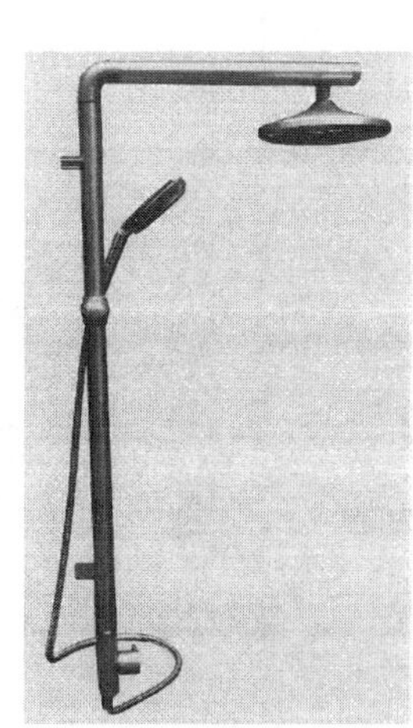
左视图

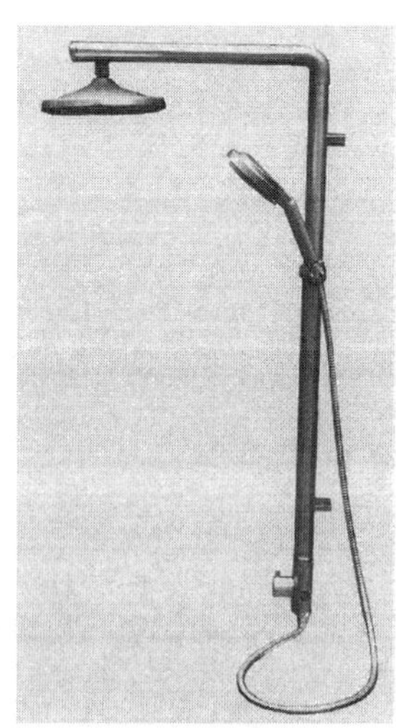
右视图

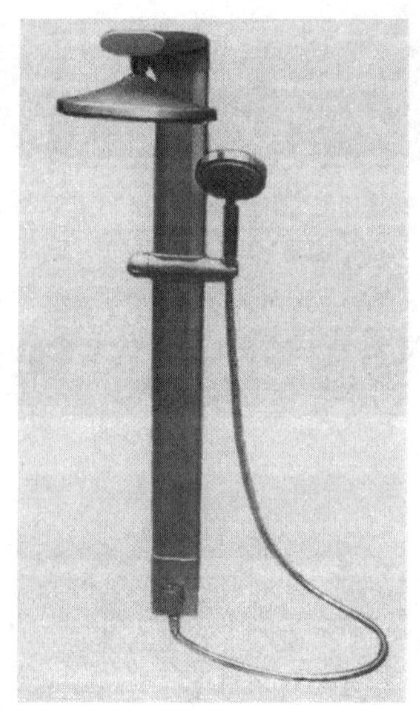
立体图

本专利附图

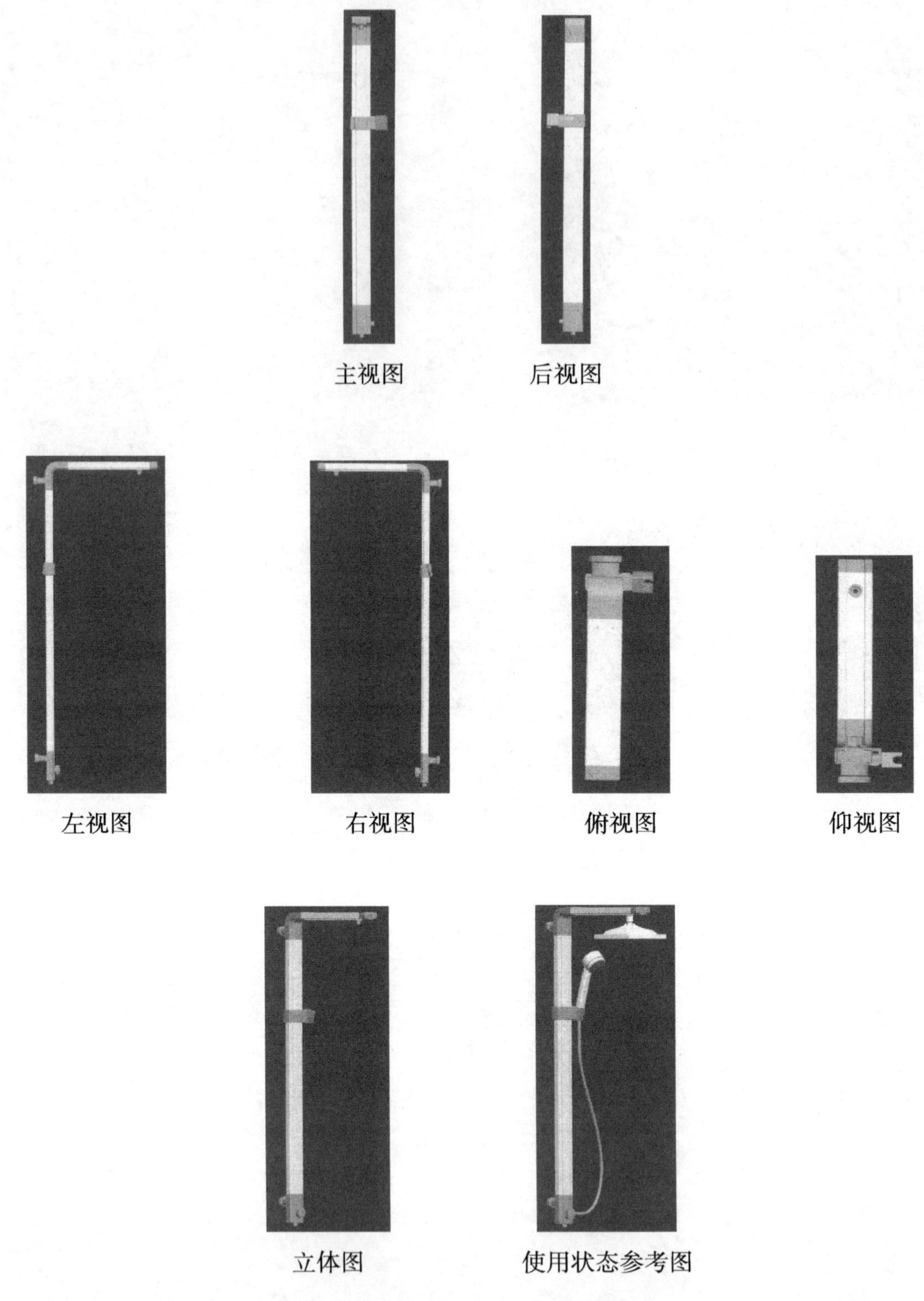

在先设计附图

243

负压式油墨筒

无效宣告请求审查决定（第13319号）

决　　定　　号　第13319号
决　　定　　日　2009年4月27日
发明创造名称　负压式油墨筒
外观设计分类号　18-02-I0062
无效宣告请求人　张　辉
专　利　权　人　深圳市奥生办公设备有限公司
专　　利　　号　00324256.0
申　　请　　日　2000年8月10日
授权公告日　2001年3月14日
合议组组长　左　一
主　　审　　员　武　磊
参　　审　　员　朱　朔
附　　　　　图　2页

法　律　依　据　专利法第23条
决　定　要　点

本专利和在先设计除在一些细微的图案设计上有所不同外，二者在整体布局和设计构思上均是极其相近似的，局部的细微差别不足以对产品的整体视觉效果产生显著的影响，因此二者属于相近似的外观设计。

一、案由

本无效宣告请求涉及国家知识产权局于2001年3月14日授权公告的00324256.0号外观设计专利，其产品名称是“负压式油墨筒”，申请日是2000年8月10日，专利权人是深圳市奥生办公设备有限公司。

针对上述外观设计专利权（下称本专利），张辉（下称请求人）于2009年2月4日向专利复审委员会提出无效宣告请求，其主要理由是本专利不符合专利法第23条的规定。请求人认为在本专利申请日以前已有与其相近似的外观设计在出版物上公开发表过，因此，本专利不符合专利法第23条的规定，应予宣告无效。请求人同时提交了以下附件：

附件1：2000年1月5日授权公告的99308740.X号中国外观设计专利权的公报文本网络下载打印件，共9页，授权公告号为CN3133368；

附件2：1997年11月13日授权公告的编号为912378之类似4的日本外观设计专利权的公报文本复印件，其上加盖有国家知识产权局检索咨询中心出具的副本认证专用章，共2页；

附件3：附件2的中文译文，共1页；

附件4：本专利的授权公告文本网络下载打印件，共10页。

请求人认为：本专利与附件1和附件2均属于印刷机类产品，将本专利与附件1或附件2公开的外观设计相比较可知，二者在主视图、后视图和左视图上是相同的，在俯视图、仰视图上是相似的，属于相近似的产品，因此，本专利不符合专利法第23条的规定。

经形式审查合格，专利复审委员会受理了该无效宣告请求，并于2009年2月27日向双方当事人发出无效宣告请求受理通知书，并将请求人提交的专利权无效宣告请求书及其附件中所列副本转送专利权人，要求专利权人在指定期限内陈述意见。

专利权人在指定期限内未提交任何意见陈述。

专利复审委员会依法成立合议组，并于2009年3月13日向双方当事人发出无效宣告请求口头审理通知书，定于2009年4月22日举行口头审理。

口头审理如期举行，仅请求人一方到庭，专利权人未出席口头审理，合议组依法缺席审理本案。在口头审理过程中，请求人对合议组成员无回避请求，对合议组成员的变更无异议，当庭提交了盖有国家知识产权局检索咨询中心出具的副本认证专用章的附件2的确认件。请求人明确无效宣告请求理由为：本专利与其申请日前授权公告的附件1或附件2外观设计专利分别进行比较，二者整体的形状相近似，局部的差别对于整体视觉效果不具有显著的影响，因此本专利不符合专利法第23条的规定。

在上述审理的基础上，合议组认为本案事实清楚，可以依法作出本审查决定。

二、决定的理由

1. 法律依据

基于请求人提出的无效宣告请求的理由，合议组依据专利法第23条的规定对本案进行审理。

专利法第23条规定：“授予专利权的外观设计，应当同申请日以前在国内外出版物上公开发表过或者国内公开使用过的外观设计不相同和不相近似，并不得与他人在先取得的合法权利相冲突。”

2. 关于附件1

请求人提交的附件1是2000年1月5日授权公告的99308740. X号中国外观设计专利权的公报文本网络下载打印件，使用该外观设计的产品名称为“油墨筒”。专利权人对附件1的真实性没有提出异议。经合议组核实，该网络下载打印件所示内容与确认件一致，对其真实性予以认可，因此，99308740. X号外观设计专利公报文本（下称在先设计）属于本专利申请日前的公开出版物，可以作为评价本专利是否符合专利法第23条的规定的证据使用。

3. 相同和相近似性判断

本专利与在先设计均为油墨筒的外观设计，其属于相同种类的产品，故进行如下相近似性比较判断。

本专利包括五面视图和两个立体图、两个其他视图，其右视图与左视图对称，省略右视图，未请求保护色彩。从其五面视图和立体图可以看出，其所示油墨筒整体为圆柱体形状，底部直径略大于顶部直径，在圆柱体上部位置有两个圆环状凸缘；在圆柱体一侧的中部到下部位置有一竖条状凸起，在圆柱体底部位置有一较宽的环状凸缘，从俯视图来看，其顶面整体为一圆形，包括由两个圆组成的同心圆，从仰视图来看，其底面整体为一圆形，包括由外至内的五个同心圆环，在由外至内的第二个圆环内包括互相间隔的三个扇形，三个扇形的边缘处均有一定圆弧形过渡，在最内部圆环的内部包括一十字形图案（详见本专利附图）。

在先设计包括六面视图和两个组件图，未请求保护色彩。从其视图可以看出，其所示油墨筒整体为圆柱体形状，底部直径略大于顶部直径，在圆柱体上部位置有两个圆环状凸缘；在圆柱体一侧的中部到下部位置有一竖条状凸起，在圆柱体底部位置有一较宽的环状凸缘，从俯视图来看，其顶面整体为一圆形，包括由两个圆组成的同心圆，从仰视图来看，其底面整体为一圆形，包括由外至内的五个同心圆环，在由外至内的第二个圆环内包括互相间隔的三个扇形，三个扇形的边缘处为近似直线，没有圆弧过渡，在最内部圆环的内部包括一十字形图案（详见在先设计附图）。

经上述分析对比，合议组认为，本专利仰视图中三个扇形边缘的圆弧形过渡设计虽然与在先设计中的略有不同，本专利仰视图和俯视图中各圆环之间的间隔距离与在先设计中的略有不同，但是从整体来观察，在本专利与在先设计的整体形状、顶部和底部位置上圆环部分的构成、筒体中下部竖条状突起的构成相同的情况下，由此对二者的整体形状产生了相近似的视觉效果，对于二者的不同点，仅属于局部细微的差异，相对于产品的整体外观设计并未产生明显不同的视觉效果，不足以对产品的整体视觉效果产生显著影响，因此二者属于相近似的外观设计。

综上所述，本专利与其申请日前授权公告的外观设计专利相近似，因此，本专利不符合专利法第23 条的规定。

鉴于上述已得出本专利不符合专利法第 23 条规定的结论，合议组对请求人提出的其他证据不再作出评述。

三、决定

宣告 00324256. 0 号外观设计专利权无效。

当事人对本决定不服的，可以根据专利法第 46 条第 2 款的规定，自收到本决定之日起三个月内向北京市第一中级人民法院起诉。根据该款的规定，一方当事人起诉后，另一方当事人应当作为第三人参加诉讼。

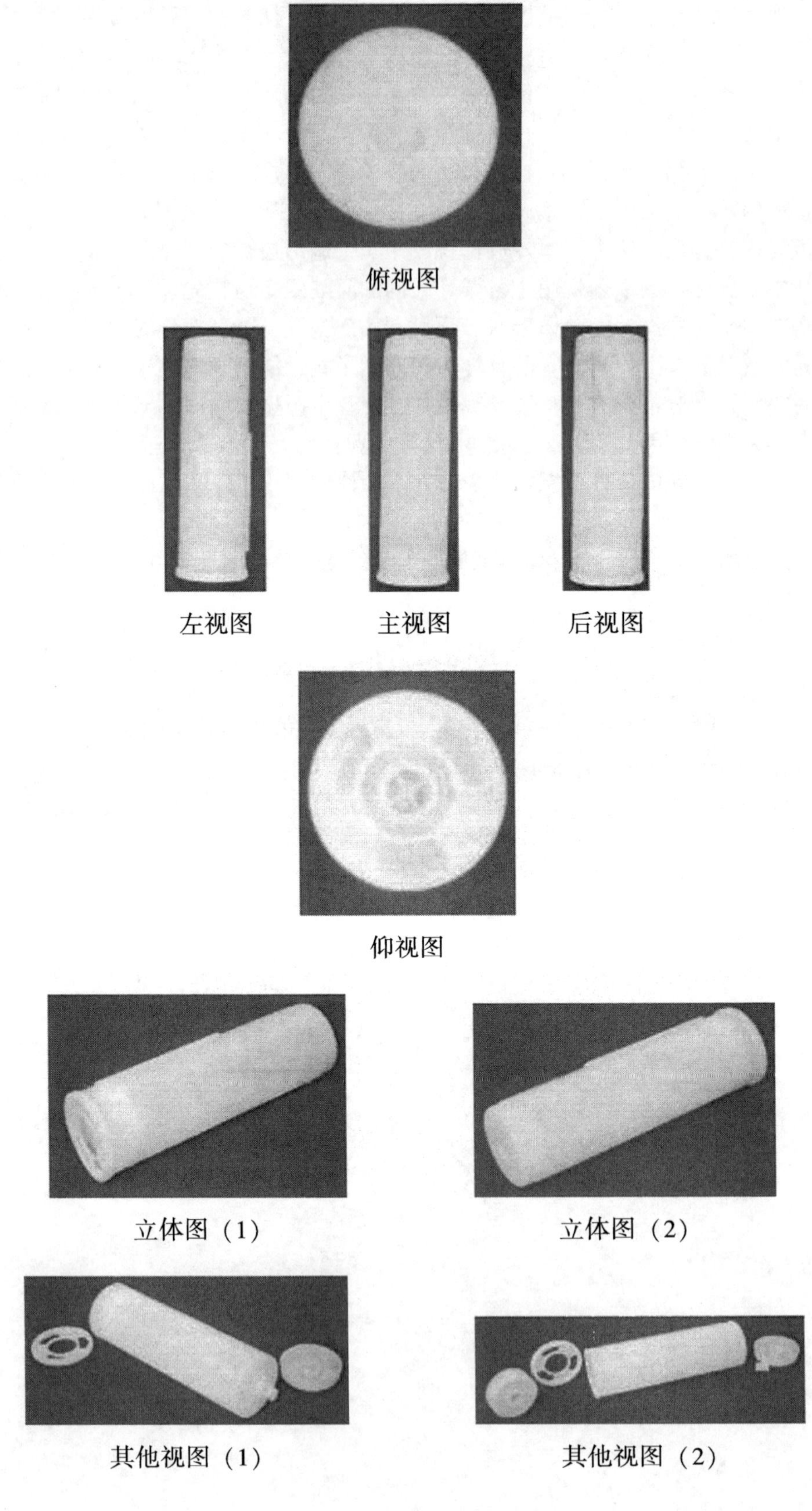

俯视图

左视图　　主视图　　后视图

仰视图

立体图（1）　　立体图（2）

其他视图（1）　　其他视图（2）

本专利附图

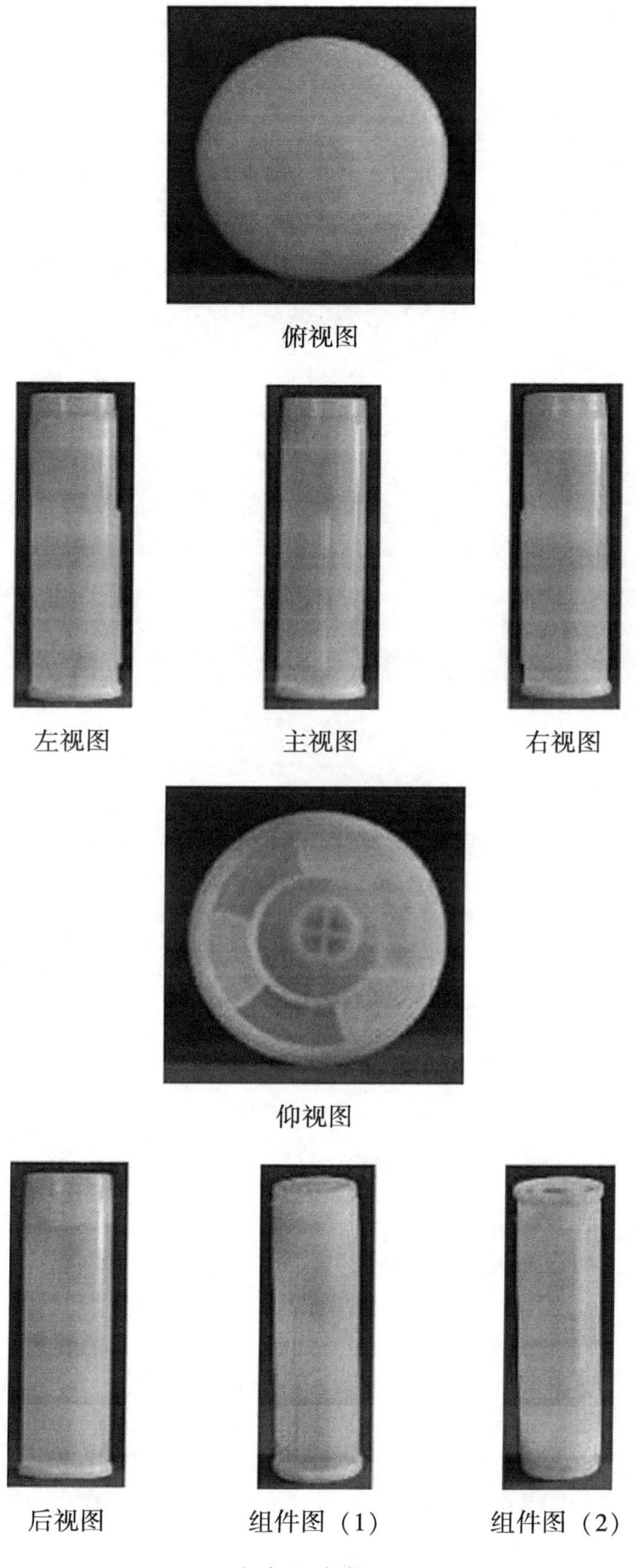

俯视图

左视图　主视图　右视图

仰视图

后视图　组件图（1）　组件图（2）

在先设计附图

路灯（二）

无效宣告请求审查决定（第13321号）

决　定　号 第13321号
决　定　日 2009年4月28日
发明创造名称 路灯（二）
外观设计分类号 26-03
无效宣告请求人 宁波燎原工业股份有限公司
专 利 权 人 胡金松
专　利　号 200530086005.2
申　请　日 2005年7月1日
授权公告日 2006年5月10日
合议组组长 吴大章
主　审　员 王美芳
参　审　员 尹春霞
附　　　图 2页

法律依据 专利法第9条
决定要点

本专利和在先设计的整体鸽状造型基本相同，二者的局部细微差别及在使用光源数目上的差异，均不足以对整体视觉效果产生显著影响。本专利与在先设计属于相近似的外观设计。

一、案由

本无效宣告请求涉及国家知识产权局于2006年5月10日授权公告的200530086005.2号外观设计专利，使用该外观设计的产品名称是“路灯（二）”，其申请日是2005年7月1日，专利权人是胡金松。

针对上述外观设计专利权（下称本专利），宁波燎原工业股份有限公司（下称请求人）于2009年1月14日向专利复审委员会提出无效宣告请求，其理由是本专利不符合专利法第23条、第9条及专利法实施细则第13条第1款的规定。请求人认为，在本专利申请日以前已有他人就整体视觉效果极其相同的外观设计申请外观设计专利，并在本专利的申请日前公开；并且，本专利的申请人在同一日就与本专利属于同样的发明创造的外观设计提出了专利申请，并被授权公告，应宣告本专利无效。请求人同时提交了如下附件作为证据：

附件1：200430114896.3号外观设计专利的著录项目及图片复印件共1页；

附件 2：200530086004.8 号外观设计专利的著录项目及图片复印件共 1 页。

专利复审委员会根据无效宣告请求审查程序的规定受理了该无效宣告请求，并于 2009 年 2 月 13 日将请求人的无效宣告请求文件转送专利权人，通知其在指定期限内陈述意见，专利权人在指定期限内未进行意见陈述。

专利复审委员会于 2009 年 3 月 9 日向双方当事人发出合议组成员告知通知书，并于同日发出口头审理通知书，定于 2009 年 4 月 2 日对本案进行口头审理。

口头审理如期举行，仅有请求人一方委托代理人出庭，专利权人未出席口头审理，合议组依法进行缺席审理。合议组当庭告知请求人合议组组长由吴赤兵变更为吴大章，请求人对变更后的合议组成员未提出回避请求。请求人当庭将对应于附件 1 的不符合专利法第 23 条规定的无效宣告理由变更为不符合专利法第 9 条规定，同时放弃对应于附件 2 的不符合专利法第 9 条的无效宣告理由。请求人坚持附件 1 和附件 2 显示的外观设计与本专利相同和相近似的主张。

在上述审理的基础上，合议组经合议，认为本案事实清楚，依法作出本审查决定。

二、决定的理由

1. 法律依据

基于请求人提出的无效宣告请求的理由，合议组依据专利法第 9 条的规定进行审查。

专利法第 9 条规定："两个以上的申请人分别就同样的发明创造申请专利的，专利权授予最先申请的人。"

2. 证据认定

请求人提交的附件 1 为 200430114896.3 号外观设计专利的著录项目及图片复印件，其所示专利的授权公告号是 CN3464603，申请日是 2004 年 12 月 16 日，早于本专利的申请日（2005 年 7 月 1 日），公告日是 2005 年 7 月 27 日，专利权人是宁波燎原灯具股份有限公司，使用外观设计的产品名称是道路灯灯头（和平鸽）。经合议组核实其内容属实，为他人申请在先、公开在后的外观设计，可以作为评价本专利是否符合专利法第 9 条的证据。

3. 外观设计对比

附件 1 公开了一款路灯的设计（下称在先设计），本专利也是路灯的设计，二者的用途相同，属于相同类别的产品，具有可比性。

本专利公开了主视图、后视图、左视图、右视图、俯视图、仰视图、立体图。从主视图、后视图和俯视图看，本专利状似翅膀收合、头颈部向下弯曲的和平鸽形，和平鸽头颈的部位为灯的头部，和平鸽的尾部则为灯的尾部。从俯视图看，整个灯在右部约四分之一处最宽，该处状似和平鸽翅膀的根部，两个对称分布的翅膀呈流线型向灯尾处逐渐缩窄；从主视图看，和平鸽颈背相接处为灯的最高处，头颈部和尾部则呈流线型向下弯曲（详见本专利附图）。

在先设计公开了主视图、左视图、右视图、俯视图、仰视图、立体图，简要说明记载了后视图与主视图对称，省略后视图。在先设计状似翅膀收合、头颈部向下弯曲的和平鸽形，和平鸽头颈的部位为灯的头部，和平鸽的尾部则为灯的尾部。从俯视图看，整个灯也在右部约四分之一处最宽，该处状似和平鸽翅膀的根部，两个对称分布的翅膀呈流线型向灯尾处逐渐缩窄；从主视图看，和平鸽颈背相接处为灯的最高处，头颈部和尾部则呈流线型向下弯曲（详见在先设计附图）。

将本专利与在先设计相比较，两者的整体形状相似。主要不同之处在于：（1）从两者的俯视图看，对于灯的最宽处，即状似和平鸽翅膀根部处，本专利比在先设计的略为突出。（2）从两者的主视图看，在灯的最右端下沿，本专利基本为水平的，而在先设计则有一个向下的喙状突起。（3）从两者的仰视图看，本专利为双光源，而在先设计为单光源。合议组认为：从整体观察，二者的整体形状大致相同；存在的前两点不同之处应属局部细微差别，对于产品外观设计的整体视觉效果不具有显著影响；而单光源和双光源的差异不能使两者在整体视觉效果上产生明显的差异。由于二者的整体鸽状造型基本相同，已形成相近似的整体视觉印象，极易引起一般消费者视觉上的混淆、误认，因此，应认定二者属于相近似的外观设计。

同样的发明创造对于外观设计而言是指外观设计相同或者相近似。综上所述，在本专利申请日以前已有他人就同样的外观设计申请了专利，并在之后被授予专利权，因此本专利权的授予不符合专利法第 9 条的规定。

鉴于已经得出本专利不符合专利法第 9 条规定的结论，合议组对请求人提出的其他理由和证据不再评述。

三、决定

宣布 200530086005. 2 号外观设计专利权全部无效。

当事人对本决定不服的，可以根据专利法第 46 条第 2 款的规定，自收到本决定之日起三个月内向北京市第一中级人民法院起诉。根据该款的规定，一方当事人起诉后，另一方当事人应当作为第三人参加诉讼。

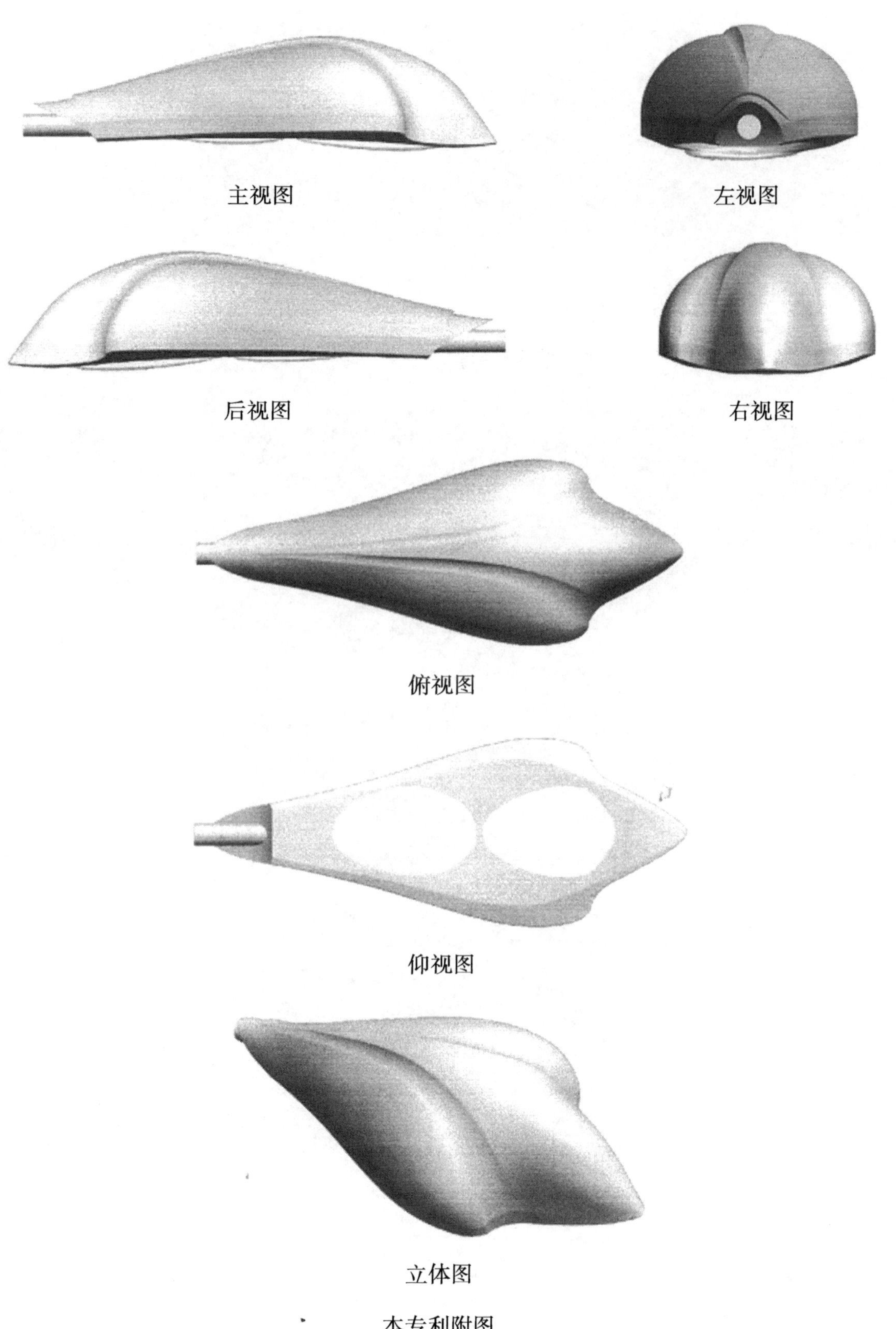

本专利附图

仰视图

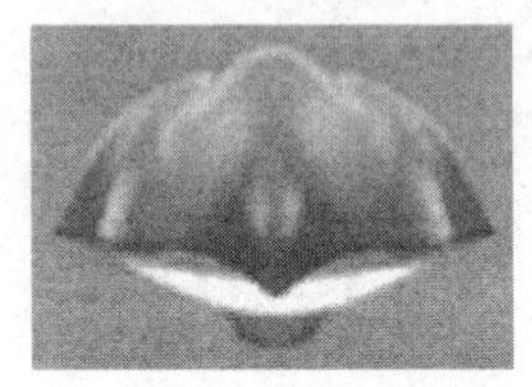
右视图

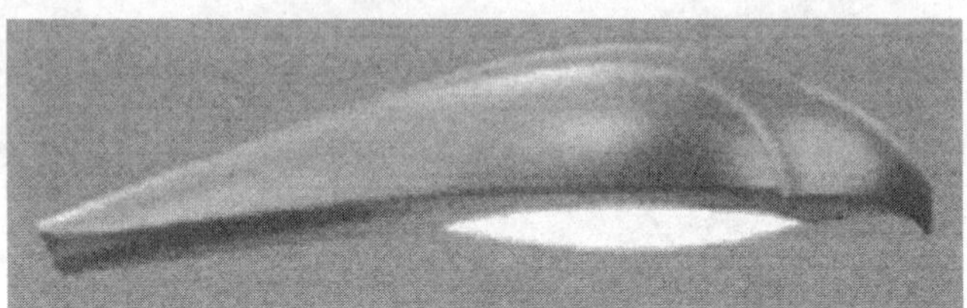
主视图

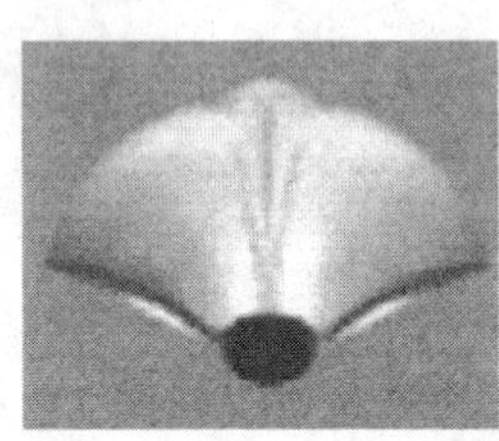
左视图

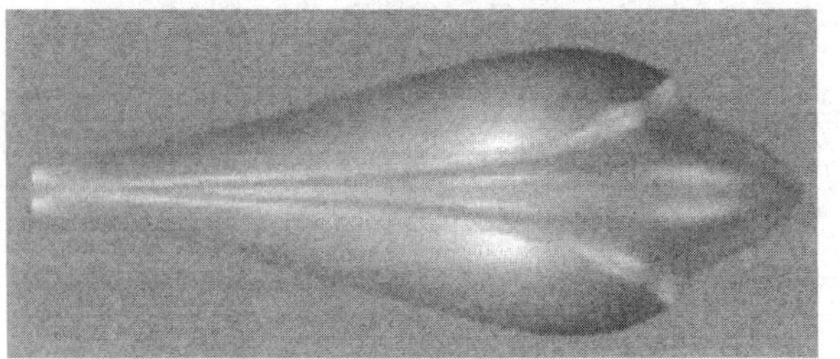
俯视图

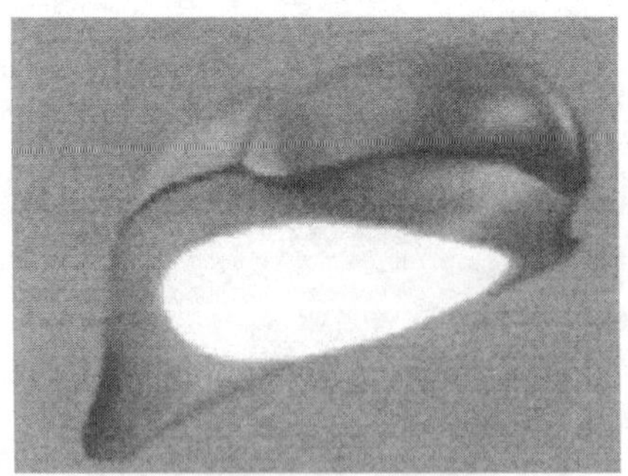
立体图

在先设计附图

245

圆珠笔（A131）

无效宣告请求审查决定（第13325号）

决　　定　　号　第13325号
决　　定　　日　2009年5月4日
发明创造名称　圆珠笔（A131）
外观设计分类号　19-06
无效宣告请求人　常熟市书写工具厂，余姚市成功文具制造有限公司
专　利　权　人　金碧华
专　　利　　号　200630156953.3
申　　请　　日　2006年11月10日
授 权 公 告 日　2007年11月14日
合 议 组 组 长　吴大章
主　　审　　员　钟　华
参　　审　　员　张　凌
附　　　　　图　5页

法　律　依　据　专利法第23条
决　定　要　点

通过公共途径可以查询的国外专利文献，一般公众可以通过公共途径查询核实其真实性，故无需办理公证认证手续；

对于笔的外观设计而言，笔杆近似圆柱形、下端接近笔尖处为圆锥形是惯常设计，不容易引起一般消费者的注意。

一、案由

本无效宣告请求涉及国家知识产权局于2007年11月14日授权公告的名称为“圆珠笔（A131）”的200630156953.3号外观设计专利（下称本专利），其申请日为2006年11月10日，专利权人为金碧华。

1. 第一无效宣告请求

针对本专利，常熟市书写工具厂（下称第一请求人）于2008年10月21日向专利复审委员会提出无效宣告请求，其理由是在本专利申请日前已经公开发表过与本专利相近似的外观设计，因此本专利不符合专利法第23条的规定，第一请求人同时提交如下附件作为证据：

附件1-1：200430112808.6号中国外观设计专利电子公告打印页、图片对比页共2页；

附件 1-2：M9801770.5 号德国外观设计网上检索打印页、图片对比页共 2 页；

附件 1-3：D467614 号美国外观设计专利公报复印件、图片对比页共 3 页；

附件 1-4：1244341 号日本外观设计网上检索打印页、图片对比页共 3 页；

附件 1-5：本专利公报复印件 1 页。

第一请求人认为：附件 1-1 所公开的圆珠笔整体形状呈圆柱体，下端为锥形，上端有一笔夹，在笔夹的上部还有一倾斜面，略有不同的是其下半段略呈鼓形，这种鼓形设计完全是为了使用者把握舒适，而本专利的下半段没有这种设计，因此可以判定两种产品设计风格相同，整体外形也相似，这种相似会导致一般消费者件将两者混同，两者属于相同或相近似的外观设计；附件 1-2 所公开的圆珠笔与本专利唯一不同的是其顶端为斜面，而本专利的顶端是平面，两者设计风格相同，各部件的位置、布局均近似，顶端的差别只是局部的细微变化，对整体视觉效果不足以产生显著影响，因此两者是相同或相近似的外观设计；附件 1-3 所公开的笔的整体形状为圆柱体，下端为锥形，上端有一笔夹，其与本专利的不同点在于笔的顶端下部没有倾斜面，其他均相同，故两者属于相同或近似的外观设计；附件 1-4 所公开的笔的整体形状为圆柱体，下端为锥形，上端为笔夹，其与本专利的不同点在于其顶端下部是平直的，而本专利的是倾斜面，其他部位均相似，故两者属于相同或相近似的外观设计。

经形式审查合格，专利复审委员会依法受理了上述无效宣告请求，并于 2008 年 10 月 21 日将无效宣告请求书及相关文件的副本转送给专利权人，要求其在指定的期限内答复。

2008 年 11 月 7 日，专利复审委员会收到第一请求人提交的意见陈述书，其坚持认为本专利与在其申请日前公开的外观设计相同或者相近似，不符合专利法第 23 条的规定，同时补充提交了如下附件作为证据（编号续前）：

附件 1-6：03358605.5 号中国外观设计专利电子公告页、图片对比页；

附件 1-7：40200366 号德国外观设计外观设计网上检索打印页、图片对比页共 3 页；

附件 1-8：2005 年常熟市书写工具厂的厂品宣传册、实物对比照片及画册印刷发票复印件共 4 页；

附件 1-9：2005 年 CelloBenz 圆珠笔包装盒照片及实物对比照片复印件 2 页；

附件 1-10：国家知识产权局专利信息中心出具的外观设计检索报告复印件共 9 页。

第一请求人认为：附件 1-6 所公开的笔的整体形状为圆柱体，下端为锥形，其笔身与本专利极其近似，不同点仅在于其没有笔夹，而本专利的笔夹类似于箭头的形状，这种形状的笔夹随处可见，已经成为笔业领域内的惯常设计，故两者属于相同或近似的外观设计；附件 1-7 所公开的笔的整体形状为圆柱体，下端为锥形，上端为一笔夹，其与本专利从整体观察在外形设计及风格造诣上均属近似，虽然局部上有所不同，但整体观察是近似的，两者属于相近似的外观设计；附件 1-8 是常熟市书写工具厂 2005 年的产品宣传画册，其第 16 页所公开的 4019 型圆珠笔整体为圆柱形，下端为圆锥体，笔夹连接在笔的按钮一侧，笔身的上部、按钮偏下的位置为一斜边，在笔夹的下边、笔身上有一滑道，其与本专利的设计要点完全相同，略有不同之处仅在于笔夹的位置和形状以及装饰性条纹的不同。第一请求人认为两款笔的特点就在于笔身上部的那条斜边和笔夹下边的滑道，其余部分可以认为是该类产品公认的惯常设计，绝大多数笔的形状都是笔身为圆柱体，下端为圆锥体，箭头型的笔夹也非常常见，因此两者属于相同或相近似的外观设计；附件 1-9 是印度 Cello 塑料制品有限公司生产的 CelloBenz 圆珠笔的包装盒，包装盒上印有“Pkd. 10/2005”的字样，“Pkd.”是“包装日期”的英文缩写，可以推定该包装盒的印刷日期是在 2005 年 10 月以前，其公开的 CelloBenz 圆珠笔除了笔夹的形状与本专利的不相同以外，其余部分完全相同，笔夹的区别属于细微差别，两者属于近似的外观设计；附件 1-10 是国家知识产权局专利信息中心外观设计检索报告，该报告已经作出了本专利不具有新颖性的判定。

2008 年 11 月 19 日，专利权人提交了意见陈述书，认为：本专利的笔帽上端呈圆形且外圈直径与上笔杆的外圈直径非常接近，其笔夹是轻微的内弧形，笔杆与笔夹尖头的连接处有明显的两端椭圆中间呈长方形的开孔，笔杆侧面呈直线形。附件 1-1 所示外观设计的笔帽上端呈方形且外圈直径明显大于揿帽套管的外圈直径，其笔夹呈明显的 S 形，笔杆上没有本专利所示的开孔，笔杆侧面呈明显的弧线形，故与本专利不相同且不相近似；附件 1-2 所示外观设计的笔帽上端是斜截面，且顶帽的外圈半径大于揿帽套管的外圈直径，笔夹呈直线形，笔杆上端斜口的倾斜度明显小于本专利，且没有本专利所示的开孔，故与本专利不相同且不相近似；附件 1-3 所示外观设计的笔帽是外包型的，其笔夹侧面呈直线形，笔杆上没有斜口设计，没有本专利所示的开孔，故与本专利不相同且不近似；附件 1-4 所示外观设计的笔帽从上往下看为中间一个小圈，外面一个大圈，并且有上下左右呈十字形的直条，其顶帽外圈直径明显大于揿帽套管的外圈直径，揿帽套管的外圈直径又明显细于笔夹的外圈直径，笔夹侧面呈直线形，笔杆上没有本专利所示的斜口设计及开孔设计，故与本专利不相同且不相近似。

2008 年 12 月 4 日，专利权人再次提交了与上述内容相同的意见陈述书。

2. 第二无效宣告请求

针对本专利，余姚市成功文具制造公司（下称第二请求人）于 2008 年 11 月 3 日向专利复审委员会提出无效宣告请求，其理由是在本专利申请日前已经公开发表过与本专利相近似的外观设计，因此本专利不符合专利法第 23 条的规定，第二请求人同时提交如下附件作为证据：

附件 2-1：200430112808.6 号中国外观设计专利电子公告打印页、图片对比页共 2 页（同附件 1-1）；

附件 2-2：200430112782.5 号中国外观设计专利电子公告打印页、图片对比页共 2 页；

附件 2-3：03358605.5 号中国外观设计专利电子公告页、图片对比页共 2 页（同附件 1-6）；

附件 2-4：40200366 号德国外观设计外观设计网上检索打印页、图片对比页共 3 页（同附件 1-7）；

附件 2-5：本专利公报复印件 1 页。

第二请求人认为：附件 2-1 所公开的圆珠笔整体形状呈圆柱体，下端为锥形，上端有一笔夹，在笔夹的上部还有一倾斜面，略有不同的是其下半段略呈鼓形，这种鼓形设计完全是为了使用者把握舒适，而本专利的下半段没有这种设计，因此可以判定两种产品设计风格相同，整体外形也相似，这种相似会导致一般消费者件将两者混同，两者属于相同或相近似的外观设计；附件 2-2 所公开的外观设计，其公开的圆珠笔与本专利唯一不同的是其顶端为斜面，而本专利的顶端是平面，两者设计风格相同，各部件的位置、布局均近似，顶端的差别只是局部的细微变化，对整体视觉效果不足以产生显著影响，因此两者是相同或相近似的外观设计；附件 2-3 所公开的外观设计，其整体形状为圆柱体，下端为锥形，与本专利相比，两者笔身极其近似，不同点仅在于其没有笔夹，而本专利的笔夹类似于箭头设计，这种箭头形状的笔夹随处可见，已经成为笔业领域内的惯常设计，因此两者属于相同或近似的外观设计；附件 2-4 所公开的外观设计，其整体形状为圆柱体，下端为锥形，上端为笔夹，因此两者属于相同或相近似的外观设计。

经形式审查合格，专利复审委员会依法受理了上述无效宣告请求，并于 2008 年 11 月 3 日将无效宣告请求书及相关文件的副本转给专利权人，要求其在指定的期限内答复。专利权人逾期未答复。

3. 合并审理

本案合议组经过合议，决定对上述两个无效宣告请求进行合并审理，并于 2009 年 2 月 1 日向各方当事人发出口头审理通知书，定于 2009 年 3 月 26 日举行口头审理，同时将第一请求人于 2008 年

11 月 7 日提交的意见陈述书及附件转送给专利权人，将专利权人于 2008 年 11 月 19 日和 2008 年 12 月 4 日提交的意见陈述书转送给第一请求人。

口头审理如期举行，第一、第二请求人和专利权人均委派代理人参加本次口头审理。在口头审理中，各方当事人均不请求合议组人员回避，对对方出席口头审理人员的资格均无异议。第一请求人提交了附件 1-8 至附件 1-10 的原件，专利权人当庭核实附件 1-8 至附件 1-10 的原件，确认原件与复印件一致。专利权人认可附件 1-3 的真实性，对附件 1-1、附件 1-2、附件 1-4、附件 1-6 至附件 1-9 的真实性均有异议。专利权人认为：附件 1-1、1-6 是网页下载页、不是原始的外观设计专利公报，不能作为证据使用；附件 1-2、附件 1-4、附件 1-7 不是专利局网站下载的，应提交译文，应做公证；附件 8 是请求人自己印刷的，不属于公开出版物，发票与宣传册没有关联性，不能证明印刷的就是这个宣传册；附件 9 没有中文译文，境外获得的证据应该履行公证认证手续，且包装盒不是出版物；附件 1-10 是咨询意见，不具有证明力。专利权人对第二请求人提交的附件 2-1 至附件 2-4 的真实性均有异议，认为上述附件是从网站下载的，与外观设计专利公报有差异，缺少必要的证明手续。在此基础上，各方当事人进行了充分的意见陈述和辩论。

2009 年 4 月 2 日，专利权人提交了意见陈述书，坚持其在口头审理中的答辩意见。

至此，合议组经过合议，认为本案事实已经调查清楚，依法作出如下审查决定。

二、决定的理由

1. 法律依据

专利法第 23 条规定：“授予专利权的外观设计，应当同申请日以前在国内外出版物上公开发表过或者国内公开使用过的外观设计不相同和不相近似，并不得与他人在先取得的合法权利相冲突。”

2. 证据的认定

附件 1-1（同附件 2-1）和附件 1-6（同附件 2-3）、附件 2-2 所包含的中国外观设计专利电子公告页，经合议组核实，其内容真实，可以作为本案的定案依据。

对于附件 1-2、附件 1-3、附件 1-4、附件 1-7（同附件 2-4）中包含的德国、美国、日本等国家的外观设计网上检索打印页，经合议组核实，第一请求人在无效宣告请求书附页和 2008 年 11 月 7 日提交的意见陈述书中、第二请求人在无效宣告请求书附页中将上述国外文献上公开的笔与本专利进行了近似性比较，其内容已经包含了第一、第二请求人所需要使用部分的中文译文，故应认为第一、第二请求人均在举证期限内提交了上述附件的中文译文。专利权人认为上述附件为网站下载，与专利公报有差异，缺少必要的证明手续。对此，合议组认为，通过公共途径可以查询的国外专利文献，一般公众可以通过公共途径查询核实其真实性，故无需办理公证认证手续。专利权人仅对上述附件的真实性表示异议，但未提交任何相反的证据。经合议组核实，上述附件所包含的德国、美国、日本等国家的外观设计专利的内容真实，可以作为本案的定案依据。

附件 1-8 包含第一请求人的产品宣传册和发票号为 00344629 的浙江省增值税专用发票。合议组认为：第一请求人提交了附件 1-8 的原件，经核实原件与复印件相符，故附件 1-8 所含发票可以作为本案的定案依据。但是，企业的产品宣传册类证据形成较为随意，附件 1-8 所包含的产品宣传册直接来源于请求人的证据，其与上述发票之间缺乏唯一对应性，故在没有其他证据佐证的情况下，附件 1-8 所含产品宣传册的真实性不能确认，不能作为本案的定案依据。

附件 1-9 为圆珠笔包装盒照片及实物对比照片，第一请求人在口头审理时提交了上述包装盒的原件。合议组认为：包装盒类证据形成较为随意，且附件 1-9 为域外形成的实物证据，在没有办理相应的公证认证手续的情况下，其真实性无法确认，故附件 1-9 不能作为本案的定案依据。

附件 1-10 为国家知识产权专利信息中心出具的外观设计检索报告，其属于专家检索咨询意见书，不能作为本案的定案依据。

综上，合议组将在附件附件1-1（同附件2-1）、附件1-2至附件1-4、附件1-6（同附件2-3）、附件1-7（同附件2-4）、附件1-8所含的00344629号浙江省增值税专用发票、附件2-2的基础上进一步评述本专利是否符合专利法第23条的规定。

3. 本专利是否符合专利法第23条的规定

（1）附件1-1（同附件2-1）。

附件1-1（同附件2-1）的公开日为2005年8月10日，早于本专利申请日2006年11月10日，故其上所记载的“圆珠笔（726）”的外观设计属于在本专利申请日前公开的外观设计（下称在先设计1）。

本专利为圆珠笔的外观设计，在先设计1也为圆珠笔的外观设计，两者用途相同，故所属产品的种类相同，可以进行外观设计近似性比较。

本专利授权图片包括主视图、后视图、左视图、右视图、俯视图、仰视图。其所示圆珠笔的笔杆近似纤细圆柱形，中下部有两条细圆环，下端为圆锥形，笔杆接近顶部为斜口设计，笔杆顶部内嵌有揿帽套管，揿帽套管顶端为平面，揿帽套管接近顶端处连接着略呈内弧线形的细长笔夹，笔夹上部较粗下部较细，笔夹下端近似箭头形，在笔杆与笔夹的接触部位有倒圆角长方形的孔槽（详见本专利附图）。

在先设计1公开了主视图，仰视图，俯视图，右视图、左视图，摘要记载后视图和主视图对称。其所示笔的笔杆近似圆柱形，但上部、下部鼓起，下端接近笔尖处透明且呈圆锥形，笔杆接近顶部为斜口设计，笔杆顶部内嵌有揿帽套管，揿帽套管顶端近似平面且向周围略突出，揿帽套管顶面直接连接略呈内弧线形、下端翘起的宽扁形笔夹（详见在先设计1附图）。

将本专利予在先设计1相比，两者的共同点在于：笔杆近似圆柱形，下端接近笔尖处为圆锥形，笔杆接近顶部均为斜口设计，笔杆顶部内嵌有揿帽套管，揿帽套管顶端均近似平面，揿帽套管均连接有内弧线形的笔夹。两者的区别主要在于：本专利笔杆整体纤细修长，在先设计1笔杆的上部、下部鼓起；笔夹形状不同，本专利笔夹细长，上部较粗下部较细，下端近似箭头形，在先设计1则为下端翘起的宽扁形；本专利在笔杆与笔夹的接触部位具有倒圆角长方形的孔槽，在先设计1无此设计；本专利揿帽套管顶端周边与下方齐平，在先设计1则向周围略突出。合议组认为：对于笔的外观设计而言，笔杆整体近似圆柱形、下端为圆锥形是惯常设计，不容易引起一般消费者的注意。本专利与在先设计1笔杆是否鼓起、笔夹的形状、笔杆有无孔槽的区别容易为一般消费者所注意，上述区别足以对产品的整体视觉效果产生显著的影响，故本专利与在先设计1不相同且不相近似，附件1-1（同附件2-1）不能证明本专利不符合专利法第23条的规定。

（2）附件1-2。

附件1-2的公开日为1998年9月10日，早于本专利申请日2006年11月10日，故其上记载的“圆珠笔”的外观设计属于在本专利申请日前公开的外观设计（下称在先设计2）。

在先设计2公开了一个视图，其所示笔的笔杆为纤细圆柱形，中下部有若干凹凸螺纹，下端为圆锥形，笔杆接近顶部为斜口设计，笔杆顶部内嵌有揿帽套管，揿帽套管顶面有突点且为平行斜向设计，揿帽套管连接着直线形笔夹（详见在先设计2附图）。

将本专利与在先设计2相比，两者的共同点在于：笔杆均为纤细圆柱形，下端均为圆锥形，笔杆接近顶部均为斜口设计，笔杆顶部均内嵌有揿帽套管，揿帽套管均连接有笔夹。两者的区别主要在于：笔杆中下部不同，本专利中下部有两条与笔杆表面基本齐平的圆环，在先设计2中下部呈螺纹状凹凸纹；笔夹不同，本专利笔夹呈轻微的内弧线形，笔夹上部较粗下部较细小，其下端近似箭头形，在先设计为直线形；本专利在笔杆与笔夹的接触部位具有倒圆角长方形的孔槽，在先设计 2 则无此设计；本专利揿帽套管顶部为平面、在先设计 2 顶面有突点。合议组认为：对于笔的外观设计而言，笔杆为圆柱形、下端为圆锥形是惯常设计，不容易引起一般消费者的注意。本专利与在先设计 2 的笔杆中下部、笔夹、笔杆上有无孔槽、揿帽套管顶面为光滑平面还是有突点斜面的区别容易为一般消费者所注意，上述区别足以对产品的整体视觉效果产生显著的影响，故本专利与在先设计 2 不相同且不相近似，附件 1–2 不能证明本专利不符合专利法第 23 条的规定。

（3）附件 1–3。

附件 1–3 的公开日为 2002 年 12 月 24 日，早于本专利申请日 2006 年 11 月 10 日，故其上记载的“书写器具”的外观设计属于在本专利申请日前公开的外观设计（下称在先设计 3）。

在先设计 3 公开了五个视图，其所示笔的笔杆为圆柱形，中部有一圆环，下端为圆锥形，笔杆顶面为平面，笔杆接近顶部处连接着直线形的细长笔夹（详见在先设计 3 附图）。

将本专利与在先设计 3 相比，两者的共同点在于：笔杆均为圆柱形，下端均为圆锥形，均有细长笔夹。两者的区别主要在于：本专利的笔杆接近顶部为斜口设计，笔杆顶部内嵌有揿帽套管，在先设计 3 无此设计；本专利中下部有两圆环，在先设计 3 中部有一圆环；本专利笔夹呈轻微的内弧线形，上部较粗下部较细小，其下端近似箭头形，在先设计 3 则为直线形；本专利在笔杆与笔夹的接触部位具有倒圆角长方形的孔槽，在先设计 3 则无此设计。合议组认为：对于笔的外观设计而言，笔身为圆柱形、笔的下端为圆锥形是惯常设计，不容易引起一般消费者的注意。本专利与在先设计 3 笔夹的形状、笔杆顶部有无斜口设计、有无揿帽套管、有无孔槽的区别容易为一般消费者所注意，上述区别足以对产品的整体视觉效果产生显著的影响，故本专利与在先设计 3 不相同且不相近似，附件 1–3 不能证明本专利不符合专利法第 23 条的规定。

（4）附件 1–4。

附件 1–4 的公开日为 2005 年 6 月 27 日，早于本专利申请日 2006 年 11 月 10 日，故其上记载的“圆珠笔”的外观设计属于在本专利申请日前公开的外观设计（下称在先设计 4）。

在先设计 4 公开了五个视图，其所示笔的笔杆为圆柱形，其中下部有竖直条细纹，竖直细条纹下接水平细条纹，下端接近笔尖处为短圆锥形，笔杆接近顶部为平口设计，内嵌有揿帽套管，揿帽套管由多条凹凸长方体组成，其顶端向外突出且连接有直线形的细长笔夹（详见在先设计 4 附图）。

将本专利与在先设计 4 相比，两者的共同点在于：笔杆均为圆柱形，下端均为圆锥形，笔杆顶部均内嵌有揿帽套管，均有细长笔夹。两者的区别主要在于：本专利的笔杆接近顶部为斜口设计，在先设计 4 则为平口设计；本专利中下部有两圆环，在先设计 4 中下部有竖直、水平条纹；揿帽套管形状不同，本专利揿帽套管为外表面光滑的短圆柱体，在先设计 4 的揿帽套管由多条凹凸长方体组成；本专利的笔夹呈轻微的内弧线形，上部较粗下部较细小，其下端近似箭头形，在先设计 4 的笔夹为直线形；本专利在笔杆与笔夹的接触部位具有倒圆角长方形的孔槽，在先设计 4 则无此设计。合议组认为：对于笔的外观设计而言，笔身为圆柱形、笔的下端为圆锥形是惯常设计，不容易引起一般消费者的注意。本专利与在先设计 4 笔杆中下部、笔杆顶部的开口设计、笔杆上有无孔槽、揿帽套管形状的区别容易为一般消费者所注意，上述区别足以对产品的整体视觉效果产生显著的影响，故本专利与在先设计 4 不相同和不相近似，附件 1–4 不能证明本专利不符合专利法第 23 条的规定。

（5）附件 2–2。

附件 2–2 的公开日为 2005 年 7 月 13 日，早于本专利申请日 2006 年 11 月 10 日，故其上记载的“圆珠笔（710）”的外观设计属于在本专利申请日前公开的外观设计（下称在先设计 5）。

在先设计 5 公开了主视图、左视图、右视图、俯视图、仰视图。其所示笔的笔杆近似圆柱体，笔杆中部有一行竖向排列的字母图案，笔杆下部间隔设置有椭圆形孔，下端接近笔尖处为圆锥形，笔杆接近顶部为斜口设计，内嵌有较小的表面略有凹凸的揿帽套管，揿帽套管顶面为平行倾斜面，其稍向周围突出且连接直线宽扁形笔夹（详见在先设计 5 附图）。

将本专利与在先设计 5 相比，两者的共同点在于：笔杆均近似圆柱形，下端均为圆锥形，笔杆顶部均为斜口设计，笔杆顶部均内嵌有揿帽套管，揿帽套管均连接有笔夹。两者的区别主要在于：笔夹不同，本专利笔夹呈轻微的内弧线形，上部较粗下部较细小，其下端近似箭头形，在先设计 5 的笔夹为直线宽扁形；本专利在笔杆与笔夹的接触部位具有倒圆角长方形的孔槽，在先设计 5 无孔槽；本专利的揿帽套管表面略有凹凸且外径与笔杆接近，在先设计 5 的揿帽套管表面略有凹凸且外径明显小于笔杆；本专利在笔杆中下部有两圆环，在先设计 5 无此设计；在先设计 5 下部间隔设置有椭圆形孔，本专利无此设计；在先设计笔杆中部有字母图案，本专利无此设计。合议组认为：对于笔的外观设计而言，笔身为圆柱形、笔的下端为圆锥形是惯常设计，不容易引起一般消费者的注意。本专利与在先设计 5 的笔杆中下部的形状和图、笔夹的形状、揿帽套管以及笔杆上有无笔槽的区别容易为一般消费者所注意，上述区别足以对产品的整体视觉效果产生显著的影响，故本专利与在先设计 5 不相同和不相近似，附件 2-2 不能证明本专利不符合专利法第 23 条的规定。

（6）附件 1-6（同附件 2-3）。

附件 1-6（同附件 2-3）的公开日为 2004 年 5 月 19 日，早于本专利申请日 2006 年 11 月 10 日，故其上记载的“书写笔”的外观设计属于在本专利申请日前公开的外观设计（下称在先设计 6）。

在先设计 6 公开了主视图、左视图、右视图、俯视图、仰视图和立体图。其所示笔的笔杆均为纤细圆柱体，中下部有一条斜向椭圆环，笔的下端为圆锥形，笔杆接近顶部为斜口设计且有一斜向环，笔杆顶部内嵌有内径较小的揿帽套管（详见在先设计 6 附图）。

将本专利与在先设计 6 相比，两者的共同点在于：笔杆均为纤细圆柱形，下端均为圆锥形，笔杆顶部均为斜口设计，笔杆顶部内嵌有揿帽套管。两者的区别主要在于：本专利有呈轻微的内弧线形的细长笔夹，上部较粗下部较细小，其下端近似箭头形，在先设计 6 无笔夹；本专利在笔杆与笔夹的接触部位具有倒圆角长方形的孔槽，在先设计无孔槽；在先设计 6 的揿帽套管明显小于笔杆外径，本专利揿帽套管大小与笔杆外径比较接近；本专利仅在笔杆中下部有两圆环，在先设计 6 的笔杆中下部有斜向的椭圆环且笔杆顶端也有一斜向环。合议组认为：对于笔的外观设计而言，笔杆为圆柱形、下端为圆锥形是惯常设计，不容易引起一般消费者的注意。本专利与在先设计 6 的笔杆顶部、有无笔夹、有无笔槽的区别容易为一般消费者所注意，上述区别足以对产品的整体视觉效果产生显著的影响，故本专利与在先设计 6 不相同和不相近似，附件 1-6 不能证明本专利不符合专利法第 23 条的规定。

（7）附件 1-7（同附件 2-4）。

附件 1-7（同附件 2-4）的公开日为 2002 年 5 月 10 日，早于本专利申请日 2006 年 11 月 10 日，故其上记载的“书写工具及器具”之 16 外观设计属于在本专利申请日前公开的外观设计（下称在先设计 7）。

本专利为圆珠笔的外观设计，在先设计 7 也为书写器具的外观设计，两者用途相同，故所属产品的种类相同，可以进行外观设计近似性比较（详见在先设计 7 附图）。

在先设计 7 公开了一副视图，其所示笔的笔身为纤细圆柱体，中部有两条极细圆环，笔的下端为圆锥形，笔杆顶端为斜面且连接着直线形笔夹（详见在先设计 7 附图）。

将本专利与在先设计对比，两者笔身均为纤细圆柱形，笔下端均为圆锥形，笔杆上均有两条细圆环，笔夹均细长。两者的不同之处在于：本专利笔杆上细圆环较在先设计 7 的圆环大，位置稍下些；本专利在笔杆与笔夹的接触部位具有倒圆角长方形的孔槽，在先设计 7 无此设计；本专利的笔夹呈轻微内弧线形，在先设计 7 的笔夹呈直线形；本专利笔身顶端呈斜口设计，内有顶端为平面的揿帽套管，在先设计 7 无揿帽套管设计，且顶面为斜面。合议组认为：对于笔的外观设计而言，笔杆为圆柱形、笔下端为圆锥形是惯常设计，不容易引起一般消费者的注意。本专利与在先设计 7 的笔夹形状、有无揿帽套管、笔杆上有无孔槽以及顶部斜口设计的不同容易为一般消费者所注意，上述区别足以对产品的整体视觉效果产生显著的影响，故本专利与在先设计 7 不相同且不相近似，附件 1-7 不能证明本专利不符合专利法第 23 条的规定。

（8）附件 1-8 所含的 00344629 号浙江省增值税专用发票。

由于附件 1-8 中的产品宣传册未被采纳，故附件 1-8 的 00344629 号浙江省增值税专用发票不能证明任何笔的外观设计在本专利申请日前已经公开，不能证明本专利不符合专利法第 23 条的规定。

综上所述，请求人提交的所有证据均不能证明其主张，故其无效宣告请求不成立。

三、决定

根据专利法第 23 条、第 46 条第 1 款的规定，维持 200630156953. 3 号外观设计专利权有效。

根据专利法第 46 条第 2 款的规定，当事人对本决定不服的，自收到本决定之日起三个月内向北京市第一中级人民法院起诉，根据该款规定，一方当事人起诉后，另一方当事人应当作为第三人参加诉讼。

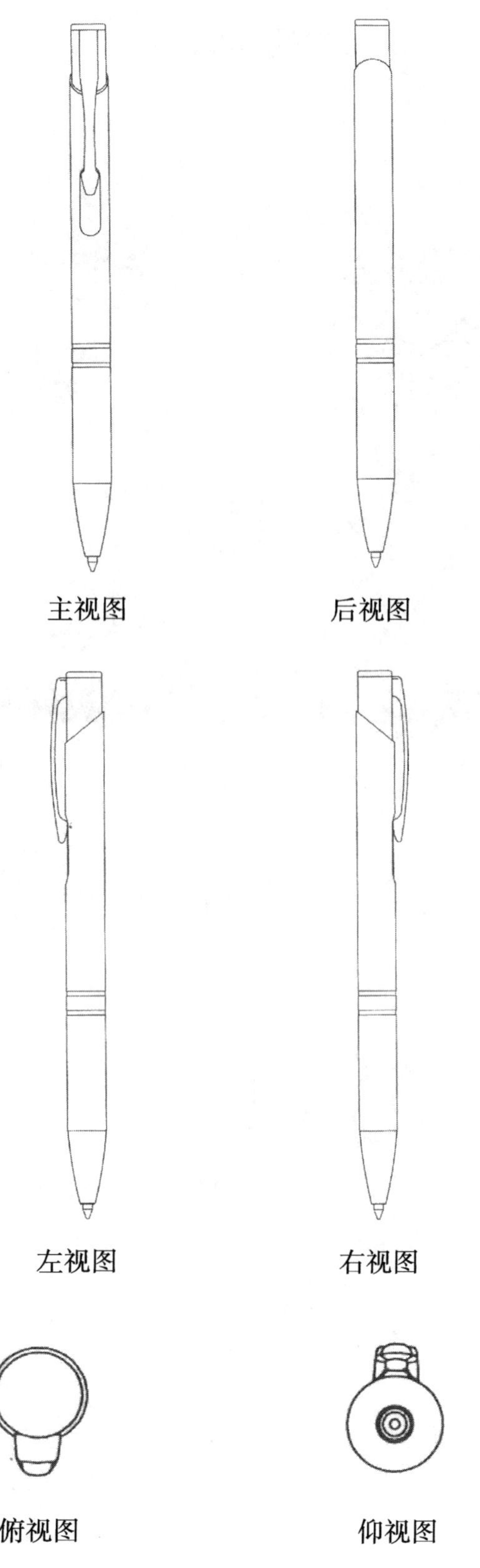

主视图　后视图

左视图　右视图

俯视图　仰视图

本专利附图

主视图

左视图

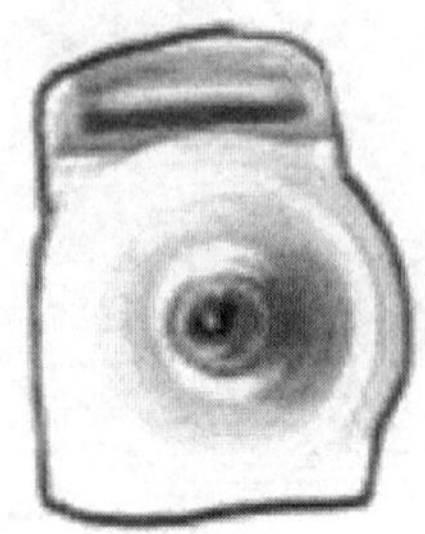

右视图

俯视图

仰视图

在先设计 1 附图

在先设计 2 附图

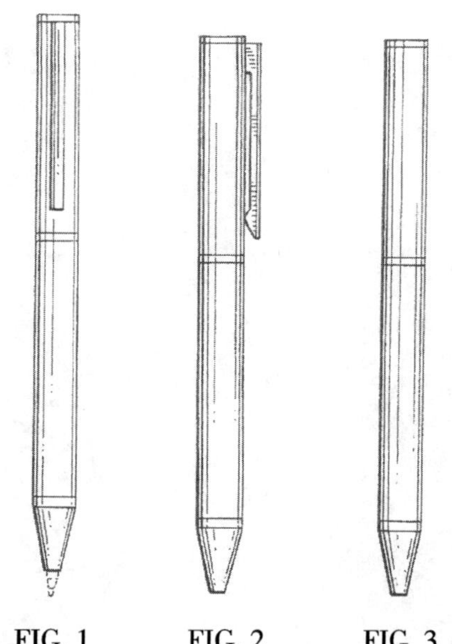

FIG. 1　　FIG. 2　　FIG. 3

FIG. 4

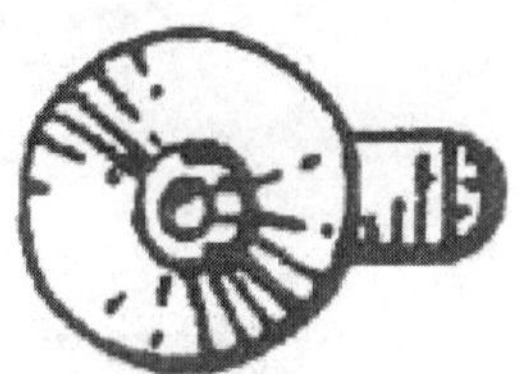

FIG. 5

在先设计 3 附图

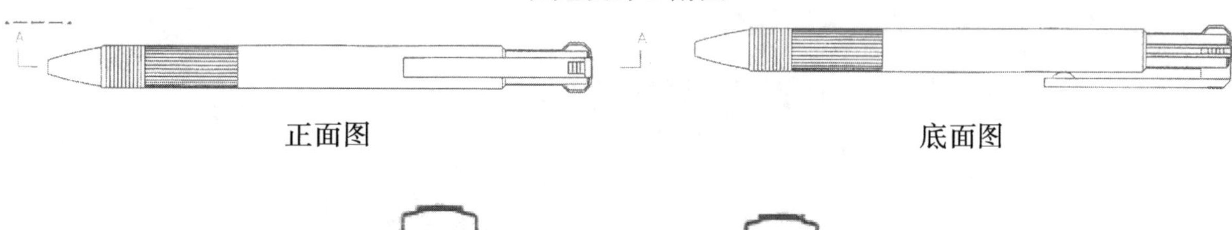

正面图　　底面图

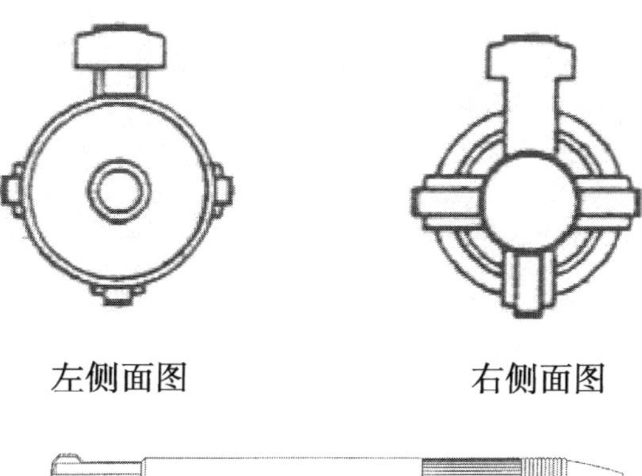

左侧面图　　右侧面图

背面图

在先设计 4 附图

主视图

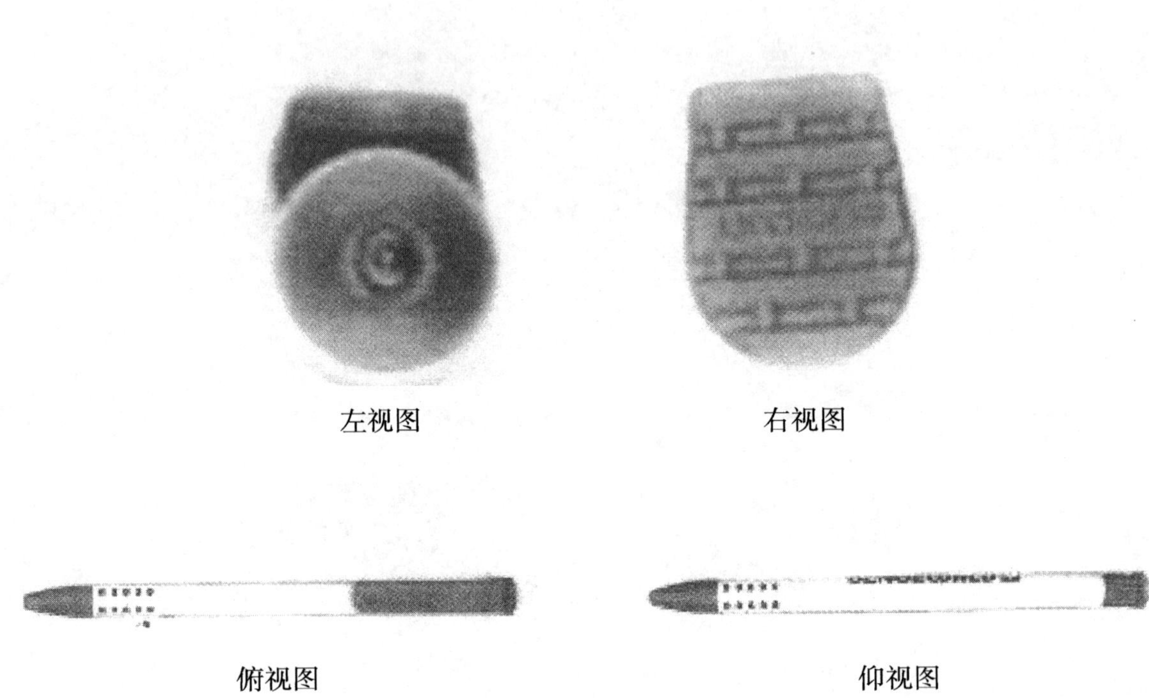

左视图 右视图

俯视图 仰视图

在先设计 5 附图

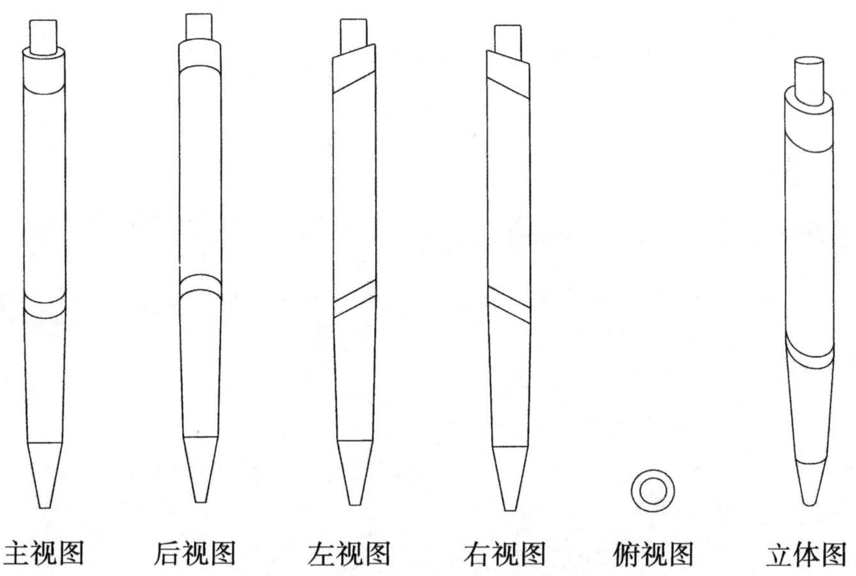

在先设计 6 附图

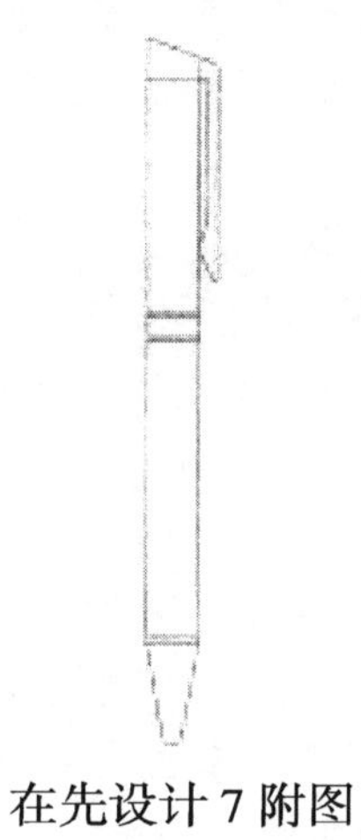

在先设计 7 附图

北京市第一中级人民法院
行政判决书

（2009）一中行初字第 2014 号

原告吴媚，女，1981 年 6 月 22 日出生，汉族，常熟市书写工具厂业主，住上海市普陀区真南路 450 号。

委托代理人刘森，北京市汉衡律师事务所律师。

委托代理人曹琪，北京市汉衡律师事务所律师。

被告国家知识产权局专利复审委员会，住所地北京市海淀区北四环西路 9 号银谷大厦 10~12 层。

法定代表人张茂于，副主任。

委托代理人吴大章，男，国家知识产权局专利复审委员会审查员。

委托代理人余心蕾，女，国家知识产权局专利复审委员会审查员。

第三人金碧华，男，1966 年 2 月 12 日出生，汉族，住浙江省宁波市镇海区蛟川街道水琚王村双池倪家 35 号；

委托代理人张民元，浙江素豪律师事务所律师。

第三人余姚市成功文具制造有限公司，住所地浙江省余姚市临山镇临海村。

法定代表人周新潮，总经理。

原告吴媚不服国家知识产权局专利复审委员会（以下简称专利复审委）作出的第 13325 号无效宣告请求审查决定（以下简称被诉决定）一案，向本院提起行政诉讼。本院受理后，依法组成合议庭，并依法通知金碧华和余姚市成功文具制造有限公司（以下简称成功文具公司）作为本案第三人参加诉讼。2009 年 9 月 21 日，本院依法公开开庭进行了审理，原告吴媚的委托代理人刘森、曹琪，被告专利复审委的委托代理人吴大章、余心蕾，第三人金碧华的委托代理人张民元，第三人成功文具公司的法定代表人周新潮到庭参加了诉讼。现本案已审理终结。

2009 年 5 月 7 日，被告根据原告和第三人成功文具公司的无效宣告请求，对第三人金碧华的专利名称为“圆珠笔（A131）”外观设计专利进行审查，依据《中华人民共和国专利法》（以下简称《专利法》）第二十三条的规定，作出被诉决定：维持本专利继续有效。

在法定期限内，被告为证明被诉决定合法，向本院提交了如下证据：（1）附件 1-1（即 200430112808.6 号中国外观设计专利电子公告打印页、图片对比页共 2 页）；（2）附件 1-2（即 M9801770.5 号德国外观设计网上检索打印页、图片对比页共 2 页）；（3）附件 1-3（即 D467614 号美国外观设计专利公报复印件、图片对比页共 3 页）；（4）附件 1-4（即 1244341 号日本外观设计网上检索打印页、图片对比页共 3 页）；（5）本专利公告文本；（6）附件 1-6（即 03358605.5 号中国外观设计专利电子公告页、图片对比页）；（7）附件 1-7（即 40200366 号德国外观设计网上检索打印页、图片对比页共 3 页）；（8）附件 1-8（即 2005 年常熟市书写工具厂的产品宣传册、实物对比照片及画册印刷发票复印件共 4 页）；（9）附件 1-9（即 2005 年 CelloBenz 圆珠笔包装盒照片及实物对比照片复印件 2 页）；（10）附件 1-10（即国家知识产权局专利信息中心出具的外观设计检索报告复印件共 9 页）；（11）口头审理记录表。

原告吴媚诉称：被诉决定依法不能成立，应予以撤销。具体理由如下：

（1）被诉决定认定事实错误，主要证据不足。我们在口头审理时提供了附件 1-8 的原件，专利权人金碧华也将附件 1-8 的复印件与原件进行了对比，所以附件 1-8 符合证据的法定要件。被告对附件 1-8 的认定是错误的。

（2）被诉决定适用法律法规错误。本案涉及的产品属于日常用品，进行近似性判断应当以一般消费者角度出发，通过视觉进行直接观察判断。结合本案，其只涉及形状要素，故应对整体形状从一般消费者角度加以观察确定。被告指出本专利与在先设计有细微区别相对于产品外观设计的整体效果不具有显著性影响的认定意见错误。

（3）被告违反法定程序。附件 1-8 属于书证，且原件与复印件核对无异，且专利权人在行政程序中没有对附件 1-8 提出任何反驳意见，所以，被告应当将附件 1-8 作为定案依据。因此，被告违反了《审查指南》第四部分第八章第 2.1 节的规定。

综上，被诉决定认定事实错误，证据不足，适用法律错误，违反法定程序，请求人民法院判决撤销被诉决定。

为支持其诉讼主张，原告在开庭审理前，向本院提交了其在行政程序中的请求书。在开庭审理中，其认可被诉决定“案由”部分记载的无效宣告请求的内容，并表示放弃举证。

被告专利复审委辩称：我委作出被诉决定认定的事实清楚，审理程序合法，适用法律正确。原告的诉讼理由不能成立，请求人民法院判决驳回原告的诉讼请求，维持被诉决定。

第三人成功文具公司述称：同意原告的起诉意见。

第三人金碧华述称：同意被诉决定。

两第三人在开庭审理前未向本院提交证据。

上述证据经庭审质证，原告吴媚、第三人成功文具公司、第三人金碧华均对被告的证据没有异议。

经审查，本院认为被告的证据属于行政程序中的有效证据，能够作为证明本案事实的证据，本院予以采纳。

根据上述有效证据，本院认定事实如下：

本专利的申请日为 2006 年 11 月 10 日，授权公告日为 2007 年 11 月 14 日，专利申请号为 200630156953.3。其授权的内容略。

针对本专利，发生了两次无效宣告请求。本案涉及第一次无效宣告发生于 2008 年 10 月 21 日，由常熟市书写工具厂（个体工商户，业主为本案原告，以下简称第一请求人）向被告提出无效宣告请求，其理由是在本专利申请日前已经公开发表过与本专利相近似的外观设计，本专利不符合《专利法》第二十三条的规定。同时，其向被告提交了附件 1-1 至附件 1-5 以及本专利公报复印件。经形式审查合格，被告依法受理并于 2008 年 10 月 21 日将上述请求书及证据副本向专利权人金碧华转送。2008 年 11 月 7 日，被告收到第一请求人提交的意见陈述书及补充的附件 1-6、附件 1-7（内容略）、附件 1-8（2005 年常熟市书写工具厂的产品宣传册、实物对比照片及画册印刷发票复印件共 4 页）、附件 1-9（2005 年 CelloBenz 圆珠笔包装盒照片及实物对比照片复印件 2 页）、附件 1-10 以及外观设计检索报告复印件共 9 页。针对附件 1-8，其主张：该证据是常熟市书写工具厂 2005 年的产品宣传画册，其第 16 页所公开的 4019 型圆珠笔整体为圆柱形，下端为圆锥体，笔夹连接在笔的按钮一侧，笔身的上部、按钮偏下的位置为一斜边，在笔夹的下边、笔身上有一滑道，其与本专利的设计要点完全相同，略有不同之处仅在于笔夹的位置和形状以及装饰性条纹的不同。第一请求人认为两款笔的特点就在于笔身上部的那条斜边和笔夹下边的滑道，其余部分可以认为是该类产品公认的惯常设计，绝大多数笔的形状都是笔身为圆柱体，下端为圆锥体，箭头型的笔夹也非常常见，因此两者属于相同或相近似的外观设计。针对附件 1-9，其主张该证据是印度 Cello 塑料制品有限公司生产的 Cello-

Benz 圆珠笔的包装盒，包装盒上印有“Pkd. 10/2005”的字样，“Pkd.”是“包装日期”的英文缩写，可以推定该包装盒的印刷日期是在 2005 年 10 月以前，其公开的 CelloBenz 圆珠笔除了笔夹的形状与本专利的不相同以外，其余部分完全相同，笔夹的区别属于细微差别，两者属于近似的外观设计。

第二次无效宣告请求发生于 2008 年 11 月 3 日，由成功文具公司向被告提出，其理由是在本专利申请日前已经公开发表过与本专利相近似的外观设计，因此本专利不符合《专利法》第 23 条的规定。

被告组成合议组，将两案合并审理，并于 2009 年 3 月 26 日进行口头审理，两请求人和专利权人均委派代理人参加了口头审理。在口头审理中，各方当事人均不请求合议组人员回避，对对方出席口头审理人员的资格均无异议。针对附件 1-8、附件 1-9，第一请求人提交了附件 1-8 至附件 1-10 的原件交由专利权人当庭核实，专利权人认为附件 1-8 是请求人自己印刷的，不属于公开出版物，发票与宣传册没有关联性，不能证明印刷的就是这个宣传册；附件 1-9 没有中文译文，境外获得的证据应该履行公证认证手续，且包装盒不是出版物。

被告经合议组合议，认定以下内容：

第一，关于证据的认定。

附件 1-1（同附件 2-1）和附件 1-6（同附件 2-3）、附件 2-2 所包含的中国外观设计专利电子公告页，内容真实，可以作为本案的定案依据。

对于附件 1-2、附件 1-3、附件 1-4、附件 1-7（同附件 2-4）中包含的德国、美国、日本等国家的外观设计网上检索打印页，经合议组核实，上述附件所包含的德国、美国、日本等国家的外观设计专利的内容真实，可以作为本案的定案依据。

附件 1-8 包含第一请求人的产品宣传册和发票号为 00344629 的浙江省增值税专用发票。合议组认为：第一请求人提交了附件 1-8 的原件，经核实原件与复印件相符，故附件 1-8 所含发票可以作为本案的定案依据。但是，企业的产品宣传册类证据形成较为随意，附件 1-8 所包含的产品宣传册直接来源于请求人的证据，其与上述发票之间缺乏唯一对应性，故在没有其他证据佐证的情况下，附件 1-8 所含产品宣传册的真实性不能确认，不能作为本案的定案依据。

附件 1-9 为圆珠笔包装盒照片及实物对比照片，第一请求人在口头审理时提交了上述包装盒的原件。合议组认为：包装盒类证据形成较为随意，且附件 1-9 为域外形成的实物证据，在没有办理相应的公证认证手续的情况下，其真实性无法确认，故附件 1-9 不能作为本案的定案依据。

附件 1-10 为属于专家检索咨询意见书，不能作为本案的定案依据。

第二，关于本专利是否符合《专利法》第 23 条的规定。

（1）附件 1-1（同附件 2-1）、附件 1-2、附件 1-3、附件 1-4、附件 2-2、附件 1-6（同附件 2-3）、附件 1-7（同附件 2-4）不能证明本专利不符合《专利法》第二十三条的规定。

（2）附件 1-8 所含的 00344629 号浙江省增值税专用发票，由于附件 1-8 中的产品宣传册未被采纳，故附件 1-8 的 00344629 号浙江省增值税专用发票不能证明任何笔的外观设计在本专利申请日前已经公开，不能证明本专利不符合《专利法》第二十三条的规定。

综上所述，两请求人提交的所有证据均不能证明其主张，故其无效宣告请求不成立。

据此，被告于 2009 年 5 月 4 日作出被诉决定，并于同年 5 月 7 日向原告和第三人邮寄送达。原告于 2009 年 5 月 22 日收到被诉决定后不服，于 2009 年 8 月 3 日向本院提起行政诉讼。

在开庭审理中，原告对被诉决定的“决定理由”部分中涉及附件 1-1（同附件 2-1）、附件 1-2、附件 1-3、附件 1-4、附件 2-2、附件 1-6（同附件 2-3）、附件 1-7（同附件 2-4）的内容没有提出具体的反对意见。经法庭询问，原告和第三人对以下问题没有争议：（1）被告的行政审查程序；（2）被诉决定的“案由”部分记载的内容。

本院认为：根据当事人无争议的陈述，本院对此实行书面审理后，对上述无争议的内容予以确认。在此基础上，本院对被诉决定的合法性进行审查。

本案争议焦点问题是原告提交的附件1-8、附件1-9能否作为本案的定案证据使用。

首先，针对附件1-8的真实性问题。参照《审查指南》第二部分第3章第2.1.3.1节的规定，专利法意义上的出版物，应当有证据证明其公开时间。附件1-8是原告的宣传册，虽然在封面上印制有2005年的字样。但是，原告没有向被告提供关联证据，证明该宣传册的印制时间、发放时间以及发放对象等事实，其真实性无法判断。虽然原告向被告提交了一份发票，但单凭该发票，也无法判定该宣传品与发票之间具有唯一对应关系。所以，被告认定在没有其他证据佐证的情况下，附件1-8所含产品宣传册的真实性不能确认，不能作为本案的定案依据的结论正确。原告提出其在2005年为了宣传自己的产品向不特定的客户发放的事实可以说明附件1-8已经公开的主张缺乏事实依据，本院不予支持。

其次，针对附件1-9的真实性问题。根据原告的陈述，该证据来源于其印度客户，属于中国境外形成的证据，原告在提交时未能证明该证据具备真实性的公证认证文件。被告认为原告没有办理相应的公证认证手续，其真实性无法确认，认定附件1-9不能作为本案定案依据的结论符合《审查指南》第四部分第8章第2.2节的规定。原告主张印度客户向其寄来的附件1-9实际是在国内获得的证据，不应该按国外取得的证据一样经过公证认证手续的诉讼主张缺乏法律依据，本院不予支持。

在此基础上，由于原告没有对被诉决定的“决定理由”部分提出具体的主张，本院经书面审查，对该部分内容的合法性予以确认。

综上，被诉决定的主要证据充分，程序合法，适用法律正确，本院应予维持。故，依照《中华人民共和国行政诉讼法》第五十四条第（一）项之规定，判决如下：

维持国家知识产权局专利复审委员会于二○○九年五月七日作出的第13325号专利无效宣告请求审查决定。

案件受理费100元，由原告吴媚负担（已交纳）。

如不服本判决，当事人可在判决书送达之日起15日内，向本院递交上诉状，并按对方当事人的人数提交副本，同时交纳上诉案件受理费100元，上诉于北京市高级人民法院。

审 判 长　饶亚东
审 判 员　刘景文
代理审判员　江建中
二○○九年十一月十八日
书 记 员　严　哲

电测量表（3）

无效宣告请求审查决定（第13331号）

决　　定　　号　第13331号
决　　定　　日　2009年4月28日
发明创造名称　电测量表（3）
外观设计分类号　10-04
无 效 请 求 人　温州市天齐电器有限公司
专　利　权　人　李荣平
申　　请　　号　02373639.9
申　　请　　日　2002年11月12日
授 权 公 告 日　2003年6月11日
合 议 组 组 长　熊　婷
主　　审　　员　汤　锷
参　　审　　员　沈　丽
附　　　　　图　1页

法　律　依　据　专利法第23条
决　定　要　点

如果产品可见部位的外观设计属于惯常设计，不易见部位与该惯常设计部位所占整个产品的比例又大体相当，那么不易见部位的变化也同样会引起一般消费者的关注。

一、案由

本无效宣告请求涉及中华人民共和国国家知识产权局于2003年6月11日授权公告的、名称为“电测量表（3）”的外观设计专利权（下称本专利），其申请号是02373639.9，申请日是2002年11月12日，专利权人是李荣平。

针对本专利权，温州市天齐电器有限公司（下称请求人）于2008年10月23日向专利复审委员会提出无效宣告请求，认为本专利不符合专利法第23条的规定，同时请求人提交了如下证据：

证据1：2000年4月20日出版的《电焊机》第4期第30卷（总第155期）的封面、封面扉页三、封面扉页六、版权页、封底扉页的复印件（共5页）；

证据2：苏州横河电表有限公司广告宣传册的封面、封面内页、插页首页、插页第11页和第12页的复印件（共5页）。

请求人认为：证据1的封面扉页三、封面扉页六和封底扉页分别公开了电测量表的面板部分，这些面板均呈矩形六面体，面板前侧的上方均为指针窗口。证据2的封面内页和插页首页上分别公开了电测量表的面板部分，这些面板均呈矩形六面体，面板前侧的上方均为指针窗口，且插页首页的右下方有“2002.7初版”字样。证据2的插页第11页上公开了型号2071、2081和型号2072、2082的电测量表的外形尺寸图，插页第12页上公开了型号2073、2083的电测量表的外形尺寸图，这三个电测量表的主体部分均由呈矩形六面体的面板和圆柱形的凸台组成，凸台均位于面板的后方，面板前侧的上方均为指针窗口。在消费者的购买过程中，产品的面板部分是最为被关注的，因此一般消费者极易将两者误认、混同，故本专利与证据1、证据2相比，属于相近似的外观设计，不符合专利法第23条的规定。

经形式审查合格，专利复审委员会依法受理了上述无效宣告请求，并于2008年12月5日向请求人和专利权人发出无效宣告请求受理通知书，同时将专利权无效宣告请求书及其附件清单中所列附件的副本转送给专利权人，并要求专利权人在指定的期限内陈述意见。

针对专利复审委员会于2008年12月5日发出的上述无效宣告请求受理通知书，专利权人于2009年2月16日提交了意见陈述书，同时提交了如下反证：

反证1：注册号为3102272056256的企业法人营业执照复印件（共1页）；

反证2：李荣平与上海康比利仪表有限公司签订的专利实施许可合同书复印件（共3页）；

反证3：原告李荣平与被告温州市天齐电器有限公司、乐清市英特尔电器有限公司就侵犯本外观设计专利权纠纷一案的民事诉状、浙江省温州市中级人民法院传票以及告知审判庭组成人员通知书的复印件（共4页）；

反证4：专利权人声称的日本苏州横河产品与上海康比利仪表有限公司产品的左视图比较示意图（共1页）；

反证5：上海康比利仪表有限公司的相关证书的复印件（共10页）。

专利权人认为：其他厂家设计的产品对指针观察只能正面直视，观察角度较小，本专利改变了正面直视观察，把仪表俯视、左视、右视方向挡住视线的材料改变成相同于正视方向的透明PC材料，一次成型，使观察角度大大提高，让使用者在工作时，可多台观察，或电焊机固定不动，工作人员在不固定的位置工作时不影响对仪表的观察。本专利采用透明和黑色两种不同颜色的阻燃PC材料，利用双色注塑机一次成型，使产品密封程度高，不变形，防溅水，美观牢固，不开裂，采用防静电工艺，使仪表免受静电影响，采用阻燃材料，使得产品耐高温。康比利公司的产品在国际上获得较多好评，是行业中的领军企业，享有很高的声誉。

专利复审委员会依法成立合议组对本案进行审理。

本案合议组于2009年2月25日向双方当事人发出无效宣告请求口头审理通知书，定于2009年3月25日举行口头审理。随同口头审理通知书，将专利权人于2009年2月16日提交的意见陈述书及其附件清单中所列附件的副本转送给请求人。

口头审理如期举行，双方当事人均参加了口头审理，双方对对方出席人员的身份和资格没有异议，对合议组成员没有回避请求。

在口头审理中：（1）请求人明确其无效的理由为：本专利相对于证据1、证据2不符合专利法第23条的规定。（2）请求人当庭提交了证据1和证据2的原件，专利权人认可证据1和证据2的原件和复印件完全一致，认可证据1的真实性，认为证据2不是公开出版物。（3）请求人认为专利权人提交的反证1~5与本案无关联性。

至此，合议组认为本案事实已经清楚，可以作出审查决定。

二、决定的理由

1. 关于证据

请求人当庭提交了证据1的原件，专利权人对其真实性没有异议，合议组也未发现影响其真实性的瑕疵，同时由于证据 1 的公开日期在本专利的申请日前，因此，适用专利法第 23 条的规定。

证据 2 为苏州横河电表有限公司广告宣传册的封面、封面内页、插页首页、插页第 11 页和第 12 页，其并未记载出版者、印刷者、发行者的名称、版权号、版次、印次、印数等信息，不属于正式发行的公开出版物，由于这类证据的形成具有较大的随意性，虽然证据 2 插页首页的右下方有"2002. 7 初版"的字样，但在缺少其他证据佐证的情况下，不能确定证据 2 在本专利申请日前已经公开，因此，不适用专利法第 23 条的规定。

2. 关于专利法第 23 条

专利法第 23 条规定，授予专利权的外观设计，应当同申请日以前在国内外出版物上公开发表过或者国内公开使用过的外观设计不相同和不相近似，并不得与他人在先取得的合法权利相冲突。

就本案而言，本专利为一种电测量表，证据 1 公开了多个电测量表的外观设计（下称在先设计）。在先设计和本专利属于相同类别的产品，具有可比性。

本专利为一种电测量表，其主视图显示电测量表面板为矩形，分为上下两部分，上部分显示有刻度以及指针，下部分有条状纹以及一个调节旋钮。其左右视图对称，大致由左右两个矩形组成，其上分别设有两个柱状体以及螺丝状物。其俯视图和仰视图也大致由上下两个矩形组成，其上分别设有两个柱状体以及两个螺丝状物。其后视图为一个矩形，在矩形的中下部有一个圆形，圆形上设有若干个小圆形（详见在本专利附图）。

在先设计公开的电测量表面板为矩形，分为上下两部分，上部分显示有刻度以及指针，下部分有一个调节旋钮，以及下部分两端有两个安装点。

将本专利与在先设计对比，两者的相同点在于：电测量表面板为矩形，分为上下两部分，上部分显示有刻度以及指针，下部分有一个调节旋钮。两者的不同点在于：本专利左右视图对称，大致由左右两个矩形组成，其上分别设有两个柱状体以及螺丝状物，其俯视图和仰视图也大致由上下两个矩形组成，其上分别设有两个柱状体以及两个螺丝状物，其后视图为一个矩形，在矩形的中下部有一个圆形，圆形上设有若干个小圆形；而在先设计并未公开上述视图的外观设计。

对于电测量表这类产品，其在使用状态下可见部分为其主视图所示的面板部分，不易见部分为左右视图、后视图、俯视图、仰视图中所示的面板后面部分。通常一般消费者更关注可见部分，但由于可见部分的电测量表面板的设计属于惯常设计，所以一般消费者的关注点将有所转移，并且不易见部分与惯常设计部分所占整个产品的比例大致相当，在此情形下，应当认为不易见部分的变化也同样会引起一般消费者的关注。因此，仅依据在先设计所公开的上述内容不能认定本专利与在先设计没有明显差异，也不能认定上述差异对整体视觉效果不具有显著影响。因此，根据整体观察、综合判断的原则，合议组认为，本专利与在先设计属于不相近似的外观设计。

根据上述的事实和理由，本案合议组依法作出以下决定。

三、决定

维持 02373639. 9 号外观设计专利权有效。

当事人对本决定不服的，可以根据专利法第 46 条第 2 款的规定，自收到本决定之日起三个月内向北京市第一中级人民法院起诉。根据该款的规定，一方当事人起诉后，另一方当事人应当作为第三人参加诉讼。

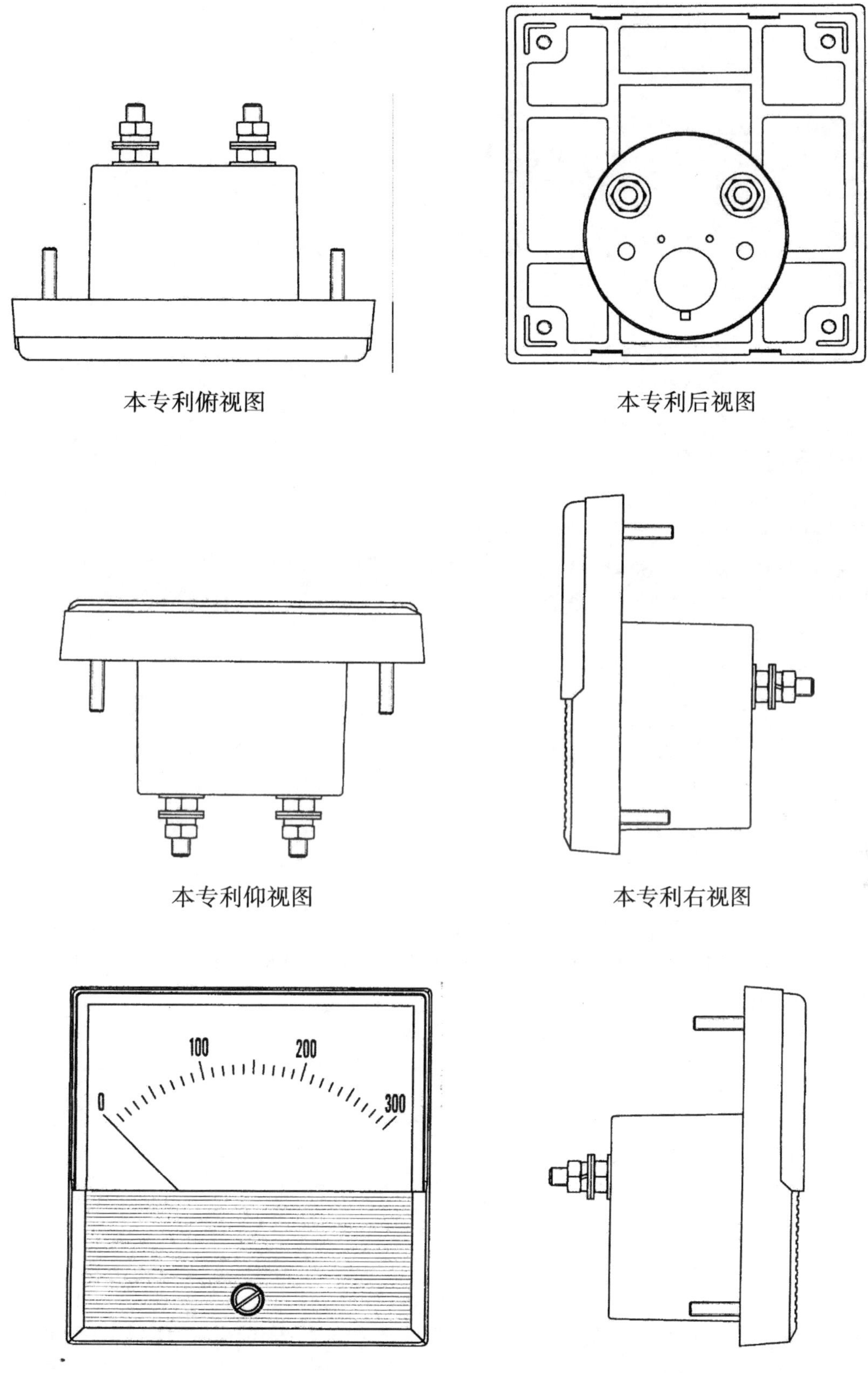

本专利俯视图

本专利后视图

本专利仰视图

本专利右视图

本专利主视图

本专利左视图

247

包装盒（帝壹）

无效宣告请求审查决定（第13332号）

决　　定　　号　第13332号
决　　定　　日　2009年4月21日
发明创造名称　包装盒（帝壹）
外观设计分类号　09-03
无效宣告请求人　苏应海
专　利　权　人　佛山市三水区酒厂有限公司
专　　利　　号　200630177685.3
申　　请　　日　2006年12月20日
授 权 公 告 日　2007年12月5日
合 议 组 组 长　王霞军
主　　审　　员　钱亦俊
参　　审　　员　李巍巍
附　　　　　图　2页

法　律　依　据　专利法实施细则第13条第1款
决　定　要　点

就本专利和在先设计而言，在形状、图案构图以及色彩基本相同的情况下，二者正面文字的不同点应属于局部的细微差别，二者从整体上给一般消费者的视觉印象是极其相近似的，本专利与对比文件应属于同样的发明创造。

一、案由

本无效宣告请求涉及的是国家知识产权局于2007年12月5日授权公告的，名称为“包装盒（帝壹）”的外观设计专利（下称本专利），其申请号是200630177685.3，申请日是2006年12月20日，专利权人是佛山市三水区酒厂有限公司。

针对本专利权，苏应海（下称请求人）于2008年4月13日向专利复审委员会提出无效宣告请求，其理由是：本专利与在先公开的200430045785.1号专利以及同日申请在后公开的200630177684.9号外观设计属于相近似的外观设计。因此，本专利不符合专利法第23条规定，也不符合专利法实施细则第13条第1款的规定，请求宣告本专利无效。与此同时，请求人提交了相关外观设计专利授权公告文本作为证据。

专利复审委员会经形式审查合格受理了该无效宣告请求。于2008年6月2日将请求书及上述证据材料副本转送给专利权人，要求其在指定期限内答复。

针对上述无效宣告请求，2008 年 7 月 16 日专利权人提交意见陈述，经分析比较，专利权人认为请求人提交的两份证据涉及的外观设计均与本专利不相同且不相近似，请求人的无效宣告请求的理由不能成立。

2008 年 10 月 6 日，专利复审委员会向双方当事人发出口头审理通知书，通知当事人本案将于 2008 年 11 月 4 日在专利复审委员会进行口头审理。同时，将上述专利权人的意见陈述转送请求人，要求其在指定期限内答复。

口头审理如期举行，双方当事人均有代理人出席，详细陈述了各自的观点，最终双方当事人坚持原有观点。

至此，合议组认为本案事实清楚，可以依法作出审查决定。

二、决定的理由

根据请求人提出的无效宣告请求的理由和证据合议组对本案进行了审理。

请求人提出的无效宣告请求的理由是：本专利与在先公开的 200430045785.1 号专利以及同日申请在后公开的 200630177684.9 号外观设计属于相近似的外观设计。因此，本专利不符合专利法第 23 条规定，也不符合专利法实施细则第 13 条第 1 款的规定。

专利法第 13 条第 1 款规定："同样的发明创造只能被授予一项专利。"

请求人提交的证据之一是与本专利同日申请的专利为 200630177684.9 号外观设计专利授权公告文本。经核实，其内容属实，本案予以采信。其产品名称为"包装盒（帝一）"，申请日为 2006 年 12 月 20 日，与本专利同日；授权公告日为 2007 年 12 月 5 日，在本专利申请日之后。专利权人是佛山市三水区酒厂有限公司，与本专利相同。该证据涉及的外观设计（下称对比文件）也是包装盒，与本专利属于相同类别物品。可适用专利法实施细则第 13 条第 1 款的规定评价本专利是否符合授权规定。

本专利包装盒呈立方体状，要求保护色彩。整个盒底色为大红色，带有黄色图案。主视图显示的正面，正中部有黄色框内有楷体黑色字"帝壹"，该黄色框左侧有纵贯上下的黄色窄条，内有黑色小文字。黄色框周围还有黄色及黑色小文字。产品侧面靠下部有黄色线框，黄色说明性小字，产品上部有黄色纹样及暗红色花纹。产品俯视图正中有两个黄色线框相套，线框之间有纹样，线框内有黄色框，内有红色篆字（详见本专利附图）。

对比文件包装盒也呈立方体，要求保护色彩。整个盒底色为大红色，带有黄色图案。主视图显示的正面，正中部有黄色框内有行书体黑色字"帝一"，该黄色框左侧有纵贯上下的黄色窄条，内有黑色小文字。黄色框周围还有黄色及黑色小文字。产品侧面靠下部有黄色线框，黄色说明性小字，产品上部有黄色纹样及暗红色花纹。产品俯视图正中有两个黄色线框相套，线框之间有纹样，线框内有黄色框，内有红色篆字。仰视图有条形码（详见对比文件附图）。

将本专利与对比文件进行对比，二者主要相同点在于：二者的形状及各部分图案、色彩的视觉分割比例均相同。二者的不同之处主要在于本专利正面文字为楷书体"帝壹"，而对比文件为行书体"帝一"。合议组认为，本专利与对比文件在形状、图案构图以及色彩基本相同的情况下，二者的上述不同点应属于局部的细微差别，二者从整体上给一般消费者的视觉印象是极其相近似的，本专利与对比文件应属于相近似的外观设计。

同样的发明创造对于外观设计而言是指外观设计相同或相近似。因此，本专利不符合专利法实施细则第 13 条第 1 款的规定。

鉴于已经得出上述结论，本决定不再对请求人提出的其他理由进行评述。

三、决定

宣告200630177685.3号外观设计专利权全部无效。

当事人对本决定不服的，可以根据专利法第46条第2款的规定，自收到本决定之日起三个月内向北京市第一中级人民法院起诉。根据该款的规定，一方当事人起诉后，另一方当事人应当作为第三人参加诉讼。

主视图

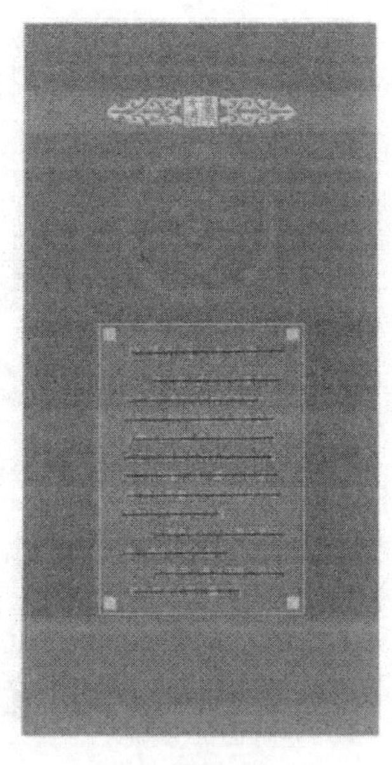

左视图

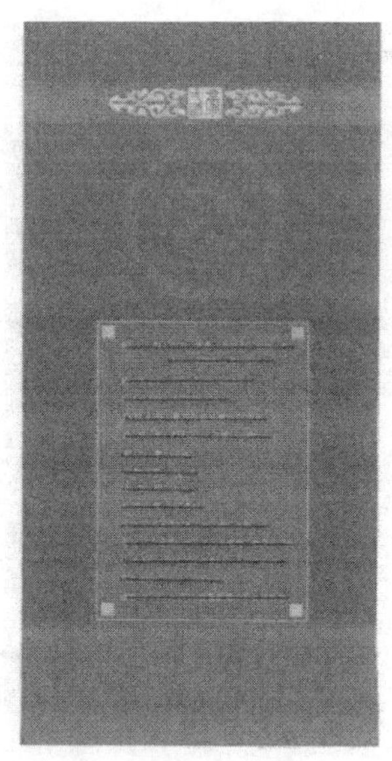

右视图

俯视图

本专利附图

主视图

左视图

右视图

俯视图

仰视图

对比文件附图

北京市第一中级人民法院
行政判决书

（2009）一中行初字第 1907 号

原告佛山市三水区酒厂有限公司，住所地广东省佛山市三水区西南镇文锋西路 33 号。

法定代表人何惠友，董事长。

委托代理人赵勇，男，1983 年 3 月 5 日出生，佛山市三水区酒厂有限公司员工，住重庆市涪陵区兴华中路 64 号附 1 号 8 幢 5-9。

被告国家知识产权局专利复审委员会，住所地北京市海淀区北四环西路 9 号银谷大厦 10～12 层。

法定代表人张茂于，副主任。

委托代理人张雪飞，国家知识产权局专利复审委员会审查员。

委托代理人郭鹏鹏，国家知识产权局专利复审委员会审查员。

第三人苏应海，男，1963 年 8 月 29 日出生，汉族，住广东省肇庆市鼎湖区永安镇大社村委会一队 3 巷 2 号。

委托代理人邹可嘉，北京市川泽律师事务所律师。

委托代理人詹仲国，男，1966 年 12 月 27 日出生，住广东省佛山市禅城区绿景一路 37 号 5 座 505 房。

本院在审理原告佛山市三水区酒厂有限公司（以下简称三水区酒厂）不服被告国家知识产权局专利复审委员会（以下简称专利复审委员会）作出的第 13332 号无效宣告请求审查决定（以下简称第 13332 号决定）一案中，第 13332 号决定依据专利号为 200630177685.3、名称为“包装盒（帝壹）”外观设计专利，即本专利与三水区酒厂同日申请的专利号为 200630177684.9、名称为“包装盒（帝一）”的外观设计专利构成近似，不符合《中华人民共和国专利法实施细则》第十三条第一款规定为由，决定：宣告 200630177685.3 号外观设计专利权全部无效，而本院获悉第 13332 号决定所依据的证据：200630177684.9 号外观设计专利，已被专利复审委员会作出的第 12886 号决定宣告无效，该行政诉讼案件正在本院另案审理中，本案的审理结果需以该行政诉讼案件审理结果为依据。依照《最高人民法院关于执行<中华人民共和国行政诉讼法>若干问题的解释》第五十一条第（六）项的规定，裁定如下：

本案中止诉讼。

审 判 长 任 进
代理审判员 邢 军
人民陪审员 牛艳玲
二〇〇九年五月二十日
书 记 员 谭北川

皮具箱包面料

无效宣告请求审查决定（第13333号）

决　定　号　第13333号
决　定　日　2009年5月7日
发明创造名称　皮具箱包面料
外观设计分类号　05-05
无效宣告请求人　科奇公司
专　利　权　人　陈祥圻
专　利　号　200730157124.1
申　请　日　2007年5月28日
授权公告日　2008年6月11日
合议组组长　徐清平
主　审　员　张　凌
参　审　员　雷　婧
附　图　1页

法律依据　专利法第23条
决定要点
本专利与在先设计的单元基本图案、单元图案的构成方式以及整体图案的连续方式均基本相同，二者已呈现整体相近似的视觉效果；二者在具体图案元素上存在的细微差异，不足以对整体视觉效果产生显著影响，因此，二者属于相近似的外观设计。

一、案由

本无效宣告请求涉及国家知识产权局于2008年6月11日授权公告的名称为“皮具箱包面料”的200730157124.1号外观设计专利，其申请日为2007年5月28日，专利权人为陈祥圻。

针对上述外观设计专利（下称本专利），科奇公司（下称请求人）于2008年9月27日向专利复审委员会提出无效宣告请求，理由是本专利与在其申请日前已公开发表过的外观设计相近似，因而不符合专利法第23条的规定。请求人同时提交如下附件作为证据：

附件1：2001年5月3日《经济日报》相关版面及其公证文件复印件，共5页；

附件2：2001年4月第23期《ZIP》杂志相关页及其公证文件复印件，共9页；

附件3：2001年4月2日《新报》相关版面及其公证文件复印件，共5页；

附件4：本专利著录项目及其外观图片下载打印件，共2页。

请求人认为本专利与附件1~3所示的在先设计产品类别相同，其与上述在先设计的整体构图相同、具体图案要素设计相近似，一般消费者无法区分其与上述在先设计间的细小差别，因此本专利与上述在先设计相近似，本专利不符合专利法第23条的规定。

2008年10月21日请求人补充提交本专利授权公报复印件2页。

经形式审查合格后，专利复审委员会受理了上述无效宣告请求，并于2009年1月20日将无效宣告请求书及相关附件的副本转送给专利权人，要求其在指定的期限内答复。专利权人逾期未答复。

2009年3月10日专利复审委员会向双方当事人发出口头审理通知书，定于2009年4月16日对本案进行口头审理。

口头审理如期举行，请求人的代理人参加了口头审理，专利权人未参加口头审理。请求人明确其无效宣告请求的理由为本专利与在其申请日前在出版物上公开发表过的外观设计相近似，其不符合专利法第23条的规定，依据的证据为附件1~3，当庭提交上述证据的原件，并指定其中与本专利进行对比的图片。关于本专利与上述在先设计的相近似对比，请求人坚持其原有意见。

在上述审理的基础上，合议组经合议认为，本案事实清楚，依法作出本审查决定。

二、决定的理由

1. 法律依据

基于请求人提出无效宣告请求所依据的理由和证据，合议组对本专利是否符合专利法第23条的规定进行审查。

专利法第23条规定，授予专利权的外观设计，应当同申请日以前在国内外出版物上公开发表过或者国内公开使用过的外观设计不相同和不相近似，并不得与他人在先取得的合法权利相冲突。

2. 证据认定

请求人提交的附件2是2001年4月第23期《ZIP》杂志相关页及其公证文件的复印件，口头审理中提交了相关公证文件原件。专利权人未对该证据的真实性发表意见。合议组经核实，请求人提交的公证文件原件与复印件一致，该公证文件上盖有“中华人民共和国司法部委托香港律师办理内地使用的公证文书转递专用章”，其内载明“经本人查证，随附的‘ZIP杂志于2001年4月第23期内载有‘C’字母图案产品的广告’之复印本与该文件原本相符，其原本属实”，并附有所述2001年4月的《ZIP》杂志封面、目录页和相关广告页的复印件。合议组认为，附件2中的《ZIP》杂志已经相关公证认证确认其真实，故合议组对该证据予以采信。附件2的公开时间为2001年4月，早于本专利的申请日2007年5月28日，属于专利法第23条所规定的公开出版物，适用于本案。

3. 关于专利法第23条

附件2所示“ZIP杂志”的广告页刊载有一款提包的图片（下称在先设计），该提包所采用的面料与本专利使用外观设计的产品“皮具箱包面料”属相同种类的产品，故对二者进行如下相近似性对比：

本专利所示箱包面料以近似“C”字带月牙形边的椭圆图案作基本图案，由此作横竖变化排列构成单元图案，并作四方连续（详见本专利附图）。

在先设计所示箱包面料以近似“C”字带月牙形边的椭圆图案作基本图案，由此作横竖变化排列构成单元图案，并作四方连续（详见在先设计附图）。

本专利与在先设计相比，二者主要的不同点在于：本专利“C”字图案的开口两端均有一小段向外延伸的直线，在先设计只在其“C”字图案开口的一端有此直线。合议组认为，本专利与在先设计所采用的单元基本图案均为近似“C”字带月牙形边的椭圆图案，并且单元图案的构成方式以及整体图案的连续方式均相同，在此情况下，二者已呈现整体相近似的视觉效果；本专利与在先设计存在的上述细微差异不足以对二者整体的视觉效果产生显著影响，因此本专利与在先设计相近似。

综上所述，在本专利的申请日前已经有与之相近似的外观设计在出版物上公开发表过，本专利不符合专利法第 23 条的规定。

鉴于本专利与在先设计相比较已得出本专利不符合专利法规定的授权条件的结论，故在本决定中对请求人提出的其他证据不再作出评述。

三、决定

宣告 200730157124. 1 号外观设计专利权全部无效。

当事人对本决定不服的，可以根据专利法第 46 条第 2 款的规定，自收到本决定之日起三个月内向北京市第一中级人民法院起诉。根据该款的规定，一方当事人起诉后，另一方当事人应当作为第三人参加诉讼。

本专利附图

在先设计附图

249

壁装支架

无效宣告请求审查决定（第13337号）

决　　定　　号 第13337号
决　　定　　日 2009年5月7日
发明创造名称 壁装支架
外观设计分类号 08-08
无效宣告请求人 北京金地天泰科技有限公司
专　利　权　人 深圳市龙洋数控技术有限公司
专　　利　　号 200530070012.3
申　　请　　日 2005年9月16日
授权公告日 2006年8月9日
合议组组长 徐清平
主　　审　　员 胡玉连
参　　审　　员 张晓飞
附　　　　　图 2页

法律依据 专利法第23条
决定要点

对于以公证书的形式进行网络证据保全的，在没有相关信息表明证据的公开时间，而公证时间又晚于本专利的申请日的情况下，该证据不能作为判断本专利是否符合专利法第23条规定的证据。

本专利与在先设计存在差异，通过整体观察、综合判断，上述差异对外观设计的整体视觉效果具有显著影响，因此，本专利与在先设计是不相同且不相近似的外观设计。

一、案由

本无效宣告请求涉及国家知识产权局于2006年8月9日公告授予的、名称为“壁装支架”的200530070012.3号外观设计专利权，其申请日为2005年9月16日，专利权人为深圳市龙洋数控技术有限公司。

针对上述专利权（下称本专利），北京金地天泰科技有限公司（下称请求人）于2008年12月17日向专利复审委员会提出无效宣告请求，认为本专利不符合专利法第23条的规定。请求人同时提交了本专利网络打印件及以下证据材料和附件：

附件1：专利侵权纠纷处理请求受理通知书和答辩通知书，北京市知识产权局，2008年12月5日，复印件各1页；

证据 1：公告号为 CN3374764 的外观设计专利，公告日 2004 年 6 月 23 日，网络打印件 1 页；

证据 2：Panasonic Colour CCTV Camera Operating Instructions，Model No. WV－CW860，WV－CW864E，Matsushita Communication Industrial Co，Ltd. 2001，封面页、第 49 页和封底页的复印件共 3 页。

依据上述证据，请求人认为：（1）本专利和证据 1 所示在先设计相近似，两者均包括器材连接管、过渡段和固定部分；器材连接管为圆柱体；过渡段前半段为均匀的圆柱体，后半段的横截面逐渐加宽，过渡部分一侧为直线，另一侧为直线过渡为圆弧；固定部分为矩形。两者的区别在于本专利在过渡段的后半段有两个开口。但是该区别不足以对外观设计的整体视觉效果产生显著的影响，因此，它们属于相近似的外观设计；（2）证据 2 不仅在整体观察上与本专利的外观设计相同，而且也公开了本专利的过渡段后半段的两个开口，两者属于相同或相近似的外观设计。因此，本专利不符合专利法第 23 条的规定。

经形式审查合格后，专利复审委员会受理了上述无效宣告请求，于 2008 年 12 月 17 日向双方当事人发出《无效宣告请求受理通知书》，并将《专利权无效宣告请求书》及其附件清单中所列附件副本转送给专利权人，要求其在指定的期限内答复，同时成立合议组对本无效请求案进行审理。

请求人于 2009 年 1 月 16 日补充提交了意见陈述书和以下证据材料：

证据 3：SD Ⅱ 第二代超级动态室外日夜性高速快球，WV－CW860A 系列，design award winner 2003，第 34 页和第 35 页的复印件共 2 页；

证据 4：书面证明，证明人李彦达，2009 年 1 月 10 日，复印件共 1 页；

证据 5：（2009）京国信内经证字第 0140 号公证书，公证日为 2009 年 1 月 13 日，内附网络打印件（共 72 页），其中记录了网络打印件的网上搜索过程，打印件中包括证据 2 和 3。

依据上述证据，请求人认为：（1）证据 3 的右上角图示说明松下产品在 2003 年荣获 IF 设计大赛奖，推定其公开日期为 2003 年 12 月 31 日前。本专利和证据 3 所示的在先设计均包括器材连接管、过渡段和固定部分；器材连接管为圆柱体；过渡段前半段均为均匀的圆柱体，后半段的横截面均逐渐加宽，过渡部分一侧均为直线，另一侧均为直线过渡为圆弧；固定部分均为矩形。因此，两者是相同或相近似的，本专利不符合专利法第 23 条的规定；（2）由证据 4 所示的本专利设计人的书面证明可以知道，本专利在申请日之前已在国内销售，即本专利在申请日之前已公开使用；（3）证据 5 是对证据 2、3 所作的公证。

专利权人于 2009 年 1 月 20 日提交了意见陈述书，认为：（1）证据 1 和本专利的壁装支架的组成部分相同，但是相对应的组成部分间差别明显，本专利中固定部分与中间过渡段相比的比例较大，固定部分本身的长宽比也较大，证据 1 中固定部分与中间过渡段相比的比例较小，固定部分本身的长宽比较小；本专利中过渡段弧度较大，最大横截面与固定部分的边缘平齐，在过渡段上开设有两个开口，证据 1 中过渡段弧度较小，最大横截面在固定部分的 3/4 处，在过渡段上没有开口。因此，整体上看，证据 1 和本专利的外观不相同也不相近似；（2）请求人所提交的证据 2 是外文资料，未同时提交中文译文，不能作为证据使用，而且，该外文资料属于域外证据，不具备作为证据使用的相关条件，因此，证据 2 不能作为对比文件用来无效本专利。

本案合议组于 2009 年 2 月 10 日向双方当事人发出《无效宣告请求口头审理通知书》，定于 2009 年 3 月 24 日对该专利权的无效请求进行口头审理，并同时将请求人于 2009 年 1 月 16 日补充提交的意见陈述书和证据材料转送给专利权人，将专利权人于 2009 年 1 月 20 日提交的意见陈述书转送给请求人，要求其在指定的期限内答复或在口头审理过程中当庭陈述意见。

2009 年 3 月 24 日，口头审理如期进行，专利权人委托了代理人参加了审理，请求人于 2009 年 2

月 20 日提交了口头审理通知书回执，但未参加口头审理。专利权人对合议组成员无回避请求。

口头审理过程中，本案合议组对请求人提出的专利权无效宣告请求理由和事实进行了调查，听取了专利权人的答辩意见，口头审理中认定的事实如下：

（1）专利权人对证据 1 的真实性无异议，但是认为证据 1 和本专利相比，在壁装支架的过渡段没有开口，两者外观差异明显，不相同和不相近似；

（2）专利权人对证据 2 中已翻译的内容的译文准确性无异议，但是对证据 2 的真实性和公开日期有异议；

（3）专利权人认为证据 3 中右上角图示的“2003 年荣获 IF 设计大赛奖”的得奖对象不确定，以及是否存在这样的大奖赛无从考证，因此，不能以此推断该证据的公开时间，同时对证据 3 的真实性有异议；

（4）专利权人认为证据 4 的证明中的证明人和请求人之间有利害关系，对证据 4 的真实性有异议。

至此，合议组认为本案事实清楚，可以依法作出审查决定。

二、决定的理由

1. 法律依据

根据请求人提出无效宣告请求所依据的理由和证据，合议组对本专利是否符合专利法第 23 条的规定进行审查。

专利法第 23 条规定：授予专利权的外观设计，应当同申请日以前在国内外出版物上公开发表过或者国内公开使用过的外观设计不相同和不相近似，并不得与他人在先取得的合法权利相冲突。

2. 证据认定

（1）证据 1 为公告号为 CN3374764 的外观设计专利的著录项目和图片打印件，所示专利公告日为 2004 年 6 月 23 日，使用外观设计的产品名称为“摄像机（一体化高速球型）”。专利权人对其真实性没有异议，而其公告日在本专利的申请日之前，确系本专利申请日之前公开发表的外观设计，可适用专利法第 23 条的规定作为本专利的在先设计证据。

（2）对于证据 2，专利权人对其真实性和公开日期有异议，而请求人提供了证据 5 用以说明该证据可以从“Panasonic 中国（松下电器）”的网站上获得，并且其公开日在本专利申请日之前，对此，合议组认为：根据证据 5 中关于证据 2 的记载，证据 2 在所述网站上是以 pdf 格式的文件作为附件上传的，虽然证据 2 的最后一页记载有“2001”，但不能确定其是否为公开出版日期，且由于证据 5 的公证书的公证日期在本专利申请日后，而证据 2 是以附件形式上传于网络中，在证据 5 网络打印件中的“Panasonic 中国”网站上也无证据表明证据 2 在本专利申请日前即已上传至网站，因此，无法确定证据 2 的公开日期，证据 2 不能作为判断本专利是否符合专利法第 23 条规定的在先设计证据。

（3）对于证据 3，专利权人对其的真实性和公开日期有异议，请求人认为通过证据 3 的右上角图示说明松下产品在 2003 年荣获 IF 设计大赛奖，推定其公开日期为 2003 年 12 月 31 日前。对此，合议组认为：证据 3 中的右上角图示说明的得奖对象不确定，仅仅从这图示中不能确定得奖的对象是摄像机、壁装支架还是其他部件，且 2003 年得奖也不能证明证据 3 所示产品宣传说明材料即在 2003 年已公开，因此，由该图示并不能推定证据 3 的公开时间；其次，请求人提供了证据 5 用以说明该证据可以从“Panasonic 中国（松下电器）”的网站上获得，对此，合议组认为：根据证据 5 中关于证据 3 的记载，证据 3 在所述网站上是以 pdf 格式的文件作为附件上传的，由于证据 5 的公证书的公证日期在本专利申请日后，而证据 3 是以附件形式上传于网络中，在证据 5 网络打印件中的“Panasonic 中国”网站上也无证据表明证据 3 在本专利申请日前即已上传至网站，因此，无法确定证据 3 的公开日期，证据 3 不能作为判断本专利是否符合专利法第 23 条的规定的在先设计证据。

（4）证据 4 为本专利设计人出示的书面证明的复印件，专利权人对其真实性有异议，由于请求人未出示该证明的原件，证人也未出庭质证，因此，合议组对证据 4 的真实性不予认可。

综上，本决定针对本专利相对于证据 1 是否符合专利法第 23 条的规定进行审查。

3. 关于专利法第 23 条

本专利包括主视图、后视图、左视图、俯视图、仰视图和立体图，简要说明记载了右视图与左视图对称，省略左视图。所示壁装支架包括器材连接管、过渡段和底座；器材连接管为圆柱体；过渡段前半段为均匀的圆柱体，后半段的横截面逐渐加宽，过渡部分一侧为直边，另一侧为圆弧形；底座为矩形平板状；在过渡段中部及靠近底座的部位各有两个贯通开口（详见本专利附图）。

证据 1 的使用状态参考图中示出了壁装支架（下称在先设计）。所示壁装支架包括器材连接管、过渡段和底座；器材连接管为圆柱体；过渡段前半段为均匀的圆柱体，后半段的横截面逐渐加宽，过渡部分一侧为直边，另一侧为圆弧形；底座为矩形平板状（详见在先设计附图）。

将本专利与在先设计相比较，两者均包括：器材连接管、过渡段和底座；器材连接管和底座的形状也基本相同，过渡段均有弧形设计。其主要不同之处在于：本专利在过渡段的后半段有四个开口，在先设计的过渡段上没有开口；两者的过渡段的弧度有所不同，本专利的过渡段弧度更大，过渡段的弧线结束于底座的边缘，在先设计的弧线结束于底座的大约 3/4 处。合议组认为：两者虽然都具有过渡段，但其过渡弧度存在差异，并且本专利的过渡段上有开口，该开口从主视图角度观察呈“X”形，从左（右）视图角度观察为半月牙形且有方向变化的穿孔，该开口处于视觉瞩目部位，容易引起注意，在先设计无所述设计，对一般消费者而言，上述差别对壁装支架的整体视觉效果具有显著的影响，本专利与在先设计属于不相同且不相近似的外观设计，本专利相对于证据 1 符合专利法第 23 条的规定。

基于以上事实和理由，本案合议组作出如下审查决定。

三、决定

维持 200530070012. 3 号外观设计专利权有效。

当事人对本决定不服的，可以根据专利法第 46 条第 2 款的规定，自收到本决定之日起三个月内向北京市第一中级人民法院起诉。根据该款的规定，一方当事人起诉后，另一方当事人应当作为第三人参加诉讼。

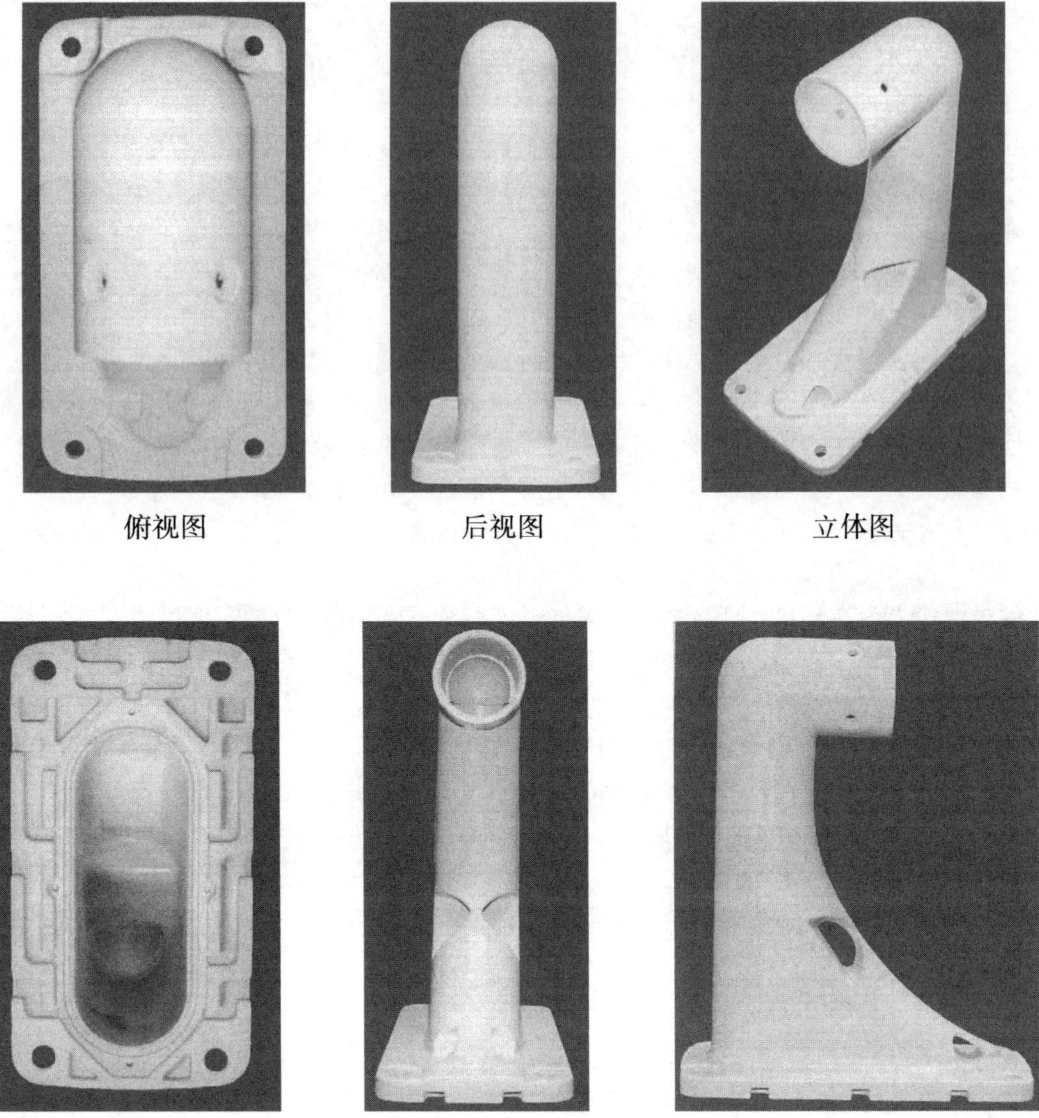

俯视图　　后视图　　立体图

仰视图　　主视图　　左视图

本专利附图

在先设计附图

四门衣柜（804）

无效宣告请求审查决定（第13339号）

决　　定　　号 第13339号
决　　定　　日 2009年4月29日
发明创造名称 四门衣柜（804）
外观设计分类号 06-04
无效宣告请求人 重庆贝德罗家具有限公司
专　利　权　人 刘焕元
专　　利　　号 200530028291.7
申　　请　　日 2005年5月17日
授 权 公 告 日 2006年1月18日
合 议 组 组 长 徐清平
主　　审　　员 刘瑞华
参　　审　　员 刘洪尊

法　律　依　据 专利法第23条
决　定　要　点

请求人提交的证据不足以证明其主张的与本专利相近似的家具产品已在本专利申请日之前在先销售的事实，其据此证明本专利不符合专利法第23条规定的无效宣告请求理由不能成立。

一、案由

本无效宣告请求涉及的是国家知识产权局于2006年1月18日授权公告的200530028291.7号外观设计专利，该外观设计的产品名称为“四门衣柜（804）”，申请日是2005年5月17日，专利权人是刘焕元。

针对上述专利权（下称本专利），重庆贝德罗家具有限公司（下称请求人）于2008年12月19日向专利复审委员会提出无效宣告请求，其依据的事实和理由是：请求人提交的附件1所示公证书（2008）渝沙证字第3220号和附件2所示公证书（2008）渝沙证字4182号包括证人的证言、送货单和照片相结合可证明在本专利申请日之前已有照片所示相近似的外观设计产品在先公开销售；附件3所示公证书（2008）川律公证字第13896号包括证人证言、订货合约和照片相结合可证明在本专利申请日之前已有与本专利相近似的产品在先公开销售，因此本专利不符合专利法第23条的规定，应宣告无效。请求人提交的作为证据的附件如下：

附件1：（2008）渝沙证字第3220号公证书复印件3页，其中封面页1页、正文2页，货号为

0005146 的《送货单》复印件 1 页、自然人刘英出具的《证明》复印件 1 页、照片复印件 4 页，共 9 页；

附件 2：（2008）渝沙证字第 4182 号公证书复印件 2 页，其中包括封面页 1 页，正文 1 页，自然人胡元忠出具的《证明书》复印件 1 页，共 3 页；

附件 3：（2008）川律公证字第 13896 号公证书复印件 3 页，其中封面页 1 页、正文 2 页，货号为 0013734 的《订货合约》的复印件 1 页、货号为《0012182》的订货合约的复印件 1 页、自然人雷春雷出具的《声明》复印件 1 页、照片复印件 5 页，共 11 页。

经形式审查合格，专利复审委员会受理了该无效宣告请求，并于 2008 年 12 月 19 日将无效宣告请求书及其附件的副本转送给专利权人，通知其在指定期限内陈述意见，同时依法成立合议组对本案进行审理。

请求人于 2009 年 1 月 16 日补充提交了附件 4~6 作为无效宣告的证据，请求人认为提交的附件 4（2005）青羊民初字第 2416 号民事判决书结合附件 5（2006）成民终字第 848 号民事判决书可证明本专利的产品在本专利申请日之前已由请求人和专利权人共同公开在市场上销售。从附件 4、附件 5 中复印出资料附件 6，进一步说明本专利型号对应外观的产品早在申请日以前已公开销售，因此本专利与所有证据构成近似，应被宣告无效。请求人补充的作为证据的附件如下（编号续前）：

附件 4：（2005）青羊民初字第 2416 号民事判决书复印件 2 份，每份 8 页；

附件 5：（2006）成民终字第 848 号民事判决书复印件 2 份，每份 12 页；

附件 6：请求人称从附件 4、5 所称法院案卷中复印的案卷资料 2 份，每份 8 页，具体内容分别称为附件 6-1 至附件 6-8：

附件 6-1：贝德罗货号为 0012182 的《订货合约》第一联存根联复印件；

附件 6-2：贝德罗货号为 0001053《送货单》第二联客户联复印件；

附件 6-3：贝德罗货号为 0001053《送货单》第一联存根联复印件；

附件 6-4：贝德罗货号为 0005146《送货单》第一联存根联复印件；

附件 6-5：盖有“四川省成都市中级人民法院调查转递材料专用章（2）”的证据目录复印件；

附件 6-6：盖有“四川省成都市中级人民法院调查转递材料专用章（2）”的专利号为 200530028292.1 的外观设计专利复印件；

附件 6-7：贝德罗货号为 0008459《送货单》第四联财务联复印件；

附件 6-8：贝德罗货号为 0008141《送货单》第四联财务联复印件；

专利复审委员会依法成立合议组对本案进行审理，于 2009 年 2 月 16 日向请求人和专利权人发出口头审理通知书，定于 2009 年 3 月 16 日对本案进行口头审理。同时将上述请求人于 2009 年 1 月 16 日提交的意见陈述书及附件 4、5 和 6 转送给专利权人，要求其口头审理时当庭陈述意见。

口头审理如期举行，请求人和专利权人均委托代理人参加了审理，双方对对方参加口头审理人员的身份和资格无异议，对合议组成员无回避请求。请求人当庭提交了附件 1-3、附件 5，以及附件 6-1、附件 6-3 至附件 6-6 的原件，没有提交附件 4 的原件。请求人当庭放弃了附件 6-2、附件 6-7、附件 6-8，并主张用附件 1、2、4、5、6 相结合以及附件 3、4、5、6 相结合分别证明在本专利申请日之前本专利的产品已经被销售公开。首先，专利权人对请求人提交的公证书原件本身的真实性无异议，但认为其内容不能证明请求人所主张的事实；其次，专利权人对送货单及订货合约的真实性有异议，并认为送货单不能说明送货行为是否履行过，也不能说明列举的产品和型号与证人家里的产品型号和款式相对应；第三，对附件 4、5 的真实性无异议，但认为没有任何证据证明附件 4 中提到的 53 款产品中含有本案产品四门衣柜（804）；第四，对附件 6 的真实性有异议，而且认为附件 6 的证据无法形成完整的证据链，证明待证事实。

请求人的证人胡元忠和雷春雷分别就其公证书中的声明内容出庭作证，专利权人确认请求人的两名证人的身份与公证书中相符，但对其证言内容的真实性不予认可。

经过上述审理，合议组认为本案事实已经清楚，依法作出本审查决定。

二、决定的理由

1. 无效宣告请求理由相关法律规定

基于请求人提出无效宣告请求所依据的事实和理由，合议组对本专利是否符合专利法第 23 条的规定进行审查。专利法第 23 条规定："授予专利权的外观设计，应当同申请日以前在国内外出版物上公开发表过或者国内公开使用过的外观设计不相同和不相近似，并不得与他人在先取得的合法权利相冲突。"

2. 证据及事实认定

（1）关于附件 1、附件 2。

请求人提交的附件 1 是（2008）渝沙证字第 3220 号公证书复印件 3 页，共 9 页，其中封面页 1 页、正文 2 页，货号为 0005146 的《送货单》复印件 1 页、自然人刘英出具的《证明》复印件 1 页、照片复印件 4 页，共 9 页；附件 2 是（2008）渝沙证字第 4182 号公证书复印件 2 页，其中封面页 1 页、正文 1 页，自然人胡元忠出具的《证明书》复印件 1 页，共 3 页。并在口头审理中当庭提交了上述证据原件。请求人认为附件 1、附件 2 可证明胡元忠及刘英夫妇在本专利申请日之前已购买与本专利相近似产品的事实。

上述附件 1（2008）渝沙证字第 3220 号公证书中《证明》内容为证明人刘英证明其与配偶胡元忠于 2005 年 4 月 30 日在重庆德意家具城贝德罗家具专卖店预订了四门衣柜等家具，同年 5 月 7 日送货到家，现仍在使用；公证书证明内容为：兹证明与本公证书相粘连的《证明》复印件与原件相符，《证明》原件上刘英的签名属实，No：0005146《送货单》的复印件与原件内容相符；与本公证书相粘连的照片共 8 张为重庆贝德罗家具有限公司的法定代表人尤建飞现场拍摄，与现场情况相符。0005146 号《送货单》上列有 6 种家具，其中包括型号为"E804"的四门衣柜 1 个。上述附件 2（2008）渝沙证字第 4182 号公证书附有《证明书》，其中《证明书》内容为证明人胡元忠证明其与妻子刘英于 2005 年 4 月 30 日在重庆德意家具城贝德罗家具专卖店预订了四门衣柜等家具，同年 5 月 7 日送货到家，并附有货号为 0005146《送货单》，现仍在使用。公证书证明内容为：兹证明胡元忠在《证明书》上签名、捺指印属实。

合议组认为：上述公证书仅能证明有关复印件与原件相符，有关人员签字、捺指印属实，公证现场当时情况属实，并不涉及对《证明》内容、送货单内容是否属实的证明；该《证明》作为证人证言属事后证明，上述《送货单》虽为原始证据，但其属于不受第三方监督管理的双方签约材料，并且无签约双方签字盖章，其证明力较低，《证明》所述事实缺乏充分的原始证据相印证，故所述《证明》与《送货单》相结合不足以证明在所述时间购买所述家具的事实；同时，公证书中所示照片为事后拍摄，除证明人的事后证明外，并无其他客观形成的可证明照片所示家具与《送货单》具有必然联系的证据，仅凭证人证言不足以确认《送货单》所预订的家具即为照片所示家具，故上述证据亦不足以形成完整的证明体系证明照片所示家具的购买时间。因此，将请求人提交的附件 1、附件 2 相结合不足以证明其主张的与本专利产品相近似家具产品已在本专利申请日之前在先销售的事实。

（2）关于附件 3。

请求人提交的附件 3 是（2008）川律公证字第 13896 号公证书复印件及与其相粘连的货号为 0013734 号《订货合约》客户联复印件、货号为 0012182《订货和约》客户存根联复印件、雷春雷署名的《声明》复印件，并在口头审理中当庭提交了该公证书原件。请求人认为附件 3 可证明雷春雷在本专利申请日之前购买与本专利产品相近似产品的销售事实。

上述附件 3（2008）川律公证字第 13896 号公证书附有《声明》复印件 1 页，及现场照片 9 张。其中《声明》内容为声明人雷春雷证明其于 2005 年 4 月 7 日在成都八一家具城贝德罗家具专卖店预订家具，签订有货号为 0013734 号《订货合约》单，同年 5 月 3 日送货到家，现仍在使用；货号为 0013734《订货合约》记载的日期为 2005 年 4 月 7 日，商品名称包括有“E804 四门衣柜”1 个，货号为 0012182《订货合约》记载的日期为 2005 年 5 月 3 日，商品名称包括有“E804 四门衣柜”。公证书证明内容为：兹证明与本公证书相粘连的货号为 0013734、0012182 的《订货合约》复印件均与原件内容相符；与本公证书相粘连的《声明》复印件与原件相符，原件上雷春雷签名属实；现场照片系工作人员现场拍摄取得。

合议组认为：上述公证书仅能证明有关复印件与原件相符，有关人员签字、捺指印属实，公证现场当时情况属实，并不涉及对《声明》内容、《订货合约》内容是否属实的证明；该《声明》作为证人证言属事后证明，上述《订货合约》虽为原始证据，但其属于不受第三方监督管理的双方签约材料，其证明力较低，《声明》所述事实缺乏充分的原始证据相印证，故所述《声明》与《订货合约》相结合不足以证明在所述时间购买所述家具的事实；同时，公证书中所示照片为事后拍摄，除声明人的事后证明外，并无其他客观形成的可证明照片所示家具与《订货合约》具有必然联系的证据，仅凭证人证言不足以确认《订货合约》所预订的家具即为照片所示家具，故上述证据亦不足以形成完整的证明体系证明照片所示家具的购买时间。因此，请求人提交的附件 3 不足以证明其主张的已有与本专利相近似的家具产品已在本专利申请日之前在先销售的事实。

（3）关于附件 4~6。

附件 4、5 都是法院的民事判决书复印件，附件 6 是从附件 4、5 案卷中复印出的法院案卷资料。

请求人认为由其中专利权人陈述“三鑫琪瑞系列的 53 款产品自 2004 年 7 月推出后，2005 年 3 月被贝德罗一件不留、一成不变地克隆……一成不变的仿冒，甚至连型号、编号都完全一样”可以说明本专利的产品在申请日之前已由请求人和专利权人共同公开在市场上销售，附件 6 的资料进一步说明本专利对应外观的产品早在申请日以前已在公开销售。

合议组认为，首先，专利权人上述陈述在附件 4、5 中都仅仅是专利权人投诉书中陈述的意见，并非法院认定的事实，因此不能作为定案依据；其次，专利权人陈述的“53 件产品”没有具体说明 53 款产品的型号和型号对应的款式，因此无法确定这 53 款产品中是否包括有本案专利在内。附件 6 所示的法院案卷中的资料是请求人曾作为证据提交给法院的，但是没有佐证证明附件 6 资料中所示产品就包括在附件 4、附件 5 中所述的“53 件产品”之内，也无法确认其是否已经作为经法院认定为具有真实性的证据，因此将附件 4~6 分别与附件 1 和 2 相结合、与附件 3 相结合也不足以证明请求人主张的事实。

3. 结论

综上所述，请求人提交的证据不足以证明其主张的与本专利相近似家具产品已在本专利申请日之前在先销售的事实，其据此证明本专利不符合专利法第 23 条规定的无效宣告请求理由不能成立。

三、决定

维持 200530028291.7 号外观设计专利权有效。

当事人对本决定不服的，可以根据专利法第 46 条第 2 款的规定，自收到本决定之日起三个月内向北京市第一中级人民法院起诉。根据该款的规定，一方当事人起诉后，另一方当事人应当作为第三人参加诉讼。

251

童车的轮毂

无效宣告请求审查决定（第13344号）

决 定 号 第13344号
决 定 日 2009年5月5日
发明创造名称 童车的轮毂
外观设计分类号 12-16-H0276
无效宣告请求人 中山宝宝好日用制品有限公司
专 利 权 人 好孩子儿童用品有限公司
专 利 号 00350020.9
申 请 日 2000年12月20日
授权公告日 2001年8月15日
合议组组长 吴赤兵
主 审 员 沙柏青
参 审 员 李巍巍

法 律 依 据 专利法第23条，专利法实施细则第2条第3款
决 定 要 点

证据1和证据2的授权公告日均晚于本专利的申请日，不能作为以专利法第23条为由请求宣告本专利无效的证据。

对于本专利所示的外观设计，按照一般消费者的常识进行判断，尚不足以认定其违反了专利法实施细则第2条第3款关于新设计的一般性要求，因此，请求人的主张不能成立。

童车的轮毂属于零部件类产品，其可以与其他的部件组合构成完整的童车，能应用于产业上并形成批量生产，具备独立存在和独立使用的属性，因此其符合专利法实施细则第2条第3款的规定，属于外观设计专利的保护客体。

一、案由

本无效宣告请求涉及的是国家知识产权局于2001年8月15日授权公告的、名称为“童车的轮毂”的外观设计专利（下称本专利），其申请号是00350020.9，申请日为2000年12月20日，专利权人为好孩子集团公司，后变更为好孩子儿童用品有限公司。

针对本专利，中山宝宝好日用制品有限公司（下称请求人）于2008年12月28日向专利复审委员会提出无效宣告请求，其理由是本专利不符合专利法第23条和专利法实施细则第2条第3款的规定。请求人认为：（1）本专利是常规的设计，无须创造性劳动，完全系现有技术和设计；（2）本专

利属于“产品的不能分割、不能单独出售或者使用的局部或部分设计”，不属于外观设计专利保护的客体；（3）本专利与湖北省阳新轮毂厂在2000年7月26日申请的两项外观相近似。请求人同时提交了下列证据作为对比文件：

证据1：第00325010.5号外观设计专利著录项目及图片网页下载打印件，其申请日为2000年7月26日，公开日为2001年6月6日，1页；

证据2：第00325006.7号外观设计专利著录项目及图片网页下载打印件，其申请日为2000年7月26日，公开日为2001年6月6日，1页。

经形式审查合格，专利复审委员会受理了该无效宣告请求，并于2009年1月20日将无效宣告请求书及相关材料副本转送给专利权人，要求其在指定的期限内答复。

针对上述无效宣告请求，专利权人至今未答复。

合议组于2009年3月5日向双方当事人发出合议组成员告知通知书，同日还向请求人发出无效宣告请求审查通知书，告知其专利权人未答复，要求其在指定期限内进一步陈述意见。双方当事人均未在指定期限内进行答复，视为无回避请求。请求人也未对无效宣告请求审查通知书进行答复。

合议组认为，本案事实已经清楚，可以依法作出审查决定。

二、决定的理由

1. 法律依据

根据请求人提出的无效宣告请求的理由和提交的证据，本案合议组依据专利法第23条和专利法实施细则第2条第3款进行审理。

专利法第23条规定：“授予专利权的外观设计，应当同申请日以前在国内外出版物上公开发表过或者国内公开使用过的外观设计不相同和不相近似，并不得与他人在先取得的合法权利相冲突。”

专利法实施细则第2条第3款规定，外观设计是指对产品的形状、图案或者其结合以及色彩与形状、图案的结合所作出的富有美感并适于工业应用的新设计。

2. 关于证据

请求人提交的证据1和证据2的授权公告日均为2001年6月6日，晚于本专利的申请日（2000年12月20日），不属于专利法第23条所规定的本专利申请日前的公开出版物。因此合议组认为证据1和证据2不能作为以专利法第23条为由请求宣告本专利无效的证据。

3. 关于专利法实施细则第2条第3款

请求人认为：（1）从证据2即第00325006.7号专利可以看出，外轮沿与内轮之间的连接，由五条支撑条组成，属于常规设计，完全系现有技术和设计；（2）本专利是童车的一部分，属于审查指南中明确规定的“产品的不能分割、不能单独出售或者使用的局部或部分设计”，不属于外观设计专利的保护客体。合议组认为：第一，根据审查指南的规定，专利法实施细则第2条第3款是对可获得专利保护的外观设计的一般性定义，对于要求保护的外观设计是否满足“新设计”的一般性要求，审查员通常仅需根据申请文件的内容及一般消费者的常识进行判断；对于本专利所示童车轮毂的外观设计，按照一般消费者的常识进行判断，尚不足以认定其违反了关于新设计的一般性要求。第二，本专利是童车的轮毂，属于零部件类产品，其可以与其他的部件组合构成完整的童车，能应用于产业上并形成批量生产，具备独立存在和独立使用的属性，可以由生产厂家单独出售和使用，因此其符合专利法实施细则第2条第3款的规定，属于外观设计专利保护的客体。请求人认为本专利不符合专利法实施细则第2条第3款关于新设计的规定的主张不能成立。

综上所述，由于请求人未能提供充分的证据支持其主张，因此，请求人提出的本专利不符合专利法第23条和专利法实施细则第2条第3款的规定的无效宣告请求理由不成立。

三、决定

维持 00350020.9 号外观设计专利权有效。

当事人对本决定不服的，可以根据专利法第 46 条第 2 款的规定，自收到本决定之日起三个月内向北京市第一中级人民法院起诉。根据该款的规定，一方当事人起诉后，另一方当事人应当作为第三人参加诉讼。

252

包　装　盒

无效宣告请求审查决定（第13347号）

决　　定　　号　第13347号
决　　定　　日　2009年5月6日
发明创造名称　包装盒
外观设计分类号　09-03
无效宣告请求人　铁姆肯（中国）投资有限公司
专　利　权　人　沈太旺
专　　利　　号　200630148165.X
申　　请　　日　2006年11月7日
授权公告日　2007年9月12日
合议组组长　黄玉平
主　　审　　员　王琦琳
参　　审　　员　孙茂宇
附　　　　图　3页

法　律　依　据　专利法第23条
决　定　要　点

如果一件外观设计产品同在先设计相比整体外观形状相同，且某一部位上的细微形状变化不会对该产品的整体视觉效果构成显著性影响，则应当认为两者属于相近似的外观设计。

一、案由

本无效宣告请求涉及国家知识产权局于2007年9月12日授权公告的名称为“包装盒”的200630148165.X号外观设计专利（下称本专利），其申请日是2006年11月7日，专利权人是沈太旺。

针对上述外观设计专利，铁姆肯（中国）投资有限公司（下称请求人）于2008年5月30日向专利复审委员会提出了无效宣告请求，并提交了证据：

证据1-1：（2008）鲁民三终字第25号中华人民共和国山东省高级人民法院民事判决书复印件共8页；

证据1-2：请求人声称为证据1-1所涉及案件的诉讼过程中临清市通联轴承厂提交的《授予外观设计专利权及办理登记手续通知书》、外观设计图或照片复印件共3页；

证据2：第97308号商标注册证、商标注册证明以及相关核准续展注册商标证明、核准变更商标注册人名义证明的复印件共 6 页；

证据 3：第 729705 号商标注册证、商标注册证明以及相关核准续展注册证明、核准变更商标注册人名义证明的复印件共 6 页；

证据 4：第 1770892 号商标注册证、商标注册证明的复印件共 2 页；

证据 5：请求人声称为《America's Greatest Brands》第四卷的封面、目录页、版权页、第 116、117 页的复印件以及中文译文共 13 页；

证据 6：由中华人民共和国北京市求是公证处出具的（2008）京求是内民证字第 0914 号公证书复印件共 36 页。

结合上述证据，请求人认为：证据 1～4 可证明本专利与他人在先取得的合法权利相冲突；证据 5～6 可证明本专利同申请日前在国外出版物上公开发表过的外观设计相同相近似，不符合专利法第 23 条的规定。

经形式审查合格，专利复审委员会受理了上述无效宣告请求，并于 2008 年 6 月 16 日向双方当事人发出了无效宣告请求受理通知书，随同无效宣告请求受理通知书将专利权无效宣告请求书及其附件清单中所列附件副本转送给专利权人，要求其在指定的期限内答复。

专利权人逾期未答复。

请求人于 2008 年 6 月 30 日向专利复审委员会补充提交了意见陈述书，并提交了如下补充证据（编号续前）：

证据 7：由中华人民共和国北京市求是公证处出具的（2008）京求是内民证字第 0914 号公证书（即证据 6）中涉及外文内容部分的中文译文共 57 页。

结合上述证据，请求人认为：《America's Greatest Brands》－《美国最伟大的品牌》杂志第116～117 页介绍了 TIMKEN 品牌轴承，本专利相对于其所公开的 TIMKEN 品牌轴承属于相近似的外观设计，不符合专利法第 23 条的规定，应予宣告全部无效。

专利复审委员会依法成立合议组，并于 2008 年 8 月 4 日向双方当事人发出无效宣告请求口头审理通知书，定于 2008 年 9 月 15 日举行口头审理，随同无效宣告请求口头审理通知书，将请求人于 2008 年 6 月 30 日补充提交的意见陈述书及其附件清单中所列附件副本共 60 页转送给专利权人。专利复审委员会后又于 2008 年 8 月 11 日向双方当事人发出无效宣告请求口头审理通知书，将口头审理日期改为 2008 年 9 月 19 日，双方当事人对此并无异议。

口头审理如期举行，请求人委托郑燕玲、李静冰（均为公民代理）参加了口头审理，专利权人未出席口头审理。

在口头审理中，请求人当庭出示了证据 1-1、2、5～6 的原件，经合议组核实，上述证据的复印件与原件相符；请求人未出示证据 1-2 的原件；请求人当庭出示了证据 3 中“核准变更商标注册人名义证明”页、“核准续展注册证明”页、“商标注册证明”页的原件，出示了证据 4 中“商标注册证明”页的原件，并未出示其他页的原件；请求人当庭还提交了证据 6 公证书中所涉及的被公证封存的书证原件，鉴于专利权人可能系因邮路问题而未能出庭参加口头审理，故而合议组暂未拆封该书证原件。

请求人明确其无效宣告理由是：证据 1～4 证明本专利与他人在先取得的合法权利相冲突，因此本专利不符合专利法第 23 条的规定；证据 5～7 证明与本专利相近似的包装盒已经在公开出版物上被公开，因此本专利不符合专利法第 23 条的规定。

请求人认为：证据 1 第 6 页第 2 段以及第 7 页第 2～3 段说明判决中所述侵权产品就是本专利外观设计的产品，法院认定该产品侵权的情况下就意味着本专利也是侵权的，该判决涉及的轴承厂的实际经营者是本专利的专利权人沈太旺，该判决中侵权产品的包装与本专利是一致的。证据5~7所涉及的书证是在公证人员监督下通过亚马逊网站从美国邮寄购买的，该网站公信力很强，该证据是真实有效的，该书证第116页上方最大的图可证明本专利不符合专利法第23条的规定。

合议组当庭告知请求人：若前面的无效程序相关文件系由于邮路问题未送达专利权人，可能会再次安排口头审理。

专利复审委员会于2008年9月19日向专利权人发出了转送文件通知书，随该通知书转送了专利权无效宣告请求书及其所附附件的复印件以及无效宣告请求受理通知书的复印件。

专利权人于2008年10月20日向专利复审委员会提交了意见陈述书，专利权人认为：公证书仅能证明有人通过网站购买《America's Greatest Brands》的行为，但不能证明与本次争议有关内容的真实、合法，专利权人对该书证是否符合公开发表存有异议，也不认同该书证中记载内容会导致本专利丧失新颖性；另外，请求人将商标文字TIMKEN和轴承图形商标结合起来推导与本专利的冲突，虽得到证据1-1判决书的支持，但本专利与请求人提供的商标不构成混淆性近似。

鉴于在收到转送文件后专利权人针对专利权无效宣告请求书作出了意见陈述，为让双方当事人充分发表意见，并对请求人提出的证据进行充分质证，合议组安排了第二次口头审理。

专利复审委员会本案合议组于2009年1月13日向双方当事人发出无效宣告请求口头审理通知书，定于2009年3月4日举行口头审理，随同无效宣告请求口头审理通知书，将专利权于2008年10月20日补充提交的意见陈述书转送给请求人。

口头审理如期举行，请求人委托郑燕玲（公民代理）参加了口头审理，专利权人未出席口头审理。

在口头审理中，请求人明确表示：关于证据1~4的证据原件提交情况以及意见与2008年9月19日口头审理记录中一致，并无新的证据原件提交或者新的意见表述；并且放弃将证据5作为证据使用。请求人当庭提交用于证明证据6所涉及书证真实性的书证原件，该书证原件由公证处封存于一外包装盒中，合议组在当庭核对该书证原件外包装盒封存情况之后，拆开了请求人所提交的证据6所涉及的被公证处封存的证据原件。

证据6所涉及书证原件的核实情况如下：由公证处封存的外包装箱上面封有“公证处保全证据备案封单”的封条，该外包装箱底面具有由UPS公司附具的表明该外包装箱系由美国寄出的邮寄信息单，该信息单上有求是公证处地址及收件人姓名liujun，该信息与公证书中的公证处和公证员刘军的信息一致；该外包装箱的封存状态与公证书中最后4幅记录外包装箱封存状态的照片一致。拆封后，在外包装箱内有一书证原件及发货单原件，在刚拆封状态下，该书证于外包装箱内的封存状态与公证书中照片页的第4~5页所展示的封存前的状态相符；经核实，该书证名称与证据6中涉及的书证相符，且公证书中涉及该书证的复印页的内容与该书证原件一致；发货单原件内容与公证书中照片页之前的发货单复印件内容一致。

请求人明确其关于证据6的无效宣告理由是：证据6可证明在本专利申请日以前与本专利相同相近似的外观设计已经在国外公开出版物上公开发表，因此本专利不符合专利法第23条的规定。

请求人认为：证据6下方标有第116页页码的TIMKEN公司介绍页中，上方三个包装盒中位于中间位置的包装盒与本专利相比，它们之间除了包装盒正面视图上方的字母分别是“Y”与“K”这一点不同之外，其他特征均一致，并且在先设计与本专利都是轴承的包装盒设计，属于同类产品。

至此，合议组认为事实已经清楚，在此基础上，合议组经合议依法作出审查决定。

二、决定的理由

1. 关于证据 6~7

（1）关于证据 6 本身的真实性以及中文译文准确性。

证据 6 是由中华人民共和国北京市求是公证处出具的（2008）京求是内民证字第 0914 号公证书复印件，请求人于口头审理当庭提交了该证据的原件，专利权人未对该公证书本身的真实性表示异议，经合议组核实，该证据的复印件与原件相符，其真实性可以确认，可以作为本案证据使用。该公证书中部分内容涉及外文，请求人提交了相关部分的中文译文（即证据 7），专利权人对该中文译文的准确性并未表示异议，因此，证据 6 公证书中涉及外文的部分，其公开内容以其中文译文为准。

（2）关于请求人当庭提交的声称为证据 6 所涉及的书证原件。

证据 6 公证书所要公证的内容是申请人北京正见永申律师事务所委托代理人李晓红在公证处公证员刘军以及公证处工作人员陈博超二人的监督下，使用公证处计算机登陆 www. amazon. com 网站，在线购买了书名为《America's Greatest Brands》的书籍，并经由"UPS"快递公司将该书寄送到公证处的过程。针对该过程，公证员刘军还制作了与公证书粘连的《现场记录》（一）、（二），该《现场记录》（一）记录了申请人在公证处人员监督下网上购买时所进行的操作，该《现场记录》（二）记录了 2008 年 3 月 17 日公证处收到 UPS 快递公司送来包裹时，在公证处人员监督下申请人拆封包裹和公证处封存所购买到的《America's Greatest Brands》书证原件的过程。公证书后还粘连有 17 张照片，该照片是公证员在《现场记录》（二）所记录过程中现场拍照的。

请求人当庭提交了证据 6 所涉及的书证原件，经合议组核实该书证原件的封存情况如下：外包装箱上面封有"公证处保全证据备案封单"的封条，该外包装箱底面附有邮寄信息单，信息单上有求是公证处地址及收件人姓名 liujun，该信息与公证书中的公证处和公证员刘军的信息一致；该外包装箱的封存状态与公证书中所粘连的最后 4 幅记录外包装箱封存状态的照片一致。拆封后，在外包装箱内有一书证原件及发货单原件，其中该书证名称与证据 6 公证书中涉及的书证名称相符，且公证书中涉及该书证的复印页的文字内容与该书证原件一致；发货单原件内容与公证书中照片页之前的发货单复印件内容一致。经过上述核对过程，合议组可以确认，请求人当庭提交的书证原件与公证书所载明的书证系同一份证据。

（3）关于证据 6 所能证明的事实。

证据 6 公证书中的《现场记录》（一）和（二）所记载的内容可以证明，对于不特定当事人而言，其可以通过 www. amazon. com 网站进行网络订购行为，并经由"UPS 快递公司"提供的邮寄服务，得到名为《America's Greatest Brands》的书籍。专利权人在意见陈述中也表示对该购买行为本身的真实性并无异议。经合议组调查，www. amazon. com 网站以及"UPS 快递公司"均为具有较强公信力的公司，在专利权人对购买行为本身并无异议，且也没有任何证据可质疑其公信力的情况下，可以证明售卖方和邮寄方的行为也是真实可信的。

即，证据 6 公证书可以证明该公证书中所涉及的《America's Greatest Brands》一书的获取途径是合法可信的，该《America's Greatest Brands》杂志作为一本域外形成的证据，其本身的真实性虽未经过域外公证认证，但是该域外证据的真实性可经由证据 6 公证书所记载的整个购买过程而得到确认，因而，合议组认为，该域外证据的真实性可以确认，可以作为本案证据使用。

（4）关于证据 6 所涉及的书证原件的使用方式。

参见上述对书证原件的审核过程可知，请求人当庭提交的书证原件就是该公证书中所涉及的《America's Greatest Brands》。证据 6 公证书中附有该书证原件封面、版权页、目录页、第 116~117 页的复印件，该复印件的文字内容与书证原件第 116 页的内容相符，其公开内容以证据 7 中对应的中文译文为准。

该证据 6 公证书中所涉及的书证原件《America's Greatest Brands》第 116 页复印件中间偏上方的图形模糊，由于请求人请求使用该图形与本专利进行对比，因此，合议组直接使用证据 6 中所涉及的该书证原件第 116 页所展示的图形与本专利进行对比，该图形的具体展示情况经扫描附于本审查决定之后。

（5）关于证据 6 中所涉及的书证原件是否属于公开出版物。

专利权人对《America's Greatest Brands》一书中的相关内容是否符合公开发表存有异议，认为请求人未提供该书系正式出版物的相应证据。

对此，合议组认为：在《America's Greatest Brands》一书的版权页中记载了如下信息：该书的版权归属是由美国最伟大品牌有限公司所有，其版权日是 2005 年，该书由美国最伟大品牌有限公司出版，并且其 ISBN 号为 0-9706860-3-X。根据上述内容可知，该书应属于正式出版物，其出版日期视为 2005 年 12 月 31 日，在本专利的申请日（2006 年 11 月 7 日）之前，因此，该书中所公开的内容构成本专利的在先设计。

2. 关于本专利是否符合专利法第 23 条的规定

专利法第 23 条规定："授予专利权的外观设计，应当同申请日以前在国内外公开出版物上公开发表过或者国内公开使用过的外观设计不相同和不相近似，并不得与他人在先取得的合法权利相冲突。"

请求人在口头审理中表示，其使用标有 116 页页码的 Timken 公司介绍页中，上方三个包装盒中位于中间位置的包装盒来与本专利进行比对。

（1）关于在先设计与本专利是否属于相同类别。

本专利的产品名称是包装盒，产品类别是 09-03（盒子、箱子、集装箱、防腐罐头盒），而根据书证原件第 116 页公开的信息来看，该书证原件文字内容介绍的是一家生产各种轴承的、名称为 Timken 的公司，并且该书证原件中位于中间偏上处展示了三个其上印刷有轴承图形的包装盒。由此可见，该书证原件公开的在先设计也是一种包装盒，与本专利属于相同类别。

（2）关于在先设计和本专利的比对。

《审查指南》第四部分第五章第 6.4 节指出：在相近似判断中，产品外表出现的包括产品名称在内的文字是一种图案，应当考虑其作为图案的装饰作用，而不应当考虑其作为文字的字意。

首先，本专利与在先设计均属于包装盒，根据本专利的 6 面视图以及在先设计所公开的立体视图可知，本专利与在先设计的形状相同，均为立方体形状；

其次，对本专利与在先设计的的图案设计进行比对。

本专利中一共包括该包装盒的 6 面视图，下面分别说明如下：本专利主视图中包括位于其上方的 6 个黄色英文字母"TIMYEN"，位于中间偏右的白色拼音字母"TongLianMaoYi"，位于下方的白色英文词组"TAPERED ROLLER BEARINGS"，中间偏左处的两个上下叠放的轴承器件图形，其中在叠放位置中处于上方的轴承上有呈装饰作用的六个英文字母"TIMYEN"；后视图与主视图对称；左视图中包括在黑底色上的一行黄色英文字母"TIMYEN"，右视图与左视图对称；俯视图中包括在黑底色上的一行黄色英文字母"TIMYEN"；仰视图中包括在黄色底面上偏右处的黄色英文字母"TIMYEN"以及偏左处的白色拼音字母"TongLianMaoYi"。另外，本专利未要求保护色彩（见本专利附图）。

书证原件第 116 页，上方三个包装盒中位于中间位置的包装盒是一个包装盒的立体视图，其作为在先设计展示出了主视图面、左视图面和俯视图面。

该在先设计的主视图，中间主要部分处为一呈叠放状态的两个圆形轴承的图形，图形上方有六个黄色英文字母，下方有一行白色英文字母，且在先设计主视图的两个轴承的图案中，位于上方的轴承上的文字装饰为 TIMKEN，以及在该文字结尾右上的一个小标识（见在先设计附图）。

正如前面对本专利主视图的概括，本专利的主视图中间也具有两个轴承图案，其中位于上方的轴承上的文字装饰为 TIMYEN，并且结尾右上没有标识，并且本专利主视图中在上方、中间偏右以及下方具有三行装饰作用的文字图形。

本专利主视图和在先设计的主视图，在其中央处均具有两个轴承图案，并且在上方和下方处有明显的装饰文字，而本专利和在先设计的两个轴承图案中，上述装饰文字仅在细部存在差异，即，本专利装饰文字“TIMYEN”中的第四个字母“Y”不同于在先设计中的“K”、本专利轴承图案上的装饰文字结尾没有小标识以及本专利主视图的中间偏右处具有一行装饰文字，对于一般消费者而言，这些细部差异不会对整体视觉效果产生显著影响，而对于那些对整体视觉效果具有显著影响的部分而言，无论是图形构成，装饰文字的字体、大小均相同。

本专利左视图中包括位于左上方的一行英文字母“TIMYEN”以及在字母“N”右上角的圆形标识，在先设计的左视图也包括位于左上方处的一行英文字母“TIMKEN”以及在字母“N”的右上角的圆形标识，除了该两行装饰文字中的第四个字母不同之外，本专利的左视图与在先设计的左视图的装饰文字布局、字体、大小均属于相近似，即，对于一般消费者而言，本专利左视图与在先设计左视图的细微差别对于整体视觉效果不具有显著的影响。本专利俯视图中包括位于右上方的一行英文字母“TIMYEN”以及在字母“N”的右上角的圆形标识，在先设计的俯视图也包括位于右上方处的一行英文字母“TIMKEN”以及在字母“N”的右上角的圆形标识，同理可知，对于一般消费者而言，本专利俯视图与在先设计俯视图的细微差别对于整体视觉效果不具有显著的影响。

虽然在先设计并未充分表示出本专利后视图、右视图、仰视图的设计，但是本专利后视图具有与本专利主视图对称设计的图案，本专利右视图仅具有与本专利左视图对应的英文字母，本专利仰视图也仅有与本专利主视图中拼音字母和本专利俯视图中英文字母对应的字母。对于一般消费者而言，在使用状态下其上具有较多图案设计的本专利主视图和后视图对整体视觉效果更具有显著影响。然而，根据上述评述可知，本专利主视图与在先设计的主视图之间的差别对于产品外观设计的整体视觉效果已不具有显著影响，在本专利主视图与后视图相同的情况下，一般消费者在对本专利与在先设计进行整体观察时，无论该一般消费者是看到本专利主视图或后视图中的哪一个，都会导致本专利与在先设计的误认、混同，因此，二者的差别对于产品外观设计的整体视觉效果显然不具有显著的影响。

在进行了整体观察、综合判断之后，合议组认为：本专利和在先设计之间的差别对于二者的整体视觉效果不具有显著的影响，因而本专利与在先设计属于相近似的外观设计，即本专利不符合专利法第 23 条的规定。

鉴于本专利相对于证据 6 不符合专利法第 23 条的规定，本决定中不再针对请求人提出的其他理由和证据发表意见。

三、决定

宣告 200630148165. X 号外观设计专利权无效。

当事人对本决定不服的，可以根据专利法第 46 条第 2 款的规定，自收到本决定之日起三个月内向北京市第一中级人民法院起诉。根据该款的规定，一方当事人起诉后，另一方当事人应当作为当事人参加诉讼。

本专利主视图

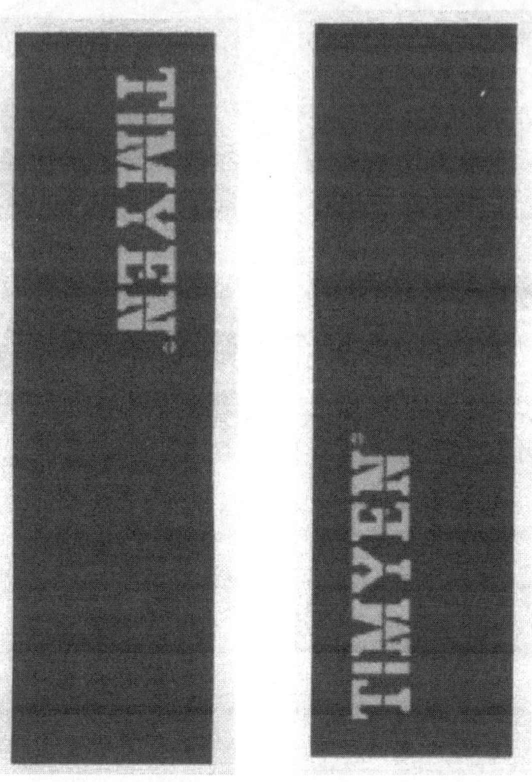

本专利左视图　　本专利右视图

本专利俯视图

本专利仰视图

本专利后视图

在先设计

253

餐桌（实木雕刻旋转喷泉）

无效宣告请求审查决定（第13349号）

决　定　号　第13349号
决　定　日　2009年5月7日
发明创造名称　餐桌（实木雕刻旋转喷泉）
外观设计分类号　06-03
无效宣告请求人　乌鲁木齐金欢乐工贸有限公司
专　利　权　人　程怀清
专　利　号　200430053202.X
申　请　日　2004年6月14日
授权公告日　2005年7月13日
合议组组长　熊　婷
主　审　员　袁丽颖
参　审　员　张媛媛
附　　　图　1页

法　律　依　据　专利法第23条
决　定　要　点

订货合同、收款收据、公证文件、第三方的证明、证人证言等相互结合能够证明在先销售的事实；通过对本专利外观设计与在先销售的产品的外观进行整体观察、综合判断，两者外观上的差别对于产品的整体视觉效果没有产生显著的影响，属于相近似的外观设计。

一、案由

本无效宣告请求涉及国家知识产权局于2005年7月13日授权公告、专利号为200430053202.X、名称为“餐桌（实木雕刻旋转喷泉）”的外观设计专利（下称本专利），其申请日为2004年6月14日，专利权人为程怀清。

针对本专利，乌鲁木齐金欢乐工贸有限公司（下称请求人）于2008年10月29日向专利复审委员会提出无效宣告请求，并提交以下附件作为证据使用

附件1：（2008）新乌证内字第20588号公证书，复印件，共16页；

附件2：（2008）新乌证内字第20584号公证书，复印件，共3页，其中包括订货合同1页；

附件3：（2008）新乌证内字第20586号公证书，复印件，共3页，其中包括收款收据1页；

附件4：（2008）新乌证内字第20587号公证书，复印件，共3页，其中包括中国工商银行转账

支票存根 1 页；

附件 5：（2008）新乌证内字第 20585 号公证书，复印件，共 3 页，其中包括新疆军区第四招待所购家具清单 1 页；

附件 6：（2008）新乌证内字第 20589 号公证书，复印件，共 4 页，其中包括证人证言复印件 1 页；

附件 7：（2008）新乌证内字第 20583 号公证书，复印件，共 4 页，其中包括产品购销合同 2 页；

附件 8：附件清单上表明为证人证言，但并没有具体附件；

附件 9：本专利的外观设计网页打印件，共 6 页。

请求人提出的无效理由是附件 1 的公证书证明本专利的餐桌目前在新疆军区第四招待所使用，附件 2 的公证书中的订货合同证明本专利的餐桌已经于 2003 年 9 月 24 日销售给新疆军区第四招待所，附件 3、4、5 的公证书是餐桌的付款证明，附件 6 的公证书是证人冯春梅的证人证言，证实专利权人在 2003 年 9 月 24 日已经将餐桌销售给新疆军区第四招待所，其中证人当时为专利权人的销售业务员，亲自销售了该餐桌，附件 7 的公证书用于证明证人是专利权人的销售人员的身份，届时证人将参加口头审理，这些证据形成了完整的证明体系，足以证明本专利的餐桌已经在申请日之前在国内公开销售和使用，因此本专利不符合专利法第 23 条的规定。

经形式审查合格，专利复审委员会于 2008 年 11 月 27 日受理该无效宣告请求，向双方当事人发出无效宣告请求受理通知书，并将请求人提交的专利权无效宣告请求书及其附件清单中所列附件副本转送专利权人，告知专利权人在收到该通知书之日起一个月内对该无效宣告请求陈述意见。

2008 年 11 月 17 日请求人提交了补充无效宣告请求理由的意见陈述书和新的证据，补充的证据如下：

附件 10：新疆军区第四招待所于 2008 年 11 月 5 日出具的证明，复印件，共 1 页。

请求人认为结合附件 10 补充证明专利权人的外观设计不符合专利法第 23 条的规定，已经在国内公开销售和使用了。

专利复审委员会依法成立合议组，对本案进行审理。

2008 年 12 月 17 日，专利复审委员会本案合议组向专利权人发出转送文件通知书，将请求人于 2008 年 11 月 17 日提交的意见陈述书及其所附附件转送给专利权人，并告知专利权人在收到该通知书之日起一个月内对转送文件中所涉及的事实、理由和证据陈述意见。

2008 年 12 月 26 日，专利复审委员会本案合议组向双方当事人发出了无效宣告请求口头审理通知书，定于 2009 年 2 月 18 日在专利复审委员会将本无效案件与编号为 W510546 的无效案件进行合并口头审理。

2009 年 1 月 19 日，本案合议组收到专利权人提交的意见陈述书。专利权人认为：（1）附件 2、5、6、7 不具有真实性和关联性，不能作为证据使用。其中，附件 2 中的“订货合同的交货期限 2003 年 11 月 5 日交工完毕”与附件 6 的证言中关于产品的交货日期为“2003 年 11 月底交货”，两份证据的交货日期不吻合，因此附件 2 和附件 6 不具有真实性，同时也无法确认附件 2、附件 6 与其他证据具有关联性，不能形成证据链。附件 5 中清单上的签名仅为“董建华 10/5”，无法由此判断清单的具体日期，因此附件 5 不具有真实性，同时也无法确认附件 5 与其他证据具有关联性，不能形成证据链。附件 6 的证言中关于产品的交货日期与附件 7 的公证书中的产品销售合同的产品签订日期和交货日期不相吻合，因此这两份证据不具有真实性和关联性。（2）请求人说理不充分。无效宣告请求书中没有针对本专利文件进行准确、具体的分析，仅仅罗列了有关证据而没有具体分析说明，不符合审查指南第四部分第三章第 3.3 节的相关规定。综上所述，请求人提出的所有证据无法证明本专利与在先设计是相同或相近似的，请求维持本专利继续有效。

2009 年 2 月 18 日，口头审理如期举行，双方当事人均参加了口头审理，请求人一方的证人冯春梅出席作证，本案合议组当庭将 2009 年 1 月 19 日收到的专利权人提交的意见陈述书副本转交给请求人。双方当事人对合议组成员及书记员无回避请求，对对方出庭人员的身份和资格无异议。在口头审理过程中，合议组对请求人提出的无效理由和事实进行了调查，并充分听取了双方当事人的陈述。(1) 请求人当庭出示了附件 1~7 和附件 10 的原件，并确认未提交附件 8，附件 8 对应的是出庭作证的证人证言，合议组当庭播放了附件 1 所附记录公证过程的光盘。请求人当庭明确其无效宣告请求理由为请求人明确将附件 1 中的第 7、9、13、16、18 张照片作为在先设计与本专利对比，本专利与在先设计之间确实有不同之处，但是根据整体观察综合判断的原则，本专利与在先设计还是相同的。附件 1~7、附件 10 与证人证言能够构成完整的证据链，表明与本专利相同的餐桌已经在申请日之前在国内公开销售和使用，因此本专利不符合专利法第 23 条的规定。(2) 专利权人对附件 1~7、9 的真实性无异议，对附件 10 的原件与复印件的一致性无异议，但对附件 10 的真实性不予认可，专利权人认为附件 1 只能证明公证的那一天在新疆军区第四招待所里有餐桌，且该餐桌与本专利不相同也不相近似；附件 2 中没有餐桌的具体形状、图案的说明，合同右上方乙方名称为“豪门家私”，而右下角盖的章为“豪门实木家具制造厂”，两者不一致；不能确定附件 3 中的 2 万元即为附件 2 中的 2 万元；不能证明附件 4 中的 2 万元为买餐桌的钱；不能确定附件 5 中的“10/5”为 2004 年 5 月 10 日，附件 5 中也没有记载餐桌的型号和合同号，无法证明已付的 4 万元中包括附件 4 中的 2 万元；附件 7 与其他附件没有关联，只能证明 2004 年 3 月 26 日证人冯春梅是代理人；对附件 10 中新疆军区第四招待所的章的真实性有异议，并认为出具附件 10 的证明的单位没有派工作人员来澄清事实，因此对附件 10 证明内容的真实性有异议；证人的身份是自述的，无证据佐证，且附件 2 的合同上没有证人的名字，因此对其证明力有异议。

在双方当事人意见陈述以及口头审理的基础上，合议组经合议，认为本案事实已经清楚，依法作出本审查决定。

二、决定的理由

1. 关于请求人是否结合证据具体说明无效理由

请求人认为本专利的餐桌与附件 1 中显示的餐桌之间确实有不同之处，但是根据整体观察综合判断的原则，本专利与附件 1 中的餐桌还是相同的。附件 1~7、附件 10 与证人证言能够构成完整的证据链，表明本专利的餐桌已经在申请日之前在国内公开销售和使用，因此本专利不符合专利法第 23 条的规定。

专利权人认为请求人说理不充分。无效宣告请求书中没有针对本专利进行准确、具体的分析，仅仅罗列了有关证据而没有具体分析说明，不符合审查指南第四部分第三章第 3.3 节的相关规定。

合议组认为在无效宣告请求书中请求人已经结合证据具体说明了在本专利申请日之前专利权人的餐桌已经在国内公开销售和使用的事实，并认为附件 1 中的餐桌与专利权人的餐桌是相同的，因此已经具体说明了无效宣告请求理由，符合审查指南第四部分第三章第 3.3 节的相关规定。

2. 证据认定

附件 1~7 均为公证书，附件 9 为本专利的外观设计网页打印件，专利权人对附件 1~7、9 的真实性无异议，因此合议组对上述附件的真实性予以确认。附件 10 的原件是盖有“中国人民解放军新疆军区第四招待所”红章的证明，专利权人对其形式及内容的真实性有异议，合议组认为，附件 10 的原件，具备法定形式，且出具证明的单位是独立于本案当事人双方的第三人，但考虑到出具该证明的单位未出庭作证，因此附件 10 不能作为单独定案的依据，但可以结合其他证据综合审查判断。

附件2的公证书包括一份订货合同，其签订日期为2003年9月24日，右上角手写有甲方“军区第四招待所”、乙方“豪门家私”字样，涉及金额为3.5万的一套“雕花餐桌Φ4.2×80”、每把750元总金额为1.65万元的22把“雕花餐椅2号”，交货期限为“2003年11月5日”，交货地点为“军区第四招待所”，付款办法包括“合同成立，首付贰万元整”，合同下方盖有甲方“中国人民解放军新疆军区第四招待所”和乙方“乌鲁木齐市新市区豪门实木家具制造厂合同专用章”的章，经办人处的签名分别为甲方的“董建华”和乙方的“程怀清”。附件3的公证书包括一张收款收据，其上记载了日期为“2003年9月24日”，“家具预付款”、2万元，并有“董建华”、“程怀清”的签名，以及盖有“乌鲁木齐市新市区豪门实木家具制造厂财务专用章”的章。虽然附件2的合同中手写的甲乙方名称与甲乙方的盖章在文字表述上不完全一致，但考虑到在实际的商业活动中，经常会出现用商家的简称代替全称的情况，因此填写人员为简便起见填写商家简称是可以理解的行为，另外，附件2的合同和附件3的收款收据所反映的签订日期、签订的当事人以及盖章所指厂家均一致，并且收款收据的家具预付款2万元与合同中约定的“合同成立，首付贰万元整”一致，因此根据附件2和附件3可知，乌鲁木齐市新市区豪门实木家具制造厂与中国人民解放军新疆军区第四招待所于2003年9月24日签订了涉及雕花餐桌的订货合同并且同时按此合同支付了2万元预付款。

附件4是一张收款人为“乌市豪门家具厂”的中国工商银行转账支票存根，出票日期为2004年5月14日，转账金额为2万元，用途为“付桌椅款”，并盖有“乌鲁木齐市新市区豪门实木家具制造厂财务专用章”的章。附件5为“军区第四招待所购家具清单”，其上记载有“中华厅”、“1. 原合同4.2m雕花桌35000减去喷泉4000现价31000”、“2. 餐椅22把×750=16500（每把餐椅减去20元）现价为16060”、“合计47060”、“3. 已付4万，还余7060元”，清单上还签有“董建华10/5”。请求人认为附件4和附件5均基于附件2的合同，附件4证明新疆军区第四招待所向豪门家具厂转账2万元，附件5的清单是对账用的，由证人所写后经董建华签字，其中雕花餐桌在安装使用后减去喷泉所以总金额减少，除已支付的4万元之外，其余7060元至今还未付清。专利权人认为附件4的2万元无法证明是购买餐桌的钱，附件5的“10/5”无法证明是2004年5月10日，由于附件5中未涉及餐桌型号及相应合同号，因此无法证明其与附件2的合同相关。合议组认为附件5的清单上虽然没有写明签字的年份，但所记载的餐桌、餐椅的价格、型号、数量、金额与附件2的合同中所记载的一致，其落款与附件2的甲方经办人均为董建华，在无相反证据的前提下，可以确定上述清单中的雕花桌应为附件2中的雕花餐桌；另外，附件4的转账支票的金额2万元与前述2万元预付款亦与清单所称“已付4万”相符；故附件4、5可以证明附件2合同的履行情况。

附件7的公证书包括一份产品购销合同，乙方名称为手写体的“乌市新市区豪门傢俬厂”、法人代表为“程怀清”、盖有“乌鲁木齐市新市区豪门实木家具制造厂合同专用章”的章、代理人为“冯春梅”，签订日期为“2004年3月26日”。合议组认为虽然乙方名称与所盖公章上的名称不一致，但正如上所指出的，在实际的商业活动中，为填写简便，用商家的简称代替全称的情况很常见，而“家私”和“傢俬”也常被混用，因此附件7可以证明至少在2004年3月26日证人冯春梅是专利权人的代理人（或称销售人员）。

附件6为证人冯春梅的证言，冯春梅亦出庭作证，证明新疆军区第四招待所于2003年9月购买的餐桌为其销售的产品，并于2003年11月月底在新疆军区第四招待所现场交货，后期货款由其本人亲自收回，附件5中的清单是其本人亲自所写，是在附件2中的订货合同的基础上作出的，由于带喷泉的餐桌会把喷泉水溅到菜上，所以在清单上减去了喷泉的价格，清单由董建华于2004年5月10日签的字，董建华在清单上签字后，才能发生附件4中所记载的转账行为。合议组认为冯春梅的证言虽为其个人单方陈述的，但可结合附件7来证明其在附件4的转账行为发生前为专利权人的销售人员的身份，附件2和附件3已经能够证明附件2的合同成立的事实，而冯春梅证明的内容能够进一步结合附件4、附件5来证明附件2的合同的履行过程，并合理解释了附件2~5所证明的销售行为的整个过程。

附件10是新疆军区第四招待所于2008年11月5日出具的证明文件，证明该单位在2003年9月24日与程怀清（乌鲁木齐市新市区豪门实木家具制造厂）签订了关于一套实木雕刻旋转喷泉餐桌及22把配套的椅子的家具订货合同，以及2003年11月，程怀清派人将所述餐桌运至新疆军区第四招待所的中华厅，并由其技术人员现场安装调试后使用，之后所述餐桌和椅子由中华厅搬至瑞豪餐厅，至今仍在使用。由此可见，附件10是与双方当事人无利害关系的第三人新疆军区第四招待所出具的证明，其进一步证明了附件2~6所证明的销售行为的完成，并且表明上述销售行为所涉及的餐桌现在在新疆军区第四招待所的瑞豪餐厅。虽然附件10中证明的交货日期2003年11月、冯春梅所言的具体交货日期2003年11月底与附件2的合同中约定的“2003年，11月5日交工完毕”有些差别，但考虑到三者的年份相同，月份相同，而在商业活动中，实际交货的日期常常与订货合同中约定的日期有出入，故上述差异并不影响在本专利申请日（2004年6月14日）之前上述餐桌已经交货的事实的真实性。

附件1的公证书记载了2008年10月21日16点50分到新疆军区第四招待所公证瑞豪房间内存放的餐桌的全过程，公证书中附有24张反映餐桌外观的照片，另外当庭播放附件1原件中所附的光盘时，视频中展示的餐桌外观与照片中餐桌的外观一致。由此可见，附件2~5、10所涉及的餐桌即为附件1中公证的餐桌，依据请求人的请求，其外观如第7、9、13、16、18张照片所示。

综上所述，附件1~7和附件10可以证明在本专利申请日之前，专利权人已经将餐桌销售给新疆军区第四招待所，该餐桌即为附件1中所公证的餐桌。

3. 关于专利法第23条

专利法第23条规定授予专利权的外观设计，应当同申请日以前在国内外出版物上公开发表过或者国内公开使用过的外观设计不相同和不相近似，并不得与他人在先取得的合法权利相冲突。

本专利外观设计请求保护“餐桌（实木雕刻旋转喷泉）”，未要求保护色彩，附图包括俯视图、立体图、仰视图、右视图、主视图。摘要中声明后视图与主视图对称，省略后视图，左视图与右视图对称，省略右视图。根据本专利的各个附图，可以观察到餐桌为圆形，分为三层，顶层略向上突起并带有装饰性图案，桌面上雕刻有图案，桌子侧面有装饰图案（详见本专利附图）。

附件1的第7、9、13、16、18张照片显示了餐桌的外观（下称在先设计），从所述照片可以看出，该餐桌也为圆形，分为三层，顶层略向上突出地放置了装饰性花朵，桌面上雕刻有图案，桌子侧面有装饰性图案（详见附件1的第7、9、13、16、18张照片）。

将本专利与在先设计相比，两者均为餐桌，属于相同类别的产品。两者相同之处在于形状均为圆形，分为三层，桌面上均雕刻了图案，桌子侧面均具有相同的装饰性图案，即餐桌主体的外观相同。两者的不同之处仅在于顶层的装饰不同，此装饰部分相对于餐桌整体所占比例较小，通过对本专利与在先设计的整体观察可以看出，所述不同之处对于餐桌的整体视觉效果并不具有显著的影响，因此，本专利与在本专利申请日前公开销售的在先设计相近似，不符合专利法第23条的规定。

三、决定

宣告200430053202. X号外观设计专利权无效。

当事人对本决定不服的，可以根据专利法第46条第2款的规定，自收到本决定之日起三个月内向北京市第一中级人民法院起诉。根据该款的规定，一方当事人起诉后，另一方当事人应当作为第三人参加诉讼。

本专利主视图

本专利右视图

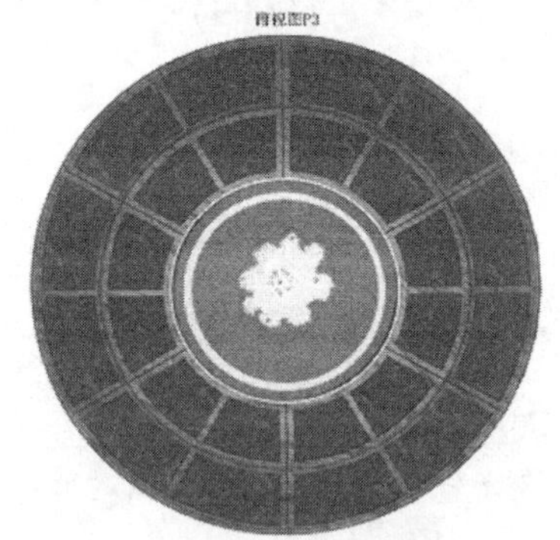

本专利俯视图

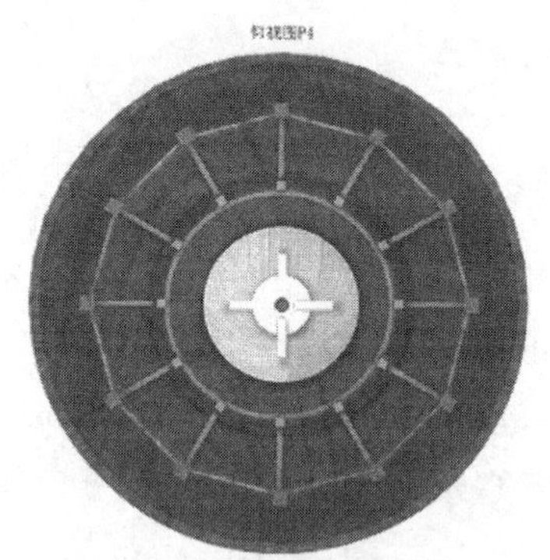

本专利仰视图

本专利立体图

附件 1 第 7 张照片

附件 1 第 9 张照片

附件 1 第 13 张照片

附件 1 第 16 张照片

附件 1 第 18 张照片

北京市第一中级人民法院
行政判决书

（2009）一中行初字第 2135 号

原告程怀清，男，1963 年 1 月 27 日出生，汉族，豪门实木家具制造厂负责人，住新疆维吾尔族自治区乌鲁木齐市水磨沟区南湖路西四巷 9 号 18 号楼 1 单元 202 号。

委托代理人屈小春，北京市鑫诺律师事务所律师。

被告国家知识产权局专利复审委员会，住所地北京市海淀区北四环西路 9 号银谷大厦 10~12 层。

法定代表人张茂于，副主任。

委托代理人张媛媛，国家知识产权局专利复审委员会审查员。

委托代理人朱明雅，国家知识产权局专利复审委员会审查员。

第三人乌鲁木齐金欢乐工贸有限公司，住所地新疆维吾尔族自治区乌鲁木齐市七道湾乡七道湾村三组。

法定代表人杨玉凤，总经理。

委托代理人王志刚，新疆方天律师事务所律师。

原告程怀清不服被告国家知识产权局专利复审委员会（以下简称专利复审委员会）作出的第 13349 号无效宣告请求审查决定（以下简称第 13349 号决定），于法定期限内向本院提起诉讼。本院于 2009 年 8 月 27 日受理本案后，依法组成合议庭，并依法通知乌鲁木齐金欢乐工贸有限公司（以下简称金欢乐公司）作为第三人参加诉讼，于 2009 年 11 月 30 日公开开庭进行了审理。原告程怀清及其委托代理人屈小春；被告专利复审委员会的委托代理人张媛媛、朱明雅；第三人金欢乐公司委托代理人王志刚到庭参加诉讼。本案现已审理终结。

专利复审委员会 2009 年 7 月 13 日作出的第 13349 号决定是针对金欢乐公司对程怀清享有的 200430053202. X 号名称为“餐桌（实木雕刻旋转喷泉）”的外观设计（以下简称本专利）所提出的无效宣告请求作出的。

专利复审委员会认为：附件 1，（2008）新乌证内字第 20588 号公证，关于中国人民解放军新疆军区第四招待所（以下简称第四招待所）的“餐桌”照片、附件 2，（2008）新乌证内字第 20584 号公证，关于签订日期为 2003 年 9 月 24 日，交易标的为“雕花餐桌 φ4. 2×80”的《订货合同》、附件 3，（2008）新乌证内字第 20586 号公证，关于日期为 2003 年 9 月 24 日，款项为“家具预付款”的收款收据、附件 4，（2008）新乌证内字第 20587 号公证，关于出票日期为 2004 年 5 月 14 日，款项为“付桌椅款”的中国工商银行转账支票存根、附件 5，（2008）新乌证内字第 20585 号公证，关于兑账用清单、附件 6，（2008）新乌证内字第 20589 号公证，关于冯春梅证言、附件 7，（2008）新乌证内字第 20583 号公证，关于签订日为 2004 年 3 月 26 日的家具产品购销合同、附件 10，第四招待所出具的证明文件，上述证据联合证明在本专利申请日之前，程怀清已将餐桌销售给第四招待所，该餐桌即为附件 1 公证照片中的餐桌，可以作为在先设计，用以评述本专利是否属于与其构成相同或近似的外观设计证据依据。

经将本专利与照片中的餐桌比对，可见两者相同之处在于：形状均为圆形，分为三层，桌面上均雕刻有图案，桌子侧面具有相同的装饰形图案，即餐桌的主体外观相同。两者的不同之处仅在于顶层的装饰不同，此装饰部分相对于餐桌主体所占比例较小，通过对本专利与在先设计的整体观察可见，所述不同之处对于餐桌整体视觉效果并不具有显著的影响，因此，本专利与在先设计构成近似，不符合《中华人民共和国专利法》（以下简称《专利法》）第23条的规定。决定：宣告200430053202.X号外观设计专利权无效。

原告程怀清不服该决定，向本院起诉称：附件1~7以及附件10之间并不能得以相互印证，存在矛盾之处，且无关联，如附件4与附件5两书证的时间上存在矛盾，附件2与附件6交货日期存在矛盾，且证人冯春梅现已不在我厂工作，而是到金欢乐公司工作，与金欢乐公司存在利害关系，其所作陈述不应予以采信。附件1不应作为评述本专利是否与其构成相同或近似的证据依据。即便以附件1公证照片上的餐桌与本专利比对，其结果也不构成近似。本专利属于具有旋转喷泉的餐桌，而在先设计没有旋转喷泉。综上，请求撤销专利复审委员会作出的第13349号决定。

被告专利复审委员会的答辩称：（1）我委坚持第13349号决定中有关附件1能够作为评述本专利是否属于与其构成相同或近似的证据依据的意见。（2）我委并未将证人证言单独作为证明事实的依据，而是将其与其他证据结合对待证事实作出判断，证据间能够相互印证，并无矛盾之处。程怀清所称交货日期在证据间存在矛盾之处，我委认为，商业活动中实际交货日期与订货约定日期有出入，是在情理之中的事，并不影响餐桌交付事实的确立。（3）关于本专利与附件1近似性判断，我委坚持第13349号决定中的意见。综上，第13349号决定认定事实清楚、适用法律准确、程序合法，故请求予以维持。

第三人金欢乐公司同意第13349号决定。

经审理查明：

2004年6月14日，程怀清申请了名称为“餐桌（实木雕刻旋转喷泉）”外观设计（即本专利，见本判决后附图），2005年7月13日获得授权，专利号为200430053202.X。

2008年10月29日，金欢乐公司就本专利向专利复审委员会提起无效宣告请求。其中提交了如下证据：

附件1：（2008）新乌证内字第20588号公证，系从不同角度拍摄的第四招待所的“餐桌”照片5张（见本判决后附图）。

附件2：（2008）新乌证内字第20584号公证，关于签订日期为2003年9月24日，交易标的为“雕花餐桌φ4.2×80”的《订货合同》，上有甲方“军区第四招待所”、乙方“豪门家私”字样，涉及了金额为3.5万元一套的“雕花餐桌φ4.2×80”及每把750元、金额为1.65万元的22把“雕花餐椅2号”，交货期限为2003年11月5日，交货地点为军区第四招待所，付款办法包括“合同成立，首付贰万元整”，合同下方盖有甲方第四招待所的印章和乙方“乌鲁木齐市新市区豪门家具制造厂（简称豪门家具厂）合同专用章”，经办人处甲方签名为“董建华”，乙方签名为“程怀清”。

附件3：（2008）新乌证内字第20586号公证，为一张收款收据，其上日期为“2003年9月24日”，款项为“家具预付款”右下角有豪门家具厂印章及程怀清签名。

附件5：（2008）新乌证内字第20585号公证，为第四招待所与程怀清签署的兑账用清单。上载明第四招待所因最终买下的餐桌未带顶层旋转喷泉，成交额从35000元降为31000元。程怀清表示因当时其还未设计出来，所以其同意变更约定。金欢乐公司则称是第四招待所后来考虑喷泉的水会溅到菜上，所以不愿意要顶层旋转喷泉，该餐桌就是本专利。

在本院审理中，程怀清明确表示认可附件2中所述“雕花餐桌φ4.2×80”就是附件1照片中所示餐桌，且是第四招待所于2003年9月24日从其豪门家具厂买的。但其称第四招待所买到的是其没有安装顶层旋转喷泉的餐桌，而带旋转喷泉与不带旋转喷泉是两种不同的外观设计，也不相近似。金欢乐公司承认附件5，兑账用清单载明的第四招待所从程怀清的豪门家具厂实际购得的是不带有顶层旋转喷泉的餐桌。专利复审委员会认为，两种外观设计仅仅是顶层装饰不同，其余都相同，应当认定构成近似性设计。

上述事实有第13349号决定、本专利外观设计、餐桌照片、《订货合同》、收款收据、兑账用清单，以及当事人陈述等证据在案佐证。

本院认为：

根据附件1、附件2、附件3、附件5以及程怀清的自认，本院确认如下事实：(1) 附件2中所述"雕花餐桌φ4.2×80"即是附件1照片中所示餐桌，为第四招待所于2003年9月24日从豪门家具厂所买，其购买时间在本专利申请日之前，该证据可以作为评述本专利是否符合《专利法》第23条规定的在先设计。(2) 将在先设计与本专利比对可见，两者差异在于餐桌顶层设计差异，本专利桌面为三层形状，顶层桌面中心绘有一花形图案，而在先设计桌面为两层形状，没有顶层部分，顶层缺失部分完全由花束填充装饰。第13349号决定认定在先设计也为三层，该事实认定有误，本院予以纠正，除此之外其余部分设计均相同，即均为圆形餐桌，桌面分层，桌面设计有瓜分状雕刻装饰，桌腿形状及桌面下方相邻桌腿间的围板形状相同，围板上的大型装饰图案相同，均采用传统瓦当回行纹设计。

本院认为被程怀清称为顶层旋转喷泉的设计其形状为一圆形桌面，中心绘有一花形图案，在先设计与本专利的区别在于顶层桌面的有无。在上述诸多桌体外观设计要素均相同的情况下，顶层桌面的有无属于局部设计差异，该差异未对整体视觉效果带来显著影响，即二者整体视觉效果构成近似。本专利与其申请日之前即已销售和使用的在先设计构成近似设计，不符合《专利法》第23条之规定。

综上所述，专利复审委员会作出的第13349号决定认定事实基本清楚，适用法律正确，程序合法，依照《中华人民共和国行政诉讼法》第五十四条第（一）项之规定，本院判决如下：

维持被告国家知识产权局专利复审委员会作出的第13349号无效宣告请求审查决定。

案件受理费100元，由原告程怀清负担（已交纳）。

如不服本判决，各方当事人可于本判决书送达之日起15日内，向本院递交上诉状，并按对方当事人人数提交上诉状副本，同时交纳上诉案件受理费100元，上诉于北京市高级人民法院。

审　判　长　任　进
代理审判员　邢　军
代理审判员　张晰昕
二〇〇九年十二月二十一日
书　记　员　夏国梁

本专利主视图

本专利右视图

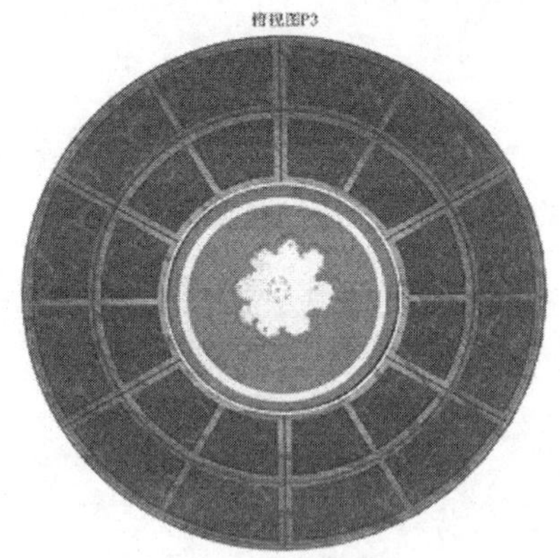

本专利俯视图

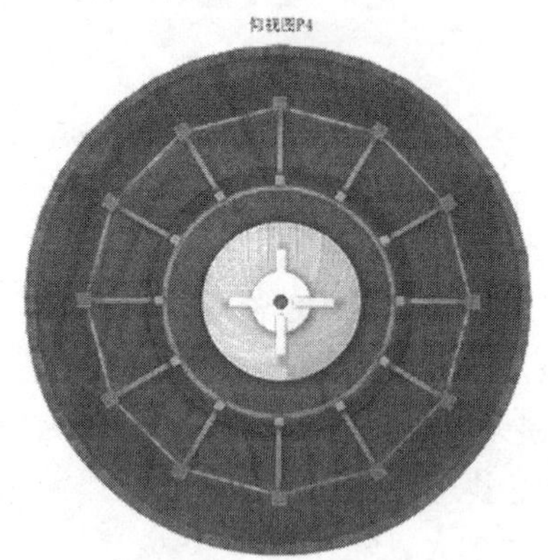

本专利仰视图

本专利立体图

附件 1 第 7 张照片

附件 1 第 9 张照片

附件 1 第 13 张照片

附件 1 第 16 张照片

附件 1 第 18 张照片

254

航模飞机涵道风扇（HY001-015）

无效宣告请求审查决定（第13352号）

决　　定　　号　第13352号
决　　定　　日　2009年4月29日
发明创造名称　航模飞机涵道风扇（HY001-015）
外观设计分类号　21-01
无效宣告请求人　叶仕民
专　利　权　人　郑海燕
专　　利　　号　200630196783.1
申　　请　　日　2006年11月28日
授权公告日　2007年12月26日
合议组组长　徐清平
主　　审　　员　刘路尧
参　　审　　员　向　琳
附　　　　　图　1页

法律依据　专利法第23条
决定要点
对于风扇类产品，均匀排列环绕在轴心边缘的叶片数量上的差异不足以对产品的整体视觉效果产生显著的影响。

一、案由

本无效宣告请求涉及国家知识产权局于2007年12月26日授权公告的、名称为“航模飞机涵道风扇（HY001-015）”的200630196783.1号外观设计专利（下称本专利），其申请日为2006年11月28日，专利权人为郑海燕。

针对上述外观设计专利，叶仕民（下称请求人）于2009年2月27日向专利复审委员会提出无效宣告请求，并随无效宣告请求书提交如下附件作为证据：

附件1：名称为“The World's Premier R/C Jet Magazine”的期刊2005年10月/11月期首页、第27页复印件及其中文译文的复印件，以及请求人声称为该份期刊的购买凭证复印件及其中文译文，共7页；

附件2：名称为“Radio Control Technique”的期刊2005年第11期首页、第149、152页复印件及其中文译文的复印件，共6页；

附件3：名称为“航空模型”的期刊2005年第1期首页、第61页复印件，共2页。

请求人提出的具体理由为：（1）本专利航模飞机涵道风扇是航模飞机的一部分，属于产品的不能分割、不能单独出售或者使用的局部或部分设计，不属于外观设计专利的保护客体，因此本专利不符合专利法实施细则第2条第3款的规定；（2）本专利航模飞机涵道风扇造型与同类产品一致，也与一般风扇和飞机引擎无异，属于仅以在其产品所属领域司空见惯的几何形状和图案构成的外观设计，不属于外观设计专利的保护客体，因此本专利不符合专利法实施细则第2条第3款的规定；（3）将本专利与附件1第27页“102HF EP导管风扇”图片中所示“硬纤维 专利”的产品对比，两者都是七叶造型，轴心都是锥体，故本专利已经被在先出版物公开；将本专利与附件2第152页左上角记载有“BVM风扇”图片所示的产品对比，两者都是七叶造型，轴心都是锥体，故本专利已经被在先出版物公开；将本专利与附件3第61页“HY03-201M油动涵道动力组”图片中所示的产品对比，两者轴心都是锥体，叶片形状也是内小外大，只是本专利风扇叶片为七叶造型，而附件3中为五叶造型，两者仅是叶片数量有区别；因此，本专利与上述在先设计相比属于相同或相近似的外观设计，不符合专利法第23条的规定。

经形式审查合格后，专利复审委员会受理了该无效宣告请求，并于2009年2月27日向双方当事人发出无效宣告请求受理通知书，并随上述无效宣告请求受理通知书将请求人提交的无效宣告请求书及其附件清单中所列附件的副本转送专利权人，要求其在指定期限内对该无效宣告请求陈述意见。

在此基础上，专利复审委员会依法成立合议组，对本案进行审查。合议组于2009年3月17日向双方当事人发出口头审理通知书，定于2009年4月13日对本案进行口头审理。

专利权人于2009年3月24日提交了意见陈述书，其中专利权人认为：（1）涵道风扇作为航模飞机的一个零部件，可以单独出售并在使用中损坏时进行更换，因此本专利符合专利法及其实施细则的规定；（2）请求人提出的“涵道风扇作为所属领域司空见惯的几何形状，不属于外观专利的授予对象”的理由不属于符合专利法及其实施细则规定的无效理由；（3）将本专利与附件1中所示产品对比，本专利涵道风扇的叶片总共有7片，且叶片的形状为从外围朝内逐渐缩小，叶片呈螺旋状，涵道风扇的正面中心为圆锥体状，附件1中所示产品的叶片形状及产品正面形状与本专利产品存在显著差异，故两者不相同也不相近似；将本专利与附件2中所示产品对比，附件2中所示产品的叶片数量从图片中难以看清，并且其叶片形状及产品正面形状与本专利产品存在显著差异，故两者不相同也不相近似；将本专利与附件3中所示产品对比，附件3中所示产品的叶片数量为5个，叶片数量是易见的部件特征，涵道风扇的叶片数量的差别即意味着产品的差异，其整体视觉效果完全不一样，一般消费者不会将叶片不同的产品混淆，故两者不相同也不相近似。

合议组于2009年4月7日向请求人发出转送文件通知书，并随上述转送文件通知书将专利权人于2009年3月24日提交的意见陈述书转送请求人，要求其在指定期限内对该无效宣告请求陈述意见。

请求人在口头审理前未对上述意见陈述书答复。

口头审理如期举行，双方当事人的代理人均出席了口头审理。在口头审理中，双方对合议组成员无回避请求，对对方出庭人员身份无异议；请求人明确其无效宣告理由为：（1）本专利航模飞机涵道风扇是属于产品的不能分割、不能单独出售或者使用的局部或部分设计，不属于外观设计专利的保护客体，因此本专利不符合专利法实施细则第2条第3款的规定；（2）本专利航模飞机涵道风扇属于仅以在其产品所属领域司空见惯的几何形状和图案构成的外观设计，不属于外观设计专利的保护客体，因此本专利不符合专利法实施细则第2条第3款的规定；（3）本专利分别相对于在先公开的出版物附件1~3不符合专利法第23条的规定；请求人当庭表示尚未收到专利权人于2009年3月24日提交的意见陈述书，合议组当庭将上述意见陈述书转交给请求人，请求人当庭针对该意见陈述书进行答辩，并表示口头审理后不再对其答复；请求人当庭提交了附件 1 中期刊的原件及其中文译文的原件、附件 2 期刊的原件及其中文译文的原件、附件 3 期刊的原件；专利权人当庭核实了附件 1 中期刊及其中文译文、附件 2 期刊及其中文译文、附件 3 期刊的原件与复印件的一致性，对附件 1 中期刊原件及其购买凭证和附件 2 期刊原件的真实性有异议，对附件 1 中的期刊的中文译文和附件 2 期刊的中文译文的准确性无异议，对附件 3 期刊的真实性无异议。

至此，合议组认为本案事实已经清楚，可以依法作出无效宣告请求审查决定。

二、决定的理由

1. 法律依据

基于请求人提出无效宣告请求的理由，合议组首先依据专利法第 23 条的规定对本案进行审理。

专利法第 23 条规定："授予专利权的外观设计，应当同申请日以前在国内外出版物上公开发表过或者国内公开使用过的外观设计不相同和不相近似，并不得与他人在先取得的合法权利相冲突。"

2. 关于证据

附件 3 是航空知识杂志社出版的《航空模型》杂志 2005 年第 1 期，该杂志原件"目次"页左下角载明有"航空模型 2005 年 第一期 双月刊 总第 107 期 1 月 2 日出版"字样，专利权人对附件 3 的真实性无异议，故合议组确认附件 3 的真实性，该附件是国内公开出版物，其公开日为 2005 年 1 月 2 日，早于本专利的申请日，适用于本案。

3. 关于相近似性的判断

附件 3 第 61 页"HY03-201M 油动涵道动力组"图片中显示有风扇立体图（下称在先设计），其与本专利产品用途相同，属于相同种类的产品，可以进行外观设计相近似性的对比。

本专利图示有主视图、后视图、左视图、右视图、俯视图、仰视图。如图所示，本专利所示的涵道风扇，从主视图和后视图可以看出 7 片叶片均匀排列环绕在轴边缘，从主视图中可以看出圆环中央为一轴心，并且所述叶片的形状由轴心外侧向轴心内侧逐渐缩小，从左视图、右视图、俯视图、仰视图中可以看出轴的前端为一圆锥体，所述叶片为螺旋状（详见本专利附图）。

在先设计所示的风扇为 5 片叶片均匀排列环绕在轴心的圆锥体边缘，并且可以看出该圆锥体的顶部中心具有一轴心，所述叶片为螺旋状，其形状由轴心外侧向轴心内侧逐渐缩小（详见在先设计附图）。

将本专利与在先设计进行比较，两者的整体形状和轴心圆锥体、各个叶片的形状基本相同，两者的不同之处在于：本专利的叶片数量为 7 片，在先设计的叶片数量为 5 片；在先设计未能揭示所述风扇的后部。对此，合议组认为：根据风扇叶片和轴的对称性，以及一般消费者的常识，虽然在先设计没有显示出风扇的后部设计，但不影响对两者采用整体观察、综合判断的方式进行相近似判断；本专利与在先设计中叶片的数量虽然有所不同，但是由于两者所示的叶片均是按照风扇常规方式均匀排列环绕在轴心圆锥体的边缘，仅有叶片数量上的变化不足以对产品的整体视觉效果产生显著的影响。因此，基于上述分析判断，两者应当属于相近似的外观设计。

综上所述，在本专利申请日前已经有与其相近似的外观设计在出版物上公开发表，因此本专利不符合专利法第 23 条的规定。

鉴于已得出上述结论，合议组对请求人提出的其他无效宣告请求理由和证据不再评述。

根据以上事实和理由，合议组作出如下无效宣告请求审查决定。

三、决定

宣告200630196783.1号外观设计全部无效。

当事人对本决定不服的，可以根据专利法第46条第2款的规定，自收到本决定之日起三个月内向北京市第一中级人民法院起诉。根据该款的规定，一方当事人起诉后，另一方当事人应当作为第三人参加诉讼。

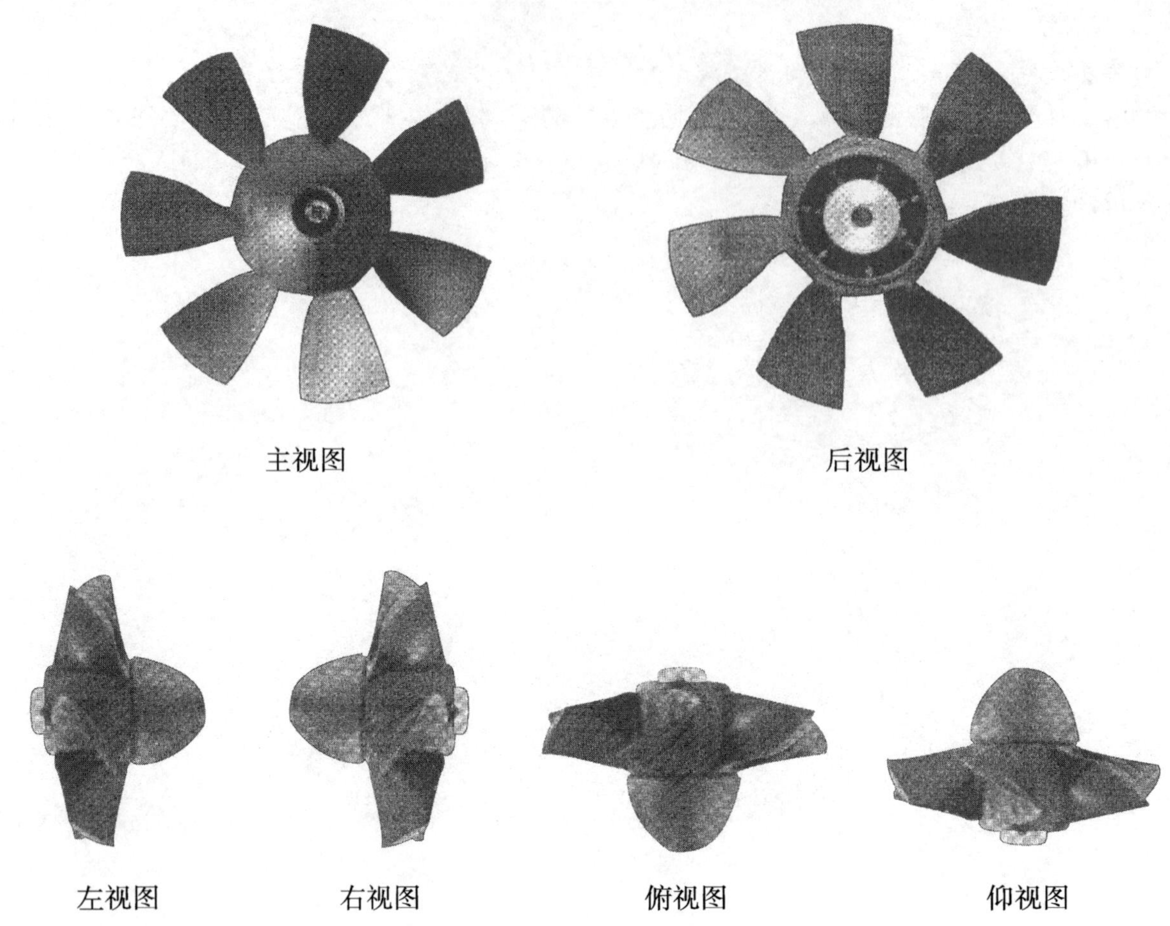

主视图　　后视图

左视图　　右视图　　俯视图　　仰视图

本专利附图

在先设计附图

北京市第一中级人民法院
行政判决书

（2009）一中行初字第 1916 号

原告郑海燕，女，1962 年 3 月 6 日出生，汉族，广州皓益模型有限公司总经理，住广东省广州市越秀区恒福路 93 号大院 20 号。

委托代理人章付才，男，1975 年 9 月 6 日出生，住北京市朝阳区惠忠庵一号外贸大学。

委托代理人徐祖茂，男，1949 年 5 月 4 日出生，广州皓益模型有限公司商业和技术顾问，住广东省广州市番禺大石镇海怡花园 201 幢。

被告国家知识产权局专利复审委员会，住所地北京市海淀区北四环西路 9 号银谷大厦 10～12 层。

法定代表人张茂于，副主任。

委托代理人刘路尧，国家知识产权局专利复审委员会审查员。

委托代理人张华，国家知识产权局专利复审委员会审查员。

第三人叶仕民。

原告郑海燕不服被告国家知识产权局专利复审委员会（以下简称专利复审委员会）第 13352 号无效宣告请求审查决定（以下简称第 13352 号决定），于法定期限内向本院提起行政诉讼。本院于 2009 年 7 月 29 日受理后，依法组成合议庭，并通知叶仕民作为本案的第三人参加诉讼，于 2009 年 10 月 21 日公开开庭审理了本案。原告郑海燕的委托代理人章付才、徐祖茂，被告专利复审委员会的委托代理人刘路尧、张华参加了诉讼。第三人叶仕民经本院合法传唤未到庭参加诉讼。本案现已审理终结。

第 13352 号决定系专利复审委员会就第三人叶仕民作为无效宣告请求人，针对原告郑海燕拥有的第 200630196783.1 号名称为“航模飞机涵道风扇（HY001-015）”的外观设计专利（以下简称本专利）提出的无效宣告请求而作出的。

专利复审委员会在该决定中认定：本专利申请日前已经有与其相近似的外观设计在出版物上公开发表，因此本专利不符合《中华人民共和国专利法》（以下简称专利法）第二十三条的规定，故宣告本专利权全部无效。

原告郑海燕诉称：第 13352 号决定关于本专利不符合《专利法》第二十三条的认定错误。对于涵道风扇易见的主要部分是叶片和正面，其中叶片部分既包括叶片形状，也包括叶片的数量，这是一般消费者区别不同涵道风扇的标准，本专利的叶片为 7 片，且叶片形状为从外围朝内逐渐缩小成螺旋状，正面中心为圆锥体。而在先设计仅为一张立体图，无法清楚确认其正面中心为圆锥体以及叶片的形状，本专利产品的叶片及产品正面与在先设计存在显著差异，其整体视觉效果完全不一样。因此，本专利与在先设计是不相同也不近似的外观设计。综上，第 13352 号决定认定事实错误、违反法律规定，请求依法撤销该决定。

被告专利复审委员会辩称：尽管本专利和在先设计的叶片数量不同，但由于所述叶片按照风扇类产品的常规方式均匀排列，故数量上的变化不足以对产品的整体视觉效果产生显著影响。第 13352 号决定认定事实清楚、适用法律正确、审理程序合法、审查结论正确，原告的诉讼理由不能成立，请求法院驳回原告的诉讼请求，维持第 13352 号决定。

第三人叶仕民未提交书面意见陈述。

本院经审理查明如下事实：

本专利涉及的是国家知识产权局于2007年12月26日授权公告的、名称为“航模飞机涵道风扇（HY001-015）”的第200630196783.1号外观设计专利，该专利的申请日为2006年11月28日，专利权人为郑海燕。本专利授权公告有6幅视图（见附图1），由视图显示可知，本专利所示的涵道风扇，从主视图和后视图可以看出7片叶片均匀排列环绕在轴边缘，从主视图中可以看出风扇中央有一轴心，并且所述叶片的形状由轴心外侧向轴心内侧逐渐缩小，从左视图、右视图、俯视图、仰视图中可以看出轴的前端为一圆锥体，所述叶片为螺旋状。

针对本专利，第三人叶仕民于2009年2月27日向专利复审委员会以本专利不符合《专利法》第二十三条为由提出无效宣告请求。2009年4月13日，专利复审委员会对该请求进行了口头审理，叶仕民在口头审理过程中将无效理由明确为：本专利不符合《中华人民共和国专利法实施细则》（以下简称《专利法实施细则》）第二条第三款、《专利法》第二十三条。

叶仕民提交的与该请求有关的证据包括：

附件3：名称为《航空模型》的期刊2005年第1期首页、第61页复印件（即在先设计，见附图2），该杂志原件“目次”页左下角载明有“航空模型2005年第1期双月刊总第107期1月2日出版”字样，其公开的风扇为5片叶片均匀排列环绕在轴心的圆锥体边缘，并且可以看出该圆锥体的顶部中心具有一轴心，所述叶片为螺旋状，其形状由轴心外侧向轴心内侧逐渐缩小。

据此，专利复审委员会于2009年4月29日作出第13352号决定，该决定中认定：将本专利与在先设计进行比较，两者的整体形状和轴心圆锥体、各个叶片的形状基本相同，两者的不同之处在于：本专利的叶片数量为7片，在先设计的叶片数量为5片；在先设计未能揭示所述风扇的后部。根据风扇叶片和轴的对称性，以及一般消费者的常识，虽然在先设计没有显示出风扇的后部设计，但不影响对两者采用整体观察、综合判断的方式进行相近似判断，本专利与在先设计中叶片的数量虽然有所不同，但是由于两者所示的叶片均是按照风扇常规方式均匀排列环绕在轴心圆锥体的边缘，仅有叶片数量上的变化不足以对产品的整体视觉效果产生显著的影响。两者应当属于相近似的外观设计，本专利不符合《专利法》第二十三条的规定。

本案庭审中，原告提出在先设计图片模糊，无法清楚确认其外观与本专利是否近似。被告当庭出示在先设计原件彩图，并辩称原告在无效宣告审理过程中已经就此证据进行过质证，并且在无效宣告口头审理过程中也承认本专利相对于在先设计主要差别在于叶片的数量，叶片的形状和弯曲角度是细微差别，本专利和在先设计轴的形状没有差别。

本院依职权调取以下证据：

证据1：本专利无效宣告口头审理记录；

证据2：专利权人于2009年3月24日提交的意见陈述书。上述事实有本专利授权公告文本、第13352号决定、附件3、证据1、证据2以及当事人陈述等证据在案佐证。

本院认为：

经审理，被诉决定的审查程序并无违法之处，各方当事人对此亦无异议，本院予以确认。本案的审查重点在于本专利是否符合《专利法》第二十三条的规定。

于2008年12月27日修改的《中华人民共和国专利法》（以下简称2009年《专利法》）已于2009年10月1日起施行，因此本案审理涉及2001年专利法与2009年专利法之间的选择适用问题。《中华人民共和国立法法》第八十四条规定，法律、行政法规、地方性法规、自治条例和单行条例、规章不溯及既往，但为了更好地保护公民、法人和其他组织的权利和利益而作的特别规定除外。国家知识产权局据此制定了《施行修改后的专利法的过渡办法》，并于2009年10月1日起施行。对于专利权是否有效的审查，根据该过渡办法，申请日在2009年10月1日前的专利申请以及根据该专利申请授予的专利权适用2001年《专利法》的规定；申请日在2009年10月1日以后（含该日）的专利申请以及根据该专利申请授予的专利权适用2009年《专利法》的规定。本案属于专利确权行政纠纷，本专利的申请日在2009年10月1日前，因此依据《中华人民共和国立法法》第八十四条之规定，并参照上述过渡办法的相关规定，本案应适用2001年《专利法》进行审理。

2001年《专利法》第二十三条规定，授予专利权的外观设计，应当同申请日以前在国内外出版物上公开发表过或者国内公开使用过的外观设计不相同和不相近似，并不得与他人在先取得的合法权利相冲突。

第13352号决定中认定在先设计所示的风扇为5片叶片均匀排列环绕在轴心的圆锥体边缘，该圆锥体的顶部中心具有一轴心，虽然在先设计没有显示出风扇的后部设计，但不影响对两者采用整体观察、综合判断的方式进行相近似判断。原告对此不持异议，本院在此予以确认。

原告认为在先设计仅为一张立体图片，且复印件模糊，无法清楚确认其正面中心为圆锥体、叶片呈螺旋状并由轴心外侧向轴心内侧逐渐缩小。对此，本院认为，在先设计正面中心为圆锥体、所述叶片为螺旋状、其形状由轴心外侧向轴心内侧逐渐缩小，上述内容从被告当庭出示的附件3原件中在先设计彩图能够确认。并且，原告在口头审理程序中也曾承认本专利与在先设计的主要差别是叶片数量，至于叶片形状和弯曲角度只存在细微差别，本专利和在先设计的轴的形状没有差别。据此，原告的这一主张不能成立，本院不予支持。

原告认为，本专利叶片为7片，在先设计为5片，本专利和在先设计的主要差别是叶片数量，本专利的叶片形状和叶片弯曲角度与在先设计相比有细微差别，对于涵道风扇来讲，叶片的数量和形状是区分不同涵道风扇的标准，因此本专利和在先设计是不相近似的外观设计。对此，本院认为，原告所主张的叶片的数量和形状是区分涵道风扇的标准无事实和法律依据。本专利与在先设计中叶片的数量虽然有所不同，但是由于两者所示的叶片均是按照风扇常规方式均匀排列环绕在轴心圆锥体的边缘，仅有叶片数量上的变化以及叶片形状和叶片弯曲角度的细微差别不足以对产品的整体视觉效果产生显著的影响，被告关于两者属于相近似的外观设计的认定正确，本院应予支持。原告的前述主张不能成立，本院不予支持。

综上，专利复审委员会作出的第13352号决定审查程序合法，认定事实清楚，适用法律正确，本院依法予以维持。原告的诉讼请求缺乏事实与法律依据，本院不予支持。据此，依照《中华人民共和国行政诉讼法》第五十四条第（一）项之规定，本院判决如下：

维持被告国家知识产权局专利复审委员会作出的第13352号无效宣告请求审查决定。

案件受理费100元，由原告郑海燕负担（已交纳）。

如不服本判决，各方当事人可在判决书送达之日起15日内，向本院递交上诉状，并按对方当事人的人数提交副本，预交上诉案件受理费100元，上诉于北京市高级人民法院。上诉人在上诉期满后7日内未预交上诉案件受理费又不提出缓交申请的，按自动撤回上诉处理。

审　判　长　强刚华
代理审判员　姜庶伟
人民陪审员　刘世昌
二〇〇九年十二月二十日
书　记　员　牛　捷

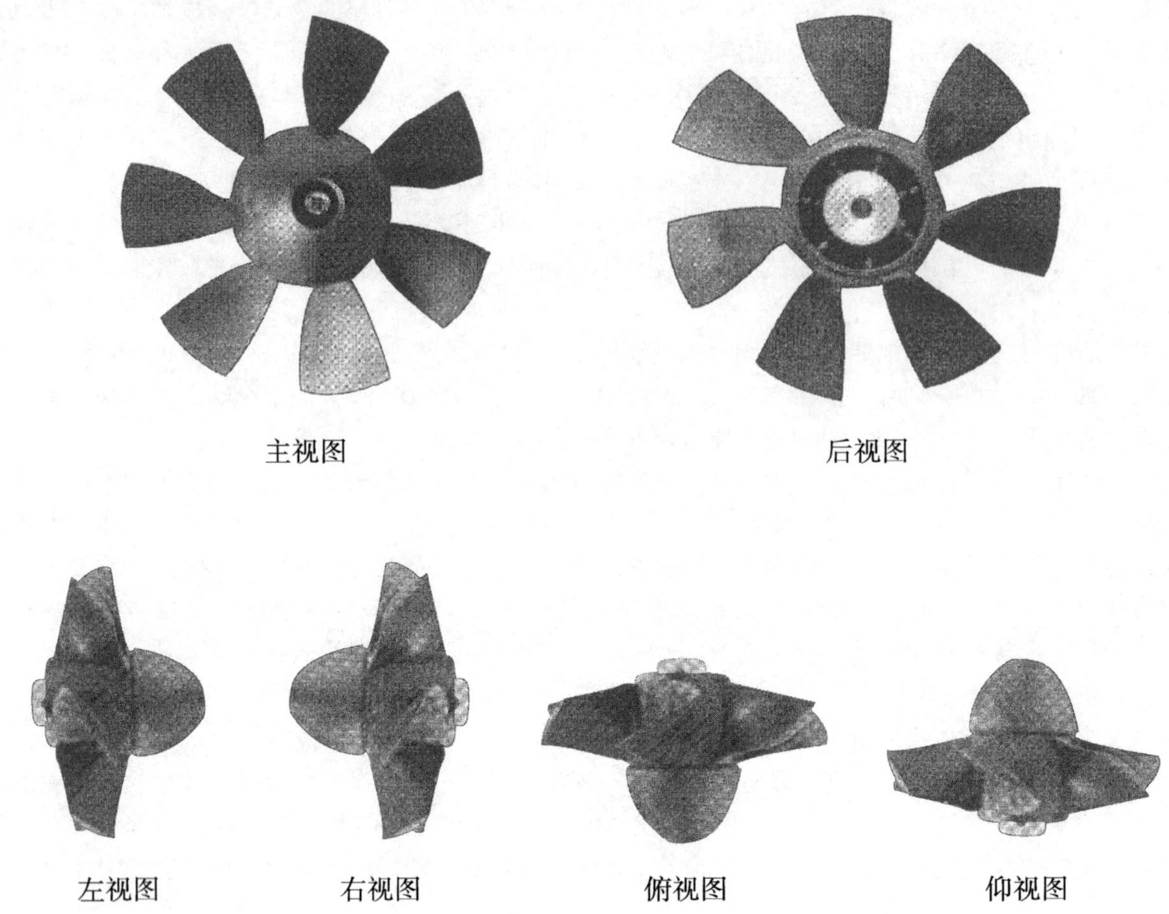

附图 1：本专利

附图 2：在先设计

255

沙发（AF-S608-2）

无效宣告请求审查决定（第 13353 号）

决　定　号　第 13353 号
决　定　日　2009 年 5 月 11 日
发明创造名称　沙发（AF-S608-2）
外观设计分类号　06-01
无效宣告请求人　深圳市左右家私有限公司
专 利 权 人　周子鹏
专　利　号　200730064513. X
申　请　日　2007 年 8 月 15 日
授权公告日　2008 年 7 月 23 日
合议组组长　张雪飞
主　审　员　胡玉连
参　审　员　卢　阳
附　　　图　4 页

法 律 依 据　专利法第 23 条，专利法实施细则第 13 条第 1 款
决 定 要 点

印制随意性大的企业宣传册类的证据的来源以及是否公开发放或销售，需要相关证据佐证，若请求人没有提供相关证据，则对其真实性和公开性不予认可。

本专利与在先设计存在差异，通过整体观察、综合判断，上述差异对外观设计的整体视觉效果具有显著影响，因此，本专利与在先设计是不相同且不相近似的外观设计。

一、案由

本无效宣告请求案涉及国家知识产权局于 2008 年 7 月 23 日公告授予的、名称为“沙发（AF-S608-2）”的 200730064513. X 号外观设计专利权（下称本专利），其申请日为 2007 年 8 月 15 日，专利权人为周子鹏。

针对上述外观设计专利权，深圳市左右家私有限公司（下称请求人）于 2008 年 12 月 17 日向专利复审委员会提出无效宣告请求，请求人认为：附件 1、附件 2 的公开日早于本专利的申请日，它们分别和本专利是基本相同或相近似的外观设计，本专利不符合专利法第 23 条的规定，应被宣告全部无效；附件 3 的申请日早于本专利的申请日，其公开日晚于本专利的申请日，本专利的外观设计整体上与附件 3 中的相同，本专利不符合专利法实施细则第 13 条第 1 款的规定，应被宣告全部无效。请

求人提交的证据附件如下：

附件 1：200630115016.3 号外观设计专利的网络打印件，其授权公告号为 CN3644851，授权公告日为 2007 年 5 月 16 日；

附件 2：200630104621.0 号外观设计专利的网络打印件，其授权公告号为 CN3587683，授权公告日为 2006 年 12 月 13 日；

附件 3：200730115990.4 号外观设计专利的网络打印件，其授权公告号为 CN300771275，授权公告日为 2008 年 4 月 30 日，申请日为 2007 年 4 月 29 日；

经形式审查合格后，专利复审委员会受理了上述请求，于 2008 年 12 月 17 日向双方当事人发出《无效宣告请求受理通知书》，并将《宣告专利权无效请求书》及有关文件的副本转送给专利权人，要求其在指定的期限内答复，同时成立合议组对本无效请求案进行审理。

请求人于 2009 年 1 月 16 日补充提交了意见陈述书，请求人认为：附件 4 的公开日早于本专利的申请日，其中的沙发扶手和本专利中的是相同的，因此，本专利中的扶手是申请日前公开的常见设计；附件 5 的公开日早于本专利的申请日，其中公开了和本专利相近似的外观设计；附件 6~9 的公开日均早于本专利的申请日，它们公开了和本专利相近似的外观设计；附件 6~21、附件 23、附件 24 中的沙发靠背和座位上均具有横条纹，即沙发靠背和座位上具有横条纹是申请日前公开的常见设计；使靠背成方格状的竖条纹在本次提交的所有附件中均存在，也是申请日前公开的常见设计；根据附件 5~7、附件 12、附件 20、附件 23、附件 24 的记载，“沙发由两个套件构成，每个套件具有一个扶手，一个套件横向摆设，一个套件纵向摆设，两个组合在一起呈“L”形构图”也是申请日前公开的常见设计；本专利和附件 5 的外观设计是相近似的，它们的区别之处都是申请日前公开的常见设计，本专利不符合专利法第 23 条的规定；本专利和上述各附件的沙发均属于相近似的外观设计。因此，本专利应被宣告全部无效。请求人提交的证据附件如下：

附件 4：名为“IT'S HOW YOU LIVE”的宣传手册第 25 页和第 75 页的复印件，共 2 页；

附件 5：200630056703.2 号外观设计专利公报复印件，其授权公告号为 CN3617107，授权公告日为 2007 年 3 月 7 日；

附件 6：时尚家具宣传手册第 8 页和封面的复印件，共 2 页；

附件 7：2004 年 4 月 16 日的现代金报 A20 版的复印件，共 1 页；

附件 8：左右沙发 18 周年厂庆宣传纸复印件，共 2 页；

附件 9：2009 年 1 月 16 日下载的关于联邦家居简介的网页的打印件，网址为“http://www.landbond.com/gb/01_ aboutUs/01_ jianjie.html”，共 1 页；以及名为“CONCISE 简 · 曰”的宣传手册复印件，共 2 页；

附件 10：01306249.2 号外观设计专利的网络打印件，其授权公告号为 CN3210852，授权公告日为 2001 年 11 月 28 日；

附件 11：200630105042.8 号外观设计专利的网络打印件，其授权公告号为 CN3627467，授权公告日为 2007 年 4 月 4 日；

附件 12：200630016337.8 号外观设计专利的网络打印件，其授权公告号为 CN3622609，授权公告日为 2007 年 3 月 21 日；

附件 13：200630104009.3 号外观设计专利的网络打印件，其授权公告号为 CN3585399，授权公告日为 2006 年 12 月 6 日；

附件 14：200630303423.7 号外观设计专利的网络打印件，其授权公告号为 CN300796969，授权公告日为 2008 年 7 月 2 日；

附件15：200630105497.X号外观设计专利的网络打印件，其授权公告号为CN3585408，授权公告日为2006年12月6日；

附件16：200630016119.4号外观设计专利的网络打印件，其授权公告号为CN3606512，授权公告日为2007年2月7日；

附件17：200630016327.4号外观设计专利的网络打印件，其授权公告号为CN3622604，授权公告日为2007年3月21日；

附件18：200630073510.8号外观设计专利的网络打印件，其授权公告号为CN3655943，授权公告日为2007年6月13日；

附件19：02300078.3号外观设计专利的网络打印件，其授权公告号为CN3292249，授权公告日为2003年5月7日；

附件20：200630056705.1号外观设计专利的网络打印件，其授权公告号为CN3617108，授权公告日为2007年3月7日；

附件21：02338039.X号外观设计专利的网络打印件，其授权公告号为CN3281711，授权公告日为2003年3月12日；

附件22：01342270.7号外观设计专利的网络打印件，其授权公告号为CN3228698，授权公告日为2002年3月27日；

附件23：手绘沙发设计稿，设计者陈鹏出具的证明以及陈鹏身份证的复印件，共5页；

附件24：盖有“深圳市左右家私有限公司受控文件”红章的“新产品开发设计资料表”，共13页，其封面页有“2007.3”字样。

本案合议组于2009年2月9日向双方当事人发出《无效宣告请求口头审理通知书》，拟定于2009年3月12日对该专利权的无效请求进行口头审理，同时将请求人于2009年1月16日补充提交的意见陈述书和相关附件的副本转送给专利权人，要求其在指定的期限内答复或在口头审理中当庭陈述意见。

2009年3月12日，口头审理如期进行，双方均委托了代理人出席。双方均对对方出庭人员的身份无异议，对合议组成员均无回避请求。

口头审理中，（1）请求人认为本专利和附件5、附件20分别相比，均属于相近似的外观设计，本专利不符合专利法第23条的规定；附件1、附件2、附件4、附件6~13、附件15~19、附件21~24用来说明沙发座位和靠背上的横条纹、竖条纹的设计、扶手有无和形状，以及沙发的双层结构、L形设置两个套件是本领域中的惯常设计。专利权人认为本专利和附件5、附件20不相同和不相近似；所述设计不是本领域中的惯常设计。（2）请求人认为本专利和附件3相比属于相近似的外观设计专利，本专利不符合专利法实施细则第13条第1款的规定。专利权人认为本专利和附件3不相同和不相近似。（3）专利权人对附件1~3、附件5、附件10~22所示的专利文献的真实性无异议。（4）附件4为宣传手册第25页和第75页的复印件，请求人认为第75页中记载的“Natuzzi集团诞生于1959年”，以及后文中的“45年后的今天”结合可以推断出该手册的出版时间是2004年。请求人提交了该宣传手册的原件，专利权人核对之后认为复印件和原件是一致的，但是，专利权人质疑其真实性，认为附件4不是公开出版物，其是否公开不明确，不认可请求人推定的公开时间。（5）附件6为时尚家具宣传手册复印件第8页和封面的复印件，请求人当庭提交了该宣传手册的原件，专利权人核对之后认为复印件和原件是一致的，但是，专利权人认为附件6不是公开出版物，公开时间不确定。请求人当庭补充提交了该宣传手册的版权信息页，其中显示该附件公开于2006年11月1日。专利权人取走该版权信息页，并表示不需要书面答复期限。（6）请求人当庭出示了附件7的原件，专利权人核对之后认为复印件和原件是一致的，专利权人对其真实性没有异议。（7）请求人认为附件8的宣传纸上的“左右沙发18周年”结合“深圳市左右家私有限公司”的成立时间（1986年）可以推断该宣传纸的公开时间为2004年。请求人当庭提交了该宣传纸的原件。专利权人核对之后认为复印件和原件是一致的，但是，专利权人对其真实性不予认可，并且认为该宣传纸上的“左右沙发”和“深圳市左右家私有限公司”的关系不确定，不能根据“深圳市左右家私有限公司”的成立时间推定的该宣传纸的公开时间。（8）附件9为联邦家具的宣传手册及公司简历介绍网页，请求人当庭补交该宣传手册的一页内页作为补充证据，并根据其中记载的“18年来”结合联邦家具公司网站上公开的“广东联邦家私有限公司成立于1984年”推断该宣传手册的公开时间为2002年。请求人当庭提交了该宣传手册的原件。专利权人核对之后认为复印件和原件是一致的，但是，专利权人认为该宣传手册不是公开出版物，而且联邦家具集团下的各个子公司成立时间不确定，不能确定“18年来”指的是那家公司，不认可请求人推定的公开时间。合议组当庭告知请求人，其当庭提交的标有“18年来”字样的宣传手册内页属于超期提交的证据，且不属于应考虑的例外情形，依据专利法实施细则第66条的规定不予采纳。（9）请求人当庭表示放弃附件14。（10）附件23为左右家私员工陈鹏的证明及设计稿，证人未出庭作证，专利权人对其真实性、公开时间提出质疑。（11）附件24为左右家私的设计稿，该设计稿为请求方企业内部资料，专利权人对其真实性、公开时间提出质疑。

至此，合议组认为本案的事实清楚，可以依法作出审查决定。

二、决定的理由

1. 法律依据

专利法第23条规定：“授予专利权的外观设计，应当同申请日以前在国内外出版物上公开发表过或者国内公开使用过的外观设计不相同和不相近似，并不得与他人在先取得的合法权利相冲突。”

专利法实施细则第13条第1款规定：“同样的发明创造只能被授予一项专利。”

2. 证据的认定

附件1~2、附件5、附件10~13、附件15~22为外观设计专利的网络打印件，专利权人对其真实性没有异议，而且，经合议组核实，所述打印件所示内容属实，它们的授权公告日均在本专利的申请日之前，属于专利法第23条所规定的出版物，可以作为判断本专利是否符合专利法第23条规定的证据。

附件3为200730115990.4号外观设计专利的网络打印件，专利权人对其真实性没有异议，附件3所示专利的申请日为2007年4月29日（在本专利的申请日2007年8月15日之前），授权公告日为2008年4月30日。经合议组核实，所述复印件所示内容属实，属于他人在本专利的申请日前申请、申请日之后授权公告的外观设计，可以作为判断本专利是否符合专利法实施细则第13条第1款规定的证据。

附件4为名为“IT'S HOW YOU LIVE”的宣传手册第25页和第75页的复印件，请求人在口头审理中提交了整本原件。合议组认为，附件4属于企业宣传册，且请求人在口头审理中说明其自域外获得，故该宣传册的来源以及是否公开发放或销售，需要相关证据佐证，而请求人没有提供相关证据，因此，合议组对其真实性和公开性不予认可。

附件6为时尚家具宣传手册第8页和封面的复印件，请求人于口头审理当庭补充提交了该宣传手册的版权信息页，并当庭提交了整本原件，其中显示该附件公开于2006年11月1日。根据审查指南的相关规定，该补充提交的内容属于完善证据的法定形式的证据，属于逾期提交可以接受的证据的例外情形。专利权人当庭取走该补充的版权信息页，并陈述不需要书面答复期。合议组认为，附件6所示的出版物上记载有刊名、日期、刊号、出版发行等信息，在无相反证据足以推翻的情况下，应属于真实的公开出版物，其公开时间为2006年11月1日，在本专利的申请日之前，属于专利法第23条所规定的出版物，可以作为判断本专利是否符合专利法第23条规定的证据。

附件7为现代金报A20版的复印件。请求人当庭出示了原件，专利权人对其真实性无异议。合议组认为，附件7为公开出版物，其公开时间为2004年4月16日，在本专利的申请日之前，属于专利法第23条所规定的出版物，可以作为判断本专利是否符合专利法第23条规定的证据。

附件8为左右沙发18周年厂庆宣传纸复印件。合议组认为，附件8属于单张的企业宣传纸，印制的随意性较大，该宣传纸的来源以及是否公开发放或销售，需要相关证据佐证，而请求人没有提供相关证据，而且，该宣传纸上的“左右沙发”是否是指请求人“深圳市左右家私有限公司”不能确定，无法依据请求人的成立时间推定该宣传纸的公开时间，因此，合议组对其真实性、公开性和公开时间不予认可。

附件9为联邦家具的宣传手册及公司简历介绍网页，请求人当庭补交该宣传手册的一页内页作为补充证据，并当庭提交了宣传册原件，并根据所述内页中记载的“18年来”结合联邦家具公司网站上公开的“广东联邦家私有限公司成立于1984年”推断该宣传手册的公开时间为2002年。口审时，合议组当庭告知请求人，根据专利法实施细则第66条的规定：“在专利复审委员会受理无效宣告请求后，请求人可以在提出无效宣告请求之日起1个月内增加理由或者补充证据。逾期增加理由或者补充证据的，专利复审委员会可以不予考虑”，请求人当庭提交作为补充证据的宣传手册的内页，提交时间超过了1个月的期限，且不属于逾期提交应该考虑的例外情形，因此，不予采纳。综上，合议组认为，附件9所示企业宣传手册的来源以及是否公开发放或销售，需要相关证据佐证，而请求人没有提供相关证据，而且，该宣传手册的公开时间也无法确定，因此，合议组对其真实性、公开性和公开时间不予认可。同时，附件9所示网页仅为单张打印件，在未经任何形式确认的情况下，其真实性不能被认定。

请求人当庭表示放弃附件14，因此，合议组对附件14不予考虑。

附件23为左右家私员工陈鹏的证明及设计稿。证人未出庭质证，且证人为请求方公司员工，之间存在一定利害关系，因此，合议组对该附件23的真实性不予认可。

附件24为左右家私的设计稿。合议组认为，该设计稿为请求方企业内部资料，其内加盖有“深圳市左右家私有限公司受控文件”的签章，因此，其不是公开的出版物，不予采纳。

3. 本专利是否符合专利法第23条的规定

本专利包括套件1主视图、套件1后视图、套件1左视图、套件1右视图、套件1俯视图、套件1立体图、套件2主视图、套件2后视图、套件2左视图、套件2右视图、套件2俯视图、套件2立体图和使用状态参考图，简要说明记载了套件1、2仰视图为不常见部分，省略套件1、2仰视图。所示沙发包括套件1和套件2，套件1和套件2的座位和靠背均为双层结构，套件1和套件2的座位和靠背的结合处有若干条横纹，套件1和套件2靠背和座位上有竖条纹，使得座位和靠背呈方格状，套件1和套件2各具有一个扶手，两个扶手形状一样，均呈弧形向沙发外侧延伸；并且一个套件横向摆设，一个套件纵向摆设，两个组合在一起呈“L”形构图（详见本专利附图）。

附件5中示出了沙发的外观设计（下称在先设计1）。在先设计1包括套件1和套件2，套件1和套件2的座位和靠背均为单层结构，套件1和套件2的座位和靠背上有基本均匀设置的横纹，套件2靠背和座位上有一条竖条纹，使得座位和靠背呈格状，套件1和套件2各具有一个扶手，套件1上的扶手为细长圆筒形，中间镂空，套件2上的扶手为扁平形，且向沙发内侧延伸；并且一个套件横向摆设，一个套件纵向摆设，两个组合在一起呈“L”形构图（详见在先设计1的附图）。

附件20中示出了沙发的外观设计（下称在先设计2）。在先设计2中的套件1和套件2的座位和靠背均为单层结构，套件 1 一侧有扶手，扶手为细长扁平形，中间镂空，套件 1 在座位和靠背的结合处有一条横条纹，套件 2 也在座位和靠背的结合处有一条横条纹，套件 1 和套件 2 靠背和座位上有竖条纹，使得座位和靠背呈方格状，并且一个套件横向摆设，一个套件纵向摆设，两个组合在一起呈“L”形构图（详见在先设计 2 的附图）。

合议组认为：本专利和在先设计 1、在先设计 2 均为沙发的外观设计，用途相同，属于相同类别的产品，具有可比性。

将本专利与在先设计 1 相比较，均包括：套件 1 和套件 2、套件 1 和套件 2 均具有扶手，且套件 1 和套件 2 的 L 形摆设方式也相同。其不同之处在于：本专利的沙发的套件 1 和套件 2 的座位和靠背均为双层结构，在先设计 1 中为单层结构；本专利的座位为方形，在先设计 1 中为楔形；本专利在套件 1 和套件 2 的座位和靠背的结合处有若干条横纹，在先设计 1 中没有；本专利的两个扶手形状相同，而在先设计 1 中两个扶手形状不同，且本专利中的扶手形状和在先设计 1 中的两个扶手的形状均不相同。合议组认为：两者虽然都具有套件 1 和套件 2，套件 1 和套件 2 都具有一个扶手，且套件 1 和套件 2 的“L”形摆设方式相同，但是它们在座位和靠背结构、座位的形状，以及座位和靠背的结合处的横纹、扶手形状等方面存在明显差别，对沙发整体视觉效果具有显著的影响。请求人欲通过附件 1、附件 2、附件 6、附件 7、附件 10~13、附件 15~19、附件 21、附件 22 等证明沙发座位和靠背上的横条纹设计、扶手形状和双层结构是沙发设计中惯常设计手段，但合议组认为，不同的层数结构、扶手形状和横条纹设计的组合会得出不同的整体视觉效果，因此，不能简单的认为它们是惯常设计。综上所述，本专利与在先设计 1 属于不相同且不相近似的外观设计。

将本专利与在先设计 2 相比较，均包括：套件 1 和套件 2、套件 1 具有扶手，且套件 1 和套件 2 的 L 形摆设方式也相同。其不同之处在于：本专利的沙发的套件 1 和套件 2 的座位和靠背均为双层结构，在先设计 2 中为单层结构；本专利在套件 1 和套件 2 的座位和靠背的结合处有若干条横纹，在先设计 2 中只有一条横条纹；本专利的套件 2 具有扶手，在先设计 2 中没有；本专利中套件 1 的扶手形状和在先设计 2 中的不同。合议组认为：两者虽然都具有套件 1 和套件 2，套件 1 具有扶手，且套件 1 和套件 2 的“L”形摆设方式相同，但是它们在座位和靠背结构以及座位和靠背的结合处的横纹数量、套件 2 上扶手的有无、套件 1 的扶手形状等方面存在明显差别，这些差别对沙发整体视觉效果具有显著的影响。请求人欲通过附件 1、附件 2、附件 6、附件 7、附件 10~13、附件 15~19、附件 21、附件 22 证明沙发座位和靠背上的横条纹设计、扶手有无、形状和双层结构是沙发设计中惯常设计手段，但合议组认为，不同的层数结构、扶手有无和形状及横条纹设计的组合会得出不同的整体视觉效果，因此，不能简单的认为它们是惯常设计。综上所述，本专利与在先设计 1 属于不相同且不相近似的外观设计。

所以，请求人以附件 5、附件 20 以及附件 1、附件 2、附件 6、附件 7、附件 10~13、附件 15~19、附件 21、附件 22 证明本专利不符合专利法第 23 条规定的无效宣告请求理由不能成立。

4. 本专利是否符合专利法实施细则第 13 条 1 款的规定

本专利包括套件 1 主视图、套件 1 后视图、套件 1 左视图、套件 1 右视图、套件 1 俯视图、套件 1 立体图、套件 2 主视图、套件 2 后视图、套件 2 左视图、套件 2 右视图、套件 2 俯视图、套件 2 立体图和使用状态参考图，简要说明记载了套件 1、2 仰视图为不常见部分，省略套件 1、2 仰视图。所示沙发包括套件 1 和套件 2，套件 1 和套件 2 的座位和靠背均为双层结构，套件 1 和套件 2 的座位和靠背的结合处有若干条横纹，套件 1 和套件 2 靠背和座位上有竖条纹，使得座位和靠背呈方格状，套件 1 和套件 2 各具有一个扶手，两个扶手形状一样，均呈弧形向沙发外侧延伸；并且一个套件横向摆设，一个套件纵向摆设，两个组合在一起呈“L”形构图（详见本专利附图）。

附件3中示出了沙发（下称在先设计3）。在先设计3中包括套件1、套件2、套件3，其中套件1为三人沙发、套件2为两人沙发和套件3为单人沙发，且套件1和套件2的座位和靠背均为单层结构，套件1和套件2的座位和靠背上有基本均匀设置的横纹，套件2靠背和座位上有一条竖条纹，使得座位和靠背呈格状，套件1和套件2各具有两个扶手，扶手为扁平形，且向沙发内侧延伸。套件3上没有扶手（详见在先设计3的附图）。

合议组认为：本专利和在先设计3均为沙发的外观设计，用途相同，属于相同类别的产品，具有可比性。

将本专利与在先设计3相比较，不同之处主要在于：本专利的沙发的套件1和套件2的座位和靠背均为双层结构，在先设计3中为单层结构；本专利在套件1和套件2的座位和靠背的结合处有若干条横纹，在先设计3中只有一条；本专利的套件1、套件2各具有一个扶手，而在先设计3中两个套件各具有两个扶手，且本专利中的扶手形状和在先设计3中的扶手形状不相同；本专利为躺椅和坐椅的套件组合，在先设计3为三人沙发、两人沙发和单人沙发的套件组合。合议组认为：两者虽然都具有套件1和套件2，但是它们在座位和靠背结构，以及座位和靠背的结合处的横纹数量、扶手数量和形状以及套件组合等方面存在明显差别，这些差别对沙发整体视觉效果具有显著的影响，且不能认定本专利采用的上述设计属于本领域的惯常设计，因此二者应属于不相同且不相近似的外观设计；根据审查指南第四部分第七章第1节中规定，同样的发明创造对于外观设计而言，是指两项外观设计相同或者相近似，因此本专利与在先设计3不属于同样的发明创造。

所以，请求人以附件3证明本专利不符合专利法实施细则第13条1款规定的无效宣告请求理由不能成立。

基于以上事实和理由，本案合议组作出如下审查决定。

三、决定

维持200730064513. X号外观设计专利权有效。

当事人对本决定不服的，可以根据专利法第46条第2款的规定，自收到本决定之日起三个月内向北京市第一中级人民法院起诉。根据该款的规定，一方当事人起诉后，另一方当事人应当作为第三人参加诉讼。

套件 1 主视图

套件 1 后视图

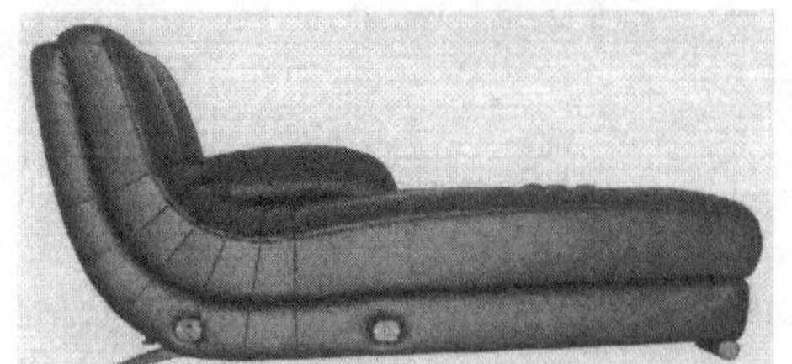
套件 1 左视图

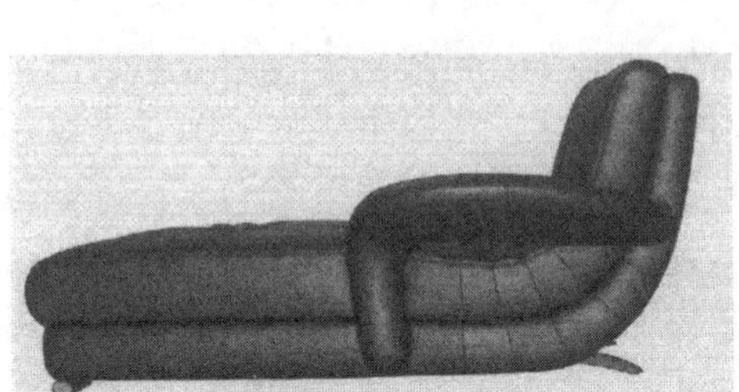
套件 1 右视图

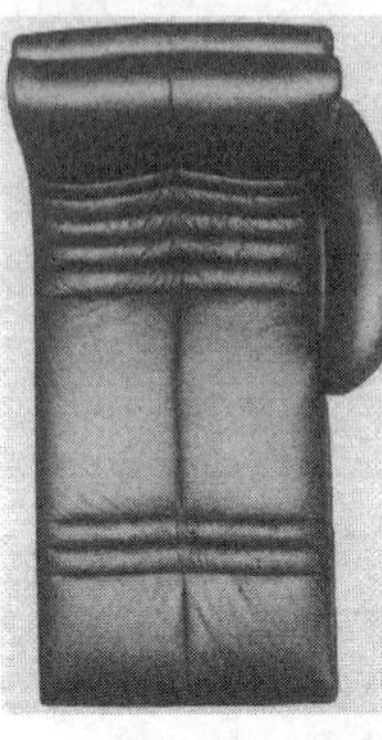
套件 1 俯视图

套件 1 立体图

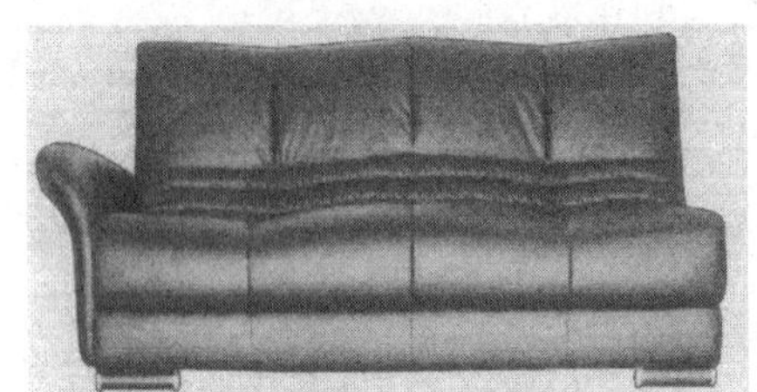
套件 2 主视图

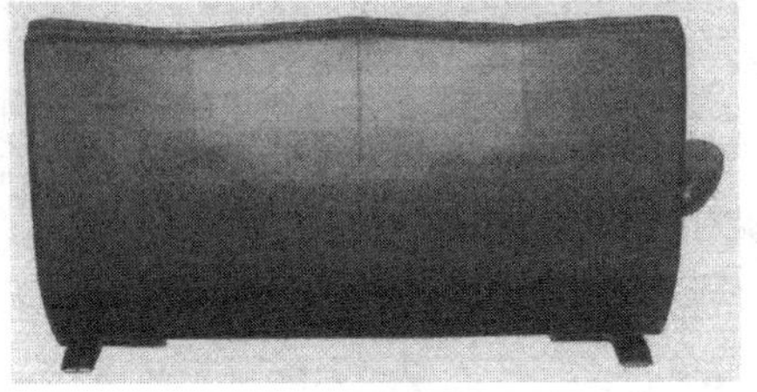
套件 2 后视图

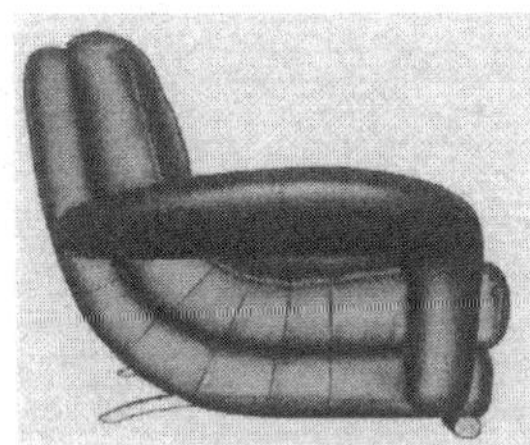
套件 2 左视图

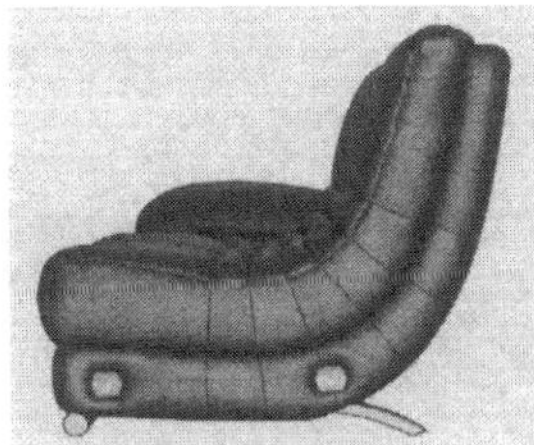
套件 2 右视图

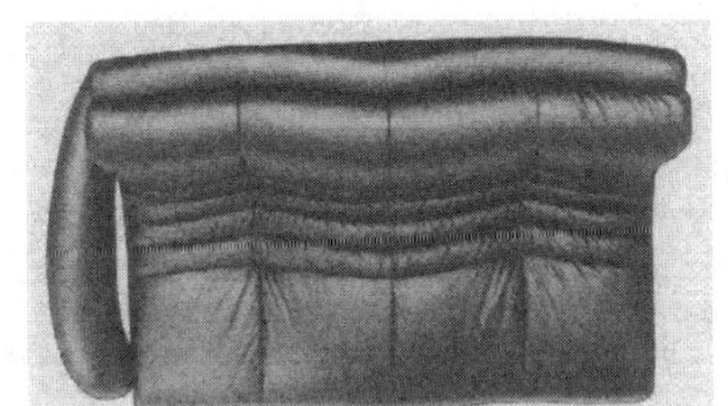
套件 2 俯视图

套件 2 立体图

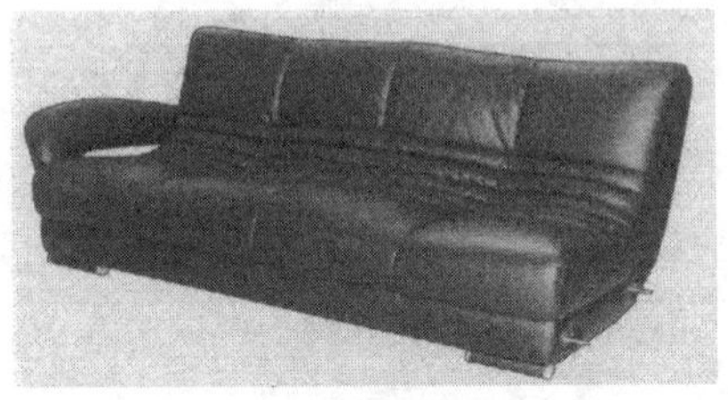
使用状态参考图

本专利附图

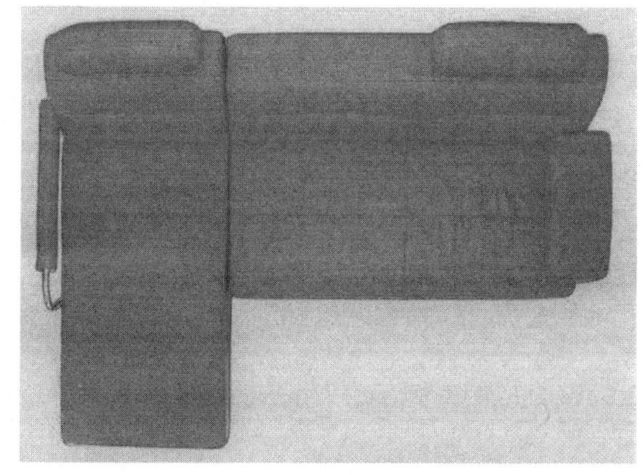

俯视图

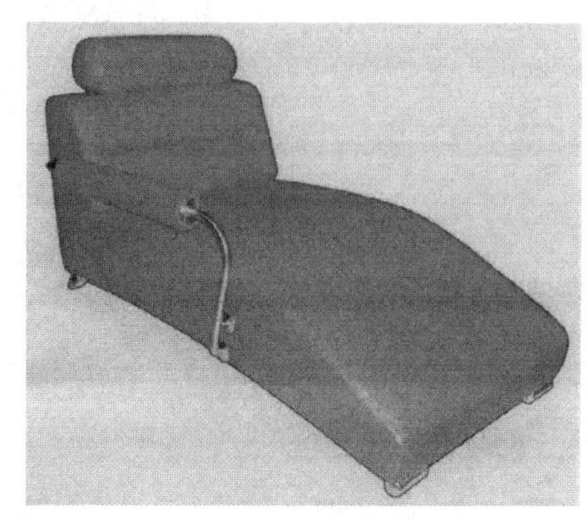

件 1 立体图

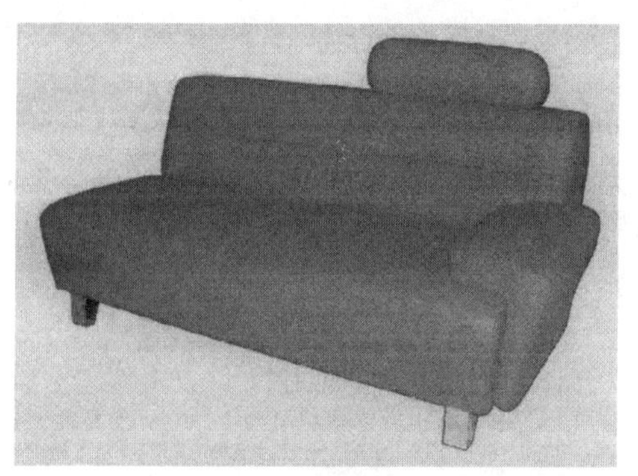

件 2 立体图

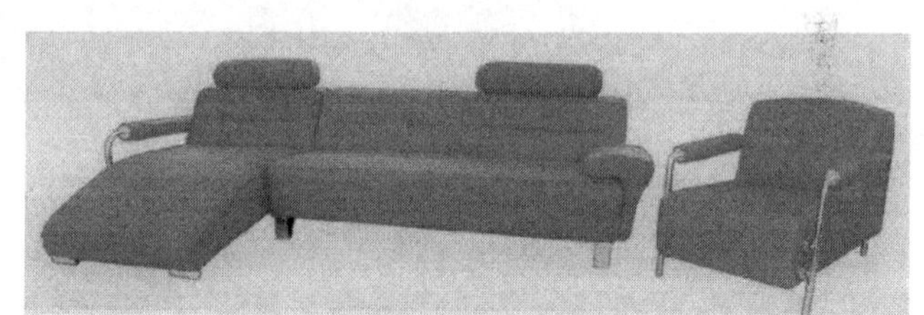

使用状态参考图

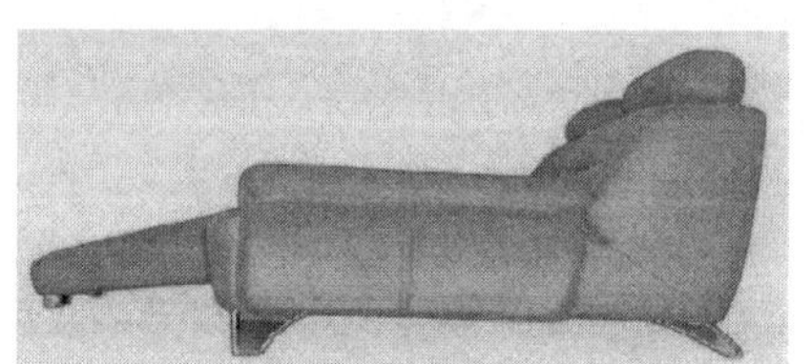

右视图

主视图

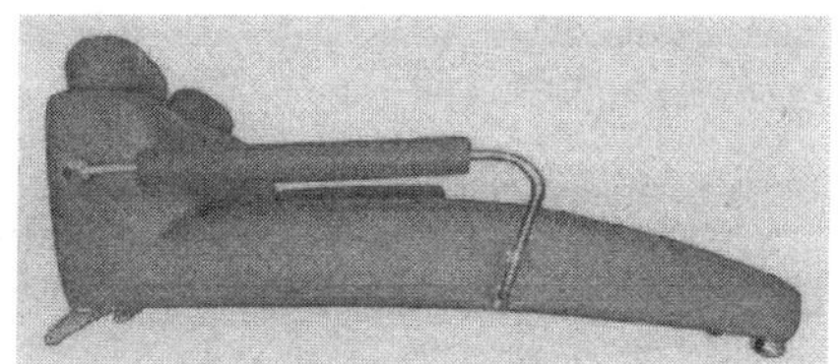

左视图

在先设计 1 附图

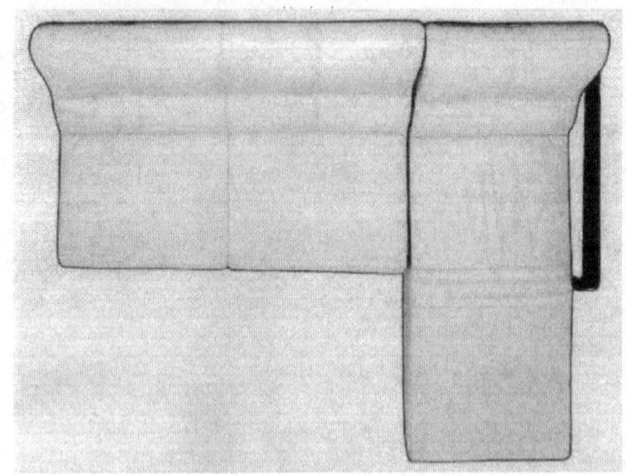

俯视图

使用状态参考图

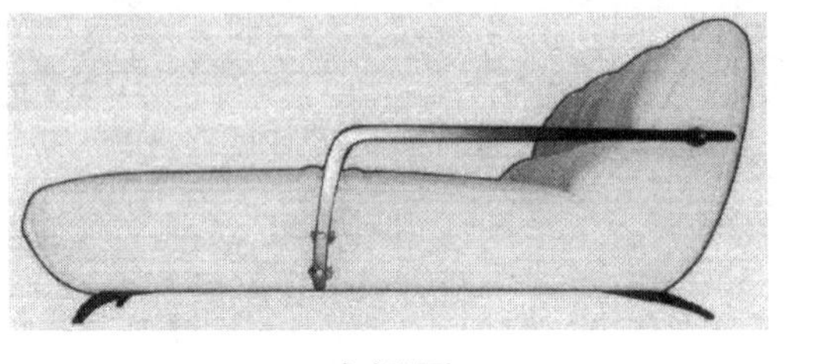

右视图

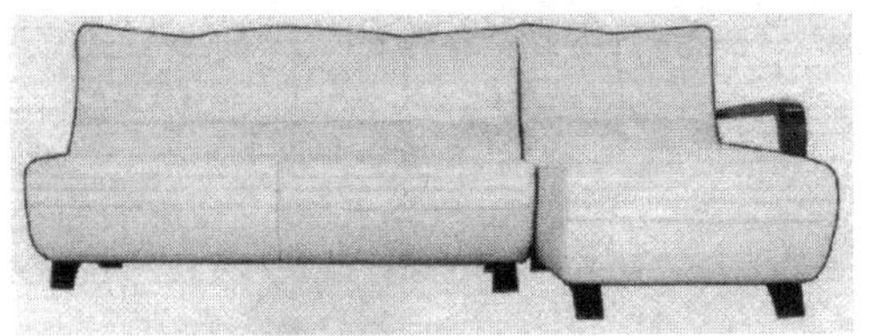

主视图

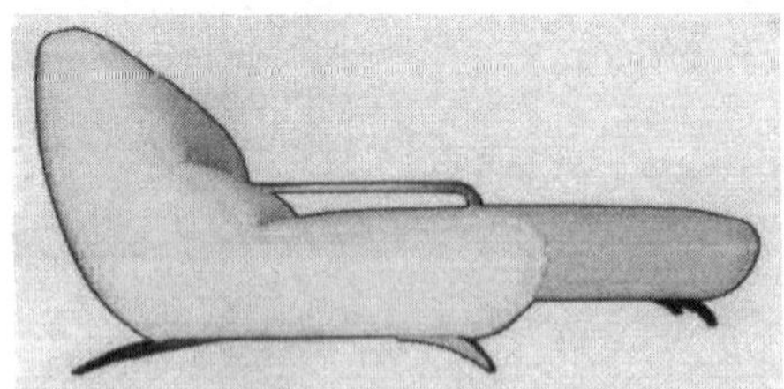

左视图

在先设计 2 附图

使用状态参考图　套件 1 俯视图
套件 1 后视图　套件 1 主视图
套件 1 左视图　套件 2 俯视图　套件 2 后视图　套件 2 主视图
套件 2 左视图　套件 3 俯视图　套件 3 后视图
套件 3 主视图　套件 3 左视图

在先设计 3 附图

北京市第一中级人民法院
行政判决书

（2009）一中行初字第2106号

原告深圳市左右家私有限公司，住所地广东省深圳市龙岗区布吉街道罗岗工业区D区22栋首层。

法定代表人黄金兰，董事长。

委托代理人马东晓，国浩律师集团（北京）事务所律师。

委托代理人任虎成，国浩律师集团（北京）事务所律师。

被告国家知识产权局专利复审委员会，住所地北京市海淀区北四环西路9号银谷大厦10~12层。

法定代表人张茂于，副主任。

委托代理人李金光，国家知识产权局专利复审委员会审查员。

委托代理人郭鹏鹏，国家知识产权局专利复审委员会审查员。

第三人周子鹏，男，1971年9月26日出生，汉族，住广东省佛山市顺德区龙江镇。

委托代理人郑宇阳，男，1965年8月25日出生，住广东省佛山市顺德区大良街道。

原告深圳市左右家私有限公司（以下简称左右家私公司）不服被告国家知识产权局专利复审委员会（以下简称专利复审委员会）于2009年5月11日作出的第13353号无效宣告请求审查决定（以下简称第13353号决定），于法定期限内向本院提起诉讼。本院于2009年8月26日受理后，依法组成合议庭，并依法通知本专利的专利权人周子鹏作为第三人参加诉讼，于2009年11月19日公开开庭进行了审理。原告左右家私公司的委托代理人马东晓、任虎成，被告专利复审委员会的委托代理人李金光、郭鹏鹏，第三人周子鹏的委托代理人郑宇阳到庭参加了诉讼。本案现已审理终结。

第13353号决定系被告专利复审委员会针对深圳左右家私公司就第三人周子鹏所享有的200730064513.X号、名称为“沙发（AF-S608-2）”的外观设计专利（以下简称本专利）而提起的无效宣告请求而作出的。该决定中认定：

左右家私公司的无效理由是本专利不符合《中华人民共和国专利法》（以下简称《专利法》）第二十三条及《中华人民共和国专利法实施细则》（以下简称《专利法实施细则》）第十三条第一款的相关规定。左右家私公司提供的附件4属于企业宣传册，且左右家私公司在口头审理中说明其自域外获得，故该宣传册的来源以及是否公开发放或销售，需要相关证据佐证，而左右家私公司没有提供相关证据，因此，专利复审委员会对其真实性和公开性不予认可。附件8属于单张的企业宣传纸，印制的随意性较大，该宣传纸的来源以及是否公开发放或销售，需要相关证据佐证，而左右家私公司没有提供相关证据，而且该宣传纸上的“左右沙发”是否是指左右家私公司不能确定，无法依据左右家私公司的成立时间推定该宣传纸的公开时间，因此，专利复审委员会对其真实性、公开性和公开时间不予认可。

本专利和在先设计1、在先设计2均为沙发的外观设计，用途相同，属于相同类别的产品，具有可比性。

将本专利与在先设计1相比较，两者虽然都具有套件1和套件2，套件1和套件2都具有一个扶手，且套件1和套件2的“L”形摆设方式相同，但是它们在座位和靠背结构、座位的形状，以及座位和靠背的结合处的横纹、扶手形状等方面存在明显差别，对沙发整体视觉效果具有显著的影响。左右家私公司欲通过附件1、附件2、附件6、附件7、附件10~13、附件15~19、附件21、附件22等证明沙发座位和靠背上的横条纹设计、扶手形状和双层结构是沙发设计中惯常设计手段，但专利复审委员会认为，不同的层数结构、扶手形状和横条纹设计的组合会得出不同的整体视觉效果，因此，不能简单地认为它们是惯常设计。综上所述，本专利与在先设计 1 属于不相同且不相近似的外观设计。

将本专利与在先设计 2 相比较，两者虽然都具有套件 1 和套件 2，套件 1 具有扶手，且套件 1 和套件 2 的 L 形摆设方式相同，但是它们在座位和靠背结构，以及座位和靠背的结合处的横纹数量、套件 2 上扶手的有无、套件 1 的扶手形状等方面存在明显差别，这些差别对沙发整体视觉效果具有显著的影响。左右家私公司欲通过附件 1、附件 2、附件 6、附件 7、附件 10~13、附件 15~19、附件 21、附件 22 证明沙发座位和靠背上的横条纹设计、扶手有无、形状和双层结构是沙发设计中惯常设计手段，但专利复审委员会认为，不同的层数结构、扶手有无和形状及横条纹设计的组合会得出不同的整体视觉效果，因比，不能简单地认为它们是惯常设计。综上所述，本专利与在先设计 2 属于不相同且不相近似的外观设计。

据此，左右家私公司认为本专利不符合《专利法》第二十三条规定的无效宣告请求理由不能成立。

本专利和在先设计 3 均为沙发的外观设计，用途相同，属于相同类别的产品，具有可比性。将本专利与在先设计 3 相比较，两者虽然都具有套件 1 和套件 2，但是它们在座位和靠背结构，以及座位和靠背的结合处的横纹数量、扶手数量和形状以及套件组合等方面存在明显差别，这些差别对沙发整体视觉效果具有显著的影响，且不能认定本专利采用的上述设计属于本领域的惯常设计，因此二者应属于不相同且不相近似的外观设计；根据《审查指南》第四部分第七章第 1 节中规定，同样的发明创造对于外观设计而言，是指两项外观设计相同或者相近似，因此本专利与在先设计 3 不属于同样的发明创造。

所以，左右家私公司以附件 3 证明本专利不符合《专利法实施细则》第十三条一款规定的无效宣告请求理由不能成立。

原告左右家私公司不服第 13353 号决定，于法定期限内提起诉讼，其诉称：（1）附件 4 及附件 8 均具有真实性，应当作为本专利的在先设计，被告未将其作为本专利的在先设计属于认定事实错误。（2）本专利与在先设计 1 相比，本专利虽然在座位与靠背处具有横纹，但该横纹的产生系基于其所使用的材质所导致，属于功能性设计，不影响近似性的判断。本专利与在先设计 1 在扶手部分虽有区别，但本专利扶手的设计属于惯常设计。本专利与在先设计 1 虽然在座位与靠背结合处的设计上有所不同，但该不同仅属于细微差别，不影响二者近似性的判断。据此，本专利与在先设计 1 属于相近似的外观设计。（3）本专利与在先设计 2 相比，本专利虽然在座位与靠背处具有横纹，但该横纹的产生系基于其所使用的材质所导致，属于功能性设计，不影响近似性的判断。虽然在先设计 2 仅有一个扶手，且该扶手的设计与本专利亦不相同，但本专利扶手的设计属于惯常设计，且该不同属于细微差别。本专利虽然与在先设计 2 在座位与靠背结合处的设计上有所不同，但该不同仅属于细微差别，不影响二者近似性的判断。据此，本专利与在先设计 2 属于相近似的外观设计。综上，原告认为本专利不符合《专利法》第二十三条的规定，被告作出的第 13353 号决定认定错误，请求法院依法予以撤销。

被告专利复审委员会仍坚持其在第 13353 号决定的认定，认为第 13353 号决定认定事实清楚、适用法律正确、审理程序合法，原告的诉讼理由不能成立，请求人民法院驳回原告的诉讼请求，维持第 13353 号决定。

第三人周子鹏认为第 13353 号决定认定事实清楚、适用法律正确、审理程序合法，原告的诉讼理由不能成立，请求人民法院予以维持。

本院经审理查明如下事实：

周子鹏是200730064513.X号、名称为“沙发”（AF-S608-2）的外观设计专利的专利权人，本专利的申请日为2007年8月15日，授权公告日为2008年7月23日。

本专利授权公告的视图包括套件1主视图、套件1后视图、套件1左视图、套件1右视图、套件1俯视图、套件1立体图、套件2主视图、套件2后视图、套件2左视图、套件2右视图、套件2俯视图、套件2立体图和使用状态参考图。简要说明记载了套件1、套件2仰视图为不常见部分，省略套件1、2仰视图。所示沙发包括套件1和套件2，套件1和套件2的座位和靠背均为双层结构，套件1和套件2的座位和靠背的结合处有若干条横纹，套件1和套件2靠背和座位上有竖条纹，使得座位和靠背呈方格状，套件1和套件2各具有一个扶手，两个扶手形状一样，均呈弧形向沙发外侧延伸；并且一个套件横向摆设，一个套件纵向摆设，两个组合在一起呈“L”形构图（见本判决书后附图）。

针对本专利，左右家私公司于2008年12月17日向专利复审委员会提出无效宣告请求，认为本专利不符合《专利法》第二十三条的规定，应被宣告全部无效；其同时认为附件3的申请日早于本专利的申请日，其公开日晚于本专利的申请日，本专利的外观设计整体上与附件3中的相同，本专利不符合《专利法实施细则》第十三条第一款的规定，应被宣告全部无效。

左右家私公司同时提交了相应证据，其中：

附件3为200730115990.4号外观设计专利的网络打印件，其授权公告号为CN300771275，授权公告日为2008年4月30日，申请日为2007年4月29日（即在先设计3）。

附件4为一本宣传手册的第25页及第75页，左右家私公司称该宣传手册系其在国外参加展销会时所获得。该宣传手册上并无出版日期，在第75页有如下表述“Natuzzi集团诞生于1959年……45年后的今天……”。

附件5为200630056703.2号外观设计专利公报复印件，其授权公告日为2007年3月7日。该附件中示出了沙发的外观设计（即在先设计1）。在先设计1包括套件1和套件2，套件1和套件2的座位和靠背均为单层结构，套件1和套件2的座位和靠背上有基本均匀设置的横纹，套件2靠背和座位上有一条竖条纹，使得座位和靠背呈格状，套件1和套件2各具有一个扶手，套件1上的扶手为细长圆筒形，中间镂空，套件2上的扶手为扁平形，且向沙发内侧延伸；并且一个套件横向摆设，一个套件纵向摆设，两个组合在一起呈“L”形构图（见本判决书后附图）。

附件8为一宣传单，左右家私公司称该宣传单为其经销商制作，该宣传单上亦未显示具体日期，但有“左右沙发18周年”的字样。左右家私公司称其成立时间为1986年，因此，从该时间起算，该宣传单的形成时间应为2004年。

附件20为200630056705.1号外观设计专利的打印件，其授权公告日为2007年3月7日。其中示出了沙发的外观设计（即在先设计2）。在先设计2中的套件1和套件2的座位和靠背均为单层结构，套件1一侧有扶手，扶手为细长扁平形，中间镂空，套件1在座位和靠背的结合处有一条横条纹，套件2也在座位和靠背的结合处有一条横条纹，套件1和套件2靠背和座位上有竖条纹，使得座位和靠背呈方格状，并且一个套件横向摆设，一个套件纵向摆设，两个组合在一起呈“L”形构图（见本判决书后附图）。

2009年3月12日，专利复审委员会进行了口头审理。

在此基础上，专利复审委员会于2009年5月11日作出第13353号决定，维持本专利权有效。

本院另查明：左右家私公司的营业执照副本上显示其成立时间为2001年。

上述事实有第13353号决定、本专利公报及附图、附件3、4、5、8、20以及庭审笔录在案证实。

本院认为，本案涉及如下焦点：

一、本案的法律适用问题

2008 年 12 月 27 日修改的《专利法》（以下简称 2009 年《专利法》）已于 2009 年 10 月 1 日起施行，鉴于本专利申请及授权时间以及本案受理时间处于 2001 年《专利法》施行期间，而本案审理时间处于 2009 年专利法施行期间，因此本案的审理涉及 2001 年《专利法》与 2009 年《专利法》之间的适用问题。

《中华人民共和国立法法》第八十四条规定，法律、行政法规、地方性法规、自治条例和单行条例、规章不溯及既往，但为了更好地保护公民、法人和其他组织的权利和利益而作的特别规定除外。

依据上述规定，国家知识产权局制定了《施行修改后的专利法的过渡办法》，该过渡办法于 2009 年 10 月 1 日起施行。根据该过渡办法，对于专利权是否有效的审查，申请日在 2009 年 10 月 1 日前的专利申请以及根据该专利申请授予的专利权适用 2001 年《专利法》的规定；申请日在 2009 年 10 月 1 日以后（含该日）的专利申请以及根据该专利申请授予的专利权适用 2009 年《专利法》的规定。

鉴于本案属于专利确权行政纠纷，本专利的申请日在 2009 年 10 月 1 日前，因此依据《中华人民共和国立法法》第八十四条之规定，并参照上述过渡办法的相关规定，本案应适用 2001 年专利法进行审理。

二、附件 4 及附件 8 是否可以作为本专利的在先设计

《最高人民法院关于行政诉讼法证据若干问题的规定》第十六条规定，当事人向人民法院提供的在中华人民共和国领域外形成的证明，应当说明来源，经所在国公证机关证明，并经中华人民共和国驻该国使领馆认证，或者履行中华人民共和国与证据所在地国订立的有关条约中规定的证明手续。

原告认为附件 4 及附件 8 均具有真实性，且公开时间均早于本专利的申请日，因此，均可以作为本专利的在先设计。

对此，本院认为，附件 4 为原告自国外取得的企业宣传手册，鉴于原告并未依据上述规定对该证据进行公证认证，故该证据形式上不具有合法性，故对该证据本院不予确认，其不能作为本专利的在先设计。

附件 8 为原告经销商自行制作的宣传资料，鉴于该证据的制作主体与原告具有利害关系，在无其他相关证据佐证的情况下，本院对其真实性不予确认。此外，鉴于其中仅有“左右沙发 18 周年”的标注，并未显示具体时间，且原告营业执照上显示成立时间为 2001 年，其亦未举证证明其确系 1986 年成立，故即便可以确认附件 8 的真实性，亦无法认定附件 8 的形成时间确实早于本专利的申请日，故附件 8 不能作为本专利的在先设计。

综上，原告认为附件 4 及附件 8 可以作为本专利在先设计的主张不能成立，本院不予支持。

三、本专利与在先设计 1 是否属于相近似的外观设计

《专利法》第二十三条规定，授予专利权的外观设计，应当同申请日以前在国内外出版物上公开发表过或者国内公开使用过的外观设计不相同和不相近似，并不得与他人在先取得的合法权利相冲突。

原告认为，本专利与在先设计 1 相比，本专利虽然在座位与靠背处具有横纹，但该横纹的产生系基于其所使用的材质所导致，属于功能性设计，不影响近似性的判断。本专利与在先设计 1 虽在扶手部分亦有区别，但本专利扶手的设计属于惯常设计。本专利虽然与在先设计 1 在座位与靠背结合处的设计上有所不同，但该不同仅属于细微差别，不影响二者近似性的判断。据此，本专利与在先设计 1 属于相近似的外观设计。

对此，本院认为，《审查指南》第五章规定，由产品的功能唯一限定的特定形状对整体视觉效果

通常不具有显著的影响。本案中，鉴于本专利座位与靠背处的横纹，并非是该产品功能唯一限定的特定形状，因此，无论该横纹是否系因产品所选用的材质所致，均不属于上述规定中的对整体视觉效果通常不具有显著的影响的设计，因此，本专利座位与靠背处的横纹属于本专利与在先设计 1 的区别点。对于本专利与在先设计 1 在扶手部位的区别，原告虽主张本专利的扶手设计系惯常设计，但其未提交证据证明，故其该主张亦不能成立，二者在扶手设计上的不同，亦属于区别点之一。在此基础上，结合考虑本专利的主体在视觉效果上为双层结构，而在先设计 1 的主体在视觉效果上为单层结构；在先设计 1 的靠背上有靠枕，而本专利并无靠枕；同时二者在座位的形状上亦有区别，本院认为，上述差别对于产品外观设计的整体视觉效果具有显著影响，据此，本专利与在先设计 1 不构成相近似的外观设计。

四、本专利与在先设计 2 是否属于相近似的外观设计

原告认为，本专利与在先设计 2 相比，本专利虽然在座位与靠背处具有横纹，但该横纹的产生系基于其所使用的材质所导致，属于功能性设计，不影响近似性的判断。虽然在先设计 2 仅有一个扶手，且该扶手的设计与本专利亦不相同，但本专利扶手的设计属于惯常设计，且亦属于细微差别。本专利虽然与在先设计 2 在座位与靠背结合处的设计上有所不同，但该不同仅属于细微差别，不影响二者近似性的判断。据此，本专利与在先设计 2 属于相近似的外观设计。

对此，本院认为，鉴于本专利座位与靠背处的横纹，并非是该产品功能唯一限定的特定形状，因此，无论该横纹是否系因产品所选用的材质所致，均不属于对整体视觉效果通常不具有显著的影响的设计，因此，本专利座位与靠背处的横纹属于本专利与在先设计 2 的区别点。对于本专利与在先设计 2 在扶手部位的区别，原告虽主张本专利的扶手设计系惯常设计，但其未提交证据证明，故其该主张亦不能成立，二者在扶手设计上的不同，亦属于区别点之一。在此基础上，结合考虑本专利的主体在视觉效果上为双层结构，而在先设计 2 的主体在视觉效果上为单层结构；且二者在座位的形状上亦有区别，本院认为，上述差别的存在对于产品外观设计的整体视觉效果具有显著影响，据此，本专利与在先设计 2 不构成相近似的外观设计。

综上，原告的起诉理由均不能成立，本院不予支持。被告作出的第 13353 号决定认定事实清楚，适用法律正确，本院依法予以维持。依照《中华人民共和国行政诉讼法》第五十四条第（一）项之规定，本院判决如下：

维持被告国家知识产权局专利复审委员会作出的第 13353 号无效宣告请求审查决定。

案件受理费 100 元，由原告深圳市左右家私有限公司负担（已交纳）。

如不服本判决，各方当事人可在本判决书送达之日起 15 日内，向本院提交上诉状及副本并交纳上诉案件受理费 100 元，上诉于北京市高级人民法院。

审　判　长　芮松艳
代理审判员　殷　悦
人民陪审员　郝志国
二〇〇九年十二月十八日
书　记　员　杨　力

套件 1 主视图

套件 1 后视图

套件 1 左视图

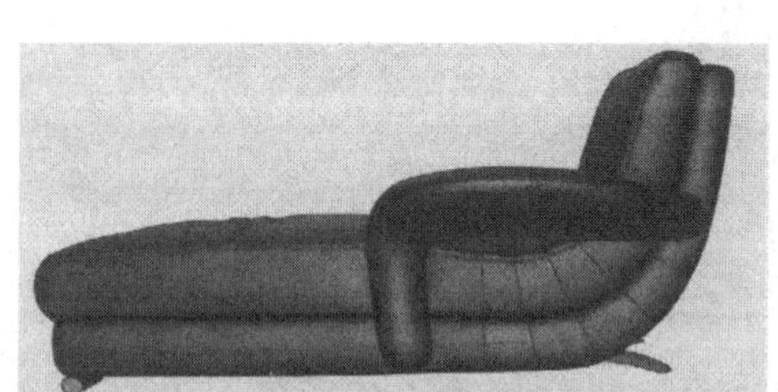
套件 1 右视图

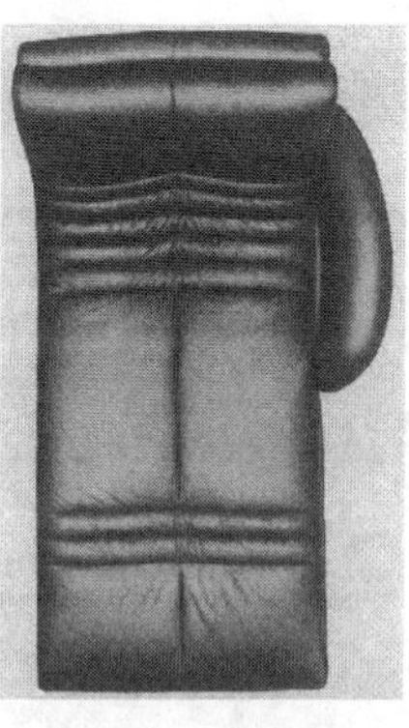
套件 1 俯视图

套件 1 立体图

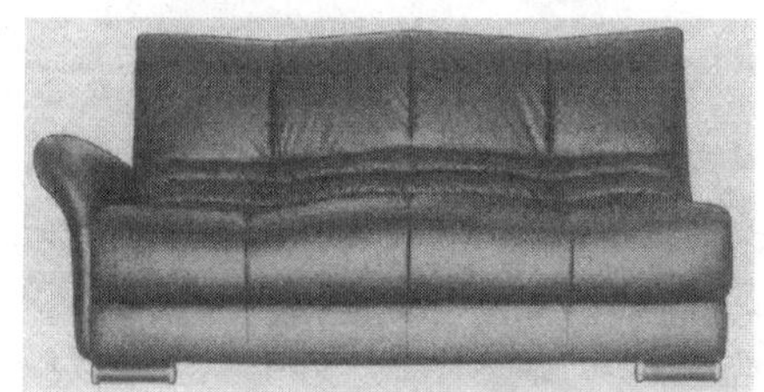
套件 2 主视图

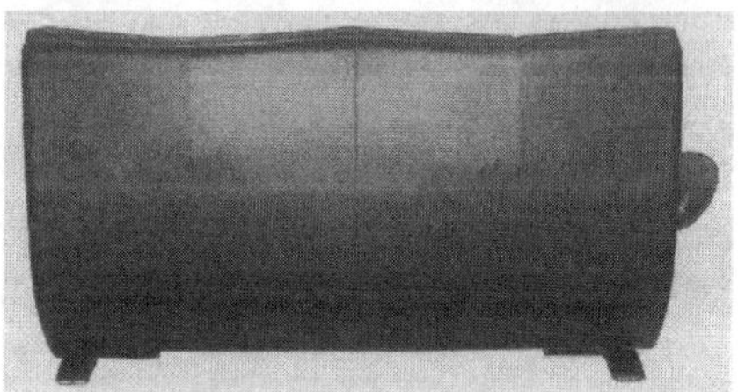
套件 2 后视图

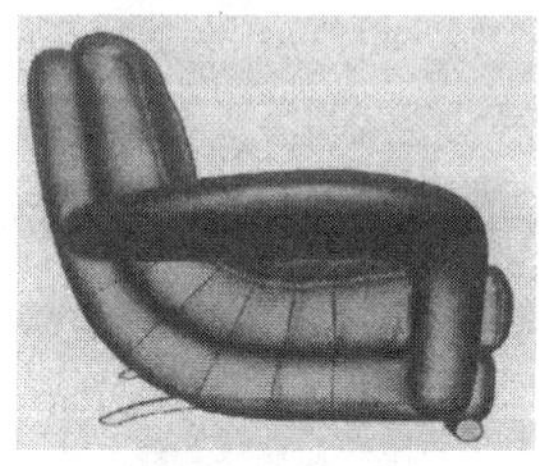
套件 2 左视图

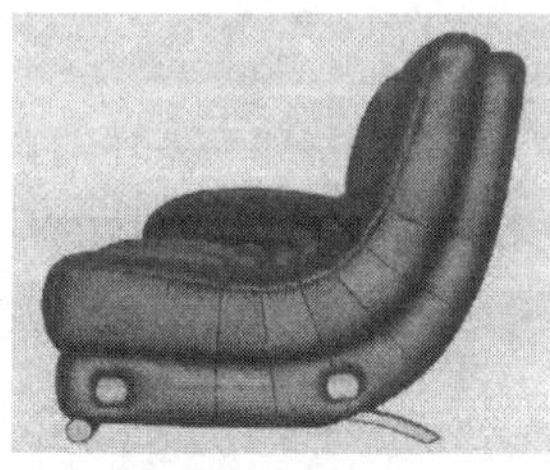
套件 2 右视图

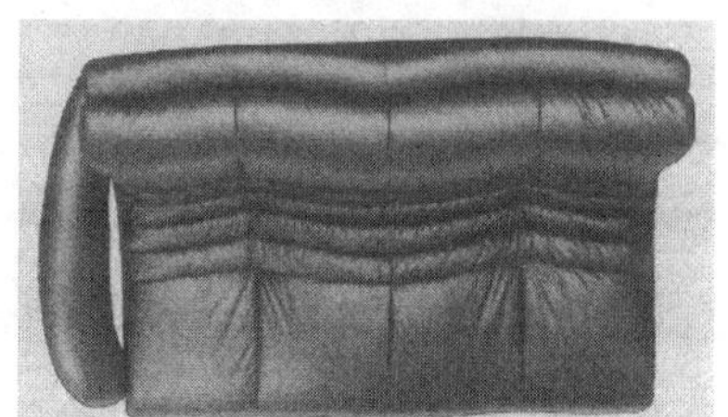
套件 2 俯视图

套件 2 立体图

使用状态参考图

本专利附图

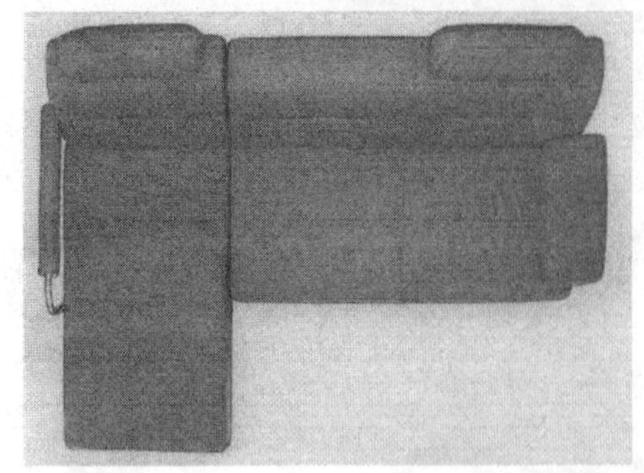

俯视图

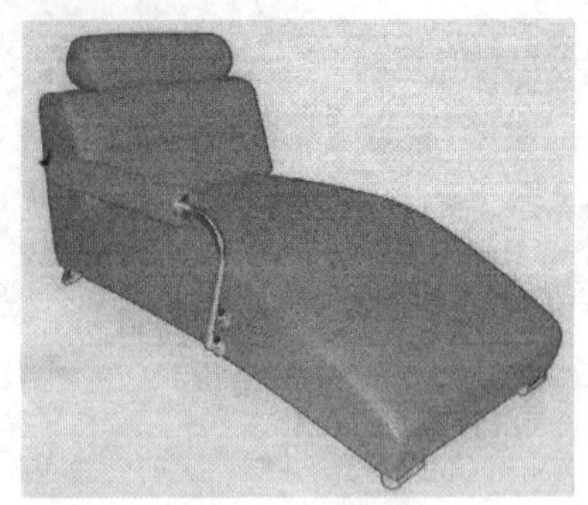

件 1 立体图

件 2 立体图

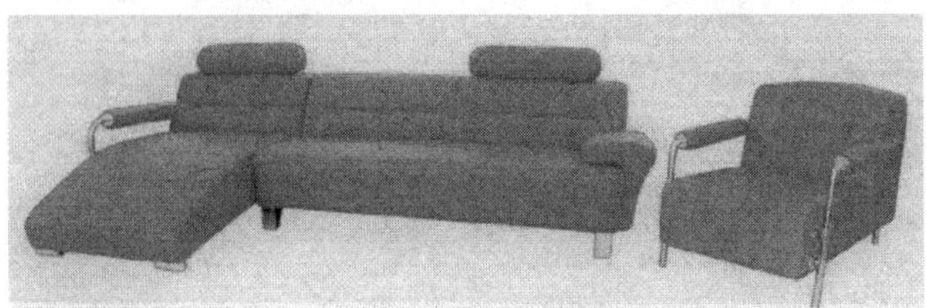

使用状态参考图

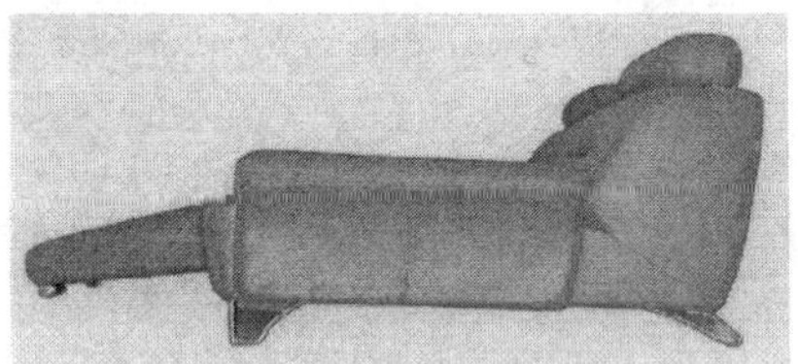

右视图

主视图

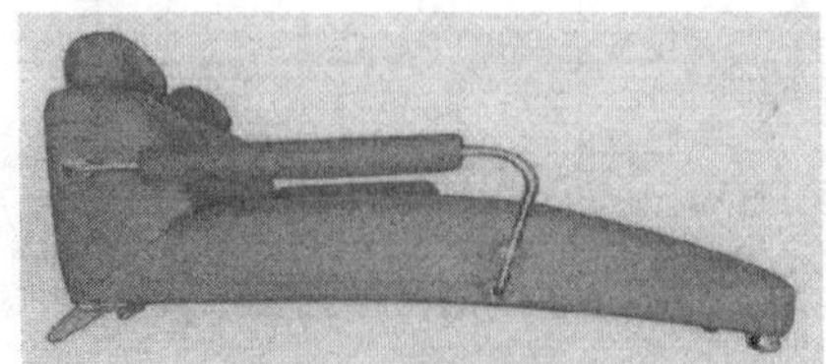

左视图

在先设计 1 附图

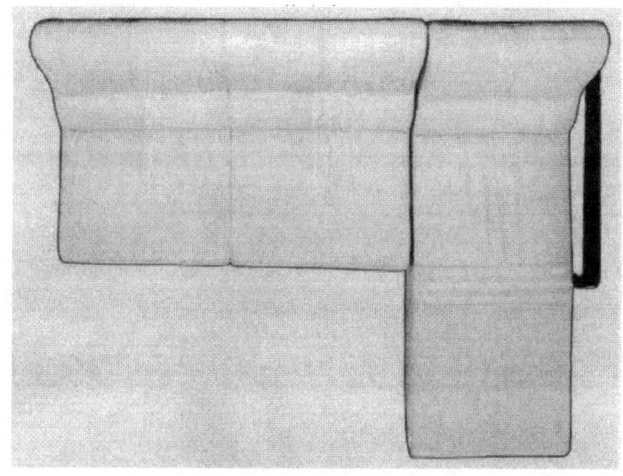

俯视图

使用状态参考图

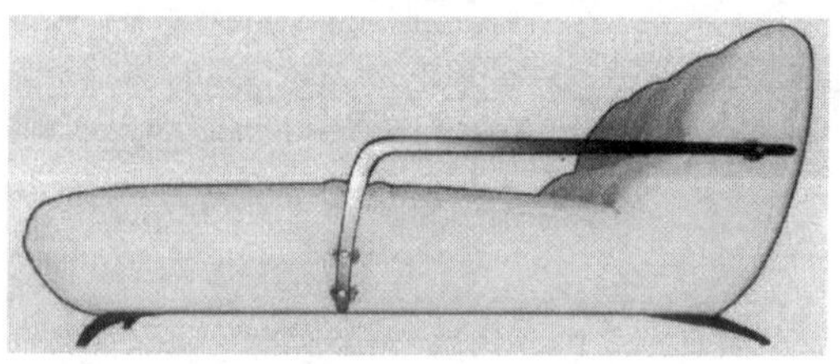

右视图

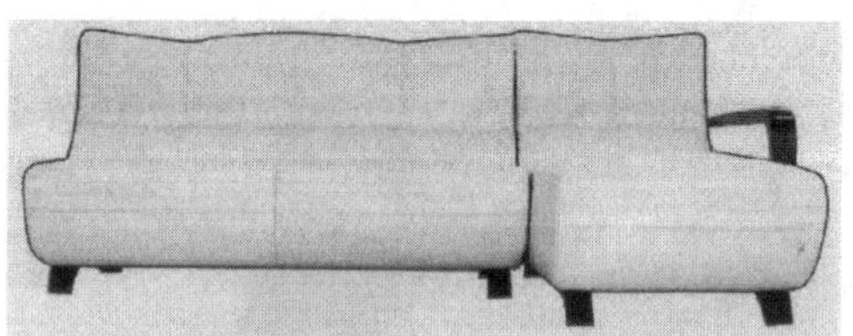

主视图

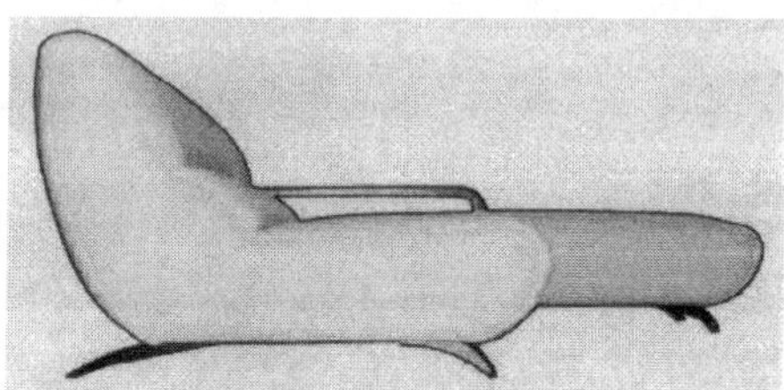

左视图

在先设计 2 附图

水晶玻璃器皿（A3）

无效宣告请求审查决定（第13355号）

决　　定　　号　第13355号
决　　定　　日　2009年5月12日
发明创造名称　水晶玻璃器皿（A3）
外观设计分类号　07-01
无效宣告请求人　古丽吉克热
专　利　权　人　买来木尼沙·衣明
专　　利　　号　200730311166.6
申　　请　　日　2007年10月17日
授 权 公 告 日　2008年9月17日
合 议 组 组 长　吴大章
主　　审　　员　尹春霞
参　　审　　员　雷　婧

法　律　依　据　专利法第23条
决　定　要　点

对于在域外形成的证据，如未履行相关的公证认证手续，合议组对其不予采信。

请求人提交的证据确认件并非原始证据，其证明力较小，证据形式较为随意，其所附图纸仅为模具的设计图，不能真实反映产品的实际外观形状。

一、案由

本无效宣告请求涉及国家知识产权局于2008年9月17日授权公告的200730311166.6号外观设计专利，其名称为“水晶玻璃器皿（A3）”，申请日为2007年10月17日，专利权人为买来木尼沙·衣明。

针对上述外观设计专利（下称本专利），古丽吉克热（下称请求人）于2009年1月13日向专利复审委员会提出无效宣告请求，认为本专利不符合专利法第23条的规定，同时请求人提交了下列附件作为证据：

附件1：奥尼克斯股份有限公司的相关信息复印件及其中文译文，共3页；

附件2：奥尼克斯股份有限公司产品宣传册部分页复印件及相关中文译文，共7页；

附件3：明光特公司产品宣传册部分页复印件及相关中文译文，共5页；

附件4：声称是型号为0747、0748、0749玻璃容器皿2001年进口报关单和历年报关单复印件及部分页中文译文，共40页；

附件5：买买提木沙委托广州大正贸易有限公司开模具的委托协议、订货合同、样图复印件，共8页。

请求人认为，以上附件形成了完整的证据链，证明本专利在申请日前就在国内外出版物上公开发表过，同时本专利在申请日前已公开生产销售，因此本专利不符合专利法第23条的规定，应予宣告无效。

经形式审查合格，专利复审委员会依法受理了上述无效宣告请求，并于2009年2月16日向请求人和专利权人发出无效宣告请求受理通知书，同时将无效宣告请求书及其附件清单中所列附件的副本转送给专利权人，通知其在指定期限内陈述意见。

专利复审委员会依法成立合议组对本案进行审理，并于2009年3月5日向双方当事人发出无效宣告请求口头审理通知书，定于2009年4月20日对本案进行口头审理。

专利权人于2009年3月11日提交意见陈述书。专利权人认为，请求人提出的无效理由，不符合专利法及专利法实施细则的规定；附件1~3是域外证据，不符合审查指南关于域外证据的形式要求，不能作为证据使用；请求人没有对本专利与在先设计作相同和相近似对比。综上，应维持本专利有效。

专利复审委员会于2009年3月23日将专利权人的意见陈述书转送请求人，通知其应在收到所述文件起一个月内陈述意见。

口头审理如期进行，双方当事人均委托代理人出席口头审理。双方当事人对合议组成员无回避请求，对对方出庭人员的身份、资格无异议。口头审理中，请求人当庭提交了附件2、附件3的原件、附件5的确认件及相关产品实物。专利权人认可上述附件的原件及确认件与复印件一致，对附件2、附件3译文的准确性无异议，对上述附件的真实性均有异议。同时认为附件1无原件，附件2、附件3均为域外证据，没有进行公证认证，不能作为证据使用。口头审理中，请求人有证人出庭作证，合议组及双方当事人对请求人的证人进行了询问。

在上述审理的基础上，合议组认为本案事实已经调查清楚，可以依法作出审查决定。

二、决定的理由

1. 法律依据

基于请求人提出无效宣告请求所依据的事实和理由，合议组对本专利是否符合专利法第23条的规定进行审查。

专利法第23条规定："授予专利权的外观设计，应当同申请日以前在国内外出版物上公开发表过或者国内公开使用过的外观设计不相同和不相近似，并不得与他人在先取得的合法权利相冲突。"

2. 证据认定

请求人提交的附件1是奥尼克斯股份有限公司的相关信息复印件及其中文译文，请求人未提交附件1的原件，专利权人对附件1的真实性不认可，合议组对附件1不予采信。

附件2是奥尼克斯股份有限公司产品宣传册部分页复印件及相关中文译文，附件3是明光特公司产品宣传册部分页复印件及相关中文译文，请求人当庭提交了上述附件的原件，专利权人认可上述附件的原件与复印件一致，对其中的中文翻译准确性无异议，但对上述附件的真实性均有异议，同时认为域外形成的证据应当经过公证认证。合议组认为，虽然请求人提交了上述附件的原件，并提交了相关页的中文译文，但上述附件均是在域外形成的证据，均未履行相关的公证认证手续，专利权人对其真实性也不予认可，合议组对其不予采信。

请求人提交的附件4声称是型号为0747、0748、0749玻璃容器皿2001年进口报关单和历年报关单复印件及部分页中文译文，专利权人对其真实性不予认可。合议组认为，附件4是在域外形成的证据，请求人未提交附件3的原件，也未履行相关的公证认证手续，专利权人对其真实性也不予认可，因此附件4不予采信。

请求人提交的附件5是乌鲁木齐市沙依巴克区迈尔哈巴玻璃器皿商行（负责人是买买提木沙）委托广州大正贸易有限公司开模具的委托协议、订货合同、样图复印件。请求人当庭提交了加盖广州大正贸易有限公司公章的复印件，其中包含加盖广州大正贸易有限公司公章的委托协议一份、订货合同复印件三份、图纸复印件三张，在该几份文件骑缝处加盖了广州大正贸易有限公司公章。专利权人对真实性不予认可。合议组认为，附件5虽然在骑缝处加盖了广州大正贸易有限公司公章，但就其形式来说仍然是复印件。同时附件5来源于请求人，其证明力较小，证据形式较为随意，在请求人未提交其他证据佐证的情况下，合议组对其真实性不能予以认定。即使附件5是真实的，其中包含的所有证据也仅可证明乌鲁木齐市沙依巴克区迈尔哈巴玻璃器皿商行委托广州大正贸易有限公司生产开模模具，其所附图纸仅为模具的设计图，不能真实反映产品的实际外观形状，不足以证明根据所开的模具生产出的产品已公开销售，故附件5不能证明请求人主张本专利已公开使用的事实。

对于证人证言，由于请求人在提出无效宣告请求之日并未提交证人的书面证言，也未在无效宣告请求之日起1个月内补充提交，故请求人的证人在口头审理中的证言属于逾期补充的证据，合议组对其不予考虑。

综上所述，请求人提交的所有证据都不能证明本专利不符合专利法第23条的规定，请求人的主张不能得到证据的支持，其提出的本专利权的授予不符合专利法第23条的规定的理由不成立。

三、决定

维持200730311166.6号外观设计专利权有效。

当事人对本决定不服的，可以根据专利法第46条第2款的规定，自收到本决定之日起三个月内向北京市第一中级人民法院起诉。根据该款的规定，一方当事人起诉后，另一方当事人应当作为第三人参加诉讼。

257

牙刷柄（13）

无效宣告请求审查决定（第13356号）

决　　定　　号　第13356号
决　　定　　日　2009年5月8日
发明创造名称　牙刷柄（13）
外观设计分类号　04-02
无效宣告请求人　武汉市今晨实业有限公司
专　利　权　人　李志明
专　　利　　号　03319125.5
申　　请　　日　2003年1月27日
授 权 公 告 日　2003年9月17日
合 议 组 组 长　吴赤兵
主　　审　　员　王美芳
参　　审　　员　雷　婧
附　　　　　图　3页

法 律 依 据　专利法第23条
决 定 要 点

本专利与在先设计1和在先设计2分别进行比较，其差别明显，对一般消费者而言，上述差别对产品外观设计的整体视觉效果具有显著的影响，故本专利与在先设计1和在先设计2均属于不相同且不相近似的外观设计。

一、案由

本无效宣告请求涉及国家知识产权局于2003年9月17日授权公告的03319125.5号外观设计专利，使用该外观设计的产品名称是"牙刷柄（13）"，其申请日是2003年1月27日，专利权人是李志明。

针对上述外观设计专利权（下称本专利），武汉市今晨实业有限公司（下称请求人）于2008年12月30日向专利复审委员会提出无效宣告请求，其理由是本专利不符合专利法第23条的规定。请求人同时提交了如下附件作为证据：

附件1：02332123.7号外观设计专利的著录项目及图片复印件共1页；

附件2：02318513.9号外观设计专利的著录项目及图片复印件共1页；

附件3：01320166.2号外观设计专利的著录项目及图片复印件共1页。

请求人认为，本专利与上述附件中在先的对比外观专利相似，其外观权利应予撤销。

2009年1月5日，专利复审委员会收到请求人的补充意见陈述，请求人认为附件1中的仰视图、俯视图、主视图与本专利相近似；附件3与本专利主视图、仰视图相近似。

专利复审委员会根据无效宣告请求审查程序的规定受理了该无效宣告请求，并于2009年1月6日将请求人的无效宣告请求文件及补充意见陈述转送专利权人，通知其在指定期限内陈述意见。

2009年2月10日，专利复审委员会收到专利权人针对上述无效宣告请求提交的意见陈述书。专利权人认为：本专利与附件1~3均存在明显的区别：牙刷刷头部分由于需要安装刷毛及适应口腔的原因，因此都采用头部略大、略扁，且稍微弯曲的常规设计，因此牙刷的握把部分对消费者的视觉效果具有更显著的影响，而本专利的握把部分与附件1~3的外观设计可以说毫无相同之处，因而本专利与后三者是不相同、不相近似的外观设计。因此，本专利的外观设计符合专利法第23条规定，请求人的无效请求理由不成立。

专利复审委员会成立合议组对本案进行审理，于2009年3月9日向双方当事人发出合议组成员告知通知书，并于同日将专利权人提交的意见陈述书转送请求人，通知其在指定期限内答复。

请求人和专利权人在指定期限内均未对合议组成员提出回避请求，请求人也未在指定的期限内对专利权人的意见陈述书进行答复。

在上述审理的基础上，合议组经合议，认为本案事实清楚，依法作出本审查决定。

二、决定的理由

1. 法律依据

基于请求人提出的无效宣告请求的理由，合议组依据专利法第23条的规定进行审查。

专利法第23条规定：“授予专利权的外观设计，应当同申请日以前在国内外出版物上公开发表过或者国内公开使用过的外观设计不相同和不相近似，并不得与他人在先取得的合法权利相冲突。”

2. 证据认定

请求人提交的附件1为02332123.7号外观设计专利的著录项目及图片复印件，经合议组核实其内容属实。该专利的授权公告日是2003年3月12日，晚于本专利的申请日（2003年1月27日），并非在先公开的外观设计，不能作为评价本专利是否符合专利法第23条规定的证据。

请求人提交的附件2为02318513.9号外观设计专利的著录项目及图片复印件，其所示专利的授权公告号是CN3267028，公告日是2002年12月11日，专利权人是盛大明，使用外观设计的产品名称是“牙刷柄（0209）”。经合议组核实其内容属实，该附件所示专利的公告日早于本专利的申请日（2003年1月27日），为在先公开的外观设计，可以作为评价本专利是否符合专利法第23条的证据。

请求人提交的附件3为01320166.2号外观设计专利的著录项目及图片复印件，其所示专利的授权公告号是CN3245010，公告日是2002年7月10日，专利权人是高露洁-棕榄公司，使用外观设计的产品名称是“牙刷柄”。经合议组核实其内容属实，该附件所示专利的公告日早于本专利的申请日（2003年1月27日），为在先公开的外观设计，可以作为评价本专利是否符合专利法第23条的证据。

3. 相同和相近似对比

附件2和附件3各自公开了一款牙刷柄的外观设计（下称在先设计1和在先设计2），本专利也是牙刷柄的外观设计，与上述在先设计具有相同的用途，属于同一类别的产品，具有可比性，故对本专利与在先设计1和在先设计2分别作如下对比：

本专利包括主视图、后视图、右视图、俯视图、仰视图和立体图。简要说明记载了左视图与右视图对称，省略左视图。结合主视图、后视图和右视图可以看出，牙刷柄的手柄部呈海豚形，且带有海豚的眼睛、腹背分际线、胸鳍和背鳍等身体特征。海豚头部向下，整个身体呈“S”形曲线向上延伸，手柄整体粗大，尾鳍形成手柄的上端，手柄继续向上呈曲线形延伸形成刷头部分（详见本专利附图）。

在先设计 1 包括主视图、后视图和右视图。从主视图看牙刷柄的手柄部呈纺锤形，手柄的正面下部略向内凹。右视图显示手柄部略呈曲线形，但非很厚，手柄侧面有一条纵向分级线。在牙刷柄的颈部绕有一圈凸出于主体的双层波浪形装饰，在主视图中呈“V”字形，而在后视图呈倒“V”字形（详见在先设计 1 附图）。

在先设计 2 包括主视图、后视图、右视图、俯视图、仰视图和立体图。简要说明记载了省略其他视图。牙刷柄的颈部有条分开刷头和手柄的水平分界线，牙刷头部竖直，刷柄部呈曲线形；从右视图看，左侧上部凸出，呈曲线形向下逐步收缩，其右侧中下部则较为平缓地凸起，柄部的下端最窄且向左弯曲；手柄的两个侧面各有一个近似眼镜状的凹陷（详见在先设计 2 附图）。

将本专利与在先设计 1 相比较，二者的相同点为：手柄部分从侧面看均呈曲线形。两者的主要不同点为：本专利的手柄部呈海豚形，海豚饱满的流线型身形以及眼睛、背鳍、胸鳍、尾鳍等身体特征明显，在先设计 1 则没有上述特征。合议组认为：二者的以上差别极为明显且处于视觉容易见到部位，对一般消费者而言，上述差别对产品外观设计的整体视觉效果具有显著的影响，因此二者属于不相同且不相近似的外观设计。

将本专利与在先设计 2 相比较，二者的相同点为：手柄部分从侧面看均呈曲线形。两者的主要不同点为：本专利的手柄部呈海豚形，海豚饱满的流线型身形以及眼睛、背鳍、胸鳍、尾鳍等身体特征明显，在先设计 1 则没有上述海豚的特征，且手柄的两个侧面各有一个近似眼镜状的凹陷。合议组认为：二者的以上差别极为明显且处于视觉容易见到部位，对一般消费者而言，上述差别对产品外观设计的整体视觉效果具有显著的影响，因此二者属于不相同且不相近似的外观设计。

综上所述，本专利与在先设计 1 和在先设计 2 均不相同且不相近似，请求人提交的所有证据均不能支持其无效宣告请求的理由。

三、决定

维持 03319125.5 号外观设计专利权有效。

当事人对本决定不服的，可以根据专利法第 46 条第 2 款的规定，自收到本决定之日起三个月内向北京市第一中级人民法院起诉。根据该款的规定，一方当事人起诉后，另一方当事人应当作为第三人参加诉讼。

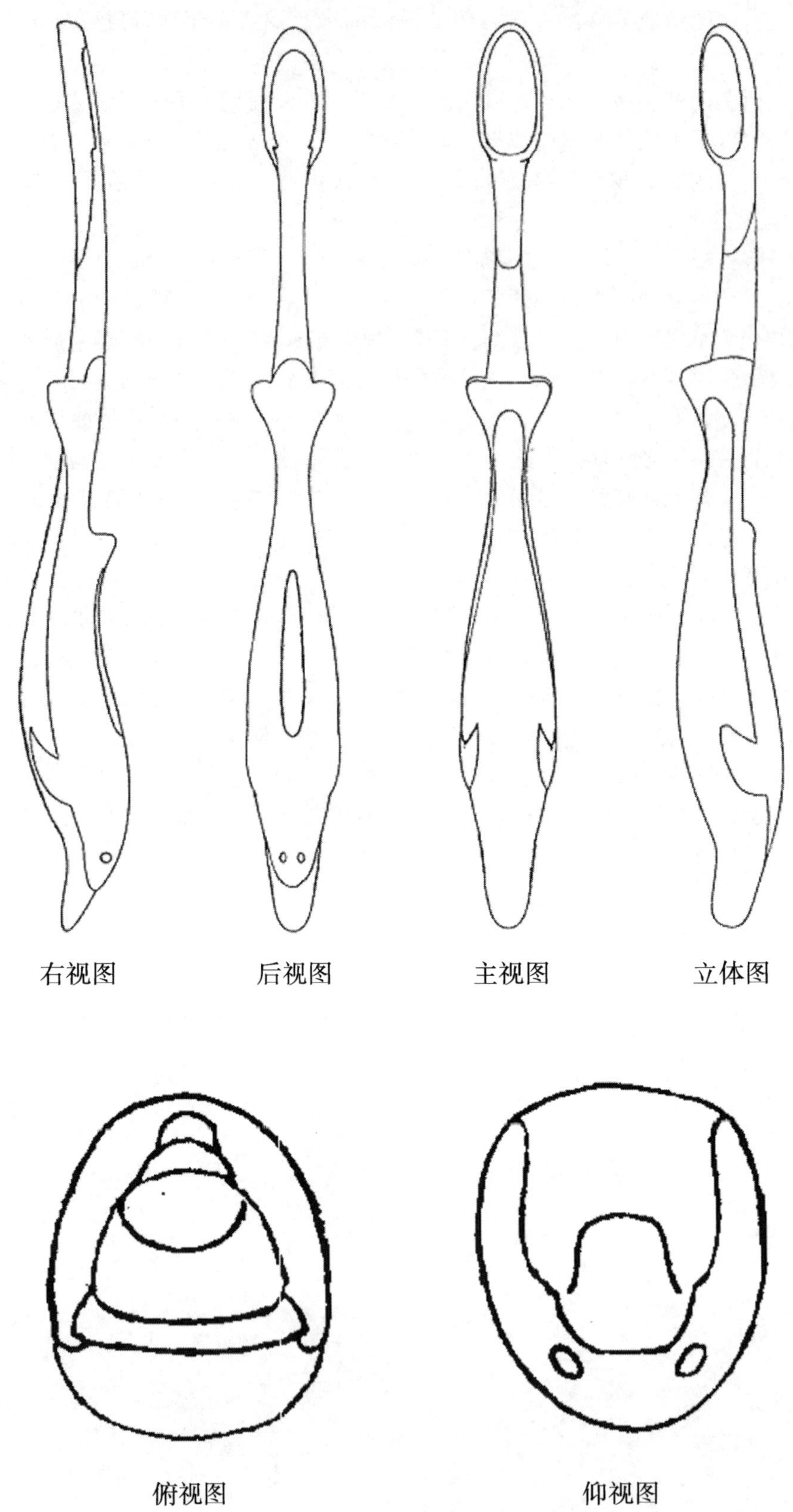

本专利附图

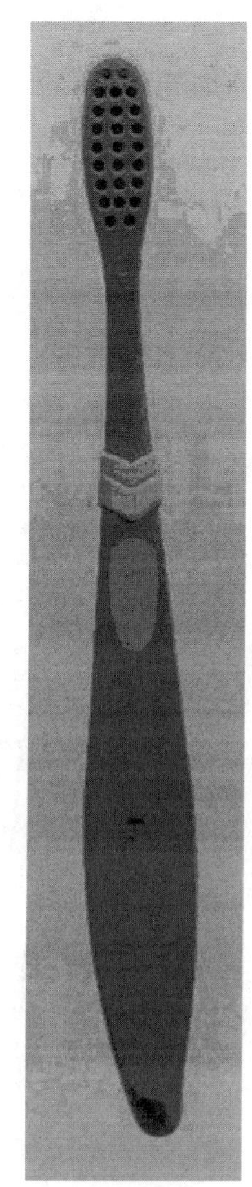
主视图

后视图

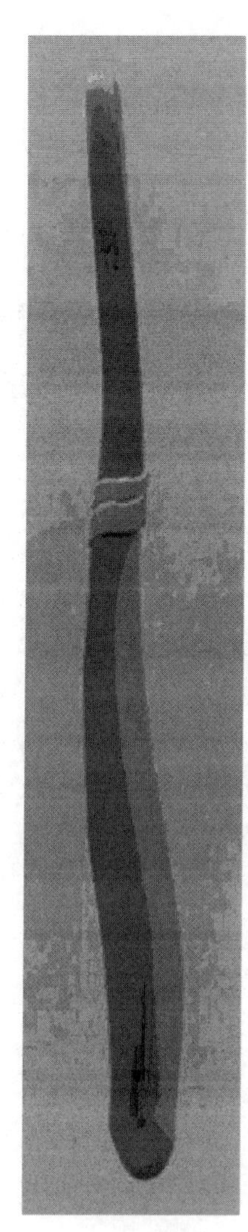
右视图

在先设计 1 附图

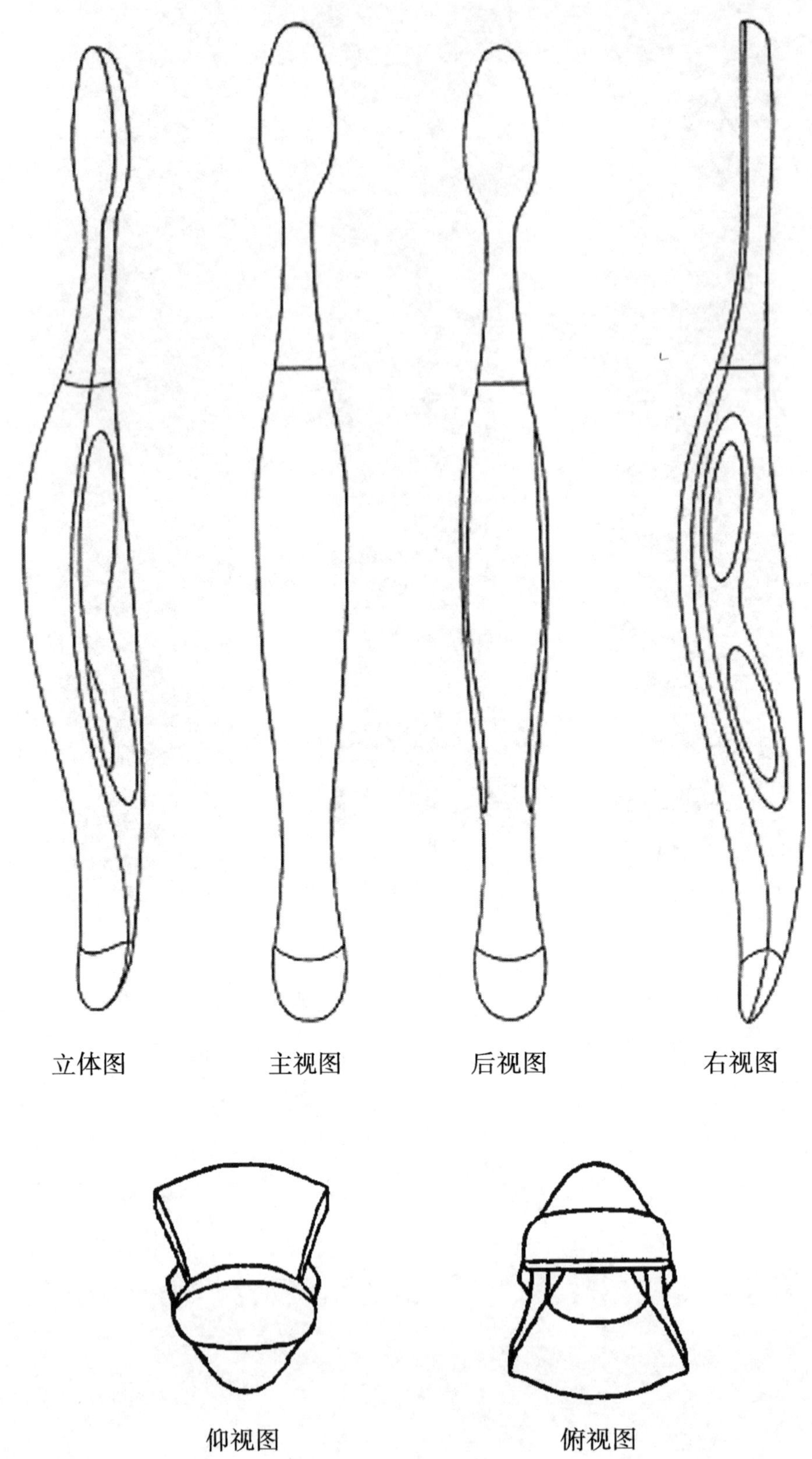

在先设计 2 附图

258

展示架（具有自动翻盖功能）

无效宣告请求审查决定（第13358号）

决　　定　　号　第13358号
决　　定　　日　2009年5月12日
发明创造名称　展示架（具有自动翻盖功能）
外观设计分类号　20-02
无效宣告请求人　扎克瑞典有限公司
专　利　权　人　洪晋国
专　　利　　号　200530054033.6
申　　请　　日　2005年3月11日
授　权　公　告　日　2005年11月16日
合　议　组　组　长　王霞军
主　　审　　员　龙　安
参　　审　　员　林　甦

法　律　依　据　专利法第23条
决　定　要　点

在先设计中的主要设计与本专利的外观设计相近似，在先设计中未示出的部件属于本领域惯常设计，此时应当认定在先设计与本专利属于相近似的外观设计。

一、案由

本无效宣告请求涉及国家知识产权局于2005年11月16日授权公告的200530054033.6号外观设计专利（下称本专利），其名称为“展示架（具有自动翻盖功能）”，专利权人为洪晋国。

针对本专利，扎克瑞典有限公司（下称请求人）于2008年12月12日向国家知识产权局专利复审委员会提出宣告本专利权无效的请求，同时提交如下证据：

对比文件1：设计号为000107248-0001至000107248-0006的瑞典外观设计公告文本复印件及相关译文，公开日为2004年3月23日，共17页（其中包括译文1页）；

对比文件2：第03364723.2号中国外观设计专利电子公告，公告日为2004年6月30日，打印件，共2页。

请求人的无效理由为：（1）对比文件1用于卷拉幕布的罩盒，其分类号虽不同于本专利，但在使用方式、使用环境和用途方面，两者是相同的，故可认定两者是同类产品或相近类别的产品。对比文件1的设计从形状上看与本专利组件1的基本相同，都是扁平盒状外形，侧视图中，两者都是中部圆形隆凸、两侧平直的形状，罩盒也是可翻盖设计。对比文件 1 未示出本专利组件 2 的幕布支撑架，但本专利的创新点在于组件 1 的可翻盖设计，组件 2 只是同类产品的惯常设计，不影响对比文件 1 与本专利的整体观察和综合判断。因此，本专利与对比文件 1 十分相似，本专利不符合专利第 23 条的规定。（2）对比文件 2 涉及伸缩式展架，其与本专利为同类产品。对比文件 2 也包括组件 1 和组件 2（下称“件 2”），即幕布罩盒和支撑杆，其中幕布罩盒是可翻盖的，对比文件 2 与本专利的组件 1 相近似，对比文件 2 中的支撑杆也是通过组件 1 上的插孔与组件 1（下称“件 1”）组装。因此，整体观察和综合判断，本专利与对比文件 2 相近似，本专利不符合专利法第 23 条的规定。

经形式审查合格后，专利复审委员会依法受理了上述无效宣告请求，并于 2008 年 12 月 30 日分别向请求人和专利权人发出无效宣告请求受理通知书，并将所述专利权无效宣告请求书及附件清单所列的附件副本转送给专利权人，要求其在指定期限内答复。同时专利复审委员会依法成立合议组，对本案进行审理。

2009 年 2 月 19 日，专利权人向专利复审委员会提交意见陈述书，主要意见为：（1）请求人提交的对比文件 1 是“外国外观设计”，无中文译文，根据审查指南相关规定，应被视为未提交。即使对比文件 1 成立，其产品与本专利无论从形状还是结构上也完全不相同和不近似。（2）对比文件 2 中的产品与本专利无论从形状还是结构上完全不相同也不近似。

专利复审委员会于 2009 年 3 月 3 日向双方当事人发出无效宣告请求口头审理通知书，定于 2009 年 4 月 22 日对所述无效宣告请求进行口头审理。随转专利权人于 2009 年 2 月 19 日提交的意见陈述书给请求人。

口头审理如期举行，双方当事人均出席此次口头审理。双方当事人对合议组成员及书记员没有回避请求，对对方出庭人员身份没有异议。口头审理期间：

请求人明确表示，使用对比文件 1 和对比文件 2 证明本专利申请日前已经有与其相同或相近似的外观设计在国内外公开发表，用对比文件 1 中的图 0003. 2、0004. 2、0005. 5 与本专利进行相似比较。请求人进一步指出：对比文件 1 与本专利件 1 十分相似，二者分类号不同但功能相同，件 2 的支撑杆是本领域的惯常设计。本专利与对比文件 2 相近似。

专利权人对对比文件 1 的真实性和公开时间没有异议，对对比文件 1 的部分中文译文未表示异议，对对比文件 2 的真实性没有异议。专利权人进一步指出：本专利和对比文件 1 的形状有很大区别，本专利件 1 中侧面两边是扁的，左右光滑；对比文件 1 侧面是扁的，但圆弧不圆，有五六个螺丝，因此，两者轮廓和表面的结构都不相同。此外，本专利与对比文件 2 的左右视图亦不相同。

至此，合议组认为本案事实已经清楚，可以作出审查决定。

二、决定理由

1. 法律依据

基于请求人提出的无效宣告请求的理由和证据，合议组依据专利法第 23 条的规定对本案进行审理。

专利法第 23 条规定：“授予专利权的外观设计，应当同申请日以前在国内外出版物上公开发表过或者国内公开使用过的外观设计不相同或不相近似，并不得与他人在先取得的合法权利相冲突。”

2. 关于证据

对比文件 1 是设计号为 000107248-0001 至 000107248-0006 的瑞典外观设计公告文本，专利权人对其真实性和译文准确性均没有异议，并且合议组未发现附件 1 中存在能影响其真实性的瑕疵，因此合议组对对比文件 1 的真实性予以认可。对比文件 1 的公告日为 2004 年 3 月 23 日，早于本专利申请日（2005 年 3 月 11 日），适用于专利法第 23 条的规定。

3. 相近似比较

本专利涉及一种具有自动翻盖功能的展示架，其包括件 1 的主视图、俯视图、仰视图、后视图、左视图、右视图、使用状态图 1 和图 2；件 2 主视图和立体图；件 1 和件 2 组合使用状态图 1 和图 2。如图所示，展示架由件 1 和件 2 组成。件 1 整体呈扁平长盒状，左、右视图中呈现中间隆起，两侧平直的形状，所述隆起部分为可掀开的盖子，展示布收卷置于盖下。件 2 由三节圆柱状细杆组成。件 2 组接成一长杆后安装于件 1 的中部，将件 1 中收置的展示布拉出来，由件 2 支撑（详见本专利附图）。

请求人指认，对比文件 1 中的图 0003. 2、0004. 2、0005. 5（下称在先设计）作为与本专利进行相近似比较的三幅图，其分别为卷拉幕布罩盒的左右视图和翻盖状态图。图中可见，所述罩盒呈扁平长盒状，其中间部分为隆起的可翻盖设计，幕布收置于盖下，两侧形状为一侧梯状圆角过渡，另一侧较平滑，所述两侧低于中间部分，其整个侧面有螺钉和凹槽（详见在先设计附图）。

针对上述两个外观设计，合议组认为，虽然在先设计为产品部分立体图，仅公开了罩盒的侧面，但已将在先设计的主要形状、构造完全展示出来，故可与本专利进行比较。由上述描述可知，本专利与在先设计中的罩盒均是中间隆起、两边基本平直的可翻盖形式。两者的区别主要在于侧面的细部设计，即，本专利的罩盒较为平滑，在先设计的罩盒上有螺钉和凹槽，所述变化相对于整体设计而言，属于局部细微的改变，无法对两个外观设计在整体视觉效果上产生显著影响，且其他更为微小的变化亦明显属于局部的微差别，均不足以对二者的整体外观设计产生显著的影响。此外，在先设计没有示出相对于本专利件 2 的部件即支撑杆，对此，合议组认为，所述圆柱形幕布支撑杆属于同类产品的惯常设计，不影响相似性的判断，而本专利的主要设计，即收容幕布的罩盒呈翻盖形式已被在先设计所公开。

因此，本专利与在先设计属于相近似的设计，本专利在其申请日前已有与其相近似的外观设计在国外出版物上公开发表过，因此，不符合专利法第 23 条的规定。

使用在先设计已得出本专利不符合专利法第 23 条规定的审查结论，故本决定不再评述其他证据。

三、决定

宣告 200530054033. 6 号外观设计专利权全部无效。

当事人如对本决定不服，可以根据专利法第 46 条第 2 款的规定，自收到本决定之日起三个月内向北京市第一中级人民法院起诉。根据该款的规定，一方当事人起诉后，另一方当事人应当作为第三人参加诉讼。

259

塑胶地毯（仿绒）

无效宣告请求审查决定（第13359号）

决　定　号　第13359号
决　定　日　2009年5月11日
发明创造名称　塑胶地毯（仿绒）
外观设计分类号　06-11
无效宣告请求人　周孝宗
专 利 权 人　林振岳
专　利　号　200530094659.X
申　请　日　2005年9月13日
授权公告日　2006年9月20日
合议组组长　吴大章
主　审　员　雷　婧
参　审　员　尹春霞
附　　　图　3页

法律依据　专利法第9条、第23条
决定要点

对于用途或产品类别不相同也不相近似的外观设计而言，不再将二者进行比较和判断即可认定二者不相近似；本专利与在先设计的明显差别对外观设计的整体视觉效果具有显著影响，故二者属于既不相同也不相近似的外观设计。

一、案由

本无效宣告请求涉及的是国家知识产权局于2006年9月20日授权公告的、专利号为200530094659.X的外观设计专利，其产品名称为“塑胶地毯（仿绒）”，申请日为2005年9月13日，专利权人为林振岳。

针对上述外观设计专利权（下称本专利），周孝宗（下称请求人）于2009年1月12日向专利复审委员会提出无效宣告请求，其理由是：本专利与其申请日前在国内外出版物上公开发表过的外观设计相同和相近似，故不符合专利法第23条的规定。同时，请求人提交了如下附件作为证据：

附件1：专利号为90108206.6的中国发明专利申请公开说明书的复印件，共4页；

附件2：专利号为94104760.1的中国发明专利说明书的复印件，共6页。

请求人认为，附件1和附件2中公开的产品均为地毯，且公开日均早于本专利的申请日，均为在

先公开发表的外观设计。由附件1的附图及权利要求2“保健地毯每幅面积以1000×400的长方形为宜”可见，附件1公开的外观设计包括的设计要素有“长方形”和“地毯板片上部均匀分布有多个竖直方向的柱状体”，其与本专利相近似；由附件2中的附图及说明书中的“短纤维呈直立状均匀地粘于软橡胶或橡塑板片上表面”及“可将该塑胶植绒地毯切成不同规格的小块”可见，附件2公开的外观设计的设计要素包括本专利的“正方形”和“地毯板片上部均匀分布有多个竖直方向的柱状体”，其与本专利相同。

经形式审查合格，专利复审委员会依法受理了上述无效宣告请求，并于2009年1月13日将无效宣告请求书及相关文件的副本转送专利权人，通知其在指定的期限内答复。

2009年2月11日，请求人向专利复审委员会补充提交了意见陈述书及相关证据，认为本专利与在其申请日以前公开发表过的、附件3~7中所示的外观设计的产品类别均相同，与附件3所示的外观设计相同，与附件4~7所示的外观设计均相近似，因此本专利不符合专利法第23条的规定。同时，请求人提交了如下附件作为证据（编号续前）：

附件3：专利号为200430068223.9的外观设计专利的著录项目及图片打印件，共1页；

附件4：专利号为200530107434.3的外观设计专利的著录项目及图片打印件，共1页；

附件5：专利号为95309096.5的外观设计专利的著录项目及图片打印件，共1页；

附件6：专利号为200530080653.7的外观设计专利的著录项目及图片打印件，共1页；

附件7：专利号为03319306.1的外观设计专利的著录项目及图片打印件，共1页。

2009年2月25日，专利复审委员会收到专利权人提交的意见陈述书，专利权人认为本专利与附件1所示外观设计的形状、图案不相同也不相近似，并辅以图示说明；对于附件2，专利权人认为其附图中仅有一幅产品剖面图，无法清楚显示产品的整体外观设计，不能作为本专利的对比设计。此外，专利权人提交了如下证据证明本专利符合专利法第23条的规定：

反证1：由国家知识产权局专利信息中心出具的编号为08-507的外观设计检索报告复印件，共7页。

专利复审委员会于2009年3月17日将双方当事人提交的上述意见陈述书及相关文件副本转送给对方当事人，通知其在指定的期限内答复，同时向双方当事人发出口头审理通知书，定于2009年4月22日进行口头审理。

口头审理如期举行，双方当事人均委托代理人出庭，双方对对方出庭人员的身份及资格均无异议，对合议组成员亦无回避请求。口头审理中，合议组向请求人释明附件4和附件6所示的内容均不属于专利法第23条规定的在先公开发表过的外观设计，其属于他人在先申请、在后公开的外观设计专利，应适用于专利法第9条，请求人当庭将上述附件的适用法律条款变更为专利法第9条。请求人认为，附件1~7中公开的外观设计的多个垂直的柱状物或者分布在主视图中的点状图案均与本专利相近似，故与本专利属于相近似的外观设计；专利权人对附件1~7的真实性均无异议，认为附件1、附件2和附件4~7中公开的外观设计均与本专利不相同也不相近似，附件3公开的外观设计产品为地板砖，与本专利的用途不同，不具有可比性。针对请求人的补充证据，专利权人当庭提交了意见陈述书，合议组将其转给请求人并应请求人的要求给予7日的答复期限。

针对当庭转送的意见陈述书，请求人逾期未答复。

在上述审理的基础上，合议组认为本案事实清楚，可以依法作出审查决定。

二、决定的理由

1. 法律依据

基于请求人提出无效宣告请求的理由，合议组依据专利法第23条和第9条的规定进行审理。

专利法第 23 条规定："授予专利权的外观设计，应当同申请日以前在国内外出版物上公开发表过或者国内公开使用过的外观设计不相同和不相近似，并不得与他人在先取得的合法权利相冲突。"

专利法第 9 条规定："两个以上的申请人分别就同样的发明创造申请专利的，专利权授予最先申请的人。"

2. 证据的认定

专利权人对附件 1~7 的真实性均无异议，故合议组对上述附件均予以采信。

附件 1 是专利号为 90108206. 6 的中国发明专利申请公开说明书的复印件，其发明名称为保健地毯，申请日为 1990 年 10 月 2 日，公开日为 1992 年 4 月 22 日。该附件的公开日在本专利的申请日（2005 年 9 月 13 日）之前，适用于评述本专利是否符合专利法第 23 条的规定。

附件 2 是专利号为 94104760. 1 的中国发明专利说明书的复印件，其发明名称为橡胶、橡塑植绒地毯及其制造方法，申请日为 1994 年 4 月 30 日，公开日为 2002 年 7 月 24 日。该附件的公开日在本专利的申请日（2005 年 9 月 13 日）之前，适用于评述本专利是否符合专利法第 23 条的规定。

附件 3 是专利号为 200430068223. 9 的外观设计专利的著录项目及图片打印件，其产品名称为地板砖，申请日为 2004 年 7 月 15 日，授权公告日为 2005 年 1 月 5 日。该附件的公开日在本专利的申请日（2005 年 9 月 13 日）之前，适用于评述本专利是否符合专利法第 23 条的规定。

附件 4 是专利号为 200530107434. 3 的外观设计专利的著录项目及图片打印件，其产品名称为防滑垫，申请日为 2005 年 8 月 30 日，授权公告日为 2006 年 5 月 3 日。该附件的申请日在本专利的申请日（2005 年 9 月 13 日）之前，属于他人在先申请、在后公开的外观设计专利，适用于评述本专利是否符合专利法第 9 条的规定。

附件 5 是专利号为 95309096. 5 的外观设计专利的著录项目及图片打印件，其产品名称为防滑按摩垫，申请日为 1995 年 10 月 6 日，授权公告日为 1997 年 1 月 1 日。该附件的公开日在本专利的申请日（2005 年 9 月 13 日）之前，适用于评述本专利是否符合专利法第 23 条的规定。

附件 6 是专利号为 200530080653. 7 的外观设计专利的著录项目及图片打印件，其产品名称为地毯（14），申请日为 2005 年 2 月 25 日，授权公告日为 2005 年 10 月 12 日。该附件的申请日在本专利的申请日（2005 年 9 月 13 日）之前，属于他人在先申请、在后公开的外观设计专利，适用于评述本专利是否符合专利法第 9 条的规定。

附件 7 是专利号为 03319306. 1 的外观设计专利的著录项目及图片打印件，其产品名称为健康踩板，申请日为 2003 年 2 月 14 日，授权公告日为 2003 年 9 月 3 日。该附件的公开日在本专利的申请日（2005 年 9 月 13 日）之前，适用于评述本专利是否符合专利法第 23 条的规定。

3. 本专利是否符合专利法第 23 条的规定

附件 1、附件 2、附件 5 和附件 7 中均公开了使用于地面上的毯子或垫子类产品的外观设计，其与本专利具有相同的用途、属于相同类别的产品，可以与本专利进行比较和判断；附件 3 中公开的地板砖属于建筑材料类产品，其用途或产品类别与本专利不相同也不相近似，故不再将二者进行比较和判断即可认定二者不相近似。

本专利的图片包括主视图、仰视图和立体图，简要说明中载明：省略其他视图，其所示产品呈正方形；上表面为无数规律排列的三棱柱形凸起物，从主视图观察，各凸起物呈现为小长方形图案（详见本专利附图）。

附件 1 中公开的外观设计（下称在先设计 1）附图包括剖面图和橡胶钉排列结构图，结合附图与权利要求书的内容可得知，在先设计 1 的外轮廓形状呈长方形；上表面为多个规律排列的圆柱形橡胶钉，从排列结构图观察，各橡胶钉呈现为圆形图案（详见在先设计 1 附图）。

将本专利与在先设计 1 进行比较，二者的表面均有规律排列的凸起物，二者的主要不同点在于：产品上表面的凸起物形状及其所呈现的图案不同，本专利上表面的凸起物为三棱柱形且其呈现在主视图的图案为小长方形，而在先设计 1 上表面的凸起物为圆柱形且呈现的图案为圆形。合议组认为，本专利与在先设计 1 在产品上表面的凸出物形状及其呈现的图案差别明显，上述差别对外观设计的整体视觉效果具有显著的影响，二者属于既不相同也不相近似的外观设计。

附件 2 中公开的外观设计（下称在先设计 2）的附图为剖视示意图，结合附图与说明书的内容可得知，在先设计 2 的上表面有无数短纤维状凸起物（详见在先设计 2 附图）。

将本专利与在先设计 2 进行比较，二者的表面均有规律排列的凸起物，二者的主要不同点在于：产品上表面的凸起物形状及其所呈现的图案不同，本专利上表面的凸起物为三棱柱形且其呈现在主视图的图案为小长方形，而在先设计 2 上表面的凸起物呈短纤维状且呈现的图案应为密集的点。合议组认为，本专利与在先设计 2 在产品上表面的凸出物形状及其呈现的图案差别明显，上述差别对外观设计的整体视觉效果具有显著的影响，二者属于既不相同也不相近似的外观设计。

附件 5 公开的外观设计（下称在先设计 3）的图片包括主视图、后视图和右视图，简要说明中载明：左视图与右视图对称，省略左视图，省略俯视图、仰视图，其所示产品呈正方形；上表面为无数规律排列的半球状凸出物，从主视图观察，该表面呈现为不同大小的圆形规律排列构成的图案；下表面为无数规律排列的圆柱状凸出物，从后视图观察，该表面图案呈现为在数个格状图形中和格状图形的交叉点上分别规律排列大小圆形（详见在先设计 3 附图）。

将本专利与在先设计 3 进行比较，二者的外轮廓均呈正方形且表面有规律排列的凸起物，二者的主要不同点在于产品表面的图案和凸起物的形状均不同，本专利仅在上表面有三棱柱形凸起物且其呈现在主视图的图案为小长方形，而在先设计 3 上下表面均有凸起物且分别呈半球状和圆柱状，呈现图案分别为不同大小的圆形规律排列构成的图案以及在数个格状图形中和格状图形的交叉点上分别规律排列大小圆形。合议组认为，本专利与在先设计 3 的上述差别明显，对外观设计的整体视觉效果具有显著影响，故二者属于既不相同也不相近似的外观设计。

附件 7 公开的外观设计（下称在先设计 4）的图片包括主视图、左视图、右视图、俯视图、仰视图、立体图及两幅使用状态参考图，简要说明中载明：后视图无设计要点，省略后视图，其所示产品近似正方形；上表面排列数个近似半球状的凸起物，从主视图观察，各凸起物基本呈现为圆形（详见在先设计 4 附图）。

将本专利与在先设计 4 进行比较，二者的外轮廓均呈正方形或近似正方形且表面有凸起物，二者的主要不同点在于产品上表面的凸起物形状及其呈现在主视图上的图案不同，本专利上表面的凸起物为三棱柱形且其呈现在主视图的图案为规律排列的小长方形，而在先设计 4 上表面的凸起物近似半球状且其呈现在主视图的图案为不规律排列的大小圆形。合议组认为，本专利与在先设计 4 的上述差别明显，对外观设计的整体视觉效果具有显著影响，故二者属于既不相同也不相近似的外观设计。

综上所述，本专利与附件 1~3、附件 5 和附件 7 中公开的外观设计均不相同且不相近似，故请求人提交的上述证据均不能证明本专利不符合专利法第 23 条的规定。

4. 本专利是否符合专利法第 9 条的规定

附件 4 和附件 6 中所示的外观设计均用于地面上的毯子或垫子类产品，其与本专利具有相同的用途、属于相同类别的产品，可以与本专利进行比较和判断。

附件 4 所示的外观设计（下称在先设计 5）的图片包括六面正投影视图，其所示产品呈四角为圆角的长方形；上表面为无数规律排列的半球状凸出物，从主视图观察，该表面呈现为格状与小圆形状交叉构成的图案；下表面为无数规律排列的圆台状凸出物，从后视图观察，其呈现为小长方形与圆形构成的图案（详见在先设计5附图）。

将本专利与在先设计5进行比较，二者的表面均有规律排列的凸起物，二者的主要不同点在于：外轮廓形状不同，本专利为正方形，而在先设计5为四角是圆角的长方形；产品表面的图案和凸起物的形状均不同，本专利仅在上表面有三棱柱形凸起物且其呈现在主视图的图案为小长方形，而在先设计5上下表面均有凸起物且分别呈半球状和圆台状，呈现图案分别为格状与小圆形状交叉构成的图案和小长方形与圆形构成的图案。合议组认为，本专利与在先设计5的上述差别，尤其是产品表面的图案和凸起物的形状之间的明显差别，对外观设计的整体视觉效果具有显著影响，故二者属于既不相同也不相近似的外观设计。

附件6所示的外观设计（下称在先设计6）的图片包括主视图和后视图，其所示产品呈正方形，上表面密集有无数纤维状的凸起物，从主视图观察，凸起物呈现为密集的点（详见在先设计6附图）。

将本专利与在先设计6进行比较，二者的外轮廓均呈正方形且表面有凸起物，二者的主要不同点在于产品上表面的凸起物形状及其呈现在主视图上的图案不同，本专利上表面的凸起物为三棱柱形且其呈现在主视图的图案为小长方形，而在先设计6上表面的凸起物呈纤维状且其呈现在主视图的图案为密集的点。合议组认为，本专利与在先设计6的上述差别明显，对外观设计的整体视觉效果具有显著影响，故二者属于既不相同也不相近似的外观设计。

对于外观设计而言，同样的发明创造是指两项外观设计相同或者相近似，本专利与附件4和附件6中所示的外观设计均不相同且不相近似，故请求人提交的上述证据均不能证明本专利不符合专利法第9条的规定。

5. 结论

请求人提交的证据均不能证明本专利不符合专利法第23条或第9条的规定，因此请求人提出无效宣告请求的理由不成立。

三、决定

维持200530094659. X号外观设计专利权有效。

当事人对本决定不服的，可以根据专利法第46条第2款的规定，自收到本决定之日起三个月内向北京市第一中级人民法院起诉，根据该款规定，一方当事人起诉后，另一方当事人应当作为第三人参加诉讼。

仰视图

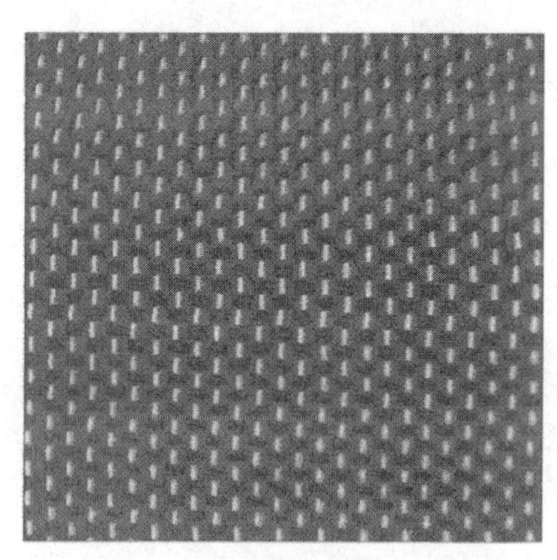

主视图

立体图

本专利附图

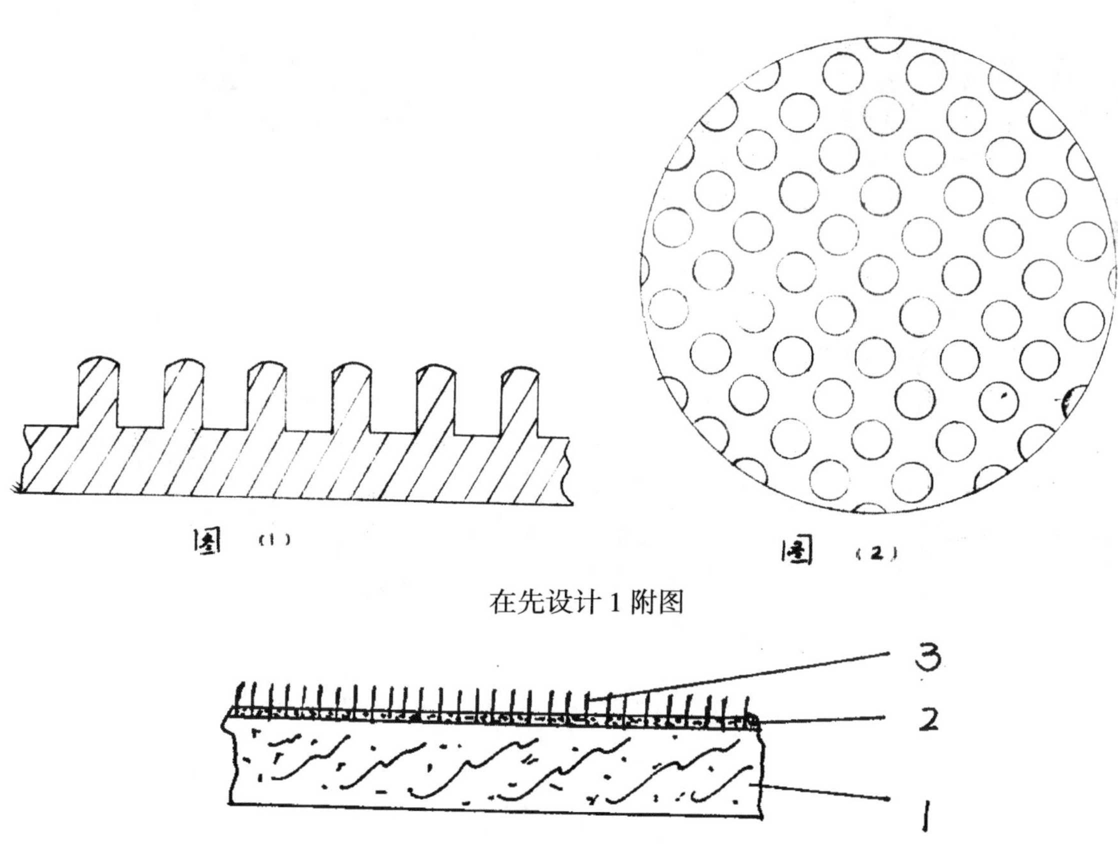

在先设计 1 附图

在先设计 2 附图

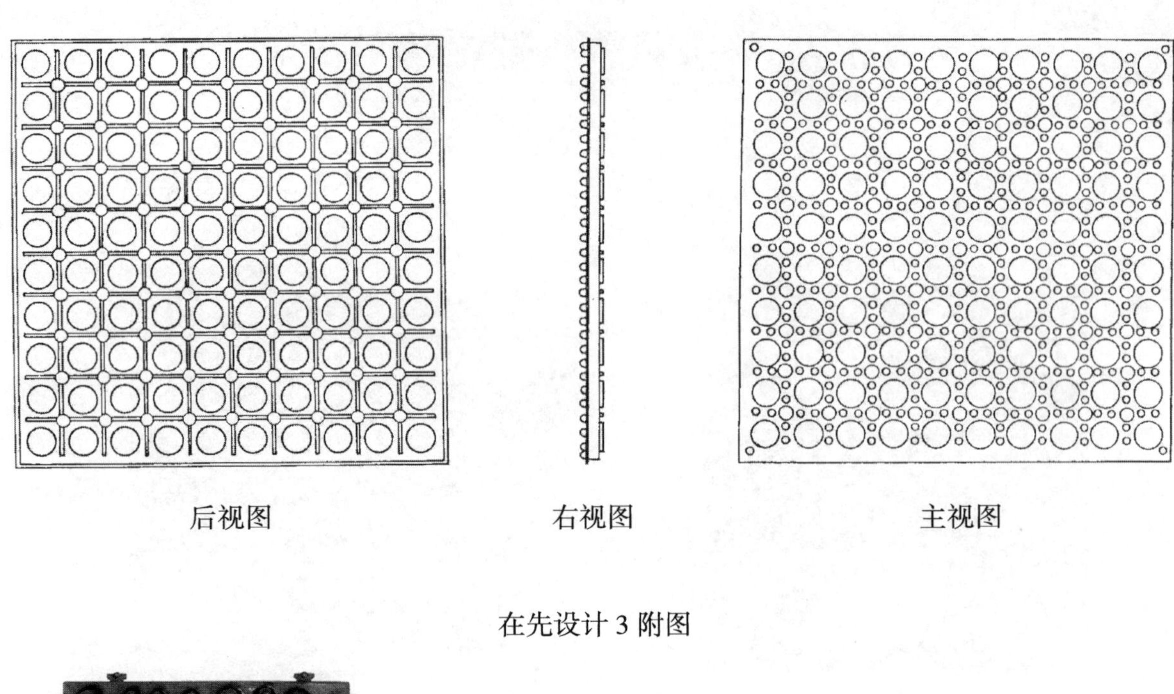

在先设计 3 附图

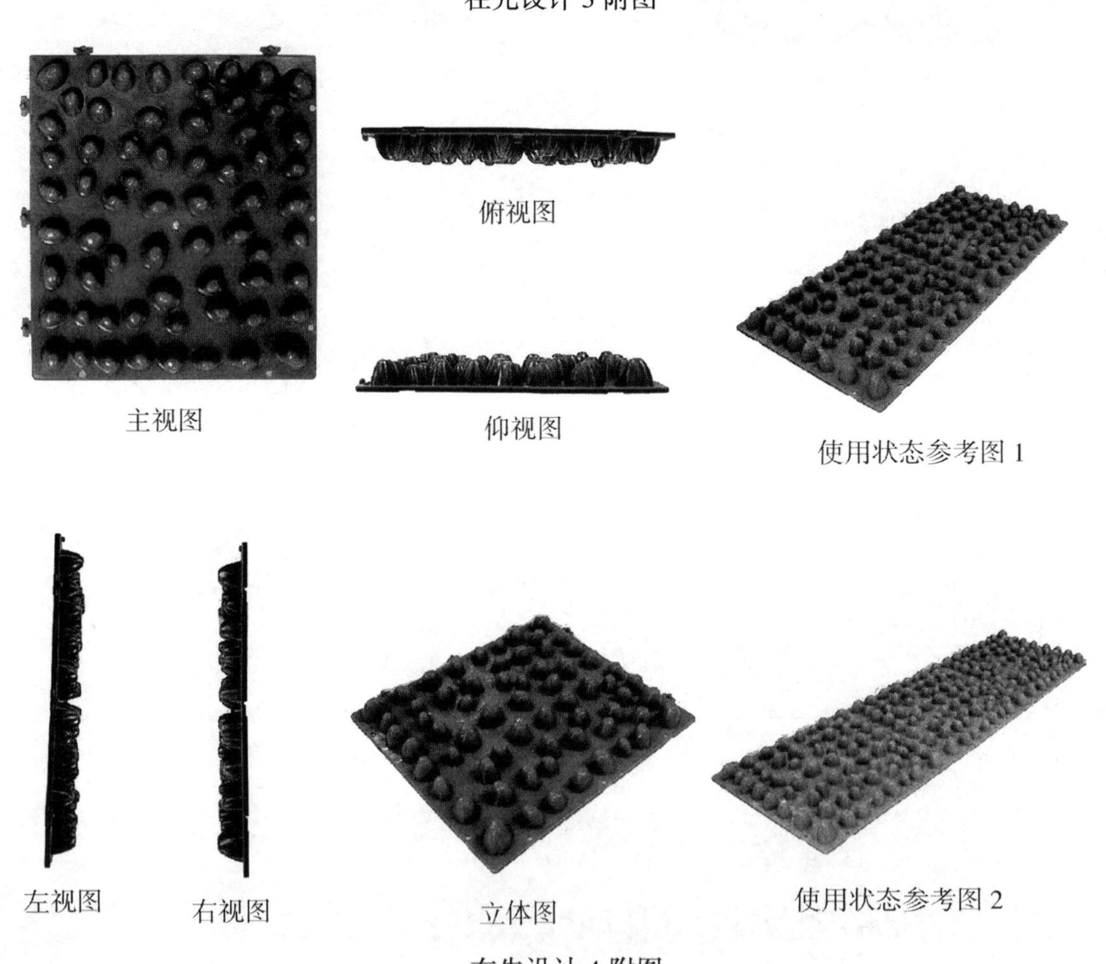

在先设计 4 附图

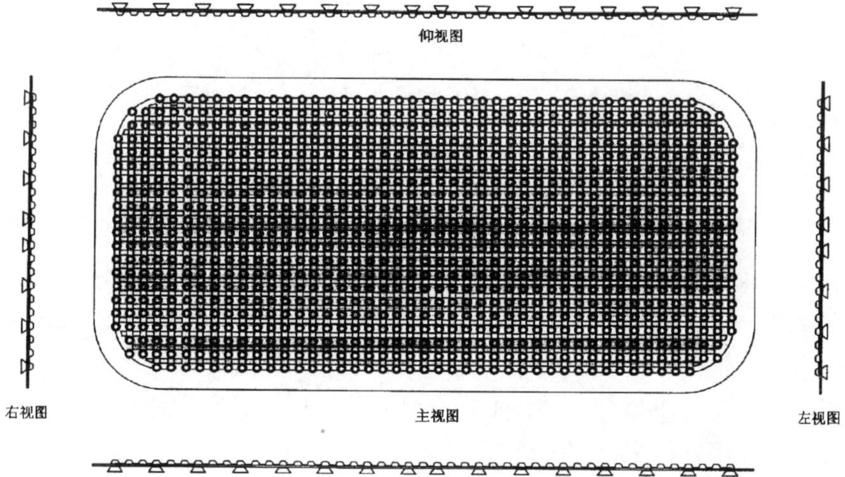

俯视图

后视图

在先设计 5 附图

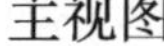

主视图

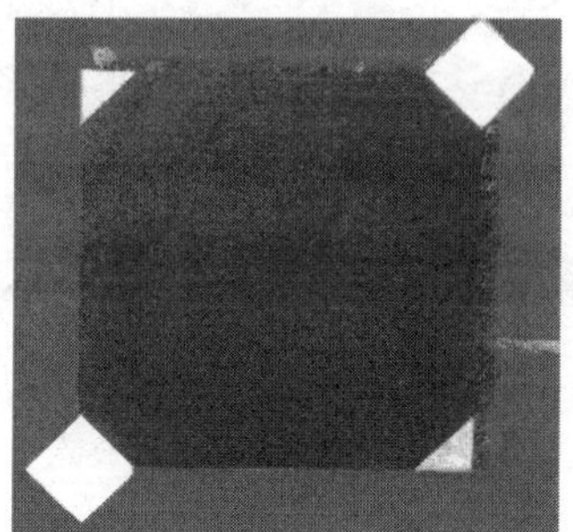

后视图

在先设计 6 附图

北京市第一中级人民法院
行政判决书

（2009）一中行初字第 1521 号

原告周孝宗，男，1963 年 10 月 26 日出生，汉族，住浙江省天台县三合镇下峧村江厦路 93 号。

委托代理人张文祎，男，1972 年 8 月 19 日出生，北京正理专利代理有限公司职员，住北京市海淀区学院南路 39 号。

委托代理人张晓霞，女，1980 年 12 月 31 日出生，北京正理专利代理有限公司职员，住山东省淄博市周村区丝绸路街道办事处赵家村 103 号。

被告国家知识产权局专利复审委员会，住所地北京市海淀区北四环西路 9 号银谷大厦 10~12 层。

法定代表人张茂于，副主任。

委托代理人雷婧，国家知识产权局专利复审委员会审查员。

委托代理人郭鹏鹏，国家知识产权局专利复审委员会审查员。

第三人林振岳，男，1965 年 12 月 22 日出生，汉族，住福建省晋江市安海镇前坡村林厝一里 6 号。

委托代理人林栋梁，男，1967 年 6 月 14 日出生，福建省奥维商标知识产权事务所有限公司总经理，住福建省晋江市永和镇学苑路 2 号。

原告周孝宗不服被告国家知识产权局专利复审委员会（以下简称专利复审委员会）于 2009 年 5 月 11 日作出的第 13359 号无效宣告请求审查决定（以下简称第 13359 号决定），在法定期限内向本院提起行政诉讼。本院于 2009 年 6 月 15 日受理本案后，依法组成合议庭，并通知林振岳作为本案第三人参加诉讼，于 2009 年 9 月 7 日公开开庭进行了审理。原告周孝宗的委托代理人张文祎、张晓霞，被告专利复审委员会的委托代理人雷婧、郭鹏鹏，第三人林振岳的委托代理人林栋梁到庭参加了诉讼。本案现已审理终结。

第 13359 号决定系专利复审委员会就周孝宗针对林振岳拥有的名称为“塑胶地毯（仿绒）”的外观设计专利（简称本专利）所提出的无效宣告请求作出的。专利复审委员会在该决定中认定：（1）法律依据。基于周孝宗提出无效宣告请求的理由，专利复审委员会依据《中华人民共和国专利法》（以下简称《专利法》）第二十三条和第九条的规定进行审理。（2）证据的认定。林振岳对附件 1~7 的真实性均无异议，专利复审委员会对上述附件均予以采信。附件 1~3、附件 5、附件 7 的公开日在本专利的申请日之前，适用于评述本专利是否符合《专利法》第二十三条的规定。附件 4 和附件 6 的申请日在本专利的申请日之前，属于他人在先申请、在后公开的外观设计专利，适用于评述本专利是否符合专利法第九条的规定。（3）本专利是否符合《专利法》第二十三条的规定。附件 1、附件 2、附件 5 和附件 7 中均公开了使用于地面上的毯子或垫子类产品的外观设计，其与本专利具有相同的用途，属于相同类别的产品，可以与本专利进行比较和判断；附件 3 中公开的地板砖属于建筑材料类产品，其用途或产品类别与本专利不相同也不相近似，故不再将二者进行比较和判断即可认定二者不相近似。将本专利与附件 1 中公开的外观设计（以下简称在先设计 1）进行比较，二者的表面均有规律排列的凸起物，二者的主要不同点在于：产品上表面的凸起物形状及其所呈现的图案不同，本专利上表面的凸起物为三棱柱形且其呈现在主视图的图案为小长方形，而在先设计 1 上表面的凸起物为圆柱形且呈现的图案为圆形。本专利与在先设计 1 在产品上表面的凸起物形状及其呈现的图案差别明显，上述差别对外观设计的整体视觉效果具有显著的影响，二者属于既不相同也不相近似的外观设计。将本专利与附件2中公开的外观设计（以下简称在先设计2）进行比较，二者的表面均有规律排列的凸起物，二者的主要不同点在于：产品上表面的凸起物形状及其所呈现的图案不同，本专利上表面的凸起物为三棱柱形且其呈现在主视图的图案为小长方形，而在先设计2上表面的凸起物呈短纤维状且呈现的图案应为密集的点。本专利与在先设计2在产品上表面的凸出物及其呈现的图案差别明显，上述差别对外观设计的整体视觉效果具有显著的影响，二者属于既不相同也不相近似的外观设计。将本专利与附件5公开的外观设计（以下简称在先设计3）进行比较，二者的外轮廓均呈正方形且表面有规律排列的凸起物，二者的主要不同点在于产品表面的图案和凸起物的形状均不同，本专利仅在上表面有三棱柱形状凸起物且其呈现在主视图的图案为小长方形，而在先设计3上下表面均有凸起物且分别呈半球状和圆柱状，呈现图案分别为不同大小的圆形规律排列构成的图案以及在数个格状图形中和格状图形的交叉点上分别规律排列大小圆形。本专利与在先设计3的上述差别明显，对外观设计的整体视觉效果具有显著影响，故二者属于既不相同也不相近似的外观设计。将本专利与附件7公开的外观设计（以下简称在先设计4）进行比较，二者的外轮廓均呈正方形或近似正方形且表面有凸起物，二者的主要不同点在于产品上表面的凸起物形状及其呈现在主视图上的图案不同，本专利上表面的凸起物为三棱柱形且其呈现在主视图的图案为不规律排列的大小圆形。本专利与在先设计4的上述差别明显，对外观设计的整体视觉效果具有显著影响，故二者属于既不相同也不相近似的外观设计。综上所述，本专利与附件1~3、附件5和附件7中公开的外观设计均不相同且不相近似，故周孝宗提交的上述证据均不能证明本专利不符合《专利法》第二十三条的规定。（4）本专利是否符合专利法第九条的规定。附件4和附件6中所示的外观设计均用于地面上的毯子或垫子类产品，其与本专利具有相同的用途，属于相同类别的产品，可以与本专利进行比较和判断。将本专利与附件4所示的外观设计（以下简称在先设计5）进行比较，二者的表面均有规律排列的凸起物，二者的主要不同点在于：外轮廓形状不同，本专利为正方形，而在先设计5为四角是圆角的长方形；产品表面的图案和凸起物的形状均不同，本专利仅在上表面有三棱柱形凸起物且其呈现在主视图的图案为小长方形，而在先设计5上下表面均有凸起物且分别呈半球状和圆台状，呈现图案分别为格状与小圆形状交叉构成的图案和小长方形与圆形构成的图案。本专利与在先设计5的上述差别，尤其是产品表面的图案和凸起物的形状之间的明显差别，对外观设计的整体视觉效果具有显著影响，故二者属于既不相同也不相近似的外观设计。将本专利与附件6所示的外观设计（以下简称在先设计6）进行比较，二者的外轮廓均呈正方形且表面有凸起物，二者的主要不同点在于产品上表面的凸起物形状及其呈现在主视图上的图案不同，本专利上表面的凸起物为三棱柱形且呈现在主视图的图案为小长方形，而在先设计6上表面的凸起物呈纤维状且其呈现在主视图的图案为密集的点。本专利与在先设计6的上述差别明显，对外观设计的整体视觉效果具有显著影响，故二者属于既不相同也不相近似的外观设计。对于外观设计而言，同样的发明创造是指两项外观设计相同或者相近似，本专利与附件4和附件6中所示的外观设计均不相同且不相近似，故周孝宗提交的上述证据均不能证明本专利不符合专利法第九条的规定。周孝宗提交的证据均不能证明本专利不符合《专利法》第二十三条或者第九条的规定，因此其提出无效宣告请求的理由不能成立。综上，专利复审委员会决定维持本专利权有效。

原告周孝宗不服第13359号决定，向本院提起诉讼称：被告对外观设计相同或者相近似的判断方式有误，认定事实不清，适用法律不当，不符合《审查指南》的相关规定。一般消费者的知识水平和认知能力有限，不会注意到“三棱柱与圆柱这一细微差别”。地毯在使用时平铺于地面，消费者更容易看到主视图的设计变化，人与地面的距离足以使地毯上分布柱的上表面形状显示为点的形状，而消费者不会注意到是小长方形点还是圆点这一细微的差别。显然二者的这点区别对于产品外观设计的整体视觉效果不具有显著的影响。消费者根据其知识水平和认知能力，不容易从本专利的视图得出“上表面为无数规则排列的三棱柱形凸起物”以及“各凸起物呈现为小长方形图案”这两个结论，因为消费者在购买和使用时不会注意到是否为“三棱柱形”、“小长方形”，只会注意到“规则排列的柱形凸起物”和“无数点的规则排列”。被告均以“三棱柱与圆柱”和“是长方形点还是圆点”这两个一般消费者不能注意到的细微差别作为本案的评判基准，适用法律不当，得出的结论自然不正确。另外，第三人在口头审理过程中提出本专利的设计要点是二方连续的图案，不是正方形。被告使用了第三人放弃的“正方形轮廓”进行对比有误。被告从在先设计2和在先设计6图中得出“凸起物呈现为密集的点”。由于《审查指南》明确规定“尺寸的放大与缩小对整体视觉效果不具有显著的影响”，被告以“密集的点”得出具有显著差别的结论不能成立。本专利为“塑胶地毯（仿绒）”，而附件6为真正的绒制地毯，外观上明显相同。在口头审理过程中，原告通过附件1~3、附件5、附件6的举证，证明本专利具有的设计要点“规则排列的柱形凸起物”和“无数点的规则排列”属于惯常设计，应该被无效，被告并没有对此进行评判。综上，被告作出的第13359号决定认定事实不清，适用法律不当，请求人民法院予以撤销。

被告专利复审委员会辩称：作为地毯的一般消费者，其对该类产品的外观设计状况有一定的了解且具有分辨在先设计与本专利差别的能力。本专利的简要说明并未记载其图片所示产品图案两方连续，故本专利的保护范围应以其图片表达的内容为准。本专利与附件6之间的凸起物形状及其呈现图案的差异并非尺寸的差异，不属于原告所称的“尺寸的放大与缩小，对整体视觉效果不具有显著的影响”的情况。口头审理时，周孝宗仅在对比附件1与本专利时以本专利的主视图为惯常设计为由将仰视图作为主要的对比对象，并未提出以附件1~3、附件5和附件6证明本专利的设计要点属于惯常设计。综上，被告认为第13359号决定认定事实清楚，适用法律正确，审理程序合法，原告的诉讼理由不能成立，请求人民法院驳回其诉讼请求，维持第13359号决定。

第三人林振岳口头表示同意被告的意见。

本院经审理查明：

本案涉及国家知识产权局于2006年9月20日授权公告的名称为“塑胶地毯（仿绒）”的外观设计专利（即本专利）。本专利的申请日为2005年9月13日，专利号为200530094659.X，专利权人为林振岳。本专利授权公告的视图包括主视图、仰视图和立体图（见附图1）。本专利主视图显示的产品呈正方形，上表面有紧密的、规律排列的凸起物。从主视图观察，各凸起物的上表面呈现为小长方形的图案。从仰视图观察，凸起物的上部较细，下部较粗。

2009年1月12日，周孝宗以本专利不符合《专利法》第二十三条的规定为由向专利复审委员会提出无效宣告请求，并先后提交了如下附件作为证据：

（1）附件1系专利号为90108206.6的中国发明专利申请公开说明书的复印件。附件1的发明名称为“保健地毯”，申请日为1990年10月2日，公开日为1992年4月22日。附件1的制作材料为橡胶或塑料，上面布满橡胶钉（或塑料钉）。附件1公开了保健地毯的剖面图和橡胶钉排列结构图。附件1公开的外观设计的上表面为多个规律排列的圆柱形橡胶钉，从橡胶钉排列结构图来看，各橡胶钉呈现为圆形图案（即在先设计1，见附图2）。

（2）附件2是专利号为94104760.1的中国发明专利说明书的复印件。附件2的发明名称为“橡胶、橡塑植绒地毯及其制造方法”，申请日为1994年4月30日，公开日为2002年7月24日。根据附件2说明书的记载及其中的剖视示意图显示，橡胶、橡塑植绒地毯包括天然橡胶发泡海绵层、植绒胶层及晴纶短纤维层共三层结构，短纤维层在剖视图中显示为无数短纤维状凸起物（即在先设计2，见附图3）。

（3）附件3是专利号为200430068223.9的外观设计的著录项目及图片的打印件。附件3的名称为“地板砖”。

（4）附件4是专利号为200530107434.3的外观设计专利的著录项目及图片打印件。附件4的名称是“防滑垫（31）”，申请日为2005年8月30日，授权公告日为2005年1月5日。其包括六面正投影视图，其所示产品呈四角为圆角的长方形，上表面为无数规律排列的半球状凸出物。从主视图看，上表面呈现为格状与小圆形状交叉构成的图案。下表面为无数规律排列的圆台状凸出物。从后视图看，其呈现为小长方形与圆形构成的图案（即在先设计5，见附图4）。

（5）附件5系专利号为95309096.5，名称为“防滑按摩垫”的外观设计专利的著录项目及图片打印件。其申请日为1995年10月6日，授权公告日为1997年1月1日。其图片包括主视图、后视图和右视图，简要说明中载明：左视图与右视图对称，省略左视图，省略俯视图、仰视图，其所示产品呈正方形，上表面为无数规律排列的半球状凸出物，从主视图观察，该表面呈现为不同大小的圆形排列构成的图案。下表面为无数规律排列的圆柱状凸出物，从后试图观察，该表面图案呈现为在数个格状图案中和格状图形的交叉点上分别规律排列大小圆形（即在先设计3，见附图5）。

（6）附件6是专利号为200530080653.7，名称为“地毯（4）”的外观设计专利著录项目及图片打印件。其申请日为2005年2月25日，授权公告日为2005年10月12日。附件6的图片包括主视图和后视图，其所示产品呈正方形，上表面密集有无数纤维状的凸起物，从主视图观察，凸起物呈现为密集的点（即在先设计6，见附图6）。

（7）附件7是专利号为03319306.1，名称为“健康踩板”的外观设计专利著录项目及图片打印件。其申请日为2003年2月14日，授权公告日为2003年9月3日。附件7公开的外观设计图片包括主视图、左视图、右视图、俯视图、仰视图、立体图及两幅使用状态参考图，简要说明中载明：后视图无设计要点，省略后视图，附件7所示的产品近似正方形，上表面排列数个近似半球状的凸起物，从主视图观察，各凸起物基本呈现为圆形（即在先设计4，见附图7）。

2009年4月22日，专利复审委员会进行了口头审理。2009年5月11日，专利复审委员会作出第13359号决定。

在本案开庭审理过程中，原告对第13359号决定中关于附件1、附件3、附件5、附件7的描述没有异议。

上述事实，有第13359号决定、本专利授权公告文本、附件1~7、口头审理记录表及当事人陈述等证据在案佐证。

本院认为：

一、本专利是否符合《专利法》第二十三条的规定

《专利法》第二十三条规定，授予专利权的外观设计，应当同申请日以前在国内外出版物上公开发表过或者国内公开使用过的外观设计不相同和不相近似。本案中，附件1、附件2、附件5和附件7的公开日均在本专利申请日之前，且均公开了使用于地面上的毯子或垫子类产品的外观设计，与本专利具有相同的用途，属于相同类别的产品，可以用于评价本专利是否符合《专利法》第二十三条的规定。附件3公开的地板砖属于建筑材料类产品，与本专利的用途既不相同也不相近似，不能用于评价本专利是否符合《专利法》第二十三条的规定。

本专利与在先设计1、在先设计2、在先没计3、在先设计4分别比较，主要不同点在于上表面的凸起物形状及其所呈现的图案不同。本专利上表面的凸起物呈上细下粗、大体为三棱柱形且其呈现在主视图的图案为小长方形，而在先设计1上表面的凸起物为圆柱形且呈现的图案为圆形。在先设计2上表面凸起物的形状呈短纤维状且图案为密集的点。在先设计3上下表面均有凸起物且分别呈半球状

和圆柱状，呈现图案分别为不同大小的圆形规律排列构成的图案以及数个格状图形中和格状图形的交叉点上分别规律排列的大小圆形。在先设计 4 上表面的凸起物近似半球状且其呈现在主视图的图案为不规律排列的大小圆形。本专利与在先设计 1~4 之间的差别较大，对外观设计的整体视觉效果具有显著影响，二者属于既不相同也不相近似的外观设计，本专利符合《专利法》第二十三条的规定。原告周孝宗主张二者属于细微的差别，对整体视觉效果不具有显著影响缺乏事实和法律依据，本院不予支持。

二、本专利是否符合《专利法》第九条的规定

《专利法》第九条规定，两个以上的申请人分别就同样的发明创造申请专利的，专利权授予最先申请的人。本案中，附件 4 和附件 6 的申请日在本专利申请日之前，公开日在本专利申请日之后，属于他人在先申请、在后公开的外观设计专利。附件 4 和附件 6 系用于地面上的毯子或者垫子类产品，与本专利的用途相同，属于相同类别的产品，可以用于评价本专利是否符合《专利法》第九条的规定。

本专利与在先设计 5、在先设计 6 比较，主要区别在于：本专利上表面凸起物呈上细下粗、大体为三棱柱形且其呈现在主视图的图案为小长方形，而在先设计 5 上下表面均有凸起物且分别呈半球状和圆台状，呈现的图案分别为格状与小圆形状交叉构成的图案和小长方形与圆形构成的图案。在先设计 6 上表面的凸起物呈纤维状且呈现在主视图的图案为密集的点。本专利与在先设计 5 和 6 之间的差别明显，对外观设计的整体视觉效果具有显著影响，二者属于既不相同也不相近似的外观设计，本专利符合专利法第九条的规定。原告周孝宗关于被告得出二者的差别对整体视觉效果具有显著影响的结论不能成立的主张缺乏事实及法律依据，本院不予支持。另外，原告主张本专利“规则排列的柱形凸起物”和“无数点的规律排列”属于惯常设计依据不足，本院不予支持。

综上所述，被告作出的第 13359 号决定认定事实清楚，适用法律正确，审理程序合法，依法应当予以维持。原告的诉讼理由不能成立，其诉讼请求本院不予支持。依照《中华人民共和国行政诉讼法》第五十四条第（一）项的规定，本院判决如下：

维持被告国家知识产权局专利复审委员会作出的第 13359 号无效宣告请求审查决定。

案件受理费 100 元，由原告周孝宗负担（已交纳）。

如不服本判决，各方当事人可在本判决书送达之日起 15 日内，向本院提交上诉状并交纳上诉案件受理费 100 元，上诉于北京市高级人民法院。

审　判　长　彭文毅
代理审判员　江建中
人民陪审员　牛艳玲
二〇〇九年十一月二十日
书　记　员　严　哲

仰视图

主视图

立体图

本专利附图 1

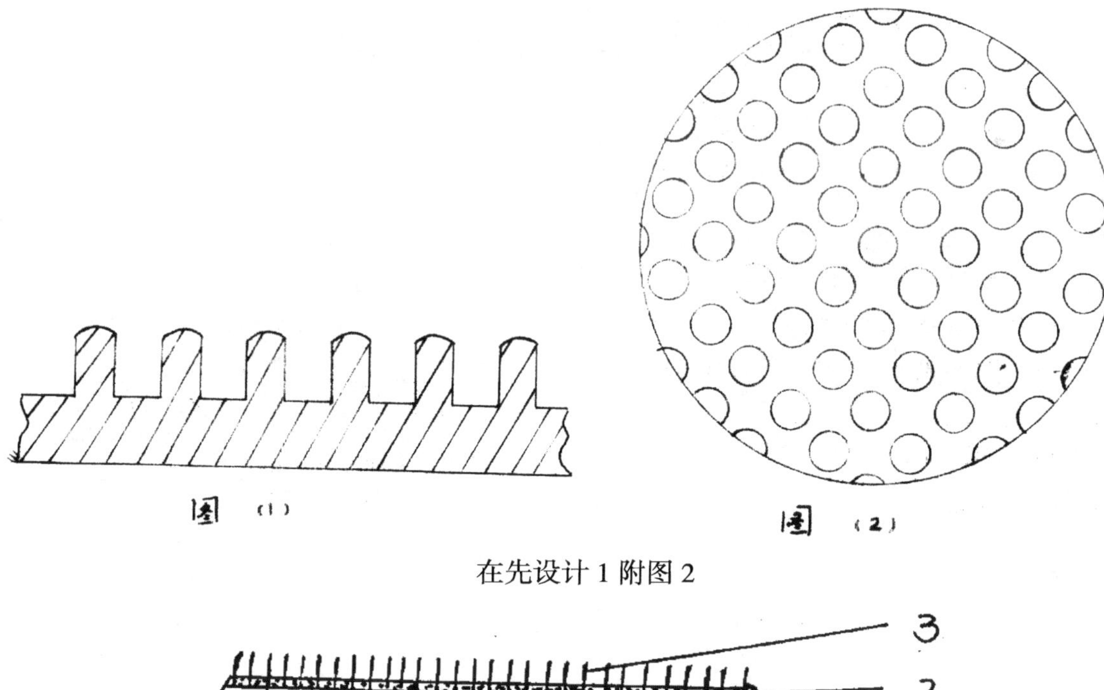

在先设计 1 附图 2

在先设计 2 附图 3

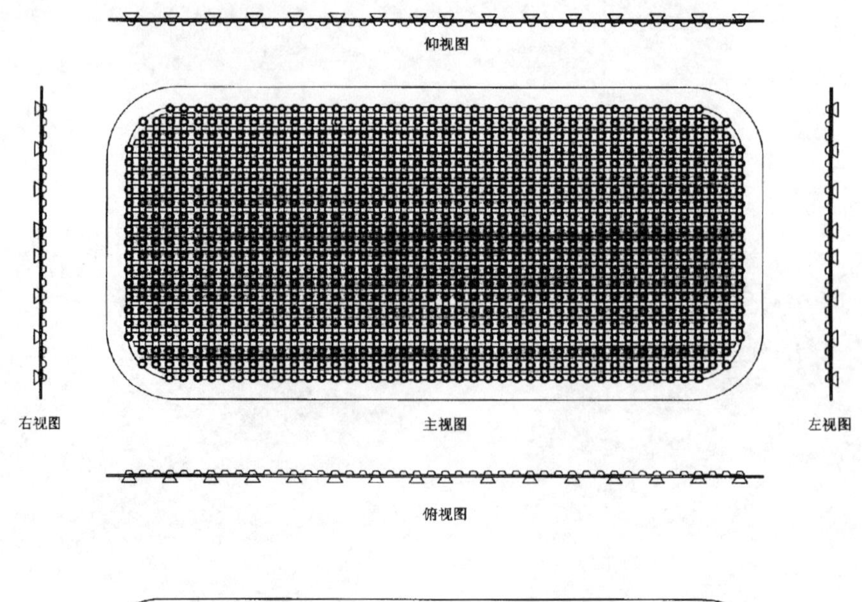

在先设计 5 附图 4

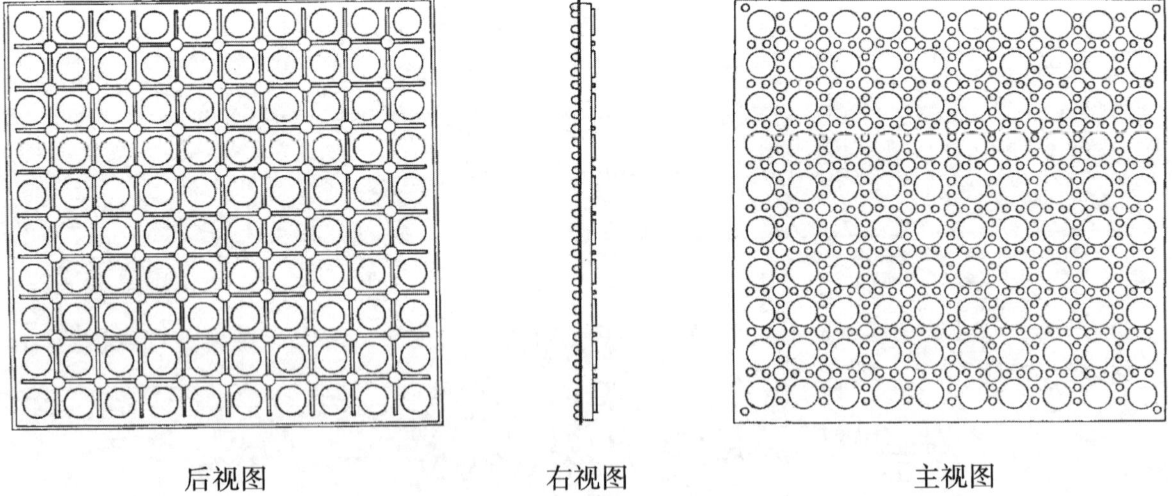

在先设计 3 附图 5

主视图

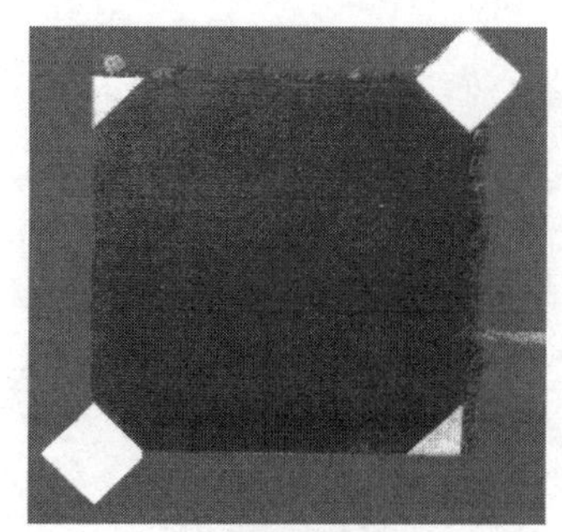
后视图

在先设计 6 附图 6

主视图

俯视图

仰视图

使用状态参考图 1

左视图

右视图

立体图

使用状态参考图 2

在先设计 4 附图 7

酒吧椅（瓶盖式-A662）

无效宣告请求审查决定（第13363号）

决　定　号　第13363号
决　定　日　2009年5月7日
发明创造名称　酒吧椅（瓶盖式-A662）
外观设计分类号　06-01
无效宣告请求人　佛山市顺德区龙江镇东头豪爵五金家具厂
专　利　权　人　邓健昌
专　利　号　200630058960.X
申　请　日　2006年4月21日
授权公告日　2007年4月18日
合议组组长　钟　华
主　审　员　张　凌
参　审　员　雷　婧

法　律　依　据　专利法第23条，专利法实施细则第65条第2款
决　定　要　点

外观设计的相同相近似判断中，一般应适用单独对比的判断方式；对于本专利再次提出的无效宣告请求中包含了在先审查决定中已经审查过的理由和证据，根据“一事不再理原则”，对于上述相同的理由和证据不予审理；本专利与附件1所示的在先设计适用的产品用途不同也不相近，无需进行比较和判断即可认定二者不相近似。

一、案由

本无效宣告请求涉及国家知识产权局于2007年4月18日授权公告的名称为“酒吧椅（瓶盖式-A662）”的200630058960.X号外观设计专利，其申请日为2006年4月21日，专利权人为邓健昌。

针对上述专利权（下称本专利），佛山市顺德区龙江镇东头豪爵五金家具厂（下称请求人）于2008年9月17日向专利复审委员会提出无效宣告请求，理由是本专利与在其申请日前已公开发表过的外观设计属于相近似的外观设计，不符合专利法第23条规定。请求人同时提交如下附件作为证据：

附件1：00239970.9号实用新型专利说明书复印件，共5页；

附件2：02317271.1号外观设计专利著录项目及其外观图片下载打印件，共1页；

附件3：200530094706.0号外观设计专利著录项目及其外观图片下载打印件，共1页；

附件4：200530094707.5号外观设计专利著录项目及其外观图片下载打印件，共1页；

附件5：200530115048.9号外观设计专利著录项目及其外观图片下载打印件，共1页；

附件6：02359861.1号外观设计专利著录项目及其外观图片下载打印件，共1页；

附件7：02324226.4号外观设计专利著录项目及其外观图片下载打印件，共1页；

附件8：200430036071.4号外观设计专利著录项目及其外观图片下载打印件，共1页；

附件9：200530132037.1号外观设计专利著录项目及其外观图片下载打印件，共1页；

附件10：200530062562.0号外观设计专利著录项目及其外观图片下载打印件，共1页；

附件11：200530094008.0号外观设计专利著录项目及其外观图片下载打印件，共1页。

请求人认为：本专利的产品由上、下两部分组合制造而成，因此可以适用审查指南第四部分第五章第5.2节的规定，将与其构件数量相对应的明显具有组装关系的构件结合起来作为一项在先设计与本专利进行对比；附件1~11均是椅子的产品，其用途和分类与本专利相近似，可以作为对比文件；附件1和附件2公开了瓶盖形状的椅面，与本专利的上部分相同，附件3~11公开了与本专利下部分相同的椅座，将附件1、附件2与附件3~11简单组合后，其形状与本专利相同，因此本专利不符合专利法第23条的规定。

经形式审查合格后，专利复审委员会依法受理了上述无效宣告请求，并于2008年12月29日将无效宣告请求书及相关文件的副本转给专利权人，要求其在指定的期限内答复。

专利权人逾期未答复。

2009年3月10日专利复审委员会向双方当事人发出口头审理通知书，定于2009年4月15日对本案进行口头审理。

口头审理如期举行，双方当事人的代理人出席了口头审理。请求人明确其无效宣告理由为本专利不符合专利法第23条的规定，依据的证据为附件1、附件2、附件6~8和附件10；放弃附件3~5、附件9和附件11。合议组当庭告知请求人鉴于专利复审委员会第12710号无效宣告请求审查决定中已认定本专利与附件2、附件6~8和附件10所示的在先设计不相同也不相近似，根据“一事不再理”的原则，本次口头审理对上述证据不予审理，请求人坚持将附件1、附件2和附件6~8及附件10结合与本专利进行对比。专利权人对附件1的真实性没有异议，但认为其与本专利产品的用途不同，二者无法进行对比。

在上述审理的基础上，合议组经合议，认为本案事实清楚，依法作出本审查决定。

二、决定的理由

1. 法律依据

基于请求人提出无效宣告请求所依据的理由和证据，合议组对本专利是否符合专利法第23条的规定进行审查。

专利法第23条规定，授予专利权的外观设计，应当同申请日以前在国内外出版物上公开发表过或者国内公开使用过的外观设计不相同和不相近似，并不得与他人在先取得的合法权利相冲突。

2. 关于专利法第23条

鉴于请求人已在口头审理中放弃附件3~5、附件9和附件11，本决定对其不再予以评述。

附件1是00239970.9号实用新型专利说明书复印件，专利权人对其真实性没有异议，故合议组对该证据予以采信。附件1的公开日为2001年9月19日，早于本专利的申请日2006年4月21日，其可作为判断本专利是否符合专利法第23条的规定的证据，适用于本案。

附件1中公开的是一种可作托盘的活动式坐垫，其用途是承载饮料的托盘或作为坐垫使用，而本专利是一种椅子，二者的用途不同也不相近，两者所属产品类别不相同也不相近，根据审查指南第四部分第五章第6.2.2节的规定，本专利与附件1不再进行比较和判断，即可认定二者不相近似。

请求人主张本专利的产品由上、下两部分组合制造而成，因此可以适用审查指南第四部分第五章第 5. 2 节的规定，将附件 1、附件 2 和附件 6~8 及附件 10 结合与其进行相同相近似比较。

对此，合议组认为：首先根据审查指南第四部分第五章第 5. 2 节有关“单独对比”的规定，在相同相近似判断中，一般应当用一项在先设计与本专利进行对比；本专利并不属于审查指南中规定的组件产品；请求人提交的附件 1 所示的坐垫与本专利用途不同，附件 2 所示的椅面与附件 6~8 及附件 10 所示的椅子或其椅座之间也没有明显相对应的组装关系，故不能将上述证据结合与本专利进行对比，合议组对请求人的上述主张不予支持。

鉴于专利复审委员会第 12710 号无效宣告请求审查决定已认定本专利与附件 2、附件 6~8 和附件 10 所示的在先设计不相近似，本专利相对于上述证据符合专利法第 23 条的规定，根据专利法实施细则第 65 条第 2 款和审查指南的规定，本案合议组对附件 2、附件 6~8 和附件 10 不再予以审查。

综上，请求人提交的证据均不能证明关于本专利不符合专利法第 23 条的规定，其无效宣告理由不能成立。

三、决定

维持 200630058960. X 号外观设计专利权有效。

当事人对本决定不服的，可以根据专利法第 46 条第 2 款的规定，自收到本决定之日起三个月内向北京市第一中级人民法院起诉。根据该款的规定，一方当事人起诉后，另一方当事人应当作为第三人参加诉讼。

261

包装瓶（DJW-945）

无效宣告请求审查决定（第13369号）

决　　定　　号　第13369号
决　　定　　日　2009年6月23日
发明创造名称　包装瓶（DJW-945）
外观设计分类号　09-01
无效宣告请求人　中山市华洁化工有限公司
专　利　权　人　韩坚定
专　　利　　号　200330116173.2
申　　请　　日　2003年10月30日
授 权 公 告 日　2004年6月9日
合议组组长　钟　华
主　　审　　员　郝海燕
参　　审　　员　刘路尧
附　　　　　图　2页

法　律　依　据　专利法第23条
决　定　要　点
不容易看到或者看不到部位的设计变化相对于使用时容易看到部位的设计变化，通常对整体视觉效果不具有显著的影响。

一、案由

本无效宣告请求涉及国家知识产权局于2004年6月9日授权公告的200330116173.2号外观设计专利（下称本专利），名称是“包装瓶（DJW-945）”，申请日是2003年10月30日，专利权人是韩坚定。

针对上述外观设计专利权，中山市华洁化工有限公司（下称请求人）于2009年2月18日向专利复审委员会提出无效宣告请求，其主要理由是本专利不符合专利法第23条的规定。请求人认为本专利同申请日以前在国内外出版物上公开发表过或者国内公开使用过的外观设计相同或相近似，因此，本专利不符合专利法第23条的规定，应予宣告无效。请求人同时提交了以下附件作为证据：

附件1：邵力世主编的《纺织服装市场资讯》的封面，封底，正文第2页以及后插彩页第8页复印件共4页，润宇商业出版社出版，出版日期是2003年8月15日。

无效宣告请求书中的具体无效理由为：附件1的彩页第8页公开了“DJW-945大洁王电剪旋梭

润滑剂”的产品图片，本专利的外观设计的产品由圆柱形的罐体和盖体组成，罐体外表面印有标贴，标贴主要分前视图和后视图，前视图由上部的图标、中部的产品名称标识、中文和英文说明组成，后视图为产品的中文和英文说明书。附件1所公开的产品图公开了与本专利相同的前视图，由于本专利的后视图只是产品说明，不属于专利的保护范围，因此附件1已经完全公开了本专利。深圳市洁王精细化工科技有限公司（法定代表人：韩坚定，即专利权人）将与本专利相同的外观设计公布在中国的公开出版杂志上，即本专利所涉及的外观设计属于申请日前在公开出版物上发表过的外观设计，不符合专利法第23条的规定。

经形式审查合格，专利复审委员会受理了该无效宣告请求，并于2009年2月18日向双方当事人发出无效宣告请求受理通知书，并将请求人提交的专利权无效宣告请求书及其附件副本转送专利权人，要求专利权人在指定期限内陈述意见。

请求人于2009年3月18日提交了补充的意见陈述书，同时提交了以下附件（编号续前）作为证据：

附件2：邵力世主编的《纺织服装市场资讯》的封面，封底，前插彩页第6、7、11页，正文第2、3、16、84、92、93、94、95页，订阅表页，后插彩页第5、6、8页复印件共17页，润宇商业出版社出版，出版日期是2003年8月15日；

附件3：盖有“广州市永晴文化传播有限公司”章的证明复印件共1页，其上日期为2009年2月19日；

附件4：盖有“广州市工商行政管理局企业名称核准专用章”的企业名称（企业集团）名称变更核准通知书的复印件共1页；

附件5：盖有“广州市工商行政管理局档案资料查询专用章”的企业注册基本资料的复印件共1页；

附件6：盖有“广州市永晴广告传播有限公司”章的公司变更登记申请书的复印件共1页；

附件7：邵力世主编的《纺织服装市场资讯》的封面，封底，前插彩页第6、7页，正文第2、3、91、92、93、94、95页，订阅表页，后插彩页第6、7页复印件共14页，润宇商业出版社出版，出版日期是2003年9月15日；

附件8：2003年第四届青岛国际缝制设备展览会等展会的会刊的封面，封底，前插彩页第14、15、44页，中间彩色插页，正文第1、3、6、7、17页，复印件共11页，展览时间是2003年8月21~23日；

附件9：请求人声称的深圳市工商行政管理局出具的工商登记资料复印件共1页。

请求人补充的无效理由为：（1）附件2是在2003年8月15日出版的《纺织服装市场资讯》杂志，本杂志的封面和正文第2页的页面中记载有本杂志的出版日期，为2003年8月15日，本杂志附有订阅表页，该页面上清晰地记载有本杂志的获取方式，国内任何人可以通过各种方式向广州永晴文化传播有限公司订阅索取，即本杂志是在国内公开发表的出版物，因此本杂志可作为评价本专利是否符合专利法第23条规定的证据。（2）附件3、4、5、6是分别由广州市永晴文化传播有限公司、广州市工商行政管理局以及广州市工商行政管理局天河分局出具的证明，证明中清楚记载了《纺织服装市场资讯》是由该公司在中国国内发行，而且也证明了附件2是在2003年8月向请求人提交，由此推定国内任何人在2003年8月都可以获得本杂志。（3）附件7是2003年9月15日出版的《纺织服装市场资讯》杂志，与附件2类似，本杂志是在国内公开发表的出版物，因此本杂志可作为评价本专利是否符合专利法第23条规定的证据。（4）附件8是2003年8月21~23日在青岛国际会议展览中心举行的一系列展览会的会刊，该会刊属于国内公开发表的出版物，而且发表的日期在本专利的申请日以前，因此本杂志可以作为评价本专利是否符合专利法第 23 条的规定的证据。附件 9 是深圳市工商行政管理局出具的工商登记资料，该资料上记载本专利的专利权人也是“深圳市洁王精细化工科技有限公司”的股东及法定代表人。（5）本专利图示有主视图、后视图、左视图、右视图、俯视图、立体图和使用状态参考图。如图所示，本专利所示的包装瓶整体呈圆柱形，由上到下分为盖体和罐体。其中，从主视图可以看出，罐体从上往下看，依次为一小块不规则的图形、椭圆形图案，图案内有“DJW”字母图案，椭圆形图案下方依次有汉字、字母、数字组成的图案，再下方的左侧是一个类似衣车头的图案，右侧是是字母组成的图案，下方还有字母和汉字组成的图案，标贴的右下角是一个条形码图案；从后视图中可以看出，上部有一椭圆形图案，图案内有“DJW”字母图案，下面是汉字、字母组成的图案；从左、右视图中可以看出，罐体的左右两侧分别是正面、背面的图案和文字说明（详见本专利附图）。附件 2 的前插彩页第 7 页倒数第二行产品展示中左起第一个产品图片、附件 7 的前插彩页第 7 页倒数第二行产品展示中右起第一个产品图片和附件 8 的前插彩页第 15 页中倒数第二行产品展示中右起第一个图片都记载了“DJW-945 大洁王电剪旋梭润滑剂”的产品图片，与本专利属于相同类别的产品，从其视图中看出，罐体的表面从上往下看，依次为一小块不规则的图形、椭圆形图案，图案内有“DJW”字母图案，椭圆形图案下方依次有汉字、字母、数字组成的图案，再下方的左侧是一个类似衣车头的图案，右侧是是字母组成的图案，下方还有字母和汉字组成的图案，标贴的右下角是一个条形码图案。该产品广告图片与本专利主视图完全相同，即该产品完全公开了本专利的主视图。由于该产品是圆柱形的，因此可以通过该产品的左视图所展现的图案主要由主视图中左侧部分和后视图的右侧部分组成，同理，该产品的右视图所展示的图案主要由主视图的右侧部分和后视图的左侧部分组成，因此该产品图片也部分公开了左视图和右视图。而本专利的后视图主要由文字构成，这些文字内容基本上是产品说明，根据专利法实施细则第 2 条第 3 款的规定，文字不属于外观设计的保护范围。对于一般消费者而言，在购买本专利产品时，本专利的主视图是消费者最容易观察到，也是对消费者产生显著影响的部位。而且本专利的后视图中的文字只是对产品如何使用以及注意事项等的说明，是该类型产品的惯常设计，因此后视图对消费者而言影响不显著。因此附件 2、7、8 中的产品图片分别已经完全公开了本专利，与本专利属于相同或相近似的外观设计，因此本专利不符合专利法第 23 条的规定。（6）另外，由附件 9 可知，本专利的专利权人是附件 2、7、8 中深圳市洁王精细化工科技有限公司的股东及法定代表人，而深圳市洁王精细化工科技有限公司在该杂志进行广告宣传的目的是销售其相关产品，而且广告宣传的产品图片与本专利的主视图所展示的内容完全相同，因此本专利的外观设计内容在申请日前处于公众想得知就能够得知的状态，构成使用公开，也不符合专利法第 23 条的规定。

专利复审委员会依法成立合议组，并于 2009 年 3 月 31 日向双方当事人发出无效宣告请求口头审理通知书，定于 2009 年 4 月 21 日举行口头审理，并随口头审理通知书将请求人补充提交的意见陈述书和附件的副本转送给专利权人。

针对上述无效宣告请求书，专利权人于 2009 年 4 月 2 日向专利复审委员会提交了意见陈述书，首先，专利权人认为附件 1 所记载的内容不是现有设计，国内外公众不可能在申请日以前知道，其理由为：（1）附件 1 的国际标准期刊号 ISSN 虚假，通过公开查询 ISSN 国家中心，并无附件 1 所记录的附件 1 的国际标准期刊号；（2）附件 1 的期刊名称虚假，通过公开查询 ISSN 国家中心，并无附件 1 所记录的期刊名称；（3）附件 1 的出版地址虚假，通过商标局查询可以得出，从 2002 年 9 月 17 日至 2003 年 12 月 9 日期间即附件 1 标注的出版日期，该出版地址的真实使用人是香港吉祥装潢材料集团有限公司，而不是出版者的地址；（4）附件 1 的网址虚假，通过国家信息产业部查询可知，附件 1 记录的网站所有人与附件 1 所记录的出版者完全不相符；（5）附件 1 不具有合法性，通过国家新闻出版总署查询可以得到，从来没有赋予附件 1 为公开出版物的合法地位；（6）附件 1 的出版单位不具备合法性，通过对中国扫黄打非网查询可以得出，从来没有赋予过附件 1 的出版单位有出版发行的合法地位，由此，国内外公众没有可能获得附件 1 的公开渠道，专利权人不认可附件 1 的真实性。其次，本专利所保护的是产品的六面视图，而附件 1 提供的是一面视图（主视图）无法判断产品的形状，可能是鸡蛋形状的椭圆形、椭圆和长方形的组合形状等，而本外观设计产品属于正圆柱形状，在正常使用状态下没有方向性，因此主视图不是判断本外观设计的要部。后视图由多种图案组成，在后视图的图案中标注有显示产品功能的文字说明，是使用者首先观看的地方；左视图和右视图的设计要点也充分展现了图案的设计位置和图案安排，因此左视图和右视图的设计要点也是判断本外观设计的要部。同时专利权人提交了如下附件作为反证：

附件 A：盖有“深圳市红盾知识产权代理有限公司”章的关于 ISSN 最新信息申请 ISSN 查询 ISSN 的网络打印件的复印件，共 16 页；

附件 B：盖有“深圳市红盾知识产权代理有限公司”章的网络打印件的复印件共 9 页，作为附件 1 真实性的反证。

专利复审委员会本案合议组于 2009 年 4 月 8 日将专利权人于 2009 年 4 月 2 日提交的意见陈述书及其所附附件的副本寄送给请求人。

口头审理如期举行，双方均委托代理人出席了口头审理，合议组依法审理本案。在口头审理过程中，（1）双方当事人对合议组成员变更无异议，对合议组成员无回避请求。（2）专利权人对请求人代理人出庭身份无异议，请求人对专利权人代理人出庭身份有异议，请求人指出专利权人已经移民加拿大，因此根据专利法有关规定，专利权人指定的专利代理机构不具有涉外代理资格，对于专利权人移民加拿大的证据庭后提供。专利权人否认专利权人移民加拿大。合议组指定请求人于口头审理结束后 7 日内提交专利权人已经移民的证据，否则专利权人代理人的代理权限有效。（3）请求人明确放弃附件 1 作为证据使用，以附件 2~9 作为证据使用，用于证明本专利不符合专利法第 23 条的规定。（4）请求人当庭提交附件 2~8 的原件，专利权人附件 2~8 的原件与复印件的一致性没有异议。（5）专利权人对附件 2~8 的真实性不认可，专利权人认为附件 2、7 的出版物是非法的，无法确认真实性，并且是香港出版的，应该有相关公证认证；附件 3~6 的真实性无法确认；附件 8 没有出版单位、发行单位，没有其他佐证证明其公开发表过。（6）专利权人当庭提交反证 C：香港彩虹商业出版社出版的《纺织制衣市场快讯》，记载的出版时间是 2004 年 3 月，和加拿大海伦（香港）有限公司出具的该公司具有非法印刷能力的证明，专利权人表示反证 C 用于供合议组参考。专利权人提交的反证 A、B 用于证明附件 2、7 不具有真实性、合法性。（7）请求人对反证 A、B 的真实性不予认可。（8）请求人认为附件 2 前插彩页第 7 页倒数第 2 行右边记载的 DJW-945 的图片、附件 7 的前插彩页第 7 页倒数第 2 行记载的 DJW-945 的图片和附件 8 第 15 页第 2 行左边第一个 DJW-945 的图片公开了本专利的主视图，罐体上呈现了椭圆形的边框，因此该产品的罐体为圆柱形，且该产品是高压危险产品因此设计成这样的形状，从罐体的表面从上往下依次是不规则的图形，首先有一个椭圆形，内有字母 DJW，下面有“大洁王”的商标，在下面有该产品的名称，下面有若干说明，罐体右侧为条形码，与本专利的主视图完全相同，可以通过产品的左视图展现的图案主要是主视图中左侧部分，而文字不属于外观专利的保护范围，本专利的后视图的说明应当是这些产品的惯常设计，因此对消费者的影响是不显著的，主视图对消费者是有显著影响的，因此附件 2、7、8 中的对比图片的外观设计与本专利的外观设计完全相同，至少是相近似的。而且附件 2、7 也能证明本专利在申请日前被使用公开，因为深圳市洁王精细化工科技有限公司进行广告宣传的目的是销售其相关产品，也就是公众如果需要购买相关的产品，只要根据广告所提供的电话等联系方式与深圳市洁王精细化工科技有限公司即可购买获得。

请求人于2009年4月24日提交意见陈述书，并提交了如下附件（编号续前）：

附件10：韩坚定签名的专利权许可合同复印件，共1页；

附件11：注册号为3732439的商标信息网络打印件，共1页。

请求人使用附件10用于证明专利权人提交的《复审、无效程序中意见陈述书》以及口头审理请求书、合并审理请求书等中的“韩坚定”的签名不是专利权人的亲笔签名。另外请求人坚持认为附件2、7不是非法出版物，可以为国内公众得到。

专利复审委员会本案合议组于2009年5月11日将请求人于2009年4月24日提交的意见陈述书及所附附件的副本寄送给专利权人。

专利权人于2009年5月12日提交了意见陈述书及相应的附件。其中：

附件C：关于中国国际贸易促进联合会简介的网络打印件。

专利权人指出：请求人提供的附件8的主办单位“中国国际贸易促进联合会”是从未存在的单位，因此附件8不具备真实性。

专利权人针对请求人于2009年4月24日提交的意见陈述及附件10、11，于2009年6月1日提交了意见陈述书。专利权人指出：（1）就涉案专利本人自行或者委托代理人分别提交的意见陈述书、授权委托书等文件中的签名均系专利权人本人，对上述签名均予以承认；（2）坚持认为请求人提供的附件2、7、8不具备真实性。

在上述审理的基础上，合议组认为本案事实清楚，可以依法作出本审查决定。

二、决定的理由

1. 法律依据

基于请求人提出的无效宣告请求的理由，合议组依据专利法第23条的规定对本案进行审理。

专利法第23条规定：“授予专利权的外观设计，应当同申请日以前在国内外出版物上公开发表过或者国内公开使用过的外观设计不相同和不相近似，并不得与他人在先取得的合法权利相冲突。”

2. 关于证据

附件8是2003年第四届青岛国际缝制设备展览会等展会的会刊，请求人在口头审理当庭提交了会刊的原件，合议组经核实确认原件与复印件的一致性。专利权人在2009年5月12日和2009年6月1日提交的意见陈述书中对附件8的真实性有异议，并提交了附件C欲证明附件8不具有真实性，其中附件C是“中国国际贸易促进联合会简介”，附件C记载的内容为专利权人在网上查询“中国国际贸易促进联合会”时搜索出相应结果指向“中国国际贸易促进委员会”的内容简介。合议组认为：根据附件C的内容不能证明附件8涉及的展览会未举行，也不能证明附件8会刊不是该展会的会刊，不能支持专利权人关于附件8不具有真实性的主张，故合议组对附件8的真实性予以认可。

附件8会刊的封面页表明展览会于2003年8月21日~23日在中国青岛国际会展中心举行，前插页记载有广告内容、正文页表明展览会的展会组委会联系方式、日程安排和“深圳市洁王精细化工科技有限公司”的联系方式，对此合议组认为：一般情况下，展览会发行的会刊会随展览会的举行而在其期间内发行，会刊表明了联系方式和日程安排，其目的在于便于公众参加展览会和联系展会组委会及相关公司，在无相反证据推翻的情况下，应当视为会刊随展览会的举行而处于公众想要得知就可以得知的状态，会刊记载的展览会日期应当视为会刊的公开日期，即附件8的最晚公开日期为2003年8月23日，早于本专利的申请日，可以用于评价本专利是否符合专利法第23条的规定。

3. 关于相近似性的判断

附件8的前插页第15页左侧图所示的“DJW-945”（下称在先设计）与本专利用途相同，属于相同种类的产品，可以进行外观设计相近似性的对比。

本专利图示有主视图、后视图、左视图、右视图、俯视图、立体图和使用状态参考图。如图所示，本专利所示的包装瓶整体呈圆柱形，由上下相连的圆柱形盖体和圆柱形罐体两部分组成，盖体的截面略小于罐体的截面。其中，从主视图可以看出，罐体正面贴有标贴，标贴的上边是圆弧、下边是直线，在标贴上部有一椭圆形图案，图案内有“DJW”字母图案，椭圆形图案下方依次有汉字、字母、数字组成的图案，再下方的左侧是一个类似衣车头的图案，右侧是是字母组成的图案，下方还有字母和汉字组成的图案，标贴的右下角是一个条形码图案；从后视图中可以看出，罐体的背面也贴有标贴，标贴形状为长方形，标贴上部有一椭圆形图案，图案内有“DJW”字母图案，下面是汉字、字母组成的图案；从左、右视图中可以看出，罐体的正面的标贴为上宽下窄（详见本专利附图）。

在先设计所示的产品型号“DJW-945”与本专利中产品型号相同，由于在先设计仅给出了主视图，从其主视图可以看由上下相连的圆柱形盖体和圆柱形罐体两部分组成，盖体的截面略小于罐体的截面。其中，罐体正面贴有标贴，标贴的上边是圆弧、下边是直线，在标贴上部有一椭圆形图案，图案内有“DJW”字母图案，椭圆形图案下方依次有汉字、字母、数字组成的图案，再下方的左侧是一个类似衣车头图案，右侧是是字母组成的图案，下方还有字母和汉字组成的图案，标贴的右下角是一个条形码图案。在先设计虽然没有其他角度的视图，但根据在先设计所示产品的特性，可以认定其整体形状为圆柱体（详见在先设计附图）。

将本专利与在先设计进行比较，两者的整体形状和盖体、罐体形状基本相同，罐体正面的视图完全相同，两者的不同之处在于：在先设计没有公开本专利所示罐体正面标贴的上宽下窄形状和罐体背面的设计。对此，合议组认为：本专利中罐体正面标贴的上宽下窄形状属于局部的细微变化，罐体背面属于不容易看到或者看不到部位的设计变化，并且本专利的背面大部分为说明性文字。根据整体观察、综合考虑的原则，本专利与在先设计的上述差异对产品的整体视觉效果不具有显著的影响，因此基于上述分析判断，两者应当属于相近似的外观设计。

综上所述，在本专利申请日前已经有与其相近似的外观设计在出版物上公开发表过，因此本专利不符合专利法第 23 条的规定。

鉴于请求人关于本专利相对于附件 8 不符合专利法第 23 条规定的主张成立，故对其提出的其他无效宣告请求理由、证据及专利权人提出的相应答辩意见不再评述。

根据以上事实和理由，合议组作出如下无效宣告请求审查决定。

三、决定

宣告 200330116173. 2 号外观设计专利权全部无效。

当事人对本决定不服的，可以根据专利法第 46 条第 2 款的规定，自收到本决定之日起三个月内向北京市第一中级人民法院起诉。根据该款的规定，一方当事人起诉后，另一方当事人应当作为第三人参加诉讼。

俯视图

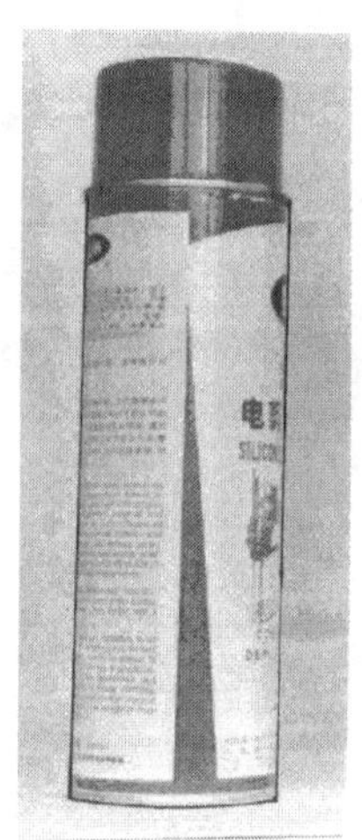

左视图

主视图

右视图

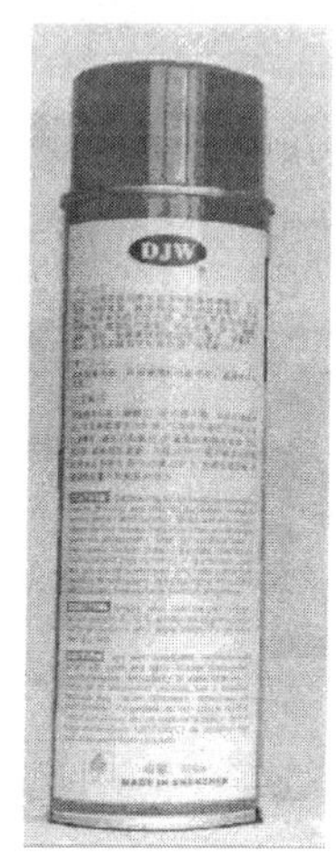

后视图

立体图

使用状态参考图

本专利附图

在先设计附图

北京市第一中级人民法院
行政判决书

（2009）一中知行初字第 2263 号

原告韩坚定，男，1967 年 10 月 8 日出生，住广东省深圳市南山区兴海大道 22 号 4-204。

委托代理人罗顺友，男，1974 年 2 月 15 日出生，深圳市红盾知识产权代理有限公司职员，住广西省南宁市西乡塘区北际路 30 号。

被告国家知识产权局专利复审委员会，住所地北京市海淀区北四环西路 9 号银谷大厦 10~12 层。

法定代表人张茂于，副主任。

委托代理人刘路尧，国家知识产权局专利复审委员会审查员。

委托代理人刘新蕾，国家知识产权局专利复审委员会审查员。

第三人中山市华洁化工有限公司，住所地广东省中山市东升镇坦背太平村西海南路。

法定代表人梁锦章。

委托代理人李乃哲，男，1978 年 2 月 22 日出生，广州创颖专利事务所专利代理人，住广东省江门市江海区外海街道办事处银泉花园 25 幢之二 502。

委托代理人郭松敬，男，1979 年 10 月 16 日出生，广州创颖专利事务所专利代理人，住广东省江门市蓬下区棠下镇大林村民委员会前进村五巷 29 号。

原告韩坚定不服被告国家知识产权局专利复审委员会（以下简称专利复审委员会）于 2009 年 6 月 23 日作出的第 13369 号无效宣告请求审查决定（以下简称第 13369 号决定），于法定期限内向本院提起行政诉讼。本院于 2009 年 10 月 9 日受理本案后，依法组成合议庭，并通知第 13369 号决定的请求人中山市华洁化工有限公司（以下简称华洁公司）作为第三人参加本案诉讼。本院于 2009 年 11 月 20 日公开开庭进行了审理。原告韩坚定的委托代理人罗顺友，被告专利复审委员会的委托代理人刘路尧、刘新蕾，第三人华洁公司的委托代理人李乃哲、郭松敬到庭参加了诉讼。本案现已审理终结。

被告专利复审委员会针对第三人华洁公司就专利权人为原告韩坚定的名称为“包装瓶（DJW-945）”的外观设计专利权（以下简称本专利）所提出的无效宣告请求作出第 13369 号决定，该决定认定：

附件 8 是 2003 年第四届青岛国际缝制设备展览会等展会的会刊，华洁公司在口头审理当庭提交了会刊的原件，合议组经核实确认原件与复印件的一致性。韩坚定在 2009 年 5 月 12 日和 2009 年 6 月 1 日提交的意见陈述书中对附件 8 的真实性有异议，并提交了附件 C 欲证明附件 8 不具有真实性，其中附件 C 是“中国国际贸易促进联合会简介”，附件 C 记载的内容为韩坚定在网上查询“中国国际贸易促进联合会”时搜索出相应结果指向“中国国际贸易促进委员会”的内容简介。专利复审委员会认为：根据附件 C 的内容不能证明附件 8 涉及的展览会未举行，也不能证明附件 8 会刊不是该展会的会刊，不能支持专利权人关于附件 8 不具有真实性的主张，故对附件 8 的真实性予以认可。

附件 8 会刊的封面页表明展览会于 2003 年 8 月 21 日 ~23 日在中国青岛国际会展中心举行，前插页记载有广告内容、正文页表明展览会的展会组委会联系方式、日程安排和“深圳市洁王精细化工科技有限公司”的联系方式，对此专利复审委员会认为：一般情况下，展览会发行的会刊会随展览会的举行而在其期间内发行，会刊表明了联系方式和日程安排，其目的在于便于公众参加展览会和联系展会组委会及相关公司，在无相反证据推翻的情况下，应当视为会刊随展览会的举行而处于公众想要得知就可以得知的状态，会刊记载的展览会日期应当视为会刊的公开日期，即附件8的最晚公开日期为2003年8月23日，早于本专利的申请日，可以用于评价本专利是否符合《中华人民共和国专利法》（以下简称《专利法》）第二十三条的规定。

关于相近似性的判断。

附件8的前插页第15页左侧图所示的“DJW-945”（以下简称在先设计）与本专利用途相同，属于相同种类的产品，可以进行外观设计相近似性的对比。

本专利图示有主视图、后视图、左视图、右视图、俯视图、立体图和使用状态参考图。如图所示，本专利所示的包装瓶整体呈圆柱形，由上下相连的圆柱形盖体和圆柱形罐体两部分组成，盖体的截面略小于罐体的截面。其中，从主视图可以看出，罐体正面贴有标贴，标贴的上边是圆弧、下边是直线，在标贴上部有一椭圆形图案，图案内有“DJW”字母图案，椭圆形图案下方依次有汉字、字母、数字组成的图案，再下方的左侧是一个类似衣车头的图案，右侧是是字母组成的图案，下方还有字母和汉字组成的图案，标贴的右下角是一个条形码图案；从后视图中可以看出，罐体的背面也贴有标贴，标贴形状为长方形，标贴上部有一椭圆形图案，图案内有“DJW”字母图案，下面是汉字、字母组成的图案；从左、右视图中可以看出，罐体的正面的标贴为上宽下窄。

在先设计所示的产品型号“DJW-945”与本专利中产品型号相同，由于在先设计仅给出了主视图，从其主视图可以看出由上下相连的圆柱形盖体和圆柱形罐体两部分组成，盖体的截面略小于罐体的截面。其中，罐体正面贴有标贴，标贴的上边是圆弧、下边是直线，在标贴上部有一椭圆形图案，图案内有“DJW”字母图案；椭圆形图案下方依次有汉字、字母、数字组成的图案，再下方的左侧是一个类似衣车头图案，右侧是是字母组成的图案，下方还有字母和汉字组成的图案，标贴的右下角是一个条形码图案。在先设计虽然没有其他角度的视图，但根据在先设计所示产品的特性，可以认定其整体形状为圆柱体。

将本专利与在先设计进行比较，两者的整体形状和盖体、罐体形状基本相同，罐体正面的视图完全相同，两者的不同之处在于：在先设计没有公开本专利所示罐体正面标贴的上宽下窄形状和罐体背面的设计。对此，专利复审委员会认为：本专利中罐体正面标贴的上宽下窄形状属于局部的细微变化，罐体背面属于不容易看到或者看不到部位的设计变化，并且本专利的背面大部分为说明性文字。根据整体观察、综合考虑的原则，本专利与在先设计的上述差异对产品的整体视觉效果不具有显著的影响，因此基于上述分析判断，两者应当属于相近似的外观设计。

综上所述，在本专利申请日前已经有与其相近似的外观设计在出版物上公开发表过，因此本专利不符合《专利法》第二十三条的规定。

鉴于华洁公司关于本专利相对于附件8不符合《专利法》第二十三条规定的主张成立，故对其提出的其他无效宣告请求理由、证据及专利权人提出的相应答辩意见不再评述。

被告专利复审委员会作出第13369号决定，宣告200330116173.2号外观设计专利权全部无效。

原告韩坚定不服该决定，于法定期限内向本院提起诉讼，诉称：（1）被告对附件8的真实性审查存在问题，原告从未认可附件8的真实性。虽然附件8印有深圳市洁王精细化工科技有限公司的联系方式，但即使该联系方式是真实的，也不能证明附件8的主办单位是真实的。（2）第13369号决定的要点是：不容易看到或者看不到的部位的设计变化相对于使用时容易看到的部位的设计变化，通常对整体视觉效果不具有显著影响。原告认为，该要点有悖于《审查指南》规定，产品使用时是否有方向性是确定使用本条款的重要因素，本专利是圆柱形产品，各视图区别明显，使用中没有方向性，不存在容易看到或不容易看到的部位。（3）本专利的圆柱形设计属于惯常设计，故各视图的设计应对整体视觉效果更具有显著的影响。综上，请求法院依法撤销第13369号决定。

被告专利复审委员会辩称：（1）关于本案附件 8 的真实性、关联性以及本专利与在先设计比对的问题，我委坚持第 13369 号决定中的意见。（2）原告在起诉中提交的证据 1、2 在无效程序中没有提交，我委坚持附件 8 的真实性。综上，请求法院维持第 13369 号决定。

第三人华洁公司述称：（1）原告提交的附件 1 和附件 2 不具有真实性，深圳市红盾知识产权代理有限公司是原告代理人罗顺友所在的单位，与原告有一定的利害关系，证据的可信度值得商榷。原告是深圳市洁王精细化工科技有限公司和深圳大洁王实业公司的股东。而青岛海名公司近几年来每年都在青岛国际会展中心承办与 2003 年第四届青岛国际缝制设备展览会等展会相关的展会，并且每年都有相关的会刊发放。（2）关于本专利与在先设计的近似性比对，同意被告专利复审委员会的意见。综上请求法院维持第 13369 号决定。

本院经审理查明：韩坚定于 2003 年 10 月 30 日向国家知识产权局申请了名称为“包装瓶（DJW-945）”的外观设计专利权（即本专利，详见判决后附图）。本专利于 2004 年 6 月 9 日被授权公告，授权公告号为 ZL200330116173. 2 号。

针对上述专利权，华洁公司于 2009 年 2 月 18 日向专利复审委员会提出无效宣告请求，其主要理由是本专利不符合《专利法》第二十三条的规定。华洁公司同时提交了以下附件作为证据：

附件 1：邵力世主编的《纺织服装市场资讯》的封面、封底、正文第 2 页以及后插彩页第 8 页复印件共 4 页，润宇商业出版社出版，出版日期是 2003 年 8 月 15 日。

2009 年 3 月 18 日，华洁公司提交了以下附件（编号续前）作为证据：

附件 2：邵力世主编的《纺织服装市场资讯》的封面，封底，前插彩页第 6、7、11 页，正文第 2、3、16、84、92、93、94、95 页，订阅表页，后插彩页第 5、6、8 页，复印件共 17 页，润宇商业出版社出版，出版日期是 2003 年 8 月 15 日；

附件 3：盖有“广州市永晴文化传播有限公司”章的证明复印件共 1 页，其上日期为 2009 年 2 月 19 日；

附件 4：盖有“广州市工商行政管理局企业名称核准专用章”的企业名称（企业集团）名称变更核准通知书的复印件共 1 页；

附件 5：盖有“广州市工商行政管理局档案资料查询专用章”的企业注册基本资料的复印件共 1 页；

附件 6：盖有“广州市永晴广告传播有限公司”章的公司变更登记申请书的复印件共 1 页；

附件 7：邵力世主编的《纺织服装市场资讯》的封面，封底，前插彩页第 6、7 页，正文第 2、3、91、92、93、94、95 页，订阅表页，后插彩页第 6、7 页复印件共 14 页，润宇商业出版社出版，出版日期是 2003 年 9 月 15 日；

附件 8：2003 年第四届青岛国际缝制设备展览会等展会的会刊的封面，封底，前插彩页第 14、15、44 页，中间彩色插页，正文第 1、3、6、7、17 页，复印件共 11 页，展览时间是 2003 年 8 月 21~23 日；

附件 9：华洁公司声称的深圳市工商行政管理局出具的工商登记资料复印件共 1 页。

2009 年 4 月 2 日，韩坚定向专利复审委员会提交了如下附件作为反证：

附件 A：盖有“深圳市红盾知识产权代理有限公司”章的关于 ISSN 最新信息申请 ISSN 查询 ISSN 的网络打印件的复印件，共 16 页；

附件 B：盖有“深圳市红盾知识产权代理有限公司”章的网络打印件的复印件共 9 页，作为附件 1 真实性的反证。

口头审理如期举行，双方当事人均出席了口头审理。

华洁公司于2009年4月24日提交意见陈述书，并提交了如下附件（编号续前）：

附件10：韩坚定签名的专利权许可合同复印件，共1页；

附件11：注册号为3732439的商标信息网络打印件，共1页。

韩坚定于2009年5月12日提交了意见陈述书及相应的附件。其中：

附件C：关于中国国际贸易促进联合会简介的网络打印件。

2009年6月23日，专利复审委员会作出第13369号决定。

在本案诉讼过程中，原告提交了新证据1，查询材料，内容为：深圳市红盾知识产权代理有限公司在网站上查询附件8的会刊上出现的一些公司的工商查询资料，其结果均为没有符合条件的记录，上述查询材料上均盖有深圳市红盾知识产权代理有限公司印章；新证据2，回复函，为深圳市洁王精细化工科技有限公司出具的证明，内容为：（1）我公司在2003年期间从未参展过第四届青岛国际缝制设备展览会。（2）该展会的会刊资料上印制的关于我公司参展商品及介绍、联系电话等信息为虚假信息。第三人在庭审过程中对此不予认可，认为，原告新证据1仅为某个网站的查询结果，不能说明其他网站上查不到附件8的会刊上出现的公司资料，且该证据的操作人深圳市红盾知识产权代理有限公司是原告代理人罗顺民的单位，与本案有利害关系，该证据应不予采信；原告新证据2的出具人的法定代表人是本案原告韩坚定，与本案有利害关系，该证据应不予采信。第三人在本案诉讼中也提交了三份新证据，分别是：（1）关于深圳市红盾知识产权代理有限公司的相关工商查询信息；（2）关于中国缝制机械协会主办的“2003年中国国际缝制设备展览会”等会刊部分复印件；（3）关于深圳市洁王精细化工科技有限公司的相关工商查询信息。

庭审中，原告主张：（1）根据其复审程序中提交的反证C香港彩虹商业出版社出版的《纺织制衣市场快讯》，可以证明出版物可以被非法印刷，时间可以任意编写，第13369号决定对此未予采纳，属于认定事实不清。（2）第13369号决定认定在先设计形状为一圆柱形，与事实不符，生活中有许多物体正面为半圆柱形状，背面为其他形状。（3）第13369号决定认定本专利背面大部分为说明性文字，与规定不符，文字在进行判断时，应视为图案。（4）本专利为多面视图，其中圆柱状的设计属于惯常设计，根据《审查指南》规定，当产品上某些设计被证明是该类产品的惯常设计时，则其余设计的变化通常对整体视觉效果更具有显著的影响。本专利的左、右视图各自存在设计上的要点，专利复审委员会对此没有考虑。（5）第13369号决定认定“罐体的背面属于不容易看到或者看不到部位的设计变化”与《审查指南》规定不符，本专利的背面印有生产日期和使用说明，消费者在购买时必然会看到，不属于不容易看到的部位。被告认为：（1）原告反证C不能证明附件8是非法出版物。（2）在先设计图片显示，其盖体为圆形形状，且与罐体直径基本相等，故罐体必然是圆柱形形状，且口审中第三人提出过罐体是圆柱形的主张，原告对此并未提出异议。（3）第13369号决定就是将文字视为图案进行判断的。（4）本专利的主视图更容易被消费者注意，且从在先设计主视图可以部分推知与本专利其他视图相同或近似。（5）本专利的使用状态图与主视图相近似，可见主视图属于消费者容易看到的部位。

上述事实，有第13369号决定、本专利文献、原告及第三人在无效程序中提交的证据、原告及第三人在本案诉讼中提交的证据、口头审理记录表、庭审笔录等证据为证。

本院认为：

根据第13369号决定及本案各方当事人的诉辩主张，本案的争议焦点是：（1）附件8的真实性问题。（2）在先设计与本专利是否相似。

第一，附件8是2003年第四届青岛国际缝制设备展览会等展会的会刊材料，在复审程序中及本案诉讼中第三人均出示了附件8的原件。在没有相反证据足以否定其真实性的情况下，第13369号决定认定附件 8 是真实的，该认定并无不妥之处，本院予以维持。原告在诉讼中提交的新证据 1 及新证据 2 均为了否定附件 8 的真实性，对此本院认为，首先新证据 1 及新证据 2 均未出现在复审程序中，原告也未能说明迟至诉讼阶段才予提交的合理理由；其次，新证据 1 及新证据 2 均源自与原告有利害关系的单位，在无其他证据佐证的情况下，不能单独作为证据使用，故对原告关于附件 8 是不真实的主张，本院不予采信。原告关于反证 C 可以证明附件 8 是不真实的主张，缺乏事实依据，本院不予采纳。

第二，将本专利与在先设计进行比较，两者的整体形状和细微部位结构均基本相同，两者的不同之处在于：在先设计没有公开本专利罐体的侧部和罐体的背面。本院认为，本专利的使用状态图与主视图相近似，属于使用中容易看到的部位。相对于主视图，本专利罐体的侧部和罐体的背面并非使用中容易为消费者所关注的部位，并且本专利的背面大部分为说明性文字所组成的图案，并无特殊设计。根据整体观察、综合考虑的原则，本专利与在先设计的上述差异对产品的整体视觉效果不具有显著的影响，第 13369 号决定认定二者属于相近似的外观设计并无不当之处，本院予以维持。

原告称在先设计不能唯一认定为圆柱形状，本院认为，首先，在口审中第三人提出过罐体是圆柱形的主张，原告对此并未提出异议，其在诉讼中提出异议违反法定程序；其次，考虑到在先设计的盖体为圆形形状，且与罐体直径基本相等，故罐体应当是圆柱形形状，否则在先设计在正常情况下无法使用，不符合常理，原告也未举出反证以证明其主张，故该主张缺乏证据支持，本院不予采信。

综上，被告专利复审委员会作出的第 13369 号决定认定事实清楚，适用法律正确，程序合法，应予维持。依照《中华人民共和国行政诉讼法》第五十四条第（一）项之规定，本院判决如下：

维持被告国家知识产权局专利复审委员会作出的第 13369 号无效宣告请求审查决定。

案件受理费 100 元，由原告韩坚定负担（已交纳）。

如不服本判决，可在本判决书送达之日起 15 日内，向本院递交上诉状，并按对方当事人人数提交副本，交纳上诉案件受理费 100 元，上诉于北京市高级人民法院。

审　判　长　邢　军
代理审判员　张晰昕
代理审判员　牛艳玲
二〇〇九年十二月三十日
书　记　员　陈　栋

俯视图

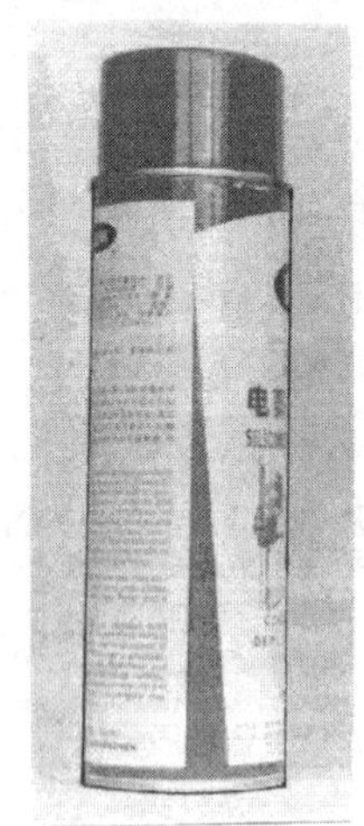

左视图

主视图

右视图

后视图

立体图

使用状态参考图

本专利附图

在先设计附图

散热器内防腐处理设备

无效宣告请求审查决定（第13370号）

决　　定　　号　第13370号
决　　定　　日　2009年4月2日
发明创造名称　散热器内防腐处理设备
外观设计分类号　23-04
无 效 请 求 人　高密市诚信暖通机床厂
专　利　权　人　高密圣泰机电科技有限公司
申　　请　　号　200730019441.7
申　　请　　日　2007年7月2日
授 权 公 告 日　2008年6月18日
合 议 组 组 长　盛　昭
主　　审　　员　陈　晔
参　　审　　员　李巍巍
附　　　　　图　1页

法　律　依　据　专利法第23条
决　定　要　点

请求人提交的证据能够证明在本专利的申请日前已有与之相同的外观设计在国内外出版物上公开发表，故无效请求人以本专利不符合专利法第23条规定为无效宣告请求的理由成立。

一、案由

本无效宣告请求涉及的是国家知识产权局于2008年6月18日授权公告的申请号为200730019441.7的外观设计专利，其名称是“散热器内防腐处理设备”，申请日是2007年7月2日，专利权人是高密圣泰机电科技有限公司。

针对上述外观设计专利权（下称本专利），高密市诚信暖通机床厂（下称请求人）于2008年8月21日向专利复审委员会提出无效宣告请求，请求人提出的宣告本专利权无效的事实和理由是：本专利在申请日之前已经销售并公开使用，故本专利不符合专利法第23条的规定，请求宣告本专利权无效。其提供了下列附件作为证据：

附件1：《供货合同》复印件1页；

附件2：《供货合同》所销售的散热器防腐处理设备彩色照片1张；

附件3：《现代暖通》广告封面及相关页复印件2页。

经形式审查合格，专利复审委员会受理了此案，并于2008年8月21日将无效宣告请求书及相关材料副本转送给专利权人，要求其在指定的期限内答复。

专利权人于2008年10月6日和2008年10月8日作出答复。对证据的真实性、证明力以及证据中所展示的产品与本专利是否相近似提出质疑，并认为附件3不构成专利法意义上的公开。专利权人同时提交了两个附件作为反证：

反证1：北京龙腾世纪广告责任有限公司出据的证明复印件1页；

反证2：快递公司详情单复印件1页。

合议组于2008年10月20日将专利权人的上述答复转送给请求人，要求其在规定的期限内答复。于2008年11月18日向双方当事人发出口头审理通知书，定于2008年12月29日举行口头审理。

口头审理如期举行，双方当事人的代理人都参加了口头审理。请求人明确其无效宣告的理由为专利法第23条（公开发表、公开使用），提交了附件1和附件3的原件。专利权人当庭提交了意见陈述书，声明放弃所提交的反证1和反证2，对附件1和2的真实性及形成时间有异议，对附件3的合法性有异议，认为该刊物非正式出版物。双方当事人就本专利与证据中所展示的产品是否相近似进行了辩论。专利权人认为：本专利与附件2中所展示的产品相比有一个15°~25°的倾斜度（在平放的情况下），二者是不相似的；请求人认为：该产品有一个可以转动的轴，能够根据需要调整倾斜度，二者相近似。

至此，合议组认为本案事实已经清楚，可以依法作出审查决定。

二、决定的理由

1. 根据请求人在无效宣告请求中提出的理由和提交的证据，本案合议组依据专利法第23条进行审理。

专利法第23条规定：“授予专利权的外观设计，应当同申请日以前在国内外出版物上公开发表过或者国内公开使用过的外观设计不相同和不相近似，并不得与他人在先取得的合法权利相冲突。”

请求人的证据和理由涉及在先使用公开和出版物公开，因此，以下合议组将从上述两个方面进行评述。

2. 证据认定

请求人提交的附件3是2007年6月的《现代暖通》杂志的封页和相关广告页的复印件，请求人在口头审理中提交了该证据的整本原件。专利权人对其合法性提出异议，认为其没有提供该刊物为正规期刊的足够信息。合议组经核实，该杂志出版信息页中载有“国际标准刊号：ISSN 1814-3245、2007年6月月刊总第二十五期”字样。合议组对其合法性予以认定。根据审查指南的规定：“出版物的印刷日视为公开日，有其他证据证明其公开日的除外。印刷日只写明年月或者年份的，以所写月份的最后一日或者所写年份的12月31日为公开日。”因此，附件1的公开日认定为2007年6月30日，早于本专利的申请日，属于专利法第23条所规定的出版物，适用于本案。

3. 关于专利法第23条

请求人提交的附件3中所示的外观设计产品（下称在先设计）与本专利都是散热器防腐处理设备，二者属于相同类别的产品，故将其进行如下相同、相近似对比。

本专利所示的散热器防腐处理设备大致为长方形，其底部是长方体的支座，支座的左侧连接着呈直角三角形的升降汽缸托架，上部是长方形的机架，机架的左下部有一个长方体的升降汽缸，通过该汽缸可以调整机架的倾斜角度，机架的中部有一个移动支架，可以根据所灌装的暖气片的宽度左右移动，机架的上部有一个连接移动支架的导线链，其一端固定在机架上，另一端随移动支架而移动，机架和移动支架的右侧各有一个夹暖气片的汽缸。从图中可以看出机架有一定的倾斜角度（详见本专利附图）。

在先设计所示的真空型立卧两用内防腐自动灌装机大致为长方形，其底部是长方体的支座，支座的左侧连接着呈直角三角形的升降汽缸托架，上部是长方形的机架，机架的左下部有一个长方体的升降汽缸，通过该汽缸可以调整机架的倾斜角度，机架的中部有一个移动支架，可以根据所灌装的暖气片的宽度左右移动，机架的上部有一个连接移动支架的导线链，其一端固定在机架上，另一端随移动支架而移动，机架和移动支架的右侧各有一个夹暖气片的汽缸（详见在先设计附图）。

对本专利的比较应以整体观察综合判断为原则。从整体上观察，本专利与在先设计的不同点主要是：本专利的机架有一定的倾斜角度。机架的倾斜角度是通过对升降汽缸的操作来控制和实现的，在先设计的机架也可以呈现本专利的倾斜角度，上述区别不足以构成整体形状的明显差异，一般消费者会将本专利与在先设计相混淆，即本专利与在先设计的整体形状的设计相近似，故二者属于相近似的外观设计。

综上所述，请求人提交的证据能够证明在本专利的申请日前已有与之相同的外观设计在国内外出版物上公开发表，本专利不符合专利法第 23 条的规定。

三、决定

宣告 200730019441. 7 号外观设计专利权无效。

当事人对本决定不服的，可以根据专利法第 46 条第 2 款的规定，自收到本决定之日起三个月内向北京市第一中级人民法院起诉。根据该款的规定，一方当事人起诉后，另一方当事人应当作为第三人参加诉讼。

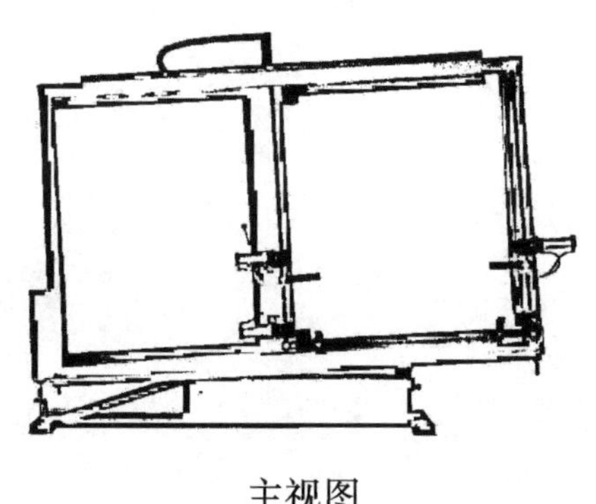

主视图

左视图

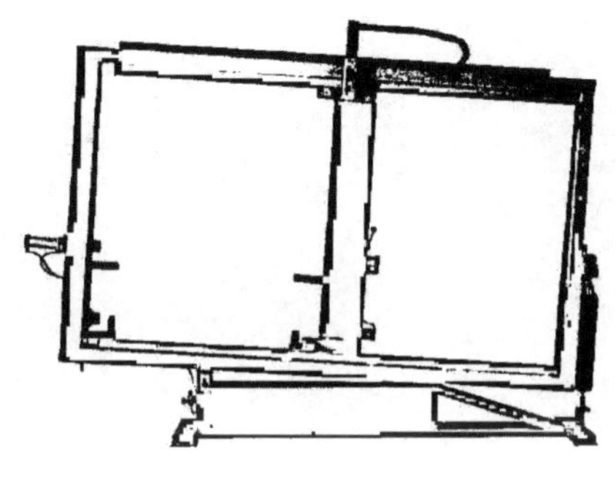

后视图

右视图

立体图

本专利附图

在先设计附图

包 装 盒

无效宣告请求审查决定（第 13374 号）

决　　定　　号 第 13374 号
决　　定　　日 2009 年 5 月 15 日
发明创造名称 包装盒
外观设计分类号 09-03
无效宣告请求人 赵一行
专　利　权　人 雷谦颖
专　　利　　号 200730156878.5
申　　请　　日 2007 年 5 月 23 日
授 权 公 告 日 2008 年 5 月 28 日
合 议 组 组 长 吴赤兵
主　　审　　员 王美芳
参　　审　　员 尹春霞
附　　　　　图 2 页

法　律　依　据 专利法第 23 条
决　定　要　点

本专利与其申请日前在中国外观设计专利公报公开的外观设计相近似，本专利权的授予不符合专利法第 23 条的规定。

相对主视图，包装盒的其他视图在使用时一般不容易被一般消费者关注，因此其他视图上的图案设计变化通常对整体视觉效果不具有显著影响。

一、案由

本无效宣告请求涉及国家知识产权局于 2008 年 5 月 28 日授权公告的 200730156878.5 号外观设计专利，使用该外观设计的产品名称是“包装盒”，其申请日是 2007 年 5 月 23 日，专利权人是雷谦颖。

针对上述外观设计专利权（下称本专利），赵一行（下称请求人）于 2009 年 1 月 9 日向专利复审委员会提出无效宣告请求，其依据的事实和理由是：本专利与在其申请日以前公开的专利号为 200430076258.7 的外观设计专利属于同一种类产品的外观设计；二者的形状相同、图案和色彩相近似，因此本专利与在先设计相近似，不具备专利法第 23 条规定的授权条件，请求宣告本专利无效。请求人同时提交了如下附件：

附件 1：本专利的著录项目及图片复印件 1 页；

附件 2：专利号为 200430076258.7 的公告著录项目及图片复印件 1 页。

专利复审委员会根据无效宣告请求审查程序的规定受理了该无效宣告请求，并于 2009 年 2 月 13 日将无效宣告请求书及其附件的副本转送专利权人，通知其在指定期限内陈述意见，专利权人在指定期限内未提交意见陈述。

专利复审委员会成立合议组对本案进行审理，并于 2009 年 3 月 9 日向双方当事人发出合议组成员告知通知书，双方当事人在指定期限内均未对合议组成员提出回避请求。

在上述审理的基础上，合议组经合议，认为本案事实清楚，依法作出本审查决定。

二、决定的理由

1. 法律依据

基于请求人提出无效宣告请求所依据的事实和理由，合议组对本专利是否符合专利法第 23 条的规定进行审查。

专利法第 23 条规定："授予专利权的外观设计，应当同申请日以前在国内外出版物上公开发表过或者国内公开使用过的外观设计不相同和不相近似，并不得与他人在先取得的合法权利相冲突。"

2. 证据认定

请求人提交的附件 1 是本专利的著录项目及图片复印件，用以证明本专利的相关信息。

请求人提交的附件 2 是 200430076258.7 号外观设计专利公告著录项目及图片复印件，经合议组核实，该附件所示内容真实。其公告日是 2005 年 7 月 13 日，早于本专利的申请日 2007 年 5 月 23 日，其产品名称为"包装盒"，属于在本专利申请日之前公开的外观设计，可以作为评价本专利是否符合专利法第 23 条的证据。

3. 外观设计对比

附件 2 公开了一款包装盒的外观设计（下称在先设计），本专利也是包装盒的外观设计，与在先设计具有相同的用途，属于同一类别的产品，具有可比性，故对本专利与在先设计作如下对比：

本专利包括主视图、后视图、左视图、右视图、俯视图、仰视图和立体图。主视图中间有"碧方源"三个美术字，其右侧下方有三个显示产品名称的汉字，产品名称下方有三行小字；"碧方源"的左上方有一个整体呈四分之一圆的扇形区域，该扇形区域中有商标标识；除扇形区域外其他部分的背景图案为菊花。后视图与主视图相同。俯视图的左侧为若干行小字，右侧为条形码。仰视图左右两侧各有若干行小字。右视图中部有与主视图左上角相同的商标标识。左视图下部有三列小字（详见本专利附图）。

在先设计包括主视图、后视图、左视图、右视图、俯视图、仰视图。主视图中间有"碧生源"三个美术字，左下角有一行小字，美术字右侧下方有三个显示产品名称的汉字，产品名称下方还有三行小字；"碧生源"的左上方有一个整体呈四分之一圆的扇形区域，该扇形区域中有商标标识；除扇形区域外其他部分的背景图案为菊花。后视图的左右两部分分列若干行小字。俯视图中间为"碧生源"三个美术字，右侧为三个显示产品名称的汉字，左侧为商标标识。仰视图左部为条形码，右部为若干行小字。右视图下部有一朵菊花图案，上部及菊花图案上各有纵向排列的几个文字。左视图与右视图的菊花图案及文字布局相同（详见在先设计附图）。

本专利未要求保护色彩，因此就本专利与在先设计的形状与图案的结合进行对比。本专利与在先设计的整体形状均为扁立方体，两者的形状相同；主视图中的整体图案布局、菊花图案、视图中间的三个美术字体等均极为相似。两者主视图中的不同点在于：本专利主视图中美术字为"碧方源"，在先设计则为"碧生源"；背景图案中的菊花排列略有不同；两者扇形区域中的商标标识不同；本专利主视图左下角有一行小字，而在先设计则没有。合议组认为，上述两者主视图中的差别属于细微差别，对于产品整体视觉效果不具有显著影响，因此两者主视图图案是相似的。本专利和在先设计的后视图、俯视图、仰视图、右视图和左视图的图案均不相同，但本专利的后视图与主视图相同，即与在先设计的主视图相似，强化了本专利与在先设计相似的内容，而俯视图、仰视图和左视图仅有被涂覆的说明性文字和条形码，右视图上仅有与主视图左上角相同的商标标识，相对于包装盒主视图，这些视图在使用时一般不容易被一般消费者关注，因此上述视图上的图案设计变化通常对整体视觉效果不具有显著影响。综上，二者的形状相同，主视图图案的设计和排列相似，已形成相近似的整体视觉印象，极易引起一般消费者的混淆、误认，本专利与在先设计应属于相近似的外观设计。

综上所述，在本专利申请日以前已有与其相近似的外观设计在出版物上公开发表过，本专利不符合专利法第 23 条的规定。

三、决定

宣告 200730156878. 5 号外观设计专利权全部无效。

当事人对本决定不服的，可以根据专利法第 46 条第 2 款的规定，自收到本决定之日起三个月内向北京市第一中级人民法院起诉。根据该款的规定，一方当事人起诉后，另一方当事人应当作为第三人参加诉讼。

主视图

后视图

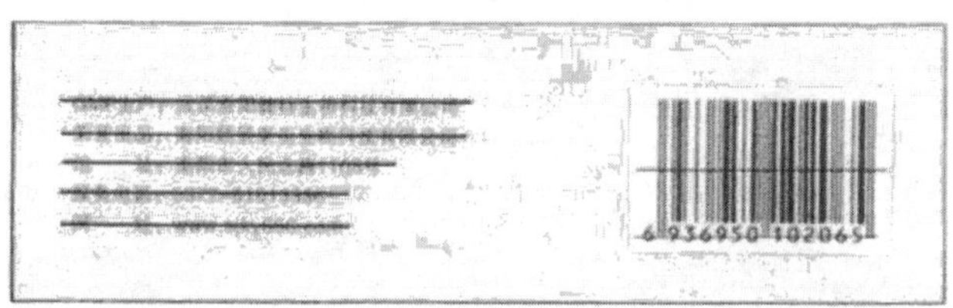

俯视图

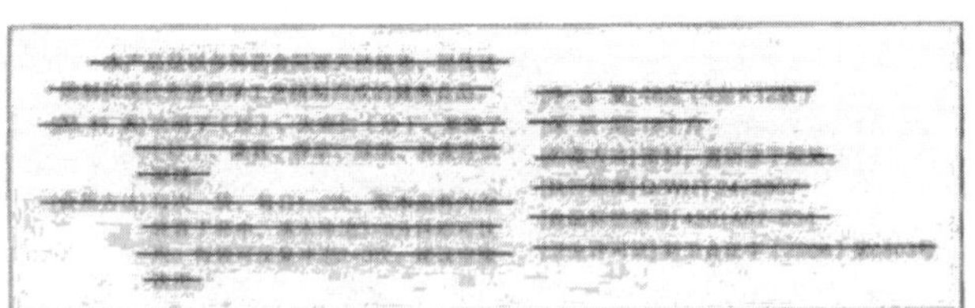

仰视图

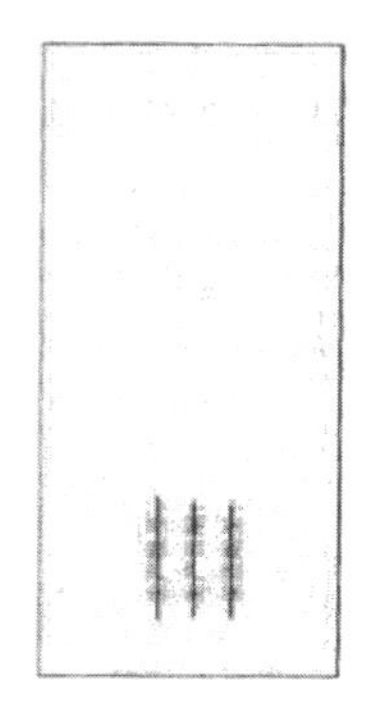

左视图

右视图

立体图

本专利附图

主视图

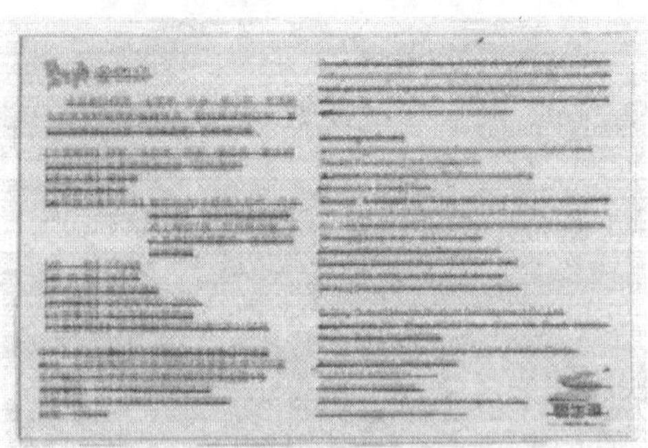
后视图

俯视图

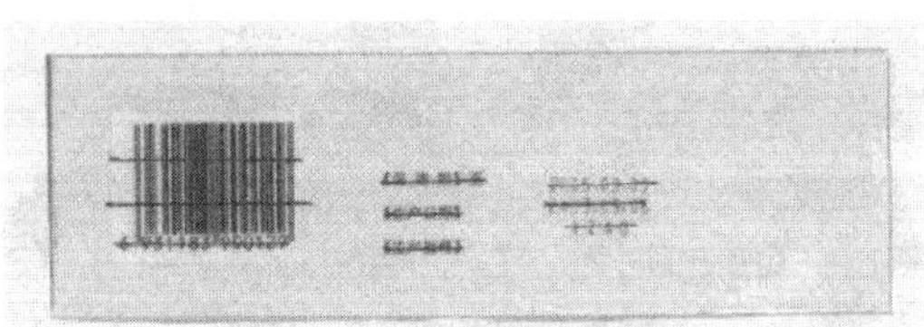
仰视图

左视图

右视图

在先设计附图

264

皮带（本命年）

无效宣告请求审查决定（第13375号）

决　　定　　号　第13375号
决　　定　　日　2009年5月14日
发明创造名称　皮带（本命年）
外观设计分类号　02-07
无效宣告请求人　溜博银座商城有限责任公司
专　利　权　人　闫普辉
专　　利　　号　200630138364.2
申　　请　　日　2006年10月17日
授权公告日　2007年12月19日
合议组组长　张　凌
主　　审　　员　王霞军
参　　审　　员　雷　婧
附　　　　　图　1页

法　律　依　据　专利法第23条
决　定　要　点

虽然本专利请求保护色彩，但皮带背面由黑色变为红色仅为单一色彩的改变，在本专利与在先设计整体形状相同的情况下，两者仍属于相近似的外观设计。本专利与在先设计在皮带上的小孔以及色彩上的细微差异尚不足以对整体外观设计产生显著的影响，从一般消费者的角度观察，二者应属于相近似的外观设计。

一、案由

本无效宣告请求涉及的是国家知识产权局于2007年12月19日授权公告的、名称为“皮带（本命年）”的外观设计专利（下称本专利），其申请号是200630138364.2，申请日是2006年10月17日，专利权人是闫普辉。

针对本专利权，溜博银座商城有限责任公司（下称请求人）于2009年3月2日向专利复审委员会提出无效宣告请求，其主要理由是：本专利与在先公开的外观设计相同或相近似，本专利不符合专利法第23条规定。与此同时，请求人提交了如下附件作为证据：

附件1：本专利外观设计专利电子公告打印件2页；

附件2：200430088406.7号外观设计专利电子公告打印件3页。

请求人认为本专利与附件 2 均为条状腰带，腰带的一端为圆弧形，另一端是平的，腰带一侧靠近圆弧位置设有细长的矩形齿条。区别点仅在于附件 2 齿条部位有几个小孔，而本专利没有。二者从整体上属于相同、相近似的外观设计。请求宣告本专利无效。

经形式审查合格，专利复审委员会受理了此案，并于 2009 年 3 月 2 日将无效请求书及相关材料副本转送给专利权人。

专利复审委员会于 2009 年 3 月 25 日收到专利权人的意见陈述书，专利权人认为，本专利请求保护色彩，产品为本命年使用者设计的内侧为红色、外侧为黑色的腰带，而附件 2 产品为单一色彩，两者之间的色彩变化，对产品整体视效果存在着显著的区别，二者相比不相同也不相近似。

2009 年 4 月 7 日，专利复审委员会向双方当事人发出口头审理通知书，定于 2009 年 5 月 13 日进行口头审理。同日，随口头审理通知书将专利权人的意见陈述书转给请求人。

口头审理如期举行，专利权人和双方代理人参加了口头审理，双方当事人对对方出庭人员的身份、资格无异议，对合议组成员无回避请求。专利权人对附件 2 专利文献的真实性没有异议。双方当事人均承认本专利与附件 2 所示皮带的形状及皮带上的齿条属于腰带的惯常设计。关于相同、相近似的对比，各方当事人均坚持原有观点。

在上述审查的基础上，合议组认为本案事实清楚，可以依法作出审查决定。

二、决定的理由

1. 法律依据

基于请求人提出的无效宣告请求理由，合议组对本专利是否符合专利法第 23 条的规定进行审查。

专利法第 23 条规定："授予专利权的外观设计，应当同申请日以前在国内外出版物上公开发表过或者国内公开使用过的外观设计不相同和不相近似，并不得与他人在先取得的合法权利相冲突。"

2. 证据认定

请求人提交的附件 2 是国家知识产权局于 2005 年 8 月 3 日授权公告的、申请号是 200430088406.7、产品名称为"皮腰带"的外观设计专利电子公告，专利权人对其真实性没有异议。经核实，其真实性可以确认。该专利的公开日期早于本专利的申请日（2006 年 10 月 17 日），属于专利法第 23 条规定的出版物。其上公开了一款皮带的外观设计（下称在先设计）。本专利与在先设计均为皮带，二者用途相同，可进行相近似比较。

3. 相同和相近似比较

本专利请求保护色彩，其皮带为长条状，皮带的一端为弧形，另一端为平形，皮带正反两面为不同色彩，正面及皮带边均为黑色，反面为红色，中间有一条黑色齿条（详见本专利附图）。

在先设计的皮带为长条状，皮带的一端为弧形，另一端为平形，皮带的一面有齿条，齿条上有排列均匀的小孔（详见在先设计附图）。

将本专利与在先设计进行比较，二者皮带均为长条形，皮带反面带有齿条，主要不同点：(1) 在先设计在齿条上打有小孔，而本专利没有；(2) 本专利请求保护色彩，皮带正面及边为黑色，反面为红色，齿条为黑色，在先设计皮带为单一颜色。庭审中，双方当事人均人长条状皮带及皮带上的齿条，属于皮带类产品的惯常设计。合议组认为，皮带扣合部位的齿条或孔状设计属于皮带产品惯常设计，在判断本专利与在先设计是否相同或相近似时，其对整体视觉效果不具有显者的影响；本专利色彩主要是由黑、红两色组成，色彩的变化主要反映在皮带的背面，底色为红色，齿条为黑色，虽然本专利请求保护色彩，但皮带背面由黑色变为红色仅为单一色彩的改变，在本专利与在先设计整体形状相同的情况下，两者仍属于相近似的外观设计。因此，本专利与在先设计在皮带上的小孔以及色彩上的差异尚不足以对整体视觉效果产生显著的影响，从一般消费者的角度观察，二者应属于相近似的外观设计。

综上所述，在本专利申请日以前已有与其相近似的外观设计在出版物上公开发表过，本专利不符合专利法第 23 条的规定。

三、决定

宣告 200630138364. 2 号外观设计专利权全部无效。

当事人对本决定不服的，可以根据专利法第 46 条第 2 款的规定，自收到本决定之日起三个月内向北京市第一中级人民法院起诉。根据该款的规定，一方当事人起诉后，另一方当事人应当作为第三人参加诉讼。

主视图

后视图

使用状态参考图 1

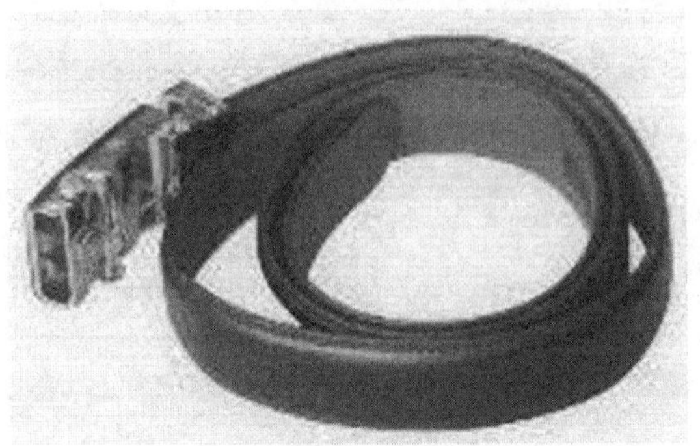

使用状态参考图 2

本专利附图

主视图

后视图

使用状态参考主视图

使用状态参考后视图

在先设计附图

北京市第一中级人民法院
行政判决书

（2009）一中行初字第 2024 号

原告闫普辉，男，1964 年 2 月 20 日出生，汉族，闻喜县惠通文化创意有限公司董事长，住山西省闻喜县桐城镇牌楼东街 420 号 5 单元 501 室。

被告国家知识产权局专利复审委员会，住所地北京市海淀区北四环西路 9 号银谷大厦 10~12 层。

法定代表人张茂于，副主任。

委托代理人王霞军，女，国家知识产权局专利复审委员会审查员。

委托代理人解静，女，国家知识产权局专利复审委员会审查员。

第三人淄博银座商城有限责任公司。

原告阎普辉不服被告国家知识产权局专利复审委员会（以下简称专利复审委）作出的第 13375 号专利无效宣告请求审查决定（以下简称被诉决定），向本院起诉。本院受理后，依法组成合议庭，并通知被诉决定的利害关系人淄博银座商城有限责任公司（以下简称银座商城）作为本案第三人参加诉讼。2009 年 9 月 18 日，本院依法公开开庭进行了审理，原告阎普辉，被告的委托代理人解静到庭参加了诉讼。第三人银座商城经本院合法传唤无正当理由未到庭，参照《中华人民共和国民事诉讼法》的规定，不影响本案的审理。现本案已审理终结。

2009 年 5 月 19 日，被告根据第三人银座商城的申请，对原告的专利名称为“皮带（本命年）”的外观设计专利（以下简称本专利）进行审查，认定本专利与第三人提供的在先设计（附件 2：200430088406. 7 号外观设计专利电子公告打印件 3 页）属于相近似的外观设计，依据《中华人民共和国专利法》（以下简称《专利法》）第二十三条的规定，宣告本专利无效。

在法定期限内，被告为证明被诉决定合法，向本院提交了以下证据：（1）本专利外观设计专利电子公告打印件 2 页；（2）被诉决定的附件 2。

原告阎普辉诉称：第一，被诉决定没有事实根据。理由如下：

（1）本专利与第三人的附件 2“皮腰带”的外观设计专利既不相同，也不相近似。主要表现为：①第三人的“皮腰带”外观设计专利在齿条上打有小孔，而原告的“皮带（本命年）”的外观设计没有；②第三人的“皮带”外观设计专利仅为单一一种颜色，即黑色，而原告的“皮带（本命年）”外观设计专利为两种不同颜色的巧妙结合，即外黑内红，这种设计是为符合我国民风习俗为使用者本命年而设计的，且带有一定喻意的产品，用我国民间习俗的说法，本命年使用红色腰带可以祛邪免灾。正是原告的“本命年”外观设计既迎合了我国风土人情的需要，同时又不失其美观大方，故原告在申请专利时对“颜色”请求专门保护，这是与第三人“皮腰带”外观设计专利最本质的区别。

（2）第三人的“皮腰带”外观设计专利和原告的“皮带（本命年）”外观设计专利功能是同一的，故应该均为长条形，另外皮带上的齿条或小孔设计是皮带类产品的惯常设计，因此两者不能因此而定为相同或相近似。

第二，从以上两产品设计的比较不难看出原告的“皮带（本命年）”外观设计专利完全符合我国《专利法》第二十三条的规定。

综上所述，被告作出的被诉决定没有事实根据，请求人民法院依法撤销被诉决定。

被告专利复审委辩称：外观设计保护的是产品的形状、图案或者其结合以及色彩与形状、图案的结合所作出的富有美感并适于工业应用的新设计。本专利皮带的形状以及皮带扣合部位的齿条涉及属于皮带类产品的惯常设计，本专利与在先设计比较仅为单一色彩的变化，二者属于相近似的外观设计。对于原告在起诉中主张的色彩所代表的特殊喻意，不属于外观设计所保护的范围。综上，我委作出的被诉决定认定事实清楚，适用法律正确，审理程序合法，原告所属事实和理由不能成立，故请求人民法院维持被诉决定。

经庭审质证，原告认为被告的附件 2 是单一颜色，主视图中的不是齿条，而是花纹，与本专利不同，而且被告称其齿条上有小孔，但皮带的惯常设计只能是齿条和小孔选择其一种。被告反驳称原告在口审过程中承认附件 2 有齿条。对此，原告对被告提交的口头审理记录表有异议，认为口头审理记录表本身真实，但当时主要是代理人的发言。被告对原告提交的专利证书的真实性无异议。

经审查，本院认为被告的证据属于行政程序中的有效证据，能够作为证明本案事实的证据，本院予以采纳。原告的证据真实，但属于本案的审查客体，不能作为认定本专利有效的证据。

根据上述有效证据，本院认定事实如下：

本专利的申请日为 2006 年 10 月 17 日，申请号为 200630138364.2，授权公告日为 2007 年 12 月 19 日。

针对本专利权，银座商城于 2009 年 3 月 2 日向专利复审委提出无效宣告请求，其主要理由是：本专利与在先公开的外观设计相同或相近似，本专利不符合《专利法》第二十三条规定。与此同时，其提交了附件 1（即本专利的电子公告打印件 2 页）和附件 2。其主张：本专利与附件 2 均为条状腰带，腰带的一端为圆弧形，另一端是平的，腰带一侧靠近圆弧位置设有细长的矩形齿条。区别点仅在于附件 2 齿条部位有几个小孔，而本专利没有。二者从整体上属于相同、相近似的外观设计。

经形式审查合格，专利复审委受理并将无效请求书及相关材料副本转送给专利权人阎普辉。阎普辉于 2009 年 3 月 25 日向专利复审委提交了意见陈述书，其认为本专利请求保护色彩，产品为本命年使用者设计的内侧为红色、外侧为黑色的腰带，而附件 2 产品为单一色彩，两者之间的色彩变化，对产品整体视效果存在着显著的区别，二者相比不相同也不相近似。专利复审委将该意见陈述书副本向请求人银座商城转送。

2009 年 5 月 13 日，专利复审委进行口头审理，专利权人阎普辉和双方的代理人参加了口头审理。阎普辉对附件 2 的真实性没有异议。双方当事人均承认本专利与附件 2 所示皮带的形状及皮带上的齿条属于腰带的惯常设计。关于相同、相近似的对比，各方当事人均坚持原有观点。

在上述审查的基础上，专利复审委认定以下内容：

第一，附件 2 的真实性可以确认。该专利的公开日期早于本专利的申请日（2006 年 10 月 17 日），属于《专利法》第二十三条规定的出版物。其上公开了一款皮带的外观设计。本专利与在先设计均为皮带，二者用途相同，可进行相近似比较。

第二，关于相同和相近似比较。本专利请求保护色彩，其皮带为长条状，皮带的一端为弧形，另一端为平形，皮带正反两面为不同色彩，正面及皮带边均为黑色，反面为红色，中间有一条黑色齿条。在先设计的皮带为长条状，皮带的一端为弧形，另一端为平形，皮带的一面有齿条，齿条上有排列均匀的小孔。将本专利与在先设计进行比较，二者皮带均为长条形，皮带反面带有齿条，主要不同点：（1）在先设计在齿条上打有小孔，而本专利没有；（2）本专利请求保护色彩，皮带正面及边为黑色，反面为红色，齿条为黑色，在先设计皮带为单一颜色。庭审中，双方当事人均认可长条状皮带及皮带上的齿条，属于皮带类产品的惯常设计。皮带扣合部位的齿条或孔状设计属于皮带产品惯常设计，在判断本专利与在先设计是否相同或相近似时，其对整体视觉效果不具有显者的影响；本专利色彩主要是由黑、红两色组成，色彩的变化主要反映在皮带的背面，底色为红色，齿条为黑色，虽然本专利请求保护色彩，但皮带背面由黑色变为红色仅为单一色彩的改变，在本专利与在先设计整体形状相同的情况下，两者仍属于相近似的外观设计。因此，本专利与在先设计在皮带上的小孔以及色彩上的差异尚不足以对整体视觉效果产生显著的影响，从一般消费者的角度观察，二者应属于相近似的外观设计。

专利复审委经审查，认为在本专利申请日以前已有与其相近似的外观设计在出版物上公开发表过，本专利不符合《专利法》第二十三条的规定。据此，专利复审委于2009年5月14日作出被诉决定，于同年5月19日向双方当事人邮寄送达。原告阎普辉于同年5月26日收到被诉决定后，于同年8月11日向本院提起行政诉讼。

在开庭审理中，原告对被告专利复审委的行政程序以及被诉决定的“案由”部分记载的内容没有异议。

本院认为：根据当事人无争议的陈述，本院对此实行书面审理后，对上述无争议的内容予以确认。在此基础上，本院对被诉决定的合法性进行审查。

《专利法》第二十三条规定，授予专利权的外观设计，应当同申请日以前在国内外出版物上公开发表过或者国内公开使用过的外观设计不相同和不相近似，并不得与他人在先取得的合法权利相冲突。

首先，本专利和附件2均为皮带的外观设计，两者用途相同，且附件2的公开日早于本专利的申请日，被告认定两者属于相同类别的产品，可以进行相近似比较的结论符合法律规定。

其次，将本专利和在先设计进行对比，两者皮带的整体形状均为长条形，皮带反面带有齿条。两者不同在于：附件2的皮带在齿条上打有小孔，本专利没有；本专利请求保护色彩，附件2为单一颜色。由于皮带的长条状及皮带上的齿条属于皮带类产品的惯常设计，所以被告认定皮带扣合部位的齿条或孔状设计属于皮带产品惯常设计的结论正确。而本专利的色彩变化主要反映在皮带背面为红色，齿条为黑色，这样的单一色彩改变从整体上的视觉效果并不显著。所以，被告认为，从一般消费者的角度观察，在本专利与附件2的整体形状相同的情况下，两者为相近似的外观设计的结论正确。

再次，外观设计专利的保护应当以授权公告的图片为准。由于本专利的使用状态图是参考图，被告认定本专利的使用状态图中的皮带扣不属于其保护范围的主张成立。

因此，原告主张本专利的色彩变化、齿条、自动扣以及皮带上标注了“本命年”文字等内容足以与附件2相区别的诉讼主张缺乏事实和法律依据。

综上，被诉决定的主要证据充分，程序合法，适用法律正确，本院应予维持。故，依照《中华人民共和国行政诉讼法》第五十四条第（一）项之规定，判决如下：

维持国家知识产权局专利复审委员会于二〇〇九年五月十九日作出的第13375号专利无效宣告请求审查决定。

案件受理费100元，由原告阎普辉负担（已交纳）。

如不服本判决，当事人可在判决书送达之日起15日内，向本院递交上诉状，并按对方当事人的人数提交副本，同时交纳上诉案件受理费100元，上诉于北京市高级人民法院。

审 判 长　饶亚东

审 判 员　刘景文

代理审判员　江建中

二〇〇九年十一月十八日

书 记 员　严　哲

265

塑料保鲜罐

无效宣告请求审查决定（第 13376 号）

决　　定　　号　第 13376 号
决　　定　　日　2009 年 5 月 13 日
发明创造名称　塑料保鲜罐
外观设计分类号　09-03
无效宣告请求人　金乡县龙昊大蒜包装有限公司
专　利　权　人　周晓宏
专　　利　　号　200530100604.5
申　　请　　日　2005 年 7 月 5 日
授 权 公 告 日　2006 年 6 月 7 日
合 议 组 组 长　张　凌
主　　审　　员　王霞军
参　　审　　员　雷　婧
附　　　　　图　2 页

法　律　依　据　专利法第 23 条，专利法实施细则第 2 条第 3 款
决　定　要　点

请求人提交的附件 1 和附件 2 光盘中所展示的包装罐均被其他物体遮挡，未完整地展示包装罐罐体形状。本专利包装罐罐体不是常规长方形，罐体表面形状特殊。因此，仅凭镜头中可视的面无法确定是否与本专利整体形状相同或相近似。

请求人提交的其他证据之间相互矛盾，其真实性没有得到确认，且各证据之间不能形成完整的证据链，因此不能证明与本专利形状相同或相近似的包装罐在本专利申请日前已在国内公开使用。

一、案由

本无效宣告请求涉及的是国家知识产权局于 2006 年 6 月 7 日授权公告的、名称为“塑料保鲜罐”的外观设计专利（下称本专利），其申请号是 200530100604.5，申请日是 2005 年 7 月 5 日，专利权人是周晓宏。

针对本专利权，金乡县龙昊大蒜包装有限公司（下称请求人）于 2009 年 3 月 3 日向专利复审委员会提出无效宣告请求，其主要理由是：在本专利申请日以前，已有与本专利相似的外观设计产品公开使用。与此同时，请求人提交了如下附件作为证据：

附件 1：山东省金乡县公证处出具的（2009）金证民字第 21 号公证书原件 1 份，内附光盘 1 张；

附件2：山东省金乡县公证处出具的（2009）金证民字第24号公证书原件1份，内附光盘1张；

附件3：从中国期刊数据库下载的文章打印件4页；

附件4：从金乡县人民政府网站下载的文章打印件3页；

附件5：山东省金乡县公证处出具的（2009）金证民字第22号公证书原件1份，内附光盘1张；

附件6：金乡县天恒贸易有限责任出具的证明及图片复印件5页；

附件7：山东省金乡县公证处出具的（2009）金证民字第20号公证书原件1份；

附件8：山东省金乡县公证处出具的（2009）金证民字第23号公证书原件1份；

附件9：深圳市阳光进出口有限公司出具的证明、电子邮件和图片复印件13页；

附件10：金乡县金兴经济园管理委员会出具的证明及图片复印件2页；

附件11：金乡县包装世界组织机构代码证复印件1页。

请求人认为，附件1证明：2005年5月16日，金乡电视台播报了召开《第四届大蒜协调会》的新闻报道，报道中有大蒜包装罐的镜头，该包装罐与本专利相同或相近似。附件2至附件4证明：2004年4月27日，金乡县电视台播报了《第四届国际葱蒜类研讨会》在金乡县相关活动的专题片，片中播放的大蒜包装罐与本专利相同或相近似。附件5和附件6证明，2004年9月11日，金乡县天恒贸易有限责任公司委托“名人”婚纱摄影公司拍摄了该公司产品及生产过程的照片，并制了宣传册散发给客户。照片中记载的大蒜包装罐与本专利相同或相近似。附件7~9证明，深圳市阳光进出口有限公司早在2004年2月已经购买了金乡县天恒贸易有限责任公司生产的罐装蒜米，而金乡县天恒贸易有限责任公司罐装设备购买于济南槐荫天龙合塑料厂，该包装罐与本专利相同或相近似。附件10和附件11证明，2005年5月包装世界工厂生产蒜米塑料瓶噪声扰民，金乡县金兴经济园管理委员会调查此事并进行了批评教育，拍摄了照片，照片中的包装罐与本专利相同或相近似。请求宣告本专利无效。

经形式审查合格，专利复审委员会受理了此案，并于2009年3月3日将无效请求书及相关材料副本转送给专利权人。

2009年3月23日，专利复审委员会向双方当事人发出口头审理通知书，定于2009年5月5日进行口头审理。

2009年4月3日，专利复审委员会收到专利权人的意见陈述书，专利权人首先指出：请求人提交的证据不能证明与本专利相同或相近似的产品被在先公开使用。其次，专利权人认为：请求人提交的证据均没有单独公开涉案外观设计专利的主要设计特征。本专利并非必然对称，所以也不能仅仅根据无效证据中所公开的某一个侧面来主观推断其另一个侧面必然也存在相同的设计。总之，请求人提交的证据不能证明本专利不符合专利法第23条的规定。

2009年4月3日，请求人提交了补充的无效理由及证据材料。补充的无效理由是本专利不符合专利法实施细则第2条第3款的规定，本专利主、后视图不对应，无法应用于工业生产。补充提交了四份证据材料，证明在本专利申请日前已有与本专利外观设计相同的包装罐已生产并销售。补充提交如下证据（编号续前）：

附件12：金乡县包装世界入库单及包装凭证复印件5页；

附件13：台州市黄岩福鑫模具有限公司、台州市黄岩正大模具厂和宁波甬江洲丞塑机有限公司台州办事处出具的证明复印件4页；

附件14：附件1和附件2光盘截图打印件2页；

附件15：本专利电子公告图片打印件6页。

2009年4月7日，专利复审委员会将专利权人的意见陈述书和请求人提交的补充无效理由及证据材料分别转送给对方。

口头审理如期举行，双方当事人均委托代理人参加了口头审理，双方当事人对对方出庭人员的身份、资格无异议，对合议组成员无回避请求。

庭审中，合议组对请求人提出本专利不符合专利法实施细则第 2 条第 3 款的无效理由进行审查，请求人提出本专利的主视图和后视图外轮廓线不一致，本专利主视图呈凸字形，中间有向内的凹陷，后视图整体上呈凸字形，中间没有向内的凹陷。视图不对应，无法将产品用于工业生产。专利权人认为，该缺陷不影响工业应用。

庭审中，请求人提交了除附件 12 之外的其他证据原件，专利权人提交了一个包装罐实物。专利权人核实了证据原件，当庭播放了附件 1、附件 2 和附件 5 公证书所附的光盘，其中附件 2 光盘只有图像没有声音。专利权人对公证书形式上的真实性没有异议，但对公证书所述内容的真实性有异议，认为公证书未说明从电视台拷贝出的资料存储到 U 盘，该 U 盘里是否有其他文件，刻录的是否是从电视台拷贝出的文件，因电子文件本身可以修改，不排除有其他内容插入，指出金乡县广播局与请求人有利害关系，同时承认 2004 年 4 月在北京召开了《第四届国际葱蒜类蔬菜学术讨论会》这个事实。认为仅凭附件 5 光盘和附件 6 中的照片不能认定制作过产品宣传册并散发。附件 7、8、9 证据之间相互矛盾，时间对应不上，附件 10 证明内容是虚假的，附件 12 无原件，真实性不予认定，附件 13 与本案没有关联性，不能与前面的证据相互印证。对请求人提交的其他证据的真实性和关联性均有异议。请求人认为视图公开的包装罐与本专利相同，而专利权人认为，视图公开的产品不完整，无法与本专利对比。各方当事人均坚持原有观点。

在上述审理的基础上，合议组认为本案事实已经清楚，可以依法作出审查决定。

二、决定的理由

1. 法律依据

基于请求人提出的无效宣告请求理由，合议组对本专利是否符合专利法第 23 条和专利法实施细则第 2 条第 3 款的规定进行审查。

专利法第 23 条规定："授予专利权的外观设计，应当同申请日以前在国内外出版物上公开发表过或者国内公开使用过的外观设计不相同和不相近似，并不得与他人在先取得的合法权利相冲突。"

专利法实施细则第 2 条第 3 款规定："专利法所称外观设计，是指对产品的形状、图案或者其结合以及色彩与形状、图案的结合所作出的富有美感并适于工业应的新设计。"

2. 关于专利法实施细则第 2 条第 3 款

请求人提交附件 15 本专利电子公告打印件作为证据，认为本专利包装罐的主视图和后视图不对应。经核实，请求人所称本专利主视图与后视图罐体中部轮廓线处存在的不对应关系，是由于照片拍摄时因透视原理所致。合议组认为，根据透视原理，照片视图中的物品通常会出现靠近镜头的部位显大，远离镜头的部位显小的现象，请求人所称本专利后视图与主视图之间外轮廓线的不对应即是因此产生的视觉误差，合议组通过比较本专利各视图的内容，可以确定各视图之间的投影关系对应。因此，请求人提出本专利不符合专利法实施细则第 2 条第 3 款规定的主张不成立。

3. 证据认定

请求人提交的附件 1 是山东省金乡县公证处出具的（2009）金证民字第 21 号公证书。公证书主要内容是：申请人及公证员来到金乡县广播电视局制作室，制作室的工作人调取并播放了 2005 年 5 月 16 日金乡新闻，并将新闻的前半部分存入申请人的 U 盘，随后到中信科技将新闻内容刻录了 5 张光盘，U 盘和其中 1 张光盘保存在公证处。

专利权人针对 U 盘提出质疑：认为公证书中没有明确 U 盘中是否存有其他文件，刻录的光盘是否是从电视台拷贝出来的文件。经查，公证书中已经证明了电视台的工作人员调取该新闻并播放后，存入 U 盘及刻录光盘，其中 1 张光盘和 U 盘保存在公证处的整个过程。合议组认为，U 盘只是当事人用来保存从金乡县广播电视局制作室 2005 年 5 月 16 日金乡新闻内容的载体，该 U 盘中是否有其他文件与本案不具有关联性。刻录的光盘内容与在公证人员面前播放的新闻内容一致才是该光盘可以作为本案证据使用的前提。在公证书已经证明刻录的 5 张光盘就是 2005 年 5 月 16 日金乡新闻的事实后，如果专利权人质疑光盘内容与制作室工作人员调取并播放的 2005 年 5 月 16 日金乡新闻不一致，应当提交相反的证据支持其主张，本案专利权人只提出自己的质疑，没有提交相反证据予以佐证，不能对抗公证书的证据效力，合议组不支持其主张。

附件 1 所附光盘的主要内容是：2005 年 5 月 16 日在金乡县召开了“2005 年全国大蒜产销协调会”的报道，播放了与会人员现场参观的镜头。合议组认为，通过光盘的内容可以确认，在 2005 年 5 月 16 日在金乡县召开了“2005 年全国大蒜产销协调会”的这一事实，会后，与会人员到生产实地进行了参观。新闻播有一大蒜产品展台的镜头，展台上放有大蒜包装罐，可以证明该大蒜包装罐在本专利申请日前在国内公开使用。该附件 1 所附光盘内容展示有大蒜包装罐与本专利属于同类产品，该新闻于本专利申请日之前播放，可以作为本案证据使用。

请求人提交附件 2 至附件 4 为一组证据，其中附件 2 是山东省金乡县公证处出具的（2009）金证民字第 24 号公证书。公证书中证明了电视台的工作人员调取了 2004 年 4 月 27 日播出的“第四届国际葱蒜类蔬菜学术研讨会”专题片，当场进行了播放，并存入 U 盘刻录成光盘。随后申请人和公证人员到金乡县广播电视局办公室索取了该局出具的一份证明，证明的主要内容是电视台将该研讨会代表来我县考察盛况制作了专题报道。口头审理当庭播放了该光盘，光盘只有图像没有声音。附件 3 和附件 4 证明 2004 年 4 月 21~26 日，在北京召开了“第四届国际葱蒜类蔬菜学术研讨会”。专利权人对附件 2 公证书内容、附件 3、附件 4 的真实性均有异议，但认可该会议的召开时间和地点。

专利权人对附件 2 的 U 盘和光盘提出与附件 1 同样疑义，本决定对其不再赘述。针对附件 2 中金乡县电视台出具的证明，专利权人提出电视台与请求人之间存在利害关系，依据是公证书中记载了“经过局领导的同意”的字样，专利权人认为，正常情况下，常人不能获得新闻资料，显然二者有利害关系。合议组认为，新闻资料不属于国家机密，我国法律并不禁止任何单位及个人通过正常渠道获取新闻资料。任何单位及个人前往行政机关调取证据材料，只有履行该行政单位相关批准程序，其调取的证据材料才合法有效，专利权人仅凭公证书中出现“经过局领导的同意”的字样，推定请求人与电视台有利害关系的主张缺乏证据支持。

对于“第四届国际葱蒜类蔬菜学术研讨会”会后是否去金乡县参观的问题。口头审理当庭播放了附件 2 所附光盘，光盘只有图像没有声音，而且专题片也没有片头和片尾，但从专题片的视频中有“热烈欢迎第四届国际葱蒜类学术研讨会专家学者莅临指导”和“第四届国葱蒜类学术研讨会展交会”大横幅字样，以及金乡县广播电视台出具的证明可以确认“第四届国际葱蒜类蔬菜学术研讨会”会议期间，代表们来到了金乡县参观的事实。专题片有几个大蒜包装罐的镜头，可以证明这些大蒜包装罐在本专利申请日前在国内公开使用。该附件 2 所附光盘内容展示有大蒜包装罐与本专利属于同类产品，该专题片的播出时间为 2004 年 4 月 27 日，早于本专利的申请日，可以作为本案证据使用。

请求人提出附件 5 和附件 6 为一组证据，附件 5 是山东省金乡县公证处出具的（2009）金证民字第 22 号公证书。公证书主要内容是：公证员与申请人到金乡县名人激光数码冲洗中心，中心操作人员调出了 2004 年 9 月 11 日和 2004 年 9 月 24 日创建在该冲洗中心微机里的相关照片，当场刻录了 5 张光盘，口头审理当庭播放了该光盘。附件 6 是金乡县天恒贸易有限责任公司出具的 1 张证明及 4 张照片。证明的主要内容是：2004 年 9 月，为制作宣传册，公司委托名人婚纱摄影公司拍摄了公司产品及生产车间照片，并将全部制作成宣传册。随后，宣传册散发完毕。专利权人对附件 5、附件 6 的真实性有异议。合议组认为，附件 5 公证书公证了，2009 年 2 月 24 日，本案请求人前往金乡县名人激光数码冲洗中心调取包装罐照片的全过程，但是所调取的照片没有拍摄时间、创建时间、使用时间、摄影作者、版权单位的任何信息，请求人提出该照片创建于 2004 年 9 月 11 日和 2004 年 9 月 24 日，并没有提交相应证据予以佐证。鉴于目前计算机应用已经普及，稍具计算机知识的人，可以随时对计算机进行时间设定、随时创建、复制、编辑、修改照片，所以在没有证据可以证明该照片拍摄时间、使用时间的情况下，该照片向社会公开的时间无法确定。附件 6 天恒贸易有限责任公司出具的证明，证明该公司为制作产品宣传册，于 2004 年 9 月委托名人婚纱摄影公司拍摄了相关产品照片，后将拍摄的照片制作成宣传册，该批宣传册已经全部散发完毕。2009 年 2 月 24 日，该公司派人会同金乡县公证处前往金乡县名人婚纱摄影公司调取了该批照片。合议组认为，天恒贸易有限责任公司前往名人婚纱摄影公司调取照片的行为与龙昊大蒜包装有限公司前往名人激光数码冲洗中心调取照片行为之间没有关联性，天恒贸易有限责任公司除了提交附件 6 证言陈述主张之外，没有提交任何证据来支持其提出的主张。请求人提交的附件 5 和附件 6 不能作为本案证据使用。

请求人提交的附件 7~9 为一组证据。附件 7 是山东省金乡县公证处出具的（2009）金证民字第 20 号公证书。公证书主要内容是：公证人员和申请人到金乡县天恒贸易有限公司索取由济南槐荫天龙合塑料厂 2004 年 6 月 22 日向该公司开据的《山东增值税专用发票》的过程，公证书包括现场记录，附件有凭证封页、现金付款凭证及《山东增值税专用发票》3 张。附件 8 是山东省金乡县公证处出具的（2009）金证民字第 23 号公证书。公证书主要内容是：是对深圳市阳光进出口有限公司微机操作员 2004 年发送美国客户邮箱中的图片进行调取。公证书包括现场记录和从邮箱调取的邮件包含图片。附件 9 是深圳市阳光进出口有限公司出具的证明，证明 2004 年 2 月至 2005 年 6 月，公司购买金乡县天恒贸易有限责任公司的罐装蒜米销往国外，后附与附件 8 相同的邮件。专利权人对其真实性不予认可，认为证据之间无关联性。合议组认为，附件 7 可以认定 2004 年 6 月 22 日金乡县天恒贸易有限公司向济南槐荫天龙合塑料厂购买了一批塑料瓶这一事实，但现金付款凭证和增值税发票均不能确定所购买的塑料瓶外观设计形状。附件 8 的形成时间最迟为 2004 年 5 月 19 日，早于附件 7 显示购买塑料瓶的时间，因此附件 7 与附件 8 之间没有关联性。附件 9 是深圳市阳光进出口有限公司的证言，主张该公司购入金乡县天恒贸易有限公司罐装蒜米，销往国外，该附件 9 内容并不涉及附件 7 证明的塑料瓶交易，与附件 7 没有必然联系，因此附件 7 与附件 9 之间没有关联性，由于附件 7 没有体现塑料瓶外观设计形状，所以附件 7 不能作为本案证据使用。附件 8、附件 9 主张该公司购入金乡县天恒贸易有限公司罐装蒜米，销往国外，但是该公司没有提供其与金乡县天恒贸易有限公司以及美国公司进行交易的销售合同、付款凭证、销售发票、发货凭证、海关证明等可以证明交易确实发生的证据，所以不能证明照片所示大蒜包装罐确实已经被使用公开，附件 8、附件 9 不能作为本案证据使用。

请求人提交的附件 10 是金乡县金兴经济园管理委员会出具的证明，证明包装世界工厂 2004 年 10 月开始生产蒜米塑料瓶，因工厂 24 小时不间断生产噪声扰民，金乡县金兴经济园管理委员会对其进行了批评教育，后附有 3 张照片。附件 11 是金乡县包装世界的机构代码证。专利权人对附件 10 的真实性有异议。合议组认为，金兴经济园管理委员会于 2009 年 2 月 25 日出具的证明，证明 2004 年 10 月包装世界开始生产塑料瓶，但证明没有对所附照片是在什么时间、地点拍摄的进行说明，也没有标示出该产品位于现场什么位置。从产品照片效果可以看出，两张产品照片明显是在单纯背景及特定光源条件下拍摄的广告照片，从现场照片可以看出，该现场不具备拍摄产品照片这样的背景和光源条件，由此可以证明现场照片与产品照片不是在同一地点和同一光源条件下拍摄的，两者之间不存在必然联系，在没有证据证明产品照片拍摄时间早于本专利申请日的情况下，附件10不能作为本案证据使用。

附件12金乡县包装世界货物入库单和出库单，专利权人对其复印件的真实性有异议，由于请求人没有提交原件接受当事人质证，附件12的真实性无法确认，附件12不能作为本案证据使用。

请求人提交附件13为4份证人证言，口头审理证人未出庭作证，专利权人对其真实性有异议，因证人未到庭接受当事人的质证，因此，该证据不能作为认定案件事实的依据。

请求人提交的附件14是附件1和附件2光盘的截图。本决定对附件1和附件2已作出评述，在此不再赘述。

4. 相同和相近似比较

本专利公开了包装罐的6面视图，其整体形状近似长方体，圆形盖与罐体连接，罐体的上、下两端为方形，中部向内凹进，与上、下端形成台阶状。瓶体两侧中间部位有一凸棱，将罐体两侧割开，前部向内凹进的程度更大，使罐体从正面观察前窄后宽。前部凹进部位略带弧度，并均匀排列着若干条凹凸棱，罐体的底部中间位置呈圆形并带有弧度向内凹进（详见本专利附图）。

请求人提交附件1和附件2光盘上均有大蒜包装罐的镜头，但包装罐都因被其他物体遮挡，均未完整地展示包装罐的罐体形状。合议组认为，附件1和附件2光盘所展示的包装罐，可见部位仅为圆形盖体和长方体罐体的一两个面（详见本决定附图），因本专利包装罐罐体不是常规长方体形，罐体表面形状特殊。因此，仅凭附件2和附件2镜头中所指包装罐的可视面无法确定是否与本专利整体形状相同或相近似。

综上所述，请求人提交的证据不能证明在本专利申请日前已有与本专利相近似的产品在国内公开使用，据此证明本专利不符合专利法第23条规定的理由不能成立。

三、决定

维持200530100604.5号外观设计专利权有效。

当事人对本决定不服的，可以根据专利法第46条第2款的规定，自收到本决定之日起三个月内向北京市第一中级人民法院起诉。根据该款的规定，一方当事人起诉后，另一方当事人应当作为第三人参加诉讼。

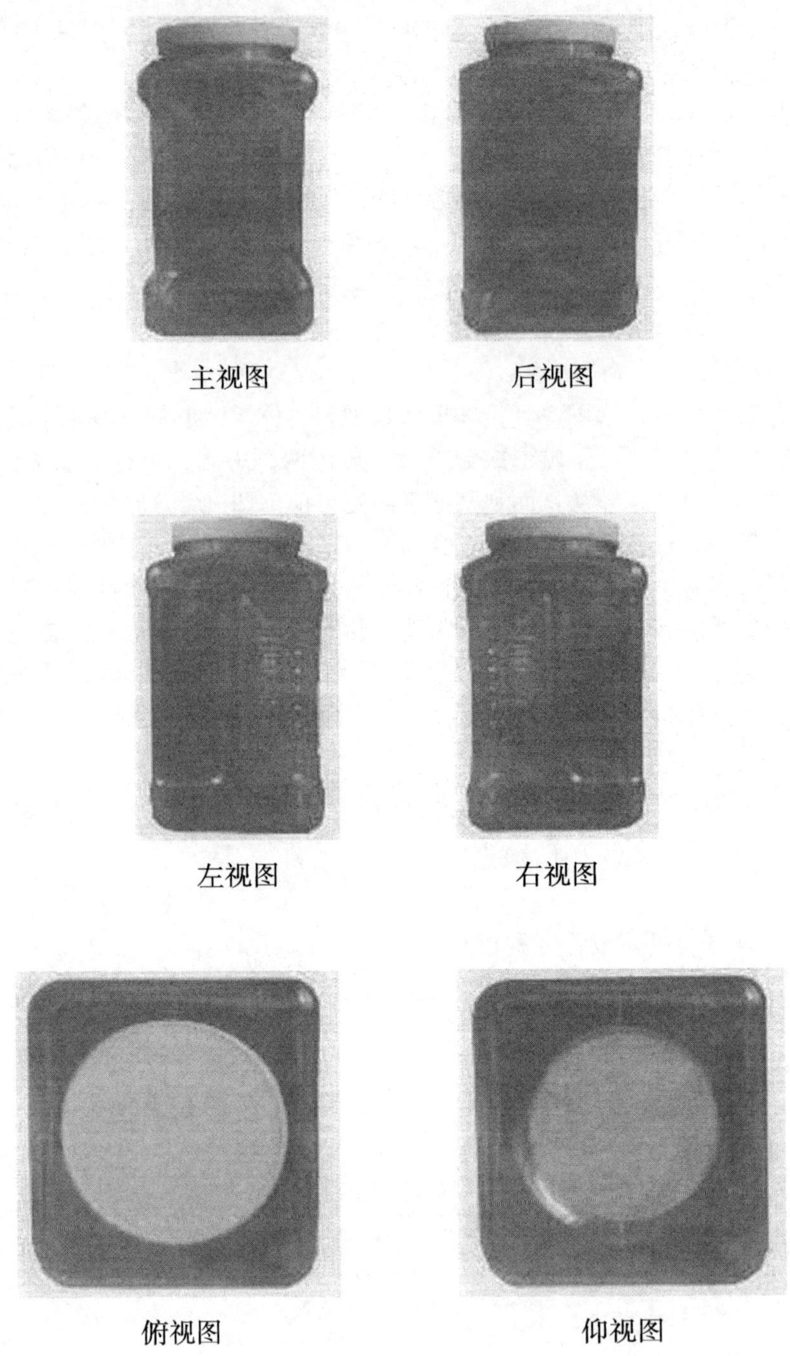

主视图　后视图

左视图　右视图

俯视图　仰视图

本专利附图

附件 1 截图

附件 2 截图

北京市第一中级人民法院
行政判决书

（2009）一中知行初字第2262号

原告金乡县龙昊大蒜包装有限公司，住所地山东省济宁市金乡县城西外环105国道东窦湾村西首。

法定代表人赵耀卿，董事长。

委托代理人朱振德，男，1980年10月10日出生，北京汇泽知识产权代理有限公司职员，住山东省济南市历下区经十路东路155号3号楼5单元。

委托代理人刘付兴，男，1981年2月11日出生，北京汇泽知识产权代理有限公司职员，住安徽省合肥市庐阳区益民街17号安徽省人才交流中心。

被告国家知识产权局专利复审委员会，住所地北京市海淀区北四环西路9号银谷大厦。

法定代表人张茂于，副主任。

委托代理人王霞军，国家知识产权局专利复审委员会审查员。

委托代理人郭鹏鹏，国家知识产权局专利复审委员会审查员。

第三人周晓宏，男，1969年3月2日出生，汉族，住广东省广州市东山区合群二马路11号。

委托代理人方勇，北京市中银律师事务所律师。

委托代理人成名，男，1982年11月3日出生，北京市中银律师事务所律师助理，住北京市海淀区苏州街乙29号。

原告金乡县龙昊大蒜包装有限公司不服被告国家知识产权局专利复审委员会作出的第13376号无效宣告请求审查决定（以下简称被诉决定），于法定期限内向本院提起行政诉讼。本院受理后，依法组成合议庭，并依据《中华人民共和国行政诉讼法》第二十七条的规定，通知周晓宏作为本案第三人参加诉讼，于2009年12月2日公开开庭审理了本案。原告的委托代理人朱振德、刘付兴，被告的委托代理人王霞军、郭鹏鹏，第三人的委托代理人方勇到庭参加了诉讼。本案现已审理终结。

2009年5月13日，根据原告提出的专利无效宣告请求，被告经审查后作出被诉决定，依据《中华人民共和国专利法》（以下简称《专利法》）第二十三条、《中华人民共和国专利法实施细则》（以下简称《专利法实施细则》）第二条第三款的规定，维持200530100604. 5号外观设计专利（以下简称本专利）有效。

原告诉称，本专利的申请日为2005年7月5日，而早在2003年、2004年，与本专利外观设计相同的包装品已经在山东省公开销售、使用。原告在无效程序中提交的5组证据可以分别充分证明在本专利申请日之前已经在国内公开。据此，原告要求撤销被诉决定并判决被告重新作出新的决定。

被告辩称，被诉决定认定事实清楚，适用法律正确，审理程序合法，审查结论正确。原告的诉讼理由不能成立，请求驳回原告的诉讼请求，维持被诉决定。

第三人述称，同意被告意见，请求维持被诉决定。

经审理查明：

本专利名称为“塑料保鲜罐”，于2006年6月7日被授权公告，申请号是200530100604. 5，申请日是2005年7月5日，专利权人为本案第三人周晓宏。

针对本专利，原告于2009年3月3日向被告提出无效宣告请求，其主要理由是：在本专利申请日以前，已有与本专利相似的外观设计产品公开使用。与此同时，原告提交了如下附件作为证据：

附件 1：山东省金乡县公证处出具的（2009）金证民字第 2 1 号公证书原件 1 份，内附光盘 1 张；

附件 2：山东省金乡县公证处出具的（2009）金证民字第 24 号公证书原件 1 份，内附光盘 1 张；

附件 3：从中国期刊数据库下载的文章打印件 4 页；

附件 4：从金乡县人民政府网站下载的文章打印件 3 页；

附件 5：山东省金乡县公证处出具的（2009）金证民字第 22 号公证书原件 1 份，内附光盘 1 张；

附件 6：金乡县天恒贸易有限责任出具的证明及图片复印件 5 页；

附件 7：山东省金乡县公证处出具的（2009）金证民字第 20 号公证书原件 1 份；

附件 8：山东省金乡县公证处出具的（2009）金证民字第 23 号公证书原件 1 份；

附件 9：深圳市阳光进出口有限公司出具的证明、电子邮件和图片复印件 13 页；

附件 10：金乡县金兴经济园管理委员会出具的证明及图片复印件 2 页；

陵件 11：金乡县包装世界组织机构代码证复印件 1 页。

原告认为，附件 1 证明：2005 年 5 月 16 日，金乡电视台播报了召开“第四届大蒜协调会”的新闻报道，报道中有大蒜包装罐的镜头，该包装罐与本专利相同或相近似。附件 2~4 证明：2004 年 4 月 27 日，金乡县电视台播报了“第四届国际葱蒜类研讨会”在金乡县相关活动的专题片，片中播放的大蒜包装罐与本专利相同或相近似。附件 5 和附件 6 证明，2004 年 9 月 11 日，金乡县天恒贸易有限责任公司委托“名人”婚纱摄影公司拍摄了该公司产品及生产过程的照片，并制作了宣传册散发给客户。照片中记载的大蒜包装罐与本专利相同或相近似。附件 7 至附件 9 证明，深圳市阳光进出口有限公司早在 2004 年 2 月已经购买了金乡县天恒贸易有限责任公司生产的罐装蒜米，而金乡县天恒贸易有限责任公司罐装设备购买于济南槐荫天龙合塑料厂，该包装罐与本专利相同或相近似。附件 10 和附件 11 证明，2005 年 5 月包装世界工厂生产蒜米塑料瓶噪音扰民，金乡县金兴经济园管理委员会调查此事并进行了批评教育，拍摄了照片，照片中的包装罐与本专利相同或相近似。请求宣告本专利无效。

经形式审查合格，被告受理了此案，并于 2009 年 3 月 3 日将无效请求书及相关材料副本转送给第三人。

2009 年 3 月 23 日，被告向双方当事人发出口头审理通知书，定于 2009 年 5 月 5 日进行口头审理。

2009 年 4 月 3 日，被告收到第三人的意见陈述书，第三人首先指出：原告提交的证据不能证明与本专利相同或相近似的产品被在先公开使用。其次，第三人认为：原告提交的证据均没有单独公开本专利的主要设计特征。本专利并非必然对称，所以也不能仅仅根据无效证据中所公开的某一个侧面来主观推断其另一个侧面必然也存在相同的设计。总之，原告提交的证据不能证明本专利不符合《专利法》第二十三条的规定。

2009 年 4 月 3 日，原告提交了补充的无效理由及证据材料。补充的无效理由是本专利不符合《专利法实施细则》第二条第三款的规定，本专利主、后视图不对应，无法应用于工业生产。补充提交了 4 份证据材料，证明在本专利申请日前已有与本专利外观设计相同的包装罐已生产并销售。补充提交如下证据（编号续前）：

附件 12：金乡县包装世界入库单及包装凭证复印件 5 页；

附件 13：台州市黄岩福鑫模具有限公司、台州市黄岩正大模具厂和宁波甬江洲丞塑机有限公司台州办事处出具的证明复印件 4 页；

附件 14：附件 1 和附件 2 光盘截图打印件 2 页；

附件 15：本专利电子公告图片打印件 6 页。

2009年4月7日，被告将第三人的意见陈述书和原告提交的补充无效理由及证据材料分别转送给对方。

口头审理如期举行，双方当事人均委托代理人参加了口头审理，双方当事人对对方出庭人员的身份、资格无异议，对被告成员无回避请求。

庭审中，被告对原告提出本专利不符合《专利法实施细则》第二条第三款的无效理由进行审查，原告提出本专利的主视图和后视图外轮廓线不一致，本专利主视图呈凸字形，中间有向内的凹陷，后视图整体上呈凸字形，中间没有向内的凹陷。视图不对应，无法将产品用于工业生产。第三人认为，该缺陷不影响工业应用。

庭审中，原告提交了除附件12之外的其他证据原件，第三人提交了一个包装罐实物。第三人核实了证据原件，当庭播放了附件1、附件2和附件5公证书所附的光盘，其中附件2光盘只有图像没有声音。第三人对公证书形式上的真实性没有异议，但对公证书所述内容的真实性有异议，认为公证书未说明从电视台拷贝出的资料存储到U盘，该U盘里是否有其他文件，刻录的是否是从电视台拷贝出的文件，因电子文件本身可以修改，不排除有其他内容插入，指出金乡县广播局与原告有利害关系，同时承认2004年4月在北京召开了“第四届国际葱蒜类蔬菜学术讨论会”这个事实。认为仅凭附件5光盘和附件6中的照片不能认定制作过产品宣传册并散发。附件7、8、9证据之间相互矛盾，时间对应不上，附件10证明内容是虚假的，附件12无原件，真实性不予认定，附件13与本案没有关联性，不能与前面的证据相互印证。对原告提交的其他证据的真实性和关联性均有异议。原告认为视图公开的包装罐与本专利相同，而第三人认为，视图公开的产品不完整，无法与本专利对比。各方当事人均坚持原有观点。

在上述审理的基础上，被告认为本案事实已经清楚，故作出如下决定：

（1）法律依据。

基于原告提出的无效宣告请求理由，被告对本专利是否符合《专利法》第二十三条和《专利法实施细则》第二条第三款的规定进行审查。

《专利法》第二十三条规定：“授予专利权的外观设计，应当同申请日以前在国内外出版物上公开发表过或者国内公开使用过的外观设计不相同和不相近似，并不得与他人在先取得的合法权利相冲突。”

《专利法实施细则》第二条第三款规定：“专利法所称外观设计，是指对产品的形状、图案或者其结合以及色彩与形状、图案的结合所作出的富有美感并适于工业应的新设计。”

（2）关于《专利法实施细则》第二条第三款。

原告提交附件15本专利电子公告打印件作为证据，认为本专利包装罐的主视图和后视图不对应。经核实，原告所称本专利主视图与后视图罐体中部轮廓线处存在的不对应关系，是由于照片拍摄时因透视原理所致。被告认为，根据透视原理，照片视图中的物品通常会出现靠近镜头的部位显大，远离镜头的部位显小的现象，原告所称本专利后视图与主视图之间外轮廓线的不对应即是因此产生的视觉误差，被告通过比较本专利各视图的内容，可以确定各视图之间的投影关系对应。因此，原告提出本专利不符合《专利法实施细则》第二条第三款规定的主张不成立。

（3）证据认定。

原告提交的附件1是山东省金乡县公证处出具的（2009）金证民字第21号公证书。公证书主要内容是：原告及公证员来到金乡县广播电视局制作室，制作室的工作人调取并播放了2005年5月16日金乡新闻，并将新闻的前半部分存入原告的U盘，随后到中信科技将新闻内容刻录了5张光盘，U盘和其中1张光盘保存在公证处。

第三人针对U盘提出质疑：认为公证书中没有明确U盘中是否存有其他文件，刻录的光盘是否是从电视台拷贝出来的文件。经查，公证书中已经证明了电视台的工作人员调取该新闻并播放后，存入U盘及刻录光盘，其中1张光盘和U盘保存在公证处的整个过程。被告认为，U盘只是当事人用来保存从金乡县广播电视局制作室2005年5月16日金乡新闻内容的载体，该U盘中是否有其他文件与本案不具有关联性。刻录的光盘内容与在公证人员面前播放的新闻内容一致才是该光盘可以作为本案证据使用的前提。在公证书已经证明刻录的5张光盘就是2005年5月16日金乡新闻的事实后，如果第三人质疑光盘内容与制作室工作人员调取并播放的2005年5月16日金乡新闻不一致，应当提交相反的证据支持其主张，本案第三人只提出自己的质疑，没有提交相反证据予以佐证，不能对抗公证书的证据效力，被告不支持其主张。

附件1所附光盘的主要内容是：2005年5月16日在金乡县召开了“2005年全国大蒜产销协调会”的报道，播放了与会人员现场参观的镜头。被告认为，通过光盘的内容可以确认，在2005年5月16日在金乡县召开了“2005年全国大蒜产销协调会”的这一事实，会后，与会人员到生产实地进行了参观。新闻播有一大蒜产品展台的镜头，展台上放有大蒜包装罐，可以证明该大蒜包装罐在本专利申请日前在国内公开使用。该附件1所附光盘内容展示有大蒜包装罐与本专利属于同类产品，该新闻于本专利申请日之前播放，可以作为本案证据使用。

原告提交附件2~4为一组证据，其中附件2是山东省金乡县公证处出具的（2009）金证民字第24号公证书。公证书中证明了电视台的工作人员调取了2004年4月27日播出的“第四届国际葱蒜类蔬菜学术研讨会”专题片，当场进行了播放，并存入U盘刻录成光盘。随后原告和公证人员到金乡县广播电视局办公室索取了该局出具的一份证明，证明的主要内容是电视台将该研讨会代表来我县考察盛况制作了专题报道。口头审理当庭播放了该光盘，光盘只有图像没有声音。附件3和附件4证明2004年4月21日~26日，在北京召开了“第四届国际葱蒜类蔬菜学术研讨会”。第三人对附件2公证书内容、附件3、附件4的真实性均有异议，但认可该会议的召开时间和地点。

第三人对附件2的U盘和光盘提出与附件1同样疑议，被诉决定对其不再赘述。针对附件2中金乡县电视台出具的证明，第三人提出电视台与原告之间存在利害关系，依据是公证书中记载了“经过局领导的同意”的字样。第三人认为，正常情况下，常人不能获得新闻资料，显然二者有利害关系。被告认为，新闻资料不属于国家机密，我国法律并不禁止任何单位及个人通过正常渠道获取新闻资料。任何单位及个人前往行政机关调取证据材料，只有履行该行政单位相关批准程序，其调取的证据材料才合法有效，第三人仅凭公证书中出现“经过局领导的同意”的字样，推定原告与电视台有利害关系的主张缺乏证据支持。

对于“第四届国际葱蒜类蔬菜学术研讨会”会后是否去金乡县参观的问题。口头审理当庭播放了附件2所附光盘，光盘只有图像没有声音，而且专题片也没有片头和片尾，但从专题片的视频中有“热烈欢迎第四届国际葱蒜类学术研讨会专家学者莅临指导”和“第四届国葱蒜类学术研讨会展交会”大横幅字样，以及金乡县广播电视台出具的证明可以确认“第四届国际葱蒜类蔬菜学术研讨会”会议期间，代表们来到了金乡县参观的事实。专题片有几个大蒜包装罐的镜头，可以证明这些大蒜包装罐在本专利申请日前在国内公开使用。该附件2所附光盘内容展示有大蒜包装罐与本专利属于同类产品，该专题片的播出时间为2004年4月27日，早于本专利的申请日，可以作为本案证据使用。

原告提出附件5和附件6为一组证据，附件5是山东省金乡县公证处出具的（2009）金证民字第22号公证书。公证书主要内容是：公证员与原告到金乡县名人激光数码冲洗中心，中心操作人员调出了2004年9月11日和2004年9月24日创建在该冲洗中心微机里的相关照片，当场刻录了5张光盘，口头审理当庭播放了该光盘。附件6是金乡县天恒贸易有限责任公司出具的1张证明及4张照片。证明的主要内容是：2004年9月，为制作宣传册，公司委托名人婚纱摄影公司拍摄了公司产品及生产车间照片，并将全部制作成宣传册。随后，宣传册散发完毕。第三人对附件5、附件6的真实性有异议。被告认为，附件5公证书公证了，2009年2月24日，原告前往金乡县名人激光数码冲洗中心调取包装罐照片的全过程，但是所调取的照片没有拍摄时间、创建时间、使用时间、摄影作者、版权单位的任何信息，原告提出该照片创建于2004年9月11日和2004年9月24日，并没有提交相应证据予以佐证。鉴于目前计算机应用已经普及，稍具计算机知识的人，可以随时对计算机进行时间设定、随时创建、复制、编辑、修改照片，所以在没有证据可以证明该照片拍摄时间、使用时间的情况下，该照片向社会公开的时间无法确定。附件6天恒贸易有限责任公司出具的证明，证明该公司为制作产品宣传册，于2004年9月委托名人婚纱摄影公司拍摄了相关产品照片，后将拍摄的照片制作成宣传册，该批宣传册已经全部散发完毕。2009年2月24日，该公司派人会同金乡县公证处前往金乡县名人婚纱摄影公司调取了该批照片。被告认为，天恒贸易有限责任公司前往名人婚纱摄影公司调取照片的行为与龙昊大蒜包装有限公司前往名人激光数码冲洗中心调取照片行为之间没有关联性，天恒贸易有限责任公司除了提交附件6证言陈述主张之外，没有提交任何证据来支持其提出的主张。原告提交的附件5和附件6不能作为本案证据使用。

原告提交的附件7~9为一组证据。附件7是山东省金乡县公证处出具的（2009）金证民字第20号公证书。公证书主要内容是：公证人员和原告到金乡县天恒贸易有限公司索取由济南槐荫天龙合塑料厂2004年6月22日向该公司开据的《山东增值税专用发票》的过程，公证书包括现场记录，附件有凭证封页、现金付款凭证及《山东增值税专用发票》3张。附件8是山东省金乡县公证处出具的（2009）金证民字第23号公证书。公证书主要内容是：是对深圳市阳光进出口有限公司微机操作员2004年发送美国客户邮箱中的图片进行调取。公证书包括现场记录和从邮箱调取的邮件包含图片。附件9是深圳市阳光进出口有限公司出具的证明，证明2004年2月至2005年6月，公司购买金乡县天恒贸易有限责任公司的罐装蒜米销往国外，后附与附件8相同的邮件。第三人对其真实性不予认可，认为证据之间无关联性。被告认为，附件7可以认定2004年6月22日金乡县天恒贸易有限公司向济南槐荫天龙合塑料厂购买了一批塑料瓶这一事实，但现金付款凭证和增值税发票均不能确定所购买的塑料瓶外观设计形状。附件8的形成时间最迟为2004年5月19日，早于附件7显示购买塑料瓶的时间，因此附件7与附件8之间没有关联性。附件9是深圳市阳光进出口有限公司的证言，主张该公司购入金乡县天恒贸易有限公司罐装蒜米，销往国外，该附件9内容并不涉及附件7证明的塑料瓶交易，与附件7没有必然联系，因此附件7与附件9之间没有关联性，由于附件7没有体现塑料瓶外观设计形状，所以附件7不能作为本案证据使用。附件8、附件9主张该公司购入金乡县天恒贸易有限公司罐装蒜米，销往国外，但是该公司没有提供其与金乡县天恒贸易有限公司以及美国公司进行交易的销售合同、付款凭证、销售发票、发货凭证、海关证明等可以证明交易确实发生的证据，所以不能证明照片所示大蒜包装罐确实已经被使用公开，附件8、附件9不能作为本案证据使用。

原告提交的附件10是金乡县金兴经济园管理委员会出具的证明，证明包装世界工厂2004年10月开始生产蒜米塑料瓶，因工厂24小时不间断生产噪声扰民，金乡县金兴经济园管理委员会对其进行了批评教育，后附有3张照片。附件11是金乡县包装世界的机构代码证。第三人对附件10的真实性有异议。被告认为，金兴经济园管理委员会于2009年2月25日出具的证明，证明2004年10月包装世界开始生产塑料瓶，但证明没有对所附照片是在什么时间、地点拍摄的进行说明，也没有标示出该产品位于现场什么位置。从产品照片效果可以看出，两张产品照片明显是在单纯背景及特定光源条件下拍摄的广告照片，从现场照片可以看出，该现场不具备拍摄产品照片这样的背景和光源条件，由此可以证明现场照片与产品照片不是在同一地点和同一光源条件下拍摄的，两者之间不存在必然联系，在没有证据证明产品照片拍摄时间早于本专利申请日的情况下，附件10不能作为本案证据使用。

附件12金乡县包装世界货物入库单和出库单，第三人对其复印件的真实性有异议，由于原告没有提交原件接受当事人质证，附件12的真实性无法确认，附件12不能作为本案证据使用。

原告提交附件13为4份证人证言，口头审理证人未出庭作证，第三人对其真实性有异议，因证人未到庭接受当事人的质证，因此，该证据不能作为认定案件事实的依据。

原告提交的附件14是附件1和附件2光盘的截图。被诉决定对附件1和附件2已作出评述，在此不再赘述。

（4）相同和相近似比较。

本专利公开了包装罐的6面视图，其整体形状近似长方体，圆形盖与罐体连接，罐体的上、下两端为方形，中部向内凹进，与上、下端形成台阶状。瓶体两侧中间部位有一凸棱，将罐体两侧割开，前部向内凹进的程度更大，使罐体从正面观察前窄后宽。前部凹进部位略带弧度，并均匀排列着若干条凹凸棱，罐体的底部中间位置呈圆形并带有弧度向内凹进（详见本专利附图）。

原告提交附件1和附件2光盘上均有大蒜包装罐的镜头，但包装罐都因被其他物体遮挡，均未完整地展示包装罐的罐体形状。被告认为，附件1和附件2光盘所展示的包装罐，可见部位仅为圆形盖体和长方体罐体的一两个面（详见附图），因本专利包装罐罐体不是常规长方体形，罐体表面形状特殊。因此，仅凭附件2和附件2镜头中所指包装罐的可视面无法确定是否与本专利整体形状相同或相近似。

综上所述，原告提交的证据不能证明在本专利申请日前已有与本专利相近似的产品在国内公开使用，其证明本专利不符合《专利法》第二十三条的规定的理由不能成立。

据此，被告作出被诉决定。原告不服，诉至本院。

上述事实有被诉决定中的附件1~15及当事人陈述等在案佐证。

本院认为，被诉决定的作出程序合法，各方当事人对此亦无异议，本院予以确认。被告对相关证据的认定亦无违法之处，本院予以确认。

经审查，本专利公开了包装罐的6面视图，其罐体为特殊的形状，并非常规的长方体（详见附图）。附件1和附件2的光盘上均有大蒜包装罐的镜头，但都被其他物体遮挡，均未完整地展示出相应包装罐的形状。因此，仅凭附件1和附件2镜头中包装罐的可视面无法确定是否与本专利整体形状相同或相近似。原告提交的证据不能证明在本专利申请日前已有与本专利相近似的产品在国内公开使用，原告关于本专利不符合《专利法》第二十三条规定的理由不能成立，被告未予支持正确，本院予以确认。

综上，被诉决定认定事实清楚，适用法律正确，审理程序合法，原告要求撤销被诉决定的诉讼请求缺乏事实和法律依据，本院不予支持。据此，依照《中华人民共和国行政诉讼法》第五十四条第（一）项之规定，本院判决如下：

维持被告国家知识产权局专利复审委员会作出的第13376号无效宣告请求审查决定。

案件受理费100元，由原告金乡县龙昊大蒜包装有限公司负担（已交纳）。

如不服本判决，各当事人可在本判决书送达之日起15日内，向本院递交上诉状及副本，并预交上诉案件受理费100元，上诉于北京市高级人民法院。上诉人在上诉期满后7日内未预交上诉案件受理费又不提出缓交申请的，按自动撤回上诉处理。

审　判　长　强刚华
代理审判员　姜庶伟
代理审判员　刘世昌
二〇〇九年十一月十八日
书　记　员　袁　伟

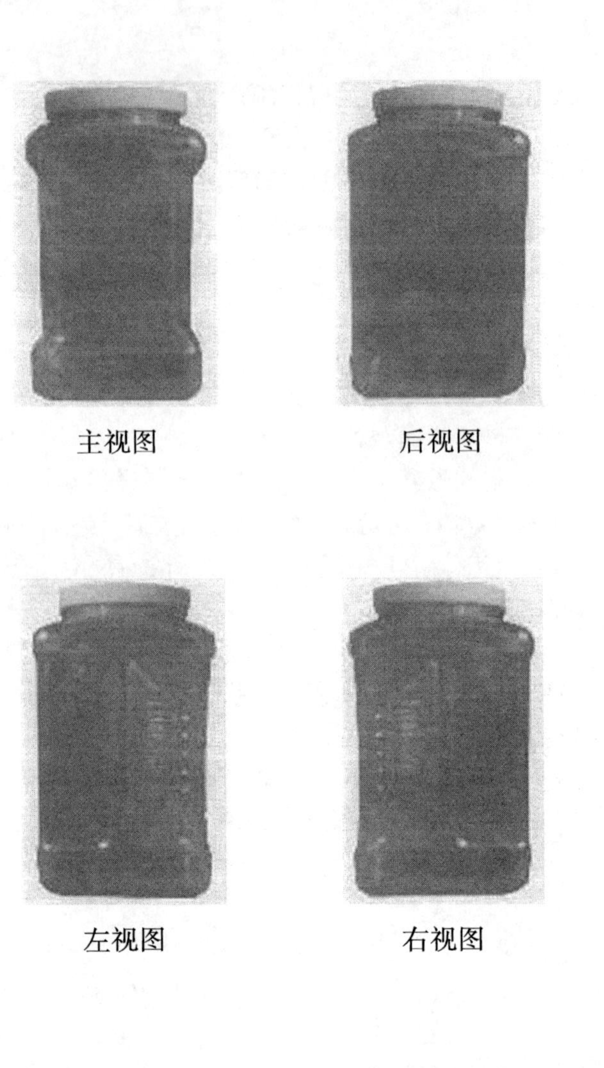

主视图 后视图

左视图 右视图

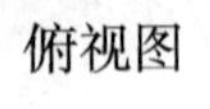

俯视图

仰视图

本专利附图

附件 1 截图

附件 2 截图

266

镇流器外壳

无效宣告请求审查决定（第13377号）

决 定 号 第13377号
决 定 日 2009年5月8日
发明创造名称 镇流器外壳
外观设计分类号 13-02
无效宣告请求人 广州亮天照明器具有限公司
专 利 权 人 刘乾海
专 利 号 200630061546.4
申 请 日 2006年5月24日
授权公告日 2007年3月14日
合议组组长 张雪飞
主 审 员 王霞军
参 审 员 王 红
附 图 1页

法 律 依 据 专利法第23条
决 定 要 点

本专利与在先设计相似的整体形状，已给一般消费者留下了相近似的整体视觉印象，其区别点对整体视觉效果不具有显著影响，折角边的形状差别属于局部细微的变化，尚不足以对整体外观设计产生显著的影响。因此，本专利与在先设计属于相近似的外观设计。

一、案由

本无效宣告请求涉及的是国家知识产权局于2007年3月14日授权公告的、名称为“镇流器外壳”的外观设计专利（下称本专利），其申请号是200630061546.4，申请日是2006年5月24日，专利权人是刘乾海。

针对本专利权，广州亮天照明器具有限公司（下称请求人）于2009年2月27日向专利复审委员会提出无效宣告请求，其主要理由是：在本专利申请日以前，已有与本专利相似的外观设计在公开出版物上发表。另外，本专利的外观设计由司空见惯的几何形状和图案构成，不属于外观设计专利的保护客体。本专利不符合专利法第23条和专利法实施细则第2条第3款的规定。与此同时，请求人提交了如下附件作为证据：

附件1：2004年10月《发现资源广告-灯饰世界》广告册封页、第6页和广告册信息页复印件

3 页；

附件 2：2006 年 5 月《发现资源深圳发现广告-灯饰配件》广告册封页、广告册信息页和第 51 页复印件 3 页；

附件 3：96316515.1 号外观设计专利电子公告打印件 1 页；

附件 4：99337812.9 号外观设计专利电子公告打印件 1 页。

请求人认为，本专利镇流器外壳为很普通的长方体造型，端面内套一个方形孔，属于本领域内司空见惯的几何形状和图案构成的外观设计，不属于外观设计专利的保护客体。附件 1 的第 6 页和附件 2 的第 51 页中各公开了一款与本专利外观设计相同或相似产品的图片，附件 3 和附件 4 证明长方体形状的镇流器外壳属于该领域内的常规形状。请求宣告本专利无效。

经形式审查合格，专利复审委员会受理了此案，并于 2009 年 2 月 27 日将无效请求书及相关材料副本转送给专利权人。

2009 年 3 月 23 日，专利复审委员会向双方当事人发出口头审理通知书，定于 2009 年 4 月 28 日进行口头审理。

2009 年 3 月 25 日，请求人补充提交意见陈述书，再次强调本专利不符合专利法实施细则第 2 条第 3 款的规定，认为镇流器外壳是日光灯的一部分，在使用状态下，镇流器被灯箱所遮盖，属于不可见部件，不属于外观设计专利的保护客体。

专利复审委员会于 2009 年 4 月 7 日将请求人补充提交的意见陈述书转给专利权人。

2009 年 3 月 30 日，专利权人针对请求人的无效请求书进行了意见陈述。专利权人认为，虽然附件 1、附件 3 和附件 4 三份证据的公开日期早于本专利申请日，附件 2 的公开日晚于本专利，但对附件 1 和附件 2 广告册的真实性有异议，认为广告册封面上没有印制正规国家备案的出版物发行批号，只有“国印广登字（2004）第 1056 号”的发行信息，真实性无法确定。关于本专利是否符合专利法实施细则第 2 条第 3 款保护客体的问题，专利权人认为，本外观设计由长方形外壳和靠椅形延伸块组成，半封闭的方形口和靠椅形延伸块是一种新设计，符合专利授权的条件。附件 1 图片只公开了产品部分角度，没有将产品的全部视图展现出来，因此无法作为判断是否与本专利近似的依据；专利权人同意请求人所述镇流器外壳整体形状都是长方体造型的观点，但认为只有在这种常规形状的基础上，才能创造出另一种新设计的产品。

口头审理如期举行，双方当事人均委托代理人参加了口头审理，双方当事人对对方出庭人员的身份、资格无异议，对合议组成员无回避请求。合议组将专利权人的意见陈述书转给请求人。请求人当庭提交了附件 1、附件 2 两本广告册的整本原件，专利权人进行了核实。庭审过程中，双方当事人均表示坚持各自意见陈述书的观点。

在上述审理的基础上，合议组认为本案事实已经清楚，可以依法作出审查决定。

二、决定的理由

1. 法律依据

基于请求人提出的无效宣告请求理由，合议组对本专利是否符合专利法第 23 条和专利法实施细则第 2 条第 3 款的规定进行审查。

专利法第 23 条规定：“授予专利权的外观设计，应当同申请日以前在国内外出版物上公开发表过或者国内公开使用过的外观设计不相同和不相近似，并不得与他人在先取得的合法权利相冲突。”

专利法实施细则第 2 条第 3 款规定：“专利法所称外观设计，是指对产品的形状、图案或者其结合以及色彩与形状、图案的结合所作出的富有美感并适于工业应的新设计。”

2. 关于专利法实施细则第 2 条第 3 款

请求人认为本专利镇流器外壳属于本领域内司空见惯的几何形状，是日光灯产品的一部分，在使用状态下，镇流器为不可见的部件，不属于外观设计专利的保护客体。对于本专利是否属于司空见惯的几何形状的问题，合议组认为，虽然请求人和专利权人都同意长方体形状是镇流器外壳的惯常设计，但镇流器不仅包含有长方体外壳，还有延伸块等部件，因此，请求人称本专利为本领域司空见惯的几何形状的主张不成立。关于本专利是独立的产品的问题，审查指南规定：不能分割，不能单独出售的产品不属于外观设计专利保护的客体，例如：袜跟、帽檐、杯把等产品。本专利镇流器在使用状态下与日光灯之间互相连接，但镇流器是可以单独存在，并具有独立的使用价值，在使用状态下虽然镇流器不易见到，但外观设计专利的保护范围以表示在图片或者照片中的该外观设计专利产品为准，使用状态下不易关注的部件并不影响外观设计专利的保护。因此，请求人提出的本专利不符合专利法实施细则第 2 条第 3 款规定的主张不成立。

3. 证据认定

请求人提交的附件 1 是 2004 年 10 月《发现资源广告-灯饰世界》广告册封页、第 6 页和广告册信息页复印件 3 页，口头审理当庭请求人提交了广告册整本原件，专利权人对其真实性有异议。经核实原件，该广告册的公开日期为 2004 年 10 月，由北京京发现广告有限公司承办，广告册的封面上印有许可证号“国印广登字（2004）第 1056 号”等字样，广告册的信息页中有“做中国最好的直邮广告媒体”、“发现资源中国直邮广告媒体提供商”等字样。合议组认为，虽然该广告册没有印制发行批号，但通过上述文字可以确认该广告册的是经过国家行政机关认证许可的，由北京京发现广告有限公司承办，并通过直邮的方式在国内公开发行，因此，虽然专利权人质疑其真实性，但无相反证据足以推翻的情况下，合议组对其真实性予以认定。该广告册属于专利法第 23 条所述的公开出版物，可以作为评价本专利是否符合专利法第 23 条的证据使用。

4. 相同和相近似比较

请求人指认在附件 1 广告册中第 6 页型号为“T5/300”镇流器外壳（下称在先设计）与本专利相近似。专利权人称在先设计为产品立体图，只公开了产品的一部分，没有将产品的全部视图展现出来，无法与本专利进行相近似比较。合议组认为，在先设计虽然只是产品的立体图，但镇流器外壳两端形状对称，该立体图基本能反映出在先设计产品的整体形状。

本专利与在先设计均为镇流器外壳，用途相同，可进行相同或相近似的比较。

本专利镇流器外壳的整体形状近似为长方体，外壳的两端中部各开有一方形孔，两侧底端各设计有一向外的延伸块，延伸块为折角，折角一边为三角形，一边为长方形（详见本专利附图）。

在先设计为一款镇流器外壳的立体图，图中显示，在先设计镇流器外壳的整体形状近似为长方体，外壳的一端中部开有一长方形孔，一侧底端设计有一向外的延伸块，延伸块为折角，折角边的形状为长方形（详见在先设计附图）。

将本专利与在先设计进行比较，二者的整体形状均为近似长方体，两端均有延伸块，主要区别点在于延伸块折边的形状不同，本专利一边为三角形，一边为长方形，而在先设计均为长方形。合议组认为，二者近似的整体形状，已给一般消费者留下了相近似的整体视觉印象，延伸块的折角边的形状差别属于局部细微的变化，尚不足以对整体外观设计产生显著的影响。因此，本专利与在先设计属于相近似的外观设计。

基于上述分析，合议组认为：二者属于相近似的外观设计。即：本专利与其申请日之前公开发表在出版物上的镇流器外观设计相近似，本专利不符合专利法第 23 条的规定。

在已经得出上述审查结论的基础上，本审查决定对请求人提交的其他证据不再进行评述。

三、决定

宣告200630061546.4号外观设计专利权全部无效。

当事人对本决定不服的，可以根据专利法第46条第2款的规定，自收到本决定之日起三个月内向北京市第一中级人民法院起诉。根据该款的规定，一方当事人起诉后，另一方当事人应当作为第三人参加诉讼。

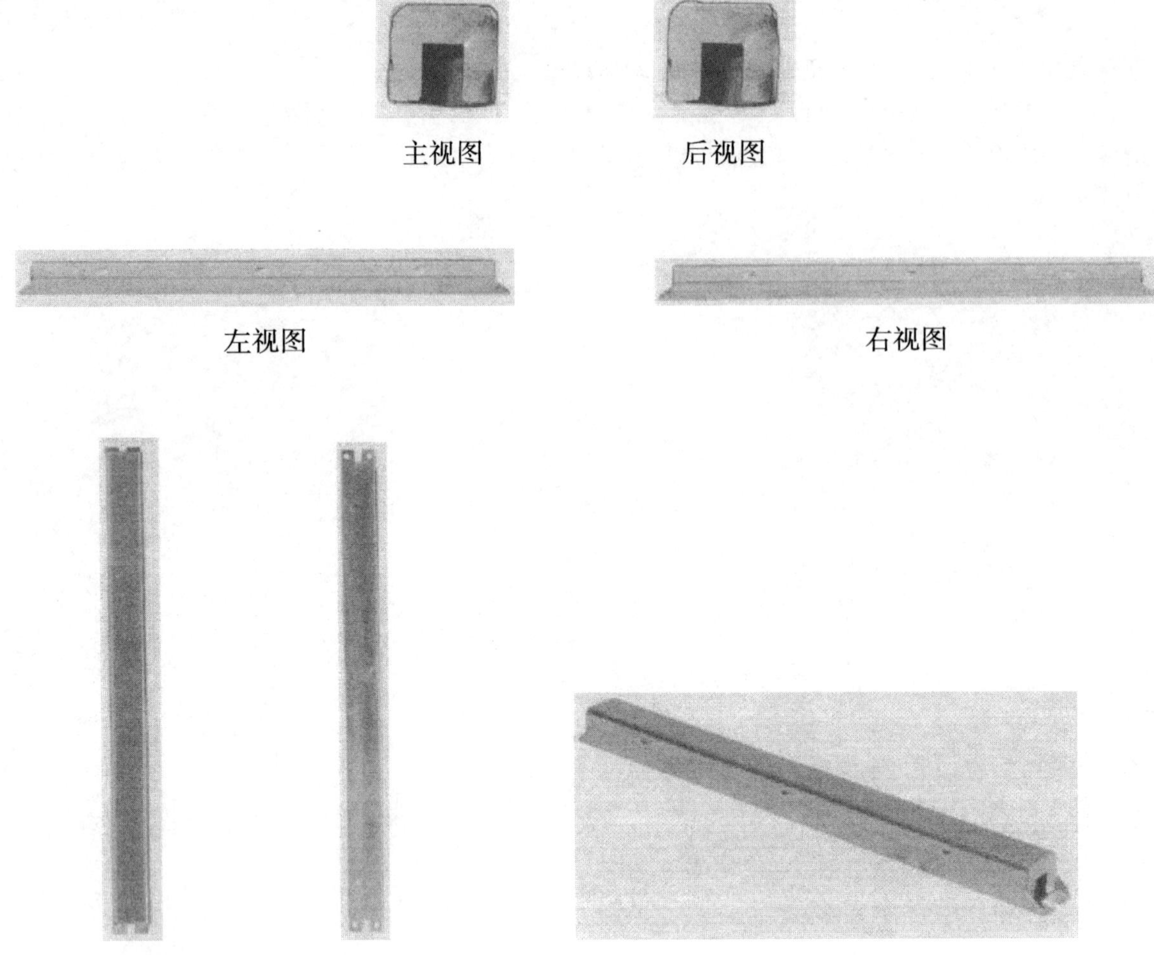

主视图　后视图

左视图　右视图

俯视图　仰视图

立体图

本专利附图

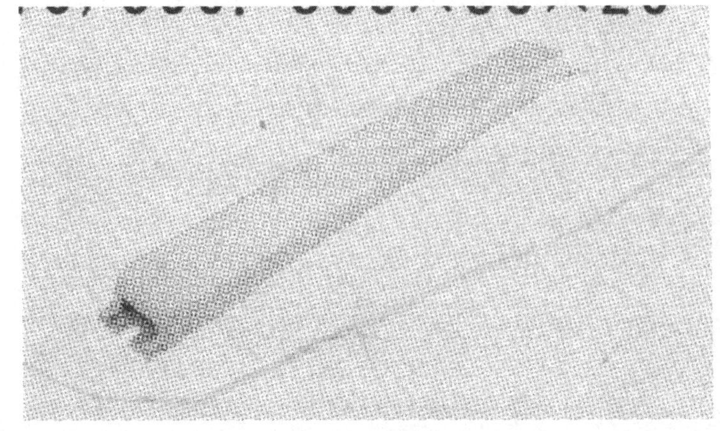

对比文件附图

北京市第一中级人民法院
行政判决书

（2009）一中行初字第1997号

原告刘乾海，男，1977年8月19日出生，汉族，广东省江门市心想电子厂业主，住重庆市潼南县古溪镇千佛村2组2号。

委托代理人张爱文，广东广中律师事务所律师。

被告国家知识产权局专利复审委员会，住所地北京市海淀区北四环西路9号银谷大厦10~12层。

法定代表人张茂于，副主任。

委托代理人王霞军，国家知识产权局专利复审委员会审查员。

委托代理人张华，国家知识产权局专利复审委员会审查员。

第三人广州亮天照明器具有限公司，住所地广东省广州市荔湾区沙地横53号之一西侧三层。

法定代表人张景祥，董事长。

委托代理人汤喜友，广东力诠律师事务所律师。

原告刘乾海不服被告国家知识产权局专利复审委员会（以下简称专利复审委员会）于2009年5月8日作出的第13377号无效宣告请求审查决定（以下简称第13377号决定），于法定期限内向本院提起诉讼。本院受理后，依法组成合议庭，并按照法律有关规定通知广州亮天照明器具有限公司（简称亮天公司）作为第三人参加诉讼，于2009年9月22日公开开庭进行了审理。原告刘乾海的委托代理人张爱文，被告专利复审委员会的委托代理人王霞军、张华，第三人亮天公司的委托代理人汤喜友到庭参加了诉讼。本案现已审理终结。

专利复审委员会在第13377号决定中认定：

（1）亮天公司提交的附件1（2004年10月《发现资源广告-灯饰世界》广告册封页、第6页和广告册信息页复印件3页），属于公开出版物，可以作为评价本专利是否具有新颖性的证据使用。

（2）亮天公司提出的名称为“镇流器外壳”的200630061546.4号外观设计专利（简称本专利）不符合《中华人民共和国专利法实施细则》（以下简称《专利法实施细则》）第二条第三款规定的主张不成立。

（3）附件1广告册中第6页型号为“T5/300”镇流器外壳（以下简称在先设计）虽然只是产品的立体图，但镇流器外壳两端形状对称，该立体图基本能反映出在先设计产品的整体形状。将本专利与在先设计进行比较，二者的整体形状均为近似长方体，两端均有延伸块，主要区别点在于延伸块折边的形状不同，本专利一边为三角形，一边为长方形，而在先设计均为长方形。二者近似的整体形状，已给一般消费者留下了相近似的整体视觉印象，延伸块的折角边的形状差别属于局部细微的变化，尚不足以对整体外观设计产生显著的影响。因此，本专利与在先设计属于相近似的外观设计。本专利不具有新颖性。

据此，专利复审委员会决定宣告本专利权全部无效。

原告刘乾海不服第13377号决定，向本院提起行政诉讼称：本专利与在先设计存在显著不同，并非“属于局部的变化”。（1）二者整体形状显著不同。本专利横截面为近似正方形的六边形，而在先设计的横截面为扁平长方形。（2）二者的左右视图显著不同。本专利左右视图上半部为长方形下半部为梯形的组合，在先设计则明显为两个长方形的组合。（3）二者的主视图和后视图显著不同。本专利为近似正方形的六边形套一半封闭长方形孔洞，而在先设计则是两个扁平长方形的组合。综上，本专利与在先设计从整体形状到局部设计，均存在显著差异，绝不会给一般消费者留下相近似的整体视觉印象。专利复审委员会在没有全面取得在先设计资料的情况下没有对二者进行认真比较，作出的认定是错误的。请求人民法院依法撤销第 13377 号决定，维持本专利权有效。

被告专利复审委员会辩称：运用整体观察、综合判断的原则，以一般消费者作为判断主体，将本专利与在先设计进行比较，分析了本专利与在先设计整体形状的相同点与不同之处，认为其差异对整体效果不具有显著的影响，得出二者相近似的结论。第 13377 号决定认定事实清楚，适用法律正确，审查程序合法，请求人民法院予以维持。

亮天公司述称：(1) 在先设计与本专利对比，两者都是长方体造型，端面为大方形内套一个小方形，唯一有所不同的，只是端面尾部所接的接角边形状的区别，本专利接角边为三角形与长方形组合，而在先外观设计为长方形的组合，然而这个小小的具有打钉固定功能部件，根本不为装饰性设计，占整个镇流器外壳体积不到五十分之一，也不可能被使用者所注意。因此，本专利与在先设计近似，理应被无效。(2) 本专利造型毫无特色，很普通的长方体造型，端面内套一个方形孔，作为司空见惯的几何形状，且使用状态不可见，授予外观专利有违专利法的基本精神。综上，虽然亮天公司对第 13377 号决定中部分理由有所不服，但完全赞同第 13377 号决定的结论，请求人民法院维持第 13377 号决定。

本院经审理查明：

本专利系于 2007 年 3 月 14 日授权公告的、名称为“镇流器外壳”的外观设计专利，其申请号是 200630061546.4，申请日是 2006 年 5 月 24 日，专利权人是刘乾海。

本专利镇流器外壳的整体形状近似为长方体，外壳的两端中部各开有一方形孔，两侧底端各设计有一向外的延伸块，延伸块为折角，折角一边为三角形，一边为长方形（详见本专利附图）。

针对本专利权，亮天公司于 2009 年 2 月 27 日向专利复审委员会提出无效宣告请求，其主要理由是：在本专利申请日以前，已有与本专利相似的外观设计在公开出版物上发表。另外，本专利的外观设计由司空见惯的几何形状和图案构成，不属于外观设计专利的保护客体。本专利不符合《中华人民共和国专利法》（以下简称《专利法》）第 23 条和《专利法实施细则》第 2 条第 3 款的规定。与此同时，亮天公司提交了附件 1 和其他三个附件作为证据。亮天公司认为，附件 1 广告册中第 6 页型号为“T5/300”镇流器外壳，即在先设计，与本专利外观相同或相似。

在先设计为一款镇流器外壳的立体图，图中显示，在先设计镇流器外壳的整体形状近似为长方体，外壳的一端中部开有一长方形孔，一侧底端设计有一向外的延伸块，延伸块为折角，折角边的形状为长方形（详见在先设计附图）。

2009 年 3 月 30 日，刘乾海针对亮天公司的无效请求书进行了意见陈述。2009 年 4 月 28 日，专利复审委员会进行了口头审理，当庭对附件 1 的整本原件进行了核实。2009 年 5 月 8 日，专利复审委员会作出第 13377 号决定。

庭审中，刘乾海对第 13377 号决定中关于“案由”“决定理由”中第 1~3 点记载的内容予以认可。

上述事实，有第 13377 号决定、本专利公报、附件 1、口头审理记录、当事人的陈述等证据在案佐证。

本院认为：关于刘乾海认可的内容，本院经书面审查，对其合法性予以确认。本案争议焦点为本专利与在先设计是否构成相近似的外观设计。

本专利与在先设计对比，从整体上看均为两端附有延伸块的长方体，虽然本专利的延伸块的折边为三角形和长方形的组合，而在先设计的折边则均为长方形，但是延伸块占整体比例较小，上述差异不足以对整体外观设计产生显著的影响。刘乾海主张本专利与在先设计的横截面不同和孔洞不同，但外观设计应当以产品外观进行对比，所谓横截面不同对整体作为长方体的外观影响不大，而孔洞部分在使用过程中不易为一般消费者所注意到，因此上述差异均为细微差异。专利复审委员会认定本专利与在先设计构成相近似的外观设计，结论正确，本院予以维持。第 13377 号决定认定事实清楚，适用法律正确，程序合法，本院予以维持。依照《中华人民共和国行政诉讼法》第五十四条第（一）项之规定，本院判决如下：

维持被告国家知识产权局专利复审委员会作出的第 13377 号无效宣告请求审查决定。

案件受理费 100 元，由原告刘乾海负担（已交纳）。

如不服本判决，各方当事人可于本判决书送达之日起 15 日内，向本院提交上诉状及其副本，并交纳上诉案件受理费 100 元，上诉于北京市高级人民法院。

审　判　长　彭文毅
审　判　员　苏　杭
代理审判员　蒋利玮
二〇〇九年十二月十日
书　记　员　朱　平

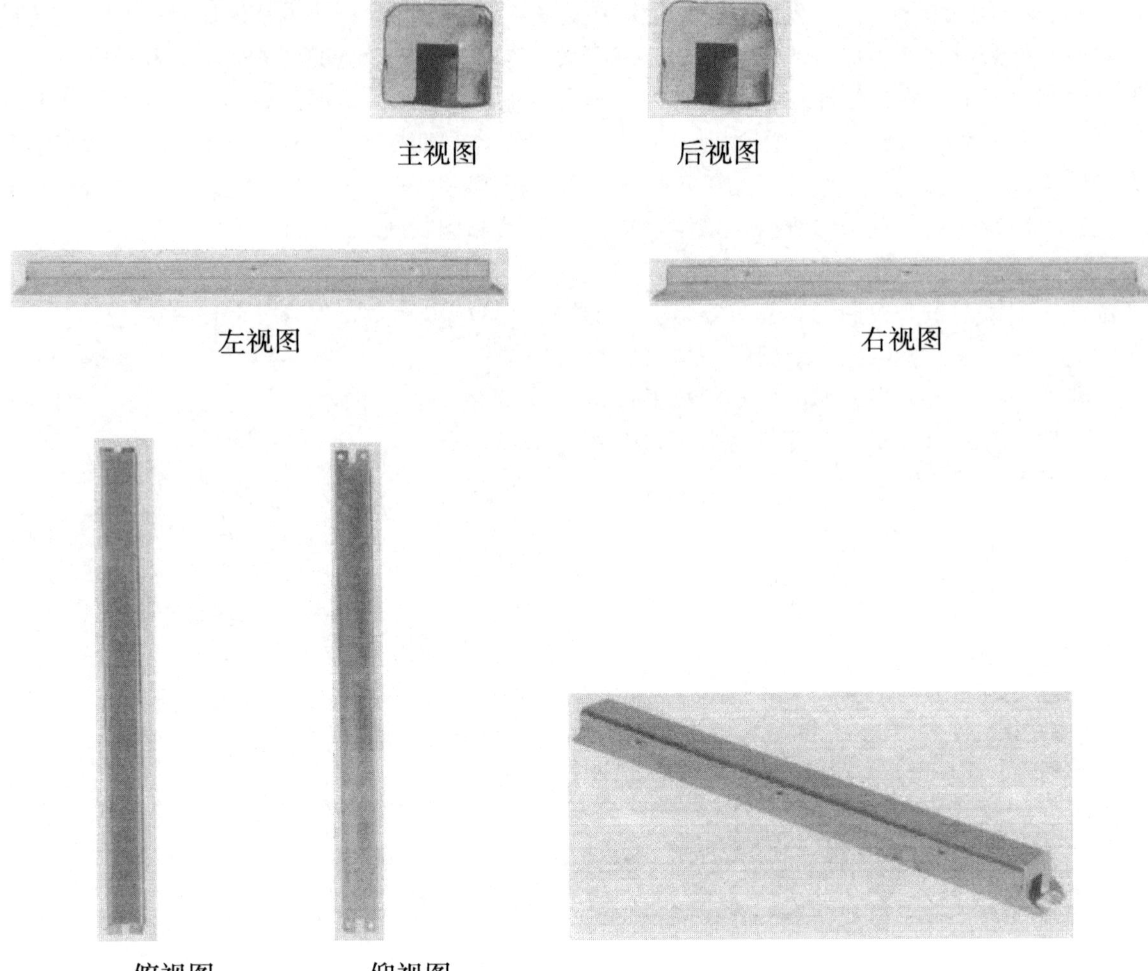

立体图

本专利附图

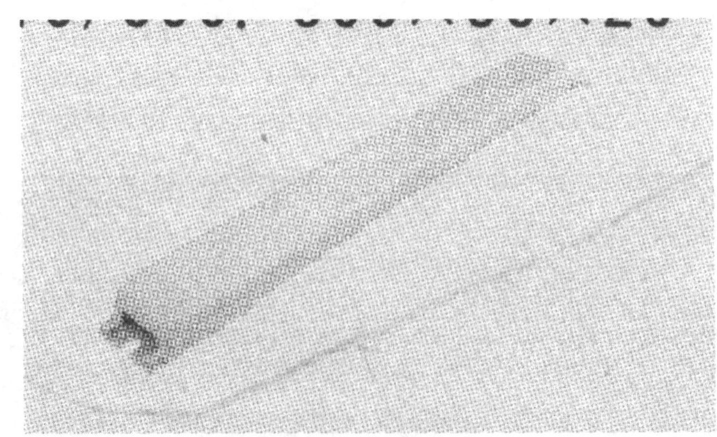

对比文件附图

267

间隙式交通量检测仪

无效宣告请求审查决定（第 13378 号）

决　　定　　号　第 13378 号
决　　定　　日　2009 年 5 月 15 日
发明创造名称　间隙式交通量检测仪
外观设计分类号　10-05
无效宣告请求人　张金志
专　利　权　人　林广文
专　　利　　号　200730049695.3
申　　请　　日　2007 年 3 月 16 日
授 权 公 告 日　2008 年 1 月 30 日
合 议 组 组 长　徐清平
主　　审　　员　王霞军
参　　审　　员　王美芳
附　　　　　图　2 页

法　律　依　据　专利法第 9 条
决　定　要　点

同样的发明创造对于外观设计而言是指两项外观设计相同或者相近似，在本专利申请日前已有他人申请了相近似的外观设计专利，并在后被授予专利权，因此，本专利不符合专利法第 9 条的规定。

一、案由

本无效宣告请求涉及的是国家知识产权局于 2008 年 1 月 30 日授权公告的、名称为“间隙式交通量检测仪”的外观设计专利（下称本专利），其申请号是 200730049695.3 ，申请日是 2007 年 3 月 16 日，专利权人是林广文。

针对本专利权，张金志（下称请求人）于 2008 年 10 月 10 日向专利复审委员会提出无效宣告请求，其主要理由是：在本专利申请日以前，已有与本专利相同的外观设计向国家知识产权局申请专利，依据专利法第 9 条的规定，两个以上的申请人分别就同样的发明创造申请专利的，专利权授予最先申请人。因此，本专利应被宣告无效。与此同时，请求人提交了如下附件作为证据：

附件 1：200730014185.2 号外观设计专利证书复印件 1 页；

附件 2：200730014185.2 号外观设计专利授权公告文本复印件 2 页；

附件 3：200720019396.X 号实用新型专利证书复印件 1 页；

附件 4：200720019396. X 号实用新型专利授权公告文本复印件 6 页；

附件 5：产品实物照片 1 页；

附件 6：本专利著录项目和图片 1 页。

请求人认为本专利与附件 2、附件 4 产品均是人工观测、手工操作记载公路交通量的检测仪，产品正面上部为向上斜凸起的显示屏，下部是按键，按键分功能键和操作键两部分，视图显示，本专利与在先专利完全相同，请求宣告本专利无效。

经形式审查合格，专利复审委员会受理了此案，并于 2008 年 11 月 17 日将无效请求书及相关材料副本转送给专利权人。

专利权人逾期未答复。

专利复审委员会依法成立合议组对本案进行审理，于 2009 年 4 月 7 日向双方当事人发出合议组成员告知通知书，在规定的期限内双方当事人均未对合议组成员提出回避请求。

合议组认为本案事实清楚，可以依法作出审查决定。

二、决定的理由

1. 法律依据

基于请求人提出的无效宣告请求理由，合议组对本专利是否符合专利法第 9 条规定进行审查。

专利法第 9 条规定："两个以上的申请人分别就同样的发明创造申请专利的，专利权授予最先申请的人。"

2. 证据认定

请求人提交的附件 2 是国家知识产权局 2008 年 4 月 23 日授权公告的、申请号是 200730014185. 2、产品名称为"统计仪器"的外观设计专利授权公告文本复印件，经合议组核实其真实性可以确认，该外观设计专利的申请日是 2007 年 3 月 14 日属于他人在本专利申请日之前申请、之后授权公告的外观设计专利，因此，可作为评价本专利是否符合专利法第 9 条的证据使用。其上公开了一款统计仪器的外观设计（下称在先设计），本专利产品为检测仪，虽然二者的产品名称有所不同，但用途相近，属于相近似种类的产品，可进行相同或相近似比较。

3. 相同和相近似比较

本专利产品整体形状近似于正方形，产品的边缘为圆弧过渡，底边略向内凹进。检测仪的正面上部为斜凸起，显示屏安装在凸起斜面上，显示屏的下方中间位置设计为产品功能键，4 个功能键围成一长方形图案，功能键的两侧及下方均匀分布长方形的按键（详见本专利附图）。

在先设计产品整体形状近似丁正方形，产品的边缘为圆弧过渡，底边略向内凹。统计仪器的正面上部为斜凸起，显示屏安装在凸起斜面上，显示屏的下方中间位置设计为产品功能键，4 个功能键围成一长方形图案，功能键的两侧及下方均匀分布长方形的按键（详见在先设计附图）。

经比较，本专利与在先设计整体及各部分形状相同，二者产品种类相近，因此属于相近似的外观设计。

同样的发明创造对于外观设计而言是指两项外观设计相同或者相近似，在本专利申请日前已有他人申请了相近似的外观设计专利，并在后被授予专利权，因此，本专利不符合专利法第 9 条的规定。

三、决定

宣告 200730049695. 3 号外观设计专利权全部无效。

当事人对本决定不服的，可以根据专利法第 46 条第 2 款的规定，自收到本决定之日起三个月内向北京市第一中级人民法院起诉。根据该款的规定，一方当事人起诉后，另一方当事人应当作为第三人参加诉讼。

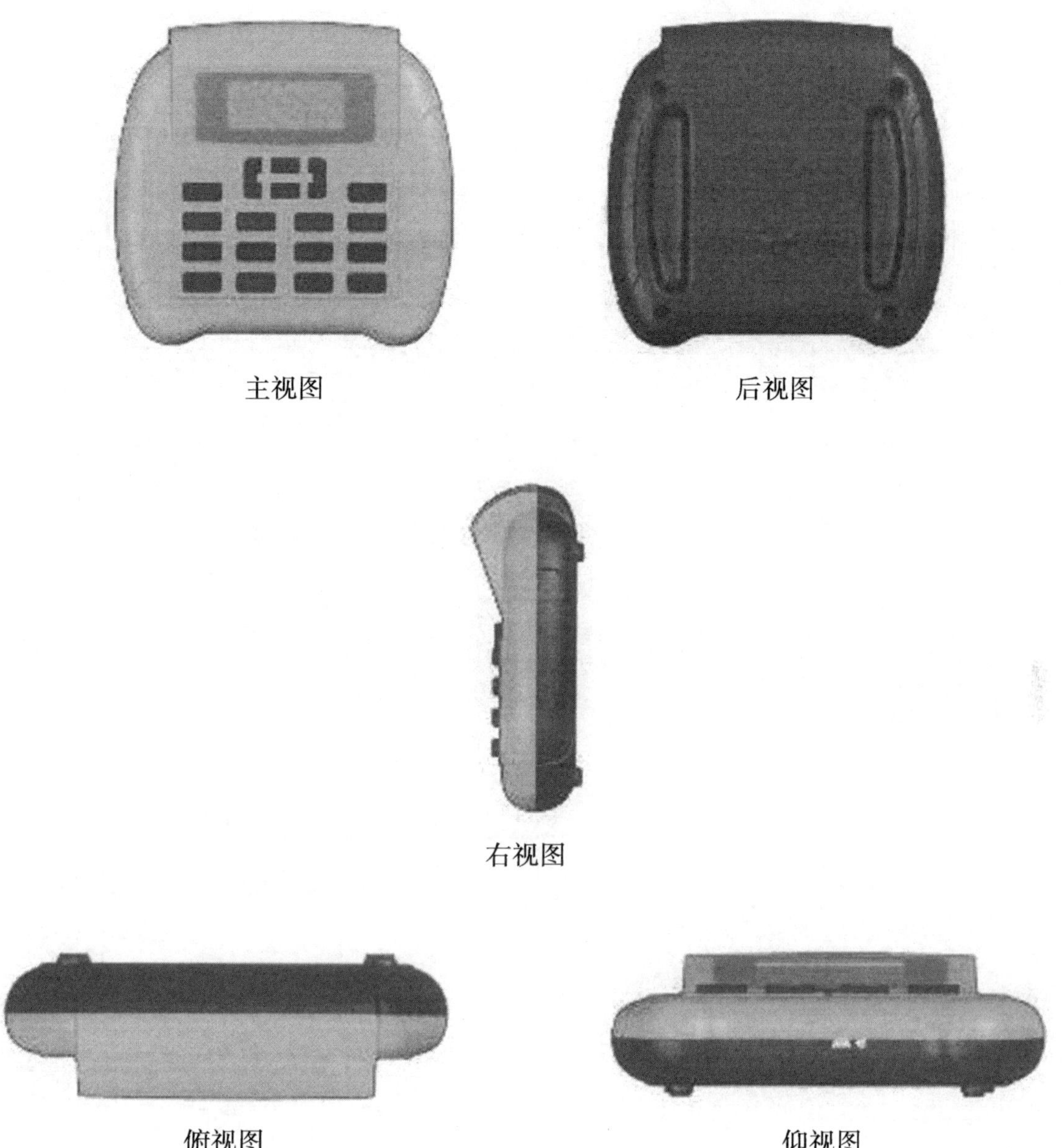

主视图　后视图

右视图

俯视图　仰视图

本专利附图

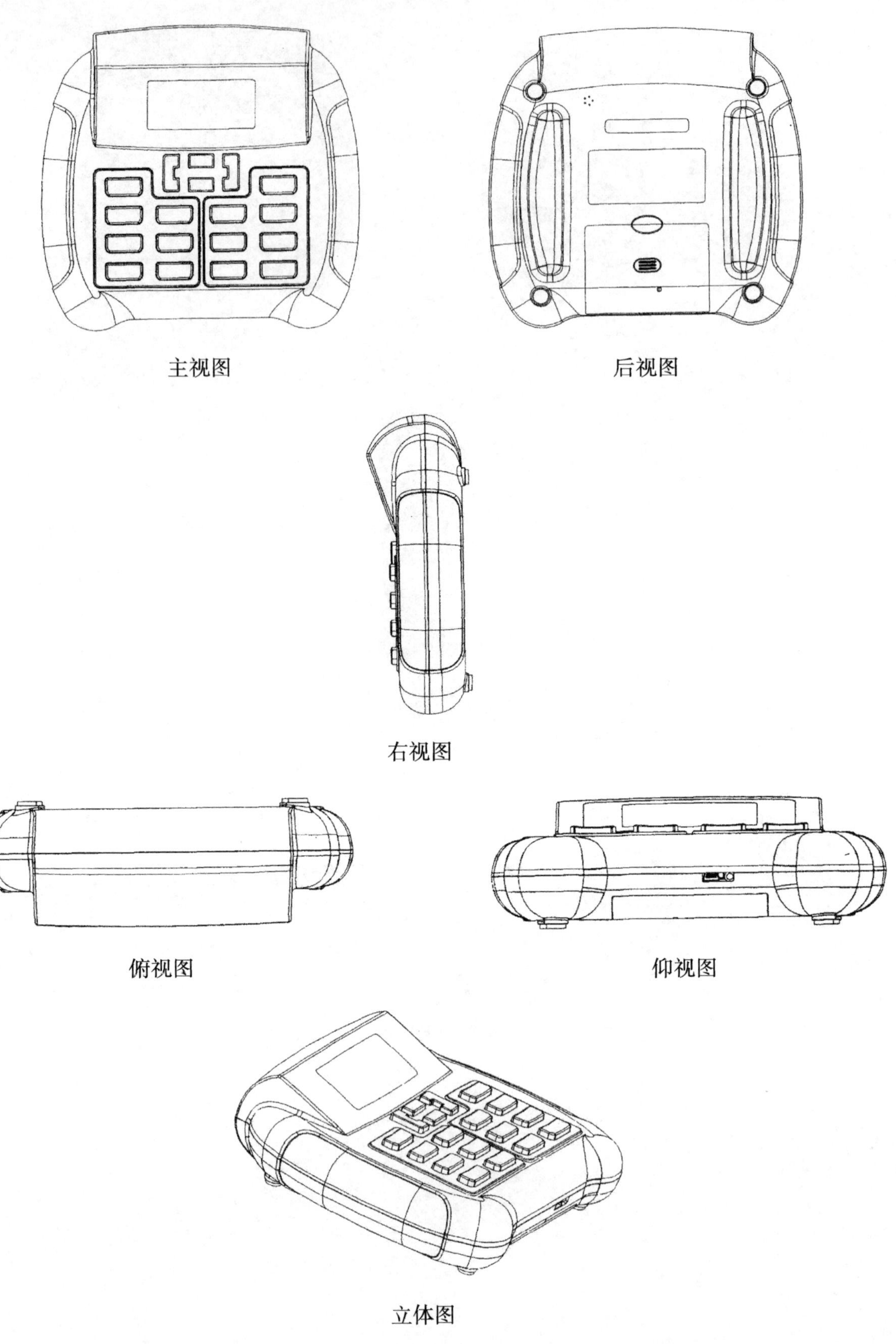

在先设计附图

268

螺丝刀（B1）

无效宣告请求审查决定（第13383号）

决　　定　　号　第13383号
决　　定　　日　2009年5月5日
发明创造名称　螺丝刀（B1）
外观设计分类号　0804
无效宣告请求人　上海赛拓五金工具有限公司
专　利　权　人　徐　洁
专　　利　　号　200630161727.4
申　　请　　日　2006年12月27日
授　权　公　告　日　2007年11月7日
合　议　组　组　长　钟　华
主　　审　　员　王　静
参　　审　　员　刘　静
附　　　　　图　1页

法　律　依　据　专利法第23条
决　定　要　点

作为展览会的会刊，既包括参加展览的展商的名录，又包括展出的各类产品的信息，实际上是展览会主办单位印制并正式散发的广告宣传册，属于专利法意义上的出版物。

一、案由

本无效宣告请求案涉及国家知识产权局于2007年11月7日公告授予的、名称为“螺丝刀（B1）”的外观设计专利（下称本专利），其申请号为200630161727.4，申请日为2006年12月27日，专利权人为徐洁。

针对上述专利权，上海赛拓五金工具有限公司（下称请求人）于2009年1月19日向专利复审委员会提出无效宣告请求，认为本专利与其申请日前公开出版的外观设计相近似，不符合专利法第23条的规定。在提交无效宣告请求时，请求人提交了如下证据：

证据1：中国外观设计专利ZL200630161727.4（即本专利）授权的相关信息复印件1页；

证据2：建德市远丰工具制造有限公司2004版产品样本封面/底页、“FJS-104”、“FJS-105”等相关页复印件共6页；

证据3：建德市远丰工具有限公司2004版产品样本委托杭州添翼广告设计制作有限公司印刷的

发票3张、转账凭证1张、入库单2张、样本印刷款项说明1张等复印件共4页；

证据4：杭州环宇工具有限公司2002版产品样本封面/底页、“HY-12”、“一件套娃娃柄螺丝批”相关页等复印件共4页；

证据5：中国浙江国际经济技术合作公司2003年12月24日购买杭州环宇工具有限公司“HY-12”产品的购货合同1页、增值税发票1张、银行收付款通知1张、发货通知单1张等复印件共4页；

证据6：余姚市对外贸易有限公司2005年1月28日购买杭州环宇工具有限公司“HY-12”产品的购货合同1页、增值税发票1张、银行贷记通知书1张、常规合同评审表1张等复印件共4页；

证据7：建德市远丰工具有限公司产品样本封面/底页、“FJS-072”、“FJS-075”、“FJS-085”等相关页等复印件共6页；

证据8：广州五金矿产进出口有限公司2003年12月15日购买建德市远丰工具有限公司“FJS-072”、“FJS-075”、“FJS-085”产品的购销合同1张、增值税发票2张、银行收付款通知单1张、转账凭证1张、流水账1张、收款凭证1张、入库通知单1张等复印件共8页；

证据9：广州五金矿产进出口有限公司2001年11月13日购买建德市远丰工具有限公司“FJS-072”产品的购销合同1张、增值税发票3张、银行收付款通知单1张、流水账1张、收款凭证1张、入库通知单1张等复印件共9页；

证据10：建德市五金工具厂产品样本封面/底页、“四十二件套组合工具”等相关页等复印件共5页；

证据11：山东省机械进出口集团公司2000年6月20日购买建德市五金工具厂“四十二件套组合工具”产品的供货合同1张、增值税发票1张、银行报单1张、转账凭证1张、流水账1张、收款凭证1张等复印件共6页；

证据12：建德市五金工具厂封面表明“1997”字样的产品样本封面/底页、“FJS-177”相关页等复印件共3页；

证据13：建德市远丰工具有限公司娃娃柄螺丝批产品，2005年通过TUV Rheinland Group产品质量认证证书（证书号15005538）等相关材料等复印件共12页；

证据14：杭州环宇工具有限公司出具的该公司2002版产品样本于2003~2004年在广交会公开散发使用的证明，以及分别缴纳2003年、2004年广交会参展费用的发票等复印件共8页；

证据15：建德市远丰工具有限公司产品样本2004版于2005年参加中国国际五金展览会和广交会并在会上公开散发使用的证明材料等复印件共18页；

请求人认为，证据1~15形成了多个证据链，证明在本专利申请日前已有相同的外观设计被出版物公开发表或者使用公开，因此本专利不符合专利法第23条的规定。

经形式审查合格后，专利复审委员会受理了上述请求，于2009年1月19日向双方当事人发出《无效宣告请求受理通知书》，并将《专利权无效宣告请求书》及其他有关文件的副本转送给专利权人，要求其在指定的期限内答复，同时成立合议组对本无效宣告请求案进行审理。

2009年2月18日，请求人提交了意见陈述书，同时补充提交了证据16（《'06中国国际五金展览会刊》原件及其复印件，复印件共7页），用以证明在本专利申请日前已有相同的外观设计被出版物公开发表，因此本专利不符合专利法第23条的规定。同时，请求人还提交了证据13的中文译文以及证据2、证据4、证据7、证据10、证据12 、证据14和证据15的原件。

2009年3月6日，本案合议组向双方当事人发出《无效宣告请求口头审理通知书》，定于2009年4月14日对本案进行口头审理，并将请求人于2009年2月18日提交的意见陈述书及其附件清单中2份证据的复印件共24页转送给专利权人。

2009年4月14日，口头审理如期进行。合议组就本案的无效宣告理由及证据逐一进行了调查，并记录了如下事项：

（1）专利权人对证据2、证据4、证据7、证据10和证据12进行核实，认为其原件与复印件内容一致，但对证据2、证据4、证据7、证据10和证据12的真实性均有异议。

（2）请求人当庭提交了证据3、证据5、证据6、证据8、证据9和证据11的原件，专利权人对上述证据进行核实，认为其原件与复印件内容一致，但是除对证据3的第1、2张发票和第5、6张入库单、证据5第2页增值税专用发票和银行支付系统收付通知、证据6第2页的增值税专用发票和第3张的中国银行贷记通知书、证据8第2、3页的增值税专用发票、证据9第2、3、4页的增值税专用发票、证据11第2页的增值税专用发票的真实性无异议外，对于其余证据的真实性均有异议。

（3）请求人当庭提交了证据13的原件，专利权人对证据13进行核实，认可证据13的中文译文内容无误，且其原件与复印件内容一致，但是对其真实性和合法性有异议，认为其不能证明本专利在其申请日之前已被出版物公开。

（4）请求人当庭提交了证据14和证据15第1页的原件，专利权人对证据14和证据15进行核实，认为其第1页原件与复印件内容一致，但是不认可证据14和证据15的真实性。

（5）专利权人对证据16进行核实，认为其原件与复印件内容一致，但对证据16的真实性、公开时间和公开方式均提出异议，认为其不属于出版物，也无法确定其公开时间。

（6）请求人放弃使用证据10中四组套的图片。

（7）专利权人认为，本专利的螺丝刀与请求人提交证据的相关图片的螺丝刀在形状上存在较大区别，无法对比，因此，本专利符合专利法第23条的规定。

（8）专利权人声明，针对请求人于2009年2月18日提交的补充意见陈述书，不再提交书面的意见陈述书，以口头审理当庭发表的意见为准。

至此，合议组认为本案的事实清楚，可以作出审查决定。

二、决定的理由

1. 关于证据16

证据16是一本展览会会刊，封面加盖了“北京时瑞展览有限公司”红章，侧面加盖了“北京时瑞展览有限公司”骑缝章。

请求人认为，“’06中国国际五金展暨2006中国国际厨房卫浴产品展”于2006年9月27日~29日在上海新国际博览中心举行，承办单位是北京时瑞展览有限公司，作为此次展览会刊的证据16，相当于正式发布的产品目录、广告宣传等，并表明了其公开发表时间为2006年9月27日~29日，而且该会刊可以免费索取，属于专利法意义上的出版物。

专利权人认为，尽管证据16上加盖了“北京时瑞展览有限公司”的红章和骑缝章，但是不符合证明形式且不清楚证明何内容，证据16上未带有版权标识、定期出版等相关信息，不符合专利法意义上的公开出版物的规定，而且证据16封底所示的“2006年9月27日~29日”是“2006中国国际厨房卫浴产品展”的时间，无法确定“’06中国国际五金展”的举行日期，也缺少证据证明该展览会确实召开，特别是该会刊制作精良，免费索取不现实。

合议组对证据16进行查实，确认了如下事实：

（1）根据其封面的内容可知，该展览会刊是“’2006中国国际五金展”的会刊，根据其封底的内容可知，该展览会刊同时也是“2006中国国际厨房卫浴产品展”的会刊，展览会于2006年9月27~29日在上海新国际博览中心举行，主办单位是中国五金制品协会，支持单位是国际五金及家居用品协会联合会（IHA），承办单位是北京时瑞展览有限公司。

（2）证据16第2~3页全文刊登了中国五金制品协会理事长张东立对《’06中国国际五金展-科隆国际五金展暨2006中国国际厨房卫浴产品展会刊》致辞，由此可见，’2006中国国际五金展与2006中国国际厨房卫浴产品展是同一次展览会，证据16是此次展览会的会刊，此次展览会的举行日期为2006年9月27~29日。

（3）证据16作为展览会的会刊，既包括参加展览的展商的名录，又包括展出的各类产品的信息，实际上是展览会主办单位印制并正式散发的广告宣传册。

综上，合议组认为可以确认，“’06中国国际五金展-科隆国际五金展暨2006中国国际厨房卫浴产品展”由中国五金制品协会主办、北京时瑞展览有限公司承办、2006年9月27日~29日举办的。根据举行展览会的一般惯例，展览会的会刊向参加展览会的公众免费发放。因此，合议组认为证据16是专利法意义上的公开出版物，由于展览会的举行日期2006年9月27日~29日，故能够确定证据16的公开时间早于本专利申请日，可以作为评价本专利是否符合专利法第23条规定的证据。

2. 关于专利法第23条

专利法第23条规定，授予专利权的外观设计，应当同申请日以前在国内外出版物上公开发表过或者国内公开使用过的外观设计不相同和不相近似，并不得与他人在先取得的合法权利相冲突。

在先设计与本专利的产品均为螺丝刀，故两者所属产品类别相同，可以与本专利进行相近似性比较。

本专利的授权图片包括主视图、仰视图、俯视图、左视图、右视图和后视图，简要说明记载其设计要点为手柄部位。本专利所示螺丝刀由刀头和手柄两部分组成，刀头为细长圆柱体，顶端为锥形，手柄大约呈圆柱体，手柄靠近前端处略凹陷，从主视图、后视图看，其手柄处印有由五个椭圆组成的娃娃脸图案（参见本专利附图）。

证据16的第2页是江苏飞达集团公司生产的套装工具产品广告，其中经请求人签字确认的幅图中的套装工具中包括一把螺丝刀（下称在先设计），由刀头和手柄两部分组成，刀头为细长圆柱体，手柄大约呈圆柱体，手柄靠近前端处略凹陷，其手柄处印有由五个椭圆组成的娃娃脸图案（参见在先设计附图）。

将本专利与在先设计对比，从主视图角度看，本专利与在先设计相似。两者的区别仅在于在先设计仅公开了螺丝刀一个视图，未公开在先设计其他视图。对此，合议组认为，螺丝刀手柄通常具有对称结构，故本专利后视图与主视图对称的设计对产品的整体视觉效果不具有显著的影响，因此本专利与在先设计属于相近似的外观设计，本专利不符合专利法第23条的规定。

鉴于根据上述理由和证据已经得出本专利不符合专利法第23条的规定，因此对于请求人提出的其他理由和证据，合议组不再评述。

根据上述事实和理由，合议组作出如下审查决定。

三、决定

宣告200630161727.4号外观设计专利权全部无效。

当事人对本决定不服的，可以根据专利法第46条第2款的规定，自收到本决定之日起三个月内向北京市第一中级人民法院起诉。根据该款的规定，一方当事人起诉后，另一方当事人应当作为第三人参加诉讼。

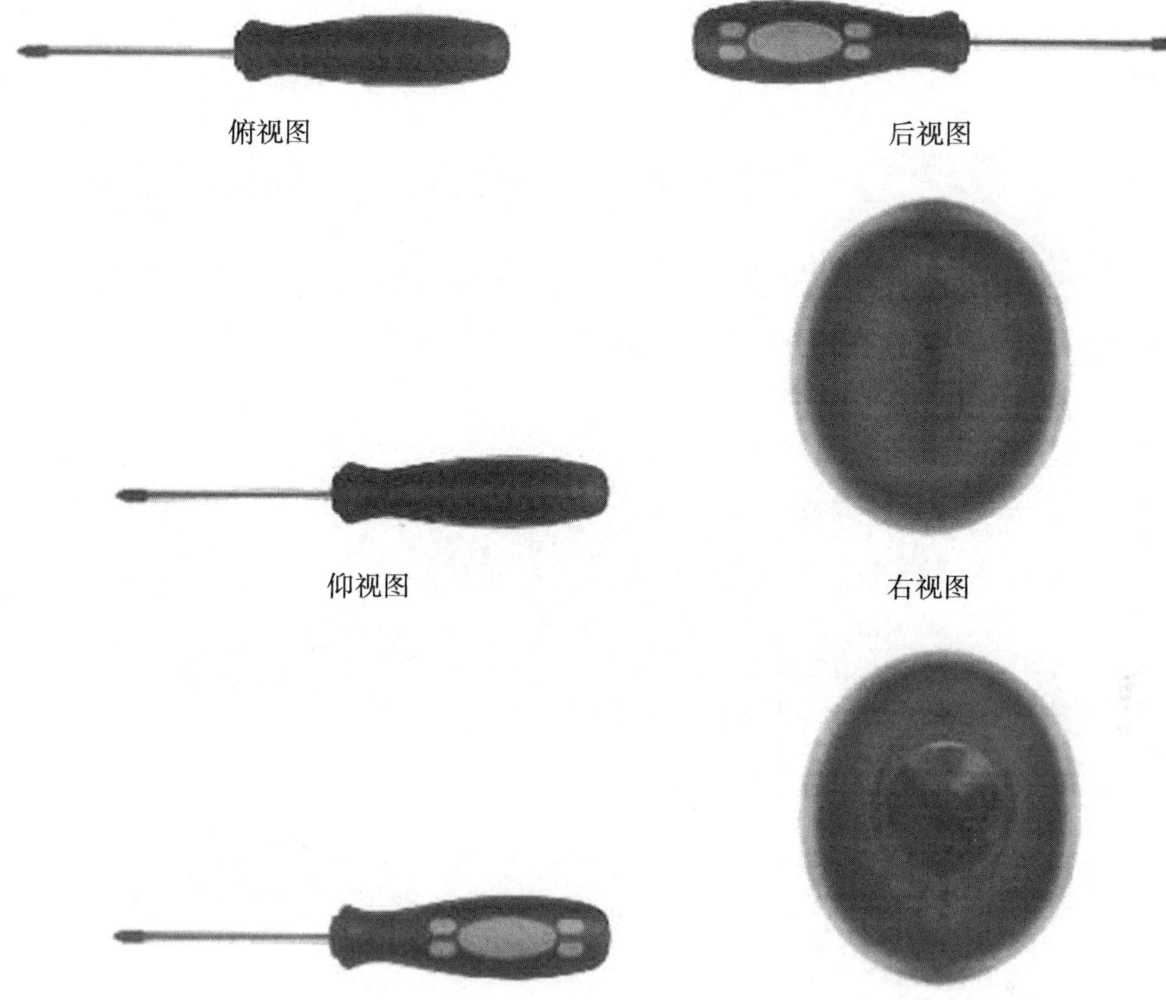

本专利附图

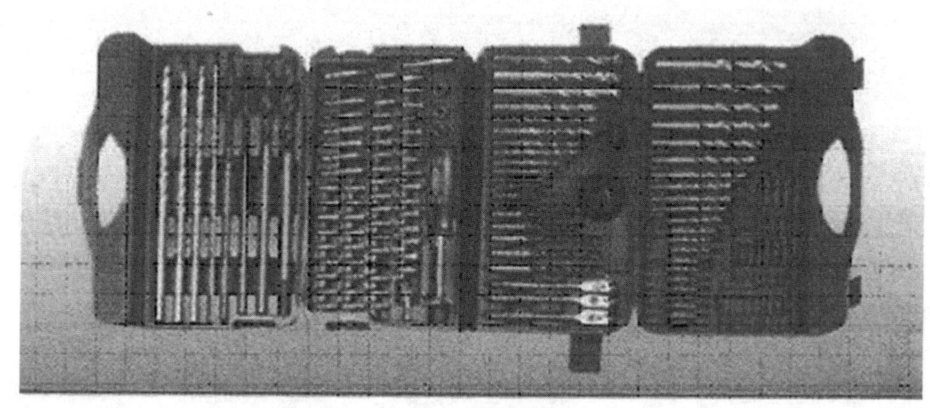
在先设计附图

269

机箱面板（6988）

无效宣告请求审查决定（第13385号）

决　　定　　号 第13385号
决　　定　　日 2009年5月7日
发明创造名称 机箱面板（6988）
外观设计分类号 14-02
无效宣告请求人 东莞市东方科技有限公司
专　利　权　人 许天佑
专　　利　　号 200630015574.2
申　　请　　日 2006年5月16日
授权公告日 2007年4月4日
合议组组长 龙　安
主　　审　　员 杜　宇
参　　审　　员 熊　洁
附　　　　　图 1页

法　律　依　据 专利法第23条
决　定　要　点
本专利保护的外观设计与在先设计的差别不能对外观设计的整体视觉效果产生显著的影响，因此本专利保护的外观设计与在先外观设计相近似。

一、案由

本无效宣告请求涉及申请日为2006年5月16日、授权公告日为2007年4月4日、名称为“机箱面板（6988）”、专利号为200630015574.2的外观设计专利（下称本专利），专利权人为许天佑。

2008年2月1日，东莞市东方科技有限公司（下称请求人）针对本专利向专利复审委员会提出无效宣告请求，同时提交了下列证据：

证据1：香港杂志《PC电脑周刊》2004年11月第311期的封面、目录页以及其中广告页的复印件，共3页；

证据2：由中国委托公证人汤达熙出具的证明书及附件（《PC电脑周刊》2004年11月18日第331期的封面以及其中广告页）的复印件，共4页。

请求人的具体无效理由如下：本专利所体现出的两种对比色、一对比色部位中段临界另一对比色部位的突出部位以及该突出部位上顺序布置有多个按键、接口的设计完全与证据1所引证的机箱面板相同或相近似，因此本专利不符合专利法第 23 条的规定。

经形式审查合格后，专利复审委员会于 2008 年 6 月 24 日向双方当事人发出无效宣告请求受理通知书，并将上述无效宣告请求书及所附证据副本转送给专利权人，要求专利权人在一个月内陈述意见。同时，专利复审委员会依法成立合议组，对本案进行审理。

专利权人逾期未答复。

2008 年 8 月 14 日，合议组向双方当事人发出无效宣告请求口头审理通知书，定于 2008 年 10 月 13 日举行口头审理。

口头审理于 2008 年 10 月 13 日如期举行，专利权人未出席口头审理。请求人表示：对合议组成员及书记员没有回避请求；对合议组成员的变更没有异议。请求人当庭出示证据 2 的原件，合议组核实请求书中提交的复印件与原件一致。请求人进一步表示：证据 1 的原件已在另一案卷编号为 6W07312 的无效宣告请求案中提交；用证据 1、2 证明本专利不符合专利法第 23 条的规定，证据 1 第 3 页，证据 2 第 4 页中的 319 系列黑、白两款机箱分别与本专利相同、相近似。

2008 年 11 月 28 日，专利复审委员会发出合议组成员告知通知书，并告知双方当事人如对合议组成员有回避请求的，请于收到本通知书之日起 7 日内提交书面的请求书，逾期未答复，视为无回避请求。

双方当事人逾期未答复。

经过上述审理程序，合议组认为本案事实已经清楚，可以作出审查决定。

二、决定的理由

1. 关于无效理由

根据请求人提出的无效宣告请求的范围、理由和证据，合议组依据专利法第 23 条对本案进行审查。

2. 关于证据

证据 2 为由汤达熙律师以中国委托公证人的身份做出的关于证据 1 的证明书，其内容为“经本人查证，PC 电脑周刊（PC Weekly）第 311 期在 2005 年 1 月 19 日公开流通，随附的（1）PC 电脑周刊（PC Weekly）第 331 期之封面复印本（2）PC 电脑周刊（PC Weekly）第 331 期内之两页摘录复印本与该文件原本相符，其原本属实。附件：（1）PC 电脑周刊（PC Weekly）第 311 期之封面复印本；及（2）PC 电脑周刊（PC Weekly）第 331 期内之两页摘录复印本。”，档案编号为 AT：32868：zy；证明书加盖有中华人民共和国司法部委托香港律师办理内地使用的公证文书转递专用章。

证据 2 是在香港地区形成的证据并办理了证明手续，所述证明书加盖了上述专用章，其证明手续符合相关规定，且证明书证明了《PC 电脑周刊》的原本属实，故合议组对其真实性予以认可。所述公证书还证明了《PC 电脑周刊》的公开流通性，故合议组认可其为公开出版物。证明书附随的《PC 电脑周刊》中公开了 319 系列黑、白两款机箱面板的照片，其公开的机箱面板与本专利的设计均为机箱面板，并且证据 2 随附的《PC 电脑周刊》的公开时间早于本专利的申请日，因此其可以作为在先设计与本专利进行专利法第 23 条规定的相同或相近似的比较。

3. 关于专利法第 23 条

专利法第 23 条规定：“授予专利权的外观设计，应当同申请日以前在国内外出版物上公开发表过或者国内公开使用过的外观设计不相同和不相近似，并不得与他人在先取得的合法权利相冲突。”

本专利涉及一种机箱面板，其包括主视图、立体图、左视图、右视图、俯视图和仰视图，省略后视图，未要求保护颜色。从本专利的主视图可见，电脑机箱面板整体为矩形，该面板左侧从上至下具有一粗细均匀的浅色竖条，面板其他部位呈深色矩形，在面板的上半部分分为五个横向矩形框，由上自下第一个矩形框内为矩形 CD 光驱插入口，第二个矩形框较窄并在一侧具有一小的指示灯，第五个矩形框右下侧有白色字样，在该面板中部具有一个较短的标有“ZIP”字样的横向矩形框，所述浅色竖条中部与所述深色部位交界处纵向依次设置一大一小两个圆形按钮，在该两按钮下方设置两个指示灯，在该两个指示灯的下方设置有两个 USB 插口，在该两个 USB 之间设置有 2 个音频插口；左、右视图呈竖直的窄条状；俯视图、仰视图呈横向短矩形（见本专利附图）。

由证据 2 中所述 319 系列黑机箱面板的照片可见，电脑机箱面板整体为矩形，该面板左侧从上至下具有一粗细均匀的浅色竖条，面板其他部位呈深色矩形，在面板的上半部分分为几个横向矩形框，在该面板中部具有一个较短的印有图案的横向矩形框，所述浅色竖条中部与所述深色部位交界处纵向依次设置一大一小两个圆形按钮，在该两按钮下方设置两个指示灯，在该两个指示灯的下方设置有两个 USB 插口，在该两个 USB 之间设置有 2 个音频插口（见证据 2 图）。

本专利与证据 2 皆为机箱面板，用途完全相同。从上述描述可知，二者的整体形状、比例和各组成部分的具体形状及布局等方面均极其相近似。本专利与证据 2 的区别主要体现在：面板上半部分及中部的图案略有不同。所述变化相对于整体设计而言，属于局部表面的细节改变，无法对两项外观设计在整体视觉效果上产生显著影响。且其他更为微小的变化亦明显属于局部细微差别，均不足以对二者的整体外观设计产生显著的影响。由此可见，本专利与证据 2 相近似。

综上所述，在本专利申请日前已经有与其近似的外观设计在出版物上公开发表过，故本专利不符合专利法第 23 条的规定。

鉴于本专利相对于证据 2 不符合专利法第 23 条的无效宣告理由成立，对于请求人提出的其他证据，合议组不再进行评述。

三、决定

宣告 200630015574.2 号外观设计专利权无效。

当事人对本决定不服的，可以根据专利法第 46 条第 2 款的规定，自收到本决定之日起三个月内向北京市第一中级人民法院起诉。根据该款的规定，一方当事人起诉后，另一方当事人应当作为第三人参加诉讼。

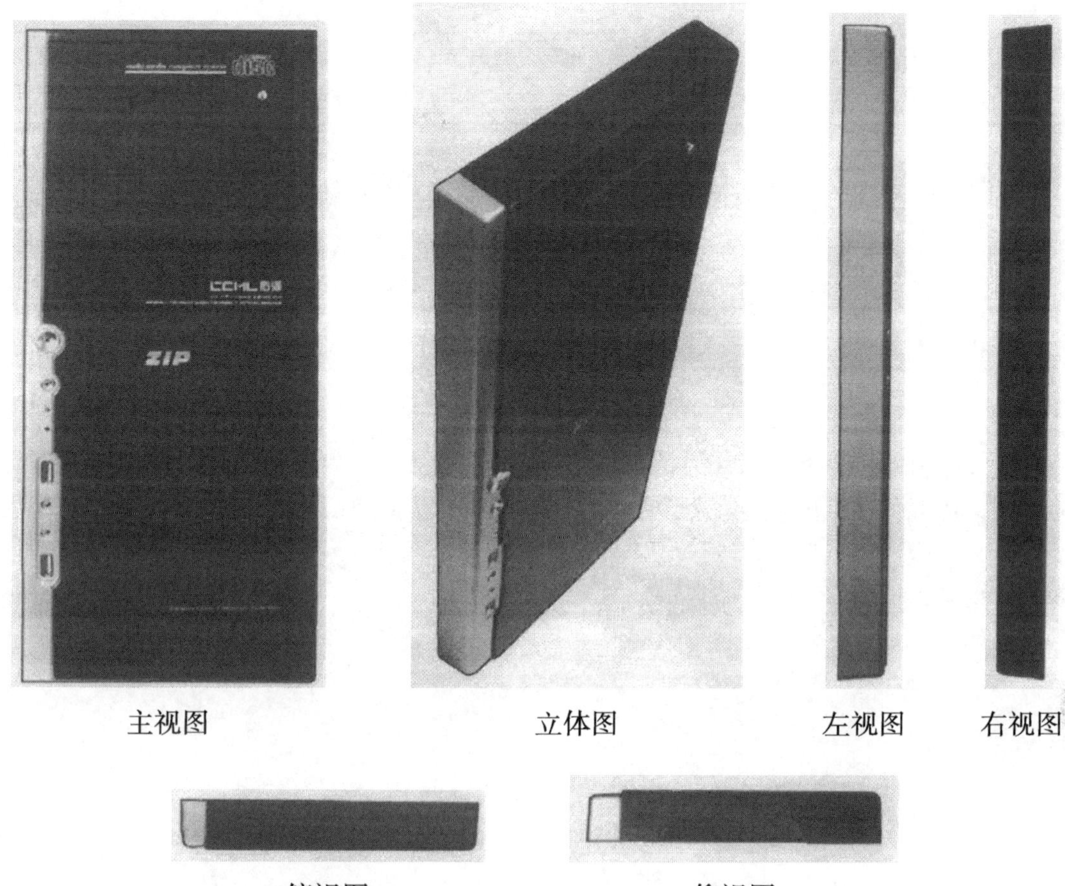

主视图　立体图　左视图　右视图

俯视图　仰视图

本专利附图

证据 2 附图

食品包装袋（蒸薯坊2）

无效宣告请求审查决定（第13388号）

决　定　号　第13388号
决　定　日　2009年5月18日
发明创造名称　食品包装袋（蒸薯坊2）
外观设计分类号　09-05
无效宣告请求人　上海三牛食品有限公司
专　利　权　人　东莞锦泰食品有限公司
专　利　号　200730047960.4
申　请　日　2007年2月7日
授权公告日　2008年1月9日
合议组组长　张雪飞
主　审　员　刘瑞华
参　审　员　孙俊荣
附　　图　3页

法律依据　专利法第23条，专利法实施细则第66条、第64条第2款
决定要点

请求人提交的证据不能形成一个完整的证据链，不足以证明其主张的有关食品包装袋已在本专利申请日之前在先销售及在先公开的事实，其据此证明本专利不符合专利法第23条规定的无效宣告请求理由不能成立。

本专利外观设计与申请日前公开发表的外观设计在视觉上有明显差别，属于不相同且不相近似的外观设计。

一、案由

本无效宣告请求涉及的是国家知识产权局于2008年1月9日授权公告的200730047960.4号外观设计专利，该外观设计名称为“食品包装袋（蒸薯坊2）”，申请日是2007年2月7日，专利权人是东莞锦泰食品有限公司。

针对上述外观设计专利权（下称本专利），上海三牛食品有限公司（下称请求人）于2008年12月22日向专利复审委员会提出无效宣告请求，其依据的事实和理由是：（1）请求人提交的附件1-1《广东省产品标识登记备案证书》可证明在本专利申请日之前本专利产品已公开销售，专利权人在上海市第二中级人民法院（2008）沪二中民五（知）初字第379号案中提交的“民事起诉状”中对上

述事实予以证实。(2) 附件 2~7 所示的《销售合同》、样品扫描彩页、《定购单》、《对账单》、《饼干出厂检验报告》和潮安县龙彩包装有限公司出具的《证明》结合可证明在本专利申请日之前已有与本专利相近似的产品在先公开生产并使用。(3) 附件 8 所示的《外观设计检索报告》中的 ZL02365953. X 和 ZL97321938. 6 可证明在本专利申请日之前已有与本专利相近似的外观设计被公开。因此本专利不符合专利法第 23 条和第 63 条第 1 款的规定，应宣告无效。请求人提交的作为证据的附件如下：

附件 1-1：证书编号为 80-67 的《广东省产品标识登记备案证书》复印件，共 2 页；

附件 1-2：东莞锦泰食品有限公司诉上海三牛食品有限公司和上海联家超市有限公司的民事起诉状、复印件，共 2 页；

附件 2：广东龙彩包装有限公司的合同编号为 00329 和 00528 的《销售合同》复印件，共 2 页；

附件 3：320g 海鲜味鲜薯坊袋和 320g 原味鲜薯坊袋样品扫描彩页 2 张及光盘一个；

附件 4：上海三牛食品有限公司的《订购单》复印件共 1 页、潮安县龙彩包装有限公司《对账单》复印件，共 1 页；

附件 5：潮安县龙彩包装有限公司的企业法人营业执照复印件，共 1 页；

附件 6：320g 海鲜味鲜薯坊、320g 原味鲜薯坊、5kg 海鲜味鲜薯坊、5kg 原味鲜薯坊《饼干出厂检验报告》复印件，共 4 页；

附件 7：潮安县龙彩包装有限公司出具的《证明》复印件，共 1 页；

附件 8：编号为 G082633 的《外观设计检索报告》及相关外观设计的公开文本，具体内容分别称为附件 8-1 至附件 8-15，每份 1 页。

附件 8-1：第 200730047961. 9 号中国外观设计专利说明书，公告日：2007 年 12 月 19 日；

附件 8-2：第 02365953. X 号中国外观设计专利说明书，公告日：2003 年 7 月 23 日；

附件 8-3：第 200630044037. 0 号中国外观设计专利说明书，公告日：2007 年 10 月 3 日；

附件 8-4：第 200430079722. 8 号中国外观设计专利说明书，公告日：2005 年 2 月 23 日；

附件 8-5：第 97321938. 6 号中国外观设计专利说明书，公告日：1998 年 9 月 23 日；

附件 8-6：第 02330560. 6 号中国外观设计专利说明书，公告日：2002 年 12 月 18 日；

附件 8-7：第 200530116570. 9 号中国外观设计专利说明书，公告日：2006 年 8 月 9 日；

附件 8-8：第 97324086. 5 号中国外观设计专利说明书，公告日：1998 年 11 月 18 日；

附件 8-9：第 200530012818. 7 号中国外观设计专利说明书，公告日：2006 年 6 月 21 日；

附件 8-10：第 02320167. 3 号中国外观设计专利说明书，公告日：2002 年 12 月 18 日；

附件 8-11：第 99310287. 5 号中国外观设计专利说明书，公告日：2000 年 3 月 8 日；

附件 8-12：第 200430034502. 3 号中国外观设计专利说明书，公告日：2004 年 9 月 15 日；

附件 8-13：第 200530157210. 3 号中国外观设计专利说明书，公告日：2007 年 1 月 31 日；

附件 8-14：第 99313644. 3 号中国外观设计专利说明书，公告日：2000 年 3 月 29 日；

附件 8-15：第 97307294. 6 号中国外观设计专利说明书，公告日：2001 年 1 月 31 日。

经形式审查合格，专利复审委员会受理了该无效宣告请求，于 2008 年 12 月 22 日发出受理通知书，并将无效宣告请求书及其附件的副本转送给专利权人，通知其在指定期限内陈述意见。并告知专利权人如逾期不答复，不影响专利复审委员会的审理。

2009 年 2 月 5 日专利权人递交了意见陈述书，专利权人认为：(1) 对于证据 1 中的《广东省产品标识登记备案证书》，公众虽然可以查到该证书，但无法从该证书中得到任何产品标识具体是什么的信息，在对产品标识进行审查、备案的整个过程中不存在公开标识的程序，而且该备案证书中仅有

"蒸薯坊番茄味韧性饼干210克，胶袋"于2006年5月10日备案的信息，并不能证明该备案证书所涉之包装袋即是本专利所涉之包装袋，其外观设计是本专利的外观设计。从证据1中的"民事起诉状"中"蒸薯坊"系列饼干于2006年7月投放市场的陈述并不能推论出本专利所涉的包装袋已于2006年7月公开，因为"蒸薯坊"系列饼干有一系列，其包装袋也有多种。(2)对于证据2~7，其均为请求人与其合作伙伴潮安县龙彩包装有限公司之间的内部合同、样品扫描件、订购单、对账单、检验报告及证明等，专利权人对这些证据的真实性不予认可。即使这些证据是真实的，它们之间也因为不存在对应关系而不能证明本专利的外观设计已于申请日前由请求人在先生产、使用公开。(3)根据整体观察、综合判断的原则进行比较，本专利的外观设计与所述在先的两个设计的主视图有着明显的区别，而主视图在包装袋整个外观设计中占主要地位，也是消费者进行辨别所关注的重要部位，其区别使整个包装袋外观明显不同，因此本专利的外观设计与ZL02365953.X和ZL97321938.6的两个在先设计有着明显的区别，其与这两者既不相同也不相近似。综上所述，请求人的主张不能成立，应当维持本专利有效。

专利复审委员会于2009年2月18日将专利权人提交的意见陈述转送给请求人。同时向双方当事人发出口头审理通知书，拟定于2009年3月26日在专利复审委员会进行口头审理。

口头审理如期举行，请求人和专利权人均委托代理人参加了口头审理，双方对对方参加口头审理人员的身份和资格无异议，对合议组成员无回避请求。在口头审理过程中，请求人坚持其原有观点，并当庭提交了附件2、3、4、6、7的原件或确认件，放弃附件6中两份涉及5kg样品的饼干出厂检验报告单，并说明5kg产品包装的与本案无关，同时请求人认为附件3中鲜薯坊袋样品扫描彩页与光盘中的内容一致，故无需当庭演示附件3光盘；另外，请求人当庭提出了新的证据蒸薯坊1（专利号为：200730047961.9），合议组以新证据属于逾期增加的补充证据，不符合专利法实施细则第66条规定为由，当庭告知其对新证据不予考虑；专利权人对附件1-1《广东省产品标识登记备案证书》的真实性不予认可，对附件2、3、4、6、7的真实性不予认可，对附件8的真实性予以认可，并坚持其原有观点；合议组对请求人主张的关于专利法第63条第1款（2）项的无效理由，当庭告知该理由不属于无效理由，合议组对此条款不予审理。

请求人的证人陈延宁就潮安县龙彩包装有限公司出具的《证明》内容出庭作证，专利权人对证人的资格不予认可，对《证明》内容的真实性不予认可。

庭后请求人于2009年3月26日提交了授权委托书，其内容为潮安县龙彩包装有限公司委托陈延宁作为公司代表，为案件编号W608561的专利无效宣告请求一案出庭作证。

经过上述审理，合议组经合议，认为本案事实已经清楚，现依法作出本审查决定。

二、决定的理由

1. 无效宣告请求理由相关法律规定

专利法第23条规定："授予专利权的外观设计，应当同申请日以前在国内外出版物上公开发表过或者国内公开使用过的外观设计不相同和不相近似，并不得与他人在先取得的合法权利相冲突。"

专利法实施细则第66条规定："在专利复审委员会受理无效宣告请求后，请求人可以在提出无效宣告请求之日起1个月内增加理由或者补充证据。逾期增加理由或者补充证据的，专利复审委员会可以不予考虑。"

专利法实施细则第64条第2款规定："前款所称无效宣告请求的理由，是指被授予专利的发明创造不符合专利法第22条、第23条、第26条第3款、第4款、第33条或者本细则第2条、第13条第1款、第20条第1款、第21条第2款的规定，或者属于专利法第5条、第25条的规定，或者依照专利法第9条规定的不能取得专利权。"

在无效宣告请求书中，请求人提出根据专利法第63条第1款第（2）项之规定，本专利应被依法宣告无效。

合议组认为，根据专利法实施细则第64条第2款规定可知，专利法第63条第1款第（2）项不属于无效宣告的理由，因此对该理由合议组不予审理。

2. 证据及事实认定

（1）关于附件1-1和1-2。

请求人提交的附件1-1是《广东省产品标识登记备案证书》复印件，共2页；附件1-2是《民事起诉状》复印件，共2页。请求人认为附件1-1和1-2可证明专利权人在专利申请日之前已经将本专利产品投放市场被公开使用。上述《广东省产品标识登记备案证书》中记载了于2006年5月10日产品规格、型号为“蒸薯坊番茄味韧性饼干210克，胶袋”已登记备案，其标识登记备案号为441900 67-18206，在民事诉讼状中记载了“蒸薯坊”系列饼干于2006年7月投放市场，即得到消费者的欢迎，销量不断增加。

合议组认为：首先，附件1-1中的《广东省产品标识登记备案证书》中虽然记载了于2006年5月10日产品规格、型号为蒸薯坊番茄味韧性饼干210克，胶袋已登记备案，其标识登记备案号为441900 67-18206，但没有记载有关胶袋的任何外观信息，无法确定其所述胶袋的具体外观设计；其次，从民事诉讼状内容看，专利权人并未自认其于2006年7月投放市场的相关产品使用了本专利外观设计的外包装。因此不能据此推论本专利产品已于申请日前被公开使用。

（2）关于附件2-7。

附件2是广东省潮安县龙彩包装有限公司与上海三牛食品有限公司签订的“320g鲜薯坊袋”的《销售合同》，该《销售合同》是出卖人（广东省潮安县龙彩包装有限公司）与买受人（上海三牛食品有限公司）于2006年3月10日签署的一份工业品买卖合同，合同编号为00528，其上记载了产品名称“320g鲜薯坊袋”、数量、单价、金额等项目。附件3是“320g海鲜味鲜薯坊袋和320g原味鲜薯坊袋”样品扫描彩页及光盘。附件4包括上海三牛食品有限公司向广东潮安县龙彩印订购“鲜薯坊海鲜袋/原味袋与鲜薯坊海鲜膜/原味膜”的《订购单》，及潮安县龙彩包装有限公司向上海三牛食品有限公司发出的《对账单》。《订购单》的订购日期是2006年3月10日，《订购单》上有供应商潮安县龙彩包装有限公司的签章，《对账单》上有日期、产品名称、单位、数量、单价、金额等项目，并有潮安县龙彩包装有限公司及上海三牛食品有限公司的签章。附件5是潮安县龙彩包装有限公司的企业法人营业执照。附件6是上海三牛食品有限公司的《饼干出厂检验报告》，报告中包括样品名称：“鲜薯坊（海鲜味/原味）”、生产日期：2006年3月24日等项目。附件7是潮安县龙彩包装有限公司出具的《证明》，《证明》内容主要是：“证明上海三牛食品有限公司于2006年3月10日与公司签订《销售合同》两份，订做两个品种（即海鲜味超薄饼干和原味超薄饼干）的320g”鲜薯坊“袋1000只和两个品种（即海鲜味超薄饼干和原味超薄饼干）5kg”鲜薯坊“膜458kg，我公司即按上海三牛食品有限公司提供的来样组织生产，2006年3月18日我公司按照合同约定向上海三牛食品有限公司履行全部交货义务。”

合议组认为：对于附件2中的00528号《销售合同》，只能表明双方对合同内容达成了约定，而不能表明其标的物已完成交易，同时仅凭该销售合同也无法确认该销售合同中产品的具体形状；对于附件4中的《订购单》，从订购单中签署的品名、规格、单位和数量内容可以看出，它与附件2中的00528号《销售合同》中的规格、数量总和与单位是对应的，但品名和单个产品数量并不对应，因此，附件4只能证明双方当事人曾经签订过一份订购单，在没有其他证据佐证的情况下，无法证明该订购单就是针对附件2中销售合同所签订的订购单，同时仅凭该订购单也无法确认该订购单中产品的具体形状；对于附件4中的《对账单》，它的产品名称、日期、单位和数量与附件4中《订购单》的内容相对应，但只能说明它可能是与附件4中的订购单相对应的对账单，由于附件4的《对账单》中320g鲜薯坊海鲜味袋和320g鲜薯坊原味袋的产品名称与附件2中的00528号《销售合同》中签署的品名并不一致，无法证明该对账单就是针对附件2中00528号《销售合同》作出的对账单，同时仅凭该对账单也无法确认该对账单中产品的具体形状；对于附件5，它是潮安县龙彩包装有限公司的企业法人营业执照复印件，请求人未提交原件，即使提交原件，该附件仅能证明潮安县龙彩包装有限公司具有合法的经营身份；对于附件6的饼干出厂检验报告，它只能说明在2006年3月24日抽样的鲜薯坊（海鲜味）和（原味）的饼干是合格产品，不能证明这些饼干与附件2和4中的鲜薯坊袋之间存在必然关联，即不能证明附件6中的饼干是使用附件2和4中的鲜薯坊袋进行包装的事实；对于附件7，其中所述" 上海三牛食品有限公司于2006年3月10日与我公司签订的销售合同中，所订做的两个品种（即海鲜味超薄饼干和原味超薄饼干）的320g“鲜薯坊袋”的事实缺乏客观证据进行印证，所述两个产品的320g“鲜薯坊”袋的交货时间（2006年3月18日）与附件4中对账单所显示的交货时间（2006年3月21日）不一致，无法确认其所述内容的真实性；对于附件3，它是请求人声称的提供给潮安县龙彩包装有限公司的样品扫描彩页及光盘，之后由证人陈延宁提供给请求人，其来源和真实性仅由证人陈延宁的证言来证明，并未提供其他客观证据用来证明其来源、真实性以及它与附件2中的00528号《销售合同》、附件4中的《订购单》和《对账单》之间存在必然关联，因此，合议组对该证据不予采信。对于证人陈延宁的证言，合议组认为，由于证人证言是由证人经对若干年前所感知的有关事实进行追忆后所作的陈述。故证言能否真实、客观地反映当时的事实，与出证人本身的自身状况，如记忆力、对相关的技术内容的掌握水平、对所证明事实的介入程度、与当事人之间的利害关系等因素有关。由于证人未提供相应证据证明其在潮安县龙彩包装有限公司的职务身份，同时从请求人提供的附件2~7来看，仅有附件4的订购单上具有证人的签字，其仅能说明证人参与该订购单的签署，而对于该订购单中的产品是否履行交货交易、所签署的00528号《销售合同》中的标的物是否就是该订购单中的两种产品（即海鲜味和原味)，《销售合同》、《订购单》、《对账单》中的鲜薯坊袋是否是附件3中所示的包装袋，以及附件3中的照片是否就是由请求人于2006年3月转交给潮安县龙彩包装有限公司的事实都没有相应的客观证据予以佐证，在没有客观证据佐证的情况下，仅凭证言本身不足以认定证言所称的事实的真实性。因此，合议组对证人陈延宁的证言不予采纳。

综上所述，请求人提供的证据2~7不能形成一个完整的证据链来证明在本专利申请日前在国内公开使用过与本专利相同或者相近似的外观设计，故宣告本专利无效的理由不成立。

(3) 关于附件8。

附件8是盖有国家知识产权局专利检索咨询中心检索专用章的《外观设计检索报告》，专利权人对其真实性无异议，合议组对此也予以认可。附件8检索报告中提及了15篇外观设计专利文献。在意见陈述书中，请求人认为附件8-2：ZL02365953. X和附件8-5：ZL97321938. 6两篇外观设计专利与本专利外观设计相近似。

合议组认为，请求人提出的附件8-2和8-5两篇外观设计专利，其授权公告日均早于本专利申请日，均适用于专利法第23条。其中附件8-2的外观设计名称为“包装袋（123g夹心）”，附件8-5的外观设计名称为“包装袋（士多啤梨夹心饼）”，均属于与本专利相同类别的产品，可以与本专利进行相同和相近似性比较。

本专利外观设计包括主视图、使用状态参考图、俯视图和仰视图，未请求保护色彩，从其主视图来看，本专利为长方形，从左至右依次为：左边是一篮子土豆，篮子的左上角有一椭圆形图案，椭圆形内标有“SiLang”字样，椭圆形图案的下方是“思朗饼干”字样；在篮子的右侧也就是主视图的中间部分上方为两个同心不同半径的半圆形图案，两个半圆形之间部分标有“HOUSE OF STEAMED POTATO”字样，半圆形内部从左至右依次为一半身人像、带笼屉的炉灶和一篮子土豆，半圆形的下方即主视图的中间部分是“蒸薯坊”三个字，其下面左侧有一个土豆图案，中间部分为横排的三行字样，从上至下依次为：House of steamed potato 、芥末味韧性饼干和 MUSTARD CRAOKER；主视图的右侧上方为 3 片斜排的饼干，饼干的下方为一管牙膏状芥末及芥末挤到一小盘子里的图案。俯视图和仰视图均有主视图中间部分的半圆形图案、“蒸薯坊”字样和“House of steamed potato”字样外，其余均为圈在方框中的文字说明（详见本专利附图）。

附件 8-2 中所示的包装袋（下称先设计 1）公开了其 6 面视图，从其主视图来看，其外观设计形状也为长方形，主视图左侧上方为半个夹心饼干，饼干下方为四棵麦穗，左侧底部有横排“peppermint Cream Sandwich”字样；主视图中部为一椭圆形块，其上从上至下依次排列有“乐奇”、“薄荷冰”、“夹心饼干”、“冰凉好口味”四排文字，椭圆形块的左侧为上述的四棵麦穗，右侧还有两棵麦穗；主视图的右侧为三片呈斜线排列的圆形饼干。仰视图和俯视图的图案与主视图相似，只是在左侧半个夹心饼干的左侧再添加一个夹心饼干，中间椭圆形块上没有“乐奇”字样（详见在先设计 1 附图）。

将本专利与在先设计 1 相比，二者的外观设计形状均为长方形，图案呈左、中、右排列。两者的主要区别在于：①本专利主视图的左侧图案主要集中在左上方，在先设计 1 的左侧图案更靠近中间部位，本专利的左侧图案为装满土豆的一个篮子，其上有商标和文字，而在先设计 1 为半个饼干和四棵麦穗，并在左侧底部有一排英文字样。②本专利主视图的中部图案呈上、中、下排列，上方为半圆形图案，中间是“蒸薯坊”字样，下方为平行的三排中、英文字样，而在先设计 1 主视图的中间部位仅为一椭圆形块，其上有四排文字。③本专利主视图的右侧为三片呈斜线排列的方形饼干，在饼干的下方为一管牙膏状芥末，芥末挤到一小盘子里，而在先设计 1 为三片呈斜线排列的圆形饼干，最下方的饼干内侧为两棵麦穗。本专利的俯视图和仰视图与在先设计 1 完全不同。对此，合议组认为，本专利与在先设计 1 存在大量明显区别，这些区别对一般消费者而言，对其整体外观设计的视觉效果已构成显著影响，因此本专利与在先设计 1 应属于不相同且不相近似的外观设计。

附件 8-5 中所示的包装袋（下称先设计 2）公开了其仰视图、主视图、后视图和俯视图 4 面视图，从其主视图来看，其外观设计形状也为长方形，图案集中在长方形的中间部位，其中中央为一椭圆形，其内部中间为“士多啤梨夹心饼”字样，字样上方有一小帽子样图案，字样下方为 2 排英文字样，椭圆形外部的左上方为 2 个草莓，左下方为 3 个草莓，椭圆形外部的右上方横排 3 个草莓，草莓上有一飘带状标签，草莓下方为 2 片呈斜线排列的圆形饼干，饼干下压 3 棵零散草莓，草莓上也有一飘带状标签（详见外观设计 2 附图）。

将本专利与在先设计 2 相比，二者的外观设计形状均为长方形。两者的主要区别在于：①本专利主视图主要呈左、中、右排列，而在先设计 2 的主视图图案更集中在长方形的中间部分，本专利的左侧图案为装满土豆的一个篮子，其上有商标和文字，而在先设计 2 为上方 2 个草莓，下方 3 个草莓；②本专利主视图的中部图案呈上、中、下排列，上方为半圆形图案，中间是“蒸薯坊”字样，下方为平行的三排中、英文字样，而在先设计 2 主视图的中间部位仅为一椭圆形，其内部中间为“士多啤梨夹心饼”字样，字样上方有一小帽子样图案，字样下方为 2 排英文字样；③本专利主视图的右侧为三片呈斜线排列的方形饼干，在饼干的下方为一管牙膏状芥末，芥末挤到一小盘子里，而在先设计 2 为上方横排 3 个草莓，草莓上有一飘带状标签，草莓下方为 2 片呈斜线排列的圆形饼干，饼干下压 3 棵零散草莓，草莓上也有一飘带状标签。本专利的俯视图和仰视图与在先设计 2 完全不同。对此，合议组认为，本专利与在先设计 2 存在大量明显区别，这些区别对一般消费者而言，对其整体外观设计的视觉效果已构成显著影响，因此本专利与在先设计2应属于不相同且不相近似的外观设计。

综上所述，请求人提交的证据均不足以证明其主张的有关包装袋已在本专利申请日之前在先销售、在先公开的事实，其据此证明本专利不符合专利法第23条规定的无效宣告请求理由不能成立。

（4）关于新增无效证据。

请求人在口头审理时当庭提出本专利相对于蒸薯坊1（专利号为：200730047961.9）不符合专利法第23条的规定。

合议组认为，该无效理由没有在请求人于2008年12月22日提交的无效宣告请求书中提到，也没有在无效宣告请求之日后的1个月内补交，属于专利法实施细则第66条规定的逾期增加的理由，专利复审委员会不予考虑。

综上所示，请求人的无效理由均不能成立。

三、决定

维持200730047960.4号外观设计专利权有效。

当事人对本决定不服的，可以根据专利法第46条第2款的规定，自收到本决定之日起三个月内向北京市第一中级人民法院起诉。根据该款的规定，一方当事人起诉后，另一方当事人应当作为第三人参加诉讼。

主视图

使用状态参考图

俯视图

仰视图

本专利附图

仰视图

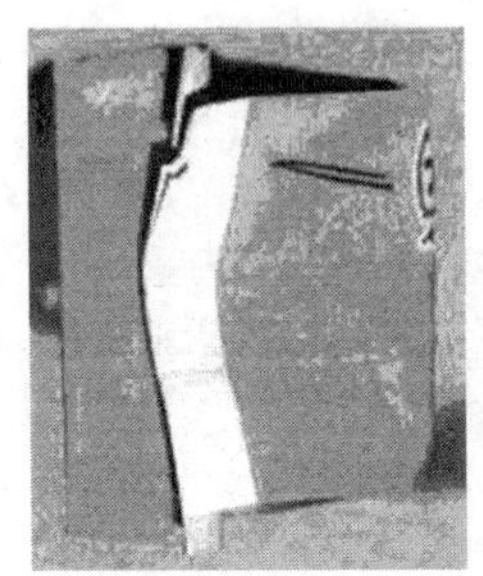

左视图

主视图

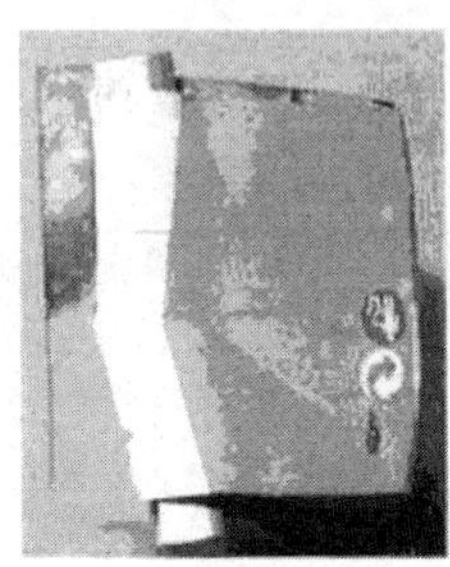

右视图

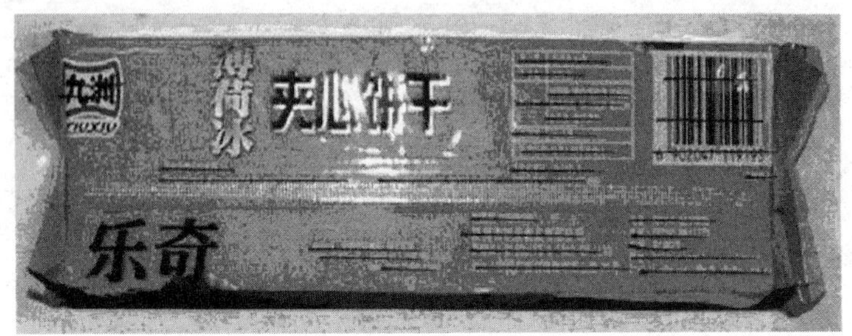

后视图

俯视图

在先设计 1 附图

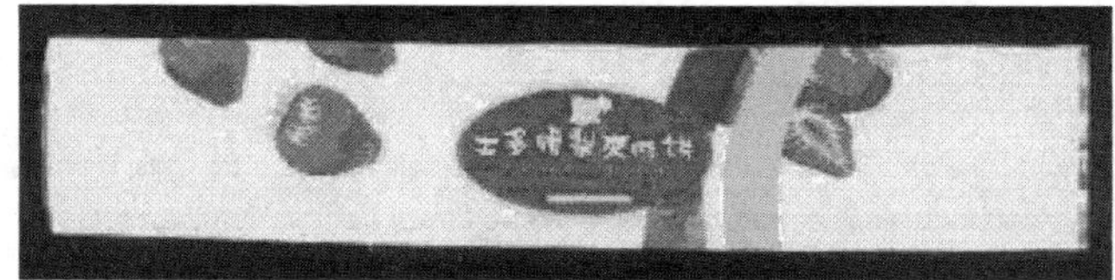

仰视图

主视图

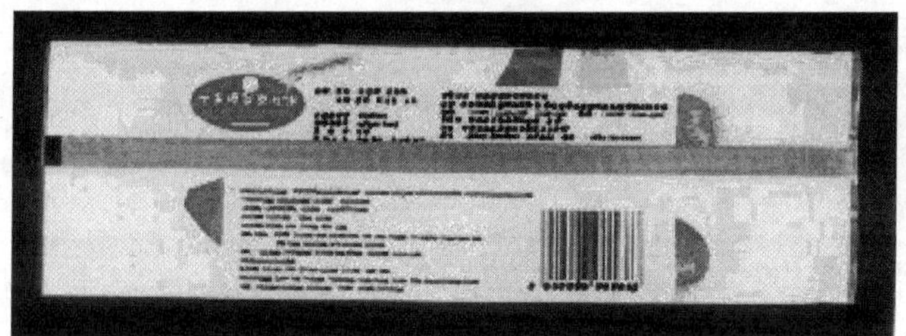

后视图

俯视图

立体图

在先设计 2 附图

271

香　烟

无效宣告请求审查决定（第13389号）

决　定　号　第13389号
决　定　日　2009年5月7日
发明创造名称　香烟
外观设计分类号　27-01
无效宣告请求人　湖北中烟工业有限责任公司
专　利　权　人　夏忠海
专　利　号　200530042721.0
申　请　日　2005年8月29日
授权公告日　2007年3月7日
合议组组长　钱亦俊
主　审　员　吴　佳
参　审　员　邢欣欣
附　　图　2页

法律依据　专利法第23条
决定要点
对外观设计局部的尺寸描述不影响整体外观设计的分析比较判断。
如果被比外观设计与在先设计的差别对于产品外观设计的整体视觉不具有显著的影响，则应当认为被比外观设计与在先设计相近似。

一、案由

本无效宣告请求涉及国家知识产权局于2007年3月7日授权公告的名称为“香烟”的外观设计专利（下称本专利），其专利号为200530042721.0，申请日为2005年8月29日，专利权人为夏忠海。

针对本专利的专利权，湖北中烟工业有限责任公司（下称请求人）于2009年2月23日向专利复审委员会提出了无效宣告请求，其无效宣告理由是：本专利不符合专利法第22条第2款以及专利法第23条的规定。请求人随该无效宣告请求书提交了以下附件作为对比文件：

附件1：专利号为200420076704.9的中国实用新型专利说明书复印件共6页，其授权公告日为2006年8月30日；

附件2：专利号为200430065692.5的外观设计专利的著录项目及图片网络公开信息复印件共1

页，以及含有该专利的视图图片 1 页，其授权公告日为 2005 年 5 月 18 日；

附件 3：专利号为 200430065693. X 的外观设计专利的著录项目及图片网络公开信息复印件共 1 页，其授权公告日为 2005 年 5 月 18 日；

请求人认为：本专利与附件 1 的外观相同，附件 2 的外观形状涵盖了本专利的保护范围，本专利与附件 3 的外观相近似，因此本专利不具备新颖性，不符合专利法第 22 条第 2 款以及专利法第 23 条的规定，请求人还提交了附件 4-6，分别是附件 1-3 的交费证明，在无效宣告请求书的具体意见陈述中并未说明附件 4-6 的具体使用方式。

经形式审查合格后，专利复审委员会受理了该无效宣告请求，于 2009 年 2 月 23 日向双方当事人发出无效宣告请求受理通知书，并将无效宣告请求书及其附件清单中所列附件的副本转给了专利权人。

专利复审委员会依法成立合议组对本案进行审理。合议组于 2009 年 3 月 31 日向双方当事人发出口头审理通知书，定于 2009 年 4 月 28 日举行口头审理。

口头审理如期举行，请求人参加了口头审理，专利权人未出席口头审理，请求人对合议组无回避请求。口头审理涉及的主要事实如下：请求人明确放弃本专利不符合专利法第 22 条第 2 款的无效理由，并明确放弃附件 1 作为证据使用；请求人明确附件 3 与本专利更相近似，本专利和附件 3 都是烟支，其外形都是一个长方形，为用途完全相同的同一种类产品，外在形状在消费者观察下是相同的，因此本专利相对于附件 3 不符合专利法第 23 条的规定。

至此，本案合议组认为事实已清楚，可以在此基础上依法作出审查决定。

二、决定的理由

1. 法律依据

根据请求人提出的无效宣告请求的范围、理由和证据，本案合议组依据专利法第 23 条对本案进行审理。

专利法第 23 条规定："授予专利权的外观设计，应当同申请日以前在国内外出版物上公开发表过或者国内公开使用过的外观设计不相同和不相近似，并不得与他人在先取得的合法权利相冲突。"

2. 证据的认定

附件 3 是专利号为 200430065693. X 的外观设计专利的著录项目及图片网络公开信息复印件，其授权公告日为 2005 年 5 月 18 日，在本专利的申请日之前，可以作为本专利的在先设计，与本专利进行相同或相近似性的比较。

3. 关于专利法第 23 条

本专利是一种香烟的外观设计，其仰视图和俯视图均为圆形，主视图为长方形，由此可以看出本专利的香烟整体成细圆柱体，从主视图可以看出香烟上半部分为过滤嘴，下半部分为烟身，过滤嘴和烟身的长度比例相接近（详见本专利附图）。

附件 3 公开了一种烟支的外观设计（下称在先设计），其仰视图和俯视图均为圆形，主视、后视以及左右视图都为长方形，从立体图可以看出本专利的香烟整体成细圆柱体，从主视图可以看出香烟上半部分为过滤嘴，下半部分为烟身，过滤嘴和烟身的长度比例相接近（详见在先设计附图）。

在先设计的视图所公开的烟卷与本专利的香烟属于同类产品的外观设计，可以同本专利进行整体观察、综合判断。将本专利与在先设计相比，可以发现两者相似之处在于：香烟的整体形状完全相同，过滤嘴与烟身的长度比例都相接近。两者的区别仅在于过滤嘴与烟身的长度比例不完全相同，但上述区别点仅在于局部的细微变化，对整体视觉效果不具有显著的影响。另外，在本专利的外观设计简要说明中还限定了烟身长度为 3~5cm，烟身尺寸的限定属于局部的尺寸描述，不影响整体外观设计的分析比较判断。根据整体观察、综合判断的原则，本专利与在先设计整体相近似，不符合专利法第 23 条的规定。

鉴于已经得出上述结论，本决定对请求人提交的其他证据及理由不再作出评述。

根据上述的事实和理由，合议组依法作出以下决定。

三、决定

宣告 200530042721.0 号外观设计专利权无效。

当事人对本决定不服的，可以根据专利法第 46 条第 2 款的规定，自收到本决定之日起三个月内向北京市第一中级人民法院起诉。根据该款的规定，一方当事人起诉后，另一方当事人应当作为第三人参加诉讼。

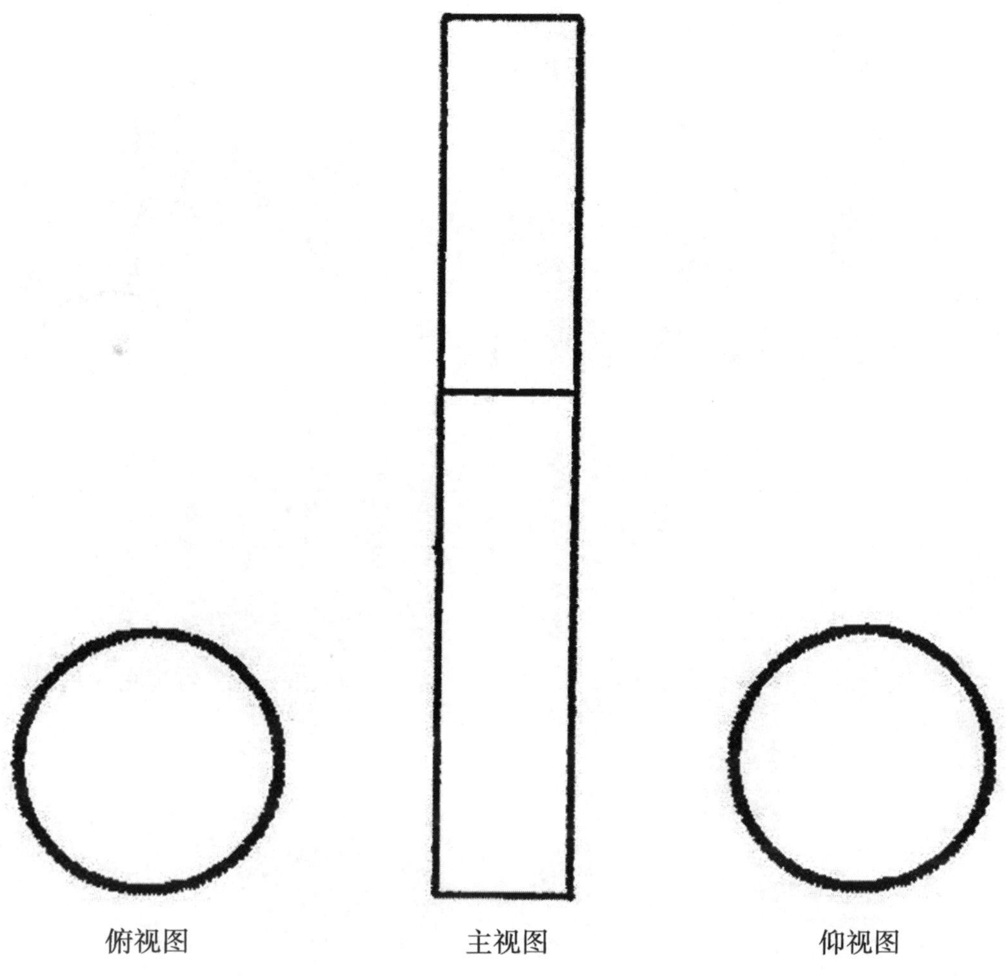

本专利附图

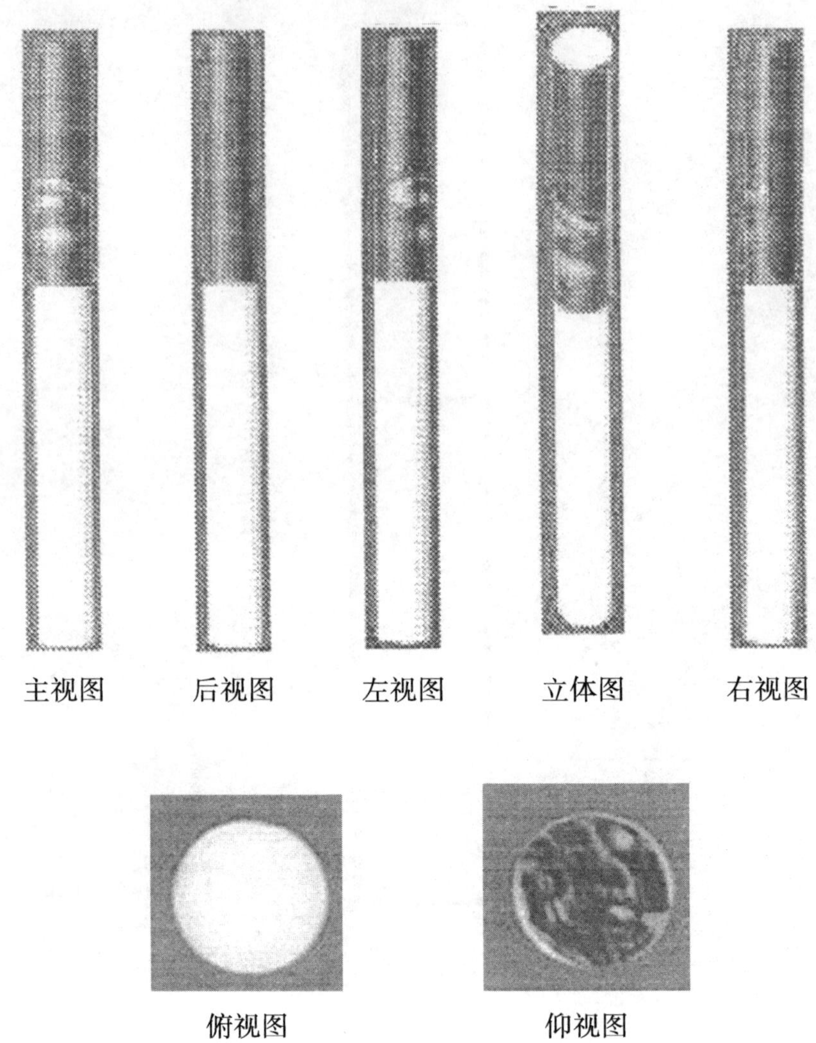

在先设计附图